大学入試シリーズ

44

東京大学

理科

理科一類・理科二類・理科三類

は し が き

長引くコロナ禍による社会の停滞や，突如勃発した悲惨な戦争の報道を目の当たりにして，人類は疫病と戦争の脅威をいまだ克服できていなかったことを思い知らされ，無力感を覚える人も多いのではないかと思います。こうした混沌とした時代にあって，自分自身がこの先どのように生きていくか，将来何を成し遂げたいかを，自分の内面を見つめ直しながら，じっくりと考えてほしいと思います。

自分がよりよく生きるため，目標を達成するために努力をするのはもちろんのことですが，社会の中で自分の力をいかに役立てられるか，貢献できるかを考えることもまた大切なことです。幕末の思想家・教育家である吉田松陰は，「初一念，名利のために初めたる学問は，進めば進むほど，その弊著われ，博学宏詞をもってこれを粉飾するといえども，ついにこれを掩うこと能わず」と説いています。名声や利益のための学問は，やがて弊害が出てきて，どんなに広い知識や多い言葉で飾っても誤魔化すことはできないということです。このような先行き不透明な時代だからこそ，自己の利益だけを追求するのではなく，まわりの人の幸福や社会の発展のために，学んだことを生かせるように心がけたいものです。

また，晴れて志望する大学に合格できたとしても，その成功に慢心してしまってはいけません。大学受験はあくまでも通過点であって，自己の研鑽と学問や真理の探究は一生続いていくものです。将来何を成し遂げるかは，一日一日をいかに取り組むかにかかっています。たとえすぐに実を結ばなかったとしても，新しいことに挑戦した経験が，その後の人生で支えになることもあります。幾多の試練や難題を乗り越えて，栄冠を勝ち取られることを心より願っています。

*　　　*　　　*

本書刊行に際しまして，入試問題や資料をご提供いただいた大学関係者各位，掲載許可をいただいた著作権者の皆様，各科目の解答や対策の執筆にあたられた先生方に，心より御礼を申し上げます。

編者しるす

赤本の使い方

そもそも 赤本とは...

受験生のための大学入試の過去問題集!

60年以上の歴史を誇る赤本は，600点を超える刊行点数で全都道府県の370大学以上を網羅しており，過去問の代名詞として受験生の必須アイテムとなっています。

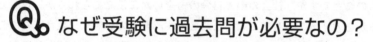

Q. なぜ受験に過去問が必要なの？

A. 大学入試は大学によって問題形式や頻出分野が大きく異なるからです。

マーク式か記述式か，試験時間に対する問題量はどうか，基本問題中心か応用問題中心か，論述問題や計算問題は出るのか——これらの出題形式や頻出分野などの傾向は大学によって違うので，とるべき対策も大学によって違ってきます。
出題傾向をつかみ，その大学にあわせた対策をとるために過去問が必要なのです。

赤本で志望校を研究しよう!

赤本の掲載内容

傾向と対策

これまでの出題内容から，問題の「**傾向**」を分析し，来年度の入試にむけて具体的な「**対策**」の方法を紹介しています。

問題編・解答編

年度ごとに問題とその解答を掲載しています。
「**問題編**」ではその年度の試験概要を確認したうえで，実際に出題された過去問に取り組むことができます。
「**解答編**」には高校・予備校の先生方による解答が載っています。

ページの上部に年度や日程，科目などを示しています。見たいコンテンツを探すときは，この部分に注目してください。

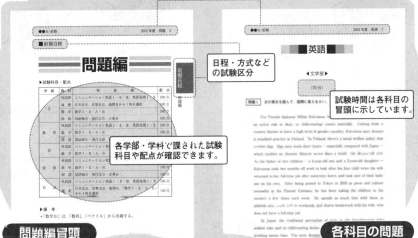

日程・方式などの試験区分

各学部・学科で課された試験科目や配点が確認できます。

試験時間は各科目の冒頭に示しています。

問題編冒頭　　　　　各科目の問題

他にも赤本によって，大学の基本情報や，先輩受験生の合格体験記，在学生からのメッセージなどが載っています。

● 掲載内容について ●

著作権上の理由やその他編集上の都合により問題や解答の一部を割愛している場合があります。なお，指定校推薦入試，社会人入試，編入学試験，帰国生入試などの特別入試，英語以外の外国語科目，商業・工業科目は，原則として掲載しておりません。また試験科目は変更される場合がありますので，あらかじめご了承ください。

赤本の使い方

受験勉強は過去問に始まり，過去問に終わる。

STEP 1 まずは解いてみる（なにはともあれ）

過去問をいつから解いたらいいか悩むかもしれませんが，まずは一度，**できるだけ早いうちに解いてみましょう。実際に解くことで，出題の傾向，問題のレベル，今の自分の実力がつかめます。**
赤本の「傾向と対策」にも，詳しい傾向分析が載っています。必ず目を通しましょう。

STEP 2 弱点を分析する（じっくり具体的に）

解いた後は，ノートなどを使って自己分析をしましょう。**間違いは自分の弱点を教えてくれる貴重な情報源です。**
弱点を分析することで，今の自分に足りない力や苦手な分野などが見えてくるはずです。合格点を取るためには，こうした弱点をなくしていくのが近道です。

合格者があかす赤本の使い方

傾向と対策を熟読
（Fさん／国立大合格）

大学の出題傾向を調べることが大事だと思ったので，赤本に載っている「傾向と対策」を熟読しました。解答・解説もすべて目を通し，自分と違う解き方を学びました。

目標点を決める
（Yさん／私立大合格）

赤本によっては合格者最低点が載っているものもあるので，まずその点数を超えられるように目標を決めるのもいいかもしれません。

時間配分を確認
（Kさん／公立大合格）

過去問を本番の試験と同様の時間内に解くことで，どのような時間配分にするか，どの設問から解くかを決めました。

過去問を解いてみて，まずは自分のレベルとのギャップを知りましょう。それを克服できるように学習計画を立て，苦手分野の対策をします。そして，また過去問を解いてみる，というサイクルを繰り返すことで効果的に学習ができます。

STEP 3 重点対策をする（志望校にあわせて）

分析した結果をもとに，参考書や問題集を活用して**苦手な分野の重点対策**をしていきます。赤本を指針にして，何をどんな方法で強化すればよいかを考え，**具体的な学習計画を立てましょう**。
「傾向と対策」のアドバイスも参考にしてください。

STEP 1▶2▶3… 実践を繰り返す（サイクルが大事！）

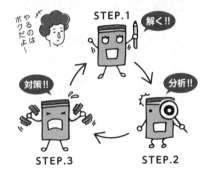

<u>ステップ1～3を繰り返し</u>，足りない知識の補強や，よりよい解き方を研究して，実力アップにつなげましょう。
繰り返し解いて**出題形式に慣れること**や，試験時間に合わせて**実戦演習を行うこと**も大切です。

添削してもらう
（Sさん／国立大合格）

記述式の問題は自分で採点しにくいので，先生に添削してもらうとよいです。人に見てもらうことで自分の弱点に気づきやすくなると思います。

繰り返し解く
（Tさん／国立大合格）

1周目は問題のレベル確認程度に使い，2周目は復習兼頻出事項の見極めとして，3周目はしっかり得点できる状態を目指して使いました。

他学部の過去問も活用
（Kさん／私立大合格）

自分の志望学部の問題はもちろん，同じ大学の他の学部の過去問も解くようにしました。同じ大学であれば，傾向が似ていることが多いので，これはオススメです。

東京大-理科◀目次▶

目 次

大 学 情 報 ……………………………………………………………… 1

◆ 在学生メッセージ　　16
◆ 合格体験記　　20

傾向と対策 …………………………………………………………… 29

解 答 編　※問題編は別冊

2022年度　■前期日程

英　　語 …………………………………………… 3
数　　学 …………………………………………… 41
物　　理 …………………………………………… 60
化　　学 …………………………………………… 80
生　　物 …………………………………………… 97
地　　学 …………………………………………… 114
国　　語 …………………………………………… 142

2021年度　■前期日程

英　　語 …………………………………………… 3
数　　学 …………………………………………… 41
物　　理 …………………………………………… 62
化　　学 …………………………………………… 84
生　　物 …………………………………………… 101
地　　学 …………………………………………… 118
国　　語 …………………………………………… 144

2020年度　■前期日程

英　　語 …………………………………………… 3
数　　学 …………………………………………… 42
物　　理 …………………………………………… 64
化　　学 …………………………………………… 83

東京大-理科 ◀目次▶

生　物 …………………………………… 98
地　学 …………………………………… 115
国　語 …………………………………… 140

2019年度　■前期日程

英　語 …………………………………… 3
数　学 …………………………………… 40
物　理 …………………………………… 63
化　学 …………………………………… 79
生　物 …………………………………… 93
地　学 …………………………………… 111
国　語 …………………………………… 136

2018年度　■前期日程

英　語 …………………………………… 3
数　学 …………………………………… 40
物　理 …………………………………… 63
化　学 …………………………………… 77
生　物 …………………………………… 92
地　学 …………………………………… 111
国　語 …………………………………… 131

2017年度　■前期日程

英　語 …………………………………… 3
数　学 …………………………………… 38
物　理 …………………………………… 54
化　学 …………………………………… 64
生　物 …………………………………… 76
地　学 …………………………………… 91
国　語 …………………………………… 113

2016年度　■前期日程

英　語 …………………………………… 3
数　学 …………………………………… 35

東京大-理科◀目次▶

物　理	………………………………	53
化　学	………………………………	71
生　物	………………………………	84
地　学	………………………………	99
国　語	………………………………	121

掲載内容についてのお断り

著作権の都合上，下記の内容を省略しています。

2022 年度：「英語」大問 3（リスニング）問題(A)のスクリプト（放送内容）・全訳

2020 年度：「英語」大問 3（リスニング）問題(A)・(B)のスクリプト（放送内容）・全訳

　下記の問題に使用されている著作物は，2022 年 5 月 2 日に著作権法第 67 条の 2 第 1 項の規定に基づく申請を行い，同条同項の規定の適用を受けて掲載・収録しているものです。

2022 年度：「英語」大問 3 (C)

2019 年度：「英語」大問 2 (B)

2018 年度：「英語」大問 2 (A)・(B)，大問 3 (A)・(B)・(C)

2017 年度：「英語」大問 1 (A)，大問 2 (B)，大問 3 (A)・(B)

2016 年度：「英語」大問 2 (A)，大問 3 (A)・(B)

University Guide

大学情報

大学の基本情報

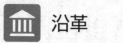 沿革

1877（明治10）	東京大学創設（東京開成学校と東京医学校を合併，旧東京開成学校を改組し法・理・文の3学部，旧東京医学校を改組し医学部を設置，東京大学予備門を付属）
1886（明治19）	工部大学校を統合して帝国大学に改組（法・医・工・文・理の5分科大学を設置）
1890（明治23）	東京農林学校を統合して農科大学を設置
1897（明治30）	京都帝国大学の創設に伴い，帝国大学を東京帝国大学と改称
1919（大正 8）	分科大学を廃し学部を置く（帝国大学令改正）。法・医・工・文・理・農の各学部のほか経済学部を設置
	✎1925（大正14） 大講堂（安田講堂）落成
1947（昭和22）	東京帝国大学を東京大学と改称（帝国大学令等改正）
1949（昭和24）	国立学校設置法公布。新制東京大学創設（教養学部・教育学部が新設され，法・医・工・文・理・農・経済・教養・教育の9学部設置）
1958（昭和33）	薬学部を設置
2004（平成16）	国立大学法人化により国立大学法人東京大学となる

東京大学の進学選択制度

　東京大学では，すべての学生が，教養学部前期課程の6科類に分かれて入学し，教養学部前期課程（駒場キャンパス）で最初の2年間を送る。2年生のほぼ中間点で，3年生から進学する後期課程学部・学科の決定が行われる。

　一般選抜による入学者は，前期課程で得た広範な分野の知見と学びの基礎力をもとに，後期課程における自分の進むべき専門分野の学部・学科等を主体的に選択する。前期課程各科類から後期課程各学部への進学先はおよそ下表のようなものである。また，各学部には指定科類以外のどの科類からもそれぞれ一定数の進学が可能な「全科類枠」もある。例えば，理科各類から経済学部や文学部に進学することも可能。

　学校推薦型選抜による入学者は，入学後は教養学部前期課程の6つの科類のうちいずれかに所属することになるが，前期課程修了後は出願時に志望した学部等へ進学する。

■教養学部前期課程からの主な進学先

前期課程科類（1～2年）	主な後期課程学部（3～4年）*
文科一類	法学部，教養学部
文科二類	経済学部，教養学部
文科三類	文学部，教育学部，教養学部
理科一類	工学部，理学部，薬学部，農学部（応用生命科学課程，環境資源科学課程），医学部（健康総合科学科），教養学部
理科二類	農学部，薬学部，理学部，工学部，医学部，教養学部
理科三類	医学部（医学科）

＊農学部獣医学課程，薬学部薬学科及び医学部医学科は3～6年。

学部・学科の構成

大　学

■後期課程　（本郷キャンパス）
法学部
　第1類（法学総合コース）
　第2類（法律プロフェッション・コース）
　第3類（政治コース）
経済学部
　経済学科
　経営学科
　金融学科
文学部
　人文学科〔専修課程：哲学／中国思想文化学／インド哲学仏教学／倫理学／宗教学宗教史学／美学芸術学／イスラム学／日本史学／東洋史学／西洋史学／考古学／美術史学／言語学／日本語日本文学（国語学）／日本語日本文学（国文学）／中国語中国文学／インド語インド文学／英語英米文学／ドイツ語ドイツ文学／フランス語フランス文学／スラヴ語スラヴ文学／南欧語南欧文学／現代文芸論／西洋古典学／心理学／社会心理学／社会学〕
教育学部
　総合教育科学科〔専修（コース）：基礎教育学（基礎教育学）／教育社会科学（比較教育社会学，教育実践・政策学）／心身発達科学（教育心理学，身体教育学）〕
教養学部
　教養学科〔分科（コース）：超域文化科学（文化人類学，表象文化論，比較文学比較芸術，現代思想，学際日本文化論，学際言語科学，言語態・テクスト文化論）／地域文化研究（イギリス研究，フランス研究，ドイツ研究，ロシア東欧研究，イタリア地中海研究，北アメリカ研究，ラテンアメリカ研究，アジア・日本研究，韓国朝鮮研究）／総合社会科学（相関社会科学，国際関係論）／国際日本研究コース*〕

東京大／大学情報　5

学際科学科〔コース：科学技術論／地理・空間／総合情報学／広域システム／国
　　際環境学*／サブプログラム：科学技術論，地理・空間，総合情報学，広域システ
　　ム，国際環境学，進化学〕
統合自然科学科〔コース：数理自然科学／物質基礎科学／統合生命科学／認知行
　　動科学／スポーツ科学〕

*のコースは英語による授業科目の履修により学位取得が可能。
※教養学部は後期課程も駒場キャンパスで講義が行われる。

工学部

社会基盤学科〔コース：設計・技術戦略／政策・計画／国際プロジェクト〕
建築学科
都市工学科〔コース：都市環境工学／都市計画〕
機械工学科
機械情報工学科
航空宇宙工学科〔コース：航空宇宙システム学／航空宇宙推進学〕
精密工学科
電子情報工学科
電気電子工学科
物理工学科
計数工学科〔コース：数理情報工学／システム情報工学〕
マテリアル工学科〔コース：バイオマテリアル／環境・基盤マテリアル／ナノ・
　　機能マテリアル〕
応用化学科
化学システム工学科
化学生命工学科
システム創成学科〔コース：環境・エネルギーシステム／システムデザイン＆マ
　　ネジメント／知能社会システム〕

理学部

数学科
情報科学科
物理学科
天文学科
地球惑星物理学科

6　東京大／大学情報

地球惑星環境学科

化学科

生物化学科

生物学科

生物情報科学科

※理学部数学科の講義は駒場キャンパスで行われる。

農学部

応用生命科学課程〔専修：生命化学・工学／応用生物学／森林生物科学／水圏生物科学／動物生命システム科学／生物素材化学〕

環境資源科学課程〔専修：緑地環境学／森林環境資源科学／木質構造科学／生物・環境工学／農業・資源経済学／フィールド科学／国際開発農学〕

獣医学課程（3～6年）〔専修：獣医学〕

薬学部

薬科学科

薬学科（3～6年）

医学部

医学科（3～6年）

健康総合科学科〔専修：環境生命科学／公共健康科学／看護科学〕

大学院

法学政治学研究科／公共政策学教育部／経済学研究科／人文社会系研究科／教育学研究科／総合文化研究科／学際情報学府／新領域創成科学研究科／工学系研究科／情報理工学系研究科／理学系研究科／数理科学研究科／農学生命科学研究科／薬学系研究科／医学系研究科

(注)学部・学科ならびに大学院の情報は，2022年4月時点のものです。

大学所在地

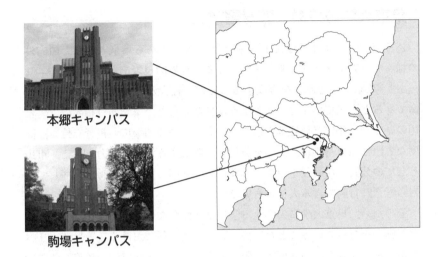

本郷キャンパス　〒113-8654　東京都文京区本郷7丁目3番1号
駒場キャンパス　〒153-8902　東京都目黒区駒場3丁目8番1号

東京大学アドミッション・ポリシー

東京大学の使命と教育理念

　1877年に創立された我が国最初の国立大学である東京大学は，国内外の様々な分野で指導的役割を果たしうる「世界的視野をもった市民的エリート」(東京大学憲章)を育成することが，社会から負託された自らの使命であると考えています。このような使命のもとで本学が目指すのは，自国の歴史や文化に深い理解を示すとともに，国際的な広い視野を持ち，高度な専門知識を基盤に，問題を発見し，解決する意欲と能力を備え，市民としての公共的な責任を引き受けながら，強靭な開拓者精神を発揮して，自ら考え，行動できる人材の育成です。

　そのため，東京大学に入学する学生は，健全な倫理観と責任感，主体性と行動力を持っていることが期待され，前期課程における教養教育(リベラル・アーツ教育)から可能な限り多くを学び，広範で深い教養とさらに豊かな人間性を培うことが要求されます。この教養教育において，どの専門分野でも必要とされる基礎的な知識と学術的な方法が身につくとともに，自分の進むべき専門分野が何であるのかを見極める力が養われるはずです。本学のカリキュラムは，このように幅広く分厚い教養教育を基盤とし，その基盤と有機的に結びついた各学部・学科での多様な専門教育へと展開されており，そのいずれもが大学院や研究所などで行われている世界最先端の研究へとつながっています。

期待する学生像

　東京大学は，このような教育理念に共鳴し，強い意欲を持って学ぼうとする志の高い皆さんを，日本のみならず世界の各地から積極的に受け入れたいと考えています。東京大学が求めているのは，本学の教育研究環境を積極的に最大限活用して，自ら主体的に学び，各分野で創造的役割を果たす人間へと成長していこうとする意志を持った学生です。何よりもまず大切なのは，上に述べたような本学の使命や教育理念への共感と，本学にお

東京大／大学情報　9

ける学びに対する旺盛な興味や関心，そして，その学びを通じた人間的成長への強い意欲です。そうした意味で，入学試験の得点だけを意識した，視野の狭い受験勉強のみに意を注ぐ人よりも，学校の授業の内外で，自らの興味・関心を生かして幅広く学び，その過程で見出されるに違いない諸問題を関連づける広い視野，あるいは自らの問題意識を掘り下げて追究するための深い洞察力を真剣に獲得しようとする人を東京大学は歓迎します。

入学試験の基本方針

　したがって，東京大学の入試問題は，どの問題であれ，高等学校できちんと学び，身につけた力をもってすれば，決してハードルの高いものではありません。期待する学生を選抜するために実施される本学の学部入学試験は，以下の三つの基本方針に支えられています。

　第一に，試験問題の内容は，高等学校教育段階において達成を目指すものと軌を一にしています。

　第二に，入学後の教養教育に十分に対応できる資質として，文系・理系にとらわれず幅広く学習し，国際的な広い視野と外国語によるコミュニケーション能力を備えていることを重視します。そのため，文科各類の受験者にも理系の基礎知識や能力を求め，理科各類の受験者にも文系の基礎知識や能力を求めるほか，いずれの科類の受験者についても，外国語の基礎的な能力を要求します。

　第三に，知識を詰めこむことよりも，持っている知識を関連づけて解を導く能力の高さを重視します。

　東京大学は，志望する皆さんが以上のことを念頭に，高等学校までの教育からできるだけ多くのことを，できるだけ深く学ぶよう期待します。

　　『令和4年度 東京大学入学者募集要項』より。

入試データ

入試状況（志願者数・競争率など）

- 競争率は受験者数÷合格者数で算出。
- 追加合格は各年度とも行われていない。
- 外国学校卒業学生特別選考を除く。
- 2021年度文科二類（無資格者3名は除く），2016年度文科一類・文科二類・理科二類では第1段階選抜は実施されていない。

区分			募集人員	志願者数 第2次試験出願時	志願者数 第1段階選抜合格者数	受験者数	合格者数	競争率
2022	前期日程	文科一類	401	1,285	1,203	1,187	405	2.9
		文科二類	353	1,090	1,059	1,039	357	2.9
		文科三類	469	1,498	1,407	1,391	469	3.0
		理科一類	1,108	2,978	2,772	2,734	1,121	2.4
		理科二類	532	2,235	1,869	1,849	547	3.4
		理科三類	97	421	340	326	97	3.4
2021	前期日程	文科一類	401	1,264	1,203	1,183	403	2.9
		文科二類	353	1,016	1,013	985	355	2.8
		文科三類	469	1,455	1,407	1,388	469	3.0
		理科一類	1,108	2,989	2,771	2,744	1,122	2.4
		理科二類	532	1,980	1,862	1,833	546	3.4
		理科三類	97	385	342	335	98	3.4
2020	前期日程	文科一類	401	1,409	1,204	1,186	407	2.9
		文科二類	353	1,111	1,060	1,051	361	2.9
		文科三類	469	1,433	1,407	1,400	470	3.0
		理科一類	1,108	2,925	2,770	2,737	1,125	2.4
		理科二類	532	1,968	1,863	1,847	550	3.4
		理科三類	97	413	340	330	97	3.4
2019	前期日程	文科一類	401	1,407	1,204	1,192	404	3.0
		文科二類	353	1,183	1,064	1,059	364	2.9
		文科三類	469	1,492	1,408	1,398	471	3.0
		理科一類	1,108	2,915	2,771	2,748	1,128	2.4
		理科二類	532	2,081	1,874	1,855	554	3.3
		理科三類	97	405	340	331	97	3.4

(表つづく)

東京大／大学情報　11

区　　分		募集人員	志　願　者　数		受験者数	合格者数	競争率
			第2次試験出願時	第1段階選抜合格者数			
2018 前期日程	文科一類	401	1,323	1,204	1,175	404	2.9
	文科二類	353	1,201	1,068	1,058	361	2.9
	文科三類	469	1,535	1,407	1,394	472	3.0
	理科一類	1,108	2,992	2,774	2,750	1,130	2.4
	理科二類	532	2,174	1,862	1,846	549	3.4
	理科三類	97	450	389	378	98	3.9
2017 前期日程	文科一類	401	1,310	1,203	1,181	402	2.9
	文科二類	353	1,125	1,059	1,050	362	2.9
	文科三類	469	1,564	1,410	1,399	475	2.9
	理科一類	1,108	2,901	2,770	2,741	1,126	2.4
	理科二類	532	2,107	1,864	1,846	549	3.4
	理科三類	97	527	388	377	98	3.8
2016 前期日程	文科一類	401	1,206	—	1,178	401	2.9
	文科二類	353	1,050	—	1,032	360	2.9
	文科三類	469	1,652	1,412	1,401	487	2.9
	理科一類	1,108	2,947	2,772	2,745	1,135	2.4
	理科二類	532	1,877	—	1,851	550	3.4
	理科三類	97	546	389	381	98	3.9

合格者最低点・平均点

- 前期日程第2次学力試験の得点は，大学入学共通テスト（2020年度までは大学入試センター試験）の成績（配点110点：900点満点を110点に換算）と第2次学力試験の成績（配点440点）を合算し，550点満点としたもの。
- 2021年度文科二類（無資格者3名は除く），2016年度文科一類・文科二類・理科二類では第1段階選抜は実施されていない。

年度	日程	科類	第1段階選抜合格者			第2次学力試験合格者		
			満点	最低点	平均点	満点	最低点	平均点
2022	前期日程	文科一類	900	520	675.62	550	302.5889	331.5381
		文科二類	900	435	692.31	550	306.1444	329.5061
		文科三類	900	595	697.77	550	305.4111	327.6554
		理科一類	900	630	730.01	550	303.2333	334.3703
		理科二類	900	646	700.02	550	287.3778	312.9709
		理科三類	900	529	659.06	550	347.5111	377.1345
2021	前期日程	文科一類	900	562	743.23	550	334.7778	360.8180
		文科二類	900	203	746.18	550	337.9222	362.0720
		文科三類	900	600	770.24	550	336.6222	356.8357
		理科一類	900	699	789.12	550	333.2667	360.7410
		理科二類	900	629	764.47	550	314.2333	338.5574
		理科三類	900	534	757.92	550	375.7111	405.5365
2020	前期日程	文科一類	900	621	750.22	550	343.9444	374.1542
		文科二類	900	612	763.49	550	337.6111	361.6561
		文科三類	900	575	780.21	550	338.8667	358.6730
		理科一類	900	681	791.72	550	320.7222	352.5810
		理科二類	900	626	770.70	550	313.0222	336.9197
		理科三類	900	611	780.01	550	385.6111	414.1081
2019	前期日程	文科一類	900	628	765.14	550	351.8333	378.7604
		文科二類	900	728	794.58	550	358.0667	379.0783
		文科三類	900	750	798.20	550	342.7222	361.4619
		理科一類	900	698	799.62	550	334.6667	363.2257
		理科二類	900	720	786.59	550	330.3778	353.1962
		理科三類	900	630	801.68	550	385.3778	410.8422

（表つづく）

東京大／大学情報　13

年度	日程	科　類	第1段階選抜合格者			第2次学力試験合格者		
			満点	最低点	平均点	満点	最低点	平均点
2018	前期日程	文 科 一 類	900	582	756.22	550	354.9778	381.0984
		文 科 二 類	900	703	781.30	550	350.6333	373.0185
		文 科 三 類	900	738	788.77	550	343.5778	364.0315
		理 科 一 類	900	715	802.00	550	319.1889	351.7954
		理 科 二 類	900	717	785.31	550	310.9667	336.2429
		理 科 三 類	900	630	793.45	550	392.3444	418.3943
2017	前期日程	文 科 一 類	900	571	764.18	550	354.5778	381.4095
		文 科 二 類	900	623	777.24	550	348.5222	373.7958
		文 科 三 類	900	732	787.97	550	343.6111	364.6010
		理 科 一 類	900	660	794.99	550	347.1889	378.2990
		理 科 二 類	900	701	777.69	550	335.3667	363.2149
		理 科 三 類	900	695	796.89	550	407.7111	432.9307
2016	前期日程	文 科 一 類	900	—	—	550	351.5111	379.4137
		文 科 二 類	900	—	—	550	349.0889	372.5877
		文 科 三 類	900	718	774.26	550	343.9889	363.8526
		理 科 一 類	900	728	800.40	550	328.4556	358.2631
		理 科 二 類	900	—	—	550	314.9778	341.6311
		理 科 三 類	900	694	802.86	550	388.6667	416.0400

募集要項(出願書類)の入手方法

　東京大学の募集要項は,テレメールによる請求,もしくは大学に直接訪問して受け取ることができます(東京大学からは郵送されません)。

■■大学のウェブサイトから請求
　テレメールを利用して資料請求ができる。詳しくは東京大学ウェブサイト(https://www.u-tokyo.ac.jp)を参照のこと。
■■大学に直接訪問して受け取る
　◎本郷キャンパス配付場所
　　広報センター(龍岡門),正門,伊藤国際学術研究センター門,東大生協(安田講堂売店,書籍部),農正門,コミュニケーションセンター(赤門脇)
　◎駒場キャンパス配付場所
　　正門,コミュニケーションプラザ北館1階生協売店

入学者選抜等に関する照会先

　　東京大学　入試事務室
　　〒113-8654　東京都文京区本郷7丁目3番1号
　　TEL　03(5841)1222
　　(注)照会は,志願者本人が行うこと。

 東京大学のテレメールによる資料請求方法

| スマホ・ケータイから | QRコードからアクセスしガイダンスに従ってご請求ください。 |
| パソコンから | 教学社 赤本ウェブサイト(akahon.net)から請求できます。 |

合格体験記 募集

　2023年春に入学される方を対象に，本大学の「合格体験記」を募集します。お寄せいただいた合格体験記は，編集部で選考の上，小社刊行物やウェブサイト等に掲載いたします。お寄せいただいた方には小社規定の謝礼を進呈いたしますので，ふるってご応募ください。

応募方法

下記URLまたはQRコードより応募サイトにアクセスできます。ウェブフォームに必要事項をご記入の上，ご応募ください。折り返し執筆要領をメールにてお送りします。
（※入学が決まっている一大学のみ応募できます）

⇨ http://akahon.net/exp/

応募の締め切り

総合型選抜・学校推薦型選抜	2023年2月23日
私立大学の一般選抜	2023年3月10日
国公立大学の一般選抜	2023年3月24日

受験川柳 募集

応募方法

　受験にまつわる川柳を募集します。
　入選者には賞品を進呈！　ふるってご応募ください。

http://akahon.net/senryu/ にアクセス！

在学生メッセージ

大学ってどんなところ？ 大学生活ってどんな感じ？ ちょっと気になることを，在学生に聞いてみました。

(注)以下の内容は 2020・2021 年度入学生のアンケート回答に基づくものです。各大学の新型コロナウイルス感染防止対策については，時期によって変更がありますことをご了承ください。

 大学生になったと実感！

　大学では自分で受ける授業を選べるという点が高校と大きく違います。興味・関心がある授業をとることができるのが嬉しいです。私は今のところ経済学部に進学予定ですが，心理学にも興味があったので心理の授業もとりました。また，朝起きられないから1限には授業を入れないなどといった工夫をしている人もいます。（K. H. さん）

　クラスメイトなど周囲の人が資格の勉強を始めたりセミナーに出席したり，将来に向けて本格的に動き始めているのを目の当たりにしています。好きなように履修を組みアルバイトやサークルに参加するなどより自由に動けるようになった一方で，進学に必要な単位数や成績などは自分で情報を集めなければならず，完全に自己責任で行動するようになりました。（K. S. さん）

 大学生活に必要なもの

　オンライン授業を受けたり，レポートなどを書いたりするときにパソコンは必須アイテムです。絶対にあったほうがいいと思います。またこれは人によると思うのですが，iPad があるとノートを一つにまとめられて便利です。（K. H. さん）

――――メッセージを書いてくれた先輩方――――
《文科一類》I. S. さん／K. S. さん　《文科二類》K. H. さん／Y. O. さん
《文科三類》S. N. さん

オンライン授業を受けるときの工夫

　特に外国語の授業でブレイクアウトルームが設定され，2～5人程のグループで発音の練習やディスカッションをすることがあります。その際，最初に発言することをみんな嫌い，しばらく無言の時間が流れることが何度かありました。その奇妙な時間を防ぐために，私は最近はブレイクアウトルームに入ったら早めに「よろしくお願いします」などと言うようにしています。(I. S. さん)

　自室で一人で受けるのが基本なので，どうしても気が緩みがちになってしまうが，授業によっては5分ほど休憩をとってくれる（話し手も105分フルに話し続けるのは疲れてしまうそうだ）。授業を受けていて眠くなることも何度かあったが，そういう時は立って授業を聞いたりメモをとったりしている。(S. N. さん)

面白かったオンライン授業

　私が受けたオンライン授業の中で一番良かったものは，国内外から幅広くゲスト講師を呼び講義をしてもらう法学の授業です。地理的障壁を撤廃できるオンラインの利点を最大限活かした授業であり，とても面白かったです。(K. S. さん)

　匿名で質問できる掲示板のようなものを使っている授業があり，それは質問がしやすく，時に他の受講者の感想が流れることもあり，見ていて楽しかった。同様にコメントをニコニコのように流せる形式をとっていた授業もあり，それも受講者の反応が見られて面白かった。また，一度講義を担当する人（学生）がアバターで授業を行うこともあり，これも面白かった。Zoomのブレイクアウトルームという機能を使う授業もあり，こちらは他の受講生と1対1などで会話をするのだが，そうしたことが気軽にできるのもよかった。(Y. O. さん)

　毎年開講されている「美術論」の授業が特に面白かった。ルネサンス初期からフランス革命前までの時代の西洋絵画の見方のレクチャーを受ける。例年大教室で300人近い学生が受講する人気の講義であるが，それゆえに大教室ではスクリーンに映し出される絵画をじっくり鑑賞できないという弊害もあったことかと思う。それがオンライン授業であれば誰もが同様に資料を見られるので，よりわかりやすくなったのではないかと感じた。(S. N. さん)

大学の学びで困ったこと&対処法

　一番困ったのは勉強の進め方だった。高校までのように教科書やプリントに全てがまとまっているわけではなく，ハンドアウトなどから自分でまとめ直すことが必要であったりした。特に対面授業がなくクラスメイトなどから情報がなかなか入らなかったため，どのように勉強をしたらよいか悩むことが多かった。結局，特に難しい授業についてはWordを使ってまとめノートを作成し，それ以外は紙のノートを使ったり，配られたPDFに書き込む形で対応した。(Y. O. さん)

いま「これ」を頑張っています

　将来のために貯金をしたいのでバイトを掛け持ちして頑張っています。また，バドミントンサークルに入っているのですが，部内戦で勝つために練習に励んでいます。よく「大学生は勉強が本分」と言われますが，私は自分が熱中できることに全力を注ぐのがいいと思います。もちろん勉強を頑張りたい人は授業をしっかり受けるべきだし，スポーツを頑張りたい人はサークルで一生懸命練習する，お金を稼ぎたい人はバイトを掛け持ちして頑張る，それでいいと思います。自分が頑張れることを見つけられるかが大事です。(K. H. さん)

　塾のアドバイザーと家庭教師のアルバイトを頑張っています。教育系のアルバイトは，仕事内容自体やりがいがありますし，大学生と一緒に働くのでとても楽しいです。入国制限などが緩和されたら海外旅行に行きたいと思っているので，そのためにお金を貯めています。(I. S. さん)

　東京大学では意外にも語学の授業が多く難度も高いため，語学の勉強が重要です。好成績をとるため，また将来の可能性を広げるために英語と中国語の勉強に励んでいます。(K. S. さん)

部活・サークル活動

　バドミントンサークルに所属しています。活動は週2ですが友達と暇なときに集まって自主練もしています。ほかにも旅行サークルや文化祭実行委員にも所属しています。どれも和気あいあいとしていて楽しいですよ！(K. H. さん)

交友関係は？

　私はサークルやバイト先で友達を作りました。特にサークルは何回も行けば自然とみんな仲良くなれて，友達と遊びに行ったりする人もいます。また，クラスの中にパ長（パーティー長の略）という人が存在し，クラス間の交流を企画してくれます。対面は少ないですが，クラス間の交流でクラスメイトとも仲良くなれます。(K. H. さん)

健康維持のために

　特に秋から冬にかけて，受験生はインフルエンザやノロウイルスに気を付けるための予防策（手洗い・うがい・マスク着用・三密の回避など）を講じると思うが，おそらくそれがコロナ対策にも有効だろうと思う。自分が感染したらどうしようと思う受験生もいるだろうが，かえってそれがストレスとなり，心身に負担をかけてしまっては元も子もない。自分も受験生の時，2月に親がインフルエンザに感染して不安だったが，手洗い・うがい・病人の隔離を徹底して事なきを得た。普段から規則正しく生活することが一番の予防ではないだろうか。(S. N. さん)

おススメ・お気に入りスポット

　キャンパスの周りにはいろいろな飲食店があり，昼ご飯には困りません。特に菱田屋という定食屋さんは本当においしいです。量も多く学生にはありがたいです。おすすめは生姜焼き定食です。皆さんもぜひ行ってみてください！(K. H. さん)

合格体験記

みごと合格を手にした先輩に，入試突破のためのカギを伺いました。入試までの限られた時間を有効に活用するために，ぜひ役立ててください。

（注）ここでの内容は，先輩が受験された当時のものです。2023年度入試では当てはまらないこともありますのでご注意ください。

アドバイスをお寄せいただいた先輩

S. T. さん 理科一類
前期日程 2019 年度合格，静岡県出身

　高校入学後から毎日少しずつこつこつと勉強量を積み重ねていったことで，しっかりと基礎を固めることができ，それが最終的に合格につながったのだと思います。

その他の合格大学　日本大（理工〈センター利用〉），早稲田大（基幹理工）

H. S. さん 理科二類
前期日程 2019 年度合格，愛知県出身

　合格の最大のポイントは，常に本番を意識して勉強したことです。例えば，数学なら見直しのタイミングや計算用紙の使い方などです。あとは，本番で最後に大事なことはケアレスミスをしないことです。そのために，自分のミスのパターンは模試や演習のたびに確認し，同じミスをしないように対策しました。

その他の合格大学　慶應義塾大（医，理工）

Y. I. さん　理科二類
前期日程 2019 年度合格，三重県出身

同じ大学を目指す仲間を見つけることで，意見・情報交換ができ，モチベーションアップにもつながります。つらいときも支えてくれる仲間の存在は大きいです！

Y. N. さん　理科二類
前期日程 2018 年度合格，千葉県出身

焦らず常に心に余裕をもつことが大事です。勉強と遊びのメリハリを意識して適度に息抜きしつつ，コンスタントに努力し続けると，結果につながると思います。気負いすぎずに頑張ってください。

その他の合格大学　早稲田大（先進理工），慶應義塾大（理工），東京理科大（理工），立教大（理〈センター利用〉）

入試なんでもQ＆A

受験生のみなさんからよく寄せられる，入試に関する疑問・質問に答えていただきました。

Q 「赤本」の効果的な使い方を教えてください。

A 赤本は志望校の出題形式に慣れるのに大いに活用しました。東京大学に関しては，模試やその過去問，予想問題など，本番の出題形式に合わせた様々な問題が存在します。しかし，基本的な事項を緻密にかつ様々に組み合わせた問題として最も優秀なのは本試験の過去問ですから，赤本を用いて過去問演習をたくさんこなすことが試験慣れには最も適していると思います。また，東大の入試は出題量が非常に多く解答戦略を練ることが重要ですから，ある程度の年数をこなして自分なりの解き方を見つけることが大切です。　　　　　　　　　　　　　　　（S. T. さん／理科一類）

A 大学の出題傾向を知るためにまずは高２のときに目を通した。高３の入試直前期，基礎が完成したと思えたころに本格的に赤本を解き始めた。入試本番の雰囲気を再現するために，自分の部屋ではなく自習室などピリピリした空気の中で時間を計って解いた。解けなかった問題は赤本を解き直し，別解まで目を通して１問１問から最大限の成果を得られるようにした。　　　　　　　　　　　　　　　　　　　　　　（Y. I. さん／理科二類）

Q どのように学習計画を立て，受験勉強を進めていましたか？

A 受験２カ月前までは月単位で最低限やるべきことを決め，それに加えて模試などで見つかった課題を解決するための学習をプラスアルファして行いました。大まかに計画を立てることで，焦ることなく勉強内容を吸収できました。冬休み以降は１カ月に一度，１日ごとの学習計画を立ててそれを実践しました。実際には勉強内容を１日早めたり逆に延ばしたりしましたが，大まかには予定を遵守し，タスクをこなしていきました。

（S. T. さん／理科一類）

A 学校がある日は無計画にその日やりたいと思った勉強をやるだけでしたが，長期休みや直前期からは，2週間分くらいの計画を大まかに立てて，それに沿って勉強しました。途中で出来不出来によって計画を変えることもありました。計画が細かすぎると調整しにくく，達成できなかったときに気分が下がるので，ゆとりをもった大まかな計画を立てることを心掛けました。計画はルーズリーフにまとめて書き，勉強机の前に貼って常に確認できるようにしました。 （Y. N. さん／理科二類）

Q 1年間の学習スケジュールはどのようなものでしたか？

A 最初は発展問題に歯が立たず，高3春～夏休みはどの教科も基礎固めに専念した（それが結果的に，秋から演習を始める際の解説の理解スピードのアップにつながった）。秋ごろから過去問を毎日少しずつ（直近5カ年分をとっておき）20カ年分くらい解いた。センター後は制限時間を決めて問題を解いたり，「この大問は時間をかけた割には解けなかったな」など，見極めをしながら過去問に取り組んだ。二次試験受験の2週間前からは直近5カ年分の過去問を解き，特に解説を読み込み，よく出る分野などの傾向をつかんでいった。 （Y. I. さん／理科二類）

Q 東京大学を攻略する上で，特に重要な科目は何ですか？また，どのような勉強方法をとりましたか？

A 数学と理科だと思います。数学は1問の配点が非常に大きいため，1問完答を増やすだけで点数が跳ね上がります。つまり，ここで1問取れるか取れないかは合格戦略を立てる上でかなり重要になってきます。また，完答せずとも部分点ももらえるようなので，食らいついていけば合格へのアドバンテージとなる科目となることは間違いありません。理科は最後まで伸びる科目です。入試直前まで頑張りましょう。

（S. T. さん／理科一類）

A 東京大学を攻略する上で特に大切な科目は英語だと思います。理由は配点が大きく，得意にしてしまえば得点が安定するからです。僕の対策は，長文系の問題とリスニングで点数を稼ぐことでした。リスニングは，過去問を解いたりラジオを聞いたりして，なるべく毎日触れました。英語

24　東京大-理科／合格体験記

は数学と違って，問題によって大きく点数がブレることもないので，万が一数学で失敗しても自分には英語があるんだという精神安定剤にもなります。
(H. S. さん／理科二類)

Q 苦手な科目はどのように克服しましたか？

A　数学が苦手で，まずは学校の予習復習や提出物に真面目に取り組み，基礎を固めた。その後は東大に限らず様々な大学の過去問を解いた。校内の東大志望者で集まり，時間を計って過去問や個別大模試を解いた後，全員の解答を採点し，別解の確認をした。他の人の解答を見たり，自分の解答を採点してもらったりすることは，記述，特に証明問題での穴を発見でき，プラスになった。間違えた問題はできるようになるまで繰り返し，何度やってもつまずく問題はピックアップし，受験直前に見直すようにした。
(Y. I. さん／理科二類)

Q 時間をうまく使うためにしていた工夫があれば，教えてください。

A　隙間時間を有効活用することです。電車や徒歩での移動中，また寝る直前などに単語帳を確認することを毎日怠らなければ，かなり長い勉強時間を確保できます。塵も積もれば山となるわけです。さらに，疲れたときに目を閉じてリスニングを少しやるなど，休憩時間にも少しだけ勉強の成分を残すことも有効です。また，英語に関しては普段から英語に触れることが大切です。英語のニュースを見たりラジオを聞いたりするのはもちろん，英語の論文を読んでみたりすると，内容に対する興味もかき立てられて一石二鳥です。
(S. T. さん／理科一類)

A　時間は有限なので無駄な時間を省くようにしました。僕は毎日自分が使った時間を細かくメモしました。そして，1日の終わりに改善すべき点を見つけ，効率をどんどん上げていきました。そのメモのおかげで，勉強時間が少なくなっていたり，時間をかけすぎている科目の発見につながりました。通学の電車は混んでいたので，立ちながらでもパラパラめくることのできる単語カードを利用しました。1日を振り返ると案外無駄にしている時間は多いので，時間の使い方をメモして改善することは大切だと

思います。 (H. S. さん／理科二類)

Q 模擬試験の上手な活用法を教えてください。

A 最初のうちは解けなくて当たり前なので，「復習のツール」として活用するようにした。解説を丁寧に読み込み，類題に出くわしたときに解けるようにした。英作文や国語は自分の解答と模範解答を照らし合わせ，どうすれば満点解答になったのかを自分で研究した。入試直前は主に過去問や個別大模試の復習をし，解き方やアイデアの根拠を一通りおさらいした。東大の場合解答欄が小さいので，記述ポイントを押さえながらどこまで記述量を減らせるかを考えた。 (Y. I. さん／理科二類)

Q 受験生のときの失敗談や後悔していることを教えてください。

A 地方公立校では理科の進度が遅いため，意識して対策をしないと本番に間に合いません。また，高1・高2のうちは国数英に注力するよう言われることが多々あるため，理科を疎かにしがちです。僕の場合，高2まで物理をほとんどやってこなかったため高3になって非常に苦しみました。夏休み以降集中して取り組むことでなんとか挽回することができましたが，もっと早くから物理をこつこつやっていればよかったと少し後悔しています。 (S. T. さん／理科一類)

Q 食べるものや睡眠のとり方など，普段の生活の中で気をつけていたことを教えてください。

A 普段の生活の中で気をつけたことは，メリハリをつけることとよく寝ることです。メリハリのつけ方としては，やる気がないときはダラダラやるのではなく，顔を洗ったり音楽を聴いたりして気分を切り替えてから勉強を続けるようにしました。よく眠るためにもメリハリは大事で，僕は家ではあんまり勉強はしないようにしていて，塾で1日のタスクを全て終わらせるために帰宅時間を定めて，それに近づくと集中して終わらせるようにしました。 (H. S. さん／理科二類)

Q 受験生へアドバイスをお願いします。

A やはり，最後まで諦めないこと，これに尽きます。現役生は最後まで伸びるとよく言われますが，僕の場合も本当に最後の最後まで実力を伸ばすことができました。また，直前期に数学でスランプに陥ったのですが，それでも問題を解き続けて自分に足りないところを一つずつ潰していくことで，本番は今までで一番と言ってよいくらいの結果を出すことができました。試験時間中も同じです。数学の部分点，理科の記述，また記号問題など，最後の最後まで問題に食らいつくことで得点が積み重なります。だから，合格のために最後の1秒まで諦めないでください。

(S.T.さん／理科一類)

科目別攻略アドバイス

みごと入試を突破された先輩に，独自の攻略法やおすすめの参考書・問題集を，科目ごとに紹介していただきました。

■■英語

> リスニングを固めることが重要です。東大英語ではリスニングの比重が大きい上，記号問題なので対策をすれば確実に点が取れるおいしい分野です。また，リスニングを強化すると自分の英語のアウトプットが全体的によくなり，速読や英作文にも強くなれます。
> （S. T. さん／理科一類）

おすすめ参考書　『灘高キムタツの東大英語リスニング』（アルク）

> 英作文は添削してもらうといいです。全部の問題に手をつけるために，時間配分を明確に決めておく必要があります。
> （Y. N. さん／理科二類）

おすすめ参考書　『鉄緑会東大英単語熟語 鉄壁』（KADOKAWA）

■■数学

> できる問題とできない問題を見極める力を養う必要があります。
> （Y. N. さん／理科二類）

おすすめ参考書　『東大数学で1点でも多く取る方法 理系編』（東京出版）

■■物理

公式をまず覚える。公式が導出できる根拠や1つの公式に付随して導出できる公式までしっかりマスターしよう。公式を使いこなせるようになるまで同じ問題を何度もやることが重要。物理は習いたてのころは伸び悩むことが多いが，爆発的に伸びる日が来るので諦めずにやることが大切。 (Y. I. さん／理科二類)

おすすめ参考書 『物理教室』（河合出版）
『体系物理』（教学社）
『難問題の系統とその解き方 物理』（ニュートンプレス）
『実戦 物理重要問題集 物理基礎・物理』（数研出版）

■■化学

基礎知識を確実に蓄えることが重要です。そうすれば，用語問題だけでなく，記述や計算にも強くなれます。 (S. T. さん／理科一類)

おすすめ参考書 『実戦 化学重要問題集 化学基礎・化学』（数研出版）

■■国語

現代文は類似・対比関係に着目して文章に線を引くようにすると，解答する際まとめやすい。高1，高2のころから様々なジャンルの文章に触れたりコラムなどを読んだりしておくと，初見の文章でも予備知識でスラスラ読める場合が多い。古文はまず単語を覚える。その際，語源を知る，漢字を当ててみるなど周辺知識にまで目を配っておくと覚えやすい。文章を読みながら意味の取りにくい箇所が出てきたら，品詞分解，主語の確認をする。教科書の予習復習をしっかりしよう。 (Y. I. さん／理科二類)

おすすめ参考書 『文脈で学ぶ 漢文句形とキーワード』（Z会）
『読んで見て覚える重要古文単語315』（桐原書店）
『東大の現代文25カ年』『東大の古典25カ年』（ともに教学社）

Trend
& Steps

傾向と対策

30 東京大-理科／傾向と対策

傾向と対策を読む前に

　科目ごとに問題の「傾向」を分析し，具体的にどのような「対策」をすればよいか紹介しています。まずは出題内容をまとめた分析表を見て，試験の概要を把握しましょう。

■注意

　「傾向と対策」で示している，出題科目・出題範囲・試験時間等については，2022 年度までに実施された入試の内容に基づいています。2023 年度入試の選抜方法については，各大学が発表する学生募集要項を必ずご確認ください。

　また，新型コロナウイルスの感染拡大の状況によっては，募集期間や選抜方法が変更される可能性もあります。各大学のホームページで最新の情報をご確認ください。

分析表の記号について
　★印：一部マークシート法採用であることを表す。

東京大-理科／傾向と対策　31

英　語

年　度	番　号	項　　目	内　　　　容
★ *2022*	〔1〕(A)	読　　解	要約（80字）
	(B)	読　　解	空所補充，語句整序
	〔2〕(A)	英　作　文	意見論述（80語）
	(B)	英　作　文	和文英訳
	〔3〕(A)	リスニング	内容説明
	(B)	リスニング	内容説明
	(C)	リスニング	内容説明，内容真偽
	〔4〕(A)	文法・語彙， 読　　解	誤り指摘
	(B)	読　　解	英文和訳
	〔5〕	読　　解	内容説明，語句整序，空所補充，内容真偽
★ *2021*	〔1〕(A)	読　　解	要約（80字）
	(B)	読　　解	空所補充，語句整序
	〔2〕(A)	英　作　文	テーマ英作文（80語）
	(B)	英　作　文	和文英訳
	〔3〕(A)	リスニング	内容説明，内容真偽
	(B)	リスニング	内容真偽，内容説明
	(C)	リスニング	内容真偽，内容説明
	〔4〕(A)	文法・語彙， 読　　解	誤り指摘
	(B)	読　　解	英文和訳
	〔5〕	読　　解	内容説明，語句整序，空所補充，内容真偽
★ *2020*	〔1〕(A)	読　　解	要約（80字）
	(B)	読　　解	語句整序，空所補充
	〔2〕(A)	英　作　文	意見論述（80語）
	(B)	英　作　文	和文英訳
	〔3〕(A)	リスニング	内容真偽，内容説明
	(B)	リスニング	内容説明
	(C)	リスニング	内容説明，内容真偽
	〔4〕(A)	文法・語彙， 読　　解	誤り指摘
	(B)	読　　解	英文和訳
	〔5〕	読　　解	内容説明，語句整序，空所補充，内容真偽

32 東京大-理科／傾向と対策

★**2019**	〔1〕(A)	読 解	要約（80字）
	(B)	読 解	空所補充
	〔2〕(A)	英作文	テーマ英作文（80語）
	(B)	英作文	和文英訳
	〔3〕(A)	リスニング	内容説明，内容真偽，空所補充
	(B)	リスニング	内容説明
	(C)	リスニング	内容説明，内容真偽
	〔4〕(A)	文法・語彙，読解	誤り指摘
	(B)	読 解	英文和訳
	〔5〕	読 解	内容説明，語句整序，空所補充，内容真偽
★**2018**	〔1〕(A)	読 解	要約（80字）
	(B)	読 解	空所補充，要約（20語）
	〔2〕(A)	英作文	意見論述（60語）
	(B)	英作文	和文英訳
	〔3〕(A)	リスニング	内容説明
	(B)	リスニング	内容説明
	(C)	リスニング	内容説明
	〔4〕(A)	文法・語彙，読解	語句整序
	(B)	読 解	英文和訳
	〔5〕	読 解	英文和訳，空所補充，内容説明，語句整序
★**2017**	〔1〕(A)	読 解	要約（80字）
	(B)	読 解	空所補充
	〔2〕(A)	英作文	テーマ英作文（80語）
	(B)	英作文	テーマ英作文（80語）
	〔3〕(A)	リスニング	内容説明，主題
	(B)	リスニング	内容説明
	(C)	リスニング	内容説明，内容真偽
	〔4〕(A)	文法・語彙，読解	誤り指摘
	(B)	読 解	英文和訳
	〔5〕	読 解	同意表現，内容説明，空所補充，内容真偽
★**2016**	〔1〕(A)	読 解	要約（120字）
	(B)	読 解	空所補充
	〔2〕(A)	英作文	テーマ英作文（80語）
	(B)	英作文	テーマ英作文（70語）
	〔3〕(A)	リスニング	内容説明
	(B)	リスニング	内容説明，内容真偽
	(C)	リスニング	内容説明，内容真偽
	〔4〕(A)	文法・語彙，読解	誤り指摘
	(B)	読 解	英文和訳
	〔5〕	読 解	内容説明，同意表現，空所補充

（注） 全問文科と共通問題。

東京大-理科／傾向と対策　33

▶読解英文の主題

年　度	番　号	類別	主　　　　　　　　　題	語　数
2022	〔1〕(A)	論説	人間にとって食べ物がもつ意味	約410語
	(B)	論説	会話の引き際はいつなのか	約970語
	〔5〕	随筆	ジェンダーに関する違和感	約970語
2021	〔1〕(A)	論説	10代の若者の気質の変化	約320語
	(B)	論説	人工知能と芸術	約840語
	〔5〕	随筆	目に見えない仕事	約990語
2020	〔1〕(A)	論説	高齢者にやさしい町づくり	約380語
	(B)	論説	都市生態系における進化	約930語
	〔5〕	物語	家を出る日のこと	約890語
2019	〔1〕(A)	論説	子どもの権利という概念の誕生	約320語
	(B)	論説	音楽は世界共通言語か	約760語
	〔5〕	評伝	雲の魅力	約950語
2018	〔1〕(A)	論説	噂の広まり方	約350語
	(B)	論説	言語化による記憶の劣化	約840語
	〔5〕	物語	母と娘の確執	約900語
2017	〔1〕(A)	論説	人の行動を予測する手がかり	約360語
	(B)	論説	裕福さと身勝手さの関連性	約700語
	〔5〕	随筆	ある女性との微妙な関係	約940語
2016	〔1〕(A)	論説	「仮想親族」という概念	約320語
	(B)	論説	言論の自由の重要性	約810語
	〔5〕	随筆	ホームレスの排除がはらむ問題	約870語

(注)　英文和訳のみの英文，文法・語彙問題の英文は除く。

傾　向　処理の素早さがポイント！
速読即解＋即表現の総合力が必要

1　出題形式は？

　<問題構成>　例年大問5題で，読解，英作文，リスニング，文法・語彙と，「話す」以外のすべての英語力が試される出題である。試験時間は120分。聞き取り試験は2000年度以降，試験開始後45分経過した頃から約30分間行われている。それぞれの問題は標準的なものがほとんどだが，量が多いので時間との戦いである。

　<解答形式>　要約・英作文・英文和訳の本格的な記述が中心だが，2015年度から，選択問題でマークシート法が採用されている。記述式の解答用紙はA3判1枚の両面を使う。草稿用紙が問題冊子の中に与え

34　東京大-理科／傾向と対策

られており，字数制限のある問題では，それに相当するマス目もある。

② 出題内容はどうか？

(1) 読解問題

① 要約問題

〔1〕(A)として毎年出題されている。英文自体は 300～400 語程度の短めのものが使われる。要約の制限字数は 70～80 字が多いなかで，2016年度は 100～120 字であったが，2017～2022 年度は再び 70～80 字となっている。いずれにしても，英文に述べられていることから要点を抽出し，わかりやすくまとめる力を試す問題である。使われる英文のテーマは多岐にわたるが，随筆的なものも含めて論説文が中心である。

② 文脈把握問題

例年，〔1〕(B)では文章の流れ・論旨・場面の展開を読み取る力をみる問題が出題されている。出題内容としては，2012 年度までは段落整序，不要文指摘，欠文挿入箇所，主題が主なもので，文脈をたどる力が多方面から問われていたが，2013・2014 年度は長めの語句の空所補充のみ，2015・2017 年度は文の空所補充と単語の空所補充，2016 年度は段落の空所補充のみであった。2018 年度は文の空所補充と，文章中で言及されている発見の内容を英語で要約するという新傾向の問題が出題された。2019 年度は文の空所補充と，空所にあてはまる単語 1 語を文章中から抜き出す問題，2020～2022 年度は文の空所補充と語句整序であった。

③ 英文和訳問題

2000 年度以降，〔4〕(B)が独立した英文和訳問題になっている。与えられる文章の長さ，和訳箇所の数，和訳部分の分量は年度によって異なる。語数が少ない場合でもなじみのうすい語を文脈から推測しなければならなかったり，一見易しい語ばかりのように見えて，直訳では意味が通らず意訳を求められたりと，何らかの工夫が必要とされる場合が多い。2020・2022 年度は，下線部中の語句が指す内容を明らかにして訳すという条件がつけられたものが 1 問あった。英文の内容は論説系のものが主流であるが，2019・2022 年度は随筆であった。

④ 読解総合問題

〔5〕は例年読解総合問題である。英文の長さは年度によって異なるが，

〔1〕と〔5〕の合計は例年 2000 語程度である。2014〜2021 年度は，ほぼ 2000〜2200 語で安定していたが，2022 年度は約 2350 語とやや多かった。〔5〕の英文が長めの場合には，内容が読み取りやすいことが多く，必ずしも長いから難しいとは言えない。題材としては〔5〕は論説系よりも伝記・物語・随筆といった文学系のものが多い。2015・2018・2020 年度は物語，2016・2017・2021・2022 年度は随筆，2019 年度は評伝が出題された。設問は，意味内容，適切な語句の補充といった各箇所の細かい理解を求めるものが多いが，2019〜2022 年度は，文章全体にわたる内容真偽が出題されている。物語や 2022 年度のようにそれに近い随筆が使われている場合には，人物の心理などを問う内容説明といった，想像力を試す設問もみられる。

(2) 英作文問題

① テーマ英作文・意見論述

　与えられたテーマについて 60〜80 語程度で書くものや，意見や理由を求められる問題が出されている。語数はそれほど多くはないので，要点を簡潔にまとめる力が求められるだろう。また，絵・グラフ・ことわざの内容説明など，趣の変わった問題も出題されているので，注意が必要である。2014 年度は，写真に写っている 2 人の人物の会話を想像して書くものと，有名な言葉についての意見論述がそれぞれ 50〜70 語で出された。2015 年度は，絵が表す状況を説明する問題とことわざの内容説明・意見論述，2016 年度は示された画像について思うことを述べる問題と，示された 2 つの段落から導かれる結論を第 3 段落として書くというものが出された。2017 年度は，画像や絵を伴うものはなく，受験会場となっているキャンパスについて気づいたことを説明するものと，莫大な財産を相続するとすれば何に使うか，理由とともに手紙の返事として書くものという，新傾向の出題であった。2018 年度も新傾向で，戯曲の一場面が引用され，その対話の内容について思うことを 40〜60 語で述べるというものであった。2019 年度は一転して，新たに祝日を設けるとしたらどのような祝日を提案したいかというオーソドックスなテーマで，祝日の意義や望ましいと考える理由について述べることが求められた。2020 年度は人が言葉を操っているのか言葉に操られているのかについての意見を，また 2021 年度は暮らしやすい街の最も重要な

36　東京大-理科／傾向と対策

条件を理由を添えて述べるもの，2022 年度は「芸術は社会の役に立つ
べきだ」という主張についてどう考えるか，理由を添えて述べるもので，
2019〜2022 年度の語数はいずれも 60〜80 語であった。

② 要約問題

独立した大問としては 2007 年度に出題されたことがある。複数人の
会話や一人の人が述べる連絡事項などの内容を，指定された条件を満た
しながらまとめるもの。〔1〕でも求められる要点把握力がベースで，そ
れを英語で表現する力がプラスされることになる。2018 年度は，〔1〕
(B)で，文章中で言及されている発見の内容を 15〜20 語程度で要約する
問題が出題された。いずれの場合でも限られた語数に収めるのが難しい。

③ 和文英訳

長らく出題されていなかったが，2018〜2022 年度の〔2〕(B)で出題さ
れている。短い文章の部分訳で，1990 年代まで出題されていたのと同
様の形式。難易度も当時と同じレベルである。

(3) 文法・語彙問題

不要語指摘と語句整序が主なものであったが，2016・2017・
2019〜2022 年度は文章中の誤り箇所が問われた。2015・2018 年度は，
一連の文章中の空所を語句整序により埋めるものが出題された。他に趣
の変わったものとして，2010 年度の〔2〕(B)では派生語による空所補
充，2012 年度の〔2〕(A)では定義に合う語による空所補充が出題されたが，
いずれも基本的な知識で解答できるものであった。不要語指摘は，難度
の高いものが含まれていることもあり，単語の意味だけで漠然と英文内
容を推測する読み方をしている受験生には対応が難しいものとなってい
る。

(4) リスニング問題

2001 年度以降，(A)・(B)・(C)の 3 パートからの出題が続いている。放
送内容は大きく分けて，講義形式のものと会話形式のものとがある。設
問内容は，以前は内容説明とディクテーションが定番になっていたが，
近年では，2012 年度に単語レベルのディクテーションが(A)で出題され
たのにとどまり，2015〜2017・2020〜2022 年度は内容説明と内容真偽，
2014・2018 年度は内容説明のみであった。2012 年度は図を用いた問題
が出題され，2017 年度は文章の表題も問われた。2019 年度は内容説明，

内容真偽と空所補充が出題されたが，空所補充も放送内容に合うように説明文を完成させるもので，内容説明と考えてよい。いずれにしても，放送内容の聞き取りがきちんとできていれば答えられるという点には変わりがないので，出題内容の変動に惑わされないよう十分な練習をしておきたい。

講義形式の英文のテーマは科学的なものから社会・文化的なものまで多岐にわたる。一般にはあまり知られていない内容であったり，聞いたことのある話題でも詳細な説明がされていたりしており，予備知識の助けなしに純粋に聞き取り能力だけで内容を理解できているかどうかを試したいという意図がうかがえる。

会話形式の場合，一人が語り続ける講義よりも変化があり，集中力は保ちやすい。ただ，内容が日常的なおしゃべりではなく，討論や専門的な内容の質疑応答といったものが多いので，油断は禁物である。2014年度の(C)や2015・2017年度の(B)も，友人同士の会話という設定ではあったが，やはり内容は討論に近いものであった。

3 難易度は？

読解問題で取り上げられる文章は標準的であり，設問にも難問・奇問はないが，試験問題全体の分量が多く，〔1〕(A)の要約や〔2〕の英作文の記述もあるので，とにかく時間との戦いになるだろう。また〔4〕(A)の語句整序や不要語指摘には，かなり難度の高いものが含まれることもあり，そうした問題に時間を取られすぎると，とうてい時間内に解き終わることはできない。リスニングも読み上げられる英文が非常に長く，日頃から対策を積んでおかないと対応できないものである。問題分量の多さという点だけでも，難度はかなり高いと言える。

対　策

■ 読解問題

(1) 語彙の充実

読解英文中には極端な難語はなく，専門的な語や特殊な語には注がついているので，標準的な語句を完全消化することを目標にしよう。単語

38 東京大-理科／傾向と対策

集に載っている代表的な訳語が全部言えるというレベルから、さらにその語の持つ意味の広がりまでつかんでおきたい。そこで大切になるのが、辞書を丁寧に読むことである。訳語のチェックだけでなく用例も見て、その語がどのような使われ方をするのか、どのようなニュアンスなのかをつかむようにしたい。その点で『東大の英単語』（教学社）は、単純な頻度順に集めたものではなく、テーマ別に類義語の使い分けやニュアンスに言及してあり、たいへんわかりやすい。東大の過去問の文章を使った確認問題もあるので、ぜひ活用してもらいたい。

(2) 文脈把握力を培う

　精読は必ず行うべきだが、常に全体の構成に目を配るようにしよう。最後まで読んだら改めて最初から通読してみるとよい。そうすることで、各部分が全体の中で占める役割が俯瞰的につかめる。

① 要約問題

　筆者の主張をつかむためには、具体例など、枝葉にあたる部分を取り除いてみるとよい。ただし、残りを単純につなぎあわせただけでは、要約としては不十分である。各部分の全体に対する役割を理解し、要点を再構成することを心がけたい。2015 年度では、文章の大半が具体例にあたり、それを直接要約に盛り込むことはできず、具体例から読み取れることをまとめる必要があった。また、2014 年度は、通常なら取り除くことになる具体例が、主張を伝えるのに重要な役割を果たしている。2018 年度では、耳慣れない用語が文章の主題に欠かせないカギであるものの、その直訳では意味がわかりにくい。伝わりやすい言葉にまとめ直すことが求められた。このようなケースもあるため、日頃から訓練を積んでおくことが必要である。『東大の英語 要約問題 UNLIMITED』（教学社）は過去 61 カ年分（1960〜2020 年度）の要約問題が掲載されており、数多くの練習を重ねるのに大いに役立つ。ぜひ活用したい。

② 英文和訳問題

　一連の文章の一部が問題になっていることが多い。下線部以外のところもきちんと読み、全体の流れ、筆者の主張を理解した上で解答すること。近年の傾向としては、分量は少なく、一見難語は含まれていないにもかかわらず、訳しにくいものが多いということがある。これは、文脈の理解に左右されるためであるとともに、基本語が意外な意味で使われ

東京大-理科／傾向と対策　39

ていることがあるためだ。過去問を十分研究し，辞書をまめに引いておきたい。また，内容は理解できるものの，わかりやすい日本語にまとめるのが難しい場合もあり，日本語の語彙力や文章作成能力も高めておく必要がある。

③　読解総合問題

英文の長さにしり込みしないために，1000 語程度のものは一気に読めるよう，普段から訓練しておくこと。文章の種類は，文学系のもの（物語・伝記・随筆など）が中心なので，具体的な場面やそのときの人物の気持ちなどを生き生きと思い描けることが重要である。また，こうしたジャンルの文章では，描出話法（本来なら“…”か間接話法の that 節内に入っているはずのセリフや思いが，「地の文」に放り出されているもの）や省略，比喩が多くみられるため，日頃から親しんでおかなければ対応は難しいだろう。

２　英作文問題

形式にかかわらず，英文として正しいものであることが最低条件なので，語法・文法事項など，辞書や参考書で丁寧に確認しておきたい。

①　テーマ英作文・意見論述

設問内容が多様なので，どのようなものでも素早く対応できるように過去問を十分に研究しておこう。また，大阪大学や，早稲田大学法学部・国際教養学部といった他大学の過去問もぜひ利用したい。根拠・理由を挙げて「賛否」を論じるテーマの場合は，両方の立場で書いてみるとよい。書く練習量が増やせるだけでなく，異なった視点から考える練習にもなる。

2016 年度の 1 段落全部を書くことが求められる問題のように空所を埋める形式のものは，文脈からはずれないように，確実に使える表現で書くこと。大きな流れを考えなくてはならない場合もあることを意識して，読解問題を解く際にも文章の展開に注意を払っておこう。

②　要約問題

テーマ英作文・意見論述とは異なり，内容に関する自由度はない。指定語数はぎりぎりのことが多く，それに収まるようにする基本的な力は〔1〕(A)と同じである。したがって，〔1〕(A)の解答を作成したら，それを

40 東京大-理科／傾向と対策

英語で表現してみる，ということで対策ができる。

③ 和文英訳

　長らく出題されていなかったが，2018 年度に久々に出題され，2019〜2022 年度も引き続き問われた。いつ問われても一定のレベルの英語が書けるようにしておきたい。特に，標準的な構文や語法が十分に使いこなせることは，他の形式の英作文でも必要なことなので，市販の問題集の例文などを徹底的にマスターしておこう。また，『東大の英語 25 カ年』（教学社）で過去問にもあたっておきたい。

❸ 文法・語彙問題

　問われる文法事項は基本的なものばかりであるが，完全に理解できていないと解答できないものも多い。英文に接する際は「なんとなく」単語から意味を推測して読んでしまわないよう日頃から意識しておきたい。不要語指摘・誤り指摘対策としては，文型の把握，修飾関係など，文中のすべての語について文法機能がしっかり把握できるよう訓練を積んでおきたい。たとえば，日常学習から受験直前期まで使える総合英文法書『大学入試 すぐわかる英文法』（教学社）は，基礎を押さえて英語力を磨くトレーニングに役立つだろう。

❹ リスニング問題

　試験時にまず実行すべきことは「リスニング放送の前に問題冊子の設問文や選択肢に目を通す」ことである。各パートそれぞれの放送内容の場面設定が簡単に書かれていることが多いので，それも見落とさないこと。2015〜2021 年度は，「(A)と(B)は内容的に関連している」と示されており，(A)の中に(B)で討論されるテーマが述べられていた。また，設問を読めば，どんな内容の講義や会話かある程度推測でき，聞き取る必要のあるポイントもつかめる。試験時間にあまり余裕はないが，リスニング放送が開始される 4，5 分前になったら，これらの準備を始められるようにしておきたい。放送は 2 回しか繰り返されないので，少ない聞き取りのチャンスを逃さないためにも，準備が必要である。最初の 1 回は大きな流れをつかむように心がけること。数値などはできるだけメモしておこう。2 回目は 1 回目で聞き取った内容を確認すると同時に，聞き取

りにくかったところに集中して,細部までとらえるようにする。聞き取る力は短期間で身につくものではない。毎日少しずつでも聞く時間を確保すること。本書とは別に『東大の英語リスニング 20 カ年』(教学社)で詳しい解説や聞き取りポイントを示してあるので,ぜひ活用してほしい。

42　東京大-理科／傾向と対策

○東大が受験生に身につけてほしいこと【外国語】

　人間は「ことば」なしでは生きていけません。誰もが「ことば」で考え，相手の感情を知り，自分の思考を相手に伝えます。「世界的視野をもった市民的エリート」を育てることを使命とする東京大学は，教養教育（リベラル・アーツ教育）を重視しており，そのため，入試問題においては，多くの外国語による受験に門戸を開いています。具体的には，英語のほか，ドイツ語，フランス語，中国語等による受験が可能です。共通して求める能力をまとめるとすれば，「外国語による理解力と表現力」ということに尽きます。

　いずれの外国語についても，本学で学ぼうとする皆さんは，高等学校までの教育課程の範囲内で，それぞれの言語によるコミュニケーションに必要とされる理解力と表現力を備えていることが期待されますので，その言語についての正確な知識に裏打ちされた論理的な思考力の養成に努めてください。外国語文の和訳，和文の外国語訳，文法的知識を問う問題は言うまでもなく，ときにその言語の背景にある社会・文化への理解を要求する問題が出題されるのも，そうした努力の成果を見るためです。

　以下，外国語として選択されることの最も多い英語について若干付言します。現代社会において，市民的エリートとしての責任を果たそうとすれば，英語力が重要な要素であることは明らかでしょう。ここで求められる英語力は，具体的には3点にまとめられます。

1）　英語による受信力

　　知的内容のあるコミュニケーションが交わされる場において，相手側の英語による発信を正しく理解する能力が必要不可欠であることは言うまでもないでしょう。読解・聴解を含めた受信力を問う問題が出題されるのはそのためです。

2）　英語による発信力

　　同様の場において，自分の述べたいことを正しく英語で表現できる発信力が不可欠なこともまた明らかです。英作文の問題が出されるのはこのためであり，現在，「話す」能力の試験を課すことができないのはもっぱら技術的な理由によります。

3）　批判的な思考力

　　上記2点の能力を発揮し，健全なコミュニケーションを達成するためには，例えば常に何が「正しい」のかを問うような想像力豊かな批判的視点がなければなりません。それがなければコミュニケーションの場には誤解と曲解が渦巻くことになります。

　こうした英語力を身につけるためには，発音・語彙・文法構造などの細部の把握と，論理構成の理解や文化的背景についての知識に裏打ちされた大局的な把握との両面での訓練が必要であり，教養教育ではそうした英語教育を目指しています。そのため，本学を志望する皆さんには，高等学校学習指導要領の範囲内で，そうした英語カリキュラムに対応できる能力を身につけるように特に意識して，学習を進めてほしいと思います。

『令和4年度 東京大学入学者募集要項』より

東京大-理科／傾向と対策　43

数　学

年　度	番号	項　　目	内　　　　容
2022	〔1〕	微・積分法	三角関数と対数関数の合成関数の増減と最小値，定積分の値　⇒証明
	〔2〕	数列，整数	整数からなる数列の mod 5，mod 25 での周期性，最大公約数　⇒証明
	〔3〕	図形と方程式，微分法	2点の x，y 座標の差と点の存在範囲，関数の増減と最小値
	〔4〕	図形と方程式，積分法	原点対称な3次関数のグラフと直線で囲まれた部分の面積，条件を満たす点の存在範囲　⇒証明・図示
	〔5〕	空間図形，積分法	円錐上の点と xy 平面上の点を結ぶ線分の中点の回転，立体の体積
	〔6〕	確　率	コインの裏表の出方と点の移動に関する確率
2021	*〔1〕	図形と方程式	2つの放物線の共有点の x 座標，放物線の通過範囲　⇒図示
	〔2〕	複素数平面	複素係数の連立方程式，複素数の存在範囲　⇒図示
	〔3〕	微・積分法	分数関数のグラフの接線，分数関数の定積分　⇒証明
	*〔4〕	整　数	4で割った余りと二項係数　⇒証明
	〔5〕	微分法	三角関数の微分法，$f'(\theta)=0$ となる θ の値の評価　⇒証明
	〔6〕	数　と　式	有理係数の整式の因数分解，式処理
2020	〔1〕	2次関数，不等式，集合と論理	2次関数または1次関数の値と不等式，集合の一致　⇒証明
	〔2〕	平面図形	平行線と三角形の面積，平行線と面積比，点の存在範囲
	〔3〕	微・積分法	媒介変数表示の曲線と x 軸で囲まれた図形の回転と面積　⇒証明
	*〔4〕	数　列	多項式の係数と数列
	〔5〕	空間図形，積分法	円錐の点と定点を結ぶ線分の通過領域と体積　⇒図示
	〔6〕	三角関数，2次曲線	楕円の接線の条件，三角方程式の解の個数　⇒証明
2019	〔1〕	積分法	無理関数を含む定積分，置換積分
	*〔2〕	図形と方程式，微分法	三角形の面積，3文字の関係式から1変数関数への帰着
	〔3〕	空間図形	八面体の平面による切り口，平面の方程式　⇒図示
	〔4〕	整　数	互除法と最大公約数，互いに素と平方数　⇒証明
	〔5〕	数列，極限	方程式の解で定まる数列の極限　⇒証明
	〔6〕	複素数平面	4次方程式の複素数解，解と係数の関係　⇒証明・図示

	〔1〕	微分法，極限	三角関数の分数式の増減表，極限	
	〔2〕	整　数，数　列	互いに素の論証，項の大小と不等式	
	〔3〕	図形と方程式，極限	放物線の通過範囲と面積，極限	
2018	*〔4〕	図形と方程式，微分法	3次方程式の実数解の評価と3次関数のグラフ	⇒図示
	〔5〕	複 素 数 平 面	点の線対称移動と軌跡	
	〔6〕	空間図形，積分法	球の移動図形の切断面，体積	⇒図示
	〔1〕	三角関数，2次関数	三角関数の式変形，2次関数の最小値	⇒図示
	*〔2〕	確　　　率	座標平面上の点の移動と確率	
2017	〔3〕	複 素 数 平 面	垂直二等分線の表現，軌跡	⇒図示
	*〔4〕	整　数，数　列	数列の漸化式と隣接二項の最大公約数	⇒証明
	〔5〕	図形と方程式	放物線の共通接線	⇒証明
	〔6〕	微 ・ 積 分 法	円錐の側面の回転体の体積	
	〔1〕	微　分　法	自然対数の底をはさむ不等式の証明	⇒証明
	〔2〕	確率，数列	巴戦の確率，条件付き確率，等比数列の和	
	〔3〕	空間図形，微分法	空間内の直線と平面の交点，三角形の面積の最小値，分数関数の微分	
2016	〔4〕	複 素 数 平 面	複素数平面，鋭角三角形の条件，連立不等式と領域 ⇒図示	
	〔5〕	整　　　数	与えられた不等式を満たす自然数の存在	⇒証明
	〔6〕	空間図形，積分法	空間内の線分の通過範囲の体積（回転体の体積）	

(注)　＊印は文科との共通問題（一部共通も含む）。

傾　向　論理的思考力・考察力，計算力・処理力を要する問題が出題

1 出題形式は？

　＜問題構成＞　試験時間150分，6題の出題が定着している。

　＜解答形式＞　解答形式は全問記述式である。解答は，2017年度に1問「結論のみを書けばよい」という小問も見られたが，それ以外は結果だけでなく，解答過程も記述するものである。根拠を明確にし，場合を尽くした吟味を行い，慎重な計算を忍耐強く行うこと。

　＜解答用紙＞　解答用紙はA3判の大きさであるが，余白を除くと実質スペースはB4判程度である。両面刷りのものが2枚で，例年，1枚目の解答用紙の表面が〔1〕〔2〕，裏面が〔3〕，2枚目の解答用紙の表面が〔4〕〔5〕，裏面が〔6〕にあてられている。したがって，〔3〕〔6〕は設問

東京大-理科／傾向と対策　45

数が多かったり，記述量が多く難度も高いことが普通である。

　計算量が多いことや，場合分けが煩雑なこともよくあり，記述量とスペースが合致しないこともあるので，紙面を縦に2分割して記入していくと，スペース不足になるのを防げる。これは意外と重要な工夫である。

＜計算用紙＞　解答用紙の余白には何も書いてはいけないが，問題冊子の余白は計算に使用できる。余白の部分は非常に多く，計算だけでなく，例えば，題意の理解，解法の模索，答案の下書きなど，使い道は多い。

2　出題内容はどうか？

＜出題範囲＞

　出題範囲は「数学Ⅰ・Ⅱ・Ⅲ・Ａ・Ｂ（数列・ベクトル）」である。

＜頻出項目＞

　頻出項目は微・積分法，図形と方程式（点の存在範囲・曲線の通過範囲を含む），数列，複素数平面，極限，整数，空間図形である。微分法は関数値の増減への応用，積分法は定積分の値や面積・体積への応用の問題が多く，計算が大変な場合が多かったが，最近は難度が緩和されている。確率・場合の数は，2018〜2021年度は出題されていなかったが，2022年度は出題された。

＜出題の特徴＞

①　整数の扱いを含む問題

　ほぼ毎年出題されている。2016〜2019年度はやや易〜標準レベルであるが，それ以外の年度はやや難〜難レベルの問題である。論証・発想の両方とも難しい年度が多い。

②　数列の問題

　何らかの形でほぼ毎年出題されている。2020年度は多項式の係数についての発想力と処理力，2022年度は数列の漸化式を用いた論証力と記述力が問われたが，いずれも厳しい問題であった。

③　空間図形の問題

　この7年間では2021年度を除き，毎年出題されている。処理力を要求するものが多いのが特徴である。最近は，積分計算自体は煩雑なものではなく，2016・2017年度はいずれも回転体の体積の問題であったが，標準的。2018〜2020年度は切断面についての誘導のついた出題で，

46 東京大-理科／傾向と対策

2020 年度は煩雑で難度が高かった。2022 年度は回転体に関する誘導の
ない問題で，やや難レベルであった。

④ **極限の問題**

2018・2019 年度に出題されている。ほとんどが諸分野の問題で求め
た式の値の極限を問う形となっている。

⑤ **三角関数に関する問題**

三角関数そのものを題材にするというよりも，図形と方程式，微・積
分法等の他分野に分類される問題での処理で用いられることが多い。三
角関数の計算には十分な練習を積むことが不可欠である。2020 年度は
三角方程式の解の個数についてのやや難の問題が出題された，2022 年
度は対数関数との合成関数の増減の証明問題と定積分の計算問題であっ
た。

⑥ **複素数平面**

2016〜2022 年度では 2020・2022 年度を除き出題されている。2018・
2019 年度はいずれもやや難のレベルであった。

⑦ **確率・場合の数**

2018〜2021 年度は出題がなかったが，それ以前はほぼ例年出題され，
2022 年度には難度の高い出題があった。場合分けを徹底する訓練や推
移図から規則性を見出す訓練が欠かせない。2016・2017・2022 年度は
漸化式によらない出題であったが，それ以前の年度では漸化式の処理と
からませた出題が多く，難度も高かった。文科でも頻出項目なので，念
のため文科の過去問も解いておくとよいだろう。

3 **難易度は？**

2017 年度は標準レベル 2 題，他は易問となっており，かなり易しか
った。2018 年度も親切な小問設定のあるものが 3 題あり，他もあわせ
て全体で 4 題半は易〜標準レベルであった。2019 年度はやや難の問題
が少しあり，最後まで詰め切るのが難しい問題も見られた。2020 年度
は発想力・解答の構想力が問われる問題が多く，加えて処理力も問われ
る問題もあり，難度も上がっている。また問題の趣も従来とは少し異な
る感があるセットであった。2021 年度は発想で迷うことのない易〜標
準の問題が 4 題，発想がやや難と難の問題が各 1 題であった。また全問

が小問に分かれていた。2022 年度は記述に時間を要し，論証力・発想力も問われるセットであった。

　ここ数年の難易度の推移の大まかな流れは，2017 年度はそれ以前に比べ著しく易化したが，2018 年度，2019 年度，2020 年度と徐々に難度が高くなる傾向にあった。2021 年度は少し取り組み易い問題が 4 題あったが，著しく易化したわけではない。2022 年度は明らかに難化した。

　こうした年度による変化は若干見られるものの，粘り強い論理的思考力・論証力，図形的考察力，高度な計算処理力を要する点では一貫している。過去問演習などを通じて高度な数学的思考力・計算力・表現力を身につけておきたい。また，いずれの難易度でも特に計算ミスによる失点は極力避けたい。

対　策

❶　粘り強い思考と論理的な根拠記述

　＜傾向＞からもわかるように，東大の数学は発想力・計算力・場合分け・論証力のいずれを欠いても合格は難しい。丁寧な思考と粘り強い分析を長時間行う勉強を続けた者とそうでない者の違いが出るので，そのような努力を軽視しないこと。記述にあたっては，論理的な思考を端的に表現するように心がけなければならないが，立式の根拠記述などポイントになる理由づけは，簡潔でもよいから省かずに記述すること。

❷　場合分けと計算力

　領域，確率，場合の数，整数などの分野においては，とりわけ思考を整理する上で，場合分けの良し悪しが決定的なはたらきをすることが多い。見逃している場合がないか，最終的にどうまとめるかも含めて，普段から意識的に学習することが大事である。また，積分計算や数列，確率などでは計算ミスが致命的になることも多い。1 行ごとに計算を素早くチェックする，代入する数値や分数計算，符号での誤りがないか確かめる，特別な値で結果を検証する等，常に心がけることで，計算ミスを減らすことができる。また，複雑な計算をやり抜く根気を養うことと，周囲を気にしない集中力も大切である。さらに，ミスに気づいて時間を

48　東京大-理科／傾向と対策

ロスしたときにも決して狼狽しない精神力も重要である。

❸　基礎事項を軽視しない

　解答の多くはたくさんの基礎事項で組み立てられている。通常の授業
で取り扱われる定義，証明，基礎的な操作，公式の適用などを絶対に軽
視してはならない。それとともに過去問に多く接することにより，それ
らの基礎事項を総合的に理解しながら定着させていくことも重要である。
その過程で，よく使われているアイデアも身につけることができる。

○東大が受験生に身につけてほしいこと【数学】

　数学は，自然科学の基底的一分野として，人間文化の様々な領域で活用される学
問であり，科学技術の発展に貢献するだけでなく，社会事象を客観的に表現し予測
するための手段ともなっています。そのため，東京大学の学部前期課程（1，2年
生）では，理科各類の全学生が解析・代数を必修科目として履修し，文科各類の学
生も高度な数学の授業科目を履修できるカリキュラムが用意されています。
　本学に入学しようとする皆さんは，入学前に，高等学校学習指導要領に基づく基
本的な数学の知識と技法を習得しておくことはもちろんのことですが，将来，数学
を十分に活用できる能力を身につけるために，次に述べるような総合的な数学力を
養うための学習を心掛けてください。
　1）　数学的に思考する力
　　様々な問題を数学で扱うには，問題の本質を数学的な考え方で把握・整理し，
　それらを数学の概念を用いて定式化する力が必要となります。このような「数学
　的に問題を捉える能力」は，単に定理・公式について多くの知識を持っているこ
　とや，それを用いて問題を解く技法に習熟していることとは違います。そこで求
　められている力は，目の前の問題から見かけ上の枝葉を取り払って数理としての
　本質を抽出する力，すなわち数学的な読解力です。本学の入学試験においては，
　高等学校学習指導要領の範囲を超えた数学の知識や技術が要求されることはあり
　ません。そのような知識・技術よりも，「数学的に考える」ことに重点が置かれ
　ています。
　2）　数学的に表現する力
　　数学的に問題を解くことは，単に数式を用い，計算をして解答にたどり着くこ
　とではありません。どのような考え方に沿って問題を解決したかを，数学的に正
　しい表現を用いて論理的に説明することです。入学試験においても，自分の考え
　た道筋を他者が明確に理解できるように「数学的に表現する力」が重要視されま
　す。普段の学習では，解答を導くだけでなく，解答に至る道筋を論理的かつ簡潔
　に表現する訓練を十分に積んでください。
　3）　総合的な数学力
　　数学を用いて様々な課題を解決するためには，数学を「言葉」や「道具」とし
　て自在に活用できる能力が要求されますが，同時に，幅広い分野の知識・技術を
　統合して「総合的に問題を捉える力」が不可欠です。入学試験では，数学的な思
　考力・表現力・総合力がバランスよく身についているかどうかを判断します。

『令和4年度 東京大学入学者募集要項』より

東京大-理科／傾向と対策　49

物　理

年　度	番号	項　　目	内　　　　　容
2022	〔1〕	力　　　学	潮汐運動のモデル化
	〔2〕	電　磁　気	ダイオードの入ったコイルに生じる電磁誘導
	〔3〕	熱　力　学	半透膜を通した混合気体の状態変化
2021	〔1〕	力　　　学	ブランコの運動
	〔2〕	電　磁　気	多重極板コンデンサー，電気振動
	〔3〕	原　　　子	光ピンセット
2020	〔1〕	力　　　学	中心力を受けた小球の運動，万有引力，量子条件
	〔2〕	電　磁　気	平行レール上を運動する導体棒による電磁誘導
	〔3〕	熱　力　学	気体の断熱変化と定圧変化による熱の移動
2019	〔1〕	力　　　学	動く台車上の物体の運動，倒立振子
	〔2〕	電　磁　気	抵抗とコンデンサーの回路，交流ブリッジ回路
	〔3〕	波　　　動	球面での光の屈折，見かけ上の光源までの距離
2018	〔1〕	力　　　学	振り子が取り付けられた台の運動
	〔2〕	電　磁　気力　　　学	ばねでつながれた平行板コンデンサー
	〔3〕	熱　力　学	管でつながれた複数の液柱　　　　　　　　　⇨論述
2017	〔1〕	力　　　学	単振動の性質，静止摩擦力と積木のつりあい
	〔2〕	電　磁　気力　　　学	誘導起電力，電流が磁場から受ける力，単振り子
	〔3〕	力　　　学熱　力　学	気体の状態変化
2016	〔1〕	力　　　学	糸，ゴムでつながれて落下する2球の衝突
	〔2〕	電　磁　気力　　　学	交流回路の直列共振，荷電粒子の運動と電磁場の共振
	〔3〕	波　　　動	円形波の反射・干渉・透過，反射がある場合のドップラー効果

50　東京大-理科／傾向と対策

傾　向　無理な難問ではないが，物理現象を深く理解し，特徴を把握できないと，手が出しにくい問題

1　出題形式は？

＜問題構成＞　大問3題の出題が続いている。試験時間は例年，理科2科目で150分である。

＜解答形式＞　計算問題は最終結果だけでなく，途中の過程まで記述する解答形式がほとんどである。論述を要する設問が含まれることもあるので，要点を外さずに簡潔で明瞭な答案を作成する練習も必要である。グラフを描く設問は2010年度以降は出題されていないが，グラフを選択する問題はよく出題されている。なお，2017・2019～2022年度には空所補充形式での問題も見られた。

＜解答用紙＞　解答用紙は理科4科目共通のもので，A3判サイズの用紙に大問ごとの罫の入ったスペース（〔1〕〔2〕はB5判，〔3〕はB4判程度）が与えられている。スペースをどのように使うかの明確な指示はないが，考察過程や結論がはっきりわかるように記述すべきである。ただし，答案を整理して書かないと，解答欄に書ききれなくなってしまう。

2　出題内容はどうか？

＜出題範囲＞

出題範囲は「物理基礎・物理」である。

＜頻出項目＞

高校の物理の2大分野である力学と電磁気からの出題の割合が大きい。熱力学の分野からは，2018・2020・2022年度に出題されており，2017年度〔3〕は力学との融合問題であった。波動の分野からは，2016・2019年度に出題されている。原子の分野からは，2021年度に大問で出題されており，2020年度〔1〕は力学に原子物理の内容が含まれていた。

力学分野では，相互に影響を及ぼし合いながら動く2物体の運動を扱った問題が，2016・2018・2019・2022年度の〔1〕に出題されている。また，単振動を扱った問題も目立ち，2016・2017・2019年度の〔1〕，2018年度の〔1〕〔2〕は単振動の内容を含む問題である。

東京大-理科／傾向と対策　51

＜問題の内容＞

　複数の分野を融合させた総合的な問題が多い。また，個々の設問は頻出の標準的なものでも，その組み合わせ方や題材を扱う切り口に工夫がこらされたり，受験生があまり見慣れない題材が用いられたりしている場合も多い。

　設問は文字式の計算問題が中心である。近似計算をしたり，数学的な処理能力が求められたりすることもよくある。また，適切な図やグラフを選ぶ問題がよく出題されている。

3　難易度は？

　年度により難易度や問題量にはばらつきがある。この数年の状況をみると，2018・2019・2021年度は分量も多く，難度も例年より高めであったが，2020・2022年度はそれに比べ問題量が減少し，やや易化している。2022年度はこの数年の中でもっとも取り組みやすい難易度であったと思われる。

　全体として，高校の物理の範囲を逸脱することなく，無理な難問は出題されていないが，見慣れない設定で，その場で考えさせる問題も多い。難易の傾斜も配慮され，ときに誘導的な問題文になるが，いずれにしても応用的な思考力や総合的な数理能力を要求する問題となっている。試験時間に対して設問の分量は多めであり，問題全体の見通しを立てて，素早く解く能力も必要である。

対　策

1　教科書を中心に基本事項の徹底的な理解を

　複雑に見える問題も，個々の設問は標準的なものが大部分である。まず，教科書で扱われている程度の事項はきちんと学習し，公式を導く過程や物理量の定義などの理解を十分にしておきたい。ただし，計算問題にせよ，論述問題にせよ，表面的な理解で公式を適用するだけの学習では対処できない問題が多く，教科書を中心にして，基本事項の本質的な理解を図ることが大切である。その上で，程度の高い参考書をざっと読んでおくとよいだろう。

2 目的をもった問題練習を

　基本事項の徹底を図るためには，まずは教科書傍用や標準的な程度の問題集を完全にこなすのがよい。その上で，応用力や思考力を養うために，本書や『物理［物理基礎・物理］標準問題精講』（旺文社）や『理論物理への道標〈上・下〉』（河合出版）などに取り組むとよいが，いたずらに数をこなすのではなく，問題の背景や計算結果のもつ意味を考えてみるなど，一歩踏み込んで掘り下げるような勉強も，東大では特に必要である。また，別の解法を考えるような練習もしておくとよい。見慣れない設定の問題や未経験の問題に対処するための柔軟な思考力やセンスを養うには，こういった積み重ねが大切である。

3 計算力の養成

　近似計算を含め，煩雑な計算を要する問題もよく出題されている。途中の経過まで記述する解答形式が大半なので，問題練習に際しては，面倒がらずに，計算過程を示しながら，自分の手で計算をすることも大切である。誤りの少ない，素早い計算をする力は，日頃の学習の積み重ねで身につくものである。また，近似計算についてある程度の慣れがなければ，近似の条件の使用に戸惑うことが多い。教科書の計算例（単振り子，ヤングの実験，ニュートンリングなど）や本書の過去の問題などで，近似式の使い方をよく見ておき，近似計算が必要な問題に出会ったら，面倒がらずに実際にやってみることである。

4 出題傾向・出題形式に合わせた練習も

　論述問題の出題は少ないが，慣れていなければ書きにくく，時間もかかるので，出題されると得点差につながりやすい。考察理由を簡潔な文章に書き表すような練習もふだんからしておくこと。通常の問題集では論述問題はあまり見られず，大学により特色もあるから，本書や難関校過去問シリーズ『東大の物理25カ年』（教学社）などを活用するとよい。また，適切な図やグラフを選ぶ問題も出題されているが，実際に自分で図やグラフを描くことで，ポイントをつかみやすく的確に判断できるようになるので，面倒がらずに練習しておこう。

東京大-理科／傾向と対策　53

化　学

年　度	番号	項　　目	内　　　　　　　容
2022	〔1〕	有機・理論	油脂の構造決定，C_5H_{10} のアルケンの構造決定 ⇨計算・論述
	〔2〕	理論・無機	熱化学方程式，ヘスの法則，錯イオンの構造，プルシアンブルーの結晶格子 ⇨計算
	〔3〕	理　　論	鉄の製錬，CO_2 の圧力と状態変化，サイトカインと抗体の結合反応の反応速度と化学平衡 ⇨計算・論述
2021	〔1〕	有機・理論	分子式 $C_6H_{12}O$ をもつ化合物の構造決定，窒素原子を含む芳香族化合物の反応 ⇨計算・論述
	〔2〕	理論・有機	水素吸蔵物質を含む気体の平衡，アミノ酸・酵素の反応 ⇨計算
	〔3〕	理論・無機	滴定による Cl^- の定量，水素吸蔵合金の結晶格子 ⇨計算・論述
2020	〔1〕	有機・理論	糖類とその誘導体，セルロースの誘導体の性質と反応 ⇨計算・論述
	〔2〕	理論・無機	空気の成分分析と人工光合成，分子・イオンの電子式と CO_2 結晶 ⇨計算・論述
	〔3〕	理　　論	トロナ鉱石の分析と炭酸の電離平衡，火山ガスの反応とマグマの密度 ⇨計算・論述
2019	〔1〕	有機・理論	フェノールの置換反応と誘導体，立体異性体，フェノール樹脂 ⇨論述・計算
	〔2〕	理論・無機	リンと燃料電池，$CuFeS_2$ の反応と製錬 ⇨描図・計算・論述
	〔3〕	理　　論	酸化還元滴定，$M_AM_BX_3$ 型結晶構造 ⇨計算・論述
2018	〔1〕	有機・理論	未知ジケトピペラジンの構造決定と立体異性体，電気泳動 ⇨計算・論述
	〔2〕	無機・理論	金属酸化物の結晶構造と融点，Al の電解精錬と錯イオンの構造 ⇨計算・論述
	〔3〕	理　　論	NH_4^+ の電離定数と緩衝作用，実在気体，メタノール合成の反応熱 ⇨計算・描図・論述
2017	〔1〕	有機・理論	不飽和結合をもつ未知エステルの構造決定と異性体，合成高分子 ⇨計算・論述
	〔2〕	無機・理論	陽イオンの分離と溶解度積，窒素の化合物の性質と反応 ⇨計算・論述
	〔3〕	理　　論	鉛蓄電池と電気分解，NH_3 合成と圧平衡定数，平衡の移動・触媒の作用 ⇨計算・論述
2016	〔1〕	理　　論	水和水を含む塩の溶解度，飽和蒸気圧を含む気体の分圧と法則（60・150字他） ⇨計算・論述
	〔2〕	無機・理論	分子の形，結晶構造，スズの反応と凝固点，アルカリ金属，クラウンエーテル錯体（30字3問，100字） ⇨計算・論述
	〔3〕	有機・理論	芳香族エステルの構造決定，アドレナリンの阻害剤と化学平衡 ⇨論述・計算

54 東京大-理科／傾向と対策

傾　向

有機の構造決定が頻出
酸化還元・化学平衡の応用力を

1 出題形式は？

<問題構成> 例年大問3題で，各大問が中問2問で構成されており，実質6題の分量で出題されている。ただし，2017・2019年度は有機分野が，2018年度は有機分野と無機分野が2問に分かれておらず，それぞれ実質5題，4題の出題であった。過去には長めの論文を読ませる設問形式もみられたが，近年は従来型の思考問題で応用力を確かめるパターンとなっている。

<解答形式> 理科2科目で150分の出題で，記述式と論述式による設問が主体である。計算問題は答えに至る過程を示すことが要求されることも多い。論述問題は理由説明を求めることが多く，ときに現象説明が求められる。なお，論述問題では以前は字数指定のある問題が数問出題されていたが，2017年度以降は字数指定のあるものはみられない。

<解答用紙> A3判用紙1枚の両面を使って解答する（理科共通）。表に〔1〕〔2〕の解答，裏に〔3〕の解答となる。実質的には〔1〕〔2〕がそれぞれB5判程度，〔3〕がB4判程度の大きさなので，解答枠を考慮した無駄のない解答が要求される。また，横罫線のみで設問ごとの解答欄がないので，採点者にわかりやすい答案づくりが必要である。

2 出題内容はどうか？

<出題範囲>

出題範囲は「化学基礎・化学」である。

<理論分野>

全体的に理論分野からの出題が多く，テーマを決めた総合問題で応用力が試される。実験や観測データをもとに，理論的な裏づけが要求され，計算のみならず論述や描図による設問もある。

頻出分野としては，酸化還元反応，熱化学，反応速度と化学平衡，気体の法則，結晶構造，溶液の性質などが挙げられる。酸化還元反応については応用問題として，燃料電池，リチウムイオン電池，ヨウ素滴定，融解（溶融）塩電解などが出題されている。反応速度と化学平衡では，反応速度と活性化エネルギー，触媒，圧平衡，電離平衡，溶解度積，分

東京大-理科／傾向と対策　55

配平衡などが出題されているが，有機分野と絡めたり，頻出物質とは異なる物質が扱われたりしていることが多いので戸惑うかもしれない。なお，計算に当たっては途中の計算式や化学反応式などが要求されることが多いので，解答スペースから考えて，的確に要点を押さえた解答を作成する必要がある。

＜無機分野＞

　イオン分析と錯イオンの構造，気体の発生と性質，無機工業分野などの出題は，メインというよりはサブとしての取り扱いが多いが，基本～標準的な設問である。実験操作・装置は教科書記載レベルと考えてよく，化学変化の原理的な特徴と物質の性質，検出反応をとらえておくとよい。理論分野と絡めて出題されることもあるので注意が必要である。

＜有機分野＞

　有機化合物の構造決定に関する出題が多く，組成式，分子量測定から分子式を求め，各種検出反応を通して構造を決定する。このとき，構造異性体のみならず，幾何異性体，光学異性体をも考慮することになる。さらに，炭素間二重結合をもたない環式化合物の幾何異性体，鎖式および環式化合物の光学異性体・L体とD体の構造などについて深みのある学習が必要とされよう。また，単糖類・アミノ酸から多糖類・タンパク質およびDNA・RNAなどの天然有機化合物，さらには特異な高分子化合物からの出題は油脂を含めて難度が高い。

3　難易度は？

　問題量，試験時間（2科目150分），解答内容を考慮すると，時間的余裕はなく，全問を試験時間内で解き切るのは難しいかもしれない。最初に全体を見わたして，手をつけやすい問題から解いていくなどの工夫が求められる。

　内容的には，理論および無機・理論分野が高校の教科書レベルを超えて出題されることがあり，それだけに幅広い科学的知識と緻密な思考力が問われる。難問もあるが，一つ一つは高校で学習した知識で対応できるだろう。有機・理論分野での出題は標準的だが，ときにやや難の出題もみられ，決して容易に得点できるものではないので，応用力を養成するためにも，常に「なぜそうなるのか」を考えながら問題演習に当たろう。

56　東京大-理科／傾向と対策

対　策

１　理論分野

(1)　教科書を土台に理解を深めよう

　　見慣れない題材を取り上げた問題は，知識重視よりも問題文の熟読・読解を中心に考えて問題に当たるとよい。特に，酸化還元や化学平衡の分野では実験データの読み取りや化学変化の予測を含めて，筋道の通った答案づくりをめざそう。その際，酸化剤や還元剤の半反応式，化学平衡と質量作用の法則を原理面からとらえて，応用問題に当たるようにしたい。特に注意を要する項目を示す。

①　化学平衡の応用分野として，過去に出題されたことがある分配平衡をはじめ，イオン分析を含めた溶解度積，緩衝平衡，気液平衡，さらに，アミノ酸の等電点と平衡状態，2022 年度に出題されたサイトカインと抗体の結合，2016 年度に出題されたアドレナリンと受容体の結合に関する平衡など。

②　酸化還元反応では尿素を用いた排ガス NO_x 除去のほか，ヨウ素滴定や塩化銀定量の沈殿滴定など。

③　希薄溶液分野では電解質の凝固点降下に加え，沸点上昇，浸透圧および蒸気圧降下のラウールの法則まで含めた対策。

④　酸化銀電池，リチウムイオン電池などが出題されたことがある。酸素-水素燃料電池の応用としてメタノール，メタンなどを燃料とした燃料電池も勉強しておきたい。また，2021 年度の水素吸蔵合金の結晶分野まで広げた思考をもちたい。

(2)　化学反応式・計算式に工夫

　　〔１〕〔２〕の解答欄が１題あたり実質Ｂ５判程度であり，そこへ途中計算式や化学反応式などを記述することになる。常日頃から解答に至る筋道と要点をつかんだ答案作成に気を配り，設問ごとに化学反応式，未知数と計算式，解答と単位の３点が明確になるように意識するとよいだろう。論述問題や描図問題もどの設問の答案であるかを明確にする必要がある。本書での解答の分量などを参考にして，答案づくりの対策をしておきたい。

東京大-理科／傾向と対策　57

2 無機分野

(1) **図説などを多用する**

　各種結晶構造や金属イオン分析，ヨウ素の昇華実験，アンモニア錯イオンの構造などは視覚的・立体的にとらえられる特徴がある。また，各種電池，気体発生装置，無機単体や化合物などは実験図や模式図を参考にして知識を確実なものにしたい。

(2) **新素材，環境問題に関心をもつ**

　大気汚染と二酸化炭素，排ガスとしての硫黄酸化物 SO_x，窒素酸化物 NO_x，クリーンエネルギーとしての水素合成・水素吸蔵合金などが近年，環境面から注視されている。また，アモルファス，セラミックス，機能性高分子などの新素材分野にも関心をもっておきたい。

3 有機分野

(1) **未知物質の構造決定は頻出**

　異性体と構造決定の出題がよくみられる。＜傾向＞で見たように，組成式，分子量，分子式を通して検出反応と特性から構造を決定するものである。したがって，各種異性体は鎖式，環式を問わず幾何異性体と光学異性体を考慮した上で，構造を推定する。各種検出反応は，反応の仕組みをとらえた理解をしておきたい。例えば，臭素との反応では，臭素が付加すれば炭素間不飽和結合であり，臭素と置換して白色沈殿となればフェノールであるというような，思い込みの知識は正解を遠ざけてしまう結果になりかねない。また，ヨードホルム反応や銀鏡反応では，ヨードホルムや銀の析出だけに目を奪われずに，有機化合物が酸化されていることに気をつけておきたい。さらに，不斉炭素原子数と光学異性体の数や左旋性（L体），右旋性（D体）の立体構造もしっかり理解しておきたい。

(2) **高分子化合物は重要**

　高分子化合物，特に天然高分子化合物についてはよく取り上げられており，内容的にも難度の高いものがみられる。近年，アミノ酸やタンパク質関連の研究でノーベル賞受賞者が続いたことから脚光を浴びている分野でもある。DNA，RNA 関連分野である糖類，アミノ酸類，リン酸および油脂などは内容的にかなり深い理解が要求されるので，教科書内

容の完全な理解はもちろん，参考書などで知識を深め，ニュースなどで話題になっている発見や研究についても興味をもって目を通すようにしておきたい。

生　物

年　度	番号	項　　目	内　　　　　　容
2022	〔1〕	動物の反応，遺伝情報	視物質，恐怖記憶の形成と想起，海馬における空間記憶，遺伝子の発現調節　　　　　　　　　　⇨論述
	〔2〕	代　　謝，植物の反応	光環境に対する生存戦略，植物ホルモン，シアノバクテリアの膜脂質　　　　　　　　　　　　⇨論述
	〔3〕	生殖・発生，遺伝情報，細胞	ノッチシグナルの伝達，エンドサイトーシス，ノッチシグナルの張力依存性仮説　　　　　　　⇨論述
2021	〔1〕	遺伝情報，代謝	乾燥耐性，遺伝子発現，代謝経路　　　　　⇨論述
	〔2〕	植物の反応	根の屈性，オーキシンの極性輸送，シグナル分子⇨論述
	〔3〕	生殖・発生，遺伝情報，生　　態，動物の反応	脊椎動物の性，性転換のしくみ，男女の性差と脳　　　　　　　　　　　　　　　　　⇨論述・計算
2020	〔1〕	遺伝情報	相互転座による融合遺伝子のはたらき，遺伝子発現，がん治療の分子標的薬　　　　　　　⇨論述・計算
	〔2〕	植物の反応，生態	寄生植物ストライガの防除，菌根菌と植物の相互作用，気孔の開閉とアブシシン酸　　　　　　　⇨論述
	〔3〕	進化・系統，生殖・発生	動物の発生と系統，珍渦虫と無腸動物，生物の進化　　　　　　　　　　　　　　　　　　　⇨論述
2019	〔1〕	遺伝情報，生殖・発生	タンパク質，遺伝子発現，線虫の細胞分化　⇨論述
	〔2〕	代　　謝，遺伝情報	光合成，光-光合成曲線，気孔開度，カルビン・ベンソン回路，強光阻害，光化学系Ⅱのタンパク質合成⇨論述
	〔3〕	進化・系統	表現型可塑性，遺伝的同化　　　　　　　　⇨論述
2018	〔1〕	遺伝情報	真核生物の転写，選択的スプライシング，ゲノムへのマッピング　　　　　　　　　　　⇨論述・計算
	〔2〕	遺伝情報，体内環境，動物の反応	悪性腫瘍，マイクロサテライトの電気泳動，シュワン細胞，MHC タンパク質　　　　　　　　　⇨論述
	〔3〕	植物の反応	春化による花芽形成能力の獲得，フィトクロムの Pr と Pfr の変換　　　　　　　⇨論述・計算・描図
2017	〔1〕	遺伝情報，体内環境	生体防御，分化と遺伝子発現　　　　⇨論述・計算
	〔2〕	代　　謝，植物の反応	代謝，植物の環境応答，生物の進化　　　　⇨論述
	〔3〕	生　　態，遺伝情報，動物の反応	異種個体間の相互作用，遺伝，環境適応　⇨論述・計算

	〔1〕	体内環境, 遺伝情報	生体防御, 分化と遺伝子発現　　　　　⇒論述
2016	〔2〕	植物の反応, 進化・系統, 遺伝情報, 代謝	代謝, 色素体ゲノム, 進化　　　　⇒論述・計算
	〔3〕	生　　態, 植物の反応, 動物の反応	生態系, 植物の化学的防御, 概日リズム　⇒論述・計算

傾　向　データ解析と未知のものに対する柔軟な発想を！
思考力・的確な表現力が求められる

① 出題形式は？

<問題構成>　大問3題で定着している。各大問は，それぞれ2，3の
リード文から構成され，設問もそれに応じてⅠ，Ⅱ，Ⅲなどと区分され
ることが多いので，大問3題といっても，実質的には5～7題程度の出
題量といえる。試験時間は理科2科目で150分であるから，時間の配分
に十分配慮する必要がある。

<解答形式>　空所補充問題，下線部についての知識事項を問う選択問
題，下線部の内容や意義を説明する論述問題，原因を追究する論述問題
などが中心となる。

　論述問題は，1問あたり1～3行程度が中心となっているが，2018・
2019年度は最大5行程度というものが出題されている（なお，解答用
紙の1行は35字）。総論述量は，2022年度は26行程度，2021年度は
23行程度，2020年度は34行程度，2019年度は21～23行程度，2018年
度は19行程度，2017年度は14行程度である。2018年度にはグラフの
作成が求められる描図問題も出題された。計算問題が出題されることも
あるが，途中の計算過程は求められず，計算の結果のみを記す問題が中
心である。

<解答用紙>　解答用紙は，理科共通の体裁となっており，各科目A3
判大が1枚で，表裏両面を使用する。〔1〕〔2〕の解答を表面，〔3〕の解
答を裏面に記述することになっている。実質的な記述スペースとしては，
〔1〕〔2〕が各B5判程度，〔3〕がB4判程度である。1行は35字となっ
ており，〔1〕〔2〕は各25行，〔3〕は50行で，大問1題を記述するのに
十分なスペースが与えられている。スペースをどのように用いるかについ

いての明確な指示はないが，採点者にわかりやすいようにレイアウトし，考察過程や結論がはっきりかつ正確に伝わるように記述する必要がある。

2 出題内容はどうか？

<出題範囲>

出題範囲は「生物基礎・生物」である。

<実験考察問題>

東大の典型的問題と考えてよい。オリジナリティの高い問題で，他大学に類題を見ることは少ない。条件設定が丁寧で，リード文をしっかり読んで理解すれば，解答のヒントとなる事項がその中に含まれているので，自分で考える習慣がついている受験生にとっては，有利な問題にもなりうる。逆に言うと，パターン暗記で受験勉強をしてきた受験生にとっては，初めて見る問題やデータにとまどって難しく感じてしまうタイプの問題と言えるだろう。

実験考察問題には，①実験設定，②実験操作の意味づけ，③仮説の検証，④実験結果の予測，⑤与えられた実験結果やデータからの考察，⑥新たな実験の設定などがある。そして，実験データをつなぎ合わせて背後に潜むメカニズムを推測し，ストーリーを構築することが要求される。2022年度〔1〕ⅠF，ⅡL，〔2〕ⅠE・F，ⅡI・J，〔3〕ⅠC，ⅡF・G・H，2021年度〔1〕ⅠC・E，ⅡH・I，〔2〕ⅠB・C，ⅡG・H，〔3〕ⅠA・F・G，2020年度〔1〕ⅠC・D・E，〔2〕ⅠC・D，ⅡG・H，〔3〕ⅡF，2019年度〔1〕ⅠC・D，ⅡG・H，〔2〕ⅡH・I，〔3〕ⅠE，ⅡF・G，2018年度〔1〕ⅠD，ⅡH，〔2〕F・I，〔3〕ⅠB，ⅡD，2017年度〔3〕ⅡA・B・D・E，2016年度〔1〕F・G，〔2〕ⅠG，〔3〕ⅢC・Eなどはまさにこれに相当する問題である。

<計算問題>

2021年度〔3〕ⅠDにおける自家受精によるF1～F3世代の変異の割合を求める問題，2020年度〔1〕ⅡK・Lにおける分子標的薬の影響を受けない細胞の数を求める問題，2018年度〔1〕ⅡH(い)におけるスキップされていないものを求めた後で$x=0$を活用する問題，〔3〕ⅡEにおけるk_3を平衡状態から求める問題，2017年度〔1〕ⅡAにおけるT細胞減少に関係する突然変異遺伝子を用いた問題や〔3〕ⅡCのメンデル遺伝

62 東京大-理科／傾向と対策

の問題，2016年度〔3〕Ⅲ Dにおける逆位相下でのジャスモン酸類の量とガP幼虫の採餌量がピークを迎える時間をグラフを用いて求める問題といった柔軟な発想と論理性を問うものが出題されている。解答は途中の計算過程を求めておらず，結果のみを記述するものが多い。また，典型的な問題や，リード文で定義した条件に基づいて計算する問題もしばしば出題される。

＜頻出分野＞

① 遺伝情報

　バイオテクノロジーなどの最新の遺伝子分析を題材とする問題が多く出題されている。2022年度〔1〕では，人工遺伝子を海馬の神経細胞に導入し，チャネルロドプシン遺伝子の発現を誘導する問題，2021年度〔1〕では乾燥ストレス耐性に関与する3つの遺伝子のはたらきを考察する問題，2020年度〔1〕では染色体相互転座によって生じる白血病の融合遺伝子を扱った問題で，がん化に必要なエキソンを推定させる問題，2019年度〔1〕では線虫の細胞分化について変異体を用いた実験結果と4種のタンパク質のはたらきからそのしくみを考える問題，2018年度〔1〕では「RNA-Seq」解析でゲノムへのマッピング，2017年度〔1〕ではRNA干渉における「ダイサー」と「アルゴノート」が取り上げられた。また，2016年度〔1〕の遺伝子操作をしたマウスによる遺伝子発現についての仮説の設定，検証は今後も十分問われる可能性のある設問である。いずれも思考力を要求するものが出題されている。

② 細胞，代謝

　2022年度〔2〕では光合成に関与する酵素Aのジスルフィド結合の誘導の有無における酵素活性の問題，〔3〕では細胞内へのノッチシグナル伝達と張力依存性仮説の考察問題，2021年度〔1〕ではトリグリセリドを原料としたグルコース合成とトレハロース合成の問題，2019年度〔2〕では強光阻害を受けた光化学系Ⅱの能力復活に関する問題が見られた。2017年度〔2〕では光合成のエネルギーと呼吸のエネルギー，光合成で発生するO_2と呼吸で消費するO_2の変換の問題，2016年度〔2〕では脂肪の代謝の問題が出題された。

③ 体内環境，動物の反応

　体液の濃度調節（イオン，血糖量など）は頻出。それに伴い腎臓や肝

臓について問われることも多い。さらに，興奮の伝導・伝達，神経系に関する基本的な内容や心臓など循環系に関する総合問題も出題されたことがある。2021年度〔3〕では男女の性差と脳機能の違いについての問題が，2018年度には〔2〕で悪性腫瘍細胞を題材にした拒絶反応が出題された。

④ 植物の反応

2022年度〔2〕ではアブシシン酸輸送体欠損変異体を用いた光合成速度と気孔開度に関する問題，2021年度〔2〕ではオーキシンの極性輸送の起こるしくみについて排出輸送体とIAAの性質の関連性を問う問題，2020年度〔2〕ではストライガの寄生に関する問題，シロイヌナズナのタンパク質XやYを過剰発現させた個体のアブシシン酸に対する作用を問う問題が見られた。2018年度〔3〕では春化の花芽形成における役割とフィトクロムのPr型とPfr型の変換プロセスが問われた。2017年度〔2〕ではつる植物の回旋運動が出題されたが，現在でもはっきりとは解明されていない分野であり，柔軟な思考力，論理的分析力を要するものであった。

⑤ 生態，進化・系統

2021年度〔3〕ではカクレクマノミの性転換のしくみが出題されている。2020年度〔3〕では五放射相称動物と左右相称動物，珍渦虫の系統分類に関する問題，2019年度〔3〕ではミジンコの表現型可塑性，チョウの夏型・冬型の生理機構が出題されている。2018年度〔3〕では「胚軸だけでなく，茎や葉柄でも高温で伸長促進が見られる。この性質が自然選択によって進化したとすれば，どのような理由によるのか」という，柔軟な発想を問う問題，2017年度〔3〕では魚類を題材にした種間関係と適応に関する問題，2016年度〔3〕ではケルプの森の生態系でのキーストーン種の役割が出題された。過去には分子進化による進化速度が出題されたこともある。この分野も気を抜くことができない。

3 難易度は？

東大の問題は，知識そのものは高校の教科書をよく踏まえたレベルの問題であることが多く，良問である。ただし，すべての教科書に記載されている内容かと言えばそうとも限らない。一歩も二歩も踏み込んだ，

高度な内容の問題も見られる。教科書に記載のない内容の場合は、リード文中にその言葉の定義をきちんと述べてあるが、取り上げられたテーマのほとんどが、受験生にとっては初見のものであり、かつ非常に長いリード文を読むことが要求される。丁寧な記載事項があるにしても、取り上げられたテーマ自体が高度な内容であることを考慮すると、やはり難問と言えるだろう。ただし、時間をかけて問題を熟読すれば、解法のヒントとなる文章が必ずと言っていいほどきちんと記載されているので、考える習慣のついている受験生は解答できるような問題となっている。

対　策

■ リード文対策

　東大の生物のリード文は長い。しかも目新しいテーマを扱ったものが多い。すべてのリード文をじっくり読んでいるとそれだけでも疲れてしまい、気持ちだけが焦って考える時間が少なくなってしまう。常日頃から長い文章を読んでいる受験生ならば気にならないかもしれないが、そうでない受験生には以下の方法をすすめておこう。

　リード文は、①「掘り下げなくても解答できるもの」と②「じっくり読まないと解答できないもの」に分かれる。Iのリード文（[文1]）の大半は①で、基礎事項の確認という意味合いで出題されているので、さほど時間をかけなくても対応できるだろう。まずは軽く読みこなしていけばよい。

　②は東大独自のオリジナリティの高い問題で、かつ受験生には未知のテーマを出してくることが多い。あるいは知っている現象でも別の角度から実験を設定してくることが多い。これはII以降のリード文（[文2]以降）で多く見られる。ここでは、途中で重要な語句だとわかったら、メモを取ったり、アンダーラインを引いたりして注意しておくとよい。また、実験の目的などを把握しておくことも忘れてはいけない。さらに、設問の内容をあらかじめ見ておき、何について問われるのかを知っていれば、ヒントがどこにあるのかも見つけやすい。

　東大では思考力を非常に重要視している。なぜそのような結果になったかなど、理由を問う問題が多いのは、生物の本質的理解を見るためと

考えておこう。

2　論述対策を早くから行う

　東大の生物の場合，実験考察問題の解答様式は，多くが1～3行程度で記述する論述式である。問われている内容を理解していても，それを過不足なく表現することは容易ではない。何を省き，何を記述するかということを自分なりに判断して書くことになるが，論述力をつけるには，作成した解答を信頼のおける先生に添削してもらうことが効果的である。また，定評のある論述問題集なども活用しよう。

3　過去問で実験考察問題対策を

　東大の考察問題は他大学に類を見ない独創性に富む問題からなる。参考にできる問題は少ないので，難関校過去問シリーズ『東大の生物25カ年』（教学社）も活用して，過去問にできるだけ多くあたり，どのような問題が出題されているかを実感としてつかむのが最も効果的である。1回目は時間を気にせずに十分時間をかける。2回目はある程度時間を設定して解答してみるとよい。重要なのは，ただ解くだけではなく，必ず解答例・解説を読み込んで，どのように考えて正解を導き出しているのかを理解しておくことである。思考の過程を理解することにより応用力がつき，非常に有益である。

4　科学的な思考方法を身につけ，理解を深めておく

　科学的思考法とは，与えられたグラフや表などから，論理を展開するのに必要な情報を導き出し，生命現象と結びつけ矛盾しない解釈を行うことである。さらに，必要に応じて，仮説を自分で立て，検証することも重要な作業となる。未知の分野で，データの背後に存在する"しくみ"について仮説を設定し，検証していくことを習慣にしておくと非常に有利になる。分子生物学などのさらなる理解には，『Essential 細胞生物学』（南江堂），『理系総合のための生命科学～分子・細胞・個体から知る"生命"のしくみ』（羊土社），『分子生物学講義中継　Part 0（上巻・下巻)』（羊土社）などがおすすめである。

地　学

年　度	番号	項　　目	内　　　　　容
2022	〔1〕	宇　　宙	連星の明るさ，惑星の運動と性質　　⇨計算・描図・論述
	〔2〕	大気・海洋	気圧と風，海水の運動　　　　　　　　⇨論述・計算
	〔3〕	地　　球，地質・地史	地震と断層，日本の地質，地殻熱流量（15字他）⇨計算・描図・論述
2021	〔1〕	宇　　宙	天体の距離，彗星の運動と性質　　　　⇨計算・論述
	〔2〕	大気・海洋	大気の状態，海水の運動　　　　　　　⇨論述・計算
	〔3〕	地　　球，地質・地史	地球の形，地質断面図，地震波　⇨描図・論述・計算
2020	〔1〕	宇　　宙	惑星の運動，恒星の性質　　　　　　　⇨計算・論述
	〔2〕	大気・海洋	温暖化，大気と海洋の相互作用　　　　　　⇨論述
	〔3〕	地　　球，鉱物・岩石，地質・地史	走時曲線，地震と断層，堆積物　⇨計算・論述・描図
2019	〔1〕	宇　　宙	恒星の寿命，惑星の運動と明るさ　　　⇨計算・論述
	〔2〕	大気・海洋	大気の水収支，海水の運動　　⇨計算・論述・描図
	〔3〕	地　　球，地質・地史	地質図と地殻変動，過去の気候とアイソスタシー　　　　⇨計算・論述
2018	〔1〕	宇　　宙	天体までの距離，銀河回転と銀河の質量　⇨論述・計算
	〔2〕	大気・海洋	雲粒と雨粒の形成，エルニーニョ　　　⇨計算・論述
	〔3〕	地　　球，鉱物・岩石	地震と断層，鉱床　　　　　　　　　　⇨計算・論述
2017	〔1〕	宇　　宙	ブラックホール連星，系外惑星の生命　⇨計算・論述
	〔2〕	大気・海洋	大気の熱収支，大気と海洋の相互作用　⇨計算・論述
	〔3〕	地　　球，鉱物・岩石	地震，地熱地帯の岩石と温度構造　　　⇨計算・論述
2016	〔1〕	宇　　宙	恒星の質量分布，宇宙の膨張　　　　　⇨計算・論述
	〔2〕	大気・海洋	熱収支と気温変化，大規模な海流　　　⇨計算・論述
	〔3〕	地　　球，地質・地史	海洋底の年齢と水深変化，深海底堆積物　⇨論述・計算

東京大-理科／傾向と対策　67

| 傾　向 | 説明文・図からの考察問題主体，計算量も多い
全体を見通し，できる問題から確実に解く |

1 出題形式は？

<問題構成>　例年大問3題だが，大問は別々の2つないし3つの内容の問に分かれていることが多い。2022年度は3題すべてが中問2問に分けられていた。分かれていない場合でも2分野以上にわたる総合的な問題があり，出題の形式は多少変化しても問題構成の方針は例年同じと考えてよい。なお，試験時間は理科2科目で150分。時間の配分に十分配慮する必要がある。

<解答形式>　計算・論述法がかなりのウエートを占めているのは従来どおりである。計算問題は毎年出題されていて，特に宇宙分野，大気・海洋分野で多いが，近年はほぼすべての大問で計算問題が出題されている。論述も多いが，分量の指定は字数指定ではなく，1〜5行程度の行数指定が多い。1行は35字なので，これを目安として考えておくとよい。ほかに読図に関する出題も目立っている。描図問題も4年連続で出題されている。

<解答用紙>　解答用紙は，理科共通の体裁となっており，各科目A3判大が1枚で，表裏両面を使用する。〔1〕〔2〕の解答を表面，〔3〕の解答を裏面に記述することになっている。実質的な記述スペースは，〔1〕〔2〕がB5判程度，〔3〕がB4判程度である。1行は35字となっており，〔1〕〔2〕は各25行，〔3〕は50行で，大問1題を記述するのに十分なスペースが与えられている。スペースをどのように用いるかについての明確な指示はないが，採点者にわかりやすいようにレイアウトし，考察過程や結論がはっきりかつ正確に伝わるように記述する必要がある。

2 出題内容はどっか？

<出題範囲>

出題範囲は「地学基礎・地学」である。

<出題分野>

宇宙が〔1〕，大気・海洋が〔2〕，地球，鉱物・岩石，地質・地史分野が〔3〕で出題されている。2020年度の系外惑星や地球温暖化など，話題になっている題材を扱う問題も多い。例年ほぼすべての分野から幅広

68 東京大-理科／傾向と対策

く出題されている。

＜出題意図＞

　内容的には，数学・物理・化学的手法を用いて考察させる問題もあり，特に数学，物理についての基礎的な知識が必要なことが多い。自然現象に対する幅広い知識と洞察力だけでなく，図表の分析・読解力，応用力，計算力，表現力などが試されている。教科書の内容をそのまま出題するのではなく，考える力を見る問題が多い。

③　難易度は？

　初めて見るであろう題材を扱う問題も多く，全体的に難度は高い。さらに問題文が長いため，より難しく感じる問題もあるが，問題文をしっかり読み，落ち着いて考えれば解答の筋道が見えてくるだろう。思考力・理解力を総合的に問う良問が多い。

　例年，問題量が多く，試験時間内に全問解答するのはなかなか容易なことではない。問題解答にあたっては，問題に難易差があるので，最初にどの問題から取り組むかよく見きわめることが必要である。受験生の得意分野によっても異なるが，宇宙分野は比較的難しく，計算問題も多いので，宇宙以外の分野から始めるのがよいかもしれない。問題を見て素早く難易度を判断できるようにしておきたい。

　計算問題は重要で，量的にも多い。有効数字や単位にも気をつけてミスをしないことが大切である。出題頻度は高くはないが，2021年度のように積分を扱う計算が出題されることもある。計算問題の出来・不出来は合否を左右することになるだろう。

対　策

■　基礎知識の充実

　個別的な知識の集積だけでは対応しにくい問題も多い。関連性を重視し，数学・物理・化学的にも裏づけし，1つずつ論理的に納得しながら知識を確実なものにしておきたい。そのためには，基礎的な数学・物理・化学の知識も必要で，過去問をよく見ておく必要がある。また，教科書を中心に資料集なども利用し，読図や描図をしながら体系的に学習

することが大切である。例年，問題文が長く，その中に解答の手がかりがあることが多いので，文章を正確に読み取る能力が必要である。論述対策としては，原因・関連性・探究方法・相違などについて 30〜200 字程度でまとめる練習は欠かせない。こういう練習によって知識は体系化され，確実なものとなる。また，対数や三角関数の計算，有効数字の扱いなど計算問題対策も重要である。

そのほか，綿密な学習を続けると同時に，宇宙や地球科学関係のテレビ番組や記事に注意したり，新書などに目を通したりすることも効果があるだろう。日頃から幅広く興味をもち，偏りなく学習して，知識の幅を広げておくことが特に重要である。

❷ 宇　宙

毎年，大問 1 題が計算問題を伴って出題されている分野である。計算も複雑なものが多く，数学的知識はもちろんのこと，物理的知識も要求されることが多い。分野別では，太陽放射と地球への影響については必ず整理して理解しておくこと。惑星現象，会合周期，ケプラーの法則，恒星の光度，HR 図，連星，変光星，銀河系，ハッブルの法則などはその内容とともに，典型的な計算問題にも習熟しておくこと。対数関数の知識が必要な計算問題も出題されているので，十分練習しておく必要がある。恒星の一生や宇宙の進化などについてもまとめておくこと。特に恒星に関しては質量や内部構造の変化，元素の形成などとも関連づけて理解しておくことが必要である。

全体として，物理の基礎学習が必要で，特に基礎的な力学はぜひ学習しておきたい。2017 年度は恒星の質量と寿命の関係を計算する問題，2018 年度は天体までの距離，銀河の質量についての計算問題，2019 年度は恒星の寿命に関する計算問題，2021 年度は天体間の距離や彗星のガス放出量についての計算問題，2022 年度は連星を題材とした描図問題が出題された。広い範囲の学習が必要である。

❸ 大気・海洋

毎年出題されており，ウエートは大きい。特に海洋は他大学に比べて出題率が高い。図の読解が必要な出題も多く，計算問題も複雑なものが

70 東京大-理科／傾向と対策

多い。その内容は，海水の熱輸送，波，二酸化炭素の輸送，水収支，海水位の変化，海洋と大気の相互作用など多彩である。転向力・エネルギー収支・凝結・起潮力など量的に扱う分野は計算問題も含め，特に習熟しておくこと。高層天気図と地上天気図の関連も重要である。グローバルな気象（例えば，酸性雨やエルニーニョ，ラニーニャなど）については教科書の記述だけでは不十分なので，ぜひ地球環境についての一般図書などで知識・教養を深めておきたい。特に大気と海洋の相互作用は重要である。いずれにしても広い範囲の知識が必要な分野といえる。

4 地 球

地球の内部構造や状態，地球の大きさ，地震活動と地震波解析，重力異常，地殻熱流量，地球の誕生過程，他の惑星との比較などについて，関連性・相違・探究方法などに留意しながら学習しておくこと。過去には地球の形成過程と月の地形や小惑星の形成過程の比較などのユニークな問題やアイソスタシーを月に応用する問題も見られた。2019年度にはミランコビッチサイクルが扱われ，地球・大気・宇宙にまたがる内容の出題もあった。なお，2017・2019・2020・2022年度は計算問題が多く出題された。

5 鉱物・岩石

地質・地史とのどちらかが出題されている。地質分野などと関連して出題されることも多い。代表的な岩石については分布の特徴・産状・成因・組織・鉱物組成・化学組成など，造岩鉱物については化学組成・多形・固溶体，結晶の化学的・物理的性質などをまとめておくこと。火成岩が出題されることが多いが，2020年度は堆積岩（堆積物）が題材とされ，地質との融合問題であった。図の見方や地学的意義の把握，化学計算，分析値に基づく計算などにも習熟しておくこと。2018年度は従来あまり出題のなかった鉱床についての出題があった。探究活動が重視されている関係で，実験・観察に関する問題も見られるので，丁寧な学習が必要である。

東京大-理科／傾向と対策　71

6 　地質・地史

　鉱物・岩石とのどちらかが出題されている。図表などを用いた出題が多く，地質図・地質断面図・ルートマップの読解や描図練習を十分にしておくこと。過去には地質図の作成の知識が必要な問題もあった。また，不整合・示準化石・示相化石などについてはその地学的意義をよく理解しておきたい。絶対年代の測定法についても理解を深めておくこと。この分野は探究活動が重視される現在の理科の特徴が出題に反映されやすい分野でもあり，地質調査などについても十分学習しておく必要がある。なお，「地学」では，日本列島の地質・地史がかなりくわしく扱われている。大きく取り上げられたことはないが，気をつけておきたい。また，先カンブリア時代の地史に関しても，近年教科書の記載内容が増えているので要注意といえる。

○東大が受験生に身につけてほしいこと【理科】

　理科は，文系・理系を問わず，社会における自然科学，先端技術が関連する様々な分野において，問題の本質を見つけ，課題解決に導くための考え方の基礎となる教科です。このために，東京大学の学部前期課程（1，2年生）では，理科各類の全学生が物理・化学・生物を必修科目として履修し，文科各類の学生も高度な自然科学の授業科目を履修できるカリキュラムが組まれています。本学を受験する皆さんには，高等学校で理科の各科目を広く勉強し，理科に関する基礎的な力を身につけることを期待しています。このために，入学試験では以下の能力を判断するための問題が出題されますので，そのような力を養成する学習を目指してください。
1) 自然現象の本質を見抜く能力
　自然現象を深く観察し，実物に即して現象の本質を見抜く発見力・洞察力を重視します。
2) 原理に基づいて論理的にかつ柔軟に思考する能力
　自然現象に関する知識の正確さとともに，自然現象を科学的に分析し，深く掘り下げ，論理的に思考する能力を重視します。また，単なる計算力を問うのではなく，自然現象を定量的に考察する能力も重視します。求められる自然現象に関する知識は，現行の高等学校学習指導要領の範囲を逸脱することはありませんが，これらを十分に理解・消化し，論理的に組み合わせて活用する能力が求められます。
3) 自然現象の総合的理解力と表現力
　自然現象は複合的な現象なので，一つの分野の特定の知識・技術のみではなく，幅広い分野の知識・技術を統合し総合的に理解する能力を重視します。また，得られた結論を，客観的に説明する科学的な表現力を重視します。

『令和4年度 東京大学入学者募集要項』より

72 東京大-理科／傾向と対策

国　語

年　度	番号	種類	類別	内　　　　容	出　　　典
2022	〔1〕	現代文	評論	内容説明（100〜120字他），書き取り	「ナショナリズム，その〈彼方〉への隘路」鵜飼哲
	〔2〕	古　文	物語	口語訳，内容説明	「浜松中納言物語」
	〔3〕	漢　文	思想	口語訳，内容説明	「呂氏春秋」呂不韋
2021	〔1〕	現代文	評論	内容説明（100〜120字他），書き取り	「ケアと共同性」松嶋健
	〔2〕	古　文	物語	口語訳，内容説明	「落窪物語」
	〔3〕	漢　文	論説	口語訳，内容説明	「霞城講義」井上金峨
2020	〔1〕	現代文	評論	内容説明（100〜120字他），書き取り	「神の亡霊」小坂井敏晶
	〔2〕	古　文	絵巻詞書	口語訳，内容説明	「春日権現験記」鷹司基忠ら
	〔3〕	漢　文	史伝	口語訳，内容説明	「漢書」　班固
2019	〔1〕	現代文	評論	内容説明（100〜120字他），書き取り	「科学と非科学のはざまで」中屋敷均
	〔2〕	古　文	俳文	口語訳，内容説明	「誹諧世説」高桑闌更
	〔3〕	漢　文	思想	口語訳，内容説明	「明夷待訪録」黄宗義
2018	〔1〕	現代文	評論	内容説明（100〜120字他），書き取り	「歴史を哲学する」野家啓一
	〔2〕	古　文	軍記物語	口語訳，内容説明	「太平記」
	〔3〕	漢　文	文章	語意，口語訳，内容説明	「新刻臨川王介甫先生文集」王安石
2017	〔1〕	現代文	評論	内容説明（100〜120字他），書き取り	「芸術家たちの精神史」伊藤徹
	〔2〕	古　文	物語	口語訳，内容説明	「源氏物語」紫式部
	〔3〕	漢　文	文章	口語訳，内容説明	「賢奕編」劉元卿

東京大-理科／傾向と対策　73

	〔1〕	現代文	評論	内容説明（100〜120 字他），書き取り	「反知性主義者たちの肖像」内田樹
2016	〔2〕	古　文	擬古物語	口語訳，内容説明，和歌解釈	「あきぎり」
	〔3〕	漢　文	漢詩	口語訳，内容説明	「寓居定恵院之東，雑花満山，有海棠一株，土人不知貴也」蘇軾

(注)　文科と共通問題（一部共通も含む）。

▶古文出典・内容一覧

年　度	出　典	類別	内　　　　　容
2022	「浜松中納言物語」	物語	中国で契りを結んだ后との別れを悲しむ中納言
2021	「落窪物語」	物語	落窪の君の夫道頼一行と父源中納言家の車争い
2020	「春日権現験記」	絵巻詞書	興福寺の僧に下された春日大社の神の託宣
2019	「誹諧世説」	俳文	妻が猫を過度に愛することから発した夫婦の一件
2018	「太平記」	軍記物語	和歌の代詠と引き歌による返事の解釈
2017	「源氏物語」	物語	結婚後の玉鬘と光源氏の和歌の贈答
2016	「あきぎり」	擬古物語	尼上の死を悲しむ姫君たち

傾　向　現代文は自分の言葉も必要になる　古文・漢文は標準的な良問

① **出題形式は？**

　＜問題構成＞　現代文1題，古文1題，漢文1題の計3題という構成が続いている。試験時間は100分。

　＜解答形式＞　全問記述式である。〔1〕の100〜120字の内容説明を除けば，字数制限はない。したがって，指定された解答欄の大きさからおおよその字数を判断することになる。

　＜解答用紙＞　例年，解答用紙の指定の枠内に記入する形式。説明問題の1行の長さは13.5cm程度，幅は各行とも約9mmとなっている。1行の枠内に2行以上書いたり，枠をはみ出したりしないこと。逆に空白が多すぎるのも望ましくない。解答分量は1問につき1〜2行である。

74 東京大-理科／傾向と対策

解答枠が解答内容に比べてあまり余裕がなく，まとめる工夫を要する。

2 出題内容はどうか？

▶現代文

本文：例年，抽象度の高い論理的文章が出題されている。その内容は哲学や科学思想史，言語や美術を含めた文化論，社会論や文明論が主なものである。

設問：論旨をきちんと把握できているかどうかを問う説明問題が中心である。特に本文の論理展開上重要な箇所についての説明問題が多い。記述問題とはいえ，解答の方向性は定まっており，解釈の仕方でさまざまな解答例が出るようなものはあまり出題されない。設問の意図するものに答えるには，単に本文からの引用をまとめるだけでは不十分なものが多い。ふだんから語彙を豊富にすることを意識し，自分の言葉で文章をまとめることがきわめて大切といえる。抽象的な語句をわかりやすく説明する表現力も必要である。さらに，字数指定のあるなしを問わず，ポイントを押さえながら簡潔にまとめる要約力も欠かせない。

なお，本文全体の論旨（趣旨）をふまえて100字以上120字以内でまとめる設問が定着している。漢字の書き取り（音・訓含めて）も例年3問ずつ出題されている。

▶古　文

本文：標準的な文章が出題される。物語の一部が出題される場合はリード文が丁寧に付されるし，それ以外の作品でも必要な限りの注や系図が付けられ，専門的な古典の知識，作品に対する予備知識の有無で解答作成に差が出ることはない。近年は文科と共通の出典であるが，設問数は文科よりも少ない。

出典は中古と中世が中心となっている。ジャンルは，物語系の作品が出題されることが多い。それ以外では2020年度は説話的な文章，2019年度は俳文が出題されているので，典型的な中古文を中心にしつつも，近世の作品まで目を通しておきたい。

設問：口語訳を中心に内容説明といった，本文全体の主旨，部分の解釈をみる典型的な記述型読解問題である。

東京大-理科／傾向と対策　75

　口語訳は基本的な古語や語法・文法などに着眼点をおいたもので，これといって難問が課されることもなく，設問は良問で構成されている。指示語の指示内容や具体的な内容を記す必要のある場合には設問でその旨が明記されるので，何を書けばよいのかと戸惑ってしまうというようなことはない。また，前後の文脈をふまえた人物の心情を説明する問題もよく出題されている点には注意を払っておきたい。文法問題が単独で出題されることは近年はないが，口語訳においても説明においても，助動詞・助詞・敬語などの正確な理解が求められていることはいうまでもない。解答欄が小さいのでコンパクトにまとめる必要がある。

　和歌に関しては，2022 年度は下の句の大意の説明が出題されたが，修辞そのものを問う問題はまずなく，口語訳を基本とした解釈に基づき，詠まれた状況や詠み手の心情に即した解釈を問うものが主体である。散文の中に含まれている修辞表現については，前後の文脈をふまえた心情や内容理解の説明といった形で問われることがある。

▶漢　文
　本文：出題される文章の時代は一定していない。2016 年度のように漢詩が出題される場合もある。なお，従来文科とは出典が異なっていたが，近年は共通の出典となり，設問も 1 問少ないものの同じである。

　本文は，一部の設問箇所を除いて，返り点，送り仮名が付けられている。会話を示す「　　」や注も親切に付されていて，読解しやすいように問題が作られている。

　設問：例年の傾向として口語訳中心の問題構成となっている。また，心情や状況などの具体的な説明も求められるが，こういった問題も口語訳の延長にあるものとみてよいだろう。なお，書き下しや訓点を付す問題，漢文に特有な語の読みといったものが単独で問われるのはまれである。

3　難易度は？
▶現代文　古文・漢文を含めて 100 分という試験時間内で相当量の文章を読み，考え続け，解答を仕上げていく力は，集中力一つとっても並大抵のものではない。相当のボキャブラリー・論理的思考力・表現力・要

76　東京大-理科／傾向と対策

約力という正統な国語力が必要である。現代文にかける時間の目安は
40分というところだろう。

▶古文・漢文　古文・漢文ともに全国的な国公立大学の同傾向の問題水
準から抜きんでるほどではなく，標準的な問題である。時間配分は，現
代文とのかねあいになるが，1題にかけられる時間は25〜30分程度と
みておけばよいだろう。

対　策

現代文

1　論理的思考力

　人文科学・社会科学・自然科学など各分野の評論文を幅広く読んでお
くことが望ましい。基礎知識や論理的思考力があるかないかは，読解の
正確さや速さに大きくかかわってくる。教科書はいうまでもなく，新聞
の社説や論文，文芸雑誌，新書や文庫，単行本などを精力的に読み込も
う。例えば，『寝ながら学べる構造主義』（内田樹，文春新書），『現代の
哲学』（木田元，講談社学術文庫），『現代思想の源流』（今村仁司他，講
談社）あたりがすすめられる。しかし現実にはなかなか時間がとれない
というのであれば，最近の思潮を取り上げた短い文章を集めたもの，例
えば，『高校生のための現代思想エッセンス　ちくま評論選　二訂版』（岩
間輝生他編，筑摩書房），『高校生のための評論文キーワード 100』（中
山元，ちくま新書）や，『術語集』『術語集Ⅱ』（中村雄二郎，岩波新書），
『現代思想を読む事典』（今村仁司編，講談社現代新書），『いまを生き
るための思想キーワード』（仲正昌樹，講談社現代新書）などを読んで
みてはどうだろうか。また，現代文のキーワードを解説した参考書の一
読もすすめる。

2　豊かな感性の育成

　論理的思考力とともに感性の豊かさ，鋭さも求められている。教科書
や新書・文庫などを利用して韻文や随筆，小説などに数多くふれておき
たい。手っ取り早いものとしては韻文の短い批評を集めたもの，例えば，
『折々のうた』（大岡信，岩波新書）などを利用するのもよい。あるい

はエッセイのアンソロジー『ベスト・エッセイ』（日本文藝家協会編，光村図書出版）などもすすめられる。

3 表現力の養成

全問記述式であるから，その訓練は不可欠である。問題集や本書などで訓練しておくべきだが，その際，以下の点に注意したい。

① 抽象的表現を具体的表現に
② 比喩表現を普通の表現に
③ 本文のキーワードとなる語句の意味を具体的に
④ 反語など修辞を使った表現を率直・簡明な表現に
⑤ 省略された意図を明らかに
⑥ 倒置された因果関係を本来の順序どおりに

こうした点の読み込みの深さと，それを簡潔な答案に仕上げる的確な表現力の向上をめざすこと。設問で問われるのは，このような箇所である。

4 表現の正確さ

実際に文章を書いてみた後で，必ず以下のことをチェックしておこう。これは古典でも同様である。

① 誤字・脱字がないか
② 主語と述語，修飾語と被修飾語が正しく対応しているか
③ 副詞や助詞などの使い方が間違っていないか
④ 読点のつけ方が適切か

古 文

1 基礎的知識

基本中の基本である，単語と文法をマスターすること。

【単語】 ①陳述の副詞 ②古今異義語 ⓪多義語 ④慣用表現
【文法】 ①助詞・助動詞 ②敬語 ③紛らわしい語の識別

以上の知識を，読解の前提として身につけなければならない。

和歌の解釈が要求される年度もあることを考えると，掛詞を中心とする和歌修辞の知識も身につけ，その修辞が反映された口語訳の仕方をマスターしておくと心強い。

78 東京大-理科／傾向と対策

2 古典常識

　設問は，内容読解に終始している。適切な注が付いているとはいえ，古文の世界観や一般的宗教観，風俗，暦，有職故実などの古典常識についての一定レベルの教養を身につけておく必要がある。むろん，古文を多く読むに越したことはないが，現代語訳または小説化されたものなどで一度なじんでおくだけでも違う。例えば，『源氏物語』をはじめとして多くの現代語訳版が出版されているし，谷崎潤一郎や芥川龍之介，円地文子など，近現代の小説にも中古を題材としたものが多い。

3 口語訳・内容説明

　口語訳は基本的に正確な逐語訳をする。内容説明は傍線部を文脈を補って説明する。必要に応じて，指示内容や省略された主語・目的語・述語を補おう。ただし，いずれも現代語の表現として自然な言葉になるよう気をつけたい。このような配慮は，古文に慣れた者ほど注意が必要であろう。古文の表現に慣れてしまうと，現代語としての不自然さを見落としがちになるからである。自分が読み手になっても理解できる訳文を作るように心がけたい。

漢　文

1 基礎の充実で確かな読解

　的確に論理を押さえる読解力が問われる。難解な文章は出題されないので，教科書の復習を中心にするとよい。訓読が問われることはほとんどないが，漢文を正確に素早く読むためには訓読に慣れておくことが必要である。訓読の基本法則，再読文字・返読文字，助字，基本句形，多義語を確実にマスターしよう。内容の理解に際しては，疑問，反語，抑揚，感嘆，否定の表現に注意すること。過去には副詞「何」を本文の流れから疑問・反語のどちらで読むのかが書き下し文で問われている。

2 口語訳

　訓読ができれば直訳は難しくないだろうが，漢文はたとえ話や比喩表現が多く，また文章が簡潔なので，解答では言葉を適宜補って訳す必要がある。日本語として意味の通じる訳文を書く練習をしておこう。古文においては，単に「現代語訳せよ」という口語訳問題も多いが，漢文で

は「平易な現代語に訳せ」などという問い方をされることがある。東大
の受験生のレベルを考えると，標準的な問題だけに，ちょっとした表現
の不備や説明の不明瞭さが致命傷となりかねないので十分に注意したい。
特に，比喩や簡潔な表現については具体的な説明が求められるので注意
を要する。例えば

　　《根が抜けて，風に吹かれていく草》＝《頼りない自分の境涯》

という連想ができるよう，想像力と鑑賞力を養っておくとよい。漢詩の
参考書などでパターンをつかんでおこう。

○東大が受験生に身につけてほしいこと【国語】

　国語の入試問題は，「自国の歴史や文化に深い理解を示す」人材の育成という東
京大学の教育理念に基づいて，高等学校までに培った国語の総合力を測ることを目
的とし，文系・理系を問わず，現代文・古文・漢文という三分野すべてから出題さ
れます。本学の教育・研究のすべてにわたって国語の能力が基盤となっていること
は言をまちませんが，特に古典を必須としているのは，日本文化の歴史的形成への
自覚を促し，真の教養を涵養するには古典が不可欠であると考えるからです。この
ような観点から，問題文は論旨明快でありつつ，滋味深い，品格ある文章を厳選し
ています。学生が高等学校までの学習によって習得したものを基盤にしつつ，それ
に留まらず，自己の体験総体を媒介に考えることを求めているからです。本学に入
学しようとする皆さんは，総合的な国語力を養うよう心掛けてください。
　総合的な国語力の中心となるのは
１）　文章を筋道立てて読みとる読解力
２）　それを正しく明確な日本語によって表す表現力
の二つであり，出題に当たっては，基本的な知識の習得は要求するものの，それは
高等学校までの教育課程の範囲を出るものではなく，むしろ，それ以上に，自らの
体験に基づいた主体的な国語の運用能力を重視します。
　そのため，設問への解答は原則としてすべて記述式となっています。さらに，あ
る程度の長文によってまとめる能力を問う問題を必ず設けているのも，選択式の設
問では測りがたい，国語による豊かな表現力を備えていることを期待するためです。

『令和４年度 東京大学入学者募集要項』より

80 東京大-理科／傾向と対策

2022年度

解答編

東京大-理科前期　　　　　　　　　　　　　　　　　　2022 年度　英語〈解答〉　*3*

解答編

英語

1 (A)　解答

<解答1>　食べ物を常に分け合うことは人類特有の行為で，食は人間の特徴と文明を生むもとである。また，食べることは生存に不可欠であるため，食べ物は単なる栄養以上の意味をもつ。(70〜80 字)

<解答2>　食物の積極的な分配という人類だけの行為が人間特有の営みを生み，食料の確保が文明を生んだ。また，生存に欠かせない食に，人間はただの栄養源という以上の意味を与えた。(70〜80 字)

<解答3>　人間らしい特徴の基礎は食料の継続的な分配という人類固有の行為であり，文明の根底には食の確保がある。また，生存に不可欠な食は，単なる栄養摂取を超えた意味をもつ。(70〜80 字)

◆全　訳◆

≪人間にとって食べ物がもつ意味≫

　食事の作法は，人類の社会そのものが生まれたときからある。その理由は，それがなければどんな人間社会も存在できないからである。積極的に食べ物を分け合うこと，つまり食べ物を見つけてその場で食べるのではなく，持ち帰って計画的に分け与えることは，今日でさえも，私たちを動物とは違うものにしているものの根源にあると考えられている。鳥，犬，ハイエナはエサを子のために巣に持ち帰るが，それは子が自力でエサを見つけられるようになるまでであり，チンパンジーは群れの他の大人に肉を要求して受け取りさえするかもしれない。(チンパンジーは，肉を食べるときにだけこの行動を示すようである。彼らの主食である植物性の食物は，ほぼ必ず，分け与えずに見つけたその場で食べる。) 人間だけが積極的に，定期的に，継続的に，食べ物の分配を行うのだ。

　この行動は多くの基本的な人間の特徴に基づいており，おそらくそうした特徴をもたらすのに役立った。その特徴とは，家族や共同体 (だれがだ

れと一緒にいるか，どの人たちが一緒に食事をするか），言語（過去，現在，未来の食べ物のことを話し合い，食べ物を手に入れる計画を立て，争いを防ぎながらそれをどのように分配するかを決めるため），技術（獲物をどのように仕留め，切り分け，保存し，運ぶか），道徳性（公平な分け前とはどれくらいか）といったものである。食べ物を欲しがる私たちの胃袋の基本的な欲求は，人間のあらゆる企ての背後にある原動力の多くを与え続ける。私たちは食料を狩り，それを求めて戦い，それを見つけなければならず，あるいは食料の種をまき，食べられるようになるまで待たなければならない。それから，食料を運び，腐る前に分配しなければならない。加えて，食べ物を刻んだり，挽いたり，加熱したり，柔らかくなるまで放置して食べるほうが楽である。文明自体，食料供給が確保されて初めて起こる。そして，食べ物のこととなると，私たちは決して止まることができない。食欲が私たちを止まらせないのである。

　自分が食べようとするものを積極的に分け与えることは，ほんの始まりにすぎない。私たちは食べ物について好みがうるさくならざるをえない。私たちが一口食べるたびに好みが入り込むのだ。私たちは食べ物をつつき回し，ひけらかし，讃えたり嫌ったりする。食べることに関する主な決まりは単純だ。食べなければ死ぬ。そして豪華な食事がどれほどたっぷりあっても，またすぐにお腹がすく。まさしく食べなければならないこと，食べ続けなければならないことの両方が理由で，人間は食べ物をそれ以上のものにすることに膨大な労力をつぎ込んできたのであり，その結果，食べ物は体の栄養というその主な目的を超えたさまざまな意味をもっているのである。

━━━━◀解　説▶━━━━

◆読解する

　全体の構成を意識しながら，各段を検討しよう。

〔第1段〕

　この段では，「人間だけが食べ物をいつも分け合う」ことが述べられており，「それこそが人間が人間たるゆえんである」としている。これが文章のおおよそのテーマである。

〔第2段〕

　この段では，「家族や共同体，言語といった人間の特徴をもたらすもと

になったのが食べ物を分け合うことだった」こと，「食べ物を得たり，より食べやすくしたりする工夫が文明を起こす」ことが述べられており，この文章の中心をなす。

〔第3段〕

　この段では，「食べなければ死ぬという当然の理由に加えて，人間は食べ物については好みがうるさく，ただの栄養という以上の意味をもたせる」ことを述べて文章を締めくくっている。

　各段と各文の内容をまとめると次表のようになる。

各段の要旨		各センテンスの内容
第1段	人間だけに見られる食事の作法	第1文：食事の作法は人間社会が存在するために欠かせない。 第2文：積極的に食べ物を分け合うことが，人間を他の動物と異なるものにしていると考えられる。 第3文：他の動物は，子が独り立ちするまでしかエサを運ばなかったり，特定のエサしか分け合わなかったりする。 第4文：（チンパンジーは肉だけは分け合うが，植物性のエサは分け合わない。） 第5文：人間だけが積極的に，定期的に，継続的に，食べ物を分け合う。
第2段	食べ物を分け合うことがもつ意味	第1文：食べ物を分け合うことは社会や言語などの人間の基本的な特徴に基づいており，それらが生じるもととなったと考えられる。 第2文：お腹を満たすという基本的な欲求が，人間が企てることすべての大きな原動力となっている。 第3文：食べ物は刻んだり，挽いたり，加熱したり，柔らかくなるまで放置したりすることで食べやすくなる。 第4文：文明は食料供給が確保されて初めて生じる。 第5文：食べ物に関しては，人間は止まることを知らない。
第3段	食べ物に対する人間の飽くなき欲求	第1文：食べ物を分け合うことは始まりにすぎない。 第2文：食べ物には好みがうるさくならざるをえない。 第3文：私たちは食べ物を自慢したり嫌ったりする。 第4文：食べ物に関するルールは単純で，食べなければ死ぬということである。 第5文：そのため，人間は食べ物に単なる栄養という以上の意味を与えている。

◆答案を作成する

　この文章は「積極的に食べ物を分け合うことが人間を他の動物と異なるものにしていること」，「食べ物を得ることが文明につながったこと」を述

べている。いずれも第2段に詳細が述べられており，上記の2点について具体的な例を示しながら筆者の論点をわかりやすく伝えることが重要である。第3段は，さらに人間は当然食べ続けなければならないから，「食べ物に対して栄養という以上の意味をもたせてきたこと」が述べられており，締めくくりとしてこの点にも言及したい。

◆━◆━◆━◆━ ●語句・構文● ━◆━◆━◆━◆

(第1段) ●as old as human society itself「人間社会自体と同じくらい古い」が直訳。「人間社会ができたときからある」という意味。 ●〜, the reason being that … （＝〜, and the reason is that …）「そして理由は…ことである」の意の独立分詞構文。 ●on the spot「その場で」

(第2段) ●give rise to 〜「〜を起こす，もたらす」 ●the driving force「原動力，推進力」 ●where A is concerned「A に関する限り，A のこととなると」

(第3段) ●choosy about 〜「〜について好みがうるさい」 ●play with 〜「〜（食べ物）を食べずにつつき回す，いじり回す」

1 (B) 解答

(ア)(1)— e) (2)— c) (3)— d) (4)— b) (5)— f)

(イ) when they would have liked the conversation to have been over

◆━◆━◆━◆━◆ ◆全 訳◆ ◆━◆━◆━◆━◆

≪会話の引き際はいつなのか≫

ある夕方，アダム＝マストロヤンニはオックスフォード大学でまた開かれる，行きたくもない格式ばったパーティーに行くためにしぶしぶと蝶ネクタイをつけていた。当時同大学の心理学の修士だったマストロヤンニは，パーティーに行けば必ず，彼が望んでおらず，失礼にならないように辞する方法もない長々しい会話から抜け出せなくなることがわかっていた。さらに悪いことに，突如として気づいたのだが，彼自身が知らぬ間に，他の人たちに望まぬ会話のわなをしかける張本人になっているかもしれなかった。「両方とも全く同じことを考えているのに，どちらも本当に話が尽きて先に進めないために行き詰まっているとしたらどうなるのだろう」と彼は思った。

マストロヤンニの考えは的を射ていたかもしれない。特定の会話がどれ

ほど続くべきかに関する話し手の気持ちを測るために，彼らの頭の中を研究者たちが探ったときに発見したことについて，最近の研究が報告している。(1)[e)研究チームは，双方が望んだときに終わる会話はほとんどないことを発見した。] 実際，人々は相手がいつ会話をやめたいと思っているかに関しては，非常に判断が下手である。ただし，場合によっては，人々は会話があまりにも長く続くことではなく，短すぎることに不満を感じていた。

「相手が何を望んでいるとあなたが思うとしても，たぶんあなたは間違っているでしょう」と，現在はハーバード大学の心理学研究生であるマストロヤンニは言っている。「だから，最初に適切だと思えたときに辞するのがいいんです。もういいと思わせるよりもっと聞きたいと思わせるほうがいいですからね」

会話に関する過去の研究のほとんどは，言語学者か社会学者によって行われてきた。一方，会話を研究してきた心理学者たちはたいてい，人が説得するのに言葉をどのように使うかといった，他のことを調べる手段として自分たちの研究を活用してきた。個々の人が会話の終わりにどのような言い回しを口にするかを調査した研究は二，三あったが，その焦点は人がいつそれを言うことにするのかには当てられていなかった。「心理学は，これが本当に興味深く根本的な社会的行動なのだという事実に，今まさに気づきかけているんです」と，マストロヤンニは言う。

彼と彼の共同研究者たちは，会話の力学を調べるために2つの実験を行った。最初の実験では，彼らはオンラインの参加者806人に，最近の会話の持続時間を尋ねた。(2)[c)会話のほとんどは，家族か友人と行ったものだった。] 実験に参加した人たちは，会話が終わってほしいと思った時点が会話の途中にあったかどうかを報告し，実際に会話が終わったときと比較して，それがいつだったかを見積もった。

2つめの実験は研究室で行われ，研究者たちは252人の参加者を知らない者同士のペアに分け，1分から45分までの間ならどれだけでもよいので，何でも好きなことを話すように指示した。その後，研究チームは被験者にいつ会話が終わってくれていたらよかったのにと思ったか尋ね，同じ質問に対する相手の答えについて推測するように言った。

マストロヤンニと共同研究者たちは，会話を交わした2人ともが望んだ

ときに終わった会話は2パーセントにすぎず，2人のうちの一方が望んだときに終わった会話は30パーセントしかなかったことを発見した。会話のおよそ半分で，2人のどちらも会話はもっと短いほうがよいと思っていたが，会話を終えたいと思った時点はたいてい異なっていた。⁽³⁾［d）どちらの研究の参加者も，平均すると，会話の望ましい長さは実際の半分ほどだと報告した。］ 研究者たちが驚いたことに，人がそんなにしゃべりたくないと常に思っているわけではないということもわかった。会話の10パーセントでは，双方の研究の参加者が，やりとりがもっと長く続けばよいのにと思っていたのだ。そして，見知らぬ者同士のやりとりの約31パーセントでは，少なくとも2人のうちの一方は話を続けたいと思っていた。

　また，ほとんどの人が，相手の望みを正しく推測することができなかった。相手がいつしゃべるのをやめたいと思ったかを参加者が推測すると，そのずれは会話全体の長さの64パーセントほどだった。

　会話の相手がいつ会話をやめたいと思うかを判断するのに人々がこれほど完全に失敗するということは「驚くべき，そして重要な発見である」と，同調査には加わっていないダートマス大学の社会心理学者セーリア=ホイートリーは言う。その他の点では，会話は「相互協調関係の非常に洗練された表現」だと彼女は言う。「それでも会話が結局失敗に終わるのは，いつやめるべきか私たちがまったく正しく判断できないからです」 この謎は，おそらく人々がコーヒーや酒を飲みながら，あるいは食事をしながらおしゃべりするのが好きな理由の一つだろうとホイートリーは付け加える。なぜなら，「空になったカップやお皿が，出口を与えてくれますからね。それらは会話を終える決定的な合図なんです」。

　今回の調査チームに参加していない，シカゴ大学の行動科学者ニコラス=エプリーは，ほとんどの会話がまさに終わってほしいと思うときに終わるとしたらどうなるのだろうと考えている。⁽⁴⁾［b）「私たちは相手ともてたかもしれないもっと長い，あるいは深い会話を避けたために，人生に関する新しい洞察や新奇な観点，興味深い事実をどれほど逸してきたでしょうか」］と彼は問う。

　このことは日常生活の中の無数のやりとりでは判断しかねるが，科学者たちは，会話に参加している一人が最初にやめたいと思ったちょうどそのときに会話が終わるか，その時点を超えて会話が続く実験を設定すること

東京大-理科前期 2022 年度 英語〈解答〉 *9*

はできる。「会話をやめたいと思ったときにちょうど会話が終わる人たち
は，実際のところ，もっと長く続く会話よりもよい会話をしていることに
なるのでしょうか」とエプリーは問う。「それはわかりませんが，その実
験の結果はぜひ見てみたいです」

　こうした発見はまた，他の多くの疑問へとつながる。会話のルールは，
他の文化ではもっとはっきりしているのだろうか。合図があるとしたら，
話の上手な人はどれに気づくのだろうか。[5][（f）集団でのおしゃべりの力
学についてはどうなのだろうか。]

　「会話に関する新しい科学は，このような厳密な記述的研究を必要とし
ますが，会話に関わる重要で広く見られる課題をうまくくぐり抜ける手助
けとなるかもしれない戦略を試すような，因果関係を説明する実験も必要
です」と，この研究には参加していない，ハーバードビジネススクールの
企業経営学教授アリソン＝ウッド＝ブルックスは言う。「それはかなりやっ
かいなものだと思いますが，それでも人々がどのように語り合うのか私た
ちは厳密に理解し始めたばかりです」

━━━━━━━◀解　説▶━━━━━━━

◆(ア)　▶(1)　空所の前に「特定の会話がどれほど続くべきかに関する話し
手の気持ちを…探ったときに発見したことについて，最近の研究が報告し
ている」とあり，空所の直後に「実際，人々は相手がいつ会話をやめたい
と思っているかに関しては，非常に判断が下手である」とある。研究で，
会話をいつやめるべきか人はうまく判断できないことがわかったことにな
る。e）の「研究チームは，双方が望んだときに終わる会話はほとんどな
いことを発見した」が適切。

▶(2)　空所の前には「最初の実験では，彼らはオンラインの参加者806 人
に，最近の会話の持続時間を尋ねた」，直後には「実験に参加した人たち
は，会話が終わってほしいと思った時点が会話の途中にあったかどうかを
報告し，実際に会話が終わったときと比較して，それがいつだったかを見
積もった」とあり，当該箇所は実験内容を説明していると考えられる。選
択肢中で展開が不自然ではないのはc）の「会話のほとんどは，家族か友
人と行ったものだった」である。

▶(3)　第5・6段で2つの実験の内容が説明され，空所を含む第7段では
その結果が示されている。1つめの実験は第5段最終文（The

10 2022 年度 英語〈解答〉　　　　　　　　　　　　　　　　　　東京大-理科前期

individuals involved …）で「実験に参加した人たちは，会話が終わって
ほしいと思った時点が会話の途中にあったかどうかを報告し，実際に会話
が終わったときと比較して，それがいつだったかを見積もった」と述べら
れているが，そこから空所までの間に結果への言及はない。一方，2 つめ
の実験の結果は空所の前の 2 つの文（Mastroianni and his colleagues
found …）で「研究者たちは…2 人のうちの一方が望んだときに終わった
会話は 30 パーセントしかなかったことを発見した。会話のおよそ半分で，
2 人のどちらも会話はもっと短いほうがよいと思っていたが，会話を終え
たいと思った時点はたいてい異なっていた」と述べられている。そして空
所直後の文には both study participants「双方の研究の参加者」とある。
この展開から考えると，d）の「どちらの研究の参加者も，平均すると，
会話の望ましい長さは実際の半分ほどだと報告した」が適切。

▶(4)　空所直後に，he asks「…と彼は問う」とあるので，選択肢のうち
疑問文になっているものに絞れる。空所の前には「行動科学者ニコラス＝
エプリーは，ほとんどの会話がまさに終わってほしいと思うときに終わる
としたらどうなるのだろうと考えている」とある。次の第 11 段第 2 文
（"Do those whose …）に「『会話をやめたいと思ったときにちょうど会
話が終わる人たちは，実際のところ，もっと長く続く会話よりもよい会話
をしていることになるのでしょうか』とエプリーは問う」とあることから
考えると，b）の「私たちは相手ともてたかもしれないもっと長い，ある
いは深い会話を避けたために，人生に関する新しい洞察や新奇な観点，興
味深い事実をどれほど逸してきたでしょうか」が適切。

▶(5)　当該段第 1 文（The findings also open …）には「こうした発見は
また，他の多くの疑問へとつながる」とあり，続いて「会話のルールは，
他の文化ではもっとはっきりしているのだろうか。合図があるとしたら，
話の上手な人はどれに気づくのだろうか」と，疑問の具体例が挙がってい
る。ここまでの本文では「会話をしている人たちが，いつ会話が終わって
ほしいと思うか」「相手がいつ終えたいと思っているか判断できるか」が
述べられてきた。選択肢中で疑問文になっているもののうち，この内容と
関わる新しい問いとしては f）の「集団でのおしゃべりの力学について
どうなのだろうか」が適切。使用しなかった選択肢 a）は「相手がいつ会
話を始めたいと思っているか正しく推測することがどうして可能だろう

東京大-理科前期　　　　　　　　　　　　　　　　　　　　2022 年度　英語〈解答〉　*11*

か」となっている。会話を始めるタイミングは，本文での関心事とは合致しないと考えられるので不適。

◆(イ)　当該箇所は「その後，研究チームは被験者に（　　　　）尋ねた」となっている。この実験の結果は第 7 段第 1 文（Mastroianni and his colleagues found …）に「研究者たちは，会話を交わした 2 人ともが望んだときに終わった会話は 2 パーセントにすぎず，2 人のうちの一方が望んだときに終わった会話は 30 パーセントしかなかったことを発見した」と述べられていることから，質問内容は「いつ会話を終えたいと思ったか」といったことだと考えられる。間接疑問文の書き出しは when they となる。与えられている語句から「A に〜してほしいと思う」would like A to *do* ができそうだが，実際には望んだときには終わらなかったことがわかっており，liked となってもいるので，would have liked「〜してほしかった（がそうならなかった）」となる。「〜が終わる」be over も be 動詞が been で与えられており，不定詞部分は to have been over となる。全体で when they would have liked the conversation to have been over「いつ会話が終わってくれていたらよかったのにと思ったか」となる。

◄━◆━◄━◆━◄━◆━●語句・構文●━◆━◄━◆━◄━◆━◄━◆━◄

（第 2 段）　●on the mark「的を射た，正しい」　●a poor judge of 〜「〜の判断が下手である」

（第 3 段）　●may well *do*「たぶん〜するだろう」　●might as well *do*「〜したほうがよい」　●leave A wanting more「A にもっとほしいと思わせて終わる」

（第 5 段）　●in relation to 〜「〜と比較して」

（第 7 段）　●it is not always the case that 〜「〜ことは常に事実〔正しい〕とは限らない」　be 動詞の補語になる the case は「事実，実情，真相」の意。

（第 8 段）　●they were off by 〜「それら（＝見積もった時間）は〜の差で外れていた」が直訳。by は〈差〉を表す。

（第 12 段）　●conversationalist「話の上手な人」　●pick up on 〜「〜を見抜く，〜に気づく」

（第 13 段）　●rigorous「厳密な」　●pervasive「浸透性のある，広がる」

12 2022 年度 英語〈解答〉 東京大-理科前期

2 (A) 解答例

<解答例1> I agree with this opinion. It is true that works of art are products of people's free expression, but they are meaningful only when they encourage and inspire their audiences. Those who enjoy paintings, music, or plays probably cannot live without them, or at least their lives would be less vibrant. A society without artworks would surely be dull and boring. In this sense, art is and should be useful to society. (60〜80 語)

<解答例2> I do not think art should be created just to be useful to society. Definitely, art is useful. However, art, whether it is painting, music, or theater, is a product of free expression. People can express themselves artistically however they want. If artistic activities must always result in something useful, artists would lose the freedom to express themselves artistically. Moreover, there might be a risk of rendering artworks as propaganda, and those regarded as "useless" might be neglected. (60〜80 語)

━━━━━━━━━◀解　説▶━━━━━━━━━

▶<解答例>の全訳は以下のとおり。

<解答例1> 私はこの主張に賛成だ。確かに，芸術作品は人々の自由な表現の産物ではあるが，鑑賞者を元気づけ，活気を与えて初めて，それは意味をもつ。絵画や音楽や演劇を楽しんでいる人たちは，おそらくそれなしではやっていけないし，少なくとも彼らの生活は活気がなくなることだろう。芸術のない社会はきっとつまらなくて退屈だろう。このような意味で，芸術は社会の役に立つべきであり，実際役に立っている。

<解答例2> 私は芸術が社会の役に立つためだけに生み出されるべきだとは思わない。間違いなく，芸術は役に立っている。しかし芸術は，それが絵画であれ，音楽であれ，演劇であれ，自由な表現の産物だ。人々は好きなように，自己を芸術的に表現することができる。もし芸術活動が役に立つものを必ずもたらさなければならないとしたら，芸術家は自己を芸術的に表現する自由を失うだろう。さらに，芸術作品がプロパガンダに利用されてしまう危険があり，「役に立たない」とされた作品が黙殺されるかもしれない。

▶「芸術は社会の役に立つべきだ」という主張について，理由も添えて自

分の考えを述べるもの。まず考えを表明し，その理由を続けるという展開になる。「役に立つ」とはどういうことか，「べき」と義務であることをどう考えるかが，解答をまとめるカギになるだろう。

2 (B) 解答

<解答1> That in itself is fine, as there are (some) things we can see clearly because we are (standing) outside. As for me, I often wonder what this town would look like if I were not traveling but were instead living there.

<解答2> It is not a problem. You can definitely see (some) things (precisely) because you are an outsider. However, I often wonder how the town would look if I were not a traveler but a local (resident).

━━━━━━━━ ◀解　説▶ ━━━━━━━━

「外部に立っているからこそ見えるものがあるのだから，それはそれでいい」

● 「それ」は下線部直前の「旅人はあくまで『よそ者』『お客様』だ」という内容を指す。内容を訳出する必要はないが，訳出しても問題はない。

● 文のバランスを考えると，「それはそれでいい」から文を書き出すのがよい。この場合の「いい」は積極的に評価するというより，「かまわない」「問題ない」のニュアンスなので，fine / all right / not a problem などが使える。「(それは) それで」は「それ自体は」in itself などを加えるとイメージが近くなるだろう。

● 「見えるものがある」は一般論なので you や we を使って，there are (some) things you〔we〕can see，あるいは you〔we〕can see (some) things などとできる。また，「見える」は「はっきりと見える」という意味合いだと考えて clearly や definitely をつけてもよいだろう。

● 「のだから」は，同じく理由を表す「からこそ」とは異なる語を当てるのが望ましい。because の他に，as / since / for が使える。「それはそれでいい」で文を切って，「外部に立っているからこそ見えるものがある」と続けるだけでもよいだろう。

● 「外部に立っている」は文字どおり you〔we〕are (standing) outside としてもよいし，「よそ者である」ことを表しているので you are an outsider としてもよい。

14 2022 年度 英語〈解答〉　　　　　　　　　　　　　　　　東京大−理科前期

●「からこそ」は上記のとおり，「のだから」と異なる語を当てる。
　because を用いる場合は precisely because とできる。
「…のだが，わたしなどは〜と考えることも多い」
●「のだが」は，前半とつないで…，but 〜 としてもよいが，文を切った
　ほうがわかりやすくなる。その場合は However, 〜 を使うことができ
　る。
●「わたしなどは」は単純に「わたしは」としてよいが，「わたしに関して
　言えば」as for me を添えることも考えられる。これを添えた場合は，
　上記の However, 〜 はなくてもよいだろう。
●「考える」は目的語が「どんな風に見えるのだろう」と疑問の内容なの
　で，wonder を使う。「〜ことも多い」は often で表せる。
「もし自分が旅人ではなく現地人だったらこの町はどんな風に見えるのだ
ろう」
●「もし自分が〜だったら」は，現実ではないことを想定しているので，
　仮定法過去を使って if I were〔was〕〜 とする。
●「旅人ではなく現地人」は not a traveler but a local（resident）が文字
　どおり。「旅をしているのではなくそこに住んでいる」not traveling
　but were instead living there などとすることもできる。
●「この町」は文字どおり this town でよいが，実際には具体的に示され
　ている町はないので，ややあいまいに the town とすることも考えられ
　る。
●「〜はどんな風に見えるか」は what 〜 looks like / how 〜 looks が使え
　るが，前述のとおり仮定法過去なので，what 〜 would look like / how
　〜 would look とする。間接疑問文なので語順に注意すること。
●なお，wonder に続く部分なので，if 節を前に置くとこれが目的語「〜
　かどうか」に見えるので，配置に気をつけたい。

3 (A) 解答 (6)— c) (7)— a) (8)— b) (9)— b) (10)— e)

◆全 訳◆

≪ヒロベソオウム貝の探索≫

著作権の都合上，省略。

16 2022 年度　英語〈解答〉　　　　　　　　　　　東京大-理科前期

著作権の都合上，省略。

◀解　説▶

▶(6)　「話し手がヒロベソオウム貝に興味をもったのは…からだ」

　第1段最終文（As a marine biologist …）に「環境保護のために太平
洋で仕事をしている海洋生物学者として，私は長年，この種が今でもここ
で生きているのだろうかと思ってきた」とある。c）の「環境に対する関
心から，彼らがまだ存在しているのか知りたかった」が正解。

a）「海洋生物学者として，その生物のライフサイクルに関心がある」

b）「海岸で見られる空の貝殻が，それが絶滅してしまったかもしれない
ことを示唆していた」

d）「海洋生物学者たちが，貝殻の表面の外殻は特定の地域だけで形成す
ると推測していた」

e）「その生物を覆っている外殻が環境保護の観点で重要である」

▶(7)　「話し手がすぐに旅を行うべきだと感じたのは…からだ」

　第3段（Our journey has taken …）に「私たちの旅はやや切迫感を帯

東京大-理科前期　2022 年度　英語〈解答〉　17

びている。というのも，パプアニューギニアは近年急速に深海採掘を拡大
する方向に動いているからだ。産業によって変えられてしまう前に，ここ
の深海の生態系の一部に何が存在しているのか記録に収めることは，それ
らの保護のカギであるかもしれない」とある。a)の「深海の生態系は脅
かされているかもしれず，情報を集めることがそれらを保護する助けにな
りうる」が適切。

b)「気候変動のせいで，深海の環境が急速に変わりつつある」

c)「生物たちが絶滅する前にビデオに収めることが重要だった」

d)「採掘会社がその地域の環境調査を妨げる方向に動いていた」

e)「パプアニューギニアの陸上の採鉱で出る廃棄物が，近海に悪影響を
及ぼしていた」

▶(8)「ブリスベンからパプアニューギニアに飛んだあと，チームは…移
動した」

　第 4 段第 1・2 文（From Brisbane, …）に「ブリスベンから…パプア
ニューギニア…に飛び，それから…1984 年に生きているヒロベソオウム
貝が最後に目撃されたもっと小さな島へ，船で数時間南下する」とある。
b)の「1980 年代にヒロベソオウム貝が生きたまま見つかった島へ」が適
切。

a)「地元の共同体の人たちと会うために，最近保護地域と宣言された島
へ」

c)「首長が海岸は保護されていると宣言した地元の共同体にあいさつす
るために」

d)「ヒロベソオウム貝を保護しようとしてきた小さな島の共同体にあい
さつするために」

e)「マヌス島へ，それから地元民が捕らえたヒロベソオウム貝を見るた
めにもっと小さな島へ」

▶(9)「その島からバナナボートで海へ出たあと，チームは…を沈めた」

　第 5 段（Eager to get started …）に「わなを 2 つ沈める。ブイが水面
に浮いてわなの位置を示している」，続く第 6 段（The next morning …）
に「翌朝私たちは海に戻る。1 つめのわなは夜の間に強い潮流で流されて
おり…それを引き上げるが，かごは空っぽだ。私たちは急いで 2 つめのわ
なへと移動する。これも空っぽだ。チームは全員，見るからに落胆してい

る」とある。2つのわなに何もかかっていなかったことがわかる。b）の「一晩複数のわなを（沈めた）が，わなはまったくの空であることがわかって落胆した」が適切。

a）「300メートルの深さに1つのわな（を沈めた）が，このわなには何もかからなかった」

c）「水面にブイを浮かべて複数のわな（を沈めた）が，ブイがわなから外れて流された」

d）「速い潮流ではわなは役に立たないと知らずに複数のわな（を沈めた）」

e）「同じ深さに2つのわな（を沈めた）が，どちらも夜の間に流された」

▶⑩　「最初の落胆のあと…」

　第7段（We gather together …）に「1984年の探検を覚えている数人の年配の漁師たちが，彼らのチームが若干浅い海域で標本を見つけたことを思い出す。私たちは彼らの助言を採用することにする。私たちは再び出かけ，もっと浅い海域にわなを沈め（た）」とある。e）の「わなを最初の試みのときほど深くないところに設置した」が適切。

a）「年配の漁師たちの助言に基づいて，チームはわなをもっと長時間水中に放置した」

b）「わなを引き上げるのではなく，話し手はそれらを調べるために潜った」

c）「チームは年配の漁師たちが過去に使用してうまくいったわなを使うことにした」

d）「チームはその生物が1984年に最後に目撃されたところへわなを持っていった」

◆―◈―◆―◈　●語句・構文●　◆―◈―◆―◈―◆

（第2段）　●set out to *do*「～し始める，～しようと試みる」　●embark on ～「～に乗り出す」　●video footage「ビデオ映像」

（第3段）　●take on ～「～を帯びる，呈する」　●a sense of ～「～という感じ」

（第5段）　●lower「～を下す，沈める」

（第6段）　●well over ～「～を優に超える」

（第7段）　●wait out ～「～（不利な状態）をしのぐ，好転するのを待

つ」

（第9段）●so that S can V「SがVできるように」

3 (B) 解答 ⑾— a ）　⑿— c ）　⒀— b ）　⒁— a ）　⒂— c ）

◆全　訳◆

≪内的発話の研究≫

　1秒前，あなたは何を考えていただろうか。と言うより，それをどのようにして考えていただろうか。これは驚くほど答えるのがやっかいな問いである。

　自分自身の頭の中で何が起きているのか調べることは，難しい作業ではないように思える。しかし，そうした思考に光を当てようとすると，もともと測りたいと思っているまさにそのものを乱してしまう。それは，暗闇がどのように見えるのか確かめようとして素早く明かりをつけるのと似ている。

　ラスベガスにあるネバダ大学の心理学者ラッセル=ハールバートは，私たちの内的経験について何らかのことを知るために，自分自身の頭の中をもっとはっきり見られるように人々を訓練することにこの数十年を費やしてきた。彼が明らかにしたことは，私たちの頭の中を駆け抜けていく思考は，私たちが思うよりもずっと多様であることを示唆している。

　ひとつには，日々の思考において言葉は，私たちの多くが考えるほど重要ではないらしいのである。「ほとんどの人は，自分が言葉で考えていると思っていますが，そのことに関して多くの人が間違っています」と，彼は言う。

　例えば，ある小規模な調査で，16人の大学生が読むための短い話を渡された。読んでいる最中に，彼らは何を考えているか不定期に尋ねられた。サンプルとして採られた思考のうち，ともかく言葉を含んでいるものは4分の1しかなく，内的な発話を含んでいるものはわずか3パーセントだった。

　しかし，ハールバートのような心理学者にとって，内的発話を調べることは簡単な作業ではない。単純に人々に何を考えているか尋ねることは，必ずしも正確な答えを促すことにはならない，とハールバートは言う。そ

20 2022 年度　英語〈解答〉　　　　　　　　　　　　　　　　　　　　　　東京大-理科前期

れは，一部には，私たちが自分の取りとめのない思考にしっかり注意を払うことに慣れていないからである。

　カナダのマウントロイヤル大学にある内的発話研究所の責任者ファミラ=レイシーと彼女の共同研究者たちは，思考リスト作成と呼ばれる方法を最近使った。これは意外ではないだろうが，被験者にある特定の時点の自分の思考をリストにしてもらうことを含んでおり，人が頭の中で何を考えているかだけでなく，なぜ，いつ，人は内的発話を使うのかをもっと広く検討するのが目的である。研究者たちは，この研究の参加者たちが，歩いたりベッドに入ったり出たりといった日常的な作業をしながら，学校のことから，自分の感情，他の人たちのこと，自分のことまであらゆることについて，自分に語りかけていることを発見した。

　レイシーによると，研究は内的発話が自己規制行動，問題解決，批判的・論理的思考，未来思考で重要な役割を果たしていることを示している。

　また，内的発話が内省にとって重要である証拠も増えている。科学者のジル=ボルト=テイラーは，37 歳のときに彼女を襲った脳卒中から回復したあと，何週間も内的発話のない「沈黙した頭」を経験するのはどういうことかについて記した。沈黙した頭の真ん中でただそこに座り，自分はだれなのか，何をしているのか思い出そうとするのは非常にたいへんな作業だったと彼女は書いている。

　しかし，現在の研究が私たちの頭の中の働きについて，こうしたより大きな真実にまだ光を当てることができていないとしても，自分の思考に注意を払う方法を学ぶことは，個人レベルでは助けになりうるだろう。

■━━━━━━■◀解　説▶■━━━━━━

▶⑾　「話し手によると，自分自身の頭の中を調べるときの難しさは…ことだ」

　第 2 段第 2・3 文（But by trying to …）に「思考に光を当てようとすると，もともと測りたいと思っているまさにそのものを乱してしまう。それは，暗闇がどのように見えるのか確かめようとして素早く明かりをつけるのと似ている」とある。暗闇を見ようとして明かりをつければ，もう暗闇ではなくなるという比喩を考えると，a）「自分自身の思考を見ようとすることが，必ずそれを変えてしまう」が適切。

b）「自分自身の思考を明らかにすることは，明かりをつけることほど簡

単ではない」

c）「光自体に光を当てることができないのと同じように，頭はそれ自体について考えることはできない」

d）「自分の思考の中にある暗闇を見ることは心情的に難しいことがある」

e）「自分自身の思考を見ようとするとき，どのようにそれを評価すればよいかはっきりしない」

▶⑿ 「心理学者ラッセル゠ハールバートによると…」

第4段第2文（"Most people think …）に「『ほとんどの人は，自分が言葉で考えていると思っているが，そのことに関して多くの人が間違っている』と，彼は言う」とある。c）の「人々は自分が言葉で考えていると思っているが，これは多くの場合正しくない」が適切。

a）「日常生活で，私たちは言葉で考えているが，語彙は驚くほど限られている」

b）「ふつうの状況では，人々は思うほど多くの思考をしていない」

d）「私たちが思考の中で使っている言葉は，以前思われていたよりもはるかに多様である」

e）「私たちはさまざまな状況で考えるために言葉を使う」

▶⒀ 「16人の大学生が関わった小規模の研究では…」

第5段最終文（Only a quarter of …）に「サンプルとして採られた思考のうち，ともかく言葉を含んでいるものは4分の1しかなく，内的な発話を含んでいるものはわずか3パーセントだった」とある。b）の「サンプルとして採られた思考のうち，内的発話を伴うものはほとんどなく，ほとんどは言葉にならないものだった」が適切。

a）「短い話を読んだあと，大学生たちは自分の意見を記録するように言われた」

c）「学生が本を読みながら抱いた思考の3分の1しか言葉を伴っていなかった」

d）「サンプルとして採られた思考の25パーセント以上が内的発話を伴っていた」

e）「短い話を聞きながら，大学生は自由に思考するように言われた」

▶⒁ 「ファミラ゠レイシーの研究では，被験者は…自分に語りかけた」

第7段第2文（They found that …）に「研究の参加者たちが…あらゆ

ることについて，自分に語りかけていることを発見した」とある。a）の
「幅広いテーマについて」が適切。
b）「とりわけ，歩いたりベッドに入ったりそこから出たりするときに」
c）「感情的な状況で」
d）「他の人に話しかけるのと同じように」
e）「主に他の人のことについて」

▶⒂　「ジル=ボルト=テイラーの事例は…ことの証拠として言及されてい
る」

　　ジル=ボルト=テイラーのことは第9段で取り上げており，その第1文
（There's also growing …）に「内的発話が内省にとって重要である証拠
も増えている」とあり，このあとにテイラーのことが述べられている。
c）の「内的発話は，私たちの自己意識にとって重要である」が適切。
a）「年を取るにつれて，内的発話が私たちのアイデンティティにとって
より重要になる」
b）「脳の損傷は，内的発話に影響されることがある」
d）「内的発話が欠如すると，私たちは自分がだれなのかに関して熟考す
るようになることがある」
e）「内的発話がないと，短期的な記憶が消滅する」

◆━◆━◆━◆━●語句・構文●━◆━◆━◆━◆━◆

（第1段）　●tricky「扱いにくい」
（第6段）　●wandering「取りとめのない」
（第7段）　●co-ordinator「責任者」
（第9段）　●self-reflection「内省」

3 (C) 解答　⒃—e）　⒄—e）　⒅—a）　⒆—e）　⒇—a）

◆━全　訳━◆

≪科学捜査の実情≫

　こんにちは，私の名前はジェイン=ケンタラです。この科学捜査の入門
コースの教官です。まず，科学捜査，あるいは法科学とは何でしょうか。
犯人に有罪判決を下すためには，私たちは被疑者が罪を犯した証拠が必要
です。法科学とは，犯罪を捜査するためにどのように科学的手法を適用す

東京大-理科前期 2022 年度 英語〈解答〉 *23*

るかに関するものです。犯人に有罪判決を下すために DNA が使われる映画を，きっとみんな見たことがあると思います。ですが，現実には DNA の証拠に基づいて有罪とされた被疑者もいるものの，その中には何年もあとになって，より信頼できる DNA 技術によって無罪とされた人もいました。ですから，私たちは今日でも DNA の証拠はまだ 100 パーセント信頼できるわけではないこと，そしてこれがとても重要なのですが，それがいつでも利用できるわけではないことを念頭においておかなくてはなりません。では，DNA の代わりに，あるいはそれに加えて，他にどんな種類の証拠が使えるのでしょうか。

目撃者の証言でしょうか。事件に関する目撃者の記憶は信頼できるでしょうか。それは本当に当てにできるのでしょうか。彼らの記憶が彼らの期待に影響を受けたり，トラウマに左右されたりすることはないのでしょうか。もし目撃者が声を「聞いた」だけだとしたらどうでしょう。人はある声を別の声と間違いなく区別できるのでしょうか。こうした問題はすべてあとで議論します。ですが，今日は犯行現場や電話越しに行われた録音について話しましょう。

多くの映画では，録音は記録された言葉のほとんどが理解できるくらい十分にクリアで，単に録音と被疑者の声が一致するかどうかの問題です。捜査官は通常こうしたことを，数秒以内に一致を確認できる見事な技術でやってのけます。ですが，残念ながら現実にはこのような驚くべき技術は存在していません。少なくとも今はありません。なぜでしょうか。

ある人物の声と録音の声が一致する可能性を評価するために，話し声をコンピュータのソフトウェアで分析できます。音声科学者は話し声のさまざまな特徴を分析できますが，ある声と別の声を区別するのにどの特徴が使えるのかはまだ明らかではありません。それは，話し声は個人「間」で変わるだけでなく，同じ人物「の中」でも変わるからです。言うまでもなく，人の声は，病気，疲労によって影響を受けるかもしれません。それにお酒も忘れてはいけませんね。ですが，それに加えてその人物が話しかけている相手，社会的状況，周りの状態などによっても声は変わるかもしれません。

さらなる問題は録音の質にあり，これはたいてい非常にひどいです。私が言っているのは，本当に本当にひどいということです。そうした録音は

24 2022 年度　英語〈解答〉　　　　　　　　　　　　　　　東京大-理科前期

たいていひそかに，あるいは偶然に行われているのですから，低品質のマイクが，ことによるとスーツケースの中に隠され，時には犯罪が行われている中心から遠く離れている状態で，また背景の騒音がかなりある状態で行われるのが普通なのです。このように質が欠如しているために，録音音声を適切に分析する能力がさらに影響を受けます。だれが話しているのか特定することが困難になりうるだけでなく，何が話されたり行われたりしたのかを探り出すことさえ難しいかもしれません。

　この問題を解決しようとして，録音は法廷で提出される前に「音質を高め」られることがあります。これは通常，音声信号の操作をすることで行われますが，そのため録音がよりよく理解できるという「印象」を与えます。そして私が「印象」と言ったのは，科学捜査員はそれが録音を理解しやすくするわけでは「ない」ことを示しているからです。そうではなく，それは人々が聞こえた「と思う」ものについて間違った自信を与えてしまうのです。さらに悪いことに，録音を文字に起こしたものが法廷で提出されることがあり，これはこの間違った自信をいっそう強めてしまいます。しかし，書写の信頼性は疑わしいままなのです。

■■■■■■■■ ◀解　説▶ ■■■■■■■■

▶(16)　「講義によると，forensics とは何か」

　第 1 段第 4 文（Forensics is about …）に「forensics とは，犯罪を捜査するためにどのように科学的手法を適用するかに関するものだ」とある。e）の「犯罪を捜査するための科学的手法の使用」が正解。

a）「質を高めた音声録音の信頼性の分析」

b）「目撃者の話の分析」

c）「刑事裁判での先進技術の使用」

d）「被疑者に有罪判決を下すための DNA の証拠の使用」

▶(17)　「この講義で，教官は DNA の証拠が…ことを話している」

　第 1 段第 7 文（So, we must keep in mind …）に「DNA の証拠はまだ100 パーセント信頼できるわけではないこと，そしてこれがとても重要なのだが，それがいつでも利用できるわけではないことを念頭においておかなくてはならない」とある。e）の「いつも信頼できるとは限らない」が適切。

a）「場合によっては操作するのが簡単すぎることもある」

東京大-理科前期   2022 年度　英語〈解答〉　*25*

　b）「法廷に間違った自信を与えることがある」

　c）「間違いなく使える」

　d）「不正確である可能性がたいへん高い」

▶⒅　「教官によると…」

　　第 3 段第 1 ・ 2 文（In many movies,…）で「映画では録音と被疑者の声が一致するかどうか，数秒以内に確認できる見事な技術でやってのける」ことを述べたあと，第 3 ・ 4 文（I'm afraid that…）で「残念ながら現実にはこのような驚くべき技術は，少なくとも今は存在していない」と述べている。a ）の「特定の声をだれのものか識別するのは難しい」が適切。

　b）「録音からある人物が疲れているかどうか知るのは難しい」

　c）「ある声を録音の音声と一致させるのは簡単だ」

　d）「目撃者の証言を記録するのは重要だ」

　e）「犯罪者を有罪にするのに録音を使うことは不可能だ」

▶⒆　「『音質を高められた音声録音』に関する次の文のうち，<u>正しくない</u>のはどれか」

　a）「聞き手に間違った印象を与える可能性がある」　第 6 段第 2 文（This is usually…）の後半および第 3 文（And I say…）に「録音がよりよく理解できるという『印象』を与えるが…科学捜査員はそれが録音を理解しやすくするわけでは『ない』ことを示している」とあることと一致する。

　b）「音声信号を操作することで作られる」　第 6 段第 2 文（This is usually…）の前半に「これは通常，音声信号の操作をすることで行われる」とあることと　致する。

　c）「刑事裁判の法廷に提出されることがある」　第 6 段第 1 文（In an attempt to…）に『録音は法廷で提出される前に『音質を高め』られることがある」とあることと一致する。

　d）「裁判官たちにいっそう自信をもたせる」　第 6 段第 4 文（Instead, it provides…）に「それは…（間違った）自信を与えてしまう」とあることと一致する。

　e）「録音をより理解しやすいものにする」　第 6 段第 3 文（And I say…）に「科学捜査員はそれが録音を理解しやすくするわけでは『ない』こ

とを示している」とあることと一致しない。この選択肢が正解。

▶⒇　「教官によると，音声録音の書写は…」

第6段最終文（To make matters worse, …）に「録音を文字に起こしたものが法廷で提出されることがあり，これはこの間違った自信をいっそう強めてしまう」とある。a)の「誤解を招く可能性がある」が適切。

b)「法廷では決して使えない」

c)「かなり信頼できる」

d)「たいてい非常に質が悪い」

e)「法廷に提出されなければならない」

●語句・構文●

（第1段）　●convict「～に有罪判決を下す」

（第2段）　●testimony「証言」　●What if ～?「もし～ならどうなるのだろう」

（第5段）　●more often than not「たいてい」

4 (A)　解答　(21)—(c)　(22)—(e)　(23)—(b)　(24)—(d)　(25)—(a)

◆全　訳◆

≪公開討論の重要性≫

(21)　私はイアン=スティーブンズとの会話でいくつかのことを学んだが，最も深く学んだのは，なぜ公開討論の抑圧が，ある地域の全住民にとって損害の大きなものになり，飢饉を引き起こす一因にさえなりうるのかということだった。こうした災害を引き起こすような政府は，そのニュースがうまく抑え込めれば，大衆の怒りを免れる見込みがあるかもしれない。そうすれば，その政策の失敗に対する批判に直面しなくてもよくなる。それこそ，英国人がベンガル飢饉の事例である程度行ったことだ。スティーブンズが声を上げたあとになってやっと，英国議会が飢餓について議論し，英国の報道機関が飢饉を即刻止めるべきだと要求した。そのときになって初めて，植民地政府は対策を取らざるをえなくなったのである。

(22)　公開討論は明らかに，ある社会がどのようにふるまうかを決定することに重要な役割をもっている。ジョン=メイナード=ケインズが説得を強調したことは，ジョン=スチュアート=ミルが健全な政策決定における公開

議論を唱道したことと非常にしっくりと合う。「討論による政治」という，ミルによる民主主義の特徴説明は同じ領域に属する。ついでながら，それは厳密にはミルの言葉ではなく，ウォルター＝バジョットの言葉だ。とは言え，その考えが理解されるように最も尽力したのはミルだが。

⑵ よりよい政策決定を追求するための公開議論は18世紀の啓蒙運動以降の西洋世界だけで使われてきたのではなく，他の社会，他の時代でも使われてきた。アテネに起源をもつ投票という手続きはよく思い出されるが，アテネの人たちは啓蒙の源として議論を行っていたことに注意を払うことも重要である。その考え方はインドでも，とりわけ仏教の伝統の中でも大いに注目を集めた。紀元前3世紀，インド亜大陸のほとんど（そして現在のアフガニスタンにも広く及んで）を統治していた仏教徒の皇帝，アショーカ王は，首都パトナ（当時はパータリプトラと呼ばれていた）の第三にして最大の仏教評議会を主催し，同じやり方で数々の紛争を解決した。彼は，社会が必要としているもののよりよい理解に対して公開討論が果たしうる貢献を強調した。彼はその考えを社会に広めようと，簡単に読める言葉を国中と国外の石柱に刻み，意見の相違を解決するための定期的で秩序の保たれた公開討論だけでなく，平和と寛容を唱道した。

⑵ 同様に，7世紀初期の日本でいわゆる「十七条憲法」を604年に作ったとき，仏教徒の聖徳太子は協議を通じてよりよく情報を得る必要性を擁護する論を張った。すなわち「重要事項に関する決定は，ただ一人の人によって行われるべきではない。多くの人によって議論されるべきである」ということである。民主主義は「討論による政治」である——そして，選挙だけが目的ではない——という考えは，今日でもきわめて重要である。近年の民主主義政府の大きな失敗の多くは，何らかの明らかな制度上の障害というより，まさしく公開討論が不十分であることから生じていると私は言いたい。

⑵ 私は祖父のクシティ＝モハンが私の注意をアショーカ王の公開討論に基づいた決定に向けてくれた学生時代からこの問題に興味を抱いてきたが，社会的選択における公開討論の役割について私に新しい理解を与えてくれたのは，ミルとケインズだった。これは，このテーマに関するケネス＝アローの考えで，とりわけ目立つ社会的選択の一面ではなかったものの，他の点では私に大きな影響を与えたものだが，午後の散歩をしながらピエ

ロ=スラッファと私が議論できた社会的選択理論の多くの話題のうちの一つだったことは嬉しく思った。ピエロは（専門的すぎると思っていた）「社会的選択理論」という言葉をあまり使いたがらなかったが，議論と説得は，投票とちょうど同じように社会的選択の重要な一部だということを私に教えるという点で重要な役割を果たした。

◆━━━━━━━━ ◀解　説▶ ━━━━━━━━◆

▶(21)　(c)の it is to be effectively suppressed が誤り。当該箇所は条件を表す if 節中であり，be to *do* は「もし～したければ，～するつもりなら」と願望や意図を表す。主節が「災害を引き起こすような政府は大衆の怒りを免れる見込みがあるかもしれない」であり，to be を外して「そのニュースがうまく抑え込めれば」と単純な受動態にしなければ意味をなさない。

▶(22)　(e)の had made the most for が誤り。最後の for は続く the idea to be understood と合わせて「その考えが理解されるように」と目的を表す副詞用法の不定詞の意味上の主語である。had done the most for「（その考えが理解されるように）最も尽力した」とするのが適切。do much for ～「～のために大いに尽力する，貢献する」の much が最上級の the most に置き換わった形である。

▶(23)　(b)の in other societies and at other time, too が誤り。other は無冠詞であとに単数名詞を取ることができない。直前の in other societies「他の社会において」と同様に，at other times「他の時代に」と time を複数形にするのが適切。単数名詞で特定のものなら the other＋単数，不特定のものなら another＋単数とするのが正しい。another が an＋other だと考えるとわかりやすい。

▶(24)　(d)の remains as extremely relevant today が誤り。当該箇所は明らかな比較対象が省略された as ～ as …「…と同じくらい～」の同等比較の文にみえるかもしれないが，同等比較の as ～ as の間に使われる形容詞・副詞には extremely「きわめて」など強調の副詞をつけることはできない。remain が「相変わらず～である」の意味であり，過去と today を比較する必要がないので，as を外すのが正しい。

▶(25)　(a)の I was interested in this question が誤り。直後に since my schooldays があり，「学生時代以来（現在までずっと）」の意なので，現在完了にして，I have been interested … とするのが正しい。

東京大-理科前期　　　　　　　　　　　　　　　　　　2022 年度　英語〈解答〉　29

●~●~●~●~●~●~● ●語句・構文● ●~●~●~●~●~●~●~●~●~●

（第 1 段）　●bring about ～「～を引き起こす」
（第 3 段）　●popularize「～を社会に広める」
（第 4 段）　●institutional「制度上の」
（第 5 段）　●prominence「目立つこと」

4 (B) 解答　全訳下線部㋐・㋑・㋒参照。

◆全　訳◆

≪子どもの読書のあり方≫

　　ある年，学校の図書館司書として，私は学校初日に本の貸し出しを開始した小学校の図書館にいた。私は貸出受付のところで手伝いをしていた。一人の 4 年生の子が，ある本を貸してもらえるかと尋ねてきた。「もちろん！」と，私は言った。㋐彼は自分が借りたい本を借りられるとは思っていなかった。というのも，彼の先生が彼に黄色いラベルのついた本を借りるように言っていたからだ。それで私は自分の司書の名刺を取り出し，その裏に先生に向けてメモを書き，彼が借りたかった本にはさんで，その子に貸し出した。

　　教育上の優先順位に基づく本と自分の楽しみのために読みたい本のどちらかを子どもたちが選ばなくてはならないというこうしたシナリオが，学校の図書館や教室で頻繁に起きていると私は想像する。㋑子どもに本の読み方を教えるという崇高な使命感と，子どもを読書好きにするという同じように崇高な使命感の間には隔たりがある。私たち学校司書は，毎日この隔たりをあっちへ，こっちへ踊らされている。

　　本を読む動機は，おおむね自己決定によるもので，何を読むかという選択は強力な駆動力である。子どもも含めて，人は楽しいか，個人的にためになるか，簡単なものを読むのを選ぶ。ここが例のダンスが始まるところだ！　学習者が多様なフォーマットで広く深く読書をすることで個人的な好奇心を伸ばし，満たすのなら，私たちは学習者を機会で包み，彼らが図書館にある本と自分の関心を結びつける手助けをしなくてはならない。本を見つけて借りること（あるいは他の種類の文書を使うこと）は楽しくて，簡単に行えて，障害のないものであるべきだ。私たちは，自分たちの方針，

30 2022 年度 英語〈解答〉　　　　　　　　　　　　　　　東京大-理科前期

手続き，所定の手順がすべての学習者の知的自由の権利を保証する方法だ
けでなく，子どもたちを鼓舞し，文章に関わることを促す方法を考える必
要がある。(ウ)ラベル貼り，年齢に関する規則，貸し出しに関する制限を設
ける方針のいずれによってであろうと，選択肢を減らすことは，子どもが
本や読書を大好きになるようにする戦略ではない。もし私たちの目標が，
学習者が自分を読書家と思う手助けをすることなら，私たちは読書生活を
賛美する実践によって，彼らが文章とつながる手助けをしなくてはならな
い。

━━━━━━ ◀解　説▶ ━━━━━━

▶(ア)　He didn't think so, as his teacher had told him to check out a
book with a yellow label.

●He didn't think so「彼はそう思っていなかった」の so「そう」が指す
　内容を明らかにして訳すという条件なので，前述の内容を検討する。

●下線部直前の第1段第3・4文（One fourth grader …）に「一人の4
　年生の子が，ある本を貸してもらえるかと尋ねてきた。『もちろん！』
　と，私は言った」とある。筆者からすると「もちろん借りられる」なの
　だが，少年は「借りられない」と思っていたという流れである。「何を」
　がわかるように補い，「自分が借りたい本が借りられるとは思っていな
　かった」などとする。

●～, as his teacher had told him to …「彼の先生が彼に…するように
　言っていたから～」が通常の訳し方だが，前にカンマがあるので訳し下
　して「～というのも，彼の先生が彼に…するように言っていたからだ」
　と処理することもできるだろう。

●check out a book with a yellow label「黄色いラベルのついた本を借
　り出す」 check out ～ は「（図書館などの施設から）～を借り出す」の
　意。

▶(イ)　There is a divide between the noble calling to teach children
how to read and the equally noble calling to inspire a love of reading.

●There is a divide between ～ and …「～と…の間には，隔たり〔違
　い〕がある」が文の大きな枠である。

●the noble calling to teach children ～「子どもに～を教えるという立派
　な使命感」 noble は「立派な，崇高な」の意。calling は「職業，天職」

の訳もあるが，不定詞を伴っており，「～することへの使命感」とするのが妥当だろう。下線部直後の文に「私たち学校司書は，毎日この隔たりを…」とあるように，ここは学校司書の葛藤を説明しているのであって，2つの職業を対比しているわけではないことに注意。

● how to read は「読み方」が文字どおりだが，文章の内容から，単に「文字の読み方」というより，「本の読み方，読書の仕方」とするのが適切。

● the equally noble calling to ～ 「～するという同じように崇高な使命感」

● inspire a love of reading 「読書を愛する気持ちを吹き込む」が直訳。文脈上，「子どもに」吹き込むのが明らかなので，「子どもに読書を愛する気持ちを起こさせる」，「子どもを読書好きにする」などと言葉を補うとわかりやすくなる。

▶ ⁽ウ⁾ Reducing choice, whether through labeling, age-related rules, or restrictive policies, is not a strategy that makes children fall in love with books and reading.

● Reducing choice … is not a strategy 「選択肢を減らすことは戦略ではない」が骨組み。

● whether は通常 whether A or B「A だろうと B だろうと」だが，ここは3つの項目が挙がっている。

● through ～ 「～を通じて，～によって」は Reducing を修飾する。直訳は「ラベル貼り（labeling）によってであろうと，年齢に関する規則（age-related rules）によってであろうと，制限的な方針（restrictive policies）によってであろうと」となる。やや冗長になるので，「ラベル貼り，年齢に関する規則，制限的な方針のいずれによってであろうと」などとまとめることも考えられる。また，最後の「制限的な方針」は，「貸し出しに関する制限を設ける方針」などと言葉を補うとわかりやすい。

● that makes children fall in love with books and reading 「子どもを本や読書と恋に落ちさせる」は strategy を先行詞とする関係代名詞節。makes children fall in love with ～ 「子どもを～と恋に落ちさせる」は「子どもが～を大好きになるようにする」などとするとよい。

32 2022 年度 英語〈解答〉　　　　　　　　　　　　　　　　東京大-理科前期

━◆━◆━◆━◆━ ●語句・構文● ◆━◆━◆━◆━◆━◆━◆━◆━

（第1段）●circulate「～（本など）を貸し出す」
（第2段）●play out「起こる，続く」

5 解答

(A)ミュージカルで男の子の役を女の子に演じさせたことを指しており，1980年代のアメリカでは，一般に男性と女性のふるまい方が明確に区別されていたため，これは「考えられない」ことだった。

(B) How had they known what they looked like

(C)男の子の姿をして舞台に立った筆者が，女の子であることへの違和感から解放され，自らが抱いている自己像としっくりくるものであったために気が楽になっていた。

(D)(ア)(26)— a ）　(27)— b ）　(28)— f ）　(29)— d ）　(30)— c ）　(31)— e ）

(イ)— a ）

(ウ)— c ）

〜〜〜〜〜〜〜〜〜〜 ◆全　訳◆ 〜〜〜〜〜〜〜〜〜〜〜〜〜〜〜

≪ジェンダーに関する違和感≫

　私は8歳で，子ども時代のキッチンに座り，父が撮ったホームビデオの1つを見る準備ができている。そのビデオテープはまだどこかにあるのだから，彼女はまだどこかにいる。あの画面上の女の子。もつれた髪，いずれは額の片側に広がることになる，鼻をまたぐようなそばかすのあの女の子。父親が教えてくれたとおりに野球ボールを投げられる体。母親が与えた幅広の腰へと花開いていく準備をして待ち受けている骨やホルモンがその中にある体。いろんな傷のある体。赤ん坊のときに彼女の命を救った外科用メスによる肺と心臓の傷，彼女が幼いときに彼女に触れた男が残した見えない傷。体はひとつの記録だ。あるいは，体は自由である，または体は戦場だ。8歳にしてすでに，彼女は体がその3つのすべてであることを知っている。

　しかし，だれかが小さな間違いをした。学校がミュージカル『南太平洋』を上演しようとしており，女の子のための役が十分ない。そして，彼女は男の子と同じくらい，あるいは男の子たちより背が高い。だから学校は，この典型的な1980年代のアメリカの町，男が車を運転し，女はバッ

クミラーをのぞきながら口を完全なOの字の形にして口紅を塗るようなこの場所では考えられないことをした。ミュージカルのために，彼女を男の子にしたのだ。

いや，と彼女は思う。学校は彼女が男の子になるのを「許した」のだ。

私が覚えているのは，父がそのビデオテープをプレーヤーに入れるときに自分の顔が紅潮するのを感じたことである。ふだんは，私は自分の映ったビデオを見るのが嫌いである。たいていは，画面上にこの見知らぬ人，パステルカラーの服を着たこの女の子が映っており，私は彼女が自分であるふりをすることになっている。そして彼女は私であり，私は彼女が私だと知っているが，同時に，彼女は私ではない。3年生のとき，私は美術の授業で自画像を描きなさいと言われることになる。この先何年もの間，この感じ，つまり自分の体が何なのか，自分が何者なのかを説明できる言葉がないという感じがいつ始まったのか理解しようとするとき，私は自分の絵をクラスメートたちの絵の隣に置いたときのショックを思い出すことだろう。クラスメートたちは丸い頭にブロンドのカールした髪かクルーカットの髪をした棒人間を描いていた。彼らは自分の家族や飼い犬や太陽の明るい黄色の光を描いていた。ある子はロングヘアに三角の形をした服を，またある子はショートヘアにジーンズを描いていた。どうしてみんな自分がどう見えるかそんなに簡単にわかっていたのだろう？

私が描いたのは渦巻きだった。

今，私はキッチンにいて，気づくことは私の兄弟姉妹たちが椅子に座って居心地が悪そうにし，行ってもいいかと尋ね，私はどういうわけかどぎまぎはしていないということだ。私は完全に落ち着いて座っている。自分がこのビデオを見たがっているなんてありうるだろうか？ この気持ちは奇妙なものだ。私はまだ，何かを心の底から自分のものだとみなし，世間が反応するのを見る喜びを知らない。いつか，私は作家になるだろう。いつか，私はこの気持ちを愛するだろう。でも8歳では，私の個人的な世界は私を苦しめも支えもする。そして，それを人と分かち合うのは初めてのことだ。

母は私の兄弟姉妹を静かにさせ，テーブル上でポップコーンを回す。父は上座にある自分の場所を占める。画面上には小学校の講堂が現れる。舞台の隅には，板に色を塗って作ったヤシの木々がある。

そして幕が開き，そこに私がいる。髪はうしろになでつけられ，ポニーテールはピンで留めて隠され，白い水兵帽が頭に載っている。髪が隠れて見えないと，私の顔は違って見える。やせて骨細だ。私は無地の白いTシャツを着てブルージーンズの中にたくし込んでいる。ふだんの服についているフリルや飾りは全部はぎ取られている。そして，それと一緒に，どういうわけか，そのほかもろもろのしがらみも取り払われたのだ。生まれてこの方ずっと私はぎこちなく感じてきた。大きさが違うし形が変だ。

でも，見よ。画面上を。安らぎしかない。

私が覚えている沈黙がキッチン中に広がったのか，私の中だけに広がったのかわからない。最初に口を開いたのは母だ。「あなた，かっこいい男の子になるのね！」と母は言った。

私は口に出す勇気のない言葉を感じる。「知ってる」

その後すぐ，私は自分をしっかり女の子だと特徴づけるロングヘアを無視し始めた。髪は何日も続けて同じポニーテールにしたままで，とうとうもつれて固く黒い塊になった。私の友達はみんな男の子で，いちばん楽しい時間は，私の双子の弟と隣の家の男の子と一緒に芝生の上でティーンエイジ゠ミュータント゠ニンジャ゠タートルズごっこをして過ごす時間だった。私の部屋は青が基調だったし，テディベアも青色，私がなりたかった（ミュータント）タートルはレオナルドだったが，それは彼が頭がいいからというだけではなく，彼の色が青だったからだ。双子の弟が私の手に入らないものを手に入れ――例えば，私たちみんなファンだったのにもかかわらず野球の試合に行くとか，姉妹と私がバレエに連れて行かれているかたわらボーイスカウトでキャンプするとか，私が彼の寝室で見つけたような成人向け雑誌を持っておくとか――，聞かされた理由が「彼は男の子だから」だったとき，激しい怒りが涙で私ののどを詰まらせた。それは嘆きだった，と今は思う。正しく理解されていないという嘆きだ。

ある日の午後，弟がキャッチボールをするのにまたシャツを着ないでいて，私はそれを許されなかったとき，私は父に女の子でいたくない，女の子でいることがシャツを着なくてはならないという意味なら女の子なんかいやだと宣言した。父は母を呼びに行った。2人はひそひそと言葉を交わし，それから母が私に，女の子でいるのは楽しいはずよ，女の子でいることにはいいことがたくさんあるんだから，と言った。いいことがあるのは

知っていた。それは問題ではない。問題は，人が私を女の子と呼び続けることだった。このことを母に説明することはできないと悟ったのを覚えている。

　1985年当時，今私が自分はそうだと思っており，最終的に自分自身を理解する手助けになる，「ジェンダークイア」という言葉は，まだ生み出されていなかったのだ。

━━━━━◀解　説▶━━━━━

◆(A)　下線部は「この典型的な1980年代のアメリカの町では考えられないこと」となっている。直後に this typical 1980s American town を言い換えて，「男が車を運転し，女はバックミラーをのぞきながら口紅を塗るのに口を完全なＯの字にするようなこの場所」と述べている。男性はこうあるべき，女性はこうすべきというふるまい方が性別で明確に分かれていたことがわかる。これが unthinkable の理由になる。続いて同段最終文（For the musical, …）に「ミュージカルのために，彼女を男の子にしたのだ」とあり，女の子に男の子の役を振ったことが述べられている。これが下線部の指している内容である。

◆(B)　当該箇所は，筆者が学校の美術の授業で自画像を描くように言われたときのことを述べている。下線部の２つ前の文（They'd drawn stick …）に「クラスメートたちは丸い頭にブロンドのカールした髪かクルーカットの髪をした棒人間を描いていた」，下線部の直前文（One had drawn …）には「ある子はロングヘアに三角の形をした服を，またある子はショートヘアにジーンズを描いていた」と，ごく一般的な人の絵が描かれていたことが述べられている。下線部直後の第５段には「私が描いたのは渦巻きだった」とあり，筆者は自分の姿をうまく人間の姿に描けなかったことがわかる。この文脈と与えられた語から，what they looked like「彼らがどのように見えるか」というまとまりが作れる。下線部の文は so easily?「そんなに簡単に」で終わっており，疑問文なので，残る語と文意から，how had they known「どのようにして彼らは知っていたのか」が作れるので，その目的語として上述の what 節を続けると，「どうして彼らは自分がどう見えるか（そんなに簡単に）わかっていたのだろう？」となり，文脈に合う。

◆(C)　下線部は「安らぎしかない」となっており，直前には「でも見よ。

画面上を」とある。これは筆者が父親の撮ったビデオを家族と一緒に見ている場面で，第8段第2～4文（My hair brushed …）にあるように，当時の女の子の服には当たり前だったフリルなどの飾りがついていない白いTシャツとジーンズを身につけ，長い髪を水兵帽に隠して男の子の役を演じている筆者が画面に映し出されている。同段最終文（All my life, …）の「生まれてこの方ずっと私はぎこちなく感じてきた。大きさが違うし形が変だ」，第13段第1文（One afternoon, …）の「私は父に女の子でいたくないと宣言した」，第14段（Back then, …）の「ジェンダークイア」からわかるとおり，筆者は女の子として生まれたが，それに違和感を覚えている。ease はその違和感から解放されて気が楽になった状態を表しており，男の子の恰好をしている自分が筆者にとってしっくりくるものだったと考えられる。ease があるのは画面の中，つまり筆者が男の子を演じている時点なので，解答では「男の子を演じる自分を見ている筆者」ではなく「男の子を演じる筆者」を主体とし，「どのように感じたか」も過去のこととして表現する必要がある。なお，下線部が現在時制なのは，筆者が映像を見て説明しているのが「今」だからである。「誰がどのように感じたかを，その理由も含めて説明せよ」という問いに適したまとめ方を心がけること。

◆(D)　▶(ア)　(26)　当該箇所は「父がそのビデオテープをプレーヤーに入れるときに自分の顔が（　　　）のを感じた」となっている。feel O C「OがCなのを感じる」の第5文型であり，選択肢中で意味をなすのはa）のflush「紅潮する」である。同段第3文（Usually there is …）に「たいていは，画面上にこの見知らぬ人，パステルカラーの服を着たこの女の子が映っており，私は彼女が自分であるふりをすることになっている」とあり，ふだんは自分の映像を見て違和感を覚えていることが示されている。一方ここは第6～8段で描写されているように，男の子の恰好をした自分が映っているビデオを家族と一緒に見ることに多少の緊張や興奮を感じたと考えられる。

(27)　当該箇所は「ふだんは，私は自分の映ったビデオを見るのが（　　　）」となっている。(26)でみたように，直後の文で「たいていは，画面上にこの見知らぬ人，パステルカラーの服を着たこの女の子が映っており，私は彼女が自分であるふりをすることになっている」と述べられて

おり，ふだんは自分の映ったビデオは見たくないと思っていることがわかる。b）の hate「大嫌いである」が適切。

㉘　当該箇所は「私は自分の絵をクラスメートたちの絵の隣に置いたときの私の（　　　）を思い出す」となっている。直後の2つの文（They'd drawn stick …）では，クラスメートが自画像としてごく一般的な絵を描いたことが述べられており，第5段（I had drawn …）に「私が描いたのは渦巻きだった」とある。自分の絵が他の子どもたちとまったく違うことに気づいたことから，f）の shock「ショック，動揺」が適切。

㉙　当該箇所は「私はまだ，何かを心の底から自分のものだとみなす（　　　）を知らない」となっている。第5段（I had drawn …）で述べられている，自画像を描く授業で渦巻きを描いたことに代表されるように，筆者は自分の身体と心の不一致による違和感を覚えており，「これが自分だ」という自信や満足感を感じていなかった。d）の pleasure「喜び」が適切。

㉚　当該箇所は「いつか，私はこの気持ちを（　　　）だろう」となっている。直後で「でも8歳では，私の個人的な世界は私を苦しめも支えもする」と述べている。筆者が自分の性の違和感に悩まされていることはこれまでみてきたとおりであり，「この気持ち」とはこのことに関する8歳当時の違和感のことである。最終段（Back then, …）に「1985年当時，今私が自分はそうだと思っており，最終的に自分自身を理解する手助けになる，『ジェンダークイア』という言葉は，まだ生み出されていなかった」とあることから，この違和感は「本当の自分」が感じているものであり，それを筆者が将来全面的に受け入れるようになることを述べていると考えられる。c）の love「〜を愛する」が適切。

㉛　当該箇所は「聞かされた理由が『彼は男の子だから』だったとき，（　　　）が涙で私ののどを詰まらせた」となっている。「理由」とは，同文冒頭にあるように「双子の弟が私の手に入らないものを手に入れる」理由である。直後の文に「それは嘆きだった，と今は思う。正しく理解されていないという嘆きだ」とあることからも，双子なのに弟と同じに扱われないことで筆者が感じたのは e）の rage「激しい怒り」が適切。

▶(イ)　当該箇所は「姉妹と私が（　　　）に連れて行かれているかたわら（双子の弟は）ボーイスカウトでキャンプする」となっている。ここは

「双子の弟が，（女の子である）私の手には入らないものを手に入れる」例のひとつ。選択肢中いわゆる「女の子らしい」イメージのものは a）の ballet「バレエ」である。

▶(ウ)　a）「筆者は自分の体が嫌いだった」

身体に関しては第1段第3～6文（A body that can …）に言及があるが，明快に自分の身体に対する嫌悪は述べられていない。

b）「筆者が男の子と遊ばなくてはならなかったのは，家族の中や近所に男の子しかいなかったからだ」

第6段第1文（Now, in the kitchen, …）などに姉妹がいること，第12段第2文（All my friends were …）には，男の子と一緒に遊ぶのがいちばん好きだったことが述べられており，仕方なく男の子と遊んだのではない。

c）「筆者は小学校のミュージカルで男性の役を演じた」

第2段最終文（For the musical, …）に「ミュージカルのために，彼女（＝筆者）を男の子にした」とあることと一致する。この選択肢が正解。

d）「筆者は女の子でいることには何もいいことがないと思っていた」

第13段第3・4文（They whispered together, …）に「母が私に，女の子でいるのは楽しいはずよ，女の子でいることにはいいことがたくさんあるんだから，と言った。いいことがあるのは知っていた」とあることと一致しない。

e）「筆者は小学生のときは女の子でいることが幸せだった」

文章冒頭に I am eight years old「私は8歳だ」とあり，第3段第2文（They have *allowed* …）の「彼女（＝筆者）が男の子になることを『許した』」などにみられるとおり，文章全体で基本的に当時の筆者が女の子として扱われることに違和感を抱いていたことが描写されている。

◆━◆━◆━◆　●語句・構文●　◆━◆━◆━◆━◆━◆━◆━◆

(第2段)　●slip「（些細な）間違いをする」　●put on ～「～（劇など）を上演する」

(第10段)　●make a good-looking boy「格好のよい男の子になる」 make は第2文型で「（主語）が（素養があって）～になる」の意を表す。

(第14段)　●genderqueer「ジェンダークイア」は性自認が既存の性別にあてはまらなかったり，流動的だったりする人を表す。

東京大-理科前期　　　　　　　　　　　　　　　　　　　2022 年度　英語〈解答〉　*39*

❖講　評

　大問数は 5 題で例年どおりである。選択問題での解答方式がマークシート法であることも 2015 年度以降同じである。例年，内容や出題形式に多少の変化がみられるが，2022 年度は 2021 年度と同様であった。

　1　(A)英文の内容を日本語で要約するもの。字数は 70〜80 字。(B)文の空所補充と語句整序。

　2　(A)意見論述。示された主張に対して，自分の考えを述べるもの。60〜80 語。(B)和文英訳。1 段落分の和文中の下線部を英訳するもの。

　3　リスニング。3 つのパートに分かれており，いずれも 2 回ずつ放送される。(A)はモノローグ，(B)・(C)は講義で，内容はそれぞれ独立している。リスニングは試験開始後 45 分経過した頃から約 30 分間行われる。

　4　(A)文法・語彙，読解問題。各段落に 5 カ所ある下線部のうち，誤りを含む箇所を一つ指摘するもの。(B)英文和訳問題。一連の英文中の 3 カ所を和訳するもの。

　5　長文読解。今で言う性別違和に幼い頃に気づいた筆者が当時のことを独特な時制で語った随筆。

　以下，各問題の詳細をみる。

　1　(A)　英文量は約 410 語でやや長めである。「人間にとって食べ物がもつ意味」は，食べ物を分け合うという行為を取り上げ，食べ物が単に生きていくための必要物であることをはるかに超えて，人間を人間たらしめるものの基礎にあることを論じたもの。論旨は明快であるが，豊富に示された例が表すことを，定められた字数に収まるように表現することがポイントである。

　(B)　英文量は約 880 語（空所を埋めると約 970 語）で，このタイプの問題ではやや長めである。5 カ所ある空所に合う文を選ぶ問題と，文意に合うように語を並べ替える問題の 2 種類。選択肢に紛らわしいものはなく，並べ替え箇所もどのような意味になるかは推測しやすい。

　2　(A)　意見論述。「芸術は社会の役に立つべきだ」という主張について，理由を添えて自分の考えを述べるもの。「役に立つか」ではなく「役に立つべきだ」となっていることで，どのような視点から述べるかにある種のひねりが生まれる。指定語数はあまり多くないので，妥当な理由を簡潔かつ説得力をもたせて述べることが求められる。

40　2022 年度　英語〈解答〉　　　　　　　　　　　　東京大-理科前期

(B)　和文英訳。一連の文章中の下線部 1 カ所（1 文）を英訳するもの。英訳箇所の長さは 2021 年度とほぼ同じである。1 文ではあるが，内容上複数の文に分けることも可能。語句面でも構文面でも比較的解答しやすい問題であった。

　3　(A)　希少なオウム貝の探索についての記録を述べたもの。記録であるため，出来事の順序など事実関係を聞き取ることが中心である。

　(B)　頭の中に流れている考えがどのようなものかに関する研究を述べた講義。思考に関する一般のイメージを覆す調査結果がさまざまに示されており，しっかりと話についていく必要がある。

　(C)　科学捜査に関して，テレビ番組や映画でよく見るものが実際とは異なることを説明した講義。専門的な語句が使われており，それ自体が問いになっているものもあるので，説明をよく聞き取って対応したい。

　4　(A)　5 段落構成の一連の文章で，各段落に 5 カ所ずつ下線が入っており，そのうち誤りを含むものを選ぶ問題。語句や文法事項の知識と文脈を把握する力が試されるが，いずれも比較的容易である。

　(B)　一連の文章中の 3 カ所の英文和訳。いずれの箇所も短く，語句，構文面で難解なものはないが，1 カ所，指示内容を明らかにして訳すことが求められた。

　5　性別違和に幼くして気づいた筆者が当時を振り返って語る随筆。前半は子どもの頃のことを現在形で語るという独特な述べ方であるため，状況がつかみにくいかもしれないが，現在と過去が交錯するフラッシュバックのような効果を上げている。設問は，記述式の内容説明，語句整序，選択式の空所補充，内容真偽で，2019〜2021 年度と同様であった。

東京大-理科前期　　　　　　　　　　　　　　　2022 年度　数学〈解答〉　*41*

数学

1 ◇発想◇　(1)　増減表による。
(2)　最小値を与える x の値での $f(x)$ の値を計算する。積分は部分積分による。

解答　(1)　$f(x) = (\cos x) \log(\cos x) - \cos x + \displaystyle\int_0^x (\cos t) \log(\cos t)\, dt$

$\quad f'(x) = (-\sin x) \log(\cos x) - \sin x + \sin x + (\cos x) \log(\cos x)$

$\qquad\quad = (\cos x - \sin x) \log(\cos x)$

よって，$f(x)$ の増減表は右のようになる。

ゆえに，$f(x)$ は $0 \leqq x < \dfrac{\pi}{2}$ において最小値を持つ。　　　　　（証明終）

x	0	$\cdots$	$\dfrac{\pi}{4}$	$\cdots$	$\left(\dfrac{\pi}{2}\right)$
$f'(x)$		$-$	0	$+$	
$f(x)$		$\searrow$	最小	$\nearrow$	

(2)　$f\left(\dfrac{\pi}{4}\right) = \dfrac{1}{\sqrt{2}} \log \dfrac{1}{\sqrt{2}} - \dfrac{1}{\sqrt{2}} + \displaystyle\int_0^{\frac{\pi}{4}} (\cos t) \log(\cos t)\, dt$

(i)　$\dfrac{1}{\sqrt{2}} \log \dfrac{1}{\sqrt{2}} - \dfrac{1}{\sqrt{2}} = \dfrac{\sqrt{2}}{2} \log 2^{-\frac{1}{2}} - \dfrac{\sqrt{2}}{2}$

$\qquad\qquad\qquad\qquad\quad = -\dfrac{\sqrt{2}}{4} \log 2 - \dfrac{\sqrt{2}}{2} \quad \cdots\cdots①$

(ii)　$\displaystyle\int_0^{\frac{\pi}{4}} (\cos t) \log(\cos t)\, dt = \int_0^{\frac{\pi}{4}} (\sin t)' \log(\cos t)\, dt$

$\qquad\qquad\qquad - \left[(\sin t) \log(\cos t) \right]_0^{\frac{\pi}{4}} + \int_0^{\frac{\pi}{4}} \dfrac{\sin^2 t}{\cos t}\, dt$

$\qquad\qquad = \dfrac{1}{\sqrt{2}} \log \dfrac{1}{\sqrt{2}} + \int_0^{\frac{\pi}{4}} \dfrac{1 - \cos^2 t}{\cos t}\, dt$

$\qquad\qquad = -\dfrac{\sqrt{2}}{4} \log 2 + \int_0^{\frac{\pi}{4}} \dfrac{dt}{\cos t} - \int_0^{\frac{\pi}{4}} \cos t\, dt$

$\qquad\qquad = -\dfrac{\sqrt{2}}{4} \log 2 + \int_0^{\frac{\pi}{4}} \dfrac{dt}{\cos t} - \left[\sin t \right]_0^{\frac{\pi}{4}}$

42 2022 年度　数学〈解答〉　　　　　　　　　　　　　東京大-理科前期

$$= -\frac{\sqrt{2}}{4}\log 2 - \frac{\sqrt{2}}{2} + \int_0^{\frac{\pi}{4}} \frac{dt}{\cos t} \quad \cdots\cdots ②$$

ここで

$$\int_0^{\frac{\pi}{4}} \frac{dt}{\cos t}\,dt = \int_0^{\frac{\pi}{4}} \frac{\cos t}{\cos^2 t}\,dt$$

$$= \int_0^{\frac{\pi}{4}} \frac{\cos t}{(1+\sin t)(1-\sin t)}\,dt$$

$$= \frac{1}{2}\int_0^{\frac{\pi}{4}} \left(\frac{\cos t}{1+\sin t} + \frac{\cos t}{1-\sin t}\right)dt$$

$$= \frac{1}{2}\Big[\log(1+\sin t) - \log(1-\sin t)\Big]_0^{\frac{\pi}{4}}$$

$$= \frac{1}{2}\Big[\log\frac{1+\sin t}{1-\sin t}\Big]_0^{\frac{\pi}{4}}$$

$$= \frac{1}{2}\log\frac{\sqrt{2}+1}{\sqrt{2}-1}$$

$$= \log(\sqrt{2}+1) \quad \cdots\cdots ③$$

②，③から

$$\int_0^{\frac{\pi}{4}} (\cos t)\log(\cos t)\,dt = -\frac{\sqrt{2}}{4}\log 2 - \frac{\sqrt{2}}{2} + \log(\sqrt{2}+1) \quad \cdots\cdots ④$$

①，④から，$f(x)$ の最小値は

$$f\left(\frac{\pi}{4}\right) = -\frac{\sqrt{2}}{4}\log 2 - \frac{\sqrt{2}}{2} - \frac{\sqrt{2}}{4}\log 2 - \frac{\sqrt{2}}{2} + \log(\sqrt{2}+1)$$

$$= \log(\sqrt{2}+1) - \frac{\sqrt{2}}{2}\log 2 - \sqrt{2} \quad \cdots\cdots（答）$$

━━━━━━◀解　説▶━━━━━━

≪三角関数と対数関数の合成関数の増減と最小値，定積分の値≫

▶(1)　$\dfrac{d}{dx}\log(\cos x) = \dfrac{-\sin x}{\cos x}$，$\dfrac{d}{dx}\displaystyle\int_0^x g(t)\,dt = g(x)$ などに注意して，$f'(x)$ を計算し，増減表を作る。落とせない設問である。

▶(2)　$\displaystyle\int_0^{\frac{\pi}{4}} (\cos t)\log(\cos t)\,dt$ の計算が成否を分ける。部分積分により計算を進めると，$\displaystyle\int_0^{\frac{\pi}{4}} \frac{dt}{\cos t}\,dt$ がポイントとなることがわかる。

東京大-理科前期　　　　　　　　　　　　　　　　　　　2022 年度　数学〈解答〉　43

$\displaystyle\int\frac{dt}{\cos t}=\frac{1}{2}\log\frac{1+\sin t}{1-\sin t}+C$ （C は積分定数）を公式として用いても許されると思われるが，〔解答〕ではこの導出過程も記しておいた。

2

◇発想◇　(1)　a_n を mod 5 で考えて，周期性を見出す。

(2)　a_{k+1}, a_{k+2}, a_{k+3}, $\cdots$, a_{k+j} を考えて，$a_{k+j}=$（a_k の倍数）$+a_j$ であることを見出し，これを利用する。

(3)　まず，8088 が 2022 の倍数であることから(2)を利用する。次いで，a_{8089}, a_{8090}, a_{8091} を $a_{n+1}=a_n{}^2+1$ にしたがって計算してみる。最後は，$\{a_n\}$ の mod 25 での周期性を用いる。

解答
(1)　$a_1=1$, $a_{n+1}=a_n{}^2+1$ （n は正の整数）から，a_n はすべて正の整数である。mod 5 で考えると

$$a_1\equiv 1,\ a_2\equiv a_1{}^2+1\equiv 2,\ a_3\equiv a_2{}^2+1\equiv 0,\ a_4\equiv a_3{}^2+1\equiv 1$$

となる。よって，$\{a_n\}$ は 1, 2, 0 $(\mathrm{mod}\,5)$ の繰り返しとなる。

ゆえに，n が 3 の倍数のとき，a_n は 5 の倍数となる。　　　　（証明終）

(2)　$a_1(=1)<a_2<a_3<\cdots$ であるから，$n<k$ のとき，a_n は a_k の倍数とならない。そこで，以下，$n\geqq k$ として考える。

まず，任意の正の整数 j に対して

$$a_{k+j}=（a_k\text{ の倍数}）+a_j\quad\cdots\cdots(*)$$

であることを j についての帰納法で示す。

(i)　$j=1$ のとき

$$a_{k+1}=a_k{}^2+1=（a_k\text{ の倍数}）+a_1$$

なので，$(*)$ は成り立つ。

(ii)　ある正の整数 j で $(*)$ が成り立つとする。以下，$(*)$ の右辺の（a_k の倍数）を K と書く。このとき，$a_{k+j}=K+a_j$ である。

$$a_{k+j+1}=(a_{k+j})^2+1=(K+a_j)^2+1$$
$$=K^2+2a_jK+a_j{}^2+1=（a_k\text{ の倍数}）+a_{j+1}$$

よって，$(*)$ は j を $j+1$ としても成り立つ。

(i), (ii)から，任意の正の整数 j に対して，$(*)$ が成り立つ。

したがって

「a_{k+j} が a_k の倍数となるための条件は，a_j が a_k の倍数となること」

$$\cdots\cdots\text{①}$$

44 2022年度 数学〈解答〉 東京大-理科前期

となる。

a_k は a_k の倍数なので，$j=k,\ 2k,\ 3k,\ \cdots$ として①を順次用いると
「$a_k,\ a_{2k},\ a_{3k},\ \cdots,$ は a_k の倍数」である。

よって，「n が k の倍数ならば，a_n は a_k の倍数」となる。

逆に，a_n が a_k の倍数ならば，n が k の倍数であることを示す。

n が k の倍数ではないとして矛盾を導く。

n を k で割ったときの商を $q\ (\geqq 1)$ とすると

$$a_n=a_{k+(n-k)},\quad a_{n-k}=a_{k+(n-2k)},\quad a_{n-2k}=a_{k+(n-3k)},\quad \cdots,$$

$$a_{n-(q-1)k}=a_{k+(n-qk)}$$

において，a_n が a_k の倍数であることから，①を順次用いて

$$a_{n-k},\quad a_{n-2k},\quad a_{n-3k},\quad \cdots,\quad a_{n-(q-1)k},\quad a_{n-qk}\ \text{は}\ a_k\ \text{の倍数}\quad \cdots\cdots②$$

となる。

ここで，n が k の倍数ではないので，$1\leqq n-qk<k$ であり，a_{n-qk} は a_k の倍数ではあり得ない。これは②と矛盾する。

したがって，「a_n が a_k の倍数ならば，n は k の倍数」でなければならない。

以上から，求める条件は

$$n\ \text{が}\ k\ \text{の倍数であること}\quad \cdots\cdots（答）$$

(3) 8088 は 2022 の倍数なので，(2)から，a_{8088} は a_{2022} の倍数である。

よって，順次

$$a_{8089}=(a_{8088})^2+1=(a_{2022}\ \text{の倍数})+1$$

$$a_{8090}=(a_{8089})^2+1=\{(a_{2022}\ \text{の倍数})+1\}^2+1=(a_{2022}\ \text{の倍数})+2$$

$$a_{8091}=(a_{8090})^2+1=\{(a_{2022}\ \text{の倍数})+2\}^2+1=(a_{2022}\ \text{の倍数})+5$$

したがって，a_{2022} と a_{8091} の最大公約数を g とすると，g は 5 の約数であることが必要。ここで，2022 も 8091 も 3 の倍数なので，(1)から，a_{2022} も a_{8091} も 5 の倍数である。よって，$g=5$ であり

$$a_{2022}=5A,\quad a_{8091}=5B\quad （A\ \text{と}\ B\ \text{は互いに素な正の整数}）$$

と書ける。$a_{2022}=5A$ と $(a_{8091})^2=25B^2$ の最大公約数を G とおくと

$$G=\begin{cases}5 & （a_{2022}\ \text{が}\ 25\ \text{の倍数ではないとき}）\\ 25 & （a_{2022}\ \text{が}\ 25\ \text{の倍数のとき}）\end{cases}$$

となる。

今，$\bmod 25$ で考えると，$a_1\equiv 1,\ a_2\equiv 2,\ a_3\equiv 5,\ a_4\equiv 1$ なので，$\{a_n\}$ は 1，2，5 の繰り返しとなる。よって，a_{2022} は 25 の倍数ではない。

東京大-理科前期　　　　　　　　　　　　　　　　　　2022 年度　数学〈解答〉　*45*

ゆえに，a_{2022} と $(a_{8091})^2$ の最大公約数は　　　5　……(答)

━━━◀解　説▶━━━

≪整数からなる数列の mod 5，mod 25 での周期性，最大公約数≫

▶(1)　過去問でも出題されている類の設問で難しいところはない。

▶(2)　まず，$a_{k+j}=(a_k \text{ の倍数})+a_j$ であることを見出す。これが，本問の
ポイントである。次いで，これを用いて，「a_{k+j} が a_k の倍数となるための
条件は，a_j が a_k の倍数となること」を見出す。これにより，「n が k の倍
数ならば，a_n は a_k の倍数である」ことを導くことができる。最後は，こ
の逆を示す。このために，a_n が a_k の倍数であるのに，n が k の倍数では
ないとして矛盾を導く。n を k で割ったときの商を q として，a_n が a_k の
倍数であることから，a_{n-k}，a_{n-2k}，a_{n-3k}，…，$a_{n-(q-1)k}$，a_{n-qk} が順次 a_k の
倍数であることを示し，$1 \leqq n-qk < k$ から矛盾を導く。本問は，結論を自
ら見出さなければならないうえに，そこに至るまでの何段階かの命題を組
み立てなければならないので，相応の時間と論証力を要する。試験時間と，
多段階で正確に証明しなければならないことを考慮すると，試験場ではか
なり手こずるものと思われる。

▶(3)　まず，(2)から，a_{8088} は a_{2022} の倍数であることと，$a_{n+1}=a_n{}^2+1$ を用
いて，a_{2022} と a_{8091} の最大公約数は，5 の約数であることを導く。次いで，
(1)から，a_{2022} も a_{8091} も 5 の倍数であるから，a_{2022} と $(a_{8091})^2$ の最大公約数
は 25 の約数であることを導く。最後は，a_{2022} が 25 の倍数ではないことを，
$\{a_n\}$ の mod 25 での周期性から示す。(2)ほどではないが，本問も結論に至
る組み立ては易しいとはいえない。

3　◆発想◆　(1)　領域 D 内の点で O または A または B から十分離
れていない点の範囲を考え，それ以外の部分にある放物線上の点
の x 座標を考える。

(2)　P を固定するごとに，P から十分離れていない点の範囲は，
P を中心とする 1 辺の長さが 2 の正方形の内部で D 内の部分
（K とする）である。K と J の共通部分の面積を J の面積から引
く。

(3)　$f(a)$ の増減を考える。

解答 (1) 点 $S(x_1, y_1)$ が点 $T(x_2, y_2)$ から十分離れていないための条件は

$$|x_1-x_2|<1 \quad かつ \quad |y_1-y_2|<1$$

が成り立つことである。これは，S が T を中心とする1辺の長さが2の正方形の内部にあることである。よって，D 内の点で O または A または B から十分離れていない点の範囲は図1の網かけ部分（境界除く）である。したがって，D 内の放物線上の点 P が O, A, B のいずれからも十分離れているための条件は，P が図1の網かけ部分を除く領域（これを J とおく）内にあることである。図1の太線部分の x 座標を考えて

$$1 \leq a \leq \sqrt{3} \quad \cdots\cdots(答)$$

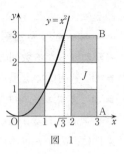

図 1

(2) P から十分離れていない点の範囲は，図2の斜線部分（P を中心とする1辺の長さが2の正方形の内部で D 内の部分）であり，これを K とする。K のうち網かけ部分と重ならない部分（太線で囲まれた図形）の面積を J の面積6から引いた値が $f(a)$ である。

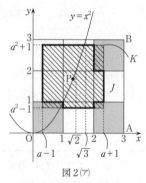

図 2 (ア)

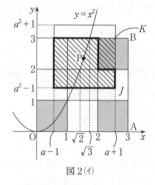

図 2 (イ)

(ア) $1 \leq a \leq \sqrt{2}$ のとき

$$f(a) = 6 - \{4 - (2-a)(2-a^2) - (a-1)(2-a^2) - (a-1)(a^2-1)\}$$
$$= a^3 - 2a^2 - a + 5$$

(イ) $\sqrt{2} < a \leq \sqrt{3}$ のとき

$$f(a) = 6 - \{4 - 2(a^2-2) - 1 \cdot (a-1)\}$$
$$= 2a^2 + a - 3$$

ゆえに

$$f(a) = \begin{cases} a^3 - 2a^2 - a + 5 & (1 \le a \le \sqrt{2}) \\ 2a^2 + a - 3 & (\sqrt{2} < a \le \sqrt{3}) \end{cases} \quad \cdots\cdots(答)$$

(3) $f'(a) = \begin{cases} 3a^2 - 4a - 1 & (1 < a < \sqrt{2}) \\ 4a + 1 > 0 & (\sqrt{2} < a < \sqrt{3}) \end{cases}$

$f'(a) = 3a^2 - 4a - 1 = 0$ の解は $a = \dfrac{2 \pm \sqrt{7}}{3}$ であるから

$f(a) = a^3 - 2a^2 - a + 5$ の $1 \le a \le \sqrt{2}$ $\left(< \dfrac{2 + \sqrt{7}}{3} \right)$ での

増減表は右のようになる。

a	1	$\cdots$	$\sqrt{2}$
$f'(a)$		$-$	0
$f(a)$		$\searrow$	

よって，$1 \le a \le \sqrt{2}$ では，$f(a)$ は単調減少。

また，$\sqrt{2} < a \le \sqrt{3}$ では，$f(a)$ は単調増加。

以上と，$f(a)$ が $1 \le a \le \sqrt{3}$ で連続であることから，$f(a)$ を最小にする a の値は

$$a = \sqrt{2} \quad \cdots\cdots(答)$$

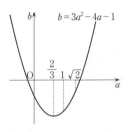

〔注〕 $1 < a < \sqrt{2}$ で，$f'(a) < 0$ となることは，ab 平面上で，$b = 3a^2 - 4a - 1$ のグラフを考えて得ることもできる。

◀ 解　説 ▶

≪2点の x, y 座標の差と点の存在範囲，関数の増減と最小値≫

点 (x, y) が点 (a, b) から十分離れていないための条件は，$|x - a| < 1$ かつ $|y - b| < 1$ が成り立つことである。これは，点 (x, y) が点 (a, b) を中心とする1辺の長さが2の正方形の内部にあることである。このように「十分離れていない」を考える方が，正方形と長方形の組み合わせに帰着するので考えやすいと思われる。

▶(1)　まず，D 内の点で O または A または B から十分離れていない点の範囲（図1の網かけ部分）を捉えて，それ以外の領域（J）にある放物線上の x 座標を考えるとよい。ぜひ完答したい設問である。

▶(2)　放物線上の点 P を固定する（a を固定する）ごとに，P を中心とする1辺の長さが2の正方形を考える。a の値によって，これが D 内に収まるときと，はみ出すときがあることに気づくことがポイントである。このはみ出しは D の上側でしか起きないこともポイント。正方形の D 内の部分と J の領域との共通部分の面積を J の面積から除くとよいのだが，間

違えやすい設問である。

▶(3) $f(a)$ の増減を考えるだけなのだが，(2)が正しくできていなければ，正答を得ることができない。

4

◆発想◆ (1) P(p, q) として，$l : y = a(x - p) + q$ と $y = x^3 - x$ から y を消去した x の 3 次方程式が，p, q によらず常に，異なる 3 つの実数解をもつような実数 a がとれることを示す。

(2) l と C の 3 つの交点の x 座標を小さい方から順に α, β, γ とし，$f(x) = x^3 - (a+1)x + ap - q$ について，$\int_\alpha^\gamma f(x)\,dx = 0$ が成り立つような実数 α, γ が存在するときの l の条件を求める。このような l の通過範囲が，求める点 P のとりうる範囲となる。

解答 (1) P(p, q) とする。y 軸に平行な直線は条件を満たさないので，l の方程式を $y = a(x - p) + q$ とおくことができる。このとき，任意の実数 p, q に対して，x の 3 次方程式

$$x^3 - x - a(x - p) - q = 0 \quad \text{すなわち} \quad x^3 - (a+1)x + ap - q = 0$$

が異なる 3 つの実数解をもつような実数 a がとれることを示すとよい。このために，$f(x) = x^3 - (a+1)x + ap - q$ として，任意の実数 p, q に対して，$f(x)$ が異符号の極値をもつような実数 a がとれることを示す。まず

$$f'(x) = 0 \quad \text{すなわち} \quad 3x^2 - (a+1) = 0$$

が異なる 2 つの実数解をもつことが必要であるから，$a > -1$ でなければならない。

このもとで，2 つの極値の積 $f\left(\sqrt{\dfrac{a+1}{3}}\right) f\left(-\sqrt{\dfrac{a+1}{3}}\right)$ が負となるような $a\,(> -1)$ が存在することを示す。

$$f\left(\sqrt{\frac{a+1}{3}}\right) = \frac{a+1}{3}\sqrt{\frac{a+1}{3}} - \sqrt{\frac{a+1}{3}}(a+1) + ap - q$$

$$= -\frac{2}{3}(a+1)\sqrt{\frac{a+1}{3}} + ap - q$$

$$f\left(-\sqrt{\frac{a+1}{3}}\right) = -\frac{a+1}{3}\sqrt{\frac{a+1}{3}} + \sqrt{\frac{a+1}{3}}(a+1) + ap - q$$

東京大-理科前期 　　　　　　　　　　　　　　　　2022 年度　数学〈解答〉　*49*

$$= \frac{2}{3}(a+1)\sqrt{\frac{a+1}{3}} + ap - q$$

より

$$f\left(\sqrt{\frac{a+1}{3}}\right) f\left(-\sqrt{\frac{a+1}{3}}\right) = (ap-q)^2 - \frac{4}{27}(a+1)^3$$

これは a についての 3 次関数で a^3 の係数が負であるから，任意の p，q に対して十分大きな a をとれば，確かに負となる。

以上から，座標平面上のすべての点 P は条件(i)を満たす。　　（証明終）

(2)　まず，$P(p, q)$ を通る直線 $l : y = a(x-p) + q$ で，条件(ii)で与えられた性質を満たすものは，原点を通るものに限ることを示す。

l と C が相異なる 3 つの点で交わるとき，3 交点の x 座標は，(1)の $f(x) = 0$ の 3 解である。これらを小さい方から順に α，β，γ とする。

このとき，l が条件(ii)で与えられた性質を満たすならば

$$\int_\alpha^\beta f(x)\,dx = -\int_\beta^\gamma f(x)\,dx \quad \text{すなわち} \quad \int_\alpha^\gamma f(x)\,dx = 0$$

が成り立つ。これより

$$\int_\alpha^\gamma \{x^3 - (a+1)x + ap - q\}\,dx = 0$$

$$\left[\frac{x^4}{4} - \frac{a+1}{2}x^2 + (ap-q)x\right]_\alpha^\gamma = 0$$

$$\frac{1}{4}(\gamma^4 - \alpha^4) - \frac{a+1}{2}(\gamma^2 - \alpha^2) + (ap-q)(\gamma - \alpha) = 0$$

$\alpha \neq \gamma$ なので，これを整理すると

$$(\alpha^2 + \gamma^2)(\alpha + \gamma) - 2(a+1)(\alpha + \gamma) + 4(ap-q) = 0 \quad \cdots\cdots①$$

ここで，α，β，γ は $x^3 - (a+1)x + ap - q = 0$ の 3 解なので

$$\alpha + \beta + \gamma = 0, \quad \alpha\beta + \beta\gamma + \gamma\alpha = -(a+1), \quad \alpha\beta\gamma = -(ap-q)$$

が成り立ち

$$a+1 = -(\alpha + \gamma)\beta - \gamma\alpha$$
$$= (\alpha + \gamma)^2 - \gamma\alpha$$
$$= \alpha^2 + \alpha\gamma + \gamma^2 \quad \cdots\cdots②$$
$$ap - q = -\alpha\beta\gamma$$
$$= \alpha\gamma(\alpha + \gamma) \quad \cdots\cdots③$$

①，②，③から

$$(\alpha^2+\gamma^2)(\alpha+\gamma)-2(\alpha^2+\alpha\gamma+\gamma^2)(\alpha+\gamma)+4\alpha\gamma(\alpha+\gamma)=0$$
$$(\alpha+\gamma)(\alpha-\gamma)^2=0$$

これと，$\alpha \neq \gamma$ から，$\gamma=-\alpha$ となる。このとき，$\beta=0$ となり，C と l の交点の1つは原点となるので，l は原点を通る直線でなければならない。

逆に，l が原点を通り，C と異なる3点で交わるとき，C は原点に関して対称であるから，C と l で囲まれた2つの部分の面積は等しい。

以上から，条件(ii)を満たす点Pの存在範囲は，原点を通り，C と異なる3点で交わるような直線の存在範囲となる。

原点を通る直線 $y=ax$ が C と異なる3点と交わるための条件は，$x^3-x=ax$ すなわち $x\{x^2-(a+1)\}=0$ が異なる3つの実数解をもつ条件から，$a>-1$ となる。

ゆえに，条件(ii)を満たす点Pの存在範囲は，右図の網かけ部分（境界は原点のみを含む）である。

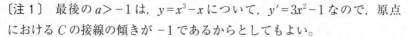

〔注1〕 最後の $a>-1$ は，$y=x^3-x$ について，$y'=3x^2-1$ なので，原点における C の接線の傾きが -1 であるからとしてもよい。

〔注2〕 $a>-1$ は(1)ですでに，l と C が異なる3点で交わるための必要条件として現れているが，(1)は，P(p, q) ごとに，十分大きな a をとれば，l と C が異なる3点で交わるというだけなので，$a>-1$ が必要十分条件であるわけではない。したがって，$y=ax$ と C が異なる3点で交わるための a の条件は，改めて記しておく必要がある。

参考 〔解答〕にあるように，C は原点に関して対称であるから，l が原点を通り，C と異なる3点で交わる場合には，C と l で囲まれた2つの部分の面積は等しい。このとき，l 上の任意の点は条件(ii)を満たす。このことから，このような直線 l の通過範囲が求めるものであることが容易に予想される。しかし，この予想を示すためには，これ以外の範囲の点が条件(ii)を満たさないことを示さなければならない。図形的な直感でこれをきちんと示すことは易しくはないが，参考までに，以下にその一例を述べておく。

〔解答〕の網かけ部分以外に属する任意の点P(p, q) を考える。まず，Pが領域 $K(y>-x$ かつ $x<0)$ にある場合を考える（領域 $y<-x$ かつ $x>0$ にある場合も同様である）。このとき

$q > -p$　かつ　$p < 0$　……(ア)

である。K 内の点 P を通り，C と異なる 3 点と交わる直線 l の方程式を(1)と同様に，$y = a(x-p) + q$ とおく。

まず，(1)で示したように，$a > -1$ が必要である。

よって，(ア)の $p < 0$ から，$ap < -p$ であり

$$ap - q < -p - q < 0 \quad \cdots\cdots (イ)$$

が成り立つ。

次いで，C と l の 3 つの交点を A，B，D とし，それらの x 座標を α，β，γ $(\alpha < \beta < \gamma)$ とする。α，β，γ は $x^3 - (a+1)x + ap - q = 0$ の 3 解なので，解と係数の関係から，$\alpha + \beta + \gamma = 0$ となり，$\alpha < 0 < \gamma$ である。

さらに，(イ)から，$\alpha\beta\gamma = -(ap-q) > 0$ なので，
$\alpha\beta > 0$ となり

$$\alpha < \beta < 0 < \gamma \quad \cdots\cdots (ウ)$$

である。(ウ)から，l，A，B，D を O に関して対称に移動したものをそれぞれ l'，A'，B'，D' とすると，右図のようになる。よって，C と l で囲まれた 2 つの部分の面積が等しくなることはない。

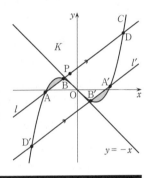

◀解　説▶

≪原点対称な 3 次関数のグラフと直線で囲まれた部分の面積，条件を満たす点の存在範囲≫

素材は原点対称な 3 次関数のグラフと直線という馴染みのものだが，(1)，(2)とも「存在」を条件とした設問であるから，論理を大切にした記述に注意しなければならない。

▶(1)　まず，$f(x) = x^3 - (a+1)x + ap - q$ として，任意の実数 p，q に対して，$f(x)$ が異符号の極値をもつような実数 a が存在することを示せばよいという方向性を捉える。そのためには，$f'(x) = 0$ が異なる 2 つの実数解をもつことが必要である。これは，$a > -1$ となる。このもとで，$f(x)$ の 2 つの極値の積が負となるような $a(>-1)$ が存在することを示すことになる。計算を進めると，十分大きな a をとればよいということがわかる。極限をとってきちんと示すこともできるが，ここは〔解答〕程度の記述で十分である。

▶(2) 〔解答〕や〔参考〕に述べたように，C が原点対称であることから，原点を通り，C と異なる 3 点で交わるような直線の通過範囲内の点は条件(ii)を満たすこと（十分性）は明らかなのだが，この範囲外の点が条件(ii)を満たさないこと（必要性）を図形的な直感のもとできちんと示すのはかなり困難である。そこで，〔解答〕のように，素直に面積計算から，条件(ii)で与えられた性質をもつ直線 l は原点を通るものに限られるという l についての必要条件を導くのがよい。これは，面積計算と，解と係数の関係を用いて導くことができる。これが出題の意図に則した解法と思われる。

5

◇発想◇ S 上の点 P を固定するごとに，線分 PQ の全体は，P を通り，xy 平面に下ろした垂線 PH を軸とする円錐の側面である。まず，点 Q が底面の円周上を動くとき，点 M はこの円錐の側面上で xy 平面に平行な円（C とおく）を描く。S 自体も z 軸を軸とする円錐の側面であるから，次に，最初に固定した P を z 軸のまわりに 1 回転したとき，円 C が z 軸のまわりに 1 回転してできる図形が，立体 K の断面となる。最終的には，z 軸まわりの回転を行うので，最初の P はどこにとってもよいが，線分 AB 上にとり，Q が x 軸上にあるとして考えるとよい。M の z 座標を m として考えると，立体 K の平面 $z=m$ による断面が得られる。この断面積を m で表し，$\frac{1}{2} \leq m \leq 1$ で積分する。

解答 まず，P が線分 AB 上にあるときを考え，Q が x 軸上にあるようなときの M を考える。M の z 座標を $m\left(\frac{1}{2} \leq m \leq 1\right)$ とすると

  P $(2-2m,\ 0,\ 2m)$

である。P から x 軸に下ろした垂線を PH とし，線分 PH の中点を N とすると

  N $(2-2m,\ 0,\ m)$

である。

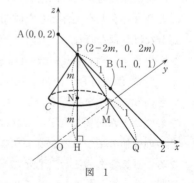

図 1

Pを固定し，Qを直線PHのまわりに1回転させるとき，Mは平面 $z=m$ 上でNを中心とする半径 $\sqrt{1-m^2}$ の円を描く（図1）。これを C とする。次いで，円 C を底面とし，Pを頂点とする円錐を z 軸のまわりに1回転させたときに，C が通過する範囲は，図2の原点Oを中心とする半径 $2-2m+\sqrt{1-m^2}$ の円と，Oを中心とする半径 $2-2m-\sqrt{1-m^2}$ の円で挟まれた円環（図2の網かけ部分（$m=1$ のときは点O））となる。

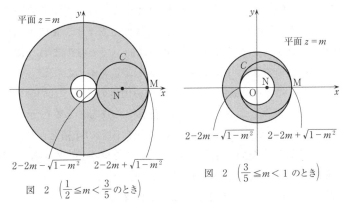

図 2 $\left(\dfrac{1}{2} \leqq m < \dfrac{3}{5} \text{のとき}\right)$

図 2 $\left(\dfrac{3}{5} \leqq m < 1 \text{のとき}\right)$

これが，立体 K の平面 $z=m$ による断面であり，m が $\dfrac{1}{2}$ から 1 まで変化すると，Pの z 座標は 1 から 2 まで変化する。

この円環の面積は
$$\pi\{(2-2m+\sqrt{1-m^2})^2-(2-2m-\sqrt{1-m^2})^2\}$$
$$=8\pi(1-m)\sqrt{1-m^2}$$

よって，K の体積を V とすると
$$\dfrac{V}{8\pi}=\int_{\frac{1}{2}}^{1}(1-m)\sqrt{1-m^2}\,dm$$
$$=\int_{\frac{1}{2}}^{1}\sqrt{1-m^2}\,dm-\int_{\frac{1}{2}}^{1}m\sqrt{1-m^2}\,dm$$

ここで
$$\int_{\frac{1}{2}}^{1}\sqrt{1-m^2}\,dm=\dfrac{\pi}{6}-\dfrac{\sqrt{3}}{8}$$

（図3の網かけ部分の面積）

$$\int_{\frac{1}{2}}^{1}m\sqrt{1-m^2}\,dm=\left[-\dfrac{1}{3}(1-m^2)^{\frac{3}{2}}\right]_{\frac{1}{2}}^{1}=\dfrac{\sqrt{3}}{8}$$

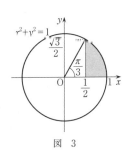

図 3

ゆえに

$$V = 8\pi\left(\frac{\pi}{6} - \frac{\sqrt{3}}{8} - \frac{\sqrt{3}}{8}\right) = \frac{4}{3}\pi^2 - 2\sqrt{3}\,\pi \quad \cdots\cdots(\text{答})$$

━━━━━ ◀解 説▶ ━━━━━

≪円錐上の点と xy 平面上の点を結ぶ線分の中点の回転，立体の体積≫

S は z 軸を軸とする円錐の側面で，S 上の点 P を固定するごとに，線分 PQ の全体も，PH を軸とする円錐の側面となる。Q が円錐の底面の円周を 1 周するとき，PQ の中点 M は，円錐の側面上を PH を軸に 1 回転して円 C を描く。次いで，P を最初の円錐の側面上で z 軸のまわりに 1 回転すると，C も z 軸のまわりに 1 回転して円環を成す。これが立体 K の z 軸に垂直な平面で切った断面となる。2 つの円錐のそれぞれの軸のまわりの 2 つの回転を組み合わせて，K の断面が得られることをつかむことがポイントである。これがつかめると，断面積は円環の面積となり，これを求めることは難しくない。積分も難しいものではない。なお，K の断面は，K を構成する点 M の z 座標 m を用いて，平面 $z = m$ による断面を考えるのがよい。P の z 座標を用いるよりも簡潔となる。

6 ◇発想◇ 表が出ることを A，裏が出ることを B として，A，B が起きた順に文字 A と B を並べる場合の数を考える。裏が出たときは，$\vec{0}$ を加えると考えると，$\overrightarrow{OX_N}$ は結局，$\vec{v_j}\,(j = 0,\ 1,\ 2)$ の和となる。B は，B が出た順に B_1，B_2，B_3，$\cdots$ と区別し，A の下に $\vec{v_j}$ を記して考える。

ただし，たとえば，B_4 と B_5 の間の A の下には，4 を 3 で割った余り 1 を j として，$\vec{v_1}$ を記す。

たとえば，$N = 8$ のとき，

B_1	B_2	A	B_3	A	B_4	A	B_5
$\vec{0}$	$\vec{0}$	$\vec{v_2}$	$\vec{0}$	$\vec{v_0}$	$\vec{0}$	$\vec{v_1}$	$\vec{0}$

なら，$\overrightarrow{OX_8} = \vec{v_0} + \vec{v_1} + \vec{v_2}\,(= \vec{0})$ となる。$\vec{v_0}$，$\vec{v_1}$，$\vec{v_2}$ が現れる回数を a，b，c として，$a = b = c$ となる $(a,\ b,\ c)$ の組を考える。

(1) $\vec{v_0} + \vec{v_1} + \vec{v_2} = \vec{0}$ から，$N = 8$ のとき，$\overrightarrow{OX_8} = \vec{0}$ となるのは，$0 \leqq a + b + c \leqq 8$ かつ $a = b = c$ のときなので

$$(a,\ b,\ c) = (0,\ 0,\ 0),\ (1,\ 1,\ 1),\ (2,\ 2,\ 2)$$

のときを考える。

(2) $N=200$ のとき，表が r 回出て，X_{200} が O にあるのは，$a+b+c=r$ かつ $a=b=c$ のときなので，$r=3s$（s は正の整数）のときを考える。$3s$ 個の A と $200-3s$ 個の B を並べることを考える。

解答

$$\vec{v_k} = \begin{cases} \vec{v_0} = (1, \ 0) & (k \equiv 0 \pmod{3} \text{ のとき}) \\ \vec{v_1} = \left(-\dfrac{1}{2}, \ \dfrac{\sqrt{3}}{2}\right) & (k \equiv 1 \pmod{3} \text{ のとき}) \\ \vec{v_2} = \left(-\dfrac{1}{2}, \ -\dfrac{\sqrt{3}}{2}\right) & (k \equiv 2 \pmod{3} \text{ のとき}) \end{cases}$$

であり，$\vec{v_0} + \vec{v_1} + \vec{v_2} = \vec{0}$ である。

$\vec{v_0}$，$\vec{v_1}$，$\vec{v_2}$ のそれぞれの移動が生じる回数を a，b，c としたとき，$\overrightarrow{OX_N} = a\vec{v_0} + b\vec{v_1} + c\vec{v_2}$ となる。ここで，移動は表が出たときにのみ 1 回ずつ起きるので，$a+b+c$ は表が出た回数の和となる。このとき，

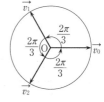

$\overrightarrow{OX_N} = \vec{0}$ となるための条件は，$a=b=c$ のときである。コインの表，裏が出る事象をそれぞれ A，B として，A，B が起きた順に文字 A，B を横一列に並べ，B は B が出た順に B_1，B_2，B_3，… と区別する。次いで，B_m の下には $\vec{0}$ を記し，A の下には，それ以前に置かれている B の個数（$\vec{0}$ の個数）が k のとき，k を 3 で割った余りを j として，$\vec{v_j}(j=0, \ 1, \ 2)$ を記す。

$N=8$ のとき，たとえば，

B_1	B_2	A	B_3	A	B_4	A	B_5
$\vec{0}$	$\vec{0}$	$\vec{v_2}$	$\vec{0}$	$\vec{v_0}$	$\vec{0}$	$\vec{v_1}$	$\vec{0}$

なら

$$\overrightarrow{OX_8} = \vec{v_0} + \vec{v_1} + \vec{v_2} \ (=\vec{0})$$

となる。

(1) $N=8$ のとき，X_8 が O にあるのは

$$0 \leq a+b+c \leq 8 \quad \text{かつ} \quad a=b=c$$

のときであるから

$$(a, \ b, \ c) = (0, \ 0, \ 0), \ (1, \ 1, \ 1), \ (2, \ 2, \ 2)$$

であることが必要。

㋐ $(0,0,0)$ のとき，Bが8個並ぶ1通りがある。

㋑ $(1,1,1)$ のとき

A を 3 個，B は 5 個置くことになる。

まず，B_1，B_2，B_3，B_4，B_5 を順に並べる。

・$\vec{v_0}$ は，B_1 の左または，B_3 と B_4 の間

・$\vec{v_1}$ は，B_1 と B_2 の間または，B_4 と B_5 の間

・$\vec{v_2}$ は，B_2 と B_3 の間または，B_5 の右

のそれぞれに1回ずつ現れるので，対応するAの置き方を考えて，$2^3=8$ 通りがある。

㋒ $(2,2,2)$ のとき

A を 6 個（B は 2 個）置くことになり，AAB_1AAB_2AA の 1 通りがある。

㋐，㋑，㋒から，求める確率は

$$\frac{1+8+1}{2^8}=\frac{5}{128} \quad \cdots\cdots（答）$$

(2) $N=200$ のとき，表が r 回出て，X_{200} が O にあるのは

$$a+b+c=r \quad かつ \quad a=b=c$$

のときであるから，r が 3 の倍数であることが必要である。

よって，r が 3 の倍数ではないときには，$p_r=0$ である。

以下，$r\geqq0$ として，$s=\dfrac{r}{3}$ とする。

このとき，X_{200} が O にあるのは，$\vec{v_0}$，$\vec{v_1}$，$\vec{v_2}$ が現れる個数がすべて s となるときである。

まず，$200-3s$ 個の B を並べ，次いで，これらの間または両端に $3s$ 個の A を置いていく。ここで，B_m と B_{m+1} （$1\leqq m\leqq199-3s$）の間に置く A の個数を x_m とおく。また，x_0 は一番左端に置く A の個数，x_{200-3s} は一番右端に置く A の個数とする。

すると，$j=0,1,2$，$0\leqq m\leqq200-3s$ として，A の下に現れる $\vec{v_j}$ の個数の和は

$$\vec{v_j}\text{ の個数の和}=\begin{cases} m\equiv0 \pmod 3 \text{ となる } x_m \text{ の和} & (j=0\text{ のとき}) \\ m\equiv1 \pmod 3 \text{ となる } x_m \text{ の和} & (j=1\text{ のとき}) \\ m\equiv2 \pmod 3 \text{ となる } x_m \text{ の和} & (j=2\text{ のとき}) \end{cases}$$

東京大-理科前期　　　　　　　　　　　　　　　2022 年度　数学〈解答〉　57

となる。

よって，$N=200$ かつ X_{200} が O にあり，かつ表がちょうど $r(=3s)$ 回となるのは

$$
\begin{cases}
x_0 + x_3 + x_6 + \cdots + x_{198-3s} = s \\
x_1 + x_4 + x_7 + \cdots + x_{199-3s} = s \\
x_2 + x_5 + x_8 + \cdots + x_{200-3s} = s
\end{cases}
$$

がすべて成り立つこととなる。

$(x_0,\ x_3,\ \cdots,\ x_{198-3s})$，$(x_1,\ x_4,\ \cdots,\ x_{199-3s})$，$(x_2,\ x_5,\ \cdots,\ x_{200-3s})$ はどれも，和が s となるような $67-s$ 個の 0 以上の整数の組なので，${}_{66}\mathrm{C}_{66-s} = {}_{66}\mathrm{C}_s$ 通りある。なぜなら，$s+(66-s)(=66)$ 個の○を横一列に並べ，これらの 66 個から $66-s$ 個を選び，仕切り | に変え，各仕切りの左側の○の個数と最後の仕切りの右側の○の個数を順に，$x_0,\ x_3,\ \cdots,\ x_{198-3s}$ の値とすることで，第 1 式の解の組のすべてが得られるからである。第 2 式と第 3 式についても同様である。

以上から，r が 3 の倍数のときの p_r は $\dfrac{({}_{66}\mathrm{C}_s)^3}{2^{200}} = \dfrac{({}_{66}\mathrm{C}_{\frac{r}{3}})^3}{2^{200}}$ である。

ゆえに　　$p_r = \begin{cases} 0 & (r\ \text{が 3 の倍数ではないとき}) \\[2mm] \dfrac{({}_{66}\mathrm{C}_{\frac{r}{3}})^3}{2^{200}} & (r\ \text{が 3 の倍数のとき}) \end{cases}$　　……(答)

次いで

$$
\frac{{}_{66}\mathrm{C}_{s+1}}{{}_{66}\mathrm{C}_s} = \frac{66!}{(s+1)!(65-s)!} \cdot \frac{s!(66-s)!}{66!} = \frac{66-s}{s+1}
$$

ここで，$\dfrac{66-s}{s+1} > 1$ となるのは $s \leq 32$ のときなので

$$
0 < p_0 < p_3 < p_6 < \cdots < p_{99} > p_{102} > p_{105} > \cdots
$$

となる。

ゆえに，p_r が最大となる r の値は　　99　……(答)

━━━━━◀解　説▶━━━━━

≪コインの裏表の出方と点の移動に関する確率≫

$\overrightarrow{OX_N} = \vec{0}$ となるための条件は，N 回目までの $\vec{v_0},\ \vec{v_1},\ \vec{v_2}$ の移動回数が等しいことである。これらの移動は，表が出たときのみ起きる。表が出る以前の裏の出た回数が等しいときは，同じ種類の移動が生じる。どの種類

の移動が起きるかは,それまでの裏の出た回数を3で割った余りによって定まる。以上の観点を明確にとらえることがポイントであるが,それだけでは,解答の道筋を端的にとらえることは難しい。

　以上の観点を〔解答〕のように,A,Bの並びとその下の$\overrightarrow{v_j}$の並びを同時に記した図でとらえてみると,解法のイメージがつかみやすいと思われる。Aの下に$\overrightarrow{v_k}$ではなく,kを3で割った余りを置き換えたものを用いるところがポイントである。

　さらに,BをB$_1$,B$_2$,B$_3$,…と区別すると,説明がしやすくなる。必ずしもこのような図が必要というわけではないが,B$_m$とB$_{m+1}$の間のAでは同じ$\overrightarrow{v_j}$が現れるという観点が重要である。

▶(1)　$(a,\ b,\ c)=(0,\ 0,\ 0)$,$(1,\ 1,\ 1)$,$(2,\ 2,\ 2)$の各場合で,Aの置き方を考えていく。特に,$(1,\ 1,\ 1)$の場合を考えるときの発想が,(2)の解法につながる。

▶(2)　(1)の$(1,\ 1,\ 1)$の場合を一般化することを考える。たとえば,$\overrightarrow{v_0}$の個数は,$m\equiv0\ (\mathrm{mod}\,3)$となるようなB$_m$とB$_{m+1}$の間に置くAの個数の和となり,$x_0+x_3+x_6+\cdots+x_{198-3s}$であることがポイントである。$\overrightarrow{v_1}$,$\overrightarrow{v_2}$の個数は,それぞれ$m\equiv1,\ 2\ (\mathrm{mod}\,3)$となるようなB$_m$とB$_{m+1}$の間に置くAの個数の和となる。これにより本問は,たとえば0以上の$67-s$個の整数$x_0,\ x_3,\ \cdots,\ x_{198-3s}$の和が$s$となるような$(x_0,\ x_3,\ \cdots,\ x_{198-3s})$の組の個数の問題となる。これは,たとえば,$s+(66-s)(=66)$個の○を横一列に並べ,これらの66個から$66-s$個を選び,仕切り | に変えるというよく見かける問題の考え方で解決する。

❖講　評

　2022年度は2021年度に比べ難化した。解き切るのに時間を要する問題が並び,高得点をとるのは難しかっただろう。特に6は難問である。3も混乱しそうで正答が得にくい。他は,素材はよくあるものだが,記述しにくい問題である。唯一,1が微・積分法の標準レベルの計算問題であった。これを落ち着いて正答できないと苦しい。2021年度は珍しく出題されなかった立体の体積の問題が2022年度は復活した。また,2018年度以降出題がなかった確率・場合の数から出題されたが,難問であった。頻出の複素数平面の出題はなかった。文科との完全な共通問

東京大-理科前期 2022 年度　数学〈解答〉　*59*

題はなかったが，2・6 が類題であった。当然，文科よりかなり難しい
設問になっている。

　　東大理科の入試としての難易度は，1 (1)易，(2)標準〜やや易，2 (1)
易，(2)やや難，(3)(2)ができたとしたら標準，3 (1)標準，(2)やや難，(3)
(2)ができたとしたら易，4 (1)易，(2)やや難，5 標準〜やや難，6 (1)難，
(2)難，であった。

　　1　数学Ⅲの微分（増減表）と定積分の問題。単純に，「$f(x)$ の最
小値を求めよ」という発問の方が，素直に解き進めていけるだろうが，
わざわざ(1)を入れているので，かえって迷ったかもしれない。$\int_0^{\frac{\pi}{4}} \dfrac{dt}{\cos t}$
を手際よく計算できるかどうかで差が出るが，あまり時間をかけずに解
きたい問題である。

　　2　(1)は易しい。(2)は結論が明示されていないので，それを自ら見出
すために必要ないくつかの結果を発見しながら積み上げていく構想力と
論証力が必要。きちんとした記述に時間をとられる設問である。(3)は(2)
が解けなければ解答の糸口がつかめないが，(2)ができたなら標準レベル
の問題。

　　3　(1)は正答したい。(2)は混乱しやすく，あまり正答は期待できない
だろう。(3)は(2)が解ければ易しいが，(2)を間違えると得点を期待できな
い設問。

　　4　(1)は平易なので正答したい。(2)は原点に関する対称性から，直感
的には予想ができるが，面積計算に基づいた必要条件から求めていく発
想と，記述ができるかどうかで差が出る。

　　5　東大の立体図形の体積の問題としては標準的だが，イメージを短
時間でつかめるかがポイントとなる。

　　6　(1)・(2)とも難しい。結局はコインの表裏の出方の場合の数の問題
だが，ある本質的な構造をつかまないと解けない。

物理

1 **解答** **I** (1) 地球の自転の角速度を ω_1 とすると，$\omega_1 = \dfrac{2\pi}{T_1}$ である。

赤道上のある地点Eに置かれた質点は，半径 R，角速度 ω_1 の等速円運動をするので，質点に働く遠心力の大きさは

$$f_0 = mR{\omega_1}^2 = mR\left(\frac{2\pi}{T_1}\right)^2 = \frac{4\pi^2 mR}{{T_1}^2} \quad\cdots\cdots(答)$$

北緯 $45°$ のある地点Fに置かれた質点は，半径 $R\cos 45°$，角速度 ω_1 の等速円運動をするので

$$f_1 = m\cdot R\cos 45°\cdot {\omega_1}^2$$

$$= m\cdot\frac{1}{\sqrt{2}}R\left(\frac{2\pi}{T_1}\right)^2 = \frac{2\sqrt{2}\,\pi^2 mR}{{T_1}^2} \quad\cdots\cdots(答)$$

(2) 地点Eに置かれた質量 m の質点が受ける万有引力の大きさを F_1 とすると

$$F_1 = G\frac{mM_1}{R^2}$$

万有引力と遠心力の合力が重力 mg_0 であるから，地球の中心向きを正として

$$mg_0 = F_1 - f_0 = G\frac{mM_1}{R^2} - \frac{4\pi^2 mR}{{T_1}^2}$$

$$\therefore\quad g_0 = \frac{GM_1}{R^2} - \frac{4\pi^2 R}{{T_1}^2} \quad\cdots\cdots(答)$$

II (1) 地球の中心の速さ：

地球は，地球と月との間に働く万有引力 $G\dfrac{M_1 M_2}{a^2}$ を向心力として，点O を中心に半径 a_1 の等速円運動をしているから，中心方向の運動方程式より

$$M_1\frac{{v_1}^2}{a_1} = G\frac{M_1 M_2}{a^2}$$

東京大-理科前期

点Oは，地球と月の重心であるから，地球の中心を原点として，重心の公式より

$$a_1 = \frac{M_1 \cdot 0 + M_2 \cdot a}{M_1 + M_2} = \frac{M_2}{M_1 + M_2}a$$

……①

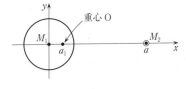

よって

$$M_1 \frac{v_1^2}{\frac{M_2}{M_1+M_2}a} = G\frac{M_1 M_2}{a^2}$$

$$\therefore \quad v_1 = \sqrt{\frac{GM_2^2}{a(M_1+M_2)}} \quad ……（答）$$

月の速さ：
同様にして，中心方向の運動方程式より

$$M_2 \frac{v_2^2}{a_2} = G\frac{M_1 M_2}{a^2}$$

ここで，$a_1 + a_2 = a$ であるから，①より

$$\frac{M_2}{M_1+M_2}a + a_2 = a$$

$$\therefore \quad a_2 = \frac{M_1}{M_1+M_2}a$$

よって

$$M_2 \frac{v_2^2}{\frac{M_1}{M_1+M_2}a} = G\frac{M_1 M_2}{a^2}$$

$$\therefore \quad v_2 = \sqrt{\frac{GM_1^2}{a(M_1+M_2)}} \quad ……（答）$$

(2) 地球の中心をAとする。点Oは，地球の中心Aのまわりで月の公転周期と同じ周期で等速円運動をする。逆に見ると，地球の中心Aは，点Oのまわりで等速円運動をし，その半径は a_1，角速度は $\frac{2\pi}{T_2}$ である。

点Oを原点とした xy 座標系では，地球の中心Aの座標 (x_A, y_A) は，$t=0$ で座標 $(x_A, y_A) = (-a_1, 0)$ にあり，ここから反時計回りに回転するから，時刻 t での座標は

$$(x_A, y_A) = \left(-a_1 \cos\frac{2\pi}{T_2}t, \ -a_1 \sin\frac{2\pi}{T_2}t\right)$$

また，点Xは点Aから見て常に x 軸方向で $-R$ の位置にある。よって，時刻 t における点Xの座標 (x, y) は

$$(x, y) = \left(-a_1 \cos\frac{2\pi}{T_2}t - R, \ -a_1 \sin\frac{2\pi}{T_2}t\right) \quad \cdots\cdots(\text{答}) \quad \cdots\cdots②$$

(3) 設問Ⅱ(2)より，②は，点Xが $(x, y) = (-R, 0)$ を中心にして半径 a_1，角速度 $\frac{2\pi}{T_2}$ の等速円運動をすることを表しているから，点Xに置かれた質点に生じる遠心力の大きさ f_C は

$$f_C = ma_1\left(\frac{2\pi}{T_2}\right)^2$$

ここで，設問Ⅱ(1)の点Oを中心とする月の等速円運動の角速度を ω_2 とすると，$\omega_2 = \dfrac{2\pi}{T_2} = \dfrac{v_2}{a_2}$ （……③）であるから

$$f_C = ma_1\left(\frac{v_2}{a_2}\right)^2$$

$$= m \cdot \frac{M_2}{M_1 + M_2}a \cdot \frac{\dfrac{GM_1^2}{a(M_1 + M_2)}}{\left(\dfrac{M_1}{M_1 + M_2}a\right)^2} = \frac{GmM_2}{a^2} \quad \cdots\cdots(\text{答})$$

(4) 設問Ⅱ(3)より，点Xに置かれた質点に生じる遠心力の大きさが $f_C = \dfrac{GmM_2}{a^2}$ であることは，地球表面上の位置によらず質点に生じる遠心力の大きさが f_C で，月から遠ざかる方向であることを表している。ゆえに，点Pの質量 m の質点にも，点Qの質量 m の質点にも，月から遠ざかる方向に大きさが $f_C = \dfrac{GmM_2}{a^2}$ の遠心力が働く。

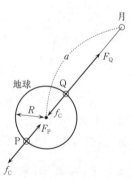

点Pの質量 m の質点に働く月からの万有引力は月に近づく方向に大きさが $F_P = G\dfrac{mM_2}{(a+R)^2}$ であるから，$f_C > F_P$ より，合力の大きさ f_P は

東京大-理科前期 2022 年度 物理〈解答〉 63

$$f_P = f_C - F_P = \frac{GmM_2}{a^2} - G\frac{mM_2}{(a+R)^2}$$

$$= GmM_2\left\{\frac{1}{a^2} - \frac{1}{(a+R)^2}\right\} \quad \cdots\cdots (\text{答})$$

向きは　　月から遠ざかる方向　……(答)

点 Q の質量 m の質点に働く月からの万有引力は月に近づく方向に大きさ

が $F_Q = G\dfrac{mM_2}{(a-R)^2}$ であるから，$F_Q > f_C$ より，合力の大きさ f_Q は

$$f_Q = F_Q - f_C = G\frac{mM_2}{(a-R)^2} - \frac{GmM_2}{a^2} = GmM_2\left\{\frac{1}{(a-R)^2} - \frac{1}{a^2}\right\}$$

$$\cdots\cdots (\text{答})$$

向きは　　月に近づく方向　……(答)

Ⅲ　設問Ⅱ(4)の点 P の場合と同様に，地球に生じる遠心力と太陽からの万有引力の合力の大きさ f_S は

$$f_S = \frac{GmM_3}{b^2} - G\frac{mM_3}{(b+R)^2} = GmM_3\left\{\frac{1}{b^2} - \frac{1}{(b+R)^2}\right\}$$

ここで，表 1－1 より，$R \ll b$ であるから

$$\frac{1}{(b+R)^2} = \frac{1}{b^2\left(1+\dfrac{R}{b}\right)^2} = \frac{1}{b^2}\left(1+\frac{R}{b}\right)^{-2} \fallingdotseq \frac{1}{b^2}\left(1 - 2\frac{R}{b}\right)$$

よって

$$f_S = GmM_3\left\{\frac{1}{b^2} - \frac{1}{(b+R)^2}\right\} \fallingdotseq GmM_3\left\{\frac{1}{b^2} - \frac{1}{b^2}\left(1 - \frac{2R}{b}\right)\right\}$$

$$= GmM_3\frac{2R}{b^3}$$

f_P についても，表 1－1 より，$R \ll a$ であるから，同様の近似を行うと

$$f_P = GmM_2\left\{\frac{1}{a^2} - \frac{1}{(a+R)^2}\right\} \fallingdotseq GmM_2\frac{2R}{a^3}$$

したがって

$$\frac{f_S}{f_P} = \frac{GmM_3\dfrac{2R}{b^3}}{GmM_2\dfrac{2R}{a^3}} = \frac{M_3}{M_2}\left(\frac{a}{b}\right)^3 = \frac{2.0 \times 10^{30}}{7.3 \times 10^{22}}\left(\frac{3.8 \times 10^8}{1.5 \times 10^{11}}\right)^3$$

64 2022年度 物理〈解答〉   東京大-理科前期

$$= \frac{2.0 \times 54.8}{7.3 \times 3.37} \times 10^{-1}$$

$$= 0.445 \doteqdot 0.45$$

ゆえに

$$0.4 < \frac{f_S}{f_P} < 0.5$$

と見積もることができるので，アに入る数字は   4 ……(答)

■━━━━━━━━━ ◀解 説▶ ━━━━━━━━━■

≪潮汐運動のモデル化≫

◆**Ⅰ** ▶(2) 運動方程式より，質点が合力として $G\dfrac{mM_1}{R^2} - \dfrac{4\pi^2 mR}{T_1{}^2}$ を受け，その結果，加速度 g_0 を得ると考えることもできる。

◆**Ⅱ** ▶(1) x 軸上で，質量 M_1，M_2 の物体がそれぞれ座標 x_1，x_2 にあるとき，重心の座標 x_G は

$$x_G = \frac{M_1 x_1 + M_2 x_2}{M_1 + M_2}$$

それぞれの物体が速度 v_1，v_2 で運動しているとき，重心の速度 v_G は

$$v_G = \frac{dx}{dt} = \frac{d}{dt}\left(\frac{M_1 x_1 + M_2 x_2}{M_1 + M_2}\right) = \frac{M_1 v_1 + M_2 v_2}{M_1 + M_2} = \frac{全運動量}{全質量}$$

である。

いま，地球と月は重心Oを中心に円運動しているから，重心は静止しているので $v_G = 0$ で，地球と月の運動量の総和は0となる。この式は，重心の速度が0を含めて一定の場合，運動量の総和が一定となり運動量保存則が成立することを表す。

参考 等速円運動の運動方程式に用いる円運動の半径 a_1，a_2 を，重心のまわりの力のモーメントのつりあいの式を用いて解くと

$$M_1 a_1 = M_2 a_2$$

および

$$a_1 + a_2 = a$$

連立して解くと

$$a_1 = \frac{M_2}{M_1 + M_2}a, \quad a_2 = \frac{M_1}{M_1 + M_2}a$$

▶(2) 〔解答〕では各点の座標をもとに記述したが，位置ベクトルを用い

ると以下のようになる。

地球の中心をAとする。点Oに対する点Xの位置ベクトルを $(x_{O\to X},\ y_{O\to X})$，点Oに対する点Aの位置ベクトルを $(x_{O\to A},\ y_{O\to A})$，点Aに対する点Xの位置ベクトルを $(x_{A\to X},\ y_{A\to X})$ とすると

$$(x_{O\to X},\ y_{O\to X}) = (x_{O\to A},\ y_{O\to A}) + (x_{A\to X},\ y_{A\to X})$$

点Aに対する点Oの運動は，半径 a_1，角速度 $\dfrac{2\pi}{T_2}$ の等速円運動であるから，点Aに対する点Oの位置ベクトル $(x_{A\to O},\ y_{A\to O})$ は

$$(x_{A\to O},\ y_{A\to O}) = \left(a_1\cos\frac{2\pi}{T_2}t,\ a_1\sin\frac{2\pi}{T_2}t\right)$$

よって，点Oに対する点Aの位置ベクトル $(x_{O\to A},\ y_{O\to A})$ は

$$(x_{O\to A},\ y_{O\to A}) = \left(-a_1\cos\frac{2\pi}{T_2}t,\ -a_1\sin\frac{2\pi}{T_2}t\right)$$

点Aに対する点Xの位置ベクトル $(x_{A\to X},\ y_{A\to X})$ は

$$(x_{A\to X},\ y_{A\to X}) = (-R,\ 0)$$

したがって，点Oを原点とした xy 座標系で，点Xの位置ベクトルは

$$
\begin{aligned}
(x,\ y) &= (x_{O\to X},\ y_{O\to X}) = (x_{O\to A},\ y_{O\to A}) + (x_{A\to X},\ y_{A\to X}) \\
&= \left(-a_1\cos\frac{2\pi}{T_2}t - R,\ -a_1\sin\frac{2\pi}{T_2}t\right)
\end{aligned}
$$

▶(3) 時刻 t における点Xの座標 $(x,\ y)$ が②で与えられるから，点Xの速さ $(v_x,\ v_y)$ は

$$v_x = \frac{d}{dt}\left(-a_1\cos\frac{2\pi}{T_2}t - R\right) = a_1\frac{2\pi}{T_2}\sin\frac{2\pi}{T_2}t$$

$$v_y = \frac{d}{dt}\left(-a_1\sin\frac{2\pi}{T_2}t\right) = -a_1\frac{2\pi}{T_2}\cos\frac{2\pi}{T_2}t$$

これは，点Xが地球の中心に対して距離 R の点で静止しているが，点Xの速度は地球の中心からの距離に無関係であることを表している。よって，遠心力の大きさ f_C は

$$
\begin{aligned}
f_C &= m\frac{v_x{}^2 + v_y{}^2}{a_1} \\
&= \frac{m}{a_1}\left\{\left(a_1\frac{2\pi}{T_2}\sin\frac{2\pi}{T_2}t\right)^2 + \left(-a_1\frac{2\pi}{T_2}\cos\frac{2\pi}{T_2}t\right)^2\right\}
\end{aligned}
$$

$$= \frac{m}{a_1}\left(a_1\frac{2\pi}{T_2}\right)^2 = ma_1\left(\frac{2\pi}{T_2}\right)^2$$

〔解答〕ではここで③を使ったが，その代わりに，月の等速円運動の運動方程式を T_2 を用いて解くと

$$M_2 a_2\left(\frac{2\pi}{T_2}\right)^2 = G\frac{M_1 M_2}{a^2}$$

遠心力の大きさ f_C は

$$f_C = ma_1\left(\frac{2\pi}{T_2}\right)^2 = ma_1\frac{GM_1}{a_2 a^2} = m\cdot\frac{M_2}{M_1+M_2}a\cdot\frac{GM_1}{\dfrac{M_1}{M_1+M_2}a\cdot a^2}$$

$$= \frac{GmM_2}{a^2}$$

なお，地球と月は，重心である点Oを中心に同一周期で円運動をするから，月の円運動の角速度と地球の円運動の角速度は等しく，$\dfrac{2\pi}{T_2} = \dfrac{v_2}{a_2} = \dfrac{v_1}{a_1}$ を用いることもできる。

▶(4)　点Qに置いた質点に働く力を求めるために，図1−2(a)で，地球の中心Aに対して点Xと反対側の点を X′ として，設問Ⅱ(2)・(3)と同様に考える。

点 X′ は点Aから見て常に x 軸方向で R の位置にある。よって，時刻 t における点 X′ の座標 $(x,\ y)$ は

$$(x,\ y) = \left(-a_1\cos\frac{2\pi}{T_2}t + R,\ \ -a_1\sin\frac{2\pi}{T_2}t\right)$$

であり，これは，点 X′ が $(x,\ y) = (R,\ 0)$ を中心にして半径 a_1，角速度 $\dfrac{2\pi}{T_2}$ の等速円運動をすることを表しているから，点 X′ に置かれた質点に生じる遠心力の大きさ f_C は

$$f_C = ma_1\left(\frac{2\pi}{T_2}\right)^2 = \frac{GmM_2}{a^2}$$

ゆえに，この遠心力の大きさ f_C は地球の中心と月との距離 a で決まり，質点を置く地球表面上の位置によらず，月から遠ざかる方向であることがわかる。図1−2(a)では，点Pは点X，点Qは点X′に一致する。

◆Ⅲ　太陽による潮汐力が月による潮汐力の約 0.45 倍になる結果が得ら

東京大-理科前期　　　　　　　　　　　　　　　　　　　　　2022 年度　物理〈解答〉　*67*

れ，潮の満ち引きが，月だけでなく太陽もほぼ同じオーダーで影響を及ぼしていることがわかる。

問題に与えられていないが

$|x| \ll 1$ のときに成り立つ近似式 $(1+x)^n \fallingdotseq 1+nx$

が必要である。ここでは，$\left|\dfrac{R}{b}\right| \ll 1$ として

$$\left(1+\frac{R}{b}\right)^{-2} \fallingdotseq 1-2\frac{R}{b}$$

参考　f_S の $\{\ \}$ 内の計算の近似は次のように考えることもできる。

微小量 $\dfrac{R}{b}$ の扱いについて，分母では $\dfrac{R}{b} \fallingdotseq 0$ とできるが，分子で $\dfrac{R}{b} \fallingdotseq 0$ とすると分子全体が 0 となって近似が無効となるので，分子の $\dfrac{R}{b}$ は有効として

$$\frac{1}{b^2}-\frac{1}{(b+R)^2}=\frac{(b+R)^2-b^2}{b^2(b+R)^2}=\frac{b^2\left(1+\dfrac{R}{b}\right)^2-b^2}{b^2 \times b^2\left(1+\dfrac{R}{b}\right)^2}$$

$$=\frac{b^2\left\{1+2\dfrac{R}{b}+\left(\dfrac{R}{b}\right)^2\right\}-b^2}{b^2 \times b^2\left\{1+2\dfrac{R}{b}+\left(\dfrac{R}{b}\right)^2\right\}} \fallingdotseq \frac{b^2\left(1+2\dfrac{R}{b}\right)-b^2}{b^2 \times b^2}$$

$$=\frac{2bR}{b^4}=\frac{2R}{b^3}$$

2　解答　Ⅰ　(1)　ア．BLd　イ．$\dfrac{v_a B^2 L^2 d}{R}$

(2)　運動エネルギーと仕事の関係より，台車の運動エネルギーの変化は，抵抗を流れる電流がした仕事，すなわち抵抗で消費されたジュール熱の総和に等しい。

$$\frac{1}{2}mv_1{}^2-\frac{1}{2}mv_0{}^2=-\frac{v_a B^2 L^2 d}{R}$$

$$\frac{1}{2}m(v_1-v_0)(v_1+v_0)=-\frac{v_0+v_1}{2}\frac{B^2 L^2 d}{R}$$

∴ $v_1 = v_0 - \dfrac{B^2L^2d}{mR}$ ……(答)

別解 台車の中心が Q_1Q_2 間を移動するとき，台車の加速度を a，コイルを流れる電流を i とすると，コイルを流れる電流が磁場から受ける力（ローレンツ力）は運動方向と逆向きに iBL であるから，台車の運動方程式より

$$ma = -iBL$$

$$a = -\dfrac{iBL}{m} = -\dfrac{\dfrac{|\overline{E}|}{R}BL}{m} = -\dfrac{v_aB^2L^2}{mR}$$

等加速度直線運動の式より

$$v_1 = v_0 + a\Delta t = v_0 - \dfrac{v_aB^2L^2}{mR}\dfrac{d}{v_a} = v_0 - \dfrac{B^2L^2d}{mR}$$

II (1) 台車の中心が Q_1 から Q_2 へ移動する間，設問 I と同様の近似で，コイルは速さ v_a で等速直線運動をしているとする。このとき，磁場を横切るコイルの右辺に生じる誘導起電力の大きさは v_aBL で，この向きはダイオードの順方向となる。コイルに流れる電流の大きさを I とすると，キルヒホッフの第二法則より

$$v_aBL - V = RI$$

∴ $I = \dfrac{v_aBL - V}{R}$ ……(答)

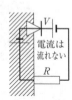

(2) コイルの右辺だけが磁場からローレンツ力 F を受け，その向きは，フレミングの左手の法則より，x 軸の負の向きであるから

$$F = -IBL = -\dfrac{(v_aBL - V)BL}{R} \quad ……(答)$$

(3) コイルの左辺に生じる誘導起電力の向きは，ダイオードの逆方向であり，電流は流れない。

よってローレンツ力は　　0　……(答)

(4) ③

(5) 速さが v_∞ で一定になったときは，台車の加速度が 0 であるから，台車（コイル）に働くローレンツ力は 0 である。設問 II(2)より

$$F = -IBL = -\frac{(v_\infty BL - V)BL}{R} = 0$$

$$\therefore \quad v_\infty = \frac{V}{BL} \quad \cdots\cdots(答)$$

Ⅲ (1) A点の電位：$2v_a BL$　　B点の電位：$v_a BL$

(2) 台車の中心が Q_1Q_2 間を移動するとき，2つのコイルの右辺に生じる誘導起電力の向きはダイオードの順方向の電圧となる。

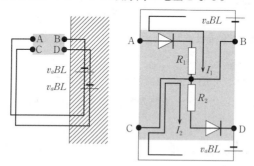

抵抗 R_1，R_2 を流れる電流をそれぞれ I_1，I_2 とすると，上図の閉回路において，キルヒホッフの第二法則より

$$v_a BL = R_1 I_1 \quad \therefore \quad I_1 = \frac{v_a BL}{R_1}$$

$$v_a BL = R_2 I_2 \quad \therefore \quad I_2 = \frac{v_a BL}{R_2}$$

このとき，台車の移動時間は $\Delta t = \dfrac{d}{v_a}$ であり，この間に2つの抵抗で発生したジュール熱の総和 W は

$$W = R_1 \left(\frac{v_a BL}{R_1}\right)^2 \frac{d}{v_a} + R_2 \left(\frac{v_a BL}{R_2}\right)^2 \frac{d}{v_a}$$

$$= v_a B^2 L^2 d \left(\frac{1}{R_1} + \frac{1}{R_2}\right)$$

台車の中心が Q_3Q_4 間を移動するとき，2つのコイルの左辺に生じる誘導起電力の向きはダイオードの逆方向の電圧となる。

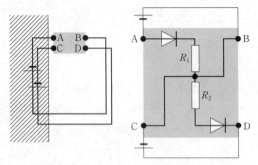

このとき，回路に電流は流れないので，2つの抵抗で発生したジュール熱の総和は0である。

よって，区間 P_0P_2 を通り過ぎた後の台車の運動エネルギーの変化は，区間 P_0P_1 間で発生したジュール熱の総和に等しく，運動エネルギーと仕事の関係より

$$\frac{1}{2}mv_2{}^2 - \frac{1}{2}mv_0{}^2 = -W$$

$$= -v_a B^2 L^2 d \left(\frac{1}{R_1} + \frac{1}{R_2}\right)$$

ここで，Q_3Q_4 間を移動するときの速さの変化はないので，$v_2 = v_1$ となり

$$v_a = \frac{v_0 + v_1}{2} = \frac{v_0 + v_2}{2}$$

を用いると

$$\frac{1}{2}m(v_2 - v_0)(v_2 + v_0) = -\frac{v_0 + v_2}{2}B^2 L^2 d \left(\frac{1}{R_1} + \frac{1}{R_2}\right)$$

$$v_2 - v_0 = -\frac{B^2 L^2 d}{m}\left(\frac{1}{R_1} + \frac{1}{R_2}\right)$$

$$\therefore \quad |v_2 - v_0| = \frac{B^2 L^2 d}{m}\left(\frac{1}{R_1} + \frac{1}{R_2}\right) \quad \cdots\cdots (答)$$

$R_1 + R_2 = 6R$ より，R_2 を消去して

$$|v_2 - v_0| = \frac{B^2 L^2 d}{m}\left(\frac{1}{R_1} + \frac{1}{6R - R_1}\right)$$

$$= \frac{B^2 L^2 d}{m} \cdot \frac{6R}{R_1(6R - R_1)}$$

$$= \frac{B^2 L^2 d}{m} \cdot \frac{6R}{-(R_1 - 3R)^2 + 9R}$$

東京大-理科前期　　　　　　　　　　　　　　　　　　　　　2022 年度　物理〈解答〉　*71*

よって，$|v_2 - v_0|$ が最小となるためには

$$R_1 = 3R \quad \cdots\cdots(答)$$

━━━━━━━━ ◀解　説▶ ━━━━━━━━

≪ダイオードの入ったコイルに生じる電磁誘導≫

◆I　▶(1)　ア．台車の中心が $Q_1 Q_2$ 間を移動するとき，図2－1のコイルを貫く磁場の面積の変化を ΔS とすると

$$\Delta S = Ld$$

よって

$$\Delta \Phi = B \Delta S = BLd$$

イ．この間の誘導起電力の平均値 $\overline{E}$ は

$$\overline{E} = -\frac{\Delta \Phi}{\Delta t} = -\frac{BLd}{\dfrac{d}{v_a}} = -v_a BL$$

この間に抵抗で発生するジュール熱の総和 Q は

$$Q = \frac{|\overline{E}|^2}{R} \Delta t = \frac{|-v_a BL|^2}{R} \frac{d}{v_a} = \frac{v_a B^2 L^2 d}{R}$$

◆II　▶(1)　リード文の「台車は磁場を通過することにより減速した」から，コイルが磁場から受けるローレンツ力の向きが，運動の向きと逆向きであることがわかる。そのためには，フレミングの左手の法則より，回路を流れる電流は右回り（時計回り）でなければならず，磁場を横切るコイルの右辺では〔解答〕の図の下向きの電流となり，コイルに生じる誘導起電力 $v_a BL$ が電池の起電力 V より大きくなければならない。

電池の起電力 V がコイルに生じる誘導起電力 $v_a BL$ よりも大きいとすると，台車の中心が Q_1 から Q_2 へ移動する間は，〔解答〕の図の回路に左回り（反時計回り）の起電力となるので，ダイオードの逆方向の電圧となり，回路に電流は流れない。また，台車の中心が Q_3 から Q_4 へ移動する間も，電池の起電力とコイルに生じる誘導起電力は，ダイオードの逆方向の電圧となり，回路に電流は流れない。

回路に電流が流れないと，ローレンツ力は生じないので，速さは減少せず，$v_0 = v_1 = v_2$ となり，題意に反する。

よって，コイルに生じる誘導起電力 $v_a BL$ は電池の起電力 V より大きくなければならない。

▶(3) コイルの左辺が磁場に進入する瞬間の速さは v_1, 磁場から出る瞬間の速さは v_2 である。設問Ⅰと同様の近似で, $|v_2 - v_1|$ は十分小さいので, $v_b = \dfrac{v_1 + v_2}{2}$ とする。

台車の中心が Q_3 から Q_4 へ移動する間, コイルは速さ v_b で等速直線運動をしているとする。このとき, 磁場を横切るコイルの左辺に生じる誘導起電力の大きさは $v_b BL$ で, この向きはダイオードの逆方向となり, 電池の起電力の向きも合わせて, 回路に電流は流れない。よって, コイルが磁場から受けるローレンツ力は0である。

▶(4) 台車が磁場を1回通過するとき, Q_1Q_2 間ではコイルに電流が流れ, $|F|\cdot d = \dfrac{(v_a BL - V)BLd}{R}$ だけ台車の運動エネルギーが減少するが, Q_3Q_4 間ではコイルに電流が流れないのでローレンツ力は生じず台車の運動エネルギーは変化しない。

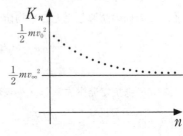

すなわち, 台車が P_2 を1回通り抜けるごとに運動エネルギーが減少し, その運動エネルギーの減少分も1回ごとに小さくなり, 最後は一定の運動エネルギー $\dfrac{1}{2}mv_\infty^2$ に漸近する。

▶(5) $F = -IBL = -\dfrac{(v_\infty BL - V)BL}{R} = 0$ は, コイルに生じる誘導起電力の大きさ $v_\infty BL$ と電池の起電力の大きさ V が等しく, 逆向きで, コイルを流れる電流 I が0であることを表している。

◆Ⅲ 台車の中心が Q_1Q_2 間を移動するとき, 図2−5のA, Bを端子とするコイルと, C, Dを端子とするコイルでは, ともに磁場を横切るコイルの右辺に下向きに大きさ $v_a BL$ の誘導起電力が生じるので, 図2−6から, 〔解答〕の図のような等価回路を考える。

このとき, 端子Dから左回りに端子Cを通って端子Bまでは, 起電力 $v_a BL$ によって電位が上がる。さらに端子Bから端子Aまでは, 起電力 $v_a BL$ によって電位が上がる。

東京大-理科前期 2022 年度 物理〈解答〉 73

台車の中心が Q_3Q_4 間を移動するとき，図 2 − 5 の A，B を端子とするコイルと，C，D を端子とするコイルでは，ともに磁場を横切るコイルの左辺に下向きに大きさ v_bBL の誘導起電力が生じるので，図 2 − 6 から，〔解答〕の図のような等価回路を考える。

▶(2) $R_1 = 3R$ のとき

$$|v_2 - v_0| = \frac{2B^2L^2d}{3mR}$$

$$\therefore \quad v_2 = v_0 - \frac{2B^2L^2d}{3mR}$$

これは，ダイオードの入っていない設問 I (2)の v_1 と比較することができる。

参考 $|v_2 - v_0|$ の最小値を求めるために微分を用いることもできる。
$|v_2 - v_0|$ の式で

$$f(R_1) = \frac{1}{R_1} + \frac{1}{6R - R_1} = \frac{6R}{-R_1{}^2 + 6RR_1}$$

とすると，分母のグラフは上に凸であるから，$f(R_1)$ は最小値をもつ。

$$\frac{df(R_1)}{dR_1} = -\frac{6R \cdot (-2R_1 + 6R)}{(-R_1{}^2 + 6RR_1)^2} = 0$$

よって，$f(R_1)$ は，$R_1 = 3R$ で最小値をとるから，このとき $|v_2 - v_0|$ は最小となる。

3 解答 I (1) 気体 X の分子 1 個の速度の z 成分を v_z，この分子がピストンと弾性衝突したときの運動量の z 成分の変化を ΔP_z とすると

$$\Delta P_z = -m_X v_z - m_X v_z = -2m_X v_z$$

ピストンはこの反作用として分子から力積 $2m_X v_z$ を受ける。この分子がピストンに衝突してからシリンダーの底面に衝突した後，再びピストンに衝突するまでの時間は，$2 \times \dfrac{\dfrac{V_1 + V_2}{S}}{v_z}$ であるから，時間 Δt あたりにこの分子がピストンと衝突する回数は，$\dfrac{v_z S}{2(V_1 + V_2)} \Delta t$ となる。

この分子が時間 Δt にわたって一定の大きさの力 f を加えていたとして，

時間 Δt あたりにピストンが受ける力積は $f \cdot \Delta t$ であるから

$$f \cdot \Delta t = 2 m_X v_z \times \frac{v_z S}{2(V_1 + V_2)} \Delta t$$

$$\therefore \quad f = \frac{m_X v_z{}^2 S}{V_1 + V_2}$$

ピストンが気体 X のすべての分子 N_A 個から受ける力の大きさの平均 F_1 は，f の和であり，気体 X の分子の速度の z 成分の 2 乗の平均 $\overline{v_z{}^2}$ を用いて

$$F_1 = N_A \times \frac{m_X \overline{v_z{}^2} S}{V_1 + V_2} = \frac{N_A m_X \overline{v_z{}^2} S}{V_1 + V_2} \quad \cdots\cdots(\text{答}) \quad \cdots\cdots①$$

(2)　シリンダーの底面が気体 Y のすべての分子 N_A 個から受ける力の大きさの平均を F_Y とすると，①と同様にして

$$F_Y = \frac{N_A m_Y \overline{w_z{}^2} S}{V_2}$$

シリンダーの底面は気体 X から大きさの平均 F_1 の力を受けるので，気体 X と Y から受ける合計の力の大きさの平均 F_2 は

$$F_2 = F_1 + F_Y = \frac{N_A m_X \overline{v_z{}^2} S}{V_1 + V_2} + \frac{N_A m_Y \overline{w_z{}^2} S}{V_2}$$

$$= N_A S \left(\frac{m_X \overline{v_z{}^2}}{V_1 + V_2} + \frac{m_Y \overline{w_z{}^2}}{V_2} \right) \quad \cdots\cdots(\text{答}) \quad \cdots\cdots②$$

(3)　題意より，気体 X の分子 1 個の速度の z 方向の運動エネルギーの平均が $\dfrac{1}{2} m_X \overline{v_z{}^2}$ であり，ボルツマン定数 k が $k = \dfrac{R}{N_A}$ であることを用いると

$$\frac{1}{2} m_X \overline{v_z{}^2} = \frac{1}{2} k T = \frac{1}{2} \frac{R}{N_A} T$$

$$\therefore \quad N_A m_X \overline{v_z{}^2} = RT \quad \cdots\cdots③$$

圧力 p_1 は，①，③より

$$p_1 = \frac{F_1}{S} = \frac{N_A m_X \overline{v_z{}^2}}{V_1 + V_2} = \frac{RT}{V_1 + V_2} \quad \cdots\cdots(\text{答}) \quad \cdots\cdots④$$

気体 Y について，③と同様に

$$N_A m_Y \overline{w_z{}^2} = RT \quad \cdots\cdots⑤$$

圧力 p_2 は，②，③，⑤より

$$p_2 = \frac{F_2}{S} = \frac{N_A m_X \overline{v_z{}^2}}{V_1 + V_2} + \frac{N_A m_Y \overline{w_z{}^2}}{V_2} = \frac{RT}{V_1 + V_2} + \frac{RT}{V_2}$$

$$= \left(\frac{1}{V_1 + V_2} + \frac{1}{V_2}\right) RT \quad \cdots\cdots (答)$$

(4) 分子数 N_A の気体 X と分子数 N_A の気体 Y の内部エネルギーの合計 U は

$$U = N_A \times \frac{1}{2}kT \times 3 + N_A \times \frac{1}{2}kT \times 3$$

$$= 3N_A kT = 3RT \quad \cdots\cdots (答) \quad \cdots\cdots ⑥$$

Ⅱ (1) 気体 X は, 圧力 p_1, 体積 $V_1 + V_2$, 温度 T の状態から, 圧力 $p_1 + \Delta p_1$, 体積 $(V_1 - \Delta V_1) + V_2$, 温度 $T + \Delta T$ の状態への変化である。

内部エネルギーの増加 ΔU は, ⑥より, 気体 X と Y の合計で

$$\Delta U = 3R(T + \Delta T) - 3RT = 3R\Delta T$$

気体 X が外部へした仕事 W_X は, この間, 体積の減少とともに圧力が一定の割合で増加したとして, 上図の圧力―体積グラフの面積で表されるから

$$W_X = -\frac{1}{2}\{p_1 + (p_1 + \Delta p_1)\}\Delta V_1$$

$$= -p_1 \Delta V_1 - \frac{1}{2}\Delta p_1 \Delta V_1 \fallingdotseq -p_1 \Delta V_1$$

気体 Y は, 体積変化がないので, 外部へした仕事は 0 である。

この過程で, 気体と外部の間で熱のやりとりはなかったので, 気体が吸収した熱量 Q は 0。

よって, 熱力学第一法則より

$$0 = 3R\Delta T - p_1 \Delta V_1$$

$$\therefore \quad \Delta T = \frac{p_1 \Delta V_1}{3R} \quad \cdots\cdots (答) \quad \cdots\cdots ⑦$$

(2) 気体 X の変化前では, ④の $p_1 = \dfrac{RT}{V_1 + V_2}$ を書き換え, 理想気体の状態方程式として表すと

$$p_1(V_1 + V_2) = RT$$

変化後の状態方程式は

$$(p_1 + \Delta p_1)\{(V_1 - \Delta V_1) + V_2\} = R(T + \Delta T)$$

この2式より，また，微小量どうしの積は無視できるので

$$-p_1 \Delta V_1 + \Delta p_1 (V_1 + V_2) \fallingdotseq R \Delta T$$

⑦を用いると

$$\Delta p_1 (V_1 + V_2) = p_1 \Delta V_1 + R \cdot \frac{p_1 \Delta V_1}{3R}$$

$$= \frac{4}{3} p_1 \Delta V_1$$

$$\therefore \quad \frac{\Delta p_1}{p_1} = \frac{4}{3} \frac{\Delta V_1}{V_1 + V_2}$$

よって，アに入る数は　$\dfrac{4}{3}$　……(答)

Ⅲ　(1)　設問Ⅲの最後の状態での気体の温度を T' とする。

ピストンは，おもりが押す力と気体Xが押す力とが常につりあいを保ちながら押し上げられたので，この変化は圧力 p_1 の定圧変化である。

ボイル・シャルルの法則より

$$\frac{V_1 + V_2}{T} = \frac{2V_1 + V_2}{T'}$$

$$\therefore \quad T' = \frac{2V_1 + V_2}{V_1 + V_2} T \quad ……(答)$$

(2)　内部エネルギーの増加 ΔU は，⑥より，気体XとYの合計で

$$\Delta U = 3R(T' - T) = 3R\left(\frac{2V_1 + V_2}{V_1 + V_2} T - T\right) = \frac{3V_1}{V_1 + V_2} RT$$

気体が外部へした仕事 W は，④の p_1 を用いて

$$W = p_1(2V_1 - V_1) = \frac{RT}{V_1 + V_2} \cdot V_1 = \frac{V_1}{V_1 + V_2} RT$$

よって，気体XとYが吸収した熱量の合計 Q は，熱力学第一法則より

$$Q = \frac{3V_1}{V_1 + V_2} RT + \frac{V_1}{V_1 + V_2} RT = \frac{4V_1}{V_1 + V_2} RT \quad ……(答)$$

━━━◀解　説▶━━━

≪半透膜を通した混合気体の状態変化≫

◆Ⅰ　▶(1)　(3)の条件「気体Xの分子1個の一方向あたりの運動エネルギーの平均 $\frac{1}{2} m_X \overline{v_z{}^2}$ が $\frac{1}{2} kT$ である」ことを先取りすると，ボルツマン定数

東京大-理科前期 2022 年度　物理〈解答〉　77

k が $k = \dfrac{R}{N_A}$ であることを用いて

$$\frac{1}{2} m_X \overline{v_z^2} = \frac{1}{2} kT = \frac{1}{2} \frac{R}{N_A} T$$

ピストンは気体Xから圧力 p_1 を受けるので，理想気体の状態方程式より

$$p_1 (V_1 + V_2) = 1 \cdot RT$$

$$\therefore \quad F_1 = p_1 S = \frac{RT}{V_1 + V_2} \cdot S = \frac{N_A m_X \overline{v_z^2} S}{V_1 + V_2}$$

▶(4)　単原子分子理想気体の内部エネルギーとは，気体分子がもつ運動エネルギーの和である。理想気体では，分子間に働く分子間力の位置エネルギーは無視する。単原子分子では，分子1個は一方向あたり平均して $\dfrac{1}{2} kT$ の運動エネルギーをもつので，分子1個の運動エネルギーは空間の三方向の和として $\dfrac{3}{2} kT$ である。これを，エネルギー等分配則という。

気体XとYの分子の速度の2乗の平均をそれぞれ $\overline{v^2}$, $\overline{w^2}$ とすると，$\overline{v_z^2} = \dfrac{1}{3} \overline{v^2}$, $\overline{w_z^2} = \dfrac{1}{3} \overline{w^2}$ であるから

$$\frac{1}{2} m_X \overline{v_z^2} \times 3 = \frac{1}{2} m_X \overline{v^2}$$

$$\frac{1}{2} m_Y \overline{w_z^2} \times 3 = \frac{1}{2} m_Y \overline{w^2}$$

よって

$$U = N_A \times \frac{1}{2} m_X \overline{v^2} + N_A \times \frac{1}{2} m_Y \overline{w^2}$$

$$= N_A \times \left(\frac{3}{2} m_X \overline{v_z^2} + \frac{3}{2} m_Y \overline{w_z^2} \right)$$

$$= N_A \times \left(\frac{3}{2} kT + \frac{3}{2} kT \right)$$

$$= 3 N_A kT = 3RT$$

◆Ⅱ　熱力学第一法則は，気体が吸収した熱量を Q，気体の内部エネルギーの増加を ΔU，気体が外部へした仕事を W とすると

$$Q = \Delta U + W$$

または，気体が吸収した熱量を Q，気体が吸収した（外部からされた）

仕事を w，気体の内部エネルギーの増加を ΔU とすると

$$\Delta U = Q + w$$

◆Ⅲ ▶(2) 定圧モル比熱，定積モル比熱を用いて解くこともできる。この過程で，気体Ⅹは定圧変化をする。単原子分子理想気体の定圧モル比熱は $\dfrac{5}{2}R$ であるから，1モルの気体Ⅹが吸収した熱量 Q_X は

$$Q_X = 1 \cdot \frac{5}{2} R (T' - T)$$

この過程で，気体Ｙは定積変化をする。単原子分子理想気体の定積モル比熱は $\dfrac{3}{2}R$ であるから，1モルの気体Ｙが吸収した熱量 Q_Y は

$$Q_Y = 1 \cdot \frac{3}{2} R (T' - T)$$

よって，気体ⅩとＹが吸収した熱量の合計 Q は

$$Q = Q_X + Q_Y = \frac{5}{2} R (T' - T) + \frac{3}{2} R (T' - T)$$

$$= 4R \left(\frac{2V_1 + V_2}{V_1 + V_2} T - T \right) = \frac{4V_1}{V_1 + V_2} RT$$

❖講　評

　例年通り，理科2科目で試験時間150分，大問3題の構成であり，3題とも設問Ⅰ，Ⅱ，Ⅲに分かれるスタイルであった。2021年度と比較して問題量は減少，難易度はやや易化し，ここ数年では最も易しい部類に入る。ただし，難易度の傾斜がうまくつけられているので，各問前半の比較的解きやすい問題を確実に解かなければ合格には届かない。

　2019年度以降毎年，空所補充問題が出題されている（2022年度は解答個数4個）。数値計算問題も2021年度と同様に1で1問出題された。

　1　地球表面の海水について，潮の満ち引き（潮汐運動）のモデル化の問題である。Ⅰは，万有引力と遠心力の問題，Ⅱ(1)・(2)は地球と月がそれらの重心を中心として円運動をする問題で，ここまでは比較的易しめであるので確実に解きたい。Ⅱ(3)は点Ⅹの円運動の遠心力を求めるのが難しく，これができないとⅡ(4)，Ⅲに進めない。Ⅲは太陽による潮汐力が月による潮汐力の約0.45倍になるという話題性のある問題であり，

東京大-理科前期   2022 年度　物理〈解答〉　79

問題文に与えられていないが微小量に関する近似式を使用する必要があ
る。

　　2　Ⅰの誘導起電力とジュール熱，エネルギーの保存は基本的である。
Ⅱ，Ⅲはダイオードが理想的であるため，台車の中心が Q_1Q_2 間を移動
するときは電流が流れてローレンツ力により台車が減速し，Q_3Q_4 間を
移動するときは電流が流れないので台車は等速度運動することを丁寧に
計算すればよい。

　　3　Ⅰ(1)は定番の気体の分子運動論，(2)～(4)は混合気体から受ける力
と圧力，内部エネルギーの問題で標準的である。Ⅱは混合気体全体が断
熱変化でありながら気体Xは体積が減少し気体Yは体積が一定の変化，
Ⅲは気体Xが定圧変化で気体Yは定積変化である。これらの内容を理想
気体の状態方程式，ボイル・シャルルの法則，熱力学第一法則を用いて
正確に表現できたかどうかで差がつく。

80 2022 年度　化学〈解答〉　　　　　　　　　　　　　　　東京大-理科前期

化学

1 解答

I ア　884

イ　B：$C_{18}H_{36}O_2$　C：$C_{18}H_{30}O_2$

ウ　C　理由：Cはシス形なので，分子が折れ曲がることで分子どうしの接する面積が小さくなり，分子間力がBよりもはたらきにくくなるため。

エ　$CH_3-CH_2-CH=CH-(CH_2)_7-CH=CH-CH_2-CH=CH-CH_2-COOH$

　　$CH_3-CH_2-CH=CH-CH_2-CH=CH-(CH_2)_7-CH=CH-CH_2-COOH$

　　$CH_3-CH_2-CH=CH-CH_2-CH=CH-CH_2-CH=CH-(CH_2)_7-COOH$

$$CH_3-(CH_2)_{16}-COO-CH_2$$
$$CH_3-(CH_2)_{16}-COO-CH$$

オ　$CH_3-CH_2-CH=CH-CH_2-CH=CH-CH_2-CH=CH-(CH_2)_7-COO-CH_2$

II カ

I
$$\underset{CH_3}{\overset{CH_3}{\underset{|}{CH}}}\,CH_2\,CH_3$$

J
$$CH_3\,CH_2\,CH_2\,CH_2\,CH_3$$

キ

L
$$CH_3\,\overset{OH}{\underset{|}{CH}}\,CH_2\,CH_2\,CH_3$$

N
$$CH_3\,\overset{CH_3}{\underset{|}{CH}}\,\underset{\underset{OH}{|}}{CH}\,CH_3$$

O
$$HO\,CH_2\,\overset{CH_3}{\underset{|}{CH}}\,CH_2\,CH_3$$

ク　K

ケ　E・H

◀ 解　説 ▶

≪油脂の構造決定，C_5H_{10} のアルケンの構造決定≫

◆ **I** ▶ア　油脂のけん化においては，1mol の油脂から1mol のグリセリン（分子量 92.0）が得られる。よって，油脂Aの分子量を M とおくと，実験1の結果から

$$92.0 \times \frac{2.21}{M} = \frac{230}{1000} \quad \therefore \quad M = 884$$

▶イ　1つの炭素間二重結合に1分子の H_2 が付加するので，炭素間二重

結合の物質量と，付加する H_2 の物質量は等しい。よってAに含まれる炭素間二重結合の数を n とすると

$$\frac{2.21}{884} \times n = \frac{168}{22.4 \times 10^3} \quad \therefore \quad n = 3$$

となる。Aを構成する不飽和脂肪酸はCのみであることから，Aは2分子の飽和脂肪酸Bと，炭素間二重結合を3個もつ1分子の不飽和脂肪酸Cからできていることがわかる。さらに，Aは不斉炭素原子をもつが，H_2 を付加して得られた油脂Dは不斉炭素原子をもたないことから，Bに H_2 を付加するとCになることがわかるので，BとCは炭素数が等しい。以上のことから，Bの示性式を $C_nH_{2n+1}COOH$ と表すと，Cの示性式は $C_nH_{2n-5}COOH$ と表すことができ，AからDが得られる反応は次のようになる（不斉炭素原子には＊を付している）。

$$\begin{array}{l} C_nH_{2n+1}\text{-COO-}CH_2 \\ C_nH_{2n+1}\text{-COO-}\overset{*}{C}H \quad +3H_2 \longrightarrow \\ C_nH_{2n-5}\text{-COO-}CH_2 \\ \quad\quad\text{油脂A} \end{array} \quad \begin{array}{l} C_nH_{2n+1}\text{-COO-}CH_2 \\ C_nH_{2n+1}\text{-COO-}CH \\ C_nH_{2n+1}\text{-COO-}CH_2 \\ \quad\quad\text{油脂D} \end{array}$$

よって，Aの分子量が884であることから

$$42n + 170 = 884 \quad \therefore \quad n = 17$$

となるので，Bは $C_{17}H_{35}COOH$ （ステアリン酸），Cは $C_{17}H_{29}COOH$ （リノレン酸）であることがわかる。

▶ウ　ステアリン酸のような飽和脂肪酸は，直鎖状の分子であるから，分子どうしが接することができる面積が大きく，分子が密に詰まりやすい。その結果，融点が高くなる。一方，シス形の不飽和脂肪酸は折れ曲がった構造をとるため，分子どうしが接近しにくくなり，分子間力が飽和脂肪酸に比べてはたらきにくくなる。そのため，融点は飽和脂肪酸よりも低くなる。

飽和脂肪酸　　　シス形の不飽和脂肪酸

▶エ　Cの構造を次のように表すことにする（R^1〜R^4 は炭化水素基）。

$$R^1\text{-CH=CH-}R^2\text{-CH=CH-}R^3\text{-CH=CH-}R^4\text{-COOH}$$

これにオゾンを作用させ，酸化的処理を行うと，次のように1つのモノカ

ルボン酸と 3 つのジカルボン酸が得られる。

R^1–COOH

HOOC–R^2–COOH   HOOC–R^3–COOH   HOOC–R^4–COOH

これらをジアゾメタンによりメチル化すると，次のような化合物が得られる。

$$CH_3-O-\overset{\displaystyle O}{\underset{\displaystyle}{C}}-R^1 \qquad CH_3-O-\overset{\displaystyle O}{\underset{\displaystyle}{C}}-R^2-\overset{\displaystyle O}{\underset{\displaystyle}{C}}-O-CH_3$$

$$CH_3-O-\overset{\displaystyle O}{\underset{\displaystyle}{C}}-R^3-\overset{\displaystyle O}{\underset{\displaystyle}{C}}-O-CH_3 \qquad CH_3-O-\overset{\displaystyle O}{\underset{\displaystyle}{C}}-R^4-\overset{\displaystyle O}{\underset{\displaystyle}{C}}-O-CH_3$$

これと実験 3 の結果を比較すると，R^1 は CH_3-CH_2- と決まる。$R^2 \sim R^4$ については，$-(CH_2)_7-$ か $-CH_2-$ のどちらかであるが，炭素数が 18 であることを考慮すると，$R^2 \sim R^4$ のうち 1 つが $-(CH_2)_7-$ で，2 つが $-CH_2-$ である。よって，C の構造は $R^2 \sim R^4$ のうちのどれが $-(CH_2)_7-$ であるかにより，次の 3 通りが考えられる。

• R^2 が $-(CH_2)_7-$

$CH_3-CH_2-CH=CH-(CH_2)_7-CH=CH-CH_2-CH=CH-CH_2-COOH$

• R^3 が $-(CH_2)_7-$

$CH_3-CH_2-CH=CH-CH_2-CH=CH-(CH_2)_7-CH=CH-CH_2-COOH$

• R^4 が $-(CH_2)_7-$

$CH_3-CH_2-CH=CH-CH_2-CH=CH-CH_2-CH=CH-(CH_2)_7-COOH$

▶オ　C をジアゾメタンによりメチル化すると，末端の $-COOH$ が $-COO-CH_3$ になる。その後，オゾンを作用させ還元的処理を行ったときに得られる，R^4 を含む化合物は次のようになる。

$$HO-CH_2-R^4-\overset{\displaystyle O}{\underset{\displaystyle O-CH_3}{C}}$$

これと実験 4 の結果から，R^4 が $-(CH_2)_7-$ であることがわかる。これにより，C の構造は

$CH_3-CH_2-CH=CH-CH_2-CH=CH-CH_2-CH=CH-(CH_2)_7-COOH$

と決まるので，A の構造も次のように決まる。

$$CH_3-(CH_2)_{16}-COO-CH_2$$
$$CH_3-(CH_2)_{16}-COO-CH$$
$$CH_3-CH_2-CH=CH-CH_2-CH=CH-CH_2-CH=CH-(CH_2)_7-COO-CH_2$$

東京大-理科前期　　　　　　　　　　　　　　　　2022 年度　化学〈解答〉　83

◆Ⅱ　▶カ　C_5H_{10} の構造をもつアルケンの構造異性体は，次の 5 種類ある。これらに①〜⑤の番号をつけて区別する。

①　$CH_2=CH-CH_2-CH_2-CH_3$　　②　$CH_3-CH=CH-CH_2-CH_3$

③　$CH_2=\underset{\underset{CH_3}{|}}{C}-CH_2-CH_3$　　④　$CH_3-\underset{\underset{CH_3}{|}}{C}=CH-CH_3$

⑤　$CH_3-\underset{\underset{CH_3}{|}}{CH}-CH=CH_2$

実験 5 と実験 6 の結果をまとめると，次のようになる。

実験 5：$\begin{array}{c} E \xrightarrow{+H_2} \\ F \xrightarrow{+H_2} \end{array} I \qquad \begin{array}{c} G \xrightarrow{+H_2} \\ H \xrightarrow{+H_2} \end{array} J$

実験 6：$E \xrightarrow{+H_2O} K,\ (N) \qquad F \xrightarrow{+H_2O} K,\ (O)$

$G \xrightarrow{+H_2O} L,\ (P) \qquad H \xrightarrow{+H_2O} L,\ M$

　　　（　）内は副生成物を表す。

実験 5 から，アルケン E と F，G と H はそれぞれ同じ炭素骨格をもつことがわかる。

アルケン①〜⑤に H_2O を付加すると，それぞれ次のような化合物が得られる。ⓐ〜ⓙは H 原子が付加する C 原子の位置およびそのときに生成するアルコールを表す（不斉炭素原子には＊を付している）。

①　$\overset{\overset{ⓐ}{\downarrow}}{CH_2}=\overset{\overset{ⓑ}{\downarrow}}{CH}-CH_2-CH_2-CH_3$

$\xrightarrow{+H_2O}\ \underset{\underset{OH}{|}}{CH_3-\overset{*}{C}H}-CH_2-CH_2-CH_3\ と\ \underset{ⓑ}{HO-CH_2-CH_2-CH_2-CH_2-CH_3}$
　　　　　　　　　　　　　ⓐ

②　$CH_3-\overset{\overset{ⓒ}{\downarrow}}{CH}=\overset{\overset{ⓓ}{\downarrow}}{CH}-CH_2\ CH_3$

$\xrightarrow{+H_2O}\ \underset{\underset{OH}{|}}{CH_3-CH_2-CH}-CH_2-CH_3\ と\ \underset{\underset{OH}{|}}{CH_3-\overset{*}{C}H}-CH_2-CH_2-CH_3$
　　　　　　　　　　ⓒ　　　　　　　　　　　ⓓ（ⓐと同一）

③　$\overset{\overset{ⓔ}{\downarrow}}{CH_2}=\underset{\underset{CH_3}{|}}{\overset{\overset{ⓕ}{\downarrow}}{C}}-CH_2-CH_3$

$$\xrightarrow{+\mathrm{H_2O}} \underset{\underset{\mathrm{CH_3}}{|}}{\overset{\overset{\mathrm{OH}}{|}}{\mathrm{CH_3-C-CH_2-CH_3}}} \text{ と } \mathrm{HO-CH_2-\overset{*}{C}H-CH_2-CH_3}$$

ⓔ ｜ ⓕ
CH₃

④ $\underset{\underset{\mathrm{CH_3}}{|}}{\overset{\overset{ⓖ\ ⓗ}{}}{\mathrm{CH_3-C=CH-CH_3}}} \xrightarrow{+\mathrm{H_2O}} \underset{\underset{\mathrm{CH_3\ OH}}{}}{\mathrm{CH_3-CH-\overset{*}{C}H-CH_3}} \text{ と } \underset{\underset{\mathrm{CH_3}}{}}{\overset{\overset{\mathrm{OH}}{}}{\mathrm{CH_3-C-CH_2-CH_3}}}$

ⓖ ⓗ（ⓔと同一）

⑤ $\overset{\overset{ⓘ\quad\ ⓙ}{}}{\underset{\underset{\mathrm{CH_3}}{}}{\mathrm{CH_3-CH-CH=CH_2}}}$

$$\xrightarrow{+\mathrm{H_2O}} \underset{\underset{\mathrm{CH_3}}{}}{\mathrm{CH_3-CH-CH_2-CH_2-OH}} \text{ と } \underset{\underset{\mathrm{CH_3\ OH}}{}}{\mathrm{CH_3-CH-\overset{*}{C}H-CH_3}}$$

ⓘ ⓙ（ⓖと同一）

解説 1 のマルコフニコフ則は，「$\mathrm{H_2O}$ が付加するとき，より多くのH原子と結合しているC原子にH原子が付加する」と読みかえることができるので，これを考慮すると，ⓐ〜ⓙの主生成物，副生成物の分類は次のようにまとめられる。

	①		②		③		④		⑤	
	ⓐ	ⓑ	ⓒ	ⓓ	ⓔ	ⓕ	ⓖ	ⓗ	ⓘ	ⓙ
	主	副	主	主	主	副	副	主	副	主

よって，実験 6 から，副生成物が生成しない②がH，Hと炭素骨格が同じ①がGと決まる。E，Fは③〜⑤のいずれかとなる。これらのことから，化合物 I は枝分かれのある 2-メチルブタン，化合物 J は直鎖状のペンタンと決まる。

$$\underset{\underset{\mathrm{CH_3}}{|}}{\mathrm{CH_3-CH-CH_2-CH_3}} \qquad \mathrm{CH_3-CH_2-CH_2-CH_2-CH_3}$$

化合物 I 化合物 J

▶キ　カでGとHが決まったので，実験 6 から，アルコールK〜Pのうち，ⓐ，ⓓがL，ⓑがP，ⓒがMとわかる。

実験 7 から，Kは第三級アルコールのⓔ，ⓗであるから，E，Fは③，④のいずれかとわかる。

東京大-理科前期 2022年度 化学〈解答〉 *85*

実験8から，Nは $CH_3-\underset{\underset{OH}{|}}{CH}-$ の構造をもつⓖであるから，④がEとなり，

③がFとわかる。よって，ⓕがOと決まる。

以上の結果をまとめると，次のようになる。

①(G)	②(H)	③(F)	④(E)
ⓐ	ⓑ	ⓒ	ⓓ	ⓔ	ⓕ	ⓖ	ⓗ
L	P	M	L	K	O	N	K

したがって，K～Pのうち，不斉炭素原子をもつものは，L，N，Oである。

▶ク 解説1，解説2における安定な陽イオンは，イオン化したC原子により多くの炭化水素基が結合したものであると考えられる。解説2の図から判断すると，アルコールから陽イオンが生成するとき，-OH が結合していたC原子がイオン化する。よって，イオン化したC原子に，3個の炭化水素基が結合した陽イオンが生成するKの脱水反応が最も速く進行すると考えられる。

$$CH_3-\underset{\underset{CH_3}{|}}{\overset{\overset{OH}{|}}{C}}-CH_2-CH_3 \xrightarrow[-H_2O]{+H^+} CH_3-\underset{\underset{CH_3}{|}}{\overset{+}{C}}-CH_2-CH_3$$

アルコールK 陽イオン

▶ケ E～Hに H_2O を付加したときに主生成物として得られるアルコールはK・L・Mなので，これらのアルコールの脱水反応により主生成物として得られるアルケンをザイツェフ則に従って考える。

$$CH_3-\underset{\underset{CH_3}{|}}{\overset{\overset{OH}{|}}{C}}-CH_2-CH_3 \xrightarrow{-H_2O} CH_3-\underset{\underset{CH_3}{|}}{C}=CH-CH_3$$

アルコールK アルケンE

$$CH_3-\underset{\underset{OH}{|}}{CH}-CH_2-CH_2-CH_3 \xrightarrow{-H_2O} CH_3-CH=CH-CH_2-CH_3$$

アルケンH

アルコールL

$$CH_3-CH_2-\underset{\underset{OH}{|}}{CH}-CH_2-CH_3 \xrightarrow{-H_2O} CH_3-CH=CH-CH_2-CH_3$$

アルケンH

アルコールM

H_2O の付加反応において，K は E と F から，L は G と H から，M は H から得られるので，問題の条件を満たすアルケンは E と H である。

2 解答 I ア 反応 4：C（黒鉛）+ O_2（気）= CO_2（気）+ 394 kJ

反応 5：CH_4（気）+ $2O_2$（気）= CO_2（気）+ $2H_2O$（液）+ 891 kJ

CO_2（気）の物質量：2.3 倍

イ　NH_3（気）の燃焼熱を Q〔kJ/mol〕とおくと，反応 6 の熱化学方程式は

$$NH_3（気）+ \frac{3}{4}O_2（気）= \frac{1}{2}N_2（気）+ \frac{3}{2}H_2O（液）+ Q\,kJ$$

「（反応熱）=（生成物の生成熱の総和）-（反応物の生成熱の総和）」の関係より

$$Q = \frac{3}{2} \times 286 - \frac{1}{2} \times 92 = 383〔kJ/mol〕$$

よって，必要な NH_3（気）の物質量を x〔mol〕とおくと

$394 + 383x = 891$　∴　$x = 1.29 ≒ 1.3$〔mol〕　……（答）

ウ　（反応 1）×3 +（反応 2）×3 +（反応 3）×4 より

$3CH_4$（気）+ $4N_2$（気）+ $6H_2O$（気）= $8NH_3$（気）+ $3CO_2$（気）- 127 kJ

よって，エネルギーは吸収される。　……（答）

また，1.0 mol の NH_3（気）を得る際に吸収されるエネルギーは

$$\frac{127}{8} = 15.8 ≒ 16〔kJ〕　……（答）$$

エ　$(NH_2)_2CO$　（$CO(NH_2)_2$，NH_2CONH_2 も可）

オ　0.38 mol，0.87 倍

II カ　(b)—(3)　(c)—(1)　(d)—(2)

キ　$Cu(OH)_2 + 4NH_3 \longrightarrow [Cu(NH_3)_4]^{2+} + 2OH^-$

ク　K : Fe : C : N = 1 : 2 : 6 : 6

ケ　プルシアンブルーの組成式は $KFe_2C_6N_6$ であるから，式量は 306.7 である。単位格子中に Fe 原子は 8 個含まれるので，$KFe_2C_6N_6$ が 4 つ分含まれることになる。よって，単位格子の質量は

$$\frac{306.7}{6.02 \times 10^{23}} \times 4 = 2.03 \times 10^{-21}〔g〕$$

東京大-理科前期 2022 年度　化学〈解答〉　87

単位格子の体積は

$$(0.50 \times 2 \times 10^{-7})^3 = 1.0 \times 10^{-21}\,(\text{cm}^3)$$

であるから，求める密度は

$$\frac{2.03 \times 10^{-21}}{1.0 \times 10^{-21}} = 2.03 \fallingdotseq 2.0\,(\text{g/cm}^3)\quad\cdots\cdots(\text{答})$$

コ　$1.0\,\text{g}$ のプルシアンブルーに吸着した N_2 の物質量は

$$\frac{1.0 \times 10^5 \times 60 \times 10^{-3}}{8.31 \times 10^3 \times 300} = \frac{2.0 \times 10^{-2}}{8.31}\,(\text{mol})$$

単位格子の質量は $\dfrac{306.7}{6.02 \times 10^{23}} \times 4\,\text{g}$ なので，これに吸着した N_2 は

$$\frac{2.0 \times 10^{-2}}{8.31} \times \frac{\dfrac{306.7}{6.02 \times 10^{23}} \times 4}{1.0} \times 6.02 \times 10^{23} = 2.9 \fallingdotseq 3\,\text{分子}\quad\cdots\cdots(\text{答})$$

◆━━━━━ ◀解　説▶ ━━━━━━

≪熱化学方程式，ヘスの法則，錯イオンの構造，プルシアンブルーの結晶格子≫

◆I　▶ア　反応 4：C（黒鉛）の燃焼熱は，CO_2（気）の生成熱に等しい。反応 5：CH_4（気）の燃焼熱を $Q_1\,(\text{kJ/mol})$ とおくと，反応 5 の熱化学方程式は

$$CH_4\,(\text{気}) + 2O_2\,(\text{気}) = CO_2\,(\text{気}) + 2H_2O\,(\text{液}) + Q_1\,\text{kJ}$$

と表される。「(反応熱)＝(生成物の生成熱の総和)－(反応物の生成熱の総和)」の関係より

$$Q_1 = 394 + 2 \times 286 - 75 = 891\,(\text{kJ/mol})$$

となる。

CO_2（気）の物質量：反応 4 と反応 5 の熱化学方程式より，$1.0\,\text{kJ}$ のエネルギーを得る際に排出される CO_2（気）の物質量は，反応 4 では $\dfrac{1.0}{394}\,\text{mol}$，反応 5 では $\dfrac{1.0}{891}\,\text{mol}$ であるから

$$\frac{1.0}{394} \div \frac{1.0}{891} = 2.26 \fallingdotseq 2.3\,\text{倍}$$

▶イ　NH_3（気）の生成熱は反応 3 からわかるが，NH_3（気）の係数が 2 になっているので，$92\,\text{kJ/mol}$ ではなく $46\,\text{kJ/mol}$ である。

また，NH_3（気）の燃焼反応の熱化学方程式は，次のように作ってもよい。
H_2O（液）の生成熱が $286\,kJ/mol$ であるので

$$H_2（気）+\frac{1}{2}O_2（気）=H_2O（液）+286\,kJ$$

これを反応 7 とすると，（反応 7）$\times\dfrac{3}{2}-$（反応 3）$\times\dfrac{1}{2}$ より

$$NH_3（気）+\frac{3}{4}O_2（気）=\frac{1}{2}N_2（気）+\frac{3}{2}H_2O（液）+383\,kJ$$

▶ウ　下線部③に「CH_4（気）と N_2（気）と H_2O（気）から，NH_3（気）と CO_2（気）を生成する」とあるので，反応 1～反応 3 の熱化学方程式から，CO（気）と H_2（気）を消去することを目標にすればよい。〔解答〕では一度に目的となる熱化学方程式を作っているが，順に考えてみよう。まず，（反応 1）＋（反応 2）により，CO（気）が消去できる。

$$
\begin{aligned}
&\ \ CH_4（気）+H_2O（気）=CO（気）+3H_2（気）-206\,kJ\\
+&\ )CO（気）+H_2O（気）=H_2（気）+CO_2（気）+41\,kJ\\
\hline
&\ \ CH_4（気）+2H_2O（気）=4H_2（気）+CO_2（気）-165\,kJ
\end{aligned}
$$

これを反応 8 とすると，（反応 8）$\times3+$（反応 3）$\times4$ により，H_2（気）が消去できる。

$$
\begin{aligned}
&\ \ 3CH_4（気）+6H_2O（気）\qquad\qquad=12H_2（気）+3CO_2（気）-495\,kJ\\
+&\ )4N_2（気）\ \ +12H_2（気）\qquad\quad=8NH_3（気）\qquad\qquad+368\,kJ\\
\hline
&\ \ 3CH_4（気）+4N_2（気）+6H_2O（気）=8NH_3（気）+3CO_2（気）-127\,kJ
\end{aligned}
$$

▶エ　CO_2 と NH_3 からつくられる，肥料や樹脂の原料に用いられる化合物は，尿素である。

$$CO_2+2NH_3\longrightarrow（NH_2）_2CO+H_2O$$

1.00 トンの CO_2 から得られる尿素（分子量 60.0）の質量は

$$60.0\times\frac{1.00}{44.0}=1.363\fallingdotseq1.36\ \text{トン}$$

となり，問題文に合致する。

▶オ　ウで求めた熱化学方程式

$$3CH_4（気）+4N_2（気）+6H_2O（気）=8NH_3（気）+3CO_2（気）-127\,kJ$$

より，$1.0\,mol$ の NH_3（気）を得る際に排出される CO_2（気）の物質量は

$$1.0\times\frac{3}{8}=0.375\fallingdotseq0.38\,〔mol〕$$

反応 6 により 1.0kJ のエネルギーを得る際に必要な NH_3（気）の物質量

は $\dfrac{1.0}{383}$ mol なので，このとき排出される CO_2（気）の物質量は

$$\frac{3}{8} \times \frac{1.0}{383} = \frac{3.0}{3064} \text{〔mol〕}$$

反応 5 により 1.0kJ のエネルギーを得る際に排出される CO_2（気）の物質

量は $\dfrac{1.0}{891}$ mol である。よって

$$\frac{3.0}{3064} \div \frac{1.0}{891} = 0.872 \fallingdotseq 0.87 \text{ 倍}$$

◆Ⅱ ▶カ 金属イオンごとに，配位数や錯イオンの形が決まっている。

(b)はジアンミン銀（Ⅰ）イオン $[Ag(NH_3)_2]^+$，(c)はヘキサアンミンコバル

ト（Ⅲ）イオン $[Co(NH_3)_6]^{3+}$，(d)はテトラアンミン亜鉛（Ⅱ）イオン

$[Zn(NH_3)_4]^{2+}$ である。

▶キ Cu^{2+} を含む水溶液に，少量のアンモニア水を加えると，青白色の

水酸化銅（Ⅱ）が沈殿する。

$$Cu^{2+} + 2OH^- \longrightarrow Cu(OH)_2$$

この沈殿は，過剰のアンモニア水に溶けてテトラアンミン銅（Ⅱ）イオン

$[Cu(NH_3)_4]^{2+}$ となり，水溶液は深青色になる。

▶ク 0.50nm の辺に注目すると，右図のように
結合している。1個の Fe^{2+} は6個のCと結合し

ているので，C 1個あたりの Fe^{2+} は $\dfrac{1}{6}$ 個である。

また，1個の Fe^{3+} も6個のNと結合しているので，N 1個あたりの Fe^{3+}

は $\dfrac{1}{6}$ 個である。

よって，電気的な中性を保つために必要な K^+ の個数を x とおくと

$$(+2) \times \frac{1}{6} + (+3) \times \frac{1}{6} + (-1) \times 1 + (+1) \times x = 0 \qquad \therefore \quad x = \frac{1}{6}$$

ゆえに

$$K : Fe : C : N = \frac{1}{6} : \left(\frac{1}{6} + \frac{1}{6}\right) : 1 : 1 = 1 : 2 : 6 : 6$$

▶ケ Fe^{2+} と Fe^{3+} に注目すると NaCl 型の結晶格子の配置になっている

90 2022 年度 化学〈解答〉　　　　　　　　　　　　　　　　　東京大-理科前期

から，単位格子中に Fe^{2+} と Fe^{3+} はともに 4 個ずつ含まれる。

▶コ　プルシアンブルー 1.0 g の体積は，ケの結果から $\dfrac{1.0}{2.03}$ cm³ である

から

$$\frac{2.0\times10^{-2}}{8.31}\times\frac{1.0\times10^{-21}}{\dfrac{1.0}{2.03}}\times6.02\times10^{23}=2.9\fallingdotseq3\ 分子$$

のように考えてもよい。

3　解答

Ⅰ　ア　$3Fe_2O_3+CO\longrightarrow2Fe_3O_4+CO_2$
　　　$Fe_3O_4+CO\longrightarrow3FeO+CO_2$
　　　$FeO+CO\longrightarrow Fe+CO_2$

イ　アの反応式を 1 つにまとめると
　　$Fe_2O_3+3CO\longrightarrow2Fe+3CO_2$
となるから，求める CO_2 の質量は

$$44.0\times\frac{7.50\times10^7}{55.8}\times\frac{3}{2}=8.87\times10^7\fallingdotseq8.9\times10^7\ トン\ \cdots\cdots(答)$$

ウ　水深 10.0 m における圧力は
　　$1.00\times10^5+1.00\times10^4\times10.0=2.00\times10^5\ [Pa]$
よって，求める CO_2 の密度は

$$\rho=\frac{2.00\times10^5\times44.0}{8.31\times10^3\times(273+15)}=3.67\fallingdotseq3.7\ [g/L]\ \cdots\cdots(答)$$

エ　5×10^2 m

オ　a．ファンデルワールス力　b．水素結合　c．分子量

カ　(4)

Ⅱ　キ　d．$k_1([Ck]_0-[Ck\cdot Ab])[Ab]_0-k_2[Ck\cdot Ab]$

e．$k_1[Ab]_0+k_2$　　f．$k_1[Ck]_0[Ab]_0$

ク　$k_1=5\times10^5\ [Lmol^{-1}s^{-1}]$,　$k_2=1\times10^{-3}\ [s^{-1}]$

ケ　g．$\dfrac{[Ck\cdot Ab]}{([Ck]_0-[Ck\cdot Ab])[Ab]_0}$　　h．$\dfrac{K[Ab]_0}{K[Ab]_0+1}$

コ　(Ⅰ)

理由：$X=\dfrac{K[Ab]_0}{K[Ab]_0+1}$ において $[Ab]_0=\dfrac{1}{K}$ とすると $X=0.5$ となるから。

サ　Ab2：(iii)　Ab3：(iv)

シ　Ab1，$[Ab]_0 = 9 \times 10^{-9} \,[\text{mol L}^{-1}]$

━━━━━━━ ◀解　説▶ ━━━━━━━

≪鉄の製錬，CO_2 の圧力と状態変化，サイトカインと抗体の結合反応の反応速度と化学平衡≫

◆**I**　▶**ア**　いずれの反応においても CO が還元剤となって酸化され，CO_2 が排出される。

▶**イ**　アの反応式を順に①，②，③とする。Fe_3O_4 と FeO を消去することを目標にして，$(① + ② \times 2 + ③ \times 6) \div 3$ により，1つにまとめた反応式が得られる。

▶**ウ**　理想気体の状態方程式 $PV = \dfrac{w}{M}RT$（M：分子量，w：質量）から，密度を表す式をつくると

$$\rho = \frac{w}{V} = \frac{PM}{RT}$$

となる。

▶**エ**　CO_2 が放出されたときの周囲の圧力が CO_2 の飽和蒸気圧以上であると，CO_2 は気体の状態では存在できないので，液体として放出される。図３－２より，15℃における CO_2 の飽和蒸気圧は $50 \times 10^5\,Pa$ であるから，圧力がこの値になるときの水深を $h\,[\text{m}]$ とおくと

$$1.00 \times 10^5 + 1.00 \times 10^4 \times h = 50 \times 10^5$$

$$\therefore \quad h = 4.9 \times 10^2 \fallingdotseq 5 \times 10^2 \,[\text{m}]$$

これ以上の水深では，周囲の圧力が $50 \times 10^5\,Pa$ 以上となり，CO_2 は液体となる。

▶**オ**　CO_2 は無極性分子なので，分子間にはファンデルワールス力しか働かない。一方，H_2O は極性分子であることに加えて O－H 結合の極性が非常に大きいため，分子間にはファンデルワールス力に加えて，極性に基づく引力，水素結合が働く。

▶**カ**　水深が増して圧力が高くなると，CO_2 が気体として放出されている間は，$\rho = \dfrac{PM}{RT}$ より，密度は直線的に大きくなる。圧力が飽和蒸気圧に達して CO_2 が液体になると，体積が急激に減少し，密度は急激に大きく

なる。ただし,リード文に「液体 CO_2 は,浅い水深では上昇する」とあるので,液体になった段階ではまだ海水の密度よりは小さい。さらに水深が増して圧力が高くなっていくと,CO_2 の密度が海水の密度より大きくなり,海水中を下降していく。以上に合致するグラフは(4)である。

◆II ▶キ サイトカイン (Ck) は,Ab と結合せず Ck のままか,Ab と結合して Ck・Ab になっているかのどちらかの状態で存在するので

$$[Ck]_0 = [Ck] + [Ck \cdot Ab] \quad \therefore \quad [Ck] = [Ck]_0 - [Ck \cdot Ab]$$

が成り立つ。また,$[Ab] = [Ab]_0$ なので,Ck の生成速度 v は

$$v = k_1[Ck][Ab] - k_2[Ck \cdot Ab]$$
$$= k_1([Ck]_0 - [Ck \cdot Ab])[Ab]_0 - k_2[Ck \cdot Ab]$$

と表される。この式を $[Ck \cdot Ab]$ について整理すると

$$v = -(k_1[Ab]_0 + k_2)[Ck \cdot Ab] + k_1[Ck]_0[Ab]_0$$

となるので,$\alpha = k_1[Ab]_0 + k_2$,$\beta = k_1[Ck]_0[Ab]_0$ とおくと

$$v = -\alpha[Ck \cdot Ab] + \beta$$

よって,v は $[Ck \cdot Ab]$ を変数とする1次関数になることがわかる。

▶ク $\alpha = k_1[Ab]_0 + k_2$ を,横軸に $[Ab]_0$,縦軸に α をとってグラフにしたときの直線の傾きが k_1,α 切片が k_2 である。図3-5から傾きを読み取ると

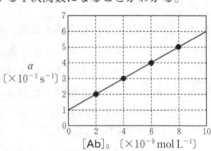

$$k_1 = \frac{1 \times 10^{-3}}{2 \times 10^{-9}}$$
$$= 5 \times 10^5 [\text{L mol}^{-1} \text{s}^{-1}]$$

α 切片は $k_2 = 1 \times 10^{-3} [\text{s}^{-1}]$

▶ケ g. 平衡状態では $v_1 = v_2$ より $v = 0$ なので

$$k_1([Ck]_0 - [Ck \cdot Ab])[Ab]_0 - k_2[Ck \cdot Ab] = 0$$

$$\therefore \quad K = \frac{k_1}{k_2} = \frac{[Ck \cdot Ab]}{([Ck]_0 - [Ck \cdot Ab])[Ab]_0}$$

h. $K = \dfrac{[Ck \cdot Ab]}{([Ck]_0 - [Ck \cdot Ab])[Ab]_0}$ より

$$K[Ab]_0[Ck]_0 = (K[Ab]_0 + 1)[Ck \cdot Ab]$$

$$\therefore \quad X = \frac{[Ck \cdot Ab]}{[Ck]_0} = \frac{K[Ab]_0}{K[Ab]_0 + 1}$$

東京大-理科前期　　　　　　　　　　　　　　　2022 年度　化学〈解答〉　93

▶コ　$X = \dfrac{K[\mathrm{Ab}]_0}{K[\mathrm{Ab}]_0 + 1} = \dfrac{K}{K + \dfrac{1}{[\mathrm{Ab}]_0}}$　であるから，$[\mathrm{Ab}]_0 \to \infty$ とすると，

$X \to 1$ となる。

ここで，$X = 1$ を結合率の最大値と考えて $X_{\max} = 1$ とおき，

$X = \dfrac{1}{2} X_{\max} = 0.5$ になるときの $[\mathrm{Ab}]_0$ を求めると

$$0.5 = \frac{K[\mathrm{Ab}]_0}{K[\mathrm{Ab}]_0 + 1} \qquad \therefore \quad [\mathrm{Ab}]_0 = \frac{1}{K}$$

となる。つまり，$\dfrac{1}{K}$ は結合率 X がその最大値の $\dfrac{1}{2}$ になるときの $[\mathrm{Ab}]_0$

を表す定数であると考えることができる。

▶サ　k_1 の値は Ab2，Ab3 のいずれを用いた場合も Ab1 より小さいので，$\mathrm{Ck \cdot Ab}$ が生成する速度は Ab1 を用いた場合よりも小さくなり，平衡状態に達するまでの時間は長くなる。

次に，$K = \dfrac{[\mathrm{Ck \cdot Ab}]}{([\mathrm{Ck}]_0 - [\mathrm{Ck \cdot Ab}])[\mathrm{Ab}]_0}$ より

$$[\mathrm{Ck \cdot Ab}] = \frac{K[\mathrm{Ck}]_0[\mathrm{Ab}]_0}{K[\mathrm{Ab}]_0 + 1} = \frac{[\mathrm{Ck}]_0[\mathrm{Ab}]_0}{[\mathrm{Ab}]_0 + \dfrac{1}{K}}$$

であるから，$[\mathrm{Ab}]_0$，$[\mathrm{Ck}]_0$ が一定のとき，平衡状態での $[\mathrm{Ck \cdot Ab}]$ は K が大きいほど大きく，K が小さいほど小さい。Ab1～Ab3 を用いた場合の平衡定数はそれぞれ

$$\mathrm{Ab1} : K = \frac{1.0 \times 10^6}{1.0 \times 10^{-3}} = 1.0 \times 10^9 \,[\mathrm{L\,mol}^{-1}]$$

$$\mathrm{Ab2} : K = \frac{5.0 \times 10^5}{5.0 \times 10^{-4}} = 1.0 \times 10^9 \,[\mathrm{L\,mol}^{-1}]$$

$$\mathrm{Ab3} : K = \frac{1.0 \times 10^5}{1.0 \times 10^{-3}} = 1.0 \times 10^8 \,[\mathrm{L\,mol}^{-1}]$$

であるから，平衡状態での $[\mathrm{Ck \cdot Ab}]$ は，Ab2 の場合は Ab1 の場合と等しく，Ab3 の場合は Ab1 の場合よりも小さくなる。

以上のことから，Ab2 の場合の曲線は(ⅲ)，Ab3 の場合の曲線は(ⅳ)となる。

▶シ　$X = \dfrac{K[\mathrm{Ab}]_0}{K[\mathrm{Ab}]_0 + 1}$ において，$X = 0.9$ とすると

$$0.9 = \frac{K[\mathrm{Ab}]_0}{K[\mathrm{Ab}]_0 + 1} \qquad \therefore \quad [\mathrm{Ab}]_0 = \frac{9}{K}$$

よって，K が大きいほど，より低い $[\mathrm{Ab}]_0$ で平衡状態に達する。

さらに，より短時間で平衡状態に達するためには，$\mathrm{Ck \cdot Ab}$ が生成する速度が大きければよいので，k_1 が大きければよい。

したがって，適切な Ab は K と k_1 がともに最も大きい $\mathrm{Ab1}$ であり，このとき必要となる $[\mathrm{Ab}]_0$ は

$$[\mathrm{Ab}]_0 = \frac{9}{K} = \frac{9}{1.0 \times 10^9} = 9 \times 10^{-9} \,(\mathrm{mol\,L^{-1}})$$

❖講 評

　大問が 3 題で，それぞれが I と II の独立した問題に分かれており，実質 6 題の出題であった。また，設問数は 31 であった。試験時間は理科 2 科目で 150 分であり例年通り。全体を通して，とりわけ難解で高度な思考力を要する問題はほとんど見られない。しかし，受験生にとって見慣れない題材が扱われているため，リード文をしっかり読んで典型問題に落とし込む必要があり，また計算に時間がかかる問題も多かったため，時間が足らず，難しく感じた受験生も多かったと思われる。

　1　I　2 種類の高級脂肪酸からなる油脂の構造決定に関する問題。特に難解な箇所はなく，オゾン分解も受験生にとってはなじみのあるものであっただろうから，ここはできる限り完答を目指したいところである。アは基本的な mol 計算である。イでは，実験 2 の結果から炭素間二重結合の数を求めるのが一般的であるが，ステアリン酸のみからなる油脂の分子量が 890 であることを知っていれば，分子量が 884 であることからただちに炭素間二重結合の数が 3 とわかる。ウは炭素間二重結合により分子が折れ曲がることがポイントであるが，少し説明しづらかったかもしれない。エは $R^1 \sim R^4$ の記号を用いて C の構造を書いてみると考えやすくなる。オは，エができれば容易であるが，リノレン酸の位置には気をつけたい。

　II　分子式 C_5H_{10} のアルケンの構造を，水の付加反応と脱水反応を通して決定していく問題。C_5H_{10} のアルケンの構造異性体は 5 つしかないので，リード文を読んで構造を決めていくよりも，まずすべて書き出し

東京大–理科前期　　　　　　　　　　　　　　　　2022 年度　化学〈解答〉　95

てから考えたほうが楽である。マルコフニコフ則やザイツェフ則は知っ
ている受験生も多かったであろう。**カ・キ**では，あらかじめ書いておい
た 5 つのアルケンから生成するアルコールの構造式とリード文を照らし
合わせて，当てはまるものを選んでいくとよい。**ク**はリード文をしっか
り読んで，陽イオンの安定性について考慮する必要があるので，少し難
しい。**ケ**はザイツェフ則がわかっていれば容易に選べたはずである。

　　2　I　CO_2 をテーマとした熱化学に関する問題。基本的な問題が
多く完答したいが，問題文がやや長いので，題意を把握するのに少し時
間がかかったかもしれない。また，計算が面倒なものが多いので，慌て
ず慎重に計算を行いたい。**ア・イ**はともに基本的な問題で落とせない。
ウも難しくはないが，きちんとリード文を読み，CO（気）と H_2（気）
を消去すればよいことに気づけたか。**エ**は化合物 A が尿素であることを
知っていないといけない。**オ**は単純な mol 計算ではあるが，**ウ**の熱化
学方程式ができていないと正答が得られない。

　　II　錯イオンの構造と，プルシアンブルーの結晶格子に関する問題。
カ・キは基本的な問題で完答が必要。Co の配位数は知らなかった受験
生もいたかもしれないが，Zn が 4 配位で Ag が 2 配位であることは知
っているはずなので，消去法で選べる。**ク**は単位格子に含まれる Fe^{2+}，
Fe^{3+} と CN^- の総数を数えるなどの方法もあるが，やや面倒である。**ケ**
は典型的な結晶の密度計算であり，しっかり得点しておきたい。ただし，
クの正答が前提となる。**コ**では，単位格子の質量に注目してもよいし，
1.0 g のプルシアンブルーの体積に注目してもよい。

　　3　I　**2** の **I** と同じく CO_2 がテーマとなっており，鉄の製錬等で
発生した CO_2 を海水中に放出する際の圧力や状態変化について考える
問題。**ア**の反応式は，すべての反応において CO が反応することに注意
すれば容易に書けるはずである。**イ**では，計算に必要となる，**ア**の反応
式をまとめた反応式を覚えていた受験生も多かったであろう。計算の際
は，質量の単位は g に直さずトンのままにしておいたほうが楽である。
ウはリード文をしっかり読み，圧力が何 Pa 増加するのかをまずとらえ
ること。**エ**では，圧力が飽和蒸気圧に達すると液体になることをおさえ
た上で，状態図を正しく読み取ろう。**オ**はいずれも基本事項なので完答
しなければならない。**カ**は(2)・(3)・(4)のいずれかで迷ったかもしれない。

気体から液体になるときには急激に体積が減少することと，リード文の「液体 CO_2 は，浅い水深では上昇する」という記述がポイントとなる。

Ⅱ サイトカイン（Ck）という分子と抗体が結合する反応の反応速度と化学平衡に関する問題。すべての設問で計算が必要であり，数学的な処理能力が求められる問題であった。とりわけ計算が煩雑というわけではないが，見慣れない題材ということもあり，試験時間内に完答できなかった受験生も多かったと思われる。キの d に関しては，v_1 と v_2 が与えられているので差を取るだけではあるが，Ck の濃度に関する関係式が立てられなければ手が止まってしまったかもしれない。d ができれば e と f は容易。クは $\alpha = k_1[Ab]_0 + k_2$ が $[Ab]_0$ の1次関数になっていることに気づければ，グラフを読み取るだけである。ケはキの d ができていれば，基本的な式変形で解ける。コは「$[Ab]_0$ が $\dfrac{1}{K}$ のときの X の値を求めればよい」という発想ができればよいのだが，それが意外と難しかったかもしれない。酵素反応におけるミカエリス・メンテンの式とその意味を知っていれば，X の式はそれによく似ているので，少し考えやすかったのではないだろうか。サについて，図3－7の生成率曲線は多くの受験生にとってなじみのあるものであったはずである。k_1 の値から Ck・Ab の生成速度を，K の値から Ck・Ab の生成量を比較すればよい。シは，$[Ab]_0$ が K に反比例することがポイントとなる。

東京大-理科前期　　　　　　　　　　　　　　　　　2022 年度　生物〈解答〉 97

生物

1 解答

I　A 1．走光性　2．オプシン　3．レチナール
4．桿体細胞　5．濃度勾配　6．受動輸送

B　ATP のエネルギーを用いて，濃度勾配に逆らって特定の物質を能動
輸送する。

C　青色光を吸収するとチャネルロドプシンが開き，細胞外のナトリウム
イオンが細胞内に流入し，その部位で脱分極が起こると活動電位が生じる。

D　行動現象：古典的条件づけ　条件刺激：部屋A
無条件刺激：電気ショック

E　(2)

F　薬剤Dの投与があるので，恐怖記憶形成時に強く興奮した神経細胞に
チャネルロドプシンが発現していて，青色光照射によりこのチャネルが開
口し神経細胞が興奮した結果，本来恐怖記憶が想起されない部屋Bでのす
くみ行動を示した。

G　(3)

H　実験群2のマウスと同程度の時間のすくみ行動を起こす。

I　(4)

II　J　近いとき：円形ダンス　遠いとき：8の字ダンス

K　2→4→1→3

L　(3)・(4)・(8)

◀解　説▶

≪視物質，恐怖記憶の形成と想起，海馬における空間記憶，遺伝子の発現
調節≫

◆I

［文1］

　チャネルロドプシンは，脊椎動物の視覚において機能するロドプシンと
同じく，生体において光情報の変換にはたらく光受容タンパク質である。
このタンパク質は光駆動性のチャネルで，青色光を吸収するとチャネルが
開き，陽イオン，特にナトリウムイオンを受動輸送によって細胞内へ通過

させるはたらきをもつ。

［文２］

　脳内では，記憶中枢である海馬領域の神経細胞が記憶の形成と想起に関わっていることがわかっている。人工遺伝子を海馬の神経細胞に導入した実験では，強く興奮した神経細胞内で転写・翻訳が誘導される遺伝子Ｘの転写調節領域のはたらきで発現したタンパク質Ｙは，薬剤Ｄの存在条件下でのみ調節タンパク質としてはたらき，チャネルロドプシン遺伝子の発現を誘導する。

▶Ａ　１は光に対する移動であるから「走光性」が入る。これは光走性とも呼ばれる。視物質であるロドプシンは，オプシンと呼ばれるタンパク質に，ビタミンＡからつくられるレチナール物質が結合したものである。２は「オプシン」が，３は「レチナール」が入る。４は網膜上の高い光感度を示す視細胞とあるところから，「桿体細胞」が入る。

　チャネルロドプシンは光駆動性のチャネルなので，物質を濃度勾配に従った拡散による受動輸送で通過させる。５は「濃度勾配」が，６は「受動輸送」が入る。

▶Ｂ　「ポンプの持つ機能」ということなので，能動輸送であることはわかる。問Ａの語群の語句３つを用いるので，エネルギーという観点からＡＴＰ，そして濃度勾配に逆らうことを入れて文章を完成させればよい。このレベルの問題は語群などの選択肢を必要とせずに記述できるようにしておきたい。

▶Ｃ　青色光を吸収するとチャネルロドプシンが開き，ナトリウムイオンが細胞内に入ってくる。すると，神経細胞のその部位で脱分極が起こって活動電位が発生する。

　チャネルロドプシンは緑藻類から発見された光駆動型陽イオンチャネルである。チャネルロドプシンは青色光が当たると陽イオンを細胞内に輸送するが，その機能はほ乳類の神経細胞に発現させた場合でも保持される。一般に神経細胞はナトリウムイオンが細胞内に流れ込み，脱分極することによって興奮する。そのため，このチャネルロドプシンを用いれば，光照射によって任意の神経細胞を任意のタイミングで活性化させることができ，非常に有用な実験手法として着目され，利用されている。この手法はオプトジェネティクス（光遺伝学）と呼ばれる。特定の神経細胞のはたらきを

東京大-理科前期　　　　　　　　　　　　　　2022 年度　生物〈解答〉　99

電極の代わりに光によって制御することができ，より精密に神経細胞のはたらきを調べることができるようになった。

▶D　パブロフの行った実験は古典的条件づけと呼ばれる。危険を認識して反応することは動物の生存にとって必要である。マウスに電気ショックを与えると，生得的な反応として，心拍数の増加などの恐怖反応が生じる。

部屋Aに入れただけでは恐怖反応は生じないが，部屋Aに入れて電気ショックを与えると，部屋Aに入れただけで恐怖反応が起きるようになる。生得的な反応を無条件で起こさせる刺激（無条件刺激）は電気ショックで，部屋Aは中立的な刺激（条件刺激）である。

▶E　チャネルロドプシン遺伝子の発現がいつ誘導されたのかが問われている。設問に「下線部(ウ)(エ)を考慮する」とあるので，(ウ)の「強く興奮した神経細胞内で転写・翻訳が誘導される」ことをまず考える。これにより，1日目に部屋Aで電気ショックを受けたという記憶形成時の刺激によって，チャネルロドプシン遺伝子の発現が起きたと考えられるので(2)が適切。

▶F　実験群1や実験群3で1日目に部屋Aで電気ショックを与えて恐怖記憶を形成させた後，2日目に部屋Bに入れたマウスは，すくみ行動をほとんど示さない。しかし，実験群2のマウスでは，1日目に薬剤D存在下で恐怖記憶を形成したため，興奮した海馬の神経細胞で遺伝子 Y が発現し，チャネルロドプシンがつくられたと考えられる。さらに，2日目に青色光を照射すると，その細胞でチャネルロドプシンが開き，神経細胞が興奮したため，本来すくみ行動が起こらない部屋Bにおいても恐怖記憶が想起され，すくみ行動を示したと考えられる。

▶G　少し整理しておこう。この遺伝子導入マウスでは，記憶形成時に海馬の強く興奮した神経細胞において，チャネルロドプシン遺伝子が発現してチャネルロドプシンがつくられる。この遺伝子が発現するためには，薬剤D存在下でタンパク質Yが調節タンパク質としてはたらくことが必要となる。記憶想起時にこのチャネルロドプシンに青色光が照射されると，ナトリウムイオンが細胞内へ輸送されることで興奮が生じ，記憶の想起が起こる。

部屋Bにおいて遺伝子導入マウスで記憶の想起が起こるためには

①記憶形成時に薬剤Dが存在する→②チャネルロドプシン遺伝子の発現
→③チャネルロドプシンに青色光照射→④海馬の神経細胞の興奮→⑤す

くみ行動

このようなしくみが起きていることを把握しておく。

　実験群4において，部屋Aでは実験群1の部屋Aと同様のすくみ行動がみられる。しかし，部屋Bでは，薬剤Dが存在しないので，上記の②が起こらない。つまり，タンパク質Yが調節タンパク質としてタンパク質Yの応答配列に結合できず，チャネルロドプシン遺伝子の発現が起こらないため，青色光を照射してもすくみ行動は起きず，実験群1の部屋Bと同様となると考えられるので，(3)が適切。

▶H　部屋Bであろうとまったく異なる部屋Cであろうと，実験群2において部屋Bに入れて青色光照射を行ったときと同程度のすくみ行動を示す。

▶I　「限られた数の細胞」で「膨大な数の記憶」を担うためには，複数の細胞の組み合わせを用いる必要がある。海馬が9つの神経細胞より構成されているという仮定なので，1個の神経細胞が1つの記憶形成にはたらくとすれば記憶の種類は9種類となる。よって，(2)や(6)は1つの神経細胞だけで行っているので不適。(3)は9個すべての神経細胞を用いており，記憶により差異がないので不適。(1)は3種類とも同じ神経細胞を用いているので膨大な数の記憶を担うには問題がある。また，(5)のように記憶A，記憶B，記憶Cが生じる神経細胞の組み合わせが重複することなく，まったく関連性がない神経細胞の組み合わせとすると記憶D，記憶E，…というようにどんどんその数が増加した場合，その組み合わせは，すぐに不足してなくなってしまう。「膨大な数の記憶」となれば，記憶に関与する神経細胞の一部が重なった(4)のようなものでないと，数を増やせないことになる。

◆II

[文3]

　多くの動物は，自身のいる空間を認識し，空間記憶を形成・想起できる。空間認識の中心的役割を担うのは場所細胞という海馬の神経細胞である。それぞれの場所細胞は，空間記憶形成後には，マウスの滞在位置に応じて異なった活動頻度（活動電位の発生頻度）を示す。

▶J　餌場が巣から50～100mと距離が近い場合は円形に左右に回る円形ダンスを行い，他のハチに近くに餌場があることを伝える。餌場が遠い場合には，餌場の位置（方向と距離）を8の字ダンスにより伝える。

▶K　マウスが直線上のトラックを右端から左端まで歩行すると，各神経

細胞における活動電位の発生頻度が滞在位置に応じて高い状態になる。図1-4を見ると，最も右端にピークがあるのは神経細胞2，次が神経細胞4，次が神経細胞1，そして最も左端にピークがあるのは神経細胞3である。よって，2→4→1→3という順序になる。

▶L　実験群2で，部屋Bで青色光照射を受けた際のすくみ行動の時間が，実験群1の部屋Aで観察されたすくみ行動の時間よりも短くなっている。つまり，電気ショックを受けた部屋と同じ部屋に入れたマウスより，違う部屋でチャネルロドプシンを使って恐怖記憶を想起させたマウスのほうが，すくみ行動の時間が短い理由が問われている。

　ここでリード文をしっかり読むと，「空間」という言葉がキーワードになる。「すくみ行動」の時間は少なくとも海馬領域全体に分布する神経細胞の組み合わせと，場所細胞の活動頻度によって決定されることが推測される。ここで問Ⅰと問Ｋとが関連してくる。問Ⅰでは神経細胞の組み合わせが，問Ｋでは活動電位の発生頻度が関与している。

　2日目に部屋Aに入れたマウスの場合は，恐怖記憶を担う神経細胞は記憶を想起するために適切な組み合わせと，適切な活動電位で興奮している。この結果，「すくみ行動」の時間が長くなると考えられる。一方，実験群2の2日目に部屋Bに入れたマウスの場合は，海馬全体に一定の頻度で与えた青色光照射の刺激によって適切な組み合わせの恐怖記憶を担う神経細胞が刺激されたが，活動頻度が適切でないためすくみ行動の時間が実験群1に比べて短い状態となったと考えられる。つまり，実験群1と実験群2の「すくみ行動」の違いは，場所細胞による空間記憶が想起の強さに関わっていることに着目すればよい。

2 解答

Ⅰ　A　(3)・(4)

　　B　(1)—(h)　(2)—(c)　(3)—(b)

C　●二酸化炭素に対する酸素濃度比の上昇（二酸化炭素濃度の低下）

理由：オキシゲナーゼ反応の速度が上昇して，カルボキシラーゼ反応の速度が低下するから。

●温度の低下

理由：カルビン・ベンソン回路ではたらく酵素であるルビスコの反応速度が低下するから。

D　(1)—×　(2)—×　(3)—○　(4)—×

E　光が照射された葉ではアブシシン酸濃度が低下し，気孔の開口が進む。このとき，葉1枚だけの照射では他の葉で合成されたアブシシン酸が全身に輸送されるため，気孔の開口が遅れる。植物体全体への照射では，アブシシン酸の濃度が全体で低下し，速やかに気孔の開口が生じる。

F　呼吸で産生したATPを用いてmRNAを能動的に分解することで，夜間にタンパク質合成で消費されるエネルギーを抑制している。

Ⅱ　G　(3)

H　(c)

I　膜の主成分を糖脂質とすることで，貧リン環境下でも核酸やATPなど，生存に必須の生体物質の生合成に利用できる。

J　1．疎水性　2．親水性　3．体積　4．円筒形　5．親水性

━━━━━━━　◀解　説▶　━━━━━━━

≪光環境に対する生存戦略，植物ホルモン，シアノバクテリアの膜脂質≫

◆Ⅰ

　光が当たらない夜間には光合成は行われず，光合成に関する多くの酵素が不活性化される。この酵素の不活性化には，酵素タンパク質の特定のアミノ酸残基が受ける化学修飾が関与している。

　タンパク質化学修飾は光合成で発生する還元力を利用して，酵素活性を直接的に調節する。実験1で，酵素Aタンパク質のシステイン残基Cys②を含む末端領域が欠失した変異型酵素を用いて酵素活性を調べた。その結果，暗期の時間の長さが，変異型の植物の生育に影響を与えることがわかった。

　実験2では，アブシシン酸輸送体欠損変異体を用いて，光合成速度と気孔開度を測定する実験を行った。この結果，光合成能力が最大化されるまでの時間は，植物体への光照射範囲に影響されることがわかった。

▶A　(1)　アンモニウムイオンを亜硝酸イオンにするのは酸化反応，亜硝酸イオンを硝酸イオンにするのも酸化反応で，化学合成に必要な化学エネルギーを取り出す反応で同化反応ではない。

(2)　1分子のグルコースから2分子のピルビン酸が生じるのは同化反応ではなく，異化反応である。

(3)　アミノ酸がペプチド結合によってつながれ，タンパク質が合成される

反応は同化反応である。

(4) やや判断が難しい。同化反応は，分子量の小さい物質から大きい物質が合成される反応である。O-アセチルセリンと硫化物イオンが結合し，アミノ酸が合成されているので分子量が大きくなることから，同化反応と判断できる。

▶B (1) 砂漠という環境を考えると，日中は極度に乾燥している。このとき気孔を開くと蒸散による水分の損失が大きくなる。そのため，相対湿度の高い夜間に気孔を開く。(b)を選択する。

(2) 一般に，水中環境の二酸化炭素濃度は低いと考えられる。そのため，他の生物が呼吸を行い，水中の二酸化炭素濃度が上昇する夜間を狙って水生植物は気孔を開くと考えられる。よって，(c)を選択する。CAM 植物は砂漠などの乾燥地に対して適応進化した結果と考えられてきた。しかし，水生植物にも CAM 型光合成を行うものが発見され，CAM 発現のトリガーは低二酸化炭素環境であり，CAM 型光合成は C_4 光合成と同様に光呼吸の抑制機構として機能していると考えられている。

(3) 熱帯雨林では，蒸散によって水分が失われるリスクは大きくないが，着生植物は樹上や岩場といったそもそも土壌がなく，水分を獲得しにくい環境で生育している。また，着生植物の中には，吸水機能をもつ通常の根を欠いたものがあることを考えると，着生植物は，CAM 型の光合成を行うことで水分損失を防ぐと考えることができる。このように考えて(b)を選択する。

▶C ルビスコはリブロース 1,5-ビスリン酸カルボキシラーゼ / オキシゲナーゼという酵素で，リブロース 1,5-ビスリン酸（RuBP：C_5）に CO_2 を付加して 2 分子の 3-ホスホグリセリン酸（PGA：C_3）を生じる反応と，リブロース 1,5-ビスリン酸（RuBP：C_5）に O_2 を添加して 1 分子の 3-ホスホグリセリン酸（PGA：C_3）と 1 分子の 2-ホスホグリコール酸（C_2）を生じる反応の両方を行う。CO_2 濃度が O_2 濃度に比べて低いとオキシゲナーゼとしてはたらくため PGA の生成効率が低下する。

また，温度が低い場合，酵素反応が抑制されることでカルビン・ベンソン回路の反応の進行が低下する。

▶D 図 2-1 には野生型酵素 A と変異型酵素 A′のジスルフィド結合を形成しうるシステイン残基の配置が記載されている。変異型では Cys ②

の部分が欠失している。ジスルフィド結合の誘導があると野生型では酵素活性がほぼ0にまで低下していることがわかる。変異型ではCys残基の1つが欠失しているので，誘導があっても正常な反応が起こらず，酵素活性の低下が野生型に比べて小さくなっている。ここから，ジスルフィド結合を誘導すると酵素活性が低下することが判断できる。

　また図2−2より，暗期の長さが8時間以内であれば野生型と変異型で生育に違いはないが，暗期の長さが16時間を超えると影響が出てくる。変異型では，24時間周期のうち16時間暗期になると生重量が30％程度減少し，20時間暗期になると70％程度減少していることがわかる。

(1)　酵素Aは光合成に必須であることから，酵素Aのジスルフィド結合は昼間ではなく夜間に形成されると考えられるので誤り。

(2)　Cys②のない変異型酵素 A'であっても活性が下がっていることから，Cys②を介したジスルフィド結合によってのみ制御されているわけではないとわかるので誤り。

(3)　明期の時間よりも暗期の時間が長くなるほど変異型の植物の生重量が減少しているので正しい。

(4)　24時間明期や16時間明期では，野生型と変異型の生重量が同じであり，光合成活性が常に低下するとはいえないので誤り。

▶E　図2−4の結果から考えるという条件がついているのを見逃さないこと。この実験はアブシシン酸輸送体欠損変異体を用いていることから，アブシシン酸の輸送と光照射の関係について述べることが要求されていることを瞬時につかむこと。

　図2−4から読み取れることは，気孔開度と光合成速度がリンクしていること，つまり，気孔の開度が上昇すると光合成速度も上昇していることである。変異体Xの葉1枚に照射したときの気孔開度や光合成速度は，野生型の全体に照射したものと一致している。

　植物体全体に光を照射すると，アブシシン酸の合成が抑制されるため気孔が開いた状態になる。ところが1枚の葉だけに光を照射すると，その葉ではアブシシン酸は合成されないが，周囲の光照射されない葉でアブシシン酸が合成される。それが輸送体を介して全身に輸送され，気孔の開口が抑制されるので，光合成速度が低下してしまう。

▶F　夜間に呼吸によって産生したATPによりmRNAが能動的に分解

されることを述べる。下線部㈹に，夜間に呼吸を阻害すると mRNA の分解が誘導されないとあることから，mRNA の分解には ATP が関与していることを推測する。

　下線部㈹では，昼間に光合成を停止させても夜間の mRNA の分解は停止されないとあるので，光合成に由来するエネルギーが分解に利用されるのではないことがわかる。また，シネココッカスという植物において，昼間に転写阻害剤で処理すると死滅するが，夜間に転写阻害剤で処理しても生存に影響はないとあるので，転写は昼間に起こり，夜間には行われないことが推測される。

◆Ⅱ

　生体膜を形成している脂質には，リン脂質と糖脂質が存在し，植物の細胞膜とミトコンドリア膜はリン脂質を主成分にしている。これに対してシアノバクテリアと葉緑体の膜は糖脂質を主成分としている。

　シアノバクテリアが糖脂質を主成分とする膜を発達させた理由については，貧リン環境への適応であったとする説が有力視されている。植物では，リン酸欠乏条件下ではジガラクトシルジアシルグリセロール（DGDG）の合成が活発化され，ミトコンドリアや細胞膜のリン脂質が DGDG に置き換わる様子が観察された。

▶G　⑴　ミトコンドリアの起源は，古細菌ではなく細菌（真正細菌）の好気性細菌なので誤り。

⑵　葉緑体やミトコンドリアでは一部の遺伝子が核ゲノム中に移行しているが，独自の DNA も存在する。「そのすべてを失っている」が誤り。

⑶　「ミトコンドリアの共生」とあるが正確には，まず好気性細菌が取り込まれて共生し，ミトコンドリアとなる。この後にシアノバクテリアが取り込まれて共生したものが葉緑体で，植物細胞の由来となるのでこれは正しい。

⑷　シアノバクテリアの大繁殖により海水中に大量の酸素が放出された。この酸素は大気中にすぐに放出されず鉄イオンの酸化に用いられ，酸化鉄となって海底に沈殿し，縞状鉄鉱層を形成した。少なくとも酸素濃度の低下が起きたわけのではないので誤り。

▶H　「細胞内共生説から想定される系統関係」とあるので，まず最も類縁関係が高いのがシアノバクテリアと葉緑体であるから，⒞が正解である。

106 2022 年度　生物〈解答〉　　　　　　　　　　　　　　東京大-理科前期

バクテリアＡとバクテリアＢは，葉緑体とは直接の関係がないのでより早い段階で分岐している。またバクテリアＡとバクテリアＢのどちらが葉緑体に近い存在かはわからない。

▶Ｉ　貧リン環境下では，リン脂質の構成成分となるリンが不足してしまう。これを糖脂質で代替するとリンを消費せず生体膜を合成することができる。リンは細胞膜をはじめとする生体膜以外でも DNA，RNA，ATP などの合成に利用されるので，生体膜合成で節約したリンを用いてそれ以外の生体物質を合成することが可能となる。

▶Ｊ　設問の条件に注意したい。5 個の空欄に入れる語句の選択肢の個数が 10 個もあるにもかかわらず，「語句は複数回選んでもかまわない」という指示は，複数回選ぶ語句が存在することを暗示しているので，同じ語句を複数回用いる可能性を考えて取り組みたい。1 と 2 は細胞膜の構造について述べた部分である。細胞膜は，リン脂質分子がそれぞれ疎水性の部分を内側に，親水性の部分を外側に向けて並んだ二層構造をとる。よって，1 には「疎水性」，2 には「親水性」が入る。

　脂質が水溶液中でどのような集合体をとるかは，脂質分子の疎水性の部分と親水性の部分の分子内に占める体積の割合に依存する。よって 3 には「体積」が入る。疎水性部位と親水性部位の比が一定の範囲内にあるときは，分子の形状が円筒形をとるため安定的な二重層構造をとることが可能となる。一方，分子の形状が円錐形の場合には，単独で安定的な二重層構造をとることが難しい。よって 4 には「円筒形」が入る。

　問題では，次にリン脂質の代替となる糖脂質（ガラクト脂質）が MGDG ではなく，DGDG である理由を尋ねている。

　ジアシルグリセロールにガラクトースが 1 分子結合したものが MGDG，2 分子結合したものが DGDG である。DGDG は，ガラクトース 1 個分親水性部位が大きくなることで，極性が大きくなり，また分子の形状が円筒形に近づくため安定的な二重層構造をとりやすく，リン脂質の代替となったと考えられる。よって，5 には「親水性」が入る。

3　解答

Ⅰ　Ａ　原腸陥入に伴い，内部にもぐりこんだ<u>原口背唇部</u>は<u>脊索</u>に分化するとともに，<u>形成体</u>としてはたらき，接する<u>外胚葉</u>を神経管へと<u>誘導</u>する。神経管の前端部は脳に，後端部は脊

髄に分化する。

B　細胞膜の一部が陥入して，細胞外の物質などを包むように膜の一部を細胞膜から分離させて，細胞内へ物質を取り込む現象。

C　(2)・(3)

D　(3)・(5)

Ⅱ　E　α—(3)　β—(4)　γ—(2)　δ—(5)

F　塩基対間の水素結合の数は，A－T間では2本であるのに対し，G－C間では3本であるため，GC含量が多いほど張力限界値が大きくなる。

G　(3)

H　送り手細胞のデルタタンパク質が受け手細胞のノッチタンパク質と結合する。その後，送り手細胞のエンドサイトーシスによってノッチ—デルタタンパク質間で張力が生じ，張力が一定以上になると，切断酵素1，2による2段階の切断が行われ，ノッチタンパク質の細胞内領域が核内へ移行することでシグナル伝達が起こる。

■■■■■ ◀解　説▶ ■■■■■

≪ノッチシグナルの伝達，エンドサイトーシス，ノッチシグナルの張力依存性仮説≫

◆Ⅰ

　デルタタンパク質により活性化されたノッチタンパク質は，酵素による2段階の切断を経て細胞内へシグナルを伝達する。切り離されたノッチタンパク質の細胞内領域は核内へ輸送され，ゲノムDNAに結合することで標的遺伝子の転写を制御する。

　ノッチシグナルの伝達の活性化機構を明らかにするために一連の実験を行った。ノッチシグナルの送り手の細胞（デルタタンパク質を発現する細胞）と受け手の細胞（ノッチタンパク質を発現する細胞）のどちらにおいてエンドサイトーシスが必要であるかを調べた。

▶A　胞胚の予定内胚葉が予定外胚葉にはたらきかけ，予定中胚葉を誘導することで原口背唇部ができる。原口陥入により，形成体である原口背唇部は予定外胚葉を裏打ちし，神経管へと誘導する。この神経管の前端部は脳に，後端部は脊髄に分化する。また原口背唇部自体は脊索へと分化する。

　基本的な内容でしかも用いる用語まで指定されているので，難しくはないと思うが，ポイントとしては次のとおり。原口背唇部が形成体としては

たらき外胚葉から神経管が誘導されることを述べる。また，「中枢神経系が発生する過程」とあるので，脳と脊髄がどのようにして生じるかを述べる。さらに，誘導が完了した後に原口背唇部は脊索に分化することを述べればよい。

▶B　細胞膜の一部が陥入して，外液ごと物質を細胞内に取り込むはたらきをエンドサイトーシスという。

　細胞は，チャネルや輸送体などの膜タンパク質を介して選択的に物質を取り込んだり，排出したりしている。しかし，それらを通過できないような大きな分子は，細胞膜そのものが部分的に変形して小胞を形成し，直接中に取り込むという現象が起こる。

▶C　図3－3の条件1と条件2では，細胞株Aにおいて緑色蛍光強度の平均値が同程度になっている。条件1では，受け手細胞株Aも送り手細胞株Bもともに野生型を用いている。条件2では，遺伝子Xを除去した受け手細胞株Aと野生型の送り手細胞株Bを用いている。このことは，ノッチシグナルを受容する受け手細胞において遺伝子Xの機能は必要でないことを示す。よって(2)は適切。

　条件3と条件4では，細胞株Aにおける緑色蛍光強度の平均値が0に近い値となっている。条件3では，野生型の受け手細胞株Aと遺伝子Xを除去した送り手細胞株Bを，条件4では，受け手細胞株Aも送り手細胞株Bもともに遺伝子Xを除去している。このことは，遺伝子Xの機能はノッチシグナルを送る細胞において必要であることを示す。よって(3)は適切。次のように表を作成して考えるとよいだろう。

条件	受け手細胞	送り手細胞	光強度の値
1	○	○	1.0
2	×	○	1.0
3	○	×	0.05
4	×	×	0.05

○：遺伝子Xは正常　　×：遺伝子Xを除去

▶D　(1)　実験1の細胞株Aではノッチタンパク質が常に一定量発現するように設計されているので，細胞株Bでノッチタンパク質の合成が促進されることはないので誤り。

(2)　細胞株Bではデルタタンパク質と赤色蛍光タンパク質の合成が行われ

東京大-理科前期　　　　　　　　　　　　　2022 年度　生物〈解答〉　*109*

ている。ここでノッチ抗体がつくられることはないので誤り。

⑶　実験2で使用したノッチ抗体はノッチタンパク質の細胞外領域に結合するものであり，ノッチ抗体の発する青色蛍光を指標にノッチタンパク質の分布を調べている。図3－1からわかるように，切断酵素1で切断されたノッチタンパク質の細胞外領域は，送り手細胞のもつデルタタンパク質に結合したままとなっている。ノッチタンパク質は細胞株Aで発現するが，細胞株Bの細胞内にみられたことから，細胞株Bがこのノッチタンパク質の細胞外領域を取り込んだと考えられるので⑶は適切である。

⑷　細胞株Aと細胞株Bが部分的に融合して細胞株Aの内容物が細胞株Bへと輸送されたのではなく，エンドサイトーシスによって細胞株Aのノッチタンパク質が細胞株Bに取り込まれたと考えるのが妥当。よって⑷は誤り。問Bの内容がここで用いられることになる。

⑸　デルタタンパク質とノッチタンパク質の結合が引き金になり，ノッチタンパク質の2段階の切断が起こる。切断酵素1によって，ノッチタンパク質は細胞内領域と細胞外領域に分かれ，細胞外領域は細胞株Aから離れるので⑸は適切である。

⑹　実験1の条件2より，細胞株Aでは遺伝子Xが除去されていてもノッチシグナルの活性化が起きているので誤り。

⑺　図3－5で，送り手細胞株Bにおける細胞あたりの青色蛍光は，条件1と条件2で1.0と高いが，条件3と条件4で0.05程度に極端に低くなっている。これは，遺伝子Xが細胞株Bによるエンドサイトーシスの結果，細胞株Bにおけるノッチタンパク質の細胞外領域の分布に影響を及ぼしていることになるので，⑺は誤り。

◆Ⅱ

　エンドサイトーシスがノッチシグナルの伝達を制御するしくみは長年解明されず，様々な仮説が提唱されてきた。現在受け入れられている仮説の1つに「ノッチシグナルの張力依存性仮説」がある。この仮説では，エンドサイトーシスにより発生する張力が，ノッチシグナルの活性化に不可欠であると考えられている。そこでノッチシグナルの伝達における張力の重要性を検証するための実験を行った。

▶E・F　2本鎖DNAの解離は，相補的塩基対間で形成される水素結合の数によって決まる。A－T間の2本と比べてG－C間では3本となるの

で，GC含量が大きいDNAほど解離するには強い力を必要とする。さらにGC含量が同じであれば，その塩基対数（ヌクレオチド対数）が多いものほどより大きな張力に耐えることができる。

▶G　図3−9では，細胞株Aと固定されたデルタタンパク質との間に張力がかかるが，30 pNまで耐えられるDNA「紐」を使用した条件1と12 pNまで耐えられるDNA「紐」を用いた条件2では張力が一定以上となり，ノッチタンパク質を活性化できる。しかし，条件3の6 pNまでしか耐性がない場合では活性化できないことがわかる。これは，ノッチタンパク質を活性化できる最小の張力が6 pNより大きく12 pN以下であることを表しているので(3)が適切である。

　　また，条件4のように張力限界値が30 pNと十分であるが，DNA切断酵素を培養液に添加するとノッチタンパク質の活性化が起きていない。これは，DNA「紐」を張力センサーとして活用しているため，張力が生じることが必要となるのに，DNA自体が分解されていれば張力が生じないことになる。また，条件5にみられるようにデルタタンパク質をDNA「紐」に結合していないと，ノッチ−デルタタンパク質間の張力が生じないためにノッチタンパク質の活性化が起こらない。このことからノッチタンパク質の活性化には張力が必要であることがわかるので(5)は誤り。

▶H　実験1〜4の結果を整理して考えよう。まず送り手細胞のデルタタンパク質が受け手細胞の細胞膜上にあるノッチタンパク質に結合する。このとき，送り手細胞においてエンドサイトーシスが起こることで，ノッチ−デルタタンパク質間に張力が発生する。張力が一定以上（実験3・4ではDNA「紐」を介した実験を行い，この張力の限界値は6 pNより大きく12 pN以下となっている）になると，ノッチタンパク質は切断酵素によって2段階に切断される。切り離されたノッチタンパク質の細胞内領域は核内へと輸送されることでノッチシグナル伝達が生じる。これがノッチシグナルの張力依存性仮説である。

　　ノッチシグナル伝達系は，細胞間のシグナル伝達を担う主要な伝達経路のひとつである。受容体としてはたらくノッチタンパク質はリガンドであるデルタタンパク質と結合し，さらに送り手細胞のエンドサイトーシスによる物理的な力（張力）が加わることによって構造変化が起こり，切断酵素の作用により活性化される。こうして活性化されたノッチタンパク質の

細胞内領域は核内へと移行し，転写因子や調節タンパク質とともに作用することにより標的遺伝子の転写を制御する。

❖**講　評**

　2022年度の全体的難易度は，2021年度よりも難化している。知識問題と考察問題の割合は知識問題がやや増加したものの，考察問題の占める割合が多いことに変わりはない。知識問題としては，生物用語の空所補充や文章選択（内容真偽）のタイプもみられる。ただし，この選択問題が考察系の問題となっていることが多く，単純に知識を問われているわけではない。

　大問数は3題と例年同様であるが，論述問題の指定行数は2021年度の23行程度から26行程度にやや増加している。問題文の分量が多く正確に読んでいくには時間がかかり，選択問題も考察を必要とするため，確信をもった答案作成が難しかったと思われる。グラフや図の読解を要求する問題も多く，多面的な情報処理能力が必要である。ハイレベルな考察問題を普段から演習していないと対応するのが困難であろう。

　東大生物では，最近の過去5年間，総論述量は平均で20〜25行程度を基本にしており，大問1題につき7〜8行前後の解答を要求している。1問あたりの行数は，まれに5行程度というものもあるが，おおむね1〜3行程度で，2022年度は最大で4行程度だった（1行には35字分の目盛りが入っている）。また，グラフ作成が求められる描図問題は2019〜2022年度において出題されていない。

　東大生物の特徴は，「リード文の徹底理解」と「論理的思考力・分析力」，そして「その表現能力を見る」というものである。2022年度もその特徴は健在であり，情報を正確に分析して，まとめる能力を養うことが必要となる。論述対策としてはまず出題者の狙いは何か，解答のポイントは何か，どこを中心にするかを考えて的確に指定の行数でまとめる練習をしておくとよいだろう。また，目新しい題材や見慣れない図表が問題文に取り上げられることが多い。これらの図表を基にしたデータの分析，その結果から考察される内容，さらに仮説を検証する実験の設定などが出題されているので，短時間に論点を把握した文章をまとめる練習を日ごろからこなしておきたい。

1 オプトジェネティクスという実験手法を用いたマウスの記憶に関する実験考察である。Ⅰは電気ショックを受けるという恐怖記憶形成と，青色光による特異的な神経細胞を興奮させるしくみにより，恐怖記憶を想起させる内容。チャネルロドプシン遺伝子の発現するタイミングとそのタンパク質の分布について，問Ａ〜問Ｃを踏まえて問Ｅに取り組むと，実験結果を矛盾なく説明できる。問ＤとⅡの問Ｊの設問は教科書レベルの内容なので完答したい。Ⅱは，直線上のトラックを往復した際の神経細胞の活動頻度を調べることで，恐怖記憶が想起された場合の「すくみ行動」の長さの原因を分析する問題であった。

2 Ⅰは光合成生物の光環境の変化に対する生存戦略についての内容。問Ａでは同化反応が「単純な物質が，エネルギーを吸収して複雑な物質を合成する反応」ということから考えればよい。問Ｂの(3)が少し悩む問題であるが，CAM植物が水分の少ない環境への適応と考えれば正解が得られる。問Ｅは，野生型では，植物全体に光照射した方が，気孔の開度が速いこと，気孔閉鎖にはたらくアブシシン酸の移動を阻害するとその効果が失われることから，アブシシン酸が他の葉から移動することを導き，考えていけばよい。設問に「アブシシン酸のはたらきに着目して」とあるので，それを活用する。一見すると，光照射によって光受容体フォトトロピンがはたらき，プロトンポンプの活性化→カリウムイオンチャネルが開口→孔辺細胞の浸透圧上昇→孔辺細胞の膨圧上昇→気孔の開口という考えもあるので，それは考えなくてもよいという東大側の配慮であろう。Ⅱは生体膜の成分に着目してシアノバクテリアと葉緑体が主成分にする糖脂質について問うものであった。問Ⅰでは，貧リン環境下では糖脂質とすることで，リンを含む他の核酸やATP合成にリン脂質を活用できる点を述べる。

3 リード文が非常に長く，説明の図も非常に複雑である。情報量が多いため一気に考えるのではなく，また，設問を解くのに必ずしもすべての情報が必要ではないので，設問に問われている部分を追いかけていく。各設問の選択肢が実験デザインの内容を端的に表している場合もあるのでそれを活用するのも有効。実験系の設問は時間をかけて解き切りたい。Ⅰはノッチシグナル伝達の活性化に関する内容で，Ⅱはノッチシグナルの張力依存性仮説に関しての内容であった。易しい問題ではない

が，問E〜問Gは実験3・4の結果に基づいて考えていけば必ず解ける問題でもある。問Hはノッチタンパク質とデルタタンパク質間の張力と送り手細胞で起きるエンドサイトーシスを関連づけて考えていくとよいだろう。

地学

1 ◼解答◼ 問1 (1) $L = 4\pi R^2 \sigma T^4$ ……(答)

$$F = \frac{L}{4\pi D^2} = \frac{4\pi R^2 \sigma T^4}{4\pi D^2} = \frac{R^2 \sigma T^4}{D^2} \quad \cdots\cdots(答)$$

(2) $D\theta_S = R$ より $\theta_S = \dfrac{R}{D}$ ……(答)

$$\langle S \rangle = \frac{F}{\pi \theta_S^2} = \frac{R^2 \sigma T^4}{D^2 \pi \left(\dfrac{R}{D}\right)^2} = \frac{\sigma T^4}{\pi} \quad \cdots\cdots(答)$$

(3) (a) 右図。

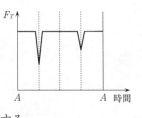

(b) 伴星が隠れたときの方が減光量が大きくなるのは、伴星の方が高温で面輝度が大きい場合である。主星が主系列星、伴星が白色矮星の場合、主星が巨星、伴星が主系列星の場合、主星が巨星、伴星が白色矮星の場合などがそれに該当する。

(4) (a) $R \sin\alpha = D\theta$ より $\sin\alpha = \dfrac{D\theta}{R} = \dfrac{D\theta}{D\theta_S} = \dfrac{\theta}{\theta_S}$

よって $\cos\alpha = \sqrt{1 - \left(\dfrac{\theta}{\theta_S}\right)^2}$ ……①

図1-2より $r = d\cos\alpha$

①を代入して

$$r = d\sqrt{1 - \left(\frac{\theta}{\theta_S}\right)^2} \quad \cdots\cdots(答)$$

(b) θ が θ_S に近い周辺部ほど r が小さくなり、表面に近いより低温な部分から放射される光を観測することになるから。

問2 (1) (a) ケプラーの第三法則より $\dfrac{a_I^3}{P_I^2} = \dfrac{a_E^3}{P_E^2} = \dfrac{a_G^3}{P_G^2}$

$P_E = 2P_I$ であるから

$$a_E = \sqrt[3]{\frac{P_E^2}{P_I^2}} a_I = \sqrt[3]{2^2} a_I$$

$$= 1.26^2 \times 4.2 \times 10^5 = 6.66 \times 10^5 ≒ 6.7 \times 10^5 \text{[km]} \quad ……(答)$$

$P_G = 4P_I$ であるから

$$a_G = \sqrt[3]{\frac{P_G^2}{P_I^2}} a_I = \sqrt[3]{4^2} a_I$$

$$= 1.26^4 \times 4.2 \times 10^5 = 1.05 \times 10^6 ≒ 1.1 \times 10^6 \text{[km]} \quad ……(答)$$

(b) 木星の起潮力による変形。

(2) (a) 内部において金属核の占める割合が大きいこと。

(b) 水星には大気や水が存在しないため,風化・侵食・堆積作用がほとんど起こらないから。

(c) ケプラーの第二法則より,面積速度が一定なので

$$v_a(a+ea) = v_p(a-ea)$$

よって $\dfrac{v_p}{v_a} = \dfrac{a+ea}{a-ea} = \dfrac{1+e}{1-e}$ ……(答)

$e = 0.21$ とすると

$$\frac{v_p}{v_a} = \frac{1+0.21}{1-0.21} = 1.53 ≒ 1.5 \quad ……(答)$$

(d) 受け取る太陽放射エネルギーは太陽からの距離の2乗に反比例するので,近日点と遠日点で受け取る太陽放射エネルギーをそれぞれ E_p, E_a とすると

$$\frac{E_p}{E_a} = \frac{(a+ea)^2}{(a-ea)^2} = \left(\frac{1+e}{1-e}\right)^2 \quad ……(答)$$

──────── ◀解 説▶ ────────

≪連星の明るさ,惑星の運動と性質≫

◆問 1 ▶(1) 光度 L は単位面積あたりの放射エネルギー(σT^4)と恒星の表面積($4\pi R^2$)の積で表される。F は恒星からの単位時間あたりの放射エネルギー L を半径 D の球の表面積 $4\pi D^2$ で受け取ると考えればよい。

▶(2) 右図に示すように,θ_S は恒星の半径 R を距離 D から見込む角である。θ_S は微小角なので,$D\theta_S = R$ が成り立つ。

▶(3) (a) 光度がより明るい主星をX,伴星をYとした場合,と

もに主系列星の場合は光度の大きいXの方が高温で面輝度も大きい。したがって伴星が手前に来て主星Xが隠れる食の方が，伴星Yが隠れる食よりも，減光量が大きい。なお，伴星と主星が完全に重なる場合は，重なっている間最大減光の光度が続くが，本問の場合，完全には重ならないので，最大減光は一瞬である。

(b) 光度変化量の大小が逆になるということは，伴星が手前に来て主星Xが隠れる食の方が，伴星Yが隠れる食よりも，減光量が小さいということであり，これは主星Xの方が面輝度が小さい，つまり光度の大きい主星の方が低温であることを意味する。このような組み合わせは，〔解答〕に示した主星が主系列星，伴星が白色矮星の場合，主星が巨星，伴星が主系列星の場合，主星が巨星，伴星が白色矮星の場合などがある。

▶(4) (a)

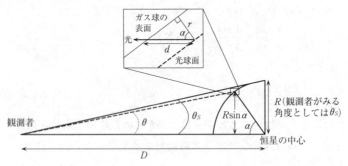

上図より　　$R = D\theta_S$

また　　$R\sin\alpha = D\theta$

よって，$\sin\alpha = \dfrac{D\theta}{R} = \dfrac{D\theta}{D\theta_S} = \dfrac{\theta}{\theta_S}$ となる。

図1-2の左上の図から $r = d\cos\alpha$ となるので，$\cos\alpha$ を θ，θ_S で表して代入すればよい。

(b) 周辺部は，温度の低い表面に近いところ（r の小さいところ）からの光を見ているために面輝度が小さく暗く見えるということを，(a)の式を使って示せばよい。

◆問2　▶(1) (a) 同一の天体の周りを公転する天体の間には，ケプラーの第三法則より，$\dfrac{a^3}{p^2}$＝一定が成り立つ。$\sqrt[3]{2} = 1.26$ が与えられているので，

それをうまく利用する形で計算を進めればよい。

(b) 公転する天体には，万有引力と遠心力の合力である起潮力が働く。起潮力は中心天体に近い側では中心天体の方向に，遠い側では逆向きに働く。この力により天体は周期的に変形を繰り返す。起潮力は中心天体の質量に比例し，公転する天体と中心天体との距離の3乗に反比例するので，大質量の木星のすぐ近くを公転するイオには非常に大きな起潮力が働く。そのためイオは周期的に大きな変形を繰り返し，内部が高温になりマグマが発生すると考えられている。

▶(2) (a) 木星型惑星は大部分が水素とヘリウムでできているのに対し，地球型惑星は岩石の表面と比較的大きな金属核をもつ。地球型惑星の方が有意に密度が大きいのは内部構造の違いによる。

(b) 水星には大気や水が存在しないため，風化・侵食作用で消滅したり，堆積作用で埋まってしまうことがない。

(c) ケプラーの第二法則より，惑星と太陽を結ぶ線分が一定時間に通過する面積は一定であり，公転軌道上のある位置での太陽からの距離をx，その場所での公転速度（単位時間に惑星が移動する距離）をvとすると，$xv=$一定と表される。近日点距離は$a-ea$，遠日点距離は$a+ea$と表せるので，〔解答〕の式が成り立つ。

(d) 太陽の放射エネルギーは太陽からの距離の2乗に反比例する。

2 解答

問1 (1) (a) Aの方が高温。領域A，Bともに上端の気圧がP_3，下端の気圧がP_2で等しいので，領域A，Bの気柱の重さは等しい。したがって体積の大きいAの方が高温である。

(b) 海面：表面1　風の向き：左向き

(c) 奥向き

(d) 風速はコリオリの力の大きさに比例するので，コリオリの力の大きさの比を求めればよい。
コリオリの力F_Cと摩擦力F_Vの合力が気圧傾度力F_Pとつり合うので，右図より

$$F_C = \frac{\sqrt{3}}{2}F_P \quad \cdots\cdots ①$$

摩擦力が働かない場合のコリオリの力をF_C'とす

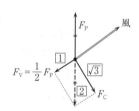

ると，コリオリの力と気圧傾度力がつり合うので

$$F_C{}' = F_P \quad \cdots\cdots ②$$

①，②より　　$\dfrac{F_C}{F_C{}'} = \dfrac{\sqrt{3}}{2}$

したがって風速は　　$\dfrac{\sqrt{3}}{2}$ 倍　……(答)

(2) (a) 風向：線分H　低気圧：領域F　(b)—(c)

(c) 太陽放射から受け取る熱は高緯度より低緯度の方が多いが，偏西風波動により低温な空気が南下，高温な空気が北上することで低緯度から高緯度に熱が輸送される。この熱輸送により地球全体の熱収支の不均衡がならされ，緯度の違いによる温度差が小さくなっている。

問2　(1)　重力加速度を g〔m/s²〕，平均水深を h〔m〕，津波の伝播の速さを v〔m/s〕とすると

$$v = \sqrt{gh} \iff h = \frac{v^2}{g}$$

E1—S1 間の伝播の速さを v_1〔m/s〕，平均水深を h_1〔m〕とすると

$$v_1 = \frac{6800 \times 10^3}{8 \times 60 \times 60} = 236.1 \fallingdotseq 236 \,〔\text{m/s}〕$$

$$h_1 = \frac{236^2}{9.80} = 5.68 \times 10^3 \fallingdotseq 5.7 \times 10^3 \,〔\text{m}〕 \quad \cdots\cdots(答)$$

E2—S2 間の伝播の速さを v_2〔m/s〕，平均水深を h_2〔m〕とすると

$$v_2 = \frac{6100 \times 10^3}{(8 \times 60 + 40) \times 60} = 195.5 \fallingdotseq 196 \,〔\text{m/s}〕$$

$$h_2 = \frac{196^2}{9.80} = 3.92 \times 10^3 \fallingdotseq 3.9 \times 10^3 \,〔\text{m}〕 \quad \cdots\cdots(答)$$

(2) 東太平洋中央海嶺で生産されたプレートは，年代を経るにつれて冷却が進み，その結果密度の高いリソスフェアが厚くなり，アイソスタシーの成立により沈降する。したがって，海洋底年代が古いほど，水深は深くなる。E1—S1 間は，海嶺から離れた古い海洋底であり，E2—S2 間は，中央海嶺を挟む新しい海洋底からなるため，E1—S1 間は水深が深くなり，E2—S2 間は水深が浅くなる。

(3) (a) うねり

(b) 水深に比べて波長の短い表面波の伝わる速さを v〔m/s〕，重力加速度

を g [m/s²],周期を T [s] とすると

$$v = \frac{gT}{2\pi} = \frac{9.80 \times 12}{2 \times 3.14} = 18.7 \fallingdotseq 1.9 \times 10 \text{[m/s]} \quad \cdots\cdots(答)$$

波長 L [m] は

$$L = vT = 18.7 \times 12 = 224 \fallingdotseq 2.2 \times 10^2 \text{[m]} \quad \cdots\cdots(答)$$

(c) うねりは水深に対して波長の短い表面波であり,海水の運動は表面付近の海水の円運動に限られ,海底までは伝わらないから。

━━━━━━━━━━ ◀解 説▶ ━━━━━━━━━━

≪気圧と風,海水の運動≫

◆問 1 ▶(1) (a) $P_2 = P_3 +$「単位面積あたりの領域 A (B) の気柱の重さ」と表すことができるので,Aの気柱の重さ=Bの気柱の重さ,となる。同じ圧力 P_3 がかかった状態でAの気柱の方が体積が大きいので,Aの方が平均気温が高い。

(b) 夜間は熱容量の小さい陸の方がよく冷えて気温が低くなり,海の方が相対的に気温が高くなる。したがって気温の高い表面 1 (左) が海である。点Cにおいて P_1 の等圧面は左の方が低くなっている。点Cにおける水平方向の気圧の変化は,点Cの左側には P_1 より気圧の低い等圧面が,右側には P_1 より気圧の高い等圧面があるので,気圧傾度力は図2-1の左向きに働くことになる。したがって風向きは「左向き」となる。

(c) 点Dにおいて P_4 の等圧面は右の方が低くなっているので,気圧傾度力は図2-1の右向きである。地衡風なので,気圧傾度力とコリオリの力の2力がつり合った状態で風が吹いており,コリオリの力は図2-1の左向きであることがわかる。南半球ではコリオリの力は風向きに対して直角左向きに働くので,風向きは紙面「奥向き」である。

(d) 摩擦力が働かない場合は下の図1,働く場合は図2のような力のつり合いで風が吹く。

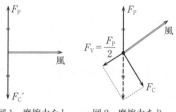

図1 摩擦力なし　　図2 摩擦力あり

なお，コリオリの力の大きさを f，質量を m，風速を v，緯度を φ，自転の角速度を ω とすると次の式が成り立つことは押さえておきたい。

$$f = 2mv\omega\sin\varphi$$

すなわち，コリオリの力は緯度が同じ場合，風速に比例する。

▶(2) (a) 線分Hに沿っているとすると，領域Eからは風が吹き出し，領域Fには吹き込むことになり，領域Eが高気圧，領域Fが低気圧であるとすれば説明がつく。しかし，線分Gに沿っているとすると，領域Eから吹き出す風と領域Eに吹き込む風があることになり，風向きを説明することができない。

(b) 上空の気圧の谷の位置に対して，東側に地上の低気圧が発達する。

(c) 太陽放射から受け取る熱と，地球放射（赤外放射）で放出される熱は地球全体では均衡している。緯度ごとに見ると低緯度では受け取る熱が多く，高緯度では放出される熱が多いが，低緯度から高緯度への熱輸送を考慮に入れると，緯度ごとの熱収支は均衡している。低緯度の熱が高緯度に輸送されるために低緯度での地球放射は熱輸送がない場合に比べて少なくなっており，温度は低くなっている。逆に高緯度では熱輸送がない場合に比べて，温度が高くなっている。

◆問2 ▶(1) 重力加速度を $g\,[\mathrm{m/s^2}]$，平均水深を $h\,[\mathrm{m}]$ とすると，津波の伝播の速さ $v\,[\mathrm{m/s}]$ は，$v = \sqrt{gh}$ と表される。

▶(2) 海嶺で生産された海洋プレートは時間の経過とともに海嶺から離れ，そして冷えていく。冷却に伴いプレートは厚みを増し，アイソスタシーを保つように沈降するため，海嶺から離れるにつれて水深は増していく。

▶(3) (a) 海上を強風が吹くことで先端のとがった波（風浪）が発生する。風浪が遠くに伝わる過程で形が整った波をうねりという。土用波と呼ばれる波は台風で発生したうねりである。

(b) 水深に比べて波長の短い波を表面波という。重力加速度を $g\,[\mathrm{m/s^2}]$，周期を $T\,[\mathrm{s}]$ とすると，表面波の伝播速度 v は $v = \dfrac{gT}{2\pi}$ と表される。また，波長 $L\,[\mathrm{m}]$ は $L = vT$ と表される。

(c) 表面波では，海水は鉛直面内の円運動をしている。波高が2mの場合，直径2mの円を描くように動く。深部にも海水の動きは伝わるが，円運動の半径は小さくなっていき，海底までは伝わらない。

3 解答 問1 (1) (a) $x_s = x_o + Re_x$, $y_s = y_o + Re_y$, $z_s = Re_z$

(b) $\dfrac{R}{V_p} > \dfrac{\sqrt{(x-x_s)^2 + (y-y_s)^2 + z_s^2}}{V_s}$

(c) $x_s = y_s = y_o = 0$ より

$$R = \sqrt{(x_o - x_s)^2 + (y_o - y_s)^2 + z_s^2} = \sqrt{x_o^2 + z_s^2}$$

また $\sqrt{(x-x_s)^2 + (y-y_s)^2 + z_s^2} = \sqrt{x^2 + y^2 + z_s^2}$

したがって(b)の式は

$$\dfrac{\sqrt{x_o^2 + z_s^2}}{V_p} > \dfrac{\sqrt{x^2 + y^2 + z_s^2}}{V_s}$$

となる。

$\dfrac{x_o^2 + z_s^2}{V_p^2} > \dfrac{x^2 + y^2 + z_s^2}{V_s^2}$ より

$$x^2 + y^2 < \dfrac{V_s^2}{V_p^2}(x_o^2 + z_s^2) - z_s^2$$

よって $x^2 + y^2 < \dfrac{V_s^2}{V_p^2} x_o^2 - z_s^2 \left(1 - \dfrac{V_s^2}{V_p^2}\right)$

これは，原点を中心とした半径 $\sqrt{\dfrac{V_s^2}{V_p^2} x_o^2 - z_s^2 \left(1 - \dfrac{V_s^2}{V_p^2}\right)}$ の円の内部を表す。

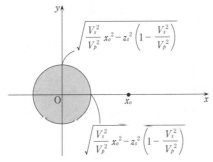

(d) (c)で求めた領域を小さくすればよいため，x_o の値を小さくする，すなわち，観測点を密にすることが必要である。また，どこで地震が発生しても x_o が小さくなるように，等間隔で地震計を設置すればよい。

(2) (a) マグニチュードが大きいほど震源断層は長く，地表面で揺れが継続する時間は長い。

(b)　A：引き波　B：押し波　C：引き波　D：押し波
(c)　右図。

(d)　観測点A, Bでの揺れの継続時間を T_A, T_B とすると

$$T_A = \frac{L}{V_r} + \frac{r_1}{V_p} - \frac{r_2}{V_p} = \frac{L}{V_r} + \frac{(r_1 - r_2)}{V_p}$$

$$= \frac{L}{V_r} + \frac{L}{V_p} \quad \cdots\cdots(答)$$

$$T_B = \frac{L}{V_r} + \frac{r_2}{V_p} - \frac{r_1}{V_p} = \frac{L}{V_r} + \frac{(r_2 - r_1)}{V_p} = \frac{L}{V_r} - \frac{L}{V_p} \quad \cdots\cdots(答)$$

説明：震源の移動していく方向にある観測点では，逆側にある観測点に比べて揺れの継続時間が短い。

問2．(1)　ア．付加体　イ．中央構造線　ウ．フィリピン海
(2)　形成された場所：低緯度にある海山上部の浅海域。（15字以内）
とりこまれるまでの過程：海洋プレートの沈み込みとともに，海溝から沈み込んだ海山が付加体にとりこまれた。

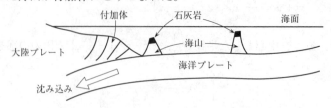

(3)　(a)　P：砂岩・泥岩　R：チャート　S：玄武岩
(b)　起源：火山灰，粘土
理由：岩石種Qは陸地に近い海底で形成されたため，島弧の火山灰や陸地からの粘土が供給されたと考えられるから。
(c)　地点：D
理由：最上部の岩石種Pの年代が最も若く，最後に付加した地質体であると考えられるから。
(d)　海嶺と海溝の距離が短くなった，あるいはプレートの移動速度が速くなったと考えられる。
(e)　地点Aの岩石の年齢は $1.44 - 0.8 = 0.64$ 億年 $= 64 \times 10^6$ 年であるから，地殻熱流量は

東京大-理科前期　　　　　　　　　　　　　　　　　　2022 年度　地学〈解答〉　*123*

$$\frac{0.5}{\sqrt{64}} = \frac{1}{16} \text{〔W/m}^2\text{〕}$$

深さ d〔m〕で 150℃, 0m で 0℃なので　　　$G = \dfrac{150}{d}$〔K/m〕

地点Aの岩石の沈み込んだ深さを d_A とすると

$$\frac{1}{16} = 2.0 \times \frac{150}{d_A}$$

$$d_A = 2.0 \times 150 \times 16 = 4800 \text{〔m〕} = 4.8 \text{〔km〕}　\cdots\cdots（答）$$

地点Dの岩石の年齢は $0.96 - 0.71 = 0.25$ 億年 $= 25 \times 10^6$ 年であるから,
地殻熱流量は

$$\frac{0.5}{\sqrt{25}} = \frac{1}{10} \text{〔W/m}^2\text{〕}$$

地点Dの岩石の沈み込んだ深さを d_D とすると

$$\frac{1}{10} = 2.0 \times \frac{150}{d_D}$$

$$d_D = 2.0 \times 150 \times 10 = 3000 \text{〔m〕} = 3.0 \text{〔km〕}　\cdots\cdots（答）$$

━━━━━━━　◀解　説▶　━━━━━━━

≪地震と断層, 日本の地質, 地殻熱流量≫

◆問 1　▶(1)　(a)　観測点から震源へのベクトルは $R\vec{e}$ なので, 震源の位置ベクトルは, 観測点の位置ベクトル $+ R\vec{e}$ となる。

(b)　震源からの距離 $\sqrt{(x-x_s)^2 + (y-y_s)^2 + z_s^2}$ を S 波を伝わるのにかかる時間 $\dfrac{\sqrt{(x-x_s)^2 + (y-y_s)^2 + z_s^2}}{V_s}$ に比べて, P 波が距離 R を伝わり観測点に到達する時間 $\dfrac{R}{V_p}$ が長いと緊急地震速報が間に合わない。

(c)　(b)の式に $x_s = y_s = y_o = 0$ を代入して整理すればよい。震央（原点）を中心とする円となることは, 緊急地震速報の原理を考えれば十分に予測することができるだろう。

(d)　(c)で求めた領域がいかなる地震に対しても 0 に近ければよい。そのためには x_o が小さい方がよく, 極力短い間隔で観測点を設ける必要がある。また, いかなる地震に対しても(c)で求めた領域が小さくなるためには, 観測点を等間隔に設置することが望ましいと考えられる。

▶(2)　(a)　地震のエネルギーはその地震を起こした断層の面積に比例する。

断層面の幅は無視できるほど小さいとされているので，ここでは断層の長さに比例すると考えてよい。したがって断層が長いほどマグニチュードは大きい。また，断層が長いほどずれの開始から停止までの時間が長くなるので，地震の継続時間は長くなる。

(b) ずれの移動速度 V_r はS波速度 V_s の数十％程度とのことなので，すべての地点でずれの開始点から出たP波が最初に観測される。したがって断層面と，開始点で断層面と直交する線分で区切られる4象限で初動の押しと引きが区分されることになる。

(d) ずれの開始点から出たP波が最初に届き，ずれの停止点から出たP波が最後に届く。リード文でP波による揺れのみを考えるとあるので，最後に届く波がS波であるとしないよう注意する。

◆問2 ▶(1) 日本列島の形成に関する用語で細かいものが問われる可能性は高くないが，ここで問われているのは覚えておくべき重要なものばかりである。

▶(2) 低緯度の島の周囲で形成されたサンゴ礁が，プレートの沈み込みに伴って付加体にとりこまれる。サンゴ礁は石灰岩となるが，その基底部には火山島を形成する玄武岩が見られることが多い。

▶(3) (a) 四万十帯はリード文にあるように付加体であり，海洋底の層序が保存されていると考えてよい。最下部の岩石種Sは海嶺で形成された玄武岩であると考えられ，最上部の岩石種Pは付加される直前に海溝付近で陸から供給された砂泥が堆積してできた砂岩・泥岩であると考えられる。岩石種Rは深海底で玄武岩のすぐ上に堆積しているので，チャートと考えられる。

(b) 有孔虫の殻などが堆積してできる石灰質軟泥も考えられるが，炭酸カルシウムはCCD（炭酸塩補償深度）より深いところでは溶解してしまい，堆積しない。Rのチャートが堆積しているところはCCDより深く，海洋底は海嶺から海溝までは徐々に深くなっていくので，海山など特殊な場所を除き，チャートの上に有孔虫などの石灰質の殻が堆積することはないと考えられる。

(c) フィリピン海プレートは北北西に移動していくので，最も南に位置する付加体は最後に付加した最も若い付加体であると考えられる。したがって，最上部の岩石種Pの年代が最も若いものを選べばよい。

(d) 地点A〜Dで厚さが異なるのは深海底で堆積するRだけである。海嶺で形成されてから海溝で沈み込むまでの時間がだんだん短くなっているということになるので，海嶺と海溝の距離が短くなっていったと考えられる。また，プレートの移動速度が速くなったとしても説明できる。

(e) 海洋プレートの年齢 t は，玄武岩である岩石種Sの上端と，堆積物の最上部である岩石種Pの上端の年齢差から求める。与えられた式に求めた t を代入して地殻熱流量 q を求める。その q から地温勾配 G を求める。その地温勾配をもとに150℃になる深さ d を計算すればよい。

❖講　評

　出題傾向は例年通り。問題文が長く内容が複雑なものが多いが，丁寧に読めば題意をつかむことができる。計算を含めて問題量が多く，時間配分に気をつける必要がある。

　1　問1　連星の光度変化を題材にした出題。問題文と図を丁寧に読み解いていけば，取り組めるはずである。差がついた問題かもしれない。

　問2　2021年度に続きケプラーの法則に関する問題であった。計算もそれほど複雑ではなかったので，確実に得点したい。

　2　問1　気圧と風の吹き方に関する出題。図2−1の意味が理解できるかどうかがポイント。問題文中の(b)「夜間」，(c)「南半球」などの条件を見落としてはならない。基礎的な知識の理解があれば解答できる内容である。

　問2　海水の運動に関する出題。津波の速さを求める問題はよく出題されるが，水深の違いをプレートと関連させて説明させる複合的な問題もあった。表面波に関する出題は珍しいが，これを機会に押さえておきたい。

　3　問1　地震と断層に関する出題。(1)は緊急地震速報に関する計算と描図が求められた。(2)断層面上のずれの移動を扱った問題を見たことのある受験生はほとんどいなかったであろうが，問題文と図を丁寧に読み解けば，解答できたはずである。

　問2　日本列島の地質構造に関する問題。細かい事項を問われると対応できない受験生も多かったかと思うが，この問題文に出てくる用語は基本事項として押さえておきたいものばかりであった。海洋プレートの

層序，地殻熱流量などとも関連させた複合的な出題で複雑に感じたかもしれないが，個々の問題は十分取り組める内容なので，確実に得点したい。

きる。㈠の口語訳は、文意に応じた解釈と表現を示すにはかなり難しいものが含まれていた。㈡の内容説明（比喩の説明）はごく標準レベルで、確実に得点したい。㈢の内容説明（理由説明）も、本文全体の理解を前提に、傍線部の前に述べられている内容を素直にまとめることで対応できる。

128　2022 年度　国語〈解答〉　　　　　　　　　　　　　　　　東京大-理科前期

ことがわかるようにまとめる。　解答のポイントは次の三点である。

① ［主］が［民］に＝君主が民衆に
② ［託於愛利］に反して＝愛や利益をもたらさず
③ ［徒疾行威］＝権威ばかりをふるった

参考　『呂氏春秋』は、秦の呂不韋が中心となって編纂した書物で、二十六巻から成り、道家、儒家、墨家、兵家、農家等さまざまな思想にわたる幅広い論説がまとめられている。

❖講　評

一　現代文（評論）　ナショナリズムを論じた鵜飼哲の文章からの出題である。　筆者の海外での経験から始まっているので、取り組みやすい印象を受けるだろう。しかし内容はかなり深刻で、同じ日本人として重い問題を背負わされた感じで読み終えるだろう。その意味で入試現代文として適切な文章であるといえよう。　設問は㈠～㈢が標準、㈣がやや難、㈤が基本レベルである。㈠はある程度自分の言葉で説明する必要があって、ややまとめにくいだろう。㈣は本文全体を踏まえた内容説明を求めており、本文の語句を単につなぎ合わせただけでは高得点は得られないだろう。その言わんとするところをおさえ、しかも本文全体を視野に入れてまとめる必要がある。

二　古文（物語）　平安時代後期の物語『浜松中納言物語』からの出題。非常に複雑な事情がリード文で説明されているが、要は、日本への帰国を前にして愛する后との別れを悲しむ中納言の様子を中心に描いた部分である。㈠の口語訳は、基本古語の知識に加え、多義語について文脈に応じた解釈を示すことが求められていた。㈡の和歌の大意の説明は、中納言と后の贈答歌全体の内容を把握することが前提。㈢の内容説明（理由説明）は、中納言の心内文全体を正確に理解する必要がある。　全体的に、やや難レベルの出題といえる。

三　漢文（思想）　君主のあり方について述べた文章。例と論の対応もわかりやすく、論旨は明確につかむことがで

置かれている。「用ゐられず」という仮名に従えば、〝民衆が（愚かな君主によって）活用されない〟という解釈になる。

c、「威は有ること無かるべからざるも」と読む。「威」は、君主が民衆にふりかざすものとして〝権威・威光〟といった解釈をするのがよい。「不可」は不可能や打消当然を表す。「無有」は〝あることがない〟、つまり〝ない〟ということ。傍線部c全体で、権威はないわけにはいかないということを言っている。

▼(二)「之」は「威」を指し、君主のふるう権威が「塩之於味」（＝〝調味においての塩〟）にたとえられている。「威」については、傍線部dの前の文で、「不可無有、而不足専恃」（＝〝ないわけにはいかないけれども、それだけに頼るのは十分ではない〟）とされている。傍線部dの後の「凡塩之用、有所託也。不適則敗託而不可食」は、塩を用いるにも基準があり、適量を用いなければ味付けが悪くなって食べることができない料理になってしまうということ。塩によって料理の味が悪くなるということは、「威」に即していえば、君主が国を破滅に至らせるということになる。解答のポイントは次の二点である。

①　「塩」について＝調味に必要な塩も適量を誤ると味を損なう

②　「威」について＝為政に必要な権威も過度にふるうと破滅を招く

▼(三)　傍線部eは「此殷と夏の絶ゆる所以なり」と読み、〝これが殷と夏が滅亡した理由である〟の意。設問に「なぜなのか」とあるのは、殷と夏が滅亡した理由、すなわち「此」にあたる内容の説明を求めるものととらえてよいだろう。傍線部eまでに書かれている一連の内容は、権威は愛と利益を拠り所とするものであり、愛と利益が民衆に実感されないままに権威だけを激しくふるうと君主の身に必ず災いが起こるということ。「身必答矣」が傍線部eの「殷夏」「絶」に該当するので、殷と夏が滅んだ理由としては、君主が愛と利益に依拠することなく権威をふるったからだということを説明する。「本文の趣旨を踏まえて」という指示に注意し、「主」が「民」に対して「威」をふるうという

主、多威を以て其の民を使ふこと多し。
故に威は有ること無かるべからざるも、専ら恃むに足らず。之を譬ふれば塩の味に於けるがごとし。凡そ塩の用は、託
する所有り。適せざれば則ち託を敗りて食らふべからず。威も亦た然り。必ず託する所有りて、然る後に行ふべし。悪く
にか託する。愛と利に託す。愛利の心諭られて、威乃ち行ふべし。威太だ甚だしければ則ち愛利の心息む。愛利の心息
みて、徒だ疾しく威を行へば、身必ず咎あり。此殷と夏の絶ゆる所以なり。

▲解　説▼

本文のおおまかな内容は次の通りである。

第一段落　言うことを聞かない馬を何度もすぐに殺す者がいたが、適切な方法を会得せずに脅して従わせようとしても、馬を操ることはできない。

第二段落　愚かな君主も同様に、適切な政策をとらずに権威のみをふりかざしても、民衆を活用することはできず、国の滅亡を招く。

第三段落　権威は必要ではあるが、民衆に愛と利益をもたらさずに権威ばかりをふるうと、国の滅亡を招くことになる。

▼(一)　a、「所以」はここでは"方法・手段"の意。「威馬」は、「造父」(="車馬を御する名人")の行動なので、"脅して従わせる・威圧して服従させる"という意味で解釈する。

b、「愈」は"ますます・よりいっそう"の意の副詞。「民」と「用」は、第一段落に挙げられている逸話の「馬」と「御」(="操る・制御する")にあたるものとみて、「用」は"活用する・役立てる・有効に働かせる"という意味で解釈する。「民」「不用」とは、宋人が馬を操ることができなかったのと同様に、「人主之不肖者」(="人民の君主で愚かな者")が民衆を活用することができないということ。「民」は「不用」の目的語にあたるが、強調のために前に

（二）
調味に有効な塩も適量を誤ると味を損なうように、為政に必要な権威も過度にふるうと破滅を招く。

（三）
君主が民衆に愛や利益をもたらさず、権威ばかりをふるったから。

◆全訳◆

宋の人で道を行く者がいた。その者の（乗っている）馬が走らず、殺してその馬を瀄水に投げ捨てた。また再び道を行く際にも、彼の馬が走らず、また殺してその馬を瀄水に投げ捨てた。このようなことが三度あった。（昔の車馬を御する名人である）造父が馬を脅して従わせる方法といっても、これよりゆきすぎることはない。造父の（馬を操る）方法を会得せずにただその威嚇する行為だけを実行しても、（馬の）制御には役に立たない。

人民の君主で愚かな者はこれと同じようなところがある。その方法を会得せずにただその権威だけを大きくふるう。権威がますます大きくふるわれると、民衆はますます活用されない。国を滅ぼす君主は、大きな権威でその国の民衆を使役することが多い。

だから権威はないわけにはいかないけれども、それだけに頼るのは十分ではない。これをたとえるなら塩の調味においての（働きの）ようなものだ。だいたい塩の効用は、依拠するものがあってのものである。ちょうどよく用いなければ依拠するものを損なって食べることができない。権威もまた同様である。必ず依拠するものがあって、その後でふるわなければならない。何に依拠するか。愛と利に依拠する。愛と利の心が理解されて、初めて権威はふるわなければならない。権威が非常に大きいと愛と利の心はなくなる。愛と利の心がなくなって、ただ激しく権威だけをふるうと、（君主の）身には必ず災いがある。これが殷と夏が滅亡した理由である。

読み

宋人（そうひと）に道を取る者（あ）有り。其（そ）の馬進まず、到（いた）して之（これ）を瀄水（けいすい）に投（とう）ず。又（ま）た復（ま）た道を取るも、其の馬進まず、又た到して之を瀄水に投ず。此くのごとき者三（み）たびあり。造父（ぞうほ）の馬を威（い）する所以（ゆゑん）と雖（いへど）も、此（これ）に過ぎず。造父の道を得ずして徒（た）だ其の威を得るも、御（ぎょ）に益（えき）無し。

人主（じんしゅ）の不肖（ふせう）なる者此に似たる有り。其の道を得ずして徒だ其の威を多くす。威愈（いよいよ）多くして、民愈（たみ）用（もち）ゐられず。亡国（ばうこく）の人主、御に益無し。

132 2022 年度 国語〈解答〉　　　　　　　　　　　　　　　　　　　　　　東京大-理科前期

文全体で、要するに、もし后が中納言に対して粗略な態度をとったならばしかたがないけれども、実際にはそうでは
なく、親しみ深い様子で接しているため、まだしも心強く思うという中納言の気持ちが述べられている。「いかがは
せむ」の部分は、后の態度に望みが持てるということで、傍線部エと重なる内容にあたるので、その前の「いとせめ
ては…もてなし給はば」を現実の側面から説明した内容が傍線部エの理由であるととらえることができる。「若君の
かたざまにつけても」は、"后と中納言との間の子である若君についてのことにつけても"ということで、前文の内
容に加え、若君という存在もあるため、中納言に対する后の気持ちが離れることはないだろうという推察につながっ
ている。

解答のポイントは次の二点である。

① 「いとせめては…もてなし給はば」＝后は中納言に親しみ深い態度を見せている

② 「若君のかたざまにつけても」＝后と中納言との間には子の若君もいる

解答欄に収まるように表現を工夫して簡潔にまとめる必要がある。

語句 ●未央宮＝唐の都長安にある宮殿の名。本文の場面から約一カ月半前の八月十五日に、未央宮で中納言の帰国を惜
しむ宴が催され、中納言と后の関係を知らない御門が、后に女房の姿をさせて琴を弾かせたことがあった。

参考 『浜松中納言物語』は、平安時代後期に成立した作り物語で、作者は菅原孝標女とする説もあるが未詳。数奇な運
命に翻弄される中納言の半生を、日本と中国を舞台に描いたもので、『源氏物語』の影響が色濃くみられながらも、輪廻
転生や夢のお告げなどが取り入れられているところに特徴がある。

三

解答

出典 呂不韋（りょふい）『呂氏春秋』〈巻第十九　離俗覧第七　用民〉

（一）
　　a、馬を脅して従わせる方法
　　b、民衆はますます活用されない
　　c、権威はないわけにはいかないが

み取れる。「夢とだに…」の返歌は、まず、上の句で、中納言が逢瀬を「夢」だと詠んだことに対して、"夢とさえど

うしてあなたは思い出したりもしてしまっているのだろうか"と切り返している。それに続く下の句である傍線部イ

は、逐語訳すると"ただ幻として結ばれるのは結ばれるといえるか、いや、いえない"となる。ここでの「見る」は、

"結ばれる・契りを交わす・逢瀬を持つ"の意、「かは」は反語を表し、ただ幻のようにはかない逢瀬とはい

えないようなものだということを詠んでいる。かつて自分が中納言と結ばれた出来事が念頭に置かれていることは当

然だが、傍線部イの部分には過去の助動詞「き」などが用いられていないので、はかない逢瀬というものを一般化す

る形で詠まれていると考えられる。設問では「大意を示せ」と指示されているので、「まぼろし」の意味がわかるよ

うに配慮し、反語は打ち消しの部分のみを示してまとめる。解答のポイントは次の二点である。

① 「ただまぼろしに見るは」=ただ幻のようにはかない逢瀬は

② 「見るかは」=現実の逢瀬とはいえない

(三)

傍線部エは中納言の心内文で、逐語訳すると"私をすっかり思い捨てなさらないのであるようだ"となる。「われ」

は中納言自身を指す。「ひたぶるに」は、一途な様子を表す形容動詞「ひたぶるなり」の連用形で、ここでは後の動

詞「おぼし放つ」に係り、"すっかり・完全に"の意で用いられている。「おぼし」は「思ふ」の尊敬語「おぼす」で、

「おぼし放た」は、"思い捨てる・見限る"という意味の複合動詞「おもひ放つ」の尊敬表現にあたる。「ぬ」は打消

の助動詞「ず」の連体形。「なん」は断定の助動詞「なり」の連体形「なる」の語尾が撥音便化したもの。「めり」は

推定の助動詞。「われをばひたぶるにおぼし放たぬなんめり」は、中納言が、后は自分を完全に思い捨てはしないよ

うだと推し量っているものである。その理由は、この心内文の前の部分に書かれている。「いとせめてはかけ離れ、

なさけなく、つらくもてなし給はばいかがはせむ」を逐語訳すると"たいそう極端に関係を隔て、思いやりがなく、

冷淡にあしらいなさったならばどうしようか、いや、どうしようもないだろう"となる。「いとせめてはかけ離れ、

なさけなく、つらくもてなし給はば」全体が仮定条件となっていることに注意しよう。「いかが」は反語の意。この

は、ひきもとどめたてまつるべけれど」（＝〝並一通りに人目を気にしないならば、〈中納言は后を〉引き止めもし申し上げるにちがいないけれども〟）と書かれていることととをふまえた中納言の様子として、〔解答〕では〝身を慎んで〟とした。甚だしい様子を表すものとみて〝しっかりと・しっかりわきまえて〟や、賢明な行動が良い結果につながったことを表すものとみて〝うまく・うまい具合に〟などと解釈することもできそうである。「思ひつむ」は、気持ちが表に出ないように控えめにすること。后が御簾の中に入るのを引き止めたい気持ちが態度に出ないようにするということで、〔解答〕のほかに、〝自制する・思いとどまる〟などの表現も考えられる。

オ、「なほ」は、物事をあらためて認識する様子を表す副詞で、〝やはり〟と訳す。「いと」は強調を表す副詞で、〝たいそう〟など。「せちに」は、切迫した様子を表す形容動詞「せちなり」の連用形で、ここでは、間もなく后と別れて日本に帰らなければならない中納言の状況をふまえ、〝痛切で〟のように解釈するのがよい。「やるかたなき」は、気持ちを思い通りに進める方法もない様子を表す形容詞「やるかたなし」（＝［遣る］＋「方」＋「なし」という連語）で、〝心の晴らしようもない〟のように訳す。「ほど」は時や場所や様子などをおおまかに表す名詞で、ここでは「暮れゆく秋の別れ」について言っているので、〝時節・頃〟と訳すのが適切である。「なり」は断定の助動詞。なお、リード文などに直接書かれてはいないが、中納言は九月末に日本への帰国の途につくことになっており、本文はその三日前に催された別れの場面で、傍線部オの前の「暮れゆく秋の別れ」は、秋が終わるのとともに中納言が中国を去るということをふまえた表現となっている。

▼(二)　傍線部イを含む和歌は后が詠んだもので、中納言が詠み贈った「ふたたびと…」の和歌に対する返歌である。贈答歌全体の内容をみていこう。まず、「ふたたびと…」の和歌は、〝二度と（あなたと逢瀬を持ったことを現実だと）合点する手立てもない。（あなたと逢瀬を持ったのは）どのように見た夜の夢であるのだろうか〟というもの。リード文に書かれていることと、本文冒頭から傍線部アまでの内容をふまえると、中納言は三年前に結ばれた后に未練があり、別れを深く悲しんでやりきれなく思う気持ちを、かつての逢瀬は夢であったのだろうかと詠んで訴えたものと読

東京大-理科前期　　　　　　　　　　　　　　　　　　　　2022 年度　国語〈解答〉　135

第二段落（内裏より皇子出でさせ給ひて…）

管絃の遊びが始まり、中納言がどうにか思いをこらえて皇子からの贈り物の琵琶を貰い受けると、后も御簾の中で琴の琴を弾き、その琴を中納言への贈り物とした。中納言は、たいそう親しみ深く自分に接してくれた后の様子を身に染みて思い、日本への帰国を決心したことを後悔するほど気が動転した。中納言は、中国へは二度と戻って来ることができないと思うと悲しみが募り、后との間柄にあれこれと思いを致しては、どうしようもなく心が乱れるのであった。御門や東宮をはじめとする人々は、中納言の帰国を非常に惜しんで悲しんだ。

（一）　ア、「さすがに」は、前述の内容や既存の様子とは逆の側面があることを示す副詞で、"そうはいってもやはり"と訳す。「あらず」は "そうではない・違う" という意味の連語で、ここでは、前に「忍びがたき心のうちをうち出でぬべきにも」（＝"隠しきれない内心を口に出してしまいそうなのにつけても"）と書かれていることから、"口に出さない・何も言わない" ということを意味していると判断する。「わりなく」は、道理に合わない様子や度合いを超えた様子などを表す形容詞「わりなし」の連用形で、ここでは、本文冒頭に「忍びがたき」とあるのに相当する中納言の気持ちを表すものとして、"どうしようもない・耐えがたい" といった表現で訳すのがよい。「かなしき」は、情感が胸に迫るような様子を表す形容詞「かなし」の連体形で、ここでは "悲しい" でよいだろう。「に」は、時や状況を表す格助詞、または単純接続を表す接続助詞のいずれとも取れそうである。

ウ、「かしこう」は、形容詞「かしこし」（「畏し」や「賢し」）の連用形「かしこく」の語尾がウ音便化したもの。「かしこし」は、畏怖や畏敬の気持ちがもとで、高貴なものに対して恐縮したり、賢明さに敬服したり、甚だしい様子を表したりして広く用いられる。ここではどのような意味でとらえればよいか迷うところだが、后が中納言の和歌に形ばかりの返歌をして御簾の奥に入ってしまったという状況と、傍線部ウの前に「おぼろけに人目思はず

持ちで心をなだめたことによっても、心が安まるときはあった。ここは、再び戻って来て見ることができる国か、いや、

戻って来ることができる国ではない」と諦めるので、すべてが目に留まり、しみじみ悲しいのはもっともなことであって、

后が、もう一度の出会いを、隔たった関係ながらも、普通の態度でたいそう親しみ深く振る舞ってお思いになっているの

も、(中納言は) 世間一般とは異なるさまざまな物思いがいっそう募っては、自分の身も后の御身も、あれこれとごたご

たしたことが起こってしまうにちがいない仲への気が引ける思いを、(后が) 胸の内に秘めていらっしゃる道理も、(中納

言は) ひたすらに恨み申し上げるような筋合いはないので、どのようにすれば (よいのだろうか)、と思い乱れる心の中

は、表現し尽くすすべもなかった。「(后が) たいそう極端に関係を隔て、思いやりがなく、冷淡にあしらいなさったなら

ばどうしようか、いや、どうしようもないだろう。若君についてのことにつけても、私をすっかり思い捨てなさらないの

であるようだ」と、推察せずにはいられない心がどきどきしても、(その一方で) すっかり正気を失ってしまいそうに気

持ちが落ち込んで、暮れていく秋の別れは、やはりたいそう痛切で心の晴らしようもない時節である。御門や、東宮をは

じめと申し上げて、(中納言との別れを) 惜しみ悲しみなさる様子は、日本を離れたときの (人々が別れを惜しんだ)

様子をも、いくらか上回っている。

本文のおおまかな内容は次の通りである。

▲解　　説▼

第一段落　(忍びがたき心のうちを…)

別れの宴席で、后へのこらえきれない思いを口にも出せないまま悲しんでいる中納言は、皇子も席を立って、女

房たちも雑談などをしているのに紛れて、かつての逢瀬は夢であったのだろうかと訴える和歌をこっそりと詠み

贈った。后は、あれは夢どころか幻のようなものだとさりげなく応じて御簾の中に入ってしまい、中納言はそれ

を引き止めることをかろうじて自制した。

◆全　訳◆

（中納言は）隠しきれない内心を口に出してしまいそうなのにつけても、そうはいってもやはりそうはせず、どうしようもなく悲しいときに、皇子もちょっと退席なさるので、（后の）おそばにいる女房たちも、それぞれ何かお喋りをするのだろうかと　（思われる声が）　聞こえるのに紛れて、

二度と　（あなたと結ばれたことを現実だと）　合点する手立てもない。（あなたと結ばれたのは）どのように見た夜の夢であるのだろうか。

（中納言は）　非常に声をひそめて人にわからないようにしたりもしてしまっているのだろうか。

　　夢とさえどうしてあなたは思い出したりもしてしまっているのだろうか。ただ幻として結ばれるのは結ばれるといえるか、いや、いえない。

（后は）こらえきることができそうにもない御様子のつらさのために、（はっきりと）言うともなく、かすかな声で人にわからないように言って、そっと（御簾の中に）お入りになった。並一通りに人目を気にしないならば、（中納言は后を）引き止めもし申し上げるにちがいないけれども、身を慎んで気持ちを抑える。

　宮中から皇子がお出ましになって、管絃の御遊びが始まる。（中納言は）何の音色もわからない思いがするけれども、今夜を最後だと思うので、気丈に思いこらえて、（皇子から）琵琶をいただきなさるのも、現実だという気はしない。御簾の中で、琴の琴を合奏なさっているのは、未央宮で聞いたもの　（＝以前、未央宮で女房に身をやつして演奏したのと同じ后の演奏）　であるにちがいない。（后は琴の琴を）そのまま（中納言への）中国からの御贈り物に加えなさる。（中納言は）「もうこれで（帰国しよう）」と無念なことにもすっかり決心してしまったのに、たいそう親しみ深くお話しになった（后の）御物腰や、様子が、耳に留まり心に染みて、気が動転して心乱れ、まったく正気でもいらっしゃらない。「日本で母上をはじめとして、大将殿の姫君と、親しく過ごしたという間もなく別れ去ってしまった悲しみなどは、比類ないだろうと自分でそうしたことだとはいえ思われたけれども、生き長らえたならば、三年の間にきっと戻って来ようと思う気

わけである。以上の事情を説明する。解答のポイントは次の三点である。ちなみに原文では傍線部に続けて、ある保守系の大物政治家がハト派的姿勢を示したために「国賊」というレッテルを貼られた例が挙げられている。

① 国籍は一つの制度であり、制度が変われば国籍を剝奪されることもありうる

② 日本のナショナリズムは異分子を集団から排除しようとする傾向が強い

③ 日本人としてのアイデンティティが脅かされる可能性は誰にもある

(五) a、「緩む」は "ゆるくなる"の意。"緊張がほぐれる"の意。b、「滑稽」は "言動がおどけていて、おかしいこと"の意。c、「意味深長」は "意味に深みや含みがあるさま"の意。「慎重(= "注意深く行動すること")」ではない。本文では筆者が「パラサイト」を非難されたときの自らの反応を回想して、このように述べている。

参考 鵜飼哲(一九五五年〜)は哲学者。東京都生まれ。京都大学文学部卒業。同大学院文学研究科フランス語学フランス文学専攻博士課程退学。一橋大学経済学部助教授、同言語社会研究科助教授などを経て、二〇二二年現在、一橋大学名誉教授。著書に『償いのアルケオロジー』『抵抗への招待』『応答する力——来るべき言葉たちへ』『主権のかなたで』『ジャッキー・デリダの墓』などがある。『ナショナリズム論・入門』は二〇〇九年刊。

二

出典 『浜松中納言物語』〈巻の一〉

解答

(一) ア、そうはいってもやはり口に出さず、どうしようもなく悲しいときに
ウ、身を慎んで気持ちを抑える
オ、やはりたいそう痛切で心の晴らしようもない時節である

(二) ただ幻のようにはかない逢瀬は、現実の逢瀬とはいえない。

(三) 中納言との間の子も産んだ后が、親しみ深い態度を見せているから。

▼(四)

① あらゆる物事には本来名前がなく、人為的に名づけられたものである

② 国も自然に存在するものではない

とを述べているようにみえる。その前文でも、「ある土地の広がり」（＝自然）が「フランス」とか「日本」という名

で呼ばれるのは少しも「自然」ではないと述べるのも、当たり前のことを言っているようにみえる。ではなぜこのよ

うな当然すぎることをわざわざ言わなければならないのか。それは「自然的性格」が「仮構された」「制度」（以上、

第十一段落）、「操作」（第十一・十二段落）にすぎず、ナショナリズムが主張するような自然性、当然性に根拠がな

いことを指摘するためである。要するに、生地や血統に基づくとされる国籍など人為的に定められたものにすぎず、

自然本来のものではないと言いたいわけである。そしてこのことを指摘するために、言語化される前の原初的な自然

を持ち出したわけである（もちろん言語による自然の分節という言語哲学的視点もふまえているだろう）。ただし、

傍線部ウの時点では、まだ「生地」のみの説明に留まっているので、国籍の話は含めず、単に国が自然発生的なもの

ではないという説明のみで十分である。以上より解答のポイントは次の二点となる。

傍線部の直前に「だから」とあり、傍線部の理由づけがその前で行われている。すなわち、「『非自然化』はいつで

も起こりうる」からである。「自然化」とは何か。それは第十一段落で説明されるように、ナショナリズムが主張す

る生地や血統の同一性つまり国籍は、あたかも自然に由来するかのように仮構され、操作された一つの制度であると

いうことである。したがって「自然化」とは、同段落の「その人に国籍が付与されるとき……『自然化』」によって

なされる」、また第十二段落の「昨日まで……突然自然でなくなる」をふまえれば、「自然化」が単なる制度であるこ

とを自ら暴露すること、さらには国籍を剥奪することまで含むだろう。そうなれば「その人」は「国民的同一性」す

なわち国民としてのアイデンティティを奪われることになる。だから「誰も安心はできない」。これに加えて「日本

人であること」ゆえの事情もある。それは□で検討したように、日本人は異質な人間を敵視して集団から排除しよう

とする傾向が強いことである。だから自分がいつ異分子として排除されるかわからないから「誰も安心はできない」

想定だった」と反省する。傍線部の「その『甘さ』」とはこの事情をいう。同じ日本人だからという馴れ合いの感情

が自然と出てしまうのが日本人の国民的心性であるというのであり、筆者はこの心性をガイドによって手厳しく非難

されたわけである。確かに外国の観光地で日本人のツアーに出会うと、安心感や親近感を覚える一方で疎外感を味わ

うものである。以上より解答のポイントは次の二点となる。

① 日本人は国内では集団の壁を築く

② 国外では馴れ合いの感情がつい出てしまった

▼（二）

傍線部の「その」は直前の「ナショナリズム」を指す。「残忍な顔」とは同段落の「『国民』の一部を『非国民』と

して、『獅子身中の虫（＝"組織の中にいながら害をなす人間"）』として、摘発し、切断し、除去する」および「『外

国人』を排除する」ことについていう（特に前者）。〈外〉と〈内〉は外国人と日本国民。すなわち外国人を排除し

ようとするだけでなく、国民の一部を敵視し、「非国民」として除去しようとするのが日本のナショナリズムの性格

であると筆者は指摘する。戦前・戦中に猛威を振るったナショナリズムが、「鬼畜米英」をスローガンに掲げて国威

発揚をはかる一方で、国民総動員体制に従わない一部の国民を「非国民」として弾圧・排除した過去の歴史を思い浮

かべるとよいだろう。筆者の力点はナショナリズムが内部にも向かう点にあり、「このガイドのようにきちんと振る

舞える人々」（＝体制維持に積極的な人々）が「非国民」を作り出してナショナリズムの風潮を強める点を指摘する。

「日本のナショナリズムはこの点で特異な道を歩んでもきた」「残忍な顔」と述べるゆえんである。以上より解答の

ポイントは次の二点となる。

① 外国人を排除する

② 国民の一部を敵視して除去する

▼（三）

第七段落以下、「あらゆるナショナリズムが主張する『生まれ』の『同一性』の自然的性格」（第十一段落）へと議

論が展開している点に注意しよう。傍線部は一見、あらゆる事物や現象にはもともと名前がなかったという凡庸なこ

▲ 解　説 ▼

本文は筆者が自らの経験に基づいてナショナリズム（=〝国家主義・国粋主義・民族主義〟）の本質を二点えぐり出したものである。一点は、ナショナリズムは外部に対して発動されるだけでなく、内部に対しても発動されるということであり、もう一点は、ナショナリズムが主張する同一性は自然化された制度であり、「自然」は〈非自然〉に逆転しうるということである。

本文は全十二段落から成る。第一〜第五段落には「1　あるパラサイトの経験」という標題が、第六〜第十二段落には「2　ナショナリズムとは何か」という標題が付してある。その区分に加え、後者をさらに二区分して全体の構成を確認しよう。なお原文は横書きである。また、本文には原文の語句が改められた箇所が数箇所ある。

1　第一〜第五段落（五年ほど前の…）
ガイドによって排除された経験は、ナショナリズムが〈外〉と〈内〉に同時に働くことを示した

2　第六〜第九段落（もちろん私は…）
ナショナリズムは「生まれ」が「同じ」という平等性と、「生まれ」が「違う」という排他性を不変の核にする

3　第十〜第十二段落（しかし、生地…）
ナショナリズムが主張する「同一性」は自然化されたものであり、それゆえ非自然化も起こりうる

▼
(一)
傍線部は筆者の海外での経験から導かれている。その経験とは、カイロの博物館で日本のツアー団体客に交じってガイドの説明を聞いていたところ、このグループの人間ではないとガイドにとがめられたことである。これを筆者は「排外神経」の正確な標的になった」（第四段落）といい、自分の油断を反省する。そして傍線部の前で「日本のなかでは日本人同士種々の集団に分かれてたがいに壁を築く。しかし、ひとたび国外に出れば……」と述べ、国外では「壁」を壊して同じ日本人として仲間意識を持つという内容を示唆する。だがそれは日本人特有の「無意識の、甘い

解答

一

出典 鵜飼哲「ナショナリズム、その〈彼方〉への隘路」〈1 あるパラサイトの経験　2 ナショナリズムとは何か〉（大澤真幸・姜尚中編『ナショナリズム論・入門』有斐閣）

（一）いかにも日本人らしく、国内では集団の壁を築いても、国外では馴れ合いの感情がつい出てしまったということ。

（二）日本のナショナリズムは外国人を排除すると同時に、国民の一部を敵視して除去する動きを強めているということ。

（三）あらゆる物事には本来名前がなく、人為的に名づけられたのであって、国も自然に存在するものではないということ。

（四）生地か血統によって付与される国籍は一つの制度であり、制度が変われば国籍を剥奪されることもありうる上に、日本のナショナリズムは異分子を集団から排除しようとする傾向が強く、日本人としてのアイデンティティが脅かされる可能性は誰にもあるということ。（一〇〇字以上一二〇字以内）

（五）a—緩　b—滑稽　c—深長

◆要　旨◆

ナショナリズムは「国民」の一部を「非国民」として摘発し除去する能力なくして「外国人」を排除する力を持てない。その不変の核としてあるのが、「生まれ」が「同じ」者の間で「自然」だからこそ「当然」として主張される平等性と、それと表裏一体をなす、「生まれ」が「違う」者に対する排他性である。しかし、「生まれ」の「同一性」の自然的性格は仮構されたものであり、それは自然ではなく一つの制度である。ただし強力に自然化された制度である。この自然化はいつ逆流するかわからず、「非自然化」はいつでも起こりうる。だから日本人であることに誰も安心はできないのだ。

2021年度

解答編

解答編

英語

1 (A) 解答

＜解答1＞ 10代で若者の気質が一時的に悪化することは親子とも認めているが，評価は親のほうが厳しい。この差の原因は，親子関係の変化や評価基準の違いにあるのかもしれない。(70～80字)

＜解答2＞ 10代の気質の悪化は一般に認められるが，親子間では評価が異なり，親子関係の変化や評価基準の違いが原因と考えられる。また，悪化は一時的であることも明らかになった。(70～80字)

＜解答3＞ 10代の若者の気質の一時的な悪化とその後の改善に関して，親のほうが子ども自身より悪化を深刻にとらえている。この差は親子関係の変化や評価基準の違いによると思われる。(70～80字)

━━━━━━━◆全 訳◆━━━━━━━

≪10代の若者の気質の変化≫

2005年に始まったオランダの10代数千人に関する研究を考えてみよう。彼らのうち開始時の最年少は12歳であり，彼らは6～7年にわたって毎年性格テストを受けた。結果は，10代の散らかった部屋や気分の揺れ動きに関して私たちが抱いている通念のいくつかを証拠立てているように思われた。ありがたいことに，気質におけるこうした好ましくない方向の変化は一時的なもので，オランダのデータは，10代の人たちのそれ以前の好ましい特徴は思春期後期には元に戻ることを示している。

親もその10代の子どもたちも，さまざまな変化が起こることでは意見が一致しているが，驚くべきことに，2,700人を超えるドイツの10代に関する2017年の調査によると，変化のとらえ方は誰がそれを評価しているかで変わる可能性があるのだ。その10代たちは11歳のときと14歳のときの2回，自分自身の気質を評価し，彼らの親たちも同じときに子どもの気質を評価した。いくつか意味深い違いが生じた。たとえば，10代は

自分を大人とうまくやっていく能力が低下していると評価したが，彼らの親はこの低下がずっと大きいと見なしていた。また，10 代はお互いに対してはどんどん友好的になっていると見なしていたが，親はますます内向的になっていると見なしていた。「親は全体として，自分の子どもをだんだんいい子ではなくなっていくと見なしている」というのが，研究者たちの解釈だった。もっと肯定的な話をすると，親は子どもたちの正直さの低下を，子どもが思うほど著しいとは思っていなかった。

　この食い違いは，初めは矛盾するように思えるかもしれないが，10 代の自立やプライバシーへの欲求が増すことによってもたらされる，親子関係に起きている大きな諸変化でおそらく説明できるだろう。研究者たちは，親と 10 代の子どもたちは，使っている基準も違っているかもしれないと指摘する。親は 10 代の特徴を典型的な大人と比較して評価しているが，10 代は自分自身の特徴を同年代の人が示している特徴に照らして評価している，ということだ。

　これはいくつかのさらなる調査と一致しており，その調査も思春期初期の，特に気立てのよさや自己修養といった，よい特徴の一時的な低下のパターンを明らかにしている。したがって，一時的な気質の葛藤という 10 代の全体的なイメージは，間違ったものではないようである。

━━━◀解　説▶━━━

◆読解する

　全体の構成を意識しながら，各段を検討しよう。

〔第 1 段〕

　この段は「10 代の若者の気質に関する，一般的なマイナスのイメージ」がオランダの研究で裏付けられたが，そのような特徴は「一時的なものである」という，文章のテーマの要点を述べている。

〔第 2 段〕

　この段は，ドイツでの同様の調査の結果から「親と子の間で気質の変化に対する認識にずれがある」ことがわかったことを，いくつかの例を挙げて説明している。

〔第 3 段〕

　この段では，その「ずれ」が生じる原因として考えられることを述べている。

東京大-理科前期　　　　　　　　　　　　　　　　　2021 年度　英語〈解答〉　5

〔第 4 段〕

　この段では，こうしたことが他の研究でも確かめられており，よい気質が低下するのは一時的であることもわかっていることを述べ，10 代に関する全体的なイメージは正しいと締めくくっている。

　各段と各文の内容をまとめると次表のようになる。

各段の要旨		各センテンスの内容
第1段	10 代の性格テストの結果 1	第 1 文：オランダで数千人の 10 代の人たちが数年にわたって毎年性格テストを受けた。 第 2 文：結果は，10 代の生活や気分の乱れに対する通念を証拠立てているように思われた。 第 3 文：この乱れは長続きせず，思春期後期には元に戻ることもわかった。
第2段	10 代の性格テストの結果 2	第 1 文：ドイツの調査では，思春期の変化は親も子も認めるが，その評価は親と子で違う可能性があることがわかった。 第 2 文：子どもが 11 歳のときと 14 歳のときの 2 回，その気質を本人と親が評価した。 第 3 文：両者の評価の違いが明らかになり，その一例は大人とうまくやっていく能力の低下で，親のほうが子ども自身より低下が大きいと評価した。 第 4 文：もう一つの例としては，子ども同士は友好的になっていると感じている一方で，親は子どもが内向的になっていると評価した。 第 5 文：研究者の解釈は，親は全体として子どもがだんだんいい子ではなくなっていくと考えているというものだった。 第 6 文：子どもの正直さの低下を，親は子どもが思うほど著しいとは考えていなかった。
第3段	親と子での評価の違いの原因	第 1 文：こうした食い違いは，10 代が自立やプライバシーを求めることで，親子関係に起きる変化のせいだと考えられる。 第 2 文：親と子では，評価基準が違っていることも食い違いの原因かもしれない。
第4段	結　論	第 1 文：いくつかのさらなる調査でも同様に，思春期初期のよい特徴の一時的な低下のパターンが見られた。 第 2 文：10 代の一時的な気質の葛藤に関する全体像は間違っていないようだ。

◆答案を作成する

　この文章は，「10 代の若者の気質」に関する子ども自身の評価と親の評価の調査結果から，10 代で気質が悪化することは親子とも認めていること，悪化の程度の評価では親子の間で違いがあること，食い違いの原因と

して親子関係の変化や評価基準の違いが考えられること，また，そうした10代の全体的なイメージは正しいが一時的なものであることを述べている。筆者の主張という側面はほぼなく，調査結果の報告なので，明らかになったことをわかりやすくまとめるとよい。食い違いの原因については，本文で「評価基準の違い」のほうが具体的に説明されているからといって，「親子関係の変化」を抜かさないように注意。この2つは別個のものとして挙げられており，「どちらか一方だけで十分である」とは言えない。

◆━━━━━━ ●語句・構文● ━━━━━━━◆

(第1段) ●back up ～「～を証拠立てる」　●adolescence「思春期」
(第2段) ●on a＋比較級＋note「もっと～な話をすると」
(第3段) ●underway「進行中の」
(第4段) ●be in line with ～「～と一致している，～に沿っている」
　　　　●general picture「全体像」

1 (B) 解答

(ア)(1)— g)　(2)— h)　(3)— c)　(4)— a)
(5)— d)

(イ)do little more than play with form

◆━━━━━━━━ ◆全　訳◆ ━━━━━━━━◆

≪人工知能と芸術≫

　多くの芸術家が人工知能にうんざりしている。彼らは，人工知能がその効率のよさで人々の仕事を奪い去ってしまうのではないかという不安で希望を失っているかもしれない。機械が創造的になれるのかと疑問に思っているかもしれない。あるいは，人工知能の用途を探求したいという気持ちを持っているかもしれないが，その専門用語を理解できないでいるのだ。

　こうしたことはすべて，別の技術について人々が同様に疑念を抱いていた時代のことを私に思い出させる。カメラである。19世紀，現代的写真術の発明で，カメラは問題も恩恵ももたらした。(1)[g)芸術家の中には，その技術を喜んで受け入れる人がいた一方で，扱うための専門知識を必要とする異質な装置と見なす人もいた。]これが自分の仕事を脅かすと感じる人もいた。

　しかし，自分の仕事の道具としてカメラを進んで探求しようとした芸術家たちにとっては，写真の可能性はひらめきを与えてくれるものだとわか

った。実際カメラは，技術の進歩で普通の人たちにも手に入れやすくなり，肖像画制作のような芸術上の試みにそれまでとは別の技巧と形式を与えた。

　芸術が重要なのは，人間として，私たちはみんな創造的になることができるからだ。(2)[ｈ)時とともに，私たちが作る芸術は進化し，その過程で技術は重要な役割を果たす。]写真が新しい道具・媒体として，何が芸術と見なせるのかに関する考え方を拡大することによって，現代の芸術家たちの作品制作の仕方を革命的に変える一助になったことを，歴史は示している。写真は最終的に美術館に飾られるものとなった。カメラは芸術を殺したのではなく，ただ人々が視覚的に自分を表現する新たな手段を与えたのだと，今日ではわかっている。

　この比較は人工知能が今世紀の芸術に影響を及ぼす可能性を理解するのに非常に重要である。

　私たちがテキストメッセージを送る電話から運転する車まで，あらゆるものに機械学習が組み込まれ，それが私たちの日常生活に占める部分が増大するにつれて，(3)[ｃ)そのような人工知能の支配する社会における芸術の未来はどのようなものになるのか問うのはもっともなことだ。]この問いは，機械が芸術の「制作者」として芸術の領域に踏み込むにつれてさらに重要になる。2019 年の夏，ロンドンのバービカンセンターは，「人工知能：人間を越えて」と題する展覧会で，人工知能が作った作品を展示した。その後同じ年の 11 月には，コンピュータプログラムを使って作られた多くの作品が展示された，中国国家博物館での芸術と科学を探求する展覧会に 100 万人を超える人たちが訪れた。

　私は，2012 年に芸術・人工知能研究所をラトガーズ大学に設立した。人工知能研究者である私の主な目標は，その技術を発展させることである。私にとっては，このことは視覚芸術，音楽，文学において人間が成し遂げてきたことを理解するだけでなく，その分野の作品を制作，あるいは共同制作するプログラムを開発するために，人間の創造性に目を向けることを要する。何といっても，私たちを人間として特有の形で区別するのは，創造的技能を，基本的な問題解決を越えて芸術的表現にまで広げられる私たちの能力なのである。

　人間の創造性は人工知能の発明につながり，今では機械自体が創造性の原動力になりうる。当然のことだが，私たちは人工知能にはどのようなこ

とができるのか，人工知能はどのように発達する可能性があるのかを見たいと思っている。過去8年の間に研究所では，研究者たちは人工知能が芸術における問題を解決する大きな可能性を秘めていることに気づいた。たとえば，道具としては，機械の知能は個々の筆づかいを分析することによって，本物の絵画と偽物とを識別する助けになる。

　人工知能はまた，異なる時代の芸術作品が類似の影響を受けている可能性を明らかにするのを助けることで，芸術を理解することもできる。ある試験では，機械学習は芸術史の流れを変えた作品を特定し，その歴史がどのように展開したかに関する新しい側面に光を当てることができた。

　(4)[a)情報を消化することを越えて，機械は新しい画像を作ることもできるようになっている。] それは，ほぼ完全に自力で，見る人が人間の芸術家の作った作品と区別できない。人工知能は，携帯電話で聞くことができる音楽を作曲することさえできる。

　芸術家は昔から，創作活動に新しい技術を取り入れてきた。人工知能も例外ではないが，根本的な違いもある。今回は，機械がそれ自身の創造性の源だということである。膨大な歴史的，社会的データを検索することができるので，人工知能は私たちの想像を越えたイメージを作り出すことができる。この驚きの要素は，芸術の媒体を新しい方向へと進めることができる力である。機械が芸術家のための道具としてだけでなく，芸術家のパートナーとしても機能するからである。

　しかし，人工知能の機械は自分だけで芸術家になりうるのだろうか。私の答えはノーだ。

　芸術の定義は常に変化するが，その核心では，人間同士の伝達の一形態である。機械の背後に人間の芸術家がいなければ，人工知能は形式をもてあそぶ以上のことはほとんどできない。それが画面上のピクセルを操作することを意味するのであれ，五線譜上の音符を操作することを意味するのであれ，そうである。こうした活動は人間の感覚には魅力的で興味深いことがあるが，芸術家とそれを鑑賞する人たちの間の相互作用がなければ，意味を欠く。

　私が気づいたことは，新しい技術は多くの場合，最終的に取り入れられる前に，まず疑念を向けられるということだ。人工知能にも同じ道が生じているのがわかる。カメラと同様に，人工知能は芸術家にも芸術家ではな

い人にも，自己表現する手段を与える。そのため，私は[(5)][d)賢い機械は人間の創造性を助けこそすれ損なうことはない]と確信している。芸術の未来は明るいようだ。

━━━━━━━━ ◀ 解 説 ▶ ━━━━━━━━

◆(ア) ▶(1) 空所の前に「カメラは問題も恩恵ももたらした」，空所の直後には「これが自分の仕事を脅かすと感じる人もいた」とあり，空所では人によってカメラの受け止め方がどのように違ったかが具体的に示されていると考えられる。g)の「芸術家の中には，その技術を喜んで受け入れる人がいた一方で，扱うための専門知識を必要とする異質な装置と見なす人もいた」が適切。

▶(2) 空所のあとには「写真が新しい道具・媒体として…作品制作の仕方を革命的に変える一助になったことを，歴史は示している」とある。芸術の発展とそれにおける技術の役割について言及しているh)の「時とともに，私たちが作る芸術は進化し，その過程で技術は重要な役割を果たす」が文脈にふさわしい。

▶(3) 空所の前には「機械学習が…私たちの日常生活に占める部分が増大するにつれて」とあり，空所の直後に「この問いは」とあることから，空所では機械学習・人工知能に関係する疑問が述べられていると考えられる。c)の「そのような人工知能の支配する社会における芸術の未来はどのようなものになるのか問うのはもっともなことだ」が適切。

▶(4) 空所の直後のダッシュではさまれた挿入部分を除くと，そのあとのthat 以下は distinguish の目的語がなく，関係代名詞節と考えられる。その内容は「見る人が人間の芸術家の作った作品と区別できない」とあり，この先行詞となる名詞で終わる選択肢を選ぶことになる。また，同段第2文（A.I. is even …）で「人工知能は，携帯電話で聞くことができる音楽を作曲することさえできる」とあることから，a)の「情報を消化することを越えて，機械は新しい画像を作ることもできるようになっている」が適切。

▶(5) 当該文は「このことは私に（　　　）を確信させる」が直訳。「このこと」とは，直前の文の「カメラと同様に，人工知能は芸術家にも芸術家ではない人にも，自己表現する手段を与える」を指し，空所のあとには「芸術の未来は明るいようだ」とあることから，筆者は技術が人間に自己

10 2021 年度 英語〈解答〉   東京大-理科前期

表現の手段を与えるものだと考え，それを肯定的にとらえていることがわかる。d）の「賢い機械は人間の創造性を助けこそすれ損なうことはない」が適切。

◆(イ)　当該箇所は「機械の背後に人間の芸術家がいなければ，人工知能は…できる」となっているが，直前の第 12 段（But can an artificially …）には「人工知能の機械は自分だけでは芸術家になりえない」と述べられている。よって当該箇所は「できない」の意にする必要があり，can に do little を続けて「ほとんど何もできない」とする。「ほとんどない」とは，できることもあることを意味しており，more than ～「～以上のことは（ほとんどできない）」を続け，残る語で play with form「形式をもてあそぶ」とすれば，全体で（A. I. can）do little more than play with form「形式をもてあそぶ以上のことはほとんど何もできない」となり，文脈に合う。

━━━━━━━━ ●語句・構文● ━━━━━━━━━━━━━━━━━━━━

（第 1 段）　●be turned off by ～「～にうんざりする」

（第 2 段）　●pose a threat to ～「～を脅かす」

（第 4 段）　●find *one's* way into ～「～に進出する，～に取り入れられる」

（第 11 段）　●integrate A into B「A を B に取り込む，統合する」

（第 12 段）　●in *one's* own right「それだけで，他に頼らずに」

2 (A) 解答例

＜解答例 1 ＞　I think what makes a city comfortable to live in is safety. If a city is not safe, you have no moment of ease. While walking on a street, you have to look out for pickpockets. Going out at night is too dangerous. Or you might not be able to have a good night's sleep as you are afraid of burglars. This is very stressful and lowers the quality of your life. (60〜80 語)

＜解答例 2 ＞　When it comes to defining a comfortable city to live in, convenience is what I put first. I want stores and some kind of public transportation to be within walking distance. Buying food and commuting to my school or workplace are everyday matters, and I want to avoid spending a lot of time on them. I would rather use my time to do something more meaningful, such as enjoying hobbies or doing some exercise. (60～80 語)

■――――――■ ◀解 説▶ ■――――――■

▶＜解答例＞の全訳は以下のとおり。

＜解答例1＞ 街を暮らしやすくするものは治安のよさだと思う。もし街が安全でなければ、気の休まるときがない。通りを歩きながら、スリに気をつけなければならない。夜出歩くのは危険すぎる。あるいは、泥棒を恐れて、夜ぐっすり眠ることもできないかもしれない。これは非常にストレスがかかり、生活の質を低下させる。

＜解答例2＞ 暮らしやすい街を定義するということになると、利便性が私の最優先するものだ。さまざまな種類の店や何らかの公共交通機関が歩いて行ける距離にあってほしいと思う。食料品を買ったり通学や通勤をしたりすることは毎日のことなので、それらに多くの時間を費やすのは避けたい。それより、私は趣味を楽しんだり運動したりといった、もっと意味のあることに自分の時間を使いたい。

▶暮らしやすい街の、最も重要な条件とその理由を述べるもの。まず条件を挙げ、理由を続けるという順で書けばよい。比較的内容を決めやすい問題なので、妥当な理由を手際よくまとめたい。

2 (B) 解答

＜解答1＞ But learning a (foreign) language is (just) like practicing riding a bike. While practicing (it), you may find it difficult, but once you have learned to ride it, you can automatically do it. Then, all you have to do is (to) keep riding it.

＜解答2＞ However, (foreign) language learning is (quite) similar to learning to ride a bicycle. You may have difficulty while practicing (it), but once you become able to ride it, you will find it quite easy. After that, you only have to ride it as often as you can.

■――――――■ ◀解 説▶ ■――――――■

(第1文：前半)

●やや長く、内容が展開しているので、「自転車に乗る練習のようなもの

12 2021 年度　英語〈解答〉　　　　　　　　　　　　　東京大-理科前期

だ」で一度文を切るとよい。

●「だが，語学の習得は…のようなものだ」

「だが」は but あるいは however でよい。however は直後にカンマを
打つこと。逆に but は打ってはならない。「語学の習得」は「言語を習
得すること」learning a language，「語学学習」language learning とで
きる。前者の場合，「言語」の数は一般論として複数もありうるが，比
喩に使われている「自転車」が単数（次の項目を参照）なので，それに
合わせるほうがよいだろう。なお，「語学」は外国語のことと考えられ
るので，それぞれ learning a foreign language / foreign language
learning としてもよい。「～のようなものだ」は「～と似ている」be
(just) like ～ でよい。just は「ちょうど」と意味を強める。なくても
よいが，たとえ話として「ちょうどよい」と筆者が考えているのだから，
ニュアンスとして入れておくのもよいだろう。be (quite) similar to ～
も使える。

●「自転車に乗る練習」は，「自転車に乗る練習をすること」practicing
riding a bicycle〔bike〕，「自転車に乗れるようになること」learning to
ride a bicycle，「自転車の乗り方を学ぶこと」learning how to ride a
bicycle などとできる。

（第 1 文：後半）

●「練習しているあいだは大変（だ）」は，「大変」とは「何が」なのか，
「大変」とはどういう意味かを考えて整え直す必要がある。「練習して
いるあいだは」を while practicing (it)（practice は他動詞でも自動詞
でも使える）とそのまま訳すなら，「大変（だ）」は「それが難しいと思
う」find it difficult などとできるだろう。この場合の「思う」は実行し
て気づくことなので，think や consider ではなく find が適している。
あるいは「苦労する」have (great) difficulty などとすることも考えら
れる。なお，このあと「～でも」が続くので，may を補って「～かも
しれないが」とすると英文として整う。また，一般論として主語は you
がふさわしい。他の考え方としては，この部分全体の構造を変えて，
「練習するのには困難が伴う」practicing (it) may involve difficulties，
「それをすることを習得する〔それができるようにする〕のは辛い作業
である」it may be a painstaking task to learn to do it などとしても

東京大-理科前期　　　　　　　　　　　　　　　　　2021 年度　英語〈解答〉　*13*

原文の内容を表せるだろう。

● 「…でも，一度乗れるようになってしまえばなんでもない」
　「…でも」は，上記のように may と呼応する but で表せばよい。「一度
　乗れるようになってしまえば」は接続詞 once を使い，「乗れるように
　なる」は once you have learned to do〔ride〕it「一度それをすること
　〔自転車に乗ること〕を身につけてしまうと」とできる。「乗れるよう
　になる」become able to ride it としてもよいだろう。「なんでもない」
　は，さまざまに言い換えられる。「自動的にそれができる」you can
　automatically do it，「それが簡単だとわかる」you will find it quite
　easy，「もう何も苦労しない」you will have no trouble などとできる。

（第 2 文）

● 「あとは」は「それから，すると」then や「そのあとは」after that な
　どで表せる。

● 「…してさえいればいいのだ」は all you have to do is（to）*do* や you
　only〔just〕have to *do* / you have only to *do* が使える。

● 「いつも乗っている」は always ride it が直訳だが，「常時自転車に乗っ
　ている」という意味になり不自然。乗る習慣を途切れさせないという意
　味で「乗り続ける」keep riding it，「できるだけ頻繁に乗る」ride it as
　often as you can〔possible〕，「可能なときにはいつでも乗る」ride it
　whenever possible などとするとよい。

3 (A)　解答　(6)— b)　(7)— a)　(8)— e)　(9)— a)　(10)— e)

◆全　訳◆

≪贋作絵画の見破り方≫

デイブ=デイビーズ，聞き手：もしあなたが人に感銘を与える絵画を制作
　する芸術的才能を持っているとしたら，その才能を過去の芸術家の作
　品を模倣するのに使うことを想像できるでしょうか。今日のゲストは，
　美術研究者のノア=チャーニーさんです。チャーニーさんの新しい著
　書は，ルネサンス期にさかのぼる贋作の技術，興味深い特徴とその後
　の結果に注目しています。
　　ノア=チャーニーさん，番組へようこそ。さて，本物であると判断

する手がかりに，どんな物理的なものを絵画の中に探すのでしょうか。

ノア＝チャーニー：そうですね，油絵の場合は，模写しなければならないものの一つはクラクルーアと呼ばれます。

デイビーズ：クラクルーアとはどのようなものか教えていただけますか。

チャーニー：クラクルーアは網目のようなひび割れで，時間の経過とともに，油絵の具が膨張したり収縮したりするのに伴い自然に生じます。表面にクモの巣のような模様が出ます。人にできるのは，その模様を調べ，手っ取り早く古く見せるために人工的に作られたのか，自然に生じたのかを判断することです。

デイビーズ：クラクルーアをどうやって作るのでしょう。

チャーニー：私の著書に登場する人物の中には，有名になりたいがために，自分のやり方を説明してくれた人もいて，そのうちの一人がエリック＝ヘボーンです。そしてもし，お気に入りの人物がいるのを許してもらえるなら，それは彼ですね。

デイビーズ：それはなぜですか。

チャーニー：私に言わせれば，彼は自分が模倣した人たちと同じ芸術的水準にあった唯一の人物なのです。彼は最近の自著で，油絵をバターのようなもので覆い，それから文字どおりクッキーのようにオーブンで焼いて，クラクルーアのように見えるものを作り出す方法を説明しています。これには時間と労力が必要ですが，彼はうまくそれをやり遂げられました。

デイビーズ：他に重要なことは何でしょう。ラベルとか文字とか，絵が描かれている画布とかでしょうか。

チャーニー：そうですね，絵画や版画の裏を見るのはとても重要です。そこには，オークションや以前の所有者の古いスタンプのように，人々が見ない傾向のある情報がたくさんありますから。額縁自体に情報があることもあります。たとえば，キャンバスはどこで購入したとか。そうした種類の細かいことはとても重要ですが，人々は絵画の表面を見る傾向があり，絵をひっくり返してみることはしないです。

デイビーズ：そして，虫食い穴も何か語ってくれるのですよね。

チャーニー：そうです。それは再現するのが最も難しいものの一つです。これは文字どおり小さな昆虫が作る穴です。虫は突き抜けるように絵

を食うのですが，小さなドリルやねじといった道具を使って人の手で再現しようとすると，生物由来で不規則に見える仕事をするのは，とてつもなく難しいのです。

　ですから，贋作を作る人が使う手段の一つ一つに対して，それを突き止めることができる方法があるわけです。ですが，問題はその贋作が深い分析という段階にはめったに至らないことです。芸術品取引の性質は，もし見た目が相当よいもので，その点で専門家の意見が一致すれば，そしてもし文書化された来歴が信用に足るように見えるなら，あえて科学的検査をする人はいない，というものです。たぶんそうあるべきではないのでしょうが，非常に長い間そのように行われてきたのです。

━━━━━━━━ ◀解　説▶ ━━━━━━━━

▶(6)　「『クラクルーア』とは何か」
　チャーニーの2番目の発言第1文（Craquelure is the web …）に「クラクルーアは網目のようなひび割れで，時間の経過とともに，油絵の具が膨張したり収縮したりするのに伴い自然に生じる」とある。b）の「絵の具が膨張したり収縮したりして生じる線」が正解。
a）「長年にわたって絵画を覆うことによって生じる傷」
c）「絵画の表面にクモが作る跡」
d）「絵画を食い荒らす虫によって作られる模様」
e）「芸術家によって作られる絵画上のシミ」

▶(7)　「チャーニーが書いたすべての人の中で，なぜエリック＝ヘボーンが彼のお気に入りなのか」
　チャーニーの4番目の発言第1文（He's the only one …）に「彼は自分が模倣した人たちと同じ芸術的水準にあった唯一の人物だ」とある。
a）の「彼は自分が模写した作品を描いた芸術家と同じ水準の技術を持っているから」が正解。
b）「彼が贋作のテーマに関する数冊の本を書いているから」
c）「彼が絵画を模倣する数多くのテクニックを発明したから」
d）「彼が最も有名だから」
e）「彼がクラクルーアをうまく再現する唯一の人物だから」

▶(8)　「虫食い穴に関する次の文のうち正しくないのはどれか」

a）「機械的に再現するのは難しい」 チャーニーの最後の発言第1段第3
文（They eat their way …）の内容と一致する。

b）「規則的な形をしていない」 チャーニーの最後の発言第1段第3文
（They eat their way …）の内容と一致する。

c）「模倣するのが最も難しい絵画の側面の一つである」 チャーニーの最
後の発言第1段第1文（Yes, and that is …）の内容と一致する。

d）「昆虫が絵画を食うことで作るものである」 チャーニーの最後の発言
第1段第2文（These are literally holes …）の内容と一致する。

e）「適切な道具を使うことで簡単に再現できる」 チャーニーの最後の発
言第1段第3文（They eat their way …）の内容と一致しない。「道具を
使って人の手で再現しようとすると，…とてつもなく難しい」とある。こ
れが正解。

▶(9) 「チャーニーによると，多くの贋作の絵画がそれと認識されない理
由は…ことだ」

チャーニーの最後の発言第2段第2文（But the trick is that …）に
「問題はその贋作が深い分析という段階にはめったに至らないことだ」と
ある。a）の「綿密な検査を受ける芸術作品がほとんどない」が正解。

b）「専門家が絵画の額縁を見ることはまれである」

c）「贋作者が絵画を模倣する方法をあまりにも多く持っている」

d）「贋作の絵画を特定する効果的な方法が十分にない」

e）「時間の経過で絵画がどのように変化するかに関する知識があまりに
も少ない」

▶(10) 「我々は…贋作を本物の作品と最もはっきりと識別できる」

チャーニーの最後の発言第2段第1・2文（So for each means …）に
「贋作…の手段の一つ一つに対して，それを突き止めることができる方法
がある…が，問題は，その贋作が深い分析…にはめったに至らないこと
だ」，続く第3文に，作品自体がかなりよいもので来歴の文書が本物らし
く見えれば「あえて科学的検査をする人はいない」とある。逆に言えば，
科学的検査で分析すれば，贋作であることは突き止められるということ。

e）の「絵画を調べる最新の科学的な技法を使うことによって」が正解。

a）「様式がその芸術家の知られている他の作品と一致することを調べる
ことによって」

b）「絵画で使われている正確な材料を特定することによって」

c）「絵画の裏にある文字や他の印を見ることによって」

d）「絵画に付された文書化された来歴を研究することによって」

━━━━━━━━━━●語句・構文●━━━━━━━━━━

（チャーニーの４番目の発言）　●He's the only one who I would argue was at the same artistic level as … 「彼は…と同じ芸術的水準にあると私が主張した唯一の人物だ」　関係詞節が複文であり，元の文は I would argue（that）he was at the same artistic level as … 「私は彼が…と同じ芸術的水準にあると主張した」である。

（チャーニーの最後の発言）　●bother with ～「～を気にかける」

3 (B) 解答　(11)— d ）　(12)— b ）　(13)— c ）　(14)— c ）　(15)— c ）

━━━━━━━━◆全　訳◆━━━━━━━━

≪贋作の価値≫

メアリー=ルイーズ=ケリー，司会者：マンハッタンの裁判所で，芸術界の注目を集めている裁判が行われています。その裁判は，有名な画家のマーク=ロスコによるもので，800 万ドル以上の価値があると考えられていた絵画に関するものです。と言いますか，少なくとも，その絵がロスコのものではなく実は贋作で，まあ 800 万ドルよりはるかに価値が低いとわかる瞬間まではそうでした。もっと詳しく知るために，ノア=チャーニーさんにお電話しました。芸術作品の贋作に関する新しい本の著者です。チャーニーさん，よろしければその絵画のことを説明してください。その絵画は実際にはマンハッタンの法廷にあり，証人席の横に置かれていると思いますが。

ノア=チャーニー：そうですね。キャンバスに描かれた大きな作品です。赤色と黒色の。そしてロスコのほとんどの作品について私たちが思うとおり，抽象画です。たしかに，様式の観点では，ロスコによる本物の絵のように見えます。

ケリー：では，ものすごくよくできた贋作ということでしょうね。裁判に関する記事をいくつか読んでいると，あるコラムニストが，ロスコがその画家の手を導いているかのように見えるほどよくできていると書

いていました。どうやら買い手をだますのに十分なほど優れたものだったようです。その買い手は誰あろう，世界で最も有名な競売会社サザビーズの会長なんですから。

チャーニー：それは興味深い問題ですね。ある芸術作品が贋作かどうか知ることは，何世紀にもわたる問題ですからね。ときには贋作の画家が，自分が様式を模倣した元の芸術家よりも有名になることがあります。ですから，物としては，そうした贋作は極めて見事な物だということになります。

ケリー：贋作はだんだん巧妙になっているのですか。

チャーニー：贋作はよりうまくなっているかもしれませんが，そうである必要はないでしょうね。そしてここがちょっと複雑なところです。これまでずっと専門家の意見にあまりにも頼りすぎてきたのですが，それは主観的なものです。それではよくないのですが，まだ人々はそれに頼っているわけです。ですから専門家が本物だと言えば，人々はそれを信じがちです。

ケリー：この絵を売った画廊のオーナーのような専門家ということですか。

チャーニー：そのとおりです。ですから，芸術界の内部にはこれまで何世紀にもわたって存在してきた依存や一種の全般的な合意があります。おわかりでしょうが，その合意とは，私たちがこれは本物だと言えば，わかる限りでそれは本物であり，話はそれで終わりというものです。ですが，他にも考慮すべきことが2つあります。作品の表面に見られるものと一致しているかどうか確かめるために，作品の文書化された来歴を調べるという調査ができます。それから，科学的検査もあります。科学的検査に合格する贋作はほとんどないでしょう。とはいえ合格する必要はなく，贋作画家はこのことを知っているのです。もし贋作がとても素晴らしい見栄えで，芸術作品の来歴が十分もっともらしければ，科学的に検査されることはほぼないでしょう。

ケリー：最終的に裁判でこの絵はどうなると思いますか。

チャーニー：私はそれが保存されて，教育目的のために贋作として美術館に展示されることを望みますね。ですが，偽物の芸術作品は破棄することを求める国もあります。それは残念なことです。美しい物だし，何の害もなく，将来誰もだますことがない限り，そこから学ぶことが

できるものだからです。

ケリー：なるほど。美術史家のノア=チャーニーさんでした。どうもあり
　　　がとうございました。

チャーニー：ありがとうございました。

■━━━━━━━━ ◀解　説▶ ━━━━━━━━■

▶⑾ 「ロスコの贋作絵画の特徴として，チャーニーが言及していないの
は次のどれか」

　a）「それは大きな絵である」　チャーニーの最初の発言第2文（It's a
large-scale work …）の内容と一致する。

　b）「それは抽象画である」　チャーニーの最初の発言第4文（And it's
abstract …）の内容と一致する。

　c）「それはロスコの様式で描かれている」　チャーニーの最初の発言第5
文（Certainly, in terms …）の内容と一致する。

　d）「それは一度ロスコが使ったキャンバスに描かれている」　チャーニー
の最初の発言第2文（It's a large-scale work …）に「キャンバスに描か
れた作品だ」とはあるが，ロスコが使ったキャンバスであるとは述べられ
ていない。これが正解。

　e）「それは赤色と黒色を使っている」　チャーニーの最初の発言第3文
（It's red …）の内容と一致する。

▶⑿ 「会話によると，その絵画はロスコの作品にたいへんよく似ていた
ので…をだました」

　ケリーの2番目の発言最終文（Apparently it was …）に「買い手をだ
ますのに十分なほど優れたものだったようで，その買い手は…サザビーズ
の会長だ」とある。b）の「サザビーズの会長」が正解。

　a）「ノア=チャーニー」

　c）「最初にその絵画について書いたコラムニスト」

　d）「マンハッタンの裁判所の判事」

　e）「その裁判を取材している記者」

▶⒀ 「その絵画は今どこにあるか」

　ケリーの最初の発言最終文（I gather …）に「その絵画…はマンハッタ
ンの法廷に…置かれていると思う」とあり，続くチャーニーの発言の冒頭
に It is.「そうです」とある。c）の「それは法廷にある」が正解。

20 2021 年度　英語〈解答〉　　　　　　　　　　　　　　東京大-理科前期

a）「それは破棄された」

b）「それは教育に使用されている」

d）「それは美術館のコレクションになっている」

e）「それはノア＝チャーニーの所有物になっている」

▶⒁　「ある絵画が本物かどうか判断するために，芸術界が通常頼るのは次のどれか」

　　チャーニーの３番目の発言第３文（There has always …）に「これまでずっと専門家の意見にあまりにも頼りすぎてきた」，続く第４文に「まだ人々はそれに頼っている」とある。c）の「専門家の意見」が正解。

a）「様式の分析」　　b）「文書化された来歴」　　d）「所有者の記録」

e）「厳密な検査」

▶⒂　「芸術の贋作に関してノア＝チャーニーが同意する意見は次のどれか」

　　チャーニーの５番目の発言第１文（I would like to …）に「私はそれが保存されて，教育目的のために贋作として美術館に展示されることを望む」とある。c）の「それらは教育目的のために保存されるべきだ」が正解。

a）「それらは，それらにだまされる人たちの面目をつぶす」

b）「それらは，誰かがそれらから利益を得ることを防ぐために破棄されるべきだ」

d）「それらは，それらがどのようにして作られたか明らかにするために，科学的に検査されるべきだ」

e）「それらは，他のどの芸術作品とも同じように扱われ，美術館に展示されるべきだ」

━━━━━━━━━━　●語句・構文●　━━━━━━━━━━━━

（ケリーの最初の発言）　●gather「〜と推測する」　●prop up「（もたせかけるように）置く」

（ケリーの２番目の発言）　●none other than 〜「ほかならぬ〜」

（チャーニーの４番目の発言）　●that's that「それで話は決まった」「これで閉会にします」など，議論が決したときの決まり文句。

3 (C) 解答 (16)— e) (17)— a) (18)— d) (19)— d) (20)— c)

◆全 訳◆

≪文明の崩壊が持つ意味≫

　私たちの歴史においては，文明の終焉が突然で予想外なものであることはめったになかった。通常その過程は長期にわたるゆっくりとしたもので，社会や文化は何年も継続し続ける。たとえば，中央アメリカのマヤ文明の崩壊は，紀元 750 年から 1050 年までの 300 年にわたって進行した。その崩壊では 10 パーセントから 15 パーセントの死亡率の増加が目立ち，いくつかの都市は見捨てられたが，他の地域は繁栄しており，文筆，貿易，都市生活は，1500 年代にスペイン人がやって来るまで残っていた。

　文明の崩壊は一部の人たちに恩恵をもたらすこともある。ヨーロッパの民族国家の出現は，西ローマ帝国が何百年も前に終わっていなければ起こらなかっただろう。このことから，学者の中には崩壊は森林火災のようだと考える人もいる。つまり，進化の源と再建の余地を与える創造的破壊の行為というわけである。

　過去の崩壊に関する私たちの見解は，一般にその最も特権的な犠牲者，すなわち，貧しい人たちと違って，その生活が比較的よく記録されているエリートたちの目を通して見られたものである。しかし，たとえば，古代メソポタミアのシュメールの小作農たちにとっては，紀元前 2000 年の初めに起こった政治的崩壊は，起こりうる中では最高のことだった。しばらく前から，研究者たちは初期の国家がその住民の多くの自由を制限しなくてはならなかったことを知っている。シュメール文明が終わり残酷な支配者が都市から消えたことは，小作農が過酷な労働と重い課税から逃れられることを意味した。

　しかし，こうしたことはどれも，将来の崩壊の可能性について心配しなくてよいという意味ではない。私たちはこれまでになく国家のインフラストラクチャーに依存している。インフラがなければ大混乱が生じうる。1977 年にニューヨーク市を襲ったほぼ全面的な停電を例にとろう。犯罪と破壊行為が急増した。550 人の警官が負傷し，4,500 人が逮捕された。これは，単純な停電だけでなく 1970 年代の財政危機の結果だった。対照的に，1877 年のニューヨーク市の送電停止は，おそらく気づかれさえし

なかっただろう。

　現代文明は，以前の文明よりも深刻な崩壊から立ち直る力が弱いかもしれない。狩猟採集民の一人一人は，その土地で生きていく方法を知っていた。しかし，産業社会の人々は，基本的な生存技術を持っていない。知識はますます個人ではなく集団や組織に握られるようになっている。もし私たちの現在の社会が崩壊したら，私たちが回復できるかどうかはわからない。

　最後になるが，世界がいっそう相互に関連し合い複雑になっていることは重要である。このことは私たちのさまざまな能力を拡大してくれるが，互いに関連し合ったシステムは，孤立したものより偶発的な機能停止に陥りやすい。金融システムの相互関連性は，初めは保護を与えてくれるが，ある時点を越えると，実はすべてを崩壊させてしまう可能性がある。歴史的には，これが地中海の青銅器時代の社会に起きたことである。この地域の人たちの相互関連性は地域の繁栄を高めたが，地震，戦争，気候変動，反乱の強力な組み合わせによって打ち倒されるドミノの列を作っていたのだ。

　したがって，崩壊は諸刃の剣である。時には，腐敗した機構を回復する機会ではあるが，人口，文化，政治構造の喪失につながる可能性もある。過去において崩壊がよい結果も悪い結果ももたらしたとしても，現代においては崩壊はただ暗い未来につながるだけなのかもしれない。

■■■■■■■ ◀解　説▶ ■■■■■■■

▶(16)　「マヤ文明の崩壊と一致しないのは次の文のどれか」

ａ）「文明が衰退するにつれて，死亡する人の数が増した」　第1段最終文（It was marked …）前半の内容と一致する。

ｂ）「文明の没落にもかかわらず，繁栄し続けた地域もあった」　第1段最終文後半（but other areas flourished, …）の内容と一致する。

ｃ）「人口の低下で見捨てられた都市もあった」　第1段最終文（It was marked …）前半の内容と一致する。

ｄ）「スペイン人の到来まで文化的活動の一部は続いた」　第1段最終文後半（but other areas flourished, …）の内容と一致する。

ｅ）「マヤ文明は比較的急速に崩壊した」　第1段第3文（The collapse of …）の内容と一致しない。「マヤ文明の崩壊は…300年にわたって進行し

た」とある。これが正解。

▶(17) 「文明の崩壊について，講義で言及されていないのは次の文のどれか」

 a)「それは，生態系全体が永遠に失われる森林火災のようである」 第2段最終文（This has led …）の内容と一致しない。「崩壊は森林火災，つまり進化の源と再建の余地を与える創造的破壊の行為のようだ」とある。これが正解。

 b)「それは，成長と没落の自然な過程の一部である」 第2段最終文（This has led …）の内容と一致する。最後の部分に「崩壊は森林火災のようだと考える人もいる。つまり，進化の源と再建の余地を与える創造的破壊の行為というわけだ」とある。文明の崩壊を，森林火災で一旦は焼け野原になるが，そこにまた新たな草木が生えてくることに喩えており，崩壊してもそのまま何もなくなるわけではなく，そこから新たな文明・文化が当然生じると述べている。この選択肢は本文の内容と一致すると考えられる。

 c)「それは，民族国家がヨーロッパで出現することを可能にした」 第2段第2文（The emergence of …）の内容と一致する。

 d)「それは，私たちが通常歴史をエリートたちの観点から見るため，否定的な見方をされる傾向がある」 第3段第1・2文（Our visions of past …）の内容と一致する。「過去の崩壊に関する私たちの見解は，一般に…エリートたちの目を通して見られたものである。しかし，たとえば，シュメールの小作農たちにとっては…政治的崩壊は，起こりうる中では最高のことだった」とある。「しかし」ということは，崩壊はエリートにとっては悪いことであり，彼らの観点では否定的な見方をされるということになる。

 e)「社会の最貧者たちに起きたことの記録はほとんどない」 第3段第1文（Our visions of past …）の内容と一致する。

▶(18) 「講義によると，古代メソポタミアのシュメールの崩壊は…」

 a)「都市だけに影響を及ぼした没落の例である」 シュメールの例は第3段第2文（But for the peasants …）に出てくるが，この前後で「都市だけに」と限定するようなことは述べられていない。また，「小作農にとっては」とあることから，都市だけでなく農村部にも影響が及んだと考えら

24 2021 年度　英語〈解答〉　　　　　　　　　　　　　　　　東京大-理科前期

れる。

b）「重い課税につながった」　第3段最終文（The end of …）の内容と一致しない。

c）「紀元前2000年の終わりに起こった」　第3段第2文（But for the peasants …）には「紀元前2000年の初めに」とあり一致しない。

d）「シュメール社会の下層階級の人たちには安堵をもたらすものだった」第3段最終文（The end of …）の内容と一致する。「シュメール文明が終わり残酷な支配者が都市から消えたことは，小作農が過酷な労働と重い課税から逃れられることを意味した」とある。これが正解。

e）「土地の所有者にとっては，起こりうる最高のことだった」　第3段第2文（But for the peasants …）の内容と一致しない。小作農にとって最高のことだったのである。

▶⑲　「1970年代のニューヨーク市の停電に関する講演者の意見に最もよく一致する文を選べ」

　第4段第2文（We are more …）に「私たちはこれまでになく国家のインフラストラクチャーに依存している。インフラがなければ大混乱が生じうる」とあり，直後の第3文に「1977年にニューヨーク市を襲った…停電を例にとろう」とあることから，ニューヨーク市の停電は，今がこれまでになくインフラに依存した時代であることの一例だとわかる。d）の「科学技術への私たちの依存は今，他のどの時代よりも大きい」が正解。

a）「多くの人が地下鉄の事故で負傷した」

b）「文明の崩壊は，どこでもいつでも起こりうる」

c）「ニューヨーク市は，犯罪を減らすためにもっと対策をとるべきだった」

e）「停電のせいで，犯罪者が刑務所から逃げられた」

▶⑳　「講義によると，現代社会が以前の社会と比べて崩壊する可能性が高いのは…からである」

　第6段第1・2文（Finally, it's significant …）に「世界がいっそう相互に関連し合い複雑になっている…が，互いに関連し合ったシステムは，孤立したものより偶発的な機能停止に陥りやすい」とある。c）の「世界がかつてないほど相互に関連している」が正解。

a）「気候変動が緊急の脅威になる」

東京大-理科前期　　　　　　　　　　　　　　　　　　　2021 年度　英語〈解答〉　*25*

b）「人々が暗い未来の可能性を案じている」

d）「現代社会の政治構造がより脆弱である」

e）「今では戦争がずっと大きな破壊力を持っている」

━◆◆◆◆◆◆◆◆━ ●語句・構文● ━◆◆◆◆◆◆◆◆━

（第1段）　●CE「西暦紀元」 Common Era の頭文字で，イエスの誕生
　をもとにした AD（Anno Domini キリスト紀元（後）「主の年」の意）
　の代わりに用いられる。「紀元前」も同様に，BC（before Christ「キリ
　スト以前」）の代わりに BCE（before Common Era）を用いる。BCE
　は第3段第2文（But for the peasants …）で使われている。

（第2段）　●nation-state「民族国家，国民国家」

（第5段）　●live off ～「～で生計を立てる，～を食べて生きる」 live off
　the land で「（狩猟採集や農業によって）その土地で得られるものを食
　べる」の意。

4 (A) 解答　⑴―(e)　⑵―(d)　⑶―(c)　⑷―(c)　⑸―(d)

━◆◆◆◆◆━ ◆全　訳◆ ━◆◆◆◆◆◆◆◆◆◆◆◆◆◆━

≪人類と家畜化された動物の共通点≫

⑴　まずイヌがやって来て，そのあとにヒツジとヤギが続いた。それか
ら水門が開いた。ブタ，ウシ，ネコ，ウマ，鳥類が飛び込んできた。過去
およそ3万年にわたって，人類は食料や狩猟，輸送，さまざまな素材のた
めに，野獣を操ったりペットとして飼ったりしようと，あらゆる種類の種
を家畜化してきた。しかし，どの種であれそれを飼い慣らす以前に，私た
ちはまず自分自身を飼い慣らさなくてはならなかった，と言う人もいる。

⑵　ダーウィンによって，そしてアリストテレスによって始まったとさ
え言ってよいのだが，人類の飼い慣らしという考えは，ずっとそれだけの
もの，つまりただの考えだった。現在，これまでで初めて，私たちとネア
ンデルタール人の遺伝子的な比較が，私たちが実は，野生のオオカミに対
する子犬なのかもしれないことを示唆している。これは，なぜ私たちの脳
が石器時代の祖先の脳と比べて奇妙にも小さいのかを含む積年の謎をいく
つか説明してくれるだけでなく，人類の進化に見られるある意外な展開を
理解する唯一の方法だと言う人もいる。

26 2021 年度 英語〈解答〉　　　　　　　　　　　　　　　　東京大-理科前期

⑵　野生の動物が飼い慣らされるとき何が起こるのかに対する主な洞察の一つは，1959 年にソビエト時代のシベリアで始まった注目すべき実験から得られる。その実験で，ドミトリー=ベリャエフは，エストニアの毛皮農場から比較的野生に近いキツネを連れてきて繁殖させた。新しい世代のそれぞれで，彼は最も協調的なものを選んでつがいになるようにした。徐々に，キツネたちはますますペットのようにふるまい始めた。だが変化したのは行動だけではなかった。より穏やかなキツネは見た目も違っていた。10 世代とたたないうちに，毛に白い斑点が現れ始めた。数世代あとには，耳がより折れた形になった。ついには，頭蓋骨が小さなサイズに縮み始めたのだ。

⑷　これらはまさしくベリャエフが求めている特徴だった。飼い慣らされた哺乳類は，そのほとんどが入念に選んで繁殖させたものではなく，徐々に人間のそばで暮らすように変えられてきたのだが，その多くが類似点を持っていることに彼は気づいていた。たとえば，ウサギ，イヌ，ブタは多くの場合白い毛の斑点や折れ耳を持っており，彼らの脳は概して野生の仲間の脳より小さい。年月を経ると，野性を失うことと関連づけられる身体的特徴の集積は，より小さな歯や短い鼻にまで及んだ。全部を合わせて，それらは家畜化症候群として知られている。

⑸　家畜化症候群の側面を持っている動物は多いが，それには注目すべき種が一つ含まれている。私たち自身である。私たちも比較的顔が短く歯が小さい。私たちの比較的大きな脳は，親戚筋のネアンデルタール人の脳と比べれば小さい。これは多くの進化生物学者を悩ませてきたことだ。そして多くの飼い慣らされた種と同様に，幼い人間は非常に長い期間，自分の仲間から学ぶようにプログラムされてもいる。人間と飼い慣らされた動物とのこうした類似点の一部は，20 世紀初期には指摘されていたが，追跡調査はまったくなかった。ベリャエフが自身の実験を公にしてからやっと，数人の進化生物学者が，現生人類は私たちの絶滅した親類や祖先の家畜化版かもしれないという可能性を再び検討し始めたのである。

■■■■■■ ◀解　説▶ ■■■■■■

▶⑵　(e)の had little to domesticate ourselves が誤り。同文下線部までの部分が「どの種であれそれを飼い慣らす以前に，私たちはまず」とあるので，「自分自身を飼い慣らさなくてはならなかった」の意になるはずで

ある。「ほとんどない」の意を持つ little を外し，(we first) had to domesticate ourselves として上記の意味にする。

▶(22)　(d)の but also including why our brains are strangely smaller が誤り。この部分はダッシュではさまれた挿入で，直前の some long-standing mysteries の一例を示している。but also を外し，some long-standing mysteries―including why … 「なぜ…なのかを含むいくつかの積年の謎」とする。(c)の Not only could this explain の語順は，否定の副詞（ここでは Not only）が文頭に出ると，疑問文と同じ語順の倒置になるため，正しい。

▶(23)　(c)の encouraged them to mating が誤り。encourage *A* to *do* で「*A* に〜するように促す」であり，mating ではなく mate が正しい。

▶(24)　(c)の are generally smaller like が誤り。下線部直後の those of their wild relatives「彼らの野生の仲間のそれ（＝脳）」と比較して小さいとしなければ意味をなさない。like ではなく than が正しい。(b)の最終部分 adapted to live は adapted to living（adapt to 〜「〜に適応する」：to は前置詞）が正しいように思えるかもしれないが，(b)の最初にある weren't と合わせて，adapt *A* to *do*「*A* を〜するように変える」の受動態である。

▶(25)　(d)の are also programmed to learn their peers が誤り。「仲間を学ぶ」では意味をなさない。learn from their peers「仲間から学ぶ」が正しい。(c)の many an evolutionary biologist は正しい表現。many a＋単数名詞＝many＋複数名詞である。

◆━◆━◆━◆━◆━　●語句・構文●　━◆━◆━◆━◆━◆━◆━◆

（第2段）　●twist「急変，意外な進展」

（第5段）　●follow-up「追跡調査」　●modern humans「現生人類」　ホモ・サピエンスのこと。

4 (B) 解答　全訳下線部(ア)・(イ)・(ウ)参照。

◆━◆全　訳◆━◆

≪伝達以外の言語の機能≫

　私たちは自分が考えていることをすべて人に言うわけではない。少なく

28　2021 年度　英語〈解答〉　　　　　　　　　　東京大-理科前期

とも，このことはほとんどの人に（おそらく）ほとんどの社会的な状況で
当てはまる。ある学者は，「私たちはうそをつく，ゆえに私たちは考える」
とさえ結論づける。たぶん，この言い方を逆にしたいとも思うだろう
（「私たちは考える，ゆえに私たちは時々うそをつく」）。いずれにせよ，
伝達には，明かすことと隠すこと，暴露と隠蔽の間の葛藤が絶えずある。
私たちは程度の差こそあれ，あらゆる反応を表現したいという衝動を抑え
るのに長けている。(ア)仮に自分が考えていることをすべて声に出して言う
ことで公にするとしたら，それは話し手にとってだけでなく，話し手と聞
き手の双方（あるいは居合わせているすべての人）にとって，かなり困惑
させるもの，あるいは面子をつぶすものになることがあるだろう。先ほど
とは別の研究者は，社会的な状況における語りは，沈黙の抗議や秘密の同
盟といった，隠蔽を促す状況を伴うことが多いと指摘する。(イ)したがって，
口に出される事柄もあれば，そうではない事柄もあるのだ。

　暴露と隠蔽の葛藤を説明するためには，内的対話の対話理論が必要だと
人は主張するかもしれない。たしかに，生態心理学者のエドワード=リー
ドは，「(ウ)言語の第一の機能は，自分が何を考えているのかを知ることか
ら他者の注意をそらし，考えを隠すことだと言えるだろう」と示唆してい
る。聞き手を前提としない個人発話に基づく伝達理論は，外的対話を個人
が生み出したメッセージの機械的な転送と解釈しており，この点を発展さ
せることができるようには思えない。

■■■■■■　◀解　説▶　■■■■■■■

▶(ア)　If we were to make everything we think public by saying it
aloud, it would sometimes be quite embarrassing, or face-threatening,
not only for the speaker, but for both（or all）parties.

●If … were to *do* は起こる可能性がないことを想定する仮定法。

●make everything we think public は，we think が everything を修飾
　する関係詞節で，public は make O C「O を C にする」の C で，
　everything we think が O である。したがって，「私たちが考えている
　ことを公にする」となる。

●by *doing* は「～することによって」と手段を表す。

●say it aloud の it は everything we think を指す。aloud は「声に出し
　て」の意。loudly「大声で」と同じ意味で使うこともあるが，ここでは

東京大-理科前期　　　　　　　　　　　　　2021 年度　英語〈解答〉　*29*

内容上，大声である必要はない。

● it would sometimes be … の it は if 節の内容を受ける。would は仮定法であるために使われている。sometimes は「～することもある」などと訳せば日本語が滑らかになる。

● quite embarrassing, or face-threatening は be の補語で「非常に人を困惑させる，あるいは面子をつぶす」の意。face-threatening は見慣れぬ語だろうが，face「顔」と threatening「脅かす」から推測したい。日本語で「顔に泥を塗る」などと「顔」が「面子」の意で使われるように，face にも「面子，体面」の意がある。

● not only for the speaker「話し手にとってだけでなく」は文字どおりの訳でよい。

● but for both … parties の party は「当事者，関係者」の意。「両方の当事者」とは，会話の場面であることから，話し手と聞き手のこと。

● (or all) は or all parties のこと。「話し手」と「聞き手」以外の関係者は，会話が聞こえている第三者であり，「その場に居合わせているすべての人」などと説明的に訳す必要がある。

▶(イ)　Accordingly, some things get said, others not.

● accordingly は接続詞的な副詞で「したがって，それゆえ」の意。「それに応じて」の意味もあるが，その場合，動詞を後ろから修飾する形で使われる。

● some things get said の some は，あとの others と呼応して「～するものもあれば（…するものもある）」と訳すのが定番。get said は一種の受動態で，be *done* の「～されている」状態に対して，「～される」という動作を明確にするのに使われることがある。したがって「言われる，口に出される」などとなる。なお get と be で変化と状態を区別して表現するのは，get angry「腹を立てる」と be angry「腹を立てている」などでも見られる。

● others not は others do not get said から前半の反復となる (do) … get said が省略され，not だけに述語部分を代表させたもの。「言われないものもある」となる。

▶(ウ)　the primary function of language is for concealing thoughts, diverting others' attention from knowing what one is thinking

30 2021年度 英語〈解答〉　　　　　　　　　　　東京大-理科前期

- the primary function of language is は「言語の第一の〔主な〕機能は」とそのままの訳でよい。

- for concealing thoughts は「考えを隠すことのために」が直訳。for が不要に思えるだろうし，実際日本語では「考えを隠すことだ」が自然。英語では *A* is *B*.「*A* は *B* だ」の文の *B* の部分に，主語から連想される前置詞が入ることがある。この場合，function「機能」は「何かのためのもの」であるから，for が入っている。同種の例として，So your real interest is <u>in</u> people's tendency to help others?「では，あなたの本当の関心は，他人を助けようという人々の傾向（にあるの）ですね」という文が，2018 年度大問 3 ⑷のスクリプトに使われていた。The way … is by *doing*「…の方法は～することである」などもよく見られる。

- …, diverting others' attention from knowing … の divert *A* from *B* は「*A* を *B* からそらす」の意。concealing と diverting をつなぐ接続詞 and がないので，diverting は分詞構文と考えられる。「そらして，隠す」とするのが内容上適切と思われるが，「人の注意を…を知ることからそらす」ということは，「…を知られないようにする」ことである。よって「隠して…を知られないようにする」とすることも考えられる。

- what one is thinking「人が何を考えているか」「人が考えていること」のいずれの方向でもよいが，一般の人を表す one は「自分」などとしたほうが日本語としては自然である。

━━━━━━━●語句・構文●━━━━━━━

（第2段）　●account for ～「～（の理由・原因）を説明する」

5　解答

⑷レストランのテーブルにある塩の詰め替え，売り場の服の積み直し，ATM のお金の補充，ホテルのタオルの取り替えといった，利用者が来るたびに生じて，利用者が気づかないうちに繰り返し行われている仕事のこと。

⑻筆者の誕生日にボーイフレンドがくれたレインコートと帽子のセットは，東京の特別な店で買ったもののはずが，梅田のごく普通の店でも売っていたので，店員がボーイフレンドに一点ものだとうそをついて売った可能性があるということ。

東京大-理科前期   2021 年度　英語〈解答〉　*31*

(C) whose task it is to sort the pieces

(D) (ア) (26)— h)　(27)— g)　(28)— a)　(29)— e)　(30)— c)　(31)— d)

(イ)— d)

(ウ)— b)

～～～～～～◆全　訳◆～～～～～～～～～～～～～～～～～～～～～～～～

≪目に見えない仕事≫

　ウェイトレスの忙しい行き来，会話のざわめき，グリルで調理される肉
のにおいに囲まれて，レストランというか，ごく普通の喫茶店や食堂でよ
いのだが，そういうところで食事をしていて，卵に振りかけようと塩を手
に取ったとき，目に見えない手でいっぱいにされ，準備ができた状態にな
って，あなたに所望されるのを待ち受けている振り出し器という，単純な
驚きに心を打たれたことはあるだろうか。あなたにとっては，その振り出
し器はその日のためだけに存在する。しかし実際には，それは何度も詰め
直されて，何時間も延々と同じテーブルの上にあるのだ。その証拠は，繰
り返しひねられて摩耗したキャップの下にあるいくつもの筋に見て取れる。
誰か他の人，おそらくペンとメモを手に，あなたがアイスクリームを選ぶ
のを辛抱強く待っている女の子，汚れたスニーカーをはいたエプロン姿の
男の子，たぶん今後の人生で二度と会わない誰かの骨折りだ。この振り出
し器は，物として具現化した労力である。そして，そこにあなたが来て，
その労力をまた無にする。

　あるいは，デパートをぶらぶらと歩いていて，ボタンの留めてあるシャ
ツがきちんと積まれた山に目を向けたことがあるかもしれない。あなたの
好みのサイズや色のシャツは山のいちばん下にあり，シャツを持ち上げる
のをできる限りそっとやって，選んだシャツだけ取り出しても，あなたが
あとに残して行く山は，まったく元のようにきちんと整っておらず，目に
見えない人物が戻って来て直すまで，元のようにきちんと整うことはない。

　ATM の中のお金。ホテルの床の上のタオル。世界はこの種の仕事で満
ちており，きちんと整えられては，また乱されて再び整えられるように，
常に用意されている。

　今朝，私はアパートの部屋にボーイフレンドが散らかした空き缶や空き
瓶を全部集めて袋に入れ，アパートのゴミ置き場へと持って降りた。彼は
1 週間ここには泊まっていないが，私は大学の図書館に遅くまでいて，秘

書の仕事に間に合うように，何とかベッドから起き出してお風呂に入り，神戸の中心部にあるオフィスまで走って行った。オフィスでは，毎日繰り返される退屈な仕事をする。だが，私はそれがかなりうまい。完璧に真ん中に，完璧にまっすぐになるように，注意深くファイルホルダーにラベルを貼るし，すべてがきちんと組織立っているようにするために，インクと付箋の色の使い分けをしている。ペンやクリップを切らすようなことは決してしない。誰かがアスピリンとかガムとか咳止めを必要とするとき，引き出しにそれがある人物は私だ。常に。魔法のように。

　今日は日曜日で，オフィスも大学の図書館も閉まっている。私のボーイフレンドが1時に着くとメールしてきたので，私は午前中いっぱい，部屋を片付けて買い物をする時間がある。昨夜11時頃，私は年度末のレポートを仕上げ，2，3週間後に授業がまた始まるまではもうレポートはない。いい気分だ。

　缶と瓶の他に，お持ち帰りの焼きそばの容器がある。先週末に晩ごはんに一緒に食べたときのもので，乾燥したネギが張りついている。それに，三宮にあるパン屋で閉店前に半額で買うペストリーが入っていた油のしみた紙袋がある。これは平日の夜に，一人で，ベッドで食べる。朝起きると，ペストリーのくずやクリームのシミが枕にあることもある。ボーイフレンドはぞっとすることだろう。

　その容器と紙袋を，溢れかえったくず入れに放り込むと，ベッドシーツをはがしてベッドの横の山の隣に置く。他にもしなければならないことはたくさんあるが，空模様が怪しいので，激しく降り出す前に買い物をすることにする。

　出かけるために，私は彼が誕生日にくれたサーモンピンクのレインコートと帽子を身に着ける。彼は控えめに，それは東京の特別な店で買ったものだと言った。それからあまり経たないうちに，私は同じセットを梅田のごく普通の衣料品店で見つけた。東京の店員が彼をだました可能性がある。その店員はおそらく，どの客にも買った品物が一点ものだと思わせるのだろう。そして，客が帰ったら，しれっと奥からもう一つ出してくるのだ。

　私は同じコートを見つけたことを彼には言わなかった。そのピンクの色合いが，道をちょっと行ったところにある保育所の幼い男の子，女の子が着るスモックとまったく同じだということも言わなかった。初めてそれを

着たとき，私は狭い路地で保育所の付き添いの人たちと，グロテスクなピンクの芋虫のように動く小さな子どもたちの長い列に行き合わせた。付き添いの人たちは，私が姿を消そうと壁に背中を押しつけ，それから反対方向に急いで立ち去ったのを見て，にやっとした。

　だが，日曜日は子どもたちはみんな家にいるはずだ。

　財布，買い物袋，集めた空き缶と空き瓶を持ち，私は部屋を出て重い金属のドアにカギをかけ，そこを後にする。部屋は最上階にあるので，駐車場階まで一続きの階段が３つある。昇り降りする人を見かけることはめったにない。数年前から，この建物には外国人が住んでいる。近所の会話学校の英語の教師たち，韓国人の牧師たち，時折，アミューズメントパークの芸人といった人たちだ。誰もそれほど長期間ここにはいない。私の部屋は，私が働くオフィスの，前の秘書が住んでいて，彼女が結婚して職場を離れるときに自分の賃貸契約を私にどうか，と言ってくれたのだ。それが５年前だ。今では私は，この建物の最も忠実な入居者である。

　ゴミ置き場は残念な状態だ。異なる種類のガラスやプラスチックごとにはっきりと印のついた箱があり，収集日のカレンダーが貼ってあるのに，他の入居者は自分の選んだ場所に，いつでも選んだときにゴミを放置する。私は適切な箱に自分の缶と瓶を入れ，足で他のゴミの包みをそれぞれの場所に動かそうとする。入居者の中には，違った種類のものを一つの袋にまとめて入れてしまう人もいるので，この私の小さな努力さえ，乱雑な状態を片付けることにはならない。ゴミ収集作業員を気の毒に思う。彼らはゴミを一つ一つ分別するのが仕事の人たちなのだ。

━━━━━━━━ ◀解　説▶ ━━━━━━━━

◆(A)　下線部は「この種の仕事」の意。第１段でレストランの塩の振り出し器，第２段でデパートの積み上げられたシャツ，第３段でATMの中のお金とホテルの使用済みのタオルといった例を挙げ，下線部のあとに「きちんと整えられては，また乱されるために用意されている」とある。第２段第２文（The size or color …）の最終部分に「目に見えない人物が戻って来て直すまで，元のようにきちんと整うことはない」とあるように，人が気づかないところで整え直すという地味だが欠かせない仕事ということになる。また，これらは一度整え直せば終わるものではなく，利用者がいる限り何度も行われる仕事だという点も解答に含める必要がある。

解答欄は約 17cm×3 行。列挙した具体的な仕事をまとめて「この種の仕事」と言っているのだから，例に言及しながらまとめることが望ましい。

◆(B)　下線部は「東京の店員が彼をだました可能性がある」の意。同段第 2・3 文（He mentioned, modestly, …）に「彼は…それ（＝レインコートと帽子のセット）は東京の特別な店で買ったものだと言った。それからあまり経たないうちに，私は同じセットを梅田のごく普通の衣料品店で見つけた」とあり，下線部の直後には「その店員はおそらく，どの客にも買った品物が一点ものだと思わせるのだろう」とある。筆者のボーイフレンドは，店員に量産品を一点ものだと思い込まされた可能性があるということである。解答欄は約 17cm×3 行。「具体的に説明せよ」とあるので，筆者がその可能性を考えるようになった経緯や，品物がレインコートと帽子のセットであること，買った場所が東京であることなどを示してまとめる。

◆(C)　当該箇所は，the garbage collectors「ゴミ収集作業員」を同格的に言い換えた箇所である。与えられた語の中に関係代名詞 whose があるので，空所の前の the people を先行詞とする関係代名詞節を作ればよい。whose には無冠詞の名詞が続くので，内容上 task「仕事，任務」が適切。直前の文に「違った種類のものを一つの袋にまとめて入れてしまう人もいる」ことが述べられていることから，その「仕事」は to sort the pieces「そのゴミを分類すること」とできる。元になる文が their task is to sort … だとすると，(the people) whose task is to sort the pieces (one by one) となり英文としては正しいが，これでは it が残る。it is their task to sort the pieces「ゴミを分別することが彼らの仕事である」と，to sort … は補語ではなく主語で，形式主語の文が元になっていると考えられる。したがって，whose task it is to sort the pieces が正解。

◆(D)　▶(ア)　(26)　当該箇所は「ウェイトレスの忙しい行き来，会話のざわめき，グリルで調理される肉のにおいに（　　　）レストランで食事をしている」となっている。レストラン内の様子が空所のあとに続いていることから，h）の surrounded「囲まれて」が適切。

(27)　当該箇所は「（　　　）ひねりによって摩耗したキャップの下にあるいくつもの筋」となっている。「ひねって筋がいくつもできる」のだから，何度もひねったということである。g）の repeated「繰り返された」が正

東京大-理科前期   2021 年度　英語〈解答〉　35

解。

⑱　当該箇所は「あなたの好みのサイズや色のシャツは，山のいちばん下
にあり，シャツを持ち上げるのをできる限りそっとやって，（　　　）シ
ャツだけ取り出しても」となっている。自分の好みのシャツを取り出して
いる状況である。 a ）の chosen「選ばれた」（日本語では「（あなたが）選
んだ」が自然）が文意に合う。

⑲　当該箇所は「すべてを（　　　）ようにする，インクと付箋の色の使
い分けをしている」となっている。同文前半には「完璧に真ん中に，完璧
にまっすぐになるように，注意深くファイルホルダーにラベルを貼る」と
あり，筆者が几帳面に仕事をしていることが述べられている。 e ）の
organized「組織立てられた」を補うと文意に合う。

⑳　当該文は「ボーイフレンドは（　　　）だろう」となっている。直前
の文には「（夜，ベッドでペストリーを食べるので）朝起きると，ペスト
リーのくずやクリームのシミが枕にあることもある」とある。これから訪
ねてくるボーイフレンドがそんなものを見たらどうするかを考えると，
c ）の horrified「ぞっとする」が適切。

㉛　当該箇所は「数年前から，この建物は外国人によって（　　　）され
ている」となっており，続いて「近所の会話学校の英語の教師たち，韓国
人の牧師たち，時折，アミューズメントパークの芸人」と，外国人の例が
挙がっている。その直後には「誰もそれほど長期間ここにはいない」とあ
り，このアパートに外国人が住んでいることを述べた箇所であると考えら
れる。 d ）の occupied が適切。occupy で「（部屋・家など）に居住する」
の意。

▶(イ)　当該文は「今では私は，この建物の最も（　　　）入居者である」
となっている。直前の文の「それが 5 年前だ」とは，今の部屋に暮らし始
めた時期のことである。同段第 5 文（None of them　）に「誰もそれほ
ど長期間ここにはいない」とあり，今いる中では筆者が最も長い期間暮ら
している入居者だと考えられる。 d ）の faithful「忠実な」を補えば，アパ
ートを「見捨てず」ずっといることをユーモラスに表現していると考えら
れる。
a ）boring「人を退屈させる」　 b ）difficult「気難しい」　 c ）egocentric
「自己中心的な」　 e ）popular「人気のある」

▶(ウ) a）「筆者は，服の趣味がよくないボーイフレンドが好きではない」
ボーイフレンドがプレゼントしてくれたレインコートと帽子のことは，第
8段第1文（To go out, I put …）から述べられている。同段第2・3文
（He mentioned, modestly, …）で，彼は特別なものだと言っていたのに，
普通の店で同じものを筆者が見つけたこと，第9段第1文（I didn't tell
my boyfriend …）後半に，その色合いが近所の保育所の子どもたちのス
モックとまったく同じだということは述べられているが，筆者はこのレイ
ンコートを着て出かけており，「服の趣味がよくない」とまでは述べられ
ていない。筆者がボーイフレンドを嫌っていることも読み取れず，これは
本文の内容と合致しない。

b）「筆者は，気づかれずに行われている必要な労働に注目している」
第1段ではレストランの塩の振り出し器に常に塩が入っていること，第2
段ではデパートで客が崩してもまたきれいに整え直される積み重なったシ
ャツのことを述べ，第3段では，さらに ATM の中のお金（引き出す人
が困らないように常に補充されている），ホテルの（使用済みで）床に置
かれたタオル（次の客のために常に新しい清潔なものに取り替えられる）
のことを挙げたあと，同段第3文（The world is full …）で「世界はこの
種の仕事で満ちており，きちんと整えられては，また乱されて再び整えら
れるように，常に用意されている」と述べている。第4段では，筆者自身
も秘書の仕事で人知れずオフィス内を整え，必要なものが必要なときに使
えるようにしていること，最終段では，乱雑なゴミ置き場に言及し，ゴミ
収集作業員が混在するゴミを一つ一つ分別する手間をかけることを述べて
いる。第6・7段で筆者の部屋の乱雑さに言及しているのも，何もしなけ
れば乱雑は乱雑のままであることを印象づけるためのものと考えられる。
これが正解。

c）「筆者は，魔法使いのように常に彼女を助けてくれるよい友達がオフ
ィスにいる」
本文にこのような記述はない。

d）「筆者は，地元の地域社会と公共福祉を改善しようという野望を抱い
ている」
本文にこのような記述はない。

e）「筆者は，家回りの決まりきった仕事や秘書としての自分の仕事にう

東京大-理科前期　　2021 年度　英語〈解答〉　*37*

んざりしている」

第 4 段第 2 文（He hasn't slept …）の最終部分に「オフィスでは，毎日繰り返される退屈な仕事をする」とはあるが，直後の文に「だが，私はそれがかなりうまい」とある。boring「退屈な」とは，それにうんざりしているというより，変化のない決まりきった仕事であることを表していると考えられる。家回りの仕事については特にどう思っているかの言及はない。

◆━◆━◆━◆━◆　●語句・構文●　◆━◆━◆━◆━◆━◆

（第 1 段）　●thread「筋，線」

（第 2 段）　●the pile as you leave it「あなたがそのままにする（ような）山」　as はもともと様態を表す接続詞だが，このように直前の名詞を限定する用法もある。

（第 4 段）　●round「繰り返し」　●run out of ～「～を切らす，～がなくなる」

（第 8 段）　●one-of-a-kind「唯一の，特別な」

（第 9 段）　●shade「色合い」　●grin「にやっとする」

（第 11 段）　●flight「階と階，階と踊り場の間の一続きの階段」

（最終段）　●unlike「異なる」

❖講　評

　大問数は 5 題で例年どおりである。選択問題での解答方式がマークシート法であることも 2015～2020 年度と同じである。例年，内容や出題形式に多少の変化がみられるが，2021 年度は 2020 年度と同様であった。

　1　(A)英文の内容を日本語で要約するもの。字数は 70～80 字。(B)文の空所補充と語句整序。

　2　(A)テーマ英作文。与えられたテーマに沿って，自分の考えを述べるもの。60～80 語。(B)和文英訳。短めの 2 段落構成の和文中の下線部（連続する 2 文）を英訳するもの。

　3　リスニング。3 つのパートに分かれており，いずれも 2 回ずつ放送される。(A)会話，(B)会話，(C)講義という構成で，(A)と(B)は関連する内容になっている。リスニングは試験開始後 45 分経過した頃から約 30 分間行われる。

　4　(A)文法・語彙，読解問題。各段落に 5 カ所ある下線部のうち，誤

38　2021 年度　英語〈解答〉　　　　　　　　　　　　東京大-理科前期

りを含む箇所を一つ指摘するもの。(B)英文和訳問題。一連の英文中の 3
カ所を和訳するもの。

　5　長文読解。世の中にあふれている，誰かが気づかれずに行ってい
る地道な作業に関するエッセー。

　以下，各問題の詳細をみる。

　1　(A)　英文量は約 320 語でやや短めである。「10 代の若者の気質の
変化」に関する調査結果を中心に述べたもので，内容は理解しやすいが，
定められた字数に収まるようにまとめるためには，言葉の選び方や述べ
る順序を工夫する必要がある。

　(B)　英文量は約 760 語（空所を埋めると約 840 語）で比較的短い。5
カ所ある空所に合う文を選ぶ問題と，文意に合うように語を並べ替える
問題の 2 種類。選択肢に紛らわしいものはなく，素早く解答したい。

　2　(A)　テーマ英作文。暮らしやすい街の最も重要な条件を，理由を
添えて述べるもの。2019・2020 年度に続いて，古典的な設問である。
条件自体は思いつきやすいので，理由を限られた語数で要領よくまとめ
ることが重要である。

　(B)　和文英訳。一連の文章中の下線部 1 カ所（連続する 2 文）を英訳
するもの。英訳箇所の長さは 2020 年度と比べるとやや短い。2 文に分
かれているが，第 1 文が長く，2 つに分けたほうが書きやすい。日本語
がこなれており，英語として成立するように構造を整え直したり，言葉
を補ったりする必要がある。

　3　(A)　絵画の贋作について，その技術や見破り方を研究者に聞くと
いうインタビュー。専門的な語句が使われており，それ自体が問いにな
っているものもあるが，会話中で行われている説明をよく聞き取ってい
れば十分に対応できる。

　(B)　(A)のインタビューに登場した研究者に，別の司会者が実際の贋作
を話題として話を聞く会話。取り上げられた贋作に関する事実と贋作に
対する研究者の考え方を正確に聞き取りたい。

　(C)　「文明の崩壊が持つ意味」に関する講義。文明が終わることには
肯定的・建設的な側面もあるが，さまざまな要素が複雑に関係する現代
においては，一度崩壊が起きると回復できない可能性があることを論じ
ている。独特な視点からの内容であり，話し手の主張がどのようなこと

東京大-理科前期　　　　　　　　　　　　2021 年度　英語〈解答〉　*39*

なのか，注意して聞き取りたい。

　4　(A)　5 段落構成の一連の文章で，各段落に 5 カ所ずつ下線が入っており，そのうち誤りを含むものを選ぶ問題。語句や文法事項の知識と文脈を把握する力が試されたが，いずれも比較的容易である。

　(B)　一連の文章中の 3 カ所の英文和訳。いずれの箇所も短く，語句・構文面で難解なものはないが，ある程度推測を要する語や，日本語として自然な文になるように訳し方を工夫する必要のある箇所も含まれる。

　5　身の回りで絶えず行われているが，人が気づかない仕事に目を向けた随筆。文章冒頭は何の話が始まったのかわかりづらいかもしれないが，読み進むうちに誰でも思い当たる事実であり，筆者の視点が味わい深い。設問は，記述式の内容説明，語句整序，選択式の空所補充，内容真偽で，2019・2020 年度と同様であった。

40 2021 年度　英語〈解答〉　　　　　　　　　　　　　　　　　　　　東京大-理科前期

──────「英語」の記述式問題の出題の意図（東京大学　発表）──────

　本学の学生に期待される外国語力とは，知的活動の一環として，外国語
で円滑に意思疎通を図る能力を意味しています。相手が発信した内容を正
しく理解し，自分が相手に伝えたい事柄を適切に表現する能力がその根幹
をなしていることは言うまでもありませんが，そのような理解力や表現力
を十分に発揮するためには，その言語についての正確な知識を土台として
培われた論理的な思考力と，場面や状況に応じた的確な判断力も必要にな
ります。これらの能力が現時点でどの程度身についているかを測るために，
外国語科目の記述式問題には以下のような設問が含まれています。

1．要約問題【1(A)】

　　各段落の構成と段落間のつながりに注意を払いながら，文章全体の論
　理的な展開を正確にたどり，主要な論点を把捉する力が試されています。

2．作文問題【2(A)・2(B)】

　　和文の外国語訳においては，日本語で与えられた情報を外国語で過不
　足なく，正確に読み手に伝える能力が試されています。自分の考えを外
　国語で表現する問題においては，自らの意見が読み手に明確に伝わるよ
　う，適切な語句や表現を用いて，論理的で説得力のある文章を作成する
　能力が試されています。

3．外国語文の和訳問題【4(B)】

　　文中に含まれる語句の意味とその使い方，文構造，文法事項につい
　ての基本的な知識が問われています。和訳の対象となる文が長い文章の一
　部となっている場合には，前後の文脈を踏まえて該当箇所の意味を解釈
　する能力も問われています。

4．長文読解問題【5(A)〜(C)】

　　文章全体の流れを大局的に把握しながら，文章の細部に含まれる表現
　のニュアンスをも同時に読み取れるような総合的な理解力が求められて
　います。より具体的には，文章に書かれた出来事や事象がどのような経
　緯をたどって生起しているのかを正確に把握しつつ，細部の表現に込め
　られた書き手や登場人物の心情や価値観，ものの見方などを的確に理解
　することが重要です。

数学

1

◇発想◇ (1) $f(x)=2x^2+ax+b$ として，$y=f(x)$ のグラフから，$f(-1)$，$f(0)$，$f(1)$ の符号を考える。

(2) xy 平面上の任意の点 (X, Y) に対して，ab 平面で，直線 $b=-Xa+Y-X^2$ と(1)の範囲が共有点をもつための X，Y の条件に帰着させる。傾き $-X$ の値での場合分けを考える。b 切片 $Y-X^2$ の値での場合分けでもよい。

解答

(1) $x^2+ax+b=-x^2$ すなわち $2x^2+ax+b=0$ が $-1<x<0$ と $0<x<1$ の範囲に 1 つずつ解をもつための条件を求める。

この条件は，$f(x)=2x^2+ax+b$ として

$$\begin{cases} f(-1)>0 \\ f(0)<0 \\ f(1)>0 \end{cases} \quad \text{すなわち} \quad \begin{cases} 2-a+b>0 \\ b<0 \\ 2+a+b>0 \end{cases}$$

これより

$$\begin{cases} b>a-2 \\ b<0 \\ b>-a-2 \end{cases}$$

となり，これを ab 平面に図示すると，下図の網かけ部分（境界は含まない）となる。

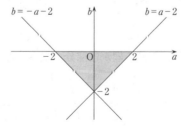

(2) 求める範囲を S，(1)の範囲を T とする。xy 平面上の任意の点 (X, Y) に対して

$(X, Y) \in S \iff (a, b) \in T$ かつ $Y=X^2+aX+b$ を満たす a，b が存在する

⟺ ab 平面で,T と直線 $b = -Xa + Y - X^2$ が共有点をもつ

このための X, Y の条件を求める。
$g(a) = -Xa + Y - X^2$ とおき,直線 $b = g(a)$ の傾き $-X$ の値で場合分けを行う。(1)の領域の境界の端点での $g(a)$ の値を考えて,条件は次のようになる。

(i) $-X \geq 1$ つまり,$X \leq -1$ のとき

$g(-2) < 0$ かつ $g(2) > 0$ から $X^2 + 2X < Y < X^2 - 2X$

(ii) $0 \leq -X \leq 1$ つまり,$-1 \leq X \leq 0$ のとき

$g(-2) < 0$ かつ $g(0) > -2$ から $X^2 - 2 < Y < X^2 - 2X$

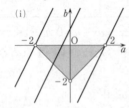
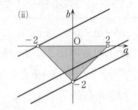

(iii) $-1 \leq -X \leq 0$ つまり,$0 \leq X \leq 1$ のとき

$g(2) < 0$ かつ $g(0) > -2$ から $X^2 - 2 < Y < X^2 + 2X$

(iv) $-X \leq -1$ つまり,$X \geq 1$ のとき

$g(-2) > 0$ かつ $g(2) < 0$ から $X^2 - 2X < Y < X^2 + 2X$

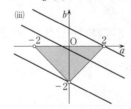
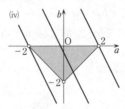

以上から,求める範囲は下図の網かけ部分(境界は含まない)となる。

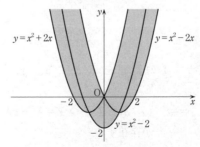

〔注〕〔解答〕は傾き $-X$ で場合を分けているが，b 切片 $Y-X^2$ の位置で場合を分けてもよい。

以下にその例の概略を述べておく。

（その1）　直線 $b=g(a)$ の b 切片の値で場合分けを考える。

(i)　$-2<Y-X^2<0$ つまり，$X^2-2<Y<X^2$ のとき，すべて条件を満たす。

(ii)　$Y-X^2 \geqq 0$ のとき，条件は $g(-2)<0$ または $g(2)<0$ である。

これより　$\begin{cases} Y \geqq X^2 \\ Y < X^2-2X \end{cases}$　または　$\begin{cases} Y \geqq X^2 \\ Y < X^2+2X \end{cases}$

(iii)　$Y-X^2 \leqq -2$ のとき，条件は $g(-2)>0$ または $g(2)>0$ である。

これより　$\begin{cases} Y \leqq X^2-2 \\ Y > X^2-2X \end{cases}$　または　$\begin{cases} Y \leqq X^2-2 \\ Y > X^2+2X \end{cases}$

この場合，放物線 $y=x^2$ は図示の過程で補助的に用いられるが，最終結果には不要で，境界線には現れないことに注意する。

（その2）　直線 $b=g(a)$ の傾き $-X$ と b 切片 $Y-X^2$ に注目する。

(i)　$-X \geqq 1$ つまり，$X \leqq -1$ のとき

　$2X<Y-X^2<-2X$ から　$X^2+2X<Y<X^2-2X$

(ii)　$0 \leqq -X \leqq 1$ つまり，$-1 \leqq X \leqq 0$ のとき

　$-2<Y-X^2<-2X$ から　$X^2-2<Y<X^2-2X$

(iii)　$-1 \leqq -X \leqq 0$ つまり，$0 \leqq X \leqq 1$ のとき

　$-2<Y-X^2<2X$ から　$X^2-2<Y<X^2+2X$

(iv)　$-X \leqq -1$ つまり，$X \geqq 1$ のとき

　$-2X<Y-X^2<2X$ から　$X^2-2X<Y<X^2+2X$

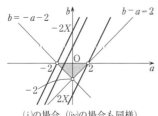 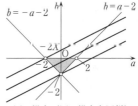

(i)の場合（(iv)の場合も同様）　　　　(ii)の場合（(iii)の場合も同様）

◀解　説▶

≪2つの放物線の共有点の x 座標，放物線の通過範囲≫

▶(1)　判別式や解の公式を用いると，無理不等式を解くことになり，煩雑

44　2021年度　数学〈解答〉　　　　　　　　　　　　東京大-理科前期

である。$y=f(x)$ のグラフを利用して x の範囲の端の値で考えるとよい。

▶(2)　東大入試で頻出の曲線の通過範囲の問題である。平面上の任意の点 (X, Y) が通過範囲にあるための条件を「存在」という言葉を用いて書き直すと，ab 平面上で(1)の領域と，直線 $b=g(a)$ が共有点をもつための X，Y の条件に帰着する。このように，簡単な図形の共有点の存在条件となることは類題でよく経験することである。この条件は(1)の領域の境界の端点での $g(a)$ の値に注目し，領域の境界の直線の傾きも考慮して，直線 $b=g(a)$ の傾き $-X$ の場合分けで考える。ただし，〔注〕のように直線 $b=g(a)$ の b 切片 $Y-X^2$ を利用した考え方もできるので，参考にするとよい。

2

◇発想◇　(1)　複素数を係数とする a, b, c についての連立方程式を解く。

(2)　$f(2)=x+yi$（x, y は実数）として，x, y を α, β, γ で表すと，xy 平面で，P(x, y)，O$(0, 0)$，A$(-1, -2)$，B$(3, 1)$，C$(-1, 1)$ として，$\overrightarrow{\mathrm{OP}}=\alpha\overrightarrow{\mathrm{OA}}+\beta\overrightarrow{\mathrm{OB}}+\gamma\overrightarrow{\mathrm{OC}}$ となる。$\alpha-1=\alpha'$，$\beta-1=\beta'$，$\gamma-1=\gamma'$ とおくと，$\overrightarrow{\mathrm{OP}}=\alpha'\overrightarrow{\mathrm{OA}}+\beta'\overrightarrow{\mathrm{OB}}+\gamma'\overrightarrow{\mathrm{OC}}+\overrightarrow{\mathrm{OD}}$（$\overrightarrow{\mathrm{OD}}=(1, 0)$）（$0\leqq\alpha'\leqq1$, $0\leqq\beta'\leqq1$, $0\leqq\gamma'\leqq1$）となる。まず，$\overrightarrow{\mathrm{OQ}}=\alpha'\overrightarrow{\mathrm{OA}}+\beta'\overrightarrow{\mathrm{OB}}$ となる点 Q の存在範囲を求め，次いで，これが $\overrightarrow{\mathrm{OC}}$ 方向への γ' 倍の平行移動で通過する範囲を求める。さらに，$\overrightarrow{\mathrm{OD}}$ だけ平行移動した後の範囲を求める。α, β, γ のままで考えてもよい。

解答　(1)　$f(z)=az^2+bz+c$ について

$$\begin{cases} f(0)=\alpha \\ f(1)=\beta \\ f(i)=\gamma \end{cases} \text{から} \quad \begin{cases} c=\alpha & \cdots\cdots① \\ a+b+c=\beta & \cdots\cdots② \\ -a+bi+c=\gamma & \cdots\cdots③ \end{cases}$$

②＋③から

$$(1+i)b+2c=\beta+\gamma$$

これと①から

$$b=\frac{1}{1+i}(-2\alpha+\beta+\gamma)$$

東京大-理科前期 2021 年度 数学〈解答〉 45

$$= (-1+i)\alpha + \frac{1-i}{2}\beta + \frac{1-i}{2}\gamma$$

②×i−③ から

$$(1+i)a + (-1+i)c = i\beta - \gamma$$

これと①から

$$a = \frac{1}{1+i}\{(1-i)\alpha + i\beta - \gamma\}$$

$$= -i\alpha + \frac{1+i}{2}\beta - \frac{1-i}{2}\gamma$$

ゆえに

$$\begin{cases} a = -i\alpha + \dfrac{1+i}{2}\beta - \dfrac{1-i}{2}\gamma \\[2mm] b = (-1+i)\alpha + \dfrac{1-i}{2}\beta + \dfrac{1-i}{2}\gamma \qquad \cdots\cdots(答) \\[2mm] c = \alpha \end{cases}$$

(2) (1)の結果から

$$f(2) = 4a + 2b + c$$

$$= 4\left(-i\alpha + \frac{1+i}{2}\beta - \frac{1-i}{2}\gamma\right) + 2\left\{(-1+i)\alpha + \frac{1-i}{2}\beta + \frac{1-i}{2}\gamma\right\} + \alpha$$

$$= -(1+2i)\alpha + (3+i)\beta - (1-i)\gamma$$

$$= (-\alpha + 3\beta - \gamma) + (-2\alpha + \beta + \gamma)i$$

$f(2) = x + yi$ (x, y は実数) とおくと, α, β, γ は実数であるから

$$\begin{cases} x = -\alpha + 3\beta - \gamma \\ y = -2\alpha + \beta + \gamma \end{cases} \qquad \cdots\cdots④$$

以下, 複素数平面を xy 平面と同一視して考える.

$\mathrm{P}(x, y)$, $\mathrm{O}(0, 0)$, $\mathrm{A}(-1, -2)$, $\mathrm{B}(3, 1)$, $\mathrm{C}(-1, 1)$

とおくと, ④から

$$\overrightarrow{\mathrm{OP}} = \alpha\overrightarrow{\mathrm{OA}} + \beta\overrightarrow{\mathrm{OB}} + \gamma\overrightarrow{\mathrm{OC}} \quad (1 \leqq \alpha \leqq 2, \ 1 \leqq \beta \leqq 2, \ 1 \leqq \gamma \leqq 2)$$

ここで, $\alpha - 1 = \alpha'$, $\beta - 1 = \beta'$, $\gamma - 1 = \gamma'$ とおくと, $0 \leqq \alpha' \leqq 1$, $0 \leqq \beta' \leqq 1$, $0 \leqq \gamma' \leqq 1$ であり

$$\overrightarrow{\mathrm{OP}} = \alpha\overrightarrow{\mathrm{OA}} + \beta\overrightarrow{\mathrm{OB}} + \gamma\overrightarrow{\mathrm{OC}}$$

$$= \alpha'\overrightarrow{\mathrm{OA}} + \beta'\overrightarrow{\mathrm{OB}} + \gamma'\overrightarrow{\mathrm{OC}} + (\overrightarrow{\mathrm{OA}} + \overrightarrow{\mathrm{OB}} + \overrightarrow{\mathrm{OC}})$$

ここで, $\overrightarrow{\mathrm{OA}} + \overrightarrow{\mathrm{OB}} + \overrightarrow{\mathrm{OC}} = (1, 0)$ であり, $\overrightarrow{\mathrm{OD}} = (1, 0)$ とすると

$$\overrightarrow{OP} = \alpha'\overrightarrow{OA} + \beta'\overrightarrow{OB} + \gamma'\overrightarrow{OC} + \overrightarrow{OD}$$

となる。

まず, $\overrightarrow{OQ} = \alpha'\overrightarrow{OA} + \beta'\overrightarrow{OB}$ となるような点Qの存在範囲は図1の網かけ部分（平行四辺形の周と内部）となる。

さらに，これを $\overrightarrow{OC} = (-1, 1)$ 方向への γ' 倍 $(0 \leq \gamma' \leq 1)$ の平行移動を行うと，図2の網かけ部分（六角形の周と内部）となる。

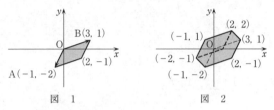

図 1   図 2

最後に，これを $\overrightarrow{OD} = (1, 0)$ だけ平行移動した後の範囲を考え，複素数平面上で表すと，図3の六角形の周および内部の範囲となる。これが求める範囲である。

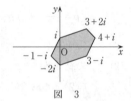

図 3

〔注〕 α', β', γ' を用いず, $\overrightarrow{OP} = \alpha\overrightarrow{OA} + \beta\overrightarrow{OB} + \gamma\overrightarrow{OC}$ のままで行うと次のようになる。

まず, $\overrightarrow{OQ} = \alpha\overrightarrow{OA} + \beta\overrightarrow{OB}$ $(1 \leq \alpha \leq 2, 1 \leq \beta \leq 2)$ で定まる点Qの存在範囲は，図4の網かけ部分（平行四辺形の周と内部）である。これを $\overrightarrow{OC} = (-1, 1)$ 方向に γ 倍 $(1 \leq \gamma \leq 2)$ の平行移動を行うときに，この平行四辺形が通過する範囲が求めるもので，図5の網かけ部分（六角形の周と内部）となる。

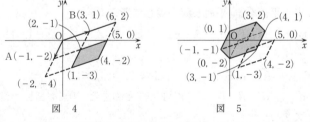

図 4   図 5

◀解 説▶

≪複素係数の連立方程式，複素数の存在範囲≫

▶(1) 複素数の連立方程式を計算に注意して解くだけなので，完答したい

東京大-理科前期　　　　　　　　　　　　2021 年度　数学〈解答〉 47

設問である。

▶(2)　$f(2) = x + yi$ (x, y は実数) の形に表し，P (x, y)，O $(0, 0)$，A $(-1, -2)$，B $(3, 1)$，C $(-1, 1)$ として，$\overrightarrow{\mathrm{OP}} = \alpha\overrightarrow{\mathrm{OA}} + \beta\overrightarrow{\mathrm{OB}} + \gamma\overrightarrow{\mathrm{OC}}$ とすることがポイントである。その後，〔解答〕では，α', β', γ' を用いて，これを書き直しているが，これは $0 \leq \alpha' \leq 1$, $0 \leq \beta' \leq 1$, $0 \leq \gamma' \leq 1$ となることで，平行四辺形の図示や移動がしやすくなるからである。〔注〕のように，α, β, γ のままで処理してもよい。ベクトルを用いた図形の平行移動に帰着させる発想は，東大入試では既出であるから今一度確かなものとしておくとよい。

3　　◆発想◆　(1)　$g(x)$ を求め，$f(x) - g(x)$ が $(x-1)^2$ を因数にもつことを念頭に因数分解する。

(2)　式変形によって，多項式と $\dfrac{x}{x^2+3}$, $\dfrac{1}{x^2+3}$, $\dfrac{1}{(x^2+3)^2}$ の定積分に帰着させる。$\dfrac{1}{x^2+3}$, $\dfrac{1}{(x^2+3)^2}$ では変数変換 $x = \sqrt{3}\tan\theta$ を用いる。

解答　(1)　$f(x) = \dfrac{x}{x^2+3}$ について

$$f(1) = \frac{1}{4}$$

$$f'(x) = \frac{x^2+3 - x\cdot 2x}{(x^2+3)^2} = \frac{3-x^2}{(x^2+3)^2}$$

よって　　$f'(1) = \dfrac{1}{8}$

以上より

$$g(x) = \frac{1}{8}(x-1) + \frac{1}{4}$$

$$= \frac{1}{8}x + \frac{1}{8}$$

C と l の共有点の x 座標は，方程式 $f(x) - g(x) = 0$ の実数解である。

$$f(x) - g(x) = \frac{x}{x^2+3} - \left(\frac{1}{8}x + \frac{1}{8}\right)$$

$$= \frac{8x - (x^2+3)(x+1)}{8(x^2+3)}$$

$$= -\frac{x^3+x^2-5x+3}{8(x^2+3)}$$

$$= -\frac{(x-1)^2(x+3)}{8(x^2+3)}$$

ゆえに，C と l の共有点でAと異なるものがただ１つ存在する。

(証明終)

その点の x 座標は $x = -3$ ……(答)

(2) (1)より $\alpha = -3$ である。

$I = \displaystyle\int_{-3}^{1} \{f(x) - g(x)\}^2 dx$ とおく。

$f(x) - g(x) = \dfrac{x}{x^2+3} - \dfrac{1}{8}(x+1)$ から

$$I = \int_{-3}^{1}\left(\frac{x}{x^2+3}\right)^2 dx - \frac{1}{4}\int_{-3}^{1}\frac{x(x+1)}{x^2+3}dx + \frac{1}{64}\int_{-3}^{1}(x+1)^2 dx$$

ここで

$$\left(\frac{x}{x^2+3}\right)^2 = \frac{x^2+3-3}{(x^2+3)^2} = \frac{1}{x^2+3} - \frac{3}{(x^2+3)^2}$$

$$\frac{x(x+1)}{x^2+3} = \frac{x^2+x}{x^2+3} = 1 + \frac{x}{x^2+3} - \frac{3}{x^2+3}$$

より

$$I = -\frac{1}{4}\int_{-3}^{1}dx + \frac{1}{64}\int_{-3}^{1}(x+1)^2 dx - \frac{1}{4}\int_{-3}^{1}\frac{x}{x^2+3}dx$$

$$+ \frac{7}{4}\int_{-3}^{1}\frac{1}{x^2+3}dx - 3\int_{-3}^{1}\frac{1}{(x^2+3)^2}dx \quad ……①$$

となる。

$$\int_{-3}^{1}dx = \Big[x\Big]_{-3}^{1} = 4 \quad ……②$$

$$\int_{-3}^{1}(x+1)^2 dx = \left[\frac{1}{3}(x+1)^3\right]_{-3}^{1} = \frac{16}{3} \quad ……③$$

$$\int_{-3}^{1}\frac{x}{x^2+3}dx = \frac{1}{2}\Big[\log(x^2+3)\Big]_{-3}^{1} = -\frac{1}{2}\log 3 \quad ……④$$

以下，$x = \sqrt{3}\tan\theta$ とおくと

東京大-理科前期   2021 年度 数学〈解答〉 *49*

$$\frac{dx}{d\theta}=\frac{\sqrt{3}}{\cos^2\theta},\quad \begin{array}{c|ccc} x & -3 & \to & 1 \\ \hline \theta & -\dfrac{\pi}{3} & \to & \dfrac{\pi}{6} \end{array}$$

から

$$\int_{-3}^{1}\frac{1}{x^2+3}\,dx=\int_{-\frac{\pi}{3}}^{\frac{\pi}{6}}\frac{1}{3(1+\tan^2\theta)}\cdot\frac{\sqrt{3}}{\cos^2\theta}\,d\theta$$

$$=\frac{\sqrt{3}}{3}\Big[\theta\Big]_{-\frac{\pi}{3}}^{\frac{\pi}{6}}=\frac{\sqrt{3}\,\pi}{6}\quad\cdots\cdots⑤$$

$$\int_{-3}^{1}\frac{1}{(x^2+3)^2}\,dx=\int_{-\frac{\pi}{3}}^{\frac{\pi}{6}}\frac{1}{9(1+\tan^2\theta)^2}\cdot\frac{\sqrt{3}}{\cos^2\theta}\,d\theta$$

$$=\frac{\sqrt{3}}{9}\int_{-\frac{\pi}{3}}^{\frac{\pi}{6}}\cos^2\theta\,d\theta$$

$$=\frac{\sqrt{3}}{9}\int_{-\frac{\pi}{3}}^{\frac{\pi}{6}}\frac{1+\cos2\theta}{2}\,d\theta$$

$$=\frac{\sqrt{3}}{18}\Big[\theta+\frac{\sin2\theta}{2}\Big]_{-\frac{\pi}{3}}^{\frac{\pi}{6}}$$

$$=\frac{\sqrt{3}}{18}\Big(\frac{\pi}{2}+\frac{\sqrt{3}}{2}\Big)=\frac{\sqrt{3}\,\pi}{36}+\frac{1}{12}\quad\cdots\cdots⑥$$

①〜⑥から

$$I=-\frac{1}{4}\cdot4+\frac{1}{64}\cdot\frac{16}{3}-\frac{1}{4}\Big(-\frac{\log3}{2}\Big)+\frac{7}{4}\cdot\frac{\sqrt{3}\,\pi}{6}-3\Big(\frac{\sqrt{3}\,\pi}{36}+\frac{1}{12}\Big)$$

$$=-\frac{7}{6}+\frac{\log3}{8}+\frac{5\sqrt{3}\,\pi}{24}\quad\cdots\cdots(答)$$

◀ 解 説 ▶

≪分数関数のグラフの接線，分数関数の定積分≫

▶(1) 接線 l の方程式を立式し，連立方程式を解くだりなので完答したい設問である。接点の x 座標が 1 なので，$(x-1)^2$ が因数として現れることを念頭に進めるとよい。

▶(2) 積分がしやすくなるように，分数関数を分解することがポイントである。多項式，対数関数，$x=\sqrt{3}\tan\theta$ での変数変換が現れるように分子の形を工夫する。以降は計算に十分注意して積分を進める。この計算を正しく行うこともポイントである。各積分はすべて経験済みのタイプと思わ

50 2021 年度　数学〈解答〉　　　　　　　　　　　　　　東京大-理科前期

れるので，計算の成否で差が出る問題である。

4

◇発想◇　(1)　$KA \equiv LB \pmod 4$ と $K \equiv L \pmod 4$ を用いる。

(2)　${}_{4a+1}\mathrm{C}_{4b+1} = \dfrac{(4a+1) \cdot 4a \cdot \ \cdots \ \cdot (4a-4b+1)}{(4b+1) \cdot 4b \cdot \ \cdots \ \cdot 1}$ の分母・分子を 4

の倍数の項のみの積とそれ以外の項の積に分けて考える。さらに，
後者の中の 4 で割って 2 余る数の項を約分してみる。

(3)　(2)で定めた K, L にはそれぞれ $4b+j$, $4a+j$ の形の項が同
数ずつ現れ，$2b+k$, $2a+k$ の形の項が同数ずつ現れることを利
用する。

(4)　(3)の利用を考える。

解答　(1)　$KA \equiv LB \pmod 4$ （$KA = LB$ より）

$\qquad\qquad\qquad \equiv KB \pmod 4$ （$K \equiv L \pmod 4$ より）

ここで，K は正の奇数なので 4 と互いに素であるから

$\qquad A \equiv B \pmod 4$

すなわち A を 4 で割った余りは B を 4 で割った余りと等しい。

（証明終）

(2)　${}_{4a+1}\mathrm{C}_{4b+1}$

$= \dfrac{(4a+1) \cdot 4a \cdot (4a-1)(4a-2) \cdot \ \cdots \ \cdot (4a-4b+2)(4a-4b+1)}{(4b+1) \cdot 4b \cdot (4b-1)(4b-2) \cdot \ \cdots \ \cdot 2 \cdot 1}$

右辺の分母・分子において，4 の倍数の項のみの積は

$\dfrac{4a(4a-4)(4a-8) \cdot \ \cdots \ \cdot (4a-4b+8)(4a-4b+4)}{4b(4b-4)(4b-8) \cdot \ \cdots \ \cdot 8 \cdot 4}$

$= \dfrac{a(a-1)(a-2) \cdot \ \cdots \ \cdot (a-b+2)(a-b+1)}{b(b-1)(b-2) \cdot \ \cdots \ \cdot 2 \cdot 1}$

$= {}_a\mathrm{C}_b$

となる。分母・分子の残りの項の積のうち，4 で割って 2 余る数の項を 2
で約分すると

$\dfrac{(4a+1)(4a-1)(4a-2) \cdot \ \cdots \ \cdot (4a-4b+2)(4a-4b+1)}{(4b+1)(4b-1)(4b-2) \cdot \ \cdots \ \cdot 2 \cdot 1}$

$= \dfrac{(4a+1)(4a-1)(2a-1) \cdot \ \cdots \ \cdot (2a-2b+1)(4a-4b+1)}{(4b+1)(4b-1)(2b-1) \cdot \ \cdots \ \cdot 1 \cdot 1}$　……①

東京大-理科前期　　　　　　　　　　　　　　　　　　2021 年度　数学〈解答〉　*51*

この分母・分子はどちらも奇数のみの項の積であり，それぞれを K, L とおくと，K, L は正の奇数で

$$_{4a+1}\mathrm{C}_{4b+1} = {}_a\mathrm{C}_b \cdot \frac{L}{K}$$

すなわち　　$KA = LB$

よって，$A = {}_{4a+1}\mathrm{C}_{4b+1}$，$B = {}_a\mathrm{C}_b$ に対して $KA = LB$ となるような正の奇数 K, L が存在する。　　　　　　　　　　　　　　　　　　　（証明終）

(3)　①から，(2)の K, L にはそれぞれ $4b+j$, $4a+j$（j は 1 以下で $-4b+1$ 以上の奇数）の形の項が同数ずつあり，$2b+k$, $2a+k$（k は -1 以下で $-2b+1$ 以上の奇数）の形の項が同数ずつある。

　　　　$4b+j$ の形の項の積を K_1，$2b+k$ の形の項の積を K_2

　　　　$4a+j$ の形の項の積を L_1，$2a+k$ の形の項の積を L_2

とおくと，$K = K_1 K_2$, $L = L_1 L_2$ である。

ここで，$4b+j \equiv 4a+j \pmod 4$ から

　　　　$K_1 \equiv L_1 \pmod 4$　……②

また，$(2a+k) - (2b+k) = 2(a-b)$ において，$a-b$ は 2 で割り切れるので，$2(a-b)$ は 4 で割り切れ，$2a+k \equiv 2b+k \pmod 4$ となり

　　　　$K_2 \equiv L_2 \pmod 4$　……③

②，③から

　　　　$K_1 K_2 \equiv L_1 L_2 \pmod 4$

すなわち　　$K \equiv L \pmod 4$　……④

である。

いま，$K \cdot {}_{4a+1}\mathrm{C}_{4b+1} \equiv L \cdot {}_a\mathrm{C}_b$ なので，④と(1)から

　　　　$_{4a+1}\mathrm{C}_{4b+1} \equiv {}_a\mathrm{C}_b \pmod 4$

すなわち，$_{4a+1}\mathrm{C}_{4b+1}$ を 4 で割った余りは $_a\mathrm{C}_b$ を 4 で割った余りと等しい。

　　　　　　　　　　　　　　　　　　　　　　　　　　　　　　（証明終）

(4)　以下，合同式は 4 を法として考える。

(3)により

$$_{2021}\mathrm{C}_{37} \equiv {}_{505}\mathrm{C}_9 \quad (2021 = 4 \cdot 505 + 1,\ 37 = 4 \cdot 9 + 1,\ 505 - 9 \text{ は偶数から})$$

$$\equiv {}_{126}\mathrm{C}_2 \quad (505 = 4 \cdot 126 + 1,\ 9 = 4 \cdot 2 + 1,\ 126 - 2 \text{ は偶数から})$$

$$= \frac{126 \cdot 125}{2 \cdot 1} = 63 \cdot 125$$

52 2021 年度 数学〈解答〉 東京大-理科前期

$$\equiv 3 \cdot 1 \equiv 3$$

ゆえに，$_{2021}C_{37}$ を 4 で割った余りは　　3　……（答）

別解 （1）　いま，$KA = LB$ より

$$KA - KB = LB - KB = (L - K)B$$

であり，ここで，K を 4 で割った余りと L を 4 で割った余りが等しいとき，$L - K$ は 4 の倍数となるので，$KA - KB = K(A - B)$ も 4 の倍数となる。

K は正の奇数であるため，$A - B$ も 4 の倍数となる。

以上より，A を 4 で割った余りは B を 4 で割った余りと等しい。

━━━━◀解　説▶━━━━

≪4 で割った余りと二項係数≫

▶(1)　$KA = LB$ と $K \equiv L \pmod 4$ を組み合わせて，$KA \equiv KB \pmod 4$ を導く。最後は一般に，$ab \equiv ac \pmod m$ で a と m が互いに素ならば，$b \equiv c \pmod m$ であることを用いる。

▶(2)　$_{4a+1}C_{4b+1}$ を分数で表現すると，分母・分子とも連続する同じ項数の積となる。この中の 4 の倍数の項のみの積を取り出して考えることがポイントである。これに気づくことが難しい。次いで分母・分子のそれぞれで残りの項の積を考えて，4 で割って 2 余る項を 2 で割ると，奇数のみの項の積が残る。最後は設問の式の形に向けた記述を行う。

▶(3)　(2)の K, L を〔解答〕にあるように，$K = K_1 K_2$, $L = L_1 L_2$ と表し，$K_1 \equiv L_1 \pmod 4$ かつ $K_2 \equiv L_2 \pmod 4$ を示すと，$K \equiv L \pmod 4$ となる。最後は(1)を用いるとよい。

▶(4)　(3)を用いる。

5　◆発想◆　(1) $f'(\theta)$, $f''(\theta)$, $f'''(\theta)$ を求め，$f''(\theta)$, $f'(\theta)$ の順に増減表を考える。〔別解〕のように，$f'(\theta) = 0$ を $\alpha = g(\theta)$ の形にして，$y = g(\theta)$ のグラフを考える解法もある。

(2) $f(\theta)$ の増減表と，$y = f'(\theta)$ のグラフを考える。

解答 (1)　A$(-\alpha, -3)$，P$(\theta + \sin\theta, \cos\theta)$ に対し，$f(\theta) = \mathrm{AP}^2$ より

$$f(\theta) = (\theta + \sin\theta + \alpha)^2 + (\cos\theta + 3)^2$$

$$f'(\theta) = 2(\theta + \sin\theta + \alpha)(1 + \cos\theta) + 2(\cos\theta + 3)(-\sin\theta)$$

$$\frac{f'(\theta)}{2} = \theta - 2\sin\theta + (\theta+\alpha)\cos\theta + \alpha$$

$$\frac{f''(\theta)}{2} = 1 - 2\cos\theta + \cos\theta - (\theta+\alpha)\sin\theta$$

$$= 1 - \cos\theta - (\theta+\alpha)\sin\theta$$

$$\frac{f'''(\theta)}{2} = \sin\theta - \sin\theta - (\theta+\alpha)\cos\theta$$

$$= -(\theta+\alpha)\cos\theta$$

まず，$0<\theta<\pi$ より，$f''(\theta)$ の増減表は右のようになる。

θ	0	$\cdots$	$\frac{\pi}{2}$	$\cdots$	π
$f'''(\theta)$		$-$	0	$+$	
$f''(\theta)$	0	↘	$(-)$	↗	4

よって，$\frac{\pi}{2}<\theta<\pi$ の範囲に $f''(\theta)=0$ となる θ がただ1つある。それを θ_0 とすると，$f'(\theta)$ の増減表は右のようになる。

θ	0	$\cdots$	θ_0	$\cdots$	π
$f''(\theta)$		$-$	0	$+$	
$f'(\theta)$	4α	↘		↗	0

したがって，$f'(\theta_0)<0$ であり，また $4\alpha>0$ なので，$0<\theta<\pi$（$0<\theta<\theta_0$）の範囲に $f'(\theta)=0$ となる θ がただ1つ存在する。　　　　　　（証明終）

(2) $f'(\theta)=0$ となる θ を θ_1 とすると，$f(\theta)$ の増減表は右のようになる。

よって，$f(\theta)$ の $0\leqq\theta\leqq\pi$ における最大値は $f(\theta_1)$ である。

θ	0	$\cdots$	θ_1	$\cdots$	π
$f'(\theta)$		$+$	0	$-$	
$f(\theta)$		↗		↘	

したがって，関数 $f(\theta)$ が $0<\theta<\frac{\pi}{2}$ のある点において最大になる条件は，$0<\theta_1<\frac{\pi}{2}$ となる。

$y=f'(\theta)$ のグラフから，このための条件は，$f'\left(\frac{\pi}{2}\right)<0$ である。

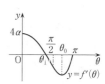

$f'\left(\frac{\pi}{2}\right)=\pi+2\alpha-4<0$ と $\alpha>0$ から，条件を満たす α の範囲は

$$0<\alpha<2-\frac{\pi}{2} \quad \cdots\cdots\text{(答)}$$

別解 (1) $f(\theta) = (\theta+\sin\theta+\alpha)^2 + (\cos\theta+3)^2$ から

$$f'(\theta) = 2(\theta + \sin\theta + \alpha)(1 + \cos\theta) + 2(\cos\theta + 3)(-\sin\theta)$$

$$\frac{f'(\theta)}{2} = \theta(1 + \cos\theta) - 2\sin\theta + \alpha(1 + \cos\theta)$$

$0 < \theta < \pi$ から，$1 + \cos\theta \neq 0$ であり

$$\frac{f'(\theta)}{2(1 + \cos\theta)} = \alpha - \left(\frac{2\sin\theta}{1 + \cos\theta} - \theta\right) \quad \cdots\cdots ①$$

したがって，$f'(\theta) = 0$ となる θ は

$$\alpha = \frac{2\sin\theta}{1 + \cos\theta} - \theta \quad (0 < \theta < \pi)$$

を満たす θ に一致する。この右辺を $g(\theta)$ とおくと

$$g(\theta) = \frac{2\sin\frac{\theta}{2}\cos\frac{\theta}{2}}{\cos^2\frac{\theta}{2}} - \theta = 2\tan\frac{\theta}{2} - \theta$$

$$g'(\theta) = \frac{1}{\cos^2\frac{\theta}{2}} - 1 = \tan^2\frac{\theta}{2} > 0 \quad \cdots\cdots ②$$

$$\lim_{\theta \to +0} g(\theta) = 0 \quad \cdots\cdots ③$$

$$\lim_{\theta \to \pi-0} g(\theta) = \lim_{\theta \to \pi-0}\left(2\tan\frac{\theta}{2} - \theta\right) = \infty \quad \cdots\cdots ④$$

②，③，④と $\alpha > 0$ から，$y = g(\theta)$ のグラフは右のようになり，$\alpha = g(\theta)$ すなわち $f'(\theta) = 0$ となる θ が $0 < \theta < \pi$ の範囲にただ1つ存在する。

(2) ①から，$\dfrac{f'(\theta)}{2(1 + \cos\theta)} = \alpha - g(\theta)$ であり，$f'(\theta)$ の符号は $\alpha - g(\theta)$ の符号に一致する。

よって，$f'(\theta) = 0$ となる θ を θ_1 として，$y = g(\theta)$ のグラフから右の増減表を得る。

これより，$f(\theta)$ の $0 \leq \theta \leq \pi$ における最大値は $f(\theta_1)$ である。

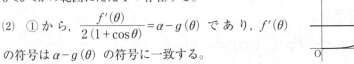

θ	0	$\cdots$	θ_1	$\cdots$	π
$f'(\theta)$		+	0	−	
$f(\theta)$		↗		↘	

したがって，関数 $f(\theta)$ が $0 < \theta < \dfrac{\pi}{2}$ のある点において最大になる条件は

東京大-理科前期　　　　　　　　　　　　　　　2021 年度　数学〈解答〉 55

$0<\theta_1<\dfrac{\pi}{2}$ となり，$y=g(\theta)$ のグラフから，$g\left(\dfrac{\pi}{2}\right)>\alpha$ となる。$g\left(\dfrac{\pi}{2}\right)=2-\dfrac{\pi}{2}$

と $\alpha>0$ より，条件を満たす α の範囲は

$$0<\alpha<2-\dfrac{\pi}{2}$$

━━━━━━━◀解　説▶━━━━━━━

≪三角関数の微分法，$f'(\theta)=0$ となる θ の値の評価≫

▶(1)　$f'''(\theta)$ を考えて，$f''(\theta)$ の増減表を考え，$f''(\theta)$ の符号変化をみて，$f'(\theta)$ の増減表を考える。区間の端点での値も求めて解決する。〔別解〕は，$f'(\theta)=0$ を定数分離の方針で，$\alpha=g(\theta)$ の形に変形し，$y=g(\theta)$ のグラフを考える解法である。この場合は，$\displaystyle\lim_{\theta\to\pi-0} g(\theta)$ も求める必要がある。

▶(2)　$f(\theta)$ の増減表から解決するが，$y=f'(\theta)$ のグラフ（〔別解〕では(1)の $y=g(\theta)$ のグラフ）も用いると，わかりやすい。

━━━━━━━━━━━━━━━━━━━━

6　◇発想◇　(1)　右辺を展開，整理し，係数を比較する。

(2)　(1)の係数比較からの $qr=c$ を p と a で表した式にする。これと，設問で与えられた整式を展開，整理した式を見比べて，適切な $f(t)$ と $g(t)$ を 1 組定める。

(3)　設問で与えられた整式を $(x^2+px+q)(x^2-px+r)$ とできることを述べ，まず，$p\neq0$ の理由を考える。次いで，(2)で与えられた式を利用して，$p^2=a^2+1$ を導く。ここで，p が有理数，a が整数であることから p が整数であることを示し，a の値を絞り込む。最後に，得られた a の値に対して，設問で与えられた整式が有理係数の 2 次式に因数分解できることを確認する。

解答　(1)　$x^4+bx+c=\{(x^2+px)+q\}\{(x^2-px)+r\}$

$=x^4-p^2x^2+r(x^2+px)+q(x^2-px)+qr$

$=x^4+(-p^2+q+r)x^2+p(r-q)x+qr$

これが x についての恒等式であることから

$$\begin{cases} -p^2+q+r=0 & \cdots\cdots① \\ p(r-q)=b & \cdots\cdots② \\ qr=c & \cdots\cdots③ \end{cases}$$

①，②と $p \neq 0$ から，$\begin{cases} r+q=p^2 \\ r-q=\dfrac{b}{p} \end{cases}$ となり，これより

$$\begin{cases} q=\dfrac{1}{2}\left(p^2-\dfrac{b}{p}\right) \\ r=\dfrac{1}{2}\left(p^2+\dfrac{b}{p}\right) \end{cases} \quad \cdots\cdots(\text{答})$$

(2) $b=(a^2+1)(a+2)$，$c=-\left(a+\dfrac{3}{4}\right)(a^2+1)$，③および(1)の結果から

$$\frac{1}{4}\left(p^2-\frac{b}{p}\right)\left(p^2+\frac{b}{p}\right)=c$$

$$p^6-4cp^2-b^2=0$$

$$p^6+4\left(a+\frac{3}{4}\right)(a^2+1)p^2-(a^2+1)^2(a+2)^2=0 \quad \cdots\cdots④$$

が成り立つ。

一方

$$\{p^2-(a^2+1)\}\{p^4+f(a)\,p^2+g(a)\}$$
$$=p^6+\{f(a)-(a^2+1)\}p^4+\{g(a)-f(a)\,(a^2+1)\}p^2-(a^2+1)\,g(a)$$

ここで，$f(t)=t^2+1$，$g(t)=(t^2+1)(t+2)^2$ とすると

$$f(a)-(a^2+1)=0$$

$$\begin{aligned} g(a)-f(a)\,(a^2+1) &= (a^2+1)(a+2)^2-(a^2+1)^2 \\ &= (a^2+1)\{(a+2)^2-(a^2+1)\} \\ &= (a^2+1)(4a+3) \\ &= 4\left(a+\frac{3}{4}\right)(a^2+1) \end{aligned}$$

$$(a^2+1)\,g(a)=(a^2+1)^2(a+2)^2$$

となり，④により，確かに $\{p^2-(a^2+1)\}\{p^4+f(a)\,p^2+g(a)\}=0$ となる。
ゆえに，求める1組として

$$f(t)=t^2+1,\quad g(t)=(t^2+1)(t+2)^2 \quad \cdots\cdots(\text{答})$$

がある。

〔注〕 ④の左辺を変形すると

$$\{p^2-(a^2+1)\}\{p^4+(a^2+1)\,p^2+(a^2+1)(a+2)^2\}$$

となることから，$f(t)=t^2+1$，$g(t)=(t^2+1)(t+2)^2$ とすることもできる。

東京大-理科前期   2021 年度　数学〈解答〉　*57*

(3)　x の 4 次式

$$x^4 + (a^2+1)(a+2)x - \left(a + \frac{3}{4}\right)(a^2+1)　\cdots\cdots⑤$$

が有理係数の 2 次式に因数分解できるとすると，⑤の x^3 の係数が 0 であることから，p，q，r を有理数として

$$(x^2 + px + q)(x^2 - px + r)　\cdots\cdots⑥$$

の形となることが必要。

$p = 0$ とすると

$$⑥ = x^4 + (q+r)x^2 + qr$$

となり，⑤と係数を比較して

$$\begin{cases} q + r = 0 \\ (a^2+1)(a+2) = 0 \\ qr = -\left(a + \dfrac{3}{4}\right)(a^2+1) \end{cases}$$

a は実数なので，$a = -2$ でなければならない。このとき

$$q + r = 0, \quad qr = \frac{25}{4}$$

から，$q^2 = -\dfrac{25}{4}$ となるが，これは q が実数であることと矛盾。

よって，$p \neq 0$ でなければならない。

このとき，(2)から，定数 p，a について

$$\{p^2 - (a^2+1)\}\{p^4 + (a^2+1)p^2 + (a^2+1)(a+2)^2\} = 0$$

が成り立つ。$p \neq 0$ と a が実数であることから，左辺の第 2 項は正となり

$$p^2 = a^2 + 1$$

でなければならない。ここで，a は整数なので p^2 も整数である。

p は有理数なので，$p = \dfrac{s}{t}$ （s，t は互いに素な整数で，$t \geqq 1$）とおくことができて

$$s^2 = t^2(a^2+1)$$

$t \geqq 2$ とすると，t は素因数をもつ。その 1 つを d とすると，素因数 d は s^2 の素因数となるので，s の約数となる。これは s，t が互いに素な整数であることに反する。よって，$t = 1$ でなければならず，p は整数である。

このとき

$(p+a)(p-a)=1$ から $\begin{cases} p+a=1 \\ p-a=1 \end{cases}$ または $\begin{cases} p+a=-1 \\ p-a=-1 \end{cases}$

となり, $(a,\ p)=(0,\ \pm1)$ でなければならない。

$a=0$ のとき

$$⑤=x^4+2x-\frac{3}{4}=\left(x^2+x-\frac{1}{2}\right)\left(x^2-x+\frac{3}{2}\right)$$

となり, 確かに, ⑤は有理係数の2次式に因数分解できる。

以上から, 条件を満たす a は

$a=0$ ……(答)

◀━━━ ◀ 解 説 ▶ ━━━▶

≪有理係数の整式の因数分解, 式処理≫

▶(1)　右辺を展開, 整理して係数を比較する。

▶(2)　3つの係数比較のうちで, (1)で用いなかった $c=qr$ を用いることが最初のポイントである。次いで, 式を展開, 通分して得られる p の6次式の形の式の係数に設問で与えられた b, c の値を代入し, 整理する。これと与えられた等式を展開, 整理した式を見比べると, $f(t)$, $g(t)$ としてふさわしい形が見えてくる。a, b, c, p はすべて定数なので, これらの関係式は整式ではなく, 整式の形で与えられた値であるが, 形式として p の整式のように扱って整理していくと解決する。整式 $f(t)$, $g(t)$ は, $f(a)=a^2+1$, $g(a)=(a^2+1)(a+2)^2$ を満たす整式であれば何でもよく, 〔解答〕の1組に限られるわけではないが, 解答の式処理から自然に得られるもので答えるとよい。

▶(3)　本問で与えられた x の整式は, 問題の最初に与えられた x の整式 x^4+bx+c において, 係数 b, c が(2)で与えられたものになっている。x^3 の係数が0であることから, 2次式に因数分解できるとすると, $(x^2+px+q)(x^2-px+r)$ の形になることが必要である。これは本問全体で前提とすることになっているので, $p\ne0$ のときは, (1), (2)の結果が利用できる。特に, p, a について(2)の式が成り立たなければならない。すなわち p, a は $\{p^2-(a^2+1)\}\{p^4+(a^2+1)p^2+(a^2+1)(a+2)^2\}=0$ を満たす数であることが必要となる。これが本問を考える際の論理であり, 単に式を羅列するのではなく, この理解のもとでの記述が望ましい。この左辺の

第 2 項は正なので，$p^2 = a^2 + 1$ が得られる。p が有理数，a が整数であることから p は整数となる。これについて，〔解答〕では念のためその根拠も記しておいた。全体の配点を考慮すると，なくてもほとんど減点はないと思われるが，それ自体が問われた際の参考とするとよい。p，a が整数のとき，$p^2 = a^2 + 1$ から，$(a, p) = (0, \pm 1)$ を得ることは易しい。ただし，ここまでは，与式が有理係数の 2 次式の積に因数分解されるとしたときの p，a の値の必要条件としての記述になっているので，最後は十分性にも言及しておくとよい。また，以上の結果は $p \neq 0$ のもとで得られるものなので，$p = 0$ のときの検討も忘れてはならない。

❖講 評

　発想力が問われる問題が多く，難化した 2020 年度に比べ，2021 年度は発想において迷うことのない問題が 4 題（1・2・3・5）あった。ただし，これらすべてについて計算や図示を正しく行い，最後まで詰め切れるほど易しいセットでもない。また，発想が難の問題（4）とやや難の問題（6）もあったので，完答は難しい。確率・場合の数は 2018 年度以降出題がなく，2021 年度は頻出の立体の体積の出題もなかった。すべての大問が小問（計 15 の設問）に分けられていて，平易な小問もあるので，完答は難しくとも，できるだけ得点の積み上げをはかりたい。文科との共通は 1 と 4 であった。

　東大理科入試としての難易度は，1(1)易，(2)標準，2(1)易，(2)標準，3(1)標準，(2)やや難，4(1)易，(2)難，(3)やや難，(4)易，5(1)標準，(2)易，6(1)易，(2)やや難，(3)やや難であった。

　1　放物線の通過範囲の問題。(1)は易しい。(2)は直線と(1)の領域が共有点をもつ条件に帰着する問題で，境界の端点での直線の上下関係で端的にとらえることができるかどうかで差が出る。東大頻出の類型の問題なので，完答してほしい問題だが，図示問題は時間を取られることが多い。過去問等で訓練しておくことが重要。

　2　(1)は易しい。(2)はベクトルを利用して平行四辺形が通過する範囲として求めるとよい。過去問に類似の発想の問題がある。

　3　(1)は落とせない。(2)は現れる積分はすべて通常の学習で経験するものだが，それらに帰着させる過程と全体の計算で間違いも出やすい問

60 2021 年度　数学〈解答〉　　　　　　　　　　　　　　　　　　　　東京大-理科前期

題。

　4　⑴は易しい。⑵は二項係数の計算式の分母・分子に現れる数を眺めて，4 で割り切れる項，4 で割って 2 余る項に着目する発想が試験場では難しいだろう。⑶・⑷は⑵が突破できると解答できるが，解けた受験生は多くはないと思われ，あまり得点差が出なかったものと思われる。

　5　微分法のとても標準的で落とせない問題。

　6　⑴は易しい。⑵はあまり経験のない設問で戸惑うかもしれない。解答の方向性を明確にとらえた式処理がやや難，⑶は⑴・⑵をどう利用するかという問題の構造をつかむのがやや難の設問。x 以外の文字は数であり，それらの関係式をそれらの数が満たすべき関係式として扱う。

東京大-理科前期　　　　　　　　　　　　　　　　　2021 年度　数学〈解答〉　*61*

──────「数学」の出題の意図（東京大学 発表）──────

　数学は自然科学の基底的分野として，自然科学に留まらず人間文化の様々な領域で活用される学問であり，科学技術だけでなく社会現象を表現し予測などを行なうために必須です。

　そのため，本学を受験しようとする皆さんには，高等学校学習指導要領に基づく基本的な数学の知識と技法について習得しておくことはもちろんのこと，将来，数学を十分に活用できる能力を身につけるために，以下に掲げる総合的な数学力を養うための学習をこころがけて欲しいと考えています。

1）　数学的に思考する力

　　問題の本質を数学的な考え方で把握・整理し，それらを数学の概念を用いて定式化する力

2）　数学的に表現する力

　　自分の考えた道筋を他者が明確に理解できるよう，解答に至る道筋を論理的かつ簡潔に表現する力

3）　総合的な数学力

　　数学を用いて様々な課題を解決するために，数学を自在に活用できると同時に，幅広い分野の知識・技術を統合して総合的に問題を捉える力

　これらの能力の習得度を判定することを意図して「数学」の問題は出題されます。

物理

1 解答

I ア. $-mgl\cos\theta_0$　イ. $\dfrac{1}{2}mu^2 - mgl\cos\theta$

ウ. $\sqrt{2gl(\cos\theta - \cos\theta_0)}$

II (1) Aがブランコから飛び降りる直前直後において，運動量保存則より

$$(m_A + m_B)v_0 = m_A v_A$$

$$\therefore\quad v_A = \frac{m_A + m_B}{m_A}v_0 \quad\cdots\cdots(答)\quad\cdots\cdots①$$

(2) ブランコの振れ角が $\theta = \theta_0$ のときと $\theta = 0$ のときとで，力学的エネルギー保存則より

$$-mgl\cos\theta_0 = \frac{1}{2}mv_0{}^2 - mgl$$

$$\therefore\quad v_0 = \sqrt{2gl(1-\cos\theta_0)} \quad\cdots\cdots②$$

Aが飛び降りてから着地するまでの時間を t，距離 $GG' = d$ とする。Aは，飛び降りた後，水平投射運動をするから，鉛直方向の等加速度直線運動の式より

$$h = \frac{1}{2}gt^2$$

$$\therefore\quad t = \sqrt{\frac{2h}{g}}$$

①，②を用いて

$$d = v_A t = \frac{m_A + m_B}{m_A}\sqrt{2gl(1-\cos\theta_0)} \cdot \sqrt{\frac{2h}{g}}$$

$$= \frac{2(m_A + m_B)}{m_A}\sqrt{hl(1-\cos\theta_0)} \quad\cdots\cdots(答)$$

$m_A = m_B$ の場合，l，h，$\cos\theta_0$ に問題文の数値を代入すると

$$d = \frac{2(m_A + m_A)}{m_A}\sqrt{0.30 \times 2.0 \times (1-0.85)}$$

$$= 4 \times 0.30 = 1.2\,[\text{m}] \quad\cdots\cdots(答)$$

東京大-理科前期   2021 年度　物理〈解答〉　*63*

Ⅲ (1) ブランコの振れ角が $\theta = \theta'$ のときと $\theta = \theta''$ のときとで，力学的エネルギー保存則より

$$\frac{1}{2}m(v')^2 - mg(l-\Delta l)\cos\theta' = -mg(l-\Delta l)\cos\theta''$$

問題文の $\cos\theta$ の近似式 $\cos\theta \fallingdotseq 1 - \dfrac{\theta^2}{2}$ を用いると

$$\frac{1}{2}m(v')^2 - mg(l-\Delta l)\left\{1 - \frac{(\theta')^2}{2}\right\} = -mg(l-\Delta l)\left\{1 - \frac{(\theta'')^2}{2}\right\}$$

$$\therefore \quad (\theta'')^2 = (\theta')^2 + \frac{(v')^2}{g(l-\Delta l)} \quad \cdots\cdots(答) \quad \cdots\cdots③$$

(2) 問題文の面積速度が一定の式より

$$\frac{1}{2}(l-\Delta l)v' = \frac{1}{2}lv$$

$$\therefore \quad v' = \frac{l}{l-\Delta l}v \quad \cdots\cdots④$$

ブランコの振れ角が $\theta = \theta_0$ のときと $\theta = \theta'$ のときとで，力学的エネルギー保存則と，問題文の $\cos\theta$ の近似式を用いると

$$-mgl\cos\theta_0 = \frac{1}{2}mv^2 - mgl\cos\theta'$$

$$-mgl\left\{1 - \frac{(\theta_0)^2}{2}\right\} = \frac{1}{2}mv^2 - mgl\left\{1 - \frac{(\theta')^2}{2}\right\}$$

$$\therefore \quad v^2 = gl\{\theta_0{}^2 - (\theta')^2\} \quad \cdots\cdots⑤$$

③に，④，⑤を順に代入して

$$(\theta'')^2 = (\theta')^2 + \frac{(v')^2}{g(l-\Delta l)}$$

$$= (\theta')^2 + \frac{1}{g(l-\Delta l)} \cdot \left(\frac{l}{l-\Delta l}v\right)^2$$

$$= (\theta')^2 + \frac{1}{g(l-\Delta l)} \cdot \left(\frac{l}{l-\Delta l}\right)^2 \cdot gl\{\theta_0{}^2 - (\theta')^2\}$$

$$= (\theta')^2 + \left(\frac{l}{l-\Delta l}\right)^3\{\theta_0{}^2 - (\theta')^2\}$$

$$= \left(\frac{l}{l-\Delta l}\right)^3\theta_0{}^2 - \left\{\left(\frac{l}{l-\Delta l}\right)^3 - 1\right\}(\theta')^2 \quad \cdots\cdots(答) \quad \cdots\cdots⑥$$

(3) ⑥より，$(\theta')^2$ の係数は，$-\left\{\left(\dfrac{l}{l-\Delta l}\right)^3 - 1\right\} < 0$ であるから，θ'' を最大

にする θ' は $\theta' = 0$ ……(答)

このとき，$(\theta'')^2$ は最大値 $\left(\dfrac{l}{l-\varDelta l}\right)^3 \theta_0{}^2$ をとる。

よって，θ'' の最大値は $\left(\dfrac{l}{l-\varDelta l}\right)^{\frac{3}{2}} \theta_0$ ……(答)

(4) 人は $\theta = 0$ で立ち上がるから，(3)より，n 回目のサイクルの後のブランコの角度 θ_n は

$$\theta_n = \left(\frac{l}{l-\varDelta l}\right)^{\frac{3}{2}} \theta_{n-1}$$

よって，θ_n は初項 θ_0，公比 $\left(\dfrac{l}{l-\varDelta l}\right)^{\frac{3}{2}}$ の等比数列となり，その一般項は

$$\theta_n = \left(\frac{l}{l-\varDelta l}\right)^{\frac{3n}{2}} \theta_0 \quad ……(答) \quad ……⑦$$

(5) ⑦より，$n = N$ のとき，$\theta_N \geqq 2\theta_0$ となる N を求める。問題文の条件 $\dfrac{\varDelta l}{l} = 0.1$ を代入すると

$$\theta_N = \left(\frac{1}{1-\dfrac{\varDelta l}{l}}\right)^{\frac{3N}{2}} \theta_0 = \left(1-\frac{\varDelta l}{l}\right)^{-\frac{3N}{2}} \theta_0 = \left(1-\frac{0.1}{1}\right)^{-\frac{3N}{2}} \theta_0$$

$$= 0.9^{-\frac{3N}{2}} \theta_0 \geqq 2\theta_0$$

$$\therefore \quad 0.9^{-\frac{3N}{2}} \geqq 2$$

対数をとり，問題文の数値を代入すると

$$-\frac{3N}{2} \log_{10} 0.9 \geqq \log_{10} 2$$

$$-\frac{3N}{2} \times (-0.046) \geqq 0.30$$

$$\therefore \quad N \geqq \frac{2 \times 0.30}{3 \times 0.046} \fallingdotseq 4.34$$

N は自然数であるから，初めて $\theta_N \geqq 2\theta_0$ となるのは $N = 5$ ……(答)

◀解　説▶

≪ブランコの運動≫

◆I　ウ．運動を開始した角度 θ_0 の点と角度 θ の点とで，質点Ｐの力学

的エネルギー保存則より

$$-mgl\cos\theta_0 = \frac{1}{2}mu^2 - mgl\cos\theta$$

$$\therefore \quad u = \sqrt{2gl(\cos\theta - \cos\theta_0)} \quad \cdots\cdots ⑧$$

◆Ⅱ　▶(2)　ウを上のように求めると，⑧の式を利用して v_0 を次のように求めることもできる。

⑧において，$\theta = 0$ のときの u が v_0 であるから

$$v_0 = \sqrt{2gl(1-\cos\theta_0)}$$

◆Ⅲ　▶(1)　問題文の $\cos\theta$ の近似式は，$x = 0$ のとき，関数 $f(x)$ が無限回微分可能であれば

$$f(x) = \sum_{n=0}^{\infty} \frac{f^{(n)}(0)}{n!}x^n = f(0) + \frac{f'(0)}{1!}x + \frac{f''(0)}{2!}x^2 + \cdots$$

というマクローリン展開による。

$\cos x$ の場合は

$$\cos x = 1 - \frac{x^2}{2!} + \frac{x^4}{4!} - \cdots = 1 - \frac{x^2}{2} + \frac{x^4}{24} - \cdots$$

である。$|x|$ が 1 に比べて十分小さいとき，$n = 2$ のときの近似式は $\cos x \fallingdotseq 1 - \frac{x^2}{2}$ であり，$n = 1$ のときの近似式 $\cos x \fallingdotseq 1$ に比べて近似の精度が高くなる。

その他の近似式として次のようなものがあるが，通常 $n = 1$ や $n = 2$ のときの近似式が用いられる。

$$\sin x = x - \frac{x^3}{3!} + \frac{x^5}{5!} - \cdots = x - \frac{x^3}{6} + \frac{x^5}{120} - \cdots$$

$$(1+x)^n = 1 + nx + \frac{n(n-1)}{2!}x^2 + \cdots$$

▶(2)　問題文に示されたように，ブランコでは，OP の長さが変化する前後で瞬間的に OP 方向にはたらく力は中心力であるから，ここで面積速度が一定の式 $\frac{1}{2}(l - \Delta l)v' = \frac{1}{2}lv$ が成り立つ。

中心力とは，質点にはたらく力が常に中心 O の方向を向き，中心 O のまわりの力のモーメントが 0 であるような力である。代表的な力は，天体の楕円運動や双曲線運動のもとになる万有引力であるが，本問のように，瞬間

的に OP 方向にはたらく力も中心力である。

右図のように，質点が中心 O のまわりを回転しているとき，OP=r である点 P で質点に大きさ F の力が Δt の間はたらいたとき，質点が受けた力積は FΔt，点 O から力積 FΔt の作用線までの距離を h とすると，力積のモーメント M は

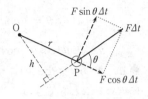

$$M = F\Delta t \cdot h = F\sin\theta \Delta t \cdot r$$

である。また，点 P での運動量を mv とすると，運動量のモーメント L は

$$L = mv \cdot h = mv\sin\theta \cdot r$$

であり，これを角運動量という。このとき，質点の角運動量は，質点が受けた力積のモーメントの量だけ変化する。

ここで，質点が中心力のみを受けて運動しているとき，すなわち，力積 $F\Delta t$ の OP 方向の成分 $F\cos\theta \Delta t$ だけが存在し，OP に垂直な方向の成分 $F\sin\theta \Delta t$ が 0 のとき，力積のモーメントは 0 である。よって，角運動量の変化が 0 となり，角運動量は一定に保たれる。これを角運動量保存則という。角運動量保存則を

$$L = mv \cdot h = mv\sin\theta \cdot r = 2m \times \frac{1}{2} rv\sin\theta = 一定$$

と書き換えると，面積速度 $\frac{1}{2} rv\sin\theta =$ 一定（ケプラーの第二法則）が導かれる。

2 解答 I (1) $C_0 = \dfrac{\varepsilon S}{d}$

(2) 板 A と板 C を導線 a で接続すると，板 C と板 B で形成されるコンデンサーとなる。これを C_{CB} として，その電気容量を C とすると

$$C = \frac{\varepsilon S}{d-x}$$

よって，コンデンサー C_{CB} に蓄えられた静電エネルギー U は

東京大-理科前期 　　　　　　　　　　　　　　　2021 年度　物理〈解答〉　67

$$U = \frac{1}{2}CV^2 = \frac{\varepsilon SV^2}{2(d-x)} \quad \cdots\cdots(答)$$

⑶　板Ｃと板Ａの距離が，x から $\dfrac{d}{4}$ になるまでの間で，コンデンサー C_{CB}
に蓄えられた静電エネルギーの変化 ΔU は，板Ｃに外力がした仕事 W と
電源がした仕事 W_0 の和である。よって

$$\Delta U = W + W_0$$

板Ｃと板Ａの距離が $\dfrac{d}{4}$ であるときのコンデンサー C_{CB} の電気容量を C' と
すると

$$C' = \frac{\varepsilon S}{d - \dfrac{d}{4}} = \frac{4\varepsilon S}{3d}$$

静電エネルギーの変化 ΔU は，$x > \dfrac{d}{4}$ すなわち $4x > d$ に注意すると

$$\Delta U = \frac{1}{2}C'V^2 - U = \frac{1}{2} \cdot \frac{4\varepsilon S}{3d}V^2 - \frac{\varepsilon SV^2}{2(d-x)} = -\frac{(4x-d)\varepsilon SV^2}{6d(d-x)}$$

この間，電源が流した電気量を ΔQ とすると

$$\Delta Q = C'V - CV$$

電源がした仕事 W_0 は，この間，直流電圧 V が一定であるから

$$W_0 = \Delta Q \cdot V = (C' - C)V^2$$

$$= \left(\frac{4\varepsilon S}{3d} - \frac{\varepsilon S}{d-x}\right)V^2 = -\frac{(4x-d)\varepsilon SV^2}{3d(d-x)}$$

よって

$$W = \Delta U - W_0$$

$$= -\frac{(4x-d)\varepsilon SV^2}{6d(d-x)} - \left\{-\frac{(4x-d)\varepsilon SV^2}{3d(d-x)}\right\}$$

$$= \frac{(4x-d)\varepsilon SV^2}{6d(d-x)} \quad \cdots\cdots(答)$$

$$\therefore \quad \frac{W}{W_0} = \frac{\dfrac{(4x-d)\varepsilon SV^2}{6d(d-x)}}{-\dfrac{(4x-d)\varepsilon SV^2}{3d(d-x)}} = -\frac{1}{2} \text{ 倍} \quad \cdots\cdots(答)$$

Ⅱ　⑴　板Ａと板Ｃからなるコンデンサーを C_{AC} としてその電気容量を

C_1、板Dと板BからなるコンデンサーをC_{DB}としてその電気容量をC_2とすると

$$C_1 = \dfrac{\varepsilon S}{\dfrac{d}{4}} = 4C_0$$

$$C_2 = \dfrac{\varepsilon S}{d - \dfrac{d}{4} - \dfrac{d}{4}} = 2C_0$$

導線aを外す直前は、板Aと板Cには電荷はなく、板Dと板BからなるコンデンサーC_{DB}にのみ電荷が蓄えられる。その電荷の大きさをQ'とすると

$$Q' = C_2 V = 2C_0 V$$

すなわち、板Dには$2C_0V$、板Bには$-2C_0V$の電荷が蓄えられている。
導線aを外した後、板Cと板Dにおける電気量保存則より

$$2C_0 V = -Q_1 + Q_2$$

板Aの板Cに対する電位は$\dfrac{Q_1}{4C_0}$、板Dの板Bに対する電位は$\dfrac{Q_2}{2C_0}$である。

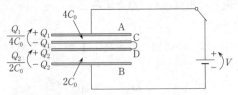

板A、B間の電圧は電源電圧に等しいから

$$V = \dfrac{Q_1}{4C_0} + \dfrac{Q_2}{2C_0}$$

連立して、Q_1、Q_2について解くと

$Q_1 = 0$

$Q_2 = 2C_0 V$

よって　ア．0　イ．2　……(答)

(2) コンデンサーC_{AC}に蓄えられる電荷は$4C_0V_1$、コンデンサーC_{DB}に蓄えられる電荷は$2C_0V_2$であるから、板Cと板Dにおける電気量保存則より

$$2C_0 V = -4C_0 V_1 + 2C_0 V_2$$

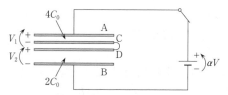

板A，B間の電圧は電源電圧に等しいから

$$\alpha V = V_1 + V_2$$

連立して，V_1，V_2について解くと

$$V_1 = \frac{\alpha - 1}{3}V$$
$$V_2 = \frac{2\alpha + 1}{3}V$$

……(答)

Ⅲ (1) 2つのコンデンサー C_{AC}，C_{DB} の直列接続の合成容量を C_S とすると

$$\frac{1}{C_S} = \frac{1}{4C_0} + \frac{1}{2C_0}$$

$$\therefore \quad C_S = \frac{4}{3}C_0$$

電気容量 C_S のコンデンサーと自己インダクタンス L のコイルによる電気振動の周期 T は

$$T = 2\pi\sqrt{LC_S} = 2\pi\sqrt{L \cdot \frac{4}{3}C_0} = 4\pi\sqrt{\frac{LC_0}{3}} \quad \text{……(答)}$$

〔注〕 電荷をもった直列接続された2つのコンデンサーとコイルとの間でおこる電気振動に，直列接続の合成容量を用いてもよい理由は，〔解説〕を参照のこと。

(2) コイルの両端にかかる電圧は，常に板Aと板Bの間の電圧に等しい。スイッチを1から2につなぎかえた直後の $t=0$ でのコイルの両端にかかる電圧は，その直前の状態である設問Ⅱ(2)での板Aと板Bの間の電圧に等しい。ここでは，直流電源の電圧は $2V$ であるから，求める電圧は

$$2V \quad \text{……(答)}$$

I_0 は，問題文の式 $\Delta I = I_0 \Delta t \left(\dfrac{2\pi}{T}\right)\cos\left(\dfrac{2\pi t}{T}\right)$ より

$$\frac{\Delta I}{\Delta t} = I_0 \left(\frac{2\pi}{T}\right)\cos\left(\frac{2\pi t}{T}\right)$$

両辺に L を掛けると

$$L \frac{\Delta I}{\Delta t} = L I_0 \left(\frac{2\pi}{T} \right) \cos \left(\frac{2\pi t}{T} \right)$$

$t=0$ では，板 D の板 B に対する電位は $2V$，コイルに生じる誘導起電力は

図 2−4 の電流 I の向きを正として $-L \dfrac{\Delta I}{\Delta t}$ である。2 つのコンデンサー

C_{AC}，C_{DB} とコイルからなる閉回路におけるキルヒホッフの第二法則より

$$-L \frac{\Delta I}{\Delta t} = -2V$$

よって，$t=0$ で

$$2V = L I_0 \left(\frac{2\pi}{T} \right) \cos \left(\frac{2\pi \times 0}{T} \right) = L I_0 \frac{2\pi}{T}$$

$$\therefore \quad I_0 = \frac{VT}{\pi L} \quad \cdots\cdots (答)$$

(3) コイルに生じる起電力を V_L とすると，図 2−4 の電流 I の向きを正
として

$$V_L = -L \frac{\Delta I}{\Delta t} = -L I_0 \left(\frac{2\pi}{T} \right) \cos \left(\frac{2\pi t}{T} \right)$$

$t = \dfrac{T}{4}$ のとき

$$V_L = -L I_0 \left(\frac{2\pi}{T} \right) \cos \left(\frac{2\pi \times \dfrac{T}{4}}{T} \right) = 0$$

よって，2 つのコンデンサー C_{AC}，C_{DB} とコイルからなる閉回路における
キルヒホッフの第二法則より

$$0 = -\frac{Q_3}{4C_0} - \frac{Q_4}{2C_0}$$

$$\therefore \quad Q_3 = -2Q_4$$

よって　　ウ．-2　……(答)

直流電源の電圧が $2V$ のとき，時刻 $t=0$ のときに板 C と板 D に蓄えられ
ている電荷の和は $2C_0 V$ である。板 A，板 B に蓄えられた電荷がそれぞれ
Q_3，$-Q_4$ のとき，板 A の板 C に対する電位，板 D の板 B に対する電位を
それぞれ V_3，V_4 とする。

時刻 t' で $Q_3 = 0$，$Q_4 = 2C_0 V_4$ であるから，$V_3 = 0$ である。また，設問 II(2)

と同様に，$t=0$ と時刻 t' のときとで，板 C と板 D における電気量保存則より

$$2C_0V = 0 + 2C_0V_4$$

$$\therefore \quad V_4 = V$$

このとき，2 つのコンデンサー C_{AC}，C_{DB} とコイルからなる閉回路におけるキルヒホッフの第二法則より

$$V_L = -V$$

よって

$$V = LI_0\left(\frac{2\pi}{T}\right)\cos\left(\frac{2\pi t'}{T}\right)$$

設問Ⅲ(2)より，$I_0 = \dfrac{VT}{\pi L}$ であるから

$$V = 2V\cos\left(\frac{2\pi t'}{T}\right)$$

$$\cos\left(\frac{2\pi t'}{T}\right) = \frac{1}{2}$$

$t' < T$ であるから

$$t' = \frac{1}{6}T \quad および \quad \frac{5}{6}T \quad \cdots\cdots(答)$$

(4) $t=0$ のとき，設問Ⅱ(2)の結果において $\alpha=2$ とおくと

$$V_1 = \frac{2-1}{3}V = \frac{1}{3}V$$

$$V_2 = \frac{2\times2+1}{3}V = \frac{5}{3}V$$

よって，コンデンサーに蓄えられるエネルギー E_1 は

$$E_1 = \frac{1}{2}\cdot4C_0\left(\frac{1}{3}V\right)^2 + \frac{1}{2}\cdot2C_0\left(\frac{5}{3}V\right)^2 = 3C_0V^2 \quad \cdots\cdots(答)$$

$t=\dfrac{T}{4}$ のとき，板 C と板 D における電気量保存則より

$$2C_0V = -Q_3 + Q_4$$

設問Ⅲ(3)より，$Q_3 = -2Q_4$ であるから，代入して解くと

$$Q_3 = -\frac{4}{3}C_0V$$

$$Q_4 = \frac{2}{3}C_0V$$

よって，コンデンサーに蓄えられるエネルギー E_2 は

$$E_2 = \frac{1}{2} \cdot \frac{\left(\frac{4}{3} C_0 V\right)^2}{4 C_0} + \frac{1}{2} \cdot \frac{\left(\frac{2}{3} C_0 V\right)^2}{2 C_0} = \frac{1}{3} C_0 V^2 \quad \cdots\cdots(\text{答})$$

コイルに蓄えられるエネルギーを，$t=0$ のとき U_1，$t=\dfrac{T}{4}$ のとき U_2 とすると

$t=0$ のとき，$I=0$ より

$$U_1 = 0$$

$t=\dfrac{T}{4}$ のとき，問題文の式より

$$I = I_0 \sin\left(\frac{2\pi t}{T}\right) = I_0 \sin\left(\frac{2\pi \frac{T}{4}}{T}\right) = I_0$$

よって

$$U_2 = \frac{1}{2} L I_0{}^2$$

2つのコンデンサーとコイルによる電気振動では，$t=0$ と $t=\dfrac{T}{4}$ のときとで，エネルギーは保存されるから

$$E_1 + 0 = E_2 + \frac{1}{2} L I_0{}^2$$

よって

$$\Delta E = E_2 - E_1 = -\frac{1}{2} L I_0{}^2 \quad \cdots\cdots(\text{答})$$

別解 　$\Delta E = E_2 - E_1 = \dfrac{1}{3} C_0 V^2 - 3 C_0 V^2 = -\dfrac{8}{3} C_0 V^2$

設問Ⅲ(2)より $I_0 = \dfrac{VT}{\pi L}$，(1)より $T = 4\pi \sqrt{\dfrac{L C_0}{3}}$ であるから

$$\Delta E = -\frac{8}{3} C_0 \left(\frac{\pi L I_0}{T}\right)^2 = -\frac{8}{3} C_0 \left(\frac{\pi L I_0}{4\pi \sqrt{\dfrac{L C_0}{3}}}\right)^2 = -\frac{1}{2} L I_0{}^2$$

(5)　導線 a を外す直前に，板 C と板 D に蓄えられる電荷は $2 C_0 V$ であるから，直流電源の電圧が αV のとき，板 C と板 D における電気量保存則より

2021 年度　物理〈解答〉　*73*

$$2C_0V = -4C_0 \cdot \frac{\alpha-1}{3} V + 2C_0 \cdot \frac{2\alpha+1}{3} V$$

この右辺の値は $2C_0V$ であるから，この式は α によらず成立する。

よって，$t=0$ のとき，設問Ⅲ(4)より

$$Q_3 = 4C_0V_1 = 4C_0 \times \frac{1}{3}V = \frac{4}{3}C_0V$$

$$-Q_4 = -2C_0V_2 = -2C_0 \times \frac{5}{3}V = -\frac{10}{3}C_0V$$

$t = \dfrac{T}{4}$ のとき，設問Ⅲ(4)より

$$Q_3 = -\frac{4}{3}C_0V$$

$$-Q_4 = -\frac{2}{3}C_0V$$

$t' = \dfrac{1}{6}T$　および　$\dfrac{5}{6}T$ のとき，設問Ⅲ(3)より

$$Q_3 = 0$$

電荷量が振動する周期は T であるから，これらの条件を満たす図を選ぶ。

よって　　④　……(答)

━━━━━━━━　◀解　説▶　━━━━━━━━

≪多重極板コンデンサー，電気振動≫

◆Ⅰ　▶(1)　板Aと板Bの間に直流電圧 V を加えて，板A，板Bにそれぞれ電荷 Q，$-Q$ が蓄えられたから，AB 間の電場の強さを E とすると

$$E = \frac{V}{d}$$

一方，ガウスの法則より

$$E = \frac{Q}{\varepsilon S}$$

よって

$$\frac{V}{d} = \frac{Q}{\varepsilon S} \quad \therefore \quad Q = \frac{\varepsilon S}{d} \cdot V$$

与えられた式 $Q = C_0V$ と比較すると，$C_0 = \dfrac{\varepsilon S}{d}$ となり，これは板Aと板B

で形成されるコンデンサーの電気容量である。

▶(2) 本問以降，設問Ⅰ，Ⅱでは，スイッチを1につなぎ，板Aと板Bの間に直流電圧 V を加えたままであることに注意が必要である。

▶(3) コンデンサーに直流電源が接続された場合の，エネルギーと仕事の関係である。

電荷が蓄えられていない電気容量 C のコンデンサーを電圧 V の直流電源で充電する場合，電源がした仕事は CV^2，コンデンサーに蓄えられた静電エネルギーは $\dfrac{1}{2}CV^2$ である。この差は，コンデンサーに電荷が蓄えられるまでに回路を流れた電荷すなわち電流によって失われたジュール熱である。

この場合と同様に，板Cを動かすことによるコンデンサーに蓄えられた電荷の変化は

$$\Delta Q = C'V - CV = \left(\frac{4\varepsilon S}{3d} - \frac{\varepsilon S}{d-x}\right)V = -\frac{(4x-d)\,\varepsilon SV}{3d\,(d-x)}$$

この電荷の移動によってジュール熱が発生するが，板Cを「ゆっくり」動かすとき，電荷の移動の速さは0と考えられるので，発生するジュール熱も0としてよい。

電源がした仕事は，$W_0 = \Delta Q \cdot V = -\dfrac{(4x-d)\,\varepsilon SV^2}{3d\,(d-x)} < 0$ である。W_0 が負であることは，電源の起電力の向きと電荷の移動の向きが逆向きであることを表している。

外力がした仕事は，$W = \dfrac{(4x-d)\,\varepsilon SV^2}{6d\,(d-x)} > 0$ である。W が正であることは，板Cに蓄えられた正電荷と板Bに蓄えられた負電荷が引き合うので，板Cをゆっくり動かすために加える外力は，静電気力と同じ大きさで逆向きであり，外力の向きと動かした向きは同じであることを表している。これとは逆に，極板間隔が狭くなるように動かした場合は，外力の向きと動かした向きが逆であるので，外力がした仕事は負である。

◆Ⅲ ▶(1) 次図の閉回路におけるキルヒホッフの第二法則より

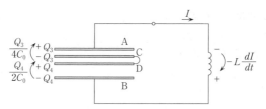

$$-L\frac{dI}{dt} = -\frac{Q_3}{4C_0} - \frac{Q_4}{2C_0}$$

板Cと板Dにおける電気量保存則より

$$2C_0V = -Q_3 + Q_4$$

回路を流れる電流 I と板Aの電荷 Q_3 の関係は，Q_3 が減少するとき I が増加するから

$$I = -\frac{dQ_3}{dt}$$

よって

$$-L\frac{d}{dt}\left(-\frac{dQ_3}{dt}\right) = -\frac{Q_3}{4C_0} - \frac{Q_3 + 2C_0V}{2C_0}$$

$$\therefore \quad \frac{d^2Q_3}{dt^2} = -\frac{3}{4LC_0}\left(Q_3 + \frac{4}{3}C_0V\right)$$

これは，電荷 Q_3 が単振動をし，その角振動数が $\omega = \sqrt{\dfrac{3}{4LC_0}}$，振動中心が $Q_3 = -\dfrac{4}{3}C_0V$ であることを表す。

単振動の周期 T は

$$T = \frac{2\pi}{\omega} = \frac{2\pi}{\sqrt{\dfrac{3}{4LC_0}}} = 4\pi\sqrt{\dfrac{LC_0}{3}}$$

この ω や T は，2つのコンデンサーの電荷の和が0である場合での値と一致する。これは，直列に接続された2つのコンデンサー C_{AC}，C_{DB} が電荷をもった状態から始めて，自己インダクタンス L のコイルとの間で電気振動がおこっても，2つのコンデンサーは直列接続の合成容量 $C_S = \dfrac{4}{3}C_0$ のコンデンサーとして扱ってよいことを示している。

▶(2) 電気振動は，電荷 Q_3 の単振動のかわりに，電流 I の単振動を考え

てもよい。設問Ⅲ(1)と同様にして

$$-L\frac{dI}{dt} = -\frac{Q_3}{4C_0} - \frac{Q_4}{2C_0}, \quad Q_4 = Q_3 + 2C_0V$$

$$\therefore \quad \frac{dI}{dt} = \frac{3}{4LC_0}\left(Q_3 + \frac{4}{3}C_0V\right)$$

両辺を t で微分すると

$$\frac{d^2I}{dt^2} = \frac{3}{4LC_0}\frac{dQ_3}{dt}, \quad I = -\frac{dQ_3}{dt}$$

$$\therefore \quad \frac{d^2I}{dt^2} = -\frac{3}{4LC_0}I$$

これは，電流 I が単振動をし，その角振動数が $\omega = \sqrt{\dfrac{3}{4LC_0}}$，振動中心が $I=0$ であることを表す。電流 I の時間変化は，$t=0$ のとき $I=0$ で，時間の経過とともに図2−4の正の向きに増加するので，振幅を I_0 とすると，I は sin 形の時間変化をして，問題文の通り

$$I = I_0\sin(\omega t) = I_0\sin\left(\frac{2\pi t}{T}\right)$$

である。

▶(3)〜(5)　Q_3，Q_4 の時間変化について

$t=0$ で $Q_3 = \dfrac{4}{3}C_0V$ であったから，Q_3 の単振動の振幅は $\dfrac{8}{3}C_0V$ であり，

$t=\dfrac{1}{2}T$ で $Q_3 = -4C_0V$ である。よって，Q_3 は cos 形の時間変化をして

$$Q_3 = \frac{8}{3}C_0V\cos(\omega t) - \frac{4}{3}C_0V$$

また

$$Q_4 = Q_3 + 2C_0V = \frac{8}{3}C_0V\cos(\omega t) + \frac{2}{3}C_0V$$

よって，$-Q_4$ は $-\cos$ 形の時間変化をして

$$-Q_4 = -\frac{8}{3}C_0V\cos(\omega t) - \frac{2}{3}C_0V$$

これより，Q_3，$-Q_4$ のグラフは，次図のようになり，図2−5の④である。

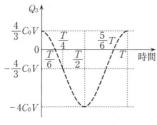
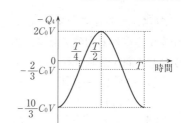

3 解答

I (1) 光が真空中から微粒子中に入射するときの屈折の法則より

$$n = \frac{\sin\theta}{\sin\phi}$$

∴ $\sin\theta = n\cdot\sin\phi$ ……(答) ……①

(2) 光子の集まりがもつエネルギーの総量は,$E = Q\cdot\Delta t$ であるから,問題文の関係式より

$$p = \frac{E}{c} = \frac{Q\Delta t}{c} \quad ……(答)$$

(3) 下図のように,入射する光の運動量ベクトル $\vec{p}$ と射出する光の運動量ベクトル $\vec{p'}$ があり,その変化 $\overrightarrow{\Delta p}$ をこれらのベクトルの作用線の交点Cで考えると

$$\overrightarrow{\Delta p} = \vec{p'} - \vec{p}$$

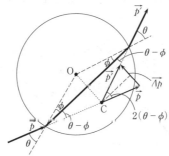

$\vec{p}$ と $\vec{p'}$ のなす角は $2(\theta-\phi)$ であるから

$$\Delta p = |\overrightarrow{\Delta p}| = 2p\sin(\theta-\phi) \quad ……(答)$$

向きは   C→O の向き ……(答)

(4) 光が微粒子から受ける力を $\vec{F}$ とするとき,時間 Δt の間に光が受ける

力積 $\vec{F}\Delta t$ は，光の運動量変化 $\vec{\Delta p}$ に等しい。作用反作用の法則より，微粒子が光から受ける力積 $\vec{f}\Delta t$ は，光が微粒子から受ける力積 $\vec{F}\Delta t$ と，大きさが等しく向きが逆である。よって

$$|\vec{f}\Delta t| = |\vec{F}\Delta t| = |\vec{\Delta p}|$$

$$\therefore \quad f = \frac{\Delta p}{\Delta t} = \frac{2\frac{Q\Delta t}{c}\sin(\theta-\phi)}{\Delta t} = \frac{2Q}{c}\sin(\theta-\phi) \quad \cdots\cdots (答) \quad \cdots\cdots ②$$

向きは　　O→C の向き　……(答)

(5) 問題文の小さな角度に対して成り立つ近似式を用いると，①より

$$\theta \fallingdotseq n\phi$$

図 3-2 より

$$\sin\phi = \frac{d}{r} \quad \therefore \quad \phi \fallingdotseq \frac{d}{r}$$

②より

$$f \fallingdotseq \frac{2Q}{c}(\theta-\phi) = \frac{2Q}{c}(n\phi-\phi) = \frac{2Q}{c}(n-1)\frac{d}{r}$$

$$= \frac{2(n-1)Qd}{cr} \quad \cdots\cdots (答) \quad \cdots\cdots ③$$

Ⅱ (1) 力は働かない

(2) 上

(3) 図 3-4 の光の経路について，下図のように点 I, D, H をとり，∠OFI = β とすると

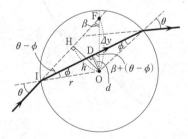

△IOD について

$$d = r\sin\phi \quad \therefore \quad d \fallingdotseq r\phi$$

△IOH について

$$h = r\sin\theta \quad \therefore \quad h \fallingdotseq r\theta \fallingdotseq r \cdot n\phi$$

△FOH について

$$h = \Delta y \sin\beta \quad \cdots\cdots ④$$

よって

$$\frac{d}{h} = \frac{r\phi}{r \cdot n\phi} = \frac{1}{n}$$

$$\therefore \quad d = \frac{h}{n} = \frac{\sin\beta}{n}\Delta y \quad \cdots\cdots ⑤$$

1本の光が微粒子から受ける力の大きさを F, 2本の光が微粒子から受ける合力の大きさを F' とする。θ と ϕ は十分小さいため無視することができるので，③で $f=F$ として

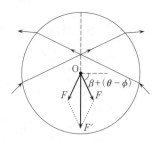

$$F' = 2 \times F \sin\{\beta + (\theta - \phi)\}$$

$$\fallingdotseq 2 \times F \sin\beta$$

$$= 2 \times \frac{2(n-1)Qd}{cr} \sin\beta$$

$$= 2 \times \frac{2(n-1)Q}{cr} \cdot \frac{\sin\beta}{n} \Delta y \times \sin\beta$$

$$= \frac{4(n-1)Q\sin^2\beta}{ncr} \cdot \Delta y$$

微粒子が2本の光から受ける合力の大きさ f' は，作用反作用の法則より

$$f' = F' = \frac{4(n-1)Q\sin^2\beta}{ncr} \cdot \Delta y$$

よって，f' は Δy に比例するので　　イ　……(答)

Ⅲ　(1)　④と同様に，図3－5，図3－6より

$$h = \Delta x \cos\alpha \quad \cdots\cdots (答)$$

⑤と同様に

$$d = \frac{h}{n} = \frac{\Delta x}{n} \cos\alpha \quad \cdots\cdots (答)$$

(2)　問題文の近似式 $\alpha \pm (\theta - \phi) \fallingdotseq \alpha$ は，光が屈折せずに直進することを表している。

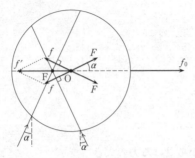

1本の光線が微粒子に及ぼす力の大きさ f は, ③より

$$f = \frac{2(n-1)Qd}{cr}$$

その合力の大きさ f' は, 設問Ⅱ(3)と同様に

$$f' = 2 \times f\cos\alpha$$
$$= 2 \times \frac{2(n-1)Qd}{cr} \cdot \cos\alpha$$
$$= \frac{4(n-1)Q\varDelta x}{ncr}\cos^2\alpha \quad \cdots\cdots(答)$$

(3) 2本の光線は微粒子からF→Oの向きに力を受け, その反作用として, 微粒子は2本の光線からO→Fの向きに力 f' を受ける。よって, 力のつり合いより, 外部から微粒子に加えている力はF→Oの向きであり, その大きさ f_0 は

$$f_0 = f' = \frac{4(n-1)Q\varDelta x}{ncr}\cos^2\alpha$$
$$= \frac{4(1.5-1) \times 5 \times 10^{-3} \times 1 \times 10^{-6}}{1.5 \times 3 \times 10^8 \times 1 \times 10^{-5}} \times (\cos 45°)^2$$
$$= 1.1 \times 10^{-12}$$
$$\fallingdotseq 1 \times 10^{-12} [\text{N}] \quad \cdots\cdots(答)$$

◀解　説▶

≪光ピンセット≫

　2018年のノーベル物理学賞は「レーザー物理の分野における革新的な発明」という功績で, アーサー=アシュキン氏, ジェラール=ムールー氏, ドナ=ストリックランド氏が共同受賞した。光ピンセットは, アシュキン氏が1970～80年代に発明した。

東京大-理科前期   2021 年度　物理〈解答〉　*81*

　　レーザー光が物体に当たる際に生じる力（光は質量をもたないが運動量
をもつので，微粒子によって光が屈折した場合に光の運動量が変化し，微
粒子に反作用として力積がはたらく）を利用して，微粒子や細胞などを捉
えて動かすことができる技術を，光ピンセットという。光でできたピンセ
ットという意味から命名された。

　　非接触で，数ナノメートルから数マイクロメートル程度の粒子を捉え，
生きたままの細胞を傷つけずに観察することができるので，タンパク質・
酵素・ウイルスなどの生物学・医学の研究分野に応用されている。光ピン
セットの実験で，タンパク質の一種である「キネシン」は，7 ピコニュー
トン程度の力を発生させることがわかっている。また，心臓病である心筋
症には「ミオシン」が大きくかかわっていることが知られ，心筋症の原因
を分子レベルで捉える実験が行われている。

◆**Ⅱ**　▶(1)　中心Oが点Fと一致しているとき，微粒子に入射する光線は
屈折せずに射出する。すなわち，入射する前の光子と，微粒子から射出し
た光子は，運動量の大きさも向きも変わらない。よって，設問Ⅰ(3)より，
光子の集まりが微粒子を通過することにより受ける運動量の変化が0であ
るから，光子が微粒子に及ぼす力積も0であり，微粒子が2本の光から受
ける合力は0である。

▶(2)　問題文より，光子の運動量の変化の大きさは，その光子が微粒子に
及ぼす力積の大きさに等しいとするから，作用反作用の法則より，光子の
運動量の変化の向きと，微粒子が光子から受ける力積の向きは逆である。
設問Ⅰ(3)と同様に，図3—4の2本の光が微粒子を通過することにより受
ける合力の向きはF→Oの向きで「下」であるから，微粒子が2本の光か
ら受ける合力の向きはO→Fの向きで「上」である。

❖**講　評**

　　例年通り，理科2科目で試験時間150分，大問3題の構成であり，3
題とも設問Ⅰ，Ⅱ，Ⅲに分かれている。問題量および難易度は，2020
年度より上昇，2019年度と同程度で，75分の解答時間で全問を解答す
るのは難しい。難易度の傾斜がうまくつけられ，各問前半の比較的解き
やすい問題から確実に解いて全体の7割を目標に考えるのが適当と思わ
れる。

82 2021 年度　物理〈解答〉　　　　　　　　　　　　　　　　　　　東京大-理科前期

　2021 年度は，2019・2020 年度に引き続き，1，2 で空所補充問題が
計 6 問出題された。また，2，3 で選択問題が計 2 問（うち 1 問はグラ
フの選択）出題された。

　1　ブランコに乗った人が運動の途中で立ち上がったりしゃがみこん
だりして，振れ角を大きくする方法を考察する問題である。Ⅰ，Ⅱは力
学的エネルギー保存則，運動量保存則と水平投射の問題で，ミスをして
はならない。Ⅲもエネルギー保存則と面積速度一定の式（角運動量保存
則は東大物理では定番である）を用いて，題意に従って丁寧に解いてい
けばよい。3 題の中では最も易しい。

　2　Ⅰはコンデンサーに直流電源を接続したまま極板間隔を変化させ
る典型的な問題。(3)の答えを覚えている人も多いだろう。Ⅱも直流電源
を接続したまま導線 b で接続した後，導線 a を外す。この順序やそれぞ
れの場合での電荷分布を把握して丁寧に解かなければ雪崩式失点につな
がる。Ⅲは直列接続された 2 つのコンデンサーとコイルからなる回路に
生じる電気振動の問題である。コンデンサーは初めに電荷をもっている
ので，電荷の振動中心は 0 ではない。回路の方程式と電気量保存則を解
けば，電気振動の角振動数や振動中心を求めることができる，過去に類
題を解いていたかどうかで差がつく。

　3　光ピンセットの問題である。多くの受験生が初見だと思うが，問
題文には，光子が微粒子を通過するときに運動量が変化してそれが微粒
子に力を与えることの説明がある。問題文の指示に従って，屈折の法則，
入射角や屈折角，光の方向と微粒子の中心とのずれの角や微粒子の半径
などの幾何光学の問題を順序よく処理していけばよい。与えられた近似
式をうまく使えたかどうかでも差がつく。

─────────「物理」の出題の意図（東京大学　発表）─────────
　物理学は，素粒子（極微）領域から宇宙スケールに至るまでの森羅万象
を，簡潔な基本法則で統一的に記述する学問です。また近年は，物理学の
基本法則に基づいた新しい技術も数多く開発され，私たちの日常生活をよ
り豊かなものとしています。

　本試験では，初等・中等教育課程の範囲にとどめつつも物理学の真髄に

東京大-理科前期　　　　　　　　　　　　　　　　2021 年度　物理〈解答〉　*83*

触れる主題を選択し，また本学で研鑽を積むことにより人類の未来を切り拓く人材となりうる者を選抜すべく，科学的分析力，情報処理能力，および柔軟な思考力などを問えるよう作題しました。

　各問題の出題意図は以下の通りです。なお，初等・中等教育課程では必ずしも学ぶことのない概念であっても，平易な解説を問題文中に盛り込むことで受験生間の公平性を確保するよう配慮しました。

第 1 問【物体の運動】

　物体の運動に関する基本的な理解，さまざまな保存則の理解を問うています。ブランコの運動を題材にとり，物理法則を適切に用いる柔軟な思考力を求めています。また身近な現象に物理法則を適用し定量的に理解する力も問いました。

第 2 問【電荷分布と電気振動】

　静電気の基本的な性質の理解と，状況変化に応じた電荷移動やエネルギー収支について全体を俯瞰して把握する応用力を問うています。電気振動については電荷の振動の中心がゼロではないため，特徴的な時刻における電荷分布を注意深く考察する必要があります。

第 3 問【光の性質と光が及ぼす力】

　光による微粒子の捕捉という一見非自明な物理現象に対しても，その全体像を把握し，光の屈折，光子のエネルギーと運動量，運動量変化と力積の関係など，さまざまな法則を適切に組み合わせることで，現象を正確に理解する能力を問うています。本問を通して，こうした現象が実在すること，科学技術の基盤に物理学の基本原理があることを実感してもらうことで，基礎物理学と科学技術の両面に関心を深めてもらうことも願っています。

　なお，設問Ⅱ(3)については，正確な導出には設問Ⅲと類似の計算が必要ですが，点 O と点 F の上下の関係に応じて f' がどう変わるべきかを考察すれば正答でき，数式と現象を結び付けて考える力を試しています。

化学

1 解答 I

ア

H_2C—O—CH_2-CH_3 ... (structures)

$$H_2C\overset{O}{\diagup}\overset{*}{CH}\text{-}CH_2\text{-}CH_3$$
$$H_2C\text{—}CH_2$$

$$H_2C\overset{O}{\diagup}CH_2$$
$$H_2C\text{—}\overset{*}{CH}\text{-}CH_2\text{-}CH_3$$

イ

$$CH_2$$
$$H_2C\diagup\quad\diagdown CH\text{-}\overset{*}{CH}\text{-}CH_3$$
$$CH_2\qquad\quad OH$$

ウ

$$CH_3$$
$$H_2C=CH\text{-}\overset{*}{C}\text{-}CH_2\text{-}CH_3$$
$$OH$$

エ

$$H_2C=CH\text{-}\overset{*}{CH}\text{-}CH_2\text{-}CH_3$$
$$O\text{-}CH_3$$

オ G

$$H\text{-}\overset{}{C}\text{-}\overset{*}{CH}\text{-}CH_2\text{-}OH$$
$$\overset{\|}{O}\quad CH_3$$

H

$$H_2C\overset{O}{\diagup}\overset{*}{CH}\text{-}OH$$
$$H_3\overset{*}{C}\text{-}\quad CH_2$$

カ a．ヒドロキシ　b．水素　c．減少して

II

キ 同位体

ク $2\langle\!\!\bigcirc\!\!\rangle\text{-}NO_2 + 3Sn + 14HCl \longrightarrow 2\langle\!\!\bigcirc\!\!\rangle\text{-}NH_3Cl + 3SnCl_4 + 4H_2O$

ケ L $\langle\!\!\bigcirc\!\!\rangle\text{-}N=\overset{}{N}\text{-}\langle\!\!\bigcirc\!\!\rangle\text{-}OH$　M $\langle\!\!\bigcirc\!\!\rangle\text{-}Cl$

コ $^{15}N : {}^{14}N = 12 : 13$

サ 下線部⑦の化合物 J は，$^{14}N_2$ の存在下で可逆反応である加水分解を受けており，その逆反応によって ^{14}N が取り込まれているが，下線部⑥で用いた J には新たな ^{14}N は取り込まれていないため。

東京大-理科前期　　　　　　　　　　　　　　　　　2021 年度　化学〈解答〉　85

━━━━━　◀解　説▶　━━━━━

≪分子式 $C_6H_{12}O$ をもつ化合物の構造決定，窒素原子を含む芳香族化合物の反応≫

◆I　与えられた分子式 $C_6H_{12}O$ より，化合物A～Fは不飽和度が1であるから，炭素間二重結合（C=C）が1つ，あるいは環構造を1つ含む，アルコール，エーテル，または $>$C=O をもつケトン，アルデヒドであることがわかる。

次に，それぞれの実験から次のように推測できる。

実験5：A～Fはケトンやアルデヒドではない。すなわち，A～Fがもち得る二重結合はC=Cのみである。

実験1：AとDはエーテル，B，C，E，Fはアルコールである。

実験2：AとBは水素付加が起きないことから，C=Cではなくそれぞれ環構造をもつエーテルとアルコールである。一方，C，E，FはC=Cを1つもつ鎖状のアルコールであり，DはC=Cを1つもつ鎖状のエーテルである。また，CとDは，水素付加によって不斉炭素原子 *C をもたない分子に変化したから，この2つの水素付加物は，いずれもCまたはDに由来する *C について対称性をもっている。さらに，EとFは分子内での炭素原子の配列および OH 基の位置が同じで，C=Cの位置のみが異なる分子であることがわかる。

実験3：Cは鎖状の第三級アルコール，Bは環構造をもつ第二級アルコール，EとFは鎖状の第一級アルコールである。

実験4：Bのみが，$CH_3-CH(OH)-$ の構造をもつ。

実験6および注1：Eは，オゾン分解によってアセトアルデヒド CH_3CHO が生じたことから，分子の末端に $CH_2-CH=C$ の構造をもっており，さらにこの構造の右端のC原子には OH 基は結合していない。また，化合物Gは炭素原子数が4で，カルボニル基とヒドロキシ基をもつ化合物である。

実験7：GはE由来の *C をもっていたが，$>$C=O の還元によって $\underset{H}{\overset{|}{>C-OH}}$ が生じたことで，この *C について対称な分子となり *C をもたないようになった。すなわち，Gのもとの OH 基と新たに生じた OH 基

86 2021 年度 化学〈解答〉　　　　　　　　　　　　　東京大-理科前期

とは E 由来の *C について対称の位置関係にある。したがって，G の構造式およびその $\diagdown$C=O の還元反応は次のようになる。

$$\underset{\substack{| \\ O}}{\overset{}{H-C}}\!-\!\underset{\substack{| \\ CH_3}}{\overset{}{^*CH}}\!-\!CH_2\!-\!OH \xrightarrow{H_2} HO\!-\!CH_2\!-\!\underset{\substack{| \\ CH_3}}{\overset{}{CH}}\!-\!CH_2\!-\!OH$$

$$G$$

よって，E の構造式は次のとおりである。

$$CH_3\!-\!\underset{\substack{| \\ H}}{\overset{}{C}}\!=\!\underset{\substack{| \\ H}}{\overset{}{C}}\!-\!\underset{\substack{| \\ CH_3}}{\overset{}{^*CH}}\!-\!CH_2\!-\!OH$$

*C について対称な分子構造となるためには，主鎖の炭素数は奇数であることが必要で，G の場合は *C に側鎖として $-$CH$_3$ が結合していることで主鎖の炭素数は 3 となる。

実験 8：オゾン分解により生じた物質の分子式から，F の末端には $H_2C=C\diagdown$ の構造がある。さらに，実験 2 の結果（E と F は水素付加により同一の分子となる）より，F の構造式は次のように推測される。

$$\overset{H}{\underset{H}{}}\!\!C\!=\!\underset{\substack{| \\ H}}{\overset{}{C}}\!-\!CH_2\!-\!\underset{\substack{| \\ CH_3}}{\overset{}{^*CH}}\!-\!CH_2\!-\!OH$$

したがって，オゾン分解で生じた分子（分子式 $C_5H_{10}O_2$）の構造は次のようになる。

$$\underset{\substack{| \\ O}}{\overset{}{H-C}}\!-\!CH_2\!-\!\underset{\substack{| \\ CH_3}}{\overset{}{^*CH}}\!-\!CH_2\!-\!OH$$

しかし，化合物 H はカルボニル化合物ではなかったことから，このオゾン分解で生じた分子には，鎖状のグルコースが環状構造をつくるときと同じ反応が起こり H となったと考えられる。

$$HO\!-\!CH_2\!-\!\underset{\substack{| \\ CH_3}}{\overset{}{^*CH}}\!-\!CH_2\!-\!\underset{\substack{\| \\ O}}{\overset{}{C}}\!-\!H \longrightarrow$$

H

このような反応をヘミアセタール化という。

以上の実験結果と推測をもとに，各設問で与えられた条件に対応して A ～ D の構造を考える。

東京大-理科前期　　　　　　　　　　　　　　　2021 年度　化学〈解答〉 *87*

▶ア　Aは五員環構造をもつエーテルで，*Cが1個存在することから，この五員環構造にはO原子が含まれる（環状エーテル）。したがって，その構造式には次の2通りの異性体が存在する。

環構造の側鎖が2つのCH_3になると，2つの*Cが生じる（側鎖のCH_3が結合した2つのC原子が*Cとなる）。また，五員環にO原子が含まれないエーテル（側鎖にエーテル構造がある）には*Cが存在しない。

▶イ　Bは四員環構造および$CH_3-\underset{\underset{OH}{|}}{CH}-$をもつ（実験4）アルコールであることから，側鎖構造$-\underset{\underset{OH}{|}}{^*CH}-CH_3$に*Cをもつ，次のような構造をしている。

四員環構造にOH基が直接結合すると，$CH_3-\underset{\underset{OH}{|}}{CH}-$構造をもつことができない。

▶ウ　Cは，C=Cを1つもつ鎖状の第三級アルコールで，C=Cへの水素付加によって*Cがなくなることから，次のような構造をしている。

水素付加によって*Cについて対称性をもち*Cがなくなっている。

▶エ　Dは，C=Cを1つもつ鎖状のエーテルで，C=Cへの水素付加によって*Cがなくなることから，Cの構造と同様に考えると，次のような構造式となる。

▶オ 実験7・8の結果と推測で示したとおりである。

▶カ Cはアルコール，Dはエーテルであるから，Cのヒドロキシ基による分子間の水素結合によって，Cの沸点はDの沸点よりも高い。また，Cは第三級アルコール，Eは第一級アルコールであるから，立体的な障害がより大きい第三級アルコールの方が水素結合の形成が減少する。

◆II ▶キ リード文は同位体の意味と原子量決定に与える影響についての記述から始まっている。

▶ク ニトロベンゼンのN原子とSn原子の酸化数変化に着目して反応式の係数を考えるとよい。N原子の酸化数は，反応前後でベンゼン環は変化しないことから，$-NO_2$では$+4$，$-NH_3^+$では-2と考えてよく，変化量は-6である。一方，Sn原子の変化量は$+4$である。したがって，過不足なく反応するニトロベンゼンとSnの物質量の比は，$4:6=2:3$である。

▶ケ 銅線を用いた化合物Mの炎色反応（バイルシュタイン反応という）によって，MはClを含んでいることがわかる。
一方，化合物Iはアニリン塩酸塩であるから，下線部④の反応はジアゾ化であり，生成物のJは塩化ベンゼンジアゾニウムである。

$$\text{（ベンゼン環）}-NH_3Cl + Na^{15}NO_2 + HCl \longrightarrow \text{（ベンゼン環）}-N\equiv{}^{15}NCl + NaCl + 2H_2O$$
　　　　I　　　　　　　　　　　　　　　　　　　　　　J

よって，下線部⑤の反応は，塩化ベンゼンジアゾニウムの加水分解であり，化合物Kはフェノールである。

$$\text{（ベンゼン環）}-N\equiv{}^{15}NCl + H_2O \longrightarrow \text{（ベンゼン環）}-OH + N_2 + HCl$$
　　　　J　　　　　　　　　　　　　　　　K

また，反応溶液中には未反応の塩化ベンゼンジアゾニウム（J）が存在するから，生成物のフェノール（K）と反応（カップリング）して，p-ヒドロキシアゾベンゼンが生じる。これが化合物LかMのいずれかであるが，p-ヒドロキシアゾベンゼンはClを含まないから，Lがp-ヒドロキシアゾベンゼンである。

$$\text{（ベンゼン環）}-N\equiv{}^{15}NCl + \text{（ベンゼン環）}-OH \longrightarrow \text{（ベンゼン環）}-N={}^{15}N-\text{（ベンゼン環）}-OH + HCl$$
　　　　J　　　　　　　　K　　　　　　　　　　　　　　L

なお，^{15}Nは亜硝酸ナトリウム$NaNO_2$由来であるから，Jの右側のN原子が^{15}Nとなり，Lの右側のN原子が^{15}Nとなる。

次に，Mを水酸化ナトリウム水溶液と高温・高圧下で反応させ，反応後中和するとK（フェノール）が得られたことから，Mはクロロベンゼン C_6H_5-Cl である。この反応は，クメン法以外のフェノールの製造方法の1つと同じである。

▶コ　塩化ベンゼンジアゾニウム（J）と2-ナフトールとの反応は次のとおりであり，1-フェニルアゾ-2-ナフトール（N）が得られる。

J

2-ナフトール

1-フェニルアゾ-2-ナフトール（N）

また，化合物N（分子式 $C_{16}H_{12}N_2O$）はN原子を2個含むので，^{15}N の数を x，^{14}N の数を $2-x$ とすると，Nの分子量は，$C_{16}H_{12}O = 220.00$ だから

$$220.00 + 15.00x + 14.00(2-x) = 248.96 \quad \therefore \quad x = 0.96$$

よって，^{15}N と ^{14}N の比は

$$^{15}N : {}^{14}N = 0.96 : 1.04 = 96 : 104 = 12 : 13$$

▶サ　下線部⑤の反応は可逆反応であり，$^{14}N_2$ ガスが逆反応に寄与してJに取り込まれることにより，J中の ^{15}N の比率が低下する。

2 解答
I　ア　6.6×10 L

イ　3.6×10^5 Pa

ウ　(4)

エ　$p_{H_2} = K_p^{(1)} = 2.00 \times 10^5$〔Pa〕であるから，アルゴンの分圧は

$$2.20 \times 10^6 - 2.00 \times 10^5 = 2.00 \times 10^6 \text{〔Pa〕}$$

分圧は物質量に比例するから，混合気体中の水素の物質量は

$$1.20 \times \frac{2.00 \times 10^5}{2.00 \times 10^6} = 0.120 \text{〔mol〕}$$

よって，吸蔵された水素は　　1.50 − 0.120 = 1.38 ≒ 1.4〔mol〕　……（答）

オ　4.0×10

カ　温度が一定であるから平衡定数は変化しない。また，この平衡定数は無次元であるので，各成分の物質量のみを用いてその値を計算することができる。そのため，水素の吸蔵が始まったときの HI，H_2，I_2 の物質量は圧縮前と変化がなく，それぞれ 2.00 mol，0.50 mol，0.20 mol である。この状態で，水素の分圧が $K_p^{(1)} = 2.00 \times 10^5$〔Pa〕に達したときに吸蔵が始まるので，求める混合気体の全圧を P〔Pa〕とすると

$$P = 2.00 \times 10^5 \times \frac{2.00 + 0.50 + 0.20}{0.50}$$

$$= 1.08 \times 10^6 ≒ 1.1 \times 10^6 \text{〔Pa〕} \quad ……（答）$$

キ　下線部⑤のとき，水素の分圧 $p_{H_2} = 2.00 \times 10^5$〔Pa〕だから，ヨウ素とヨウ化水素の分圧の合計は

$$2.20 \times 10^6 - 2.00 \times 10^5 = 2.00 \times 10^6 \text{〔Pa〕}$$

である。ヨウ化水素の分圧を p_{HI}〔Pa〕とすると

$$K_p = \frac{(p_{HI})^2}{2.00 \times 10^5 \times (2.00 \times 10^6 - p_{HI})} = 4.0 \times 10$$

$$(p_{HI})^2 + 8.00 \times 10^6 \times p_{HI} - 16.0 \times 10^{12} = 0$$

$p_{HI} > 0$ だから

$$p_{HI} = 1.64 \times 10^6 ≒ 1.6 \times 10^6 \text{〔Pa〕} \quad ……（答）$$

Ⅱ　ク　(a)—(6)　(b)—(7)　(c)—(5)

ケ　反応式：$(NH_2)_2CO + H_2O \longrightarrow 2NH_3 + CO_2$

反応速度の比：2倍

コ　熱化学方程式：$H_2(気) + O_2(気) = H_2O_2(液) + 187.8 \text{kJ}$

$$H_2(気) + \frac{1}{2}O_2(気) = H_2O(液) + 285.8 \text{kJ}$$

反応熱：$9.8 \times 10 \text{kJ/mol}$

サ　カタラーゼを加えないときの反応速度定数を k_1，加えたときの反応速度定数および活性化エネルギーをそれぞれ k_2，E_a〔kJ/mol〕とすると

$$\log_{10} k_1 = -\frac{75.3 \times 10^3}{2.30 \times 8.31 \times 300} + A \quad ……①$$

$$\log_{10} k_2 = -\frac{E_a \times 10^3}{2.30 \times 8.31 \times 300} + A \quad ……②$$

②−①より

$$\log_{10}\frac{k_2}{k_1} = -\frac{(E_a - 75.3)\times 10^3}{2.30\times 8.31\times 300} = \log_{10}10^{12} = 12$$

$$E_a = (75.3 - 68.8)\times 10^3$$
$$= 6.5\times 10^3\,[\text{J/mol}] = 6.5\,[\text{kJ/mol}] \quad\cdots\cdots(\text{答})$$

シ　d．指数　e．減少

━━━━━ ◀解　説▶ ━━━━━

≪水素吸蔵物質を含む気体の平衡，アミノ酸・酵素の反応≫

◆Ⅰ　▶ア　水素とアルゴンは全量気体であるので，混合気体の体積を $V\,[\text{L}]$ とすると，気体の状態方程式より

$$2.70\times 10^5\times V = (1.50 + 1.20)\times 8.31\times 10^3\times 800$$
$$V = 66.4 \fallingdotseq 6.6\times 10\,[\text{L}]$$

▶イ　このときの水素の分圧 p_{H_2} は圧平衡定数 $K_p^{(1)} = 2.00\times 10^5\,[\text{Pa}]$ に等しい。また，圧力は物質量に比例するから，混合気体の全圧 $P\,[\text{Pa}]$ は

$$P = 2.00\times 10^5\times\frac{2.70}{1.50} = 3.60\times 10^5 \fallingdotseq 3.6\times 10^5\,[\text{Pa}]$$

▶ウ　水素の吸蔵が生じていないときの混合気体の全圧を P とすると，そのときの水素の分圧 p_{H_2} と水素の物質量比（モル分率）x は $p_{H_2} = xP < K_p^{(1)}$ の関係にあり，容器の体積および混合気体の全物質量は一定であるから P は変化しない。しかし，x が増加（P は一定）して $xP = K_p^{(1)}$ になると水素の吸蔵が始まり，$xP > K_p^{(1)}$ の場合には，平衡状態の水素の分圧 p_{H_2} が $p_{H_2} = K_p^{(1)}$ $(<xP)$ を満たすまで水素は吸蔵される。そのため混合気体の全物質量は吸蔵された水素の分だけ減少する。しかし，混合気体の体積は変わらないので，全圧は吸蔵された水素の分だけ P より小さくなる。この全圧の低下量は x が大きいほど大きいから，(4)が適切である。

▶エ　分圧は物質量に比例するところがポイントである。

▶オ　HI が 2.00 mol 存在するときには水素の吸蔵がないので，このときの平衡に至る各成分の物質量の変化を示すと次のようになる。

	H_2	$+$	I_2	$\rightleftharpoons$	2HI	
反応前	1.50		1.20		0	[mol]
平衡後	0.50		0.20		2.00	[mol]

混合気体の体積を V〔L〕，各成分の物質量を n〔mol〕とすると，各成分の分圧 p〔Pa〕は，気体の状態方程式より

$$p = \frac{n}{V} \times RT = cRT$$

（c：成分の濃度，R：気体定数，T：気体の温度）

よって，圧平衡定数 K_p は

$$K_p = \frac{\left(\dfrac{2.00}{V} \times RT\right)^2}{\left(\dfrac{0.50}{V} \times RT\right)\left(\dfrac{0.20}{V} \times RT\right)}$$

$$= \frac{\left(\dfrac{2.00}{V}\right)^2}{\left(\dfrac{0.50}{V}\right)\left(\dfrac{0.20}{V}\right)} \quad (= K_c：濃度平衡定数)$$

$$= \frac{2.00^2}{0.50 \times 0.20} = 40 \fallingdotseq 4.0 \times 10$$

濃度平衡定数 K_c に基づいて考えると，上記のような平衡反応では K_c の分母と分子の次数が等しい（このとき K_c は無次元であるという）が，そのことは K_p についてもいえる。そのため，K_c と K_p の値は等しく，さらに計算に当たっては体積を考える必要がなくなるので，物質量のみを用いることができる。このことは，本平衡反応のみについて成り立つことではなく，平衡定数が無次元であるすべての平衡反応において成り立つ。

▶カ　水素の分圧が $K_p{}^{(1)}$ に等しくなると吸蔵が始まる。

▶キ　下線部⑤のとき，水素の吸蔵が起こっていることから，水素の分圧が $2.00 \times 10^5\,\mathrm{Pa}$ とわかる。混合気体に含まれる気体は H_2, I_2, HI の 3 種であるから，I_2 と HI の分圧の合計が求められ，I_2 の分圧を HI の分圧 p_{HI} で表すことができる。これを圧平衡定数の式に代入すると，p_{HI} についての 2 次方程式が得られる。

◆Ⅱ　▶ク　塩酸酸性状態のアミノ酸を NaOH 水溶液で滴定すると，次の 2 通りの中和反応が生じる。

$$-COOH + NaOH \longrightarrow -COONa + H_2O \quad \cdots\cdots①$$
$$-NH_3{}^+ + NaOH \longrightarrow -NH_2 + Na^+ + H_2O \quad \cdots\cdots②$$

式①の方が式②より低い pH で起きるので，$-COOH$ を 1 つもつアラニン

とリシンの中和点は $2\,\mathrm{mL}$，$-\mathrm{COOH}$ を2つもつアスパラギン酸の中和点は $4\,\mathrm{mL}$ となる。次に，$-\mathrm{NH_3}^+$ を1つもつアラニンとアスパラギン酸はさらに NaOH 水溶液を $2\,\mathrm{mL}$ 加えたところで式②の中和点となる。よって，NaOH 水溶液の合計滴下量は，アラニンが $4\,\mathrm{mL}$，アスパラギン酸が $6\,\mathrm{mL}$ となる。一方，リシンは $-\mathrm{NH_3}^+$ を2つもつので，NaOH 水溶液をさらに $4\,\mathrm{mL}$ 加えた点が中和点となる。よって，滴下する NaOH 水溶液の合計は $6\,\mathrm{mL}$ となる。したがって，対応するグラフは，アラニンは(6)，アスパラギン酸は(7)，リシンは(5)となる。

▶ケ　反応式における各成分の反応速度の比は，その係数の比に等しい。$1\,\mathrm{mol}$ の尿素が加水分解すると $2\,\mathrm{mol}$ の $\mathrm{NH_3}$ が生じるので，$\mathrm{NH_3}$ の生成速度は，尿素の減少速度の2倍である。

▶コ　
$$\mathrm{H_2(気)+O_2(気)=H_2O_2(液)+187.8\,kJ} \quad \cdots\cdots①$$
$$\mathrm{H_2(気)+\frac{1}{2}O_2(気)=H_2O\,(液)+285.8\,kJ} \quad \cdots\cdots②$$

とし，②－①より

$$\mathrm{H_2O_2(液)=H_2O\,(液)+\frac{1}{2}O_2(気)+(285.8-187.8)\,kJ}$$

よって，$1\,\mathrm{mol}$ の $\mathrm{H_2O_2}$(液)を分解する際の反応熱は

$$285.8-187.8=98.0\,[\mathrm{kJ/mol}]$$

▶サ　計算に際して，活性化エネルギーと気体定数の単位をそろえる必要がある。

▶シ　Y に $\mathrm{H^+}$ が供給される反応速度は，（式3）より $[\mathrm{Y}]$ と $[\mathrm{H^+}]$ の積に比例すると思われる。よって，$[\mathrm{Y}]$ が一定の場合には，反応速度は「$\mathrm{H^+}$」に比例する。一方，$\mathrm{H^+}$ は水溶液から供給され，$\mathrm{pH}=-\log_{10}[\mathrm{H^+}]$ だから，$[\mathrm{H^+}]=10^{-\mathrm{pH}}$ であり，反応速度は $10^{-\mathrm{pH}}$ に比例する。また，$-\mathrm{pH}$ は負の値だから，反応速度は pH の指数関数にしたがって減少する。

3 解答

I　ア　$2\mathrm{Ag^+}+2\mathrm{OH^-}\longrightarrow \mathrm{Ag_2O}+\mathrm{H_2O}$

イ　(3)・(4)

ウ　当量点において

$$[\mathrm{CrO_4}^{2-}]=1.0\times10^{-4}\times\frac{20.0}{20.0+16.0}=\frac{5}{9}\times10^{-4}\,[\mathrm{mol/L}]$$

$$K_{sp2} = [Ag^+]^2[CrO_4{}^{2-}] = [Ag^+]^2 \times \frac{5}{9} \times 10^{-4} = 1.2 \times 10^{-12}$$

$$[Ag^+]^2 = \frac{9}{5} \times \frac{6}{5} \times 10^{-8}$$

$$[Ag^+] = \frac{3}{5} \times \sqrt{6} \times 10^{-4} = 1.47 \times 10^{-4} \,[mol/L]$$

よって，当量点における水溶液中の Ag^+ の物質量は

$$1.47 \times 10^{-4} \times \frac{36.0}{1000} = 5.29 \times 10^{-6} \fallingdotseq 5.3 \times 10^{-6} \,[mol] \quad \cdots\cdots(答)$$

エ　試料水溶液中の Cl^- の物質量は，当量点までに滴下された $AgNO_3$ の物質量から当量点時に水溶液中に残っている Ag^+ の物質量を引いた値に等しい。よって

$$\frac{x \times 20.0}{1000} = \frac{1.0 \times 10^{-3} \times 16.0}{1000} - 5.29 \times 10^{-6}$$

$$x = 5.35 \times 10^{-4} \fallingdotseq 5.4 \times 10^{-4} \,[mol/L] \quad \cdots\cdots(答)$$

オ　当量点では $[Ag^+] = 1.47 \times 10^{-4}\,[mol/L]$ であるから

$$K_{sp1} = [Ag^+][Cl^-] = 1.47 \times 10^{-4} \times [Cl^-] = 1.6 \times 10^{-10}$$

$$[Cl^-] = 1.08 \times 10^{-6} \,[mol/L]$$

よって，求める Cl^- の物質量は

$$\frac{1.08 \times 10^{-6} \times 36.0}{1000} = 3.88 \times 10^{-8} \fallingdotseq 3.9 \times 10^{-8} \,[mol] \quad \cdots\cdots(答)$$

Ⅱ　カ　21L

キ　$d_{AA} = \sqrt{2}\,l - 2r_A$, $d_{BB} = l - 2r_B$　　　d_{BB} の方が小さい

ク　2通りの組み合わせについて，d_{AA} と d_{BB} を求めてみると

$$\qquad\qquad d_{AA}(\sqrt{2}\,l - 2r_A) \qquad\qquad d_{BB}(l - 2r_B)$$

A：Ti，B：Fe　$\sqrt{2} \times 0.30 - 2 \times 0.14 \fallingdotseq 0.14\,[nm]$　$0.30 - 2 \times 0.12 = 0.06\,[nm]$

A：Fe，B：Ti　$\sqrt{2} \times 0.30 - 2 \times 0.12 \fallingdotseq 0.18\,[nm]$　$0.30 - 2 \times 0.14 = 0.02\,[nm]$

ここで水素原子の直径は $0.06\,nm$（$> 0.02\,nm$）であるから，A が Fe，B が Ti の場合は $d_{BB} = 0.02\,[nm]$ で，水素原子は八面体のすき間に安定的に入れない。

ケ　3倍

コ　水素原子の数：18　合金の体積：8.7L

≪滴定による Cl^- の定量，水素吸蔵合金の結晶格子≫

◆**I** ▶**ア** pH が大きくなって OH^- が増加すると，Ag^+ と OH^- の反応が生じる。

▶**イ** (1) 正文。 滴定の場合と同程度に白濁した $CaCO_3$ を含む水溶液に，赤褐色の Ag_2CrO_4 による呈色が目視できるまで滴下した $AgNO_3$ 水溶液の量は，当量点を過ぎた過剰分の $AgNO_3$ 水溶液だと認められる。よって，終点からこの過剰分を差し引いた量が当量点までの滴下量だとみなしてよい。

(2) 正文。AgF の溶解度は $AgCl$ に比べてはるかに大きい。

(3) 誤文。Ag と Cl の電気陰性度の差は Na と Cl の電気陰性度の差より小さいので，$AgCl$ のイオン結合性は弱く，水への溶解度が小さい。

(4) 誤文。Ag^+ は OH^- と錯イオンを形成することはない。

(5) 正文。pH が 7 より小さくなると，次の反応が生じ CrO_4^{2-} の濃度が変化する。

$$2CrO_4^{2-} + 2H^+ \longrightarrow Cr_2O_7^{2-} + H_2O$$

▶**ウ** $K_{sp2} = [Ag^+]^2[CrO_4^{2-}]$ において，$[Ag^+]^2$ であることに注意する。

▶**エ** 滴定に関する Cl^- と Ag^+ の量的な関係を用いる。

▶**オ** 当量点における水溶液中の $[Ag^+]$ の値と K_{sp1} を用いて Cl^- の量を計算する。

◆**II** ▶**カ** $C_6H_5-CH_3 + 3H_2 \longrightarrow C_6H_{11}CH_3$（分子量 98.0）だから，生成したメチルシクロヘキサンの体積〔L〕は

$$\frac{1.0}{2.0} \times \frac{1}{3} \times 98.0 \times \frac{1}{0.77} = 21.2 \doteqdot 21 〔L〕$$

▶**キ** 図 3-2 の原子 A による正方形は，図 3-1 の単位格子の 1 つの面に等しく，正方形の中心が八面体の中心である。よって，d_{AA} は，正方形の対角線の長さから r_A の 2 倍の長さを引いた値に等しいから

$$d_{AA} = \sqrt{2}l - 2r_A$$

一方，図 3-1 において，原子 B は単位格子の中心にあるから，図 3-2 における原子 B 間の距離は l に等しい。よって，d_{BB} は l から $2r_B$ を引いた値に等しい。

$$d_{BB} = l - 2r_B$$

また，隣り合う原子Aと原子Bは接するから，単位格子の対角線の長さは原子Aと原子Bの直径の和に等しい。

$$\sqrt{3}\,l = 2\,(r_A + r_B) \qquad 2r_B = \sqrt{3}\,l - 2r_A$$

したがって

$$d_{AA} - d_{BB} = (\sqrt{2}-1)\,l + 2\,(r_B - r_A) = (\sqrt{2}-1)\,l + (\sqrt{3}\,l - 4r_A)$$

ここで，隣り合う原子Aどうしは接していないから，単位格子の1辺の長さについて $l > 2r_A$ が成り立つ。

$$d_{AA} - d_{BB} = (\sqrt{2}-1)\,l + (\sqrt{3}\,l - 4r_A) > (\sqrt{2}-1)\,l + (\sqrt{3}\,l - 2l)$$
$$= (\sqrt{3}+\sqrt{2}-3)\,l \fallingdotseq (3.14-3)\,l = 0.14 \times l > 0$$

ゆえに，$d_{AA} > d_{BB}$ である。

図3−1の単位格子の1辺の長さは，FeとTiが入れ替わっても変化しない。

▶ク　キで $d_{BB} < d_{AA}$ であることが示されたから，2通りの組み合わせにおいて d_{BB} のみを比較して説明してもよい。

▶ケ　図3−1の単位格子の各面の中心が八面体の中心である。よって，八面体の中心の数は，単位格子当たり $\dfrac{1}{2}\times 6 = 3$ 個である。一方，単位格子は Fe，Ti を各1個含んでいるから，吸蔵される水素原子の数は Ti 原子の数の3倍である。

▶コ　図3−4左の単位構造の体積は

$$\left(0.50 \times \frac{\sqrt{3}}{2} \times 0.50\right) \times \frac{1}{2} \times 6 \times 0.40 \fallingdotseq 0.259\,(\text{nm}^3) = 0.259 \times 10^{-24}\,(\text{L})$$

一方，この単位構造の面 α および面 β に含まれる La，Ni 原子の数は

	La	Ni
面 α	$\dfrac{1}{6}\times 6 + \dfrac{1}{2} = \dfrac{3}{2}$ 個	$\dfrac{1}{2}\times 6 = 3$ 個
面 β	0	$6 + \dfrac{1}{2}\times 6 = 9$ 個

面 α は2つあるので，この単位構造が含む La 原子は $\dfrac{3}{2}\times 2 = 3$ 個，Ni 原子は $3\times 2 + 9 = 15$ 個となり合計18個である。よって，この単位構造が吸蔵する水素原子の数は18個である。

したがって，1.0kg の H_2 を吸蔵したこの合金の体積は

$$\frac{\dfrac{1.0\times10^{3}}{2.0}\times2\times6.02\times10^{23}}{18}\times0.259\times10^{-24}=8.66\fallingdotseq8.7\,〔\mathrm{L}〕$$

❖講　評

　大問 3 題でそれぞれが I，II の中間に分かれており，実質 6 題の出題である。年度により中間に分かれていないこともあるが，おおむね例年このスタイルである。試験時間は理科 2 科目で 150 分と，こちらも例年どおり。

　1　I　分子式が $C_6H_{12}O$ である未知物質の実験（反応）結果を通して構造を決定する問題。まず，実験結果を正確に理解する必要があり，それ自体のレベルが高い内容であった。異性体の数が多くあり，不斉炭素原子を考慮しなければならず，長い論理的な考察とその結果を総合する思考力が求められた。ア・イは環構造をもつ物質の不斉炭素原子の考え方が理解できていないと難しかっただろう。ウ・エは水素付加によって不斉炭素原子がなくなる分子の構造の特徴を考察する必要があった。オは，オゾン分解での生成物の推測およびその生成物が単糖類で学んだ反応と関連していることに気づく必要があり，難しかったのではないか。カは得点したい設問ではあるが，ウ・エの正解が前提となるため決して簡単ではなかった。

　II　窒素を含む芳香族化合物の反応・誘導体に関する問題。教科書で扱う反応が中心ではあったが，目新しい設定が含まれており，その意味を読み取るのには苦労しただろう。キ・クは得点したい設問であるが，クの反応式は意外と完全に覚えていなかったのではないか。ケ以降では塩化ベンゼンジアゾニウムの加水分解反応は理解していても，逆反応や副反応，さらには加水分解後に進む誘導体の生成などについては，学んだことはなかったのではないだろうか。ケでは，クメン法以外のフェノールの合成方法に気づく必要があった。コでは計算処理能力も求められた。

　2　I　水素吸蔵物質を含む気体反応の平衡に関する問題。問題文の気体反応の平衡定数の定義とその意味を理解しなければならず，そのことで戸惑ったかもしれない。気体平衡反応において，特定の成分だけが

一定の分圧以上には大きくならず，過剰な分圧に対応する物質量は平衡系の外へ取り出されるようなイメージをもつことができるとよかったかもしれない。後半は，水素とヨウ素からヨウ化水素が生成する平衡反応に，水素吸蔵物質が関係する問題であった。オはこの反応の平衡定数を計算する基本的な問題であるが，計算には体積が必要ないことを知らないと時間を要したかもしれず，個別に覚えるというより平衡定数の性質を理解している必要があった。カ・キは上記のことが理解できていると解答可能であったが，キの計算は手間取っただろう。

　Ⅱ　アミノ酸，酵素反応に関する問題。クは，アミノ酸の滴定曲線の理解を問うもので，アミノ基とカルボキシ基の反応が理解できていれば解答できただろう。コも標準的な問題であった。サはアレニウスの反応速度定数と活性化エネルギーの関係を示す式が与えられ，酵素反応の活性化エネルギーを計算する問題であったが，目新しい式であっても与えられた条件と対数の性質を活用できれば解答可能であった。シは，基質へ水素イオンを付加する酵素の反応速度と pH との関係を考察する問題であるが，設定が理解できていれば容易であった。指数関数の意味を理解していただろうか。

　3　Ⅰ　モール法による Cl^- を定量する実験に関する問題。教科書や授業で扱う場合には，一定度の近似計算を行うのが普通であるが，本問では当量点の補正や各成分の濃度を溶解度積などの活用で可能な限り正確に求める内容になっていた。そのときの操作や考え方を理解できないと計算の方法がわからなくなったかもしれない。ただ，ア・イは平易であるので得点しておきたい。ウは平方根の計算があり，手間取ったかもしれないが，溶解度積が関係する計算の練習をしていると対応できたであろう。エでは滴下した Ag^+ の量に基づいてもとの Cl^- の量を定量し，オではさらに終点で溶液中に残る Cl^- の物質量を計算する問題であった。

　Ⅱ　水素吸蔵合金の結晶構造と吸蔵される水素との量的関係を考察する問題。カは，物質の質量と体積との関係から考察する問題で得点しておきたい。キ～ケは水素吸蔵合金の単位格子と与えられた八面体構造との関係が理解できたかどうかがポイント。図は相互に関連付けやすいように与えられているので，しっかり理解したい。特に2種類のすき間の

東京大-理科前期　　　　　　　　　　　　　　　　　　　2021 年度　化学〈解答〉　*99*

大小関係を考察する問題は，与えられた粒子間の関係や単位格子の大き
さなどの値を活用しなければならず難しかったのではないか。ただ，ク
においては実際に計算することで解答することは可能であった。ケでは，
八面体のすき間の中心が単位格子のどのような位置に存在するかを空間
的に考察し把握しなければならなかったので，難しかったかもしれない。
コは目新しい結晶構造であるが，粒子数を丁寧に数え上げることと六角
柱の体積計算ができれば解答できただろう。

100 2021 年度 化学〈解答〉　　　　　　　　　　　　　　　　東京大-理科前期

――――――「化学」の出題の意図（東京大学 発表）――――――

　化学は，私たちの身の回りに存在する様々な物質を理解するための基礎をなす学問です。物質を理解することが，科学分野全般の基盤となることから，化学はときに「セントラルサイエンス」と呼ばれます。物質を理解するためには，化学に関する基本的知識を身につけるとともに，それらを論理的に組み合わせて総合的に理解し，表現することが重要です。本年度の化学の出題では，以下に示す3つの大問を通して1）物質の性質，化学結合や化学反応の本質を見抜く能力（第1問，第2問，第3問），2）化学結合から構成される構造の本質を見抜く能力（第1問，第2問，第3問），3）化学の諸原理に基づいて論理的かつ柔軟に思考し，物質の本質を包括的かつ発展的に捉える能力（第2問，第3問），4）化学現象の総合的理解力と表現力（第1問，第2問）を問うことを意図しています。

第1問

　有機分子の構造と性質を論理的に考える力，および，化学変換の過程を論理的に考察する力を問うことを意図しています。

第2問

　化学における4つのテーマ（気体の混合，化学平衡，反応速度と反応熱）を論理的かつ総合的に考察する力を問うことを意図しています。

第3問

　無機化学に関する様々な項目（無機物質の性質，化学反応，溶解度，結晶の構造）に関する基礎的な理解力と，これらの現象の本質を見抜き論理的かつ総合的に考察する力を問うことを意図しています。

東京大-理科前期　　　　　　　　　　　　　2021 年度　生物〈解答〉　*101*

生物

1　解答

I　A　生体膜の主要な構成成分はリン脂質で，リン脂質分子には疎水部と親水部があり，水中では親水部を外側に，疎水部を内側に向け集合し，閉鎖した脂質二重層の小胞構造が維持されて安定化した構造をとる。

B　ヨコヅナクマムシ―(3)　ヤマクマムシ―(5)

C　初期遺伝子：遺伝子B
理由：事前曝露でmRNA量が増加する遺伝子A，Bのうち，翻訳を阻害しても遺伝子Bは転写されmRNA量の増加が見られるから。

D　ヨコヅナクマムシ―(1)　種S―(4)

E　薬剤Y―(1)，(2)，(3)　薬剤Z―(4)，(5)

II　F　1．解糖系　2．クエン酸回路　3．電子伝達系

G　酸化的リン酸化

H　(3)

I　遺伝子Xの産物は<u>トリグリセリド</u>からのグルコース合成経路に関与し，変異体Xではグルコースから合成される<u>基質G1</u>の量が減少し，<u>酵素P</u>による<u>トレハロース</u>合成量が低下した。

━━━━━━━━ ◀解　説▶ ━━━━━━━━

≪乾燥耐性，遺伝子発現，代謝経路≫

◆I

［文1］　乾燥ストレスに高い耐性を示すヨコヅナクマムシと近縁種のヤマクマムシを用いて乾燥曝露した後，給水後の生存率を調べると，事前曝露をほどこすことでヤマクマムシの生存率が上昇した。次に，ヨコヅナクマムシとヤマクマムシに転写阻害剤を投与した後，事前曝露と乾燥曝露を行い，給水後の生存率を測定した。この結果はヨコヅナクマムシでは事前曝露の有無に関係なく，また乾燥曝露の有無にも，転写阻害剤処理の有無にも関係なく生存率は100％であった。一方，ヤマクマムシでは転写阻害剤処理を行った場合，事前曝露と乾燥曝露を行うと生存率はほぼ0％であった。ただ転写阻害剤処理をしても事前曝露があって乾燥曝露がない場合の

生存率は100％であった。

▶A　生体膜はリン脂質二重層からできており，さまざまなタンパク質が配置されている。リン脂質分子には親水性の部分と疎水性の部分がある。これだけでは，問われている内容の一部（生体膜の主要な構成成分の特徴という内容）にしか答えていないことになる。設問を十分注意深く読んで，それを真正面から記述していくことを心がけてほしい。問われているもう1つの内容は，「水が生体膜の構造維持および安定化に果たす役割」である。生体膜は親水性の部分を外側に，疎水性の部分を内側に向けることで，親水性の部分が内外で水と接し，小胞状の閉鎖構造が維持され，各分子の反転が起こりにくく安定化した構造をとれるようになる。

▶B　ヨコヅナクマムシは，弱い乾燥条件の事前曝露がなく乾燥曝露の条件にさらしても生存率は100％である。このことは，ヨコヅナクマムシは乾燥耐性に必要なタンパク質を事前曝露と関係なく常に保持していることが想定される（選択肢(3)）。一方，ヤマクマムシは実験1で事前曝露の後に乾燥曝露というプロセスを踏めば乾燥耐性を獲得して生存できるが，事前曝露なしに乾燥曝露にさらされると生存できないことが図1－2からわかる。これを転写阻害剤で処理すると，たとえ事前曝露があった後に乾燥曝露にさらしても，生存できないことが図1－3の右側のヤマクマムシの実験結果からわかる。このことから，ヤマクマムシは乾燥耐性に必要なタンパク質を普段は保持しておらず，事前曝露という条件に遭遇することで乾燥耐性に必要な遺伝子発現が起こり，乾燥耐性を獲得している（選択肢(5)）ということが推定される。

［文2］　クマムシの乾燥ストレスに関与する3つの遺伝子A，B，Cのいずれかを欠損させたヤマクマムシについて事前曝露と乾燥曝露を行った。その結果，野生型に比べて生存率が大きく低下した。

▶C　実験3の結果を示した図1－4を見ると，遺伝子AのmRNA量は転写阻害剤や翻訳阻害剤を投与すると0となっている。遺伝子BのmRNA量は転写阻害剤を投与したときに限って0となっており，翻訳阻害剤を投与しても阻害剤がない場合と同様な変化を示している。遺伝子CのmRNA量は転写阻害剤や翻訳阻害剤を投与しても阻害剤がないときと同様な変化を示している。

　初期遺伝子から転写されて生じたmRNAはタンパク質に翻訳されるが，

翻訳されたタンパク質に転写を調節する調節タンパク質が含まれている場合，その調節タンパク質により後期遺伝子の転写が開始する。よって，初期遺伝子の場合，転写阻害を受けることはあっても翻訳阻害を受けない。

　遺伝子Aと遺伝子Bは事前曝露によって転写が促進されているが，遺伝子Aは新たなタンパク質合成を阻害する翻訳阻害剤が存在する条件下でmRNA量が0となっている。このことから，遺伝子Aは事前曝露により発現する調節タンパク質が必要な後期遺伝子である。一方，遺伝子Bは，新たなタンパク質合成が起こらない条件下（翻訳阻害剤がある場合）でもmRNA量が増加しているので初期遺伝子と考えることができる。

▶D　ヨコヅナクマムシは設問Bの解答のように，乾燥耐性に必要なタンパク質を事前曝露と関係なく常時保持していることから，タンパク質Aは(1)のように推移している。一方，種Sは，事前曝露の有無に関係なく乾燥曝露後の生存率が0％であることから，遺伝子Aの発現が起こっていないためタンパク質Aが0（または非常に少ない状態）になっていると考えられる。これは(2)や(3)のようにタンパク質Aが時間の経過とともに増減しているのではなく，常に0の状態が継続している(4)のように推移していると考えることができる。

▶E　「初期遺伝子である遺伝子Bが発現してタンパク質Bが合成される。タンパク質Bは調節タンパク質としてはたらき後期遺伝子Aの発現を促進する」という流れである。薬剤Zで処理すると，遺伝子AのmRNA量の増加のみが阻害されたのであるから，(4)「初期遺伝子群（B）の翻訳」が阻害されたか，(5)「後期遺伝子群（A）の転写」が阻害されたと考えられる。薬剤Yで処理すると事前曝露時の遺伝子A，BのmRNA量の増加がともに阻害されたことから，薬剤Yはヤマクマムシの(1)「ストレスの感知」機能に影響を与えている可能性がある。また，それを(2)「シグナル伝達」する経路に影響を与えている可能性もある。さらにシグナル伝達を受け取って遺伝子Bのような(3)「初期遺伝子群の転写」を始めるときの転写阻害にはたらいている可能性が考えられる。(1)～(3)を阻害することで，調節タンパク質が作られず，遺伝子Aの転写も行われない。

◆II

　ある種の線虫は事前曝露時にトレハロースを蓄積し，これが耐性に必須である。トレハロースはグルコースからつくられるG1とG2を基質にし

て酵素Pにより合成される。トレハロースを蓄積しない線虫は乾燥耐性を示さない。実験4では線虫を用いて，乾燥耐性が低下した変異体Xを単離した。この変異体Xから酵素Pの機能を失った二重変異体P：Xをつくり，野生型，変異体P，変異体X，二重変異体P：Xについて，事前曝露によるトレハロースの蓄積量を解析した。実験5では，生体内における物質代謝の挙動を知るために，炭素の放射性同位体である ^{14}C で標識した酢酸を餌に混ぜて線虫に摂取させて標識物質を解析した。

▶F 「　1　，　2　によって生じた NADH や $FADH_2$」とあるので，この空欄には解糖系かクエン酸回路が入る。その続きに「内膜ではたらく　3　に渡され」るとあることから，　3　は電子伝達系が入る。その後に「グルコース分解の第1段階である　1　は」とあることから　1　は解糖系が入る。よって，　2　はクエン酸回路に決まる。

▶G ATP 合成には，解糖系やクエン酸回路で見られる基質レベルのリン酸化，呼吸の電子伝達系で見られる酸化的リン酸化，光合成で見られる光リン酸化がある。NADH や $FADH_2$ から得られた電子が最終的に酸素分子に渡される過程でエネルギーが蓄積されて，そのエネルギーをもとに ATP を合成する反応を酸化的リン酸化と呼ぶ。つまり，物質が酸化される過程で放出されるエネルギーを用いて ATP を合成する反応を酸化的リン酸化という。

　一方，基質のもつ高エネルギーリン酸結合を解いて，リン酸基を ADP に移し，ADP をリン酸化する反応を基質レベルのリン酸化という。

▶H (1) 誤文。図1−7から変異体Xで酵素Pの活性は野生型と同じであり，活性低下は起きていない。

(2) 誤文。変異体Xでの酵素Pの活性は正常であるので，この状態でトレハロースの合成経路が酵素Pを介さない代替経路に切り替わることは考えられない。酵素Pの機能が失われてしまった場合ならば，そのようなことも考えることができるが，あえて正常なトレハロース合成経路を見限る必然性はない。

(4) 誤文。酵素Pの活性を強化する遺伝子が破壊されたならば，酵素Pの活性が低下することも考えられるが，活性は低下していない。

(5) 誤文。変異体Xで基質 G1 や G2 を産生する酵素量が増加したならば，G1 や G2 から酵素Pによって合成されるトレハロース量も増加するはず

で，蓄積量が野生型よりも低くなることはない。
▶Ⅰ 実験から，変異体Xではどのようなことが起きているのかを推測する，東大生物の典型的な問題である。実験結果を踏まえて，何が起きているのか，流れをつかんでストーリーを論理的に考える必要がある。与えられている語句もヒントになりうるので，考えを組み立てる場合には参考にしていきたい。

問われている点は2点。1つは，変異体Xは遺伝子Xの機能を失っているが遺伝子Xの役割としてどのようなことが考えられるか。もう1つは，それがトレハロース産生に及ぼす影響である。

本問は実験5の結果から考察することになる。そこには，放射性同位体の ^{14}C を用いた標識では，トリグリセリドが標識されていたとあるので，遺伝子Xの産物はトリグリセリドからグルコース合成に関与している可能性が高い。野生型では放射標識されたトリグリセリドがほぼ完全に消失し，代わりに放射標識されたトレハロースが増加しているが，変異体Xではトレハロースの蓄積は野生型に比べて少なくなっているとあるので，トリグリセリドからのトレハロースの合成が少なくなっていることが考えられる。

図1-5を見ると，グルコースからG1が生じ，それからG2が生じ，G1とG2を基質として酵素Pによるトレハロースの合成が行われる。変異体Xではトリグリセリドからグルコースを合成する経路に異常があるため基質G1の存在量が少なくなる。この結果，酵素Pによるトレハロースの合成量が減少している。次の図を見るとわかるだろう。

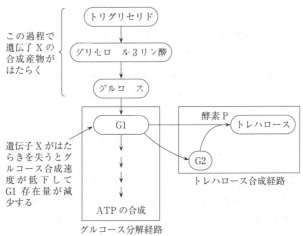

106 2021 年度　生物〈解答〉　　　　　　　　　　　　　　　東京大-理科前期

　設問Hでは変異体Xのトレハロース蓄積量が野生型より低くなるのは，基質 G1 もしくは G2 の産生量が低下していることを選択させ，設問 I で変異体Xのはたらきを推理させ，それがトリグリセリドからグルコース合成の経路に関与していることを推測させる。その結果，遺伝子Xの機能を失うことにより，基質 G1 の存在量が低下することに結びつかせる。あくまでも遺伝子Xの産物が関与するのは，基質 G1 であって基質 G2 ではない。設問Hの(3)には「G1 もしくは G2」とあるが，これは G1 であることがわかる。そのため用いる語句に「基質 G1」はあるが基質 G2 はない。

2　**解答**　　I　A　茎は上方に伸長することで光合成に必要な光を効率的に得られ，根は下方に伸長することで土壌中の水や無機塩類を吸収し，植物体を支持できるから。

B　(1)—×—g，h，i　(2)—×—e，f　(3)—×—c　(4)—×—h
(5)—○

C　オーキシンは弱酸性の細胞壁液相ではイオン化していないため，取りこみ輸送体を介さずに細胞膜を透過できるが，細胞内ではイオン化しているため，排出輸送体を介さないと細胞膜を透過できないから。

D　能動輸送

II　E　ジャスモン酸

F　(1)，(2)，(4)

G　(1)

H　風刺激では，細胞小器官のチャネルが開き細胞質基質にカルシウムイオンが流出し，低温刺激では主に細胞膜のチャネルが開くことで細胞外からカルシウムイオンが流入する。

━━━━━━━━━　◀解　説▶　━━━━━━━━━

《根の屈性，オーキシンの極性輸送，シグナル分子》

◆ I

　屈性制御にはオーキシンが重要な役割を果たしている。オーキシンは細胞壁をゆるめることで細胞成長を促進する。オーキシンが細胞壁をゆるめる機構に関しては，「酸成長説」がとなえられてきた。細胞壁液相の酸性化は古くはオーキシンが供給する水素イオンによって起こると考えられていたが，現在では，オーキシンによって活性化される細胞膜上のポンプが

エネルギーを消費して細胞外に排出する水素イオンによって起こるとする考えが有力になっている。実験1ではシロイヌナズナの根の重力屈性を調べるために芽生えを90°回転させて根の屈曲を調べた。実験2では，シロイヌナズナの根の光屈性を調べるために，芽生えの根に重力方向に対し90°の角度から青色光を照射して屈曲を調べた。実験3では根の水分屈性を調べた。

▶A 「重力屈性の性質が，陸上植物の生存戦略上有利である理由」なので，光を十分得て光合成に不利益にならない状況をつくることと，水分が少なく乾燥条件にある陸上で間違いなく水分や養分を土中から陸上の葉に供給できるようにしていることについて述べる。つまり，茎は上方へ伸びることで，光合成に用いる光を効率的に獲得できる。一方根は，地中に深く伸長することで水や無機塩類を獲得できるばかりでなく，植物体をしっかり支持することが可能になる。

▶B (1) 誤文。根での屈曲の起こる順序はg，h，iのグラフを比較すると明白である。青色光に対する屈性は刺激開始後1時間までは出現しない。一方，重力や水分に対する屈性は1時間後には出現している。青色光に対する屈性は3つの刺激の中で最も遅く観察できる。

(2) 誤文。刺激の方向に依存したオーキシン分布の偏りがシロイヌナズナの根の屈曲に必須であるということが正しいならば，オーキシン分布に偏りが生じないときには，根の屈曲が起こらないことになる。eとfでオーキシン極性輸送阻害剤を含んだ寒天培地でも青色光屈性と水分屈性は起きていて，しかもオーキシン極性輸送阻害剤を含まないときよりも大きな変化が生じている。このことはオーキシン分布に偏りがない条件であっても青色光屈性や水分屈性が起きていることを表している。

(3) 誤文。cの水分屈性を見ると，刺激源から遠い下側のオーキシン濃度が高くなっている。よって，オーキシンが常に刺激源の近い側に分布するということはない。

(4) 誤文。変異体Aで起こっている遺伝子発現調節異常は根の青色光屈性を促進する効果をもつというところが誤り。hのグラフでは野生型に比べて変異体Aの青色光に対する屈曲角度が小さく，促進する効果は認められない。一方，水分屈性に関しては，変異体Aの屈曲角度が野生型に比べて2倍程度（刺激開始後8時間で）になっていることから，遺伝子発現調節

異常は屈曲促進の意味合いが高い。

(5) 正文。

▶C　本問のポイントは，取りこみ輸送体よりも排出輸送体の偏在制御が重要となる理由である。細胞内に取り込まれたオーキシンは細胞外に排出される。取り込まれるときのオーキシンはイオン化していないため，そのまま細胞膜を透過するが，排出されるときはイオン化してしまう。その結果，リン脂質二重層からなる細胞膜を透過できず輸送体による排出が行われるのである。これを論理的に述べることになる。

　細胞膜の性質として，イオンを通しにくい性質があげられる。これは，親水性の物質は細胞膜を透過しにくいからである。イオンなどはチャネルや輸送体を介して移動する。酸素や二酸化炭素などの低分子物質は膜タンパク質を介さずに細胞膜を透過できる。オーキシンも低分子物質であるのでイオン化していないときは輸送体を介さずに細胞内に入ることができる。弱酸性の細胞壁液相ではインドール酢酸（IAA）はイオン化しにくいので，細胞膜を透過して細胞内に移動する。しかし，細胞内では IAA の大半はイオン化しているため，取り込まれた IAA はこのままでは排出できず，排出輸送体から細胞外に排出される。このため，排出には排出輸送体の関与が大きく，輸送体は細胞膜上の必要部位に偏在している。

▶D　ポンプのようにエネルギーを消費して行う輸送を能動輸送という。

◆Ⅱ

　植物は環境ストレスから身を守るために防御反応を行う。害を受けた部位からシグナル伝達物質が出され，他の部位に伝わることによる防御反応の1つに昆虫による食害への防御反応がある。食害のシグナルはカルシウムイオンシグナルであることが示され，師管を通り植物体全身へと広がる。カルシウムイオンは食害以外にも刺激を細胞に伝達するシグナル分子としてはたらいている。その例として，タバコの芽生えに風刺激，接触刺激や低温刺激を与えたときの細胞質基質のカルシウムイオン濃度の変化を図2−5と図2−6に示した。

▶E　食害刺激を受けると，ジャスモン酸の生合成が活性化し，ジャスモン酸による遺伝子発現誘導により，昆虫の消化酵素を阻害する物質がつくられる。つまり，昆虫の消化液に含まれるタンパク質分解酵素の阻害物質を合成する。この阻害物質を多く含む植物の葉を食べた昆虫は，タンパク

東京大-理科前期　　　　　　　　　　　　　　　　　　2021 年度　生物〈解答〉　109

質を消化しにくくなり摂食障害を起こす。その結果，昆虫はこの植物を摂
食しなくなるので食害を防ぐことができる。

▶F　葉で合成された同化デンプンは GAP などに分解されて細胞質基質
に運ばれ，いくつかの反応を経てスクロース（ショ糖）が合成される。こ
のスクロースが師管を通り植物体の各組織に転流される。また，葉で合成
されたタンパク質はアミノ酸となって師管を通り各部位に転流する。さら
にフロリゲンも葉で合成された後，師管を通り茎頂に運ばれて，茎頂分裂
組織から花芽が分化する。フロリゲンに関しては，オナモミの花芽形成の
実験で環状除皮した場合に短日処理しなかった枝には花芽が形成されない
ことから，フロリゲンが師管を移動することが示された。クロロフィルは
葉の中でグルタミン酸から，およそ 20 ステップの反応によって合成され
る。また分解も葉の中で起こるので，師管の中を移動することはない。

▶G　(1)　正文。実験 4 の組み合わせ処理①で風刺激処理後に接触刺激を
繰り返し与え，再度風刺激処理を行うと，風刺激単独の場合と同様に，風
刺激に対する反応性が低下している。実験 4 のリード文に，カルシウムイ
オン濃度依存的に発光するタンパク質イクオリンを細胞質基質に発現させ
た遺伝子を組み込んでいるとあるので，図 2 − 5 の発光シグナル強度が変
化しているのは，細胞質基質のカルシウムイオン濃度が何らかのしくみで
変化したことを反映していることになる。つまり，風刺激と接触刺激とい
う 2 つの刺激が同様の機構でカルシウムイオン濃度の変化をもたらしてい
ると考えることができる。

(2)　誤文。図 2 − 5 より，低温刺激処理のみを行った場合と風刺激処理の
みを行った場合を比較すると，両者とも刺激を与えるとすぐに反応してい
るため，低温刺激よりも風刺激により速く反応するわけではないことがわ
かる。

(3)　誤文。図 2 − 5 より，連続した風刺激処理の後に低温刺激処理を行っ
た場合と，風刺激処理を行わず低温刺激処理のみを行った場合とでは発光
シグナル強度に違いがない。風刺激処理をしてもその後の低温刺激処理で
は，細胞質基質のカルシウムイオン濃度の上昇が起こらないことがわかる。

▶H　設問文に重要なことが多く記述されているのでそれを活用するとよ
い。まず，カルシウムチャネル阻害剤 X と阻害剤 Y で阻害した結果を分析
すると，図 2 − 6 より，風刺激の場合，阻害剤 X で処理しても変化はない

110 2021 年度 生物〈解答〉　　　　　　　　　　　　　　　東京大-理科前期

が，阻害剤 Y で処理すると発光シグナルが検出されない。阻害剤 X は細胞膜に局在するチャネルを，阻害剤 Y は細胞小器官に存在するカルシウムチャネルを強く阻害することから，風刺激では細胞小器官のカルシウムチャネルが開いて細胞質基質にカルシウムイオンが流出し，細胞質基質のカルシウムイオン濃度が上昇する。一方，低温刺激では，阻害剤 X のはたらきによって発光が抑制されることから，細胞膜のチャネルが開いて細胞外からカルシウムイオンが流入することで細胞質基質のカルシウムイオン濃度が上昇することがわかる。

3　解答

Ⅰ　A　(2)

B　ホルモンは血液によって運搬され，全身の標的細胞で受容されて作用する。性特異的な表現型が性ホルモンの作用のみで決まるとすると，左右で異なる表現型という現象を説明できないため。

C　(5)

D　F1：25%　F2：38%　F3：44%

E　(1)

F　雌の誘引に雄の体の大きさが影響しないならば，体の小さな個体であっても精子はつくられる数が多く，雌が産む卵に対して十分である。大きな個体が雌となって多く卵をつくるほうが，小さな個体が雌となって卵をつくるより多くの子孫を残すことが期待できる。

G　体の大きさが異なる 2 匹の雄を透明なガラス板で仕切った水槽にそれぞれ 1 匹ずつ入れる。2 つの空間に分けられた水槽では相手の姿を視認できるが，体の接触や嗅覚情報を得られない。この条件で，体の大きいほうの雄が雌に性転換することを確かめる。

Ⅱ　H　(3)

I　(2)

J　(4)

───◀解　説▶───

≪脊椎動物の性，性転換のしくみ，男女の性差と脳≫

◆Ⅰ

　脊椎動物の性は雄か雌かといった単純なものではないことが明らかになってきた。キンカチョウのように半身が雄型，もう一方の半身が雌型の個

体も存在する。魚類や鳥類の中には，ブルーギルやエリマキシギのように雌のような外見をもつ雄がある程度の割合で出現する種が存在する。また，精巣と卵巣を同時にもつ種や，性成熟後に雌から雄に，あるいは雄から雌に性転換する種も存在する。

▶A　雄型の表現型を示す右半身はZ染色体を2本もつ。雌型の左半身はZ染色体とW染色体を1本ずつもっているとあるので，1個体の中で異なる染色体構成をもつキメラで，この結果により雌雄モザイクを形成する。原因としては減数分裂の際に卵母細胞から極体の放出が生じなかったためと考えられる。次の図に示すような現象を考えればよい。

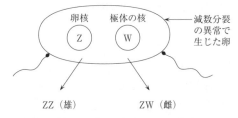

多精受精により卵核以外に極体も受精し，個体内で2つの異なる染色体構成（ZZとZW）が生じて雌雄モザイク体が形成される。

なお設問の文末に，「鳥類では，一度に複数の精子が受精する多精受精という現象がしばしばみられる」という表記がある。出題者からの，これをヒントにしてこの問題を考えよというメッセージが込められていることに気がつかなければいけない。

▶B　ホルモンは血液によって運ばれて全身にいきわたるので，性ホルモンだけでは，右半身を雄らしく，左半身を雌らしくするという形質の違いが現れることはない。

▶C　(1) 誤文。一般に雌よりも雄のほうが外見が派手である。雄でありながら外見を雌型にしたら目立たなくなってしまう。

(2) 誤文。種にもよるが，見た目が地味なものより派手な雄のほうが雌をひきつけやすい。

(3) 誤文。外見が雌型の個体が通常の雄より攻撃性が高いことはない。

(4) 誤文。他の雄個体が接近してくる可能性はあるが，求愛されることで，この雄個体が繁殖戦略上，有利になることはない。

(5) 正文。

▶D 受精卵で遺伝子Aの片側に突然変異が生じたとあるので，この変異個体の遺伝子型を Aa とする。Aa の交配で生じたのが F1 である。

F1：Aa×Aa→AA：Aa：aa＝1：2：1

両アレルに変異をもつのは aa なのでその割合は

$$\frac{1}{4}×100＝25〔％〕$$

F2： ⅰ） AA×AA→4AA
　　 ⅱ） 2（Aa×Aa）→2AA，4Aa，2aa
　　 ⅲ） aa×aa→4aa

よって F2 は　　AA：Aa：aa＝3：2：3

aa 個体の割合は　　$\frac{3}{8}×100＝37.5〔％〕$

整数値で求めるので　　38％

F3： ⅰ） 3（AA×AA）→12AA
　　 ⅱ） 2（Aa×Aa）→2AA，4Aa，2aa
　　 ⅲ） 3（aa×aa）→12aa

よって F3 は　　AA：Aa：aa＝7：2：7

aa 個体の割合は，　　$\frac{7}{16}×100＝43.75〔％〕$

整数値で求めるので　　44％

▶E 雌から雄に性転換する繁殖戦略上の利点は，多くの子孫を残せることにある。魚類は体が大きいほど多くの配偶子をつくることができるので，小さいときは雌として卵を産み，大きな雄に受精させておく。大きくなってからは雄に性転換して一夫多妻のハレムを形成することで，多くの雌を従え，自分の精子を受精することができる。ハレムの雌がつくる卵と自分の遺伝子をもつ精子とが受精できるように多くの精子をつくるために雄の体が大きくなると考えられる。選択肢(1)〜(4)の中で，体の大きさがある点を超えると雄の個体当たりの期待される子の数が急激に増加する(1)のグラフを選べばよい。注意したいのは，雄も雌も体が大きくなると多くの配偶子をつくることができるので，個体当たりの期待される子の数は増加する。よってグラフは右肩上がりになる。

▶F ここではハレムを形成しないでパートナーを変えながら一夫一妻で

の繁殖をする場合を考える点に注意する。卵に比べて雄のつくる小さな精子は，体の大小に関係なく十分な量をつくることができるので，多くの場合，つくられた精子は受精に関与しないで無駄になってしまう。ハレムでなく一夫一妻の場合，精子の数はあまり重要ではなく，つくられる卵の数が生まれる個体の数を決定する要因となる。

　また，雄の体の大きさが雌を誘引するのに影響を与えないので，体の大きい個体が雄である必要はない。むしろ大きな個体が雌となって卵をつくるほうが，小さな個体が雌となって卵をつくるよりも多数の卵をつくれるので，子孫をより多く増やすことができる。

▶G　大きさの異なる2匹の雄のカクレクマノミが出会うと，視覚情報によって大きいほうが雌に性転換するとある。このときに接触や嗅覚情報を必要としないことを確かめるので，2匹のカクレクマノミを相手の姿が確認できる透明な水層に入れる。その際，ガラス板などの透明な仕切り板を用いて2つの空間に隔てておく。このような条件にしておけば，体の接触や嗅覚情報は得られない。これで体の大きいほうが雌に性転換することを確かめればよい。

◆II

　ヒトの脳機能についても男性脳や女性脳といった二者択一的な分類がされてきたが，実際にはそうではなく，男女間でオーバーラップする連続的な違いであることが明らかになっている。個々の部位の大きさを男女間の平均値で比較すると，男性で大きいとされる全ての脳部位が女性よりも大きい男性はほとんどおらず，女性で大きいとされる全ての脳部位が男性よりも大きい女性もほとんどいないことが明らかになった。

▶H　言語能力に関わる部位は大脳新皮質であり，大脳の表層に位置する。大脳の外側は大脳皮質（灰白質）と呼ばれ細胞体が集まっている。内側は大脳髄質（白質）と呼ばれ，神経繊維が集まっている。ヒトの大脳皮質は新皮質と，古皮質と原皮質などを含む辺縁皮質からなる。新皮質には，視覚・聴覚などの感覚中枢，各種の随意運動の中枢，記憶・思考・理解・言語などの精神活動の中枢がある。辺縁皮質には欲求や感情に基づく行動の中枢があり，記憶に関わる海馬もこの部位に含まれる。

▶I　物体の回転像をイメージする能力に男女差が生じるしくみが，Y染色体上の遺伝子のみ，あるいは，精巣から放出される性ホルモンのみによ

114 2021 年度　生物〈解答〉　　　　　　　　　　　　　　東京大-理科前期

るものだと仮定する。

「性染色体構成が男性型である人」なので，Y 染色体上の遺伝子が原因
であれば，男性型のスコアをとると考えられる。また，性ホルモンは女性
と同じ卵巣をもつので女性型のスコアをとると考えられる。

▶ J　海馬の灰白質の発達が胎児期の性ホルモンの影響を強く受けている
と考えられていることを念頭においておく。海馬の灰白質の体積の平均値
が女性よりも男性のほうが大きいという報告がある。この件に関して空欄
1 を考える。体積は海馬の灰白質をつくる細胞体の量と考えることができ
る。男性の胎児では，海馬に神経細胞が生じる過程で精巣から放出される
男性ホルモンによって，女性の胎児よりも細胞増殖（神経細胞の増殖）を
起こしやすくなっていると推測される。

　しかし，海馬の灰白質が女性の平均より小さな男性も少なくない。男性
のほうが女性より海馬の灰白質の体積が大きいというのは，あくまでも平
均であって，このような逆の現象が生じることもある。これをどのように
考えるかが次の問題である。胎児期に男性ホルモンによる細胞増殖がそれ
ほど起こらなかったためと考えられている。

❖講　評

　2021 年度の難易度は，2020 年度よりも少しやさしめであった。知識
問題と考察問題の割合は知識問題がやや増加したものの，考察問題の占
める割合が大きいことに変わりはない。知識問題としては，生物用語の
空所補充や文章選択（内容真偽）も見られる。ただし，この選択問題が
考察系の問題となっていることが多く，単純な知識で解答できるという
わけではない。

　論述問題は 2020 年度の 12 問から 9 問に減少し，論述量も 34 行程度
から 23 行程度に大きく減少している。問題解読には時間を必要とする
が，表現する内容は減少していて，その分選択問題が増加している。

　東大生物では，最近の過去 5 年間の総論述量は平均で 22 行程度で，
大問 1 題につき 7 〜 8 行前後の解答を要求している。この点から言えば，
2021 年度は，平均程度に戻ったと言えるだろう。また，最大で 5 行程
度という設問が 2018・2019 年度と 2 年連続出題されていたが，2020・
2021 年度は出題されておらず，1 〜 3 行程度というものが多数出題さ

れている。なお，解答用紙には1行に35字分の目盛りがある。また，グラフ作成が求められる描図問題は2019〜2021年度は出題されていない。

　東大生物の特徴は，「リード文の徹底理解」と「論理的思考力・分析力」，そして「その表現能力を見る」というものである。2021年度もその特徴は健在であり，情報を正確に分析して，まとめる能力を養うことが必要となる。論述対策としては，まず出題者の狙いは何か，解答のポイントは何か，どこを中心に述べるかを考えて的確に2〜3行（70〜105字）程度でまとめる練習をしておくとよいだろう。

　また，目新しい題材や見慣れない図表が問題文に取り上げられることが多い。これらの図表を基にしたデータの分析，その結果から考察される内容，さらに仮説を検証する実験の設定などが出題されているので，短時間に論点を把握した文章をまとめる練習を日ごろからこなしておきたい。

　1　Ⅰではクマムシ，Ⅱでは線虫の乾燥耐性についての実験考察問題が出題された。ⅠのCは初期遺伝子と考えられるものを選ぶもので，内容を理解するのに少し時間がかかるかもしれない。初期遺伝子は最初から細胞内に存在するタンパク質によって転写が進行するので，翻訳阻害剤を添加してもmRNA量の増加が阻害されず，転写阻害剤によってmRNA量の増加が阻害されるものを選べたかどうかがポイント。ⅡのⅠの，野生型，変異体Ｐ，変異体Ｘ，二重変異体Ｐ：Ｘの2つの実験結果から変異体Ｘで機能を失った遺伝子Ｘの役割とそれがトレハロース産生にどう影響するかという問題では，処理するデータの分量が多く，それを理解するのに時間が必要である。しかも問われている2点について2行程度で述べるのは少し短すぎて困難であったかもしれない。2021年度の「生物」で最も東大らしい設問で，個々のデータ断片から，論理的に矛盾しない全体的なモデル構造を構築する力が問われている。

　2　ⅠのBは，光，重力，水分に対する根の屈性について，3つの結果から支持されるか否定されるかの判定を根拠とともに選ぶ問題であった。しかも，根拠が複数存在する場合はすべて選ぶので慎重に考えないとミスしやすい。ここでは，重力屈性の影響が常にあることを理解していないとわからなくなってしまう。本問は，実験結果を比較して選択す

る問題で，知識の豊富さを問う問題ではなく，考察問題である。Cでは，なぜ取りこみ輸送体よりも排出輸送体の偏在制御が重要となるかという根本的な内容が問われている。あくまでもここは，設問に記載されているヒントとなるべき文を見つけ出し，それをどのように用いるかを考えていけばよい。細胞膜の性質として疎水性の物質は透過させやすく，電荷をもつイオンは透過させにくいことを述べて，細胞外ではIAAはイオン化していないので細胞外から細胞内に輸送体を経ずに透過できるが，細胞内ではイオン化しているので輸送体を経ないと細胞外に出ていくことができないことを述べる。ⅡのGはグラフからどのように判断できるか考えてみるとよいだろう。Hでは細胞質基質のカルシウムイオン濃度の上昇がどのようにして起こるかを述べておけばよい。

3　ⅠのAでは，右半身が雄型，左半身が雌型の表現型を示すキンカチョウの雌雄モザイクの発生が減数分裂の際の，卵母細胞からの極体放出に原因があることが問われ，Bでは，これが性ホルモンの作用だけでは説明されないことが問われた。E・Fでは，一夫多妻のハレムを形成する魚類と，ハレムを形成せずパートナーを変えながら一夫一妻を繰り返すカクレクマノミを取り上げ，前者は体が大きくなると雌から雄に性転換するのに対し，後者は体が大きくなると雄から雌に性転換する繁殖戦略上の利点を述べる問題が出された。ハレムを形成する場合，自分の遺伝子をなるべく多くの子孫形成につなげるために，卵をつくるよりも精子を多くつくる雄に性転換するほうが利点がある。一方，一夫一妻では相手となる雌個体が1匹であるので多数の精子をつくる必要がない。それよりも確実に多くの卵を産んで子孫に遺伝子を残すほうが大きな利益を得られると考えられる。Ⅱはヒトの男女の性差と脳に関する，常識的な問題が多かったため短時間で解答できたであろう。

東京大-理科前期　　　　　　　　　　　　　　　　　　2021 年度　生物〈解答〉　*117*

──────────「生物」の出題の意図（東京大学　発表）──────────

　「生物」は，自然界における生命の本質とそのあり方を対象とし，微細
な分子レベルから地球規模の生態レベルまで多岐にわたる観点からの理解
が求められる科目です。生命現象には，ウイルスや細菌から植物やヒトま
での，すべてを貫く普遍的な原理がある一方，生物種により異なる多種多
様な性質も数多くみられます。これらの普遍性と多様性がどのように生み
出され，機能しているのかという疑問に答えることが求められます。この
ためには，生物体の構造と機能に関する一般的な基礎知識とともに，観察
と実験に基づいて考察し本質を見抜く能力，さらにはこれらの過程を論理
的に論述する能力が必要になります。本年度の「生物」では，下記の 3 つ
の大問を通じて生物学に関する基礎能力を判断することをめざしました。

第 1 問

　動物の乾燥耐性を題材に，細胞機能の基盤となる遺伝子発現制御と代
謝調節の正確な理解を問う。本文と複数の図から読み取れる情報を有機
的に結合させることで，環境ストレスに応答するためのしくみを理解し
考察する。

第 2 問

　植物が外界刺激に対して細胞・器官レベルでどのように応答するのか，
その分子メカニズムを実験データから正しく読み取って考察する。とく
に，こうした分子メカニズムの基盤となっている生物普遍的な原理の理
解度に重点を置いた。

第 3 問

　動物の性の多様性を理解し，その多様性を生み出している生理学的な
仕組み，生態学的な仕組みを考察する。また，誤解されることの多い男
女の脳の違いを，データをもとに正しく理解，考察する。

地学

1 解答

問1 (1) (a) $\dfrac{D}{d}=\dfrac{0.72}{1-0.72}=2.57\fallingdotseq2.6$ 倍 ……(答)

(b) $D=L\tan\theta$

よって $L=\dfrac{D}{\tan\theta}$

(a)より $D=2.6d$ なので $L=\dfrac{2.6d}{\tan\theta}$ ……(答)

(c) $L\fallingdotseq\dfrac{2.6d}{\theta}=\dfrac{2.6\times3000}{11\times4.8\times10^{-6}}=1.47\times10^{8}\fallingdotseq1.5\times10^{8}$〔km〕 ……(答)

(2) (a) 求める距離を d〔パーセク〕とすると

$-19.5=15.5+5-5\log_{10}d$

$5\log_{10}d=40$

$d=1.0\times10^{8}$〔パーセク〕 ……(答)

(b) Ia型超新星：絶対等級が明るいため，遠方の銀河の距離まで測定できる。

脈動型変光星：数が多く識別もしやすいため，比較的近い距離ならすべての銀河の距離が測定できる。

問2 (1) ケプラーの第三法則より，$K=\dfrac{a^3}{P^2}$ が成り立つから

$P=\sqrt{\dfrac{a^3}{K}}$ ……(答)

(2) 面積速度が一定なので

$\dfrac{S}{\tau}=\dfrac{\pi\sqrt{(1-e^2)}\,a^2}{P}$

$=\pi\sqrt{(1-e^2)}\cdot a^2\sqrt{\dfrac{K}{a^3}}=\pi\sqrt{aK(1-e^2)}$ ……(答)

(3) (a) $Q\varDelta t=\dfrac{A}{r^2}\varDelta t$ に $r^2=\dfrac{2\varDelta S}{\varDelta\theta}$ を代入すると

$$Q\Delta t = \frac{A\Delta t\Delta\theta}{2\Delta S} \quad \cdots\cdots(\text{答})$$

(b) (2)より $\quad \dfrac{\Delta S}{\Delta t} = \pi\sqrt{aK(1-e^2)}$

(a)の結果の式に代入して

$$Q\Delta t = \frac{A\Delta t\Delta\theta}{2\Delta S} = \frac{A\Delta\theta}{2\pi\sqrt{aK(1-e^2)}}$$

θ が 0 から $\dfrac{2\pi}{3}$ まで変化する間に放出される H_2O 分子の総数を N とすると

$$N = \int_0^{\frac{2\pi}{3}} \frac{A}{2\pi\sqrt{aK(1-e^2)}}\,d\theta = \frac{A}{2\pi\sqrt{aK(1-e^2)}} \times \frac{2\pi}{3} = \frac{A}{3\sqrt{aK(1-e^2)}}$$

$$\cdots\cdots\text{①}$$

ここで，Q を1年間あたりの個数に換算すると

$$Q = 2.0\times10^{27}\,〔個/秒〕 = 2.0\times10^{27}\times3.15\times10^7\,〔個/年〕$$

$$= 6.3\times10^{34}\,〔個/年〕$$

$Q = \dfrac{A}{r^2}$ より，$A = Qr^2$ に $r = 2.0$〔AU〕を代入すると

$$A = 6.3\times10^{34}\times2.0^2 = 2.5\times10^{35}\,〔個\,AU^2/年〕$$

また，時間の単位を年，距離の単位を AU で表すと，$K=1$ となるから，以上の値と $a=9.0$〔AU〕，$e=0.80$ を①に代入すると

$$N = \frac{2.5\times10^{35}}{3\sqrt{9.0\times1(1-0.80^2)}} = \frac{2.5\times10^{35}}{3\times3\times0.6}\,〔個〕$$

放出される総質量を M とすると

$$M = N\times3.0\times10^{-26}$$

$$= \frac{2.5\times10^{35}}{3\times3\times0.6}\times3.0\times10^{-26}$$

$$= 1.38\times10^9 \fallingdotseq 1.4\times10^9\,〔kg〕 \quad \cdots\cdots(\text{答})$$

(4) 彗星が太陽に接近するたびに氷主体の核が気化により小さくなっていき，表面積が減少していくため。

━━━ ◀解 説▶ ━━━

≪天体の距離，彗星の運動と性質≫

◆問1 ▶(1) (a) 下図で△ABP と△QRP は相似なので

$$d : D = \text{AP} : \text{QP}$$

$$\therefore \quad \frac{D}{d} = \frac{\text{QP}}{\text{AP}} = \frac{0.72}{0.28} = 2.57 \fallingdotseq 2.6 \text{ 倍}$$

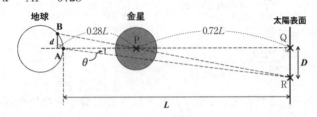

(b) 三角形 AQR において　　$D = L\tan\theta$

この式に(a)で求めた $D = 2.6d$ を代入すればよい。

(c) (b)の結果の式に，設問文で指示されているように $\tan\theta \fallingdotseq \theta$ と近似して $d = 3000 \text{[km]}, \theta = 11 \times 4.8 \times 10^{-6}$ ラジアンを代入すればよい。

▶(2) (a) $M = m + 5 - 5\log_{10}d$ の公式に，絶対等級 $M = -19.5$，見かけの等級 $m = 15.5$ を代入すればよい。

(b) 測定限界より暗い天体は観測することができず，距離を測定することができない。したがって絶対等級が明るい天体ほど遠くにあっても観測が可能である。このため Ia 型超新星を利用すれば遠くの銀河の距離測定が可能になる。ただし，超新星爆発は頻繁に起こるわけではなく，また明るくなる期間も短いので，観測されることはまれであり，この方法で銀河までの距離が測定できることは多くない。それに対して脈動型変光星は Ia 型超新星に比べれば数多く存在する。またほとんどの銀河で観測することができ，その距離を決定することができる。ただし，絶対等級は Ia 型超新星に比べるとはるかに暗いので，近距離にある銀河の距離の測定にしか利用することができない。

◆問 2　▶(1) ある中心天体の周りを公転する天体の公転周期を P，軌道長半径を a とすると，$\dfrac{a^3}{P^2}$ は同じ値となる（ケプラーの第三法則）。彗星と地球はともに太陽の周りを公転しているので，$\dfrac{a^3}{P^2} = \dfrac{a_E{}^3}{P_E{}^2} = K$ となる。なお，中心天体が太陽と同質量で，a の単位を〔AU〕，P の単位を〔年〕で表すと，$K = 1$ となる。

▶(2) ケプラーの第二法則より，彗星と太陽を結ぶ線分が単位時間に通過

する面積は常に一定である。したがって彗星が公転周期 P で太陽の周りを一周すると，線分が通過した面積は軌道の楕円の面積に等しくなる。このことから〔解答〕の式の1行目が成り立つ。この式に(1)の結果を代入して P を消去すればよい。

▶(3) (a) 彗星が下図のXにあるときの時刻を0，角度を0，Yにあるときの時刻を T，角度を $\dfrac{2\pi}{3}$ とする。

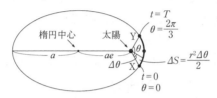

(b) (2)の結果で $S=\Delta S$，$\tau=\Delta t$ とおいて，$\dfrac{\Delta S}{\Delta t}=\pi\sqrt{aK(1-e^2)}$ とし，(a)で求めた式に代入すると

$$Q\Delta t = \frac{A\Delta t\Delta\theta}{2\Delta S} = \frac{A\Delta\theta}{2\pi\sqrt{aK(1-e^2)}}$$

となる。
左辺は微小時間 Δt あたりに放出される分子の数，右辺は微小角度 $\Delta\theta$ あたりに放出される分子の数を表している。したがって，彗星がXからYまで移動する間に放出される分子の総数 N は $\dfrac{A\Delta\theta}{2\pi\sqrt{aK(1-e^2)}}$ を $\theta=0$ から $\dfrac{2\pi}{3}$ まで積分することにより求めることができる。

計算に際して A の値が必要になるが，問題に与えられている r と Q の値より計算すればよい。このとき，時間の単位を年，距離の単位を AU にすることで，ケプラーの第二法則の定数 K の値が1になることを利用する。総質量 M は，分子の総数 N と分子1個あたりの質量の積で求めることができる。

▶(4) ガスの放出は太陽から受ける熱で起こるので，ガスの放出→核の半径が減少→表面積が減少し，受熱量が減少→ガスの放出量が減少，という流れで理由を説明する。

2 解答

問1 (1) (ア)凝結高度 (イ)絶対不安定 (ウ)絶対安定 (エ)逆転層

(2) 上昇空気塊の温度が露点以下になって凝結が起こり,湿潤断熱減率にしたがって温度が低下する場合。

(3) (a)

理由：上昇する空気塊の温度は,破線,鎖線に沿って ADBC と変化するが,気温より高温になる BC 間では,浮力によって自発的に上昇する。そのため,B 点の高度が低く C 点までの高度差が大きい(a)の方が,積乱雲が発生・発達しやすいと考えられる。

(4) •夜間に地面が放射冷却によって冷えることにより,地面に接する大気が冷やされて上空の方が高温になる。

•前線面を境に,寒気の上に暖気がある場合,上空の方が高温になる。

(5) $h = 125(26 - 18) = 1000$〔m〕

凝結高度での温度を T_1 とすると

$$T_1 = 26 - \frac{1.0}{100} \times 1000 = 16〔℃〕$$

山頂での温度を T_2 とすると

$$T_2 = 16 - \frac{0.50}{100} \times (3000 - 1000) = 6〔℃〕$$

風下側山麓での温度を T_3 とすると

$$T_3 = 6 + \frac{1.0}{100} \times 3000 = 36〔℃〕 \quad \cdots\cdots（答）$$

問2 (1) 大規模な海流は圧力傾度力と転向力がつり合って流れる地衡流とみなしてよく,等高線と平行に流れるから。

(2) 名称：南極環流（南極周極流）

理由：海面高度の等高線の間隔が狭く,圧力傾度力が大きい。圧力傾度力とつり合う転向力の大きさと流速は比例するから。

(3) 偏西風によるエクマン輸送で,高緯度側から低緯度側へと海水が運ばれるが,低緯度側ほど偏西風の風速が小さくなるため輸送量が減少し,海水が収束するから。

(4) (ア)小さく (イ)東 (ウ)弱く

東京大-理科前期   2021 年度　地学〈解答〉　*123*

━━━━━━━━ ◀解　説▶ ━━━━━━━━

≪大気の状態，海水の運動≫

◆問 1 ▶(1)・(2)　空気塊が周囲と熱のやり取りなく上昇すると，断熱膨張により温度が下がる。このときの温度変化率（1.0℃/100m）が乾燥断熱減率である。上昇が凝結を伴う場合は，放出される潜熱により温度の低下率が小さくなる。このときの温度変化率（ほぼ 0.5℃/100m）が湿潤断熱減率である。厳密には図 2-1 の鎖線のように，高度により温度変化率は変化する。

　上昇した空気塊は断熱膨張により温度が下がるが，その結果周囲の空気より温度が高ければ浮力によりさらに上昇が続く。このような状態を不安定という。また上昇した空気塊の温度が周囲より低い場合はもとに戻るような力がはたらく。このような状態を安定という。安定不安定は周囲の空気の気温減率で決まる。

　気温減率が乾燥断熱減率より大きい場合は，凝結の有無によらず空気塊の温度の方が高くなるので絶対不安定と呼ばれる。逆に，気温減率が湿潤断熱減率より小さい場合は，凝結の有無によらず空気塊の温度の方が低くなるので，絶対安定と呼ばれる。

　気温減率が湿潤断熱減率と乾燥断熱減率の間の場合は，凝結が起こると不安定に，起こらないと安定になるので，条件つき不安定と呼ばれる。

　上空の方が高温になっている逆転層は絶対安定な状態である。

▶(3)　上昇気流の中で積乱雲は発生し成長する。浮力による上昇気流は空気塊の温度が周囲より高い場合に発生するので，グラフの B と C の間で上昇気流が発生し，積乱雲が発達する。凝結の始まる D と上昇気流が始まる B の高度差が小さい(a)の力が(b)と比べて積乱雲が発生しやすく，B と C の高度差が大きい(a)の方が発達しやすい。

▶(4)　〔解答〕の 1 つ目にあげた放射冷却による逆転層は接地逆転層とも呼ばれる。雲があると，地面が放射した赤外線を雲が吸収して再放射するので，放射冷却が進みにくくなる。また風があると地表付近の冷気が運び去られるので，放射冷却が進みにくくなる。したがって放射冷却により接地逆転層が生じやすいのはよく晴れた風のない夜間である。

　〔解答〕の 2 つ目にあげた前線面に伴って形成される上空の逆転層は前線性逆転層とも呼ばれる。

逆転層は大気の状態が非常に安定で対流活動は起こりにくい。

　他にも，高気圧の中心付近の下降気流により，断熱圧縮されて高温になった空気塊が地上付近の低温の空気塊の上にくる場合にも逆転層が形成されることがある。

▶(5)　〔解答〕のような手順で計算すればよい。凝結高度を求める式 $h = 125(T - T_d)$ を使い，凝結の始まる温度 T_1 を求めると 16℃ となり，$T_d = 18$℃ と一致しないが，これは上空は気圧が低く水蒸気圧も小さくなるためである。山頂（温度 T_2）から風下側の山麓（温度 T_3）に吹き下るときは断熱圧縮により気塊の温度が上昇するが，その上昇率は乾燥断熱減率と同じ $\dfrac{1.0}{100}$℃/m である。

◆問 2　▶(1)　北半球では右の平面図のように圧力傾度力と転向力の 2 力がつり合った状態で海流が流れる場合が多い。このような状態で流れる海流を地衡流という。南半球では転向力が逆向きにはたらくので，地衡流の向きも逆になる。

▶(2)　海面高度の等高線は南米の南を通り南極大陸を周回しているので，南極環流（南極周極流）と判断できる。2 行程度という指定なので，圧力傾度力と転向力がつり合い，転向力は流速に比例することにも言及する。

▶(3)　北半球において海面上を一定方向に風が吹く場合，表層のある程度の厚さの海水をトータルで見ると，風が吹いていく向きから直角右向きに海水は移動する。これをエクマン輸送という。

　本問では偏西風により高緯度側から低緯度側に向かうエクマン輸送の輸送量が，低緯度側になるほど小さくなることから海水が収束し，行き場を失った海水が沈降すると考えればよい。

▶(4)　北緯約 35〜45 度の間では，どの深さでも北の方が海水温が低く密度が大きい。そのため深さ方向の水圧の増加率は，どの深さでも北の方が大きい。したがって海面付近の海水圧力は，海面の高度が低い北の方が低いが，深さによる水圧の増加率は北の方が大きいので，海水圧力の南北勾配は深くなるにつれて小さくなる。それでも南の方が海水圧力が高いため，圧力傾度力は北向きとなり，地衡流は東に向かって流れるが，深くなるにつれて圧力傾度力は小さくなるので，海流は弱くなる。

3 解答

問1 (1) 緯度はその地点の鉛直線が赤道面となす角である。緯度差1°あたりの子午線の長さが高緯度ほど長いことから, 図のように赤道半径が長いことが確かめられた。

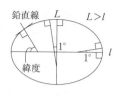

(2) (a) 北極と赤道における振り子の周期を $T_{90}[1/s]$, $T_0[1/s]$ とし, 北極と赤道における重力加速度の大きさを $g_{90}[m/s^2]$, $g_0[m/s^2]$ とする。 $g_{90} = 10[m/s^2]$ であり, g_0 は

$$g_0 = 10 - 6 \times 10^6 \times \left(\frac{2 \times 3}{24 \times 60 \times 60}\right)^2$$

と表せる。振り子の周期は重力加速度の平方根に反比例するので, 求める減少率は

$$1 - \frac{T_{90}}{T_0} = 1 - \sqrt{\frac{g_0}{g_{90}}} = 1 - \sqrt{\frac{10 - 6 \times 10^6 \times \left(\frac{2 \times 3}{24 \times 60 \times 60}\right)^2}{10}}$$

$$= 1 - \sqrt{1 - \frac{10}{24^2 \times 6}} \fallingdotseq 1 - \left(1 - \frac{10}{2 \times 24^2 \times 6}\right)$$

$$= \frac{10}{2 \times 24^2 \times 6} \fallingdotseq 1.4 \times 10^{-3}$$

$$\fallingdotseq 1 \times 10^{-1}[\%]$$

よって, 北極における周期の方が 1×10^{-1} % 短くなる。……(答)

(b) 地球の偏平率を f とすると $f = \frac{6378 - 6357}{6378} \fallingdotseq \frac{1}{300}$

地球はその内部全体に質量が分布しているが, 外核のみが流体であるため, f はニュートンとホイヘンスの間の値となる。

(3) 1万年前から現在まで隆起が継続していることがわかる。最終氷期には地殻の上に氷床が乗った状態でアセノスフェアにリソスフェアが浮いているアイソスタシーの状態が保たれていた。最終氷期が終わり氷床の急速な融解が起こると, アイソスタシーを回復するため隆起が起こった。アセノスフェアは岩石であるため隆起速度は非常に遅く, 現在も隆起が継続している。

問2 (1) X. (正)断層(面) Y. (傾斜)不整合(面)
Z. 結晶質石灰岩

(2) 形成された年代を T, ^{40}K の半減期を t とすると, ^{40}K の量が 0.9 になっているので

$$\left(\frac{1}{2}\right)^{\frac{T}{t}} = 0.9$$

両辺の常用対数をとると

$$\log_{10} 2^{-\frac{T}{t}} = \log_{10} \frac{3^2}{10}$$

$$-\frac{T}{t} \times 0.30 = 2 \times 0.48 - 1$$

$$\frac{T}{t} = \frac{0.04}{0.30}$$

$$T = \frac{0.04}{0.30} \times 1.3 \times 10^9 = 1.73 \times 10^8 \fallingdotseq 1.7 \times 10^8 \text{ 年} \quad \cdots\cdots(答)$$

(3) (a)—④

(b) ・短期間で堆積したこと。
・広範囲に堆積していること。
・他の地層と識別しやすいこと。

以上から2つ。

(4) 古生代に石灰岩Eが堆積し, 地殻変動によって褶曲したのち, 花崗岩Fが貫入した。その後隆起・陸化して侵食作用を受け, 不整合面Yが形成されたのち, 海面下に沈降した。新生代にD〜A層が連続的に堆積したが, C層が堆積した頃は比較的近くで火山活動が起こっていた。またA層堆積途中に断層Xが活動した。

問3 (1) $t_R - t_Q = \dfrac{\sqrt{z_0^2 + r^2} - z_0}{v}$ ……(答)

(2) グラフ：右図。

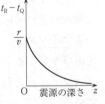

説明：$z_0 = 0$ では $t_R - t_Q = \dfrac{r}{v}$ であり, z_0 が大きくなると $t_R - t_Q$ は0に近づいていく。

(3) P波は震源から同心円状に伝わっていく。このため, z_0 が大きくなっていくと, 震源からQとRまでの距離の差が相対的に小さくなり, 到達時間の差である $t_R - t_Q$ も0に近づく。

◀解 説▶

≪地球の形，地質断面図，地震波≫

◆問 1 ▶(1) 緯度は鉛直線（その地点の重力の方向）と赤道面のなす角として定義されるので，〔解答〕の図のように考える。地面の 2 地点から地球の中心を見込む角が緯度差であると考えるのは誤りである。

▶(2) 自転による遠心力 f は地軸と直交外向きにはたらき，大きさは地軸との距離に比例する。極では遠心力がはたらかないので，重力 g と万有引力 F が一致し，赤道では遠心力が外向き最大となるので，重力（万有引力と遠心力の合力）は最小となる。

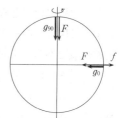

(b) 地球の偏平率を計算し，ニュートンの求めた 1/230 とホイヘンスが求めた 1/578 の間の値となることを示す。ニュートンの値より小さいことから，全体が一様な液体ではないことがわかり，ホイヘンスの値より大きいことからすべてが中心に集まっているとみなせるわけでもないことがわかる。このことを地球内部で液体であるのが外核だけであることと対応させて説明すればよい。

▶(3) アイソスタシーは密度の小さい物体が密度が大きい物体の上に浮かんでいると考える。氷期に氷床という荷重を乗せた状態でアイソスタシーが成り立っていたものが，氷床が溶けることで荷重が取り除かれたことになり，重力と浮力のつり合いをとるために浮上する。グラフは現在も浮上が続いていることを示しており，この点に言及するのがポイントとなる。これはアセノスフェアが非常に粘性の大きい流体であり，リソスフェアが浮上する速度が非常に遅いと考えればよい。

◆問 2 ▶(1) X・Y. 「境界」なので「面」を付けて解答してもよいだろう。また，それぞれ「正」，「傾斜」を付ければより詳しい。

Z. 石灰岩が接触変成作用を受けると結晶質石灰岩（大理石）となる。方解石が再結晶で粗粒になり，きらきら輝くのが特徴である。

▶(2) 半減期は放射性同位体の量が 2 分の 1 になるのにかかる時間である。「10 % が壊変して」とあるので，放射性同位体の量が 90 % になるまでの時間を求めればよい。

▶(3) (a) A〜D 層は，花崗岩 F（1.7 億年前）の上に不整合に乗っているので，1.7 億年前（中生代ジュラ紀）より新しい。アノマロカリスは古

生代カンブリア紀，フズリナは古生代石炭紀～ペルム紀，三葉虫は古生代，ヌンムリテスは新生代古第三紀のそれぞれ代表的な示準化石である。ジュラ紀より新しいのはヌンムリテスだけである。

(b) 火山灰層は鍵層の条件を満たすことが多い。砂岩などの砕屑岩は同時期に堆積しても，海岸に近いほど粗粒になるなど水平方向の岩相の変化が大きく鍵層には適さない場合が多い。

▶(4) E層の褶曲は不整合面を曲げていないので，褶曲したのは不整合面形成の前である。断層XはA層の途中までずらしているので，B層堆積後，A層堆積途中に活動している。断層による地層や不整合面の変位量は同じなので，B層形成以前にはこの断層は活動していなかったと考えられる。

◆問3 ▶(1) 伝わる距離を速さで割れば走時が求められる。

▶(2) z_0 が 0 の場合の $t_R - t_Q$ の値 $\left(\dfrac{r}{v}\right)$ は記入する。z_0 が大きくなった場合は $t_R - t_Q$ の値は小さくなるので，横軸に漸近していくグラフを描けばよい。

▶(3) 「波の伝わる様子と関係付けて」と設問文にあり，何を書けばよいか迷うかもしれないが，同心円状に広がるということと関連付ければよいであろう。等発震時線（P波の到着時刻の等時線）は一般に震央を中心に同心円状になるが，震源が深くなると地表面との交点の間隔が広くなり，2地点間の時間差は小さくなる。

❖講 評

　出題傾向は例年通り。問題文が長く内容が複雑なものが多いが，しっかり読めば題意をつかむことができる。計算量も多いので時間配分に気をつける必要がある。

　1 問1 天体までの距離の求め方に関する出題。図も示されているので確実に得点したい。

　問2 2020年度に続きケプラーの法則を利用する計算問題であった。(3)は微小角度あたりの放出量の式を積分するという考え方，単位のそろえ方が難しく，差がついた問題ではないだろうか。

　2 問1 大気の安定不安定の条件と逆転層に関する出題だが，基礎的な知識と理解があれば解答できる内容である。フェーン現象の計算問

題は典型的なものであり，確実に得点したい。

　問2　海水の運動に関する出題で，(2)までは基本的な内容であり，確実に得点したい。(3)は2020年度に続きエクマン輸送の理解が前提となっていた。問題文中の「上空の風の向きと強さ」を関連付けて考えるのは簡単ではなかったかもしれない。(4)は選択式だったので，完全に理解できていなくても解答できたかもしれないが，図から深さによる海水圧力の増化率を読み取って考える問題で，深い考察が必要だった。

　3　問1　地球の形と重力に関する出題で基本事項の正確な理解があれば解答できただろう。(1)は図に示すという解答方法だが，必要な情報を確実に盛り込む必要がある。

　問2　地質断面図から地史を読み取る問題。確実に得点したい。放射年代の計算は典型的なもので，対数の計算を含めて普段から練習していれば問題ないだろう。

　問3　地震波の伝わり方に関する問題。複雑な内容ではないので，確実に得点したい。

「地学」の出題の意図（東京大学 発表）

「地学」は，地球や惑星，宇宙まで幅広いフィールドを対象とする科目です。宇宙や惑星，地球の大気や海洋，そして地球内部に関するさまざまな現象を深く理解するには，正確な科学的知識を持つとともに，観察などを通してその本質を見抜く能力，原理に基づいて論理的にかつ柔軟に思考する能力が必要になります。また，幅広い分野の知識や技術を統合し総合的に理解する力や，得られた結論を客観的に説明する科学的な表現力などが必要になります。

本年度の「地学」では，下記の3つの大問を通じて地学に関する学習能力を判断することにしました。

第1問

地球から天体までの距離の測定には，その距離に応じてさまざまな手法が用いられますが，問1では，それぞれの手法の特徴や利点の理解，および地球から題意の天体までの距離を定量的に推定する思考力を問うています。問2では，太陽系での天体の軌道運動に関する理解と，それを具体的な問題に適用する応用力を問うています。また，天体の（質点としてではない）性質に関する理解と，その長期進化を議論する思考力を問うています。

第2問

問1では，大気の鉛直方向の安定・不安定に関する気象学の基礎的な知識とそれを実際の大気現象に結びつけて考える応用力を問うています。問2では，地衡流に関する基礎的な理解とともに，海面高度の水平分布と水温の鉛直断面から大規模な海流の分布を見積もる手法についての理解を問うています。

第3問

問1では，地球の形状やアイソスタシーに関する基礎的理解や論理的に思考を表現する力を問うています。問2では，地質断面図についての基礎的理解，放射年代の測定，化石の産出状況，地層の対比などをもとに地史を推定する能力を問うています。問3では，地震波の走時に関する基礎的理解に加えて，地震波の伝わる様子についての考察力を問うています。

「国語」の出題の意図（東京大学 発表）

国語の問題は、高等学校までに培った国語の総合力を測ることを目的として、文科・理科を問わず、現代文・古文・漢文の三分野すべてから出題されます。選択式の設問では測りがたい国語の主体的な運用能力を測るため、解答はすべて記述式としています。なお、文科・理科それぞれの教育目標と、入学試験での配点・実施時間をふまえ、一部に文科のみを対象とした問いを設けています。

第一問は現代文の論理的文章についての問題で、医療における「ケア」の意義を論じた文章を題材としました。近代医療が患者の自己責任と国家の管理に支えられるのに対し、「ケア」は関係者すべての共同作業であり、公共的な営みなのだと明快に説かれています。論旨を正確にとらえる読解力と、それを簡潔に記述する表現力が試されます。また、ある程度の長文によって全体の論旨をふまえつつまとめる能力を問う問題を設けています。

第二問は古文についての問題で、『落窪物語』の車争いの場面を題材としました。古文の基礎的な語彙・文法の理解をふまえつつ、従者たちの言い争うありさまを正確に理解する力が試されています。文科ではさらに、話の鍵となる箇所を具体的に説明させる問題をも出題しました。

第三問は漢文についての問題で、江戸中期の儒者、井上金峨の『霞城講義』を題材にしました。漢文の基礎的な文法・文型をふまえることと、「君子」と「小人」との対比に表れた儒教的発想をつかむことが求められます。文科ではさらに、「聡明之主」に限って陥りやすい誤りとはどのようなことか、文脈を正確にふまえて答えさせる問題をも出題しました。

❖ 講 評

一 現代文（評論） 「ケア」という非常に今日的なテーマを文化人類学の視点から扱った文章である。論旨の展開が明快で、内容的にも説得力があり、文・理共通問題として最適なものと言えるだろう。設問は㈠〜㈢・㈤が標準、㈣がやや難レベルである。このうち㈢は「個人主義」についての基本的な説明も求められていると見るべきだろう。㈣は「本文全体の趣旨を踏まえて」とあるが、実質的には第八段落以降の内容をまとめることになる。それを前半の内容にも触れなければならないと思い込むと、解答の方向性を間違うことになる。

二 古文（作り物語） 平安時代の作り物語『落窪物語』からの出題。リード文で状況が丁寧に説明されているものの、人物の動向や発言を正確に読み取るのはやや難しい。㈠の口語訳は、「さうざうし」「御達」「もろともに」の語意や、反語や敬語など、基本的な古文学習の成果が問われている。㈡の主語を補っての口語訳は、主語を適切な理解と表現で示すことと、動詞「領ず」の意味の理解が問われている。㈢の内容説明は、「この殿」が道頼を指すという理解を前提に、源中納言の従者が道頼の権勢に恐れをなしたということを読み取る必要がある。

三 漢文（論説） 江戸時代中期の日本の儒学者、井上金峨が著した『霞城講義』からの出題。政治のありかたについて論じた抽象的な内容の文章で、全体の論旨を理解するのはやや難しい。㈠の口語訳は、受身・比較・願望などの基本句形の理解を問うもので、ごく標準的。㈡の口語訳は、比較の句形の理解を前提に、「一時」と「子孫」の対比を明確に示すことがポイント。㈢の内容説明は、「未信之民」が本文の冒頭部分に示された「上」「下」「信」を踏まえたものであると判断できるかが決め手となる。

害を受けている状況"を指しているが、"現状・今の状況"程度の表現でよいだろう。

d、「欲レ〜」は願望や意志を表す句法で、「〜んと欲す」と訓読し、"〜たいと望む・〜ようとする"の意。「矯」は"正す・矯正する"の意。「其」はその時に施行されている政策を指すが、「其弊」で"政策の弊害"としておけばよいだろう。「欲矯其弊」は「則」で後の「愚者狃其所習、而不肯之」につながっており、末尾は"〜れば"でもよいが、内容的には逆接にあたるので、"〜ても"等とする。

(二)
▼「与〜、寧…」は比較を表す句法で、"〜よりは、むしろ…のほうがよい"の意。"その効果をすぐに見ること"で、「其」は政策を行うことを指している。「取成於子孫」の逐語訳は"成果を子孫に取れ"で、「子孫」は「一時」と対比されているので、"子孫の代・後々の時代"を意味している。

(三)
▼傍線部eを逐語訳すると"その政策に短期的な効果がないために、これをまだ信じていない人民に施行するにあたり、従わないからである"となる。「其」は、前文の「維持数百世之後、置国家於泰山之安者」、すなわち、長期的に安定した世を保つ政治を指すが、解答でその内容を示す際には、"善政"といった簡潔な表現にすればよいだろう。

「未信之民」は、本文の冒頭二文目の「為上者、為下所信、然後令有所下」を踏まえ、"主君を信頼していない人民"と解釈する。「所以〜」は"〜だから・〜という理由"の意。傍線部eは、善政には即効性がないように見えるという前文の理由を述べたものであるが、傍線部e自体の内容として、善政と人民の関係を説明する。解答のポイントは次の三点となる。

① 「以其無近効」＝善政には即効性がないため
② 「行之於未信之民」＝主君を信頼していない人民に施行しても
③ 「不服」＝人民は従わない

参考 『霞城講義』は、江戸時代中期の日本の儒学者、井上金峨が著した政治論。井上金峨は、特定の学説に縛られず、諸学派のすぐれた点を抽出する「折衷学」という学問方法を大成した。

本文のおおまかな内容は次の通りである。

▲ 解　説 ▼

　下民（げみん）の愚、弊（へい）を承くるの日久（ひさ）しければ、則ち其の弊に安（やす）んじ、以て此（これ）より便なるは無しと為（な）す。加之（しかのみならず）狡猾（かうくわつ）なる者は其の習ふ

　心其の弊を知り、而（しか）れども口言はず、因（よ）りて以て自（みづか）ら之を恣（ほしいまま）にす。今其の弊を矯（た）めんと欲ふ

　所に狎（な）れて、之を肯（がへん）ぜず。狡者（かうしゃ）は乃（すなは）ち其の機に乗じて、之に啗（くら）はすに利あらざるを以てす。是に於いて擾乱（ぜうらん）して成らず。

　大抵（たいてい）数百世の後を維持し、国家を泰山（たいざん）の安（やす）きに置く者は、近効無きがごとし。其の近効無きを以て、之を未だ信ぜざるの

　民（たみ）に行ふ、服（ふく）せざる所以（ゆゑん）なり。

第一段落　為政者と民衆は互いの信頼関係が成立してからでないと陳情や命令を行うことができないので、事を急いで進めようとしても成立しない。聡明で自分の才能に自信のある君主のみが、思い切った政策をすぐに実行することができる。すぐに成果を出そうとするのではなく、後々に成果が出ることを見越して施策を行うのが、政治の大要である。

第二段落　下々の人民は、政治の弊害が長く続くとそれに安住し、正そうとしても従わないばかりか、狡猾な者はその弊害を利用し、弊害を正しても利がないと人民を誘導するため、政治が乱れる。長期的で安定した政治は即効性がないように見えるが、それは、主君を信頼していない人民が、即効性のない善政に従わないからである。

▼（一）　a、「為ニ〜所レ…」は受身を表す句法で、「〜の…所と為る」と訓読し、"〜に…される"と訳す。「上」は、"目上の者・上位者・主君"の意。

c、「無ニ〜於…」は比較（最上級）を表す句法で、「…より〜は無し」と訓読し、"…より〜はない・…が最も〜だ"と訳す。「便」は"都合がよい・便利だ・よい"の意。「此」（＝"これ"）は、傍線部の前の「承弊」「弊」（＝弊

◆全訳◆

総じて（立場が）下である者は、目上の者に信頼され、その後で言うことが聞き入れられるようになる。（立場が）上である者は、目下の者に信頼され、その後で命令が下々に及ぼされるようになる。事を早く進めようとしない。早く進めようとすると実行されないのである。凡庸で愚かな主君は決してこのような憂慮がない。ただ聡明な主君で自分の才能に自信を持っている者だけが、もしかするとただちに事を行い、後悔することがない境地に至るのかもしれない。そもそも善を知ってすぐに成果を出したがるのは、つまらない人間のすることである。君子はそうではない。一つ一つの言動は、それらが達するところは非常に遠い。施政は効果をすぐに求めるよりは、むしろ成果を子孫の代に出すほうがよい。これは政治の大要を知るということである。

下々の人民の愚かさは、弊害を受ける日が長いと、その弊害をよしとして、それによってこれよりよいものはないと考える。それだけではなく狡猾な者は心ではその弊害を知っていて、それでも口では言わず、そのことによって自分でその弊害を思い通りにする。今政策の弊害を正そうとしても、愚者は弊害に従うことに馴染んで、それを聞き入れない。狡猾な者はかえってその機会に乗じて、愚民を誘導するために（弊害を正しても人民には）利益がないことを利用する。だから秩序が乱れて（善政を）実行できない。だいたい数百代の後までそのままに保ち、国家を泰山のように安定したままにする場合は、短期的な効果がないように見える。その政策に短期的な効果がないために、これ（＝政策）をまだ（主君を）信じていない人民に施行するにあたり、（人民が）従わないからである。

読み

凡そ下たる者、上の信ずる所と為り、然る後言取る所有り。上たる者、下の信ずる所と為り、然る後令下る所有り。事速やかにせんと欲せず。速やかにせんと欲すれば則ち行はれざるなり。庸愚の主は必ず斯の憂ひ無し。唯だ聡明の主其の材に恃む者のみ、或いは一旦之を行ひ、顧みる所有らざるに至る。夫れ善を知りて速やかに成さんと欲するは、小人の事なり。君子は則ち然らず。一言一行、其の及ぶ所大いに遠し。其の効を一時に見んよりは、寧ろ成を子孫に取れ。是れ大体を知ると謂ふなり。

できようか、いや、できないだろう〟となる。「とも」は逆接仮定条件を表す接続助詞。「て」が助動詞「つ」の強意の用法、「む」は助動詞「む」の推量（可能推量）の用法、「や」は係助詞「や」が終助詞的な位置で用いられているもので、ここでは反語の用法。時の最高権力者である太政大臣に諍いをしかけるような無謀な行為を引き合いに出し、道頼の従者に手出しをするのはそれ以上に無謀なことだとして、道頼の権勢の強さを誇張的に表現したものである。解答のポイントは次の三点となる。

① 道頼を

② 「この殿の牛飼ひに手触れてむや」＝その従者にさえ手出しできないほど

③ 権勢があると評価した

参考　『落窪物語』は、平安時代中期に成立した作者未詳の作り物語。継母に疎まれ虐待されていた主人公「落窪の君」が、貴公子の道頼によって救い出され、道頼は落窪の君の継母に手厳しい報復をするが、やがて和解して大団円を迎えるという筋で、継子いじめの物語としての典型をなしている。

解答

三

出典
井上金峨（きんが）『霞城講義（かじょうこうぎ）』

(一) a、目上の者に信頼され
c、現状よりよい状況はないと
d、政策の弊害を正そうとしても

(二) 施政は効果をすぐに求めるよりも、子孫の代に成果を出すほうがよい

(三) 善政には即効性がないため、主君を信頼していない人民に施行しても、人民は従わないということ。

東京大-理科前期　　　　　　　　　　　　　　　　　　　2021 年度　国語〈解答〉　137

動詞「む」の終止形で意志の用法。〔解答〕では、「さうざうし」がどのような状況かを示すために、"家にいても"を添えておいた。

イ、「誰ばかり」は"どれほどの者・どのような人"。「かは」は係助詞で、ここでは反語を表している。「取る」はここでは"前もって確保している"場所を横取りする"ということ。「む」は助動詞「む」の連体形（係助詞「かは」の結び）で推量の用法。反語を忠実に"〜か、いや、〜ない"と訳すと解答欄に収まらないので、〔解答〕では最終的な打消表現のみを示している。「思ふ」は「思ふ」の尊敬語。

ウ、「もろともに」は"一緒に・共に"の意の副詞。「見る」はここでは"（祭を）見物する"ということ。「む」は助動詞「む」の終止形で意志の用法。「聞こゆ」は「言ふ」の謙譲語。「給ふ」は尊敬の補助動詞。「けれ」は過去の助動詞「けり」の已然形。順接の接続助詞「ば」は、ここでは已然形に接続しているので確定条件の用法。

〔注〕を参照すること。「領じ」は、"治める・土地を領有する・自分のものとする"という意味のサ行変格活用動詞「領ず」。「給ふ」は尊敬の補助動詞で、源中納言の従者から「わが殿」（＝道頼）への敬意を示す慇懃な言葉遣いとして用いられている。「べき」は助動詞「べし」の連体形で、強い意向を表す用法。自分たちの牛車をどかせようとする道頼の従者たちに対して、あなたたちの主人は市中の道をも自分の領有地のように思って横暴に振る舞うつもりなのかと反発する気持ちを表明した言葉である。

（二）傍線部エを含む発言は、源中納言の従者の言葉で、牛車を移動させようとして車に手を掛けた道頼の従者たちに向かって文句をつけているものである。傍線部エの主語は、前の文の「わが殿」（＝"あなたたちの御主人"）と同じ。

（三）傍線部オを含む発言は、源中納言の車の先払い役をする従者の言葉で、自分たちの主人の牛車を道頼の従者に引きのけられたため、牛車を近くの家の門に入れる際に言ったものである。「この殿」は、自分たちの牛車をいとも簡単に追いやった者たちの主人である道頼を指している。傍線部オを含む一文「ただ今の太政大臣の尻は蹴るとも、この殿の牛飼ひに手触れてむや」を逐語訳すると"現在の太政大臣の尻は蹴っても、この殿の牛飼いに手を触れることが

めた。目をそっと外に向けて見ている。

（道頼は）少し短気で恐ろしい者に世間では思われなさっているけれども、実際の御心は、たいそう親しみやすく、穏やかでいらっしゃった。

▲解　説▲

本文のおおまかな内容は次の通りである。

第一段落（かくて、「今年の賀茂の祭、…）
道頼が、女房たちに賀茂の祭を見物させようと準備し、当日、車を停める場所を確保するための杭を打たせた上で出発した。

第二段落（御車五つばかり、…）
道頼の一行が総勢二十台余りの牛車を連ねて賀茂の祭に出向くと、前もって杭を打って確保しておいた場所の向かいに、二台の牛車が停まっていた。

第三段落（御車立つるに、…）
道頼は、一行の牛車を停めるために、向かい側に停めてあった源中納言の牛車を引きのかせようとするが、相手は抵抗し、言い争いになる。道頼が従者に命じて相手の牛車を強引に移動させ、源中納言の従者は道頼の権勢に恐れをなした。

第四段落（少し早う恐ろしきものに…）
道頼は短気で恐ろしい人物のように世間では思われているが、実は親しみやすく穏やかな人物であった。

▼
（一）ア、「さうざうし」は〝物足りない・物寂しい〟の意の形容詞。「に」はここでは接続助詞で順接を表している。
「御達」は〝女房たち〟の意。「見せ」は〝見せる〟という意味のサ行下二段活用動詞「見す」の未然形。「む」は助

っているので、車列の先払いをする供の者は、四位と五位（の者）が、たいそう多くいる。弟で侍従であったお方は今は少将で、童殿上（＝元服前から見習いで昇殿を許され仕える子供）でいらっしゃった方は兵衛佐で、（道頼が弟たちに）「一緒に見物しよう」と申し上げなさったので、皆がそれぞれいらっしゃった牛車までもが加わっているので、二十台余りが列をなして、皆が、身分の順に整然と並んだなあと（道頼が）見ていらっしゃると、自分が打杭をしている場所の向かいに、古めかしい檳榔毛の車が一台と、網代車が一台停まっている。

御車を停めると、（道頼が）「男車の配置も、疎遠な人ではないので、親しく向かい合わせに停めて、互いに見えるように（一条大路の）北側と南側に停めよ」とおっしゃるので、（供の者が）「この向こう側にある牛車を、少し引きのけさせよ。（私たちの）御車を停めさせよう」と言うのに、（相手側の従者が）意地を張って聞かないので、（道頼が）「誰の牛車か」と尋ねさせなさると、「源中納言殿」と申し上げるので、男君が、「中納言の牛車でも、大納言であっても、これほど（牛車を停める場所が）多くある所で、どうしてこの打杭があると見つつも停めたのか。少し引きのけさせよ」とおっしゃるので、雑色たちが近寄って牛車に手を掛けると、牛車の人が出てきて、「どうして、またあなたたちがこうするのか。一条大路もすべてたいそう勇み立つ雑色だなあ。権門らしく振る舞うあなたたちの御主人も、中納言でいらっしゃるのか。横暴なことをする」と笑う。「西も東も、斎院も恐れ多く思って、まわり道してお通りになるにちがいないそうだ」と、口の悪い男がまた言うと、「同じもの（＝中納言）と、殿を同列に言ってはならない」などと（道頼の供の者が）争って、すぐに引きのけることができないので、男君は、先払いをする供の人や、左衛門の蔵人をお呼びになって、「あの牛車を、指図して、少し停めることができない。男君は、（牛車に）近く寄って、ひたすら無理に引きのけさせ、すぐに引きのけることができない。（相手側の）先払いをする供の者は、三、四人いたけれども、（相手側の牛車の）男たちは少なくて、たやすく引き止めることができない。（このままでは）喧嘩をしてしまうにちがいないようだ。（けれども）今の太政大臣の尻は蹴っても、この（衛門督の）殿の牛飼いに手を触れることができようか、いや、できないだろう」と言って、よその家の門に入って（牛車を）停

140 2021 年度 国語〈解答〉　　　　　　　　　　　　　　　　　　　　　　東京大-理科前期

参考 松嶋健（一九六九年〜）は文化人類学者。大阪府生まれ。京都大学大学院人間・環境学研究科博士後期課程研究指導認定退学。二〇二一年現在、広島大学大学院社会科学研究科准教授。著書に『プシコ　ナウティカ——イタリア精神医療の人類学』、『トラウマを生きる——トラウマ研究1』（共著）、『トラウマを共有する——トラウマ研究2』（共著）などがある。

二

解答

出典

『落窪物語』〈巻二〉

◆全　訳◆

（一）　ア、家にいても物足りないので、女房たちに賀茂の祭を見物させよう

イ、どれほどの者も場所を横取りしたりしないだろうとお思いになって

ウ、「一緒に見物しよう」と申し上げなさったので

（二）　あなたたちの御主人は一条大路もすべて自分のものとなさるつもりか

（三）　道頼を、その従者にさえ手出しできないほど権勢があると評価した。

こうして、（人々が）「今年の賀茂の祭は、たいそう立派だろう」と言うので、衛門督の殿（＝道頼）が、「（家にいても）物足りないので、女房たちに（賀茂の祭を）見物させよう」ということで、前もって御車を新しくあつらえ、女房たちの装束などをお与えになって、「見苦しくないようにせよ」とおっしゃって、支度をして、その日になって、一条の大路の打杭（＝牛車を停める場所を確保するための杭）を打たせなさっているので、（供の者が）「もう（出かけましょう）」と言うけれども、どれほどの人が（その場所を）取るだろうか、いや、誰も取らないだろうとお思いになって、のんびりと出発なさる。

御車は五台ほどで、大人が二十八人、二台には、童が四人、下仕えの者が四人乗っている。男君（＝道頼）がお連れにな

▼(四)

① 患者は自分の欲望に従い主体的に医療を選択できる

② 個人の権利と自由を尊重する

まず傍線部の「それ」は直前文の「家族、関係のある人びと……共同的で協働的な作業」、すなわちケアを指す。ケアの論理は終わり二段落で説明されている。「状況を適切に判断する」「身体の世話をし調える」「身体の養生にかかわる……調整しつづける」などとあるように、ケアとは二者間の行為なのではなく、関係するあらゆるものが関わる共同的・協働的な行為である。次に傍線部では、「人間だけを行為主体と見る世界像（＝〝世界の捉え方〟）」と「関係するあらゆるものに行為の力能（＝〝能力〟）を見出す生きた世界像」とが対比されている。前者は「選択の論理」と結びつくもので、世界が人間の主体的な行為によってのみ成り立つという個人主義に通じる考え方である。これに対して後者は「ケアの論理」と結びつくもので、人間だけでなく、関わりのあるあらゆるものに世界を成り立たせる可能性を認めようとする考え方である。以上より解答のポイントは次の三点となる。

① ケアは身体の世話や養生に関わるすべての人や物事から成る、共同的で協働的な作業である

② 世界は人間の主体的な行為によってのみ成り立っている

③ 世界は関わりのあるすべてのものが働くことで成り立っている

▼(五)

語句

● a、「診察」は〝医師が患者の病状を調べるために質問したり、身体を調べたりすること〟。b、「諦める」は〝断念すること〟。「諦念」「要諦」などの熟語がある。c、「羅針盤」は〝方位や進路を測るための器械〟。

● フェーズ＝物事の局面・段階。位相。

● 田辺繁治＝一九四三年〜。文化人類学者。

● アネマリー・モル＝一九五八年〜。文化人類学者・哲学者。

● インフォームド・コンセント＝医師が患者に治療方法を説明して同意を得ること。

● リソース＝資源。資産。

142 2021 年度 国語〈解答〉　　　　　　　　　　　　　　　　東京大-理科前期

よってこのような二つのタイプのケアのあり方を対比しながら説明すればよいことになる。なお「親密性」について
は〈強く結びつくさま〉などと無難に言い換えればよい。解答のポイントは次の二点である。

▼(二)

② 医療機関や家族による一方的なケアではない

① HIV感染者たちが相互的なケアによって強く結びつく

傍線部は、イタリアにおける精神障害の治療法の変革を紹介する一節にある。それによると、精神障害者は「社会
的に危険であるとみなされ」、治療とは名ばかりの、「隔離と収容の場」である精神病院に隔離されていたという（第
五段落）。これが傍線部直後文にある「精神医療」の実態である。ところが状況が変わり、「精神医療」に取って代わ
って「精神保健サービス」が登場する。これが傍線部直後文の「精神保健」である。それは「苦しみを抱える人びと
が地域で生きることを集合的に支えようとするものであり」（傍線部直前）、「苦しむ人びとの傍らに寄り添い……ケ
アの論理を最大化しようとする」（第七段落）ものであるという。〈精神障害者から社会を守る〉→〈精神障害者に寄
り添う〉という転換が、傍線部に言う「社会」→「人間」への転換である。以上より解答のポイントは次の二点とな
る。

① 危険な精神障害者から社会を守るという論理

② 精神障害に苦しむ人びとを集合的に支えるケアの論理

▼(三)

「選択の論理」は直前の段落で「ケアの論理」と対比されているが、すでに「近代医療全体は人間を徹底的に個人
化する」（第四段落）、「私的自由の論理」「個人の自由の論理」（第七段落）と、その特徴が部分的に説明されている。
それをより具体的に述べたのが傍線部以下である。それによると、患者は顧客として、自分の希望や欲望に従って主
体的に医療を選択すること、一人の個人として自分だけの責任において選択することが説明される。要するに患者が
自由に主体的に医療を選択できるという考え方が「選択の論理」である。これが「個人主義にもとづく」というのだ
から、個人主義、すなわち個人の自由と権利を尊重する思想・立場を前提にしていることを説明すればよい。よって
解答のポイントは次の二点となる。

東京大-理科前期　　　　　　　　　　　　　　　　　　　　　　　2021 年度　国語〈解答〉　*143*

めに、家族、関係者、同じ病気をもつ人、薬、食べ物などのすべてから成る共同的で協働的な作業を行うものである。

■　　▲解　　説▼

本文は人類学の視点から、医療の場における「ケアの論理」に光を当てたもので、従来の「選択の論理」と対比しながらその特徴を論じている。全十一段落。原文には小見出しが掲げてあり、第一～第七段落が「福祉国家から排除された存在」、第八～第十一段落が「ケアの論理と選択の論理」となっている。これに基づいて全体を三つの部分に分けて内容をまとめよう。

1　第一・第二段落　（「近代化」は、…）
　国家のなかにありながら福祉国家の対象から排除された人びとが形づくる生のあり方がある

2　第三～第七段落　（第一の例は、…）
　タイではHIV感染者が自助グループを作り、イタリアでは精神障害者を支える精神保健サービスがある

3　第八～第十一段落　（二つの人類学的研究から…）
　「選択の論理」が個人主義にもとづくのに対して、「ケアの論理」は共同的で協働的である

▼
（一）　傍線部は、タイにおけるHIV感染者たちの自助グループを紹介する一節にある。彼らは「医療機関から排除され、さらには家族や地域社会からも差別され排除される」（第三段落）なかで、感染者同士の「相互的なケア」によって「独自の知や実践を生み出していく」（いずれも第四段落）という。傍線部の「二元的」は〝ある一つの原理によって統一されているさま〟の意で、ここでは「ケア（＝〝世話〟介護〟）」の原理に基づいてケアする者↓ケアされる者という関係が成り立つことをいう。言い換えれば〈一方向〉あるいは〈一方的〉〈非対称的〉な関係であるという こと。具体的には前述の「医療機関」や「家族」と感染者の関係をいうと見ることができる。ではこれとは「異なったかたち」とは何かといえば、前述の「相互的なケア」にほかならない。「相互的」は〈双方向的〉と言ってもよい。

国語

一

出典

松嶋健「ケアと共同性――個人主義を超えて」（松村圭一郎・中川理・石井美保編『文化人類学の思考法』世界思想社）

解答

（一）HIV感染者たちが医療機関や家族による一方的なケアではなく、相互的なケアによって強く結びつくさま。

（二）危険な精神障害者から社会を守るという論理から、精神障害に苦しむ人びとを集合的に支えるケアの論理への転換。

（三）患者が自分の欲望に従い主体的に医療を選択できるという考えは、個人の権利と自由を尊重する思想を前提とするということ。

（四）患者の身体の世話や養生に関わるすべての人や物事から成る、共同的で協働的な作業であるケアによって、世界は人間の主体的な行為によってのみ成り立つのではなく、関わりのあるすべてのものが働くことで成り立つと考えるようになるということ。（一〇〇字以上一二〇字以内）

（五）a―診察　b―諦　c―羅針

◆要　旨◆

福祉国家の対象から排除された人びとが形づくる自助グループに見られるのは、個人を基盤にしたものとも社会全体を基盤におくものとも異なる共同性の論理である。この論理は「選択の論理」に対比される「ケアの論理」である。医療における「選択の論理」は個人主義にもとづき、患者は顧客として自由に選択できるように見えて、実は孤独に自分の責任での選択を強いられる。これに対して「ケアの論理」の出発点は人が何を必要としているかで、身体の世話をし調えるた

2020年度

解答編

東京大-理科前期　　　　　　　　　　　　　　　2020 年度　英語〈解答〉　*3*

解答編

英語

1 (A) 解答

＜解答1＞　すべての年齢層を考慮することを目指す高齢者にやさしい町づくりは，実際には高齢者側のことしか考えていない。目標の実現には，幅広い世代からデータを取る必要がある。(70〜80 字)

＜解答2＞　高齢者にやさしい町づくりが，実は高齢者とその関係者しか考慮していない原因は，高齢者に良ければ万人にも良いという前提にある。異なる年齢層の考えを取り入れるべきだ。(70〜80 字)

＜解答3＞　すべての年齢を考慮し，社会的絆の強化を図る町づくりが，実際には高齢者優先になっている。目標を達成するためには，考えの異なる世代の意見に耳を傾ける必要がある。(70〜80 字)

◆全　訳◆

≪高齢者にやさしい町づくり≫

　高齢者にやさしい町づくりの動きが，国民の急速な高齢化に対する説得力のある反応として生じている。「高齢者にやさしい町」の定義はさまざまに異なり，多様な取り組みや方法があることを表しているが，多くのモデルが，社会的な絆を強化することの重要性に注目し，あらゆる年齢層を考慮に入れる構想を推進している。たとえば，第 7 代国連事務総長を務めたコフィー゠アナンは，1999 年の高齢化に関する国連国際会議の開会の辞で次のように言明した。「すべての年齢層のための社会は，あらゆる世代を包み込むものです。それは，若者，大人，高齢者がそれぞれの道を歩み，ばらばらになっているものではありません。そうではなく，異なる世代の人たちが共通の利害を認識し，それに基づいて行動する，すべての年齢層を含んだものです」

　世界保健機関（WHO）や他の国際組織はこの前提をさらに明確に表現するため，高齢化を生涯続く過程と定義し，次のように述べている。「私

たちはみんな，人生のどの瞬間にも年を重ねており，私たち全員に健康で活動的に年を重ねる機会があるべきだ。高齢期の生活の質を可能な限り高く保つために，WHO は一生を通じて健康に影響を与える要因に出資する取り組みを支持する」

しかし，実際には，高齢者にやさしい町づくりは，高齢者と彼らの世話をする人たちや彼らにサービスを提供する企業の必要や利害に主に焦点を当ててきた。その際に，何が町におけるよい生活条件を生み出すか，また高齢者とともに働く機会やそれを妨げる障害となるものについて，若者や家族から十分なデータを集めることをしてこなかった。

構想と実際のこうしたずれは何が原因なのだろうか。答えの一つは，高齢者によいことはすべての人によいという，高齢者にやさしい町づくりの一般的な前提にあるのかもしれない。言い換えると，もし高齢者にやさしい町づくりが高齢者に適した町を作るのに成功すれば，そうした町はすべての世代に適したものになるだろう，ということである。異なる世代間に共通の利害は数多くある一方で，合衆国とヨーロッパでの最近の研究は，成人のうち若い人たちと高齢の人たちでは，投票パターンや心構えの違いが 1970 年代以降最も大きくなっていることを示唆している。こうした研究が示すのは，高齢化の過程の異なる段階にある人たちにとって何をもってやさしい町と言うのかを十分に理解するためには，今成長しつつある人たちにも高齢化しつつある人たちにも何が町をよいものにするのかに関して，複数の世代からデータを集めることが非常に重要であるということだ。

━━━━━ ◀解　説▶ ━━━━━

◆読解する

全体の構成を意識しながら，各段を検討しよう。

〔第 1 段〕

この段は，「高齢者にやさしい町づくり」は何を目指しているのか，アナン元国連事務総長の言葉を引用して説明している。

〔第 2 段〕

この段は，さらに「高齢化」とは一生続く過程であるという世界保健機関などの国際組織の定義を紹介している。

〔第 3 段〕

この段では，実際には高齢者や高齢者に関わる人たちの必要や利害にだ

東京大-理科前期   2020 年度　英語〈解答〉　*5*

け焦点が当てられてきたという，理念とのずれを説明している。

〔第4段〕

　この段では，そのずれの原因と解決策を示している。

　各段と各文の内容をまとめると次表のようになる。

各段の要旨		各センテンスの内容
第1段	高齢者にやさしい町づくりの理念1	第1文：急速に進む高齢化に反応して，高齢者にやさしい町づくりの動きが起きている。 第2文：「高齢者にやさしい町」のモデルの多くは，社会的絆の強化を重視し，あらゆる年齢層を考慮する構想を推進している。 第3文：アナン元国連事務総長の言葉の引用 　　　①「すべての年齢層のための社会はあらゆる世代を包含する。 第4文：②各年齢層が独自の道を歩み，ばらばらになっているものではない。 第5文：③異なる世代が共通の利害を認識しそれに基づいて行動する，すべての年齢層を含んだものである」
第2段	高齢者にやさしい町づくりの理念2	第1文：世界保健機関などの「高齢化」の定義 　　　「人はみなどの瞬間にも年を取っており，健康で活動的にそうなる機会をもつべきである」 第2文：そのための世界保健機関の決意 　　　「高齢期の生活の質を可能な限り高く保つために，世界保健機関は出資を支持する」
第3段	理念と現実のずれ	第1文：しかし，実際には高齢者にやさしい町づくりは高齢者とその世話やサービスに関わる人たちの必要や利害に主に焦点を当ててきた。 第2文：若者や家族からのデータは集めていない。
第4段	ずれの原因と解決法	第1文：このずれの原因は何だろうか。 第2文：答えの一つは，高齢者によいことはすべての人によいという前提にあるのかもしれない。 第3文：換言すれば，高齢者に適した町づくりが成功すれば，それはすべての世代に適した町になるということである。 第4文：若年層と高齢層の投票行動や心構えの違いは，1970年代以降で最も大きくなっていると研究が示唆している。 第5文：異なる年齢層の人たちにやさしい町とは何かを十分に理解するためには，複数の世代からデータを取る必要がある。

◆答案を作成する

　この文章の主旨は，「高齢者にやさしい町づくり」の現実が理念とずれていることを指摘し，その解決策を述べるところにある。したがって，第

1・2段で述べられている「高齢者にやさしい町づくり」の理念は，共通の要素を抜き出して，簡潔にまとめるのがよいだろう。第1段では第2文（Although definitions of …）の「あらゆる年齢層を考慮に入れる」，第3文（For example, …）の「すべての年齢層のための社会」に典型的に現れている。第2段第1文（The World Health Organization …）後半のコロン以下にある「私たちはみんな，人生のどの瞬間にも年を重ねている」は，aging とはすでに高齢である人たちだけのことではなく，すべての人に関係することだという意味であろう。第3段第1文（In practice, however, …）で，その理念に対して「現実には高齢者とその関係者しか考慮していない」ことを指摘し，第4段最終文（These studies suggest …）で解決策として「複数の世代からデータを取る必要がある」としている。概ねこれらで全体の要点を述べられるが，第4段第2・3文（One answer may …）にある「理念と現実のずれの原因」，すなわち「高齢者にやさしい＝すべての人にやさしい」という考え方を盛り込んでまとめるのもよいだろう。

━━━━━━━━━ ●語句・構文● ━━━━━━━━━

(第1段)　●takes into account all ages「すべての年齢（の人）を考慮に入れる」　take *A* into account「*A* を考慮に入れる」の *A* がうしろに置かれている。この語順は通常 *A* が節（SV を備えたまとまり）の場合に起こる。

(第2段)　●premise「前提」　●endorse「～を支持する」

(第4段)　●account for ～「～の原因となる」

1 (B) 解答

(ア) Thanks to mosquitoes that get trapped in cars

(イ)(1)— a)　(2)— d)　(3)— e)　(4)— c)　(5)— f)

━━━━━━━━ ◆全　訳◆ ━━━━━━━━

≪都市生態系における進化≫

　クレックス＝モレストゥスは蚊の亜種でロンドン地下鉄蚊として知られている。この名前がついたのは，初めて報告されたのが，1940年のドイツによるロンドンの空襲の期間，地下鉄のトンネルが一時的な防空壕として使われていたときだったからである。クレックスは非常にありふれたタ

イプの蚊で，多くの種類がいる。モレストゥスは，地上で見られる近縁種クレックス＝ピピエンスと見た目は同じだが，行動はかなり異なっている。地上のロンドンの通りでは，蚊は人間ではなく，鳥の血を吸う。地上の蚊は産卵する前にこうして血を摂取しなければならず，冬眠する。地下鉄では，蚊は乗客の血を吸い，摂餌の前に卵を産む。また1年中活動する。

　最近の研究が明らかにしたことだが，その名前にもかかわらず，地下鉄蚊はロンドンに特有のものではない。世界中の地下室や地下鉄に生息しており，人間が作った環境に自分の生き方を合わせてきたのだ。自動車や飛行機の中に閉じ込められる蚊のおかげで，その遺伝子が都市から都市へと広がるが，同時に現地の地上の蚊と異種交配し，その源からも遺伝子を取り入れる。[(1)[a）そして，こうしたことはすべてごく最近起こったということも明らかになっている。] おそらく人間が地下建築物を造り始めて初めてクレックス＝モレストゥスは進化したのだろう。

　ロンドン地下鉄蚊の進化が私を魅了するのは，特にそれが進化の標準的な一覧表における非常に興味深い追加事項に思えるからだ。私たちはみんな，進化が遠く離れたジャングルにいるゴクラクチョウの羽や高い山の頂上に咲く珍しい花の形を完全なものにすることを知っている。しかし，どうやらその過程は文字どおり私たちの足の下，都市の地下鉄網の汚れた動力ケーブルの間で起きているほどふつうのことなのだ。それほど面白く，ユニークで，身近な例なのである！　生物学の教科書の中で見つかるような類のことなのだ。

　だが，それがもはや例外ではないとしたらどうだろう。地下鉄蚊が，人間や人間の作った環境と接触するあらゆる植物や動物の典型だとしたらどうなるのだろうか。地球の生態系に対する私たちの支配力がとても強くなっているために，地球上の生物が完全に都会的な惑星に適応する方法を発達させている最中だとしたらどっしようか。

　2007年，史上初めて，都市部で暮らす人のほうが農村部で暮らす人より多くなった。[(2)[d）それ以降，その統計値は急速に増加している。] 21世紀半ばには，推定93億人になる世界人口の3分の2が都市部にいることになる。念のために言っておくが，それは世界全体でということである。西ヨーロッパでは，田舎よりも都市で暮らしている人のほうが1870年以降ずっと多く，合衆国では1915年にその転換点に達した。ヨーロッパや

北米のような地域では，1世紀以上ずっと都市大陸になる道を確実に歩んできたのである。合衆国での最近の研究は，地図上のある地点からいちばん近い森林地までの平均距離は，毎年およそ 1.5 パーセント増加していることを明らかにした。

生態学的には，私たちが今日置かれているような状況は世界にとって初めてのものだった。単一の大型動物種が，この惑星を完全に占領し，自分に都合のよいように変えているという状況である。目下，私たち人間は，世界の植物すべてが生み出す食物のまるまる4分の1，世界全体の真水の多くを自分たちのために使っている。これもまた，以前には一度も起きたことがないことである。進化が生み出した種の中で，これほどの地球規模でこのような中心的な生態的役割を果たせる種はこれまで他にない。

⁽³⁾[e) そのため，地球は完全に人間の支配するものになりつつある。] 2030 年には，地球上の土地の 10 パーセント近くが人口稠密になり，残りの多くは人間が形作った農場，畑，プランテーションで覆われることになる。要するに，まったく新しい一つの生息地で，これまで自然にはなかったようなものである。それでも，生態と進化，生態系と自然について語るとき，私たちは頑固に人間という要素を無視し，代わりに人間の影響がまだ非常に小さい，減少しつつある生息地のほんの一部分に注意を向けている。

そのような態度はもはや維持できない。人間の活動が世界でまさに最も強い生態的影響力をもつものであるという事実を認める時期である。好むと好まざるとにかかわらず，私たちはこの惑星上で起こるすべてのことと完全に結びついているのである。⁽⁴⁾[c) おそらく，私たちは想像の中では，まだ自然を人間の環境とは切り離しておけるのだろう。] しかし，外に広がる現実の世界では，人間の活動という糸は，自然の織物の中にしっかりと織り込まれている。私たちはガラスと鋼鉄でできた新しい種類の建造物に満ちた都市を造る。私たちは気候を変える温室効果ガスを大気中に出す。その土地のものではない植物や動物を放ち，他の種を獲り，自分自身の必要のためにさまざまな天然資源を使う。地球上の人間以外の生物はどれも，直接的，間接的に人間と遭遇することになるだろう。そして，ほとんどの場合，そのような遭遇は，当該の生物に何らかの影響を及ぼさずにはいない。それはその生物の生存や生き方を脅かすかもしれない。しか

東京大-理科前期 2020 年度　英語〈解答〉　9

し，そのような遭遇はまた，ちょうどクレックス=モレストゥスの祖先に
対してそうしたように，新たな機会を生み出すのかもしれない。

　では，難題や機会に出会うとき，自然は何をするだろうか。自然は進化
するのである。ともかくも可能であれば，自然は変化し適応する。圧力が
大きければ大きいほど，この過程はより速くより広範囲になる。地下鉄の
乗客が痛いほどわかっているように，都市には大いなる機会があるが，ま
た大いなる競争もある。生き延びたければ，毎秒が重要であり，自然はま
さにそれを行っている。(5)[ｆ) 私たちはみんな，手つかずの自然の量が
減っていることに焦点を当ててきたが，都市生態系は私たちの背後で急速
に進化しているのだ。]

━━━━━━━━◀解　説▶━━━━━━━━

◆(ア)　空所を含む当該文前半は「その遺伝子が都市から都市へと広がる」
となっている。空所の直後に and planes「そして飛行機」と続いており，
与えられた語句の中に cars「自動車」があること，trapped「捕らえられ
る，閉じ込められる」から，蚊が自動車や飛行機に乗って遺伝子が広がる
のだと考えられる。thanks to ～「～のおかげで」の目的語に mosquitoes
「蚊」を続け，that を関係代名詞と考えれば，Thanks to mosquitoes
that get trapped in cars (and planes)「自動車（や飛行機）の中に閉じ
込められる蚊のおかげで」となり，文意に合う。

◆(イ)　▶(1)　空所に続いて「おそらく人間が地下建造物を造り始めて初め
てクレックス=モレストゥスは進化したのだろう」とある。ダッシュで補
足してモレストゥスの進化の時期を具体的に推測していることから，ａ)
の「そして，こうしたことはすべてごく最近起こったということも明らか
になっている」を補う。すると，「人間が地下建造物を造り始めてから」
が「最近」を説明し直したものだと考えられる。また，「～ことも明らか
になっている」と also「～も」があることが，同段第 1 文（Despite its
name, …）に「最近の研究が明らかにしたことだが」とあることとうまく
合う。

▶(2)　空所の前に「2007 年に都市人口が農村人口を史上初めて上回った」
ことが述べられており，空所のあとには 21 世紀半ばという将来の予測が
述べられている。ｄ)の「それ以降，その統計値は急速に増加している」
を補うと，前後とうまく合う。

10 2020 年度 英語〈解答〉 東京大-理科前期

▶(3) 直前の文にあたる第 6 段最終文 (No other species …) に「これ（＝人類）ほど地球規模で中心的な生態的役割を果たせる種はこれまで他にない」とあり，空所のあとには 2030 年までには，人口稠密地が増え，地球上の土地の多くを人間が農地などに変えてしまうという予測が述べられている。e) の「そのため，地球は完全に人間の支配するものになりつつある」を補うと，前後とうまく合う。

▶(4) 空所直後の文 (Out in the real world, …) は「しかし，外に広がる現実の世界では，人間の活動という糸は，自然の織物の中にしっかりと織り込まれている」となっている。however「しかし」とあるので，対照的な内容のものを補うことになる。c) の「おそらく，私たちは想像の中では，まだ自然を人間の環境とは切り離しておけるのだろう」を補えば，「想像の中」と「外の現実の世界」，「自然と人間の環境を切り離しておく」と「人間の活動が自然の中に織り込まれている」がちょうど対照的になり，適切。

▶(5) 第 9 段第 1 ・ 2 文 (So what does nature …) に「難題や機会に出会うとき，自然は…進化する」，第 7 段最終文 (And yet, when we …)・第 8 段第 1 文 (Such an attitude …) に「生態系と自然について語るとき，私たちは…人間の影響がまだ非常に小さい，減少しつつある生息地のほんの一部分に注意を向けている。そのような態度はもはや維持できない」とあるように，筆者は人間の作った環境の中でも進化が起こっていることを，ロンドン地下鉄蚊を引き合いに出して述べてきた。f) の「私たちはみんな，手つかずの自然の量が減っていることに焦点を当ててきたが，都市生態系は私たちの背後で急速に進化しているのだ」を補うと適切。

◆━◆━◆━◆━◆━◆ ●語句・構文● ━◆━◆━◆━◆━◆━◆

（第 1 段） ●overnight「一晩の，一時的な」

（第 2 段） ●cross-breed「異種交配する」 ●only since humans began …, did *Culex molestus* evolve「人間が…して初めてクレックス゠モレストゥスは進化した」 only が副詞（句・節）を伴って文頭に置かれると，否定の副詞と同様に主節が疑問文と同じ語順の倒置になるため，did … evolve となっている。

（第 3 段） ●not least「特に」 ●portfolio「一覧表」 ●bird of paradise「ゴクラクチョウ」は，尾羽や飾り羽の美しい鳥の名。

東京大-理科前期　　　　　　　　　　　　　　　　2020 年度　英語〈解答〉　*11*

（第4段）　●what if …?「…だとしたらどうだろうか」　●*one's* grip on
　～「～に対する…の支配力」

（第5段）　●Mind you「念のために言っておくが」　相手の注意を喚起す
　るために用いる。

（第6段）　●appropriate「～を（不法に）私用に供する」

（第7段）　●much of the rest covered by …「残りの多くは…に覆われ
　ることになる」　同文前半の nearly 10 per cent … will be densely
　populated と同じパターンになるので，rest のあとの will be が省略さ
　れている。　●altogether「（文頭で）全体的にみて，要するに」　●the
　like「似たもの，匹敵するもの」

（第8段）　●in question「当該の」

2 (A) 解答例

＜解答例1＞　I think we are under the control of language. Since we use language to think clearly, it is natural that speakers of different languages think differently. Vocabularies influence how we interpret things, and even one word evokes different images. For example, Japanese people generally associate "lemon" with freshness, while speakers of English connect the word with sourness and bitterness, or even with something unsatisfactory or a feeble person. We cannot think without being affected by such differences.（60～80 語）

＜解答例2＞　In my opinion, we manipulate language. Imagine that your close friend is depressed and that you want to cheer her up. Probably you think hard about what to say and how to say it. Your good choice of words and effective use of language can give her encouragement. Language is a tool. Fiction writers create nonexistent worlds using words, and philosophers even coin new words and phrases to express the concepts of their thought. Thus, we handle language.（60～80 語）

━━━━━━━◀解　説▶━━━━━━━

▶＜解答例＞の全訳は以下のとおり。

＜解答例1＞　私たちは言葉に操られていると思う。明確に考えるために

言語を使うのだから，異なる言語の話し手が違ったふうに考えるのは当然である。語彙は私たちが物事をどのように解釈するかに影響を及ぼすし，ほんの一つの単語でさえ，異なるイメージを喚起する。たとえば，日本人は一般に「レモン」で爽やかさを連想するが，英語の話し手はその単語で酸っぱさや苦さ，あるいは満足のいかないものや弱々しい人のことさえ連想する。私たちはそのような違いに影響を受けずに考えることはできないのである。

＜解答例2＞　私の考えでは，私たちが言葉を操っている。親しい友達が落ち込んでいて，その人を励ましたいと思っているとしよう。おそらく，何をどのように言うか一生懸命考えるだろう。言葉をうまく選択し効果的な言葉の使い方をすれば，その人を励ますことができる。言葉は道具なのだ。小説家は言葉を使って実在しない世界を創り出し，哲学者は自分の思想の概念を表現する単語や言い回しを新たに造りさえする。このように，私たちは言葉を操っているのである。

▶私たちは言葉を操っているのか，言葉に操られているのかについて意見を述べるもの。まず，どちらの立場かを表明し，その理由や具体例を挙げるという手順になるだろう。もちろん，どちらの立場に賛成か反対かを問われているわけではないので，どちらの側面もあるという考え方もできる。いずれにしても，説得力をもたせるためには，わかりやすい例を示すことが大切である。

2 (B) 解答

＜解答1＞ However, if we push (things) forward only based on self-confidence, we will someday find ourselves in a position that harms others. We should always be conscious that our beliefs are groundless to some degree, and only then can we develop a tolerant attitude.

＜解答2＞ But doing things just based on your understanding of what is right will someday put you in a position that hurts others. You cannot cultivate open-mindedness unless〔until〕you understand that your beliefs can be wrong to some extent.

東京大-理科前期   2020 年度　英語〈解答〉　*13*

━━━━━━━━━ ◀解　説▶ ━━━━━━━━━

（第1文）

● 主語は，下線部第2文に「自分たち」と複数で述べていること，下線部
　に続く文章の最終部分に「われわれ」とあることから，we を使えばよ
　い。ただし一般論なので，you を使っても不可とまでは言えない。

●「しかし自信ばかりで押し切っては」
　「しかし」は however，but でよい。yet も使える。「～しては」とある
　ので if 節にする。「押し切ることは…立場に置く」と全体を無生物主語
　で処理することも考えられる。「自信」は self-confidence が文字どおり。
　confidence だけでも意味は伝わる。また，文章の内容から，ここでの
　「自信」は自分の正しさに対するものと考えられるので，「何が正しい
　かという自分の解釈」your understanding of what is right などとする
　こともできる。「押し切る」は通常，「相手の意見や反対を聞き入れずに
　自分の考えを通す」ことだが，ここでは「何を」押し切るのかが述べら
　れていない。「自信〔何が正しいかという自分の解釈〕だけに基づいて
　（物事を）押し進める〔行う〕」push (things) forward only based on
　self-confidence / do things just based on your understanding of what
　is right などとできる。

●「やがていつかは他人を害する立場に立つ」
　「やがていつかは」は，ほぼ同じ意味の言葉の繰り返しなので「いつか
　は」someday / some day (or other) でよい。「（他人を害する）立場に
　立つ」を文字どおりに訳すと，自ら進んでその立場を取ることともとれ
　てしまうので，「気づいたら立場にいる」we〔you〕will find ourselves
　〔yourself〕in a position などとするとよい。「立場」にこだわらず，「気
　づいたら…（害）している」find *oneself doing* とすることもできる。
　無生物主語で書く場合は，「（他人を害する）立場に私たち〔あなた〕を
　置く」will put us〔you〕in a position とできる。「他人を害する」は
　harm others でよい。harm の代わりに hurt「傷つける」も使える。

（第2文）

●「自分たちは，いつも…悟り，かくて初めて～できる」という文全体の
　運びをどうするかあらかじめ考える必要がある。①「自分たちは，いつ
　も…を悟るべきであり，そして，そのとき初めて～できる」が原文に近

14 2020 年度 英語〈解答〉 東京大-理科前期

い。「かくて初めて」に重点を置けば，②「悟らなければ〔悟るまで〕
〜できない」とすることもできる。

● 「自分たちは，いつも自分たちの信念がある程度までまゆつばものだと
いうことを悟り」

「いつも … を悟り」は，「いつも … を意識し」always be aware
〔conscious〕that … などとできる。「悟る」を understand / realize な
どの動詞で表す場合は，always との相性がよくないので，「いつも」は
訳出しない。上記の②の考え方であれば，これらの動詞を使うのが適切。
「自分たちの信念」は文字どおりの our〔your〕beliefs でよい。「ある
程度まで」は to some degree〔extent〕が定番。「まゆつばもの」は
「真偽が確かではないもの」の意だが，ここでは「（自分たちの信念が）
間違っている可能性がある」can be wrong，「根拠がない」groundless
といった意味合いだと考えられる。call *A* into question「*A* を疑問視す
る」を受動態で用い，「自分たちの信念には疑問の余地がある」our
beliefs can be called into question とすることもできる。

● 「かくて初めて寛容の態度を養うことができる」

「かくて初めて」は，上記の①の考え方なら only then などとなる。こ
れを文頭に置くと，続く節は疑問文の語順の倒置になることに注意。
「寛容の態度を養う」は develop a tolerant attitude が文字どおり。
「養う」には cultivate / nurture なども使える。また，「態度」にこだ
わらず，「寛容さ」tolerance / open-mindedness としてもよいだろう。

3 (A) 解答 (6)— e) (7)— c) (8)— d) (9)— b) (10)— b)

◆全 訳◆

≪子育ての庭師モデルと大工モデル≫

著作権の都合上，省略。

東京大-理科前期　　　　　　　　　　　　　　　　　　　　　2020 年度　英語〈解答〉　*15*

著作権の都合上，省略。

16 2020 年度 英語〈解答〉 東京大-理科前期

著作権の都合上，省略。

━━━━━ ◀解　説▶ ━━━━━

▶(6)　「子育ての大工型概念と合わないものは次のどれか」

　大工モデルはゴプニックの 2 番目の発言第 1 段（Well, if you look …）と 5 番目の発言（That's exactly right. …）で述べられている。

a ）「子育ては，基本的な素材を特定の形に形成するようなものだと考える」　2 番目の発言第 1 段第 2 文（The idea is that …）の内容と一致する。

b ）「子育ての最終的な目標についてのはっきりとした考えを含んでいる」5 番目の発言第 2 文（Imagine you could …）の内容と一致する。

c ）「子どもを上手に育てるための特定の計画に従うことを伴う」　2 番目の発言第 1 段第 2 文（The idea is that …）後半の内容と一致する。

d ）「今日の先進国での優勢な子育てモデルである」　2 番目の発言第 1 段第 1 文（Well, if you look …）の内容と一致する。

東京大-理科前期　　　　　　　　　　　　　　　　　　　　2020 年度　英語〈解答〉　*17*

e）「親と他の行為主体との協力を必要とする」　ゴプニックの 2 番目の発言第 2 段第 2 文（For one thing, …）で述べられている庭師モデルの内容と一致しており，大工モデルではない。これが正解。

▶(7)　「先進国で優勢な子育てモデルを生み出すのに比較的重要だった人間社会の変化は次のどれか」

　ゴプニックの 3 番目の発言第 2 段第 1 文（During the 20th century, …）に「20 世紀の間に，家族は規模が小さく流動的になり，夫婦が子どもをもつ年齢が高くなり，家族を営み始める多くの人が，子どもの世話をする経験はあまりない…ということが初めて起こった」とある。c）の「自分の子どもをもつ前に子どもの世話をするという経験の減少」が正解。
a）「産業経済の発達」　b）「高等教育の出現」
d）「大きな拡大家族の隆盛」
e）「狩猟採集社会から定住農耕社会への移行」

▶(8)　「インタビューの中で言及されていない発言は次のどれか」
a）「現代社会においては，人々はまず子どもの世話をする経験をすることなく，家族を営み始めることが多い」　ゴプニックの 3 番目の発言第 2 段第 1 文（During the 20th century, …）後半の内容と一致する。
b）「子育ては 20 世紀に変わり始めた」　a）と同様，ゴプニックの 3 番目の発言第 2 段第 1 文の内容と一致する。
c）「子育ては学業や仕事と同じようなものだと見なされてきた」　ゴプニックの 3 番目の発言第 2 段第 2 文（So I think it was …）の内容と一致する。
d）「子育ては，まず仕事で成功すればより順調にすすむ」　このように述べられている箇所はない。これが正解。
e）「子どもを上手に育てるために適切な手引きを探す親もいる」　ゴプニックの 3 番目の発言第 2 段最終文（If I can just find …）の内容と一致する。

▶(9)　「人間の子ども時代が特に長い理由としてゴプニックが言及しているのは次のどれか」

　ゴプニックの 4 番目の発言第 4・5 文（One idea is …）に「長い子ども時代が，新しい状況にどのように適応すればよいか考えることができる…時期を与えてくれ…人間がこんなにも多くの異なる環境で生きることを

18 2020 年度　英語〈解答〉　　　　　　　　　　　　　東京大-理科前期

可能にしてくれる」とある。b）の「それは人間がより柔軟性と適応力を
もてるようにする」が正解。

a）「それは人間が言語を獲得できるようにする」

c）「それは人間がより大きな脳を発達させられるようにする」

d）「それは人間が人生をより十全に経験できるようにする」

e）「それは人間が自分を取り巻く環境を守れるようにする」

▶⑽　「この会話によると，ゴプニックと司会者ヴェダンタムの考えを最
もよく表しているのは次の文のどれか」

　ヴェダンタムの 5 番目の発言（It seems to me …）に「私には，庭師
モデルが，そういう長く続く人間の子ども時代という条件に完璧に合うも
のに思える」とあり，続いてゴプニックが「まさしくそのとおり」と言っ
ている。b）の「ゴプニックもヴェダンタムも庭師モデルのほうがよいと
考えている」が正解。

a）「ゴプニックもヴェダンタムも大工モデルのほうがよいと考えている」

c）「ゴプニックとヴェダンタムは両方のモデルに多くの評価すべき点を
見出している」

d）「ゴプニックは大工モデルのほうがよいと考えているが，ヴェダンタ
ムは庭師モデルのほうがよいと考えている」

e）「ゴプニックは庭師モデルのほうがよいと考えているが，ヴェダンタ
ムは大工モデルのほうがよいと考えている」

◆◆◆◆◆◆◆◆　●語句・構文●　◆◆◆◆◆◆◆◆◆◆◆◆◆◆◆◆◆◆◆◆◆◆

（ゴプニックの 2 番目の発言）　●culture「文化，（行動・考え方の）パタ
　ーン」

（ゴプニックの 5 番目の発言）　●turn out ～「～になる」

3 (B) 解答 ⑾— c ） ⑿— a ） ⒀— a ） ⒁— b ） ⒂— e ）

◆◆◆◆◆◆◆◆◆◆◆◆◆◆　◆全　訳◆　◆◆◆◆◆◆◆◆◆◆◆◆◆◆◆◆◆◆

≪現代の子育ての問題≫

著作権の都合上，省略。

東京大-理科前期   2020 年度　英語〈解答〉　*19*

著作権の都合上，省略。

20　2020 年度　英語〈解答〉　　東京大-理科前期

著作権の都合上，省略。

◀解　説▶

▶(11)　「ゴプニックによると，大工モデルの子育てのありそうな結果は何か」

　ゴプニックの最初の発言第 2 文（They're achieving …）に「彼ら（＝現代の若者）は…危険を冒すことが以前より少ない」，同最終文（And I think, …）に「これは大工の筋立てからちょっと予測できることだ」とある。c）の「子どもたちは注意深くなる可能性が高まるだろう」が正解。

東京大-理科前期   2020 年度　英語〈解答〉　*21*

　a）「子どもたちは危険を冒すことによってより多くのことを成し遂げるだろう」

　b）「子どもたちは不確かなことによりうまく対処できるようになるだろう」

　d）「子どもたちはのちの人生でよりバランスのとれた人になるだろう」

　e）「子どもたちはより大きな自由から利益を得るだろう」

▶⑿　「ヴェダンタムによると，ゴプニックは何を主張しているか」

　ゴプニックの2番目の発言第1文（Well, in the carpenter …）の「大工の筋立てでは…子どもに危険を冒したり，探求したり，自律したりする自由を与えていない」という言葉を受けて，ヴェダンタムの3番目の発言第1文（So, Dr. Gopnik, …）に「ゴプニック博士，あなたの主張は，子どもたちが自由に学んだり探求したりできる環境を作り出すことによって…よりうまく対処できるようになる子どもを育てるということですね」とある。a）の「子どもたちは危険を冒すことによって価値ある教訓を学ぶ」が正解。

　b）「子どもたちは幼いときから特殊な技能を伸ばす必要がある」

　c）「親は自分の子どものための特定の目標をもつ必要がある」

　d）「大工モデルは子どもたちの自由感を増すように考えられている」

　e）「現在の子育ての考え方がうまくいくためにはほんのちょっとした調整が必要なだけである」

▶⒀　「ゴプニックの主張に対してウェブはどのような異議を唱えているか」

　ウェブの最初の発言第1～3文（Well, I think …）でオリンピック選手を例に挙げ，特定のことをうまくできる人が報われると主張したあと，第4・5文（And even though …）で「子どもに自分のしたいことを考えさせ…14歳でアイススケーターに本当になりたいとわかったとしても，その時点では…おそらく遅すぎる。それが問題だ」と述べている。a）の「子どもに多くの自由を与えることは，彼らの将来の機会を制限しかねない」が正解。

　b）「不安をなくそうとするなら，しっかりした人生が必要である」

　c）「成功しようとするなら，一つを選ぶ前に多くのことを試してみる必要がある」

22　2020年度　英語〈解答〉　　　　　　　　　　東京大-理科前期

　d）「オリンピック選手になるためには，14歳になる前にレッスンを受け
始めなくてはならない」

　e）「人生における成功の基礎には，子どもの天性の能力がある」

▶⑭　「ウェブが説明する問題について，ゴプニックはどう思っているか」

　ゴプニックの3番目の発言第2・3文（I mean, parents …）に「10代
の子どもたちが…毎晩2時まで寝ないで勉強している…そんなのはどうか
している」と述べている。b）の「子どもたちは，成功するためにそんな
に懸命に努力することを期待されるべきではない」が正解。

　a）「子どもたちは，自分の親を信じるように奨励されるべきだ」

　c）「競争的な文化にいる親は，自分の子どもに多大な要求をするべきだ」

　d）「親は，子どもが成功するのを手助けするために，可能な限りあらゆ
る強みを与えるべきだ」

　e）「私たちはこのような状況にいる親に同情すべきだ」

▶⑮　「ウェブはこの議論から最終的にどのような結論を引き出している
か」

　ウェブの3番目の発言第2文（But perhaps it isn't …）に「変わる必
要があるのは子育てではなく，社会が学校での出来に対してどのように賞
罰を与えるかである」とある。e）の「本当の問題は社会にある」が正解。

　a）「人生は不公平な競争のようだ」

　b）「子育てモデルのほとんどは，人生に対する十分な備えを子どもにさ
せていない」

　c）「子どもが人生で成功する手助けをどのようにしてやればよいのか理
解している親は十分にはいない」

　d）「子育ては，非常に報われない活動であるかもしれない」

━━━━━━━━━●語句・構文●━━━━━━━━━

（ヴェダンタムの最初の発言）　●gifted「天賦の才能のある」

（ゴプニックの2番目の発言）　●come out ～「～という結果になる」

　　●autonomous「自律した」

3 (C) 解答 ⒃— b) ⒄— e) ⒅— d) ⒆— d) ⒇— d)

◆全　訳◆

≪作物増産の新技術≫

　農家や植物育種家は時間と戦っている。オーストラリアの植物学者のリー=ヒッキーによると，「私たちは世界中の人を食べさせていくという点で重大な難題に直面している。2050 年には，地球上におよそ 100 億人が存在することになる。したがってすべての人を食べさせるためには，60 パーセントから 80 パーセント多くの食糧が必要だ」と，彼は言う。

　育種家たちは，より生産性がよく病気に抵抗性のある，新しい種類の作物を開発するが，それは従来の技術を使うと 10 年以上かかることもあるゆっくりとした過程である。したがって，そのペースを速めるために，オーストラリアのヒッキー博士のチームは，これまでよりも早く種を収穫し作物の次の世代を育て始められる「促成栽培」に取り組んできた。彼らの技術は，宇宙ステーションでの食物の育て方に関する NASA の研究に触発された。彼らは，1 日に 22 時間青と赤の LED 照明を照らし，温度を摂氏 17 度から 22 度に保つことで，作物をだまして早期に花を咲かせる。従来の方法だと年に 1，2 世代しか産出されないのに対して，彼らは 1 年でコムギを最高 6 世代まで育てることができるのだ。

　研究者が最初に人工照明で植物を育て始めたのはおよそ 150 年前のことだ。当時は，炭素アーク灯と呼ばれるもので生み出された光を使っていた。それ以降，LED 技術の進歩のおかげで，科学者が個々の作物種に合うように照明の設定を調節する際の正確性が大いに向上した。

　研究者たちはまた，植物の望ましい特徴の発生を早める新しい遺伝子技術を採用している。歴史的に，人類はこうした恩恵を得るために，自然な変異とそれに続く人工的な選別の組み合わせに頼ってきた。今では，育種家はたいへん速く正確に DNA を変更する遺伝子編集手段を使っている。2004 年，ヨーロッパで研究している科学者たちが，オオムギの一種を深刻な病気に対して抵抗性のあるものにしている単一遺伝子の変異を特定した。10 年後，中国の研究者たちが，世界で最も重要な作物の一つであるコムギの同じ遺伝子を編集し，それも抵抗性のあるものにした。

　遺伝子編集手段は，コメを病気から守り，トウモロコシやダイズに特定

24 2020 年度　英語〈解答〉　　　　　　　　　　　　　　東京大-理科前期

の化学物質に対する抵抗性をつけ，アジアや南北アメリカで作物を台なし
にしたある種のバクテリアからオレンジを守るために使われてきた。韓国
では，バナナの絶滅危惧種を破壊的な土壌の病気から救うために，科学者
たちがこうした手段を使っている。

　比較的安価で効果的な技術のおかげで，世界中の作物を改良するための
さまざまな機会が開かれつつある。ヒッキー博士のチームは，次の数年に
わたってインド，ジンバブエ，マリの農家を手助けするために，こうした
発見を使うつもりである。その発見が発展途上国にも利益になってほしい
と考えているからである。

　ヒッキーによると，将来の食糧確保という難題に応えようというのであ
れば，促成栽培と遺伝子編集を，今ある他のあらゆる手段と組み合わせる
必要がある。「一つの技術だけでは，私たちが抱えている問題を解決する
ことにはなりません」と，彼は言う。

　しかし，基本的な促成栽培が一般に受け入れられている一方，多くの人
が遺伝子編集技術を採用するのには乗り気でない。彼らは，長期的な予想
外の結果を心配しているのである。この革命的な技術の恩恵は，その潜在
的な危険と天秤にかけてみなくてはならないと，彼らは感じているのだ。

━━━━━━━━◀解　説▶━━━━━━━━

▶⒃　「促成栽培の最近の発達を可能にした科学的進歩はどれか」

　第2段第4文（They trick crops …）に「1日に22時間青と赤のLED
照明を照らし…作物をだまして早期に花を咲かせる」，第3段第3文
（Since then, …）に「LED技術の進歩のおかげで，科学者が個々の作物
種に合うように照明の設定を調節する際の正確性が大いに向上した」とあ
る。b）の「LED技術の進歩」が正解。

a）「宇宙飛行技術の向上」　c）「気象制御技術の改善」

d）「収穫方法の効率化」　e）「炭素アーク灯の発明」

▶⒄　「中国の科学者たちが，世界できわめて重要な作物の一つを病気に
抵抗性のあるものにすることで突破口を開いたのはいつか」

　第4段最終文（Ten years later, …）に「10年後，中国の研究者たちが，
世界で最も重要な作物の一つであるコムギ…も抵抗性のあるものにした」
とある。直前の文に「2004年」とあり，その10年後なのでe）の「2014
年」が正解。

a）「2002 年」　b）「2004 年」　c）「2008 年」　d）「2012 年」

▶⒅　「下の作物リストのうち，遺伝子編集がどのように植物を病気から守ってきたかを示すために使われていないのはどれか」

　第 5 段第 1 文（Gene-editing tools …）に「遺伝子編集手段は…トウモロコシやダイズに特定の化学物質に対する抵抗性をつけ…ために使われてきた」とある。d）の「ダイズ」が正解。

a）「バナナ」　b）「オオムギ」　c）「コメ」　e）「コムギ」

▶⒆　「研究プロジェクトが現在行われている場所として言及されていないのは次のどれか」

　第 6 段第 2 文（Dr. Hickey's team plans …）に「ヒッキー博士のチームはこうした発見を，インド…の農家を次の数年にわたって手助けするために使うつもりである」とある。インドではまだ新しい技術が使われていないことがわかる。d）の「インド」が正解。

a）「オーストラリア」　b）「中国」　c）「ヨーロッパ」　e）「韓国」

▶⒇　「ヒッキーによると，食糧確保という将来の難題に応えることは…を必要とする」

　第 7 段第 1 文（According to Hickey, …）に「ヒッキーによると，将来の食糧確保という難題に応えようというのであれば，促成栽培と遺伝子編集を，今ある他のあらゆる手段と組み合わせる必要がある」とある。d）の「利用できるあらゆる技術の応用」が正解。

a）「促成栽培の継続的な進歩」

b）「人口増加を制御する努力」

c）「遺伝子編集の新しい突破口」

e）「新しい手段の開発」

━━━━●語句・構文●━━━━

（第 2 段）　●trick A into doing「A をだまして～させる」

（第 4 段）　●the generation of desirable characteristics「望ましい特徴の発生」　第 2 段の generations は「世代」。　●gain「利益」

（第 7 段）　●if S is to do「もし S が～するつもりなら，～したいなら」
　　　　　●meet a challenge「難題に対応する，難局に立ち向かう」

（第 8 段）　●weigh A against B「A と B を比較検討する」

4 (A) 解答

(21)—(c) (22)—(c) (23)—(b) (24)—(e) (25)—(b)

◆全 訳◆

≪空想小説における木や森の意味≫

(21) 空想小説の中で神秘的な力を付与される自然界のさまざまな要素のうち，木や森は，それらを自然界の領域から超自然の領域に高める変更を施されることが特に多い。その結果，それらが空想的な物語の中に生き生きとしたキャラクターや神秘的な森林地帯として登場すると，物語のもつ心をとらえる別世界のような魅力が強まる。それでも，空想小説の木や森を，面白いがその他の点ではほぼ重要ではないキャラクターにすぎないと見るのは考え違いである。

(22) 世界中のさまざまな神話に，人間と神々をつなぐものという役割を果たす聖なる木が登場する。言い換えると，木はしばしば，特定の神と結びつけられたり，その構造が宇宙の本質を反映しているため「小宇宙」と呼ばれる礼拝の場所を，聖なる石とともに形成したりしたのである。根が空にあり，枝が地に達している聖なる「さかさまの木」のように，木はまた宇宙の象徴としても機能した。さらに，木の生えている場所は，現実世界の究極の中心とみなされることがよくあり，木自体が天と地をつなぐものとなった。木が葉を落として再生させるという循環が理由で，多くの文化は木を生命の象徴とみなし，数多くの神話が，人間の命は木や他の植物とつながっている，あるいはそれどころか，そこから生じたと主張した。

(23) 空想の木や森を自分の世界構築の重要な要素としてしか使わない空想小説の作家もいるが，他の多くの作家たちは，神話やおとぎ話のイメージの中に込められている潜在力を認めてきた。その結果，現代の空想小説では，木や森は神々が宿るもの，苦難と試練の場，主人公の身体的精神的変化の触媒，紛争の解決における積極的主体にもなる。さらに，木や森は，現代世界における神話の最後の痕跡として描かれることがよくあり，その描写は，著者が人類と自然界の関係に関する重要なメッセージを伝えようとする比喩となることもある。

(24) 今日，地球の生態系を商品のように扱い，その物質的実際的価値しか認めない人が多い。もちろん，森林は何世紀にもわたって人々に資源を供給してくれた。それでも現在，かつてないほど，環境は人間の進歩によ

って危機にさらされている。それは増え続ける私たち人間の人口がますます多くの空間と資源を必要とするからだけではなく、命ある世界の他のものたちと自分の関係について簡単に忘れてしまうサイバー空間に、私たちがゆっくりと「移住」しつつあるからでもある。

　㉕　さいわいにも、神話やおとぎ話の伝統を受け継ぐ空想小説は、まだ私たちに自然のもつ精神的な価値を思い出させてくれるかもしれない。空想小説では、木や森は不可欠の役割を果たし、空想世界とその住人の幸福にとって必須の実体として描かれている。自然界と調和し続けることは、非常に有益な経験として述べられているが、それは自然界が神的な特質に満たされているからである。マクドナルド、トールキン、ルイスなどの空想小説の作家たちは、自身の生活の中で自然を宗教的に受け止めており、自然に対するこの宗教的な感性を読者に伝えるために、神話を使ったのだ。

■━━━━━◀解　説▶━━━━━■

▶㉑　(c)の in fantastic stories lively characters が誤り。下線部(c)は主語 their appearance を修飾する部分だが、in fantastic stories「空想物語の中の」のあとが lively characters「生き生きとした登場人物」という名詞のまとまりしかなく、前とつながらない。lively の前に as を補い「生き生きとした登場人物としての（登場）」とする。

▶㉒　(c)の was functioned also as a representation が誤り。function「機能する」は自動詞。was を取り除くのが適切。

▶㉓　(b)の the potential locking in the image が誤り。lock A in B「A を B に閉じ込める」であり、lock の目的語がないこと、内容上も「イメージの中に閉じ込められた潜在力」とするのが妥当であることから、locking を locked とするのが正しい。

▶㉔　(c)の where we are easy to forget about が誤り。S is easy to *do*「Sは～するのが簡単だ、～しやすい」は、不定詞の意味上の目的語＝文の主語という関係になっていなくてはならない。(*ex.* This problem is easy to solve.≒It is easy to solve this problem.)「私たちは～を忘れやすい」は、「私たちは～を簡単に忘れる」we easily forget about とするのが適切。

▶㉕　(b)の remind us the spiritual value of nature が誤り。remind A of B で「A に B を思い出させる」である。us のあとに of を補うのが正し

28 2020 年度 英語〈解答〉   東京大-理科前期

い。

━━◆━━◆━━ ●語句・構文● ━━◆━━◆━━

(第1段) ●invest *A* with *B*「*A* に *B* を付与する」 ●perceive *A* as *B*
　　「*A* を *B* であると理解する」(*B* は名詞・形容詞)
(第2段) ●shed「(木が葉など) を落とす」
(第3段) ●agent「行為主体」
(第5段) ●heir to ～「～の継承者，後継者」 ●entity「実体」

4 (B) 解答 全訳下線部(ア)・(イ)・(ウ)参照。

━━◆━ ◆全　訳◆ ━◆━━

≪「三つ子の魂百まで」は本当か≫

　社会心理学者で作家のダニエル゠ギルバートは，人類は「完成したと誤
解している制作途中の作品」であると示唆している。そして，「今の自分
がそのままであり続けることはない。今の自分は，これまでのあらゆる自
分と同様，一時的なものだ。私たちの人生で唯一不変なのは変化である」
と主張している。(ア)時間は強烈な力であり，私たちの価値観，性格，そし
て音楽や行きたいと思う場所から友情に至るまであらゆるものにおける好
みを絶え間なく変えていく力であると，彼は言う。

　エジンバラ大学の研究者たちは，人間の性格の安定性に関するこれまで
で最長の研究を行い，10 代の私たちを特徴づけていると思われる性質が
のちの人生にはほぼ消えてしまうことがあるということを発見して，同様
の結論に至った。特性は短期間には不変であるように見えるかもしれない
が，数十年の間には変わる。その研究者たちは，1947 年のスコットラン
ド知能調査の一部から取られたデータを使った。この調査は 70,805 人の
子どもたちの集団の成長を追跡したものである。研究者たちは 1,208 人の
14 歳の子どもたちという，より小さな抽出標本を使い，10 代から成人に
移行する際の，子どもたちの性格の安定性を調べた。調査では，自信，決
断力，気分の安定性，誠実さ，独創性，学習意欲という 6 つの特定の特性
を確認していた。(イ)2012 年に，1947 年の調査で当時 14 歳だった被験者
1,208 人を見つけ出す試みがなされ，見つかった人たちのうち 174 人が継
続調査に参加することに同意した。彼らは，前の調査と同じ 6 つの特性と，

それらが自分の行動においてどの程度優勢な要素のままであるかについて，自身を評価するように求められた。家族，パートナー，被験者と親しい友人も，以前の特性がどれほど継続的に存在しているか評価するように頼まれた。その結果，(ウ)こうした特性の中には被験者の人生の比較的短い期間では変わらないままだったものもあるが，気分の安定性を除くと，そのほとんどが著しく変化しており，時には完全に消えてしまっていたということがはっきりした。

━━━━━━━ ◀解 説▶ ━━━━━━━

▶(ア)　Time is a powerful force, he says, and one that perpetually revises our values, personalities, and preferences in everything from music and the places we would like to go to friendship.

● …, he says, … は本来の主節の挿入であり，前後ともに彼の発言であることに注意。He says that time is … と同じように訳せばよい。

● Time is a powerful force「時間は強力な力だ」が直訳。「力」が重複しないように，powerful を「強烈な，強大な」などとしたい。単に「強い」でもよいだろう。

● and one that ～ の one は a force を受ける代名詞で Time is の2つめの補語，that はこれを先行詞とする関係代名詞である。

● perpetually revises our values, personalities, and preferences in everything「私たちの価値観，性格，あらゆるものにおける好みを絶え間なく変える（力）」が直訳で，そのままでよい。perpetually「永久に，絶え間なく」 revise「～を変える，改訂する」 values は複数形で「価値観」の意。preference はしばしば to や over といった前置詞を伴うが，これは「～よりも」と比較対象を表す。ここでは，何の好みかを問題にしているので，「～における」と分野を表す in が使われている。

● from music and the places we would like to go to friendship は everything を修飾する形容詞句。「音楽や行きたい場所から友情に至るまで」が直訳で，そのままでよい。from A to B「A から B まで」の A が music and the places，B が friendship である。最後の部分は go to friendship ではないので注意（「友情に行く」では意味をなさない）。we would like to go は the places を先行詞とする関係詞節。関係副詞 where が省略されている。

30 2020 年度 英語〈解答〉　　　　　　　　　　　東京大-理科前期

▶(イ)　In 2012, an attempt was made to track down that same pool of participants and, of those found, 174 agreed to take part in the continued research.

● In 2012, an attempt was made to track down 〜「2012 年に〜を見つけ出す試みがなされた」が文字どおりで，ほぼそのままでよい。もとになっている make an attempt to *do* は「〜する（という）試みを行う」が直訳。不定詞は attempt を修飾する形容詞用法（内容としては同格）であり，「〜するために」と目的を表す副詞用法ではないことに注意。track down 〜 は「〜を（追跡して）見つけ出す」の意。track「〜を突き止める」の訳でも許容範囲だろうが，あとに those found「見つけられた人たち」とあることもヒントにしたい。

● that same pool of participants「その同じ参加者〔被験者〕集団」が直訳。これが何を指しているかを明らかにするのが設問条件である。第 2 段第 3・4 文（The researchers used …）に「研究者たちは，1947 年のスコットランド知能調査の一部からデータを取り…1,208 人の 14 歳の子どもたちという，より小さな抽出標本を使った」とある。したがって，「その同じ参加者集団」とは，「1947 年の調査で当時 14 歳だった被験者 1,208 人」などとまとめられる。

● and, of those found, 174 agreed to 〜「そして見つかった人たちのうちの 174 人が〜することに同意した」が直訳で，ほぼそのままでよい。those found は those who were found の意。本来の語順なら 174 of those found である。

● take part in the continued research「継続される調査に参加する」が直訳。continued とは 1947 年の調査に続く調査ということである。「継続調査」とすれば訳文がすっきりする。

▶(ウ)　while some of these characteristics remained steady over shorter periods of the participants' lives, most of them, with the exception of mood stability, had changed markedly, sometimes vanishing entirely

● while some of these characteristics remained steady「これらの特性のうちの一部は安定したままだったが」が直訳。while は対比を表す接続詞で「〜するが，〜する一方」などと訳せる。some は「〜するもの

もある」と訳すこともできる。remained steady は「変わらないままだった」などとするとわかりやすい。

● over shorter periods of the participants' lives「参加者の人生の比較的短い期間にわたって」が直訳で，remained を修飾する副詞句。participants は調査・研究への参加者であり「被験者」とできる。shorter は比較の対象を明示しない絶対比較級で「比較的短い」などとする。

● most of them, with the exception of mood stability「気分の安定性という例外を伴って，そのほとんどが」が直訳。with the exception of ～ は「～を除いて，～以外は」と訳す定番の表現。「気分の安定性を除いて，そのほとんどが」となる。

● had changed markedly「著しく変わっていた」が直訳で，そのままでよい。markedly は「著しく，明らかに」の意。

● sometimes vanishing entirely「時には完全に消えていた」が直訳。vanishing は分詞構文で，and sometimes vanished entirely の意。

◆◆◆◆●語句・構文●◆◆◆◆◆◆◆◆◆◆◆◆◆◆◆

（第1段）● The social psychologist and writer Daniel Gilbert「社会心理学者で作家のダニエル=ギルバート」 人名に伴う同格名詞には定冠詞をつけることがある。 ● in progress「進行中の」 ● constant「一定不変のもの」

（第2段）● the degree to which S V「SがVする程度」が文字どおり。「どの程度SがVするか（ということ）」などと訳すとわかりやすくなる。

5 解答

(A)人が自ら日々を意識的に暮らして変化を生み出すのでなければ，毎日がほとんど代わり映えのしないものだったということ。

(B) she fooled me into thinking we were equal

(C)自分が泣いていることに気づかないほど感情が筆者を圧倒し，こみあげる不安でいっぱいになったということ。

(D) (ア) (26)— d) (27)— a) (28)— f) (29)— b) (30)— h) (31)— e)
(イ)— d)

32 2020 年度　英語〈解答〉　　　　　　　　　　　東京大-理科前期

(ウ)— e)

━━━━━━━◆全　訳◆━━━━━━━

≪家を出る日のこと≫

　「賭けをしよう」と，私の 15 歳の誕生日に父は言った。15 歳だったことをとてもはっきりと覚えている。というか，15 歳の人間にとって 15 歳がどのように感じられるかを覚えているのだ。その年齢は，飛び込み板か，半分開いた箱だ。

　私たちは芝生の上に置いた固い木の椅子に座って，夕暮れが町に訪れ，あの害のない薄れる光が世界を和らげていくのを見ていた。

　「私は，お前が 18 歳でここを離れて，二度と戻ってこないのに賭けるよ。一度たりとも帰ってこない」と，彼は言った。

　私たちはロサンゼルスから 2 時間の，他と連なる郊外の一群のひとつに暮らしており，そこでは自分が代わりにそうするのでないかぎり，日々はほとんど何の変化もなかった。

　「顔を見せに帰ってくるとさえ思わないの？」と，私は言った。

　「ああ」と，彼は言った。「思わないね」　父は道理をわきまえた人だった。一般化などしなかった。大袈裟であいまいな発言をする傾向はなく，賭け事はめったにしなかった。私はその提案に傷つきかつ興奮した。

　「母さんはどうなの？」と，私は尋ねた。

　「母さんはどうかって？」

　私は肩をすくめた。どうやら父の予言に母はほとんど関係なさそうだった。

　「それでジェームズは？」と，私は尋ねた。

　「ジェームズのことはわからない」と，彼は言った。「それについては賭けはできないな」

　ジェームズは私の弟だった，もちろん今も弟だ。私は彼に対する責任はほとんど感じなかった。彼は 10 歳で，知能が高かったが，落ち着きがなく，大いに両親の悩みの種だった。母は弟にめろめろだった。もっとも，私たちは平等だと私が考えるようにごまかせていると思っていたが。誤解してはいけない。私たちは等しく愛されていた。だが，どちらが好きかということでは平等ではなかったということだ。親というものはえこひいきしないとしても，間違いなく同盟者はもつ。

東京大-理科前期   2020 年度　英語〈解答〉　*33*

　家の中では，母が夕食の準備をしており，ジェームズは台所で母について回り，変わった形に折り畳んだ紙を母に手渡していた。そのときでさえ，彼には幾何学の才能があったのだ。

　「私はどこへ行くの？」　私は父に尋ねた。私の成績はほんの平均的なものだった。私は，15 歳のときには漠然と，地元の短期大学で数年過ごしたらどこかへ移るつもりだった。

　「どこかというのはどうでもいいことだよ」と，鼻先を飛び回るハエを追い払いながら，彼は言った。

　お隣の，物静かな子どものカールが，自分の家の芝生を行ったり来たりして，やはりカールという名前の飼い犬を散歩させていた。天気は心地よいものだった。

　「私が戻ってきたらどうなるの？」　私は尋ねた。

　「戻ってきたらお前の負けだ」と，彼は言った。

　私は負けるのが大嫌いだった。そして父はそれを知っていた。

　「また父さんに会うことはあるの？」と，私は聞いた。まるでその日が非現実的で遠く，もう記憶になってしまったかのように，私は 15 歳にして，今までにないような感傷的な気分になった。父が隣に座って自分の毛深い膝をなでているときでさえ，私は父や彼の一部薄くなった頭や，歯磨き粉のにおいのする息に涙が出そうな気持ちがした。

　「もちろん，母さんと私が会いに行くよ」と，彼は言った。

　母が弟と一緒に玄関のところに姿を現した。弟は母のジーンズの後ろポケットを握っていた。「晩ごはんよ」と，彼女は言った。私は父の頬にキスをした。まるで列車のプラットホームに立っているかのように。夕食の間もずっと同じように感じていた。テーブルの反対側から父を見つめ，さようならと声には出さずに言いながら。

　私の 18 回目の誕生日は，高校を卒業したあとの夏にやって来た。お祝いに，4 人の友達と一緒にロサンゼルスの劇場でミュージカル『ウィキッド』を観た。座席は深々としてすべすべしていた。両親が私たちを車で送ってくれ，劇場に入る前に駐車場で，父は私たち一人一人にシャンペンを 1 杯ふるまってくれた。私たちは，彼がこの機会のために特別に買ったに違いないプラスチックの小さなコップを使った。私は父がスーパーマーケ

34 2020 年度 英語〈解答〉 東京大-理科前期

ットを歩いてすべてのコップを見て回り，決めるのを思い描いた。

　私の誕生日の 1 週間後，父はいつもより静かに私を起こした。彼は厳粛な面持ちに見えた。私はまだ卒業式の記念の帽子を壁に鋲で留めていた。卒業の日に私が着たドレスを母がクリーニングに出してくれたが，それがまだカバーのかかったまま床に置いてあった。

　「行く準備はできているかい？」と，彼は聞いた。

　「どこへ連れて行くつもりなの？」　私は知りたかった。

　「駅だよ」と，父はゆっくりと言った。「行く時間だ」

　父は旅をすることを考えるのがずっと好きだった。空港を歩いて通るだけでも彼はわくわくした。世界を急いで通り抜けて他のどこかへ行く途中の人たちを見て陽気になった。父は歴史や自分がじかに見たことのない場所の建築物に深い関心を抱いていた。彼がなんとか旅行するということがまったくできなかったのは，彼の人生の大きな悲劇だった。母はというと，夫が不幸せでそれを少しも隠そうとしなかったことが，彼女の人生の大きな悲劇だった。当時私にはそれがわからなかったとしても，今はわかる。

　「母さんはどこ？」と，私は尋ねた。「それとジェームズはどこ？」

　「スーパーマーケットだよ」と，父は言った。ジェームズはスーパーマーケットが大好きだった。すべてが列にきちんと並んで，ものが秩序立っているのが好きだったのだ。「泣くんじゃない」と，そのとき父が，まだ温かい私の枕を整えながら言った。彼は辛そうな表情をしていた。「泣くんじゃない」と，父はまた言った。私は自分が泣き出したことに気づいていなかった。あのとき，体中が感情に揺さぶられていた。スプーンの上でバランスを取られている卵みたいだった。

　「大丈夫だよ」と，父は言った。「お前はうまくやれる」

　「でも短大はどうなるの？」と，私は尋ねた。「いろんな計画はどうなるの？」　私はすでに，大量のきらきらした学校のパンフレットを郵便で受け取っていた。確かに，それをどうすればよいかまだわかっていなかったが，それでもやっぱり持っていた。

　「時間がないよ」と，父は言い，その声の緊迫感が私を急がせた。

■■■■◀解　説▶■■■■

◆(A)　distinguish *oneself* は「自身を（他と）区別する」というところから，通常は「目立つ，有名である」の意で使われるが，ここでは主語が

the days「日々」であり，1日1日が他の日と区別できる，つまり日々に変化があるということである。それが rarely で打ち消されて「日々はほぼ代わり映えがしなかった」となる。unless you did it for them は「あなたがそれらに代わってそれをしないかぎり」が直訳。them は days を受け，did it は「1日1日を他の日と区別する」ことを表している。「人が自分で日々に変化をもたらすようなことをしないかぎり」あるいは「人が自ら1日1日を意識的に生きるのでなければ」ということである。「人が自ら日々を意識的に暮らして変化を生み出すのでなければ，毎日がほとんど代わり映えのしないものだったということ」などとまとめられる。

◆(B) 下線部の直後の文（Make no mistake : …）に「私たち（＝筆者と彼女の弟）は等しく愛されていたが，どちらが好きかということでは平等ではなかった」とある。下線部の前には「母は彼を溺愛していた」とあり，母親が弟のほうをよりかわいがっていたという状況がわかる。与えられた語で，動詞 fooled に注目すると，fool *A* into *doing*「*A* をだまして～させる」という語法が使える。she fooled me into thinking「彼女は私をだまして考えさせた」となる。残る語で thinking の目的語に当たる we were equal「私たちは平等だ」が作れる。接続詞 that は省略されている。全体で，she fooled me into thinking we were equal「彼女は私をだまして私たちは平等だと思わせた」となる。この部分のニュアンスは，母親が弟により強い愛情を抱いていることを，筆者にはうまくごまかせていると思っていたということだと考えられる。

◆(C) 下線部は「私の全身が感情的であるような感じだった」が直訳。直後に「私はスプーンの上でバランスを取られている卵のようだった」という比喩がある。スプーンに生卵を載せて運ぶ競走があるが，その卵のイメージである。スプーンの上で卵は不安定であり，バランスを失うと落ちて割れてしまう。こみあげる不安の比喩だろうか，下線部直前の文（I hadn't noticed …）に「私は自分が泣き出したことに気づいていなかった」とあるように，その感情が筆者を圧倒していたことがわかる。「自分が泣いていることに気づかないほど感情が筆者を圧倒し，こみあげる不安でいっぱいになったということ」などとまとめられる。

◆(D) ▶(ア) (26) 空所の直後に but「だが」があり，anxious, problem という否定的な語が続いているので，空所には否定的でなく，なおかつ

36 2020 年度　英語〈解答〉　　　　　　　　　　　　東京大-理科前期

but 以下と矛盾しない語が入ると考えられる。空所の次の段落の最終文
（Even then, he …）に「そのときでさえ，彼には幾何学の才能があっ
た」とある。直前の文で，夕食の準備をする母親に，10 歳の弟のジェー
ムズが変わった形に折った紙を渡している様子が述べられている。d）の
intelligent「知能が高い」が適切。

⑵⑺　当該文は「私の成績はほんの…だった」となっている。成績に言及す
るのは，どの程度の成績かを述べるためだと予想できる。merely「ほん
の」とあることからも，a）の average「平均的な，並みの」が適切。⑵⑹
で見たように弟のジェームズの「知能が高かった」ことと対照をなしてい
る。

⑵⑻　筆者が家を出る日の朝，筆者を起こしにきた父親の様子を述べている
箇所。直前の文（A week after …）に「父はいつもより静かに私を起こ
した」，空所⑶⑴の 2 つ後の文（He had a pained look on his face.）に「彼
は辛そうな表情をしていた」とある。こうした状況から f）の solemn
「厳粛な，まじめな」が適切。

⑵⑼　当該箇所の直前に「空港を歩いて通るだけでも彼はわくわくした」と
ある。直前の文（My father had always …）に「父は旅をすることを考
えるのがずっと好きだった」ともあり，b）の cheerful「陽気な，快活
な」が適切。

⑶⓪　当該文は「母はというと，夫が…でそれを少しも隠そうとしなかった
ことが，彼女の人生の大きな悲劇だった」となっている。直前の文（It
was the great tragedy …）に「彼がなんとか旅行するということがまっ
たくできなかったのは，彼の人生の大きな悲劇だった」とあり，h）の
unhappy「不幸せな」を補えば文脈に合う。

⑶⑴　当該文は「ジェームズはスーパーマーケットが大好きだった。すべて
が列に…ものが秩序立っているのが好きだった」となっている。the
order of things は「体制，条理」などと訳されることが多いが，ここで
はスーパーマーケットで品物が並べられている様子を表しており，文字ど
おり「ものが秩序立っていること」だと考えられる。e）の neat「きち
んとした，こぎれいな」を補えば「すべてがきちんと並んで」となり，文
意に合う。all neat in their rows は all の後ろに being が省略された分詞
構文。

▶(イ)　最初の空所の部分は「私は15歳で，まるでその日が非現実的で遠く，もう記憶になってしまったかのように今までになく…感じた」となっている。父親から3年後に家を出ることを促された筆者の気持ちを考えたい。この段落の2つ後の段落第2文（"Dinnertime," she said, …）に「父の頬にキスをした。まるで列車のプラットホームに立っているかのように」，同段第3文（I spent all of dinner …）には「夕食の間もずっと同じように感じていた…さようならと声には出さずに言いながら」とある。永遠ではないものの，家族や慣れ親しんだ環境から離れることを突き付けられた気持ちとしては，d）の sentimental「感傷的な，涙もろい」が適切。

▶(ウ)　a）「筆者は，最終的には地元の短期大学に行くことにした」
最後から5行目（"But what about … I asked.）に「『でも短大はどうなるの？』と，私は尋ねた」とあり，同行から3行にわたって（I'd already received … just the same.）「私はすでに，大量のきらきらした学校のパンフレットを郵便で受け取っていた。確かに，それをどうすればよいかまだわかっていなかった」とある。短大に行くことにしたとは考えられない。

b）「筆者は15歳のときから家を出る計画を立てていた」
8行目（"I bet you'll … he said.）に「私は，お前が18歳でここを離れて，二度と戻ってこないのに賭ける」とあるが，これは父親が言い出したことで，筆者自身が決めたことだとは述べられていない。

c）「筆者が家を出なければならなかったのは，両親の間に争いがあったからだ」
本文中に，筆者が家を出る理由として両親の不仲があったとは述べられていない。

d）「筆者の父親は，彼女が嫌いだったので彼女を追い払った」
本文中に，父親が彼女を嫌っていたという記述はなく，2つめの空所イを含む文の次の2文（"Of course," … I will visit."）で，父親は筆者が家を出た後は「もちろん，母さんと私が会いに行く」と言っている。

e）「筆者の父親は，自分と母親が彼女を訪ねるが，彼女は家に戻ってこないだろうと予言した」
8行目（"I bet you'll … he said.）および d）の〔解説〕でみた文（"Of course," … I will visit."）の内容と一致する。これが正解。

38 2020 年度　英語〈解答〉　　　　　　　　　　　　　　　東京大-理科前期

●語句・構文●

(1 行目)　●make a bet「賭けをする」

(11 行目)　●a string of ～「一続きの～，～の一群」

(26 行目)　●have favorites「えこひいきする」　favorite は「お気に入り」の意味の名詞。

(41 行目)　●shadowy「非現実的な，架空の」

(57 行目)　●picture *A doing*「*A* が～するのを心に描く」

(70 行目)　●in person「自分で，自ら」

(72 行目)　●don't take any pains to *do*「少しも～しようとしない」

(83 行目)　●a stack of ～「大量の～，～の山」　●in the mail「郵送で」

❖講　評

　大問数は 5 題で例年どおりである。選択問題での解答方式がマークシート法であることも 2015～2019 年度と同じである。内容や出題形式に多少の変化があるのは例年のことだが，2020 年度は 1 (B)で語句整序が出題されるという小さな変化にとどまった。

　1　(A)英文の内容を日本語で要約するもの。字数は 70～80 字。(B)語句整序と文の空所補充。

　2　(A)意見論述。与えられたテーマに沿って，自分の考えを述べるもの。60～80 語。(B)和文英訳。1 段落程度の和文中の下線部（連続する 2 文）を英訳するもの。

　3　リスニング。3 つのパートに分かれており，いずれも 2 回ずつ放送される。(A)会話，(B)会話，(C)講義という構成で，(A)と(B)は関連する内容になっている。リスニングは試験開始後 45 分経過した頃から約 30 分間行われる。

　4　(A)文法・語彙，読解問題。各段落に 5 カ所ある下線部のうち，誤りを含む箇所を一つ指摘するもの。(B)英文和訳問題。一連の英文中の 3 カ所を和訳するもの。

　5　長文読解。筆者が生家を出る日のことを描いた物語。

　以下，各問題の詳細をみる。

　1　(A)　英文量は約 380 語で例年同様の長さである。「高齢者にやさしい町づくり」の理念と現実，そのずれの解決法を述べたもので，内容

東京大-理科前期   2020 年度　英語〈解答〉　*39*

は理解しやすい。定められた字数に収まるように，何を盛り込み，何を削るかの判断と，手際のよい日本語表現に工夫を要する。

　(B)　英文量は約 860 語（空所を埋めると約 930 語）で例年よりやや長い。文意に合うように語を並べ替える問題と，5 カ所ある空所に合う文を選ぶ問題の 2 種類。選択肢にやや紛らわしいものもあるが，空所の前後，全体の流れを丁寧に考慮すれば判断がつくだろう。

　2　(A)　意見論述。私たちは言葉を操っているのか，それとも言葉に操られているのかというテーマに対して自分の意見を述べるもの。2019 年度と同様，古典的な設問である。内容は比較的思いつきやすいだろうが，意見を支える理由や具体例を限られた語数で要領よくまとめるのに苦労するかもしれない。

　(B)　和文英訳。一連の文章中の下線部 1 カ所（連続する 2 文）を英訳するもの。英訳箇所の長さは 2018・2019 年度と同程度。2 文に分かれており，それぞれは短いが，日本語がこなれているので，英語でどのように表現するか，語句・文構造を整え直す必要がある。

　3　(A)　子育てに対する 2 つの考え方を対比して述べた本の著者へのインタビュー。「庭師」と「大工」の仕事ぶりに喩えられた子育ての姿勢をそれぞれしっかりつかむこと。

　(B)　(A)のインタビューに新たに 1 人の論者が加わった討論。意見の相違点・類似点を把握することが重要である。

　(C)　「作物増産の新技術」に関する講義。どのような技術か，いつ・どこで・どのような作物に対して用いられたか，といった事実を正確に聞き取りたい。

　4　(A)　5 段落構成の一連の文章で，各段落に 5 カ所ずつ下線が入っており，そのうち誤りを含むものを選ぶ問題。語句や文法事項の知識が問われた。

　(B)　一連の文章中の 3 カ所の英文和訳。いずれの箇所も比較的短く，語句・構文面でも難解なものはないが，挿入や分詞構文などを自然な日本語にすることが求められる。また，1 カ所は下線部中の語句が指しているものを明らかにして訳すという条件が付けられていた。

　5　筆者が，高校卒業後に家を出るように父親から言われる場面と，実際に家を出る日の朝のことを描いたもの。筆者自身の経験のようでは

あるが，全体的には小説・物語ととらえてよいだろう。何の話をしているのか，何が起きているのか，事情をつかむのに苦労した受験生もいたかもしれない。設問は，記述式の内容説明，語句整序，選択式の空所補充（共通語による空所補充を含む），内容真偽で，2019年度と同じであった。

東京大-理科前期   2020 年度　英語〈解答〉　*41*

──────「英語」の記述式問題の出題の意図（東京大学　発表）──────

　本学の学生に期待される外国語力とは，知的活動の一環として，外国語
で円滑に意思疎通を図る能力を意味しています。相手が発信した内容を正
しく理解し，自分が相手に伝えたい事柄を適切に表現する能力がその根幹
をなしていることは言うまでもありませんが，そうした理解力や表現力を
十分に発揮するためには，その言語についての正確な知識を土台として培
われた論理的な思考力と，場面や状況に応じた的確な判断力も必要になり
ます。これらの能力が現時点でどの程度身についているかを測るために，
外国語科目の記述式問題には以下のような設問が含まれています。

１．要約問題【1(A)】

　　各段落の構成と段落間のつながりに注意を払いながら，文章全体の論
　理的な展開を正確にたどり，主要な論点を把捉する力が試されています。

２．作文問題【2(A)・2(B)】

　　和文の外国語訳においては，日本語で与えられた情報を外国語で過不
　足なく，正確に読み手に伝える能力が試されています。自分の考えを外
　国語で表現する問題においては，自らの意見が読み手に明確に伝わるよ
　う，適切な語句や表現を用いて，論理的で説得力のある文章を作成する
　能力が試されています。

３．外国語文の和訳問題【4(B)】

　　文中に含まれる語句の意味とその使い方，文構造，文法事項について
　の基本的な知識が問われています。和訳の対象となる文が長い文章の一
　部となっている場合には，前後の文脈を踏まえて該当箇所の意味を解釈
　する能力も問われています。

４．長文読解問題【5】

　　文章全体の流れを大局的に把握しながら，文章の細部に含まれる表現
　のニュアンスをも同時に読み取れるような総合的な理解力が求められて
　います。より具体的には，文章に書かれた出来事や事象がどのような経
　緯をたどって生起しているのかを正確に把握しつつ，細部の表現に込め
　られた書き手や登場人物の心情や価値観，ものの見方などを的確に理解
　することが重要です。

数学

1 ◇発想◇ $f_1(x) = ax^2 + bx + c,\ f_2(x) = bx^2 + cx + a,$
$f_3(x) = cx^2 + ax + b$ とおく。

(1) $a < 0$ とすると，十分大きな x に対して $f_1(x) < 0$ となることから矛盾が導かれる。

(2) $a,\ b,\ c$ すべてが正とすると，十分小さな x に対して $f_1(x) > 0,\ f_2(x) > 0,\ f_3(x) > 0$ となることから矛盾が導かれる。

(3) $a = 0$ とすると，$f_1(x) = bx + c,\ f_2(x) = bx^2 + cx,\ f_3(x) = cx^2 + b$ となる。$b = c = 0$ はあり得ないので，$b > 0$ と $c > 0$ で場合を分けて考える。

解答 以下，$a,\ b,\ c,\ p,\ x$ は実数である。

$$f_1(x) = ax^2 + bx + c,\ f_2(x) = bx^2 + cx + a,\ f_3(x) = cx^2 + ax + b$$

とおき

$$C_1 : y = f_1(x),\ C_2 : y = f_2(x),\ C_3 : y = f_3(x)$$

とする。

$$S = \{x \mid f_1(x) > 0,\ f_2(x) > 0,\ f_3(x) > 0\},\ T = \{x \mid x > p\}$$

とおくと，問題の条件から，$S = T$ である。

(1) $a < 0$ とする。

C_1 は上に凸な放物線なので，十分大きなすべての x に対して，$f_1(x) < 0$ となり，$x_0 \notin S$ かつ $x_0 \in T$ を満たす実数 x_0 が存在する。これは $S = T$ と矛盾する。

よって，$a \geqq 0$ である。同様に，$b \geqq 0,\ c \geqq 0$ である。 (証明終)

(2) $a > 0,\ b > 0,\ c > 0$ とする。

$C_1,\ C_2,\ C_3$ はすべて下に凸な放物線であり，十分小さなすべての x に対して

$$f_1(x) > 0,\ f_2(x) > 0,\ f_3(x) > 0$$

となり，$x_1 \notin T$ かつ $x_1 \in S$ を満たす実数 x_1 が存在する。

東京大-理科前期   2020 年度　数学〈解答〉　*43*

これは $S=T$ と矛盾する。

よって，a, b, c の少なくとも 1 個は 0 以下である。

このことと(1)から，a, b, c の少なくとも 1 個は 0 である。（証明終）

(3)　(2)から，a, b, c の少なくとも 1 個は 0 であり，$a=0$ としても一般性を失わない。このとき

$$f_1(x)=bx+c, \quad f_2(x)=bx^2+cx, \quad f_3(x)=cx^2+b$$

である。

$$A_1=\{x\,|\,f_1(x)>0\}, \quad A_2=\{x\,|\,f_2(x)>0\}, \quad A_3=\{x\,|\,f_3(x)>0\}$$

とおく。$S=A_1\cap A_2\cap A_3$ である。

いま，$b=c=0$ なら，$f_1(x)$, $f_2(x)$, $f_3(x)$ はすべての x に対して 0 となり，$S=\varnothing$ となる。一方，$T\neq\varnothing$ なので矛盾する。

よって，$b\neq0$ または $c\neq0$ であり，(1)から

$$b>0 \text{ かつ } c\geqq0 \quad \cdots\cdots\text{(i)} \quad \text{または} \quad b\geqq0 \text{ かつ } c>0 \quad \cdots\cdots\text{(ii)}$$

となる。さらに，$f_2(x)=xf_1(x)$ であるから，いずれの場合も，$f_1(x)>0$ かつ $f_2(x)>0$ ならば $x>0$ であり，逆に，$x>0$ ならば $f_1(x)>0$ かつ $f_2(x)>0$ が成り立つ。

したがって

$$A_1\cap A_2=\{x\,|\,x>0\} \quad \cdots\cdots\text{①}$$

となる。

(i)のとき

　$c>0$，$c=0$ のいずれの場合も，すべての x に対して，$f_3(x)>0$ なので，A_3 は実数全体である。

　これと①から，$S=\{x\,|\,x>0\}$ となり，$S=T$ から，$p=0$ である。

(ii)のとき

　$b>0$ のときは(i)に帰着するので，$b=0$ としてよい。

　このとき，$A_3=\{x\,|\,x\neq0\}$ となる。

　これと①から，$S=\{x\,|\,x>0\}$ となり，$S=T$ から，$p=0$ である。

(i)，(ii)いずれの場合も，$p=0$ である。　　　　　　　　　　　　（証明終）

〔注〕　根拠記述はいろいろ考えられる。(1)・(2)は放物線の軸や $f_1(x)=0$ の解などを用いると煩雑になるので，「十分大きな（小さな）すべての x」という表現を用いている。また，(3)では，集合 A_1, A_2, A_3 を設定した記述としている。これも，必ずしも必要ではないが，これを用いない場合，

44 2020 年度　数学〈解答〉　　　　　　　　　　　　　　　　東京大-理科前期

やはり記述がやや長くなる。

━━━━━　◀解　説▶　━━━━━

≪2次関数または1次関数の値と不等式，集合の一致≫

　本問では放物線の軸や x 軸との交点の座標などで考えていくと，明快さや簡潔性が失われる。十分大きな x，十分小さな x での関数値の正負を考え，集合の一致との関係をとらえる発想力と論理的な記述力で差が出る。難問ではないが，意外と時間を要するかもしれない。

▶(1)　背理法による。たとえば $a<0$ と仮定して矛盾を導く。上に凸な放物線をイメージし，十分大きな x での関数値を考え，$S=T$ との矛盾を導くことがポイントである。

▶(2)　背理法による。a, b, c がすべて正と仮定して矛盾を導く。下に凸な放物線をイメージし，十分小さな x での関数値を考え，$S=T$ との矛盾を導くことがポイントである。

▶(3)　$a=0$ として考えてよく，このとき，$f_1(x)=bx+c$, $f_2(x)=bx^2+cx=x(bx+c)$, $f_3(x)=cx^2+b$ となる。特に，$f_2(x)=xf_1(x)$ となることから，$f_1(x)>0$ かつ $f_2(x)>0$ は $x>0$ と同値となることがポイントである。また，$b>0$ と $c>0$ での場合分けで考えることもポイントである。いずれの場合も，$S=\{x|x>0\}$ を示すことで，$p=0$ が導かれる。

2　◇発想◇　三角形 ABC の外側を6個の領域に分けて，そのうちの2つの場合で考える。いずれも1つの三角形の面積に帰着させ，平行線と比の関係を用いる。

│解答│　Xが三角形 ABC の内部または周上にあるときは

$$\triangle ABX + \triangle BCX + \triangle CAX = \triangle ABC = 1$$

となり，不適である。よって，Xが三角形 ABC の外側にあるときを考えればよい。

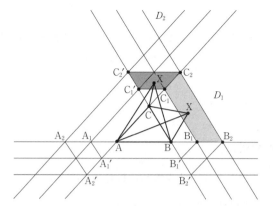

上図において

$$\vec{AA_1} = \frac{1}{2}\vec{BA}, \quad \vec{AA_2} = \vec{BA}, \quad \vec{AA_1'} = \frac{1}{2}\vec{CA}, \quad \vec{AA_2'} = \vec{CA},$$

$$\vec{BB_1} = \frac{1}{2}\vec{AB}, \quad \vec{BB_2} = \vec{AB}, \quad \vec{BB_1'} = \frac{1}{2}\vec{CB}, \quad \vec{BB_2'} = \vec{CB},$$

$$\vec{CC_1} = \frac{1}{2}\vec{AC}, \quad \vec{CC_2} = \vec{AC}, \quad \vec{CC_1'} = \frac{1}{2}\vec{BC}, \quad \vec{CC_2'} = \vec{BC}$$

とする。このとき

$$A_1A_1' /\!/ A_2A_2', \quad B_1B_1' /\!/ B_2B_2', \quad C_1C_1' /\!/ C_2C_2'$$

である。

線分 BC と半直線 BB_1, CC_1 で囲まれた領域を D_1, 半直線 CC_1, CC_1' で囲まれた領域を D_2 とする。

まず, D_1 または D_2 で条件を満たす X の存在範囲の面積を求める。

(i) $X \in D_1$ のとき

$$\triangle ABX + \triangle BCX + \triangle CAX = \triangle ADC + 2(\triangle BCX) = 1 + 2(\triangle BCX)$$

から

$$2 \leqq 1 + 2(\triangle BCX) \leqq 3$$

となり

$$\frac{1}{2} \leqq \triangle BCX \leqq 1$$

これを満たす X の存在範囲は四角形 $B_1B_2C_2C_1$ の周および内部である。

$$(四角形 B_1B_2C_2C_1 の面積) = \triangle AB_2C_2 - \triangle AB_1C_1 = \frac{7}{4}$$

(ii) $X \in D_2$ のとき

$$\triangle ABX + \triangle BCX + \triangle CAX = \triangle ABX + (\triangle ABX - \triangle ABC)$$
$$= 2\triangle ABX - 1$$

から

$$2 \leqq 2\triangle ABX - 1 \leqq 3$$

となり

$$\frac{3}{2} \leqq \triangle ABX \leqq 2$$

これを満たす X の存在範囲は四角形 $C_1 C_2 C_2' C_1'$ の周および内部である。

$$(\text{四角形 } C_1 C_2 C_2' C_1' \text{ の面積}) = \triangle CC_2 C_2' - \triangle CC_1 C_1' = \frac{3}{4}$$

(i), (ii)から，D_1 または D_2 で条件を満たす X の存在範囲の面積は

$$\frac{7}{4} + \frac{3}{4} = \frac{5}{2}$$

である。

同様に考えて，残りの部分で条件を満たす X の存在範囲の面積は，
四角形 $A_1 A_2 C_2' C_1'$，四角形 $A_1 A_2 A_2' A_1'$，四角形 $A_1' A_2' B_2' B_1'$，四角形
$B_1 B_2 B_2' B_1'$ の面積の和となり，$2 \times \dfrac{5}{2}$ である。

ゆえに，求める値は $\quad 3 \times \dfrac{5}{2} = \dfrac{15}{2}$ ……(答)

━━━━━ ◀解　説▶ ━━━━━

≪平行線と三角形の面積，平行線と面積比，点の存在範囲≫

　三角形の外部を 6 つの領域に分け，それらを 2 つの類型に分け，2 つの
それぞれで考える。この場合分けに気づくことが第一のポイントである。
安易に考えていずれか 1 つの図だけで考えると，誤った結果となるので，
この場合分けは重要である。

　(i)の場合は，条件を $\dfrac{1}{2} \leqq \triangle BCX \leqq 1$ に帰着させるのは易しい。平行線と
面積比を考えて，X の存在範囲を得ることも易しい。

　(ii)の場合は，条件を $\dfrac{3}{2} \leqq \triangle ABX \leqq 2$ に帰着させる発想と式変形が少し
難しく，これが第二のポイントとなる。これに成功すると，やはり平行線

東京大-理科前期   2020 年度　数学〈解答〉　*47*

と面積比を考えて，Xの存在範囲を得る。

　本問で用いる面積計算や平行線と面積比は中学校で学ぶ内容で，そこに至るまでの過程も難しいものではないが，発想の段階で意外と時間をとられるかもしれない。

3

◇発想◇　(1)　$\sqrt{1+t}$ が増加関数，$\sqrt{1-t}$ が減少関数であることによる。

(2)　$f(t)$ と $\{f(t)\}^2$ の増減は一致するので，$\{f(t)\}^2$ の導関数と増減表を考える。

(3)　(1)，(2)を根拠に D の通過領域を考え，四分円と D の面積の和に帰着させる。

解答　(1)　$x(t)=(1+t)\sqrt{1+t}$，$y(t)=3(1+t)\sqrt{1-t}$ より

$$\frac{y(t)}{x(t)}=\frac{3\sqrt{1-t}}{\sqrt{1+t}}\quad(-1<t\leqq1)$$

この分母（>0）は t の増加関数，分子（$\geqq0$）は t の減少関数なので，$\dfrac{y(t)}{x(t)}$ は単調に減少する。　　　　　　　　　　　　　　　（証明終）

(2)　$\{f(t)\}^2=\{x(t)\}^2+\{y(t)\}^2=(1+t)^2\{(1+t)+9(1-t)\}$
$\qquad\qquad=2(1+t)^2(5-4t)$

$f(t)>0$ より，$f(t)$ と $\{f(t)\}^2$ の増減は一致するので，$(1+t)^2(5-4t)$ の増減を調べる。

$\qquad\{(1+t)^2(5-4t)\}'$
$\quad=2(1+t)(5-4t)-4(1+t)^2$
$\quad=6(1+t)(1-2t)$

よって，$f(t)$ の増減表は右のようになる。

t	-1	$\cdots$	$\dfrac{1}{2}$	$\cdots$	1
$f'(t)$		$+$	0	$-$	
$f(t)$		$\nearrow$	$\dfrac{3\sqrt{6}}{2}$	$\searrow$	

また，$f(t)$ の最大値は　$\dfrac{3\sqrt{6}}{2}$　……(答)

(3)　$x(t)$ は t の増加関数である。

$$y'(t) = \frac{3(1-3t)}{2\sqrt{1-t}} \quad (-1 < t < 1)$$

なので，$y(t)$ の増減表は右のように
なる。

t	(-1)	$\cdots$	$\frac{1}{3}$	$\cdots$	(1)
$y'(t)$		$+$	0	$-$	
$y(t)$	(0)	↗	$\frac{4\sqrt{6}}{3}$	↘	(0)

これから，C は図 1 の太線部，D は図 1 の網かけ部分となる。

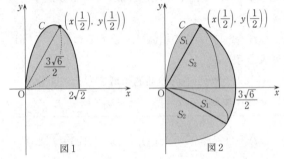

図 1　　図 2

(1)，(2)から，D が通過する領域は図 2 の網かけ部分である。ここで，図 2 の太線部は半径 $\frac{3\sqrt{6}}{2}$ の四分円である。S_1，S_2 をそれぞれ D のうち，原点と点 $\left(x\left(\frac{1}{2}\right),\ y\left(\frac{1}{2}\right)\right)$ を結ぶ直線の上側と下側の部分の面積として，求める面積は

$$\frac{\pi}{4}\left(\frac{3\sqrt{6}}{2}\right)^2 + S_1 + S_2 = \frac{27}{8}\pi + S_1 + S_2 \quad \cdots\cdots ①$$

である。
ここで

$$S_1 + S_2 = \int_0^{2\sqrt{2}} y\, dx = \int_{-1}^1 y(t)\frac{dx}{dt}dt$$

$$= \int_{-1}^1 3(1+t)\sqrt{1-t} \cdot \frac{3}{2}\sqrt{1+t}\, dt$$

$$= \frac{9}{2}\int_{-1}^1 (1+t)\sqrt{1-t^2}\, dt$$

$$= \frac{9}{2}\int_{-1}^1 (\sqrt{1-t^2} + t\sqrt{1-t^2})\, dt$$

$$= 9\int_0^1 \sqrt{1-t^2}\, dt \quad (\sqrt{1-t^2}\ は偶関数,\ t\sqrt{1-t^2}\ は奇関数)$$

$$= \frac{9}{4}\pi \quad \cdots\cdots ② \quad \left(\int_0^1 \sqrt{1-t^2}\, dt \text{ は半径 1 の四分円の面積} \right)$$

①，②より，求める面積は

$$\frac{27}{8}\pi + \frac{9}{4}\pi = \frac{45}{8}\pi \quad \cdots\cdots(\text{答})$$

━━━━◀解　説▶━━━━

≪媒介変数表示の曲線と x 軸で囲まれた図形の回転と面積≫

　本問は親切な誘導小問が付されていて，難しい発想や論証も煩雑な計算もないので，是非正答を得たい問題である。

▶(1)　$x(t)$ と $y(t)$ の式の形から直ちに得られる。微分を用いる必要はない。

▶(2)　$\{f(t)\}^2$ の増減を調べるとよい。特段の難所はない。

▶(3)　C，D の概形をつかみ，(1)，(2)の結果を根拠として D の通過範囲をとらえる。その面積は四分円と D の面積の和となる。D の面積は媒介変数で与えられた単純な曲線についての積分計算で，その立式は易しい。$\int_{-1}^{1} t\sqrt{1-t^2}\, dt$ は $\left[-\frac{1}{3}(1-t^2)^{\frac{3}{2}} \right]_{-1}^{1}$ として計算することもできるが，奇関数の積分から 0 とするほうが簡単である。

4

◇発想◇　(1)　$(2^0 + 2^1 + \cdots + 2^{n-1})^2$ の展開式を利用する。

(2)　例えば，$(1+2^0 x)(1+2^1 x)(1+2^2 x)$ の展開式は，

$1 + (2^0 + 2^1 + 2^2)x + (2^0 \cdot 2^1 + 2^1 \cdot 2^2 + 2^2 \cdot 2^0)x^2 + 2^0 \cdot 2^1 \cdot 2^2 x^3$ となり，

$(1+2^0 x)(1+2^1 x)(1+2^2 x) = f_3(x)$ である。

別解として，$a_{n,1} = 2^n - 1$，$a_{n+1,k} = a_{n,k} + 2^n a_{n,k-1}$，$a_{n,n} = 2^{\frac{n(n-1)}{2}}$ を導いておき，$f_{n+1}(x)$ を $f_n(x)$ を用いて表し，$\dfrac{f_{n+1}(x)}{f_n(x)}$ を得る解法もある。

$\dfrac{f_{n+1}(x)}{f_n(x)}$ については，$\dfrac{f_{n+1}(x)}{f_n(2x)} = A_n x + B_n$ とおき，

$\dfrac{f_{n+1}(x)}{f_n(2x)} = \dfrac{f_{n+1}(x)}{f_n(x)} \cdot \dfrac{f_n(x)}{f_{n-1}(2x)} \cdot \dfrac{f_{n-1}(2x)}{f_n(2x)}$ と $\dfrac{f_{n+1}(x)}{f_n(x)}$ の結果を用いて，$\{A_n\}$，$\{B_n\}$ の漸化式を見出す。

50 2020 年度　数学〈解答〉　　　　　　　　　　　　　　　　　　　　東京大-理科前期

(3)　(2)の $\dfrac{f_{n+1}(x)}{f_n(2x)}$ についての結果を利用し，分母を払った式の両

辺の係数を比較して得られる関係式を利用する。

解答　(1)　$(2^0+2^1+\cdots+2^{n-1})^2=\displaystyle\sum_{k=0}^{n-1}(2^k)^2+2a_{n,2}$ より

$$a_{n,2}=\frac{1}{2}\left\{\left(\frac{2^n-1}{2-1}\right)^2-\sum_{k=0}^{n-1}(2^k)^2\right\}=\frac{1}{2}\left\{(2^n-1)^2-\sum_{k=0}^{n-1}4^k\right\}$$

$$=\frac{1}{2}\left\{(2^n)^2-2\cdot2^n+1-\frac{4^n-1}{4-1}\right\}=\frac{1}{2}\left(\frac{2\cdot4^n}{3}-2\cdot2^n+\frac{4}{3}\right)$$

$$=\frac{4^n}{3}-2^n+\frac{2}{3}\quad\cdots\cdots(\text{答})$$

(2)　x の多項式 $(1+2^0x)(1+2^1x)(1+2^2x)\cdots(1+2^{n-2}x)(1+2^{n-1}x)$ の展開

式における x^k $(k=1,\ 2,\ \cdots,\ n)$ の係数は，$2^m\,(m=0,\ 1,\ 2,\ \cdots,\ n-1)$

から異なる k 個を選んでそれらの積をとって得られる ${}_nC_k$ 個の整数の和

$a_{n,k}$ となっている。また，定数項は 1 であるから

$$f_n(x)=(1+2^0x)(1+2^1x)(1+2^2x)\cdots(1+2^{n-2}x)(1+2^{n-1}x)$$

よって

$$f_{n+1}(x)=(1+2^0x)(1+2^1x)(1+2^2x)\cdots(1+2^{n-1}x)(1+2^nx)$$

$$f_n(2x)=(1+2^0\cdot2x)(1+2^1\cdot2x)(1+2^2\cdot2x)\cdots(1+2^{n-2}\cdot2x)(1+2^{n-1}\cdot2x)$$

$$=(1+2^1x)(1+2^2x)(1+2^3x)\cdots(1+2^{n-1}x)(1+2^nx)$$

ゆえに

$$\frac{f_{n+1}(x)}{f_n(x)}=1+2^nx\quad,\quad\frac{f_{n+1}(x)}{f_n(2x)}=1+x\quad\cdots\cdots(\text{答})$$

(3)　(2)から，$f_{n+1}(x)=(1+x)f_n(2x)$ であり

$$f_{n+1}(x)=(1+x)(1+2a_{n,1}x+2^2a_{n,2}x^2+\cdots+2^{n-1}a_{n,n-1}x^{n-1}+2^na_{n,n}x^n)$$

両辺の x^{k+1} の項の係数を比較して

$$a_{n+1,k+1}=2^{k+1}a_{n,k+1}+2^ka_{n,k}\quad(1\leqq k\leqq n-1)\quad\cdots\cdots①$$

$$a_{n+1,n+1}=2^na_{n,n}\quad\cdots\cdots②$$

また

$$a_{n+1,k+1}=a_{n,k+1}+2^na_{n,k}\quad\cdots\cdots③$$

$$((2^n\text{ を含まない積の和})+(2^n\text{ を含む積の和}))$$

③$\times2^{k+1}-$① から

東京大-理科前期 　　　　　　　　　　　　　　　　2020 年度　数学〈解答〉　*51*

$$(2^{k+1}-1)\,a_{n+1,k+1}=(2^{n+k+1}-2^k)\,a_{n,k}$$

$$\frac{a_{n+1,k+1}}{a_{n,k}}=\frac{2^{n+k+1}-2^k}{2^{k+1}-1}\quad(1\le k\le n-1)$$

②より，これは $k=n$ でも有効であるから

$$\frac{a_{n+1,k+1}}{a_{n,k}}=\frac{2^{n+k+1}-2^k}{2^{k+1}-1}\quad\cdots\cdots(\text{答})$$

別解 (2)　まず，$\dfrac{f_{n+1}(x)}{f_n(x)}$ を考える。

$n=1$ のとき

$$f_2(x)=1+a_{2,1}x+a_{2,2}x^2=1+(2^0+2^1)\,x+2^0\cdot2^1x^2=1+3x+2x^2$$

$$f_1(x)=1+a_{1,1}x=1+2^0x=1+x$$

から

$$\frac{f_2(x)}{f_1(x)}=\frac{1+3x+2x^2}{1+x}=\frac{(1+2x)\,(1+x)}{1+x}=1+2x$$

$n\ge2$ のとき，以下の④，⑤，⑥が成り立つ。ここで，$2\le k\le n$ である。

$$a_{n,1}=2^0+2^1+\cdots+2^{n-1}=2^n-1\quad\cdots\cdots④$$

$$a_{n+1,k}=a_{n,k}+2^n a_{n,k-1}\quad\cdots\cdots⑤$$

$$(\,(2^n\text{を含まない積の和})+(2^n\text{を含む積の和})\,)$$

$$a_{n,n}=2^0\cdot2^1\cdot\cdots\cdot2^{n-1}=2^{\frac{n(n-1)}{2}}\quad\cdots\cdots⑥$$

特に，④，⑥から

$$a_{n+1,1}=a_{n,1}+2^n\quad\cdots\cdots④',\quad a_{n+1,n+1}=2^{\frac{n(n+1)}{2}}\quad\cdots\cdots⑥'$$

である。

$$f_{n+1}(x)=1+a_{n+1,1}x+a_{n+1,2}x^2+\cdots+a_{n+1,n}x^n+a_{n+1,n+1}x^{n+1}$$

$$=1+(a_{n,1}+2^n)\,x+\sum_{k=2}^{n}(a_{n,k}+2^n a_{n,k-1})\,x^k+2^{\frac{n(n+1)}{2}}x^{n+1}$$

$$(④',\ ⑤,\ ⑥'\text{より})$$

$$=f_n(x)+2^n x\left\{1+a_{n,1}x+\cdots+a_{n,n-1}x^{n-1}+2^{\frac{n(n-1)}{2}}x^n\right\}$$

$$=f_n(x)+2^n xf_n(x)\quad(⑥\text{より})$$

$$=(1+2^n x)\,f_n(x)$$

ゆえに，$\dfrac{f_{n+1}(x)}{f_n(x)}=1+2^n x$ となり，これは $n=1$ でも有効なので

$$\frac{f_{n+1}(x)}{f_n(x)} = 1 + 2^n x$$

次いで，$\dfrac{f_{n+1}(x)}{f_n(2x)}$ を考える。

$n=1$ のとき

$$\frac{f_2(x)}{f_1(2x)} = \frac{1 + 3x + 2x^2}{1 + 2x} = \frac{(1 + 2x)(1 + x)}{1 + 2x} = 1 + x \quad \cdots\cdots⑦$$

以下，$n \geqq 2$ とする。$f_{n+1}(x)$，$f_n(x)$ の次数はそれぞれ $n+1$，n であり，$\dfrac{f_{n+1}(x)}{f_n(2x)}$ を x の整式で表すと

$$\frac{f_{n+1}(x)}{f_n(2x)} = A_n x + B_n \quad (A_n,\ B_n は n に依存する定数) \quad \cdots\cdots⑧$$

でなければならない。これと $\dfrac{f_{n+1}(x)}{f_n(x)} = 1 + 2^n x$ から

$$A_n x + B_n = \frac{f_{n+1}(x)}{f_n(2x)}$$

$$= \frac{f_{n+1}(x)}{f_n(x)} \cdot \frac{f_n(x)}{f_{n-1}(2x)} \cdot \frac{f_{n-1}(2x)}{f_n(2x)}$$

$$= (1 + 2^n x)(A_{n-1} x + B_{n-1}) \cdot \frac{1}{1 + 2^{n-1}(2x)}$$

$$= A_{n-1} x + B_{n-1}$$

これより，$\begin{cases} A_n = A_{n-1} \\ B_n = B_{n-1} \end{cases}$ $(n \geqq 2)$ となり，$A_n = A_1$，$B_n = B_1$ となる。

ここで，⑦から，$A_1 = B_1 = 1$ であるから，$A_n = B_n = 1$ となる。

ゆえに，⑧より

$$\frac{f_{n+1}(x)}{f_n(2x)} = x + 1$$

〔注1〕 〔別解〕の前半も後半と同様に，$f_{n+1}(x) = (C_n x + D_n) f_n(x)$ として求めることもできる。以下，その概略である。

$f_{n+1}(x) = (C_n x + D_n) f_n(x)$ の両辺で，$x = 0$ とすると，$1 = D_n \cdot 1$ となり，$D_n = 1$ が必要。

$$f_{n+1}(x) = (C_n x + 1) f_n(x)$$

の両辺の係数を比べて

$$\begin{cases} a_{n+1,1} = C_n + a_{n,1} & \cdots\cdots(ア) \\ a_{n+1,k} = C_n a_{n,k-1} + a_{n,k} & (2 \le k \le n) \quad \cdots\cdots(イ) \\ a_{n+1,n+1} = C_n a_{n,n} & \cdots\cdots(ウ) \end{cases}$$

ただし，$n=1$ のときは(ア)，(ウ)から，$\begin{cases} a_{2,1} = C_1 + a_{1,1} \\ a_{2,2} = C_1 a_{1,1} \end{cases}$であり

$$\begin{cases} C_1 = a_{2,1} - a_{1,1} = 2 \\ C_1 = \dfrac{a_{2,2}}{a_{1,1}} = 2 \end{cases} \quad \text{より} \qquad C_1 = 2 \quad \cdots\cdots(エ)$$

〔別解〕の④～⑥と(ア)～(エ)から，$C_n = 2^n$ を得て，$\dfrac{f_{n+1}(x)}{f_n(x)} = 2^n x + 1$ となる。

〔注2〕 〔別解〕の後半では，$n=1$ のときに $1+x$ となることから結果を予想して

$$\frac{f_{n+1}(x)}{f_n(2x)} = \frac{f_{n+1}(x)}{f_n(x)} \cdot \frac{f_n(x)}{f_{n-1}(2x)} \cdot \frac{f_{n-1}(2x)}{f_n(2x)}$$

を利用して帰納法で示す方法も可である。

━━━━━━ ◀解 説▶ ━━━━━━

≪多項式の係数と数列≫

　文科との共通問題であるが，易しくはない。(2)の発想が難しい。

▶(1)　$(x_1 + x_2 + \cdots + x_n)^2$ の展開式を利用する発想は経験済みと思われる。この設問は確実に取っておきたい。

▶(2)　$(1 + 2^0 x)(1 + 2^1 x)(1 + 2^2 x) \cdots (1 + 2^{n-1} x)$ の展開式を利用する発想があると，簡潔な問題となる。この発想が難しく，これが浮かばないときは，〔別解〕となる。その場合，$\{a_n\}$ について必要な関係式を自ら準備すること，(2)の後半部分に発想力と式処理力を要するところが難しい。$f_{n+1}(x)$ と $f_n(x)$ の関係を調べていくと，$a_{n,1}$，$a_{n+1,k}$ と $a_{n,k}$ の関係，$a_{n,n}$ についての情報が必要となるので，それらを導いておく。これらを導くこと自体は難しくないが，誘導なしで自ら準備していくという経験が最近の東大入試ではあまりないので，関門となったかもしれない。これらを用いて，$f_{n+1}(x)$ の中に $f_n(x)$ を作り出す式変形から，$f_{n+1}(x) = (1 + 2^n x) f_n(x)$ が自然に得られる。後半は，前半の結果式 $\dfrac{f_{n+1}(x)}{f_n(x)} = 1 + 2^n x$ を利用するのではないかという発想から，$\dfrac{f_{n+1}(x)}{f_n(2x)} = \dfrac{f_{n+1}(x)}{f_n(x)} \cdot \dfrac{f_n(x)}{f_{n-1}(2x)} \cdot \dfrac{f_{n-1}(2x)}{f_n(2x)}$ という式変

形がポイントとなるが，ここが難しい。これに気づくと，〔別解〕のように，$\dfrac{f_{n+1}(x)}{f_n(2x)}=A_nx+B_n$ とおいて，$\{A_n\}$，$\{B_n\}$ の漸化式を得て解決する。A_nx+B_n とおく発想とは別に，〔注2〕のように帰納法によることもよい。

▶(3)　(2)の $f_{n+1}(x)=(1+x)f_n(2x)$ から，両辺の x^{k+1} の項の係数を比較して $a_{n+1,k+1}=2^{k+1}a_{n,k+1}+2^ka_{n,k}$ を得る。これと，$a_{n+1,k+1}=a_{n,k+1}+2^na_{n,k}$ を組み合わせて解決する。ただし，x^{k+1} の項の係数の比較で得られる $a_{n+1,k+1}=2^{k+1}a_{n,k+1}+2^ka_{n,k}$ は，$k\leqq n-1$ で有効なので，$k=n$ のときの $a_{n+1,n+1}=2^na_{n,n}$ は別に用意しておく。いずれにしても，(2)ができないと(3)は解決しないので，(3)までできた受験生は多くはないかもしれない。

5

◆発想◆　(1)　問われている切り口はどちらも S の底面と相似な円である。

(2)　体積を求める立体の平面 $z=t$ $(0\leqq t\leqq 2)$ による切り口の図形を考える。そのために，S を平面 $z=u$ $(0\leqq u\leqq t)$ による切り口（円板）に分け，この円板上を P が動くときの線分 AP が通過する部分の平面 $z=t$ による切り口を求め，次いで，u を $0\leqq u\leqq t$ で動かすと得られる。最後に，その面積を求め，$0\leqq t\leqq 2$ で積分する。

解答　(1)　平面 $z=1$ による S の切り口は，平面 $z=1$ 上の点 $(0,\ 0,\ 1)$ を中心とする半径 $\dfrac{1}{2}$ の円の周と内部である。平面 $z=1$ による T の切り口は，$\overrightarrow{\mathrm{AQ}}=\dfrac{1}{2}\overrightarrow{\mathrm{AP}}$ となる点 Q の集合である。

ここで，P は xy 平面上の原点を中心とする半径 1 の円の周と内部を動くので，Q の全体からなる図形はこれと相似な円の周と内部で，中心は $\left(\dfrac{1}{2},\ 0,\ 1\right)$，半径は $\dfrac{1}{2}$ である。

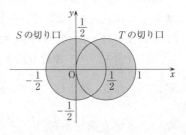

以上から，求める図形は，前ページの図の網かけ部分となる。

(2) P が S を動くときの線分 AP が通過する部分を K，平面 $z=t$ $(0 \leq t < 2)$ による K の切り口を K_t とする。

ここで，S の点 $P(x, y, z)$ は

$$x^2 + y^2 \leq \left(\frac{2-z}{2}\right)^2 \quad \text{かつ} \quad 0 \leq z \leq 2$$

を満たす点である。

いま，$0 \leq u \leq t$ を満たす u を固定するごとに，平面 $z=u$ 上の円板

$$D_u : x^2 + y^2 \leq \left(\frac{2-u}{2}\right)^2 \quad \text{かつ} \quad z=u$$

を考える。

さらに，D_u 上を P が動くときの線分 AP が通過する部分の平面 $z=t$ による切り口を E_u とする。

このとき，K_t は u が 0 から t まで変化するときの E_u の全体が成す図形である。

点 $(0, 0, u)$ を B として，
$\overrightarrow{AC} = \dfrac{2-t}{2-u} \overrightarrow{AB}$ となる点 C をとると，E_u

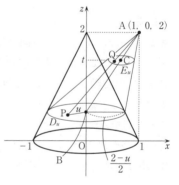

は D_u に相似な円板で，中心は C で，半径は $\dfrac{2-t}{2-u} \cdot \dfrac{2-u}{2} = 1 - \dfrac{t}{2}$ である。ここで，$C(x, y, t)$ とおくと

$$\overrightarrow{AC} = (x-1, y, t-2) = \frac{2-t}{2-u}(-1, 0, u-2)$$

これより，$C\left(\dfrac{t-u}{2-u}, 0, t\right)$ となり，u が 0 から t まで変化すると，C の x 座標は $\dfrac{t}{2}$ から 0 まで変化する。

よって，K_t は右図の網かけ部分となり，その面積 $K(t)$ は

$$K(t) = \frac{t}{2}(2-t) + \left(1 - \frac{t}{2}\right)^2 \pi$$

である。

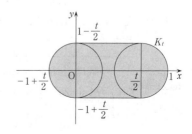

ゆえに, 求める体積は

$$\int_0^2 K(t)\,dt = \int_0^2 \left\{ \frac{t}{2}(2-t) + \left(1 - \frac{t}{2}\right)^2 \pi \right\} dt$$

$$= -\frac{1}{2}\left(-\frac{1}{6}\right)(2-0)^3 - \frac{2}{3}\pi\left[\left(1 - \frac{t}{2}\right)^3\right]_0^2$$

$$= \frac{2}{3} + \frac{2}{3}\pi \quad \cdots\cdots(\text{答})$$

◀解　説▶

≪円錐の点と定点を結ぶ線分の通過領域と体積≫

▶(1)　S の底面は原点を中心とする半径 1 の円（板）で, 平面 $z=1$ による T の切り口は, これと相似な円（板）で, 相似比は $\dfrac{1}{2}$ である。この設問は易しい。

▶(2)　〔発想〕に述べた方向性をつかむことが重要なポイントである。まず, t $(0\leqq t\leqq 2)$ を定め, 次いで, u を $0\leqq u\leqq t$ の範囲で定め, u ごとに P を D_u 上で動かして D_u に相似な E_u を得てから, u が $0\leqq u\leqq t$ の範囲で変化するときの E_u の全体を考えると, K_t が得られるという発想である。この発想を示唆するのが(1)であるが, 落ち着いてとらえることができるか否かで差が出る。K_t の面積もその積分計算も, 計算自体は易しいが, 全体の解答の構想力が決め手であり, 問題としては易しいわけではない。

6　◇発想◇　(1)　$f(\theta) = A\sin 2\theta$, $g(\theta) = \sin(\theta + \alpha)$ とおき, $y = f(\theta)$, $y = g(\theta)$ のグラフを考える。

$\dfrac{\pi}{4} \leqq \theta \leqq \dfrac{3}{4}\pi$, $\dfrac{3}{4}\pi \leqq \theta \leqq \dfrac{5}{4}\pi$, $\dfrac{5}{4}\pi \leqq \theta \leqq \dfrac{7}{4}\pi$, $\dfrac{7}{4}\pi \leqq \theta \leqq \dfrac{9}{4}\pi$ では, $-A \leqq f(\theta) \leqq A$ であることを利用する。

(2)　接線の方向ベクトルを $\vec{n}$ として, $\vec{n}\cdot\overrightarrow{PQ} = 0$ から得られる三角方程式が $0 \leqq \theta < 2\pi$ に少なくとも 4 つの解をもつための r の条件を考える。

解答　(1)　与式は $A\sin 2\theta = \sin(\theta + \alpha)$ となる。

$f(\theta) = A\sin 2\theta$, $g(\theta) = \sin(\theta + \alpha)$ と お き, $y = f(\theta)$, $y = g(\theta)$ のグラフを考える。

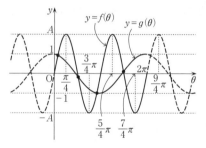
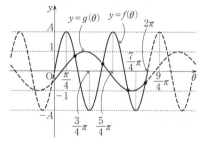

3つの区間 $\dfrac{\pi}{4} \leqq \theta \leqq \dfrac{3}{4}\pi$, $\dfrac{3}{4}\pi \leqq \theta \leqq \dfrac{5}{4}\pi$, $\dfrac{5}{4}\pi \leqq \theta \leqq \dfrac{7}{4}\pi$ での $f(\theta)$ の値域はいずれも, $-A \leqq f(\theta) \leqq A$ である。

また, $A>1$ かつ $-1 \leqq g(\theta) \leqq 1$ と, $f(\theta)$, $g(\theta)$ が連続であることから, この3つの区間のそれぞれに, $f(\theta)=g(\theta)$ となる

$\theta \left(\theta \neq \dfrac{\pi}{4}, \dfrac{3}{4}\pi, \dfrac{5}{4}\pi, \dfrac{7}{4}\pi \right)$ が少なくとも1つある。

さらに, 区間 $0 \leqq \theta \leqq \dfrac{\pi}{4}$ と $2\pi \leqq \theta \leqq \dfrac{9}{4}\pi$ では, $f(\theta)$ と $g(\theta)$ は同じ値をとり, 区間 $\dfrac{7}{4}\pi \leqq \theta \leqq \dfrac{9}{4}\pi$ での $f(\theta)$ の値域は $-A \leqq f(\theta) \leqq A$ であるから, 上と同様の理由により, 区間 $0 \leqq \theta < \dfrac{\pi}{4}$ または $\dfrac{7}{4}\pi < \theta < 2\pi$ に $f(\theta)=g(\theta)$ となる θ が少なくとも1つある。

以上から, $A\sin 2\theta - \sin(\theta+\alpha)=0$ は $0 \leqq \theta < 2\pi$ の範囲に少なくとも4個の解をもつ。　　　　　　　　　　　　　　　　　　　　　　（証明終）

〔注1〕　$h(\theta)=A\sin 2\theta - \sin(\theta+\alpha)$ とおき

$$h\left(\dfrac{\pi}{4}\right)>0, \quad h\left(\dfrac{3}{4}\pi\right)<0, \quad h\left(\dfrac{5}{4}\pi\right)>0, \quad h\left(\dfrac{7}{4}\pi\right)<0$$

と $h(\theta)$ の連続性と中間値の定理から

$\dfrac{\pi}{4}<\theta<\dfrac{3}{4}\pi$, $\dfrac{3}{4}\pi<\theta<\dfrac{5}{4}\pi$, $\dfrac{5}{4}\pi<\theta<\dfrac{7}{4}\pi$ に少なくとも3個の解をもち, さらに, $h(0)=h(2\pi)=-\sin\alpha$ なので, $\sin\alpha \geqq 0$ なら $0 \leqq \theta < \dfrac{\pi}{4}$ に $h(\theta)=0$ となる θ があり, $\sin\alpha<0$ なら $\dfrac{7}{4}\pi<\theta<2\pi$ に $h(\theta)=0$ となる θ がある, という記述もできる。

58　2020 年度　数学〈解答〉　　　　　　　　　　　　　　　　　　　　　東京大-理科前期

(2)　$Q(\sqrt{2}\cos\theta,\ \sin\theta)$　$(0\le\theta<2\pi)$　とおくことができ，異なる θ には異なる Q が対応する。また，$P(p,\ q)$ とすると

$$2p^2+q^2<r^2 \quad\cdots\cdots\text{①}$$

すなわち　$\dfrac{p^2}{\dfrac{r^2}{2}}+\dfrac{q^2}{r^2}<1$

が成り立つ。$0<r<1$ なので P は楕円 C の内部の点である。

Q における C の接線の方程式は，$\dfrac{\sqrt{2}\cos\theta}{2}x+(\sin\theta)y=1$ であり，この方向ベクトルの 1 つとして，$\vec{n}=(-\sqrt{2}\sin\theta,\ \cos\theta)$ をとれる。

このとき，$\vec{n}\ne\vec{0}$，$\overrightarrow{PQ}\ne\vec{0}$ なので，条件は

$$\vec{n}\cdot\overrightarrow{PQ}=0$$

となり

$$(-\sqrt{2}\sin\theta,\ \cos\theta)\cdot(\sqrt{2}\cos\theta-p,\ \sin\theta-q)=0$$

$$\sin\theta\cos\theta-\sqrt{2}\,p\sin\theta+q\cos\theta=0 \quad\cdots\cdots\text{②}$$

②かつ $0\le\theta<2\pi$ を満たす θ が少なくとも 4 つ存在するための r $(0<r<1)$ の条件を求める。

- $(p,\ q)=(0,\ 0)$ のとき，②は $\sin\theta\cos\theta=0$ なので，r によらず 4 つの解 $\theta=0,\ \dfrac{\pi}{2},\ \pi,\ \dfrac{3}{2}\pi$ がある。

- $(p,\ q)\ne(0,\ 0)$ のとき，②は

$$\sin\theta\cos\theta-\sqrt{2p^2+q^2}\sin(\theta-\beta)=0$$

$$\left(\cos\beta=\frac{\sqrt{2}\,p}{\sqrt{2p^2+q^2}},\ \sin\beta=\frac{q}{\sqrt{2p^2+q^2}}\right)$$

$$\frac{1}{2\sqrt{2p^2+q^2}}\sin 2\theta-\sin(\theta-\beta)=0$$

となり，$A=\dfrac{1}{2\sqrt{2p^2+q^2}}$，$\alpha=-\beta$ とおくと

$$A\sin 2\theta-\sin(\theta+\alpha)=0 \quad\cdots\cdots\text{②}'$$

となる。

ここで，①から，$A>\dfrac{1}{2r}$ である。

(i) $0 < r \leq \dfrac{1}{2}$ のとき

$A > 1$ となり，(1)から，②′(②)は少なくとも4つの解をもつ。
すなわち，この範囲の任意の r に対して，D 内のすべての点 P は与えられた条件を満たす。

(ii) $\dfrac{1}{2} < r < 1$ のとき

たとえば，D 内の点 $\left(\dfrac{1}{4}, \dfrac{\sqrt{2}}{4}\right)$ を P とすると，この P に対して，②は

$$\sin\theta\cos\theta - \dfrac{\sqrt{2}}{4}\sin\theta + \dfrac{\sqrt{2}}{4}\cos\theta = 0$$

となり，これより

$$\sin 2\theta - \dfrac{\sqrt{2}}{2}(\sin\theta - \cos\theta) = 0$$

$$\sin 2\theta = \sin\left(\theta - \dfrac{\pi}{4}\right) \quad \cdots\cdots ③$$

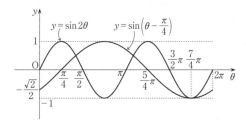

図より，③の解 θ は $0 \leq \theta < 2\pi$ の範囲に3個しかないので，この P は与えられた条件を満たさない。

よって，D 内のすべての点 P に対して与えられた条件が成り立つような r は $\dfrac{1}{2} < r < 1$ にはない。

以上から，D 内のすべての点 P に対して与えられた条件が成り立つような r は存在し，そのような r の範囲は $0 < r \leq \dfrac{1}{2}$ である。 　　　（証明終）

ゆえに，r の最大値は　$\dfrac{1}{2}$　……（答）

〔注2〕 $\sin 2\theta = \sin\left(\theta - \dfrac{\pi}{4}\right)$ $(0 \leq \theta < 2\pi)$ の解を，次のように具体的に求め

てもよい。

（その１） 和積の公式を用いる。

$$\sin 2\theta - \sin\left(\theta - \frac{\pi}{4}\right) = 0 \quad \text{から}$$

$$2\cos\left(\frac{3}{2}\theta - \frac{\pi}{8}\right)\sin\left(\frac{\theta}{2} + \frac{\pi}{8}\right) = 0$$

よって $\cos\left(\frac{3}{2}\theta - \frac{\pi}{8}\right) = 0$ または $\sin\left(\frac{\theta}{2} + \frac{\pi}{8}\right) = 0$

$-\dfrac{\pi}{8} \leqq \dfrac{3}{2}\theta - \dfrac{\pi}{8} < 3\pi - \dfrac{\pi}{8}$ から, $\dfrac{3}{2}\theta - \dfrac{\pi}{8} = \dfrac{\pi}{2}, \dfrac{3}{2}\pi, \dfrac{5}{2}\pi$ となり

$$\theta = \frac{5}{12}\pi, \ \frac{13}{12}\pi, \ \frac{7}{4}\pi$$

$\dfrac{\pi}{8} \leqq \dfrac{\theta}{2} + \dfrac{\pi}{8} < \pi + \dfrac{\pi}{8}$ から, $\dfrac{\theta}{2} + \dfrac{\pi}{8} = \pi$ となり $\theta = \dfrac{7}{4}\pi$

以上より $\theta = \dfrac{5}{12}\pi, \ \dfrac{13}{12}\pi, \ \dfrac{7}{4}\pi$

（その２） 一般に $\sin\alpha = \sin\beta$ から, $\beta = 2n\pi + \alpha$, $(2n+1)\pi - \alpha$ （n は整数）となることを用いる。

$$\sin 2\theta = \sin\left(\theta - \frac{\pi}{4}\right) \quad \text{から}$$

$$\theta - \frac{\pi}{4} = 2n\pi + 2\theta, \ (2n+1)\pi - 2\theta$$

となり $\theta = -\dfrac{8n+1}{4}\pi, \ \dfrac{8n+5}{12}\pi$

これと $0 \leqq \theta < 2\pi$ から $\theta = \dfrac{5}{12}\pi, \ \dfrac{13}{12}\pi, \ \dfrac{7}{4}\pi$

■■■ ◀解 説▶ ■■■

≪楕円の接線の条件，三角方程式の解の個数≫

▶(1) $f(\theta) = A\sin 2\theta$, $g(\theta) = \sin(\theta + \alpha)$ とおき, $y = f(\theta)$, $y = g(\theta)$ のグラフを考えると, $A > 1$ から, $0 \leqq \theta < 2\pi$ で少なくとも３つの解をもつことはすぐにわかる。残りの１つは，範囲を少し広げると区間 $\dfrac{7}{4}\pi \leqq \theta \leqq \dfrac{9}{4}\pi$ にもあるので，2π の周期性を考えると $0 \leqq \theta < \dfrac{\pi}{4}$ または $\dfrac{7}{4}\pi < \theta < 2\pi$ にも

ある。また，〔注1〕の方法も解の存在に対してよく用いられる考え方である。

▶(2)　Qの座標を $(\sqrt{2}\cos\theta,\ \sin\theta)$ とおき，$\vec{n}\cdot\overrightarrow{PQ}=0$ から得られる三角方程式の解の個数に帰着させる。三角関数の合成を考えるが，$p=q=0$ のときは合成ができないので別に考えておく。

$0<r\leqq\dfrac{1}{2}$ のときは，(1)の結果が利用できる。$\dfrac{1}{2}<r<1$ のときは，r をどうとっても，条件を満たさないPが D 内にあることを，具体的なPを与えることで示すことができる。このPは D の境界からとってくるとよい。

〔解答〕では，三角方程式②の解が見つけやすいように，$P\left(\dfrac{1}{4},\ \dfrac{\sqrt{2}}{4}\right)$ としているが，別な点でも可である。この最後のところの発想が少し難しい設問である。

❖講　評

　大変易しいセットであった2017年度から少しずつ難化してきたが，2020年度も難化した。少し発想力を要するために意外と時間をとられる問題が2題（1・2），発想が難しい問題が1題（4），解答の構想力を要する問題が2題（5・6）となっており，ほぼ順調に解き切れる問題が1題（3）のみというセットである。発想力と論理的な記述力が問われ，過去の東大入試と少し趣が異なり，完答があまり期待できないセットであった。とはいえ，計算量・処理量が多くない1・2・3および，4(1)・5(1)・6(1)は取りたい。なお，確率・場合の数は3年続いて出題がなく，2020年度は複素数平面からの出題もなかった。代わりに6で楕円が素材として用いられたが，内容は三角方程式と論証であった。文科との共通問題は1題（1）のみであったが，これは理系にとっても厳しい問題であった。

　東大理系入試としての難易度は，1(1)・(2)やや易，(3)標準，2標準，3(1)・(2)易，(3)標準，4(1)易，(2)難，(3)やや難，5(1)易，(2)標準〜やや難，6(1)やや易，(2)やや難であった。

　1　2次関数と不等式および集合に関する，少し発想力を要する問題で，明快な根拠記述と論理的な記述力も問われる。

2 素材は高校入試レベルの平行線と面積比の問題だが，式変形に少し発想力と構想力が必要。正しい場合分けが必須。

3 媒介変数で与えられた曲線に関する領域の面積と微・積分法の問題。(3)のための小問(1)・(2)が適切で，積分計算も易しいので落とせない。

4 多項式の係数と数列の問題。文科との共通問題だが，やや解きにくい問題。(1)は確実に取りたい。(2)は発想が難しく，これができないと(3)もできない。(2)を〔別解〕のように考えると，全体の解答に必要ないくつかの事項を自ら見出して用意しておく必要がある。それらを小問で準備しておくのが例年の東大の小問構成であり，それがない問題構成は珍しいので，本解の発想を前提とした出題と思われる。

5 立体図形の体積の問題。断面積のとらえ方に少し構想力が必要だが，積分はとても易しいので，できたら取っておきたい問題。

6 三角方程式と存在に関する，論証力が問われる問題。(1)の三角方程式は難しくはないが，少し発想力を要する。(2)は(1)に帰着できる部分はできてほしいが，最後の詰めで発想力と論証力を要するところがあり，易しくはない。

東京大-理科前期 　　　　　　　　　　　　　　　　2020 年度　数学〈解答〉 *63*

────────── 「数学」の出題の意図（東京大学　発表）──────────

　数学は自然科学の基底的分野として，自然科学に留まらず人間文化の様々な領域で活用される学問であり，科学技術だけでなく社会現象を表現し予測などを行なうために必須です。

　そのため，本学を受験しようとする皆さんには，高等学校学習指導要領に基づく基本的な数学の知識と技法について習得しておくことはもちろんのこと，将来，数学を十分に活用できる能力を身につけるために，以下に掲げる総合的な数学力を養うための学習をこころがけて欲しいと考えています。

1) 　数学的に思考する力

　　問題の本質を数学的な考え方で把握・整理し，それらを数学の概念を用いて定式化する力

2) 　数学的に表現する力

　　自分の考えた道筋を他者が明確に理解できるよう，解答に至る道筋を論理的かつ簡潔に表現する力

3) 　総合的な数学力

　　数学を用いて様々な課題を解決するために，数学を自在に活用できると同時に，幅広い分野の知識・技術を統合して総合的に問題を捉える力

　これらの数学的な思考力・表現力・総合力が身についているかどうかを評価するために，今年度は，高等学校学習指導要領の範囲のなかから，次のような題材を選び，問題を作成しました。

　　第1問：不等式，集合と命題

　　第2問：平面図形と面積

　　第3問：媒介変数表示された曲線，最大値，面積

　　第4問：数列，整式

　　第5問：空間図形と体積

　　第6問：三角関数，2次曲線

物理

1 **解答** **I** (1) ア. v_x イ. v_y ウ. a_x エ. a_y オ. a_y
カ. a_x

(2) 面積速度 A_v が時間変化しないので

$$\frac{\Delta A_v}{\Delta t} = \frac{1}{2}(xa_y - ya_x) = 0$$

$$\therefore \quad xa_y - ya_x = 0$$

運動方程式より

$$ma_x = F_x$$
$$ma_y = F_y$$

代入すると

$$x\frac{F_y}{m} - y\frac{F_x}{m} = 0$$

$$\therefore \quad \frac{F_x}{F_y} = \frac{x}{y} \quad \cdots\cdots(答) \quad \cdots\cdots①$$

(3) ①は，$\vec{F}$ の向きが $\vec{r}$ の向きと一致することを表している。すなわち，小球にはたらく力 $\vec{F}$ の向きは，円運動において小球の運動方向とは常に垂直になっているので，力 $\vec{F}$ は小球に仕事をしない。

したがって，力 $\vec{F}$ は点Aから点Bまでに小球に行う仕事も，点Aから点Cまでに小球に行う仕事も<u>ともに0</u>である。 $\cdots\cdots$(答)

II (1) 求める差を ΔK とすると

$$\Delta K = \frac{1}{2}mv^2 - \frac{1}{2}mv_r{}^2$$

$$= \frac{1}{2}m(v_x{}^2 + v_y{}^2) - \frac{1}{2}m\left(\frac{xv_x + yv_y}{r}\right)^2$$

$$= \frac{m}{2r^2}\{(v_x{}^2 + v_y{}^2)(x^2 + y^2) - (xv_x + yv_y)^2\} \quad (\because \quad r^2 = x^2 + y^2)$$

$$= \frac{m}{2r^2}(xv_y - yv_x)^2$$

東京大-理科前期 　　　　　　　　　　　　　　　2020 年度　物理〈解答〉　*65*

$$= \frac{m}{2r^2}(2A_v)^2$$

$$= \frac{2mA_v^2}{r^2} \quad \cdots\cdots(\text{答})\quad \cdots\cdots②$$

(2)　小球の力学的エネルギーを E とすると

$$E = \frac{1}{2}mv^2 - G\frac{mM}{r}$$

$A_v = A_0$（定数値）として，②を代入すると

$$E = \left(\frac{1}{2}mv_r^2 + \frac{2mA_0^2}{r^2}\right) - G\frac{mM}{r}$$

$$= \frac{1}{2}mv_r^2 + 2mA_0^2\left(\frac{1}{r} - \frac{GM}{4A_0^2}\right)^2 - \frac{G^2mM^2}{8A_0^2}$$

E が最小となるためには

$$\frac{1}{r} - \frac{GM}{4A_0^2} = 0 \quad \therefore \quad r = \frac{4A_0^2}{GM} \quad \cdots\cdots③$$

であればよく，r が一定値であるから

$$v_r = 0 \quad \cdots\cdots④$$

も満たす。

このとき，小球の運動は等速円運動になり，力学的エネルギーの値は，

$-\dfrac{G^2mM^2}{8A_0^2}$ である。　$\cdots\cdots(\text{答})$

Ⅲ　(1)　小球にはたらく万有引力による円運動の動径方向の運動方程式より

$$m\frac{v^2}{r} = G\frac{mM}{r^2}$$

量子条件より

$$2\pi r = n\frac{h}{mv}$$

v を消去して，r を r_n とおくと

$$r_n = \frac{n^2h^2}{4\pi^2Gm^2M} = \left(\frac{h}{2\pi}\right)^2\frac{n^2}{Gm^2M} \quad \cdots\cdots(\text{答})\quad \cdots\cdots⑤$$

(2)　⑤より，$n=1$ のとき，$r_1 = R$ とおいて m を求めると

$$m = \frac{h}{2\pi} \cdot \frac{1}{\sqrt{GMR}} \fallingdotseq 10^{-34} \times \frac{1}{\sqrt{10^{-10} \times 10^{42} \times 10^{22}}}$$

$$= 10^{-61} \text{[kg]} \quad \cdots\cdots \text{(答)}$$

別解 Ⅱ (1) 小球の位置が $\vec{r} = (x, y)$ のとき，$\vec{r}$ の方向が x 軸となす角を θ とし，速度の直交座標成分が $\vec{v} = (v_x, v_y)$ のとき，$\vec{v}$ の方向が $\vec{r}$ の方向となす角を ϕ とする。

……(あ)

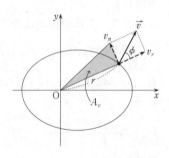

また，速度 $\vec{v}$ の動径方向の速度成分を v_r，動径方向に垂直な方向の速度成分を v_n とする。……(い)

このとき

$$v_r = v_x \cos\theta + v_y \sin\theta$$

両辺に r を掛けると

$$v_r \cdot r = v_x \cdot r\cos\theta + v_y \cdot r\sin\theta = v_x \cdot x + v_y \cdot y$$

$$\therefore \quad v_r = \frac{xv_x + yv_y}{r}$$

(い)を用いて，速度 $\vec{v}$ を，$\vec{v} = (v_r, v_n)$，$v = \sqrt{v_r^2 + v_n^2}$ と表す。

面積速度 A_v は

$$A_v = \frac{1}{2} r v_n \quad \cdots\cdots \text{(う)}$$

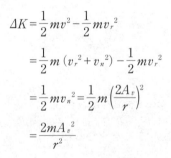

であるから，運動エネルギーと K_r との差 ΔK は

$$\Delta K = \frac{1}{2}mv^2 - \frac{1}{2}mv_r^2$$

$$= \frac{1}{2}m(v_r^2 + v_n^2) - \frac{1}{2}mv_r^2$$

$$= \frac{1}{2}mv_n^2 = \frac{1}{2}m\left(\frac{2A_v}{r}\right)^2$$

$$= \frac{2mA_v^2}{r^2}$$

◀解　説▶

≪中心力を受けた小球の運動，万有引力，量子条件≫

◆ I ▶(1) 微小時間 Δt の後の位置 $\vec{r'}=(x',\ y')$，速度 $\vec{v'}=(v_x',\ v_y')$ は

$$\vec{r'}=\vec{r}+\vec{v}\Delta t=(x+v_x\Delta t,\ y+v_y\Delta t) \quad \cdots\cdots\text{(i)} \quad \to ア，イ$$

$$\vec{v'}=\vec{v}+\vec{a}\Delta t=(v_x+a_x\Delta t,\ v_y+a_y\Delta t) \quad \cdots\cdots\text{(ii)} \quad \to ウ，エ$$

微小時間 Δt の後の面積速度を A_v' とすると，(i)，(ii)，$(\Delta t)^2 \fallingdotseq 0$ を用いて

$$A_v' = \frac{1}{2}(x' \cdot v_y' - y' \cdot v_x')$$

$$= \frac{1}{2}\{(x+v_x\Delta t)\cdot(v_y+a_y\Delta t) - (y+v_y\Delta t)\cdot(v_x+a_x\Delta t)\}$$

$$\fallingdotseq \frac{1}{2}\{(xv_y + xa_y\Delta t) - (yv_x + ya_x\Delta t)\}$$

よって

$$\Delta A_v = A_v' - A_v = \frac{1}{2}(xa_y - ya_x)\Delta t \quad \to オ，カ$$

▶(3) ①の $\dfrac{F_x}{F_y}=\dfrac{x}{y}$ は，右図のような関係を表す。このとき，$\vec{F}$ の向きが $\vec{r}$ の向きと一致し，小球にはたらく力 $\vec{F}$ の向きは円運動の動径方向である。

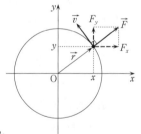

参考　小球の運動方程式は $m\vec{a}=\vec{F}$ であるから，

$\vec{a}=(a_x,\ a_y)=\left(\dfrac{dv_x}{dt},\ \dfrac{dv_y}{dt}\right)$，$\vec{F}=(F_x,\ F_y)$ とすると

$$m\frac{dv_x}{dt}=F_x \quad \cdots\cdots\text{(iii)}$$

$$m\frac{dv_y}{dt}=F_y \quad \cdots\cdots\text{(iv)}$$

$x\times\text{(iv)}-y\times\text{(iii)}$ を行うと

$$m\left(x\cdot\frac{dv_y}{dt}-y\cdot\frac{dv_x}{dt}\right)=x\cdot F_y - y\cdot F_x$$

$$\frac{d}{dt}\{m(xv_y-yv_x)\}=xF_y-yF_x \quad \cdots\cdots\text{(v)}$$

(v)の左辺において

$$L = m(xv_y - yv_x) \quad \cdots\cdots\text{(vi)}$$

と表す。この L を点Oのまわりの角運動量という。

(あ)より
$$x = r\cos\theta, \quad y = r\sin\theta$$
$$v_x = v\cos(\theta+\phi), \quad v_y = v\sin(\theta+\phi)$$

(vi)に代入すると
$$L = m(xv_y - yv_x)$$
$$= m\{r\cos\theta \times v\sin(\theta+\phi) - r\sin\theta \times v\cos(\theta+\phi)\}$$
$$= mrv\sin\phi$$

(い)より
$$v_r = v\cos\phi, \quad v_n = v\sin\phi$$

したがって
$$L = mrv_n$$

このとき，(う)より，面積速度は
$$A_v = \frac{1}{2}rv_n = \frac{1}{2}\cdot\frac{L}{m} = \frac{1}{2}(xv_y - yv_x)$$

と表すことができる。

(v)の右辺において
$$M = xF_y - yF_x$$

と表す。$\vec{F}$ の方向が $\vec{r}$ の方向となす角を ϕ' とおいて，同様の計算を行うと

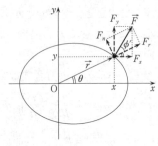

$$M = r\cos\theta \times F\sin(\theta+\phi')$$
$$\qquad - r\sin\theta \times F\cos(\theta+\phi')$$
$$= Fr\sin\phi'$$

となる。この M は点Oのまわりの力のモーメントである。

(v)より，点Oのまわりの力のモーメント M が0であれば，角運動量 L の時間変化 $\dfrac{dL}{dt}$ が0となる。これは，小球にはたらく力が動径方向だけの場合，すなわち小球が中心力だけを受けて運動する場合，小球の角運動量が保存され（角運動量保存則），面積速度は一定となることを表している。

◆Ⅱ ▶(1) 小球の運動エネルギー $K = \dfrac{1}{2}mv^2$ と，$K_r = \dfrac{1}{2}mv_r^2$ の差

東京大-理科前期　　　　　　　　　　　　　　　　　　2020 年度　物理〈解答〉　69

$\Delta K = \dfrac{1}{2}mv^2 - \dfrac{1}{2}mv_r{}^2$ を計算するためには，$r = \sqrt{x^2 + y^2}$，$v = \sqrt{v_x{}^2 + v_y{}^2}$，

$A_v = \dfrac{1}{2}(xv_y - yv_x)$，$v_r = \dfrac{xv_x + yv_y}{r}$ を用いればよい。

▶(2)　④より，$v_r = \dfrac{\Delta r}{\Delta t} = 0$ であるから，これは動径方向の距離 r が変化し

ないことを表している。③，④より，小球の運動が半径 $\dfrac{4A_0{}^2}{GM}$ の等速円運

動になることを意味する。

◆Ⅲ　▶(1)　位置エネルギー U（ポテンシャルエネルギー）と力 F との

間には

$$F = -\dfrac{dU}{dr}$$

の関係がある。したがって，万有引力による位置エネルギー U が，

$U = -G\dfrac{mM}{r}$ であるとき，物体にはたらく万有引力の大きさ F は，

$F = G\dfrac{mM}{r^2}$ となる。

▶(2)　小球の質量を単位を含めて計算し，単位の整合性を考えると

$$m = \dfrac{h}{2\pi} \cdot \dfrac{1}{\sqrt{GMR}}$$

$$\fallingdotseq 10^{-34}\,(\mathrm{m^2 \cdot kg/s}) \times \dfrac{1}{\sqrt{10^{-10}\,(\mathrm{m^3/(kg \cdot s^2)}) \times 10^{42}\,(\mathrm{kg}) \times 10^{22}\,(\mathrm{m})}}$$

$$= 10^{-61}\,(\mathrm{kg})$$

2　解答

（注）　レールおよび導体棒の電気抵抗は無視できるもの
として解答した。

Ⅰ　(1)　ア．IBd　イ．下　ウ．X　エ．$V_0 = V$　オ．$\dfrac{V_0}{Bd}$

(2)　運動方程式より

$$m\dfrac{\Delta s}{\Delta t} = IBd$$

$$\therefore\ \Delta s = \dfrac{IBd}{m}\Delta t　\cdots\cdots(答)　\cdots\cdots①$$

ある時刻における導体棒の速さを s とすると, 誘導起電力 V は

$$V = sBd$$

微小時間 Δt の間の変化量を考えると

$$\frac{\Delta V}{\Delta t} = \frac{\Delta s}{\Delta t} Bd = \frac{IBd}{m} Bd$$

$$\therefore \quad \Delta V = \frac{IB^2 d^2}{m} \Delta t \quad \cdots\cdots (答) \quad \cdots\cdots ②$$

(3) 導体棒に電流 I が流れているとき, 微小時間 Δt の間の電気量の変化量を Δq とすると

$$I = \frac{\Delta q}{\Delta t} \quad \therefore \quad \Delta q = I\Delta t$$

①より

$$\Delta q = \frac{m}{Bd} \Delta s$$

よって, 静止していた導体棒が到達速さ $s_0 \left(= \dfrac{V_0}{Bd} \quad \cdots\cdots ③ \; \langle \mathbf{I} (1)オ \rangle \right)$ になるまでに導体棒を流れる電気量を Q とすると

$$Q - 0 = \frac{m}{Bd} (s_0 - 0)$$

$$\therefore \quad Q = \frac{m}{Bd} \times \frac{V_0}{Bd} = \frac{m}{B^2 d^2} V_0 \quad \cdots\cdots (答) \quad \cdots\cdots ④$$

(4) コンデンサーの電気容量を C とすると, 充電する際の電気量と電圧の関係が $Q = CV_0$ であるから, ④と比較すると

$$C = \frac{m}{B^2 d^2} \quad \cdots\cdots ⑤$$

導体棒の起電力に逆らって電荷を運ぶ仕事が, コンデンサーを充電するために電荷を運ぶ仕事に対応するから, この仕事を W とすると, ③を用いて

$$W = \frac{1}{2} CV_0^2 = \frac{1}{2} \frac{m}{B^2 d^2} (s_0 Bd)^2$$

$$= \frac{1}{2} m s_0^2 \quad \cdots\cdots (答) \quad \cdots\cdots ⑥$$

(5) 導体棒の運動エネルギー: $\dfrac{1}{2} QV_0$

抵抗で発生した熱量：$\dfrac{1}{2}QV_0$

Ⅱ　カ．$\dfrac{1}{2}$　キ．1　ク．1　ケ．2

Ⅲ　⑤より，質量 m，長さ d の導体棒は，電気容量 $C=\dfrac{m}{B^2d^2}$ のコンデンサーとみなすことができ，⑥より，導体棒の運動エネルギー $\dfrac{1}{2}ms_0{}^2$ は，導体棒をコンデンサーとみなしたときの静電エネルギー $\dfrac{1}{2}CV_0{}^2$ と考えることができる。

導体棒 2 をコンデンサーとみなしたときの電気容量を C' とすると，⑤より

$$C' = \dfrac{m}{B^2(2d)^2} = \dfrac{C}{4}$$

回路に電流が流れていないとき，導体棒 1，2 にかかる電圧は，電気容量 C，$\dfrac{C}{4}$ のコンデンサーにかかる電圧と考えることができ，直列であることからそれぞれ $\dfrac{1}{5}V_0$，$\dfrac{4}{5}V_0$ である。

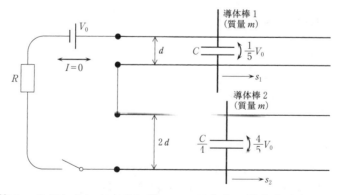

導体棒 1，2 がともに右向きに動いているときの速さをそれぞれ s_1，s_2 とすると，⑤，⑥より

$$\dfrac{1}{2}ms_1{}^2 = \dfrac{1}{2}C\left(\dfrac{1}{5}V_0\right)^2 = \dfrac{1}{2}\dfrac{m}{B^2d^2}\left(\dfrac{1}{5}V_0\right)^2$$

∴ $s_1 = \dfrac{V_0}{5Bd}$ ……（答）

$\dfrac{1}{2}ms_2{}^2 = \dfrac{1}{2}\dfrac{C}{4}\left(\dfrac{4}{5}V_0\right)^2 = \dfrac{1}{2}\dfrac{m}{4B^2d^2}\left(\dfrac{4}{5}V_0\right)^2$

∴ $s_2 = \dfrac{2V_0}{5Bd}$ ……（答）

別解 Ⅲ Ⅰ(1), Ⅱと同様に運動方程式とキルヒホッフの第2法則を用いて導体棒の到達速さを求めることもできる。

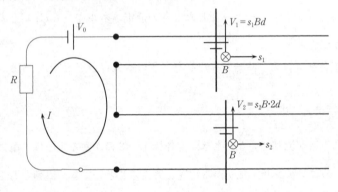

導体棒1, 2を流れる電流の大きさが等しくIで, 1, 2ともに右向きに動いているときの速さをそれぞれs_1, s_2とすると, 運動方程式より

導体棒1： $m\dfrac{\Delta s_1}{\Delta t} = IBd$

導体棒2： $m\dfrac{\Delta s_2}{\Delta t} = IB\cdot 2d$

$\dfrac{\Delta s_1}{\Delta t} : \dfrac{\Delta s_2}{\Delta t} = 1 : 2$

∴ $s_2 = 2s_1$

キルヒホッフの第2法則より

$V_0 - s_1 Bd - s_2 B\cdot 2d = RI$

導体棒の速さが一定となったとき, それぞれの到達速さを$s_1{}'$, $s_2{}'$とすると, $I=0$であるから

$V_0 - s_1{}'Bd - 2s_1{}'\cdot B\cdot 2d = 0$ ∴ $s_1{}' = \dfrac{V_0}{5Bd}$

東京大-理科前期　　　　　　　　　　　　　　　　　　　2020 年度　物理〈解答〉　73

$$s_2' = 2s_1' = \frac{2V_0}{5Bd}$$

◆━━━━━━━━━━◀解　説▶━━━━━━━━━━

≪平行レール上を運動する導体棒による電磁誘導≫

◆**I**　▶(1)　ア．レール間隔 d の導体棒を流れる大きさ I の電流が，磁束密度の大きさ B の磁場から受ける力の大きさは IBd である。

イ．この力によって，静止していた導体棒が右向きに動きはじめたので，フレミングの左手の法則より，磁場の向きは鉛直下向きである。

ウ．導体棒が右向きに動くとき，導体棒に生じる誘導起電力の向きは，レンツの法則より X 側が高電位となる向きである。

エ．電流が流れなくなるとき，キルヒホッフの第 2 法則より

$$V_0 - V = R \cdot 0 \qquad \therefore \quad V_0 = V$$

オ．到達速さを s_0 とすると，誘導起電力の大きさは $V = s_0 Bd$ であるから，$V_0 = V$ より

$$V_0 = s_0 Bd \qquad \therefore \quad s_0 = \frac{V_0}{Bd}$$

▶(2)　微小時間 Δt の間の速さの変化量が Δs であるから，加速度は $\dfrac{\Delta s}{\Delta t}$ である。

▶(3)　①ではなく②に着目すると，以下のような求め方になる。

②より

$$\Delta q = \frac{m}{B^2 d^2} \Delta V$$

$$Q - 0 = \frac{m}{B^2 d^2}(V_0 - 0) \qquad \therefore \quad Q = \frac{m}{B^2 d^2} V_0$$

▶(4)　コンデンサーの電位差（起電力）に逆らって電荷を運ぶのに要する仕事 W は静電エネルギーを U としてコンデンサーに蓄えられる。

コンデンサーに蓄えられる静電エネルギー U は

$$U = \frac{1}{2}QV_0 = \frac{1}{2}CV_0{}^2 = \frac{1}{2}\frac{Q^2}{C}$$

で表され，電気量 Q と電圧 V_0 から求めると以下のようになる。

スイッチを閉じてから導体棒が到達速さ s_0 に達するまでに運ばれた電気量 Q は，③，④より

$$Q = \frac{m}{Bd}s_0$$

コンデンサーを充電する仕事を W とすると

$$W = \frac{1}{2}QV_0 = \frac{1}{2}\frac{m}{Bd}s_0 \times s_0Bd = \frac{1}{2}m{s_0}^2$$

▶(5) (4)より，導体棒の運動エネルギーの増加を ΔK とすると，これはコンデンサーを充電する仕事に対応し，$\Delta K = W = \frac{1}{2}QV_0$ である。

抵抗で発生したジュール熱を H とすると

$$QV_0 = \Delta K + H$$

∴ $H = QV_0 - \Delta K = QV_0 - \frac{1}{2}QV_0 = \frac{1}{2}QV_0$

◆Ⅱ カ．導体棒が到達速さになったとき，導体棒を流れる電流は 0 である。

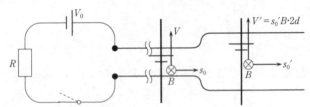

到達速さを s_0' とすると，キルヒホッフの第 2 法則より

$$V_0 - s_0'B \cdot 2d = R \cdot 0$$

∴ $s_0' = \frac{V_0}{2Bd} = \frac{1}{2}s_0$ （すなわち，$\frac{1}{2}$ 倍）

キ．誘導起電力の大きさを V' とすると

$$V_0 - V' = R \cdot 0$$

∴ $V' = V_0 = V$ （すなわち，1 倍）

ク．導体棒が到達速さ s_0 で移動しているときにスイッチを切ると，導体棒を流れる電流は 0 となり，導体棒は磁場から力を受けないので，導体棒は速さ s_0 の等速度運動をする。この導体棒が，間隔 d のレール上から間隔 $2d$ のレール上に移動しても，その速さは変わらない。すなわち，1 倍。

ケ．間隔 $2d$ のレール上で導体棒に生じる起電力は $s_0B \cdot 2d$ となる。よって，間隔 d のレール上での起電力の 2 倍である。

東京大-理科前期   2020 年度　物理〈解答〉　75

◆Ⅲ　Ⅰ，Ⅱでの考察をもとに，導体棒 2 本をコンデンサーの直列接続に置き換えて計算を進めればよい。

3　解答

Ⅰ　操作①は断熱変化であるから，容器 X 内の気体がされた仕事 W_1 は，気体の内部エネルギーの変化 ΔU_1 に等しい。

$$W_1 = \Delta U_1 = 1 \cdot \frac{3}{2} R \cdot \left(\frac{T_A}{a^2} - T_A \right) = -\frac{3}{2} \left(1 - \frac{1}{a^2} \right) R T_A \quad \cdots\cdots (答)$$

操作②は定圧変化 $\left(\dfrac{p_A}{a^5} = 一定 \right)$ であるから，容器 X 内の気体がされた仕事 W_2 は

$$W_2 = -\frac{p_A}{a^5} \times \left(\frac{4}{5} a^5 \frac{R T_A}{p_A} - a^3 \frac{R T_A}{p_A} \right) = -\left(\frac{4}{5} - \frac{1}{a^2} \right) R T_A \quad \cdots\cdots (答)$$

操作③は断熱変化であるから，容器 X 内の気体がされた仕事 W_3 は，気体の内部エネルギーの変化 ΔU_3 に等しい。

$$W_3 = \Delta U_3 = 1 \cdot \frac{3}{2} R \cdot \left(\frac{4}{5} a^2 T_A - \frac{4}{5} T_A \right) = \frac{6}{5} (a^2 - 1) R T_A \quad \cdots\cdots (答)$$

Ⅱ　(1)　容器 X 内の気体の内部エネルギーの変化 ΔU_4 は

$$\Delta U_4 = 1 \cdot \frac{3}{2} R \cdot (T_E - T_D) = \frac{3}{2} R (T_E - T_D) \quad \cdots\cdots (答)$$

(2)　操作④は定圧変化であるから状態 E の容器 X 内の気体の圧力は p_A である。状態 D，E の気体の体積をそれぞれ V_D，V_E とすると，理想気体の状態方程式より

$$p_A V_D = 1 \cdot R T_D \quad \therefore \quad V_D = \frac{R T_D}{p_A}$$

$$p_A V_E = 1 \cdot R T_E \quad \therefore \quad V_E = \frac{R T_E}{p_A}$$

よって，容器 X 内の気体がされた仕事 W_4 は

$$W_4 = -p_A \times \left(\frac{R T_E}{p_A} - \frac{R T_D}{p_A} \right) = -R (T_E - T_D) \quad \cdots\cdots (答) \quad \cdots\cdots (あ)$$

(3)　容器 X 内の気体について，操作④で気体が吸収した熱量 Q_4 は

$$Q_4 = \Delta U_4 - W_4 = \frac{3}{2} R (T_E - T_D) + R (T_E - T_D) = \frac{5}{2} R (T_E - T_D)$$

容器Y内の気体について，気体は体積変化をしないので，気体がされた仕事は0である。気体が吸収した熱量を Q_Y，気体の内部エネルギーの変化を ΔU_Y とすると

$$Q_Y = \Delta U_Y = \frac{3}{2}R(T_E - T_A)$$

容器X，Y内の気体全体では，吸収した熱量は0であるから

$$Q_4 + Q_Y = 0 \quad \cdots\cdots\text{(い)}$$

$$\frac{5}{2}R(T_E - T_D) + \frac{3}{2}R(T_E - T_A) = 0$$

$$\therefore \quad T_E = \frac{3T_A + 5T_D}{8} \quad \cdots\cdots\text{(答)} \quad \cdots\cdots\text{(う)}$$

Ⅲ　(1)—オ

(2)　$\Delta U_Y = \frac{3}{2}R(T_E - T_A) > 0$ となるための条件は

$$T_E - T_A = \frac{3T_A + 5T_D}{8} - T_A = \frac{5}{8}(T_D - T_A) = \frac{5}{8}\left(\frac{4}{5}a^2 T_A - T_A\right)$$

$$= \frac{5}{8}\left(\frac{4}{5}a^2 - 1\right)T_A > 0$$

$$\therefore \quad a > \frac{\sqrt{5}}{2} \quad \cdots\cdots\text{(答)}$$

(3)　操作①〜④のすべての間で，容器X内の気体について，内部エネルギーの変化を ΔU_X とすると

$$\Delta U_X = (Q_2 + Q_4) + W$$

容器Y内の気体について

$$\Delta U_Y = Q_Y$$

ここで

$$\Delta U_X = 1 \cdot \frac{3}{2}R \cdot (T_E - T_A)$$

$$\Delta U_Y = 1 \cdot \frac{3}{2}R \cdot (T_E - T_A) = \Delta U_X \quad \cdots\cdots\text{(え)}$$

容器X，Y内の気体全体では

$$\Delta U_X + \Delta U_Y = (Q_2 + Q_4) + Q_Y + W$$

(い)，(え)より

東京大-理科前期　　　　　　　　　　　　　　　　　　　　2020 年度　物理〈解答〉　77

$$\Delta U_Y + \Delta U_Y = Q_2 + W$$

$$\therefore \quad \Delta U_Y = \frac{W + Q_2}{2} \quad \cdots\cdots(答)$$

(4)　容器 X 内の気体の温度は，状態 C で物体 Z の温度と等しく $\frac{4}{5}T_A$ とな

り，状態 D で $\frac{4}{5}a^2 T_A$ となる。この操作を何度も繰り返してもこれらの温

度は変わらず，漸近する温度 T_F は

$$T_F = \frac{4}{5}a^2 T_A \quad \cdots\cdots(答)$$

別解　Ⅲ　(4)　操作①〜④を n 回繰り返した後の容器 Y 内の温度を T_n と

する。

Ⅱの(う)を変形すると

$$T_E - T_D = \frac{3}{8}(T_A - T_D)$$

これは，1 回の操作で状態 E と状態 D の温度差が，状態 A と状態 D の温度

差の $\frac{3}{8}$ 倍になることを表している。この操作を $n+1$ 回繰り返した後の温

度 T_{n+1} は

$$T_{n+1} - T_D = \frac{3}{8}(T_n - T_D)$$

$$\therefore \quad T_n = \left(\frac{3}{8}\right)^n (T_A - T_D) + T_D$$

よって，n を大きくすると，$\left(\frac{3}{8}\right)^n \to 0$ なので

$$T_F = T_D = \frac{4}{5}a^2 T_A$$

──────◀解　説▶──────

≪気体の断熱変化と定圧変化による熱の移動≫

◆Ⅰ　熱力学第 1 法則より，気体の内部エネルギーの変化 ΔU は，気体が

吸収した熱量 Q と気体がされた仕事 W の和に等しい。すなわち

$$\Delta U = Q + W$$

ただし，気体がした仕事を w とすると，$w = -W$ であるから，熱力学第

1 法則は，$Q = \Delta U + w$ と表すこともできる。

気体の内部エネルギーの変化 ΔU は，気体の物質量を n，定積モル比熱を C_V，温度変化を ΔT とすると

$$\Delta U = nC_V\Delta T$$

単原子分子理想気体の場合，$C_V = \dfrac{3}{2}R$ であり，1 モルの単原子分子理想気体の内部エネルギーの変化は

$$\Delta U = 1 \cdot \dfrac{3}{2}R\Delta T$$

である。または，次のようにして求めることもできる。

操作①で，表3−1に与えられた内部エネルギーを用いてその差 ΔU_1 を求めると，$a>1$ に注意して

$$\Delta U_1 = \frac{3}{2a^2}RT_A - \frac{3}{2}RT_A = -\frac{3}{2}\left(1-\frac{1}{a^2}\right)RT_A$$

◆**Ⅱ** 気体の状態変化における物理量の基本的な計算である。

▶(3) 容器X，Yをあわせた熱量が保存することと，容器Y内の気体は定積変化となることに注意する。

◆**Ⅲ** ▶(1) 以下の(i)～(iii)のポイントに注意して絞りこんでいく。

(i) 操作①と③が断熱変化，操作②と④が定圧変化であるから，図のアとエは誤りである。

(ii) 残りのうち，題意の $\Delta U_Y > 0$ より，$T_E > T_A$ の関係を表す図は，オとカである。これは，気体の温度を T とすると，状態方程式 $pV = RT$ より，圧力が等しい状態Aと状態Eでは，温度 T が高い状態Eの方が，体積 V も大きいことからもわかる。

(iii) 最後に，状態Dから状態Eへ変化する操作④において，気体が仕事をされて（$W_4 > 0$）体積が減少する変化（図オ）であるか，気体が仕事をして（$W_4 < 0$）体積が増加する変化（図カ）であるかの判断である。

(う)より

$$T_E = \frac{3T_A + 5T_D}{8} \qquad \therefore \quad T_D = \frac{8T_E - 3T_A}{5}$$

(あ)より

$$W_4 = -R(T_E - T_D) = -R\left(T_E - \frac{8T_E - 3T_A}{5}\right) = \frac{3}{5}R(T_E - T_A) > 0$$

よって，状態Dから状態Eへの変化では，気体は仕事をされているから体

積が減少する。したがって，p と V の関係を表す図として最も適当なものは，オである。

▶(4) 操作①～④の過程で，容器X内の気体の温度は，操作②終了後の状態Cで，物体Zに接触して必ず $\dfrac{4}{5}T_A$ となり，その後の操作③終了後の状態Dで，必ず $\dfrac{4}{5}a^2T_A$ となる。

一度目の操作④では $T_E > T_A$ であるから，容器Y内の気体に向かって容器X内の気体から熱が移動し，容器Y内の気体の温度が上昇する。この操作①～④を何度も繰り返すと，容器Y内の気体の温度が容器X内の気体の温度と等しくなり，さらに操作を繰り返しても容器Y内の気体の温度は上昇しなくなる。この温度とは，容器X内の気体の状態Dでの温度である。よって

$$T_F = T_D = \frac{4}{5}a^2T_A$$

参考 表3－1のそれぞれの状態の圧力，温度，体積を導出する。

(ⅰ) 状態Aで，容器X内の気体の体積を V_A とする。
ピストンの断面積を S，重力加速度の大きさを g とすると，ピストンにはたらく力のつりあいの式より

$$p_A S = a^5 mg$$

$$\therefore \quad p_A = \frac{a^5 mg}{S}$$

理想気体の状態方程式より

$$p_A V_A = RT_A$$

$$\therefore \quad V_A = \frac{RT_A}{p_A}$$

(ⅱ) 状態Bで，容器X内の気体の圧力，温度，体積をそれぞれ p_B，T_B，V_B とする。
ピストンにはたらく力のつりあいの式より

$$p_B S = mg$$

$$\therefore \quad p_B = \frac{mg}{S} = \frac{p_A}{a^5}$$

状態A→状態B（操作①）は断熱変化であるから，気体の圧力 p，温度 T，

体積 V の間に，比熱比を γ $\left(\text{単原子分子·理想気体では } \gamma = \dfrac{5}{3}\right)$ として

$$pV^{\gamma} = \text{一定} \quad \text{または} \quad TV^{\gamma-1} = \text{一定}$$

というポアソンの式が成り立つ。よって

$$p_{\mathrm{A}} \cdot V_{\mathrm{A}}^{\frac{5}{3}} = \frac{p_{\mathrm{A}}}{a^5} \cdot V_{\mathrm{B}}^{\frac{5}{3}}$$

$$\therefore \quad V_{\mathrm{B}} = a^3 \cdot V_{\mathrm{A}} = a^3 \cdot \frac{R T_{\mathrm{A}}}{p_{\mathrm{A}}}$$

ボイル・シャルルの法則より

$$\frac{p_{\mathrm{A}} V_{\mathrm{A}}}{T_{\mathrm{A}}} = \frac{\dfrac{p_{\mathrm{A}}}{a^5} \cdot a^3 V_{\mathrm{A}}}{T_{\mathrm{B}}}$$

$$\therefore \quad T_{\mathrm{B}} = \frac{T_{\mathrm{A}}}{a^2}$$

(iii)　状態 C で，容器 X 内の気体の圧力，温度，体積をそれぞれ p_{C}, T_{C}, V_{C} とする。

状態 B →状態 C （操作②）は定圧変化であるから

$$p_{\mathrm{C}} = p_{\mathrm{B}} = \frac{p_{\mathrm{A}}}{a^5}$$

$$T_{\mathrm{C}} = \frac{4}{5} T_{\mathrm{A}}$$

ボイル・シャルルの法則より

$$\frac{a^3 V_{\mathrm{A}}}{\dfrac{1}{a^2} T_{\mathrm{A}}} = \frac{V_{\mathrm{C}}}{\dfrac{4}{5} T_{\mathrm{A}}}$$

$$\therefore \quad V_{\mathrm{C}} = \frac{4}{5} a^5 V_{\mathrm{A}} = \frac{4}{5} a^5 \frac{R T_{\mathrm{A}}}{p_{\mathrm{A}}}$$

(iv)　状態 D，状態 E は，状態 C →状態 D に操作①と同様の断熱変化の式を，状態 D →状態 E に操作②と同様の定圧変化の式を用いて求めることができる。

(v)　表 3－1 と同様に，操作①～④における容器 X 内の気体の内部エネルギーの変化 ΔU，吸収した熱量 Q，された仕事 W をまとめると次の表のようになる。気体の状態量の p, V, T や，エネルギー量の ΔU, Q, W をまとめることで，理想気体の状態方程式や熱力学第 1 法則 $\Delta U = Q + W$ が確認できる。

操作	内部エネルギーの変化 ΔU	吸収した熱量 Q	された仕事 W
①	$-\dfrac{3}{2}\left(1-\dfrac{1}{a^2}\right)RT_A$	0	$-\dfrac{3}{2}\left(1-\dfrac{1}{a^2}\right)RT_A$
②	$\dfrac{3}{2}\left(\dfrac{4}{5}-\dfrac{1}{a^2}\right)RT_A$	$\dfrac{5}{2}\left(\dfrac{4}{5}-\dfrac{1}{a^2}\right)RT_A$	$-\left(\dfrac{4}{5}-\dfrac{1}{a^2}\right)RT_A$
③	$\dfrac{6}{5}(a^2-1)\,RT_A$	0	$\dfrac{6}{5}(a^2-1)\,RT_A$
④	$\dfrac{3}{2}R\,(T_E-T_D)$	$\dfrac{5}{2}R\cdot(T_E-T_D)$	$-R\,(T_E-T_D)$

❖講　評

　例年通り，理科 2 科目で試験時間 150 分，大問 3 題の構成である。
2020 年度は大問 1，2 で，2019 年度に引き続き，空所補充問題が出題
された。2019 年度に比べて問題量が減少し，難易度もやや易化してお
り，以前のレベルに戻ったといえる。

　1　平面運動の位置，速度，加速度の定義から始まり，面積速度，中
心力，万有引力，量子条件へとつながるが，誘導に従って答えていけば
よい。Ⅱでは，速度を動径方向とそれに垂直な方向に分解して考えるこ
とがポイントである。Ⅲでは，暗黒物質の質量がテーマとなっているが，
水素原子のボーアモデルと同様に導くことができる。なお，⑵では数値
計算の問題が出題されたが，指数に注意すればよい。

　2　水平面上に置かれた平行なレール上を動く導体棒に生じる誘導起
電力の典型問題である。ⅠとⅡの空所補充問題で失点しないこと，運動
方程式とキルヒホッフの法則を丁寧に扱うことで高得点が期待できる。
Ⅰ⑵〜⑷で，導体棒に電荷を運ぶ仕事や運動エネルギーの関係と，コン
デンサーを充電するときの電荷やエネルギーの関係を対応させ，Ⅲにつ
なげることができたかどうかがポイントである。

　3　各状態での圧力，温度，体積が与えられているので，各操作が定
圧，定積，等温，断熱のどの変化であるのかを把握しながら，熱力学第
1 法則を用いて，各操作における気体の内部エネルギーの変化，吸収し
た熱量，された仕事を丁寧に計算すればよい。Ⅲでは，操作③，④での
熱の移動の判断がポイントである。

82 2020 年度　物理〈解答〉　　　　　　　　　　　　　　　　　東京大-理科前期

─────── 「物理」の出題の意図（東京大学 発表）───────

　物理学は，宇宙や素粒子から私たちの日常生活にいたるまで，森羅万象
を司る基本法則に関わる学問です。本試験には，高等学校の教程の範囲に
とどまるとはいえ，その真髄に触れる問題を出題し，また本学で研鑽を積
むことにより世界の未来を拓く人材となる潜在性を持つ受験者を選抜すべ
く，科学的分析力・俯瞰力や柔軟な思考力などを問えるよう作題しました。
各問題の出題意図は以下の通りです。なお，高等学校の教科書には必ずし
も出てこない用語であっても，常用漢字の範囲で意味のとれるものについ
ては，註を付すことなく用いました。

第1問【物体の運動及び量子性】

　物体の運動に関する基本的な理解，保存則と力の関係，量子力学にお
ける状態のあり方の理解を問うています。物理法則の普遍性を意識し，
様々な物理現象に適用する柔軟な恩考力を求めています。

　なおエネルギーの最小値を求める設問は平方完成を用いることで解答
できますが，微分を用いた解答でも問題ありません。

第2問【電磁気学】

　受験生にとっては馴染みのある「磁場中でのレールを跨ぐ導体棒の運
動」を題材として，電磁気学における基本法則を種々の状況に合わせて
柔軟に適用する力を問うています。電磁気学の基本事項を正しく理解し，
それを基にして論理的に思考する力を評価することをねらいとしていま
す。

第3問【熱と仕事】

　複数の物質の間で熱や仕事がやりとりされる状況を正確に把握できる
かを試問しています。個々の操作に対し熱力学に関する基礎的事項を適
用できることに加えて，全体の状況を俯瞰して，対象を的確に理解し分
析する能力が求められます。

東京大-理科前期　　　　　　　　　　2020 年度　化学〈解答〉　*83*

化学

1 解答

I　ア　$C_{13}H_{18}O_7$

イ　B：グルコース　D：フルクトース

F：アセチルサリチル酸

ウ　鎖状構造：4 個　六員環構造：5 個

エ　セロビオース，マルトース

理由：これらの二糖類を構成するグルコースの 1 つが，開環することによってホルミル基を生成するから。

オ　（構造式）

カ　（構造式）

II　キ　CHI_3

ク　118

ケ　$\left[\!\!\begin{array}{c}C-CH_2-CH_2-C-O-CH_2-CH_2-O\\ \parallel\qquad\qquad\quad\parallel\\ O\qquad\qquad\qquad O\end{array}\!\!\right]_n$

コ　K　$HO-C-CH-CH_2-C-OH$
　　　　　　$\underset{O}{\parallel}\ \ \underset{OH}{|}\qquad\quad\underset{O}{\parallel}$

　　　L　（構造式）

　　　N　（構造式）

サ　$CH_3-\overset{\displaystyle O}{\underset{\displaystyle \|}{C}}-CH_2-CH_2-\overset{\displaystyle O}{\underset{\displaystyle \|}{C}}-OH$

◀解　説▶

≪糖類とその誘導体，セルロースの誘導体の性質と反応≫

◆Ⅰ　▶ア　化合物 A の組成式を $C_xH_yO_z$ とすると，$CO_2 = 44.0$，$H_2O = 18.0$ より

$$x : y : z = \frac{143}{44.0} : \frac{40.5}{18.0} \times 2 : \frac{71.5 - \left(143 \times \dfrac{12.0}{44.0} + 40.5 \times \dfrac{2.0}{18.0}\right)}{16.0}$$

$$= 3.25 : 4.5 : 1.75 = 13 : 18 : 7$$

したがって，組成式は $C_{13}H_{18}O_7$ であり，その式量が 286 であるため，分子式も $C_{13}H_{18}O_7$ となる。

▶イ　B　セルロースとデンプンは，ともにグルコースが縮合重合した多糖類である。また，グルコースには還元性があり，フェーリング液を還元して Cu_2O の赤色沈殿を生じる。

D　スクロースを加水分解すると，グルコース（B）とフルクトース（D）各1分子が生成する。

F　化合物 C は，$FeCl_3$ 水溶液に対して特有の呈色反応を示すことから，フェノール性ヒドロキシ基をもつ。また，その酸化物である化合物 E は $NaHCO_3$ と反応して CO_2 を発生することからカルボン酸である。さらに，化合物 E は分子内で水素結合をすることから，ヒドロキシ基とカルボキシ基はオルト位にあることがわかる。以上のことから，化合物 E はサリチル酸であり，その無水酢酸との反応生成物である化合物 F は解熱鎮痛作用のあるアセチルサリチル酸である。

▶ウ　グルコースは水溶液中で次のように六員環構造と鎖状構造の平衡状態にあり，六員環構造は5個，鎖状構造は4個の不斉炭素原子 C^* をもつ。

東京大-理科前期　　　　　　　　　　　　　　　　　　　　2020 年度　化学〈解答〉　*85*

α-グルコース　　　　　　　鎖状構造　　　　　　　β-グルコース
（六員環）　　　　　　　　　　　　　　　　　　　　（六員環）

▶エ　スクロースは，構成単糖であるグルコースおよびフルクトースが鎖状構造のときに還元性を示す基どうしで縮合しているため，開環によって還元性を示すホルミル（アルデヒド）基を生じることができず，還元性がない。

▶オ　グルコースの分子式は $C_6H_{12}O_6$ であるから，化合物Aの加水分解によって生じる化合物Cの分子式は

$$C_{13}H_{18}O_7 + H_2O - C_6H_{12}O_6 = C_7H_8O_2$$

また，化合物Cはフェノール性ヒドロキシ基をもち，その酸化物である化合物Eはサリチル酸と考えてよい。したがって，化合物Cの構造式は

▶カ　与えられた文章より，酵素Xはセロビオースを加水分解するが，マルトースやスクロースを加水分解しない。セロビオースは2分子のグルコースが β-グリコシド結合した二糖類であり，マルトースは2分子のグルコースが，スクロースはグルコースとフルクトースが，それぞれ α-グリコシド結合した二糖類である。以上のことから，酵素Xは，β-グリコシド結合を加水分解する酵素（β-グリコシダーゼ）である。また，酵素Yは α-グリコシド結合を加水分解する酵素（α-グリコシダーゼ）である。したがって，酵素Xによって加水分解された化合物Aは，グルコース（B）が化合物Cと β-グリコシド結合した化合物であると考えられる。すなわち，グルコースの還元性の基と化合物Cのヒドロキシ基がグリコシド結合しているので，化合物Aには還元性がなく，$FeCl_3$ 水溶液にも呈色しない。

◆Ⅱ　▶キ　黄色の沈殿はヨードホルム CHI_3 である。アセトンのヨードホルム反応は次のとおりである。

$$CH_3COCH_3 + 3I_2 + 4NaOH \longrightarrow CHI_3 + CH_3COONa + 3NaI + 3H_2O$$

86 2020 年度 化学〈解答〉　　　　　　　　　　　　　　　　　東京大-理科前期

▶ク　実験 2 より，エチレングリコール $HO-CH_2-CH_2-OH$ と物質量
1：1 の比でエステル結合を形成しながら縮合重合する化合物 J はジカル
ボン酸（$HOOC-R-COOH$ とする）であるから，重合体の構造は次のと
おりである。

$$\left[\begin{matrix} C-R-C-O-CH_2-CH_2-O \\ \;\|\quad\;\;\| \\ \;O\quad\;O \end{matrix}\right]_n$$

R の式量を m とすると，繰り返し構造の式量は $m+116$ であり，$n=100$
であるから

　　　$(m+116)\times100=1.44\times10^4$　　　$m=28$

したがって，化合物 J の分子量は，$COOH=45$ であるから

　　　$45\times2+28=118$

▶ケ　問クの結果および化合物 G が炭素，水素，酸素のみで構成されてい
る直鎖状化合物であることから，R は $-CH_2-CH_2-$ であり，H の構造式
は次のように考えられる。

$$\left[\begin{matrix} C-CH_2-CH_2-C-O-CH_2-CH_2-O \\ \;\|\qquad\qquad\| \\ \;O\qquad\qquad O \end{matrix}\right]_n$$

▶コ・サ　与えられた文章および実験 1，実験 3 から得られる内容をもと
に考える。

①　G は，セルロースを濃硫酸で処理した生成物であるから，グルコース
　　の誘導体であるとみなせ，炭素，水素，酸素のみで構成されている。

②　G はヨードホルム反応を示すことから，構造 CH_3-CO- をもつ。

③　G のヨードホルム反応によって，直鎖状の J と K（ともに G より炭素
　　原子が 1 つ少ない）が得られたことから，G は分子末端に CH_3-CO-
　　構造をもつ直鎖状の化合物である。

④　J と K はヨードホルム反応による生成物であるから，分子末端にカル
　　ボキシ基をもつ。

⑤　G は $NaHCO_3$ と反応することからカルボン酸であり，③より直鎖状
　　分子の一方の端は CH_3-CO- であるから，他方の端にカルボキシ基を
　　もつ 1 価のカルボン酸であることがわかる。カルボン酸 $RCOOH$ と
　　$NaHCO_3$ との反応式は次のとおりである。

　　　　　$RCOOH + NaHCO_3 \longrightarrow RCOONa + H_2O + CO_2$

したがって，G の分子量を M_G とすると

東京大-理科前期 　　　　　　　　　　　　　　　　2020 年度　化学〈解答〉　87

$$\frac{58.0 \times 10^{-3}}{M_G} = \frac{0.200 \times 2.50}{1000} \qquad M_G = 116$$

⑥　⑤より，Gのヨードホルム反応による生成物であるJとKは，2価の
カルボン酸と考えられるから，Kの分子量を M_K とすると

$$\frac{67.0 \times 10^{-3}}{M_K} \times 2 = \frac{0.200 \times 5.00}{1000} \qquad M_K = 134$$

問クの〔解説〕で示したように，Jの分子量は 118 であるから，
$134 - 118 = 16$ より，この分子量の増加分 16 はO原子 1 個分と考えられ
る。したがって，不斉炭素原子 C^* をもつKの構造式は次のように推測
される。

$$\underset{O}{HO-\overset{\|}{C}}-\underset{OH}{\overset{\,}{C^*}}H-CH_2-\underset{O}{\overset{\|}{C}}-OH$$

なお，Kにはエーテル構造も考えられるが，Kには C^* があること，お
よび同じGから生成する化合物のJと比較すると，エーテル構造は除外
できる。

⑦　Kの分子内脱水反応は次のとおりである。

$$HO-\underset{O}{\overset{\|}{C}}-\underset{OH}{\overset{\,}{C}}H-CH_2-\underset{O}{\overset{\|}{C}}-OH \longrightarrow HO-\underset{O}{\overset{\|}{C}}-CH=CH-\underset{O}{\overset{\|}{C}}-OH + H_2O$$

生成物には幾何異性体（マレイン酸とフマル酸）が存在するが，Mのみ
が分子内脱水反応により酸無水物を生成することから，Mがマレイン酸，
Lがフマル酸であり，Nは無水マレイン酸である。

L　　　　　　　　　　　　　M　　　　　　　　　　　　　N

⑧　以上の結果および実験 1 より，Gの構造については次のように考えら
れる。
・Gは，J，Kより炭素原子が 1 つ多いから，炭素原子は 5 個である。
・②，③，⑤より，Gは次のような構造をしており，1 価のカルボン酸
で，分子量は 116 である。

$$CH_3-\underset{O}{\overset{\|}{C}}-CH_2-CH_2-\underset{O}{\overset{\|}{C}}-OH$$

2 解答

I ア （2）・（3）

イ 操作1：CO_2 操作2：O_2 操作3：H_2O

ウ 問イの気体中：1.1% 空気中：0.88%

エ 次の反応により H_2O から密度の小さい H_2 が発生するから。

$$3Fe + 4H_2O \longrightarrow Fe_3O_4 + 4H_2$$

オ 反応式：$NH_4NO_2 \longrightarrow 2H_2O + N_2$

酸化数：（反応前）-3, $+3$ （反応後）0

カ $CO_2 + 2H^+ + 2e^- \longrightarrow HCOOH$

$2H_2O \longrightarrow 4H^+ + O_2 + 4e^-$

II キ $H : C : : : N :$ $\left[: \overset{\cdot\cdot}{O} : N : : \overset{\cdot\cdot}{O} : \right]^-$

ク HCN, NO_2^+, N_3^-

ケ 単位格子に含まれる CO_2 分子の数は，単位格子の頂点にC原子があるものは $\frac{1}{8}$ 個，面の中心にC原子があるものは $\frac{1}{2}$ 個と考えられるので，合計4個である。また，最も近くにある炭素原子間の距離は，単位格子の面の対角線の長さの $\frac{1}{2}$ 倍であるから，単位格子の一辺の長さは，$0.40 \times \sqrt{2}$〔nm〕である。したがって，CO_2 の結晶の密度は

$$\frac{\dfrac{44.0}{6.02 \times 10^{23}} \times 4}{(0.40 \times \sqrt{2} \times 10^{-7})^3} = 1.62 \fallingdotseq 1.6 \,〔g/cm^3〕 \quad \cdots\cdots（答）$$

コ 電気陰性度は酸素原子の方が炭素原子より大きい。そのため，分子間において，わずかに負に帯電した酸素原子とわずかに正に帯電した炭素原子が引きつけ合うため。

━━━━◀解 説▶━━━━

≪空気の成分分析と人工光合成，分子・イオンの電子式とCO_2結晶≫

◆**I** ▶ア （1）誤文。希ガス原子の価電子の数は0個である。

（2）正文。ネオンサインに代表されるように，励起された希ガスの原子が基底状態に戻る際に，特有の色に発光する。

（3）正文。周期表の右上にある He の第1イオン化エネルギーは最も大きい。

（4）誤文。第4周期の希ガスである Kr 原子の電子数は，同じく第4周期

のハロゲン化物イオンである Br^- の電子数と等しい。

(5) 誤文。Ar（沸点 $-186℃$）は無極性の単原子分子，HCl（沸点 $-85℃$）は極性分子であるので，沸点は HCl の方が高い。

▶イ　操作1：NaOH との中和反応によって CO_2 を除く。

$$2NaOH + CO_2 \longrightarrow Na_2CO_3 + H_2O$$

操作2：酸化還元反応によって，O_2 を除く。

$$2Cu + O_2 \longrightarrow 2CuO$$

操作3：濃硫酸の吸湿性によって H_2O を除く。

▶ウ　問イの実験で得た気体中の Ar の体積百分率を x〔%〕とすると，体積百分率は物質量の比に比例するので，Ar が混じった混合気体の平均分子量は

$$28.0 \times \frac{100-x}{100} + 39.9 \times \frac{x}{100}$$

平均分子量は密度に比例するので

$$\frac{28.0 \times \dfrac{100-x}{100} + 39.9 \times \dfrac{x}{100}}{28.0} = \frac{100.476}{100}$$

$$x = 1.12 \fallingdotseq 1.1 〔\%〕$$

空気中の Ar は，空気中の体積百分率が 78.0% である N_2 に対して 1.12%であるから，Ar の空気中の体積百分率を y〔%〕とすると

$$\frac{y}{78.0 + y} \times 100 = 1.12 \qquad y = 0.883 \fallingdotseq 0.88 〔\%〕$$

▶エ　Fe は高温の水蒸気 H_2O と反応する。そのとき，分子量の小さい H_2 を発生するため，混合気体の密度が小さくなる。Fe は Fe_3O_4 になる。

▶オ　この反応は N_2 の実験室的製法である。NH_4NO_2 は，NH_4^+ と NO_2^- からなるイオン結晶である。

▶カ　還元反応の $CO_2 + 2H^+ + 2e^- \longrightarrow HCOOH$ では，C の酸化数が $+4 \rightarrow +2$ に変化し，酸化反応の $2H_2O \longrightarrow 4H^+ + O_2 + 4e^-$ では，O の酸化数が $-2 \rightarrow 0$ に変化している。全体の反応は，$2CO_2 + 2H_2O \longrightarrow 2HCOOH + O_2$ である。

◆II　▶キ　HCN，NO_2^- の構造式は，それぞれ $H-C\equiv N$，$[O-N=O]^-$ と考えられるから，それに則した電子式を書けばよい。

▶ク　HCN，NO_2^-，NO_2^+，O_3，N_3^- の電子式を下線部④の考え方に基づいて書くと次のようになる。

HCN　　　　NO_2^-　　　　　　　　　NO_2^+　　　　　　　O_3　　　　　N_3^-

$$H\colon C\vdots\vdots N\colon \quad \left[\overset{\ddot{N}}{\underset{\ddot{O}\;\;\;\ddot{O}}{}}\right] \quad \left[\ddot{O}\colon\colon N\colon\colon O\right]^{+} \quad \overset{\ddot{O}}{\underset{\ddot{O}\;\;\;O}{}} \quad \left[\ddot{N}\colon\colon N\colon\colon\ddot{N}\right]^{-}$$

このとき，中心の原子が3組または4組の電子対をもっていると屈曲した結合状態になり，2組の電子対だと直線形になる。したがって，HCN，NO_2^+，N_3^- が直線形である。

▶ケ　CO_2 の単位格子のC原子に着目すると，面心立方格子形に配置されていることがわかる。

▶コ　結晶構造のように，原子間の距離が小さいときには，電気陰性度の影響を受ける。

3　解答

I　ア　第一反応：$Na_2CO_3 + HCl \longrightarrow NaHCO_3 + NaCl$

　　第二反応：$NaHCO_3 + HCl$

$$\longrightarrow NaCl + CO_2 + H_2O$$

イ　a．$\dfrac{[H^+][HCO_3^-]}{[H_2CO_3]}$　　b．$\dfrac{[H^+][CO_3^{2-}]}{[HCO_3^-]}$

　　c．$[H_2CO_3] + [HCO_3^-] + [CO_3^{2-}]$

　　d．$[Na^+] + [H^+] = [HCO_3^-] + 2[CO_3^{2-}] + [OH^-]$

　　e．$\sqrt{K_1 K_2}$　　f．8.34

ウ　炭酸ナトリウム：炭酸水素ナトリウム：水和水＝1：1：2

エ　10.33

オ　酸を微量加えた場合：次の反応により H^+ 濃度の増加が抑制されるから。

$$HCO_3^- + H^+ \longrightarrow H_2CO_3$$

塩基を微量加えた場合：次の反応により OH^- 濃度の増加が抑制されるから。

$$H_2CO_3 + OH^- \longrightarrow HCO_3^- + H_2O$$

II　カ　1.00 L のマグマに含まれる1.00％の水が水蒸気に変化することから，生じた H_2O（気）の体積 V〔L〕は，理想気体の状態方程式および

東京大-理科前期　　　　　　　　　　　　　　　　2020 年度　化学〈解答〉　*91*

$H_2O = 18.0$ より

$$8.00 \times 10^7 \times V = \dfrac{1.00 \times 2.40 \times 10^3 \times \dfrac{1.00}{100}}{18.0} \times 8.31 \times 10^3 \times (1047 + 273)$$

$V = 0.182 \fallingdotseq 0.18 \,〔\mathrm{L}〕$　……(答)

キ　0.85 倍

ク　式 1 の正反応の熱化学方程式を次のようにおく。

　　SO_2（気）$+ 3H_2$（気）$= H_2S$（気）$+ 2H_2O$（気）$+ Q\,\mathrm{kJ}$

各成分の生成熱を表す熱化学方程式は次のとおり。

　　S（固）$+ O_2$（気）$= SO_2$（気）$+ 296.9\,\mathrm{kJ}$　……①

　　H_2（気）$+ S$（固）$= H_2S$（気）$+ 20.2\,\mathrm{kJ}$　……②

　　H_2（気）$+ \dfrac{1}{2}O_2$（気）$= H_2O$（液）$+ 285.8\,\mathrm{kJ}$　……③

　　H_2O（液）$= H_2O$（気）$- 44.0\,\mathrm{kJ}$　……④

－①＋②＋③×2＋④×2 より

　　$Q = -296.9 + 20.2 + 285.8 \times 2 - 44.0 \times 2 = 206.9\,〔\mathrm{kJ}〕$　……(答)

ケ　g．発熱　h．正　i．増加　j．逆

コ　表 3 － 1 の値から，H_2S が少なく SO_2 が多いことがわかる。したがって，式 1 の正反応が進行しても SO_2 が残存しており，これが生成する H_2S と反応するため。

硫黄析出の反応式：$2H_2S + SO_2 \longrightarrow 3S + 2H_2O$

━━━━━━◀解　説▶━━━━━━

≪トロナ鉱石の分析と炭酸の電離平衡，火山ガスの反応とマグマの密度≫

◆I　▶ア　第一反応（$Na_2CO_3 + HCl \longrightarrow NaHCO_3 + NaCl$）の終点では，$NaHCO_3$ の加水分解（$HCO_3^- + H_2O \rightleftarrows H_2CO_3 + OH^-$）により，水溶液は弱い塩基性を示す。このため塩基性側に変色域をもつフェノールフタレインが指示薬として用いられている。

第二反応（$NaHCO_3 + HCl \longrightarrow NaCl + CO_2 + H_2O$）の終点では，生成する CO_2 により，水溶液は弱い酸性を示す。このため酸性側に変色域をもつメチルオレンジが指示薬として用いられている。

▶イ　第一反応の終点時の pH は 0.10 mol/L の $NaHCO_3$ 水溶液の pH に等しいから，こちらの pH を計算すればよい。

a・b. H_2CO_3 の二段階電離平衡の平衡定数は，それぞれ次のようになる。

$$K_1 = \frac{[H^+][HCO_3^-]}{[H_2CO_3]} \quad \cdots\cdots ①$$

$$K_2 = \frac{[H^+][CO_3^{2-}]}{[HCO_3^-]} \quad \cdots\cdots ②$$

c. $0.10\,mol/L$ の $NaHCO_3$ 水溶液では，まず次のように電離が生じる。

$$NaHCO_3 \longrightarrow Na^+ + HCO_3^-$$

このときの $[HCO_3^-]$ を $[HCO_3^-]_0$ と表すと，$[HCO_3^-]_0 = 0.10\,mol/L$ とみなせる。

その後，一部の HCO_3^- は加水分解および電離により，それぞれ H_2CO_3 および CO_3^{2-} に変化する。したがって，次の関係が成り立つ。

$$[Na^+] = [H_2CO_3] + [HCO_3^-] + [CO_3^{2-}] = [HCO_3^-]_0 = 0.10\,mol/L$$
$$\cdots\cdots ③$$

d. 次に，水溶液は電気的に中性であり，CO_3^{2-} が2価の陰イオンであることに注意すると，次の関係が成り立つことがわかる。

$$[Na^+] + [H^+] = [HCO_3^-] + 2[CO_3^{2-}] + [OH^-]$$

また，題意より，$[Na^+] \gg [H^+]$，$[OH^-]$ であるので，上記の式は次のように近似することができる。

$$[Na^+] = [HCO_3^-] + 2[CO_3^{2-}] \quad (= 0.10\,mol/L) \quad \cdots\cdots ④$$

e. 式③，④より

$$[H_2CO_3] = [CO_3^{2-}]$$

一方，式①，②より

$$[H_2CO_3] = \frac{[H^+][HCO_3^-]}{K_1}$$

$$[CO_3^{2-}] = \frac{K_2[HCO_3^-]}{[H^+]}$$

したがって

$$\frac{[H^+][HCO_3^-]}{K_1} = \frac{K_2[HCO_3^-]}{[H^+]}$$

$$[H^+]^2 = K_1 K_2$$

$$[H^+] = \sqrt{K_1 K_2}$$

f. $pH = -\log_{10}[H^+] = -\frac{1}{2}\log_{10}K_1K_2 = -\frac{1}{2}(\log_{10}K_1 + \log_{10}K_2)$

$$= -\frac{1}{2}(-6.35 - 10.33) = 8.34$$

▶ウ 与えられたトロナ鉱石が含む Na_2CO_3（式量 106）および $NaHCO_3$（式量 84.0）の物質量を，それぞれ x〔mol〕，y〔mol〕とする。第一反応では，Na_2CO_3 と HCl の物質量は等しいから

$$x = \frac{1.00 \times 20.0}{1000} = 2.00 \times 10^{-2} \text{〔mol〕}$$

第二反応では，第一反応で生じた $NaHCO_3$ を中和するのに第一反応と同量の HCl が必要である。そのため，もともとトロナ鉱石に含まれていた $NaHCO_3$ の中和に用いられた HCl は，$40.0 - 20.0 = 20.0$〔mL〕である。

$$y = \frac{1.00 \times 20.0}{1000} = 2.00 \times 10^{-2} \text{〔mol〕}$$

したがって，このトロナ鉱石が含む水和水（$H_2O = 18.0$）の質量は

$$4.52 - (106 \times 2.00 \times 10^{-2} + 84.0 \times 2.00 \times 10^{-2}) = 0.72 \text{〔g〕}$$

よって，求める物質量の比は

$$x : y : H_2O = 2.00 \times 10^{-2} : 2.00 \times 10^{-2} : \frac{0.72}{18.0} = 1 : 1 : 2$$

▶エ 炭酸ナトリウムおよび炭酸水素ナトリウムは水溶液中で次のように電離する。

$$Na_2CO_3 \longrightarrow 2Na^+ + CO_3^{2-} \quad \cdots\cdots ①$$

$$CO_3^{2-} + H_2O \rightleftharpoons HCO_3^- + OH^- \quad \cdots\cdots ②$$

$$NaHCO_3 \longrightarrow Na^+ + HCO_3^- \quad \cdots\cdots ③$$

$$HCO_3^- \rightleftharpoons H^+ + CO_3^{2-} \quad \cdots\cdots ④$$

問ウより，トロナ鉱石中の Na_2CO_3，$NaHCO_3$ の物質量は等しく，②，④の電離は無視できる。したがって

$$K_2 = \frac{[H^+][CO_3^{2-}]}{[HCO_3^-]} \fallingdotseq [H^+]$$

よって，水溶液の pH は

$$pH = -\log_{10}[H^+] = -\log_{10}K_2$$

$$= 10.33$$

▶オ H_2CO_3，HCO_3^-，CO_3^{2-} による緩衝作用を考えればよい。pH = 7

94 2020年度 化学〈解答〉　　　　　　　　　　東京大-理科前期

付近では，K_1，K_2 の電離定数より

$$K_1 = \frac{10^{-7} \times [HCO_3{}^-]}{[H_2CO_3]} = 10^{-6.35} \qquad [HCO_3{}^-] \fallingdotseq [H_2CO_3]$$

$$K_2 = \frac{10^{-7} \times [CO_3{}^{2-}]}{[HCO_3{}^-]} = 10^{-10.33} \qquad [CO_3{}^{2-}] \ll [HCO_3{}^-]$$

よって，比較的高濃度の $[HCO_3{}^-]$，$[H_2CO_3]$ をもとに，緩衝作用を説明すればよい。

◆Ⅱ　▶カ　理想気体の状態方程式を用いる前に，必要な量をそろえることが大事である。

▶キ　水蒸気が発生する前のマグマの体積は $1.00\,L$ であり，水蒸気が発生することでその体積は $1.00 + 0.18 = 1.18\,(L)$ になったとみなせる。水蒸気発生の前後でマグマ総体の質量は変化しないから，求める値は

$$\frac{1.00}{1.18} = 0.847 \fallingdotseq 0.85 \text{ 倍}$$

▶ク　水の蒸発熱を考慮する必要がある。

▶ケ　ルシャトリエの原理に基づいて考えればよい。

▶コ　圧力の低下によって火山ガスが発生する状況では，H_2O（気）が多くなるので平衡は左に移動し，SO_2 が H_2S より多くなると考えられる。しかし，火山ガスが地表に噴出されると急激な温度低下が生じ，今度は式1の平衡が右に移動することになり，H_2S の増加を招く。そのため SO_2 との反応により単体の硫黄が析出すると考えられる。

❖講　評

　大問3題でそれぞれがⅠ，Ⅱに分かれており，実質6題の出題であった。試験時間は2科目で150分と変化がなかった。

　1　Ⅰ　未知物質として，グルコースとフェノール類がグリコシド結合した目新しい化合物が取り上げられた。そのことで戸惑った受験生がいたかもしれない。しかしながら，ア，イ，ウ，エは標準的な問題で，未知物質の構造がわからなくとも解答可能であり，普段の学習で十分に対応できただろう。オは，化合物Cの酸化物が分子内で水素結合をすることから，ヒドロキシ基とカルボキシ基の位置関係を推測する必要があった。カはやや難で，与えられた酵素Ｘとｙの特性（基質特異性）から，

化合物 B と C が β-グリコシド結合をしている点を読み取ることが求められており，その可否がポイントであった。

Ⅱ　まず，ヨードホルム反応全体の理解が必要であった。CHI_3 の生成だけでなく，カルボン酸のナトリウム塩が生成するところまで求められた。クとケでは，実験 2 から，J がジカルボン酸であることを導き，そのことから分子量の関係を用いて J と高分子 H の構造式を推測する必要があった。また，実験 1 だけでは，G や K の構造式を得ることはできないことが，スムーズな解答を困難にしている。すなわち，$NaHCO_3$ を用いた中和反応から K の分子量を推測し，J の構造式と比較することで，矛盾のない推測の展開が可能になる。その結果から，実験 3 の一連の反応をたどることができる。そして，サはヨードホルム反応に戻ることで解答可能となる。Ⅱは全体としてやや難の問題であった。

2　Ⅰ　レイリーとラムゼーによる Ar の発見に題材をとった問題であった。イは，標準的な問題であるが，化学に関する基礎的な力量が問われている。ウは，体積百分率と物質量比，平均分子量と密度の関係などがあやふやであると混乱したのではないだろうか。エでは，鉄と高温の水蒸気との反応で H_2 と Fe_3O_4 が生成することの知識が求められた。また，H_2 の発生が，気体の密度にどのように影響するかの理解も必要であった。カは，普段扱わない酸化還元反応であり，反応式の作り方についての丸暗記的対応では解答できなかった。ア，オは確実に得点しておきたい。

Ⅱ　キは，オクテット則をもとに電子式を考えればよかった。クは，電子式によって分子やイオンの立体構造を推測する問題であった。鎖状の 3 原子分子やイオンでは，中心の原子の共有電子対と非共有電子対が合計何組であるかで，直線性についての判断が可能であることに気づくと比較的容易であった。目新しいイオンが扱われたが，配位結合も含めてオクテット則を満たすもののみを扱う配慮が見られた。ケ，コは CO_2 の分子結晶を扱う目新しい出題であったが，内容的には標準的であり困難はなかったものと思われる。ケでは，最も近くにある炭素原子の具体的な位置関係がわかればよい。コでは，電気陰性度が大きなヒントとなった。

3　Ⅰ　トロナ鉱石という目新しい物質が扱われたが，与えられた文

章中の説明で十分に理解可能であり，問題はなかっただろう。炭酸の二段階電離のもと，各成分の量的関係，電気的中性をどのように表現するか，さらにそれらの関係を用いて水溶液の pH を求めるところが最大のポイントであった。また，イでは，考えている水溶液の pH を別な水溶液の pH で求めるものなど，問題文をしっかり読んでいないと解答方針を間違えそうな問題が見られた。近似計算も重要な要素であった。オの血液の緩衝作用については，聞いたことがあったのではないだろうか。ア，ウ，オは確実に得点したい。

Ⅱ　火山活動におけるマグマの上昇に伴う火山ガスの発生およびその噴出をテーマとした出題であった。カは，マグマから発生した水蒸気の体積を求める問題であったが，与えられた図をもとに具体的なイメージを描くことができると取り組みやすかっただろう。キは，普段なじみのない液体と気体の混合した状態へ密度という考えを当てはめるものであるが，これも体積増加という具体性をもとに取り組めばよかった。ク，ケは，熱化学に関する問題で比較的取り組みやすかったと思われる。コは，与えられた表のデータをもとに，平衡移動が生じたときに生じる現象をイメージすることが求められた。理論の具体的なものへの適応力が求められるということであろう。

東京大-理科前期   2020 年度 化学〈解答〉 *97*

───────── 「化学」の出題の意図（東京大学 発表）─────────

　化学は，私たちの身の回りに存在する様々な物質を理解するための基礎
をなす教科です。物質を理解することが，科学分野全般の基盤となること
から，化学はときに「セントラルサイエンス」と呼ばれています。物質を
理解するためには，化学に関する基本的知識を身につけるとともに，それ
らを論理的に組み合わせて総合的に理解し，表現することが重要です。本
年度の化学の出題では，下記の様な三つの大問を通じて，化学に関する基
礎能力と論理的思考力を評価することにしました。

第1問

　天然に存在する植物由来の配糖体や高分子化合物は，医薬品の原料や
工業原材料として利用されています。これらの有機化合物の変換反応や
化学量論に関する基礎的な理解力と論理的思考力を評価します。

第2問

　無機化学に関する様々な項目（無機物質の性質，化学結合，化学反応，
分子や結晶の構造）の本質を見抜く力，および無機物質がかかわる化学
現象を論理的かつ総合的に考察する力を問うことを意図しています。

第3問

　化学における2つの現象（溶液中の電離平衡，および，気体の性質と
化学平衡）を論理的かつ総合的に考察する力を問うことを意図していま
す。

98 2020 年度　生物〈解答〉　　　　　　　　　　　　　　　東京大-理科前期

生物

1 **解答** Ⅰ A 1．フレーム（読み枠）　2．同義置換
　　　　　　　B　あ－き

C　(1)・(2)・(4)

D　2・6

E　選択肢：1)

理由：b，cでは3塩基の欠失なので，1個のアミノ酸が欠失するだけでそれ以降は同じアミノ酸配列が継続するため，タンパク質の大きさに変化はほぼない。一方，aではフレームシフトにより，dでは塩基の置換によって，終止コドンが出現するため，合成されるタンパク質は小さくなる。

Ⅱ F (2)

G　基質特異性

H　リガンド

Ⅰ (1)・(3)

J　アミノ酸の置換により，リン酸化活性部位の立体構造が変化し，リン酸化活性は維持されたまま分子標的薬Qが結合できなくなった。

K　4個

L　3

━━━━━━━━ ◀解　説▶ ━━━━━━━━

≪相互転座による融合遺伝子のはたらき，遺伝子発現，がん治療の分子標的薬≫

◆Ⅰ

　染色体の数や構造に変化を与える一例として染色体相互転座がある。これは2つの異なる染色体の一部が入れ替わることで，別々の染色体に存在していた遺伝子XとYがつながり，融合遺伝子X-Yができるもので，ここから転写・翻訳してできるX-Yタンパク質によって細胞のがん化が生じる。

▶A　突然変異には，DNAの塩基配列に変異が生じる遺伝子突然変異と，染色体の数や構造に変異が生じる染色体突然変異がある。遺伝子上で塩基

の挿入や欠失が起こると，フレーム（読み枠）がずれてアミノ酸配列が変化する。塩基の置換には，アミノ酸配列の変化を伴わない同義置換と，アミノ酸配列の変化を伴う非同義置換がある。

▶B　融合遺伝子X－Yを検出するためには染色体の転座が起こっている部分を調べればよい。図1－2のXの4番目のエキソンとYの2番目のエキソンが途中で切れた後に融合することで融合遺伝子X－Yができるので，この部分を狭むように設計されたプライマーの組み合わせが最も優れたものとなる。よって，プライマー「あ」とプライマー「き」の組み合わせとなる。

▶C　不適切なものを選択する点に注意する。

(1)　融合遺伝子1には遺伝子Xと遺伝子Yに由来するエキソンがそれぞれ1個以上あって，かつ合計が8個以上あるが，がん化能力がないので，不適切である。

(2)　融合遺伝子1からは予想サイズのタンパク質が発現しているため，転写・翻訳が起きている。したがって，不適切である。

(3)　エキソンY10とY11のない融合遺伝子2はがん化能力があるので，この部位はがん化に必要はないと判断できる。したがって，適切である。

(4)　融合遺伝子4からは予想サイズのタンパク質が発現しているので，RNAポリメラーゼによる転写は正常に起きている。したがって，「Y2とY7の間で，RNAポリメラーゼによる転写が停止する」という考えは不適切である。

(5)　リン酸化活性がないのは融合遺伝子4だけであるから，含まれるエキソンの違いを他の融合遺伝子と比較していけばよい。融合遺伝子4ではエキソンY3からY6が特異的に欠失しているので，この部位がリン酸化活性に必要な領域と判断できる。したがって，適切である。

▶D　問Bで選択したプライマーは，遺伝子XのエキソンX4と遺伝子YのエキソンY3に結合するものである。

　選択肢番号1～3について，融合遺伝子1～3はエキソンX4とY3を含んでいるため，プライマー「あ」とプライマー「き」が結合して予想サイズのPCR産物が得られる（陽性対照となる）。ところが，融合遺伝子4はエキソンY3がないため，予想サイズのPCR産物が得られない（陰性対照となる）。よって，番号2が適切である。

選択肢番号 4 ～ 6 について，この問題は PCR の鋳型の組み合わせを選ぶ問題であるから，鋳型となるのは DNA であり，番号 4 のように RNA や，番号 5 のようにタンパク質を用いるのは不適切である。よって，番号 6 が適切である。番号 6 について，融合遺伝子 X-Y の配列を持つ白血病細胞から抽出した DNA では，図 1－2 にあるようにプライマー「あ」とプライマー「き」が結合する箇所が存在するので予想サイズの PCR 産物が得られる（陽性対照となる）。逆に，融合遺伝子 X-Y の配列を持たないものでは，プライマー「あ」と「き」では増幅できないので予想サイズの PCR 産物は得られない（陰性対照となる）。

▶E　図 1－4 の塩基配列は DNA のセンス鎖のほうである。鋳型となる DNA（アンチセンス鎖）と記載されない限り，DNA の塩基配列はセンス鎖で示されることが多い。

それを確実に判断するためには代表的なコドンを知っておけばよい。AUG は開始コドンでありメチオニンを指定する。開始コドンの 3 番目の塩基が変化したものはすべてイソロイシンを指定する。また，終止コドンは UAA，UAG，UGA である。図 1－4 において，ATA や ATC がイソロイシンとあるので，この DNA はセンス鎖であることがわかる。コドンは本来 mRNA のトリプレットであるが，ここでは DNA のトリプレット（センス鎖）で表していくことにする。

融合遺伝子 5 から発現するタンパク質は，図 1－3 に示された融合遺伝子 3 から発現するタンパク質より小さいことから，X4 と Y2 のつなぎ目に起こった変異によって終止コドンが出現し，短いポリペプチド鎖が合成されたと考えられる。

a　1 塩基の欠失によりフレームシフトが起こり終止コドン TAA が出現する。

b・c　3 塩基の欠失なのでアミノ酸数 1 個が少なくなる。

d　1 塩基の置換により終止コドン TAG が出現する。

したがって，大きな変異が起こるのは a，d なので選択肢 1 ）が正解。

◆II

融合遺伝子 X-Y によって発症する白血病の治療には分子標的薬 Q が用いられる。分子標的薬 Q が X-Y 融合タンパク質のチロシンリン酸化活性（リン酸化活性）部位に結合し，その機能を阻害する。正常な Y タンパク

質のリン酸化活性部位は全く異なる構造をしているので，分子標的薬Ｑは
Ｘ－Ｙ融合タンパク質にのみ作用する。

　分子標的薬Ｑは，消化管にできるＳタイプのがん治療にも効果がある。
がんＳではＲ遺伝子が変異し，Ｒタンパク質が異常な構造に変化し，リガ
ンド非依存的に活性化される。

▶Ｆ　分子標的薬とは，その病気の細胞に特異的に発現する特徴を分子や
遺伝子レベルでとらえて特定の分子だけをターゲットとし，より効果的に
治療することを目的とした治療薬である。

　これまでの抗がん剤は，がん細胞そのものを標的としたものではなく，
がん細胞の特徴である，盛んに分裂をくり返して増殖している細胞を攻撃
する薬であった。このため，正常な細胞であっても分裂が盛んな骨髄の細
胞なども攻撃の対象となり，副作用も多く出てしまうというデメリットが
あった。分子標的薬を用いると，がん細胞が持っている特定の分子（核酸
やタンパク質）をターゲットとして，その部分だけに作用するので副作用
が少なくなる。以上より，⑵が適切である。

⑴　RNAポリメラーゼはがん細胞だけでなく，正常細胞においてもはた
らいているので分子標的薬とはならず，不適切。

⑶　分子標的薬は核酸やタンパク質にはたらくもので，「表面を物理的に
覆い固める」ものではないため，不適切。

⑷　がん細胞で変異しているものには細胞表面の受容体もあれば，細胞内
に存在する受容体もあり，また核酸である可能性もあるので，不適切であ
る。

⑸　分子標的薬が結合する際，標的分子の大きさは特に問題にならないの
で，不適切である。

▶Ｇ　酵素は特定の立体構造を持つ基質だけに作用する。この性質を酵素
の基質特異性と呼ぶ。

▶Ｈ　受容体に特異的に結合する物質を一般にリガンドと呼ぶ。リガンド
は比較的低分子の物質で，受容体に結合して影響を及ぼすことで生体内の
情報伝達を担う。リガンドとなるのは，ホルモンや神経伝達物質などであ
る。

▶Ｉ　不適切なものを２つ選ぶ点に注意する。

⑴　リード文に「がんＳでは，Ｒという遺伝子に変異が見られる。……Ｒ

遺伝子に変異が起こった結果，がんSではRタンパク質が異常な構造に変化して……」とある。X-Y白血病細胞が消化管の細胞を誤って攻撃して遺伝子Rの変異が誘導されたのではなく，正常な遺伝子Rが突然変異を起こした結果と考えられるので，不適切。

(2) リード文に「分子標的薬QがX-Y融合タンパク質のチロシンリン酸化活性（……）部位に結合し，その機能を阻害する」とある。すなわち，リン酸化活性部位との結合力を高めると，より治療効果の高い分子標的薬をつくることができると考えられるので，適切。

(3) 遺伝子Rに変異がないとき，発生部位ががんSと同じく消化管であったとしても，例えばその病気の原因となるタンパク質がRタンパク質のリン酸化活性部位と類似の構造を有しているとは限らず，分子標的薬Qが効果を持つかどうかはわからないので，不適切。

(4) 分子標的薬Qがはたらくので，がんSで見られる変異Rタンパク質のリン酸化活性部位はX-Y融合タンパク質のリン酸化活性部位と類似した構造を持っていると考えられ，適切。

　なお，消化管がんとは，食べ物を消化するための通り道である食道・胃・小腸・大腸の中にできる固形がんを指す。

▶J　分子標的薬Qが効かなくなったのは，アミノ酸の置換によって，チロシンリン酸化活性部位の立体構造が変化し，分子標的薬Qが結合できなくなったためである。ただし，リード文にあるように，がんSではRタンパク質が異常な構造に変化しているが，リガンド非依存的に活性化されることから，構造は変化してもリン酸化活性は保たれている。

▶K　最初にあった細胞数を a 個とすると，4日毎に2倍になるので28日後には 2^7 倍になっている。

よって　　$a \times 2^7 = 500$　　$a = \dfrac{500}{2^7} \fallingdotseq 3.90$

小数第一位を四捨五入した整数で答えるので　　4個

▶L　X-Y白血病細胞約100万個は，分子標的薬Qにより3日毎にその数が10分の1になる。この中でアミノ酸の置換を持つ，分子標的薬Qの影響を受けない細胞は0日目に4個存在し，4日毎に2倍になっていく。わかっているのは，0日目での細胞数100万個，28日目には500個ということである。分子標的薬Qの影響を受けない細胞が当初4個あるので，

東京大-理科前期   2020 年度　生物〈解答〉　*103*

影響を受ける細胞は 999,996 個ということになるが，これは 100 万個として扱う。

　以下に，分子標的薬 Q の影響を受ける細胞と，影響を受けない細胞，およびそれらをあわせたすべての細胞についてのおおよその数を示す。

日数	0	3	4	6	8	9	12	15	16
Q の影響を受ける細胞数	100 万	10 万	…	1 万	…	1000	100	10	…
Q の影響を受けない細胞数	4	…	8	…	16	…	32	…	64
総細胞数	100 万	10 万	…	1 万	…		132	…	…

総細胞数は 0 日目から 12 日目程度までは指数関数的に減少してきて，それ以降 15 日目にかけて最小となり，その後は再び増加に転じることになる。これを満たす図は 3 である。

2　解答

I　A　与える前─(2)　(6)　　与えた後─(4)

　B　マメ科植物のアカツメクサは共生する根粒菌の窒素固定により窒素が供給されるので，リン酸が欠乏したときのみ菌根菌から得るが，ソルガムは，土壌中の無機塩類が不足した場合，リン酸も窒素も菌根菌から得るため。

C　ストライガの種子の近くに宿主の根があるときだけ種子が発芽する。

D　ストライガの発芽を誘導する活性：ストライガの発芽を誘導する活性を高めることで，宿主が存在しない環境でストライガを高い確率で発芽させることができれば，ストライガは宿主に寄生することができず，効率的にストライガを枯死させることができる。

菌根菌を誘引する活性：菌根菌を誘引する活性を低くすることで，土壌中に残っているこの類似化合物と宿主の根が分泌する化合物 S との競合を弱め，菌根菌を効率よく根に定着させることができる。

Ⅱ　E　アブシシン酸の作用で気孔が閉鎖し，葉からの蒸散量の減少に伴い気化熱が減少したため。

F　(6)

G　アブシシン酸濃度が高いと，タンパク質 Y のアブシシン酸の作用を抑制する活性が低下するが，タンパク質 X はアブシシン酸濃度が高くても活性が高いまま維持される。

104 2020 年度　生物〈解答〉　　　　　　　　　　　　　東京大-理科前期

H　最も早く葉の光合成活性が低下したのは，タンパク質Yのはたらきを
欠失させたシロイヌナズナ変異体である。この変異体では，気孔が早い段
階で閉じ，二酸化炭素の取り込みが低下するため，光合成活性が低下する。
最も早く萎れるものは，タンパク質Xを過剰発現させたシロイヌナズナの
形質転換体である。この形質転換体は，水の供給を制限した後も葉の表面
温度が上昇しないことから蒸散を継続的に続けていると考えられ，これに
より水分不足で萎れる。

━━━━ ◀解　説▶ ━━━━

≪寄生植物ストライガの防除，菌根菌と植物の相互作用，気孔の開閉とア
ブシシン酸≫

◆I

　ソルガムやトウモロコシは土壌中の無機塩類が欠乏した環境において，
菌根菌を根に定着させる。菌根菌は，吸収したリン酸や窒素の一部をソル
ガムやトウモロコシへ与える代わりに，光合成産物由来の糖や脂質を受け
取る。ストライガは，自身でも光合成を行うが，成長のためには宿主への
寄生が必要となる。宿主となるのはソルガムやトウモロコシであるが，こ
の宿主の持つ特有の性質を巧みに利用してストライガは寄生する。

▶A　リン酸が欠乏している場合，ソルガムは菌根菌からリン酸の供給を
受ける。一方，菌根菌はソルガムから光合成産物に由来する糖や脂質の供
給を受ける。両者は互いに利益を受け取る相利共生の関係にある。

　リン酸が土壌中に十分に存在する場合は，ソルガムはリン酸を菌根菌に
頼らず根から自身で獲得できる。一方，菌根菌に対して糖や脂質を与え続
けるので，菌根菌だけが利益を受け，ソルガムは不利益を受ける寄生の関
係となる。よって，リン酸を与える前は相利共生の関係，与えた後は寄生
の関係となるものを選べばよい。

(1)　ゾウリムシとヒメゾウリムシを混合飼育した場合，食物となる細菌を
奪い合う種間競争が起きる。

(2)　シロアリは，腸内に生息する微生物がセルロースやリグニンを分解し
た産物を栄養源として利用する。シロアリは微生物に生活空間を供給する
ので，相利共生の関係になる。

(3)　カクレウオはナマコの腸内を隠れ家として利用することで外敵から身
を守るという利益を得る。一方，ナマコはカクレウオが入り込むことで利

益を受けるわけでもなく，不利益を受けるわけでもない。このような関係を片利共生という。

(4) イヌは吸血ダニが付着することで血を吸われるという不利益を受ける。ダニの方はイヌの血を吸えるという利益を受けるので，寄生の関係になる。

(5) ハダニは被食される側で，カブリダニは捕食する側なので，被食―捕食関係になる。

(6) アブラムシはアリによってテントウムシなどの天敵から守ってもらう。一方，アブラムシの排泄物には多量の糖分が含まれていてそれをアリはもらうという，互いに利益を受け合う相利共生の関係になっている。

▶B　ソルガムは，菌根菌を根に定着させる過程の初期において化合物Sを土壌中に分泌し，菌根菌の菌糸を根に誘引する。アカツメクサはマメ科植物で，共生する根粒菌の窒素固定によって窒素を得ることができるので，リン酸の欠乏時だけ菌根菌の誘引が必要である。ソルガムはリン酸と窒素の供給を土壌に依存しているため，どちらが不足した場合でも菌根菌の誘引が必要となる。

▶C　化合物Sは，不安定で壊れやすく，土壌中を数 mm 拡散する間に短時間で消失するという性質がある。ストライガが宿主から遠くにあった場合，宿主から分泌される化合物Sがストライガに達する前に分解されるため誘引の効果はない。したがって，ストライガの種子は宿主となる植物が近傍にあったときに発芽することで，枯死する前に寄生できるという点で有利にはたらく。

▶D　ストライガの種子は土壌中に数十年休眠することが可能で，化合物Sを感知して発芽する。問われているのは，作物を栽培していない時期にストライガを枯死させるために化合物Sではなく，類似化合物を用いてストライガを効率よく，より確実に枯死させるにはどうしたらよいかということである。このとき，類似化合物の活性を化合物Sの持つ『ストライガの発芽を誘導する活性』と「菌根菌を誘引する活性」という側面からどのように改良するかを考える。

　ストライガは発芽しても寄生できないと枯死するので，宿主となる植物が存在しない時期にストライガの発芽を誘導する活性を高めることで，確実に枯死させることができる。

　改変した化合物Sの類似化合物は本来の化合物Sと比べて安定性が高く，

作物を栽培している時期にも残っている。このとき，菌根菌を誘引する活性が高いと，宿主の根が分泌する化合物Sと競合してしまい，根に菌根菌が効率的に定着できなくなる。これを回避するために菌根菌を誘引する活性は低くする必要がある。

◆Ⅱ

　ストライガは蒸散速度を宿主より高くすることで自身に向かう水分の流れをつくり，宿主から水分を奪う。多くの植物では，土壌が乾燥するとアブシシン酸が合成されて気孔が閉鎖される。しかし，ストライガではタンパク質Xにより気孔が開いたまま維持される。タンパク質Xは，陸上植物に広く存在するタンパク質Yのアミノ酸の変異で生じたものである。シロイヌナズナを用いて，タンパク質Xとタンパク質Yの性質を調べた。

▶E　アブシシン酸を投与すると，その作用で気孔が閉じ蒸散速度が低下する。その結果，気化熱が奪われにくくなり葉の表面温度が上昇した。

▶F　実験1より野生型の個体ではアブシシン酸を投与すると葉の表面温度が上昇しているが，タンパク質Xを過剰発現させた形質転換体ではアブシシン酸を投与しても葉の表面温度が低いままである。このことから，タンパク質Xが過剰発現すると，アブシシン酸の作用が抑制され，気孔が閉鎖されなくなることが推測される。

　実験2の図2－4から野生型のシロイヌナズナでは，水の供給を制限した場合2日目の葉の表面温度は18℃であったが，6日目には22℃まで上昇し，安定する。

　タンパク質Xを過剰発現させた形質転換体では，葉の表面温度は実験期間を通して18℃で変化は見られない。タンパク質Yを過剰発現させた形質転換体では，野生型のものより1日遅く葉の表面温度の上昇が見られ，タンパク質Yのはたらきを欠失させた変異体では，野生型のものよりも1日早く葉の表面温度の上昇が起きている。

　このことから，タンパク質Yは蒸散量低下までの日数を長くするように作用すると考えられる。つまり，タンパク質Xと同じようにアブシシン酸のはたらきを抑制することで，気孔閉鎖までの時間を長くし，葉の表面温度の上昇を抑制していると考えられる。これを満たす選択肢は(6)である。

▶G　リード文に「ストライガでは，タンパク質Xのはたらきにより，気孔が開いたまま維持される」とある。このことから，タンパク質Xは体内

のアブシシン酸濃度が上昇してもその活性が高いままに維持されることがわかる。一方，リード文には「タンパク質Yは，体内のアブシシン酸濃度の上昇に応じ，その活性が変化する」ともある。このことは，タンパク質Yはアブシシン酸濃度が上昇すると，アブシシン酸の作用を抑制する活性が低下することを示している。

▶H　最も早く葉の光合成活性が低下するのは，最も早くCO_2の取り込みが低下する個体である。アブシシン酸の作用で気孔が最も先に閉鎖するものを考えればよい。つまり，葉の表面温度が早い段階で上昇した個体が，植物体内へのCO_2の取り込みが低下した個体である。よって，タンパク質Yのはたらきを欠失させたシロイヌナズナの変異体である。

　最も早く萎れるのは，体内の水分が少ない状態でも気孔を閉じず蒸散を続けている個体である。タンパク質Xを過剰発現させた形質転換体は水分の供給を制限した場合でも葉の表面温度が上昇しないので，この個体が最も早く萎れると考えられる。

3　解答

I　A　(2)
　B　(1)二胚葉性　(2)三胚葉性　(3)三胚葉性　(4)三胚葉性　(5)二胚葉性　(6)三胚葉性
C　旧口動物では原口がそのまま口になるのに対し，新口動物は原口またはその付近が肛門になり，反対側に口ができる。
D　棘皮動物の幼生段階では左右相称の体制であるが，成体になるときに変態して五放射相称となる。
II　E　(ア)―2・3・4　(イ)―1　(ウ)―4　(エ)―1　(オ)―2
F　新口動物では原口が陥入して原腸の先端部に口が形成され，原口またはその付近が肛門となる。珍渦虫が他の新口動物と違って口を持ち肛門がないのは，原口が後に塞がれることになるからである。
III　G　(1)
H　(4)
I　動物門：刺胞動物門
理由：ガストレアは，図3－3から原腸胚のように外胚葉と内胚葉の分化は見られるが，中胚葉は未分化で，口と肛門の区別が見られず，放射相称の体制をもつ刺胞動物門が最も近いと考えられる。

108 2020 年度　生物〈解答〉　　　　　　　　　　　　　　　　東京大-理科前期

━━━━◆解　説▶━━━━━━━━

≪動物の発生と系統，珍渦虫と無腸動物，生物の進化≫

◆Ⅰ

　動物が進化して多様性を獲得した過程を理解する上では現生の動物の系統関係を明らかにすることは重要である。動物進化における重要な事象として，多細胞化，口（消化管）の獲得，神経系・体腔の獲得，左右相称性の進化，旧口／新口動物の分岐，脱皮の獲得，脊索の獲得などが挙げられる。

▶A　最も簡単にわかるのは，　4　と　5　である。節足動物と線形動物は脱皮を行う脱皮動物である。残りの旧口動物は冠輪動物である。よって，選択肢の(1)と(2)が残る。　2　と　3　を見ると，左右相称動物か体腔の獲得のいずれかが入ることがわかる。　2　ではあるが，　3　ではない動物に珍無腸動物がある。この動物についての手がかりはⅡのリード文の下線部(エ)に「珍渦虫と無腸動物は近縁であり（珍無腸動物），これらは左右相称動物の最も初期に分岐したグループである」とあるので，　2　には左右相称動物が入り，　3　には体腔の獲得が入る。体腔は三胚葉性動物に見られる体内の腔所である。ただし，扁形動物では中胚葉によって体腔がすべて埋め尽くされているので無体腔となる。体腔は，中胚葉で囲まれた真体腔，中胚葉が発達しないため胞胚腔が残る偽体腔に分かれる。　1　には選択肢の組み合わせから放射相称動物が入る。

　放射相称と左右相称であるが，相称とは，動物をある面によって互いに鏡像的な等しい部分に分けられるものをいう。放射相称は，相称面が複数存在する体制をいう。一方，左右相称は，相称面が1つで，これによってからだが左右均等に分けられるものをいう。左右相称動物は，体軸において頭尾軸（前後軸），背腹軸，左右軸の3つの軸をもち，はう，穴を掘る，泳ぐなどの運動に適応している。また，放射相称動物の多くは，固着するのに適応している。

▶B　後生動物のうち，刺胞動物と有櫛動物だけが二胚葉性動物で，他の動物は三胚葉性動物である。(1)イソギンチャクは刺胞動物で二胚葉性動物，(5)クシクラゲは有櫛動物で二胚葉性動物である。他の動物はすべて三胚葉性動物である。

▶C　旧口動物では，原腸胚期に生じる原口が口になり，肛門は後で形成

される。神経系は腹側，消化系は背側にできる。新口動物では，原腸胚期に生じる原口またはその付近に肛門ができ，口は後から形成される。神経系は背側，消化系は腹側にできる。

▶D　棘皮動物のウニやヒトデの発生過程を見ると，胞胚期で孵化し，ウニではプルテウス幼生，ヒトデではビピンナリア幼生を経て成体になる。これらの幼生は左右相称であるが，成体になるときに変態し五放射相称へと変化する。棘皮動物の成体は，放射相称であるものが多い。たとえば，ヒトデは外観も内部構造も中心から放射している。成体とは対照的に，棘皮動物の幼生は左右相称である。このことが他の証拠とともに，棘皮動物が刺胞動物のような放射相称動物と近縁ではないことを示している。刺胞動物は左右相称を示すことはない。

　かなり未知なことが問われている感じがするが，設問にある「発生過程を見るとよくわかる」というところから，棘皮動物の幼生が左右相称であることを述べ，成体へと変化するときに五放射相称へと変化することを述べればよいだろう。

◆Ⅱ

　近年の動物の系統関係はDNAの塩基配列情報に基づいて推定する分子系統解析が主流となっている。珍渦虫がどの動物門に属するかは謎であり，最初は扁形動物の仲間と考えられていた。1997年にDNAの塩基配列に基づく分子系統解析によって，珍渦虫は新口動物であるという知見が発表された。その後，扁形動物の一員とされていた無腸動物が珍渦虫に近縁であることが示され，珍無腸動物門が創設された。この動物門は旧口動物と新口動物が分岐するより前に出現した原始的な左右相称動物であるという新説が発表された。2016年に珍渦虫と無腸動物は近縁で，これらは左右相称動物の最も初期に分岐したグループであることが報告された。さらに2019年には珍無腸動物は水腔動物に最も近縁であるという分子系統解析の結果が公表された。

▶E　丁寧にリード文を読んでいけば正解に達する。問題の誘導にきちんと乗れるかどうかがポイントである。無腸動物と珍渦虫が別の動物門としてみなされる場合なのか，両者が統合されて珍無腸動物門としてみなされる場合なのかをきちんと区別して考える必要がある。

㋐　「珍渦虫は新口動物の一員である」という考えなので，旧口動物と新

口動物に分岐した後で，統合する前の無腸動物と珍渦虫が，または統合した後にできる珍無腸動物が分岐するものを考える。統合前のものでは4が，統合後のものでは2，3が適切である。

⑷ 「旧口動物と新口動物が分岐するよりも前に出現した」とあるので，最初に珍無腸動物が分岐した1が適切である。

⑷ 「珍渦虫と無腸動物は近縁でないとする」とあるので，両者が離れている4が適切である。

⑷ 「珍渦虫と無腸動物は近縁であり（珍無腸動物），これらは左右相称動物の最も初期に分岐した」とあるので，珍無腸動物をまず見つける。これが最も初期に分岐しているものとして1が適切である。

⑷ 「珍無腸動物は水腔動物（……）にもっとも近縁である」とあるので，珍無腸動物と水腔動物が最後に分かれている2が適切である。

▶F　新口動物では，発生過程で原口またはその付近が将来の肛門となり，その反対側に口が形成される。下線部⑺から珍渦虫は新口動物の一員であるならば，口と肛門を持つはずである。ところが，珍渦虫は，「口はあるが肛門はない」ため，消化管が形成された後に肛門が塞がってしまうことになる。この点が「不自然な発生過程をたどる」ということである。

◆Ⅲ

　　多細胞体が単細胞生物からどのような過程を経て進化してきたかに関する仮説として，ヘッケルの群体鞭毛虫仮説とハッジの多核体繊毛虫仮説が支持されている。ヘッケルの仮説では，単細胞の鞭毛虫類が集合して群体を形成し，多細胞の個体としてふるまうようになった。この仮想の祖先動物はガストレアと呼ばれる。ハッジの仮説では単細胞繊毛虫が多核化を経て多細胞化したとする。近年の分子系統学的解析から，後生動物が単系統であることなどから，ヘッケルの群体鞭毛虫仮説が有力と考えられている。

▶G　ヘッケルの考えでは，祖先動物は原腸胚のように原腸を有するので，これによって上下の区別が生じるが，左右の区別が生じないので，放射相称動物がまず出現してから，左右相称の動物が誕生してきたことが推定される。このことはリード文Ⅰにある図3−1の関係と一致している。

　　一方，ハッジの唱えた単細胞繊毛虫が多核化を経て多細胞化したという考えでは，図3−3の(B)にあるようにこの過程で無腸類のような祖先動物が出現したことから，これらの動物は左右相称の動物が最初に出現したこ

とを表している。その後で，放射相称の動物が誕生してきたと考えられる。

▶H 「同種の血縁集団として生活し，その中に不妊個体を含む」と設問文にある。(1)～(5)の中で血縁集団となるのは(4)の社会性昆虫のカーストだけで，他の選択肢は血縁集団とは全く関係ないものである。社会性昆虫にはミツバチなどがいるが，このメス個体には女王バチとワーカーが存在する。ワーカーは産卵を行わず不妊個体である。よって，正解は(4)である。

(1) アブラムシの翅多型は，翅の長さに違いが見られるものである。長さにはっきりとした違いがある場合，長い方を長翅型，短い方を短翅型という。

(2) ミジンコは捕食者が存在すると，捕食者が分泌する化学物質（カイロモン）を感受して後頭部にネックティースと呼ばれる防御形態を形成する。これを誘導防御という。

(3) 甲虫類にはオスにのみ角や発達した大顎といった武器形質を持つ種が多く見られる。クワガタムシは，幼虫期の栄養条件に依存してオスのみで大顎に際だったサイズ変異が見られる。これをクワガタムシの大顎多型という。

(5) ゾウアザラシのハーレムは一夫多妻の集団をいう。

▶I 図3－3の(A)を見ると，ガストレアは原腸を持つ原腸胚のような状態になっていて，外胚葉と内胚葉の分化はあるが，中胚葉は未分化である。また，原腸陥入して生じた消化管が貫通していない刺胞動物に近いと考えられる。

❖講 評

　2020年度入試の全体的難易度は，2019年度とほぼ同じレベルであった。知識問題と考察問題の占める割合は約1：2で考察問題の占める割合が多いことに関しても変わりはない。知識問題としては，生物用語の空所補充や文章選択（内容真偽）のタイプも見られる。ただし，この選択問題が考察問題となっていることも多く，単純な知識問題というわけではない。

　論述量は，2019年度の合計21～23行程度から2020年度は合計34行程度に増加した。しかし，極端に難しい問題は出題されていないので受験生の負担としては2019年度と同程度のものと思われる。また，制限

行数では最大で5行程度のものが2018年度と2019年度で2年連続出題されていたが，2020年度は出題されておらず，1～3行程度のものが多数出題された。グラフ作成は2019年度と同様2020年度も出題されなかったが，適切なグラフを選ぶ問題やグラフや図表の解析が求められる問題は見られた。

　東大生物の特徴は，「リード文の徹底理解」と「論理的思考力・分析力」，そして「表現力」が必要な点にある。2020年度もその特徴は健在であり，情報を正確に分析して，まとめる能力を養うことが必要となる。論述対策としてはまず出題者の狙いは何か，解答のポイントは何か，どこを中心にするかを考えて的確に2行（70字）～3行（105字）程度でまとめる練習をしておくとよいだろう。目新しいテーマや見慣れない図表が取り上げられることが多く，これらの図表を基にしたデータの分析，その結果からの考察，さらに仮説を検証する実験の設定などが出題されていて，考察問題に十分対応しておかないととても得点できない問題が中心であることは言うまでもない。

　1　Ⅰでは，融合遺伝子X-Yによるがん化のメカニズムが問われた。人工的に作製した4種類の融合遺伝子の実験結果より，がん化に必要なエキソンを選択するものやタンパク質Yのリン酸化活性に必要なエキソン領域を推定していく学力が問われた。なお，コドン表が与えられていないので，Eは終止コドンを記憶しておかないと解けない問題内容となっている。東大では終止コドンや開始コドンといったレベルは受験生として当然記憶しているだろうと考えていることが推測される。Ⅱでは，融合遺伝子X-Yによって発症する白血病の治療薬と用いられる分子標的薬Qに関する実験問題の分析が問われた。分子標的薬はがん細胞の増殖や転移などの症状に関与する特定の分子にのみ作用するように作られていることは知っておきたい。これによってがん治療は大幅に改善されたのである。Kはすぐに求められる。Lは，白血病細胞の数は3日毎に10分の1に減少し，アミノ酸置換を持つ細胞は4日毎に2倍に増殖していることを考えてグラフを選ぶことができたかがポイントである。

　2　Ⅰでは，ソルガムに寄生して生存する一年生植物のストライガを枯死させるために，化合物Sの活性をどのように変化させるかが問われた。Dでは自殺発芽と呼ばれるものを引き起こすためには，ストライガ

の発芽を誘導する活性を高めることは容易に判断できるが，菌根菌を誘引する活性については考え方が少し難しいかもしれない。ここは記述しにくいところでもあったと思われる。Ⅱでは，シロイヌナズナの形質転換体と変異体を用いた実験からタンパク質Ｘとタンパク質Ｙのはたらきが問われた。実験２からタンパク質Ｙが欠損すると気孔を閉じるのが早くなり，タンパク質Ｙが過剰に発現すると気孔が閉じるのが遅くなることから，タンパク質ＹもＸと同様にアブシシン酸の作用を抑制していることを素早く見抜けたかどうかがポイントであった。タンパク質Ｘとタンパク質Ｙのこのようなはたらきを活用して，問われている内容に取り組むとよいだろう。Ｈでは，最も早く光合成活性の低下を起こすのは，最も早く CO_2 の取り込みが減少した個体を選ぶ。また，水の供給を制限し続けたときに最も早く萎れるのは，気孔を閉じない状態が続いて植物体内の水分が減少した個体を考えればよい。

　3　動物の系統関係についての最近の研究成果に関する内容からの出題で，珍無腸動物というあまり馴染みがない動物が取り上げられた。動物門間の系統関係を示す分子系統樹の理解が必要となる。ⅠのＡはⅡの内容まで踏み込まないとヒントが得られず，悩ましい問題であった。Ⅱでは，Ｅの(ア)は複数の解答が存在しうると思われる。なぜならこの仮説の段階で珍渦虫と無腸動物が近縁であることはわかっておらず，2と3を除いて考えることもできるからである。ⅢのⅠは二胚葉性動物であることは予想がつくが有櫛動物と刺胞動物のところで悩むかもしれない。生物の形質が環境要因に左右されることは古くから知られていたが，それを発生学の土俵の上に乗せるという動きは最近の生物学で見られる。3は「環境による揺らぎまでを視野に入れた新しい発生学」と言うこともできるだろう。

────────── 「生物」の出題の意図（東京大学 発表）──────────

「生物」は，自然界における生命の本質とそのあり方を対象とし，微細な分子レベルから地球規模の生態レベルまで多岐にわたる観点からの理解が求められる科目です。生命現象には，大腸菌からヒトまで，すべてを貫く普遍的な原理がある一方，生物種により異なる多種多様な性質も数多くみられます。これらの普遍性と多様性がどのように生み出され，機能しているのかという疑問に答えることが求められます。このためには，生物体の構造と機能に関する一般的な基礎知識とともに，観察と実験に基づいて考察し本質を見抜く能力，さらにはこれらの過程を論理的に論述する能力が必要になります。

本年度の「生物」では，下記のような三つの大問を通じて生物学に関する基礎能力を判断します。

第1問

　突然変異によって形成された融合遺伝子によって，血液細胞が白血化（がん化）する機序を，問題と図（データ）から読み取って理解し，考察する。また最近の社会のトピックスを科学的な観点から捉える。

第2問

　寄生植物が宿主植物に寄生する現象において，鍵となる化合物の性質や寄生植物の寄生戦略を理解し，それに基づいた防除法を考える。寄生植物が宿主から水分を奪うしくみを理解し，それに関わるタンパク質の働きを考察する。

第3問

　動物界全体の系統，特に多細胞動物である後生動物の系統進化を考える。動物の系統と初期発生の様式についての理解をもとに，様々な動物分類群の進化過程を考察する。

地学

1 解答

問1 (1) $c\Delta t = 2(a_2 - a_1)$

(2) $a_2 = a_1\left(\dfrac{P_2}{P_1}\right)^{\frac{2}{3}}$

(3) (2)の結果より $a_1 = a_2\left(\dfrac{P_2}{P_1}\right)^{-\frac{2}{3}}$

これを(1)の式に代入すると

$$c\Delta t = 2\left\{a_2 - a_2\left(\frac{P_2}{P_1}\right)^{-\frac{2}{3}}\right\}$$

$$a_2 = \frac{c\Delta t}{2\left\{1 - \left(\dfrac{P_2}{P_1}\right)^{-\frac{2}{3}}\right\}} = \frac{3.0 \times 10^8 \times 330}{2\left\{1 - \left(\dfrac{1.5}{1.0}\right)^{-\frac{2}{3}}\right\}}$$

$$= \frac{3.0 \times 10^8 \times 330}{2\left(1 - 1.14^{-2}\right)} = 2.147 \times 10^{11} \fallingdotseq 2.15 \times 10^{11}\,〔\mathrm{m}〕$$

$$\frac{2.15 \times 10^{11}}{1.5 \times 10^{11}} = 1.43 \fallingdotseq 1.4\,〔天文単位〕 \quad \cdots\cdots(答)$$

問2 (1) $\sin\theta_{\max} = \dfrac{a_1}{a_2}$

(2) $2\pi\left(\dfrac{1}{P_1} - \dfrac{1}{P_2}\right)$

(3) 時刻 t_2 で惑星 X1 が惑星 X2 に近づいているので、t_1 と t_2 の間に惑星 X1 は外合の位置を通過している。

(2)の結果を α、時刻 t_1 から t_2 までの間に惑星 X1 と惑星 X2 が公転する角度の差を β とすると

$$\beta = 2\pi - 2\left(\frac{\pi}{2} - \theta_{\max}\right) = \pi + 2\theta_{\max}$$

$$t_2 - t_1 = \frac{\beta}{\alpha}$$

$$= \frac{\pi + 2\theta_{max}}{\dfrac{2\pi}{P_1} - \dfrac{2\pi}{P_2}}$$

$$= \frac{P_1 P_2 (\pi + 2\theta_{max})}{2\pi (P_2 - P_1)} \quad \cdots\cdots (答)$$

問 3 (1) $\left(\dfrac{a_2}{a_E}\right)^2$ 倍

(2) (1)の結果および $a_2 > a_E$ より恒星 S の光度は太陽より大きい。ともに主系列星なので、光度の大きい恒星 S は太陽より高温であり、波長の短い紫外線の放射エネルギーが大きいと考えられる。

──────◀解 説▶──────

≪惑星の運動, 恒星の性質≫

◆問 1 ▶(1) 最接近したときの惑星 X1 と惑星 X2 の距離は $a_2 - a_1$ である。この距離を光速で往復する時間が $\varDelta t$ なので

$c\varDelta t = 2(a_2 - a_1)$

▶(2) 惑星 X1 と惑星 X2 は同じ恒星 S のまわりを公転しているので、ケプラーの第 3 法則が成り立つ。

$$\frac{a_1{}^3}{P_1{}^2} = \frac{a_2{}^3}{P_2{}^2}$$

この関係式より a_2 を求めればよい。

▶(3) (1)と(2)で求めた式から a_1 を消去すれば a_2 が求められる。$1.5^{1/3} = 1.14$ が与えられているので、$1.5^{-2/3} = 1.14^{-2}$ と導ける。最後に天文単位に換算するのを忘れないこと。

◆問 2 ▶(1) 惑星 X2 から見て惑星 X1 が最大離角の位置になったときの S, X1, X2 の位置関係は右図のようになる。したがって

$\sin\theta_{max} = \dfrac{a_1}{a_2}$

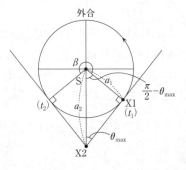

▶(2) 惑星 X1, X2 の公転周期はそれぞれ P_1, P_2 なので、単位時間あたりに公転する角度はそれぞれ $\dfrac{2\pi}{P_1}$, $\dfrac{2\pi}{P_2}$ となる。

よって，求める角度をαとすると

$$\alpha = \frac{2\pi}{P_1} - \frac{2\pi}{P_2} = 2\pi\left(\frac{1}{P_1} - \frac{1}{P_2}\right)$$

▶(3)　惑星 X1 が惑星 X2 から遠ざかっていく場合，ドップラー効果によりスペクトル線の波長は長くなる。逆に近づく場合は短くなる。時刻t_2での波長がt_1での波長より短いことから，惑星 X1 はt_1で遠ざかり，t_2で近づく位置関係であることがわかる。したがって，t_1からt_2にかけて惑星 X1 は外合の位置を通過する。その間に惑星 X1 と惑星 X2 が公転する角度の差βは以下のように表される。

$$\beta = 2\pi - 2\left(\frac{\pi}{2} - \theta_{\max}\right) = \pi + 2\theta_{\max}$$

したがって，その間に要する時間は

$$t_2 - t_1 = \frac{\beta}{\alpha}$$

これにβと(2)の結果αを代入して計算すればよい。

◆問3　▶(1)　恒星 S の光度をL_S，太陽の光度を$L_{\odot}$とする。単位時間，単位面積当たりに惑星が中心天体から受ける放射エネルギーは，中心天体の光度Lに比例し，中心天体からの距離（公転半径）の2乗に反比例する。惑星 X2 での値が太陽定数と同じ値であることから以下の式が成り立つ。

$$\frac{L_{\odot}}{a_E{}^2} = \frac{L_S}{a_2{}^2}$$

これを変形して

$$\frac{L_S}{L_{\odot}} = \left(\frac{a_2}{a_E}\right)^2$$

▶(2)　$a_2 > u_E$なので，(1)の結果より$L_S > L_{\odot}$であることがわかる。主系列星は表面温度が高いものほど絶対等級が小さく光度が大きいので，恒星 S は太陽より表面温度が高い。ウィーンの変位則によれば，恒星が高温であるほど，放射エネルギーが最大となる波長は短くなる。したがって，高温の恒星 S の方が，太陽の可視光より波長の短い紫外線の放射エネルギーが強いと考えられる。

118 2020年度　地学〈解答〉　　　　　　　　　　東京大-理科前期

2 解答

問1　(1)　メタン，一酸化二窒素

(2)　エアコンや自動車など人の活動による排熱

(3)　海氷は海面に比べ反射率が高いので，海氷の面積が減少すると地球全体の反射率が低下し，吸収する太陽の熱が多くなる。その結果，気温が上昇すると海氷の融解が進むので，温暖化はさらに進行してゆく。

(4)　(a)　単位体積の大気中に含まれる水蒸気の量には限界がある。限界量は気温が高いほど多くなるが，それぞれの気温での限界の水蒸気量を分圧で表したものが飽和水蒸気圧である。

(b)　飽和水蒸気圧は水滴より氷晶に対する方が小さいため，大気中の水蒸気が氷晶に対しては過飽和で水滴に対しては不飽和となることがある。この場合，水滴は蒸発するが，氷晶は昇華により成長する。したがって，氷晶の方が成長しやすい。

(5)　氷にはたらく重力と氷にはたらく浮力がつり合っているので，アルキメデスの原理より，氷の重さと水面下で氷が排除している水の重さは等しい。したがって，氷が融解してできる水の体積は排除していた水の体積と等しく，水面の高さは変化しない。

問2　(1)　水温：水温が高いほど二酸化炭素の溶解度が小さくなるため，海水からの放出が多くなる。

生物活動：生物は光合成や炭酸カルシウムの殻を作る際に海水中の二酸化炭素を使うので，海水による吸収が多くなる。

(2)　①東　②極　③弱化

(3)　(a)—(B)

(b)　夏には当該海域では海岸線に沿って北向きに風が吹き，エクマン輸送で表層の海水は海岸から離れる方向に移動する。その結果，二酸化炭素を多く含む海水が深部から湧昇し，海洋からの二酸化炭素放出が多くなる。

■■■■■■■■■　◀解　説▶　■■■■■■■■■

≪温暖化，大気と海洋の相互作用≫

◆問1　▶(1)　温室効果ガスには，二酸化炭素のほか，メタン，一酸化二窒素，フロン，水蒸気などがある。

▶(2)　大都市域では，〔解答〕に挙げた理由のほか，以下のような理由で周囲より気温が高くなるヒートアイランド現象が起こりやすい。いずれを答えてもよいだろう。

東京大-理科前期　　　　　　　　　　　　　　　　2020 年度　地学〈解答〉　*119*

- 植物の減少や，地表がアスファルトなどに覆われることで，水が蒸発することによる地面の冷却が起こりにくいこと

- 風通しの悪さや，コンクリートやアスファルトが熱を蓄えやすいこと

▶(3)　海氷のほかにも氷河や氷床などの雪氷は反射率が高い。気温上昇による雪氷の減少によりさらに気温が上昇するという，このような正のフィードバックをアイスアルベドフィードバックという。なお，寒冷化する場合も，アイスアルベドフィードバックは寒冷化をさらに進行させるような正のフィードバックとしてはたらく。

▶(4)　(a)　「飽和水蒸気圧とは何か」の説明としては，気温による変化は触れなくてもよいと考えられるが，「3 行程度」という指定があるので，「気温が高いほど飽和水蒸気圧は大きい」という要素を加えた解答とした。

(b)　0℃以下では，水滴に対する飽和水蒸気圧と氷晶に対する飽和水蒸気圧がそれぞれ定義され，氷晶に対する飽和水蒸気圧の方が低い。このため，氷晶と過冷却水滴が共存している雲の中では，実際の大気中の水蒸気圧が氷晶に対する飽和水蒸気圧より高く，水滴に対する飽和水蒸気圧より低い状態になることがある。このとき，水滴に対しては不飽和なので水滴は蒸発するが，氷晶に対しては過飽和なので水蒸気は氷晶の表面に昇華し，結果として氷晶が成長してゆく。大きく成長した氷晶が上昇気流で支えきれなくなると落下し，地表まで氷晶のまま落下すれば雪，途中でとければ雨となる。このようにして降る雨を氷晶雨（冷たい雨）という。

▶(5)　アルキメデスの原理は，「液体中の物体は，その物体が排除した液体の重さと等しい大きさの浮力を受ける」というものである。水が氷になると体積が増加し，その増加分を水面上に出した状態で水に浮く。海に浮いている海氷が融解しても体積が減少して，排除していた水の体積にちょうど戻るため，水面は上昇しない。一方，陸上の氷河や氷床が融解すると，水が海に流入し海面が上昇する。

◆問 2　▶(1)　二酸化炭素は海水に溶けるが，その溶解度は水温が高いほど小さくなる。海水が二酸化炭素で飽和すると，それ以上溶け込むことができないが，植物プランクトンによる光合成や，炭酸カルシウムの殻が作られることで，海水中の二酸化炭素が減少すれば，さらに大気から溶け込むことができるようになる。なお，海水中の生物の呼吸は二酸化炭素を放出するので，海水から二酸化炭素を放出する方向に影響するが，光合成や

120 2020 年度　地学〈解答〉　　　　　　　　　　　　　　　　　　　　東京大-理科前期

殻形成の影響に比べれば小さい。

▶(2)　①　赤道域では貿易風が定常的に吹いている。北半球側では北東から，南半球側では南東から吹く風である。

②　海面を吹く風が海水を引きずることで流れが生じる場合，ある深さまで含めて考えると，転向力の影響で北半球では右向きに，南半球では左向きに風向きからずれた方向に流れが生じる。このような流れをエクマン輸送という。赤道付近を東風が吹いている場合，北半球側では北向き（極向き），南半球側では南向き（極向き）の流れが生じる。いずれも赤道から離れる向きの流れなので，それを補うように赤道付近には湧昇が生じる。

③　エルニーニョが発生しているときは貿易風（東風）が弱っており，通常時は西に吹き寄せられていた暖水層が東に戻ってくるため，東太平洋赤道域の暖水層が厚くなり，②で述べた深部からの冷水の湧昇も弱くなっている。

▶(3)　(a)　陸と海では水よりも岩石の方が比熱が小さいため，陸の方が熱しやすく冷めやすい。夏は陸の方が高温になり，陸に上昇気流が発生し，地上では陸に向かって風が吹く。したがって，(B)が夏である。

(b)　エクマン輸送により，夏（(B)の図）は海水が沖に向かって流れ，冬（(A)の図）は逆方向に流れる。表層の海水が海岸から沖に向かって流れる夏には，それを補うように深部から海水が湧昇する。深部から湧昇してくる海水は低温で二酸化炭素を多く含むため，表層で温められると溶解度を上回った分の二酸化炭素を放出する。

3 　解答　問 1 　(1)　(a)　$v_1 = \dfrac{36-0}{6-0} = 6.0$〔km/s〕　……(答)

$$v_2 = \dfrac{66-36}{10-6} = 7.5 \text{〔km/s〕} \quad \cdots\cdots(\text{答})$$

図 3 - 1 より $x_l = 36$〔km〕だから，与式より

$$d = \dfrac{x_l}{2}\sqrt{\dfrac{v_2-v_1}{v_2+v_1}} = \dfrac{36}{2}\sqrt{\dfrac{7.5-6.0}{7.5+6.0}} = 6.0 \text{〔km〕} \quad \cdots\cdots(\text{答})$$

(b)　図 3 - 1 より

$$T_H = \dfrac{x_l}{v_1} + \dfrac{x-x_l}{v_2}$$

これに $x_l = 2d\sqrt{\dfrac{v_2+v_1}{v_2-v_1}}$ を代入して整理すると

$$T_H = \frac{x}{v_2} + \left(\frac{1}{v_1} - \frac{1}{v_2}\right) 2d\sqrt{\frac{v_2+v_1}{v_2-v_1}}$$

$$= \frac{x}{v_2} + \frac{v_2-v_1}{v_1 v_2} 2d\sqrt{\frac{v_2+v_1}{v_2-v_1}}$$

$$= \frac{x}{v_2} + \frac{2d}{v_1 v_2}\sqrt{(v_2-v_1)(v_2+v_1)}$$

$$= \frac{x}{v_2} + \frac{2d}{v_1 v_2}\sqrt{v_2{}^2 - v_1{}^2} \quad \cdots\cdots \text{(答)}$$

(c) 概念図：③

理由：震央での走時は $\dfrac{2d}{v_1}$ で 0 より大きい。反射波の経路長は直接波より長いが，遠くなるにつれ差は相対的に減少し，直接波のグラフに漸近する。

(2) (a) 断層運動：③正断層

説明：図のような西傾斜 45° の断層があり，初動の押し引き分布から，矢印のようにずれた正断層であることがわかる。

(b) ア．引っ張る　イ．圧力　ウ．水

問2 (1) A―①　B―④　C―③
D―②

(2) 名前：シルト質粘土

理由：1/256 mm 未満の粘土の割合が半分以上を占め，次いでシルトが多いから。

(3) 場所：②

理由：砕屑粒子を多く含むことから比較的陸地に近く，有孔虫の殻を含むことから，炭酸カルシウムが溶けてしまう炭酸塩補償深度より浅いと考えられるから。

(4) 生息期間が限定されることで，時代の特定がより詳細になり，示準化石としての有用性が高まる。しかし，大量絶滅により系統が途絶えると，現生種との比較で生息環境を推定することが困難になり，示相化石としての利用が難しくなる。

◀ 解　説 ▶

≪走時曲線，地震と断層，堆積物≫

◆問1 ▶(1) (a) 直接波のグラフ（$x<x_l$）の傾きの逆数から第1層（浅い層）のP波速度v_1が，屈折波のグラフ（$x≧x_l$）の傾きの逆数から第2層（深い層）のP波速度v_2が求められる。

(b) 走時曲線が折れ曲がる地点A（震央距離=x_l）の走時は$\dfrac{x_l}{v_1}$で表される。地点Aから震央距離xの地点Bまでの$x-x_l$の距離を屈折波が伝わるのにかかる時間は$\dfrac{x-x_l}{v_2}$で表される。したがって，屈折波の走時T_Hは次のように表される。

$$T_H = \dfrac{x_l}{v_1} + \dfrac{x-x_l}{v_2}$$

この式に，x_lを表す式を代入して整理すればよい。

(c) 直接波は右図のA→Bの経路，反射波はA→C→Bの経路で伝わる。反射波の経路は直接波の経路より長いが，その差は，xが大きくなると相対的に小さくなっていくので，反射波の走時曲線は，xが大きくなるにつれ直接波の走時曲線に上側からしだいに近づいていくことになる。また，与式を使って以下のように説明することもできる。

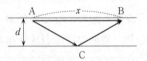

$$T_R = \dfrac{2}{v_1}\sqrt{d^2 + \dfrac{x^2}{4}} \quad \cdots\cdots ①$$

$$= \dfrac{x}{v_1}\sqrt{\left(\dfrac{2d}{x}\right)^2 + 1} \quad \cdots\cdots ②$$

①に$x=0$を代入すると　$T_R = \dfrac{2d}{v_1}$

②で$x→∞$とすると，$\dfrac{2d}{x}→0$となり

$$T_R → \dfrac{x}{v_1}$$

すなわち，反射波の走時曲線は，xが大きくなるにつれ，直接波の走時曲線に上側から漸近することになる。

▶(2) (a) 断層がずれて地震が発生したとき，初動の押し引きの領域は，

「断層面」と「震源を通り断層面と直交し，かつ，断層のずれの方向とも直交する平面」で区分される4つのエリアに交互に現れる。横ずれ断層の場合は地表面上で，直交する2直線で押し引きのエリアが4つに区分され，正断層，逆断層の場合は鉛直断面上で4つに区分される。このことから，〔解答〕のような断面図を描くことができる。なお，初動で引きのエリアから押しのエリアに向かって岩盤が動くので，図のように断層の上盤がずり落ちた正断層であることがわかる。

(b) ア．海嶺はプレートが生産拡大する境界であり，水平方向に引っ張る力が岩盤にはたらいている。この場合，正断層が形成される。

イ・ウ．マグマはマントル上部のかんらん岩が部分溶融することで発生する。マントル上部の地下温度は一般にかんらん岩が融け始める温度より低く，以下のような場合にのみマグマが発生すると考えられている。

- 局所的な温度の上昇
- 圧力の低下による岩石の融点の低下（例：海嶺地下でのマントル物質の上昇）
- 水が加わり岩石の融点が低下（例：島弧—海溝系でのマグマの発生）

◆問2 ▶(1) 選択肢①〜④については次の特徴は押さえておきたい。

① 放散虫：SiO_2の殻をもつ微化石。チャートを構成する。

② ケイ藻：SiO_2の殻をもつ植物微化石。珪藻土を構成する。

③ 軽石（火山ガラス）片：火山起源。発泡してできた空洞やくぼみが見られる。火山ガラスは非結晶質なので直交ニコルで常に暗い。

④ 有孔虫：$CaCO_3$の殻をもつ化石。石灰岩を構成する。

①〜④に対応するものをA〜Dから探せばよい。

▶(2) 砕屑物は粒径によって右のように区分される。

当該堆積物に礫は含まれておらず，粘土が半分以上を占め，次いでシルトが多いのでシルト質粘土となる。

粒径	砕屑物
1/256mm 未満	粘土
1/256mm 〜1/16mm	シルト
1/16mm 〜2mm	砂
2mm 以上	礫

なお，軽石片が2％含まれており，その大きさには言及されていないが，仮に礫サイズのものが含まれていたとしても全体の2％以下なので，火山礫という名前をつけることはない。

▶(3) 砕屑粒子の割合が78％と高いが，砕屑物は陸上で岩石が風化侵食

されて生成されるので，陸から比較的近い場所であると推定される。また，炭酸カルシウムの殻をもつ有孔虫の化石が15％含まれている。炭酸カルシウムの溶解度は低温で高圧なほど大きくなるので，水深がある程度より深い所では炭酸カルシウムは溶けてしまう。この深さは場所により異なるが3000m〜4500m程度であり，炭酸塩補償深度（CCD）と呼ばれている。つまり，有孔虫の微化石が多く含まれているということは，CCDより浅い所であると推定される。以上2つの条件を満たすのは②である。

▶(4) 示準化石は時代が特定できる化石である。大量絶滅により生息時期がはっきり区切られることは，示準化石としての有用性が高まることになる。示相化石は環境が推定できる化石である。近縁の現生種の生息環境を手がかりに古環境を推定するので，大量絶滅が起こり系統が途絶えて近縁の現生種がいなくなってしまうと，示相化石としての利用が困難になる。

❖講　評

　出題傾向は例年通り。問題文が長く内容が複雑なものが多いが，しっかり読めば題意をつかむことができる。計算量も多く時間配分に気をつける必要がある。

　1　問1　系外惑星系を題材とし，ケプラーの第3法則を利用して軌道半径等を求める計算問題であった。計算問題だが，段階的にステップを刻んだ出題なので基本を理解していれば取り組めたと思われる。確実に得点したい問題である。

　問2　系外惑星系において，最大離角など内惑星の動きに関する出題であった。(3)は天体の位置関係を図に描いて整理していかないと，なかなか正解にたどり着けなかっただろう。

　問3　系外惑星系において，太陽定数に相当する概念を手がかりに中心天体の恒星としての性質を考えさせる出題であった。(2)は理由を説明する論述問題だが，2行程度という字数制限の中で，ポイントをしっかり押さえたい。

　2　問1　温室効果に関する出題で，ヒートアイランドやアイスアルベドフィードバックの説明が求められた。飽和水蒸気圧という基本概念を説明させるのは，これまであまりなかった出題かもしれない。正確でわかりやすい文章が書けるかどうかで差がついたと思われる。

東京大-理科前期　　　　　　　　　　　　　　　　2020 年度　地学〈解答〉　*125*

　問2　海洋と大気の二酸化炭素のやり取りを題材としての出題であった。(2)はエクマン輸送の意味がわかっていても差がついたと思われる。(3)は図を読み取って考えさせる東大らしい良問である。

　3　問1　(1)は走時曲線に関する出題。(b)は計算が煩雑だが，確実に正答したい。(c)のグラフを選ぶ問題は理由の説明をわかりやすく書けるかどうかがポイント。(2)は海嶺での地震とマグマの発生に関する出題。正断層，逆断層での初動の押し引き分布が，横ずれ断層の応用で考えられるかがポイント。

　問2　海洋の堆積物に関する出題は目新しいかもしれない。(3)はCCD という概念を知っているかどうかがポイントとなった。差がついた問題ではないだろうか。

126 2020年度 地学〈解答〉　　　　　　　　　　　　　　　　東京大-理科前期

────────── 「地学」の出題の意図（東京大学 発表）──────────

　「地学」は，地球や惑星，宇宙まで幅広いフィールドを対象とする科目
です。宇宙や惑星，地球の大気や海洋，そして地球内部に関するさまざま
な現象を深く理解するには，正確な科学的知識を持つとともに，観察など
を通してその本質を見抜く能力，原理に基づいて論理的にかつ柔軟に思考
する能力が必要になります。また，幅広い分野の知識や技術を統合し総合
的に理解する力や，得られた結論を客観的に説明する科学的な表現力など
が必要になります。

　本年度の「地学」では，下記の3つの大問を通じて地学に関する学習能
力を判断することにしました。

第1問

　　問1～3を通じて，太陽系での惑星の軌道運動に関する諸法則を深く
　理解し，系外惑星系も含む一般化された惑星系の軌道運動を定量的に考
　察する力を問うています。また，恒星のエネルギー放射および主系列星
　の性質を理解し，題意の恒星の放射について論理的に推定する能力を問
　うています。

第2問

　　大気中の二酸化炭素濃度の上昇は，地球規模の温暖化の一因となって
　います。問1では，気象に関する基礎知識を問うとともに，その知識を
　活用して気候変動の要因や仕組みを理解し，関連する諸過程を論述する
　能力を問うています。問2では，大気中の二酸化炭素濃度をコントロー
　ルする重要な要素である海洋による二酸化炭素の吸収や放出に関する理
　解を問うています。

第3問

　　問1では，地震波の伝わり方に関する定量的な理解，断層運動を表す
　発震機構についての知識，および海嶺にはたらく力とマグマの発生条件
　に関する基礎的理解を問うています。問2では海底堆積物についての基
　礎的理解や，その構成粒子を用いて考察される堆積環境や化石の有用性
　についての理解を問うています。

「国語」の出題の意図 （東京大学 発表）

国語の問題は、高等学校までに培った国語の総合力を測ることを目的とするもので、文科・理科を問わず、現代文・古文・漢文のすべてから出題されます。選択式の設問では測りがたい国語の主体的な運用能力を測るため、解答はすべて記述式としています。なお、文科・理科それぞれの教育目標と、入学試験での配点・実施時間をふまえ、一部に文科のみを対象とした問いを設けています。

第一問は現代文の論理的文章についての問題で、小坂井敏晶の文章を題材としました。平等な上昇の可能性を謳った近代が、実は個人の責任という建前のもとに階層構造を固定化していることを論じたものです。論旨を正確に捉える読解力と、簡潔に記述する表現力が試されています。また、ある程度の長さで文章を書く能力を測る問題も設けています。

第二問は古文の問題で、中世の寺社縁起である『春日権現験記』を題材としました。古文の基礎的な語彙・文法の理解をふまえ、自分の心の弱さに苦悩する僧の心情や、霊験が現れるまでの話の展開を、文章に沿って理解できたかを問いました。文科ではさらに、和歌についての説明を求める問題も出題しました。

第三問は漢文の問題で、中国の正史の一つである『漢書』を題材としました。漢文の基礎的な語彙・文法をふまえ、孝行者の嫁を無実の罪で処刑した後に起こった日照りが公正な官吏の進言で解消されるという展開を、文章に沿って理解できたかを問いました。文科ではさらに、より踏み込んだ文脈を理解する説明問題も出題しました。

読解問題はいずれも標準レベルである。ただし㈠は、傍線部自体が理由を述べた箇所であるうえに、さらにその理由を尋ねるという形になるため、戸惑うだろう。㈢は「そう」の指示内容まで説明する必要がある。㈣は全体の要約が必要な読解問題であり、レベル的にはやや難といえる。㈤の書き取りはミスが許されない。

二　古文（絵巻の詞書）　鎌倉時代の絵巻物『春日権現験記』の詞書からの出題。珍しい出典ではあるが、ある僧に神託が下されるという説話的な文章であり、内容を読み取るのは易しい。㈠の口語訳は、「けし」「習ひ」「恨み」「つらし」などの語意や、接続助詞「ば」の接続による意味の違いや反語表現など、基本事項をふまえた本文内容の理解を問うものであった。㈡の内容説明は、「思ひのどむ」の意味をつかむことがポイント。㈢の内容説明は、「ついで」と「次第」の語意がわかれば素直にまとめることができる。

三　漢文（史伝）　後漢時代の歴史書である『漢書』からの出題。公正な判決を下す裁判官の逸話を紹介したもので、具体的な出来事が順を追って記されている平易な文章といえる。㈡の人物関係を示しての口語訳は、「嫁」が他動詞であることの理解がポイント。㈠の口語訳はごく標準的。cの「事」とdの「聞」の解釈ができたかどうかで差がつくと思われる。㈢の内容説明は、本文の内容や問われている事柄は容易につかめるだろうが、解答欄に収まるように要領よくまとめる必要がある。

て解答するのがよい。

▼（二）
「姑(しうとめ)之(これ)を嫁(か)がせんと欲すれども、終(つひ)に肯(がへん)ぜず」と訓読する。「欲」は願望や意志を表す。「嫁」はここでは〝嫁にや
る・嫁がせる〟の意の他動詞で、「之」は「孝婦」を指す。「終」は〝最後まで・とうとう・結局〟の意の副詞。「肯」
は〝承知する・聞き入れる〟の意の動詞で、「終不肯」の主語は「孝婦」。夫を亡くした孝婦を、その姑が嫁がせよう
としたが、孝婦は嫁ぐことを承知しなかったということなので、内容に応じた表現を用いてわかりやすく訳す。

▼（三）
傍線部eは〝郡の人々は皆このことによって非常に于公を敬い重んじた〟の意。第二段落の孝婦の一件の後、第三
段落では、孝婦の住んでいた郡にひでりが起き、その原因は前任の太守が孝婦を無実の罪で処刑したことにあるとい
う于公の進言に応じて後任の太守が孝婦の墓を作って供養したところ、雨が降って作物が実ったとして、傍線部eに
至っている。于公が郡の人々に尊敬された理由は、于公の進言によって孝婦の供養が行われ、ひでりの害を免れるこ
とができたということ。解答欄に収まるように簡潔にまとめる必要がある。解答のポイントは次の三点となる。

① 無実の孝婦を処刑したことがひでりの原因だと説き
② 後任の太守に孝婦を供養させて
③ ひでりの害を免れた

参考 『漢書』は、後漢時代に成立した歴史書で、儒学者班固の撰による。『史記』に倣った紀伝体で、前漢一代の歴史が
百二十巻にわたって記録されている。

❖講評

一 現代文 (評論) 今日問題となっている格差・不平等を近代の原理に遡及して論じた文章で、非常に示唆的かつ
説得的である。ただPR誌に掲載された文章ということもあってか、論旨の展開がやや急な箇所がある。しかし全体と
して見れば筆者の主張は明快であり、読解につまずくことはないだろう。設問は例年通りの構成である。(一)~(三)の部分

ずと辞す。吏験治するに、孝婦自ら誣ひて服す。具獄府に上らる。于公以為へらく此の婦姑を養ふこと十余年、孝を以て聞ゆ、必ず殺さざるなりと。太守聴かず、于公之を争ふも、得る能はず。乃ち其の具獄を抱き、府上に哭し、因りて疾と辞して去る。太守竟に論じて孝婦を殺す。郡中枯旱すること三年。後の太守至り、其の故を卜筮す。于公曰はく、「孝婦死に当たらざるに、前の太守彊ひて之を断ず。各党しくは是に在るか」と。是に於いて太守牛を殺し、自ら孝婦の冢を祭り、因りて其の墓に表す。天立に大いに雨ふり、歳熟す。郡中此を以て大いに于公を敬重す。

▲解　説▼

本文のおおまかな内容は次の通りである。

第一段落　于公は裁判をつかさどる役人として公平な判決を下し、人々の信頼も厚かった。

第二段落　夫の亡き後、姑に尽くす孝婦を姑が気の毒に思い、自ら命を絶つと、孝婦に姑殺しの疑いがかかった。于公は孝婦の無実を訴えたが聞き入れられず、郡の長官は孝婦を処刑した。

第三段落　郡にひでりが起き、于公は後任の長官に、前長官が無実の孝婦を処刑したことが原因ではないかと進言する。長官が孝婦を供養するとたちまち雨が降り、郡はひでりの害を免れ、人々は于公を尊敬した。

▼(一)　a、「獄史」の注に「裁判をつかさどる役人」とあることから、「獄」は"裁判"。「平」は、後に挙げられる逸話もふまえて、"公平だ"の意と解釈する。

c、「事」はここでは「事ふ」を基本形とする動詞として用いられている。嫁が姑に「事ふ」ということなので、"世話をする・面倒をみる"といった表現がふさわしい。

d、「孝」は"孝行"、「以～」は"～によって・～ということで"の意。「聞」はここでは"評判だ・有名だ"ということ。後の「必不殺也」へと文が続いているので、順接または単純接続の言葉を添え

◆全訳◆

于公は県の獄史（＝裁判をつかさどる役人）で、郡の決曹（＝裁判をつかさどる役人）であった。判決は公平で、法律の裁きを受ける者も、于公の判決には誰も不満を持たなかった。

東海に孝婦（＝孝行な女性）がいて、若くして夫を亡くし、子はいなかった。姑は孝婦を再婚させようとしたけれども、最後まで聞き入れなかった。姑が隣人に言うには、「孝行な嫁は私の世話を骨を折って務めてくれている。彼女は子がいないのに再婚しないままでいるのは気の毒だ。私は年老いて、長い間若者につらい思いをさせているのを、どうしたらよいだろうか」と。その後姑は自ら首をくくって死んだ。姑の娘が役人に告げるには、「嫁が私の母を殺した」と。役人は孝婦を捕らえた。孝婦は姑を殺していないと否認した。役人が取り調べると、孝婦は自分から（姑を殺したと）偽りを言って罪に服した。裁判に関わる文書一式が郡の役所に提出された。于公は、この女性は姑を十年余りも世話し、孝行者として評判なので、決して殺していないと思った。太守（＝郡の長官）は聞き入れず、于公はそれを諫めたけれども、太守の考えを変えることはできなかった。そこで彼女の裁判に関わる文書一式を抱き、郡の役所の前で泣き叫び、病気だと偽って辞職して去った。太守は結局処罰を決めて孝婦を殺した。

郡全体に三年にもわたってひでりが起こった。後任の太守が着任し、その理由を占った。于公が言うには、「孝婦は死刑になるはずがないのに、前任の太守が強引に彼女を断罪した。（その）罪がひょっとしたらこの状況に及んでいるのではないでしょうか」と。そこで太守は牛を殺し、自分で孝婦の墓に供え、彼女の墓に墓標を立てた。天候はたちまち非常に雨が降り、作物が実った。郡の人々は皆このことによって非常に于公を尊敬した。

読み

于公は県の獄史、郡の決曹たり。獄を決すること平らかにして、文法に羅る者も、于公の決する所は皆恨みず。

東海に孝婦有り、少くして寡となり、子亡し。姑を養ふこと甚だ謹む。姑之を嫁せんと欲すれども、終に肯ぜず。姑隣人に謂ひて曰はく、「孝婦我に事へて勤苦す。其の子亡くして寡を守るを哀れむ。我老いて、久しく丁壮を累はす、奈何せん」と。其の後姑自ら経れて死す。姑の女吏に告ぐるに、「婦我が母を殺す」と。吏孝婦を捕らふ。孝婦姑を殺さ

▼㈢
③ 静めた

「神託」は、和歌の後に巫女が告げた内容で、「四人の次第」については、「かの講匠と言ふはよな、帝釈宮の金札に記するなり。そのついで、すなはち祥延・壹和・喜操・観理とあるなり」とされている。「かの講匠」は、興福寺の維摩会で講義を行う高僧を指し、その「ついで」(＝順序)として、帝釈宮の金札に、四人の僧の名が「祥延・壹和・喜操・観理」と書かれているということ。この順によれば、祥延が一番、壹和は二番目に講師を務めることが神によって定められており、そのお告げの通りに、祥延の次には壹和が望み通り講師を務めることができたということである。

解答のポイントは次の二点となる。
① 維摩の講師は
② 祥延・壹和・喜操・観理の順である

参考 『春日権現験記』は、鎌倉時代の絵巻物で、藤原氏の氏社である春日大社の春日明神の霊験を描いたもの。春日明神の加護や霊験の様子が大和絵で描かれ、各絵には詞書が添えられている。

解答

三

出典 班固『漢書』〈于定国伝〉

㈠ a、裁判で公平な判決を下し
c、私の世話をして
d、孝行者として評判なので

㈡ 姑は孝婦を再婚させようとしたが、孝婦は最後まで承知しなかった

㈢ 無実の孝婦を処刑したことがひでりの原因だと説き、後任の太守に孝婦を供養させて害を免れたから。

消の助動詞「ず」の連体形。「なれ」は断定の助動詞「なり」の已然形。「ば」は、ここでは已然形に接続しているので順接確定条件を表す。

エ、「それ」は前の「陸奥国えびすが城」（＝陸奥国の異民族の城）を指し、はるかに遠い未知の場所を表している。

「つらき」は、他者からの仕打ちや不如意な状況を恨めしく思う気持ちを表す形容詞「つらし」の連体形。「つらき人」は、自分をつらく思わせるような他者のことで、簡潔には〝恨めしい人〟とする。「ば」はここでは未然形に接続して順接仮定条件を表している。「さて」は前の内容を受けて話を進める副詞または接続詞として、〝それで・それなら・そのときは〟といった訳でよい。「いづち」は不定の方向や場所を表す名詞。「か」は係助詞で、ここでは、反語または相手に疑問を呈して翻意を促す意味で用いられている。「ん」（「む」）は、まだ実現していないことや不確定なことをいう助動詞で、ここでは、推量・可能推量・適当・（相手の）意志のいずれの解釈でも通りそうだが、「いづちか」と併せて解答欄に収めるために、〔解答〕以外に、〝どこへも行けないだろう〟のように反語を打消表現のみで解釈してもよいだろう。一文全体で、興福寺で同僚の僧に先を越されて講師を務めることができなかった壹和僧都に対して、別の寺に行って望みをかなえようとしても、そこにもまた自分に先んじて重要な地位を得るような人がいたらもうどうしようもないということを示し、諸国をさまようことをやめるように促している。

▼(二)「思ひのどむれ」は、〝心をのどかにする・気持ちを落ち着かせる〟の意のマ行下一段活用動詞「思ひのどむ」の已然形。壹和僧都が、維摩の講師になりたいと望んだけれども、別の僧に先を越されてしまったという内容と、傍線部アの後に「その恨みしのびがたくおぼえければ」とあることから、「何を」については、〈維摩の講師になれなかった不満を〉となる。「思ひのどむれ」自体は、傍線部ア前の心内文「なにごとも前世の宿業にこそ」にも言及しておくのがよいだろう。解答のポイントは次の三点となる。

① 維摩の講師になれなかった不満を

② 前世の宿業だと考えて

に）戻って行った。その後、次の年の講師になることができて、四人の順番は、まさに神のお告げと異ならなかったということだ。

▲解説▲

本文のおおまかな内容は次の通りである。

第一段落（興福寺の壹和僧都は、…）
興福寺の壹和僧都は、務めたいと望んでいた維摩の講師に自分ではなく祥延という僧が選ばれた無念をこらえることができず、春日大社の神に最後の法施を捧げて放浪修行に出た。

第二段落（潮干のひまをうかがひて、…）
熱田神宮に参拝していると、異様な様子の巫女が現れ、壹和が不満を抱いて興福寺を去ったことを指摘し、興福寺に戻るように促した。不満を抱いてなどいないと壹和が反論すると、巫女は、本心は見抜いているという託宣を示し、維摩の講師を務める者の順は帝釈宮の札にすでに記されており、壹和は祥延の次に選ばれることになっていると告げ、興福寺に戻るように再度促した。巫女の言葉が春日大社の神の託宣だと知って感激した壹和が興福寺に戻ると、維摩の講師はお告げの通りの順に選ばれ、壹和も祥延の次に務めることができた。

▼
（一）イ、「けしかる」は、異様な様子を表す形容詞「けし」の連体形。「〜をさして」は、ここではその方向に動作することを表しているとみて〝〜に向かって〟と訳すとよい。「言ふやう」は、後に発言が引用されることを示す表現で、〝言うことは〟と訳す。

ウ、「人の習ひ」は、人というものは皆同じような様子であるということを示すものとして、〝人の習性として・人というものは皆〟のように訳すとよい。「恨み」は、思い通りにならないことに対するいやな思いを表す名詞で、ここでは〝不満〟と言い換えることができる。「堪へ」は、〝耐える・こらえる〟の意の動詞「堪ふ」の未然形。「ぬ」は打

東京大-理科前期　　　　　　　　　　　　　　　2020 年度　国語〈解答〉　135

れまで住んでいた寺も離れるのがつらく、慣れ親しんだ友人も見捨てることができないけれども、決意したことであるので、行く先をどこことさえも定めず、何となく東の方へ向かううちに、尾張の鳴海潟に着いた。

（干潟の）潮干の機会を待ち構えて、熱田神宮に参詣して、何度も法施を手向けるうちに、異様な巫女が来て、壹和に向かって言うことは、「おまえは、不満を持つことがあってもといた寺を離れてさまよっている。人の習性として、不満には耐えきれないものであるので、当然だけれども、思い通りにならないことはこの世の友のようなものである。陸奥国の異民族の城へ（行って思い通りの地位を得よう）と思っても、そこにもまた恨めしい人がいたら、そのときはどこへ行けばよいのか。急いでもといた寺に帰って、平生の望みを遂げるがよい」とおっしゃるので、壹和は頭を下げて、「思いも寄らないお言葉だなあ。このような乞食修行者に何の不満があるはずでしょうか。あるはずもないことである、どうしてこのようには（おっしゃるのか）」と申し上げるとき、巫女はひどくばかにして、

包んでも隠れないものは、蛍の身からあふれ出ている光のように、自分の中からあふれ出ている思いであるなあ

という歌の託宣を出して、「おまえは、愚かにも私に疑念を抱くのか。さあそれなら言って聞かせよう。おまえは、維摩の講師を祥延に先を越されて不満を持っているのではないのか。あの講師というのはな、帝釈宮の、帝釈宮の金札に書き付けてあるのである。その順序は、くわしく言うと祥延・壹和・喜操・観理とあるのである。早く早くつらい気持ちを納めてもといた寺に帰るのがよいのである。私がすることではない。これは前世からの導きであるにちがいない。帝釈宮の札に書いてあるのも、これは前世からの導きであるにちがいない。

和光同塵（＝仏が衆生を救うために仮の姿となって俗世に現れること）は仏道へ入る機縁の初めで、八相成道（＝釈迦が衆生を救うためにその一生に起こした八つの大事）は衆生に恵みを与える最終のことであるので、神と言い仏と言うその名は異なるけれども、同じように衆生に慈悲の心をかけることは、慈悲深い母が子供を愛するようなものだ。おまえは無情にも私をないがしろにするといっても、私はおまえを見捨てずに、このように追って来て示現するのである。

春日山の老人（＝春日大社の神である私）は、もう疲れた」と言って、空にお昇りになってしまったので、壹和は、もったいなく思う気持ちや、敬う気持ちが、並一通りではなく、深い信仰心からあふれる涙をこらえて急いで（興福寺

参考 小坂井敏晶（一九五六年〜）は社会心理学者。愛知県生まれ。早稲田大学文学部中退。フランス国立社会科学高等研究院修了。現在、パリ第八大学心理学部准教授。著書に『異文化受容のパラドックス』『民族という虚構』『責任という虚構』『人が人を裁くということ』などがある。『神の亡霊』は東京大学出版会のPR雑誌『UP』に、二〇一四年六月から二〇一六年四月まで、隔月で十二回にわたって連載された。その後、二〇一八年、大幅に注を付けた形で単行本『神の亡霊——近代という物語』（東京大学出版会）として出版された。

二

解答

(一) イ、異様な巫女が来て、壹和に向かって言うことは

ウ、人の習性として、不満には耐えきれないものであるので

エ、そこにもまた恨めしい人がいたら、そのときはどこへ行けばよいのか

(二) 維摩の講師になれなかった不満を、前世の宿縁と考えて静めた。

(三) 維摩の講師は祥延・壹和・喜操・観理の順に務めるということ。

出典 鷹司基忠ら『春日権現験記』

◆全訳◆

興福寺の壹和僧都は、学問を十分に修めて、才智が比類なかった。後には出家して、外山という山里に住んでいた。当時、維摩会の講師を望み申し上げたときに、予想外に祥延という人に先を越されてしまった。何事も前世の宿業である、とは思って気持ちを落ち着かせるけれども、その不満を抑えることができなく思われたので、長い間その寺（＝興福寺）での議論や談話の交際を辞退して、諸国を歩いて修行する身となろうと思って、弟子たちにもこうとも知らせず、本尊・持経だけを竹の笈（＝法具などを背負う箱）に入れて、こっそりと（興福寺の）三面の僧坊を出て（春日大社の）四所の霊社に参詣して、泣きながらもう最後の法施を奉ったとかいう心の中は、ただ推察するがよい。そうはいってもやはりこ

② 能力主義は機会均等を見せかけにして人間を差異化し、格差を正当化する

▼
(四)

傍線部は二文から成る。まず前文について。近代は人間に自由と平等をもたらさなかったという趣旨になる。これは「自由意志に導かれる主体」の否定（第六・第七段落）や、「民主主義社会では平等が建前だ」（第十段落）という言明などからもわかる。次に後文について。「不平等を隠蔽し、正当化する論理が変わった」という以上、変化の内容を説明する必要がある。すなわち近代以前と近代との違いである。まず近代以前については、第九段落が手がかりになる。封建制度やカースト制度などのもとでは、貧富や身分の区別の根拠が神や自然といった共同体の〈外部〉に求められたことが説明される。これに対して近代は機会均等によって平等が保障されたように見えながら、格差や不平等は依然として存在する。でもそれは自由と平等の建前に反するから、「格差を正当化する必要がある」（傍線部二文前）。そこで持ち出されるのが能力主義であり、不平等の根拠を個人に帰するわけである（第六段落）。そして「努力しない者の不幸は自業自得だ」（傍線部前文）と言い放つ。よって以上の事情をまとめることになり、解答のポイントとして次の三点が挙げられる。

① 近代以前は貧富や身分を区別する根拠を神や自然など共同体の〈外部〉に見出した
② 近代における自由と平等は建前にすぎない
③ 近代は能力主義を持ち出して、不平等の根拠を個人のせいにする

▼
(五)

a、「培う」は〝養い育てる〟、b、「誕生」は〝物事が新しくできること〟、c、「欠陥」は〝不備。欠点〟の意。

● 桎梏＝自由を束縛するもの。手かせ足かせ。
● 出来レース＝事前の話し合いで、やる前から結果がわかっている競争や勝負。
● 「地獄への道は善意で敷き詰められている」＝善意でなされた行為が悲劇的な結果を招く、あるいは善意を持っていても実行が伴わなければ地獄に落ちるという意味のヨーロッパのことわざ。
● 未曾有＝今までに一度もなかったこと。

語句

▼(二)

傍線部の直前に「したがって」と理由づけされているので、その前の部分の内容をまとめることになるが、「自己責任」論は「近代の人間像」(第四段落最終文)と深く関わるので、第五段落以下の内容をまとめることになる。まず第五・第六段落で、自由意志をもった個人という近代の人間像は、才能や人格は遺伝形質に、家庭・学校・地域などの社会影響が作用して形成されると述べられ、さらに意志や意識さえも記憶と外来情報の相互作用によって生成すると述べられる。続く第七段落はこれに反論する形で、才能や人格という内部を根拠に自己責任を問うすなわち自己責任論が根拠とする個人の「内部」などというものは存在しないというわけである。以上の事情をまとめることになるが、枠内に収めるために要点を絞る必要がある。解答のポイントは次の二点である。もし余裕があれば、②の「外因」についてその具体例を挙げておくとよいだろう。

① 自己責任論は個人の内部を根拠にしている

② 才能や人格、意志や意識は内因ではなく外因に由来する

▼(三)

「詭弁」は〝間違っていることを正しいように見せかけようとする議論〟の意。「先に挙げたメリトクラシー」とは第四段落の内容を指す。この段落に「巧妙に仕組まれた罠」とあり、機会均等のもとで歓迎された能力主義が平等な社会を実現するどころか、既存の階層構造を正当化し固定するためのイデオロギーとして働いたと述べられる。しかしこの機会均等が見せかけだけのものであることは、同段落で学校が「平等」と「差異化」の二面性を持つと述べられていることからもわかる。次に傍線部に「そう」とあるのは、直前のマックス・ヴェーバーの議論を指す。すなわち支配者は支配を自然の摂理のごとく正しい状態として被支配者に思わせることで支配を長続きさせるというのがそれである。よってこの事情についても補足的に触れる必要がある。解答のポイントは次の二点。

① 支配者が支配を正当化する

① 米国は機会均等が実現された社会である

② 不平等の責任が社会にではなく個人の才能と努力に帰せられる

東京大-理科前期　　　　　　　　　　　　　　　　　　　　　　　2020 年度　国語〈解答〉　*139*

庭・学校・地域条件などの社会影響が作用して形成される。したがって才能や人格を根拠に自己責任を問うことはできない。にもかかわらず人間は自由だと社会は宣言し、努力しない者の不幸は自業自得だと宣告するのだ。

▲ 解　説 ▼

本文は、近代が格差を温存しながら機会均等や能力主義を掲げてそれを隠蔽しようとする欺瞞を告発した文章である。

全十四段落。これを三つの部分に分けて、内容をまとめよう。

1　第一～第四段落（学校教育を媒介に…）
　　機会均等のパラドクス——機会均等と能力主義は階層構造を再生産している

2　第五～第八段落（親から子を取り上げて…）
　　近代の人間像——近代は才能や人格を内因ととらえて自己責任の根拠にした

3　第九～第十四段落（封建制度やカースト制度などでは、…）
　　不平等の隠蔽——近代は格差を正当化するために自由と平等を宣揚した

▼（一）傍線部の「そこ」は直前の三文の内容を指す。すなわち集団間の不平等を是正すれば、個人は才能と努力で社会上昇が可能であり、弱肉強食のルールは正当であるというものである。よって傍線部の趣旨は、米国で社会主義政党が育たなかった理由の一つは個人の才能と努力を何よりも重視したことにあるということになる。すると、なぜ個人の才能と努力を重視すると社会主義政党が育たないのかという疑問が続き、これが「なぜそういえるのか」という設問になる。そこで第二段落に戻ると、機会均等が保障されない社会では不平等な社会を変えようとする機運が高まるけれども、機会均等が実現された社会では不成功は自分に才能がないからだと思って変革運動に関心を示さないという趣旨のことが述べられる。すなわち機会均等を実現した社会では、不平等の責任が社会ではなく個人に向けられるというのである。以上より解答のポイントは次の二点となる。

国語

一

出典 小坂井敏晶「神の亡霊」〈6 近代の原罪〉（『UP』二〇一五年四月号 東京大学出版会）

解答

（一） 機会均等を実現した米国では、現に不平等が顕著であっても、その責任は社会にあるのではなく個人の才能と努力に帰せられるから。

（二） 自己責任論が根拠とする個人の才能や人格、意志や意識は内発的なものではなく、全て遺伝形質や外来情報などの外因に由来するから。

（三） 支配者が支配を正当化するように、能力主義は機会均等を見せかけにして人間を差異化し、格差を正当化するものだということ。

（四） 近代以前が貧富や身分を区別する根拠を神や自然など共同体の〈外部〉に見出したのに対して、近代は格差を正当化するために自由と平等の建前のもとで能力主義を持ち出して、不平等の根拠を個人に帰し、努力しない者の不幸は自業自得だと宣告するということ。（一〇〇字以上一二〇字以内）

（五） a―培 b―誕生 c―欠陥

◆要 旨◆

近代になって身分制が打倒され、不平等が緩和された。教育機会も均等になった。だが現実にはヒエラルキーが必ず発生し、貧富の差が現れる。平等は実現不可能である。そこで格差を正当化するために、自分の力で未来を切り開く可能性として、能力主義（メリトクラシー）が持ち出される。しかし才能も人格も本を正せば、親から受けた遺伝形質と、家

2019 年度

解答編

東京大-理科前期 2019 年度 英語〈解答〉 *3*

解答編

英語

1 (A) 解答

<解答1> 産業化以前のヨーロッパでは，子どもは親の所有する労働力とみなされていたが，19 世紀後半から，独自の権利を有し，国が保護し支援すべきものへと見方が変化した。(70〜80 字)

<解答2> 19 世紀になっても児童労働は当然で，子どもは親の私的所有物だった。19 世紀後半から子どもの権利という概念が広まり，法で保護され，国が福祉を授ける対象となった。(70〜80 字)

<解答3> 19 世紀後半まで，子どもは経済的価値しかない親の所有物だったが，以後，独自の法的権利をもつ社会集団とみなされ，国が保護し教育や福祉を与えるべきものへと変わった。(70〜80 字)

◆全 訳◆

≪子どもの権利という概念の誕生≫

産業化以前のヨーロッパでは，児童労働は広くみられた事象であり，経済体制の重要な一部であった。19 世紀まで，また 19 世紀の間も，6 歳を超えた子どもは，その能力に応じて社会に貢献することが求められた。7 歳くらいから，彼らは労働の世界へとゆっくり入って行き始めたが，それは大人も子どももいる世界であった。教育や学校，危険からの保護といった概念はまれであるか，まったく欠如していた。19 世紀の初期，子どもはまた，親の個人的所有物とみなされることが大半で，法的権利はほとんどないか，あるいはまったくなかった。親，主に父親は，子どもに対する無制限の権力と支配力を与えられており，自分の望むとおりに子どもを扱うことが許されていた。体罰はほとんどどこでもみられ，社会的に受け入れられていたのである。

この状況は，19 世紀が進んでいくにつれて変わり始めた。特に 1870 年から 1920 年の 50 年の間に，親や雇用者や他の人たちに対する子どもの権

利が，法的保護という形で発展した。徐々に，子どもはひとつの独立した範疇であり，単なる大人の所有物ではないとみなされるようになった。子どもは経済的価値しかもたないという考え方は変わり始め，彼らは社会が支え，彼らの直面するさまざまな危険から守る責任のある，独特の集団だという認識に取って代わられだした。

　この時期のもうひとつの変化は，親による虐待や放置からの子どもの保護であり，これらはだんだんと政府当局から厳しい調査を受け，異議を唱えられるようになった。1889 年に，フランス，英国の両国では，親によるものも含めて，子どもに対する虐待を禁止する法を可決した。国家は，子どもの権利の擁護者となったのである。保護を受ける子どもの権利はその後，さまざまなものを与えられる権利へとつながり，中央政府がサービスを提供する責任をもつこととなった。労働から解放されることや公教育を受けられることとともに，健康管理，問題のない住居，遊び場といったものが，子どもの権利の要素として現れた。

━━━━━━ ◀解　説▶ ━━━━━━

◆読解する

　設問文に「ヨーロッパで生じたとされる変化の内容を…要約せよ」とあることに注意を払い，全体の構成を意識しながら，各段を検討しよう。

〔第1段〕

　この段は，産業化以前のヨーロッパで，子どもがどのように扱われていたかを述べている。「変化」が起こる前の状態を説明していることになる。

〔第2段〕

　この段では，変化のひとつめが述べられており，大人に対する子どもの権利という考え方が発展したことが述べられている。

〔第3段〕

　この段では，もうひとつの変化として，子どもの保護と国家の責任という考え方が生まれたことを述べている。

　各段と各文の内容をまとめると次表のようになる。

東京大-理科前期　　　　　　　　　　　　　　　　　2019 年度　英語〈解答〉　5

各段の要旨		各センテンスの内容
第1段	産業化以前のヨーロッパで子どもが置かれていた状況	第1文：産業化以前のヨーロッパでは，児童労働が広くみられ，経済体制の重要な一部だった。 第2文：19世紀まで，また19世紀の間も，6歳を超える子どもは社会への貢献が求められた。 第3文：子どもは7歳くらいから，大人も子どももいる労働の世界に入った。 第4文：教育や危険からの保護という概念はほとんどないか，あるいはまったくなかった。 第5文：また，19世紀の初期には，子どもは親の個人的所有物とみなされ，法的権利はほとんどないか，あるいはまったくなかった。 第6文：とりわけ父親は，子どもを自分の思うままに扱うことが許され，体罰も認められていた。
第2段	子どもの権利という概念の発展	第1文：19世紀が進むと，この状況が変わり始めた。 第2文：19世紀後半から20世紀の初期にかけて，子どもの権利が法的保護という形で発展した。 第3文：子どもは大人の所有物ではなく，独立した範疇とみなされるようになり始めた。 第4文：子どもは，社会が支え守る責任をもつ独特な集団であるという考えが広まり始めた。
第3段	子どもの保護と国家の責任	第1文：もうひとつの変化は，親の虐待や放置からの子どもの保護だった。 第2文：1889年，フランスと英国で，児童虐待を禁止する法が可決された。 第3文：国家が，子どもの権利の擁護者となった。 第4文：その後，さまざまなものを与えられる権利へとつながり，サービスの提供は中央政府が責任をもつものとなった。 第5文：労働からの解放，公教育をはじめ，健康管理，住居，遊び場が子どもの権利の項目となった。

◆答案を作成する

　第1段に述べられている変化前の状況は，第4文（The concepts of…）・第5文にある「子どもの教育や保護という概念がなかった」「親の所有物とみなされ，法的権利がなかった」という点に注目する。ただし，「教育や保護という概念」「法的権利」は，変化後に現れたものなので，第1段の内容としては「子どもは労働力で親の所有物とみなされていた」などと，当時の現状にとどめておくのがよいだろう。第2段の要点は，ひとつめの変化として，子どもは親の所有物ではなく，権利をもち，社会の

6 2019 年度 英語〈解答〉　　　　　　　　　　　　　　　東京大-理科前期

中で大人とは区別される独特な集団であるという考え方が発展したことである。第3段は，もうひとつの変化として述べられている，子どもの保護という考え方が要点。虐待や放置から守るというだけでなく，教育や健康管理，住居，遊び場など，子どもに必要なものを与えるという考え方も生まれたことを，含めておきたい。

◆━◈━◆━◈━　●語句・構文●　◆━◈◈◈◈◈◈◈◈◈◈◆

(第1段)　●according to ～「～にしたがって，～に応じて」
(第2段)　●no more than ～「～にすぎない」
(第3段)　●scrutiny「綿密な調査，監視」

1 (B) 解答

(ア) meaning
(イ)(1)— a)　(2)— e)　(3)— d)　(4)— f)
(5)— h)　(6)— c)

◆━◈◈◈◈◈◈◈◈━　◆全　訳◆　◈◈◈◈◈◈◈◈◈◈◈◈◈◈◈◈◈

≪音楽は世界共通言語か≫

　音楽は世界共通言語である。あるいは，音楽家はそう主張したがる。「音楽でなら，英語やフランス語といったふつうの言語ではできないような仕方で，文化や言語の壁を超えた伝達ができる」と，彼らは言うだろう。ある面では，この言い分は明らかに正しい。フランス人作曲家のクロード＝ドビュッシーの書いた曲を楽しむのに，フランス語を話す必要はない。(1)[a) しかし，音楽は本当に世界共通言語なのだろうか。] それは，「universal（世界共通の，普遍的な）」という言葉で何を意味するのか，そして「language（言語）」という言葉で何を意味するのかによる。

　人間の文化はどれも言語をもっているのとちょうど同じように，音楽をもっている。したがって，音楽が人間の経験の普遍的な特徴だというのは本当だ。同時に，音楽の体系も言語の体系も文化によってかなり異なる。それでも，外国の音楽体系がどれほどなじみのないものに思えても，人がなじみのない音楽形態で伝えられる感情，つまり，幸福と悲しみという少なくとも2つの基本的な感情を特定するのが非常に上手いことを，さまざまな研究が示している。(2)[e) 音楽の一定の特徴が，こうした感情の表現に寄与する。] たとえば，音が高く，高さとリズムの変化が多く，テンポが速いものは幸福を伝え，一方，その逆は悲しみを伝える。

東京大-理科前期 2019 年度 英語〈解答〉 7

　したがって，おそらく私たちは音楽的感覚をもって生まれるのだ。しかし，言語もまた，言語学者が韻律と呼ぶメロディーをもっている。高さ，リズム，テンポというまさにこうした同じ特徴が，言語を超えて普遍的だと思えるような仕方で，発話中の感情を伝えるのに使われている。フランス語か日本語か何か他の自分が話さない言語の会話を，ふと耳にするとしよう。内容はわからないだろうが，話し手の感情の状態の移り変わりはわかるだろう。女性は気持ちが乱れているし，男性は守りに入っている。今度は彼女は本当に怒り，彼は引き下がっている。彼は彼女に懇願するが，彼女は納得していない…。私たちが外国語のこのやりとりを理解できるのは，それが私たち自身の言語ならどのように聞こえるか知っているからである。同様に，私たちが自分の文化のものであれ他の文化のものであれ，ある音楽を聞くとき，普遍的な韻律の特徴を反映するメロディーの特徴に基づいて感情を認識する。(3)[d] この意味では，音楽は実際，感情を伝達する普遍的な仕組みである。]

　しかし，音楽は言語の一種なのだろうか。再び，用語の定義をしなくてはならない。(4)[f] 科学者も含めて，私たちは「伝達システム」という意味で「言語」という言葉を使うことが多い。]生物学者は，「ハチの言語」について語るが，これは仲間のハチたちに新しい食糧源の位置を伝える方法である。人々は「花言葉」を話題にする。それを使って自分の意図を表すことができるのである。「赤いバラは…を意味する。ピンクのカーネーションは…を意味する。白いユリは…を意味する」というわけだ。それから「身体言語」がある。これは，感情や社会的地位などを伝えるために使う仕草，身振り，顔の表情のことを意味する。私たちは話すときに身体言語をよく使うが，言語学者はそれを真の言語形態とはみなしていない。そうではなく，それはいわゆるハチの言語や花言葉とちょうど同じように，伝達システムなのである。

　定義上，言語とは，意味のある一組の記号（単語）とその記号を組み合わせてより大きな意味のある単位（文）にするための一連の規則（統語法）から成る伝達システムである。多くの種が伝達システムをもっているものの，これらのうちのどれも言語とみなされないのは，それらが何らかの要素を欠いているからである。多くの種の警告の声やエサがあることを知らせる声は，一連の意味のある記号から成ってはいるが，彼らは規則に

したがって生産的にそうした記号を組み合わせはしない。同様に，鳥のさえずりやクジラの歌は要素を組み合わせる規則はもっているが，これらの要素は意味のある記号ではない。歌が全体として意味をもつだけである。

　言語と同じように，音楽にも統語法，つまり音，和音，音程といった要素を配列して複雑な構造にする規則がある。(5)［h）それでも，これらの要素のどれも，それだけでは意味をもたない。］むしろ，感情的な意味を伝えるのは，もっと大きな構造，メロディーである。そして，それは言語の韻律を反映することで，感情的な意味を伝えているのである。

　音楽と言語は特徴が共通しているので，言語を処理する脳の領域の多くが音楽も処理していることは驚くにはあたらない。(6)［c）しかし，だからといって，音楽は言語だということではない。］私たちは，脳の特定の領域が専門的に特定の機能と結びついていると考えがちだが，言語だろうと音楽だろうと車の運転だろうと，複雑な行動は何でも，脳の多くの異なる領域からの助力を呼び入れるのである。

　音楽は確かに，地球上のどんな人にどんな考えを伝えるのにも使えるという意味での世界共通言語ではない。しかし音楽は，人間に共通の経験の核心にある基本的な感情を呼び起こす力は間違いなくもっている。それは文化を超えるだけでなく，私たちが進化してきた過去に深く到達する。そしてその意味では，音楽は実際に世界共通言語なのである。

■■■■ ◀解　説▶ ■■■■

◆㈠　当該の第5段は第1文で「意味のある一組の記号（単語）とその記号を組み合わせてより大きな意味のある単位（文）にするための一連の規則（統語法）から成る伝達システム」という「言語」の定義を挙げ，他の動物の種の伝達システムが言語とは言えないことを述べている。第4文（Likewise, bird song …）に「鳥のさえずりやクジラの歌は要素を組み合わせる規則はもっているが，これらの要素は意味のある記号ではない」と，そこに人間の言語の「単語」にあたるものがない点を指摘している。それでも，同じ種の個体間で情報伝達できるのは，「歌全体で何らかの意味を表す」からだと考えられる。第6段第3文（Rather, it's the …）にある meaning「意味」を補うのが適切。

◆㈡　▶(1)　空所の直後に「それは，universal という言葉で…そして language という言葉で何を意味するのかによる」とある。空所には「そ

れ」が指すもので，universal と language という語を含む文が入ると判断
できる。同段冒頭で「音楽は世界共通言語（a universal language）であ
る」と述べられており，a）の「しかし，音楽は本当に世界共通言語なの
だろうか」が，段落の内容として適切。

▶(2)　空所のあとに「たとえば」として，幸福や悲しみを表す音楽の特徴
が述べられている。e）の「音楽の一定の特徴が，こうした感情の表現に
寄与する」が適切。

▶(3)　同段第 2 文（But language also …）で，言語が音楽と同じ特徴を
もつと述べられ，第 3 〜 9 文では，知らない言語でも，話し手の口調でそ
の感情を判断できることが説明されている。空所直前の第 10 文は「同様
に」で始まり，「私たちは…ある音楽を聞くとき，普遍的な韻律の特徴を
反映するメロディーの特徴に基づいて感情を認識する」と述べている。つ
まり，音楽は，言語と同じように音で感情を伝えることができると言って
いることになる。d）の「この意味では，音楽は実際，感情を伝達する普
遍的な仕組みである」が適切。

▶(4)　空所の直前に「用語の定義をしなくてはならない」，直後に「生物
学者は，『ハチの言語』について語る」とあり，「言語」という言葉の定義
をしようとしていると考えられる。f）の「科学者も含めて，私たちは
『伝達システム』という意味で『言語』という言葉を使うことが多い」が
適切。

▶(5)　空所の直前で「言語と同じように，音楽にも…要素を配列して複雑
な構造にする規則がある」と，言語と音楽の類似点を述べている。空所の
直後には「むしろ，感情的な意味を伝えるのは，もっと大きな構造，メロ
ディーである」とあり，音楽で意味をもつのは，言語で言えば「文」にあ
たり，「単語」に相当する要素には意味がないという内容が空所に入るの
がふさわしい。h）の「それでも，これらの要素のどれも，それだけでは
意味をもたない」が適切。

▶(6)　空所の直前には，言語を処理する脳の領域が音楽も処理しているこ
とが述べられている。空所のあとでは「言語だろうと音楽だろうと…複雑
な行動は何でも，脳の多くの異なる領域からの助力を呼び入れる」とあり，
言語を処理する領域と音楽を処理する領域が重なっていても，それだけを
処理する専門的な領域があるわけではないことが示唆されている。c）の

10 2019 年度 英語〈解答〉 東京大-理科前期

「しかし，だからといって，音楽は言語だということではない」が適切。

◆━━━━━ ●語句・構文● ━━━━━◆

（第2段） ●vary from culture to culture「文化によって変わる，さまざまである」

（第3段） ●listen in on 〜「〜をふと耳にする，盗み聞きする」 ●back off「退く」 ●plead with 〜「〜に懇願する」

（第5段） ●by definition「定義上」 ●count as 〜「〜とみなされる」

2 (A) 解答例

＜解答例1＞ I would like to propose a worldwide holiday : Plastic Day. This is not to celebrate plastic but to enhance public awareness of plastic pollution as one of the most serious environmental issues. Since it is difficult to stop using plastic all at once, we should start with an awareness of how many plastic things we use in a single day and consider which ones we can do without or replace with eco-friendly alternatives. (60〜80 語)

＜解答例2＞ I would like to propose "Offline Day" : a day we would turn off our smartphones. Many of us would be at a loss regarding what to do with the time. However, without the gadget, people could probably pay more attention to others around them―on the train, for example ― and talk face-to-face with family members and friends. Additionally, they may rediscover the joy of spending time just relaxing. Offline Day would help people take their eyes off of their screens. (60〜80 語)

■━━━━━ ◀解　説▶ ━━━━━■

▶＜解答例＞の全訳は以下のとおり。

＜解答例1＞　私は世界的な祝日プラスチック・デーを提案したい。これはプラスチックを祝うのではなく，最も深刻な環境問題のひとつであるプラスチック汚染に対する人々の認識を高めるためのものだ。プラスチック製品を使うことを即座にやめるのは難しいので，1日のうちに私たちがどれほどたくさんのプラスチック製品を使っているかを認識することから始め，どれがなくても済ませられるか，あるいは環境に優しい代替品と取り

替えられるかを考えるべきである。

＜解答例2＞　私は「オフライン・デー」を提案したい。スマートフォンの電源を切る日だ。私たちの多くはこの時間に何をすればいいか途方に暮れるだろう。しかし，あの機器がなかったら，おそらく人々は――たとえば電車の中で――自分の周りの人にもっと注意を払えるだろうし，家族や友人と顔を突き合わせて話せるだろう。また，ただくつろいで時間を過ごすことの喜びを再発見するかもしれない。オフライン・デーは，人々が画面から目を離す手助けとなるだろう。

▶新たに設ける祝日とその意義や望ましい理由を述べるという問題。どこで行うものかに制限がないので，かなり自由に考えることができるだろう。ポイントは，その意義や望ましいと思う理由を読み手に納得させることである。何をどのような順序で述べるか，効果的な提示の仕方をあらかじめ考えてまとめたい。

2 (B) 解答

＜解答例1＞　(But) the most important thing is for each of us to realize in our daily lives that we are the ones polluting the indispensable natural environment with plastic waste.

＜解答例2＞　(However,) what matters most is that, in our daily lives, each of us should be aware that we are the ones contaminating the precious natural environment with plastic garbage.

◀解　説▶

上記の〔解答例〕には下線部直前の「しかし」にあたる But / However, を括弧書きで加えている。

● 「もっとも重要なのは…ことである」

「もっとも重要なこと」は the most important thing / what matters〔counts〕most とできる。「…ことである」は is that … と補語に that 節を使う以外に，不定詞の名詞用法を使うこともできる。

● 「…と，私たちひとりひとりが日々の暮らしのなかで自覚する（こと）」

「～と自覚する」は realize that ～ / be aware that ～ が使える。「（自覚する）こと」に that 節を用いるなら完全文を作ればよいので，文字どおりには each of us is aware that … となる。ただし，実際に自覚し

12 2019 年度 英語〈解答〉 東京大-理科前期

ているという事実を述べているのではなく，推奨や義務の内容なので，each of us should be のように助動詞 should を補うのが正しい。不定詞では文意上 should の含みは不定詞自体がもつので，for each of us to realize that … でよい。意味上の主語は通常どおり for を使って不定詞の前に置く。「日々の暮らしのなかで」in our daily〔everyday〕lives は「自覚する」にかかるので，自覚する内容にあたる that 節より前に置くこと。everyday は 1 語のつづり（形容詞）にすることに注意。every day と 2 語に分けると副詞になる。

●「(汚染している) のは私たち自身である」
「私たちこそが～している存在である」と考え the one(s) を使う。we are the ones ～ となる。「～している」なので現在分詞を続ける。

●「プラスチックごみによってかけがえのない自然環境を汚染している」
「かけがえのない」は文字どおりには irreplaceable「取り換えられない」だが，indispensable「欠くことのできない」もよく使われる。「非常に大切な，大事な」precious / treasured などで表すこともできる。「自然環境」は通常 the environment で表せるが，「かけがえのない」が入るのでどの環境なのかを明確にするために，natural を添えておくとよい。「汚染している」は polluting / contaminating が適切。「～によって」=「～で」は with を使う。contaminate は by の例もあるが，受動態の場合に限られる。「プラスチックごみ」は plastic waste や plastic garbage がよくみられる表現である。

3 (A) 解答 (7)— b) (8)— b) (9)— b) (10)— a) (11)— e)

◆━━全 訳◆━━

≪現代社会におけるスポーツの役割≫

司会者：みなさん，社会調査研究会の 2019 年度冬期連続講義へようこそ。今年は，私たちがスポーツや文化に注目しているオーストリアの美しい村ゼーフェルトでの開催です。高名な人類学者クリフォード=ターナーさんに口火を切っていただくべく，ここにお越しいただき，嬉しく思います。お話に入る前に，スタッフのみなさんには，懸命に仕事をしていただいたことを感謝し，私どものライブ・ビデオストリーム

東京大-理科前期　　　　　　　　　　　　2019 年度　英語〈解答〉 *13*

にご参加いただいているみなさんに心からの大きなごあいさつを申し
上げたいと思います。では，ターナー博士…。

ターナー博士：ありがとう，ハリー。みなさん，こんばんは。今日，多く
の方を山の斜面でお見かけしたと思います。新雪で見事な景色ですね。
スポーツについて語るにはうってつけの場所です。

　ご存知のように，私たちの分野における多くの研究が古代のスポー
ツに目を向けていますが，それは，そうしたスポーツが，たとえば精
神世界を扱ったり神を喜ばせたりするというような宗教的儀式か，あ
るいは，狩猟や戦闘といった生存の中心となる任務の訓練と密接に結
びついているという文脈においてのことです。それから，もちろん通
過儀礼，つまり人々を彼らの社会的役割にうまくなじませるというの
もあります。どれも興味深いものですが，今夜は現代社会における団
体競技に焦点を当てたいと思います。

　現代スポーツ，特に団体競技は，さまざまに異なる機能を果たして
いると，私は主張します。それらは，そうであればよいのにというも
のであれ，実際そうだと考えているものであれ，私たちの社会のモデ
ルを投影すること，その表現に，以前よりもずっと関わるものです。
そして，スポーツは今でも私たちを社会になじませるのに役立ってい
ますが，今日の目標は，何か特定の役割というものではなく，生活全
般に適応するというものです。

　では，私はここで何を訴えているのでしょう。一方では，スポーツ
は社会の理想のイメージ，私たちがそうあるべきだと考えている生活，
つまり競争は確かにありますが，明確で公正なルールのあるものを提
示しています。団体競技の基本的な要素を考えてみてください。技能，
戦略，運，そしてどのように競技を行うか，どのように勝者を決める
のかを規定するルールです。また，社会教育との密接なつながりもあ
ります。今日，学校制度は，チームワーク，フェアプレー，規律，権
威への敬意，対戦相手への敬意を教える方法として，こうしたスポー
ツを推奨しています。ここでのその主な目的は，学生たちを信頼でき
る社会の一員にすることです。

　したがって，今述べたのは，物事がどうあるべきだと私たちが考え
ているかを反映しているスポーツです。ですが，その機能は，常にも

うひとつの機能と一緒に存在しています。つまり，理想的ではない生活，私たちが経験しているとおりの生活，いわゆる「実生活」を表すというものです。この２番目の機能は，プロスポーツに向かうほど強くなり始めます。ここでは，競争はいっそう激しくなります。道徳的行動やフェアプレーよりも勝利が重視され，そのため失敗という惨めな結果，「敗北の苦悩」により多くの注意が向けられます。人々が何を言うか聞いたことがあるでしょう。「ずるをしていないというのなら，努力していないということだ」とか，「ともかく勝て，いいな」とかいったことです。

しかし，ここが興味深いところです。それは矛盾です。そういう言葉，そのような言い草は，儀式の目的の半分を隠し，否定さえしようとしているわけですから！　実は，私たちが恐れる経験，つまり敗北は，私たちが欲する勝利と同じくらい重要なのです。スポーツは，この意味では，私たちに本当の「実生活」に対処する準備をさせているのです。悪いことは起こるものです。物事はいつも私たちの道を切り開いてくれるわけではありません。そして，私たちはしばしば負けるのです。よく言うとおり，「それが人生だ」というわけです。

はい，では一歩もどって，話を先に進める前に，もとの要点に返りたいと思います…

━━━━━━ ◀解　説▶ ━━━━━━

▶(7)　「この講義が行われている場所を最もよく説明しているのは次のどれか」

司会者の発言の第１文（Welcome, everyone, …）に「冬期連続講義」，ターナー博士の発言第１段第３文（I believe I saw …）に「山の斜面〔ゲレンデ〕」，同段第４文に「新雪」とある。b）の「スキー・リゾート」が正解。

a）「地方自治体の中央施設」　c）「大学町」　d）「古代史跡」

e）「運動訓練場」

▶(8)　「古代スポーツが，社会における自分の居場所を人々が見つける手助けをすることについて，講演者が挙げているのはどのような例か」

ターナー博士の発言第２段第２文（Then, of course, there are …）に「通過儀礼，つまり人々を彼らの社会的役割にうまくなじませるというの

もある」とある。ｂ）の「通過儀礼として機能するスポーツ」が正解。

ａ）「戦闘の訓練としてのスポーツ」

ｃ）「宗教儀式の中で行われるスポーツ」

ｄ）「理想的な社会秩序を表しているスポーツ」

ｅ）「教育の初期の形態として役立っているスポーツ」

▶⑼「講演者が言及している団体競技の核となる要素のどれとも合わな<u>い</u>のは次のどれか」

　　ターナー博士の発言第４段第３文（Think of the basic elements…）に「団体競技の基本的な要素…技能（skill），戦略（strategy），運（chance），そして…ルール（rules）」とある。ｂ）の Discipline「鍛錬」に相当するものが含まれておらず，これが正解。

ａ）Ability「能力」は「技能」と一致する。

ｃ）Luck「幸運」は「運」と一致する。

ｄ）Rules「ルール」はそのまま挙げられている。

ｅ）Tactics「戦術」は「戦略」と一致する。

▶⑽「学校制度にとっての団体競技の主な目標を最もよく説明しているのは次のどれか」

　　ターナー博士の発言第４段最終文（Today, school systems…）に「今日，学校制度は…こうしたスポーツを推奨し…ここでの主な目的は，学生たちを信頼できる社会の一員にすることだ」とある。ａ）の「それらは，学生によい市民になってもらいたいと思っている」が正解。

ｂ）「それらは，学生に規則に従い，権威を尊重してもらいたいと思っている」

ｃ）「それらは，学生にフェアプレーを実行してもらいたいと思っている」

ｄ）「それらは，学生に他者に思いやりを示してもらいたいと思っている」

ｅ）「それらは，学生にチームワークを尊重してもらいたいと思っている」

▶⑾「ターナー博士は講義の終わりに近いところで，現代の団体競技は（　（ア）　）に至上の価値を置いているようだが，実際には，（　（イ）　）も同じくらい重要だと主張している」

（各選択肢は，文を完成するために空所を埋められる表現の組み合わせを含んでいる）

　　ターナー博士の発言第６段第３文（In fact, the experience…）に「敗

16 2019 年度 英語〈解答〉　　　　　　　　　　　　　　東京大-理科前期

北は…勝利と同じくらい重要だ」とある。 e ）の「㋐勝つこと　㋑負けること」が正解。

a ）「㋐努力　　　　　　㋑ずるをすること」
b ）「㋐フェアプレー　　㋑勝利」
c ）「㋐技能　　　　　　㋑運」
d ）「㋐集団　　　　　　㋑個人」

●語句・構文●

（司会者の発言）　●renowned「有名な，高名な」
（ターナー博士の発言第 2 段）　●fit *A* into *B*「*A* を *B* にぴったりはめ込む，なじませる」
（ターナー博士の発言第 4 段）　●〜, sure, but …「確かに〜だが，…」
（ターナー博士の発言第 5 段）　●how we think things ought to be「物事がどうあるべきだと私たちが考えているか」　もとになる文は we think (that) things ought to be …「私たちは物事が…であるべきだと考えている」　●place emphasis on 〜「〜を重視する，強調する」
（ターナー博士の発言最終段）　●back up「もどる」

3 (B) 解答 (12)— a)　(13)— d)　(14)— d)　(15)— c)

(16)— a)

◆全　訳◆

≪現代社会におけるスポーツの意義に関する議論≫

司会者：ターナー博士の発表をお聞きのみなさんからの質問を受ける前に，パネリストからお話を聞きましょう。スポーツ心理学者のリサ=ドゥボア博士と文化人類学者のデール=ヴァン=クレイ博士です。ヴァン=クレイ博士，まずお話しいただけますか。

ヴァン=クレイ：そうですね，私はターナー博士の研究は好きですが，正直に言いますと，現代のグローバルな状況とかけ離れているように思います。スポーツが一種の社会教育，つまり，重要な社会的価値観を教える方法であるということには賛同しますが，彼のモデルは固定的です。今は，グローバルなスポーツ文化があります。ある特定のスポーツを，あたかも固定した価値観を伝えるかのように扱うことはできません。あるスポーツが別の社会に移ると，もともとの意味を失い，

東京大-理科前期　　　　　　　　　　　　2019 年度　英語〈解答〉　17

　　新しい意味をもつようになります。

司会者：あなたのご意見はどうですか，ドゥボア博士。

ドゥボア：それはターナー博士に対して公正な見方ではないと思います。
　　そのような見方に彼はきっと賛成するでしょうが，彼はある文化から
　　別の文化へと広がっていくスポーツのことを話していたわけではあり
　　ません。あるひとつの社会の内部で，スポーツがどのように機能する
　　かを話していたのです。興味深い事例は，フランスの 2018 年のワー
　　ルドカップのチームです。フランスのメディアがそのチームに大いに
　　好意的だったのは，さまざまな民族的背景をもつ選手がいたことで多
　　様なフランスのイメージを示していたからです。メディアは，そのよ
　　うな多様性が真にフランスの現実であってほしいと思っていました。
　　この例はターナー博士が言及しなかったことも提起しています。つま
　　り，社会的あるいは政治的変化の手段としてのスポーツです。アメリ
　　カ合衆国の昨年のことを考えてください。アフリカ系アメリカ人のフ
　　ットボール選手たちが開会式に参加するのを拒否することで，警察の
　　暴力に抗議しました…

ヴァン＝クレイ：そして，それが生み出した怒りの反応について考えてみ
　　てください！　私が言いたいのは，それはむしろスポーツの基本概念
　　に反するのではないですか，ということです。人々は，スポーツが政
　　治とは関係ないものであってほしいと思っています。

ドゥボア：私はそうは思いません。スポーツはこれまでずっと政治に関わ
　　るものでした。国粋主義や国旗を振る愛国心の誇示はどうですか？
　　でも，スポーツは政治的変化を起こすこともできます。女性や少数派
　　が，社会的な権利を勝ち取る前でも，スポーツでは平等な扱いをされ
　　るという事例がたくさんありました。たとえば，最近自分がゲイであ
　　ることを公言したイングランド・リーグのラグビー選手は，有名な模
　　範になりました。

ヴァン＝クレイ：それは逆の例になるのではないかと言いたいですね。つ
　　まり，社会の変化のほうが，スポーツに携わる人たちが前進するのを
　　いかに可能にするかという例です。

ドゥボア：そうですね，まさにそれですよ。スポーツと社会は強化し合っ
　　ているんです。ラグビーのような，男らしさの文化が，少なくとも特

定の社会においてその競技の残念な要素であり続けているスポーツで
は，ゲイであることを表明するのはいっそう困難です。ですが，だれ
かが実行すれば，社会の他の領域の人たちがそうするのがもっと容易
になります。

ヴァン=クレイ：私はスポーツが政治的意味をもちえないと言っているの
ではなく，ただ，スポーツは政治の外にあるものだと期待されている
と言っているだけです。

ドゥボア：でも，スポーツが変化を生み出す最大の可能性をもつのは，ま
さにそうした期待に異議を唱えるときではありませんか？　アメリカ
ンフットボールの選手たち，ラグビーの選手の例はどちらも，スポー
ツはどうあるべきかというこれまでの期待と決別することが，政治的
な意味にとって重要だということを示しています。そして，当然のこ
とですが，そうした期待が競技文化に影響を及ぼしてもいます。スポ
ーツはこうした期待に異議を唱えるとき，単なるフェアプレー以上の
ことを社会に教えることができます。それが，ターナー博士が一種の
社会教育としてのスポーツについて語ったときに何を意味していたの
かを理解する，もうひとつの方法だと思います。

■■■■■■■　◀解　説▶　■■■■■■■■

▶⑿　「ヴァン=クレイがターナーの分析に反対しているのはなぜか」

　ヴァン=クレイの第1発言第1文（Well, I like Dr. Turner's work, …）
に「ターナー博士の研究は…現代のグローバルな状況とかけ離れているよ
うに思う」とある。a）の「彼は，ターナーの分析が現代の世界に合って
いないと考えている」が正解。

b）「彼は，ターナーの分析が社会化を十分重視していないと考えている」

c）「彼は，ターナーの分析が団体競技に焦点を当てすぎだと考えている」

d）「彼は，ターナーの分析があまりにも西洋志向だと考えている」

e）「彼は，ターナーの分析が政治を強調しすぎていると考えている」

▶⒀　「スポーツに関する議論にヴァン=クレイがつけ加えている新しい論
点は何か」

　ヴァン=クレイの第1発言最終文（Once a sport moves …）に「あるス
ポーツが別の社会に移ると，もともとの意味を失い，新しい意味をもつよ
うになる」とある。d）の「あるスポーツによって反映されている価値観

は，社会によって異なる」が正解。

a）「スポーツは，社会的，政治的改革で何らかの役割を果たすことはまったくできない」

b）「スポーツは，すべての社会において核となる価値観を反映しているわけではない」

c）「スポーツは，娯楽ではなく，実生活を反映している」

e）「スポーツがある社会から別の社会に移ると，もう核となる価値観を反映しなくなる」

▶⑭ 「ドゥボアが，ヴァン＝クレイはターナーに対して公正ではないと言っているのは…からだ」

　ドゥボアの第1発言第2文（I am sure he would …）・第3文に「彼はある文化から別の文化へと広がっていくスポーツのことを話していたわけではない。あるひとつの社会の内部で，スポーツがどのように機能するかを話していた」とある。d）の「ヴァン＝クレイの論点は，ターナーが分析していた状況とは関係がない」が正解。

a）「ターナーは実際にはヴァン＝クレイに賛成している」

b）「ターナーはヴァン＝クレイの異議を聞く機会がなかった」

c）「ヴァン＝クレイはターナーの主張を正確に説明していない」

e）「ヴァン＝クレイの論点は証明されていない」

▶⑮ 「ラグビー選手の事例からドゥボアが引き出した最終的な結論は何か」

　ラグビー選手については，ドゥボアの第2発言最終文（For example, the rugby player …）に「自分がゲイであることを公言した…ラグビー選手は，有名な模範になった」とあるが，これは同発言第3文（But sports are also …）の「スポーツは政治的変化を起こすこともできる」ことの例であり，模範だということ。これに対してヴァン＝クレイは直後の第3発言で「それは逆の例…つまり，社会の変化のほうが，スポーツに携わる人たちが前進するのをいかに可能にするかという例だ」と述べている。続くドゥボアの第3発言第1文（Well, that's just it …）に「まさにそれだ。スポーツと社会は強化し合っている」とある。c）の「社会とスポーツは互いに影響し合うことがある」が正解。

a）「ラグビーのようなスポーツでゲイであることを公言するのは難しい」

b）「保守的な社会でゲイであることを公言するのは難しい」

d）「社会はスポーツをよい方に変えることがある」

e）「ラグビーのようなスポーツはあまりにも男性優位である」

▶⒃「ドゥボアは，スポーツがその最大の影響力をもてるのは…ときだと考えている」

ドゥボアの最終発言第1文（But isn't it exactly when …）に「スポーツが変化を生み出す最大の可能性をもつのは，まさにそうした期待に異議を唱えるときではないか」とある。「そうした期待」とは，直前のヴァン=クレイの発言にある「スポーツは政治の外にあるものだと期待されている」ということを指す。a）の「スポーツが既成の考え方に異議を唱える」が正解。

b）「スポーツが政治的意味をほとんどあるいはまったくもたない」

c）「スポーツが進歩的な態度によって変わる」

d）「スポーツがきちんとしたフェアプレーの感覚を教える」

e）「スポーツが競技の規則にどのように従えばよいかを私たちに教える」

●語句・構文●

（司会者の第1発言）　●open the floor to questions「聴衆から質問を受ける」

（ヴァン=クレイの第1発言）　●out of touch with ～「～とかけ離れている，～についての理解がない」

（ドゥボアの第1発言）　●touch on ～「～に言及する」

（ドゥボアの最終発言）　●isn't it exactly when ～ that sports have the greatest potential …?「スポーツが最大の可能性をもつのはまさに～ときではないか」は強調構文。●break with ～「～(考え・伝統など)を捨てる，～と決別する」

3 (C) 解答

⒄― c）　⒅― c）　⒆― d）　⒇― c）
㉑― a）

◆全　訳◆

≪幼児期の記憶がない理由≫

5歳の誕生日以前の自分の人生を思い出そうとするとき，遊び場で石を集めている，自分の寝室で指を使って絵を描いている，海の生き物につい

ての映画を見ている，白い紙のシートの文字をなぞっているといった，とりとめもないイメージがいくつか浮かぶだけだ。それで終わりである。しかし，幼いあのころ，もっとずっと多くのことを経験したのは間違いない。そうした年月はどこへ行ってしまったのだろう。

　心理学者たちは，記憶のこの劇的な喪失に対する名前をもっている。「幼児期健忘」である。平均して，私たちの記憶は 3 歳より前にさかのぼることはない。それ以前のすべては闇なのだ。

　1900 年代初期，著名な心理学者であるジークムント゠フロイトは，幼児期健忘にその名前を与えた。彼は，人生の初期，4 歳までのことを大人が忘れるのは，心を乱すような記憶を締め出すためだと主張した。この主張を受け入れた心理学者もいたが，多くは幼児期健忘の別の説明を採った。子どもは 7 歳までは単に安定した記憶を形成することができないというものである。ゆえに，100 年近くの間一般に受け入れられていた考えは，幼い子ども時代の記憶が永続しないのは，そもそもそれらはまったく永続性がないからだというものだった。

　1980 年代になって，こうした理論を検証する現代的な科学的努力が初めて行われた。その 10 年に実験が次から次へと，3 歳以下の子どもの記憶は実は持続するが，限界があることを明らかにした。生後 6 カ月では，幼児の記憶は少なくとも 1 日続き，生後 9 カ月では 1 カ月続く。2 歳までには 1 年持続するようになる。のちの 1991 年の研究では，4 歳半の子どもは 18 カ月前に遊園地へ出かけたときの詳細な記憶を呼び起こせることが示された。

　それでも，6 歳くらいで子どもは初期の記憶の多くを忘れ始める。3 歳のときに形成された記憶に関する 2005 年のある研究では，7 歳半の子どもは，その記憶の 40 パーセントしか思い出せないが，5 歳半だとその 2 倍多くのことを思い出せることがわかった。この研究は衝撃的な事実を明らかにした。子どもは人生の最初の 2，3 年の記憶を作ったり思い出したりできるが，こうした記憶のほとんどはまもなく，私たちが大人になってから経験するのよりもはるかに速い速度で消えていくということだ。

　この突然の忘却の謎を何が説明してくれるだろうか。この 10 年で行われた研究は，その答えを明らかにし始めている。子ども時代を通じて，脳は信じられないほど急速に成長し，構造を建て増し，過剰な連結を作り出

22 2019 年度　英語〈解答〉　　　　　　　　　　　　　　　　　　東京大-理科前期

す。実は，そうした初期の細胞間の連結は，最終的に大人になったときの
脳よりもはるかに多く作られるのである。そのような柔軟な脳がなければ，
幼い子どもはそんなにも多くのことをそんなにも素早く学ぶことは決して
できないだろう。しかし，過剰な連結のほとんどは，大人の頭の効率的な
構造と機能を獲得するために，最終的には切り離されなければならない。

　明らかになったのは，問題は，子ども時代の記憶が不安定だということ
よりむしろ，子ども時代の記憶は建設現場で，つまり急速な成長と変化を
受けている立て込んだ労働現場で築かれているということだ。結果的に，
そうした記憶の多くは効果的に取り除かれ，覆い隠されるものもあるが，
それでいてのちの記憶や印象と結びつくものもあるということだ。そして，
それはまさにそうあるべきなのだ。自然は，そうした初期の記憶よりも全
体的な発達の過程を重視する。幼児の精神の脆弱さの結果であるとか悪い
記憶の遮断の必要によるとかいうのとはまったく違って，幼児期健忘，あ
の最初期の忘却は，大人に向かう道筋における必要な一歩なのである。

■■■■■■■■■■　◀解　説▶　■■■■■■■■■■

▶⒄　「講演者の幼い子ども時代の記憶のひとつと最も一致するのは次の
どれか」

　第1段第1文に「遊び場で石を集めている，自分の寝室で指を使って絵
を描いている，海の生き物についての映画を見ている，白い紙のシートの
文字をなぞっている」とある。c）の「海の生き物についての映画を見て
いる」が正解。

a）「海のそばで石を集めている」

b）「遊び場で指を使って絵を描いている」

d）「自分の寝室で文字をなぞっている」

e）「上記のいずれでもない」

▶⒅　「1980 年代以前には，ほとんどの心理学者が幼い子ども時代の記憶
は…と考えていた」

　第3段最終文（So, for nearly 100 years, …）に「一般に受け入れられ
ていた考えは，幼い子ども時代の記憶が永続しないのは，そもそもそれら
はまったく永続性がないからだというものだった」とある。c）の「もと
もと不安定である」が正解。

a）「自己防衛のために遮断されている」

東京大-理科前期　　　　　　　　　　　　　　　　2019 年度　英語〈解答〉　23

b）「『建設現場』で築かれている」

d）「記憶される可能性が 40 パーセントしかない」

e）「ゆがんだ形で永続する」

▶⒆　「1980 年代に行われたある研究でわかったことではないのは次のどれか」

　1980 年代に行われた実験については第 4 段第 2 文（One experiment after another …）・第 3 文に述べられており，「3 歳以下の子どもの記憶は…持続するが，限界がある…。生後 6 カ月では…少なくとも 1 日続き，生後 9 カ月では 1 カ月続く。2 歳までには 1 年持続するようになる」とある。d）の「4 歳半の子どもは，少なくとも 18 カ月の間の詳細な記憶を呼び起こすことができる」がここに含まれていない。これは同段最終文（And a later 1991 study …）にある 1991 年の研究結果である。これが正解。

a）「生後 6 カ月では，記憶は少なくとも 1 日持続する」

b）「生後 9 カ月では，記憶は 1 カ月持続する」

c）「2 歳では，記憶は 1 年持続する」

e）「3 歳以下の子どもの記憶は持続するが，限界がある」

▶⒇　「2005 年の研究でわかったことは下の文のうちどれか」

　第 5 段第 2 文（A 2005 study of memories …）に「7 歳半の子どもは，その記憶（＝3 歳のときの記憶）の 40 パーセントしか思い出せないが，5 歳半だとその 2 倍多くのことを思い出せる」とある。c）の「5 歳半の子どもは，3 歳のときに形成された記憶の 80 パーセントを保持している」が正解。

a）「子どもは大人よりも速く記憶を作り上げるが，その後忘れるのも速い」

b）「子どもの記憶は，大人の経験を築くにつれて消えていく」

d）「7 歳半の子どもは，3 歳のときに形成された記憶の半分を保持している」

e）「3 歳の子どもは，自分の記憶の 14 パーセントしか保持していない」

▶㉑　「講演者が最も訴えたいのは…ということだ」

　この講演のテーマは，第 1 段最終文に Where did those years go?「あの（幼いころの）年月はどこへ行ってしまったのだろう」とあることから

わかるように，幼児期の記憶がないのはなぜかというものである。最終段第1文（The problem, it turns out, …）に「子ども時代の記憶は建設現場で，つまり急速な成長と変化を受けている立て込んだ労働現場で築かれている」，続く第2文には「結果的に，そうした記憶の多くは効果的に取り除かれ」とある。よって，a）の「子ども時代の記憶が失われるのは，それが急速に発達している脳で形成されるからだ」が正解。

b）「私たちの最も初期の記憶は，かつて思われていたよりもあてになる」

c）「幼児の脳はまだ発達途中で，そのおかげで非常に柔軟なのである」

d）「私たちは最も価値のある記憶を保持できるように，子ども時代の記憶のほとんどを忘れる」

e）「私たちは，大人になってからよりも幼い子ども時代のほうが脳細胞間の連結がたくさんある」

●語句・構文●

（第1段）●finger-paint「指頭画法で描く」 指先を筆の代わりに使って描くことをいう。

（第3段）●in the first place「そもそも，まず第一に」

（第6段）●build out ～「～を建て増しする」

（最終段）●not so much A as B「A というよりむしろ B」

4 (A) 解答 ⑵—(a) ⑵—(d) ⑵—(c) ⑵—(e) ⑵—(e)

◆全　訳◆

≪ある女性数学者の生涯≫

⑵ 女性は生来数学研究に適していないという時代遅れの固定観念は，2014 年に大打撃を被った。その年，マリアム＝ミルザハニが，数学の最も権威ある賞であるフィールズ賞を受賞する最初の女性となったのだ。同じくらい重要な打撃が，300 年前に生まれたイタリア人数学者，マリア＝ガエターナ＝アニェージによって加えられていた。アニェージは，数学の教科書を書き，数学で大学教授の職に任命された最初の女性だったが，彼女の人生は矛盾が多かった。才気あふれ，裕福で，有名だったにもかかわらず，彼女は最終的には貧困生活と貧しい人たちへの奉仕を選んだのだ。

⑵ 1718 年 5 月 16 日にミラノで生まれたアニェージは，裕福な父親の

21 人の子どものうち最も年上だった。成長するにつれ，彼女の才能は，特に言語の勉強で異彩を放った。一部には彼女にできるかぎり良い教育を与えるために，彼女の父親は当時の一流の知識人を家族の家に招いた。アニェージは 9 歳のとき，おそらく彼女の家庭教師のひとりが書いたラテン語の演説を暗記して，父親の客たちの前で復唱した。その演説は，人文科学と自然科学において女性を教育するのに反対する，広く行き渡った偏見を非難するものであった。そうした偏見は，家庭を切り盛りする人生にそのような学問はまったく必要ないという考えに根差したものであった。アニェージは，男性が手に入れられるどんな種類の知識でも，女性は自由に追求できるべきだという明快で説得力のある主張を提示したのである。

(24)　アニェージはやがて，人前で自分の知的能力を披露するのにうんざりしてしまい，隠遁して宗教的生活に身を捧げたいという願望を表明した。しかし，彼女の父親の 2 番目の妻が亡くなったとき，彼女は父親の所帯と多くの弟や妹の教育に対する責任を引き受けた。この役割を通じて，彼女はイタリア人の生徒たちを，最近の数学的発見を要約した基本的な手法に触れさせる，包括的な数学の教科書の必要性を認識した。

(25)　アニェージは数学に特別の魅力を見出した。彼女の信じていたところでは，経験から得た知識のほとんどは誤りやすく，議論の余地がある。しかし，数学からは絶対に確実な真理が得られる。1748 年に 2 冊組で出版されたアニェージの著作は，『分析の基本原理』という名前であった。生徒たちが利用しやすいように，それはニュートンやオイラーのような偉大な数学者にとって習慣だったのとは違って，ラテン語ではなくイタリア語で書かれていた。アニェージの教科書は，1749 年にフランス学士院から，「互いに非常に異なる多くの数学者の著作の中に散らばっているさまざまな発見を，ほとんど統一的な手法へと集約するには，相当の技量と優れた判断が必要だった」と称賛された。

(26)　女性と貧者の教育の熱心な支援者であったアニェージは，自然科学と数学は教育課程の中で重要な役割を果たすべきだと信じていた。しかし，深い信仰をもつ人として，彼女はまた，科学や数学の研究は神の創造の構想という，より大きな文脈で見なければならないと信じていた。彼女の父親が 1752 年に亡くなったとき，彼女は召命に応じ，自分が抱いていた他の大きな情熱，つまり貧しい人たちへの奉仕に，残りの人生を捧げる自由

を得た。今日，アニェージのことを覚えている人はほとんどいないが，数学史における彼女の先駆的役割は，性別の固定観念に対する勝利についての奮い立たせるような物語として生きている。彼女は，その後の何世代にもわたって数学における女性の道を切り開くのに貢献した。アニェージは数学に秀でていたが，数学を愛してもいた。数学に熟達することの中に，自分と同じ人間と，より高みにあるものの両方に奉仕する機会を認めていたのである。

━━━━━ ◀解　説▶ ━━━━━

▶㉒　(a)の not suited by nature at が誤り。suited at ではなく suited for〔to〕～ で「～に適している」の意。

▶㉓　(d)の which had either been grounded in the view が誤り。否定文でもなく，あとに or もないため，either が意味をなさない。よってこれを削除するのが適切。

▶㉔　(c)の dedicate her to a religious life が誤り。同文の必要な部分だけを示すと，Agnesi expressed a desire to dedicate her to a religious life. となっている。her は主語の Agnesi のことであり，herself と再帰代名詞にする必要がある。

▶㉕　(e)の reduce almost uniform methods to が誤り。直訳は「ほとんど統一的な手法を…（さまざまな発見）に集約する」となる。このままでは意味をなさないが，to を reduce の直後に移動すれば，「（さまざまな発見を）ほとんど統一的な手法に集約する」となり，内容的に正しくなる。reduce discoveries … each other to almost uniform methods の discoveries … each other が長いため methods の後ろに置かれた形である。

▶㉖　(e)の in its mastery of an opportunity が誤り。下線部の直前に分詞構文の perceiving があるが，perceive「～に気づく」は他動詞なので，目的語が必要。また its mastery の its は math「数学」を指しており，「数学が機会に熟達することにおいて」では意味をなさない。of を取り除き，(perceiving) in its mastery an opportunity (to …) とすれば，「数学の熟達の中に，（…する）機会を（見てとる）」となり，文法的にも内容的にも正しくなる。

━━━━━ ●語句・構文● ━━━━━

(第1段)　●strike a blow「打撃を加える，打つ」

東京大-理科前期　　　　　　　　　　　　　　2019 年度　英語〈解答〉　27

（第2段）●shine in ～「～で異彩を放つ，～にすぐれる」
（第3段）●retire from the world「隠遁する」
（第5段）●a religious calling「神のお召し，召命」　●a higher order
　「より地位の高いもの」が文字どおりで，通常は「上流階級の人」を表
　すが，直前の her fellow human beings「彼女の仲間である人間」との
　関係から，ここでは「神」を指していると考えられる。

4 (B) 解答 全訳下線部(ア)・(イ)・(ウ)参照。

━━━━━━━━◆全　訳◆━━━━━━━━

≪両親の人生観≫

　この前の7月，私はフレッドに会うため，そして夏を両親と過ごすため
にホノルルへ行った。両親と私はいい関係にある。私がそれほど両親に話
をしたり，彼らの元を訪れたりしないにもかかわらず，あるいはおそらく
そうだから，いい関係にあるのだ。ホノルルを最後に訪れたこの前の7月
まで，私は6年も両親に会っていなかった。私はニューヨークに住み，彼
らはハワイで暮らしていて，(ア)ハワイ諸島まで行くのにはある程度の時間
を割く必要があるのは確かだが，私が訪ねないでいた本当の理由は，訪れ
たい場所が他にあったということだ。両親が私に与えてくれたあらゆる贈
り物や利点の中で，最も大きいもののひとつは，親元を離れ自分のしたい
ことをするのは子どもの義務であり，ただそれを受け入れるのではなく，
後押しすることが親の義務だという彼らの信念である。私が14歳で，当
時イーストテキサスで暮らしていたが，ホノルルの高校に行くために初め
て両親の元を離れるとき，父は私に，子どもに何かを期待する親はだれで
もきっと落胆することになるだろうと言った。なぜなら，(イ)子どもが生み
育ててもらった恩にいつか報いてくれるかもしれないと期待して子どもを
育てるのは愚かで身勝手だからである。父はそれ以後ずっとその考えを抱
いている。

　(ウ)この考え方で，私たちが一般にペットはこうあるべきだと思っている
ものと多くの点で食い違っているペットへの，両親の愛情が説明できる。
私たちのうち，生活の中に動物がいる人たちは，自分が動物に対して期待
を抱いていると考えるのを好まないが，実際には期待を抱いている。私た

28 2019年度 英語〈解答〉　　　　　　　　　　　　　　東京大-理科前期

ちは動物の忠誠や愛情を望んでいるし，こうしたものが私たちに理解でき
る形で表現されることを望んでいる。しかし，フレッドはこうしたものを
何一つ与えてくれない。彼は彼なりに友好的だが，人に対して特別な愛情
をもっていると感じるような生き物ではないのだ。

■■■■■■■■■　◀解　説▶　■■■■■■■■■

▶(ア)　while it is true that traveling to the islands requires a certain
commitment of time, the real reason I stayed away is that there were
other places I wanted to visit

●while it is true that ～「～ことは確かだが」と譲歩を表している。

●traveling to the islands requires …「その島々へ行くことは…を必要
とする」が直訳。the islands とは両親が暮らすハワイのことを指して
いるので，「ハワイ（諸島）」としておくとわかりやすい。

●a certain commitment of time「ある時間の投入」が直訳。a certain ～
は「ある（特定の）～」の意だが，時間の話をしているので「ある程度
の」と補うとよい。commitment of ～ は「（時間・お金・人など）を充
てること」の意であり，ここでは「時間を割くこと」を表している。

●the real reason I stayed away is that …「私が離れていた本当の理由
は…である」が直訳。stay away「離れている，寄りつかない」は通常
は「避ける」イメージだが，第1段第2文（My parents and …）に，
著者と両親の関係は良好であると述べられているので，単に両親の元を
長い間訪れていなかったことを表していると考えるのが妥当。あまりネ
ガティブな意味合いが強くならないように工夫したい。

●there were other places I wanted to visit「私が訪れたい他の場所が
あった」が直訳で，そのままでも問題はないが，日本語は数量やそれに
類する語句が名詞よりも述語のほうに寄る傾向があるので，「訪れたい
場所が他にあった」とすれば，より自然な日本語になる。

▶(イ)　it was foolish and selfish to raise children in the hope that they
might someday pay back the debt of their existence

●it was foolish and selfish to raise children「子どもを育てるのは愚か
で利己的である」が文字どおりの訳。to 以下を真主語とする形式主語
の文である。ほぼ直訳でよいが，was は時制の一致で過去形になって
いるため，訳では現在形のようにしておくのが適切。

●in the hope that ～「～と期待して」の意の成句。

●they might someday pay back ～「彼らがいつか～を返してくれるかもしれない」が文字どおりの訳。pay back ～ は「（借金）を返済する」が基本の意味だが，次の debt との兼ね合いで訳語の選択を考えることになる。

●the debt of their existence「彼らの存在という恩義」 debt には「借金」だけでなく「恩義」の意味がある。「彼ら」は子どもを受けており，「子どもの存在という恩義」とは，子どもは親がいなければ存在しないので，親に借りがあるということである。「その借りを pay back する」のだから，訳は「恩返しする，恩に報いる」となる。their existence は「彼らの存在」という直訳では意味がわからないので，「自分を生み育ててくれたこと（への恩義）」などと内容を補う必要があるだろう。

▶ (ウ) This philosophy explains their love for a pet that, in many ways, contradicts what we generally believe a pet should be.

●This philosophy explains … 「この哲学は…を説明する」が直訳。This philosophy は第1段最終文（When I was 14 …）に述べられている，子どもに対する親の態度についての著者の父親の考え方のこと。「哲学」より「考え（方）」や「方針」という訳語のほうがしっくりくる。explains は物事が主語の場合，「物事が（人に）…を説明してくれる」と言葉を足したり，「その物事によって…が説明できる〔わかる〕」と主語を副詞句のように訳したりするとよい。

●their love for a pet that, in many ways, contradicts … 「…と矛盾するペットへの彼らの愛情」は that が pet を先行詞とする関係代名詞。in many ways は「多くの点で」の意。contradict は他に「～と相反する，食い違う」などの訳語も使える。what 以下（次項参照）とは異なるペットを愛している，ということ。

●what we generally believe a pet should be 「私たちが一般にペットが（こう）あるべきだと信じているもの」が直訳。ほぼ文字どおりでもわかるが，what ～ should be は「～のあるべき姿」といった訳し方もよくみられる。この部分のもとになるのは，we generally believe (that) a pet should be ～「私たちは一般に，ペットは～であるべきだと信じている」という複文。be の補語が関係代名詞 what になって前に出て

いる。このような構文では，「～ということ」の意の接続詞は必ず省略
される。

━━━━◆━◆━━●語句・構文●━◆━━◆━◆━◆━◆━◆━

（第1段）●the duty of parents not just to ～「～するのは親の義務で
ある」は，直前の it is the duty of children to ～ と同じパターンであ
るため，冒頭の it is が省略されている。

（第2段）●in *one's* way「それなりに」

5 解答

(A)彼が出していた雑誌は，何もしないことを勧めること
が主旨であったのに，彼自身がその雑誌の運営で疲れ切
ってしまったということ。

(B)インターネット上に驚くべきこととされているものがあふれているため，
現代人は身の回りにあるものの中に驚きや喜びを感じられなくなってきて
いるということ。

(C)what is it that's so pleasing about this layer of

(D) (ア) (27)─h) 　(28)─a) 　(29)─e) 　(30)─g) 　(31)─i) 　(32)─c)

(イ)─d)

(ウ)─a)

━━━╱╲╱╲━◆全　訳◆━╱╲╱╲━━━

≪雲の魅力≫

　ギャビン＝プレイター＝ピニーは，少し休憩することにした。それは
2003年の夏のことで，過去10年の間，ロンドンでのグラフィックデザイ
ンの仕事に加えて，彼と友人のひとりは『アイドラー（無精者）』という
雑誌を出してきた。このタイトルは「怠け者のための文学」を示唆してい
る。それは，忙しさや出世第一主義に反対し，無目的，つまり想像力が静
かに自由に働くままにしておくことの価値に賛成する論を張っている。プ
レイター＝ピニーはあらゆる冗談を予期していた。それは，何もしないこ
とをもっぱら勧める雑誌を出すことで燃え尽きたといったものだ。しかし，
それは本当だった。その雑誌を出すのは疲れるもので，10年経って，し
ばらく立ち止まって無計画な暮らしをすること，彼自身がよい意味で怠け
者になって，新しい着想が生まれる余地を作ることが正しいように思えた。
それで彼はロンドンから，すべてが新しく，何でも起こりうるであろうロ

ーマに住む部屋を移した。

　プレイター=ピニーは 47 歳で，背が高くて心優しく，白髪交じりのあご
ひげを生やし，淡い青色の目をしている。彼の顔は晴れやかであることが
多く，まるで話を聞かされていて，何かとんでもない驚きがやってくるの
を感じているかのようである。彼はローマに 7 カ月滞在し，そこを愛した
が，とりわけ宗教芸術が気に入った。彼はあることに気づいた。彼が出会
った絵画には雲がたくさん描かれていた。最近彼が私に話してくれた言葉
で言えば，「聖人たちのソファのような，柔らかい雲」が至るところにあ
ったのだ。しかし，屋外でプレイター=ピニーが空を見上げてみると，実
際のローマの空はたいてい雲がなかった。彼は，そんな無限の青い空虚に
はなじみがなかった。彼はイングランド人だ。雲には慣れていた。彼は，
子どものとき雲に魅了され，人が長いはしごを上って行って，雲から綿を
収穫しているに違いないと思ったことを覚えていた。今度はローマで，彼
は雲のことを考えるのをやめられなくなった。「私は自分が雲を懐かしが
っているのに気づいたんです」と，彼は私に語った。

　雲。雲にとりつかれるなんて変だし，おそらくばかばかしくさえあるが，
彼はそれに逆らわなかった。彼がよくやることだが，頭に特定の目的もな
く，ざっくりとした方向さえないにもかかわらず，とりつかれるままにし
ていた。彼は物事がどこへ進むのかただ見ているのが好きなのだ。プレイ
ター=ピニーはロンドンに戻ったとき，絶えず雲のことを話した。彼は雲
に見とれながら歩き回り，「層積雲」のような科学上の名前や雲を形作る
気象条件を知り，雲なんて憂鬱だとかつまらないとか文句を言う友人たち
と議論した。のちに彼が言ったように，彼は「雲は文句を言うようなもの
ではない。実際には，自然界の最も動的で詩的な側面だ」と気づき始めて
いた。

　生活のペースをゆるめて雲のよさを味わうことが彼の人生を豊かにし，
よく見えるところに隠れているその他のちょっとした美の価値を認める能
力を研ぎ澄ました。同時にプレイター=ピニーは，私たちは驚きの感覚を
失っていく時代に入りつつあるのだと気づかずにいられなかった。新しい，
一般には驚くべきこととされているものがインターネット上であまりにも
素早く飛び交うため，彼曰く，私たちは今やみんな「ああ，パンダが何か
変わったことをしているのはちょうどネットで見たよ。今度は何が自分を

驚かせてくれるのかな」といった態度で歩き回ることがある。彼の雲に対する情熱は，彼に「自分の身の回りにあるものに驚いたり喜んだりできるということに気づくほうが，私たちの心にはずっと素晴らしい」ことだと教えてくれていた。

2004年の終わり，ある友人が，サウス・ウェスト・イングランドで開かれる小規模な文学祭で，雲について話をしてくれないかとプレイター＝ピニーに求めてきた。その前年は演者のほうが聴衆よりも数が多かったので，プレイター＝ピニーは多くの人を呼び寄せるために，自分の講演に興味深いタイトルをつけたいと思った。「雲に対する悪評から雲を守る，雲のために立ち上がる団体があったらおもしろいんじゃないか」と彼は思った。それで彼は自分の講演を「雲評価協会の第1回年次講演」と呼んだ。そしてそれは効果を発揮した。立ち見席のみとなったのだ！　講演のあと，人々は彼のところへやって来て，雲評価協会についてもっと情報がほしいと言ってきた。彼らは入会を希望していたのである。「だから彼らに言わなくてはなりませんでした。えーっと，実は協会はありません，とね」とプレイター＝ピニーは言った。そこで彼は協会を作り出すことにとりかかった。

彼は，雲の写真を掲載するギャラリー，入会申込フォーム，大胆な声明を載せた簡単なウェブサイトを作った。（それは「私たちは，雲が不当に侮辱されている，雲がなければ人生ははるかに貧しいものになるだろうと信じている」で始まっている。）彼はまた，会費をとり，会員証を郵便で発行することにした。彼がこういうことをしたのは，名前だけが存在するネット上の雲評価協会に入るなんて，ばかげているように見えるかもしれないと認識していたからであり，間違いなく無意味なものに見えないようにしたいと思ったからだった。

数カ月のうちに，同協会は会費を払う会員が2,000人になっていた。プレイター＝ピニーは驚き，そして喜んだ。その上，ヤフーが雲評価協会を，2005年の英国における「どうかしている素晴らしいウェブサイト」のリストのトップに置いたのである。人々はそのリンクをクリックし続け，それは必ずしも驚くことではないのだが，そのうちの何千もの人たちがプレイター＝ピニー自身のウェブサイトにまでクリックしてきて，会費を払った。他のニュースサイトも注意を向けた。そうしたサイトはそれぞれ独自

東京大-理科前期　　　　　　　　　　　　　　　　　　　　2019 年度　英語〈解答〉　*33*

に雲評価協会についての記事を載せ，人々はその記事のリンクもたどった。以前，プレイター=ピニーは雲に関する本を書くことを提案して，28 人の編集者から却下されていた。今では彼は，多数のフォロワーをもつインターネット上の話題の人だった。彼は雲についての本を書く契約を得た。

　執筆過程は骨の折れるものだった。以前に実際に本を書いたことがなかった上に，彼は自分に完璧を求めたので，作業は遅々としたものだった。しかし，2006 年に発行された『雲の楽しみ方』は楽しさと驚きに満ちている。プレイター=ピニーは芸術史，詩，現代の写真にある雲を考察している。本の中ほどに雲クイズがある。問題 5 はある写真について「一体この層積雲の層の何がそんなにも楽しいのか？」と尋ねている。プレイター=ピニーが与えている答えは，「それを楽しいとあなたが思う理由ならどんな理由でも楽しい」である。

　この本はベストセラーになった。

━━━━━━━ ◀解　説▶ ━━━━━━━

◆(A)　burn out は「燃え尽きる」で，ここでは比喩的に，人が精力を使い果たすことを表している。running a magazine「雑誌を出して」は分詞構文。「燃え尽きた」理由にあたる。devoted to doing nothing「何もしないことに捧げられた〔向けられた〕」は a magazine を修飾する形容詞用法の過去分詞の句。「何もしないことをもっぱら勧める」という意味である。全体で「彼は，何もしないことをもっぱら勧める雑誌を出すことで燃え尽きた」となる。これが冗談の例になるのは，何もしないことを勧める雑誌なのに，それを出している本人は，出版に一生懸命になって疲れ切ったという矛盾を起こしているからである。その点を解答欄に収まるようにまとめる。

◆(B)　下線部の訳は「私たちは驚きの感覚を失っていく時代に入りつつある」となる。直後の文に「新しい，一般には驚くべきこととされているものがインターネット上であまりにも素早く飛び交う」とあり，そのため人は「ネットで見た」ことで満足している様子が述べられている。同段最終文（His passion for …）には「自分の身の回りにあるものに驚いたり喜んだりできるということに気づくほうが，私たちの心にはずっと素晴らしい」とある。「驚きの感覚を失う」とは，現代人が新しい驚くべきこととされているものをインターネットで見て満足し，身の回りにあるものをじ

かに見て，その中に驚きや喜びを感じることができなくなっていることを表していると考えられる。それを解答欄に収まるようにまとめる。

◆(C)　当該箇所はクイズの内容で，その答えは直後の文に It is pleasing for whatever reason you find it to be.「それを楽しいとあなたが思う理由ならどんな理由でも楽しい」とある。空所の直後にある stratocumulus を楽しいと思う理由を尋ねる問題であることがわかる。stratocumulus は「層積雲」で，与えられた語のうち layer「層」はこれを修飾する句を作ると考えられる。冠詞類が this しかないので this layer of (stratocumulus)「この層積雲の層」となる。「この層積雲の層の何がそんなに楽しいのか」という問いの内容としてふさわしい文にするには what is so pleasing about this layer of (stratocumulus?) で十分だが，it と that's が残る。文構造には不要な it，that が与えられていることから，強調構文だと考えられる。疑問詞の強調は，疑問詞＋is it that＋平叙文の語順の文＋？となるので，単独の is は強調構文の一部，that's の is は元の文の述語動詞と考えて，what is it that's so pleasing about this layer of (stratocumulus?) となる。

◆(D)　▶(ア)　(27)選択肢はすべて現在分詞形なので，当該文は「私は自分がそれら（＝雲）を…しているのに気づいた」となる。第2段第6文（But outside, when …）～第8文に「ローマの空はたいてい雲がなかった。彼は，そんな無限の青い空虚にはなじみがなかった。彼はイングランド人だ。雲には慣れていた」とあり，第10文（Now, in Rome, …）には「彼は雲のことを考えるのをやめられなくなった」とある。h）の missing を補えば「雲がなくて寂しいと思っている〔雲を懐かしがっている〕のに気づいた」となり，文脈に合う。

(28)　直前の文に「彼は絶えず雲のことを話した」とあり，雲の魅力にとりつかれていた様子が述べられている。a）の admiring を補えば，「彼は雲に見とれながら〔感嘆しながら〕歩き回り」となり，文脈に合う。

(29)　当該文は「生活のペースをゆるめて雲のよさを味わうことが彼の人生を豊かにし，よく見えるところに…その他のちょっとした美の価値を認める能力を研ぎ澄ました」となっている。in plain sight は「よく見えるところに」の意。雲はだれでも目にするものだが，多くの人にとっては関心の対象とならない，つまりそのよさは「見えない」。同様に，どこにでも

見られる他の美も，ものは目に見えていてもその美しさは「見えていない」，つまり「隠れている」とするのが文意に合う。e）の hiding「隠れている」が正解。

⑳　set about *doing* は「～することにとりかかる」の意なので，当該文は「それで彼はひとつ（＝協会）を…（こと）にとりかかった」となる。プレイター＝ピニーは「雲評価協会」なるものがあるかのように講演を行い，その協会に人々が関心を示したので，それなら実際に作ってしまおうと考えたということ。直後の第6段ではその様子が述べられている。g）の inventing「作り出すこと，考案すること」が正解。

㉛　当該文は「数カ月のうちに，同協会は 2,000 人の…会員をもっていた」が直訳。直前の段落である第6段第3文（He also decided …）に「彼はまた，会費をとり，会員証を郵便で発行することにした」とある。会員は会費を払っているので，ⅰ）の paying「（会費を）払っている」が正解。

㉜　当該文は「執筆過程は…だった」となっており，直後の文に「以前に実際に本を書いたことがなかった上に，彼は自分に完璧を求めたので，作業は遅々としたものだった」と，執筆に苦労したことが述べられている。c）の exhausting「心身を疲れさせる，骨の折れる」が正解。

▶(イ)　同段では，「雲評価協会」のウェブサイトを作ったとき，プレイター＝ピニーが会費をとって会員証を郵便で送ることにしたことが述べられている。その理由にあたるのが当該文であり，because 節の前半に「名前だけが存在するネット上の雲評価協会に入るのは，ばかげているように見えるかもしれないと認識していた」とある。当該箇所の「それが間違いなく（　　　）に見えないようにしたいと思った」も，「ばかげているものに見えないようにしたい」という内容になるはずである。d）の pointless「無意味な，不毛な」が適切。

▶(ウ)　a）「ローマに行って初めて，プレイター＝ピニーは雲が魅力的だと思った」

第2段第9文（He remembered, as …）に「彼は，子どものとき雲に魅了され」とある。この選択肢は本文の内容と一致しない。これが正解。

b）「プレイター＝ピニーは，ロンドンに戻ってきてから雲について多くのことを学び，それが『雲の楽しみ方』を執筆するのに役立った」

第3段第4文（When Pretor-Pinney returned …）・第5文に「ロンドンに戻ったとき，彼は絶えず雲のことを話し…雲に見とれながら歩き回り…雲の科学上の名前や雲を形作る気象条件を知り…友人たちと議論した」とある。それが雲に関する講演，彼の「協会」への関心の高まり，本の執筆へとつながったと考えられる。この選択肢は本文の内容と一致する。

ｃ）「プレイター＝ピニーの雲評価協会はすぐに人々の注意を引いた」

第7段第1文（Within a couple …）に「数カ月のうちに，同協会は…会員が2,000人になっていた」とあることと一致する。

ｄ）「小規模な文学祭でのプレイター＝ピニーの雲に関する講演は，結果的に並外れた成功を収めた」

第5段第2文（The previous year, …）に「その前年は，演者のほうが聴衆よりも数が多かった」とあるのに対して，プレイター＝ピニーが講演をした年は，同段第6文で Standing room only!「立ち見席のみ！」とあることと一致する。

ｅ）「プレイター＝ピニーは，『アイドラー』の共編者だったときも，雲評価協会の創立者になったときも忙しかった」

第1段最後から2つ目の文（Getting the magazine …）に「その雑誌を出すのは疲れるもので」とあり，第6段第1文（He created a …）〜第3文に，ウェブサイトを作り，会員証を作ったことが述べられている。この選択肢は本文の内容と一致する。

━━━━━━━━━━━ ●語句・構文● ━━━━━━━━━━━

（第1段）●argue against〔for〕〜「〜に反対の〔賛成の〕論を張る」

（第2段）●He was an Englishman; he was accustomed to clouds.
「彼はイングランド人で，雲には慣れていた」というのは，イギリスは「1日のうちに四季がある」と言われるほど天気が移ろいやすいという事情が背景にある。

（第3段）●as A put(s) it「A（人）が言う〔言った〕ように」 人の言葉を引用するときの常套句。

（第4段）●pockets of 〜「〜の小集団，ちょっとした〜（の集まり）」

（第5段）●defend A against B「B に対して A を擁護する」

（第8段）●demand A of B「B に A を要求する」

東京大-理科前期　　　　　　　　　　　　　　　2019 年度　英語〈解答〉　37

❖講　評

　大問数は 5 題で例年どおりである。選択問題での解答方式がマークシート法であることも 2015〜2018 年度と同じである。内容や出題形式に多少の変化があるのは例年のことであり，2019 年度も 1 (B)や 4 (A)が2018 年度とは異なっていた。

　1　(A)英文の内容を日本語で要約するもの。字数は 70〜80 字。(B)単語の空所補充と文の空所補充。

　2　(A)テーマ英作文。与えられたテーマに沿って，自分の考えを理由などとともに述べるもの。60〜80 語。(B)和文英訳。1 段落程度の和文中の 1 文を英訳するもの。

　3　リスニング。3 つのパートに分かれており，いずれも 2 回ずつ読まれる。(A)講義，(B)会話，(C)講義という構成で，(A)と(B)は関連する内容になっている。リスニングは試験開始後 45 分経過した頃から約 30 分間行われる。

　4　(A)文法・語彙・読解問題。各段落に 5 カ所ある下線部のうち，誤りを含む箇所を一つ指摘するもの。(B)英文和訳問題。一連の英文中の 3カ所を和訳するもの。

　5　長文読解。ある人物を紹介した評伝。

以下，各問題の詳細をみる。

　1　(A)　英文量は約 320 語で例年同様の長さである。子どもの権利を巡る論説文で，内容は理解しやすい。設問に「ヨーロッパで生じたとされる変化の内容を要約せよ」とあり，変化前と変化後を対比して述べるという要約文の方向性が定めやすい。

　(B)　英文量は約 760 語で例年同様の長さである。空所に合う単語を文中から抜き出す問題と，6 カ所ある空所に合う文を選ぶ問題の 2 種類。文脈がたどりやすく，選択肢には紛らわしいものはない。素早く解答したい。

　2　(A)　テーマ英作文。新たに祝日を設けるとしたらどのような祝日を提案したいか，その祝日の意義や望ましいと思う理由とともに述べるもの。近年ではあまりみられなかった古典的な設問である。内容は比較的考えつきやすいだろう。

　(B)　和文英訳。一連の文章中の 1 文を英訳するもの。英訳箇所の長さ

は 2018 年度と同程度。やや長めの 1 文だが，必要な語彙や構文は基本的なものであり，解答はしやすい。それだけに小さなミスのないように仕上げる必要がある。

3　(A)　連続講義の基調講演にあたるもの。「現代社会におけるスポーツの役割」について述べており，スポーツは社会や生活の「理想と現実」の両方を表すものだという主旨をおさえること。

(B)　(A)で述べられたことに関する，2 人の人物の討論。2 人の意見の相違点が何かを聞き取ることがポイントになる。

(C)　「幼児期の記憶がない理由」を論じた講義。出てくる数値を正確に聞き取ることが重要である。

4　(A)　5 段落構成の一連の文章で，各段落に 5 カ所ずつ下線が入っており，そのうち誤りを含むものを選ぶ問題。語句や文法事項の単純な知識に関するものから，文意上成立しないものまで，誤りの判断の根拠はさまざまである。

(B)　一連の文章中の 3 カ所の英文和訳。いずれの箇所も比較的短く，語句・構文面も難解なものはないが，わかりやすい日本語を工夫する必要があるものも含まれている。

5　雲の魅力にとりつかれた人物を紹介した評伝である。話題としては珍しいものかもしれないが，内容は理解しやすい。設問は，記述式の内容説明，語句整序，選択式の空所補充，内容真偽であった。

東京大-理科前期　　　　　　　　　　　　　　　　　2019 年度　英語〈解答〉　*39*

─────「英語」の記述式問題の出題の意図（東京大学　発表）─────

　本学の学生に期待される外国語力とは，知的活動の一環として，外国語
で円滑に意思疎通を図る能力を意味しています。相手が発信した内容を正
しく理解し，自分が相手に伝えたい事柄を適切に表現する能力がその根幹
をなしていることは言うまでもありませんが，そうした理解力や表現力を
十分に発揮するためには，その言語についての正確な知識を土台として培
われた論理的な思考力と，場面や状況に応じた的確な判断力も必要になり
ます。これらの能力が現時点でどの程度身についているかを測るために，
外国語科目の記述式問題には以下のような設問が含まれています。

１．要約問題【１(A)】

　　各段落の構成と段落間のつながりに注意を払いながら，文章全体の論
　理的な展開を正確にたどり，主要な論点を把捉する力が試されています。

２．作文問題【２(A)・２(B)】

　　和文の外国語訳においては，日本語で与えられた情報を外国語で過不
　足なく，正確に読み手に伝える能力が試されています。自分の考えを外
　国語で表現する問題においては，自らの意見が読み手に明確に伝わるよ
　う，適切な語句や表現を用いて，論理的で説得力のある文章を作成する
　能力が試されています。

３．外国語文の和訳問題【４(B)】

　　文中に含まれる語句の意味とその使い方，文構造，文法事項について
　の基本的な知識が問われています。和訳の対象となる文が長い文章の一
　部となっている場合には，前後の文脈を踏まえて該当箇所の意味を解釈
　する能力も問われています。

４．長文読解問題【５】

　　文章全体の流れを大局的に把握しながら，文章の細部に含まれる表現
　のニュアンスをも同時に読み取れるような総合的な理解力が求められて
　います。より具体的には，文章に書かれた出来事や事象がどのような経
　緯をたどって生起しているのかを正確に把握しつつ，細部の表現に込め
　られた書き手や登場人物の心情や価値観，ものの見方などを的確に理解
　することが重要です。

40　2019 年度　数学〈解答〉　　　　　　　　　　　　　　　　東京大-理科前期

数学

1

◇発想◇　$x = \tan t$ と置換し，被積分関数を三角関数で表し，展開整理し各項の積分を行う。別解として，被積分関数を展開整理し，各項の積分を $t = 1 + x^2$ や $x = \tan\theta$ の置換を用いて計算する方法も考えられる。

解答　与えられた定積分を I とおく。

$x = \tan t$ とおくと，

$$
\begin{array}{c|ccc}
x & 0 & \longrightarrow & 1 \\
\hline
t & 0 & \longrightarrow & \dfrac{\pi}{4}
\end{array}
$$

である。

このとき，$1 + x^2 = \dfrac{1}{\cos^2 t}$ と $\cos t > 0$ から

$$
x^2 = \frac{1}{\cos^2 t} - 1, \quad \frac{x}{\sqrt{1+x^2}} = \tan t \cos t = \sin t, \quad \frac{dx}{dt} = \frac{1}{\cos^2 t}
$$

よって

$$
\begin{aligned}
I &= \int_0^{\frac{\pi}{4}} \left(\frac{1}{\cos^2 t} - 1 + \sin t \right)(1 + \sin t \cos^2 t) \cdot \frac{1}{\cos^2 t} \, dt \\
&= \int_0^{\frac{\pi}{4}} \left(\frac{1}{\cos^4 t} - \frac{1}{\cos^2 t} + \frac{2\sin t}{\cos^2 t} - \sin t + \sin^2 t \right) dt \quad \cdots\cdots\text{①}
\end{aligned}
$$

ここで

$$
\int_0^{\frac{\pi}{4}} \frac{1}{\cos^4 t} \, dt = \int_0^{\frac{\pi}{4}} (1 + \tan^2 t)(\tan t)' \, dt = \left[\tan t + \frac{1}{3}\tan^3 t \right]_0^{\frac{\pi}{4}} = \frac{4}{3} \quad \cdots\cdots\text{②}
$$

$$
\int_0^{\frac{\pi}{4}} \frac{1}{\cos^2 t} \, dt = \left[\tan t \right]_0^{\frac{\pi}{4}} = 1 \quad \cdots\cdots\text{③}
$$

$$
\int_0^{\frac{\pi}{4}} \frac{2\sin t}{\cos^2 t} \, dt = \left[\frac{2}{\cos t} \right]_0^{\frac{\pi}{4}} = 2\sqrt{2} - 2 \quad \cdots\cdots\text{④}
$$

$$
\int_0^{\frac{\pi}{4}} \sin t \, dt = \left[-\cos t \right]_0^{\frac{\pi}{4}} = 1 - \frac{\sqrt{2}}{2} \quad \cdots\cdots\text{⑤}
$$

東京大-理科前期　　　　　　　　　　　　　　　　　　2019 年度　数学〈解答〉　*41*

$$\int_0^{\frac{\pi}{4}} \sin^2 t\,dt = \int_0^{\frac{\pi}{4}} \frac{1-\cos 2t}{2}\,dt = \left[\frac{t}{2} - \frac{\sin 2t}{4}\right]_0^{\frac{\pi}{4}} = \frac{\pi}{8} - \frac{1}{4} \quad \cdots\cdots ⑥$$

①〜⑥から

$$I = \frac{4}{3} - 1 + 2\sqrt{2} - 2 - 1 + \frac{\sqrt{2}}{2} + \frac{\pi}{8} - \frac{1}{4}$$

$$= \frac{\pi}{8} + \frac{5\sqrt{2}}{2} - \frac{35}{12} \quad \cdots\cdots（答）$$

〔注〕　①式では，一部次のような処理もできる。

$$\int_0^{\frac{\pi}{4}} \left(\frac{1}{\cos^4 t} - \frac{1}{\cos^2 t}\right) dt = \int_0^{\frac{\pi}{4}} \left\{ (1 + \tan^2 t)\frac{1}{\cos^2 t} - \frac{1}{\cos^2 t}\right\} dt$$

$$= \int_0^{\frac{\pi}{4}} \frac{\tan^2 t}{\cos^2 t}\,dt = \frac{1}{3}\left[\tan^3 t\right]_0^{\frac{\pi}{4}} = \frac{1}{3}$$

別解　$I = \displaystyle\int_0^1 \left\{ x^2 + \frac{x}{\sqrt{1+x^2}} + \frac{x^3}{(1+x^2)\sqrt{1+x^2}} + \frac{x^2}{(1+x^2)^2}\right\} dx \quad \cdots\cdots ①$

$$\int_0^1 x^2\,dx = \left[\frac{x^3}{3}\right]_0^1 = \frac{1}{3} \quad \cdots\cdots ②$$

$$\int_0^1 \frac{x}{\sqrt{1+x^2}}\,dx = \left[\sqrt{1+x^2}\right]_0^1 = \sqrt{2} - 1 \quad \cdots\cdots ③$$

また，$t = 1 + x^2$ とおくと　　　$\dfrac{dt}{dx} = 2x,$

$$\begin{array}{c|ccc} x & 0 & \longrightarrow & 1 \\ \hline t & 1 & \longrightarrow & 2 \end{array}$$

よって

$$\int_0^1 \frac{x^3}{(1+x^2)\sqrt{1+x^2}}\,dx = \frac{1}{2}\int_1^2 \frac{t-1}{t\sqrt{t}}\,dt = \frac{1}{2}\int_1^2 \left(t^{-\frac{1}{2}} - t^{-\frac{3}{2}}\right) dt$$

$$= \left[t^{\frac{1}{2}} + t^{-\frac{1}{2}}\right]_1^2 = \left(\sqrt{2} + \frac{1}{\sqrt{2}}\right) - 2$$

$$= \frac{3}{2}\sqrt{2} - 2 \quad \cdots\cdots ④$$

次いで，$x = \tan\theta$ とおくと

$$\frac{dx}{d\theta} = \frac{1}{\cos^2\theta}, \quad x^2 = \tan^2\theta, \quad 1 + x^2 = \frac{1}{\cos^2\theta},$$

$$\begin{array}{c|ccc} x & 0 & \longrightarrow & 1 \\ \hline \theta & 0 & \longrightarrow & \frac{\pi}{4} \end{array}$$

よって

$$\int_0^1 \frac{x^2}{(1+x^2)^2}\,dx = \int_0^{\frac{\pi}{4}} \tan^2\theta \cdot \cos^4\theta \cdot \frac{1}{\cos^2\theta}\,d\theta$$

$$= \int_0^{\frac{\pi}{4}} \sin^2\theta\,d\theta = \int_0^{\frac{\pi}{4}} \frac{1-\cos 2\theta}{2}\,d\theta$$

$$= \frac{1}{2}\Big[\theta - \frac{\sin 2\theta}{2}\Big]_0^{\frac{\pi}{4}} = \frac{1}{2}\Big(\frac{\pi}{4} - \frac{1}{2}\Big)$$

$$= \frac{\pi}{8} - \frac{1}{4} \quad \cdots\cdots ⑤$$

①～⑤から

$$I = \frac{1}{3} + \sqrt{2} - 1 + \frac{3}{2}\sqrt{2} - 2 + \frac{\pi}{8} - \frac{1}{4}$$

$$= \frac{\pi}{8} + \frac{5\sqrt{2}}{2} - \frac{35}{12}$$

◀解　説▶

≪無理関数を含む定積分，置換積分≫

$x = \tan t$ とおき，被積分関数を三角関数で表現する発想と計算力が成否を分ける。これは与式中の $\dfrac{x}{\sqrt{1+x^2}}$ をどう扱うかがポイントであることによる。そのために，$1 + \tan^2 t = \dfrac{1}{\cos^2 t}$ を利用する発想は自然である。これにより，$x = \tan t$ とおくと，$\sqrt{1+x^2} = \dfrac{1}{\sqrt{\cos^2 t}}$ が得られ，積分区間から $\cos t > 0$ であることより，$\sqrt{1+x^2} = \dfrac{1}{\cos t}$ となり，$\dfrac{x}{\sqrt{1+x^2}} = \tan t \cos t = \sin t$ を得る。被積分関数を三角関数で展開整理した後のポイントは，$\displaystyle\int_0^{\frac{\pi}{4}} \frac{1}{\cos^4 t}\,dt = \int_0^{\frac{\pi}{4}} (1+\tan^2 t)(\tan t)'\,dt$ であるが，〔注〕のような処理もある。他の項の積分は易しい。〔別解〕のように最初から被積分関数を展開整理したのち，各項の積分を行うこともできる。この場合は，$\dfrac{x}{\sqrt{1+x^2}}$ の扱いは $\displaystyle\int \frac{x}{\sqrt{1+x^2}}\,dx = \sqrt{1+x^2} + C$ と易しいが，$\dfrac{x^3}{(1+x^2)\sqrt{1+x^2}}$ の扱いがポイントとなる。これは $t = 1 + x^2$ とおいて処理するとよい。

本問は，標準レベルの積分であるが，積分処理や計算で十分に差が出る問題である。

2

◆発想◆ 座標平面で考え，点Rと直線PQとの距離を利用すると，$\triangle PQR = \frac{1}{3}$ から p, q, r の関係式を得る。p のとりうる値の範囲に気をつける。別解として，台形 APRD の面積を利用する方法も考えられる。

解答 xy 平面で A$(0, 0)$, B$(1, 0)$, C$(1, 1)$, D$(0, 1)$, P$(p, 0)$, Q$(0, q)$, R$(r, 1)$ とする。ただし，$0 < p \leq 1$, $0 < q \leq 1$, $0 \leq r \leq 1$ である。

$\triangle APQ = \frac{1}{3}$ から $\frac{1}{2}pq = \frac{1}{3}$ なので

$$pq = \frac{2}{3} \quad \cdots\cdots ①$$

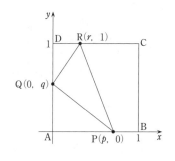

直線 PQ の方程式は $\frac{x}{p} + \frac{y}{q} = 1$ であり

$$qx + py - pq = 0$$

$$qx + py - \frac{2}{3} = 0 \quad \cdots\cdots ② \quad (①より)$$

A$(0, 0)$ は領域 $qx + py - \frac{2}{3} < 0$ にあり，点 R$(r, 1)$ は直線②に関してAと反対側にあるので，点 R$(r, 1)$ は領域 $qx + py - \frac{2}{3} > 0$ にある。

よって，点Rと直線②との距離 d は

$$d = \frac{qr + p - \frac{2}{3}}{\sqrt{p^2 + q^2}} \quad \cdots\cdots ③$$

また $PQ = \sqrt{p^2 + q^2} \quad \cdots\cdots ④$

$\triangle PQR = \frac{1}{3}$ から $\frac{1}{2} PQ \cdot d = \frac{1}{3}$ であり，③，④より

$$qr + p - \frac{2}{3} = \frac{2}{3}$$

よって

$$r = \frac{1}{q}\left(\frac{4}{3} - p\right) = \frac{3}{2}p\left(\frac{4}{3} - p\right) \quad \left(\text{①より } \frac{1}{q} = \frac{3}{2}p\right)$$

したがって

$$\frac{DR}{AQ} = \frac{r}{q} = \frac{9}{4}p^2\left(\frac{4}{3} - p\right) = 3p^2 - \frac{9}{4}p^3$$

$f(p) = 3p^2 - \dfrac{9}{4}p^3$ とおくと

$$f'(p) = 6p - \frac{27}{4}p^2 = -\frac{27}{4}p\left(p - \frac{8}{9}\right)$$

ここで，$p = \dfrac{2}{3q}$ と $0 < p \leq 1$，$0 < q \leq 1$ から，$\dfrac{2}{3} \leq p \leq 1$ である。

p	$\dfrac{2}{3}$	$\cdots$	$\dfrac{8}{9}$	$\cdots$	1
$f'(p)$		$+$	0	$-$	
$f(p)$	$\dfrac{2}{3}$	↗	$\dfrac{64}{81}$	↘	$\dfrac{3}{4}$

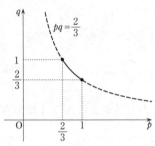

増減表から，$\dfrac{DR}{AQ}$ の最大値は $\dfrac{64}{81}$，最小値は $\dfrac{2}{3}$ ……(答)

別解 $\left(r = 2p - \dfrac{3}{2}p^2 \text{ を導く部分}\right)$

$$\triangle PQR = (\text{台形 APRD}) - \triangle APQ - \triangle DQR$$
$$= \frac{1}{2}(p + r) - \frac{1}{3} - \frac{1}{2}(1 - q)r = \frac{1}{2}(p + qr) - \frac{1}{3}$$

これと $\triangle PQR = \dfrac{1}{3}$ から，$p + qr = \dfrac{4}{3}$ となり

$$r = \frac{4}{3q} - \frac{p}{q} = 2p - \frac{3}{2}p^2 \quad \left(q = \frac{2}{3p} \text{ より}\right)$$

〔注〕 $r = \dfrac{1}{q}\left(\dfrac{4}{3} - p\right) = \dfrac{1}{q}\left(\dfrac{4}{3} - \dfrac{2}{3q}\right)$ なので，$\dfrac{r}{q}$ を q を用いて表すと

$$\frac{r}{q} = \frac{1}{q^2}\left(\frac{4}{3} - \frac{2}{3q}\right) = \frac{4}{3q^2} - \frac{2}{3q^3}$$

となり，$t=\dfrac{1}{q}$ とおくと

$$\frac{\mathrm{DR}}{\mathrm{AQ}}=\frac{4}{3}t^2-\frac{2}{3}t^3$$

ここで，$p=\dfrac{2}{3q}$ と $0<p\le 1$ から，$0<\dfrac{2}{3q}\le 1$ であり，これと $0<q\le 1$ から，

$1\le\dfrac{1}{q}\le\dfrac{3}{2}$ となり，$1\le t\le\dfrac{3}{2}$ である。

以上と $g(t)=\dfrac{4}{3}t^2-\dfrac{2}{3}t^3$ の増減表から，同じ
結果を得る。

t	1	$\cdots$	$\dfrac{4}{3}$	$\cdots$	$\dfrac{3}{2}$
$g'(t)$		$+$	0	$-$	
$g(t)$	$\dfrac{2}{3}$	$\nearrow$	$\dfrac{64}{81}$	$\searrow$	$\dfrac{3}{4}$

━━━━◀解　説▶━━━━

≪三角形の面積，3文字の関係式から1変数関数への帰着≫

$q=\dfrac{2}{3p}$ を得るのは易しい。r を p で表すためには2通りの方法が考えられる。〔解答〕は点Rと直線PQとの距離を用いる方法であり，〔別解〕は台形 APRD の面積を利用する方法である。どちらも発想としては自然だが，前者の場合，はじめから $q=\dfrac{2}{3p}$ を用いてすべて p で表して進めると計算が煩雑になる。PQ の方程式の定数項 pq を $\dfrac{2}{3}$ で置き換えた後は p，q を用いて計算を進め，最後のところで再度 $q=\dfrac{2}{3p}$ を用いるとよい。以上より，$\dfrac{\mathrm{DR}}{\mathrm{AQ}}$ は p または q で表現できる。p で表現すると p の3次関数となる。q で表現すると，〔注〕のように q の分数関数となるので，$\dfrac{1}{q}=t$ の変換で t の3次関数に帰着させるとよいが少し煩雑である。最後のポイントは，p または q のとりうる値の範囲を求めることである。これは $q=\dfrac{2}{3p}$ から双曲線のグラフを用いると簡明である。

　本問は素材の図形が明確で，現れる関数も3次関数なので，やや易〜標準レベルの問題である。

3

◆発想◆ (1) 頂点A, C, E, Pが平面 $y=0$ (xz 平面) 上にあることおよび，平面 $y=0$ と平面 α の交線はAEと平行であることを利用する。

(2) 平面 α が八面体の8面すべてと交わって計8つの線分が切り取られる条件を考える。平面 α の方程式を求めて，これを利用すると根拠記述が簡明である。

(3) 平面 α の方程式を利用して，必要な点の座標を求める。

解答 (1) 八面体の頂点のうち，A, C, E, Pが平面 $y=0$ (xz 平面) 上にあるので，八面体の平面 $y=0$ による切り口は四角形 APCE の周および内部である。

次に，平面 α の平面 $y=0$ による切り口とは，平面 α と平面 $y=0$ の交線のことである。

線分 MN が平面 α 上にあるので，その中点Fも平面 α 上にある。Fの座標は $(1, 0, 0)$ であるから，Fは平面 $y=0$ 上にもある。したが

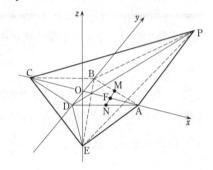

って，Fは平面 $y=0$ と平面 α の交線上にある。また，この交線は直線 AE と平行でなければならない。なぜなら，平行でなければ，その交点は平面 α と直線 AE の両方の上にあり，平面 α が直線 AE に平行であるという条件に反するからである。

AEも平面 $y=0$ 上の直線で傾きは1であるから，平面 α と平面 $y=0$ の交線は，Fを通りAEに平行な直線 $z=x-1$ である。

以上から，求める図は次図の網かけ部分（境界を含む）と直線 $z=x-1$ である。

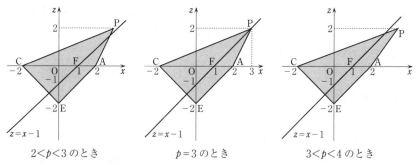

| $2<p<3$ のとき | $p=3$ のとき | $3<p<4$ のとき |

(2) 八面体の平面 α による切り口が八角形となるのは，平面 α が八面体の 8 面すべてと交わって，計 8 つの線分が切り取られる場合である。
平面 α は M，N を含み，$\overrightarrow{AE}$ と平行な平面であり，$\overrightarrow{MN} \not\parallel \overrightarrow{AE}$ であることから

$$\overrightarrow{OR} = \overrightarrow{OM} + s\overrightarrow{MN} + t\overrightarrow{AE} \quad (\text{O は原点，} s, t \text{ は実数}) \quad \cdots\cdots①$$

となる点 R の全体と一致する。
ここで，$\overrightarrow{MN} = (0, -2, 0) \parallel (0, 1, 0)$，$\overrightarrow{AE} = (-2, 0, -2) \parallel (1, 0, 1)$ なので，①となる点 R の全体は R(x, y, z) として

$$(x, y, z) = (1, 1, 0) + s(0, 1, 0) + t(1, 0, 1) = (1+t, 1+s, t)$$

と表される点 (x, y, z) の全体と一致する。よって，平面 α の方程式は

$$\begin{cases} x = 1+t \\ y = 1+s \\ z = t \end{cases} \quad \text{から} \quad x - z = 1 \quad (y \text{ は任意})$$

となる。平面 α 以外の空間の点は領域 $S: x-z-1>0$ または領域 $T: x-z-1<0$ のいずれかに属し，S に属する点と T に属する点を結ぶ線分は平面 α と 1 点で交わる。また，同じ領域に属する 2 点を結ぶ線分は平面 α と共有点をもたない。

まず，平面 α は p によらず，4 面 EAB，EBC，ECD，EDA すべてから線分を切り取ることを示す。
A，E は S に属し，B，C，D は T に属するので，線分 AB，AD，EB，EC，ED は平面 α と交わる。
それぞれの交点を $Q_1 (=M)$，$Q_2 (=N)$，

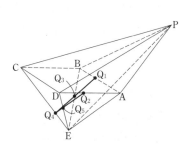

Q_3, Q_4, Q_5 とすると, 4面 EAB, EBC, ECD, EDA の平面 α による切り口はそれぞれ線分 Q_1Q_3, Q_3Q_4, Q_4Q_5, Q_5Q_2 となり, 平面 α はこれら4面すべてから線分を切り取る。

次いで, 平面 α が4面 PAB, PBC, PCD, PDA のすべてと交線をもつための p の条件を求める。

(i) $2<p<3$ のとき

$p-2-1<0$ より, P は T に属する。

C, D も T に属するので, 線分 PC, PD, CD は平面 α と交わらない。

よって, 平面 α は面 PCD から線分を切り取ることはなく, 不適である。

(ii) $p=3$ のとき

P は平面 α 上にあり, C, D は T に属するので, 面 PCD の共有点は P のみとなり, 平面 α は面 PCD から線分を切り取ることはなく, 不適である。

(iii) $3<p<4$ のとき

$p-2-1>0$ より, P は S に属する。

A は S に属し, B, C, D は T に属するので, 線分 AB, AD, PB, PC, PD は平面 α と交わる。

AB, AD との交点はそれぞれ M, N である。

PB, PC, PD との交点をそれぞれ J, K, L とする。

平面 α は4面 PAB, PBC, PCD, PDA から, それぞれ線分 JM, JK, KL, LN を切り取る。

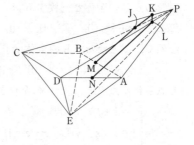

以上から, 切り口が八角形となる p の値の範囲は

$\qquad 3<p<4$ ……(答)

〔注〕 $\overrightarrow{MN}$ と $\overrightarrow{AE}$ の両方に垂直なベクトル(平面 α の法線ベクトル)の一つとして $(1, 0, -1)$ がとれることと, 点 M$(1, 1, 0)$ を通ることから, 平面 α の方程式は $x-z=1$ となるとしてもよい。

(3) 平面 α と辺 PB の交点 J に対して

$\qquad \overrightarrow{OJ} = (1-j)\overrightarrow{OB} + j\overrightarrow{OP} = (jp, 2-2j, 2j)$

となる j $(0<j<1)$ がある。

$x=jp$, $z=2j$ を $x-z=1$ に代入すると

$j(p-2)=1$ から $j=\dfrac{1}{p-2}$

となり, $J\left(\dfrac{p}{p-2},\ \dfrac{2p-6}{p-2},\ \dfrac{2}{p-2}\right)$ である。

平面 α と辺 PC の交点 K に対して

$\overrightarrow{OK}=(1-k)\overrightarrow{OC}+k\overrightarrow{OP}$
$\phantom{\overrightarrow{OK}}=(2k-2+kp,\ 0,\ 2k)$

となる k ($0<k<1$) がある。

$x=2k-2+kp$, $z=2k$ を $x-z=1$ に代入すると

$kp=3$ から $k=\dfrac{3}{p}$

となり, $K\left(1+\dfrac{6}{p},\ 0,\ \dfrac{6}{p}\right)$ である。

平面 α と辺 PD の交点 L の y 座標は 0 以下である (P, D の y 座標が 0 以下より)。また, 線分 MN の中点 F の y 座標は 0 である。

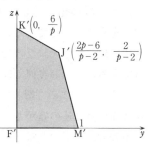

以上と $3<p<4$ から, 八面体 PABCDE の平面 α による切り口のうち, $y\geqq 0$, $z\geqq 0$ の部分にあるものは, 四角形 FKJM の周および内部となる。

F, K, J, M を yz 平面上に正射影したものをそれぞれ F′, K′, J′, M′ とすると, 四角形 F′K′J′M′ の面積が求める値であり, その値は

$\triangle\mathrm{F'J'M'}+\triangle\mathrm{F'J'K'}=\dfrac{1}{p-2}+\dfrac{6(p-3)}{p(p-2)}=\dfrac{7p-18}{p(p-2)}$ ……(答)

◀ 解 説 ▶

≪八面体の平面による切り口, 平面の方程式≫

▶(1) 頂点 A, C, E, P が平面 $y=0$ (xz 平面) 上にあることから, 八面体の平面 $y=0$ による断面 (切り口) が四角形 APCE となることは易しい。平面 $y=0$ による平面 α の切り口とはこの 2 平面の交線のことである。この交線が線分 MN の中点 F を通り, AE に平行な直線であることの理由を〔解答〕では少し詳しく記述したが, F も AE も平面 $y=0$ 上にあることをつかむのがポイントである。

▶(2) 八面体の平面 α による切り口が八角形となるのは，平面 α が八面体の 8 面すべてと交わって，計 8 つの線分が切り取られる場合である。p によらず xy 平面の下（$z \leqq 0$）の 4 面と交わることを示し，次いで，xy 平面の上（$z \geqq 0$）の 4 面 PAB, PBC, PCD, PDA のすべてと交線をもつためのの p の条件を求める。どちらの場合も平面 α の方程式を利用すると明快な記述ができる。平面 α の方程式を求めるには，〔注〕のように，平面 α の法線ベクトルを用いるのが簡明であるが，現行課程を考慮して，〔解答〕では異なる理由付けを行った。実は平面 α の方程式を用いるなら，(1)の設問は(2)，(3)のためには不要である。なお，平面の方程式を利用しない初等幾何での丁寧な根拠記述を以下に〔参考〕として述べておく。実際にはここまでの記述は要求されないが，幾何的な根拠を深める一助としてほしい。

▶(3) 平面 α の方程式を利用し，線分の内分点を考えて，平面 α と辺 PB, PC との交点の座標を求めることがポイントである。これができると，切り口のうち $y \geqq 0$, $z \geqq 0$ の部分にあるものを yz 平面に正射影した四角形の面積を求めることになる。この計算は易しい。

▶本問は，中学入試などでも問われる八面体の平面による切り口という素材であるが，初等幾何では根拠記述をどの程度書くのかで迷う問題でもある。そこで，(2)の〔解答〕では平面 α の方程式を利用した。しかし，幾何的な根拠記述の確かさが本問のような問題を正しく突破する力の源泉となるので，以下の〔参考〕を通して力量の増進を図るとよい。

▶本問は(1)は易，(2)は幾何での根拠記述による場合は難の問題であるが，平面の方程式を用いる場合はやや難，(3)はやや難レベルの設問である。

参考 ＜(2)の初等幾何による根拠記述＞

「平面 α と辺 CB, CD が交わることはない」 ……（＊）

なぜなら，平面 α と CB または CD が交わるとすると，平面 α は面 ABCD となり，AE と平行にならないからである。

また

「平面上で三角形の頂点を通らず，ひとつの辺の内部を通る直線は残りの 2 辺のうちの一方のみの辺の内部で交わる」 ……（＊＊）

これは前提とし，以下，（＊），（＊＊）のもとで考える。

まず，p によらず，平面 α は 4 面 EAB, EBC, ECD, EDA すべてと交

わることを示す。

平面 α による面 EAD の切り口は N を通り，AE に平行な線分でなければならないので，辺 DE の中点を L_1 として，線分 NL_1 である。

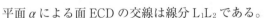

また，(1)から，平面 α と辺 CE はその内部で交わるので，これを L_2 とすると，

平面 α による面 ECD の交線は線分 L_1L_2 である。

さらに，(*)と(**)から，平面 α による面 EBC の切り口は L_2 を通り，辺 BE の内部の点（L_3 とする）を結ぶ線分 L_2L_3 である。

このとき，平面 α による面 EAB の切り口は線分 L_3M である。

以上から，平面 α は p によらず，4面 EAB，EBC，ECD，EDA すべてと交わる。

次いで，4面 PAB，PBC，PCD，PDA のすべてと交線をもつための p の条件を求める。

(i) $2 < p < 3$ のとき

(1)から，平面 α と辺 PA（P は除く）は交わる。

その交点を G とすると，面 PDA と平面 α の交線は線分 NG であり，(**)から，これは辺 PD と交わらないので，平面 α は辺 PD と交わらない。

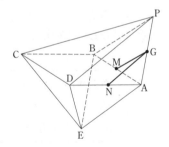

また，(1)から，平面 α は辺 PC とも交わらない。

さらに，(*)から，平面 α は辺 CD とも交わらない。

ゆえに，平面 α は面 PCD から線分を切り取ることはなく，不適である。

(ii) $p = 3$ のとき

(1)から，平面 α と面 PCD の共有点は P のみとなり，平面 α は面 PCD から線分を切り取ることはなく，不適である。

(iii) $3 < p < 4$ のとき

(1)から，平面 α と辺 PC（P は除く）は交点をもつ。その交点を K とする。

このとき，平面 α と面 PBC の交線は K を通る直線であり，(*)と

(＊＊)から，辺PBと交わる。この交点をJとする。
さらに，平面αと面PCDの交線はKを通る直線であり，(＊)と(＊＊)から，辺PDと交わる。この交点をLとする。
以上から，平面αは4面PAB，PBC，PCD，PDAすべてと交わり，切り口はそれぞれ線分MJ，JK，KL，LNとなる。

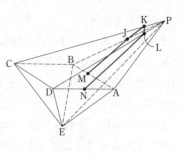

(i)～(iii)から，切り口が八角形となるpの値の範囲は$3<p<4$となる。

〔注〕　(＊＊)は,
「平面上で三角形の頂点を通らず，ひとつの辺の内部を通る直線は残りの2辺の一方の内部と他方の辺の延長上で交わる」
という平面幾何の公理（パッシュの公理）である。当たり前にみえるこのことは，ユークリッドの公理からは導けないことをM. Pasch（1843～1930）が見出し，20世紀になってユークリッド幾何に追加された公理である。当たり前としてあえて明記しなくてもよいが，記述の根拠のひとつとして認識しておくのもよいことであろう。

4

　◇発想◇　(1) 互除法を用いる。
(2) 一般に，互いに素な自然数p, qについてpqが平方数ならば，p, qとも平方数であることを用いる。

　(1)　一般に，整数a, bの最大公約数を$\gcd(a, b)$と表す。
$(5n^2+9)-5(n^2+1)=4$であるから，互除法により
　　　$d_n=\gcd(n^2+1, 4)$
(i)　nが偶数のときはn^2+1は奇数なので　$\gcd(n^2+1, 4)=1$
(ii)　nが奇数のとき，$n=2k-1$（kは自然数）と書けて
　　　$n^2+1=(2k-1)^2+1=4k(k-1)+2$
よって　$\gcd(n^2+1, 4)=2$
(i), (ii)から　$d_n=\begin{cases}1 & (n\text{ が偶数})\\ 2 & (n\text{ が奇数})\end{cases}$　……（答）

(2)　$(n^2+1)(5n^2+9)$が平方数となる自然数nが存在すると仮定して，矛

東京大-理科前期 2019 年度　数学〈解答〉 53

盾を導く。

(i)　n が偶数のとき

(1)から，n^2+1 と $5n^2+9$ は互いに素で，その積が平方数なので，この 2 数は互いに素な平方数である。

よって，$n^2+1=N^2$ となる自然数 N $(N>n)$ が存在し

$$(N+n)(N-n)=1$$

これは，$N+n \geqq 5$，$N-n \geqq 1$ と矛盾する。

(ii)　n が奇数のとき

(1)から

$$\begin{cases} n^2+1=2l \\ 5n^2+9=2m \end{cases} \quad (l,\ m \text{ は互いに素な自然数})$$

と書けて

$$(n^2+1)(5n^2+9)=4lm$$

これが平方数で，4 も平方数であるから，lm も平方数である。

さらに，$l,\ m$ は互いに素なので $l,\ m$ も平方数であり

$$l=L^2,\ m=M^2 \quad (L,\ M \text{ は互いに素な自然数})$$

と書けて

$$\begin{cases} n^2+1=2L^2 & \cdots\cdots① \\ 5n^2+9=2M^2 & \cdots\cdots② \end{cases}$$

②$-$①$\times 5$ から

$$4=2(M^2-5L^2) \quad \text{となり} \quad M^2-5L^2=2 \quad \cdots\cdots③$$

以下，mod 5 で考えると

$$M^2 \equiv \begin{cases} 0 & (M \equiv 0 \text{ のとき}) \\ 1 & (M = \pm 1 \text{ のとき}) \\ -1 & (M \equiv \pm 2 \text{ のとき}) \end{cases}$$

なので，（③の左辺）$\equiv 0$，± 1 となるが，これは，（③の右辺）$=2$ と矛盾する。

(i)，(ii)から，$(n^2+1)(5n^2+9)$ が平方数となることはない。（証明終）

━━━━━━ ◀解　説▶ ━━━━━━

≪互除法と最大公約数，互いに素と平方数≫

▶(1)　互除法と n の偶奇での場合分けで解決する易問である。一般に，整数 $a,\ b,\ c,\ d$ について，$a=bc+d$ のとき，$\gcd(a,\ b)=\gcd(b,\ d)$ が

成り立つというのが互除法である。特に，a を b で割ったときの商を q，余りを r としたときの $\gcd(a, b) = \gcd(b, r)$ をユークリッドの互除法という。一般には，$a = bc + d$ において c が商で d が余りでなくてもよい。

▶(2) 背理法による。ポイントは，互いに素な整数 x, y に対して，xy が平方数ならば，x, y も平方数であることを用いることである。最後の詰めは 5 で割った余りに注目するとよい。

▶本問は(1)は易，(2)はやや易の問題である。

5

◆発想◆ (1) $|x|>1$，$-1 \leqq x < 0$，$0 \leqq x \leqq 1$ の各場合での x^{2n-1} と $\cos x$ の増減や大小を考える。

(2) $0 < a_n < 1$ から直ちに得られる。

(3) a は(2)の結果とはさみうちの原理，b は $a_n{}^n = \sqrt{a_n \cos a_n}$，$c$ は関数 $\sqrt{x \cos x}$ の微分係数を利用する。

解答 (1) $x^{2n-1} = \cos x$ ……①

$f_n(x) = x^{2n-1}$ とおくと

$$f_n'(x) = (2n-1)x^{2(n-1)} \begin{cases} > 0 & (x \neq 0) \\ = 0 & (x = 0) \end{cases}$$

よって，$f_n(x)$ は単調増加である。

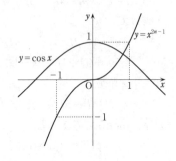

(i) $f_n(1) = 1$，$f_n(-1) = -1$ から，

$|x| > 1$ では $|f_n(x)| > 1$

一方，$|\cos x| \leqq 1$ なので，$|x| > 1$ では①の解はない。

以下，$\dfrac{\pi}{4} < 1 < \dfrac{\pi}{2}$ から，$0 < \cos 1 < \dfrac{\sqrt{2}}{2} < 1$ であることを前提とする。

(ii) $-1 \leqq x < 0$ では，$f_n(x) < 0 < \cos x$ なので，①の解はない。

(iii) $0 \leqq x \leqq 1$ では，$\cos x$ は単調減少，$f_n(x)$ は単調増加である。また

$f_n(0) = 0 < 1 = \cos 0$

$f_n(1) = 1 > \dfrac{\sqrt{2}}{2} > \cos 1$

東京大-理科前期　　　　　　　　　　　　　　　　　2019 年度　数学〈解答〉　55

さらに，$\cos x$，$f_n(x)$ は連続関数である。

ゆえに，①は $0<x<1$ でただ一つの実数解をもつ。

(ⅰ), (ⅱ), (ⅲ)から，①はただ一つの実数解をもつ。　　　　（証明終）

(2)　(1)により，①の実数解は $0<x<1$ の範囲にあり，$0<a_n<1$ である。

ゆえに，$\cos a_n>\cos 1$ である。　　　　　　　　　　　（証明終）

(3)　(2)から，$\cos 1<\cos a_n<1$ であり，また，$a_n^{2n-1}=\cos a_n$ であるから

$$\cos 1<a_n^{2n-1}<1$$

よって　　$(\cos 1)^{\frac{1}{2n-1}}<a_n<1$

ここで，$\displaystyle\lim_{n\to\infty}\frac{1}{2n-1}=0$ から $\displaystyle\lim_{n\to\infty}(\cos 1)^{\frac{1}{2n-1}}=1$ なので，はさみうちの原理

により

$$\lim_{n\to\infty}a_n=1$$

すなわち　　$a=1$　……（答）

次いで，$a_n^{2n-1}=\cos a_n$ から，$a_n^{2n}=a_n\cos a_n$ なので

$$a_n^n=\sqrt{a_n\cos a_n}　……②$$

ここで，$\displaystyle\lim_{n\to\infty}a_n=1$ なので　　$b=\sqrt{\cos 1}$　……（答）

さらに，$a=1$，$b=\sqrt{\cos 1}$ から

$$\frac{a_n^n-b}{a_n-a}=\frac{a_n^n-\sqrt{\cos 1}}{a_n-1}$$

$$=\frac{\sqrt{a_n\cos a_n}-\sqrt{\cos 1}}{a_n-1}　　（②から）$$

よって，$h(x)=\sqrt{x\cos x}\ \left(0<x<\dfrac{\pi}{2}\right)$ とおくと，$a_n\to 1\ (n\to\infty)$ から

$$c=\lim_{n\to\infty}\frac{a_n^n-b}{a_n-a}=h'(1)$$

ここで，$h'(x)=\dfrac{\cos x-x\sin x}{2\sqrt{x\cos x}}$ なので

$$h'(1)=\frac{\cos 1-\sin 1}{2\sqrt{\cos 1}}$$

ゆえに　　$c=\dfrac{\cos 1-\sin 1}{2\sqrt{\cos 1}}$　……（答）

〔注１〕　$y=x^{2n-1}$ と $y=x^{2n+1}$ のグラフの概形から，$a=\lim_{n\to\infty}a_n=1$ は視覚的に予想できる。

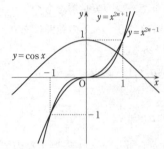

〔注２〕　b については次のように考えることもできる。

$$\log(a_n{}^n) = n\log a_n = \frac{n}{2n-1}\log a_n{}^{2n-1} = \frac{1}{2-\frac{1}{n}}\cdot\log(\cos a_n)$$

ここで，$\lim_{n\to\infty}\frac{1}{n}=0$ と $\lim_{n\to\infty}a_n=1$ から

$$\lim_{n\to\infty}\log(a_n{}^n) = \frac{1}{2}\log(\cos 1) = \log\sqrt{\cos 1}$$

ゆえに，$\log x$ の連続性から　$b=\lim_{n\to\infty}a_n{}^n=\sqrt{\cos 1}$

◀解　説▶

≪方程式の解で定まる数列の極限≫

▶(1)　$g_n(x)=x^{2n-1}-\cos x$ とおいて，$g_n(x)$ の増減等を調べる解答でもよいが，$|x|>1$ で $|x^{2n-1}|>1\geqq|\cos x|$ であること，$-1\leqq x<0$ で $x^{2n-1}<0<\cos x$ であること，$0\leqq x\leqq 1$ で x^{2n-1} が単調増加，$\cos x$ が単調減少であることと 0，1 での大小をみることで解決する。ただし，抜けのない記述が必要である。

▶(2)　(1)の考察からほぼ明らかである。本問が(3)で a を求める際のよい誘導になっている。

▶(3)　$a_n{}^{2n-1}=\cos a_n$ からの，各極限に応じた変形を思いつくかどうかで差が出る。a については(2)からの $\cos 1<\cos a_n<1$，b については

$a_n{}^n=\sqrt{a_n\cos a_n}$，$c$ については $\dfrac{a_n{}^n-b}{a_n-a}=\dfrac{a_n{}^n-\sqrt{\cos 1}}{a_n-1}=\dfrac{\sqrt{a_n\cos a_n}-\sqrt{\cos 1}}{a_n-1}$

から関数 $\sqrt{x\cos x}$ の微分係数を利用することがポイントである。

▶本問は(1)・(2)は易だが，(3)はやや難の設問である。

東京大-理科前期　　　　　　　　　　　　　　　　2019 年度　数学〈解答〉　*57*

6

◇発想◇　(1)　実数係数の代数方程式はその任意の解と共役な複素数も解となることを用いる。

(2)　$\alpha,\ \gamma$ が異なる実数，$\beta,\ \delta$ が共役な虚数として考え，解と係数の関係を用いる。

(3)　$\alpha+\beta=x+yi$（$x,\ y$ は実数）として，$a>0$ と $a<-1$ の場合分けで考える。$x,\ y$ を a で表し，複素数平面を xy 平面と同一視して図示する。

解答

(1)　$z^4-2z^3-2az+b=0$　……①

①は実数係数の代数方程式なので，任意の解についてその共役な複素数も解である。したがって，虚数解の個数は 0，2，4 のいずれかである。

条件 3 より，$\alpha\beta+\gamma\delta$ は純虚数であるから，$\alpha,\ \beta,\ \gamma,\ \delta$ すべてが実数ということはなく，虚数解の個数は 2 または 4 である。

虚数解が 4 個あるとする。条件 1，条件 2 は 4 解について対称であるから，条件 3 を考えて

$$\begin{cases}\beta=\overline{\alpha}\\\delta=\overline{\gamma}\end{cases}\ \cdots\cdots(\mathcal{T})\ \ \text{の場合と}\qquad\begin{cases}\gamma=\overline{\alpha}\\\delta=\overline{\beta}\end{cases}\ \cdots\cdots(\mathcal{I})\ \ \text{の場合}$$

を考えれば十分である。

(ア)の場合は $\alpha\beta+\gamma\delta=\alpha\overline{\alpha}+\gamma\overline{\gamma}=|\alpha|^2+|\gamma|^2$，(イ)の場合は $\alpha\beta+\gamma\delta=\alpha\beta+\overline{\alpha\beta}$ となり，いずれの場合も $\alpha\beta+\gamma\delta$ が実数となり，条件 3 に反する。

ゆえに，虚数解は 2 個あり，それらは互いに共役であり，残りの 2 つは条件 1 から異なる実数解である。　　　　　　　　　　　　　　　　　　（証明終）

(2)　$\alpha,\ \beta$ が実数のとき，$\gamma,\ \delta$ は共役な虚数であり，$\alpha\beta+\gamma\delta=\alpha\beta+\gamma\overline{\gamma}=\alpha\beta+|\gamma|^2$ が実数となり，条件 3 に反する。$\gamma,\ \delta$ が実数のときも同様である。

よって，$\alpha,\ \gamma$ が実数で $\beta,\ \delta$ が共役な虚数のときを考えれば十分である。このとき，$\delta=\overline{\beta}$ である。

$\beta=x+yi$（$x,\ y$ は実数，$y\neq0$）とおくと

$$\begin{aligned}\alpha\beta+\gamma\delta&=\alpha(x+yi)+\gamma(x-yi)\\&=(\alpha+\gamma)x+(\alpha-\gamma)yi\end{aligned}$$

この実部が 0 であるから，$(\alpha+\gamma)x=0$ となり，$\gamma=-\alpha$ または $x=0$ である。

（ i ） $\gamma = -\alpha$ のとき

①の解は α, $-\alpha$, β, $\overline{\beta}$ であり，解と係数の関係から

$$\begin{cases} \alpha - \alpha + \beta + \overline{\beta} = 2 \\ -\alpha^2 + \alpha(\beta + \overline{\beta}) - \alpha(\beta + \overline{\beta}) + \beta\overline{\beta} = 0 \\ -\alpha^2(\beta + \overline{\beta}) + \alpha\beta\overline{\beta} - \alpha\beta\overline{\beta} = 2a \\ -\alpha^2\beta\overline{\beta} = b \end{cases}$$

これらを整理すると

$$\begin{cases} \beta + \overline{\beta} = 2 \\ \beta\overline{\beta} = \alpha^2 \\ a = -\alpha^2 \\ b = -\alpha^4 \end{cases}$$

となり，$b = -a^2$ である。

（ ii ） $x = 0$ のとき

①の解は α, γ, yi, $-yi$ であり，解と係数の関係から

$$\begin{cases} \alpha + \gamma + yi - yi = 2 \\ \alpha\gamma + \alpha(yi - yi) + \gamma(yi - yi) + y^2 = 0 \\ \alpha\gamma(yi - yi) + (\alpha + \gamma)y^2 = 2a \\ \alpha\gamma y^2 = b \end{cases}$$

これらを整理すると

$$\begin{cases} \alpha + \gamma = 2 \\ \alpha\gamma = -y^2 \\ a = y^2 \\ b = -y^4 \end{cases}$$

となり，$b = -a^2$ である。

（ i ），（ ii ）より　　$b = -a^2$　……（答）

(3)　(2)の〔解答〕にあるように，α，γ が実数解，β，$\overline{\beta}$ が虚数解としてよい。

(2)の $b = -a^2$ から，①は $z^4 - 2z^3 - 2az - a^2 = 0$ となり，これより

$$(z^2 + a)(z^2 - a) - 2z(z^2 + a) = 0$$

$$(z^2 + a)(z^2 - 2z - a) = 0　\cdots\cdots①'$$

4解が異なることから，$a \neq 0$，$a \neq -1$ である。

①'の解は $z = \pm\sqrt{-a}$，$z = 1 \pm \sqrt{1 + a}$ となり，$-1 < a < 0$ のときこれらは

すべて実数となり，不適である。よって，$a>0$ または $a<-1$ でなければならない。

　以下，$\alpha+\beta=x+yi$（$x,\ y$ は実数）とおく。

(I)　$a>0$ のとき

$z=\pm\sqrt{a}\,i,\ z=1\pm\sqrt{1+a}$ となり，以下，複号の組み合わせは任意として

$$\begin{cases} \alpha=1\pm\sqrt{1+a} \\ \beta=\pm\sqrt{a}\,i \end{cases} \quad\cdots\cdots ②$$

このとき，$\alpha+\beta=(1\pm\sqrt{1+a})\pm\sqrt{a}\,i$ であるから

$$\begin{cases} x=1\pm\sqrt{1+a} \\ y=\pm\sqrt{a} \end{cases} \quad\cdots\cdots ③$$

よって，$(x-1)^2=1+a$ かつ $y^2=a$ となり

$$(x-1)^2-y^2=1 \quad (y\neq 0)\quad\cdots\cdots ④$$

でなければならない。逆に，④を満たす $x,\ y$ に対して $a=y^2$ で $a\ (>0)$ を与えると，③を得て，これより②で得られる $\alpha,\ \beta$ は①′ の解で，条件を満たす解となる。

(II)　$a<-1$ のとき

$z=\pm\sqrt{-a},\ z=1\pm\sqrt{-(1+a)}\,i$ となり

$$\begin{cases} \alpha=\pm\sqrt{-a} \\ \beta=1\pm\sqrt{-(1+a)}\,i \end{cases} \quad\cdots\cdots ②′$$

このとき，$\alpha+\beta=(1\pm\sqrt{-a})\pm\sqrt{-(1+a)}\,i$ であるから

$$\begin{cases} x=1\pm\sqrt{-a} \\ y=\pm\sqrt{-(1+a)} \end{cases} \quad\cdots\cdots ③′$$

よって，$(x-1)^2=-a$ かつ $y^2=-1-a$ となり

$$(x-1)^2-y^2=1 \quad (y\neq 0)$$

逆に，これを満たす $x,\ y$ に対して $a=-1-y^2$ で $a\ (<-1)$ を与えると，③′ を得て，これより②′ で得られる $\alpha,\ \beta$ は①′ の解で，条件を満たす解となる。

(I)，(II)から，$a>0$ または $a<-1$ のもとで，$\alpha+\beta$ のとりうる値の範囲は複素数平面を xy 平面と同一視して，$(x-1)^2-y^2=1$（$y\neq 0$）となり，図示すると次図の実線部となる。

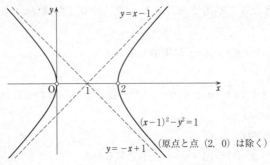

◀解　説▶

≪4次方程式の複素数解，解と係数の関係≫

▶(1)　条件3からすべて実数解ということはないので，虚数解が4個あるとして矛盾を導くことを思いつくのは難しくない。条件1，条件2から，$\beta=\bar{\alpha}$ かつ $\delta=\bar{\gamma}$ の場合と $\gamma=\bar{\alpha}$ かつ $\delta=\bar{\beta}$ の場合を考えることがポイントである。

▶(2)　α, γ が実数解，β, $\bar{\beta}$ が虚数解として考えてよく，このとき，$\beta=x+yi$（x, y は実数）とおくと，条件3から，$\alpha+\gamma=0$ または $x=0$ の2通りの場合があることに気づくことがポイントである。あとはどちらの場合も解と係数の関係を整理するとよい。

▶(3)　(2)により，与えられた4次方程式の解を a で表す。このとき，$a>0$ と $a<-1$ の場合分けで考えるのが最初のポイントである。次のポイントは $\alpha+\beta=x+yi$（x, y は実数）とおき，x, y の関係式を見出すことである。ただし，これは a を消去して得られた x, y についての必要条件であるから，この関係式を満たす x, y に対して確かに①′の解 α, β が得られて，$x+yi=\alpha+\beta$ となること（十分性）のコメントも必要である。最後は xy 平面での図示となる。

▶本問は(1)はやや易，(2)は標準，(3)はやや難の設問である。

東京大-理科前期　　　　　　　　　　　　　　　　　　　2019 年度　数学〈解答〉　*61*

❖講　評

　過去最も易しいと思われた 2017 年度から一転難化した 2018 年度に比
して，2019 年度はさらに少し難化した。これは，2，4 以外，最後ま
で正しく詰め切るのに時間を要するセットであったことによる。ただし，
1，2 以外は誘導小問があるので，例年通り，得点を積み上げていくこ
とは可能である。

　2019 年度は，2018 年度に続き確率・場合の数の出題がなく，整数の
問題は取り組みやすく，空間図形はやや難であった。平面図形と式の問
題は易しく，複素数の問題は 2018 年度同様やや難であった。また，定
積分単独の問題は初めての出題であった。図示の問題は，2019 年度は
2 題で見られた。文科で誘導小問を付して出題された平面図形と式の問
題が，理科では 2 で誘導なしで出題された。文科との共通・類似問題は
この 1 題のみである。

　東大理系入試としての難易度は，1 標準，2 やや易～標準，3 (1)易，
(2)やや難，(3)やや難，4 (1)易，(2)やや易，5 (1)易，(2)易，(3)やや難，6
(1)やや易，(2)標準，(3)やや難であった。

　1　無理関数を含むやや煩雑な定積分の問題。適切な変数変換と三角
関数の積分の処理力が試される。

　2　簡単な平面図形と式の問題で落とせない。

　3　空間座標と八面体の切り口の問題で，平面の方程式を用いると根
拠記述が簡明となる問題。

　4　互除法と互いに素，2 数の積と平方数に関する標準レベルの論証
問題で良問だが，東大の整数としては易しいのでこれも落とせない。

　5　2 曲線の交点の x 座標からなる数列の極限の問題。(3)で適切な式
変形に気づきにくいかもしれない。

　6　4 次方程式の複素数解についての問題。こつこつと進めると必要
な場合分けが見えてくるが，実際にやってみないと見えてこない難しさ
があり，残り時間との戦いになる。

62 2019 年度 数学〈解答〉 　　　　　　　　　　　　　　　　　東京大-理科前期

──────────「数学」の出題の意図（東京大学 発表）──────────

　数学は自然科学の基底的分野として，自然科学に留まらず人間文化の様々な領域で活用される学問であり，科学技術だけでなく社会現象を表現し予測などを行なうために必須である。

　そのため，本学を受験しようとする皆さんには，高等学校学習指導要領に基づく基本的な数学の知識と技法について習得しておくことはもちろんのこと，将来，数学を十分に活用できる能力を身につけるために，以下に掲げる総合的な数学力を養うための学習を心がけて欲しいと考えている。

1） 数学的に思考する力

　　問題の本質を数学的な考え方で把握・整理し，それらを数学の概念を用いて定式化する力

2） 数学的に表現する力

　　自分の考えた道筋を他者が明確に理解できるよう，解答に至る道筋を論理的かつ簡潔に表現する力

3） 総合的な数学力

　　数学を用いて様々な課題を解決するために，数学を自在に活用できると同時に，幅広い分野の知識・技術を統合して総合的に問題を捉える力

　これらの数学的な思考力・表現力・総合力がバランスよく身についているかどうかを評価するために，高等学校学習指導要領の範囲のなかから多様な題材を今年度は次のように選択し問題を作成した。

　　第1問：定積分の計算

　　第2問：平面図形，最大・最小

　　第3問：空間図形

　　第4問：整数の性質

　　第5問：数列と極限，関数の性質

　　第6問：高次方程式，複素数

物理

1 **解答** **I** (1) 時刻 $t=0 \sim t_1$ の加速区間は，初速度 0，加速度 a_1 の等加速度直線運動であるから，時刻 $t=t_1$ における台車の速度を v_1 とすると

$$v_1 = a_1 t_1 \quad \cdots\cdots(\text{答})$$

時刻 $t=t_2 \sim (t_1+t_2)$ の間で，台車が減速している時間は t_1 である。時刻 $t=0 \sim (t_1+t_2)$ の加速，等速，減速の各区間での移動距離の和を x_{12} とすると

$$x_{12} = \left(\frac{1}{2}a_1 t_1{}^2\right) + a_1 t_1 \times (t_2 - t_1) + \left(a_1 t_1 \times t_1 - \frac{1}{2}a_1 t_1{}^2\right)$$

$$= a_1 t_1 t_2 \quad \cdots\cdots(\text{答})$$

(2) 時刻 $t=0 \sim \dfrac{T}{2}$ の加速区間では，物体の単振動の振動中心は，弾性力と慣性力のつりあいの位置であるから，その y 座標を y_L とすると

$$(-k y_L) + (-m a_1) = 0 \qquad \therefore \quad y_L = -\frac{m a_1}{k}$$

よって，この区間では，物体は $y=0$ から振動をはじめ，$y=-\dfrac{m a_1}{k}$ を振動中心として，$y=-2\dfrac{m a_1}{k}$ の位置まで移動し，この位置で台車に対して静止する。

時刻 $t=\dfrac{T}{2} \sim nT$ の等速区間では，加速度が 0 であるから，物体は $y=0$ を振動中心として，$y=-2\dfrac{m a_1}{k}$ から振動をはじめ，$y=2\dfrac{m a_1}{k}$ との間を $\left(n-\dfrac{1}{2}\right)$ 回振動する。時刻 $t_2=nT$ では，$y=2\dfrac{m a_1}{k}$ の位置まで移動し，この位置で台車に対して静止する。

時刻 $t=nT \sim \left(\dfrac{T}{2}+nT\right)$ の減速区間では，物体は $y=2\dfrac{m a_1}{k}$ から振動をは

じめ，$y = \dfrac{ma_1}{k}$ を振動中心として，$y = 0$ の位置まで移動し，この位置で台車に対して静止する。すなわち，時刻 $t = t_1 + t_2$ における

　　物体の y 座標は 0，台車に対する相対速度は 0　……(答)

(3)　$t = \dfrac{T}{2}$ における物体の y 座標を y_2 とする。

時刻 $t = 0 \sim \dfrac{T}{2}$ の加速区間では，物体は $y = y_0$ から振動をはじめ，

$y = -\dfrac{ma_2}{k}$ を振動中心として，$y = y_2$ の位置まで移動し，この位置で台車に対して静止する。よって，振動中心に対して左右の振幅が等しいことを用いると

$$y_2 - \left(-\dfrac{ma_2}{k}\right) = \left(-\dfrac{ma_2}{k}\right) - y_0 \quad \cdots\cdots ⓐ$$

時刻 $t = \dfrac{T}{2} \sim T$ の減速区間では，物体は $y = y_2$ から振動をはじめ，

$y = \dfrac{ma_2}{k}$ を振動中心として，$y = 0$ の位置まで移動し，この位置で台車に対して静止する。よって，同様に

$$y_2 - \dfrac{ma_2}{k} = \dfrac{ma_2}{k} - 0 \quad \cdots\cdots ⓑ$$

ⓐ，ⓑより

$$y_0 = -4\dfrac{ma_2}{k} \quad \therefore \quad a_2 = -\dfrac{ky_0}{4m} \quad \cdots\cdots (答)$$

$$y_2 = 2\dfrac{ma_2}{k} = 2\dfrac{m}{k} \times \left(-\dfrac{ky_0}{4m}\right) = -\dfrac{1}{2}y_0 \quad \cdots\cdots (答)$$

Ⅱ　(1)　質点に働く重力と慣性力の棒に垂直な成分を求め，$\sin\theta \fallingdotseq \theta$，$\cos\theta \fallingdotseq 1$ の近似式を用いると

$$f = mg\sin\theta - ma\cos\theta \fallingdotseq mg\theta - ma \quad \cdots\cdots (答) \quad \cdots\cdots ⓒ$$

(2)　ア・イ．図1−3のグラフから，時刻 $t = 0$ から $t = \dfrac{T}{2}$ の間の振動中心の角度 θ を θ_R とすると，単振動の周期が $T = 2\pi\sqrt{\dfrac{l}{g}}$ であるから，角振動数は $\omega = \sqrt{\dfrac{g}{l}}$，振幅は $A = \dfrac{\theta_0 - \theta_1}{2}$，$\theta_R = \theta_0 - A = \dfrac{\theta_0 + \theta_1}{2}$ となる。

東京大-理科前期　　　　　　　　　　　　　　　　2019 年度　物理〈解答〉　*65*

よって，グラフの式は

$$\theta = A\cos\omega t + \theta_R$$

$$= \frac{\theta_0 - \theta_1}{2}\cos\sqrt{\frac{g}{l}}\,t + \frac{\theta_0 + \theta_1}{2} \quad \cdots\cdots\text{ⓓ}$$

（答）　ア—②，イ—①

ウ．この倒立振子の先端の質点の運動のように，z 軸上で，$z = z_0$ を振動中心として，角振動数 ω で単振動する質量 m の質点に働く復元力 F は

$$F = -m\omega^2(z - z_0) \quad \cdots\cdots\text{ⓔ}$$

で表される。変位を z とすると

$$z = l\sin\theta \fallingdotseq l\theta$$

振動中心の位置 z_0 は

$$z_0 = l\sin\theta_R \fallingdotseq l\theta_R = l\cdot\frac{\theta_0 + \theta_1}{2}$$

であるから，これらをⓔに代入すると

$$F = -m\frac{g}{l}\left(l\theta - l\cdot\frac{\theta_0 + \theta_1}{2}\right)$$

$$= -mg\left(\theta - \frac{\theta_0 + \theta_1}{2}\right) \quad \cdots\cdots\text{ⓕ}$$

（答）　ウ—⑩

エ・オ．f が F に等しければよいから，ⓒ，ⓕより

$$-mg\left(\theta - \frac{\theta_0 + \theta_1}{2}\right) = mg\theta - ma = -mg\left(-\theta + \frac{a}{g}\right)$$

よって

$$\theta - \frac{\theta_0 + \theta_1}{2} = -\theta + \frac{a}{g} \qquad \therefore\quad a = \left(2\theta - \frac{\theta_0 + \theta_1}{2}\right)g$$

これにⓓを代入すると

$$a = \left\{2\times\left(\frac{\theta_0 - \theta_1}{2}\cos\sqrt{\frac{g}{l}}\,t + \frac{\theta_0 + \theta_1}{2}\right) - \frac{\theta_0 + \theta_1}{2}\right\}g$$

$$= \left\{(\theta_0 - \theta_1)\cos\sqrt{\frac{g}{l}}\,t + \frac{\theta_0 + \theta_1}{2}\right\}g \quad \cdots\cdots\text{ⓖ}$$

（答）　エ—④，オ—①

ｉ．この加速度を

$$a = (\theta_0 - \theta_1)\cdot g\cos\sqrt{\frac{g}{l}}\,t + \frac{\theta_0 + \theta_1}{2}\cdot g$$

$$= a_1(t) + a_2$$

と書くと，第1項 $a_1(t)$ が cos の形（三角関数）で変化することは，第1項による質点の運動が単振動であることを表している。ここで，単振動における時刻 $t=0$ のときの速度は 0，$t=\dfrac{T}{2}$ のときの速度は 0 であるから，この間の第1項による速度変化は 0 である。

また，第2項 a_2 は，質点が一定の加速度をもつことを表しているから，時刻 $t=0$ から $t=\dfrac{T}{2}$ までの第2項による速度変化 v_1 は

$$v_1 = a_2 \times \left(\frac{T}{2} - 0\right) = \frac{\theta_0 + \theta_1}{2} \cdot g \times \pi \sqrt{\frac{l}{g}}$$

$$= \frac{\theta_0 + \theta_1}{2} \pi \sqrt{gl} \quad \cdots\cdots ⓗ$$

（答）　ⅰ．$\dfrac{\theta_0 + \theta_1}{2} \pi \sqrt{gl}$

ⅱ．図1-3のグラフから，時刻 $t=\dfrac{T}{2}$ から $t=T$ の間では，ⓓで，

$\theta_0 \to \theta_1$，$\theta_1 \to 0$，$t \to t - \dfrac{T}{2}$ と置き換えたものに等しいから，グラフの式は

$$\theta = \frac{\theta_1}{2} \cos \sqrt{\frac{g}{l}} \left(t - \frac{T}{2}\right) + \frac{\theta_1}{2}$$

ⓖ，ⓗも同様にして

$$a = \left\{ \theta_1 \cos \sqrt{\frac{g}{l}} \left(t - \frac{T}{2}\right) + \frac{\theta_1}{2} \right\} g$$

$$v_2 = \frac{\theta_1}{2} \pi \sqrt{gl} \quad \cdots\cdots ⓘ$$

（答）　ⅱ．$\dfrac{\theta_1}{2} \pi \sqrt{gl}$

ⅲ．時刻 $t=T$ において $\theta=0$ に戻り静止するから

$$v_1 + v_2 = 0$$

ⓗ，ⓘより

$$\frac{\theta_0 + \theta_1}{2} \pi \sqrt{gl} + \frac{\theta_1}{2} \pi \sqrt{gl} = 0$$

$$\therefore \quad \theta_1 = -\frac{1}{2} \theta_0 \qquad\qquad\qquad （答）　ⅲ．\ -\frac{1}{2}$$

別解 Ⅱ (2) ⅰ. エ, オより, 時刻 t の関数として加速度 a が

$$a = (\theta_0 - \theta_1) \cdot g\cos\sqrt{\frac{g}{l}}\,t + \frac{\theta_0 + \theta_1}{2} \cdot g$$

であるとき, $v\text{-}t$ グラフの傾きが加速度 a を表すこと, すなわち, $a = \dfrac{dv}{dt}$ であることから, 速度 v は a を t で積分して, 初期条件 $t=0$ のとき $v=0$ を用いると

$$v = (\theta_0 - \theta_1) \cdot \sqrt{gl}\sin\sqrt{\frac{g}{l}}\,t + \frac{\theta_0 + \theta_1}{2} \cdot gt$$

$$v_1 = v\left(\frac{T}{2}\right) - v(0)$$

$$= (\theta_0 - \theta_1) \cdot \sqrt{gl}\sin\left(\sqrt{\frac{g}{l}} \cdot \pi\sqrt{\frac{l}{g}}\right) + \frac{\theta_0 + \theta_1}{2} \cdot g \cdot \pi\sqrt{\frac{l}{g}}$$

$$= \frac{\theta_0 + \theta_1}{2}\pi\sqrt{gl}$$

◀ 解 説 ▶

≪動く台車上の物体の運動, 倒立振子≫

◆Ⅰ▶(1) 水平な床面上の台車の運動である。時刻 $t=0 \sim (t_1+t_2)$ の間の台車の速度 v と時刻 t の関係のグラフを描くとよい。移動距離 x_{12} はグラフで囲まれた面積であるから, $x_{12} = a_1 t_1 t_2$ が得られる。

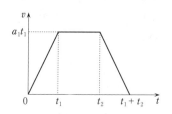

▶(2) 台車に対する物体の運動は単振動であり, 周期は $T = 2\pi\sqrt{\dfrac{m}{h}}$ である。台車に固定された座標系での物体の運動であるから, 慣性力を考え, 時刻 $t=0 \sim (t_1+t_2)$ の間の物体の位置 y と時刻 t の関係の単振動のグラフを描くとよい。加速, 等速, 減速の各区間で, 振動中心が異なることに注意する。

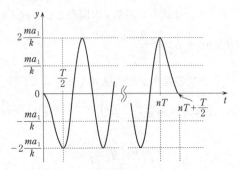

▶(3) 物体の位置 y と時刻 t の関係のグラフを描くとよい。(2)では，最初の位置 $y=0$ が振動の右端であるが，(3)では，最初の位置 $y=y_0$ が振動の左端である。

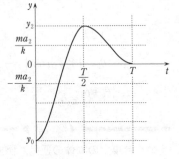

◆II ▶(1) 変位角 θ の大きさが十分小さい振動では，質点に働く力 f が，θ の1次式になることがわかる。

▶(2) 質点に働く力のつりあいの位置が振動中心であり，このときの θ を θ_R とおくと

$$mg\theta_R - ma = 0$$

$$\therefore\ \theta_R = \frac{a}{g}$$

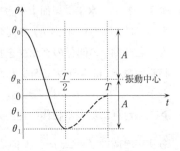

振動のグラフが図1－3で与えられているので，グラフを式で表すことを考える。単振動であることがわかっているから，

$0 \leq t \leq \dfrac{T}{2}$ でのグラフの式は，角度 θ の振幅を A とすると

$$\theta = A\cos\omega t + \theta_R$$

i．題意の加速度 a の式の第1項

$$a_1(t) = (\theta_0 - \theta_1)\cdot g\cos\sqrt{\frac{g}{l}}\,t$$

は，加速度が時刻 t を変数とする三角関数の式で表されている。質点の運動が単振動

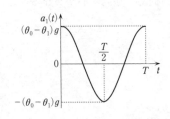

である場合は，加速度，速度，変位が時刻 t を変数とする三角関数の式で表されることを利用する。

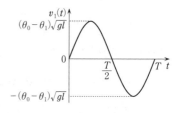

ⅱ・ⅲ．時刻 $t=0$ から $t=\dfrac{T}{2}$ の間において，θ，a，v_1 を求めたのと同様に，時刻 $t=\dfrac{T}{2}$ から $t=T$ の間において，θ，a，v_2 を求めればよい。

2 解答

Ⅰ　抵抗の抵抗値 R は物質の抵抗率 ρ，長さ d，断面積 S で決まり，コンデンサーの電気容量 C は物質の誘電率 ε，極板面積 S，極板間距離 d で決まる。

$$R = \rho \dfrac{d}{S}, \quad C = \varepsilon \dfrac{S}{d} \quad \cdots\cdots（答）$$

Ⅱ　(1)　素子 X は，抵抗値 R の抵抗と電気容量 C のコンデンサーそれぞれ N 個を直列にして，合成抵抗値 NR の抵抗と合成容量 $\dfrac{C}{N}$ のコンデンサーを並列にしたものと等価である。

スイッチを端子 T_1 に接続して十分に長い時間が経過すると，コンデンサーは充電され，コンデンサーには電流は流れない。

よって，素子 X に流れる電流の大きさは，抵抗部分に流れる電流の大きさと等しく

$$\dfrac{V_0}{NR} \quad \cdots\cdots（答）$$

電極 E に蓄積される電気量は　　$\dfrac{CV_0}{N}$ 　……（答）

(2)　スイッチを T_1 から T_2 に切り替える直前の N 個のコンデンサーに蓄積された静電エネルギーの和 U は

$$U = \dfrac{1}{2} \dfrac{C}{N} V_0^2$$

このエネルギーがジュール熱となって，並列接続された抵抗値 R_0 の抵抗と抵抗値 NR の抵抗で消費されるとき，ジュール熱は抵抗値に反比例するから，抵抗値 R_0 の抵抗で生じたジュール熱 W_0 は

$$W_0 = \frac{1}{2}\frac{C}{N}V_0{}^2 \times \frac{NR}{R_0 + NR} = \frac{RCV_0{}^2}{2(R_0 + NR)} \quad \cdots\cdots (答)$$

よって，N の増加に対して W_0 は単調に減少する。　　　　（答）　②

(3)　並列に接続された合成抵抗値 NR の抵抗と合成容量 $\dfrac{C}{N}$ のコンデンサーに，交流電圧が加わる。素子Xの抵抗部分を流れる電流を i_R とすると，抵抗に流れる電流の位相は電圧の位相に等しいから

$$i_R = \frac{V_1}{NR}\sin\omega t$$

コンデンサー部分を流れる電流を i_C とすると，コンデンサーに流れる電流の位相は電圧の位相より $\dfrac{\pi}{2}$ 進み，コンデンサーの容量リアクタンスは

$\dfrac{1}{\omega\dfrac{C}{N}}$ であるから

$$i_C = \frac{V_1}{\dfrac{1}{\omega\dfrac{C}{N}}}\sin\left(\omega t + \frac{\pi}{2}\right) = \frac{\omega C V_1}{N}\cos\omega t$$

よって，素子Xへ流れる電流 i は

$$i = i_R + i_C = \frac{V_1}{NR}\sin\omega t + \frac{\omega C V_1}{N}\cos\omega t$$

$$= \frac{V_1}{N}\left(\frac{1}{R}\sin\omega t + \omega C\cos\omega t\right) \quad \cdots\cdots (答)$$

Ⅲ　ア．交流電流計に電流が流れないとき，J-K間とK-M間の電圧の比は抵抗値の比に等しく $1:2$ である。また，K-M間とL-M間の電圧は等しく，それぞれ V_{KM}，V_{LM} とすると

$$V_{KM} = \frac{2}{3}V_1\sin\omega t \qquad\qquad （答）　ア．\frac{2}{3}V_1\sin\omega t$$

イ・ウ．L-M間の電圧が $V_{LM} = \dfrac{2}{3}V_1\sin\omega t$ であるとき，抵抗 R_2 とコンデンサー C_0 の直列接続のインピーダンスを Z とし，L-M間を流れる電流 I_{LM} の位相が電圧 V_{LM} の位相から ϕ 進んでいるとすると

$$I_{\text{LM}} = \frac{\frac{2}{3}V_1}{Z}\sin(\omega t + \phi)$$

ここで，抵抗 R_2 にかかる電圧 V_{R_2} の位相は電流 I_{LM} の位相と等しく，コンデンサー C_0 にかかる電圧 V_{C_0} の位相は電流 I_{LM} の位相より $\frac{\pi}{2}$ 遅れているので，$C_0 = \dfrac{1}{\omega R_2}$ より

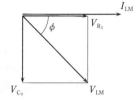

$$Z = \sqrt{R_2{}^2 + \left(\frac{1}{\omega C_0}\right)^2} = \sqrt{R_2{}^2 + R_2{}^2} = \sqrt{2}\,R_2$$

$$\tan\phi = \frac{\dfrac{1}{\omega C_0}}{R_2} = \frac{R_2}{R_2} = 1 \qquad \therefore\quad \phi = \frac{\pi}{4}$$

よって

$$I_{\text{LM}} = \frac{\frac{2}{3}V_1}{\sqrt{2}\,R_2}\sin\left(\omega t + \frac{\pi}{4}\right) = \frac{V_1}{3R_2}\sin\omega t + \frac{V_1}{3R_2}\cos\omega t$$

（答）　イ．$\dfrac{V_1}{3R_2}$　ウ．$\dfrac{V_1}{3R_2}$

エ．J-K 間と J-L 間の電圧は等しく，それぞれ V_{JK}，V_{JL} とすると

$$V_{\text{JK}} = \frac{1}{3}V_1\sin\omega t$$

（答）　エ．$\dfrac{1}{3}V_1\sin\omega t$

オ・カ．J-L 間の素子 X に流れる電流のうち，抵抗部分を流れる電流を I_R とすると

$$I_R = \frac{\frac{1}{3}V_1}{NR}\sin\omega t$$

コンデンサー部分を流れる電流を I_C とすると

$$I_C = \frac{\frac{1}{3}V_1}{\dfrac{1}{\omega\dfrac{C}{N}}}\sin\left(\omega t + \frac{\pi}{2}\right) = \frac{\omega C V_1}{3N}\cos\omega t$$

よって，J-L 間を流れる電流 I_{JL} は

$$I_{\text{JL}} = I_{\text{R}} + I_{\text{C}} = \frac{V_1}{3NR}\sin\omega t + \frac{\omega C V_1}{3N}\cos\omega t$$

（答）オ．$\dfrac{V_1}{3NR}$　カ．$\dfrac{\omega C V_1}{3N}$

キ・ク．$I_{\text{JL}} = I_{\text{LM}}$ であるから

$$\frac{V_1}{3NR}\sin\omega t + \frac{\omega C V_1}{3N}\cos\omega t = \frac{V_1}{3R_2}\sin\omega t + \frac{V_1}{3R_2}\cos\omega t$$

$\cos\omega t$, $\sin\omega t$ の係数を比較して

$$\frac{\omega C V_1}{3N} = \frac{V_1}{3R_2} \quad \text{より} \quad C = \frac{N}{\omega R_2}$$

$C = \varepsilon\dfrac{S}{d}$ から　　$\varepsilon\dfrac{S}{d} = \dfrac{N}{\omega R_2}$　　$\therefore$　$\varepsilon = \dfrac{Nd}{\omega S R_2}$　　　　（答）キ．$\dfrac{Nd}{\omega S R_2}$

$$\frac{V_1}{3NR} = \frac{V_1}{3R_2} \quad \text{より} \quad R = \frac{R_2}{N}$$

$R = \rho\dfrac{d}{S}$ から　　$\rho\dfrac{d}{S} = \dfrac{R_2}{N}$　　$\therefore$　$\rho = \dfrac{S R_2}{Nd}$　　　　（答）ク．$\dfrac{S R_2}{Nd}$

別解 Ⅲ　イ・ウ．題意より，抵抗 R_2 に流れる電流を I_{LM} として

$$I_{\text{LM}} = I_1\sin\omega t + I_2\cos\omega t$$

とおく。抵抗 R_2 にかかる電圧を V_{R} とすると，抵抗にかかる電圧の位相は電流の位相に等しいから

$$V_{\text{R}} = R_2(I_1\sin\omega t + I_2\cos\omega t)$$

コンデンサー C_0 にかかる電圧を V_{C} とすると，コンデンサーにかかる電圧の位相は電流の位相より $\dfrac{\pi}{2}$ 遅れているから，$C_0 = \dfrac{1}{\omega R_2}$ を用いると

$$V_{\text{C}} = \frac{1}{\omega C_0}\left\{ I_1\sin\left(\omega t - \frac{\pi}{2}\right) + I_2\cos\left(\omega t - \frac{\pi}{2}\right) \right\}$$

$$= R_2(-I_1\cos\omega t + I_2\sin\omega t)$$

L-M 間の電圧はこれらの和に等しいから

$$V_{\text{LM}} = V_{\text{KM}} = V_{\text{R}} + V_{\text{C}}$$

$$\frac{2}{3}V_1\sin\omega t = R_2(I_1\sin\omega t + I_2\cos\omega t) + R_2(-I_1\cos\omega t + I_2\sin\omega t)$$

$$= R_2\{(I_1 + I_2)\sin\omega t + (-I_1 + I_2)\cos\omega t\}$$

この恒等式が成り立つためには，$\sin\omega t$, $\cos\omega t$ の係数を比較して

$$\frac{2}{3}V_1 = R_2(I_1 + I_2)$$

$$0 = -I_1 + I_2$$

I_1, I_2 について解くと　　$I_1 = \dfrac{V_1}{3R_2}$, $I_2 = \dfrac{V_1}{3R_2}$

すなわち

$$I_{LM} = \frac{V_1}{3R_2}\sin\omega t + \frac{V_1}{3R_2}\cos\omega t$$

◀解 説▶

≪抵抗とコンデンサーの回路，交流ブリッジ回路≫

◆Ⅰ　抵抗，コンデンサーの形状と，抵抗率，誘電率の関係である。

◆Ⅱ　▶(1)　素子Xは図aの回路で表されるが，点m, n, …, zに電流は流れないから，図bと等価である。

▶(2)　抵抗値 R の抵抗に大きさ I の電流が流れるとき，または大きさ V の電圧が加わるとき，抵抗での消費電力 P は

$$P = RI^2 = \frac{V^2}{R}$$

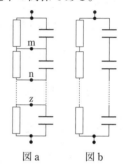

図a　　図b

2つの抵抗が直列の場合は電流 I が等しいから，P は R に比例し，2つの抵抗が並列の場合は電圧 V が等しいから，P は R に反比例する。

▶(3)　抵抗Rとコンデンサー C を並列に接続して交流電圧を加える場合，交流電源とR，C に加わる電圧の最大値と位相は共通で，R に流れる電流の位相は電圧の位相と等しく，C に流れる電流の位相は電圧の位相より $\dfrac{\pi}{2}$ 進んでいる。R，C それぞれについて，(電圧の最大値)＝(電流の最大値)×(リアクタンス) である。

◆Ⅲ　抵抗Rとコンデンサー C を直列に接続して交流電圧を加える場合，交流電源とR，C に流れる電流の最大値と位相は共通で，R に加わる電圧の位相は電流の位相と等しく，C に加わる電圧の位相は電流の位相より $\dfrac{\pi}{2}$ 遅れている。

3 解答 I

(1) 屈折の法則より $\dfrac{\sin\theta_1}{\sin\theta_2}=\dfrac{n_2}{n_1}$

微小角度 θ_1, θ_2 に対する近似式 $\sin\theta_1 \fallingdotseq \theta_1$, $\sin\theta_2 \fallingdotseq \theta_2$ を用いると

$$\frac{\theta_1}{\theta_2}=\frac{n_2}{n_1} \quad \cdots\cdots (答) \quad \cdots\cdots ①$$

(2) $\triangle$CPO において

$$\alpha_1+\phi=\theta_1 \quad \therefore \quad \theta_1=\phi+\alpha_1 \quad \cdots\cdots (答) \quad \cdots\cdots ②$$

$\triangle$APO において

$$\alpha_2+\phi=\theta_2 \quad \therefore \quad \theta_2=\phi+\alpha_2 \quad \cdots\cdots (答) \quad \cdots\cdots ③$$

(3) 点 P から x 軸に下ろした垂線の足を点 H とする。微小角度 α_1, α_2, ϕ に対する近似式 $\sin\alpha_1 \fallingdotseq \alpha_1$, $\sin\alpha_2 \fallingdotseq \alpha_2$, $\sin\phi \fallingdotseq \phi$, および, $CP \fallingdotseq x_1$, $AP \fallingdotseq x_2$ の近似を用いると

$\triangle$CPH において $\quad \sin\alpha_1=\dfrac{h}{CP} \quad \therefore \quad \alpha_1=\dfrac{h}{x_1} \quad \cdots\cdots (答) \quad \cdots\cdots ④$

$\triangle$APH において $\quad \sin\alpha_2=\dfrac{h}{AP} \quad \therefore \quad \alpha_2=\dfrac{h}{x_2} \quad \cdots\cdots (答) \quad \cdots\cdots ⑤$

$\triangle$OPH において $\quad \sin\phi=\dfrac{h}{OP} \quad \therefore \quad \phi=\dfrac{h}{r} \quad \cdots\cdots (答) \quad \cdots\cdots ⑥$

(4) ① より $\quad n_1\theta_1=n_2\theta_2$

②, ③ を代入すると $\quad n_1(\phi+\alpha_1)=n_2(\phi+\alpha_2)$

④〜⑥ を代入すると

$$n_1\left(\frac{h}{r}+\frac{h}{x_1}\right)=n_2\left(\frac{h}{r}+\frac{h}{x_2}\right)$$

$$\therefore \quad n_1\left(\frac{1}{r}+\frac{1}{x_1}\right)=n_2\left(\frac{1}{r}+\frac{1}{x_2}\right) \quad (式1)$$

$$(答) \quad ア. \ \frac{1}{x_1} \quad イ. \ \frac{1}{x_2}$$

(5) 図 3−2(A) の場合, ②, ③ と同様に

$\triangle$CPO において $\quad \alpha_1+\theta_1=\phi \quad \therefore \quad \theta_1=\phi-\alpha_1$

$\triangle$APO において $\quad \alpha_2+\theta_2=\phi \quad \therefore \quad \theta_2=\phi-\alpha_2$

④〜⑥ と同様に

$$\alpha_1=\frac{h}{x_1}, \ \alpha_2=\frac{h}{x_2}, \ \phi=\frac{h}{r}$$

東京大-理科前期 2019 年度 物理〈解答〉 75

よって

$$n_1\left(\frac{1}{r}-\frac{1}{x_1}\right)=n_2\left(\frac{1}{r}-\frac{1}{x_2}\right) \quad \cdots\cdots(答)\quad (式2)$$

図3－2(B)の場合，②，③と同様に

　△CPO において　　　$\phi+\theta_1=\alpha_1$　　∴　$\theta_1=-\phi+\alpha_1$

　△APO において　　　$\phi+\theta_2=\alpha_2$　　∴　$\theta_2=-\phi+\alpha_2$

④～⑥と同様に

$$\alpha_1=\frac{h}{x_1},\ \ \alpha_2=\frac{h}{x_2},\ \ \phi=\frac{h}{r}$$

よって

$$n_1\left(-\frac{h}{r}+\frac{h}{x_1}\right)=n_2\left(-\frac{h}{r}+\frac{h}{x_2}\right)$$

$$\therefore\ \ n_1\left(\frac{1}{r}-\frac{1}{x_1}\right)=n_2\left(\frac{1}{r}-\frac{1}{x_2}\right)\quad \cdots\cdots(答)\quad (式2)$$

Ⅱ　(1)　(式1) で，$\dfrac{1}{r}\doteqdot0$ とすると

$$n_1\frac{1}{x_1}\doteqdot n_2\frac{1}{x_2}$$

図3－3の場合，媒質の境界から「見かけ上の光源」までの距離を $L_1{}'$ とすると，上式で $x_1=L_1$，$x_2=L_1{}'$ として

$$n_1\frac{1}{L_1}=n_2\frac{1}{L_1{}'}\quad \therefore\ \ L_1{}'=\frac{n_2}{n_1}L_1$$

よって，観察者から「見かけ上の光源」までの距離は

$$\frac{n_2}{n_1}L_1+L_2\quad \cdots\cdots(答)$$

(2)　図3－4の場合，透明な板の中から見ると，光源は板と媒質1の境界から距離 L_1 にあり，「見かけ上の光源」までの距離を $L_1{}''$ とすると

$$n_1\frac{1}{L_1}=n_f\frac{1}{L_1{}''}\quad \therefore\ \ L_1{}''=\frac{n_f}{n_1}L_1$$

次に，媒質2の中の観察者から見ると，光源は板と媒質2の境界から距離 $d+L_1{}''$ にあり，「見かけ上の光源」までの距離を L' とすると

$$n_f\frac{1}{d+L_1{}''}=n_2\frac{1}{L'}\quad \therefore\ \ L'=\frac{n_2}{n_f}(d+L_1{}'')$$

この L' が，板と媒質2の境界から $d+L_1$ であれば，観察者から「見かけ

「上の光源」までの距離を $L_1 + L_2$ にすることができる。よって

$$d + L_1 = \frac{n_2}{n_f}\left(d + \frac{n_f}{n_1}L_1\right) \qquad \left(\frac{n_2}{n_f} - 1\right)d = \left(1 - \frac{n_2}{n_1}\right)L_1$$

$$\therefore \quad d = \frac{n_f(n_1 - n_2)}{n_1(n_2 - n_f)}L_1 \quad \cdots\cdots (\text{答})$$

ここで，$d > 0$ でなければならないから，その条件は

$$\left.\begin{array}{l} n_1 - n_2 > 0 \text{ かつ } n_2 - n_f > 0 \quad \therefore \quad n_f < n_2 < n_1 \\ \text{または} \\ n_1 - n_2 < 0 \text{ かつ } n_2 - n_f < 0 \quad \therefore \quad n_1 < n_2 < n_f \end{array}\right\} \quad \cdots\cdots(\text{答})$$

(3) 図 3 − 5(A)の場合は，図 3 − 1 に対応するから，（式 1）に代入すると

$$1.5 \times \left(\frac{1}{r} + \frac{1}{1}\right) = 1 \times \left(\frac{1}{r} + \frac{1}{2}\right) \quad \therefore \quad r = -0.5$$

この場合，r は負となり，不適。

図 3 − 5(B)の場合は，図 3 − 2 に対応するから，（式 2）に代入すると

$$1.5 \times \left(\frac{1}{r} - \frac{1}{1}\right) = 1 \times \left(\frac{1}{r} - \frac{1}{2}\right) \quad \therefore \quad r = 0.5$$

よって　　球面は(B)の場合で，半径 $r = 0.5$〔m〕　……(答)

(4) 観察者（レンズの位置）から 4 m の位置にある光源が，3 m の位置に見えたのだから，焦点距離を f とすると，レンズの公式より

$$\frac{1}{4} + \frac{1}{-3} = \frac{1}{f} \quad \therefore \quad f = -12$$

よって　　凹レンズで，焦点距離は 12 m　……(答)

━━━━━━━━ ◀解　説▶ ━━━━━━━━

≪球面での光の屈折，見かけ上の光源までの距離≫

◆I　▶(1) 屈折の法則の式に，微小角度に対する近似式を用いる。

▶(2) △CPO と △APO に着目するとよい。

▶(3) 微小角度に対する近似式と，CP ≒ x_1，AP ≒ x_2 の近似を用いる。

▶(4) (1)〜(3)の式を順に用いて計算すれば，（式 1）が得られる。

▶(5) 図 3 − 2(A)の場合，図 3 − 2(B)の場合，ともに同じ関係式が得られる。

◆II　▶(1) $n_1\dfrac{1}{x_1} ≒ n_2\dfrac{1}{x_2}$ とおくと，x_1 が光源の位置，x_2 が見かけ上の光源の位置である。

東京大-理科前期   2019 年度　物理〈解答〉　77

▶(2)　はじめに，透明な板の中から見た「見かけ上の光源」までの距離を
求め，次に，媒質2の中の観察者から見た「見かけ上の光源」までの距離
を求める。

▶(3)　図3−5(A)と(B)が，図3−1または図3−2のどちらに対応するか
を考え，（式1）または I (5)で求めた式（式2）に代入する。

▶(4)　レンズの公式は，レンズから物体までの距離を a，レンズから像ま
での距離を b，レンズの焦点距離を f とすると，$\dfrac{1}{a}+\dfrac{1}{b}=\dfrac{1}{f}$ である。ここ
で，凹レンズでは $f<0$ であり，像がレンズに対して光源と同じ側につく
られるときは $b<0$ で，虚像である。

❖講　評

　例年通り，理科2科目で試験時間 150 分，大問3題の構成である。
2019 年度は，全大問に空所補充形式の問題が見られ，1では選択肢も
与えられた。ただし，2019 年度全体としては，2018 年度に比べて問題
量が増加し，難易度もやや難化したので，時間内で解き終えるのは難し
い。なお，空所補充形式の問題は，2018 年度は出題されていなかった
が，2017 年度は1で出題されていた。

　1　I　等加速度運動をする台車上のばね振り子の問題である。台と
ともに運動する観測者から見ると，弾性力と慣性力のつりあいの位置が
振動中心であるから，加速度の符号によって振動中心の位置がずれる。
単振動の問題は，振動中心と振動の両端の位置を把握し，グラフを描け
ば容易に処理できる。典型的な問題であるから完答したい。

　　II　倒立振子の問題であり，誘導にしたがって解いていけばよい。質
点の変位が角度 θ と時刻 t のグラフで与えられているので，振動中心と
振動の両端の位置がわかる。単振動する質点では，復元力が
$F=-m\omega^2(z-z_0)$ であることと，位置，速度，加速度が時刻 t の三角
関数の形で表されることを利用すればよい。後者は，　i　で「加速
度 a の式の第1項が単振動の加速度と同じ形であることを考慮する」と
いう誘導が与えられているが，第2項をどう利用するかが難しい。

　2　I・II　抵抗とコンデンサーの並列回路の過渡現象と，交流電源
の接続の問題である。II(2)でコンデンサーに蓄えられた静電エネルギー

が，並列に接続された抵抗でジュール熱として消費されるとき，抵抗値に反比例して分配されるところでミスをしなかっただろうか。(3)は抵抗とコンデンサーの並列部分に交流電圧が加わる場合であり，電圧に対する電流の位相のずれと，コンデンサーのリアクタンスを考えて丁寧に計算するだけである。

Ⅲ　前半は抵抗とコンデンサーの直列部分に交流電圧が加わる場合であり，Ⅱと同様の計算であるが，抵抗 R_2 に流れる電流を題意の形の式で定義して，恒等式より係数を求める方針に気づいたかどうか。

3　Ⅰ　幾何光学の問題で，与えられた図の関係と近軸光線の近似を用いて丁寧に計算するだけで完答できる。

Ⅱ　いわゆる「見かけの深さ」の問題であり，Ⅰの結果を近似したものを用いて計算する。(2)の透明板の扱いが難しく，「見かけ上の光源」の位置を段階的に処理する必要がある。(4)はレンズの公式を用いるだけであるが，観察者の位置がレンズの位置であり，「見かけ上の光源」が虚像であることを判断できたかどうかがポイント。

──────── 「物理」の出題の意図 （東京大学　発表） ────────

第1問　【物体の運動】

　　時間変化する慣性力と復元力を分析し，運動の規則性を見抜くことができるかを問う。物体の運動に関する基本的な取り扱いに加え，状況に応じた論理的で柔軟な思考力を求めている。

第2問　【物質と電気】

　　交流回路の実験から物質固有の定数が決定できる例を通じて基本的な物理法則を柔軟に活用しつつ定量的な考察が行えるかを問う。電気に関する基本事項の理解とともに科学的に分析し，論理的に思考する力を評価するのをねらいとした。

第3問　【光の屈折】

　　異なる状況設定を通じて基本的な光の伝わり方に関する理解の質を問う。論理的で柔軟な思考力とともに物理的洞察力や発展的に対象を扱う力が求められる。

化学

1 解答

ア 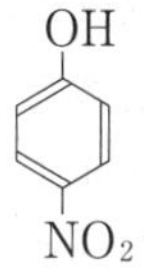

イ 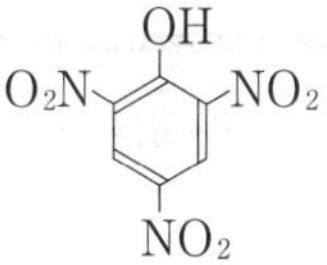

ウ 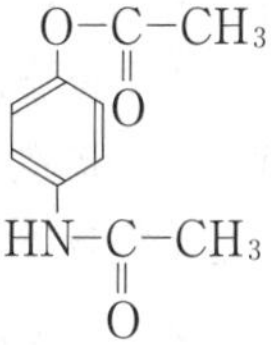

エ　構造式：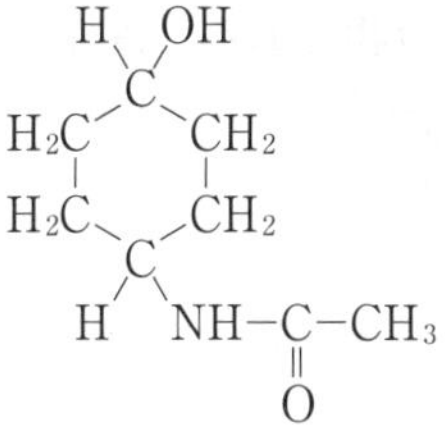　立体異性体の数：2

オ　X：無水酢酸　Y：水酸化ナトリウム　Z：水素

カ　化合物Cはフェノール性ヒドロキシ基をもつので，水酸化ナトリウム水溶液中で塩を生成し溶解するが，化合物Dは極性の弱い中性物質であるので水酸化ナトリウム水溶液には溶解しないため。

キ 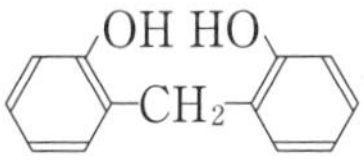　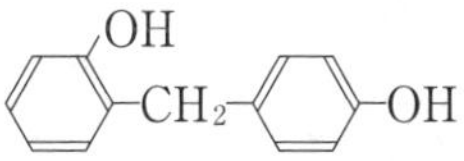

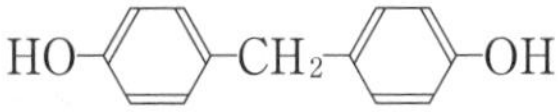

ク　6.1

80 2019 年度 化学〈解答〉 東京大-理科前期

ケ 構造式：

OH
〔ベンゼン環、3位にCH₃〕

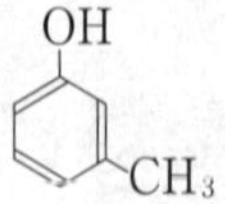

理由：ホルムアルデヒドの付加反応は，フェノール性ヒドロキシ基から見てオルト位とパラ位に生じる。したがって，*m*-クレゾールでは3カ所に付加反応が可能であるため，立体網目構造を有する熱硬化性の高分子を得ることができるが，*o*-クレゾール，*p*-クレゾールでは，2カ所のみで付加反応が可能であり，鎖状で熱可塑性の高分子しか得られないため。

■■■■■■ ◀解　説▶ ■■■■■■

≪フェノールの置換反応と誘導体，立体異性体，フェノール樹脂≫

実験1〜8で生じる反応等は次のとおりである。

〔実験1〕 フェノールは置換反応において，*o*-，*p*- 配向性を示す。したがって，フェノールを希硝酸で穏やかにニトロ化すると，オルト位またはパラ位がニトロ化されると考えられる。また，化合物Eは，その構造から，フェノールのベンゼン環においてパラ位が反応して得られた生成物であると推測されるので，化合物Aはパラ位がニトロ化されたフェノールであり，化合物Fはオルト位がニトロ化された化合物であるとみなせる。

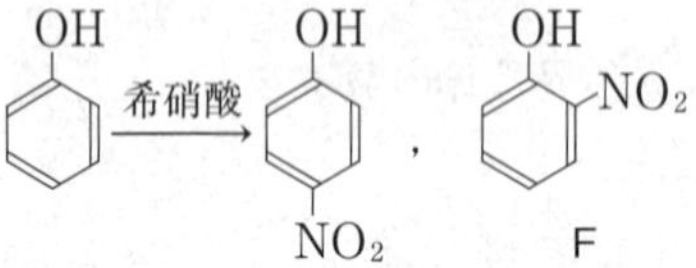

〔構造式：フェノール →(希硝酸)→ p-ニトロフェノール A ， o-ニトロフェノール F〕

〔実験2〕 フェノールに濃硝酸と濃硫酸の混合物（混酸）を作用させると，オルト位とパラ位のすべてがニトロ化されて，ピクリン酸（2,4,6-トリニトロフェノール）が生じる。したがって，化合物Gはピクリン酸である。

〔構造式：フェノール →(混酸)→ ピクリン酸〕

なお，AおよびFも混酸によってピクリン酸になる。

〔実験3〕 Aを濃塩酸中で鉄と処理すると，ニトロ基が還元されてアミノ基が生じ，そのアミノ基の塩酸塩が得られる。この化合物に炭酸水素ナト

リウム水溶液を加えるとアミノ基をもつ化合物Bが生成する。

上記の前半の反応は，ニトロベンゼンからアニリン塩酸塩を得る反応と同じ反応である。また，後半の反応は次のように考えるとよい。まず，フェノール性ヒドロキシ基 $-OH$ は炭酸よりも弱い酸であるので $NaHCO_3$ とは反応せず，$-OH$ のまま残る。次に，弱塩基と強酸の塩とみなせる $-NH_3Cl$ と弱酸と強塩基の塩とみなせる $NaHCO_3$ との反応で，強酸と強塩基の塩である $NaCl$ が生じ，弱塩基の $-NH_2$ と弱酸の CO_2 が遊離した。

$$-NH_3Cl + NaHCO_3 \longrightarrow NaCl + -NH_2 + CO_2 + H_2O$$

〔実験4〕 Eの構造や実験6で酢酸が生じたことから，Xは無水酢酸だと推測される。水溶液中で無水酢酸（X）を作用させると，フェノール性ヒドロキシ基はエステル化されることはない。したがって，化合物Cは，Bの $-NH_2$ がアセチル化されたアミド化合物だと考えられる。

〔実験5〕 Bに，希硫酸中で無水酢酸を作用させると，Bのフェノール性ヒドロキシ基およびアミノ基がアセチル化された化合物Hが得られる。Hが $FeCl_3$ 水溶液で呈色反応を示さなかったことから，フェノール性ヒドロキシ基がアセチル化（エステル化）されたことがわかる。

82 2019年度 化学〈解答〉　　　　　　　　　　　　　　　　　　東京大-理科前期

〔実験6〕　HにYを作用させ，希硫酸を加えると，物質量の比が1：1で
Cと酢酸が生じたことから，Hのエステル結合が加水分解されたと推測で
きる。したがって，Yはけん化に用いる強塩基（例えばNaOH）である。

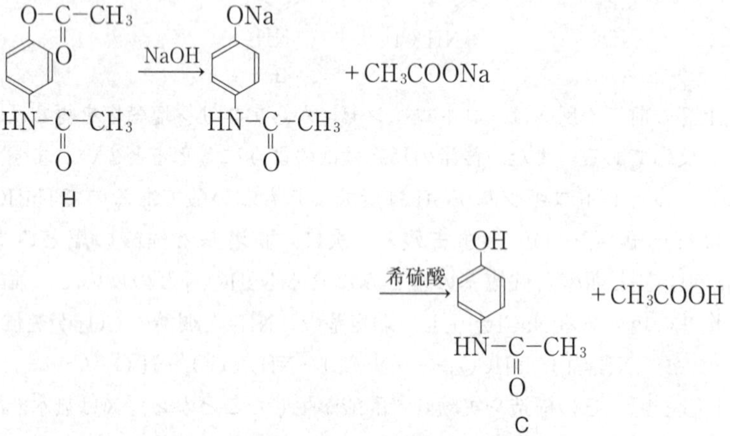

なお，酢酸の生成は，希硫酸による弱酸の遊離作用である。

〔実験7〕　ニッケルを触媒として，ベンゼン環に水素を付加させることが
できる。したがって，Zは水素である。

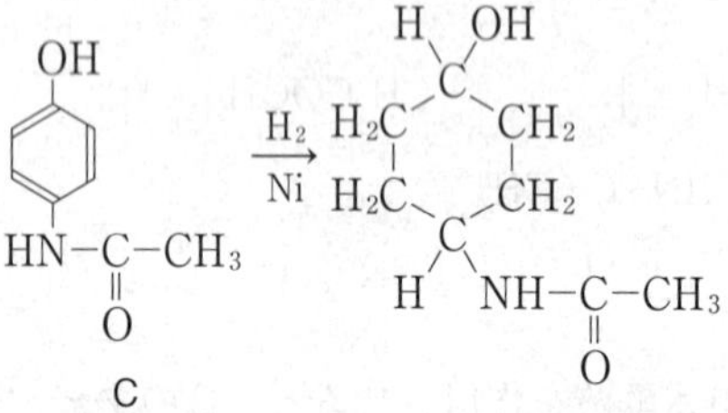

また，Cはフェノール性ヒドロキシ基をもっているので，NaOH水溶液
と反応して塩となり水層に移動するが，Dのヒドロキシ基はアルコールの
OHであるから，NaOH水溶液と反応せずエーテル層に残る。

次に，Dの立体異性体につ
いて考える。Dはシクロヘ
キサンの二置換体である。
Dにおいて，OHと
NHCOCH₃が結合している

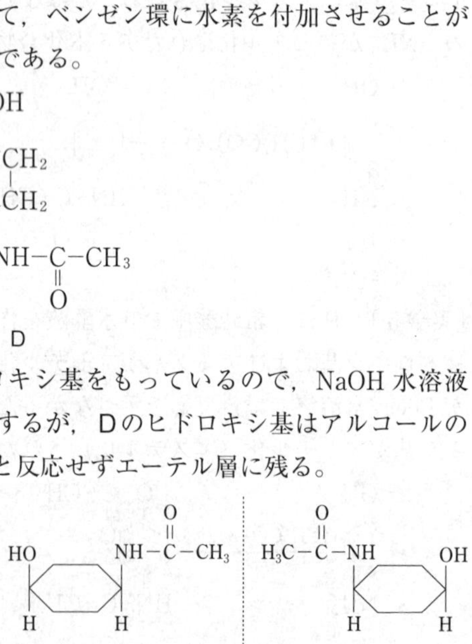

図(1)

２つの炭素原子は，六員環
構造の対角に位置している
ため，図(1)と図(2)のそれぞ
れ左の化合物とその鏡像体
は同じ化合物である。すな

図(2)

わち，Ｄには，鏡像異性体は存在せず，OH と $NHCOCH_3$ が六員環の同
じ側にあるシス形と，反対側にあるトランス形の２種類の立体異性体のみ
が存在する。

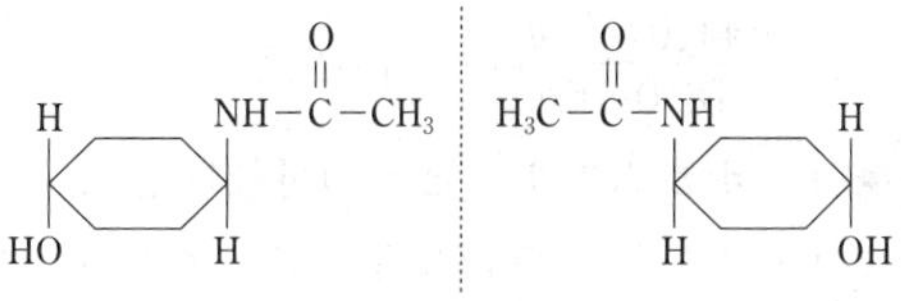

〔実験８〕　Ｄに硫酸酸性の二クロム酸カリウム水溶液を作用させると，そ
の酸化作用により，Ｄの第２級アルコールとしての OH はカルボニル基
になる。

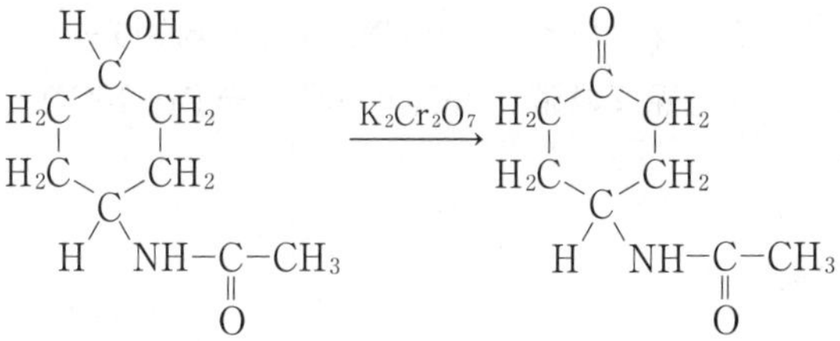

D

実験９〜11 は，フェノール樹脂の合成やクレゾールを用いる樹脂の合
成について述べている。

▶キ　フェノールへのホルムアルデヒドの付加反応は，オルト位とパラ位
で可能である。したがって，メチレン基（$-CH_2-$）によってつながった
ベンゼン環の構造Ⅰには，(o-, o-)，(o-, p-)，(p-, p-) の３種類が考
えられる。

▶ク　実験９において，$2n$ 分子のフェノールと $3n$ 分子のホルムアルデヒ
ドが重合反応してフェノール樹脂が得られたとすると，ホルムアルデヒド
分子の数だけ H_2O が脱離したと考えられるから，脱離した H_2O は $3n$ 分
子である。したがって，フェノール樹脂の生成反応は次のように表すこと
ができる。

$$2nC_6H_5OH + 3nHCHO \longrightarrow C_{15n}H_{12n}O_{2n} + 3nH_2O$$

このフェノール樹脂を完全燃焼すると，$15n$ 分子の CO_2 と $6n$ 分子の H_2O
が生じるから，求める重量比は，$CO_2 = 44.0$，$H_2O = 18.0$ より

$$\frac{44.0 \times 15n}{18.0 \times 6n} = 6.11 \fallingdotseq 6.1$$

▶ケ　ホルムアルデヒドの付加反応は，フェノール性ヒドロキシ基から見てオルト位とパラ位に生じる。したがって，m-クレゾールでは3カ所に付加反応が可能であるが，o-クレゾール，p-クレゾールでは，2カ所のみで付加反応が可能となる。（＊が付加反応可能な箇所）

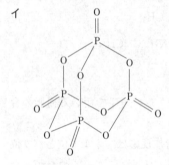

2　解答

Ⅰ　ア　第一段階：$2Ca_3(PO_4)_2 \longrightarrow 6CaO + P_4O_{10}$
　　　　第二段階：$P_4O_{10} + 10C \longrightarrow P_4 + 10CO$

イ

ウ　電極A：$O_2 + 4H^+ + 4e^- \longrightarrow 2H_2O$
　　電極B：$H_2 \longrightarrow 2H^+ + 2e^-$
正極：電極A

エ　1 mol の H_2O が生成すると 2 mol の電子 e^- が流れる。したがって，電池が作動した間に流れた電子 e^- の物質量は，$H_2O = 18.0$ より

$$\frac{90 \times 10^3}{18.0} \times 2 = 1.0 \times 10^4 \text{ (mol)}$$

この電子の電気量は

$$1.0 \times 10^4 \times 9.65 \times 10^4 = 9.65 \times 10^8 \text{ (C)}$$

よって，電池からこの電子に供給された電力量は

$$9.65 \times 10^8 \times 0.50 = 4.825 \times 10^8 \fallingdotseq 4.8 \times 10^8 \text{ (J)} \quad \cdots\cdots\text{(答)}$$

東京大-理科前期　　　　　　　　　　　　　　　　　　2019 年度　化学〈解答〉　*85*

オ　34 %

II　カ　SO_2

キ　カリウム

〔理由〕・カリウムは水と激しく反応する。

　　　　・イオン化傾向が，銅，鉄のいずれよりも大きく，両方とも還元
　　　　　してしまう。

ク　アンモニア水

ケ　$Fe(OH)_3$

コ　0.38 mol

サ　6.08 g/L

━━━━━━━━━━ ◀解　説▶ ━━━━━━━━━━

≪リンと燃料電池，$CuFeS_2$ の反応と製錬≫

◆**I**　▶**ア**　第一段階は，リン酸カルシウム $Ca_3(PO_4)_2$ の加熱分解反応
で，第二段階は，十酸化四リン P_4O_{10} の炭素による還元反応である。なお，
第一段階では，リン原子の酸化数は変化していない。

▶**イ**　P_4O_{10} の立体構造図では，4 つのリン原子はいずれも 5 個の価電子
をもつので，5 価の共有結合をしているように表されている。オクテット
で考えると，リン原子と酸素原子との二重結合は配位結合（リン原子が酸
素原子に非共有電子対を提供する）とみなせる。4 つのリン原子は，いず
れも同じ立体配置状況および結合状態にあり，P_4O_{10} 分子はきわめて対称
性の高い構造をしている。

▶**ウ**　燃料電池では，酸素が供給される電極 A は正極，水素が供給される
電極 B は負極である。電池の正極では還元反応，負極では酸化反応が生じ
る。

▶**エ**　電力量とは，流れた電気量に対して電池が加えた仕事量のことであ
り，仕事量〔J〕＝電気量〔C〕×電圧〔V〕の関係にある。この値と，その
間に電池内で消費された化学的エネルギー（燃料電池の場合は水素の燃焼
熱）とは必ずしも一致しない。このことが電池のエネルギー（発電）効率
に関係してくる。

▶**オ**　燃料電池内で燃焼した水素 H_2 の物質量は，この間に流れた電子 e^-
の物質量の半分であるから，5.0×10^3 mol である。

したがって，求める発電効率は

$$\frac{4.82\times10^8}{286\times10^3\times5.0\times10^3}\times100=33.7\fallingdotseq34\,[\%]$$

◆Ⅱ ▶カ 気体Dは水に溶けて亜硫酸 H_2SO_3 水溶液となることから、二酸化硫黄 SO_2 であることがわかる。

$$SO_2+H_2O\longrightarrow H_2SO_3$$

▶キ 題意より、Cu^{2+} イオンのみを還元するのにふさわしい金属は、イオン化傾向が Cu より大きく、Fe より小さい金属である。したがって、ニッケル Ni、スズ Sn、鉛 Pb が該当するが、カリウム K は不適である。また、K は水溶液中では、水 H_2O とも激しく反応するのでふさわしくない。

なお、$Fe^{3+}\longrightarrow Fe^{2+}$ の反応は、$Cu^{2+}\longrightarrow Cu$ の反応よりも先に生じる（エネルギー的に小さい）ので、Fe^{3+} をそのままに保つことはできない。

▶ク・ケ Cu^{2+} は過剰のアンモニア水によって、錯イオン $[Cu(NH_3)_4]^{2+}$（テトラアンミン銅（Ⅱ）イオン）を生じて再溶解するが、Fe^{3+} は赤褐色の沈殿 $Fe(OH)_3$ を生成する。

$$Cu^{2+}+2NH_3+2H_2O\longrightarrow Cu(OH)_2+2NH_4{}^+$$
$$Cu(OH)_2+4NH_3\longrightarrow[Cu(NH_3)_4]^{2+}+2OH^-$$

▶コ Fe_2O_3 とメタン CH_4 の反応式は次のとおりである。

$$4Fe_2O_3+3CH_4\longrightarrow8Fe+3CO_2+6H_2O$$

したがって、$1.0\,mol$ の Fe を得るのに必要な CH_4 の物質量は

$$1.0\times\frac{3}{8}=0.375\fallingdotseq0.38\,[mol]$$

▶サ 電解前後で、固体G中の物質量の比が変わらなかったということは、電解によって、もとの組成比のまま各物質が固体Gから脱離したことを示している。

したがって、銅とニッケルは、それぞれ $Cu\longrightarrow Cu^{2+}+2e^-$、$Ni\longrightarrow Ni^{2+}+2e^-$ の反応で電解液中に溶解し、金 Au は陽極泥として沈殿したことになる。

すなわち、与えられた電気量は Au の陽極泥の生成には寄与していない。また、Cu^{2+} と Ni^{2+} は、ともに2価の陽イオンであるから、与えられた電気量は固体G中の Cu と Ni の組成比に等しく配分されたと考えられる。

よって、$Ni\longrightarrow Ni^{2+}+2e^-$ の反応で流れた電気量は

東京大-理科前期　　　　　　　　　　　　　　　　　　　2019 年度　化学〈解答〉　87

$$3.96 \times 10^5 \times \frac{5.00}{94.0 + 5.00} \text{〔C〕}$$

ゆえに，電解液 1.00 L 中のニッケルの濃度は

$$\frac{3.96 \times 10^5 \times \dfrac{5.00}{94.0 + 5.00}}{9.65 \times 10^4} \times \frac{1}{2} \times 58.7 \times \frac{1}{1.00}$$

$$= 6.082 \doteqdot 6.08 \text{〔g/L〕}$$

イオン化傾向が Cu < Ni であるから，Cu が電解されるときには Ni も電解される。

3　解答

I　ア　$I_2 + 2Na_2S_2O_3 \longrightarrow 2NaI + Na_2S_4O_6$

イ　$H_2S + I_2 \longrightarrow 2HI + S$

〔酸化数が変化した元素〕　S：$-2 \rightarrow 0$　　I：$0 \rightarrow -1$

ウ　実験 1 の結果より，250 mL の溶液 B に含まれていた I_2 の物質量を x〔mol〕とすると

$$x \times \frac{100}{1000} \times 2 = \frac{0.100 \times 15.7}{1000} \qquad \therefore \quad x = 7.85 \times 10^{-3} \text{〔mol〕}$$

したがって，1.00 L の溶液 B を調製するときに用いられた I_2 の物質量は

$$7.85 \times 10^{-3} \times \frac{1000}{250} = 3.14 \times 10^{-2} \text{〔mol〕} \quad \cdots\cdots \text{(答)}$$

エ　H_2S および $Na_2S_2O_3$ と I_2 との反応式は，次のとおりである。

$$H_2S + I_2 \longrightarrow 2HI + S$$

$$I_2 + 2Na_2S_2O_3 \longrightarrow 2NaI + Na_2S_4O_6$$

したがって，実験 2 で反応した H_2S の物質量を x〔mol〕とすると

$$x + \frac{0.100 \times 10.2}{1000} \times \frac{1}{2} \times \frac{1000}{100} = 7.85 \times 10^{-3}$$

$$\therefore \quad x = 2.75 \times 10^{-3} \text{〔mol〕} \quad \cdots\cdots \text{(答)}$$

オ　(2)

理由：ビュレットに入れて滴定に用いるのはチオ硫酸ナトリウム水溶液のみであるから，ヨウ素の濃度は誤差に影響しない。また，チオ硫酸ナトリウム水溶液の濃度に関係なく，その体積の $\pm 0.05 \, \text{mL} \times 2$ 中に含まれるチオ硫酸ナトリウムの物質量が誤差範囲を決める。したがって，チオ硫酸ナトリウム水溶液の濃度を低くする方が，誤差の範囲を狭くすることがで

きる。

Ⅱ カ $M_A M_B X_3$

キ M_A の配位数：12　M_B の配位数：6

ク 面心立方格子

ケ 組成式：$M_B Z$　物質例：塩化ナトリウム

コ Sr^{2+}：0.136nm　Ti^{4+}：0.056nm

サ Ca^{2+} と Zr^{4+}，Cs^+ と Ta^{5+}，La^{3+} と Fe^{3+}

シ La^{3+} と Fe^{3+}

理由：M_A と X および M_B と X が互いに接しているとき，$r_A + r_X$ は単位格子の面（正方形）の対角線の長さ（単位格子の一辺の長さの $\sqrt{2}$ 倍）の半分であり，$r_B + r_X$ は単位格子の一辺の長さの半分である。

したがって

$$u = \frac{r_A + r_X}{r_B + r_X} = \sqrt{2}$$

一方，3つの組み合わせ（Ca^{2+} と Zr^{4+}），（Cs^+ と Ta^{5+}），（La^{3+} と Fe^{3+}）における u の値は，それぞれ 1.29，1.61，1.35 であるので，$\sqrt{2}$ に最も近い（La^{3+} と Fe^{3+}）が最も安定だと予想されるから。

━━━━━━ ◀解　説▶ ━━━━━━

≪酸化還元滴定，$M_A M_B X_3$ 型結晶構造≫

◆Ⅰ　▶ア　酸化還元反応であり，$Na_2S_2O_3$ 中の S 原子の酸化数は，+2 から +2.5 に変化したと考えることもできる。

▶イ　硫化鉄(Ⅱ)と希硫酸の反応は

$$FeS + H_2SO_4 \longrightarrow FeSO_4 + H_2S\uparrow \text{（気体C）}$$

H_2S は強い還元剤である。

▶ウ　1.00L の溶液Bを調製するときに用いた I_2 の物質量が解答である。

▶エ　〔解答〕の計算式の左辺は還元剤としての H_2S および $Na_2S_2O_3$ に関わる量，右辺は酸化剤としての I_2 に関わる量を表している。いわゆる逆滴定の際の計算式である。計算式が複雑になっているのは，実験2では，250mL の溶液Bに H_2S を吸収させたのち，過剰のため未反応として残った I_2 の $\frac{100}{1000} = \frac{1}{10}$ だけを溶液Aの $Na_2S_2O_3$ と反応させているからである。

なお，実験1，2ともに 250mL の溶液Bを用いている点を活用している。

▶オ　ヨウ素の濃度を変えても，ヨウ素は反応式の量的関係にしたがって反応するから，滴定すべきヨウ素の物質量には変化はないので，滴定における誤差範囲には影響を与えない。

◆II　▶カ　単位格子に含まれる各イオンの数は

$$M_A : 1 \qquad M_B : \frac{1}{8} \times 8 = 1 \qquad X : \frac{1}{4} \times 12 = 3$$

したがって，組成式は，$M_A M_B X_3$ となる。

▶キ　M_A，M_B の配位数とは，それぞれのイオンに最も近い陰イオン X の個数のことである。したがって，M_A は明らかに 12 個である。M_B については，単位格子を 8 つ立方体になるように組み重ねると，M_B の上下，左右，前後に X があることがわかるので，6 個である。

▶ク　Y のみになった図 3 − 1 の単位格子 2 つを接するようにして横並びにする。この 2 つの単位格子のうち，接した面に近い側の半分ずつをまとめて新たな単位格子と考えると，面心立方格子であることがわかる。

▶ケ　新たな単位格子において，M_B と Z の数は

$$M_B : \frac{1}{8} \times 8 + \frac{1}{2} \times 6 = 4 \qquad Z : 1 + 3 = 4$$

$M_B : Z = 1 : 1$ であるから，組成式は，$M_B Z$ である。
また，このように陽イオンと陰イオンが，上下，左右，前後に交互に配列した物質の代表的な例は，塩化ナトリウム NaCl である。

▶コ　Sr^{2+}，Ti^{4+} および O^{2-} の半径を，それぞれ r_A，r_B，r_X とする。
O^{2-} と Sr^{2+} が接しているから

$$(r_A + r_X) \times 2 = (r_A + 0.140) \times 2 = \sqrt{2} \times 0.391$$

$$\therefore \quad r_A = 0.1356 \doteqdot 0.136 \,\text{〔nm〕}$$

O^{2-} と Ti^{4+} が接しているから

$$(r_B + r_X) \times 2 = (r_B + 0.140) \times 2 = 0.391$$

$$\therefore \quad r_B = 0.0555 \doteqdot 0.056 \,\text{〔nm〕}$$

▶サ　単位格子は電気的に中性である。単位格子には O^{2-} が 3 個含まれているから，それぞれ 1 個ずつである M_A と M_B は，その電荷の合計が +6 価でなければならない。したがって，Ca^{2+} と Zr^{4+}，Cs^+ と Ta^{5+}，La^{3+} と Fe^{3+} の 3 組の組み合わせが考えられる。

▶シ　2 種類の陽イオンがそれぞれ陰イオンと接していると，その結晶構

造はきわめて安定である。また，そのとき $u = \sqrt{2}$ となる。したがって，問サで得られた3種類の組み合わせについて u の値を計算し，その値が $\sqrt{2}$ に最も近い結晶構造が最も安定である。

$$(Ca^{2+} \text{ と } Zr^{4+}) : u = \frac{0.134 + 0.140}{0.072 + 0.140} = 1.292 \doteqdot 1.29$$

$$(Cs^{+} \text{ と } Ta^{5+}) : u = \frac{0.188 + 0.140}{0.064 + 0.140} = 1.607 \doteqdot 1.61$$

$$(La^{3+} \text{ と } Fe^{3+}) : u = \frac{0.136 + 0.140}{0.065 + 0.140} = 1.346 \doteqdot 1.35$$

なお，図3－1のような構造をペロブスカイト構造といい，高温超電導物質などにみられる。

❖講　評

　例年，大問3題でそれぞれがⅠ，Ⅱに分かれており，実質6題の出題であることが多かったが，2019年度は有機分野の大問1題がⅠ，Ⅱに分かれておらず実質5題であった。試験時間は2科目で150分と変化がなかった。

　1　実験1～8と実験9～11の2つのテーマに分かれているが，いずれにおいてもその意味することを正確かつ簡潔に理解することが最大のポイントであった。教科書で学んだ物質の性質や反応を，少し異なる物質についてあてはめた場合に，どのような反応が生じ，どのような物質が得られるかを推測する力が試されている。フェノールの置換反応における配向性，ニトロ基の還元反応と生成物，無水酢酸によるアセチル化とその反応条件，エステル結合のけん化，Ni触媒を用いたベンゼン環への水素付加，第2級アルコールの酸化反応，フェノールへのホルムアルデヒドの付加反応とクレゾールへの発展などが取り上げられた。ウ，エなどは少し迷ったかもしれないが，実験の流れを把握できていれば解答は可能であった。ただ，エの立体異性体の数は，頻出とはいえ迷ったのではないだろうか。カは，フェノール性ヒドロキシ基とアルコール性ヒドロキシ基の違いの理解が必要であった。クは，フェノール樹脂の元素組成を反応式から導く必要があった。ア，イ，オ，キ，ケで確実に得点しておきたい。

東京大-理科前期　　　　　　　　　　　　　　　　　2019 年度　化学〈解答〉　91

2　I　リン酸カルシウムから黄リン P_4 を得る反応式，P_4O_{10} の構造，燃料電池の反応や発電効率などが問われた。前半と後半は直接には関係していないが，リンをテーマとするという共通点があった。アは，問題文にヒントがあった。それに気づきたい。イは，与えられた部分構造が大きなヒントであった。4つのリン原子が同等であろうと考えると，解答が浮かんでこないだろうか。エは，物理での電力量についての知識があると有利であった。オは，発電効率の定義が理解できれば問題なかったであろう。

II　$CuFeS_2$（黄銅鉱）の製錬に関する問題で，実験 1 ～ 6 の理解が重要であった。カは，亜硫酸の生成がヒントであり，キは，イオン化傾向が理解できていれば解答可能であった。クは，錯イオン生成による再溶解の条件がわかっていればよかった。コは，酸化数の変化から反応式を導く必要があったが，結論的には反応物質の物質量の比は酸化数の変化の逆比である。サは，与えられた条件の正確な理解が必要なことと，金は陽極泥になることが重要であった。

I，II とも全般にわたって得点が可能であった。

3　I　ア，イは，教科書で学ぶ内容であるから確実に得点しておきたい。ウは，滴定に用いた溶液は調製した溶液の一部であることに留意しておかないと，計算ミスをしやすいので，要注意。エは，さらに計算が複雑になった。逆滴定の問題であるが，途中で反応液の一部を用いて滴定しているので，その扱いを確実にしておかないと間違ってしまうことになる。オは，戸惑った受験生が多かったのではないだろうか。実際に実験を体験していても，測定誤差についてまで考えが及ぶことは難しかったと思われる。ただ，与えられた選択肢をよく検討すると，どのような溶液であれば誤差が小さくなるかは，推測できたのではないだろうか。

II　目新しいイオン結晶構造についての問いであった。陽イオンが 2 種類あることに戸惑ったと思うが，説明文をしっかり読んで理解すると，解答は可能であった。カは，単位格子内の粒子数を数えればよかった。キは，やや混乱したかもしれないが，単位格子を積み上げて考察するなど，工夫がほしかった。ク，ケは，与えられた変更条件を視覚化してとらえることを求められたが，落ち着いて取り組めばできたのではないだ

92 2019 年度 化学〈解答〉　　　　　　　　　　　　　　　　　　　東京大-理科前期

ろうか。コは，教科書で扱われている結晶構造についての応用問題であった。どこまで食らいついただろうか。サは，単位格子の組成は組成式に等しく，したがって，電気の総和はゼロであることに気づくことが大切であった。シは，コの説明文がヒントであり，u の値を計算して比較すればよかったが，結晶構造の安定性とは何かという根本がイメージできているとスムーズに解答できたかもしれない。カ，ク，ケは確実に得点しておきたい。

──────────「化学」の出題の意図（東京大学 発表）──────────

　化学は，私たちの身の回りに存在する，様々な物質を理解するための基礎をなす科目です。また，物質を理解することが，科学分野全般の基盤となることから，化学はときに「セントラルサイエンス」と呼ばれています。物質を理解するためには，化学に関する基本的知識を身につけるとともに，それらを論理的に組み合わせ，総合的に理解し，さらに表現することが重要です。「化学」に関する出題では，受験する皆さんの，化学に関する基礎的な能力を判断するための問題が設定されます。本年度の出題でとくに注目した点は以下のとおりです：

1) 　物質の性質，化学結合や化学反応の本質を見抜く能力
　（第 1 問，第 2 問，第 3 問）
2) 　化学結合から構成される構造の本質を見抜く能力
　（第 1 問，第 2 問，第 3 問）
3) 　化学の諸原理に基づいて論理的かつ柔軟に思考し，物質の本質を包括的かつ発展的に捉える能力
　（第 2 問，第 3 問）
4) 　化学現象の総合的理解力と表現力
　（第 1 問，第 2 問）

東京大-理科前期 2019 年度 生物〈解答〉 *93*

生物

1 解答

I A 誘導

B (1)・(5)

C 1―⑤ 2―⑩ 3―⑨ 4―⑩ 5―③

D 残った細胞では，Yタンパク質が発現することで，Xタンパク質が減少し，C細胞に分化する。

II E P2, P3, P4

F (2)

G (1)

H E細胞との距離が近いP3細胞は，Wタンパク質により，*Y*遺伝子が発現して穴細胞に分化する。穴細胞はYタンパク質を発現しているので，隣接するP2細胞，P4細胞ではXタンパク質の発現が増加して壁細胞に分化する。E細胞から遠い，P1細胞やP5細胞はZタンパク質の影響が少なく表皮細胞に分化する。

━━━━━━━ ◀解　説▶ ━━━━━━━

≪タンパク質，遺伝子発現，線虫の細胞分化≫

◆**I**

[文1] 線虫の場合，発生のある時期において，生殖腺原基の中の2つの細胞，A細胞とB細胞は，分裂を停止してC細胞やD細胞のいずれかに分化する。この場合，C細胞が2個またはD細胞が2個できるということはない。その分化のしくみを実験1と実験2を通して調べた。

▶A 発生の初期では，卵に蓄えられた体軸の情報にしたがって，遺伝子の発現が調節される。発生が進むと，細胞間の相互作用により細胞が分化するようになる。胚の特定部分の細胞が未分化な細胞にはたらきかけて，分化の方向を決める。この現象を誘導という。

▶B 実験1より，Xタンパク質が機能できない*X(−)* 変異体ではA細胞とB細胞がいずれもC細胞に分化し，常に機能する*X(＋＋)* 変異体ではいずれもD細胞に分化している。

　実験2より，A細胞とB細胞のうち，一方の細胞を*X(−)* にし，他方

を正常細胞 *X(+)* にすると，*X(−)* 遺伝子をもつ細胞が必ずC細胞に，*X(+)* 遺伝子をもつ細胞が必ずD細胞に分化している。

　正常型線虫では，リード文及び図1−2の(a)より，A細胞もB細胞もどちらもC細胞とD細胞に分化できる。C細胞が2個できたり，D細胞が2個できることはない。A細胞とB細胞は相互に影響を及ぼしあいながら分化を決定していると考えられるので(1)が適切である。

　また図1−2の(b)より，*X(−)* 変異体ではA細胞でもB細胞でもC細胞に分化し，*X(++)* 変異体では，A細胞もB細胞もD細胞に分化することから，図1−2(c)より，A細胞とB細胞のうち，一方の細胞を *X(−)* にし，他方を正常細胞 *X(+)* にすると，*X(−)* 遺伝子をもつ細胞が必ずC細胞に，*X(+)* 遺伝子をもつ細胞が必ずD細胞に分化している。このことから，AまたはB細胞がD細胞に分化するにはその細胞内でXタンパク質がはたらくことが必要であることがわかる。よって，(5)が適切である。

[文2] C細胞とD細胞の分化に関係するタンパク質としてYタンパク質が見つかった。Yタンパク質はXタンパク質に結合して機能するタンパク質である。Yタンパク質の機能がなくなる *Y(−)* 変異体では，*X(−)* 変異体と同じようにA細胞もB細胞もC細胞に分化している。実験3では各細胞でのXタンパク質の量を，実験4では各細胞でのYタンパク質の量を測定した。

▶C　図1−3の(a)・(b)を縦に見て比較すると，*X(−)* 変異体では，A細胞もB細胞もC細胞へ分化し，その細胞内のXタンパク質の量が少ないが，Yタンパク質の量が多くなっている。逆に，*X(++)* 変異体では，A細胞もB細胞もD細胞へ分化し，その細胞内のXタンパク質の量が多いが，Yタンパク質の量が少なくなっている。

　このことと，さらに図1−4の2種のタンパク質の相互関係から考えると，細胞膜上のXタンパク質に隣接するYタンパク質が結合すると，この細胞では *Y* 遺伝子の転写が抑制され，*X* 遺伝子の転写が促進され，Yタンパク質は減少し，Xタンパク質は増加する。

　Yタンパク質が増加した細胞のXタンパク質は減少するので，*X(−)* を想定することになるので，C細胞に分化する。

▶D　A細胞とB細胞が生じた直後に一方の細胞を破壊すると，残った細胞のXタンパク質は，Yタンパク質をもつ隣接細胞が存在しないため，Y

タンパク質と結合できなくなり X 遺伝子の転写促進と Y 遺伝子の転写抑制が起こらなくなる。この結果，Ｙタンパク質が増加し，Ｘタンパク質が減少するので，Ｃ細胞に分化する。

◆Ⅱ

[文３]　線虫の発生過程では，腹側の表皮の前駆細胞 P1〜P5 が並び，P3 細胞のすぐ上側にＥ細胞とよばれる細胞が位置する。発生が進むと，P3 細胞は卵を産む穴細胞に，その両脇の P2 と P4 細胞は壁細胞となる。さらに外側の P1 と P5 細胞は表皮細胞になる。この発生過程でもＹタンパク質が隣り合った細胞のＸタンパク質を活性化する機構がはたらくが，これに加えてＥ細胞から分泌されるＺタンパク質による制御もはたらく。Ｚタンパク質は離れた細胞のＷタンパク質の細胞外の部分に結合し，Ｗタンパク質を活性化する。

▶Ｅ　表１－１の(a)と(b)を比較して検討する。Ｅ細胞を破壊しても P1 と P5 細胞は破壊しない場合と同様に表皮に分化している。逆に，P2〜P4 の細胞は壁細胞や穴細胞にはならないことから，Ｅ細胞からの影響を受けて分化が決まるのは，P2, P3, P4 の細胞である。

(c)でＥ細胞を P4 細胞の上側に移動させると，真下の P4 細胞が穴細胞に，その両隣の P3 と P5 細胞が壁細胞に分化したことから，Ｅ細胞からの影響を直接または間接的に受けて分化が決まるのはＥ細胞の真下とその両隣の細胞であることがわかる。正常発生では，P2, P3, P4 の３個の細胞である。

▶Ｆ　表１－１の(a)と(d)を比較すると，正常型で壁細胞になるものが，$X(-)$ 変異体では穴細胞に分化している。Ｘタンパク質がはたらかないと壁細胞に分化できないことが推測される。それでは，Ｘタンパク質が常にはたらいた場合を(g)の $X(++)$ 変異体で見ると P1〜P5 のすべての細胞が壁細胞になっている。このことから，Ｘタンパク質がはたらいた表皮の前駆細胞は壁細胞に分化すると考えられる。なお，(f)で P3 細胞が穴細胞に分化しているから，Ｅ細胞からの高濃度のＺタンパク質による誘導作用は，X，Ｙのタンパク質による相互作用よりも優越することがわかる。

▶Ｇ　設問文には，「文３と実験５，６の結果から考察し１つ選べ」とある。

「（Ｅ細胞から分泌されたＺタンパク質の）効果は相手の細胞との距離が

近いほど強い」と文3にあるので，P3細胞がその影響を最も強く受ける。Zタンパク質はP1，P5両細胞には作用しないことが問Eからわかり，P2，P4の両細胞ではXタンパク質が発現している。その発現を誘導したのはP3細胞かあるいはZタンパク質である。しかし表1－1(g)より，Zタンパク質がなくても壁細胞は生じる。

　よって，P3細胞では，Zタンパク質はWタンパク質に結合してそれを活性化するので，Y遺伝子の発現が増加していると考えられる。

　実験5，実験6の結果をまとめた表1－1(d)の結果から，Zタンパク質がP2細胞とP4細胞にも作用していることが読み取れる。しかし，穴細胞になるという異常な発生になるので，この設問ではこれは考えなくてもよい。

▶H　まず，E細胞からはZタンパク質が分泌される。その影響を受けてE細胞に最も近いところにあるP3細胞で，Wタンパク質が活性化を起こす。これにより，P3細胞はYタンパク質が増加して穴細胞に分化していく。穴細胞はYタンパク質を発現しているので，隣接するP2細胞やP4細胞のXタンパク質に結合して，Xタンパク質の発現を増加させ，Xタンパク質が増加することで壁細胞へと分化する。E細胞からの距離が遠いP1，P5細胞はZタンパク質の影響がほとんどないので，表皮細胞に分化する。

　これらの関係を図示すると次のようになる。

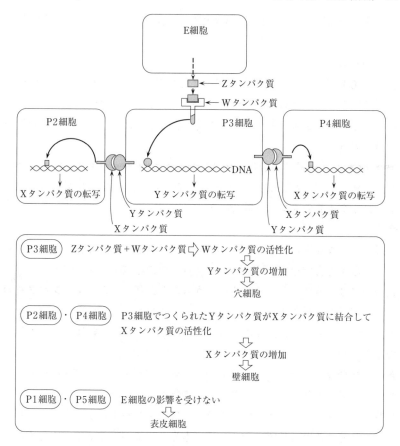

2 解答

I A 1・2. ATP, NADPH (順不同)
B アー(6) イー(4)
C ウー(6) エー(7)
D 質量あたりの葉面積の大きい陰葉では陽葉より失う水分の量が多い。乾燥した環境では陰葉の気孔開度が陽葉より小さくなり，二酸化炭素の取り込みが低下し，質量あたりの最大光合成速度が低下すると考えられる。これより，光強度が高く乾燥した環境と考えられる。

II E (3)
F (1)・(3) 〔別解〕(3)
G 3—クロロフィル 4—水

98 2019 年度 生物〈解答〉　　　　　　　　　　　　　　　　　東京大-理科前期

H　活性酸素により，光化学系Ⅱの活性中心の D1 タンパク質が変性した
から。

I　(2)・(4)

J　弱光下では，*V* 遺伝子が発現し，その結果つくられたタンパク質分
解酵素により，失活した D1 タンパク質が分解され光化学系Ⅱから除去さ
れる。その後，正常な D1 タンパク質が増加することで光化学系Ⅱの能力
が復活する。

■■■■■　◀解　説▶　■■■■■

≪光合成，光-光合成曲線，気孔開度，カルビン・ベンソン回路，強光阻
害，光化学系Ⅱのタンパク質合成≫

◆Ⅰ

　最大光合成速度が大きくなると，暗黒下で測定される呼吸速度も大きく
なる。最大光合成速度は酵素タンパク質の量に比例するが，酵素タンパク
質の中には，時間とともに機能を失うものがあり，この酵素タンパク質の
機能を復活させるためには，呼吸によるエネルギーが用いられるためであ
る。最大光合成速度は，窒素分の少ない土壌や，土壌が乾燥している環境
で小さくなる。

▶A　光合成ではチラコイド膜でつくられた NADPH と ATP を用いて，
ストロマで二酸化炭素が還元され，有機物が合成される。

▶B　ア．無機窒素が少ない土壌では，酵素タンパク質が十分合成されな
いことを考えると，呼吸に関する酵素も光合成に関する酵素も不足するこ
とが予想される。呼吸速度，最大光合成速度が低下すると考えられるので
(6)のようなグラフになる。

イ．土壌が乾燥した環境では，アブシシン酸が合成されて気孔が閉鎖する
ため，葉内の二酸化炭素濃度が低くなるので最大光合成速度が小さくなる。
一方，気孔を閉じているときでも開いているときと変わらず酵素タンパク
質量は一定に保たれているので呼吸速度に変化はない。また，光が弱い範
囲では光合成速度は光の強さに依存するので，光飽和点に達するまで光合
成速度に差が見られない。このことを表しているグラフは(4)である。

▶C　ウ．面積あたりの光-光合成曲線は，陰葉は陽葉に比べて薄くなる
ため，同化組織（柵状組織や海綿状組織）の密度が低くなる。面積あたり
の葉緑体やミトコンドリアの量が少なくなるので，呼吸速度や最大光合成

速度は小さくなる。この場合，グラフは(6)のようになる。

エ．質量あたりの光合成や呼吸に関するタンパク質が陰葉と陽葉で変化しないので，呼吸速度は変わらない。陰葉の面積あたりの質量が $\frac{1}{2}$ になることから，最大光合成速度も陽葉の $\frac{1}{2}$ となるので，質量あたりの最大光合成速度は陽葉と同じになる。陰葉では陽葉に比べて光補償点が低くなることを考慮すると，グラフは(7)のようになる。

▶D　質量あたりの光合成速度が問われているので，陰葉と陽葉のその値を比較してみる。陰葉は陽葉と比べて質量あたりの葉面積が大きくなることから，表面積の大きさに比例して蒸散で失う水分量が多くなる。その結果，土壌が乾燥した環境では陰葉の気孔開度が小さくなり，葉内の二酸化炭素濃度が低くなって最大光合成速度が低下する。

　また，陰葉では陽葉と比べて光強度が低い段階で光飽和に達していることから，光強度が高い環境条件下では，陽葉は最大光合成速度を高めていけるが，陰葉は頭打ちの状態になる。

　よって，最大光合成速度が低下するのは強光で乾燥した環境条件であると考えられる。解答に際しては，乾燥した環境条件のほかに，光強度が高いということも入れておく必要がある。

◆Ⅱ

　葉緑体は，光が弱いときには光を最大限に利用できるように配置される。光が強い場合には光に対して平行に配置され，強い光を受けて酵素タンパク質が機能を失わないようにしている。

　葉緑体が強光を受けると，光化学系Ⅱが損傷を受ける。D1タンパク質は光化学系Ⅱの反応中心にあるタンパク質で，強光により活性酸素が発生し，これによってD1タンパク質に傷害が生じる。しかし，光が弱まると光化学系Ⅱの復活が起こる。

　正常型の V 遺伝子からは，損傷を受けたD1タンパク質を分解する酵素が発現する。タンパク質合成阻害剤を加えて，強光を継続してあてるとD1タンパク質が正常型植物では減少するが，変異体 V では減少しない。タンパク質合成阻害剤を加えない状態で強光を照射した後の光化学系Ⅱの能力の復活を比較すると，変異体 V では復活が非常に起こりにくかった。

▶ E 　下線部(オ)は，葉緑体光定位運動（chloroplast photo-relocation movement）について述べたものである。葉緑体光定位運動とは，光の情報（強さ，入射方向，波長など）に従って葉緑体が細胞内での配置や存在場所を変える現象をいう。一般的には，青色光によって誘導され，それにはフォトトロピンが関与する。

　ただし，本問は青色光を受容して起こる現象に関係する可能性を排除できるものを選ぶのであるから，(3)のフィトクロムということになる。フィトクロムは赤色光や遠赤色光を受容する光受容体であるから，これが関係ないことがわかるだろう。

　弱光下では，葉緑体は葉の表面側に集合し，強光下では葉緑体は光を避けて光と平行な細胞壁面に逃避する。前者を集合反応，後者を逃避反応という。集合反応は光合成の効率を上げ，逃避反応は光傷害を避けるという生理学的意義がある。特に木漏れ日の多い林床の植物には重要な生理現象である。日当りの良い環境で育った葉では光の強弱にかかわらず，ほとんどの葉緑体が強光下の逃避反応型の分布をしており，葉緑体運動の効果は低いことが知られている。この葉緑体定位運動にはたらく光受容体はフォトトロピンである。

▶ F 　(1)　連続した暗期の途中で光中断の実験を行うときに有効な波長は赤色光である。花芽形成はフィトクロムによるので青色光は関与しないというのがこれまでの考えである。しかし，最近の研究では，シロイヌナズナでは，光を感じて花芽形成を早めているのは主にクリプトクロムと呼ばれる青色光の受容体であることがわかってきている。高校の教科書にはその記載がほとんどなく，解答では(1)は青色光が関与しないとして考えれば，これを選ぶことになる。関与すると考えると，答えは(3)のみとなる。

(2)　光屈性はフォトトロピンが青色光を受容すると，オーキシン輸送タンパク質の分布が変化することで起こる。よって青色光が関与する。

(3)　光発芽はフィトクロムが赤色の光を受容すると発芽を促進するようにはたらくので青色光は関与しない。

(4)　気孔の開口は孔辺細胞にあるフォトトロピンが青色光を感知することで起こる。フォトトロピンが青色光を感知すると，プロトンポンプを活性化して H^+ を細胞外に輸送する。これによって膜内外の電位差（外で正，中で負）が大きくなると K^+ チャネルが開き孔辺細胞内に大量の K^+ が流

入して浸透圧が大きくなり，水が細胞内に入り膨圧が大きくなることで気孔が開く。閉じる場合はアブシシン酸を介して行われる。アブシシン酸が孔辺細胞に作用して，浸透圧の低下，水の流出，膨圧の低下が起こることで気孔が閉じる。よって，青色光は，「気孔開閉」のうちの「気孔の開口」の促進に関与している。

▶G　チラコイド膜には光化学系Ⅰ，光化学系Ⅱという，2つのシステムがある。光合成色素が吸収して捉えた光エネルギーは，まずこれらの光化学系の中にあるクロロフィルに集まる。3は色素名なのでクロロフィルが入る。

　光化学系Ⅱの反応中心のクロロフィルは電子を放出し酸化された状態になるが，これを還元してもとに戻すのは，H_2O から引き抜かれる電子である。つまり，光化学系Ⅱは，H_2O から電子を引き抜く役割をもつ。よって，4には水が入る。

▶H　強光を受けると，活性酸素が発生することがリード文にある。その活性酸素によって，D1タンパク質などの酵素タンパク質に高温や極端なpHにさらされたのと同様の変化が起こることが述べられている。つまり，タンパク質の変性が起こるので，酵素タンパク質が失活する。この結果，光化学系Ⅱの能力が下がる。

▶Ⅰ　図2－2からは，正常型植物の場合，強光を照射した後で弱光条件下でタンパク質合成阻害剤を加えると光化学系Ⅱの回復能力が非常に低く，タンパク質合成阻害剤が添加されていない条件下では回復能力が高いことがわかる。つまり光化学系Ⅱの能力を回復するためには新たなタンパク質が合成される必要がある。図2－4を見ると，弱光下で正常型植物では新たなタンパク質が合成されて機能を回復しているが，変異体 V では回復していないことがわかる。

　図2－3から，強光を照射した後でのD1タンパク質は正常型植物では時間とともに減少していくが，変異体 V 中ではD1タンパク質はほとんど減少せず高い値を保っている。タンパク質合成阻害剤を加えているので，新しくタンパク質が合成されないから，D1タンパク質の減少量はD1タンパク質の分解量を反映している。

　ここでは，図2－3の実験結果から推察できる適切なものを選ぶので，図2－2と図2－4は考えずに解答する。

(1)～(3)では，変異体 V を用いた実験では，強光によって損傷を受けた D1 タンパク質の分解が抑制されたので，タンパク質合成が阻害されていても D1 タンパク質は減少しなかったと考えられる。よって，(2)が正しい。

(1)については，変異体 V と正常型植物の違いは遺伝子 V が正常かどうかだけであるので，もし正常型植物でタンパク質合成阻害剤が作用するならば，変異体 V でも同様に作用する。したがって，変異体 V にタンパク質合成阻害剤の効果がないというのは誤り。(3)は「D1 タンパク質の合成が起こった」という箇所が誤りである。

(4)と(5)では，正常型植物を用いた実験では，強光下で損傷を受けた D1 タンパク質が分解され，さらに D1 タンパク質の合成が抑制されたため，D1 タンパク質が減少したと考えられる。よって，(4)が正しい。

(5)については，正常型植物では D1 タンパク質の分解が抑制されることはないので，「分解が抑えられた」という箇所が誤り。

▶J　ここでは，正常型 V 遺伝子からつくられるタンパク質分解酵素の役割をふまえて解答することが要求されているので，この分解酵素が何を分解しているかを考え表現する必要がある。正常型植物では，正常型 V 遺伝子からつくられたタンパク質分解酵素は強光下で損傷した D1 タンパク質を分解することがわかる。

損傷した D1 タンパク質を分解し，新たな D1 タンパク質が合成されることで光化学系Ⅱの能力が回復すると考えられる。変異体 V では，変性した D1 タンパク質を分解する酵素がつくられないため，D1 タンパク質の分解が行われず，さらに正常な D1 タンパク質の合成が進まないため，光化学系Ⅱの能力の回復が進行しないと考えられる。

3　解答

I　A　環境変異，遺伝的変異
B　(2)

C　(1)

D　温帯域では，季節変化が大きく，春型と夏型の表現型が決定される 2 つの時期では気温や日長条件という環境が大きく違ってくるため，不連続に表現型が変化する。

E　環境条件として，低温・短日から高温・長日に連続的に変化させていくと，それにともない表現型が連続的に変化し，春型と夏型の中間的な表

東京大-理科前期　　　　　　　　　　　　　　　2019 年度　生物〈解答〉　*103*

現型が出現する。

Ⅱ　F　(1)

G　黒色選択群では，熱処理を受けると表現型可塑性が小さくなり緑色化
しない個体の割合が増加した。緑色選択群では，熱処理を受けると表現型
可塑性が大きくなり緑色化の大きい個体の割合が増加し，不連続な可塑性
に変化した。

H　(2)

I　(3)・(5)

──────────◀解　説▶──────────

≪表現型可塑性，遺伝的同化≫

◆Ⅰ

　ダーウィンの進化説は現在でも多くの生物学者に支持されているが，ラ
マルクの進化説である「獲得形質の遺伝」は否定されている。しかし，獲
得形質が遺伝や進化するように見える現象が見られる。環境条件に応答し
て表現型を変化させる性質を「表現型可塑性」という。表現型可塑性は常
に変動する自然環境下で生物が繁栄する上で非常に重要な役割を果たすた
め，可塑性そのものが進化する。

▶A　個体間の形質のばらつきを変異というが，遺伝子の違いによる表現
型の変異を遺伝的変異という。しかし，同一の遺伝子型をもつ個体の間に
も表現型に多少の差が現れる。このような変異を環境変異という。遺伝的
変異は遺伝するが，環境変異は遺伝しない。

▶B　ダーウィンが唱えた進化論のうち，主として自然選択説・適者生存
の考えで進化を説明する立場，およびそれに基づく思想をダーウィニズム
という。

　つまり，集団内に生じた変異に自然選択がはたらくことで環境に適した
個体が残り，それらの個体間で有性生殖を行うことが多くなり，変異が遺
伝するものであればその形質は進化するというものである。(2)が適切であ
る。(1)はラマルクの唱えた用不用説，(3)は木村資生が唱えた中立説である。
木村は DNA の塩基配列やタンパク質のアミノ酸配列の変化（分子進化と
いう）について突然変異と遺伝的浮動から説明した。その中に出現する変
異は生存に有利でも不利でもなく中立的なものであると考えた。中立的な
変異は自然選択がはたらかないので，このような遺伝子は遺伝的浮動によ

り集団全体に広がっていくという考えである。(4)はド・フリースの唱えた突然変異説である。ド・フリースがオオマツヨイグサで発見した突然変異は，染色体が基本数の3倍，4倍などになる倍数性とよばれる変異であった。このような個体を倍数体とよぶ。倍数体による進化は植物ではよく知られている。

▶C　図3－1の縦軸は腹部長に対する頭部長の比であるから，この値が大きいことは頭部に角を生じさせて捕食者から飲み込まれにくくしていることを表す。横軸のカイロモンの濃度は捕食者の数を反映していると考えられる。

　湖A由来のミジンコ（ミジンコA）も湖B由来のミジンコ（ミジンコB）もカイロモン濃度が増加すると頭部長の比率が大きくなっている。つまり，捕食者の数に応じてミジンコA，Bとも角を生やすようになっている。よって，(1)が適切である。

(2)　湖AとBでは，そこに生息する捕食者の種類や数は違っているため，ミジンコの対応も湖ごとに違っているので誤り。

(3)　湖Cでミジンコが高濃度のカイロモンに応答する程度が湖AやBよりも小さいのは，捕食者の数が少ないので，環境応答が誘導され進化することがまれであったためと考えられるので誤り。

　問われてはいないが，湖Aと湖Bで同一のカイロモン濃度に対してミジンコの対応がなぜ異なっているのであろうか。データが1つしかないので詳しく論じることはできないが，湖Bではカイロモン濃度が上昇していても頭部長の比の値はある濃度まで緩やかに増加している。一定濃度以上になると急激に頭部長の比の値が高まっている。これは，カイロモンが一定数以上の受容体に結合することでミジンコBの，角形成遺伝子の発現が起こり，それにともない頭部長を大きくする遺伝子の発現も引き起こした。つまり，表現型可塑性を引き起こすカイロモン濃度の閾値が湖Aと湖Bに生息するミジンコ間で違っている可能性がある。あくまでも1つの仮説ではあるが，データから推測してみるのもよいだろう。

▶D　同じ生物種の集団の中に，表現型が異なる複数の個体群が存在することを表現型多型という。「春型と夏型」があるのは蛹や幼虫で越冬するアゲハなどである。これらのチョウでは，春型は蛹で越冬する。夏型は幼虫で冬を越し，春に蛹となる。温帯地方では，気温の変動や日長の変動な

どが季節の変化とともに起こる。そのため生理機構に閾値はなくても春と夏では表現型が大きく違ってくる。

▶E　ある程度具体的に表現していく必要がある。「環境条件を変動させることで中間型形質が出現する」などとしては，環境条件の変動とはどのようなものかがはっきりせず，十分な解答にならない。それほど突っ込んだ内容でなくても構わないが，読み手を納得させるものでなければいけない。

　ここでは，春型と夏型が産んだ卵を多数採取して同じ条件下で孵化させた幼虫を，日長を短日にした場合，長日にした場合，温度を高く設定した場合，低く設定した場合などさまざまな環境条件で飼育したときに，段階的に表現型が変化していけば閾値が存在しないことになる。

　春型が育つのは低温で短日の条件であるから，ここから夏型が育つ高温で長日の条件まで連続的に変化させ，表現型に中間型が出現したならば閾値が存在しないといえる。

◆Ⅱ

　20世紀の中ごろに，環境刺激によって引き起こされる形質変化について行われた実験を扱った文。ショウジョウバエの卵を物質Xに曝して発生させると翅が4枚ある表現型（バイソラックス突然変異体に似た形質）が生じる。発生途中の卵を毎世代物質Xに曝すことを繰り返すと「中胸が倍化したハエ」の出現率が上昇し，卵を物質Xに曝さなくても「中胸が倍化したハエ」が羽化することもあった。この現象を遺伝的同化という。

▶F　(1)　ウォディントンの行った物質Xに繰り返し曝し続ける実験では，ショウジョウバエの物質Xに応答して中胸を倍化させる形質が世代ごとに選択されていく。逆に言えば，中胸が倍化しない遺伝子をもつ個体が排除されていくことになる。結果として中胸の倍化を促進する遺伝子の遺伝子頻度が高くなっていったために4枚翅を生じやすい形質が進化したので，この(1)が正しい。

(2)　中胸が倍化しない個体が排除されているので誤り。

(3)　リード文に「物質Xに曝して……後胸が中胸に変化することにより……翅が4枚……」とあるので，物質Xは後胸を中胸に変化させるはたらきを担う物質であり，直接後胸に翅を生じさせるはたらきを行うことはないと考えられる。よって誤り。

(4) リード文に「物質Xは，遺伝情報を改変することなく発生過程に影響を与える物質である」ことが記されている。よって，「バイソラックス変異体の原因遺伝子に変異が生じ」とある部分が誤り。

▶G 図3−4(a)を見ると，熱処理を与えた後において，黒色選択群では10世代以降のカラースコアは0に収束している。図3−4(b)より，黒色選択群の13世代目におけるカラースコアは処理温度を変化させてもほとんど変化しない。このことから，黒色選択群では，熱処理を与えた場合，表現型可塑性は小さい方向に変化し，やがて表現型可塑性が失われ，熱処理に応答できず体色が変化しない形質に固定されていることがわかる。一方，緑色選択群では，表現型可塑性が大きい方向に変化し，連続的な可塑性から不連続な可塑性（ここで言う不連続な可塑性とは形態的にはっきりと区別できる違い）に変化している。緑色選択群では，熱処理に応答して体色が変化する形質に固定されるようになる。

▶H 体色変化がホルモンによって起こされるのか，ホルモンと熱処理の両方によって起こるのかという内容である。実験2のリード文に，体色変化には，「ホルモンαとホルモンβが関与すると予想された」とあるので，単純に熱処理だけの作用で体色変化が起こることはないと考える。

　実験の内容は，頭部と胸部の間を結紮する→ホルモンαは頭部のみに留まるので胸部や腹部には流れない。胸部・腹部にはホルモンβが流れる。腹部を結紮する→結紮部前側にはホルモンαとホルモンβの両方が流れるが，後側には両方のホルモンがないことになる。

　体色の判別は胸部と腹部で行うことから頭部は考えない。このような結紮処理を施して熱処理実験を行うと，緑色選択群では頸部結紮では黒色のまま，腹部結紮では結紮部の前側では緑色とあるので，ホルモンαとホルモンβの両方があるところでは緑色への体色変化をしている。これから(3)は否定されない。また，頸部を結紮した場合は胸部や腹部にはホルモンβが流れているにもかかわらず，緑色にはなっていないことから，ホルモンβだけでは体色変化が起こらないと考えられるので，(2)は否定される。(1)のホルモンαのみが存在する実験はここでは行われていないので否定することはできない。

　(1)〜(3)は熱処理をせずにホルモンのみで変化が引き起こされることを述べているため正確には判断できないのであるが，体色変化がホルモンα

東京大-理科前期　　　　　　　　　　　　　　　　　　　　2019 年度　生物〈解答〉　*107*

とホルモン β の両方あるいはホルモン α のみによって引き起こされる可能性があるので否定できない。しかし，前述の理由で(2)については否定できる。

(4)　熱処理による場合でもホルモン α だけでは体色の変化が起こらない場合もありうるので否定できない。

(5)　熱処理による場合でもホルモン β だけでは体色の変化が引き起こされない可能性は否定できない。

▶Ⅰ　(1)　熱処理を与えた場合，緑色選択群はホルモン α の濃度上昇が見られているので誤り。

(2)　ホルモン β は熱処理の有無で濃度の差は認められないので誤り。

(3)　熱処理を加えたとき，ホルモン α の濃度が上昇すると緑色化が起こるので正しい。

(4)　後半の「黒色選択群では熱処理によりホルモン β の濃度上昇が起こっている」という箇所が誤り。ホルモン β は熱処理しても濃度差は認められない。

(5)　緑色選択群は熱処理してホルモン α の濃度が上昇することで緑色化を起こす形質へと進化した。一方，黒色選択群は，熱処理してもホルモン α の濃度が上昇しない個体が選択されて，体色が変化しない形質へと進化したので正しい。

❖講　評

　2019 年度入試の全体的難易度は，2018 年度とほぼ同じレベルであった。知識問題と考察問題の占める割合は約 1：2 で，考察問題の占める割合が多いことに関しても変わりはない。知識問題としては，生物用語の穴埋めや文章選択（内容真偽）のタイプも見られる。ただし，この選択問題が考察系の問題となっていることも多く，単純な知識問題とみなすわけにはいかない。

　問題文の分量は 2018 年度と同じく多めであった。論述量については，2018 年度は合計 19 行程度であったものから 2019 年度は合計 21〜23 行程度に増加している。東大生物では，最近の 5 年間，総論述量は平均で 22 行程度を基本にしていて，大問 1 題につき 7〜8 行前後の解答を要求している。この点から言えば，2019 年度が増加したと言っても，過

108 2019 年度　生物〈解答〉　　　　　　　　　　　　　東京大-理科前期

去の問題から考えればその水準とほぼ同一レベルである。また，1問当
たりの論述量で見ると，2017 年度以前は最大で3行程度ということが
多かったが，2018・2019 年度は最大で5行程度のものが出題されてい
る。なお，2018 年度はグラフ作成が出題されたが 2019 年度は出題され
なかった。

　東大生物の特徴は，「リード文の徹底理解」と「論理的思考力・分析
力」，そして「その表現能力」を見るというものである。2019 年度もそ
の特徴は健在であり，情報を正確に分析して，まとめる能力を養うこと
が必要となる。論述対策としてはまず出題者の狙いは何か，解答のポイ
ントは何か，どこを中心にするかを考えて的確に2行（70 字）～3行
（105 字）程度でまとめる練習をしておくとよいだろう。目新しい題材
や見慣れない図表が問題文に取り上げられることが多い。これらの図表
を基にしたデータの分析，その結果から考察される内容，さらに仮説を
検証する実験の設定などが出題されている。考察問題に十分対応してお
かないと，とても得点できない問題が中心であることは言うまでもない。

　1　遺伝子の発現，発生，タンパク質の分野からの出題である。Ⅰは
線虫の発生過程に関する細胞分化のしくみが問われた。Xタンパク質の
機能する場合にA細胞とB細胞の分化がどのように決定するのかと，Y
タンパク質が機能した場合の分化の方向性を問う問題で，図とリード文
の内容を注意深く読んでいけば正解に達することのできる素直な問題で
あった。図1－4の受容体のXタンパク質にYタンパク質が結合するこ
とでXタンパク質が活性化し調節タンパク質となって X 遺伝子と Y 遺
伝子の発現を制御することを理解しておけばよい。ⅡではE細胞とその
腹側の表皮の前駆細胞 P1～P5 の細胞分化の分化パターンを問う内容で，
特にHの問題は，4種類のタンパク質（X，Y，Z，W）のはたらきを
考察して実験結果を論理的まとめるもので，ここが面倒であった。

　2　代謝と遺伝子発現に関する分野からの出題で，光合成のしくみ，
特に強光阻害への適応に関する内容である。Ⅰは光-光合成曲線に関す
る内容で，環境条件が違った場合の陰葉と陽葉に関する考察問題ではB，
Cのグラフ選択にかなり悩むものも見られた。基本的なグラフから条件
を変化させた場合にどのような形状のグラフになるかをさまざまな条件
で推定する能力が問われている。Ⅱでは，強光を受けると光化学系Ⅱが

東京大-理科前期   2019 年度　生物〈解答〉　*109*

損傷を受けるが，弱光下で光化学系Ⅱの回復が起こる。これには，反応中心にある D1 タンパク質の損傷が関与していることがわかっている。D1 タンパク質を分解して正常な D1 タンパク質を合成することで回復する。このしくみを V 遺伝子のはたらきから考察する問題で比較的考察しやすい問題であった。

　　3　生物進化，表現型可塑性，個体群の分野からの出題である。ⅠのBではダーウィニズムが問われているが，これはチャールズ＝ダーウィンに始まる進化の研究に関わるさまざまな現象や概念に対して用いられる語で，用語の意味は時とともに変わり，また誰がどのような文脈で用いるかによっても変わる。ここでは自然選択がはたらくことを述べた文を選ぶ。表現型可塑性は常に変動する自然環境下で生物が繁栄する上で非常に重要な役割を果たす。Ⅱはこの分子機構に関する実験考察問題で，入試問題としてこれまであまり取り扱われなかった内容であるため，リード文や問題の設定を理解するのに少し時間がかかる。D，Eは表現しにくいテーマと内容であった。特にEは春型と夏型の表現型多型に関する内容であるが，チョウの春型と夏型の説明がなく戸惑う問題であった。この表現型多型の生理機構に閾値がないことを示す実験設定などは柔軟な考え方が問われている。Eの問題の正解は複数存在するはずで，設定した実験が論理的に適正で妥当なものであれば正解となるだろう。

──────────「生物」の出題の意図（東京大学　発表）──────────

　「生物」は，自然界における生命の本質とそのあり方を対象とし，微細な分子レベルから地球規模の生態レベルまで多岐にわたる観点からの理解が求められる科目です。そして生命現象には，大腸菌からヒトまで，すべてを貫く普遍的な原理がある一方，多種多様な性質も数多くあります。これらの普遍性と多様性がどのように生み出され機能しているのか。これらの疑問に答えるためには，一般的な基礎知識と共に，観察と実験に基づいた考察，そして新たな問題提起を繰り返し，それら各過程を論述する能力が必要になります。

　2019 年度の「生物」では，下記のような三つの大問を通じて生物学に関する基礎能力を判断することにしました。

第1問

　動物の発生過程において，細胞間相互作用により細胞の分化が決定される現象について，関わるタンパク質の働き方と役割を理解し，考察する。

第2問

　光合成に影響を与える要因についての理解をもとに，生育環境によって起こる限定要因による影響を考察する。強光を受ける際には損傷を回避，更新しながら，光合成能力を維持する事を柔軟に考える。

第3問

　進化に関する様々な現象（環境要因による表現型の可塑性と，選択による表現型の進化）に基づく進化の様式を考察する。

地学

1 解答

問1 (1) $E = mc^2 = 1 \times 0.007 \times (3.0 \times 10^8)^2$
$$= 6.3 \times 10^{14} \fallingdotseq 6 \times 10^{14} \,[\mathrm{J}] \quad \cdots\cdots(\text{答})$$

(2) 太陽で毎秒反応する水素の質量を $m\,[\mathrm{kg/s}]$ とする。

$$m \times 0.007 \times (3.0 \times 10^8)^2 = 3.8 \times 10^{26}$$

$$m = \frac{3.8 \times 10^{26}}{0.007 \times (3.0 \times 10^8)^2} = 6.0 \times 10^{11} \fallingdotseq 6 \times 10^{11} \,[\mathrm{kg/s}] \quad \cdots\cdots(\text{答})$$

太陽の寿命を T 年とする。

$$T = \frac{2.0 \times 10^{30} \times 0.74}{6.0 \times 10^{11} \times 3.2 \times 10^7}$$

$$= 7.7 \times 10^{10} \,\text{年} \fallingdotseq 8 \times 10^2 \,\text{億年} \quad \cdots\cdots(\text{答})$$

理由：実際に核融合反応を起こす水素は，高温・高圧の中心部付近にあるものに限られるため。

(3) 恒星の質量を $M\,[M_\odot]$，寿命を T 年とする。

O5 型星　$\dfrac{M}{T} = \dfrac{40}{5 \times 10^6} = 8 \times 10^{-6}$

太陽　$\dfrac{M}{T} = \dfrac{1}{1 \times 10^{10}} = 1 \times 10^{-10}$

$\dfrac{M}{T}$ の値は，大質量の O5 型星は太陽に比べ 8×10^4 倍と大きい。

単位時間に核融合を起こす水素の量を m とすると，$T \propto \dfrac{M}{m}$ であるから

$m \propto \dfrac{M}{T}$ となる。上記の結果は大質量の恒星ほど m が大きいことを示している。これは恒星の質量が大きいほど中心部の温度・圧力が高く，核融合反応が激しく起こるためであると考えられる。

問2 (1) 会合周期を S 日とすると

$$\frac{1}{S} = \frac{1}{365} - \frac{1}{687}$$

$$S = \frac{365 \times 687}{687 - 365} = 778 \fallingdotseq 7.8 \times 10^2 \,\text{日} \quad \cdots\cdots(\text{答})$$

(2) 太陽と火星の距離を D，地球と火星の距離を d とする。

地球から見た火星の見かけの明るさ l は，火星の単位面積当たりの明るさ L_M と地球から見た火星の面積 S_M の積に比例する。

L_M は D の2乗に反比例し，S_M は d の2乗に反比例する。

$$l \propto L_M \times S_M \propto \frac{1}{D^2} \times \frac{1}{d^2}$$

火星が遠日点にある時の l, D, d を l_A, D_A, d_A と表し，火星が近日点にある時の l, D, d を l_B, D_B, d_B と表すことにすると

$$D_A = a_M(1 + e_M) = 1.65 \text{〔AU〕}, \quad d_A = D_A - 1 = 0.65 \text{〔AU〕}$$

$$D_B = a_M(1 - e_M) = 1.35 \text{〔AU〕}, \quad d_B = D_B - 1 = 0.35 \text{〔AU〕}$$

$$\frac{l_B}{l_A} = \frac{1.65^2 \times 0.65^2}{1.35^2 \times 0.35^2} = 5.1 ≒ 5 \text{ 倍} \quad \cdots\cdots \text{(答)}$$

(3) N 回目の衝は $778N$ 日後である。その日数が火星が近日点に来る周期687 日の整数倍に最も近くなる N を探せばよい。

$N = 7$ の場合　　$778 \times 7 - 687 \times 8 = -50$ 日

$N = 8$ の場合　　$778 \times 8 - 687 \times 9 = 41$ 日

$N = 8$ の場合が，687 日の整数倍からのずれが最も小さい。

$$\frac{778 \times 8}{365} = 17.0 ≒ 1.7 \times 10 \text{ 年後} \quad \cdots\cdots \text{(答)}$$

━━━━━━━ ◀解　説▶ ━━━━━━━

≪恒星の寿命，惑星の運動と明るさ≫

◆問 1　▶(1)　$E = mc^2$ の式に値を代入して計算すればよい。質量 m の単位が 〔kg〕，光速 c の単位が 〔m/s〕 の場合，求められるエネルギー E の単位は 〔J〕 となる。

▶(2)　1 秒間に核融合反応を起こす水素の質量を m〔kg〕とすると，「質量 m〔kg〕の核融合で発生するエネルギー＝太陽の全輻射量 $L_◦$」 より

$$m ≒ 6 \times 10^{11} \text{〔kg〕}$$

次に，太陽の寿命を T 年とすると

$$T = \frac{\text{太陽に含まれる水素の質量}}{\text{1 年間に反応する水素の質量}}$$

上で求めた m を 1 年当たりの値に換算することに注意すると

$$T = \frac{2.0 \times 10^{30} \times 0.74}{6.0 \times 10^{11} \times 3.2 \times 10^7}$$
$$= 7.7 \times 10^{10}\ 年 ≒ 8 \times 10^2\ 億年$$

求めた寿命 T（800億年）が推定されている太陽の寿命（100億年）より長いのは，太陽に含まれる水素すべてが核融合反応を起こすと考えたからである。核融合反応は非常に高温・高圧な太陽の中心部付近でしか起こらないため，実際に核融合反応を起こす水素は全体の10％程度である。設問では「物理的理由を述べよ」となっているので，「水素は全体の10％程度しか反応しない」ということだけではなく，「高温・高圧な中心部でのみ反応が起こるため」という理由にも言及した方がよいであろう。

▶(3)　質量 M と寿命 T との比の値を計算して比べると，大質量の恒星ほど質量の大きさに対して寿命が短いことがわかる。核融合反応に使われる水素の質量は恒星の質量 M に比例するので，1年間に反応する水素の質量が同じなら，寿命 T は恒星の質量 M に比例して長くなるはずである。しかし，上で求めたように寿命 T は質量 M が大きいほど短くなっている。これは，質量が大きい恒星ほど単位時間に反応する水素の質量が大きいということを意味している。このように単位時間に反応する水素の量が多くなるのは，大質量の恒星ほど中心部の温度・圧力が高くなるためである。

　その結果，大質量の恒星ほど単位時間に発生するエネルギーが多くなり，恒星全体の光度が大きくなる。恒星の光度 L と質量 M の関係は質量光度関係と呼ばれ，L は M の3～5乗に比例することが明らかにされている。

◆問2　▶(1)　地球の公転周期を E，惑星の公転周期を P，会合周期を S とすると，以下の式が成り立つ。本問では $P > E$ なので，①式に代入して計算する。

①　$\dfrac{1}{S} = \dfrac{1}{E} - \dfrac{1}{P}$　（$P > E$ の外惑星）

②　$\dfrac{1}{S} = \dfrac{1}{P} - \dfrac{1}{E}$　（$P < E$ の内惑星）

▶(2)　太陽と火星の距離が大きくなると火星は暗くなり，地球と火星の距離が大きくなると火星は暗く見える。火星の明るさ L_M は火星と太陽の距離 D の2乗に反比例する。また，地球から見た火星の大きさ S_M は地球と火星の距離 d の2乗に反比例する。以上のことから，火星の見かけの明

るさ l は次の式で表される。

$$l \propto L_M \times S_M \propto \frac{1}{D^2} \times \frac{1}{d^2}$$

遠日点距離を D_A, 近日点距離を D_B とすると, 問題の図1より

$D_A = a + c = a + ae$

$D_B = a - c = a - ae$

と表せる。

また, 衝が起こっている時, 太陽と地球と火星は一直線に並んでいるから, 地球―火星間の距離は太陽からの距離の差として求まる。

▶(3) 地球と火星の距離が最短になるのは, 火星が近日点で衝になる時である。火星の衝は(1)で求めたように778日ごとに起こる。近日点で衝が起こった時の火星の位置を M_0, その後1回目の衝が起

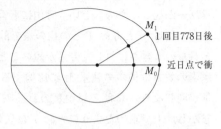

こった時の火星の位置を M_1 とすると, M_1 は M_0 より91日（＝778－687）進んでいる。N 回目の衝では $91N$ 日進んだ位置に火星があることになり, その位置が近日点の最も近くなるところを探せばよい。火星は M_0 の687日後に近日点に来るので

$$\frac{687}{91} \fallingdotseq 7.55$$

火星は7回目の衝と8回目の衝の時に近日点の近くに位置することになる。〔解答〕に示したように, $N=7$ の場合は近日点の位置からのずれは -50 日, $N=8$ の場合は $+41$ 日であり, $N=8$ の場合が近日点に最も近い。それが何年後であるかを求めればよい。

なお, 会合周期を778日でなく778.7日として計算すると, 近日点の位置からのずれは $N=7$ の場合 -45.1 日, $N=8$ の場合 $+46.6$ 日となり, $N=7$ の場合が近日点に最も近いという結果になる。このとき解答は 1.5×10 年後となる。

2 解答

問1 (1) $(P-E)\rho S = W_{in} - W_{out}$

(2) (a) $W_{in} = 45.0 \times D \times 10.0 = 450D$

$W_{out} = 30.0 \times D \times V = 30.0DV$

(b) (1)で求めた式に値を代入すると

$$\frac{(16.6-8.0) \times 10^{-3}}{24 \times 60 \times 60} \times (1.0 \times 10^3) \times (1.2 \times 10^5 \times D) = 450D - 30.0DV$$

$11.9 = 450 - 30.0V$

$V = 14.6 \fallingdotseq 1.5 \times 10$ 〔m/s〕 ……(答)

(3) 各領域に入るベクトルと出るベクトルを比較し，(1)で求めた式に当てはめると，領域Xでは側面から流入する水蒸気量より流出の方が大きく，$W_{in} < W_{out}$ であるから，$P-E < 0$ である。したがって，領域Xでは，「降水の総量＜蒸発の総量」である。
一方，領域Yでは流入の方が大きく，$W_{in} > W_{out}$ であるから，$P-E > 0$ である。したがって，領域Yでは，「降水の総量＞蒸発の総量」である。

(4) ア．潜熱　イ．流出　ウ．流入

問2 (1)

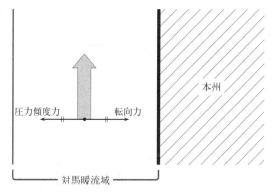

(2) 11月の方が等温線の間隔が狭いので，海面高度の変化が大きく，圧力傾度力が強い。したがって圧力傾度力とつり合う転向力も強く，転向力は流速に比例することから，11月の方が流速が大きいと考えられる。

(3) 北風が吹くとエクマン輸送により，表層の海水が西向きに運ばれる。これは海岸から離れる方向の流れであるため，移動した表層海水を補うように海水の湧き上がりが生じる。その結果，低温の海水が湧き上がると，表層の海水温が低下する。

(4) 津波の速度 v は重力加速度を g，水深を h とすると

$$v = \sqrt{gh} = \sqrt{9.8 \times 2300} \fallingdotseq \sqrt{22500} = 150 \text{〔m/s〕}$$

$$\frac{900 \times 10^3}{150 \times 60} = 100 = 1.0 \times 10^2 \text{ 分} \quad \cdots\cdots \text{(答)}$$

◀ 解　説 ▶

≪大気の水収支，海水の運動≫

◆問1▶ (1) S〔m²〕の面積に P〔m/s〕で雨が降った場合に，降水として単位時間にこの領域の大気中から除去される水の質量を M_out〔kg/s〕とする。

$$M_\text{out} = S\text{〔m}^2\text{〕} \times P\text{〔m/s〕} \times \rho\text{〔kg/m}^3\text{〕} = SP\rho \text{〔kg/s〕}$$

また，蒸発によって単位時間にこの領域の大気中に供給される水の質量を M_in〔kg/s〕とする。

$$M_\text{in} = S\text{〔m}^2\text{〕} \times E\text{〔m/s〕} \times \rho\text{〔kg/m}^3\text{〕} = SE\rho \text{〔kg/s〕}$$

あとは問題の文章にしたがって，これらの量のつり合いの式を立てればよい。大気中の領域を考えているので，降水が M_out，蒸発が M_in となる点に注意する。

▶(2) (a) 風速 V で面Bを通過して出ていく水蒸気量は，右図の斜線をつけた面を底面とする直方体に含まれる水蒸気の量であるから

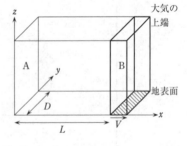

$$W_\text{out} = 30.0 \text{〔kg/m}^2\text{〕} \times D\text{〔m〕} \times V\text{〔m/s〕}$$
$$= 30.0DV \text{〔kg/s〕}$$

同様に，風速 10.0 m/s で面Aを通過して流入する水蒸気量は

$$W_\text{in} = 45.0 \text{〔kg/m}^2\text{〕} \times D\text{〔m〕} \times 10.0 \text{〔m/s〕} = 450D \text{〔kg/s〕}$$

(b) (1)で求めた式に値を代入して V を求めればよい。なお，P と E は単位を〔m/s〕に換算することに注意する。また，$S = L \times D$ である。

▶(3) 領域Xでは水蒸気は西から流入して東へ流出しており，流入する矢印より流出する矢印の方が長いので，流出量の方が大きく，$W_\text{in} < W_\text{out}$ である。

領域Yでは水蒸気は北，東，西から流入して南へ流出しており，矢印の長さと数を比べると流出量の方が小さい。すなわち $W_\text{in} > W_\text{out}$ である。

あとは(1)で求めたつり合いの式に代入すれば P と E の大小関係がわかる。

▶(4)　ア．水は蒸発するときに周囲から気化熱を奪い，凝結するときに凝結熱を放出する。このように物質の状態変化に伴い出入りする熱を潜熱という。水蒸気が移動すると潜熱の形で熱を輸送することになる。

イ．領域Xでは水蒸気の流出量の方が多いので，潜熱は流出している。

ウ．領域Yでは水蒸気の流入量の方が多いので，潜熱は流入している。

◆問2　▶(1)　地衡流は転向力と圧力傾度力の2力がつり合った状態で流れている。転向力は北半球では流れの向きに対して直角右向きである。圧力傾度力は転向力と逆向きで，大きさが同じである。

▶(2)　問題文に「等温線は，地衡流に伴う海面高度の等高線に一致する」とあるので，当該海域で等温線の間隔が狭い11月の方が海面高度の傾斜が急であり，圧力傾度力が強いことがわかる。圧力傾度力と転向力がつり合っており，転向力の強さは流速に比例することから，11月の方が地衡流の流速は大きいといえる。

▶(3)　海上で一定方向に風が吹き続けると，表層の海水がひきずられて流れが生じる。その際，転向力が働くため，北半球では表層の海水は風向きに対して直角右向きに運ばれる。このような流れをエクマン輸送という。本問の場合は北風によって西向きの流れが生じることになる。南北方向の海岸線があり東側が陸のため，西向きに移動した表層の海水を補うように海水の湧き上がりが生じる。なお，湧き上がる海水よりも表層の海水の方が低温の場合（冬季など）には，湧き上がりによって表層の海水温は上昇することになる。

▶(4)　津波は波長が数100kmであり，波長が水深より十分に長い長波である。このような波の伝わる速さは水深をh〔m〕とすると次のように表される。

$$v〔\mathrm{m/s}〕=\sqrt{g〔\mathrm{m/s^2}〕\times h〔\mathrm{m}〕}$$

到達までの時間は，距離を速さで割ればよいが，単位を分に換算するのを忘れてはならない。

3

解答 問1 (1) ア. 南北　イ. 南北　ウ. 東西

(2) $\tan\theta = \dfrac{100}{200} = 0.5 = 5 \times 10^{-1}$ ……(答)

層厚 $= 100\cos\theta = 100 \times \dfrac{2}{\sqrt{5}} = 40\sqrt{5} = 88 \fallingdotseq 9 \times 10$〔m〕 ……(答)

(3) 水平方向の圧縮により元の長さが $\cos\theta$ 倍になっている。

$1 - \dfrac{2\sqrt{5}}{5} = 0.12 \fallingdotseq 1 \times 10^{-1}$ ……(答)

(4) エ. 日本海　オ. 背斜

(5) プレートの沈み込みに伴って陸側プレートが水平方向に短縮するが，プレート境界型地震の発生に伴ってある程度伸長する。長期的なひずみ速度は地震の際の伸長も含めての平均となるので，地震のない短期間のひずみ速度より小さくなるから。

問2 (1) (a) ア. 第四紀（更新世も可）　イ. ミランコビッチ
ウ. 酸素　エ. 北アメリカ大陸　オ. モレーン

(b) ・自転軸の傾きの変化

　　・公転軌道の離心率の変化

　　・自転軸の歳差運動

(2) (a) 融解した氷床の厚さを x〔m〕とすると

$0.90 \times 10^3 \times x = 3.3 \times 10^3 \times 810$

$x = 2970 \fallingdotseq 3.0 \times 10^3$〔m〕 ……(答)

(b) 氷床の融解による海面の上昇量を h〔m〕とすると

$2.97 \times 10^3 \times 1.0 \times 10^7 \times (10^3)^2 \times 0.90 \times 10^3$

$= h \times 3.6 \times 10^8 \times (10^3)^2 \times 1.0 \times 10^3$

$h \fallingdotseq 74.3$〔m〕

海水の増加による荷重で地殻は沈降する。沈降量を y〔m〕とすると

$1.0 \times 10^3 \times 74.3 = 3.3 \times 10^3 \times y$

$y = 22.5 \fallingdotseq 2.3 \times 10$〔m〕

したがって，2.3×10 m 沈降した。 ……(答)

◀解　説▶

≪地質図と地殻変動，過去の気候とアイソスタシー≫

◆問1　▶(1)　ア．砂岩と礫岩の境界線DEと高さ300mの等高線の交点deを結ぶことで，高さ300mの走向線あを引くことができる。同様にして走向線い，うを引く。全域で走向線の向きが南北なので，走向は南北方向である。

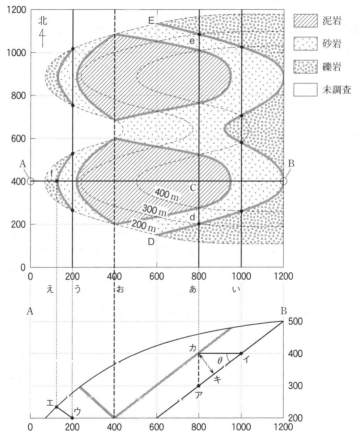

イ．高さ300mの走向線は断面図では高さ300mの点アとなる。同様にして点イ，ウをとる。また，図で断面線A－B上の点f（砂岩と礫岩の境界が地表に現れる点）は断面図上の点エとなる。アとイ，ウとエを結び，上図のような断面図を描くことができる。この地域の東側の地層は南北走向で西傾斜，西側は南北走向で東傾斜なので，おの位置に南北走向の褶曲軸

（向斜軸）があることがわかる。

ウ．褶曲は水平方向の圧縮で地層が折れ曲がって短縮することで形成される場合が多い。この場合，圧縮方向と褶曲軸の方向は直交する。

▶(2)　断面図で三角形アイカを考える。

$$\text{アイ} = \sqrt{100^2 + 200^2} = 100\sqrt{5}$$

したがって　　$\cos\theta = \dfrac{200}{100\sqrt{5}} = \dfrac{2}{\sqrt{5}}$

地層の厚さは層理面と直角に測るので，図のカキの長さとなる。三角形アカキを考えると

$$\text{カキ} = \text{アカ} \times \cos\theta = 100 \times \frac{2}{\sqrt{5}} = \frac{200\sqrt{5}}{5} = 40 \times 2.2 = 88$$

▶(3)　地層が水平だった時にアイの長さだった部分が褶曲で短縮することにより水平方向の長さがイカになっている。

$$1 - \frac{\text{イカ}}{\text{アイ}} = 1 - \frac{200}{100\sqrt{5}} = 1 - \frac{2}{\sqrt{5}} = 1 - \frac{2\sqrt{5}}{5} = 1 - \frac{4.4}{5} = 0.12$$

なお，$1 - \dfrac{2}{\sqrt{5}} = 1 - \dfrac{2}{2.2} \fallingdotseq 0.09 = 9 \times 10^{-2}$ と解答してもよい。

▶(4)　エ．新第三紀の中ごろ（2000万年前〜1500万年前）に日本海の拡大が起こり，それまで大陸の一部だった日本が現在のような島弧となった。日本海の拡大に伴い火山活動が活発になり，その噴出物が中越地方や日本海側に厚く堆積し，グリーンタフと呼ばれている。

オ．一般に砂岩層などの構成粒子が粗い地層は粒子間を水や石油などの液体や天然ガスなどの気体が移動しやすく，透水層と呼ばれる。それに対し，泥岩などは液体や気体を通さず，不透水層と呼ばれる。地層が褶曲していた場合，軽い石油は透水層中を上方に向かって移動し，背斜軸の部分に集積することになる。

▶(5) 海溝では海洋プレートの沈み込みに伴い，大陸プレートのひきずり込みと，プレート境界型巨大地震を伴うはね上がりを繰り返している。右図のように，地震がない通常の期間は水平方向に短縮し，地震を伴うはね上がりの際には水平方向に伸長す

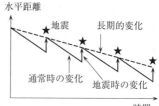

る。長期的なひずみ速度は地震時の伸長も含めての平均となるので，通常時よりひずみ速度が小さくなる。

◆問2 ▶(1) (a) ア．260万年前に始まり，氷期と間氷期を繰り返した地質時代は第四紀（更新世）である。

イ．周期的な気候変動を天文学的な要因で説明する学説を，提唱者の名前をとってミランコビッチサイクルという。

ウ．過去の気温を酸素同位体比で推定することができる。通常の酸素（^{16}O）より重い酸素同位体（^{18}O）は相対的に蒸発しにくいため，気温が低く陸上に氷床が発達して海水量が減少するときは，海水中の ^{18}O の比率（$^{18}O/^{16}O$）が高くなることを利用する。

エ．約2万年前の最終氷期には北米や北欧のスカンジナビア半島などにも氷床が発達していた。

オ．氷河に運搬された礫などが，氷河が融けたあとに取り残されたものがモレーン（氷堆石）である。角礫が多く，淘汰が悪い（大小の礫が混在している）のが特徴である。

(b) セルビアの気象学者のミランコビッチは1920～30年頃に，周期的な気候変動の原因として以下の3つの天文学的要素を挙げた。

　　① 自転軸の傾きの変化
　　② 公転軌道の離心率の変化
　　③ 自転軸の歳差運動

1年を通じての平均気温が同じでも，夏の気温が低いと氷床が発達する。また，氷床が発達すると反射率が大きくなり，寒冷化が進む。ミランコビッチは夏の気温が低くなる条件を上記の3つに求めた。

①に関して，自転軸の傾きが小さくなると，季節変動が小さくなって夏が涼しくなり，氷床が発達し寒冷化が進む。

②・③に関して，自転軸の歳差運動により春分点の位置が変化し，夏にな

るときの地球と太陽の距離が変化する。距離が大きくなると夏が涼しくなり，氷床が発達し寒冷化が進む。

▶(2) (a) 右図のAは氷床のある状態，Bは氷床がなくなり，地殻が810m上昇した状態である。ともにアイソスタシーが成り立っているので，アの面にかかる圧力が等しい。氷床の厚さをx〔m〕とし，A，Bで底面が単位面積の柱を考えると，以下の式が成り立つ。

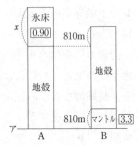

　　Aの柱の重さ＝Bの柱の重さ

　　地殻の重さ＋氷床の重さ＝地殻の重さ＋マントル810mの重さ

　　氷床の重さ＝マントル810mの重さ

　　$0.90 \times 10^3 \times x = 3.3 \times 10^3 \times 810$

　　$x = 2970 \fallingdotseq 3.0 \times 10^3$〔m〕

(b) まず，海面の上昇量h〔m〕を以下のつり合いの式より求める。

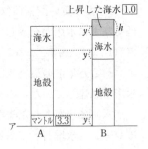

　　氷床の質量＝上昇した海水の質量

　　氷床の体積×氷の密度

　＝上昇した海水の体積×海水の密度

　　$2.97 \times 10^3 \times 1.0 \times 10^7 \times (10^3)^2 \times 0.90 \times 10^3$

　$= h \times 3.6 \times 10^8 \times (10^3)^2 \times 1.0 \times 10^3$

　　$h \fallingdotseq 74.3$〔m〕

地殻の沈降量y〔m〕を，(a)の場合と同様に，以下のつり合いの式より求める。

　　上昇した海水の質量＝厚さy〔m〕のマントルの質量

　　$74.3 \times 1.0 \times 10^3 = y \times 3.3 \times 10^3$

　　$y = 22.5 \fallingdotseq 2.3 \times 10$〔m〕

東京大-理科前期　　　　　　　　　　　　　　　2019 年度　地学〈解答〉　*123*

❖講　評

　出題傾向は例年通り。問題文が長く内容が複雑なものが多いが，しっかり読めば題意をつかむことができる。計算量も多く時間配分に気をつける必要がある。

　1　問1は恒星の寿命に関する問題であった。計算も論述も基本を理解していれば取り組める良問で，確実に得点したい問題である。問2は火星の会合周期と見かけの明るさに関する問題。太陽系の惑星に関する出題は久しぶりであった。計算問題は問1に比べると複雑で，差がついた問題ではないだろうか。

　2　問1は大気の水収支に関する問題であった。複雑な内容だが，問題文を丁寧に読んでいけば式を立てられる出題となっている。(3)は観測データの図を読み取って考える問題で，東大らしい問題と言えるだろう。問2は海水の運動に関する問題であった。図から読み取った情報を圧力傾度力などの基本事項に関連させて考えられるかがポイントになる。

　3　問1は地質図の読解に関する問題であった。走向傾斜や地層の厚さの読み取りはオーソドックスな内容なので確実に得点したい。(3)は「水平短縮ひずみ」の定義を問題文から正確に読み取ることがまず必要である。問2はミランコビッチサイクルに関する問題で，知識も求められた。アイソスタシーに関する計算問題は図を描いて考えれば対応できるだろう。

　東大の問題は目新しい題材が取り上げられることも多く，計算，論述ともにレベルが高い。東大の過去問を数年分しっかり解いておくとよいだろう。

124 2019 年度 地学〈解答〉 東京大-理科前期

──────── 「地学」の出題の意図（東京大学 発表） ────────

第1問

問1

恒星のエネルギー源についての基本的な理解，特に，エネルギー放射量と寿命との関係，恒星の質量の違いによる核反応率の違いについての理解を問うています。

問2

惑星の運動と天体の見かけの明るさについての基本的理解と実際の現象への応用力を問うています。

第2問

問1

大気現象に関して，水蒸気の流入量・流出量，および，地表面の降水量・蒸発量を用いて，単位の換算を含めて大気中の水蒸気収支を考える力を問うています。

問2

大気と海洋の動きのメカニズムに関する基本的概念のうち，地衡流，エクマン輸送についての理解度を問うとともに，災害をもたらす海洋現象のうち顕著なものとして現実に発生した津波を取り上げて，津波の伝搬速度に関する理解を問うています。

第3問

問1

断層と地震のメカニズムに関する基礎的な力学的理解，および，地質構造を定量的に分析する力を問うています。

問2

(1)では，過去数百万年間の地球の気候変動を特徴づける氷期‐間氷期変動の基礎的知識と，その変動を起こす要因に関する理解を，(2)では，最終氷期以降の大陸氷床の融解を題材にし，アイソスタシーについての理解や応用力を問うています。

損なわれている現状について論じたもので、皇帝による専制的な政治を批判する内容となっている。抽象的でかなり高度な文章と言える。㈠の語意（口語訳）は、前後の文脈に基づき、本文中の意味を考える必要がある。㈡の口語訳は、「不敢」「為」を適切に解釈することがポイント。㈢の本文の趣旨を踏まえた内容説明は、設問の指示に応じて、「赤」に込められた意味の理解を明確に示すことができるかどうかが決め手となる。

―――――――――
「国語」の出題の意図（東京大学　発表）
―――――――――

国語の問題は、高等学校までに培った国語の総合力を測ることを目的として、文科・理科を問わず、現代文・古文・漢文の三分野すべてから出題されます。選択式の設問では測りがたい国語の主体的な運用能力を測るため、解答はすべて記述式としています。なお、文科・理科それぞれの教育目標と、入学試験での配点・実施時間をふまえ、一部に文科のみを対象とした問いを設けています。

第一問は現代文の論理的文章についての問題で、中屋敷均の文章を題材としました。生命現象から世界に対する見方にまで展開してゆく論旨を正確に捉える読解力と、それを簡潔に記述する表現力が試されます。また、ある程度の長文によって全体の論旨をふまえつつまとめる能力を問う問題を設けています。

第二問は古文についての問題で、江戸時代の閾更（らんこう）の編んだ『誹諧世説（はいかいせせつ）』を題材としました。古文の基礎的な語彙・文法の理解をふまえ、猫をかわいがる妻をめぐる話の展開が文章に沿って理解できたかを問いました。文科ではさらに、話の鍵となる箇所を具体的に説明する問題をも出題しました。

第三問は漢文についての問題で、明末清初の黄宗羲（こうそうぎ）の『明夷待訪録（めいいたいほうろく）』を題材としました。漢文の基礎的な語彙・文法をふまえ、「学校」の現状に対する筆者の批判を文章に沿って理解できたかが問われます。文科ではさらに、筆者のとらえた現実について文脈をふまえて説明する問題をも出題しました。

手立てをすべて発することこそが学校の意義であり、学校において社会の是非が公的に定められるべきだと考えてい
た。ところが、第二段落では、後世になってその意義が失われ、さらには「養士」という役割も失われたという流れ
になっている。以上の内容をまとめれば十分かと思われるが、〔解答〕では、古代の聖王の考えを学校の本質ととら
え、「養士」についてはあくまでも「二事」としているという筆者の見解を踏まえ、前者には「本質的意義」、後者に
は「最低限の役割」という表現を用いてその理解を示した。

参考　黄宗羲は明代末から清代初めの学者・思想家。君主や役人の権勢を批判して民本主義を唱えた著である『明夷待訪
録』によって「中国のルソー」とも称される。

❖講評

評

一　現代文（評論）　「カオスの縁」をキーワードに、分子生物学の観点から、生命現象、人間の営み、科学の営為を
論じた科学論である。一般向けに書かれた文章なので、受験生も抵抗なく読めるだろう。設問は例年通りの構成である。
（一）〜（三）の部分読解問題はいずれも標準レベル。解答の方向性がはっきりしており、まとめやすい。（四）は全体の要約が必
要な読解問題で、傍線部およびその前後の解釈が難しいうえに、本文前半の内容と結びつけてまとめなければならず、
その点でも難しい。やや難のレベルといえる。（五）は書き取りである。

二　古文（俳文）　江戸時代の俳人高桑闌更の俳文『誹諧世説』からの出題。猫を過度にかわいがる妻をだまして猫
を引き離したが、計略が露見してけんかになり、結局は周囲の取りなしで事が収まったという話。ごく平易で読みやす
い内容のものであった。（一）の口語訳は、「うるさし」「行く」「程あり」「尋ぬ」「あらはる」「是非なし」の本文中での意味をとらえるこ
とがポイント。（二）の言葉を補っての口語訳は、「行く」「尋ぬ」それぞれの主語と「尋ぬ」の対象を明示する。（三）の内容
説明は、問われている内容は無理なく理解できるだろうが、適切な表現で簡明にまとめる答案の完成度が求められる。

三　漢文（思想）　清代初期の学者、黄宗羲が著した『明夷待訪録』からの出題。学校の持つ本来の意義と、それが

解　説

本文のおおまかな内容は次の通りである。

第一段落
　学校は有能な人材を養う機関ではあるが、古代の聖王は、それだけではなく、世の中を治めるすべての手立てが学校から発せられることこそが学校の意義だと考え、是非の判断を学校に委ねていた。

第二段落
　しかし後世、世の中の是非がすべて朝廷から発せられ、群衆が君主の意向に盲従るようになるにつれて、学校も名誉や利益を求める場となった。有能な人材も学校に行かなくなり、学校は、本来の意義ばかりか、有能な人材を養成する役割までも失うこととなった。

(一)　a、「僅」は"ほんの少し"の意から、"ただ〜(だけ)"と限定を表す。「此」は「これ」と読む指示代名詞。

c、「草野之間」は"民間・在野"の意。「自抜於草野之間」は、公的な養成機関などを経て官職に就くのではなく、自分の力で民間から身を起こして頭角を現すことを言っている。

d、「与」は、ここでは「与る」を基本形とする動詞で、"関係を持つ・関わる"の意。「無与」は「与る(こと)無し」と読み、"関係を持つことがない・関わりを持たない"という解釈になる。

(二)　「敢へて自ら非是を為さず」と読む。「不敢〜」は"進んで〜しない"の意。「自」は"自分で・自分から"という意味の副詞。「為」はここでは"判断する・決める"という意味の動詞。

(三)　傍線部自体の読みは「亦之を失ふ」で、逐語訳は"またこれも失った"。「之」は直前の「養士一事」を指し、人材を養成するという学校の一つの役割を言っている。設問では、なぜ「亦」と言っているのかを本文の趣旨を踏まえて説明することが求められているので、学校が「養士一事」以前に失ったものがあるということを明示する必要がある。古代の聖王は、第一段落の三文目に「必使治天下之具皆出於学校、而後設学校之意始備」とあり、傍線部bの後に「公其非是於学校」とあるように、社会全体を治めるための

128　2019年度　国語〈解答〉　　　　　　　　　　　　　　　　東京大-理科前期

◆全訳◆

学校は有能な人材を養成するためのものである。けれども昔の聖王は、学校の意義はただそれだけとはしなかったのである。必ず世の中を治めるための手立てをすべて学校から発するようにさせ、その後に学校を設ける意義が初めて満たされる。君主が是とすることがこれまでに必ずしも是であったわけではなく、君主が非とすることがこれまでに必ずしも非であったわけではない。君主もまた一貫して進んでは是非を判断しようとせず、是非を学校において社会に共通のものとした。だから有能な人材を養成することは学校の一つの役割であるけれども、学校はただ有能な人材を養成するために設けられるだけのものではないのである。

夏・殷・周という理想の治世が終わった後の時代、世の中の是非はすべて朝廷から発せられてきた。君主がほめると群衆はこぞって進んでそれを是とし、君主がけなすと群衆はこぞって捨ててそれを非とする。そしていわゆる学校というものは、科挙のために騒ぎ争い、財産や高い地位のために心をこがす。同時に結局朝廷の権勢や利益によって学校本来のあり方を一変させた。そして有能な人材で才能や学術がある者も、またしばしば自力で民間から身を起こし、学校に対して初めから関係を持つことがないのである。つまり（学校は）有能な人材を養成するという一つの役割もまた失った。

読み

学校は士を養ふ所以なり。然れども古の聖王、其の意僅かに此のみならざるなり。必ず天下を治むるの具をして皆学校より出でしめ、而る後に学校を設くるの意始めて備はる。天子の是とする所未だ必ずしも是ならず、天子の非とする所未だ必ずしも非ならず。天子亦遂に敢へて自ら是非を為さず、而して其の是非を学校に公にす。是の故に士を養ふは学校の一事たるも、学校は僅かに士を養ふ為に設くるのみならざるなり。

三代以下、天下の是非一に朝廷より出づ。天子之を栄とすれば則ち群趨りて以て是と為し、天子之を辱とすれば則ち群摘ちて以て非と為す。而して其の所謂学校なる者は、科挙もて囂争し、富貴もて熏心す。亦遂に朝廷の勢利を以て其の本領を一変す。而して士の才能学術有る者、且つ往往にして自ら草野の間より抜きんで、学校に於いて初めより与る無きなり。究竟士を養ふの一事も亦之を失ふ。

東京大-理科前期　　　　　　　　　　　　　　　　　2019 年度　国語〈解答〉　*129*

いうこと。

▼

(三) 第二段落の前半の内容に基づき、嵐雪が猫をどのようにして、妻にはどう言ったかをまとめる。妻が実家へ行って
いる間に、もともと話をつけておいた家に猫を連れて行かせ、帰宅した妻には、妻の後を追おうとして綱を逃れよ
うとするのが苦しそうだったため、綱を緩めたところ、妻を探して外へ出たのか、姿が見えなくなったと嘘をついたと
いう事情を、ごく簡潔にまとめる。

参考　高桑闌更は江戸時代の俳人で、松尾芭蕉に私淑し、蕉風復興に努めた。『誹諧世説』は五巻から成る俳文集で、芭
蕉やその門弟らの逸話が集められている。

本文の発句について、「猫の妻いかなる君のうばひ行く」は、自分の飼っている猫をどこかの男性が妻とするために奪
って行ったのではないかと詠み、猫がいなくなったことを嘆くとともに、雌猫と思われるその猫はこの上なくかわいらし
いということをアピールしたものとなっている。「喜ぶを見よや初ねの玉ばは木」は、夫婦げんかをした際には振り上げ
たりもした箒も、正月の初子の日の行事では本来の役割で用いられることになって喜んでいると詠み、夫婦のいさかいが
一件落着した安堵感をユーモラスに表現している。

三

解答

出典　黄宗羲『明夷待訪録』〈学校〉

(一) a、これだけではない
　　　c、民間
　　　d、関係を持つことがない

(二) 進んで自分からは物事の是非を判断しようとせず

(三) 学校は、社会の是非を定めるという本質的意義に加え、人材養成という最低限の役割まで失ったから。

猫を非常識なほど過度にかわいがる妻に対して、嵐雪は苦言を呈していたが、妻はまったく改めなかった。

ある日、妻が猫を大切につないで外出した際に、嵐雪は、前もって計画していた通り、猫を他所へやり、帰宅した妻には、おまえを探してどこかへ行ったと嘘をついた。いくら探し回っても猫は見つからず、妻は深く悲しんだ。

第二段落前半　（さてある日、…ここちあしくなり侍りければ）

第二段落後半　（妻の友とする隣家の内室、…）

隣家の奥様が嵐雪の計略を知り、猫を取り返すように嵐雪の妻に告げると、妻は自分をだました夫をなじり、嵐雪と言い争いになったが、周囲の人の取りなしによって、夫婦は仲直りして猫も連れ戻した。

(一) ▼

ア、「うるさし」は、煩わしく面倒に思う様子を表す形容詞。音声がやかましいという意味に限らないので注意しよう。

イ、「程」は、ここでは、「獣を愛する」場合の「程」を言っていて、後に、妻の過剰な愛し方をあげつらっていることから、"限度"という訳が最適。「べき」は強い当然性を表す助動詞「べし」で、"~はずだ・~に違いない・~なければならない・~て当然だ"といった訳がふさわしい。"~だろう"では助動詞「む」の訳にあたるので不十分。

「なり」は断定の助動詞。

オ、「あらはれたる上は」は、"（自分の企てが妻に）露見した以上は"ということ。「是非なく」は、あれこれ言い立てることもできない様子を表す表現で、"どうしようもなく・しかたがなく"といった訳がふさわしい。

「行くまじき方」は、"猫が普通なら行くはずがない辺り"の意。「まじ」は強い当然性をもった打消の助動詞「まじき」の連体形で、"~はずがない・~ないに違いない・~そうにない"と訳す。動詞「尋ぬ」は、不明なものをはっきりさせようとする動作を表す。"質問する"の意に限らないことに注意しよう。ここでは、妻が猫を探したと

(二) ▼

も抜け、首も絞まるほどであったので、あまりにも苦しいだろうと思い、綱を緩めて魚などを与えたけれども、食べ物も食べないで、ただうろうろと（あなたを）探す様子で、門口・裏口・二階などを行ったり戻ったりしたが、それから外へ出たのでしょうか、近隣を探すけれどもまだ見つからない」と言う。妻は、泣き叫んで、行くはずがない辺りまでも探したけれども、（猫は）戻って来ずに、三日、四日過ぎたので、妻は、涙を流しながら、

猫の妻を、どのようなお方が奪って行くのか　　妻

このように言って、体調が悪くなりましたので、妻が友とする隣家の奥様が、この人も猫を好きだったが、嵐雪が企てて他所へ連れて行ったことを聞き出し、こっそりと妻に告げ、「（猫は）無事でおりますとのことです。決して心をお痛めになるな。私が知らせたとはわからないように、どこそこ町、だれそれの辺りへ（猫を）取り返しに人を行かせなさい」と語ったので、妻は、「このようなことがあってよいのか。私の夫は、猫をかわいがることを嫌っていらっしゃいましたが、それでは私をだましてのことであるのか」と、あれこれと非難して互いに言い争った。嵐雪も露見した以上はどうしようもなく、「たしかにあなたをだまして（猫を他所の家に）連れて行かせたのだ。いつも言うように、あまりにも他の人とは異なるかわいがりようだ。非常にいけないことである。これ以上私が言う通りにしないならば、取り返してはならない」と、あれこれと言い争ったけれども、隣家・門人たちがさまざまに言って、妻に謝らせて、嵐雪の心を静め、猫も取り返し、何事もなくなったので、

一月の初めの夫婦のもめ事を人々に笑われて喜ぶのを見なさいよ、初子の日の玉のついた小さな箒は　　嵐雪

▼　解　説　▲

本文のおおまかな内容は次の通りである。

第一段落（嵐雪が妻、唐猫のかたちよきを愛して…）

いる』などがある。

一

出典 高桑闌更 『誹諧世説』〈嵐雪が妻、猫を愛する説〉

◆**全　訳**◆

　嵐雪の妻が、猫で姿がかわいらしいものを愛して、美しい布団を敷かせ、食べ物も並々ではない立派な器に入れて、いつも膝元を離さなかったので、門人・友人たちにも煩わしく思う人もいるだろうと、嵐雪は、折に触れては、「獣を愛するにも、限度があるはずのことである。人間よりも上等な敷き物・器（を使って）、食べ物にしても、（肉食を）慎まなければならない日にも、猫には生魚を食べさせるなど、良くないこと」とつぶやいたけれども、妻はほんの少しもこれを改めなかった。

　そしてある日、妻が実家へ行った際に、留守の間、（猫が）外へ出ないように、例の猫をつないで、いつもの布団の上に寝させて、魚などを多く食べさせて、くれぐれも綱を緩めないようにあらかじめ頼んで出て行った。嵐雪は、例の猫をどこへでも行かせ、妻をだまして猫を飼うことをやめようと思い、前もって約束しておいた所があったので、遠い道を隔てて、人に連れて行かせた。妻が、日が暮れて帰り、真っ先に猫を探すけれども見つからない。「猫はどこへ行っています」と尋ねたので、（嵐雪は）「さては、あなたの後を追ったのだろうか、むやみに鳴き、綱を切るほどに激しく動き、毛

（一）ア、煩わしく思う人もいるだろうと

　　イ、限度があるはずのことである

　　オ、露見した以上はどうしようもなく

（二）妻が、猫が行くはずがない辺りまでも猫を探したけれども

（三）妻の留守中に猫を他所へ預け、猫が妻を探して姿を消したと嘘をついた。

はどういうことかという観点から、科学が世界に秩序を与えることによって人類の不安や病気のような不幸が解消されることを説明すればよいことになる。以上より解答のポイントは次の三点となる。

① 科学が混沌とした世界の法則を解明する

② 科学が人類の不安や不幸を解消する

③ 福音＝喜びを与える・幸福をもたらす

▼(四)
第十三段落以下、直前の四段落の内容を否定的に受け継いで、新たな「形」を作る営みそのものが「人の〝喜び〟」であり、まだ「分からない」世界が存在することも人間にとって福音だと述べられる。そして最終段落で、世界が確定的でないからこそ人間が知的に生きていけるのであり、その世界は、解明された「科学」の世界と解明されていない「非科学」の世界とのはざまにあると結論づけられる。傍線部直前の『「アホな選択」』も、また許される」は、科学を例にすれば、実験で失敗を繰り返したり予想外の収穫があったりするといった試行錯誤をいったものと理解できよう。「本文全体の趣旨を踏まえ」ることが求められており、冒頭で提示された「カオスの縁」という現象が、生命現象につながり、また科学の真理探究にも似た側面があり、さらに「知的な存在としての人間」の営みに当てはまることが指摘される。以上を踏まえると、次の三点を指摘できる。

① 秩序と無秩序の間に生命が「形あるもの」を生み出す複雑な現象が現れる

② 科学の営為は解明された世界と解明されていない世界とのはざまにある

③ 「分からない」世界でこそ試行錯誤を伴う知的活動が行われる

(五)
a、「貢献」は〝社会やある物事のために尽力して、よい結果をもたらすこと〟。b、「代替」は〝他のもので代えること〟。

参考 中屋敷均（一九六四年〜）は分子生物学者。福岡県生まれ。京都大学農学部農林生物学科卒業。同大学院農学研究科博士後期課程修了。二〇一九年現在、神戸大学大学院農学研究科教授。著書に『生命のからくり』『ウイルスは生きて

世界はカオスへ向かっていること、および形を保ち安定しているのは主に単調な物質であること、この二点によるといいうことになる。以上より解答のポイントは次の三点となる。なお「例外的」は「特殊」と置き換えるのが簡便である。

① 世界は無秩序へと向かう
② 形を保ち安定しているのは主に単調な物質である
③ 形を生み出す複雑な生命現象は極めて特殊である

▼（二）

前問と関連する。第六段落で生命現象は特殊で複雑な現象だと述べられたのを受けて、第七・第八段落ではそれがさらに具体化される。まず第七段落で、生命は静的な自己複製と動的な変異という正反対のベクトルが絶妙なバランスで作用すると述べられる。まさに「動的な現象」であり、この絶妙なバランスの霊妙不思議さを傍線部では「何か」と表現すると述べられる。第八段落では、生命は秩序の世界と無秩序の世界のはざまの空間でしか生きていけないと述べられる。この「はざま」という空間の微妙さもまた「何か」という表現と結びつくだろう。以上のように傍線部前後の文脈をおさえると、解答の方向性が見えてくる。そのポイントは次の二点となる。

① 生命は秩序と無秩序のはざまの空間でこそ生きていける
② 生命は自己複製と変異の絶妙なバランスを保ち続ける

▼（三）

第九段落以下、科学の営みがテーマとなる。第九・第十段落では日食・月食を例に、科学が世界の法則を解明して人類の不安を解消することが説明され、第十一・第十二段落ではガンの治療を例に、科学によってガンの特効薬が開発されれば人類にとって大きな救いとなることが説明される。傍線部はこの四段落の内容をまとめたものである。直前の「それ」は直前文の「人類が科学により……新たな『形』がどんどん生まれていく」ことを指す。この「形」が生まれるとは、混沌とした世界に秩序、法則が与えられることをいう。また傍線部の「福音」は〝喜ばしい知らせ〟の意で、人類にとって喜びとなること、あるいは人類を幸福にすることをいう。よって科学が人類に喜びを与えると

東京大-理科前期   2019 年度　国語〈解答〉　*135*

▲解　説▼

本文は「カオスの縁」という言葉をキーワードに、秩序と無秩序の間で生まれる生命現象、科学の営為、人間の営みについて論じた文章である。原文の最初と最後のいずれも短い箇所がカットされている。また原文は小見出しによって四つの部分に分かれている（それぞれ次に《　》で示す）。それに従い本文（十七段落から成る）の内容をまとめよう。

1　第一～第三段落　《カオスの縁》　（「カオスの縁」という言葉…）
「カオスの縁」＝二つの大きく異なる相の中間に現れる、複雑性が非常に増大した特殊な状態

2　第四～第八段落　《縁》にたたずむ生命　（この「カオスの縁」という現象…）
生命は、秩序に縛られた静的な世界と無秩序な世界との間、すなわち「カオスの縁」に存在する

3　第九～第十二段落　《世界を形作っていく科学》　（「生きている」科学にも…）
科学も、混沌とした世界に「形」を与えていく営為であり、それは人類にとって福音である

4　第十三～第十七段落　《もう一つの「福音」》　（しかし、また一方…）
科学にはまだ「分からない」世界があるからこそ、いろんな「形」、多様性が花開く

▼
（一）　傍線部の主語である「こういった生物の営み」とは、直前の段落で具体例をあげて説明される「生命現象」をいう。この「生命現象」は「カオスの縁」という現象に通じると指摘され、「カオスの縁」とは第一段落で「複雑性が非常に増大した（中間的な）特殊な状態」であると述べられている。続いて傍線部以下を見ると、カオス（無秩序）へと向かう法則に支配された世界にあって、「形あるもの」として安定しているのは「反応性に乏しい単調な物質が主」であると説明される。さらに第六段落で、ところが生命は「反応性に富んだ物質」を取り入れ、「複雑なパターンとして」「形あるもの」を生み出し続けていると述べられ、そして「"安定"と"無秩序"の間に存在する、極めて特殊で複雑性に富んだ現象である」とまとめられる。このように論旨をたどると、生命現象が「例外的」と言われるのは、

国語

一

出典 中屋敷均「科学と非科学のはざまで」(『本』二〇一八年七月号 講談社)

解答

(一) 無秩序へと向かう世界で形を保ち安定しているのは主に単調な物質であるのに、形を生み出す複雑な生命現象は極めて特殊だということ。

(二) 生命は秩序と無秩序のはざまの空間で、自己複製と変異の絶妙なバランスを保ちながら存在しているということ。

(三) 科学が混沌とした世界の法則を解明し、人類の不安や不幸が解消されるのは喜ばしいことだということ。

(四) 秩序と無秩序の間で生命が形を生み出すように、科学によって解明され秩序づけられた世界とまだ解明されていない無秩序の混沌とした世界とのはざまでこそ、試行錯誤を伴う人間の知的活動が意味を持ち、世界の新たな秩序が明らかにされ続けていくということ。(一〇〇字以上一二〇字以内)

(五) a―貢献 b―代替 c―細菌

◆要 旨◆

「カオスの縁」とは、二つの大きく異なった状態(相)の中間に、その両側の相のいずれとも異なった、複雑性が非常に増大した特殊な状態が現れることをいう。例えば、生命は秩序に縛られた静的な世界と、形を持たない無秩序な世界との間に存在する、複雑で動的な現象である。また科学は、混沌とした世界に法則のような「形」を与えていく営為である。それは人類にとって大きな福音だが、「分からないこと」が存在することも福音ではないだろうか。「分からない」世界こそが、人間の知性や決断に意味が生まれ、多様性が花開く場所となる。それは「科学」と「非科学」のはざまである。

2018年度

解答編

解答編

英語

1 (A) 解答

<解答1> 噂はたとえ虚偽でも，多勢への追従や集団内での見解の激化で広まる。表現の自由を守り事実を伝えても，感情や情報摂取の偏りが妨げとなり，人の誤信を正すことは難しい。(70〜80字)

<解答2> 大勢への追随や集団内での意見の強化による誤った噂の拡散を防ぐ策として表現の自由が考えられるが，人は情報を公平に受け入れず感情も邪魔するため，完全には機能しない。(70〜80字)

<解答3> 虚報は周囲への同調や仲間内での先鋭化を経て広がる。表現の自由に基づく調整や訂正に接しても人は中立ではなく，感情に妨げられて，信じたことを容易に変えることはない。(70〜80字)

━━━━━◆全　訳◆━━━━━

≪噂の広まり方≫

　噂は，異なりはするが重なり合う2つの過程で広まる。大衆の承認と集団内のはずみである。1つめのものが起こるのは，私たちの一人一人が，他の人たちが考えたりしたりすることに依存する傾向があるからだ。いったん一定数の人たちがある噂を信じているようだということになると，それが虚偽であるという十分な理由がないかぎり，他の人たちもそれを信じるようになる。噂というものはたいてい，人々が直接あるいは個人的な知識がない事柄に関係しており，そのため私たちの大半は，単純に群衆を信用することがよくある。群衆の見解を受け入れる人が増えるにつれ，その群衆がますます大きくなり，噂が完全な虚偽であっても，多数の人から成る集団がそれを信じるようになるという現実的な危険を生み出す。

　集団内のはずみとは，同じ考え方の人たちが集まると，彼らが以前に思っていたことについて，より極端な解釈を信じる結果になることが多いという事実を表す。ある特定の集団に属する人たちが，たとえば，ある国の

4　2018年度　英語〈解答〉　　　　　　　　　　　　　　東京大-理科前期

悪意に関する噂を受け入れがちだとしよう。おそらく，お互いに言葉を交わしたあとには，彼らはその噂にもっとのめり込んでいるだろう。実際，彼らはためらいがちに信じている状態から，絶対的な確信を抱いている状態に移るかもしれない。たとえ，彼らの得た新しい証拠が，その集団内の他の人たちが信じている事柄だけだとしても，である。こうした場合のインターネットの役割を考えてみよう。似たような考えの人たちのツイートやメッセージをたくさん見ると，人々は噂を本当のこととして受け入れる傾向が強くなる。

　こうした2つの過程によってまちがった噂を受け入れることになる危険を減らすために，何ができるだろうか。最も明らかな答えであり通常の解決策は，表現の自由という仕組みを伴う。つまり，人々はバランスのとれた（＝公正な）情報や，真実を知っている人たちからの訂正に接することができる状態にあるべきだということだ。自由であることでたいていことはうまく運ぶが，状況によっては，それが十分な解決策ではないこともある。人は，情報を中立的に処理せず，多くの場合，感情が真実にたどり着くのを邪魔する。人は，新しい情報を非常にむらのあるやり方で取り入れ，まちがった噂を受け入れてしまった人たちは，容易に自分の考えを放棄しない。とりわけ，強い感情的な関わりを伴っているときはそうである。たとえ事実を提示しても，人の考えを変えるのは極めて困難なこともある。

━━━━━━━◀解　説▶━━━━━━━

◆読解する

　全体の構成を意識しながら，各段を検討しよう。

〔第1段〕

　この段は，噂の広まり方には「大衆の承認」と「集団内のはずみ」の2つがあると述べることから始まっており，第2文以下は前者「大衆の承認」がどのようなものか，どのようにして起こるのかを説明している。

〔第2段〕

　この段では，噂の2つの広まり方の後者「集団内のはずみ」について説明している。

〔第3段〕

　この段では，第1・2段で検討した噂の広まり方を踏まえて，まちがった噂を信じてしまう危険を減らす方法に話を転じている。同時に，一般的

東京大-理科前期　　　　　　　　　　　　　　　　　　2018 年度　英語〈解答〉　5

に考えられる方法でも完全ではない場合があることに触れている。

　　各段と各文の内容をまとめると下表のようになる。

各段の要旨		各センテンスの内容
第1段	噂の2つの広まり方の1つ「大衆の承認」とは	第1文：噂の広まり方には「大衆の承認」と「集団内のはずみ」の2つがある。 第2文：「大衆の承認」は，私たちが他の人たちの考え・行動に依存する傾向があるせいで起こる。 第3文：一定数の人がある噂を信じると，他の人もそれを信じる。 第4文：たいていの噂は，人々が自分では直接知らないことに関するものであり，群衆を信用することが多い。 第5文：群衆の見解を受け入れる人が増えれば，群衆がさらに大きくなり，多くの人が誤った噂を信じる危険が生まれる。
第2段	もう1つの噂の広まり方「集団内のはずみ」とは	第1文：「集団内のはずみ」とは，同じ考え方の人たちが集まると，以前の考えがより極端なものになることをいう。 第2文：ある集団の人たちが何らかの噂を受け入れがちだとしよう。 第3文：そのことについて彼らが言葉を交わすと，その噂にいっそうのめり込む。 第4文：集団内の他の人が信じていることしか根拠がない場合でも，ためらいがちに信じていた人が，絶対的な確信を持つようになるかもしれない。 第5文：インターネットで同じ考え方の人たちから挙がる多くのツイートやメッセージを見ると，噂を真実だと思うようになりがちだ。
第3段	誤った噂を信じる危険性を低減する方法とその問題点	第1文：このような2つの過程によってまちがった噂を信じる危険を減らすのに何ができるか。 第2文：最も明らかで通常の解決策は表現の自由の確保で，これにより人々は公正な情報と真実に触れる。 第3文：それでも，場合によっては十分な解決策ではないこともある。 第4文：人は情報を処理するとき，中立的には行わず，多くの場合感情が真実に至るのを邪魔する。 第5文：新情報の受け入れ方にはむらがあり，いったんまちがった噂を受け入れると，特に感情的な関わり方をしていると，人はそれを簡単には放棄しない。 第6文：事実を示しても，人の考えを変えるのは極めて困難なこともある。

◆答案を作成する

　　第1・2段で述べられている噂の広まり方を簡潔にまとめることが第一要件である。本文にある popular confirmation「大衆の承認」，in-group momentum「集団内のはずみ」は，そのままの訳だと本文を読んでいない人には何を表すか伝わりにくい。それぞれの説明から前者は「多勢への追従」，「大勢への追随」，「周囲への同調」，後者は「集団内での見解の激化」，「集団内での意見の強化」，「仲間内での先鋭化」など，意味の伝わるまとめ方をしたい。それに続いて，まちがった噂を信じないための解決策として挙げられた「表現の自由」に言及する。字数に余裕があれば，その具体的効用である「公正な情報と真実に接すること」にも触れておきたい。最後に，それでもまちがった噂が広まったりそれを信じたりするのを防ぐのが簡単ではないことを述べる。このことの理由として，「人が情報の取り入れにおいて中立的でないこと」や「感情の介入があること」を添える。

◆━━━━━━ ●語句・構文● ━━━━━━◆

(第1段) ●in-group「内集団の，（排他的）小集団の」 ●momentum「勢い，はずみ」 この文章では，噂への確信度が高まったり，噂の内容が極端になったりすることを表す。

(第2段) ●like-minded「同じ考え〔趣味・目的〕を持った」 ●in all likelihood「おそらく，十中八九」

(第3段) ●get in the way of ～「～の邪魔をする，～の妨げとなる」

1 (B) 解答

(ア)(1)— b) (2)— d) (3)— c) (4)— f) (5)— h)

(イ)＜解答1＞ When we try to describe what we have experienced non-verbally, the original memory of it is distorted or even lost in part. (15～20語程度)

＜解答2＞ By putting what we perceived non-verbally into words, we make it harder to recall its details as they were. (15～20語程度)

◆～～～～～～◆全　訳◆～～～～～～◆

≪言語化による記憶の劣化≫

　過去の情緒的な出来事を振り返るとき，私たちの記憶は心のうちで影響を及ぼすさまざまなものによってゆがめられがちである。これの起こり方の1つは，記憶を他の人と共有することによるものであり，たいていの人が重要なライフイベントのあとによく行うことである。それは家族に電話をかけて心躍るようなことを伝えることも，仕事上の大問題を上司に折り

返し報告することも、また警察に何らかの陳述をする場合さえもあてはまる。このような状況では、もともと視覚的に（あるいは実際には他の感覚を通じて）受け取った情報を言語情報へと移行させている。五感から得た情報を言葉に変換しているということだ。[(1)[b] しかしこの過程は不完全なものだ。] 視覚像や音やにおいを取り込み、それを言語化するたびに、情報を変化させたり喪失したりしている可能性がある。言語を通じて伝達できる細部の量には限界があるため、端折らざるをえないのだ。つまり簡略化するのである。これは「言語隠蔽効果」として知られている過程であり、この用語は心理学者のジョナサン=スクーラーが作り出したものである。

　スクーラーはピッツバーグ大学の研究者で、言語隠蔽効果に関する最初の一連の研究を、共同研究者のトーニャ=エングストラー=スクーラーとともに、1990年に発表した。彼らの主たる研究には、実験参加者に銀行強盗のビデオを30秒間見てもらうというものが含まれていた。それから無関係な作業を20分間行い、さらにその後、参加者の半分は銀行強盗の顔の説明を5分間書きとめ、もう半分はさまざまな国とその首都の名前を挙げる作業をした。このあと、参加者全員が、研究者たちの言うところでは「言語的に類似した」8つの顔の一覧を示された。「言語的に類似した」とは、「金髪、青い目、中くらいの鼻、小さな耳、薄い唇」といった、同じ種類の（言葉による）描写と一致する顔を意味する。これは、純粋に視覚的な類似性にもとづいて一致する写真を選ぶのとは違う。写真では顔の各部分の間の数理的距離といった、言葉で表すのはより困難なものに意識が向くかもしれないからである。

　ある顔を言語で表現してその外見を補強するほど、記憶の中の顔のイメージをいっそう忘れなくなるはずだと思うだろう。[(2)[d] ところが、その逆が正しいようだ。] 実際には、強盗の顔の説明を書きとめた人たちはそうしなかった人たちと比べると、一覧から正しい人物を特定する成績がかなり悪いことを研究者たちは発見した。たとえば、ある実験では、犯人の説明を書きとめた人たちのうち、一覧から正しい人物を選んだのは27パーセントしかいなかったのに対し、説明を書きとめなかった人たちでは61パーセントが正しく選べた。この違いは極めて大きい。簡単に言葉にできる詳細だけを述べることによって、実験の参加者はもとの視覚的な記

8　2018 年度　英語〈解答〉　　　　　　　　　　　　　　東京大-理科前期

憶の細部のいくつかを見落としてしまったのである。

(3)[c) この効果は信じがたいほど強い。] そのことは，一つの心理学の
実験結果を再現しようとしたものの中では，おそらくこれまでで最大の取
り組みであったものの結果にも示されているとおりである。これは，33
の研究所と，ジョナサン゠スクーラーとダニエル゠サイモンズをはじめとす
る，100 人近い学者による大規模なプロジェクトで，2014 年に発表された。
研究者全員が同じ方法に倣い，異なる研究者が，異なる国で，異なる実験
参加者で実験を行ったときでも，言語隠蔽効果は変わらないということを
発見した。画像を言葉で表すと，その画像に関する記憶は常に劣化するの
である。

　スクーラーとその他の研究者によるさらなる調査は，この効果が他の状
況や感覚にも当てはまるかもしれないことを示唆している。何かが言葉に
するのが難しいときには常に，それの言語化は概して記憶の呼び起こしを
低下させるようなのだ。色や味や旋律を描写しようとすれば，その記憶を
劣化させることになる。試しに地図や何らかの決意，あるいは感情のから
む判断を描写してみれば，もともとの状況の詳細のすべてを思い出すのは
よけいに難しくなる。(4)[f) このことは，他の人が私たちの代わりに物
事を言語化するときにもあてはまる。] 私たちが見たことを他のだれかが
描写するのを聞くと，その場合でもその事柄に関する私たちの記憶は弱ま
るのである。友人たちは，起こったことを口述するとき，私たちを手助け
しようとしているかもしれないが，逆に私たち自身のもともとの記憶を陰
らせているかもしれない。

　スクーラーによれば，詳細を失うことに加えて，非言語的な事柄を言語
化することで，私たちは相容れない記憶を生み出すことになる。私たちは，
その出来事を描写したときの記憶と，実際にその出来事を経験したときの
記憶の両方を持つという状況に置かれる。言語化したこの記憶は，もとも
との記憶の断片を圧倒するらしく，その後は言語化したものの方を，起こ
ったことの最善の説明として思い出すのかもしれない。写真の一覧のよう
に，もともとの詳細のすべてを思い出す必要がある同一性確認の作業に直
面すると，言語化した描写を無視して考えることが難しくなる。要するに，
記憶をよりはっきりさせようとする私たち自身の試みによって，記憶は悪
影響を受けるらしいということである。

東京大-理科前期　　　　　　　　　　　　　　　2018 年度　英語〈解答〉　9

　　(5)［ h ）これは，言語化するのがいつも悪い考えだということではない。］スクーラーの調査は，記憶を言語化することで，もともと言葉の形で示された情報，たとえば，単語のリスト，口頭での陳述や申し立て，といったものに関しては，記憶の呼び起こしは低下しない，あるいは向上させさえするかもしれないということも示している。

■■■■■■■■■■■◀解　説▶■■■■■■■■■■■

◆㋐　▶(1)　空所の直前には「（過去に起きたことを人に伝えるとき）私たちは五感から得た情報を言葉に変換している」，直後には「視覚像や音やにおいを取り込み，それを言語化するたびに，情報を変化させたり喪失したりしている可能性がある」とある。自分の経験を人に伝えるのに私たちは言語を使うが，これは何の疑問も持たずに日常的に行っていることである。ところが，空所のあとには「それが情報を変化させたり喪失したりしている可能性がある」と，言語化の欠点が述べられている。よって b ）の「しかしこの過程は不完全なものだ」が適切。

▶(2)　空所の直前には「ある顔を言語で表現してその外見を補強するほど，記憶の中の顔のイメージをいっそう忘れなくなるはずだと思う」とあり，直後には「実際には，強盗の顔の説明を書きとめた人たちはそうしなかった人たちと比べると，一覧から正しい人物を特定する成績がかなり悪かった」とある。一般的に想像されることと，実際の調査結果が逆だったことがわかる。よって d ）の「ところが，その逆が正しいようなのである」が適切。

▶(3)　空所の直後に「心理学の実験結果を再現しようとする，おそらくこれまでで最大の取り組みの結果に示されているように」とあり，「取り組みの結果」は同段の第 3 文（All researchers followed …）に示されている。すなわち「（100 人近い）研究者全員が同じ方法に倣い，異なる研究者が，異なる国で，異なる実験参加者で実験を行ったときでも，言語隠蔽効果は変わらないということを発見した」となっており，「言語隠蔽効果」が人間に広く見られる現象であることがわかる。よって c ）の「この効果は信じがたいほど強い」が適切。

▶(4)　同段の第 1 文（Further research by …）には「さらなる調査は，この（言語隠蔽）効果は他の状況や感覚にも当てはまるかもしれないことを示唆している」とあり，第 2 文（It seems that …）～第 4 文で「他の感

10 2018 年度 英語〈解答〉　　　　　　　　　　　東京大-理科前期

覚」，つまり視覚的記憶以外の記憶にもこの効果が及ぶことが述べられている。空所のあとには「私たちが見たことを他のだれかが描写するのを聞くと，その場合でもその事柄に関する私たちの記憶は弱まる」とあり，「他の状況」での言語隠蔽効果に話が転じたことがわかる。よって f ）の「このことは，他の人が私たちの代わりに物事を言語化するときにもあてはまる」が適切。

▶(5)　空所で始まる最終段の前までは，記憶の言語化は記憶を劣化させるという言語隠蔽効果のことが述べられている。空所の直後には「スクーラーの調査は，記憶を言語化することで，もともと言葉の形で示された情報…に関しては，記憶の呼び起こしは低下しない，あるいは向上させさえするかもしれないということも示している」とあり，言語化のよい面が述べられている。よって h ）の「これは，言語化するのがいつも悪い考えだということではない」が適切。

◆(イ)　スクーラーの名前は第 1 段最終文で初めて登場し，「言語隠蔽効果」という言葉を作った人であると紹介されている。空所(1)で始まる第 1 段第 5 文で，すでにこの効果のことが「視覚像や音やにおいを取り込み，それを言語化するたびに，情報を変化させたり喪失したりしている可能性がある」と述べられている。第 2 ～ 6 段では，彼と共同研究者，その他の研究者が行った実験と実験結果，こうした効果が視覚以外の知覚記憶や他の人が言語化するのを聞いた場合でも現れるというさらなる調査の結果を示して，言語隠蔽効果がどのようなものかを詳しく伝えた上で，そのような現象が現れる理由がまとめられている。ただし，最終段には，もともとの情報が言葉によるものなら言語隠蔽効果は現れないことが付け加えられている。つまり，スクーラーらの発見は「非言語的に経験したことを言語で表現すると，もとの記憶（の詳細）がゆがめられたり，損なわれたりする」ということである。「文章から答えを抜き出すのではなく，できるだけ自分の英語で」という条件なので，単語レベルでの参照にとどめてまとめる。

◆━◆━◆━◆━ ●語句・構文● ━◆━◆━◆━◆

（第 1 段）　●cut corners「手抜きをする，端折る」

（第 2 段）　●as A put it「A が言うように，A が言うには」

（第 5 段）　●transfer to ～「～に転移する」　●account of ～「～の記述，報告」

東京大-理科前期　　　　　　　　　　　　　　　　　　　　2018 年度　英語〈解答〉　*11*

2 (A) 解答例

＜解答例 1 ＞ This conversation tells us that it is very difficult for us to judge ourselves objectively. It is not unusual that our friends know far better about our personal habits and shortcomings. And the converse is also true. We see their faults better than they do. So, when we notice others' defects, we should reflect on ourselves. （40〜60 語）

＜解答例 2 ＞ This dialogue reminds me of the proverb that he who touches pitch will be defiled. A newcomer to a group is surely affected by the other members and likely to become similar to them. Brutus is not yet aware that he and Cassius are already of a kind, and Cassius is trying to make Brutus realize the fact. （40〜60 語）

━━━━━━━━━━ ◀解　説▶ ━━━━━━━━━━

▶＜解答例＞の全訳は以下のとおり。

＜解答例 1 ＞　この対話は，私たちが自分自身を客観的に判断するのは非常に難しいことを伝えている。自分の個人的な癖や欠点について，私たちよりも友人のほうがはるかによくわかっていることは珍しくない。そして，その逆もまた正しい。私たちは彼らの短所が彼らよりもよく見えるものだ。したがって，人の欠点に気づいたら，私たちは自分のことを省みるべきである。

＜解答例 2 ＞　この対話は私に「朱に交われば赤くなる」ということわざを思い出させる。ある集団に新しく加わった人は，他のメンバーに必ず影響され，彼らと似てくる可能性が高い。ブルータスは自分とキャシアスがすでに同類であることにまだ気づいておらず，キャシアスはブルータスにその事実を気づかせようとしている。

▶シェイクスピア作『ジュリアス・シーザー』の一節であるキャシアスとブルータスの「対話の内容について思うことを」述べよという比較的緩やかな条件である。「自分の顔は自分では見ることができない，他のものを通してしか自分自身を見ることができない」というブルータスの言葉から考えられるのは「人は自分を客観的に見ることが難しい」といった解釈だろう。また，「私が，きみの鏡として，きみの姿を見せてやろう」というキャシアスの言葉から，二人が同類であり，それに気づいていないブルータスにキャシアスが事実をわからせようとしているという説明も成り立つ。

12 2018 年度 英語〈解答〉 東京大-理科前期

ちなみに，キャシアスもブルータスもシーザーの部下だが，共謀してシーザーを暗殺する人物である。

2 (B) 解答

＜解答1＞ Probably he meant that your life will end before you know it if you are content just with doing what you assume you should do in your daily life.

＜解答2＞ His words might mean that if you are satisfied just to do what you believe you have to do in your everyday life, your life will come to an end all too soon.

◀解　説▶

●「それは恐らく…という意味であろう」

「それ」は前文にある小林秀雄の言葉を指しており，It 〔This〕 probably means that … と文字どおりに表現できる。また，その言葉を小林秀雄がどのようなつもりで言ったのかを筆者が推測している箇所でもあり，「たぶん彼は…ことを意味していたのだろう」Probably he meant that … や，「彼の言葉は…ことを意味しているのかもしれない」His words might mean that … などと表すこともできる。

●「自分が日常生活においてすべきだと思い込んでいること」

「自分」は一般論なので you を用いるのが妥当。「思い込んでいる」は assume / believe が考えられるが，単に「思う」think でも問題はない。「～こと」は関係代名詞 what を使う。もとになる文は「あなたはあなたがそのことを日常生活においてすべきだと思い込んでいる」you assume (that) you should do <u>it</u> in your daily life であり，what you assume you should do in your daily life とできる。このような場合，「～ということ」の意の接続詞 that は必ず省く。「～すべきだ」は should 以外に，ought to ～ や「～しなくてはならない」have to ～ / must も使える。また，「～することになっている」be supposed 〔expected〕 to～ も考えられる。「日常生活」は everyday life ともできる。

●「…をやってそれでよしとしているようでは」

「～ようでは」は「もし～なら」と if で表せる。「～をやってそれでよしとする」は，「(ただ) ～だけをして満足する」be content just with doing ～ / be satisfied just to do ～ とできる。あるいは「～しさえす

東京大-理科前期　　　　　　　　　　　　　　2018 年度　英語〈解答〉　*13*

ればよいと思っている」think（that）you have only to do ～ と読み換
えることもできるだろう。

●「人生などいつのまにか終わってしまう」
「など」と「しまう」は日本語では文のニュアンスを伝えるのに必要だ
ろうが，英語では不要。「人生は終わる」は life ends が文字どおりだが，
一般論とはいえ主語として you を想定しているので，your life ends と
するのが妥当。同様の観点から，「あなたの死」は未来のことなので
will end とする。「終わる」は他に come to an end / be over などが使
える。「いつのまにか」は before you know〔realize〕it がよく使われ
る表現。「あまりにもすぐに」all too soon といった表現もある。
なお，if 節は主節の前でも後でもよい。

3 (A) 解答　(6)— d)　(7)— e)　(8)— a)　(9)— b)
(10)— d)

◆━━━━━━◆全　訳◆━━━━━━◆

≪マサイ族の互恵制度≫

聞き手：今回も『世界への窓』にようこそ。今日のゲストはアビ＝ギセン
　　　バ博士です。博士は東アフリカのマサイ族の人たちと 2 年間暮らし，
　　　最近戻ってこられました。ギセンバ博士，調査についてお話しいただ
　　　けますか？

ギセンバ博士：ええ，いいですよ。テーマは協力ということだと思います。
　　　私の主張は，私たち人間は互いに助け合うという一種の本能を持って
　　　いるということです。

聞き手：それで，マサイ族との経験はその主張を裏づけると…？

ギセンバ博士：大いにそうです。伝統的なマサイの文化と社会は，牧畜に
　　　基礎を置いています。財産とは畜牛のことです。しかし，その財産は，
　　　どれほど注意していても，あるいは懸命に働いても，常に泥棒や雨不
　　　足などの脅威にさらされています。

聞き手：なるほど。

ギセンバ博士：ですが，マサイの文化はその危険を減らす仕組みを発展さ
　　　せてきました。相互義務という仕組みです。

聞き手：人々が互いに助け合わなくてはならない，ということですか？

14 2018 年度 英語〈解答〉   東京大-理科前期

ギセンバ博士：そのとおりです。彼らはそれを「オソトゥア」と呼んでい
　　　ます。「オソトゥア」という言葉は，妊娠している女性が，生まれる
　　　前に不可欠な栄養を赤ん坊に与える管を意味します。

聞き手：ああ，へその緒のことですね。

ギセンバ博士：そうです，へその緒です。ですから，私はそれを「コー
　　　ド」システムと呼んでいます。

聞き手：それはどのように機能するんですか？

ギセンバ博士：だれもが，助けを求めることのできる相手に関する一種の
　　　ネットワークを持っています。そのネットワークに属する人はだれで
　　　も，困ったときには助けを求めることができ，頼まれた人は助ける義
　　　務があります。

聞き手：私たちの間にある友情のネットワークのように…？

ギセンバ博士：いいえ，もっとずっと根本的なもので，はるかに重く受け
　　　取られているものです。親は自分のコードのネットワークを子どもた
　　　ちに受け継がせます。そして，だれが依頼し，だれが手を貸すのかを
　　　たどれる人はいません。見返りの期待はまったくありません。

聞き手：驚きです…。

ギセンバ博士：これは極端な例ですが，実際，人間は他の動物よりも物惜
　　　しみしない，つまり，他者を助けたがるようなのです。そして，それ
　　　は困惑するような事実です。人は，手を貸す個人にとって何の得もな
　　　い場合でも手助けをします。こんな話を知っていますか？　幼い子ど
　　　もが，おそらく生後 18 カ月という幼い子でも，大人が「誤って」何
　　　かを落とすのを見ると，その子はその大人の代わりにそれを拾い上げ
　　　たり，その大人に注意を促そうとしたりするものなのです。進化の上
　　　で私たちの最も近い親戚にあたるチンパンジーでもそんなことはしま
　　　せん。

聞き手：では，あなたの本当の関心は，他者を助けるという人間の傾向に
　　　あるのですね？

ギセンバ博士：えー，実際には，私の主な関心は，そのような傾向がどの
　　　ようにして進化した可能性があるか理解することにあります。そこで，
　　　マサイ族の登場，ということです。

聞き手：ああ，なるほど。たしか，コンピュータ・モデルをお持ちだった

かと…？

ギセンバ博士：私たちは３つの異なる種類の社会における寿命を計算する
　　　コンピュータ・シミュレーションを行いました。与えることのまった
　　　くない社会，見返りを求めて与える社会，そして最後に，見返りを期
　　　待せずに無償で与える社会…。

聞き手：「コード」システムのように…。

ギセンバ博士：そうです。そして，シミュレーションした社会を比較した
　　　とき，「コード」システムがある場合，一族が生き延びていく率が最
　　　も高いことがわかりました。

聞き手：ということは，いずれにしても，進化という観点からすると理屈
　　　に合いますね？

ギセンバ博士：唯一の例外は，集団全体が，たとえば，本当に深刻な伝染
　　　病のように，彼ら全員を同じように脅かすような大規模な危険に直面
　　　したときです。そのような状況では，見返りを期待せずに与えること
　　　は，役に立ちません。しかし，そのような状況では，どうしようもあ
　　　りませんから，気前よく与えることが状況を悪くすることはありませ
　　　ん。

◀解　説▶

▶(6)　「ギセンバ博士によると，『コード』システムが伝統的にその害を防
いできた危険の１つは何か」

　ギセンバ博士の２番目の発言第４文（But that wealth is …）に「その
財産（＝畜牛）は…常に泥棒や雨不足などの脅威にさらされている」とあ
る。この脅威を軽減する仕組みとして，博士の３・４番目の発言で「オソ
トゥア」のことが紹介されている。さらに５番目の発言で博士自身はこの
仕組みを「コード」システムと呼んでいることが述べられている。d）の
「雨の降らない時期が長引いて畜牛を失う危険」が正解。

a）「窃盗のせいでお金を失う危険」

b）「あまりにも多くの義務に巻き込まれる危険」

c）「妊娠中の母子への害という危険」

e）「共同体全体に広がる伝染病のせいで畜牛を大幅に失う危険」

▶(7)　「『コード』システムが実際にはどのように機能するのか，最もよく
説明しているのは次のどれか」

ギセンバ博士の6番目の発言第2文（Anyone in the …）に「そのネットワークに属する人はだれでも，困ったときには助けを求めることができ，頼まれた人は助ける義務がある」，7番目の発言第3文（And no one …）に「だれが依頼し，だれが手を貸すのかをたどれる人はいません」とある。これらの記述に当てはまるのは，e）の「手助けは，常に，ネットワークに属するだれであれ，必要なときにその人の求めに応じて与えられる」。

a）「それは，母親と胎児をつなぐへその緒のようである」

b）「友情で結ばれたグループと同じように，グループに属する人たちは，互いに自由に頼み事ができる」

c）「だれもが，困ったときに助けてくれる一人の他者とつながっている」

d）「困難な時期に，同じネットワークに属する人たちは，自ら進んで助け合うことを申し出なくてはならない」

▶(8) 「ギセンバ博士が『困惑するような事実』と言っているのはどんなことか」

"puzzling fact" は，ギセンバ博士の8番目の発言第2文 And that is a puzzling fact. にある。that が指すのは直前の文の内容と考えられる。そこには「人間は他の動物よりも物惜しみしない，つまり，他者を助けたがるようだ」とある。a）の「人間は最も物惜しみしない動物である」が正解。

b）「チンパンジーですら互いに対して気前がよくはない」

c）「幼い子どもは，大人が何か落としたとき，大人を助けようとする」

d）「人間は，自分にとって何も得になることがなければ他者を助けない傾向がある」

e）「幼い子どもは，大人が何かを落とすのを見ると，それは偶然だと知っている」

▶(9) 「マサイ族の研究における，ギセンバ博士の『主な関心』とは何か」

ギセンバ博士の9番目の発言（Well, actually, my main interest …）に「私の主な関心は，そのような傾向がどのようにして進化した可能性があるか理解することにある。そこで，マサイ族の登場，ということだ」とある。「そのような傾向」は，直前の聞き手の発言にある「人々が他者を助ける傾向にある」を受けている。よってb）の「マサイ族は，人間の気前のよさの発達を理解するのに役立つ」が正解。

東京大-理科前期   2018 年度　英語〈解答〉　*17*

ａ）「マサイ族は，牧畜文化がどのように危険を減らしているか理解するのに役立つ」

ｃ）「マサイ族は，現代社会が気前のよさを保ったり，増したりしうる方法を示している」

ｄ）「マサイ族は，気前のよさが根本的な特徴であるような文化の好例である」

ｅ）「マサイ族は，多くの異なる危険に対して，いかにひとつの仕組みが社会を守れるか示している」

▶⑽　「コンピュータ・シミュレーションでの主な発見に最もよく合致するのは次の文のどれか」

　ギセンバ博士の 11 番目の発言第 2 文（And when we compared …）に「『コード』システムがある場合，一族が生き延びていく率が最も高いことがわかった」とある。「コード」システムは博士の 6・7 番目の発言にあるように，「助けを求められたら，見返りを期待せずに与える仕組み」である。ｄ）の「見返りを期待せずに与えることが行われている場合，共同体はよりうまく生き延びる」が正解。

ａ）「気前のよい人は長生きする傾向がある」

ｂ）「気前のよい社会は，より利己的な社会と同じくらい成功している」

ｃ）「家族制度に属する個人は，そうではない人よりも長生きする」

ｅ）「ある非常に厳しい問題がある共同体全体に影響を及ぼす場合，気前よく与えることは，事態を悪くしかねない」

◆━◆━◆━◆━◆　●語句・構文●　◆━◆━◆━◆━◆━◆━◆

（聞き手第 1 発言）　●edition「連続番組の 1 回分」

（ギセンバ博士第 2 発言）　●be under threat「脅かされている」

（ギセンバ博士第 7 発言）　●keep track of ～「～を見失わないようにする」

（ギセンバ博士第 9 発言）　●…, which is where *A* come in「そこで *A* が登場する，そこが *A* を取り上げるのに適切なところだ」

3 (B) 解答 (11)— c) (12)— e) (13)— c) (14)— c) (15)— c)

◆全 訳◆

≪気前のよさの是非をめぐる議論≫

聞き手：ギセンバ博士，ありがとうございました。さて，もう一人のゲスト，ユージン=パークさんのお話を伺いたいと思います。パーク氏は「セルフ=リライアンス」という保守系政治団体の代表を務めていらっしゃいます。パークさん，こうした，気前よく与える，つまり見返りなく与えるという考え方について，どのようにお感じでしょうか？

パーク氏：そうですね，ギセンバ博士の調査は非常に興味深かったです。しかし，これにはまちがった一般化をしてしまう危険性があります。マサイ族が気前よく与えるということを実践しているからというだけでは，この仕組みが他の社会にも当てはまるということにはなりません。

聞き手：実のところ，あなたはギセンバ博士が説明したような種類の気前のよさにはさまざまな危険があるとお考えですよね？

パーク氏：そのとおりです。私たちは，他の人たちに頼るよりもむしろ，できるかぎり人は自活すべきだと考えています。もし無条件で，つまり彼らが働いていようといまいと，また成功しようと失敗しようと，気前よく人に物を与えるだけなら，まあ，それは怠惰を促し，依存を促します。天国のように聞こえますが，現実の世界では機能しません。

聞き手：ギセンバ博士，それについてはどうお考えでしょう？

ギセンバ博士：そうですね，私の研究での疑問は，なぜ人は気前よさの本能を持っているのだろうということでした。パークさんの疑問は，最善の結果のためには私たちはどのように社会を組織するべきか，ということです。これらは2つの異なる疑問で…。

パーク氏：問題は，「人間が気前よさの本能を持っているのであれば，それなら政府も気前がよくて当たり前だ」と考えるようになる人がいるということです。ギセンバ博士は，正しくも，これらの問題が別個のものだと理解しておられますが，中には，博士の論点から私の論点へ，まちがって飛躍してしまう人も出るでしょう。

聞き手：ですが，これらの疑問をどうして結び付けてはいけないのかと言

う人もいるかもしれませんね。もし人間が助け合う本能を持っているのなら，そして，ギセンバ博士が示したように，気前よく与える社会のほうが繁栄する可能性が高いのなら，なぜ政府も気前よくあるべきではないのでしょう？

パーク氏：そうですね，現代の都市社会は，マサイ族の社会とは組織のされ方が非常に異なっています。もし財産が主に畜牛という形なら，隣人が本当に困っているかどうか見てとるのはだれでも簡単にできるでしょう。私たちに関しては，財産は，たとえば銀行口座の中に隠されているというように，多くの場合目に見えません。したがって，実は困っているわけではない人間がその仕組みを悪用するのは簡単です。

ギセンバ博士：でも，気前のよさという仕組みは，他の社会にも見られます。例えばフィジーを取り上げましょう。フィジーの文化では，財産はもっと隠しやすいですが，それでも「コード」システムと非常に似た仕組みを持っています。それは「ケレケレ」と呼ばれており，「要請する」という意味です。ある実験では，フィジーの 50 人の男性が，1 日の労働に相当する額のお金を単に与えられました。彼らが自分のために取ったのは，平均して 12 パーセントにすぎず，半数近くはそのお金を全部，人に与えてしまいました。

パーク氏：もちろん，人がそれを選択するならお金を人に与えるのは素晴らしいことです。実際，私たちは政府が慈善事業や教会などへの寄付を奨励すべきだと思っています。しかし，求めている人ならだれにでもお金を手渡してしまうなら，当然受けるべき人たちだけではなく，受けるに値しない人たちにもいい思いをさせてしまいます。

ギセンバ博士：ですが，「ケレケレ」の仕組みを分析すれば，友人から最も多くのお金を受け取る人は，彼ら自身が物惜しみせず与えるというよい評判を持っている人たちだとわかります。ですから，気前のよさの仕組みは，人に「仕組を悪用する」ように誘うというより，実際には正直な行動を促すと思われます。

パーク氏：えー，もう 1 つの重要な違いは，ギセンバ博士の調査は，人々が互いのことを知っている小さな共同体に基づいたものである点です。おそらく，気前のよさは，こうした状況ではうまく機能するでしょうが，これは，会ったこともない他人を助けるために人々に税金を払う

20 2018 年度　英語〈解答〉　　　　　　　　　　　　　　　　　　　東京大-理科前期

　　こと，いわゆる「セーフティー・ネット」ですが，それを強いる規模
　　の大きな統治制度とは非常に異なります。これ（＝セーフティー・ネ
　　ット）は，最低限度のものだけを与えてそれ以上は与えるべきではな
　　いと我々は考えます。

ギセンバ博士：「セーフティー・ネット」は，可能なかぎり気前のよいも
　　のにすべきだという正当な理由はたくさんあると思いますよ。まず，
　　私たちは公正さを重視します。人生は非常に不公正なこともあり，可
　　能ならこれを正したいと思います。次に，私たちは文明社会で暮らし
　　たいと思っています。そして，数多くの人たちが貧困線以下の暮らし
　　をしているのは文明的とは言えません。

パーク氏：もちろんそうです。私は本当に困っている人たちが飢えて死ぬ
　　のを政府が放っておくべきだと主張しているのではありません。です
　　が，政府が勤勉な納税者に，しようと思えば自活できる人を養うよう
　　に強制するのも正しいわけがありません。

聞き手：えー，政治は常に，相容れない考え方の間にバランスを見出すこ
　　とに関わるものだと思います。さて，ここで終わりにしなくてはなり
　　ませんが，お二人ともありがとうございました。

■■■■■■■■◀解　説▶■■■■■■■■

▶⑾　「パーク氏によると，『気前よく与えること』の主な危険は何か」
　パーク氏の 2 番目の発言第 3 文（If you just give people …）の最終部
分に「それは怠惰を促し，依存を促す」とある。ｃ）の「無償で物を与え
られる人々は，自力で何かをしたいと思わなくなる」が正解。
　ａ）「もし人々が働かなければ，最終的には雇用に適さなくなる」
　ｂ）「それは，人々が何もお返しをせずに何かを受け取ることを促す」
　ｄ）「無償で与えることが全く当たり前の社会では，それは評価されなく
なる」
　ｅ）「人々が無償で物を与えられると，彼らは達成感を全く得られない」
▶⑿　「パーク氏によると，現代の都市社会がマサイの社会と異なる重要
な点は何か」
　パーク氏の 4 番目の発言第 2 文（If wealth is mainly …）に「財産が主
に畜牛という形なら，隣人が本当に困っているかどうか見てとるのはだれ
でも簡単にできる」とある。ｅ）の「マサイ族のほうが，周りにいる人た

ちが困っているかどうか知るのは簡単である」が正解。

a)「マサイ族のほうが，物質的に必要とするものが少ない」

b)「マサイ族のほうが，気前のよさの本能が強い」

c)「マサイ族には，収入を再分配する税制がない」

d)「マサイ族のほうが，隣人たちの財産について嫉妬深い可能性が高い」

▶⒀「ギセンバ博士によると，フィジーの『ケレケレ』の仕組みは，どのように気前のよい行動を促すか」

　ギセンバ博士の3番目の発言第1文（But if you analyze …）に「友人から最も多くのお金を受け取る人は，彼ら自身が物惜しみせず与えるというよい評判を持っている人たちだ」とある。c)の「気前がよいという評判を持つフィジー人は，報われる傾向にある」が正解。

a)「フィジー人は，忠実な友人に対して気前がよい傾向がある」

b)「フィジー人は，最もお金を必要としている人たちに対して気前がよい傾向がある」

d)「フィジー人は，自分のお金に関してより気前がよくなれるように，一生懸命働く」

e)「気前がよいという評判を持つフィジー人は，他の人たちよりも多くのお金を与える」

▶⒁「この会話に基づくと，ギセンバ博士が最も同意しそうな意見は以下のどれか」

　ギセンバ博士の3番目の発言第2文（So it seems that systems …）に「気前のよさの仕組みは，人に『仕組みを悪用する』ように誘うというより，実際には正直な行動を促す」とある。c)の「気前のよさの仕組みの中では，人々がずるをしようとする可能性は低い」が正解。

a)「社会は貧しい人たちに対して親切ではなくなりつつある」

b)「財産が容易に隠せる社会は，気前がよくない」

d)「現代の財政制度は，裕福な人から貧しい人へのお金の再分配をより容易にしている」

e)「一部の人が異常に裕福であるかぎり，どんな社会も文明化しているとは見なせない」

▶⒂「この会話に基づくと，パーク氏が同意する意見は次のどれか」

　パーク氏の6番目の発言第1文（Well, another important difference

22 2018 年度　英語〈解答〉　　　　　　　　　　　　　東京大-理科前期

…）・第 2 文に「ギセンバ博士の調査は，人々が互いのことを知っている小さな共同体に基づいたもので…気前のよさは，こうした状況ではうまく機能する」とある。c）の「無償で与えるという仕組みは，小さな共同体の内部では機能するかもしれない」が正解。

a）「政府は貧しい人たちを助けるべきではない」

b）「貧しい人たちが基本的に必要とするものは，寄付でまかなうべきである」

d）「税金制度は，自発的な寄付に変えるべきである」

e）「知らない人よりも友人のほうに気前よくするべきではない」

◆━━━●語句・構文●━━━◆

（パーク氏第 2 発言）　●provide for *oneself*「自活する」　●without conditions「無条件で」

（ギセンバ博士第 1 発言）　●for the best「（結局は）いちばんよくなるように」

3 (C) 解答　(16)— a）　(17)— c）　(18)— b）　(19)— b）　(20)— d）

◆━━━◆全　訳◆━━━◆

≪巨大波の実態≫

　何世紀にもわたって，船乗りたちは巨大波に関する話をしてきた。これは，全くどこからともなく，海の真っただ中で突然に盛り上がる，9 階建て，10 階建てのビルほどの高さの巨大な波のことである。そして，何世紀にもわたって，陸上で暮らしている人たちはこのような波を見たことがなかったため，人魚や竜に関する昔話のように，この波のことをおとぎ話，つまり誇張や全くの空想として片づけてきた。しかし，新しい証拠が，巨大波は現実のものであること，そして人が思うよりもずっと頻繁に発生することを裏づけている。

　1978 年，あるドイツの貨物船が大西洋の真ん中で姿を消し，27 人の乗組員の命が失われた。捜索隊は，極度の力が打ちつけた痕跡のある救命ボートを回収した。その船の救命ボートは，水面から 20 メートルの高さに備えられていたのである。

　そして 1995 年には，ハリケーンが発生しているときにノルウェー沖に

東京大-理科前期　　　　　　　　　　　　　　　　　　2018 年度　英語〈解答〉　*23*

ある石油掘削施設を巨大な波が襲った。12 メートルの波が施設に打ちつけていた。全員が嵐を避けるために内部にいたため，巨大波を見た人はいなかったが，レーザー機器はそれが 26 メートルの高さだったことを測定していた。

　波の形成に関する標準的な理論によると，それほど巨大な波は，1 万年に 1 回しか起こらないはずである。

　科学者たちはショックを受け，こうした巨大波の位置を突き止め，数を数えるために人工衛星の画像を使い始めた。2003 年の 3 週間にわたるある調査では 3 万枚の衛星画像を使い，25 メートル以上の高さの 10 個の波が見つかった。

　この現象はどのように説明できるだろうか。標準的な理論では波を個別のものとして扱い，1 つの波が別の波を追い越し，それと一緒になるときに波はより大きくなると考える。しかし，新しい説では，複数の波が集団を形成し，長時間そのままの状態である傾向を持つことを示唆している。その説によると，集団内の複数の波が互いにエネルギーを渡し合うことができ，1978 年と 1995 年に襲ったような恐ろしい波を形成する。もしこの説が正しいとなれば，このような巨大波を予測することができ，したがって，危険にさらされる船舶や石油掘削施設に早めの警告ができるかもしれない。

　船乗りたちは以前からずっと知っていることだが，海は予測ができない。それでも，我々は最も危険な海での出来事に備えようとしている。巨大波は甚大な被害をもたらしうる。2015 年 10 月には，また別のそうした波がアメリカの貨物船を沈め，33 人が犠牲となったのである。そして，地球温暖化が地球の風と海洋のシステムにさらなるエネルギーを注入するため，こうした途方もない出来事がもっと頻繁に起こる可能性がある。そのため，船舶や石油掘削施設を安全に保つために，新しい取り組みが進展中であり，それには巨大波の，かつては船乗りの空想の中にしか存在しないと思われていた波の，破壊的な衝撃を切り抜けられる，新しい設計も含まれている。

◀解　説▶

▶(16)　「巨大波は以前に思われていたよりも…」

　第 1 段最終文（But new evidence confirms …）に「新しい証拠が，巨大波は…人が思うよりもずっと頻繁に発生することを裏づけている」とあ

24 2018 年度 英語〈解答〉   東京大-理科前期

る。a）の「ありふれている」が正解。

b）「巨大である」　c）「激しい」　d）「予測可能である」

e）「突然である」

▶⑰　「証拠は，ドイツの貨物船を襲った巨大波は，少なくとも…メート
ルの高さだったことを示唆している」

　極度の力が打ちつけた跡のある，回収された救命ボートについて，第2
段最終文（The lifeboats on …）に「救命ボートは，水面から 20 メート
ルの高さに備えられていた」とある。c）の「20」が正解。

▶⑱　「2003 年，人工衛星画像を使った調査で…の期間に 25 メートル以
上の高さの 10 個の波が見つかった」

　第5段第2文（A study of one three-week period …）に「2003 年の
3週間にわたるある調査では…25 メートル以上の高さの 10 個の波が見つ
かった」とある。b）の「3週間」が正解。

a）「1週間」　c）「10 週間」　d）「1年」　e）「10 年」

▶⑲　「新説の主張の特別なところは…ということだ」

　第6段第3文（But a new theory suggests …）に「新しい説では，複
数の波が集団を形成し，長時間そのままの状態である傾向を持つことを示
唆している」とある。b）の「波は必ずしも個々のものとして扱うべきで
はない」が正解。

a）「波はそのエネルギーの観点で考えるほうがよい」

c）「波の形成は，思っていたよりもさらに予測しにくい」

d）「個々の波は，他の波を追い越したり，それと一緒になったりするこ
とがある」

e）「巨大波を早めに警告するシステムは，開発するのが難しいだろう」

▶⑳　「語り手は，将来，…のような，巨大波の脅威から身を守る方法が
見つかるかもしれないと示唆している」

　最終段最終文（That is why new approaches …）に「新しい取り組み
が進展中であり，それには巨大波の…破壊的な衝撃を切り抜けられる，新
しい設計も含まれている」とある。d）の「それらに襲われたときに耐え
られる構造を設計すること」が正解。

a）「その形成を防ぐこと」

b）「それらに対する船乗りたちの認識を高めること」

東京大-理科前期　　　　　　　　　　　　　　　　　2018 年度　英語〈解答〉　25

c ）「地球温暖化が海洋系に与える影響を減らすこと」

e ）「それらによって船が沈没したときに失われる命を少なくすることを
確実にすること」

～～～～～～●語句・構文●～～～～～～～～～～～～

（第 1 段）　●dismiss *A* as *B*「*A* を *B* として退ける，片づける」　●out-
right「全くの」

4 (A) 解答

(21)— g)　(22)— b)　(23)— d)　(24)— f)
(25)— d)　(26)— h)　(27)— c)　(28)— e)

━━━━━━◆全　訳◆━━━━━━━━━━━

≪初期の推理小説が流行した理由≫

　推理小説の起源は，シェイクスピアにまでもさかのぼる。しかし，エド
ガー=アラン=ポーの論理的な犯罪解決の物語は，重要なジャンルを作り上
げた。彼の物語は，だれが罪を犯したのかという謎をめぐって展開し，読
者に謎を解くようにも誘う。

　そのような物語のカギとなる人物こそ探偵である。ポーの創造した探偵
オーギュスト=デュパンは，有閑階級の紳士である。彼に働く必要はない
のだ。その代わりに，彼は実際の警察が犯罪を解決する手助けをするため
に「分析」を使うことに専念する。

　シャーロック=ホームズを作り出したアーサー=コナン=ドイルでさえ，
ポーの影響を認めざるをえなかった。デュパンはシャーロックのようにパ
イプをふかす。彼もまた異常に頭が切れて論理的，つまり犯罪解決という
偉業を成すために思考力を使う，一種のスーパーヒーローである。そして，
どちらの場合も，物語の語り手は，文字通りいつも探偵について回る人物
で，彼の同居人である。

　ポーのやり方は，19 世紀の科学的精神に訴えた。それは推理小説が，
どのような疑問であっても推論でその答えを得ることができると約束した
からだ。推理小説が受け入れられたのは，知性がきっと勝利することを約
束したからである。犯罪は，理知的な探偵によって必ず解決される。科学
は厄介ごとを引き起こす者を追い詰めて捕らえ，正直な人たちが夜眠れる
ようにしてくれる。

26 2018 年度 英語〈解答〉　　　　　　　　　　　　　　　東京大-理科前期

■■■■■■■■■■■ ◀解　説▶ ■■■■■■■■■■■

▶(21-22)　完成する並びは次の通り。不要語：f）them

(…,) inviting readers to solve the puzzle (too.)

「(ポーの物語は) …読者に謎を解くようにも誘う」

空所の直前にも与えられた語の中にも and などの接続詞がないため，a）の inviting が分詞構文を作っていると考えられる。invite *A* to *do*「*A* を〜するように誘う」という語法に当てはめて [a]inviting [c]readers [g]to [d]solve と並べられる。solve の目的語として b）の puzzle があるが，可算名詞の単数形であり e）の the をつけて使うことになる。

▶(23-24)　完成する並びは次の通り。不要語：b）is

(a kind of superhero) who uses powers of thinking to accomplish (great feats of …)

「(…という偉業) を成すために思考力を使う (一種のスーパーヒーロー)」

空所の前に a kind of superhero「一種のスーパーヒーロー」と名詞があり，与えられた語の中に h）の who があることから，関係代名詞節になると考えられる。who に続く述語動詞に使えるものは b）の is と g）の uses があるが，is ではこのあとが続かない。uses の目的語には d）の powers「力」が使える。「〜する力」には to *do* も of *doing* も使えるが，空所後の great feats of crime-solving「犯罪解決という偉業」へ続けるために，ここで to を使って to accomplish とすると，of thinking が余るので，[d]powers [c]of [e]thinking [f]to [a]accomplish (great feats …) と並べられる。

▶(25-26)　完成する並びは次の通り。不要語：e）in

reasoning could hold the answer to any (question)

「どのような (疑問) であっても推論でその答えを得ることができる」

空所は promised の目的語にあたる that 節の内部。空所直後の question と合わせて完全文を作る。当該文全体は，直前文「ポーのやり方は，19世紀の科学的精神に訴えた」ことの理由にあたる。推理小説の特性を描写すると考えられるため，f）の reasoning「推論」が主語と考えられる。c）の could に続く原形の動詞には a）の answer と d）の hold が考えられるが，g）の the と hold の目的語のことを考慮すると，answer を名

東京大-理科前期   2018 年度　英語〈解答〉　*27*

詞とするのが妥当。「～の答え」は the answer to ～ だから，残る any を
空所直後の question と合わせて the answer to any question「どのよう
な疑問にもその答え（を得る）」とすれば，文意が通る。

▶(27-28)　完成する並びは次の通り。不要語： d) nor

(track down the) troublemakers and let honest souls sleep

「厄介ごとを引き起こす者（を追い詰めて捕らえ），正直な人たちを眠れ
るようにしてくれる」

当該文は否定文ではなく，neither もみられないことから，あらかじめ不
要語は nor だと判断できる。空所直前に the があるので，並べ替えの冒頭
は名詞と考えられる。さらに，ここは track down ～「～を追い詰めて捕
らえる」の目的語であることから，g) の troublemakers が適切。c)
の let は let *A do*「*A* に～させ（てや）る」が基本語法であり，目的語に
あたる *A* には名詞である f) の souls，補語の原形動詞に e) の sleep が
使える。souls は「魂」が基本義だが，形容詞を伴って「～な人」の意に
なるので，b) の honest でこれを修飾する。残る a) の and は track
down と let を結ぶ接続詞として使う。

◆━◆━━●語句・構文●━◆━◆━◆━◆━◆━◆━◆

（第 1 段）　●go as far back as ～「～にまでもさかのぼる」 as … as は
　far back を強調する。

（第 2 段）　●a gentleman of leisure「暇な紳士」 ●keep *oneself* occu-
　pied「自らを忙しくさせておく，忙しくしている，専念している」

（第 3 段）　●feat「偉業，功績」

（第 4 段）　●catch on「受け入れられる，流行する」

4 (B)　解答　全訳下線部(ア)・(イ)・(ウ)参照。

━━◆全　訳◆━━━━━━━━━━━━━━━━

≪鳥類の知的能力≫

　（生物分類学上の）1 つの綱として，鳥類は 1 億年以上前から存在して
いる。鳥類は，自然の偉大な成功物語の 1 つであり，彼ら独自の知性を使
って生き延びる新しい方法を編み出したが，少なくともいくつかの点でこ
の知性は，私たち人間の知性をはるかに凌駕しているようである。

28 2018年度 英語〈解答〉　　　　　　　　　　　　東京大-理科前期

　遠い昔という霧の中のどこかで，あらゆる鳥の共通の祖先が暮らしてい
た。現在，およそ 10,400 の異なる種の鳥がいる。これは哺乳動物の種の
２倍以上の数である。1990 年代終わりごろに，科学者たちは地球上の野
生の鳥の総数を推定した。鳥には 2000 億から 4000 億の個体がいるとわか
った。(ア)それは，人間 1 人あたり，およそ 30 羽から 60 羽の生きた鳥がい
るということである。人間のほうが成功しているとか進歩しているなどと
いうことは，実際には，これらの言葉をどのように定義するかによる。い
ずれにしても，進化とは進歩ということではない。それは，生き残りに関
わることなのだ。進化とは，自分がいる環境が持つ問題を解決できるよう
になることであり，鳥類がはるか昔から驚くほどうまくこなしてきている
ことである。(イ)私の考えでは，このために，鳥は私たちが想像もできない
点で賢いのかもしれないという考えを，私たちの多くが受け入れ難いと思
ってきたことが，いっそう驚くべきものになる。

　鳥は学習する。彼らは新たに出合った問題を解決し，以前からある問題
に対して新しい解決策を編み出す。彼らは道具を作り，使用する。彼らは
数を数える。彼らは互いの行動を模倣する。彼らは自分がどこに物を置い
たか記憶している。(ウ)鳥類の知的能力が，私たち自身の複雑な思考に完全
には匹敵も類似もしていない場合でも，その中にはその萌芽が含まれてい
ることが多い。たとえば，試行錯誤という学習なしに，完全な解決法が突
然浮かぶことと定義されてきた，洞察がそれである。

━━━━━━━━━━　◀解　説▶　━━━━━━━━━━

▶(ア)　That's roughly 30 to 60 live birds per person.
「それは 1 人の人間につき約 30 から 60 の生きた鳥である」が直訳。That
が指すのは直前の文にある，地球上には総数 2000 億羽から 4000 億羽の鳥
がいるということを指している。その数を人間 1 人に対して何羽になるか
を示して，鳥類の多さを伝えようとしているのが当該文である。したがっ
て，単純な That's … 「それは…である」という文だが，「それは人間 1 人
あたり…ということになる〔ことである〕」などとするのがよい。また，
「約 30 から 60 の生きた鳥」も，「約 30 羽から 60 羽の生きた鳥がいる」
と言葉を補い，日本語としての自然さ，伝わりやすさを工夫したい。

▶(イ)　This, to my mind, makes it all the more surprising that many of
us have found it hard to swallow the idea that birds may be bright in

東京大-理科前期   2018 年度　英語〈解答〉　*29*

ways we can't imagine.

- This, to my mind, makes it all the more surprising「このことは，私
  の考えでは，それをいっそう驚くべきものにする」が直訳。to my
  mind は「私の考えでは」の意の成句。all the＋比較級は「（ある理由が
  あって）その分いっそう…」の意。無生物主語なので，「私の考えでは，
  このためにそれがいっそう驚くべきものになる」などとするとよい。な
  お，it はこのあとにある that 節を受ける形式目的語。

- that many of us have found it hard「私たちの多くがそれを難しいと
  思ってきたこと」が直訳。it はこのあとに続く to swallow … を受ける
  形式目的語。

- to swallow the idea「その考えを飲み込むこと」が直訳。swallow「〜
  を飲み込む」は，日本語でも「理解する，納得する」の意で使われるの
  と同様で，「受け入れる，信じる」の意。

- that birds may be bright in ways we can't imagine「鳥は私たちが想
  像できない仕方で賢いのかもしれないこと」が直訳。この that 節は直
  前の the idea と同格関係にある。in ways は「〜の点で」とすると日本
  語が滑らかになる。

▶(ウ)　Even when their mental powers don't quite match or mirror our
own complex thinking, they often contain the seeds of it—insight, for
instance, which has been defined as the sudden emergence of a
complete solution without trial-and-error learning.

- Even when their mental powers don't quite match or mirror our
  own complex thinking「彼らの知的能力が私たちの複雑な思考に完全
  には匹敵せず，似てもいないときでも」が直訳。their は birds を受け
  ており，「彼らの」より「鳥類の」と訳出しておくのがよいだろう。
  mental powers は「知的能力，知力」の意。not quite は「完全には
  〜ない，完全に〜というわけではない」と部分否定を表す。また not *A*
  or *B* は「*A* も *B* も〜ない」の意。match「〜に匹敵する」，mirror「〜
  に似ている」の共通の目的語が our own complex thinking「私たち自
  身の複雑な思考」である。なお，even when 〜 は「〜するときでも」
  と時間の意味を強く出すと，時によって鳥類の知的能力が変わるかのよ
  うに聞こえるので，「〜する場合でも」，あるいはほとんど if のように

30 2018 年度 英語〈解答〉 東京大-理科前期

「～するとしても」などとしたほうがよいだろう。

● they often contain the seeds of it「それらはしばしばその種を含んでいる」が直訳。they は their mental powers を受け，it は complex thinking を受けることを把握しておきたい。the seeds「種（タネ）」は「もととなるもの」を表す比喩であり，日本語でもこの意味で使うのでそのままでもよいし，「もと（となるもの），萌芽」などとしてもよい。なお，A contain〔include〕B「A は B を含む」の文は，「A には B が含まれている」とすると，日本語として自然になることが多い。

● — insight, for instance, which has been defined as the sudden emergence of a complete solution without trial-and-error learning「たとえば，試行錯誤学習なしの，完全な解決の突然の出現と定義されてきた洞察」が直訳。「複雑な思考のタネ」の一例を挙げている。for instance が挿入されているが，which 以下は insight「洞察」を先行詞とする関係代名詞節。define A as B「A を B と定義する」が受動態になり現在完了で使われているので，「～と定義されてきた洞察」となる。as 以下は名詞を中心とした英語らしい表現になっているので，動詞（述語）が入るのを好む日本語としてわかりやすいものにする。たとえば the sudden emergence of a complete solution「完全な解決策の突然の出現」は「完全な解決策が突然出現すること」などとできる。「洞察」の定義であることから，emergence は「（頭に）浮かぶこと，ひらめくこと」などとすることもできる。without trial-and-error learning「試行錯誤学習なしに」も言葉を補って，「試行錯誤という〔による〕学習なしに〔を伴わずに〕」などとするとよい。

◆━◆━━◆━ ●語句・構文● ━◆━◈━◆━━◈━◆

（第1段） ● a class「（分類学上の）綱（こう）」 ● be around「存在する，いる」 ● one's own brand of ～「…独自の（種類の）～」

（第2段） ● Somewhere … lived the common ancestor of all birds.「…のどこかにすべての鳥の共通の祖先が暮らしていた」 S V＋副詞の第1文型が，副詞が前に置かれて V S に倒置された形。● deep time「はるか昔」 ● come up with ～「～を発見する，見つける」

● S is about ～「S は～に関わる，S は～ということである」

東京大-理科前期   2018 年度　英語〈解答〉　*31*

5　解答

(A)ジェイニーの耳が不自由であることを（クラーク氏に）言わなかったのは，いかにも彼女の母親らしいことであろう。

(B)(29)— e)　(30)— d)　(31)— a)　(32)— f)

(C)— d)　(D)— d)

(E)ジェイニーに手を上げてしまうといった，ジェイニーの母親の感情的な行動は，母親自身にも抑えられないということ。

(F) know something about the buildings, the ones I will photograph

(G)— d)

━━━━━━━◆全　訳◆━━━━━━━━━━━━━━━━━━

≪母と娘の確執≫

　「ジェイニー，こちらはクラークさんよ。階段下の部屋をご覧になるの」彼女の母親があまりにもゆっくりと注意深く話したため，ジェイニーは 1 語 1 語を読み取ることができた。彼女は何度もそんなことをする必要はないと言ってきたのだが，母親はほぼいつも，人前でも，そうした。それが彼女をどぎまぎさせた。

　クラーク氏はジェイニーを一心に見続けた。おそらく，母親の話し方のせいで，彼女は耳が不自由なのだろうかと思っているのだろう。そのことを言わなかったのは，いかにもお母さんらしいわ。たぶん，彼は自分の疑問を確かめられるように，彼女が話すかどうか見守っているのだろう。彼女は，ただ自分の沈黙を解釈されるに任せた。

　「お部屋を案内してくれる？」と母親は言った。

　彼女は再びうなずき，彼があとをついてくるように向きを変えた。すぐ先の階段の下の区割りに，シングルの部屋があった。彼女が扉を開けると，彼は彼女の横を通って部屋に入り，振り返って彼女を見た。彼女は見つめられて落ち着かない気持ちになった。もっとも彼が彼女を一人の女性として見ているようには，もしふさわしい男性なら以前はそうしてほしいと思ったかもしれないようには，感じなかった。彼女は自分が恋愛にふさわしい年齢を過ぎてしまったと思っていた。それは，彼女が嘆き，その後克服した時間の経過だった。

　「この部屋が気に入りました」と，彼は手話でつづった。「ここにします」

それで終わりだった。会話もなく，彼女の耳が聞こえないことを彼がどうして確信できたのかにも，どのようにして手話で話せるようになったのかにも説明はなかった。

ジェイニーは母親のところに戻り，1つの質問を手話で示した。

「彼は写真家よ」と，母親はまたあまりにもゆっくりと言った。「世界中を旅して写真を撮っているんですって」

「何の？」

「建物よ」

　　　　　　　　　　＊　　　　　　　　　　＊

彼女の沈黙への入口は音楽だった。彼女はほんの10歳で，階段上のポーチの端に座って教会の聖歌隊の歌を聞いていた。そのとき，めまいがし始め，突然音楽の中にうしろ向きに落下した。

その後，彼女は自分の部屋の，自分のベッドの中で，音のしない夜に目覚めた。どんな子どもでもそうするだろうが，彼女は混乱して叫び声をあげ，すぐに母親が駆けつけた。しかし，何かがおかしく聞こえた，あるいは，何も音は響かなかった。病と混乱が大きくなっている彼女の内部以外では。彼女は自分の声も聞こえず，自分の出した叫び声——ママ——も聞こえていなかった。そして，母親がもうしっかりと彼女を抱きしめていたのに，また叫び声をあげていた。だが，それも無音に向かってだった。その世界は彼女が今暮らしているところであり，これまであまりにも長く暮らしてきたので，人からは見て取れないその内側にいて居心地悪く感じてはいなかった。彼女は，それが彼女を救っている，どんなときでも必要なだけ深く引きこもる隔絶した場所を与えてくれていると思うこともある。そしてそのような（沈黙の中に逃れる必要のある）時が多々あった。

床はこれまでいつも母親の怒りを彼女に伝えてきた。彼女がこのことを知ったのは，彼女が幼いころに父と母が口論をしていたときのことだった。彼女にとっては，彼らの言葉は音としては存在していなかったかもしれないが，怒りはいつもそれ独特の振動を起こした。

何年も前のそのころは，なぜ両親が口論しているのかはっきりとはわからなかったが，子どもにはありがちなように，それがたいていは自分に関することだと感じ取った。ある日，彼女が家の裏にある森の中で遊んでいるのを母親が見つけ，母親について家に戻ろうとしなかったとき，母親は

彼女の腕をつかんで木々の間を引きずっていった。やっと身を引いて母親に向かって叫んだが，それは言葉ではなく，彼女が感じていることすべてを１つの大きな振動で表す金切り声だった。母親は彼女の顔を平手で強くひっぱたいた。彼女は母親が震えているのを見て，母親が自分を愛してくれているのがわかった。しかし，愛は時として，沈黙と同じように，美しいが耐え難いものだった。父親は彼女に「母さんは自分を抑えられないんだ」と言った。

＊　　　　　　　　　＊

　数週間後，クラーク氏はジェイニーに言った。「手伝ってもらえるかな」

　「私でできるなら」と彼女は指でつづった。

　「建物のことを知る必要があってね。明日撮影する建物なんだけれど。その歴史を何か教えてもらえるかな」

　彼女はうなずいて，必要とされていること，ちょっとしたことで役に立つことを嬉しく思った。すると，クラーク氏はオークヒルの頂上にある古い家屋のところまで一緒に行ってくれないかと彼女に言った。「楽しいと思うよ。ここを少し離れるのもね」

　彼女は台所の扉のほうを見たが，初めはなぜ自分がそちらを向いたのか意識していなかった。たぶん，何か無意識のレベルで，一瞬前にはわかっていなかったことがわかったのだ。母親がそこに立っていた。母は彼の言っていることを聞いていたのである。

　彼のほうに向きなおったとき，ジェイニーは彼の唇を読んだ。「明日，僕と一緒に行かないか？」

　彼女は母親が近づいてくる素早い振動を感じた。彼女は母親のほうを向き，母親の怒りと恐れを見て取った。これまでいつも見てきたようにして。ジェイニーは息を吸い込み，よくはわからないが，病気の子どもか死にかけている人のように聞こえたかもしれない，呼気のほうが多い，ざらざらしたささやき声で２つの言葉を押し出した。彼女は「私，行くわ」と言った。

　母親は驚いて彼女を見つめ，ジェイニーは自分の声の残されているものを使ったことと，自分の言ったことのどちらに母親が驚いているのかよくわからなかった。

　「だめよ。だめでしょ」と母親は言った。「明日は家回りのことをするの

を手伝ってもらわなくちゃいけないわ」

「いいえ」と彼女は手話で示し，頭を振った。「必要じゃないでしょ」

「私がお前を必要としていることは重々わかっているでしょう。しなくちゃいけない掃除があるじゃないの」

「明日でなくてもいいじゃない」と彼女は言い，母親が返事をする暇も与えずに出て行った。

━━━━ ◀解　説▶ ━━━━

◆(A)　It is like A to do は「～するのは A らしい，～するのは A の特徴を示している」の意。It は形式主語，不定詞が真主語である。当該文では不定詞が not を伴い，to have mentioned it と完了形になっているので，「それに言及しなかったのは」となる。述語動詞の would は断言を和らげる可能性・推量の would と考えられる。「それに言及しなかったのは，いかにも彼女の母親らしいことだろう」などとなる。直前の文で，「彼（＝クラーク）は，彼女は耳が聞こえないのではないかと思った」とあるので，it の指す内容は，「ジェイニーの耳が聞こえないこと」である。全体で，「ジェイニーの耳が不自由であることを（クラークに）言わなかったのは，いかにも彼女の母親らしいことであろう」などとなる。なお，この部分は，ジェイニーの思ったことを地の文に埋め込んだ描出話法とも考えられる。したがって〔全訳〕では「そのことを言わなかったのは，いかにもお母さんらしいわ」と，ジェイニーの（頭の中の）言葉として訳してある。この話法は通常，間接話法と同様に時制を一致させるが，文中の would は時制の一致による will の活用形ではなく，仮定法由来の控えめな推量を表す would であるため時制の一致は起こっていない。

◆(B)　▶(29)　まず，空所がだれの発言かを確認する。一般に "……," A said. "……." という書き方なら，A said の前後ともに A の発言である。したがって，空所は彼＝クラークの発言。前の発言の「この部屋が気に入った」と内容がつながるのは e ）の I'll take it.「この部屋にします」である。

▶(30)　空所の前で母親が，クラークは写真を撮りながら世界中を旅しているとジェイニーに話しており，空所のあとでは「建物よ」と述べている。d ）の Of what?「何の（写真を撮っているの）？」を補えば流れが自然。

▶(31)　クラークに，翌日の撮影に同行してほしいと言われたジェイニーが，

それを聞いていた母親の存在に気づいて声を振り絞っている箇所。同文の前半に the two … words「2つの…語」とあることも選択肢の絞り込みに使う。ジェイニーの発言を聞いた母親は "You can't. You just can't" と言っており，空所に補う発言には can't のあとに省かれている動詞が含まれていることになる。a）の I'll go. を補えば，直前段落のクラークの誘いの言葉 "Why don't you go with me tomorrow?" とも合う。

▶(32) 母親が "I need you to help me …"「私はお前に手伝ってもらう必要がある」と言ったのに対して，ジェイニーが答えている箇所。一度 "No" と言ったあとに続く部分だが，直後で母親が "You know good and well I do."「私が（〜する）ことをお前は重々知っている」と言っており，この do は need の代用なので，ジェイニーの "No" に続く否定文は f）の You don't. がふさわしい。つまり You don't need me to help you. ということである。

◆(C) 3カ所ある空所の最初は something（　　　）wrong で，過去のことを述べている述語動詞として過去形，2番目は had not（　　　），3番目は might have（　　　）と完了形なので，過去形と過去分詞形が同形のものでなくてはならない。b）の gone と e）の went は除外。最初の空所のあとには wrong がある。この語は形容詞にも副詞にもなるが，a）の ended と合わせて ended wrong としても意味をなさないので，a）は除外できる。2番目の空所のあとには文型上の要素が何もなく，補語を必要とする c）の seemed も除外できる。残る d）の sounded なら，something sounded wrong「何かがおかしく聞こえた」，(something) had not sounded「何か響いてはいなかった」，… whisper that might have sounded, …, like a sick child …「病気の子ども…のように聞こえたかもしれないささやき声」となり，文構造・意味ともに成立する。

◆(D) 当該文は，ジェイニーが，「それ（＝耳が聞こえないこと）が自分を救っていると思うこともあった」と始まり，続く部分で「救い」の意味を「どんなときでも必要なだけ深く引きこもる隔絶した場所を与えてくれる」と説明している。下線部は at any given moment「どんなときでも」のあとにダーシで補足的に，and there were moments「そして時が（たくさん）あった」と続いている。d）の when she needed to retreat into silence「沈黙の中に逃れる必要のある（時）」を補えば，moments を

先行詞とする関係副詞節としてどのような時かを表し，当該文前半の内容とうまくつながる。

a)「必要な時に彼女に与えられた（時）」

b)「彼女が居心地悪く感じない（時）」

c)「彼女の母親が彼女をどうしても自由にさせてくれない（時）」

◆(E)　下線部直前の her がジェイニーのことだから，She はジェイニーの母親である。can't help ～ は「～を避けられない，どうしようもない」の意。～ = *oneself* の場合は「自分をどうしようもない」というところから，「感情を抑えられない」の意になる。ここでは，同段第 4 文（Her mother slapped her …）に「母親は彼女の顔を平手で強くひっぱたいた」とある。そして父親がジェイニーに向かって “She can't help herself.” と言っているので，「ジェイニーに手を上げてしまうといった，ジェイニーの母親の感情的な行動は，母親自身にも抑えられないということ」などとまとめられる。

◆(F)　当該箇所は，クラークがジェイニーに手助けをしてほしいと言っている場面。空所のある文の直後に「そ（れら）の歴史を何か教えてもらえるかな」とあり，「それら」は写真家のクラークが関心を持つ被写体だと考えられる。「その歴史を何か教えてほしい」と述べているところから，I'll need to に続く原形の動詞に know，目的語に something を使い，それに about the buildings と続けることで，意味を成すまとまりが作れる。「どこか 1 か所にコンマを入れる」という条件があるので，ジェイニーにとっては何のことか不明の the buildings「その建物」について「写真に撮ろうと思っている建物だ」とクラークが補足していると考えられる。コンマを置いて，the ones I will photograph (tomorrow) と続けることができる。the ones のあとには目的格の関係代名詞が省略されている。photograph「～を写真に撮る」

◆(G)　翌日クラークと出かけるというジェイニーを，母親は家回りのことで手伝ってもらう必要があると言って止めようとしている場面。直前で「しなくてはいけない掃除がある」と母親が言っており，当該文の主語 It は「掃除」を指すと考えられる。d)の wait は物事が主語の場合「物事が待ってくれる」，つまり「すぐに取り組まなくてもよい」の意。「掃除なんか，明日しなくてはならないことではない」というジェイニーの気持ち

を表す。c）の postpone は「〜を延期する」という他動詞で，目的語がないため不可。

◆━◆━◆━◆━◆ ●語句・構文● ◆━◆━◆━◆━◆━◆━◆

（第1段）●to her embarrassment「（前述のことで）彼女は当惑した，どぎまぎした」 to one's 〜（感情を表す名詞）は，通常文頭に置いて「人が〜したことには」と前置きの意に使うが，本来この to は「結果」の意で，前述の出来事が人の感情という結果に至ることを表す。ここは文末にあり，内容上も結果とするのがふさわしいと考え，全訳では訳し下ろしてある。

（第2段）●open to interpretation「いろいろな解釈ができる（状態で）」

（下線部(E)を含む段落）●slap A across the face「A の横面を張りとばす」 the face と定冠詞がつくのがふつう。本文では her と所有格になっている。

（空所（B31）を含む段落）●draw in one's breath「息を吸い込む」 ●breath-filled words「息が満ちた単語」が直訳。このあと「病気の子どもか死にかけている人のように」とあるとおり，ぜいぜいした声ではっきり発音できていないことを表す。

❖講 評

　大問数は5題で変わりない。選択問題での解答方式がマークシート法であることも 2015〜2017 年度と同じである。内容や出題形式に多少の変化があるのは例年のことであり，2018 年度も 2017 年度と異なる点があった。1(B)は例年空所補充のみであったが，2018 年度は文中で述べられていることの内容を英語で簡単に要約する問題も出題された。2の英作文問題は 2013 年度以降(A)・(B)とも自由英作文であったが，2018 年度は(A)が自由英作文，(B)は和文英訳であった。また4(A)は，2016・2017 年度は誤り指摘であったが，2018 年度は 2015 年度のように，一連の文章中の空所を語句整序で埋める問題であった。

　1　(A)英文の内容を日本語で要約するもの。字数は 70〜80 字。(B)文の空所補充および，文中で述べられていることの内容を 15〜20 語程度の英語で要約するもの。

2 (A)自由英作文。戯曲の一場面から引用された対話の内容について思うことを述べるもの。40〜60 語。(B)和文英訳。数行の和文中の 1 文を英訳するもの。

3 リスニング。3 つのパートに分かれており，いずれも 2 回ずつ読まれる。(A)会話，(B)会話，(C)講義という構成で，(A)と(B)は関連する内容になっている。リスニングは試験開始後 45 分経過した頃から約 30 分間行われる。

4 (A)文法・語彙，読解問題。文章中の 4 カ所の空所を語句整序で埋めるもの。(B)英文和訳問題。一連の英文中の 3 カ所を和訳するもの。

5 長文読解。文章は小説で，耳の不自由な娘とその母親の確執を描いたもの。

以下，各問題の詳細をみる。

1 (A) 英文量は約 350 語で近年では標準的な長さである。聞き慣れない用語が使われているが，具体的な例を使って説明してあり，内容はわかりやすい。要約は説明されている事柄を簡潔な表現に収めることがポイントとなる。

(B) 英文量は約 840 語と，例年よりやや多めである。5 カ所ある空所に合う文を選ぶ問題と，文章で取り上げられている発見の内容を15〜20 語程度の英文で要約する問題。空所補充は紛らわしい選択肢はなく，解答しやすい。要約は文章中から抜き出すのではなく，できるだけ自分の英語で答えるという条件がついている。新傾向の問題である。

2 (A) 自由英作文。シェイクスピアの戯曲『ジュリアス・シーザー』から引用された対話の内容について思うことを述べるもの。条件が緩やかなので自由に内容を考えられるが，逆に書きにくいと感じた受験生もいたかもしれない。対話から引き出せる一般則を考えればまとめやすいだろう。

(B) 和文英訳。2 文からなる和文の 1 文が対象となった部分英訳。2 は長らく自由英作文 2 問が続いていたので，久々の出題である。やや長めの 1 文だが，文の構成をよく整理して考えれば，それほど困難ではない。

3 (A)はラジオのインタビュー番組。「マサイ族の互恵制度」について述べられており，どのような制度なのか理解できるよう十分な情報を

聞き取りたい。

　(B)は(A)に続いて，(A)の論者と対照的な意見を持つ人物が加わった3人の会話。2人の論者の考え方の違いを整理しながら聞き取る。

　(C)は「巨大波」に関する講義。述べられている事実・事件を正確に聞き取る必要がある。数値も問われるので注意したい。

　4　(A)　4段落構成の一連の文章中の4カ所を語句整序で埋める問題。文章自体は比較的短い。与えられた語群にはそれぞれ1語不要なものが含まれている。並べ替える語は6語か7語。文脈をつかみ，動詞の語法や前置詞の知識を活用して考えれば，比較的容易。

　(B)　一連の文章中の3カ所の英文和訳。短い文も長い文もあり，文脈を考えて文意が伝わるように工夫する必要があった。

　5　耳の不自由な娘とその母親の確執を描いた小説。娘の心理を十分につかんで各場面の状況を思い描きたい。設問は，英文和訳，空所補充，内容説明，語句整序であった。

数学

1 ◆発想◆ 微分を行い，分子の式変形後，$\sin t < t$ $(t>0)$ を用いて，増減表を考える。

解答 $f(x) = \dfrac{x}{\sin x} + \cos x$ $(0<x<\pi)$ より

$$f'(x) = \frac{\sin x - x\cos x}{\sin^2 x} - \sin x = \frac{\sin x - x\cos x - \sin^3 x}{\sin^2 x} \quad \cdots\cdots ①$$

（①の分母）>0

$$\begin{aligned}
（①の分子）&= \sin x(1 - \sin^2 x) - x\cos x \\
&= \sin x\cos^2 x - x\cos x \\
&= \cos x(\sin x\cos x - x) \\
&= \frac{1}{2}\cos x(2\sin x\cos x - 2x) \\
&= \frac{1}{2}\cos x(\sin 2x - 2x)
\end{aligned}$$

ここで，$g(t) = t - \sin t$ $(t \geqq 0)$ とおく。これについて

$$g'(t) = 1 - \cos t > 0 \quad (t>0,\ t \neq 2n\pi,\ n \text{ は整数}) \quad \text{と} \quad g(0) = 0$$

から

$$t>0 \text{ では} \quad g(t) > 0 \quad \text{すなわち} \quad t > \sin t$$

である。

よって，$x>0$ において $\sin 2x - 2x < 0$ であり，$f(x)$ の増減表は次のようになる。

x	(0)	$\cdots$	$\dfrac{\pi}{2}$	$\cdots$	(π)
$f'(x)$		$-$	0	$+$	
$f(x)$		$\searrow$	$\dfrac{\pi}{2}$	$\nearrow$	

また

東京大-理科前期　　　　　　　　　　　　　　　　　　　2018 年度　数学〈解答〉　*41*

$$\lim_{x \to +0} f(x) = \lim_{x \to +0} \frac{1}{\dfrac{\sin x}{x}} + \lim_{x \to +0} \cos x = 1 + 1 = 2 \quad \cdots\cdots (\text{答})$$

さらに，$\displaystyle\lim_{x \to \pi-0} x = \pi$，$\displaystyle\lim_{x \to \pi-0} \sin x = +0$ からの $\displaystyle\lim_{x \to \pi-0} \frac{x}{\sin x} = \infty$ と，$\displaystyle\lim_{x \to \pi-0} \cos x$
$= -1$ から

$$\lim_{x \to \pi-0} f(x) = \infty \quad \cdots\cdots (\text{答})$$

━━━━◀解　説▶━━━━

≪三角関数の分数式の増減表，極限≫

　$f'(x)$ を求め，分子の式変形によって因数 $\sin 2x - 2x$ を作り出すところ
が最初のポイントである。ついで，$f'(x)$ の符号を決定するために，$t > 0$
のとき $\sin t < t$ であることを用いるのが第二のポイントである。これによ
り，増減表が完成する。最後の極限はほとんど明らかであるが，少し理由
を記すほうがよいだろう。

　本問は第 1 問ということもあり，難易度としては易の問題である。ポイ
ントとなることはどれも基本事項であり，確実に正答を得たい。

━━━━━━━━━━━━━━━━━━━━━━━━

2　◆発想◆　(1) $\dfrac{1}{2}n(n+1)$ は整数であること，$2n+1$ と n，
$2n+1$ と $n+1$ がいずれも互いに素であることを用いる。
(2) $a_1 < a_2 < \cdots < a_m > a_{m+1} > a_{m+2} > \cdots$ となる m と $a_n < 1$ となる
m，n を見出す。

━━━━━━━━━━━━━━━━━━━━━━━━

解答　(1)　$a_n = \dfrac{{}_{2n+1}C_n}{n!}$ より

$$\begin{aligned}
\frac{a_n}{a_{n-1}} &= \frac{{}_{2n+1}C_n}{n!} \cdot \frac{(n-1)!}{{}_{2n-1}C_{n-1}} \\
&= \frac{(2n+1)!}{n!\,n!\,(n+1)!} \cdot \frac{(n-1)!(n-1)!\,n!}{(2n-1)!} \\
&= \frac{2(2n+1)}{n(n+1)} = \frac{2n+1}{\dfrac{1}{2}n(n+1)} \quad \cdots\cdots\text{①}
\end{aligned}$$

ここで $n(n+1)$ は 2 以上の偶数であるから，$\frac{1}{2}n(n+1)$ は 1 以上の整数である。

$(2n+1)-2n=1$ から，$2n+1$ と n は互いに素である。

$2(n+1)-(2n+1)=1$ から，$2n+1$ と $n+1$ は互いに素である。

よって，$2n+1$ と $n(n+1)$ は互いに素であり，共通の素因数をもたない。

$\frac{1}{2}n(n+1)$ は $n(n+1)$ の素因数 2 が 1 つ除かれたものであることから，

$\frac{1}{2}n(n+1)$ と $2n+1$ は互いに素である。

ゆえに　　　$p_n=\dfrac{n}{2}(n+1)$，$q_n=2n+1$　……(答)

〔注〕　煩雑にはなるが，次のように n の偶奇に分けて考えてもよい。

(ⅰ)　n が偶数のとき

　　$n=2m$（m は自然数）として　　　① $=\dfrac{4m+1}{m(2m+1)}$

　　$(4m+1)-4m=1$ から，$4m+1$ と m は互いに素である。

　　$2(2m+1)-(4m+1)=1$ から，$4m+1$ と $2m+1$ は互いに素である。

　　よって，$4m+1$ と $m(2m+1)$ は互いに素である。

　　ゆえに　　　$p_n=m(2m+1)=\dfrac{n}{2}(n+1)$，$q_n=4m+1=2n+1$

(ⅱ)　n が奇数のとき

　　$n=2m+1$（m は自然数）として　　　① $=\dfrac{4m+3}{(2m+1)(m+1)}$

　　$(4m+3)-2(2m+1)=1$ から，$4m+3$ と $2m+1$ は互いに素である。

　　$4(m+1)-(4m+3)=1$ から，$4m+3$ と $m+1$ は互いに素である。

　　よって，$4m+3$ と $(2m+1)(m+1)$ は互いに素である。

　　ゆえに　　　$p_n=(2m+1)(m+1)=\dfrac{n}{2}(n+1)$，$q_n=4m+3=2n+1$

(ⅰ)，(ⅱ)から　　　$p_n=\dfrac{n}{2}(n+1)$，$q_n=2n+1$

(2)　　$p_n-q_n=\dfrac{1}{2}n(n+1)-(2n+1)=\dfrac{1}{2}(n^2-3n-2)$

$$= \frac{1}{2}\{n(n-3)-2\}$$

よって，$n=2$，3 では $p_n < q_n$，$n \geqq 4$ では $p_n > q_n$ である。

したがって，$2 \leqq n \leqq 3$ では $\dfrac{a_n}{a_{n-1}} > 1$，$n \geqq 4$ では $0 < \dfrac{a_n}{a_{n-1}} < 1$ となり

$$a_1 < a_2 < a_3 > a_4 > a_5 > \cdots$$

である。

$$a_1 = 3, \quad a_2 = \frac{q_2}{p_2} \cdot a_1 = \frac{5}{3} \cdot 3 = 5, \quad a_3 = \frac{q_3}{p_3} \cdot a_2 = \frac{7}{6} \cdot 5 = \frac{35}{6},$$

$$a_4 = \frac{q_4}{p_4} \cdot a_3 = \frac{9}{10} \cdot \frac{35}{6} = \frac{21}{4}, \quad a_5 = \frac{q_5}{p_5} \cdot a_4 = \frac{11}{15} \cdot \frac{21}{4} = \frac{77}{20},$$

$$a_6 = \frac{q_6}{p_6} \cdot a_5 = \frac{13}{21} \cdot \frac{77}{20} = \frac{143}{60}, \quad a_7 = \frac{q_7}{p_7} \cdot a_6 = \frac{15}{28} \cdot \frac{143}{60} = \frac{143}{112},$$

$$a_8 = \frac{q_8}{p_8} \cdot a_7 = \frac{17}{36} \cdot \frac{143}{112} = \frac{2431}{4032} \quad (< 1)$$

よって，$n \geqq 8$ では $0 < a_n < 1$ となり，a_n は整数ではない。

$1 \leqq n \leqq 7$ で a_n が整数となるものをみて

$$n = 1, \ 2 \quad \cdots\cdots (答)$$

別解 (2) $\quad a_n = \dfrac{q_n}{p_n} \cdot a_{n-1} = \dfrac{q_n}{p_n} \cdot \dfrac{q_{n-1}}{p_{n-1}} \cdot a_{n-2}$

$$= \cdots = \frac{q_n}{p_n} \cdot \frac{q_{n-1}}{p_{n-1}} \cdot \cdots \cdot \frac{q_2}{p_2} \cdot \frac{a_1}{1} \quad \cdots\cdots ②$$

$a_1 = 3$，$q_n = 2n+1 \ (n \geqq 2)$ は奇数であり，②の分子には素因数 2 は現れない。

一方，$p_3 = \dfrac{1}{2} \cdot 3 \cdot 4 = 6$ であり，$n \geqq 3$ では②の分母に素因数 2 が現れる。

よって，$n \geqq 3$ のとき，②を既約分数で表すと，分母に素因数 2 が含まれた有理数となり整数にならない。

$a_1 = 3$，$a_2 = \dfrac{{}_5C_2}{2} = \dfrac{10}{2} = 5$ であるから，a_n が整数となる n は

$$n = 1, \ 2$$

◀解　説▶

≪互いに素の論証，項の大小と不等式≫

▶(1)　ポイントは $\dfrac{a_n}{a_{n-1}} = \dfrac{2n+1}{\dfrac{1}{2}n(n+1)}$ と変形した後，$2n+1$ と $\dfrac{1}{2}n(n+1)$

が互いに素であることを示すところである。このためには，$\dfrac{1}{2}n(n+1)$

が整数であること，$2n+1$ と n，$2n+1$ と $n+1$ がいずれも互いに素であることを用いる。2つの整数が互いに素であるということは共通の素因数をもたないことであるという理解のもとでの記述を行うことが大切である。

　また，2つの整数 a, b が互いに素であることと，整数 l, m を用いて $la+mb=1$ となることは同値である。これも基礎事項である。

　〔解答〕は $2n+1$ と $\dfrac{1}{2}n(n+1)$ が互いに素であることを見越して $\dfrac{a_n}{a_{n-1}}$

$= \dfrac{2n+1}{\dfrac{1}{2}n(n+1)}$ と変形する解法である。〔注〕は $\dfrac{a_n}{a_{n-1}} = \dfrac{2(2n+1)}{n(n+1)}$ のままで

既約分数の表現を探す解法である。〔注〕の記述は煩雑になるが，発想としては自然である。

▶(2)　a_{n-1} と a_n の大小に注目する発想は自然であり，できてほしい。これにより，$a_1 < a_2 < a_3 > a_4 > a_5 > \cdots$ となるので，ポイントは $a_n < 1$ となる n があるのか，あるとすればその n の値は何かという発想である。これも自然な方向性であり，地道に計算を進めて $a_7 > 1$，$(0<)\ a_8 < 1$ を得る。これにより，$n \geqq 8$ では a_n は整数にならないことになり，$1 \leqq n \leqq 7$ で確認すると正答に至る。

　〔別解〕は数列の処理法の1つとして参考にしてほしい。ポイントは a_n

を $\dfrac{q_n}{p_n} \cdot \dfrac{q_{n-1}}{p_{n-1}} \cdots\cdots \dfrac{q_2}{p_2} \cdot \dfrac{a_1}{1}$ と表現したとき，分子の q_n と a_1（$=3$）はすべて奇

数であり，$n \geqq 3$ では分母に偶数 p_3 が現れて，全体を約分しても分母に素因数として2が残り，したがって，整数になり得ないという論理である。少し気づきにくい発想であるが，〔解答〕に比べ計算量がかなり軽減される解法となる。

▶(1)，(2)とも東大理科の整数の問題としては，やや易の問題である。

3

◇発想◇ 点 P が C 上を動くとき，$\overrightarrow{OP_1}=\dfrac{1}{k}\overrightarrow{OP}$ で得られる点 P_1 の全体を C_1 とおく。C_1 の方程式を求め，C_1 を x 軸正方向に k 平行移動するとき，C_1 が通過する領域を考える。k の値での場合分けを行う。

解答 点 P が C 上を動くとき，$\overrightarrow{OP_1}=\dfrac{1}{k}\overrightarrow{OP}$ で得られる点 P_1 の全体を C_1 とおく。

$P(p, q)$，$P_1(x_1, y_1)$ とおくと，$\overrightarrow{OP}=k\overrightarrow{OP_1}$ から，$p=kx_1$，$q=ky_1$ である。

これと $q=p^2$ から

$$ky_1=k^2x_1{}^2 \quad \text{すなわち} \quad y_1=kx_1{}^2$$

また，$-1\leqq p\leqq 1$ から，$-\dfrac{1}{k}\leqq x_1\leqq \dfrac{1}{k}$ である。

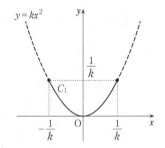

よって，C_1 は放物線 $y=kx^2$ の $-\dfrac{1}{k}\leqq x\leqq \dfrac{1}{k}$ の部分である。

また，点 Q が線分 OA 上を動くとき，$\overrightarrow{OQ_1}=k\overrightarrow{OQ}$ で与えられる点 Q_1 の全体は原点 O と点 $(k, 0)$ を結ぶ線分である。

$\overrightarrow{OR}=\overrightarrow{OP_1}+\overrightarrow{OQ_1}$ であるから，点 R が動く領域は C_1 を x 軸正方向に k 平行移動するときに C_1 が通過する図形（これを T とおく）となる。

C_1 を x 軸正方向に k 平行移動した曲線を C_2 とすると

$$C_1 : y=kx^2 \quad \left(-\dfrac{1}{k}\leqq x\leqq \dfrac{1}{k}\right)$$

$$C_2 : y=k(x-k)^2$$

$$\left(k-\dfrac{1}{k}\leqq x\leqq k+\dfrac{1}{k}\right)$$

である。$\dfrac{1}{k}$ と $k-\dfrac{1}{k}$ の大小で場合を分けて考える。

(I) $\dfrac{1}{k}\leqq k-\dfrac{1}{k}$ $(k\geqq\sqrt{2})$ のとき

T は図 1 の網かけ部分となり

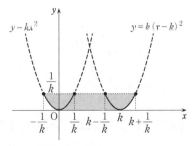

図 1 $k\geqq\sqrt{2}$ のとき

$$S(k) = \frac{1}{k}\left\{\left(k+\frac{1}{k}\right)-\left(-\frac{1}{k}\right)\right\} - 2\int_0^{\frac{1}{k}} kx^2 dx$$

$$= 1 + \frac{2}{k^2} - \frac{2}{3}k\left[x^3\right]_0^{\frac{1}{k}}$$

$$= 1 + \frac{2}{k^2} - \frac{2}{3}k \cdot \frac{1}{k^3}$$

$$= 1 + \frac{4}{3k^2}$$

(Ⅱ) $\dfrac{1}{k} > k - \dfrac{1}{k}$ $(0 < k < \sqrt{2})$ のとき

T は図 2 の網かけ部分となり

$$S(k) = \frac{1}{k}\left\{\left(k+\frac{1}{k}\right)-\left(-\frac{1}{k}\right)\right\}$$

$$\qquad - 2\int_0^{\frac{1}{k}} kx^2 dx$$

$$\qquad - 2\int_{\frac{k}{2}}^{\frac{1}{k}}\left(\frac{1}{k} - kx^2\right)dx$$

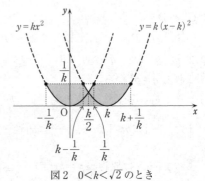

図 2 $0 < k < \sqrt{2}$ のとき

$$= ((\text{Ⅰ})の計算結果) - 2\int_{\frac{k}{2}}^{\frac{1}{k}}\left(\frac{1}{k} - kx^2\right)dx$$

$$= 1 + \frac{4}{3k^2} - 2\left[\frac{x}{k} - \frac{kx^3}{3}\right]_{\frac{k}{2}}^{\frac{1}{k}}$$

$$= 1 + \frac{4}{3k^2} - 2\left\{\left(\frac{1}{k^2} - \frac{1}{2}\right) - \left(\frac{1}{3k^2} - \frac{k^4}{24}\right)\right\}$$

$$= 2 - \frac{k^4}{12}$$

以上より

$$S(k) = \begin{cases} 2 - \dfrac{k^4}{12} & (0 < k < \sqrt{2}) \\ 1 + \dfrac{4}{3k^2} & (k \geq \sqrt{2}) \end{cases} \quad \cdots\cdots (答)$$

また $\lim_{k \to +0} S(k) = 2$, $\lim_{k \to \infty} S(k) = 1$ $\cdots\cdots$(答)

〔注〕 (Ⅱ)の計算では，右図の考え方を用いて

$$S(k) = 2 - 2\int_0^{\frac{k}{2}} kx^2 dx$$

と立式すると，計算が軽減される。

━━━━━━━━ ◀解　説▶ ━━━━━━━━

≪放物線の通過範囲と面積，極限≫

点 P が C 上を動くとき，$\overrightarrow{OP_1} = \frac{1}{k}\overrightarrow{OP}$ で得られる点 P_1 の全体を C_1 として，C_1 の方程式を求め，C_1 を x 軸正方向に k 平行移動するとき，C_1 が通過する領域を考えるという構想が第一のポイントである。C_1 が放物線 $y = kx^2$ の $-\frac{1}{k} \leqq x \leqq \frac{1}{k}$ の部分となることに難所はない。k が具体的な数値ではないので，C_1 を x 軸正方向に k 平行移動した曲線 C_2 の左端と C_1 の右端の点の x 座標の大小で領域の形に違いが生じることに気づくことが第二のポイントであり，本問の難所となる。ここがクリアできると，後は計算に注意して $S(k)$ を求める。特に $0 < k < \sqrt{2}$ の場合の $S(k)$ の立式は複数考えられ，この計算で最終的な差が出る。普通に立式しても(I)の結果が利用できるし，〔注〕の考え方でもよい。極限はとても易しい。

本問は標準〜やや難の問題である。

4

◇発想◇　$y = f(x)$ と $y = b$ のグラフの交点の x 座標を考える。

解答　$f(x) = x^3 - 3a^2x$ より

$f'(x) = 3x^2 - 3a^2$
$ = 3(x+a)(x-a)$

x	$\cdots$	$-a$	$\cdots$	a	$\cdots$
$f'(x)$	$+$	0	$-$	0	$+$
$f(x)$	↗	$2a^3$	↘	$-2a^3$	↗

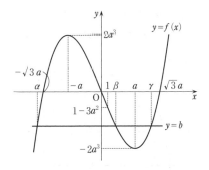

$y = f(x)$ と $y = b$ のグラフを考えて，条件 1 が成り立つための a，b の条件は

$\qquad -2a^3 < b < 2a^3$　……①

①のとき，$\alpha<-a<\beta<a<\gamma$ である。

$y=f(x)$ のグラフは $-a \leqq x \leqq a$ で単調減少であり，条件 2 が成り立つための a，b の条件はグラフから

$\qquad a>1$ かつ $-2a^3<b<1-3a^2$ ……②

$a>1$ のときは $1-3a^2<0<2a^3$ が成り立つので，②のとき①は成り立つ。

ゆえに，a，b の満たすべき条件は

$\qquad a>1$ かつ $-2a^3<b<1-3a^2$ ……(答)

これを図示すると，次図の網かけ部分（境界は含まない）となる。

ここで，$-2a^3=1-3a^2$ より

$\qquad 2a^3-3a^2+1=0 \qquad (a-1)^2(2a+1)=0$

$\qquad a=1$（重解），$-\dfrac{1}{2}$

よって，$b=-2a^3$ と $b=1-3a^2$ のグラフは点 $(1,\ -2)$ で接する。

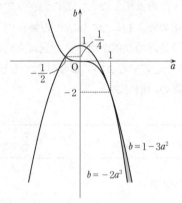

〔注〕 $a \leqq 1$ の場合には次のグラフのように，$-2a^3<b<1-3a^2$ だけでは必ずしも $\beta>1$ とは限らない。よって，$a>1$ も必要である。

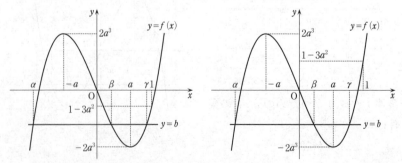

◀解　説▶

≪3次方程式の実数解の評価と3次関数のグラフ≫

$y=f(x)$ と $y=b$ のグラフを考えて解決する。グラフを用いた3次方程式の実数解の値の評価は類題の経験があると思われ，発想，式処理とも迷うところはないだろう。ただし，〔注〕で示したように，$f(a)<b<f(1)$ だけでは必ずしも $\beta>1$ とは限らず，$a>1$ も必要であるところを見逃さないことも大切である。1も β も $f(x)$ が単調に減少する x の範囲にあることが必要であり，その上で $f(a)<b<f(1)$ を考えることがポイントである。また，点 (a, b) の範囲の図示では，2つの境界線の接点の座標も明記することを忘れないこと。

本問はやや易の問題である。

5

◇発想◇　(1) $\arg z=\theta$ とすると，点Qは線分PAを点Pを中心として θ 回転して得られる。

(2) (1)の結果を用いると，w が満たすべき条件が得られる。

解答　(1) $\arg z=\theta$ $(0<\theta<2\pi)$ とおくと，線分AQの中点をMとして

$$\angle \text{QPM} = \angle \text{APM} = \frac{\pi}{2} - \frac{1}{2}(\pi-\theta) = \frac{\theta}{2}$$

図1から，向きも含めて，$\angle \text{APQ}=\theta$ であり，点Qは点Pを中心に点Aを符号を含めて θ 回転したものである。
このことと，$\arg z=\theta$，$|z|=1$ より

$$u-z=z(1-z)$$

よって　$u=2z-z^2$ ……(答)

また

$$\frac{\bar{w}}{w} = \frac{1-u}{1-\bar{u}} = \frac{1-2z+z^2}{1-2\bar{z}+\bar{z}^2} = \frac{z^2(1-2z+z^2)}{z^2-2z^2\bar{z}+z^2\bar{z}^2}$$

$$= \frac{z^2(1-2z+z^2)}{z^2-2z+1} \quad (z\bar{z}=1 \text{ より})$$

$$= z^2 \quad \text{……(答)}$$

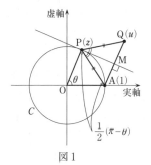

図1

$$\frac{|w+\overline{w}-1|}{|w|} = \left|1+\frac{\overline{w}}{w}-\frac{1}{w}\right| = |1+z^2-1+u|$$
$$= |1+z^2-1+2z-z^2|$$
$$= |2z| = 2 \quad (|z|=1 \text{ より}) \quad \cdots\cdots\text{(答)}$$

〔注1〕 ∠APM $=\dfrac{\theta}{2}$ は接弦定理を用いて

∠APM $=$ （弧 AP に対する円周角）$=\dfrac{1}{2}\times$（弧 AP に対する中心角）

$=\dfrac{\theta}{2}$

としてもよい。

(2) $w=x+yi$ (x, y は実数, i は虚数単位) とおくと

$\dfrac{|w+\overline{w}-1|}{|w|}=2$ と $w+\overline{w}=2x$, $|w|=\sqrt{x^2+y^2}$ から

$|2x-1|=2\sqrt{x^2+y^2}$

$(2x-1)^2=4(x^2+y^2)$

よって $x=\dfrac{1}{4}-y^2$ ……①

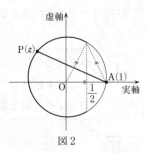

図 2

(z の実部）$\leqq\dfrac{1}{2}$ から AP$\geqq 1$ となり（図2）

$|z-1|\geqq 1$ ……②

また, $u=2z-z^2$ から

$w=\dfrac{1}{1-u}=\dfrac{1}{1-2z+z^2}=\dfrac{1}{(1-z)^2}$

$|w|=\dfrac{1}{|z-1|^2}$ ……③

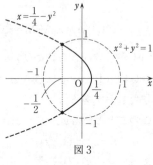

図 3

②, ③から, $|w|\leqq 1$ となり

$x^2+y^2\leqq 1$ ……④

よって, 点 R(w) は放物線①の④の部分 $\left(x\geqq -\dfrac{1}{2}\text{ の部分}\right)$ になければならない（図3）。

逆に，この部分の (x, y) に対して，$z = \dfrac{-x + yi}{\sqrt{x^2 + y^2}}$ とおくと

$$|z|^2 = \left(\dfrac{-x}{\sqrt{x^2 + y^2}}\right)^2 + \left(\dfrac{y}{\sqrt{x^2 + y^2}}\right)^2$$

$$= \dfrac{x^2 + y^2}{x^2 + y^2} = 1$$

$$(z \text{ の実部}) = \dfrac{-x}{\sqrt{x^2 + y^2}} = \dfrac{y^2 - \dfrac{1}{4}}{\sqrt{\left(\dfrac{1}{4} - y^2\right)^2 + y^2}} = \dfrac{y^2 - \dfrac{1}{4}}{\sqrt{\left(\dfrac{1}{4} + y^2\right)^2}}$$

$$= \dfrac{4y^2 - 1}{4y^2 + 1} = 1 - \dfrac{2}{4y^2 + 1} \leq \dfrac{1}{2} \quad \left(|y| \leq \dfrac{\sqrt{3}}{2} \text{ より}\right)$$

$$z = \dfrac{y^2 - \dfrac{1}{4} + yi}{\sqrt{\left(\dfrac{1}{4} - y^2\right)^2 + y^2}} = \dfrac{y^2 - \dfrac{1}{4} + yi}{\sqrt{\left(\dfrac{1}{4} + y^2\right)^2}} = \dfrac{y^2 - \dfrac{1}{4} + yi}{\dfrac{1}{4} + y^2}$$

これより

$$1 - z = 1 - \dfrac{y^2 - \dfrac{1}{4} + yi}{\dfrac{1}{4} + y^2} = \dfrac{\dfrac{1}{2} - yi}{\dfrac{1}{4} + y^2} \quad \cdots\cdots\text{⑤}$$

$$w = x + yi = \dfrac{1}{4} - y^2 + yi = \left(\dfrac{1}{2} + yi\right)^2 = \left(\dfrac{\dfrac{1}{4} + y^2}{\dfrac{1}{2} - yi}\right)^2 = \dfrac{1}{(1 - z)^2} \quad (\text{⑤より})$$

$$= \dfrac{1}{1 - 2z + z^2}$$

ここで，$u = 2z - z^2$ とおくと，$w = \dfrac{1}{1 - u}$ であり，また $u = z + z(1 - z)$ である。

よって，(1)の〔解答〕にあるように，点 $\mathrm{Q}(u)$ は C' 上の点 $\mathrm{P}(z)$ における C' の接線に関して，点 $\mathrm{A}(1)$ と対称な点であり，この u から w は $w = \dfrac{1}{1 - u}$ で与えられる。ゆえに，①かつ④上の点 $\mathrm{R}(w)$ は確かに条件を満たす点となる。

以上から，点 R(w) の軌跡は

$$\text{放物線 } x = \frac{1}{4} - y^2 \text{ の } x \geq -\frac{1}{2} \text{ の部分} \quad \cdots\cdots\text{(答)}$$

〔注 2〕 (2)の軌跡の x 座標の範囲については次のように偏角を用いてもよい。

$$\arg w = \arg\left(\frac{1}{(z-1)^2}\right) = -2\arg(z-1)$$

ここで，(z の実部)$\leq \dfrac{1}{2}$ から

$$\frac{2}{3}\pi \leq \arg(z-1) \leq \frac{4}{3}\pi \quad \text{(図 4 より)}$$

なので

$$-\frac{8}{3}\pi \leq \arg w \leq -\frac{4}{3}\pi$$

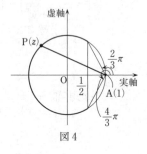

図 4

となる。これを $-\pi \leq \arg w < \pi$ で表現すると，$-\dfrac{2}{3}\pi \leq \arg w \leq \dfrac{2}{3}\pi$ で，これは曲線①上で $x \geq -\dfrac{1}{2}$ と同値である。

〔注 3〕 図 5 を用いると

$$\arg w = \pi - \theta$$

なので，$\dfrac{\pi}{3} \leq \theta \leq \dfrac{5}{3}\pi$ から

$$-\frac{2}{3}\pi \leq \arg w \leq \frac{2}{3}\pi$$

とすることもできる。

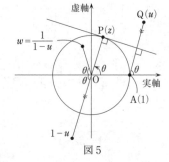

図 5

〔注 4〕 (2)の w が①かつ④を満たすというのは，厳密には，w が満たすべき必要条件なので，〔解答〕では，念のため，逆に①かつ④を満たす w が問題で与えられた条件を満たすという十分性の説明を行ったが，記述スペースから，採点上は問われないかもしれない。

別解 1 (1) 接線と点 A の距離を d とする。$z = p + qi$（$p^2 + q^2 = 1$）とおく。
- $p = 0$（$z = \pm i$）のとき，$u = 1 \pm 2i$（複号同順）である。
- $p \neq 0$ のとき，(xy 平面での) 接線：$px + qy = 1$ と x 軸との交点を

東京大-理科前期

$B\left(\dfrac{1}{p},\ 0\right)$ とし,図6の平行線と比の関係から

$$1 : d = \dfrac{1}{p} : \left(\dfrac{1}{p} - 1\right)$$

すなわち $\quad d = 1 - p$

図6は $p>0$ の場合であるが,$p<0$ のときも同様にして $d=1-p$ となる。

$$2d = 2 - 2p = 2 - (z + \bar{z}) \quad \left(p = \dfrac{z+\bar{z}}{2} \text{より}\right)$$

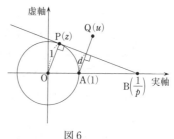

図6

$\overrightarrow{AQ} = 2d\overrightarrow{OP}$ より

$$u - 1 = 2dz = \{2 - (z+\bar{z})\}z$$
$$= 2z - z^2 - z\bar{z} = 2z - z^2 - 1 \quad (z\bar{z} = 1 \text{より})$$

よって $\quad u = 2z - z^2 \quad$(これは $p=0$ の場合も含む)

(以下,〔解答〕に同じ)

別解2 (1) $\arg z = \theta \ (0 \leq \theta < 2\pi)$ とおき,xy 平面で点 $P(\cos\theta,\ \sin\theta)$ における接線 $(\cos\theta)x + (\sin\theta)y - 1 = 0$ に関して,円 C は

$$\text{領域}：(\cos\theta)x + (\sin\theta)y - 1 \leq 0$$

にあり,点Aと接線の距離 d は

$$d = \dfrac{1 - \cos\theta}{\sqrt{\cos^2\theta + \sin^2\theta}} = 1 - \cos\theta = 1 - \dfrac{z + \bar{z}}{2}$$

$$2d = 2 - (z + \bar{z})$$

(以下,〔別解1〕に同じ)

別解3 (1) $\overrightarrow{AQ} /\!/ \overrightarrow{OP}$ かつ $PA = PQ$ から

$$\begin{cases} \dfrac{u-1}{z} - \dfrac{\bar{u}-1}{\bar{z}} = 0 & \cdots\cdots ① \\ |1-z| = |u-z| & \cdots\cdots ② \end{cases}$$

①から

$$\bar{z}u - z\bar{u} - \bar{z} + z = 0 \quad \cdots\cdots ①'$$

②から

$$(1-z)(1-\bar{z}) = (u-z)(\bar{u}-\bar{z})$$
$$2 - z - \bar{z} = u\bar{u} - z\bar{u} - \bar{z}u + 1 \quad (z\bar{z} = 1 \text{より})$$

54 2018 年度 数学〈解答〉 東京大-理科前期

$$-\bar{z}u + (u-z)\bar{u} + \bar{z} + z = 1 \quad \cdots\cdots ②'$$

①'×$(u-z)$＋②'×z と $z\bar{z}=1$ から

$$\bar{z}u^2 - (2+\bar{z}-z)u + 2 - z = 0$$

$$(u-1)\{\bar{z}u - (2-z)\} = 0$$

$$\bar{z}u = 2 - z \quad (z \neq 1 \text{ から } u \neq 1 \text{ なので})$$

$$z\bar{z}u = 2z - z^2$$

よって $u = 2z - z^2$ ($z\bar{z}=1$ より)

（以下，〔解答〕に同じ）

別解4 (2) $z = \cos\theta + i\sin\theta$ と $z \neq 1$ から，$\cos\theta \neq 1$ ($\theta \neq 0$) である。
以下，このもとで考える。

$$w = \frac{1}{1-u} = \frac{1}{1 - 2z + z^2} \quad (u = 2z - z^2 \text{ より})$$

$$= \frac{1}{(1-z)^2} = \frac{1}{(1 - \cos\theta - i\sin\theta)^2}$$

$$= \frac{1}{(1-\cos\theta)^2 - \sin^2\theta - 2i\sin\theta(1-\cos\theta)}$$

$$= \frac{1}{-2\cos\theta(1-\cos\theta) - 2i\sin\theta(1-\cos\theta)}$$

$$= -\frac{1}{2} \cdot \frac{1}{1-\cos\theta} \cdot \frac{1}{\cos\theta + i\sin\theta} = -\frac{\cos\theta - i\sin\theta}{2(1-\cos\theta)}$$

$w = x + yi$（x, y は実数，i は虚数単位）とおくと

$$\begin{cases} x = -\dfrac{\cos\theta}{2(1-\cos\theta)} \\ y = \dfrac{\sin\theta}{2(1-\cos\theta)} \end{cases}$$

これは，$\begin{cases} \cos\theta = \dfrac{2x}{2x-1} \\ \sin\theta = \dfrac{-2y}{2x-1} \end{cases}$ と同値である。

これを満たす実数 θ が存在するための x, y の条件は

$$\left(\frac{2x}{2x-1}\right)^2 + \left(\frac{-2y}{2x-1}\right)^2 = 1$$

$$4x^2 + 4y^2 = (2x-1)^2$$

よって　　$x = -y^2 + \dfrac{1}{4}$　……①

さらに，（z の実部）$\leqq \dfrac{1}{2}$ は

$$\cos\theta \leqq \dfrac{1}{2} \quad \text{すなわち} \quad \dfrac{2x}{2x-1} \leqq \dfrac{1}{2} \quad ……②$$

と同値である。

①を満たす実数 x について，$x \leqq \dfrac{1}{4}$ であるから，$2x-1 < 0$ となり，②は

$$2x \geqq \dfrac{1}{2}(2x-1) \quad \text{すなわち} \quad x \geqq -\dfrac{1}{2} \quad ……③$$

と同値である。ゆえに，$w = x + yi$ の軌跡は①かつ③となり

放物線 $x = -y^2 + \dfrac{1}{4}$ の $x \geqq -\dfrac{1}{2}$ の部分

━━━━━ ◀解　説▶ ━━━━━

≪点の線対称移動と軌跡≫

本問は実に多くの解法が考えられる。

▶(1)　xy 平面で考えて，P (x, y)，Q (s, t) として，$\overrightarrow{AQ} /\!/ \overrightarrow{OP}$，PQ＝PA，OP＝1 を用いて複素数によらず，$s, t$ を x, y で表すことは難しくはないが，設問で複素数間の関係を問うているので，複素数のままで処理する解法がよい。

〔解答〕は $\overrightarrow{PA}$ を点 P のまわりに $\arg z$ 回転すると $\overrightarrow{PQ}$ が得られるという解法である。〔別解1〕は xy 平面で，点 P における C の接線を立式し，これと点 A との距離 d を $z, \bar{z}$ で表現し，$\overrightarrow{AQ} /\!/ \overrightarrow{OP}$ と OP＝1 から，$u-1-2dz$ とする解法である。ここでは P (p, q)（$p^2+q^2=1$）とおいて xy 平面で接線を立式しているが，〔別解2〕のように P $(\cos\theta, \sin\theta)$ とおいて立式しても同様である。〔解答〕は回転，〔別解1〕，〔別解2〕は平行移動によっているところの対比が面白い。〔別解3〕は $\overrightarrow{AQ} /\!/ \overrightarrow{OP}$ かつ PA＝PQ を複素数で表現し，機械的に計算を進めるもので，幾何の利用は少なくてすみ，計算で解き進めることができるが，計算は煩雑となる。

▶(2)　$w = x + yi$ とおいて，x, y が満たすべき必要条件としての $x = -y^2 + \dfrac{1}{4}$ を(1)の諸関係式から得るところは易しい。差が出るところは，

$(z$ の実部$) \leqq \dfrac{1}{2}$ から，$x \geqq -\dfrac{1}{2}$ を導くところである。これには〔解答〕の考え方と〔注2〕，〔注3〕の考え方もある。また，〔解答〕のように，軌跡についての十分性の記述ができたら申し分ない。ここまでは問われないと思われるが，とても大切なことであり，軌跡を考える際の逆の記述（十分性の記述）とはどういうものかについての参考とし，理解を深めるとよい。この逆の記述では，$z = \dfrac{-x + yi}{\sqrt{x^2 + y^2}}$ をどう見出すのかがポイントである

が，これは(1)の $\dfrac{\overline{w}}{w} = z^2$ によるとよい。これを $w = x + yi$ を用いて書き直す

と，$z^2 = \dfrac{x - yi}{x + yi} = \dfrac{(x - yi)^2}{x^2 + y^2} = \left(\dfrac{x - yi}{\sqrt{x^2 + y^2}} \right)^2$ となるので，$z = \pm \dfrac{x - yi}{\sqrt{x^2 + y^2}}$ でなけ

ればならない。$z = \dfrac{x - yi}{\sqrt{x^2 + y^2}}$ で試すとうまくいかず，$z = -\dfrac{x - yi}{\sqrt{x^2 + y^2}}$

$= \dfrac{-x + yi}{\sqrt{x^2 + y^2}}$ とすると，〔解答〕のようにうまくいく。この作業は難しく，

この十分性の記述も考慮すると，〔別解4〕のように，(1)の $\dfrac{|w + \overline{w} - 1|}{|w|}$

$= 2$ を用いずに，$z = \cos\theta + i\sin\theta$，$w = x + yi$ とおき，$w = \dfrac{1}{1 - u}$ と同値な x，

y と $\cos\theta$，$\sin\theta$ の関係式から，x，y の満たすべき条件を求める解法も大変よい方法である。(1)の発問が単に「u を z で表現せよ」のみであれば，〔別解4〕の解法が自然であり，すっきりしたよい問題となる。

▶本問では，多くの〔別解〕や〔注〕にあるように，図形的な性質と点の複素数表示の間のいろいろな関係を見ることで，図形と複素数の相性のよさを味わうことができる。複素数平面を見る眼を養う機会とすることが望まれる。

　本問は(1)標準，(2)標準～やや難の問題である。

6

◆発想◆ (1) t の範囲は V_1 と V_3 を xy 平面に正射影した図を考える。平面 $y=t$ と V_1, V_3 の共通部分の図示では，$\sqrt{r^2-(1-t)^2}$ と $\sqrt{r^2-t^2}$ の大小を考えて，t の値での場合分けで答える。

(2) (1)の図における V_1 と V_3 の共通部分が半径 r の円に含まれるための条件を求め，これが $1-r \leq t \leq r$ を満たす任意の t で成り立つための r の範囲を求める。

(3) 立体（点の集合）の包含関係から，$V_1 \cup V_2 \cup V_3$ の体積を機械的に計算する。

(4) S は容易。T は V_1 と V_2 の共通部分の平面 $z=t$ $(-r<t<r)$ による断面積を $-r \leq t \leq r$ で積分する。

解答 (1) V_1, V_3 は底面の半径が r で高さが 1 の円柱の 2 つの底面に半径 r の半球を付けた図形（図1）である。それぞれの中心軸（対称軸）は直線 OA, BC である。

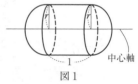

図1

V_1, V_3 を平面 $z=0$ で切断すると，図2の網かけ部分（境界を含む）となる。
ゆえに，平面 $y=t$ が V_1, V_3 双方と共有点をもつような t の範囲は

$1-r \leq t \leq r$ ……(答)

また，平面 $y=t$ と V_1 の共通部分は図3の網かけ部分（境界を含む）であり，平面 $y=t$ と V_3 の共通部分は図4の網かけ部分（境界を含む）である。

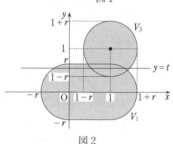

図2

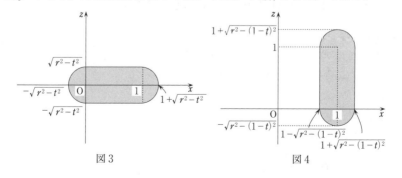

図3　　　　図4

ここで

$$\begin{cases} 1-r \leqq t \leqq \dfrac{1}{2} \text{のとき} & \sqrt{r^2-(1-t)^2} \leqq \sqrt{r^2-t^2} \\ \dfrac{1}{2} \leqq t \leqq r \text{のとき} & \sqrt{r^2-t^2} \leqq \sqrt{r^2-(1-t)^2} \end{cases}$$

であるから，平面 $y=t$ と V_1 の共通部分，および平面 $y=t$ と V_3 の共通部分を同一平面上に図示すると

- $1-r \leqq t \leqq \dfrac{1}{2}$ のとき，図5の網かけ部分（境界を含む）であり，

- $\dfrac{1}{2} \leqq t \leqq r$ のとき，図6の網かけ部分（境界を含む）である。

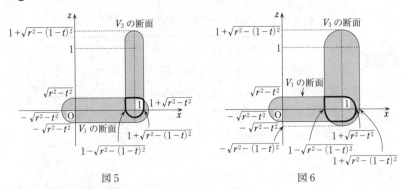

図5　　　　　　　　　　図6

(2) V_1 と V_3 の共通部分が存在するための t の範囲 $1-r \leqq t \leqq r$ で考えて，平面 $y=t$ と V_2 の共通部分は点 $(1, t, 0)$ を中心とする半径 r の円の周および内部である。$1-r \leqq t \leqq r$ の範囲のすべての t に対して，(1)における V_1 と V_3 の共通部分（図5と図6の太線で囲まれた部分）がこの円に含まれるための $r \left(\dfrac{1}{2} < r < 1 \right)$ の条件が求めるものである。

この条件は

「$1-r \leqq t \leqq r$ を満たす任意の t に対して
$$(\sqrt{r^2-t^2})^2 + (\sqrt{r^2-(1-t)^2})^2 \leqq r^2 \quad \cdots\cdots ①$$
が成り立つこと」

である。①は

$$r^2 \leqq t^2 + (1-t)^2$$
$$r^2 \leqq 2\left(t - \dfrac{1}{2}\right)^2 + \dfrac{1}{2}$$

となる。ゆえに，tu 平面で放物線 $u=2\left(t-\dfrac{1}{2}\right)^2+\dfrac{1}{2}$ と直線 $u=r^2$ のグラフ（図7）を考えて，r の条件は

$$r^2 \leqq \dfrac{1}{2} \quad \text{かつ} \quad \dfrac{1}{2} < r < 1$$

となり

$$\dfrac{1}{2} < r \leqq \dfrac{\sqrt{2}}{2} \quad \cdots\cdots \text{(答)}$$

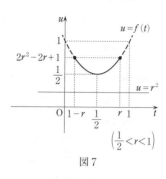

図7

(3) 一般に立体 K の体積を $W(K)$ と表すと，立体（点の集合）の包含関係から

$$\begin{aligned}
W(V) &= W(V_1 \cup V_2 \cup V_3) \\
&= W(V_1) + W(V_2) + W(V_3) \\
&\quad - W(V_1 \cap V_2) - W(V_2 \cap V_3) - W(V_3 \cap V_1) + W(V_1 \cap V_2 \cap V_3) \\
&= W(V_1) + W(V_2) + W(V_3) - W(V_1 \cap V_2) - W(V_2 \cap V_3) \\
&\quad ((V_1 \cap V_3) \subset V_2 \text{ から，} W(V_3 \cap V_1) = W(V_1 \cap V_2 \cap V_3) \text{ なので}) \\
&= 3S - 2T \quad \cdots\cdots \text{(答)}
\end{aligned}$$

$(W(V_1) = W(V_2) = W(V_3) = S,\ W(V_1 \cap V_2) = W(V_2 \cap V_3) = T$ なので）

(4) 図1から

$$S = \dfrac{4}{3}\pi r^3 + \pi r^2 \quad \cdots\cdots \text{(答)}$$

また，V_1 と V_2 の共通部分の平面 $z=t$ $(-r<t<r)$ による断面は図8の網かけ部分となる（図の3つの円の半径は $\sqrt{r^2-t^2}$）。

この面積は

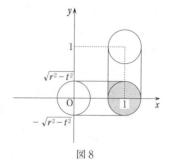

図8

$$(\sqrt{r^2-t^2})^2 + \dfrac{3}{4}\cdot\pi(\sqrt{r^2-t^2})^2 = \left(1+\dfrac{3}{4}\pi\right)(r^2-t^2)$$

よって

$$\begin{aligned}
T &= \left(1+\dfrac{3}{4}\pi\right)\int_{-r}^{r}(r^2-t^2)\,dt = 2\left(1+\dfrac{3}{4}\pi\right)\left[r^2 t - \dfrac{t^3}{3}\right]_0^r \\
&= 2\left(1+\dfrac{3}{4}\pi\right)\cdot\dfrac{2}{3}r^3 = \left(\dfrac{4}{3}+\pi\right)r^3 \quad \cdots\cdots \text{(答)}
\end{aligned}$$

S, T の値と(3)の結果から，V の体積は

$$3\left(\frac{4}{3}\pi r^3 + \pi r^2\right) - 2\left(\frac{4}{3} + \pi\right)r^3 = 3\pi r^2 + \left(2\pi - \frac{8}{3}\right)r^3 \quad \cdots\cdots(答)$$

■■■◀ 解　説 ▶■■■

≪球の移動図形の切断面，体積≫

　本問では多くの図を用いて必要な数値を計算することが求められる。V_1, V_2, V_3 はどれも図1の立体であり，それぞれの中心軸（対称軸）が直線 OA，AB，BC である。座標軸に垂直な平面でのそれぞれの切断面は考えやすいものであるが，これらが組み合わさると，複雑さが増し，確認するべき数値も多くなって時間を要するので，易しくはない。ただし，親切な誘導設問の構成になっているので，無理な問題でもない。

▶(1)　V_1, V_3 および平面 $y=t$ を平面 $z=0$ で切断すると，求める t の範囲を視覚的に捉えることができる。V_1, V_3 の平面 $y=t$ による切断面は，形は同じだが大きさと向きが異なる。$t=\dfrac{1}{2}$ を境にして $t<\dfrac{1}{2}$ なら V_1 の切断面が大きく，$t>\dfrac{1}{2}$ なら V_3 の切断面が大きくなる。向きは中心軸が直交する。これらは視覚的にも明らかであるが，図中の数値とも関連するので，半球部分の半径の大小で場合分けをしておいた。

▶(2)　$1-r \leqq t \leqq r$ を満たす任意の t に対して，(1)の図5，図6の太線で囲まれた部分が t によらず半径 r の円に含まれるための r の条件を求めるという理解がポイントである。図5，図6 における（xz 平面での）点 $(1, 0)$ と太線の境界線上の点の距離の最大値（左上の隅の点との距離）が r 以下になるという立式を行うと，①の式となる。①を整理し，図7の直線が放物線の頂点の下側にくるための r の条件を求めることになる。

▶(3)　立体を（点の）集合とみて，3つの集合の合併集合についての包含関係から体積の関係式を考える。類題の経験があると容易だが，その経験がなくても設問の表現がヒントになると思われる。

▶(4)　S は容易である。T は V_1 と V_2 の共通部分の平面 $z=t$（$-r<t<r$）による断面を考えて，後は積分による。この断面は単純な図形で積分も易しいので，この設問まで到達した場合はぜひ正答を得たい。

▶本問は東大の立体の体積の問題としては標準～やや難だが，所要時間を

考慮すると，全体としてやや難～難の問題である。

❖講　評

　2017 年度は全問誘導の小問設定があり，とても簡単なセットであったが，2018 年度は誘導設問のあるものが 3 題で，易問からやや難までの問題がほぼ出題順に並んでいる。

　整数と数列が 1 題，図形と方程式・点の存在範囲・曲線の通過範囲が 2 題，「数学Ⅲ」の微分が 1 題，複素数平面と軌跡が 1 題，立体図形の体積と積分が 1 題であった。図示の問題が 2 題で出題されるなど図形や領域に関する問題が多く，確率・場合の数の出題がなかったのが 2018 年度の特徴と言える。

　東大理科入試としての難易度は，1 易，2 (1)やや易，(2)やや易，3 標準～やや難，4 やや易，5 (1)標準，(2)標準～やや難，6 (1)やや難～難，(2)標準～やや難，(3)標準，(4)標準であった。ただし，6 は処理時間を考慮すると大問全体としてはやや難～難である。

　2017 年度は大変易しかったので，2018 年度はそれより難化したが，易～標準レベルの問題もあり，誘導も多いので，それなりの得点が得られるであろう。一方で，差も出る良いセットであった。

　1　三角関数と分数式のとても簡単な増減と極限の問題であり，落とせない。

　2　数列と整数の問題。発想において難しいものではなく，互いに素などの基本を含む良い問題。(1)で互いに素についての根拠の記述を確実に行い，(2)で正しい計算を行いたい。文科に親切な誘導を付した類題がある。

　3　曲線の通過範囲と面積という頻出分野の問題。場合分けがやや煩雑でここで差がつくであろう。極限は付り足し程度のもの。文科で $k=2$ とした易しい類題がある。

　4　3 次方程式の解の配置として類題の経験があるであろう問題で，これも落とせないが，$1<a$ を忘れないか否かで差が出る。文科に小問付きの類題がある。

　5　図形と複素数平面の問題。(2)は必ずしも(1)にこだわらずに解いてもよい。図形の性質を複素数でうまく表現できるかどうかで処理量が異

なり，差が出る問題。

6　(1)～(4)と順次解答手順が誘導されている立体の体積の問題。いくつもの図示と合併集合の体積に関する包含・排除の形式計算が必要。場合分けと処理時間を要するので，残り時間との兼ね合いで完答は難しいかもしれない。

物理

1 **解答** **I** (1) 小球が最初に最下点を通過するときの，小球の速度のx成分をv_0，台の速度のx成分をV_0とすると，運動量保存則より

$$mv_0 + MV_0 = 0$$

小球の最下点での位置を重力による位置エネルギーの基準とすると，力学的エネルギー保存則より

$$mgL(1 - \cos\theta_0) = \frac{1}{2}mv_0{}^2 + \frac{1}{2}MV_0{}^2$$

$$\therefore \quad v_0 = \sqrt{\frac{2M}{m+M}gL(1 - \cos\theta_0)} \quad \cdots\cdots(答)$$

(2) 台とともに移動する点Pから見ると，点Pから距離lだけ離れた糸上の点は，小球の方向にあり，距離は小球までの距離の$\dfrac{l}{L}$倍となるので，台に対する速度も台に対する小球の速度の$\dfrac{l}{L}$倍となる。台に対する小球の速度のx成分は$v - V$となるので，点Pから距離lだけ離れた糸上の点の台に対する速度のx成分は

$$\frac{l}{L}(v - V)$$

よって，この点の速度のx成分は

$$\frac{l}{L}(v - V) + V \quad \cdots\cdots(答)$$

(3) x軸方向の運動量保存則より

$$mv + MV = 0$$

点Qはx軸方向には運動しないので，(2)より

$$\frac{l_0}{L}(v - V) + V = 0$$

2式より

$$l_0 = \frac{V}{V-v}L$$

$$= \frac{V}{V+\dfrac{M}{m}V}L$$

$$= \frac{m}{m+M}L \quad \cdots\cdots(答)$$

(4) 点Qから小球までの距離は $L-l_0$ なので，点Qから見た小球の運動は長さ $L-l_0$ の糸に質量 m のおもりがつけられた振り子と考えられる．振れ角 θ_0 が十分小さいとき，おもりの振動は単振動となるので，その周期 T_1 は

$$T_1 = 2\pi\sqrt{\frac{L-l_0}{g}}$$

$$= 2\pi\sqrt{\frac{L-\dfrac{m}{m+M}L}{g}}$$

$$= 2\pi\sqrt{\frac{ML}{(m+M)g}} \quad \cdots\cdots(答)$$

II (1) 台とともに運動する観測者には，小球に対して x 軸の負の向きに慣性力が働くように見える．慣性力と重力の合力である見かけの重力の向きが，鉛直下向きから時計回りに ϕ の角度をなすとすると

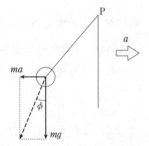

$$\tan\phi = \frac{ma}{mg} = \frac{a}{g}$$

小球の運動は，糸の向きが見かけの重力の向きと同じになるときを振動の中心としており，糸が鉛直下向きになるときに小球は台に対して静止するので，糸が鉛直下向きから時計回りに 2ϕ の角度をなすときも小球は台に対して静止し，そのとき，小球の高さが最大となる．よって，時刻 $t=t_0$ での小球の高さを H とすると

$$H = h + L(1-\cos 2\phi)$$

$$= h + 2L\sin^2\phi$$

$$= h + 2L\frac{a^2}{a^2+g^2} \quad \cdots\cdots(答)$$

東京大-理科前期 2018 年度 物理〈解答〉 65

(2) 時刻 $t = t_0$ における台の速度は at_0 となる。このとき，小球は台に対して静止しているので，小球の速度も at_0 となる。力学的エネルギーと仕事の関係から，力 $F(t)$ がした仕事は

$$\left\{ mgH + \frac{1}{2}(m+M)(at_0)^2 \right\} - mgh$$

$$= mg \cdot 2L \frac{a^2}{a^2 + g^2} + \frac{1}{2}(m+M)(at_0)^2$$

$$= 2mgL \frac{a^2}{a^2 + g^2} + \frac{1}{2}(m+M)(at_0)^2 \quad \cdots\cdots(\text{答})$$

(3) 台が加速度 a で等加速度運動するためには，台に加えた力 $F(t)$ と台に働く糸の張力の x 軸方向の成分の合力が x 軸の正の向きに大きさ Ma とならなければならない。時刻 $t = 0$ では，糸の張力の x 軸方向の成分は 0 なので $F(0) = Ma$ となる。また，時刻 $t = \dfrac{t_0}{2}$ で，小球が振動の中心にきたとき，台に働く糸の張力は見かけの重力と遠心力の合力に等しくなる。見かけの重力の x 軸方向の成分の大きさは ma となるので，糸の張力の x 軸方向の成分の大きさは ma よりも大きくなり

$$F\left(\frac{t_0}{2}\right) > (m+M) a$$

よって，適切なグラフは　　イ　$\cdots\cdots$(答)

(4) 時刻 $t = t_0$ での台の速度と等しく，x 軸方向の正の向きに速度 at_0 で移動する観測者には，Ⅰの θ_0 を 2ϕ に置き換えたのと同じような運動に見えるので，点 Q は x 軸方向に運動しない。

よって，点 Q の速度の x 成分は　　at_0　$\cdots\cdots$(答)

a が y に比べて十分小さいとき，ϕ も十分小さくなるので，Ⅰ(4)と同様に，点 Q から見た小球の運動は長さ $L - l_0$ の糸に質量 m のおもりがつけられた振り子の単振動と考えられるので，周期 T_2 は

$$T_2 = 2\pi \sqrt{\frac{ML}{(m+M)g}} \quad \cdots\cdots(\text{答})$$

◀━━ 解　説 ▶━━━━━

≪振り子が取り付けられた台の運動≫

◆Ⅰ　▶(1)　小球が最下点を通過するとき，台に対する小球の速さが最大となる。小球と台の x 軸方向の運動量保存則と力学的エネルギー保存則か

ら，小球と台の速度が求まる。

▶(2) 点Pから距離 l だけ離れた糸上の点は，点Pと小球を結ぶ線分を $l:(L-l)$ に内分する点である。よって，台に対する移動距離・速度・加速度は小球に比べて $\dfrac{l}{L}$ 倍となる。

▶(3) x 軸方向の運動量保存則を用いると，点Qの位置が求まる。点Qは糸を点Pの側から小球に向かって $m:M$ に内分する点となる。

▶(4) 点Qは移動しないので，点Qを支点とした小球の振り子と考えることができる。

◆Ⅱ ▶(1) 台とともに等加速度運動する観測者には，小球に見かけの力である慣性力が働くため，重力と慣性力の合力が見かけの重力として働く。振り子の振動の中心は，糸が見かけの重力と同じ向きになるときである。振動の一方の端は，振り子の糸が鉛直下向きとなるときなので，他方の端は，振動の中心における糸の角度 ϕ に対して，倍の角度の 2ϕ となるときである。

▶(2) 時刻 $t=0$ と $t=t_0$ では，小球は台に対して静止していることに注意する。力学的エネルギーと仕事の関係から計算する。

▶(3) 台には力 $F(t)$ と糸の張力，床からの垂直抗力が働く。台が x 軸方向に加速度 a で等加速度運動するためには，力 $F(t)$ と糸の張力の x 軸方向の成分の合力が x 軸の正の向きに大きさ Ma とならなければならない。時刻 $t=0$ において，糸は鉛直下向きなので，張力の x 軸方向の成分は 0 となり，$F(0)=Ma$ が求まる。時刻 $t=\dfrac{t_0}{2}$ で小球が振動の中心にきたとき，糸の張力と小球にかかる見かけの重力の合力が向心力となる。よって，糸の張力の大きさは小球にかかる見かけの重力の大きさよりも大きい。見かけの重力の x 軸方向の成分の大きさが ma なので，$F\left(\dfrac{t_0}{2}\right)>(m+M)a$ がわかる。

▶(4) 時刻 $t=t_0$ での台の速度と等しい速度で運動する観測者には，小球と台の運動を Ⅰ(4)と同様に考えることができるというのがポイントである。

2 解答 I

(1) 金属板間に生じる電場の大きさを E とすると $E = \dfrac{V}{d}$ となる。各金属板に蓄えられる電気量の大きさを Q とすると，ガウスの法則より

$$ES = \frac{Q}{\varepsilon_0}$$

$$\therefore \quad Q = \varepsilon_0 ES$$

ここで，上の金属板に蓄えられた電荷 Q は，金属板に垂直下向きに大きさ $\dfrac{E}{2}$ の電場を上下に生じさせていることに注意すると，下の金属板の電荷 $-Q$ に働く静電気力は上向きで，その大きさ F は

$$F = Q \cdot \frac{E}{2} = \frac{\varepsilon_0 SE^2}{2} = \frac{\varepsilon_0 SV^2}{2d^2} \quad \cdots\cdots (\text{答})$$

(2) 下の金属板間に働く静電気力は引力であることに注意し，ばねの自然長からの伸びを x_0 とすると，力のつり合いより

$$F + kx_0 = 0$$

$$\therefore \quad x_0 = -\frac{F}{k} = -\frac{\varepsilon_0 SV^2}{2kd^2}$$

よって，ばねに蓄えられている弾性エネルギーは

$$\frac{1}{2}kx_0^2 = \frac{\varepsilon_0^2 S^2 V^4}{8kd^4} \quad \cdots\cdots (\text{答})$$

(3) 金属板間の距離が $d + x$ となったときの静電気力の大きさを F' とすると，(1)より

$$F' = \frac{\varepsilon_0 SV^2}{2(d+x)^2}$$

$$= \frac{\varepsilon_0 SV^2}{2d^2} \cdot \left(1 + \frac{x}{d}\right)^{-2}$$

$$\fallingdotseq \frac{\varepsilon_0 SV^2}{2d^2} \cdot \left(1 - 2\frac{x}{d}\right)$$

$$= F \cdot \left(1 - 2\frac{x}{d}\right)$$

下向きを正として，下の金属板の加速度を a とすると，運動方程式より

$$ma = -F' - k(x_0 + x)$$
$$= -F \cdot \left(1 - 2\frac{x}{d}\right) - k(x_0 + x)$$
$$= kx_0 \cdot \left(1 - 2\frac{x}{d}\right) - k(x_0 + x)$$
$$= -k\left(\frac{2x_0}{d} + 1\right)x$$
$$= -\left(k - \frac{\varepsilon_0 S V^2}{d^3}\right)x$$
$$\therefore \quad a = -\left(\frac{kd^3 - \varepsilon_0 S V^2}{md^3}\right)x$$

金属板の単振動の角振動数を ω とすると $a = -\omega^2 x$ の関係があるので
$$\omega = \sqrt{\frac{kd^3 - \varepsilon_0 S V^2}{md^3}}$$

よって，単振動の周期は
$$\frac{2\pi}{\omega} = 2\pi\sqrt{\frac{md^3}{kd^3 - \varepsilon_0 S V^2}} \quad \cdots\cdots(答)$$

Ⅱ (1) 右図のように，金属板 2 の上面には $-Q-q$，金属板 3 の下面には $+Q+q$ の電気量が蓄えられる。2 枚の金属板の間に生じる電場は，ガウスの法則より，下向きに

$$\frac{Q+q}{\varepsilon_0 S}$$

よって，金属板 2 の上面に蓄えられた電荷 $Q+q$ が金属板 3 の下面に蓄えられた電荷に及ぼす静電気力は，下向きに

$$(Q+q) \cdot \frac{1}{2}\frac{Q+q}{\varepsilon_0 S} = \frac{(Q+q)^2}{2\varepsilon_0 S}$$

同様に，金属板 3 の上面には $+Q-q$，金属板 4 の下面には $-Q+q$ の電気量が蓄えられるので，金属板 4 の下面に蓄えられた電荷が金属板 3 の上面に蓄えられた電荷 $Q-q$ に及ぼす静電気力は，上向きに

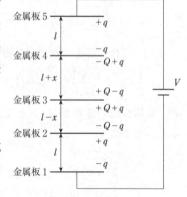

東京大-理科前期 2018 年度 物理〈解答〉 69

$$(Q-q) \cdot \frac{1}{2} \frac{Q-q}{\varepsilon_0 S} = \frac{(Q-q)^2}{2\varepsilon_0 S}$$

金属板 3 の力のつり合いの式より

$$\frac{(Q+q)^2}{2\varepsilon_0 S} = \frac{(Q-q)^2}{2\varepsilon_0 S} + kx$$

$$\therefore \quad x = \frac{2qQ}{\varepsilon_0 kS} \quad \cdots\cdots(\text{答})$$

(2) 金属板 1 の上面には $-q$, 金属板 2 の下面には $+q$ の電気量が蓄えられる。2 枚の金属板の間に生じる電場は, 下向きに

$$\frac{q}{\varepsilon_0 S}$$

よって, 金属板 2 の金属板 1 に対する電位差は

$$\frac{q}{\varepsilon_0 S} \cdot l$$

同様にして, 金属板 3 の金属板 2 に対する電位差, 金属板 4 の金属板 3 に対する電位差, 金属板 5 の金属板 4 に対する電位差は, それぞれ

$$\frac{Q+q}{\varepsilon_0 S} \cdot (l-x), \quad -\frac{Q-q}{\varepsilon_0 S} \cdot (l+x), \quad \frac{q}{\varepsilon_0 S} \cdot l$$

よって

$$V = \frac{q}{\varepsilon_0 S} \cdot l + \frac{Q+q}{\varepsilon_0 S} \cdot (l-x) - \frac{Q-q}{\varepsilon_0 S} \cdot (l+x) + \frac{q}{\varepsilon_0 S} \cdot l$$

$$= \frac{4ql - 2Qx}{\varepsilon_0 S} \quad \cdots\cdots(*)$$

(1)より

$$V = \frac{4ql - 2Q \dfrac{2qQ}{\varepsilon_0 kS}}{\varepsilon_0 S} = \frac{4ql\varepsilon_0 kS - 4qQ^2}{\varepsilon_0{}^2 kS^2}$$

$$\therefore \quad \frac{q}{V} = \frac{\varepsilon_0{}^2 kS^2}{4(\varepsilon_0 kSl - Q^2)} \quad \cdots\cdots(\text{答})$$

(3) (2)の($*$)において, $V=0$ を代入すればよいので

$$\frac{4ql - 2Qx}{\varepsilon_0 S} = 0$$

$$\therefore \quad q = \frac{Qx}{2l} \quad \cdots\cdots(\text{答})$$

(4) 下向きを正として金属板3の加速度を a' とすると，運動方程式より

$$ma' = \frac{(Q+q)^2}{2\varepsilon_0 S} - \frac{(Q-q)^2}{2\varepsilon_0 S} - kx = \frac{2qQ}{\varepsilon_0 S} - kx$$

(3)より

$$ma' = \frac{2Q \cdot \dfrac{Qx}{2l}}{\varepsilon_0 S} - kx = \left(\frac{Q^2}{\varepsilon_0 lS} - k\right)x$$

$$\therefore \quad a' = -\frac{\varepsilon_0 lSk - Q^2}{\varepsilon_0 lSm}x$$

金属板の単振動の角振動数を ω' とすると $a' = -\omega'^2 x$ の関係があるので

$$\omega' = \sqrt{\frac{\varepsilon_0 lSk - Q^2}{\varepsilon_0 lSm}}$$

よって，単振動の周期は

$$\frac{2\pi}{\omega'} = 2\pi\sqrt{\frac{\varepsilon_0 lSm}{\varepsilon_0 lSk - Q^2}} \quad \cdots\cdots(答)$$

━━━━━━ ◀解　説▶ ━━━━━━

≪ばねでつながれた平行板コンデンサー≫

◆I　▶(1)　2枚の金属板間に大きさ E の電場が生じているとき，各金属板に蓄えられた正負の電荷は，金属板の上下に，金属板に対して垂直方向に大きさ $\dfrac{E}{2}$ の電場を，正の電荷は金属板から出る向きに，負の電荷は金属板に入る向きに生じさせている。これらの電場が合成されることで，金属板間のみに大きさ E の電場が生じることになる。

▶(2)　ばねの伸びから弾性エネルギーが求まる。

▶(3)　下の金属板を x だけ変位させたときの静電気力は(1)の d を $d+x$ に置き換えることで求められる。ばねの弾性力も変化することに注意して運動方程式を立てれば，単振動の式が導かれる。

◆II　▶(1)　金属板2の上面と金属板3の下面の間に働く静電気力と，金属板3の上面と金属板4の下面の間に働く静電気力を分けて考える。I(1)と同様に，各金属板に蓄えられた電荷が作る電場の大きさは，金属板間に生じる電場の大きさの半分になることに注意する。

▶(2)　4つの金属板間の電位差を，それぞれ求める。

▶(3)　(1)で求めた x は金属板3に働く力がつり合うときなので，(2)におい

てxを代入する直前の(*)に $V=0$ を代入すればよい。

▶(4) (1)における静電気力を用いて運動方程式を立てれば,単振動の式が導かれる。

3 解答

I 液体の密度を ρ,重力加速度を g とする。容器Aと容器Bの液面の高さの差に注目すると

$$5h \cdot \rho g = p_1 + 2h \cdot \rho g$$

同様に,容器Aと容器Cの液面の高さの差に注目すると

$$5h \cdot \rho g = p_0$$

以上より

$$p_1 = \frac{3}{5}p_0 \quad \cdots\cdots(答)$$

II (1) 容器Aと容器Cの液面の高さの差は外気圧に対応するので変化しない。一方で,容器Bの液面は x だけ下がっているので,下図のように,容器Aと容器Cの液面はともに $\frac{x}{2}$ だけ上向きに移動する。 ……(答)

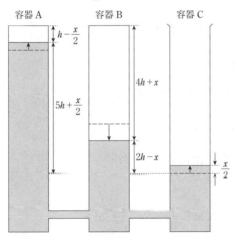

(2) 容器Bの気体の部分の長さは $4h$ から $4h+x$ となるので,容器Bの気体の体積を求めると

$$V_1 + \Delta V = (4h+x) \cdot S = \left(1 + \frac{x}{4h}\right)4hS = \left(1 + \frac{x}{4h}\right)V_1$$

$$\therefore \quad \frac{\Delta V}{V_1} = \frac{x}{4h} \quad \cdots\cdots (答)$$

容器Aと容器Bの液面の高さの差は

$$(4h + x) - \left(h - \frac{x}{2}\right) = 3h + \frac{3}{2}x$$

容器Bの気体の圧力を求めると

$$p_1 + \Delta p = \left(3h + \frac{3}{2}x\right) \cdot \rho g = \left(1 + \frac{x}{2h}\right) 3h\rho g$$

$$= \left(1 + \frac{x}{2h}\right) p_1$$

$$\therefore \quad \frac{\Delta p}{p_1} = \frac{x}{2h} \quad \cdots\cdots (答)$$

(3) 容器Bの気体の圧力は p_1 で一定であるから

$$W = p_1 Sx = \frac{3}{5} p_0 Sx \quad \cdots\cdots (答)$$

(4) 図3の状態の容器Cの液面を位置エネルギーの基準とすると, 位置エネルギーの変化は

$$\Delta E = \rho S \frac{x}{2} g \cdot \left(5h + \frac{x}{4}\right) - \rho Sxg \cdot \left(2h - \frac{x}{2}\right) + \rho S \frac{x}{2} g \cdot \frac{x}{4}$$

$$= \rho Sxg \cdot \frac{2h + 3x}{4} \quad \cdots\cdots (*)$$

ここで, x^2 に比例する項を無視すると

$$\Delta E = \frac{\rho Sxgh}{2}$$

$$= \frac{1}{6} p_1 Sx = \frac{1}{10} p_0 Sx \quad \cdots\cdots (答)$$

(5) (3), (4)より

$$W - \Delta E = \frac{3}{5} p_0 Sx - \frac{1}{10} p_0 Sx = \frac{1}{2} p_0 Sx$$

これは, 容器Cの液面が大気に対してする仕事に対応している。

よって, W と ΔE は等しくない。 ……(答)

その原因は, 容器Bの気体がした仕事は, 液体の位置エネルギーを増加させるだけでなく, 容器Cの液面が大気に対してする仕事にも使われるからである。

東京大-理科前期　　　　　　　　　　　　　　　　2018 年度　物理〈解答〉　73

Ⅲ　(1)　Ⅱ(1)において $h = \dfrac{x}{2}$ とした状況なので，Ⅱ(2)より

$$\frac{V_2}{V_1} = \frac{V_1 + \Delta V}{V_1} = 1 + \frac{x}{4h}$$

$$= \frac{3}{2}$$

$$\frac{p_2}{p_1} = \frac{p_1 + \Delta p}{p_1} = 1 + \frac{x}{2h}$$

$$= 2$$

理想気体の状態方程式より

$$\frac{T_2}{T_1} = \frac{p_2 V_2}{p_1 V_1} = 3$$

よって，体積は $\dfrac{3}{2}$ 倍，圧力は 2 倍，温度は 3 倍になる。　……(答)

(2)　容器Bの気体の内部エネルギーの増加量を ΔU とすると

$$\Delta U = \frac{3}{2} nR (T_2 - T_1)$$

図 3 の状態の容器Cの液面を位置エネルギーの基準として，液体の位置エネルギーの増加量を $\Delta E'$ とすると，Ⅱ(4)の（＊）において，x^2 の項を無視せずに計算すればよいので，$x = 2h$ より

$$\Delta E' = \rho S \cdot 2h \cdot g \frac{2h + 3 \cdot 2h}{4} = 4\rho S h^2 g = \frac{4}{3} p_1 S h$$

容器Cの液面が大気に対してする仕事 w は

$$w = p_0 S h = \frac{5}{3} p_1 S h$$

容器Bの気体がする仕事を W' とすると，液体の位置エネルギーの増加量と容器Cの液面が大気に対してする仕事の和となるので

$$W' = \Delta E' + w$$

$$= \frac{4}{3} p_1 S h + \frac{5}{3} p_1 S h$$

$$= 3 p_1 S h$$

理想気体の状態方程式より

$$p_1 S \cdot 4h = nR T_1$$

よって

$$W' = \frac{3}{4}nRT_1$$

(1)より $T_2 = 3T_1$ なので

$$W' = \frac{3}{8}nR(T_2 - T_1)$$

熱力学第一法則より

$$Q = \Delta U + W'$$
$$= \frac{3}{2}nR(T_2 - T_1) + \frac{3}{8}nR(T_2 - T_1)$$
$$= \frac{15}{8}nR(T_2 - T_1)$$

よって

$$\frac{Q}{T_2 - T_1} = \frac{15}{8}nR \quad \cdots\cdots(答)$$

━━━━ ◀解　説▶ ━━━━

≪管でつながれた複数の液柱≫

◆I　静止している液体内において，同じ高さでは圧力が等しくなることを用いる。

◆II　▶(1)　液体の体積は変化しないので，容器Bの液面が x だけ下がるならば，残りの容器において液面が上がった距離の和は x に等しくなければならない。容器Aと容器Cの液面の高さの差は外気圧に対応して一定であるため，どちらも同じ距離 $\dfrac{x}{2}$ だけ液面が上昇する。

▶(3)　容器Bの気体の圧力は p_1 で一定で，体積が Sx だけ増加する。p_0 と p_1 のどちらを用いて解答してもよい。

▶(4)　移動した液体部分の位置エネルギーを計算する。〔解答〕では，移動した液体部分の重心を高さの中間にあるとして計算したが，その後の近似において x^2 に比例する項は無視するので，厳密に考えなくてもよい。また，p_0 と p_1 のどちらを用いて解答してもよい。

▶(5)　容器Bの気体がした仕事は，液体の位置エネルギーの増加と，容器Cの液面が大気に対してする仕事に使われる。

◆III　▶(1)　IIにおいて，容器Bの気体に与えた熱量が十分に小さいという近似は(3)以降で用いられるので，(1)，(2)の結果をIIIでも使うことができ

東京大-理科前期　　　　　　　　　　　　　　　　　　　　2018 年度　物理〈解答〉　75

る。

▶(2)　容器Bの気体に与えられた熱量は，容器Bの気体の内部エネルギー
の増加，液体の位置エネルギーの増加，容器Cの液面が大気に対してする
仕事に使われる。

❖講　評

　例年通り，理科2科目で試験時間150分。大問3題の構成である。
　1　振り子が取り付けられた台の運動を考える力学の問題である。振
り子の運動を考えるとき，静止した観測者の視点で考えるだけでなく，
台とともに移動する観測者の視点で考える必要がある。I(1)〜(3)は基本
的な出題。(4)は点Qが移動しないことから，小球の運動は点Qを支点と
する振り子の運動と考えられるかがポイント。II(1)〜(3)では台が等加速
度運動することから，台とともに移動する観測者には，小球に慣性力が
働くように見え，重力と慣性力の合力が見かけの重力となる。(3)はやや
難しい。台に加えた力の大きさについて，時刻 $t=0$ では簡単に求まる
ので，選択肢をアカイに絞るのは易しい。ここでは，振動の中心に対応
する時刻 $t=\dfrac{t_0}{2}$ の状況を考え，向心力を計算せずに大小関係を議論する
と楽に求まる。(4)は I(4)と同じ状況であることに気づけば容易。
　2　ばねでつながれた平行板コンデンサーに関する電磁気と力学の問
題である。計算が面倒なので，順序立てて丁寧に式変形をしていく必要
がある。I(1)・(2)は基本的な出題。(3)は式が複雑となるものの，設定自
体は目新しくない。IIでは金属板が2枚から5枚に増えるが，移動でき
る金属板は1枚だけなので，見かけほど難しくはない。図を見ながら，
各金属板の上下の面に蓄えられる電気量を正しく求めれば，金属板間ご
とに電場や静電気力を求めていくだけである。
　3　静止する流体の圧力を絡めた熱力学の問題である。比較的易しい
ので，ケアレスミスをしないように，図で確認しながら解答していきた
い。Iは基本的な静止流体の圧力の問題。IIは出題の仕方が見慣れない
かもしれないが，通常の熱力学の問題。(5)では容器Bの気体がした仕事
と液体の位置エネルギーの変化の差を計算すれば，容器Cの液面が大気
に対して仕事をしていることに気づけるだろう。この小問がIII(2)で容器

Bの気体に与えられた熱量を求める方法を誘導してくれている。

全体的に，ほぼ例年通りの出題内容であったが，計算が面倒になったぶん，やや難化したように思われる。小問の配置の傾向として，前半に特殊な条件がついた基本的な出題がなされ，後半でより一般的な状況について複雑な式変形が必要になる出題がされている。まずは，前半の基本的な設問を確実に解き，後半に取り組む際には，前半の式変形や結果を上手に利用できないか考えるとよいだろう。

東京大-理科前期　　　　　　　　　　　　2018 年度　化学〈解答〉　77

化学

1　解答

ア　$2C_2H_5OH + 2Na \longrightarrow 2C_2H_5ONa + H_2$

イ　①・⑥

ウ　④

エ　a．ジスルフィド　　b．還元

オ　Aの立体異性体の数：3　　Bの立体異性体の数：2

カ

H₂N–CH–C–OH
　　｜　‖
　　CH₂　O
　　｜
（ベンゼン環：Br, Br, OH）

カ

$$\begin{array}{c}\text{H}_2\text{N-CH-C-OH}\\ |\quad \|\\ \text{CH}_2\ \ \text{O}\\ |\end{array}$$

（2,6-ジブロモ-4-ヒドロキシフェニル基）

キ　Cが含む炭素原子と水素原子の数の比は，$CO_2 = 44.0$，$H_2O = 18.0$ より

$$炭素原子：水素原子 = \frac{66.0}{44.0} : \frac{24.3}{18.0} \times 2 = 1.5 : 2.7$$

$$= 5 : 9 \quad \cdots\cdots(答)$$

ク　⑥・⑦

ケ　組み合わせ：③・⑧

理由：Dを構成するアミノ酸の側鎖にはカルボキシ基とアミノ基が1つずつ存在するので，中性状態でのDはほとんどが双性イオンであるから。

コ

$$\text{CH}_3\text{-C-NH-CH-CH}_2\text{-CH}_2\text{-CH}_2\text{-CH-CH}_2\text{-C-OH}$$

（ジケトピペラジン環を含む構造）

◀解　説▶

《未知ジケトピペラジンの構造決定と立体異性体，電気泳動》

実験1〜9によって次のことがわかる。

〔実験1〕　A，C，Dは2種類のアミノ酸からなり，Bは1種類のアミノ酸からなる。

〔実験2〕　酢酸鉛(Ⅱ)水溶液によって生じる黒色沈殿は PbS であるから，

AとCは①，⑥の片方または両方を含む。BとDは①，⑥のどちらも含まない。

〔実験3〕 濃硝酸による黄色の呈色はキサントプロテイン反応であるから，AとBは④，⑤の片方または両方を含む。したがって，Aは①と⑥のいずれかと④と⑤のいずれかを成分とする。CとDは④，⑤のどちらも含まない。

〔実験4〕 塩化鉄(Ⅲ)水溶液による紫色の呈色反応は，フェノール性ヒドロキシ基の検出反応であるから，Bは④を含む。したがって，Bは④のみによるジケトピペラジンである。また，Aは④を含まないので，Aは①と⑥のいずれかと⑤を成分とする。

〔実験5〕 酸化剤である過酸化水素水の作用によって，-SH は次のように酸化されてジスルフィド結合 S-S を形成する。

$$-SH + HS- \longrightarrow -S-S- + 2H$$

このジスルフィド結合は還元剤の作用でもとの -SH にもどる。

したがって，Aは①と⑤によるジケトピペラジンである。

〔実験6〕 ④をもつアミノ酸はチロシン Tyr であるが，ベンゼン環に結合しているヒドロキシ基には o-, p-配向性があるので，化合物Eの2つの臭素原子はヒドロキシ基を基準にした2つの o-位に結合しているとみなせる。

〔実験7〕 有機化合物の元素分析の考え方により，Cを構成する炭素原子と水素原子の比は，完全燃焼によって生じる CO_2 の物質量と H_2O の物質量の2倍の比に等しい。

したがって，$CO_2 = 44.0$, $H_2O = 18.0$ より

$$炭素原子：水素原子 = \frac{66.0}{44.0} : \frac{24.3}{18.0} \times 2 = 1.5 : 2.7 = 5 : 9$$

〔実験8〕 Dは無水酢酸と反応することから，この反応によって生じる化合物Fはアセトアミド基 $CH_3-CO-NH-$ をもつと考えられる。

$$-NH_2 + (CH_3CO)_2O \longrightarrow -NH-CO-CH_3 + CH_3COOH$$

したがって，Dは⑧を成分とする。

〔実験9〕 Dが塩基性条件下で陽極側に大きく移動するということは，Dが負に帯電していることを示しており，側鎖の状態が $-COO^-$ であると考えられる。したがって，Dは③と⑧によるジケトピペラジンである。ま

た，中性条件下ではほぼ移動しないのは，③と⑧がそれぞれ次のように電離して双性イオンを形成し，Dは全体として電気的中性となるからである。

③　$-CH_2-\underset{\underset{O}{\|}}{C}-O^-$

⑧　$-CH_2-CH_2-CH_2-CH_2-NH_3{}^+$

一方，Fは⑧が次のようにアセトアミド基をもつ構造に変化しているため，電離できない。

$-CH_2-CH_2-CH_2-CH_2-NH-\underset{\underset{O}{\|}}{C}-CH_3$

したがって，塩基性条件下や中性条件下では，③のカルボキシ基のみが電離して $-COO^-$ のように負電荷を帯びるため，陽極側に大きく移動する。

▶ア　ナトリウムエトキシド C_2H_5ONa と水素 H_2 が生成する。ナトリウムエトキシドは強塩基である。

▶イ　①，⑥を側鎖にもつアミノ酸は，それぞれシステイン Cys，メチオニン Met である。

▶ウ　④をもつアミノ酸はチロシン Tyr である。④のヒドロキシ基は，フェノールのヒドロキシ基と同様，フェノール性ヒドロキシ基であり，弱い酸性を示す。

▶エ　①をもつアミノ酸のシステイン Cys は，ジスルフィド結合によってタンパク質の三次構造を形成するはたらきをしている。

▶オ　〔Aの立体異性体〕　Aは①のシステイン Cys と⑤のフェニルアラニン Phe によるジケトピペラジンである。システイン Cys とフェニルアラニン Phe はそれぞれ不斉炭素原子 C^* を1個ずつ含むから，このジケトピペラジンは2個の不斉炭素原子 C^* をもつ。したがって，立体異性体の数は全部で $2^2=4$ 種類である。これよりA自身を除くと3種類となる。

〔Bの立体異性体〕　Bは④のチロシン Tyr のみからなるジケトピペラジンである。不斉炭素原子 C^* の数は2個であるから，$2^2=4$ 種類の立体異性体が考えられるが，これらのうちの2つの立体構造が同じであるため，立体異性体の数は3種類で，B自身を除くと2種類となる。

参考　一般的なアミノ酸 $H_2N-\underset{\underset{R}{|}}{C^*}H-COOH$ の立体異性体を示すと次のようになる。C^* の裏にH原子が結合しており，他の3つの置換基が(ア)のよ

うに結合しているものをL体, (イ)のように結合しているものをD体という。

$$\underset{(ア)\ \ L体}{R-\overset{\overset{\displaystyle COOH}{|}}{\underset{|}{C^*}}-NH_2} \qquad\qquad \underset{(イ)\ \ D体}{H_2N-\overset{\overset{\displaystyle COOH}{|}}{\underset{|}{C^*}}-R}$$

このアミノ酸のみからなるジケトピペラジンの立体異性体をL体とD体との組み合わせで示すと, (L, L), (D, D), (L, D), (D, L)の4種類であり, 図示すると次の(a)〜(d)となる。

$$\begin{array}{cccc}\text{(a)}\ \ (\text{L,L}) & \text{(b)}\ \ (\text{D,D}) & \text{(c)}\ \ (\text{L,D}) & \text{(d)}\ \ (\text{D,L})\end{array}$$

これらのうち(c)と(d)について, (c)の構造の中心（六角形の中心）を回転の中心として紙面上で180度回転させると(d)と重ね合わせることができることから, (c)と(d)は同一の化合物であることがわかる。

したがって, Bの立体異性体の数は(a), (b), (c)の3種類であり, B自身を除くと2種類となる。

なお, (a)と(b)は互いに鏡像の関係にある立体異性体である。

▶カ　o-, p-配向性を示す置換基には, $-CH_3$, $-NH_2$, $-Cl$, $-O-CH_3$などがあり, m-配向性を示す置換基には, $-NO_2$, $-COOH$, $-CHO$, $-COCH_3$などがある。

▶キ・ク　実験7より, ジケトピペラジンCを構成するC原子とH原子の比は5:9であった。また, ジケトピペラジンCについて, 側鎖以外のC原子の数は4個, 同じくH原子の数は4個である。

そこで, ①〜⑧の側鎖が含むC原子の数を考慮すると, ジケトピペラジンCが含むC原子の数は10個, H原子の数は18個と推定できる。すなわち, 側鎖全体が含むC原子の数は10-4=6個, H原子の数は18-4=14個となる。一方, ジケトピペラジンCは, 構成成分として①または⑥を含む。

①を含む場合：①のC原子, H原子の数はそれぞれ1個と3個であるから, もう片方の側鎖のC原子の数は6-1=5個, H原子の数は14-3=11個となるが, これを満たす側鎖は存在しない。

⑥を含む場合：⑥のC原子，H原子の数はそれぞれ3個と7個であるから，もう片方の側鎖のC原子の数は6−3＝3個，H原子の数は14−7＝7個となり，⑦がこれを満たす。

したがって，求める側鎖は⑥，⑦である。

▶ケ・コ　Dは−COOHと−NH₂を1つずつもつため，中性アミノ酸のような電気泳動の傾向を示す。したがって，酸性条件下では−COOHと−NH₄⁺の状態にあるので陰極の方へ移動する（塩基性条件下や中性条件下については既に述べた通り）。一方，Fは−NH₂がアセトアミド基に変化して電離できなくなるので，−COOHの電離状況のみで電気泳動をする。したがって，塩基性条件下や中性条件下では−COO⁻となるので陽極へ移動し，酸性条件下では−COOHとなるので移動しない。

なお，Dの構造式は次のとおりである。

$$H_2N-CH_2-CH_2-CH_2-CH_2-\underset{\underset{O}{\overset{||}{C-NH}}}{\overset{\overset{O}{\overset{||}{HN-C}}}{CH}}\ \underset{O}{\overset{}{CH-CH_2-\overset{\overset{O}{||}}{C}-OH}}$$

参考　上記で示していない側鎖とアミノ酸の名称は次のとおりである。①〜⑧のアミノ酸はタンパク質を構成する20種類のアミノ酸に含まれている。
　②　トレオニン Thr　　③　アスパラギン酸 Asp　　⑦　バリン Val
　⑧　リシン Lys

2　解答

ア　$Ca(OH)_2 + CO_2 \longrightarrow CaCO_3 + H_2O$
　　$CaCO_3 \longrightarrow CaO + CO_2$

イ　0.48 nm

ウ　MgO
理由：与えられた結晶では，陰イオンは O^{2-} で共通であり，陽イオンはいずれも2価である。したがって，陽イオンの半径が小さいほどクーロン力が大きくイオン結合が強いと考えられる。

エ　1.3

オ　アルミニウムのイオン化傾向はきわめて大きいので，水溶液中では Al^{3+} の還元反応よりも H_2O の還元反応が優先的に生じるため。

カ $Al_2O_3 \cdot 3H_2O + 2NaOH \longrightarrow 2Na[Al(OH)_4]$

キ

$$\left[\begin{array}{c} OH^- \\ H_2O\cdots\!\!\!\overset{\displaystyle |}{\underset{\displaystyle |}{Al^{3+}}}\!\!\!\cdots OH_2 \\ H_2O \qquad OH_2 \\ OH^- \end{array}\right]^+ \qquad \left[\begin{array}{c} OH^- \\ H_2O\cdots\!\!\!\overset{\displaystyle |}{\underset{\displaystyle |}{Al^{3+}}}\!\!\!\cdots OH_2 \\ H_2O \qquad OH^- \\ H_2O \end{array}\right]^+$$

ク $C + O^{2-} \longrightarrow CO + 2e^-$

   $C + 2O^{2-} \longrightarrow CO_2 + 4e^-$

ケ 発生した CO と CO_2 の物質量をそれぞれ x〔mol〕，y〔mol〕とすると

$$x + y = \frac{72.0 \times 10^3}{12.0}$$

また，陽極と陰極を通過した電子の物質量は等しいから

$$2x + 4y = \frac{180 \times 10^3}{27.0} \times 3$$

この連立方程式を解くと

$$y = 4.00 \times 10^3 \text{〔mol〕}$$

したがって，求める CO_2 の質量は，$CO_2 = 44.0$ より

$$4.00 \times 10^3 \times 44.0 \times 10^{-3} = 1.76 \times 10^2 \text{〔kg〕} \quad \cdots\cdots\text{（答）}$$

━━━━━━ ◀解　説▶ ━━━━━━

≪金属酸化物の結晶構造と融点，Al の電解精錬と錯イオンの構造≫

▶ア　白色沈殿は炭酸カルシウム $CaCO_3$ であり，その熱分解で酸化カルシウム（生石灰）CaO が生じる。アンモニアソーダ法で CO_2 を得るのに用いられる反応である。

▶イ　単位格子の一辺の長さは陽イオンと陰イオンの直径の和に等しい。したがって，酸化物イオン O^{2-} の半径を r_0〔nm〕とし，求める CaO の単位格子の一辺の長さを x〔nm〕とすると

MgO について　　$(0.086 + r_0) \times 2 = 0.42$　……①

CaO について　　$(0.114 + r_0) \times 2 = x$　　　……②

②−① より

$$x = 0.476 \fallingdotseq 0.48 \text{〔nm〕}$$

▶ウ　化学結合（イオン結合）が大きいほど融点が高いと考えてよい。陽

イオンのイオン半径が小さくても，結晶構造が異なると必ずしもイオン結合が大きいとはいえないが，MgO，CaO，BaO のいずれもが NaCl 型の結晶構造をもつことが示されているので，そのことを考慮する必要はない。

▶エ　2.70 g の単体の Al とその酸化生成物 Al_2O_3 の体積を比較する。単体の体積は表 2 − 2 より 1.00 cm^3 である。一方，生成する Al_2O_3 の質量は，$Al_2O_3 = 102.0$ より

$$\frac{2.70}{27.0} \times \frac{1}{2} \times 102.0 = 5.10 \, [g]$$

したがって，その体積は，表 2 − 1 より

$$\frac{5.10}{3.99} = 1.27 \, [cm^3]$$

よって，求める比は

$$\frac{1.27}{1.00} = 1.27 \fallingdotseq 1.3$$

▶オ　金属のイオン化列は次のとおりである。

Li＞K＞Ca＞Na＞Mg＞Al＞Zn＞Fe＞Ni＞Sn＞Pb

（＞H$_2$）＞Cu＞Hg＞Ag＞Pt＞Au

▶カ　$Al_2O_3 \cdot 3H_2O$ は $2Al(OH)_3$ と考えることも可能であり，その場合には，水酸化物の沈殿である $2Al(OH)_3$ が過剰の $2NaOH$ によって再溶解する実験室的反応と同様の反応式となる。

$$2Al(OH)_3 + 2NaOH \longrightarrow 2Na[Al(OH)_4]$$

$$(Al(OH)_3 + NaOH \longrightarrow Na[Al(OH)_4])$$

▶キ　問題文に示されている $m + n = 6$ とは，この錯イオンは H_2O も含めて 6 配位であることを示している。また，その構造が正八面体であることは，同じく 6 配位の $[Fe(CN)_6]^{3-}$ などから推論したい。このような錯イオンには，2 つの OH^- が離れているトランス形と隣接しているシス形の 2 種類の幾何異性体が存在する。〔解答〕の左側がトランス形，右側がシス形である。

▶ク　陽極では酸化反応が起こっている。CO と CO_2 の発生は競争的に生じている。

▶ケ　炭素の消費量と Al の生成量の値から，消費された炭素の物質量と融解塩電解に用いられた電気量（電子の物質量）がわかる。これらから得

られる連立方程式を解けばよい。

3 **解答** Ⅰ ア もとの塩酸 HCl の物質量は，$9.0 \times 10^{-2} \times 2.0$ $= 1.8 \times 10^{-1}$〔mol〕であり，10 分間に溶け込んだ NH_3 の物質量は

$$\frac{1.0 \times 10^5 \times 0.20 \times 10}{8.3 \times 10^3 \times 300} = 8.03 \times 10^{-2}〔\text{mol}〕$$

また，$HCl + NH_3 \longrightarrow NH_4Cl$ であり，$t = 10$ 分では HCl に NH_4Cl が溶け込んだ状態であるとみなせるので，水素イオン濃度 $[H^+]$ は未反応の HCl の電離によるものに等しいと近似できる。したがって

$$[H^+] = \frac{1.8 \times 10^{-1} - 8.03 \times 10^{-2}}{2.0}$$

$$= 4.98 \times 10^{-2} \fallingdotseq 5.0 \times 10^{-2}〔\text{mol/L}〕 \quad \cdots\cdots（答）$$

イ 5.6×10^{-10} mol/L

ウ 40 分間に溶け込んだ NH_3 の物質量は

$$\frac{1.0 \times 10^5 \times 0.20 \times 40}{8.3 \times 10^3 \times 300} = 3.21 \times 10^{-1}〔\text{mol}〕$$

この値はもとの HCl の物質量よりも多いので，この時点での溶液は NH_4Cl と NH_3 の混合溶液とみなせる。したがって，NH_4Cl と NH_3 の物質量 は，それぞれ 1.8×10^{-1} mol, $3.21 \times 10^{-1} - 1.8 \times 10^{-1} = 1.41 \times 10^{-1}$ 〔mol〕である。

よって

$$[H^+] = K_a \times \frac{[NH_4^+]}{[NH_3]}$$

$$= \frac{1.0 \times 10^{-14}}{1.8 \times 10^{-5}} \times \frac{\dfrac{1.8 \times 10^{-1}}{2.0}}{\dfrac{1.41 \times 10^{-1}}{2.0}}$$

$$= 7.09 \times 10^{-10} \fallingdotseq 7.1 \times 10^{-10}〔\text{mol/L}〕 \quad \cdots\cdots（答）$$

エ (4)

オ 1.2

Ⅱ　カ

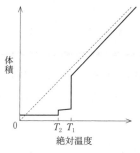

キ　$CH_4 + H_2O \longrightarrow CO + 3H_2$

ク　高圧ほど反応物の分圧が大きいので反応速度が大きくなる。また，式1の正反応は総分子数が減少する反応であるから，高圧ほど平衡が右に偏るので，平衡状態でのメタノールの収率がよくなる。

ケ　一酸化炭素：0.32 mol　メタノール：1.24 mol

コ　求める反応熱を Q [kJ] とし，式1に関する熱化学方程式を示すと次のようになる。

$$CO (気) + 2H_2 (気) = CH_3OH (気) + Q \text{kJ} \quad \cdots\cdots ①$$

Q = (CH_3OH（気）の生成熱) − (CO（気）の生成熱) である。ここで，CH_3OH（気）の生成熱 Q_1 [kJ/mol] についての熱化学方程式を次のようにおく。

$$C (黒鉛) + 2H_2 (気) + \frac{1}{2}O_2 (気) = CH_3OH (気) + Q_1 \text{kJ} \quad \cdots\cdots ②$$

また，CH_3OH（液）の燃焼および蒸発に関する熱化学方程式は，それぞれ次のようになる。

$$CH_3OH (液) + \frac{3}{2}O_2 (気) = CO_2 (気) + 2H_2O (液) + 726 \text{kJ} \quad \cdots\cdots ③$$

$$CH_3OH (気) = CH_3OH (液) + 38 \text{kJ} \quad \cdots\cdots ④$$

③+④ より

$$CH_3OH (気) + \frac{3}{2}O_2 (気) = CO_2 (気) + 2H_2O (液) + 764 \text{kJ} \quad \cdots\cdots ⑤$$

764 = (CO_2（気）と $2H_2O$（液）の生成熱の和) − (CH_3OH（気）の生成熱) であるので

$$764 = (394 + 286 \times 2) − Q_1 \quad Q_1 = 202 \text{ [kJ]}$$

ゆえに

$$Q = Q_1 - 110 = 202 - 110 = 92 \text{(kJ)} \quad \cdots\cdots\text{(答)}$$

よって，式1のメタノール生成反応は　　発熱反応　　……(答)

━━━━━━◀解　説▶━━━━━━

≪NH_4^+ の電離定数と緩衝作用，実在気体，メタノール合成の反応熱≫

◆**I**　▶**ア**　強酸の塩酸 HCl に NH_4Cl が溶け込んだ状態では，NH_4Cl の加水分解反応

$$NH_4Cl + H_2O \rightleftarrows NH_3 + H_3O^+(H^+) + Cl^-$$

の平衡は，HCl の電離による $[H^+]$ が大きいので左に偏っており，NH_4Cl の加水分解（すなわち H^+ の生成）はほとんど生じない。したがって，未反応の HCl による H^+ のみを考えればよい。

▶**イ**　K_a, K_b, K_w を表す式はそれぞれ次のとおりである。

$$K_a = \frac{[NH_3][H^+]}{[NH_4^+]}, \quad K_b = \frac{[NH_4^+][OH^-]}{[NH_3]}, \quad K_w = [H^+][OH^-]$$

したがって

$$K_a = \frac{[NH_3][H^+]}{[NH_4^+]} = \frac{[NH_3]}{[NH_4^+][OH^-]} \times [H^+][OH^-] = \frac{K_w}{K_b}$$

$$= \frac{1.0 \times 10^{-14}}{1.8 \times 10^{-5}} = 5.55 \times 10^{-10} \fallingdotseq 5.6 \times 10^{-10} \text{(mol/L)}$$

▶**ウ**　$t = 40$ 分での溶液は NH_4Cl と NH_3 による緩衝液となっている。したがって，$[H^+]$ を計算する際，NH_4Cl の加水分解と NH_3 の電離は無視してよい。このような近似計算を理解していることがきわめて重要である。なお，〔解答〕では，計算をより速くしかも正確に行うために，K_a の値をイで求めた近似値ではなく，その直前の $\dfrac{1.0 \times 10^{-14}}{1.8 \times 10^{-5}}$ mol/L をそのまま用いた。

▶**エ**　ア，ウで求めた $[H^+]$ の値より，それぞれの pH はおよそ 1.3 と 9.2 である。したがって，(1)・(5)・(6)は不適である。

また，中和に達する時間を t 分とすると，このとき HCl と NH_3 の物質量は等しいから

$$1.8 \times 10^{-1} = \frac{1.0 \times 10^5 \times 0.20 \times t}{8.3 \times 10^3 \times 300} \qquad t = 22.4 \text{ 分}$$

これより，$t = 40$ 分あたりを中和点として pH が大きく変化している(2)は

不適である。

$t = 40$ 分では，水溶液は NH_4Cl と NH_3 による緩衝液であり，1.8×10^{-1} mol の NH_4Cl が存在している。この後 NaOH を加えることで緩衝作用としての次のような反応が生じる。

$$NH_4Cl + NaOH \longrightarrow NaCl + NH_3 + H_2O$$

この反応が完了するまでは pH は大きく上昇しないが，それに要する時間を x 分とすると

$$\frac{1.0 \times 10 \times x}{1000} = 1.8 \times 10^{-1} \qquad x = 18 \text{ 分}$$

したがって，$t = 40 + 18 = 58$ 分のとき NaOH の継続的な滴下による pH の大きな上昇が生じるので，(4)が最も適当である。

▶オ　$t = 80$ 分に至るまでに加えられた HCl，NH_3，NaOH の物質量は

　　$HCl : 1.8 \times 10^{-1} \, mol$

　　$NH_3 : 3.21 \times 10^{-1} \, mol$

　　$NaOH : \dfrac{1.0 \times 10 \times 40}{1000} = 4.0 \times 10^{-1} \, [mol]$

したがって，NaOH は HCl を中和したのちも

$$4.0 \times 10^{-1} - 1.8 \times 10^{-1} = 2.2 \times 10^{-1} \, [mol]$$

が未反応で残存しているとみなすことができる。

これに $a \, [mol]$ の NH_4Cl を加えると，エで示した緩衝作用としての反応

$$NH_4Cl + NaOH \longrightarrow NaCl + NH_3 + H_2O$$

によって，NH_4Cl（$NH_4{}^+$）は $a - 2.2 \times 10^{-1} \, mol$ となり，NH_3 は $3.21 \times 10^{-1} + 2.2 \times 10^{-1} = 5.41 \times 10^{-1} \, [mol]$ となる。

ゆえに，このときの水溶液の体積が 2.4L であることを考慮して

$$[H^+] = K_a \times \frac{[NH_4{}^+]}{[NH_3]} = \frac{1.0 \times 10^{-14}}{1.8 \times 10^{-5}} \times \frac{\dfrac{a - 2.2 \times 10^{-1}}{2.4}}{\dfrac{5.41 \times 10^{-1}}{2.4}} = 1.0 \times 10^{-9}$$

$$a = 1.19 \fallingdotseq 1.2 \, [mol]$$

化合物がどのような順序で加えられようが，強酸と強塩基は優先的に中和反応し，過剰な方が未反応となって残存すると考えればよい。しかも，生成した塩 NaCl は加水分解を受けないから pH すなわち $[H^+]$ に影響を与えない。また，上記の場合のように，ともに塩基である NaOH と NH_3 が

残存する場合にはそれ以上の反応は生じないが、新たに NH_4Cl が加えられることによって、緩衝作用の反応が生じて、NH_4^+ と NH_3 がともに存在する状態になり、そのそれぞれの濃度によって $[H^+]$ が決まることになる。

◆Ⅱ ▶カ 実在気体の温度を下げていくと、沸点近くになるほど分子間力の影響が大きくなり、体積は理想気体の値よりも小さくなる。そして、沸点 T_1 に達すると凝縮が始まり、全量が液体になるまで温度は変化せず、体積は気体状態よりも極端に小さくなる。さらに温度を下げていくと、分子間力がより強く作用するので、わずかに体積が減少して融点 T_2 で凝固が始まり、全量が固体になるまで温度は変化せず、凝固が完了した時点で体積は液体状態よりもわずかに小さくなる。その後、温度を下げ続けるとわずかに体積を減少させ続けるが、絶対零度においても体積が0になることはない。

なお、〔解答〕は上記の説明に基づいて描いたものであるが、例えば1気圧下での水の場合、液体状態では4℃で最も体積が小さくなり、固体になると液体状態よりも体積が大きくなる。したがって、すべての物質について〔解答〕のグラフが当てはまるわけではない。

▶キ メタンの水蒸気改質反応では、メタン CH_4 が還元剤、水 H_2O が酸化剤として作用している。H_2O の還元によって水素 H_2 が得られるので、きわめて有用な反応であり、燃料電池自動車などでの活用が期待されている。

▶ク 工業的な合成反応では、反応速度を大きくすることと平衡状態での収率を上げることが大切である。ハーバー・ボッシュ法によるアンモニア合成反応も次のとおりであり、やはり高圧で行う方が有利である。

$$N_2 + 3H_2 \rightleftharpoons 2NH_3$$

実際問題としては、さらに反応温度の問題があり、高温ほど反応速度ははるかに大きくなるが、求める反応（正反応）が発熱反応である場合には、高温にすると平衡状態での収率が低下するため、装置の耐圧性能なども含めた総合的な検討をしたうえで反応条件を決めている。

▶ケ 平衡状態で $0.24\,mol$ の H_2 が残っていたから、反応した H_2 と CO および生成した CH_3OH は次のように計算できる。

反応した H_2：$2.72 - 0.24 = 2.48$〔mol〕

反応した CO：$\dfrac{2.48}{2} = 1.24$〔mol〕

生成した CH$_3$OH：$\dfrac{2.48}{2} = 1.24$〔mol〕

したがって，各成分の平衡前後での物質量の変化は次のとおりである。

$$\text{CO} + 2\text{H}_2 \rightleftharpoons \text{CH}_3\text{OH}$$

	CO	2H$_2$	CH$_3$OH	
平衡前	1.56	2.72	0	〔mol〕
変化量	-1.24	-2.48	$+1.24$	〔mol〕
平衡時	0.32	0.24	1.24	〔mol〕

▶コ 反応熱を求める場合，まず反応式上の反応物や生成物の生成熱との関係をどのように活用するかを考えるとよい。

　　（反応熱）＝（生成物の生成熱の和）－（反応物の生成熱の和）

また，本問では炭素，水素やメタノールの燃焼に関する反応熱が与えられていることから，次の2通りの反応経路およびその反応熱を考えることが大きなヒントになる。

(i) 単体の炭素 C（黒鉛），水素 H$_2$（気）が酸素 O$_2$（気）によって直接完全燃焼して CO$_2$（気）や H$_2$O（液）を生成する反応経路。

(ii) 炭素 C（黒鉛），水素 H$_2$（気），酸素 O$_2$（気）によってメタノール CH$_3$OH（気）や一酸化炭素 CO（気）を生成する反応経路を経たのちに，さらに燃焼により CO$_2$（気）や H$_2$O（液）を生成する反応経路。

この(i)と(ii)の反応熱をヘスの法則を用いて考察することで，各反応熱（生成熱）の関係を理解することができる。

以上のことをエネルギー図で示すと次のようになる。

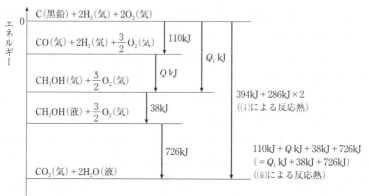

90 2018 年度 化学〈解答〉　　　　　　　　　　　　　　　　東京大-理科前期

❖講　評

　2016 年度までは，大問 3 題でそれぞれが Ⅰ，Ⅱ に分かれており，実質 6 題の出題であったが，2018 年度は有機分野および無機分野の大問各 1 題が Ⅰ，Ⅱ に分かれておらず実質 4 題となった。ただし，設問数自体は実質 5 題であった 2017 年度や 2016 年度までと同程度である。試験時間は 2 科目で 150 分と変化がなかった。

　1　実験 1～9 の意味することを正確かつ簡潔に理解することが最大のポイントである。オは，ジケトピペラジンが環状ジペプチドであるために，直鎖状ペプチドで見られるアミノ酸配列の違いによる立体異性体が生じないことに気づく必要がある。つまり，2 つのアミノ酸を A1，A2 とすると，環状ジペプチドにおいては A1–A2 と A2–A1 という結合順序の違いは存在せず，立体構造上の違いは生じないのである。クでは，炭素原子と水素原子の個数の比から，側鎖を推定することができるかどうかで大きな差がついた。片方の側鎖が 2 種類に限定されていることから，もう一方の側鎖を推定するのである。ケとコは，側鎖の酸性・塩基性の性質によって電気泳動の方向が異なることに気づけばよかった。酸性の基は $-COOH$，塩基性の基は $-NH_2$ である。なお，ア，イ，ウ，エは確実に得点しておきたい。

　2　与えられた 2 つの表から必要な情報を選び取る能力が求められた。これは大学入試改革で唱えられている「主体的で深い学び」を意識した出題だと考えられ，このような傾向の問題は今後も継続的に出題される可能性がある。イとウでは，結晶構造と O^{2-} イオンが共通であることの意味をしっかり理解したい。エでは，結晶構造の方向に思考が進むと，大きな時間的ロスを招く。Al と Al_2O_3 の密度が表に与えられているから，一定質量の Al が Al_2O_3 に変化したときに何 g になるかを求めると，それぞれの体積を知ることができる。キでは，6 配位の錯イオンの構造を推測できると，幾何異性体の意味が理解できたと思われる。ア，オ，カ，クは標準的な問題であった。

　3　Ⅰ　アでは，強酸の HCl 中に NH_4Cl が溶解しているとみなせるから，NH_4Cl はほとんど加水分解しない。そのことから $[H^+]$ が計算できる。イは，NH_3 およびその塩の陽イオンである NH_4^+ に関する 2 つの電離定数の関係を問うもので，問題演習で接したことがあったので

はないだろうか。ウは，緩衝液の $[H^+]$ を求める問題であった。エで
は，$t=10$ 分，$t=40$ 分および中和点での pH が推定できるとスムーズに
対応できる。さらに，$t=40 \sim 80$ 分では緩衝液を強塩基の NaOH で滴定
しているとみなせる pH 変化が見られることに気づけるとよい。オは，
余剰の NaOH を過剰の NH_4Cl で中和した後の pH に関する問題であり，
電離定数を使いこなす必要があった。

$\mathbf{II}$　カは，実在気体の状態変化を図示するという目新しい問いであっ
たが，素直に考えればすんなりできたのではないだろうか。クでは，ル
シャトリエの原理ばかりでなく，反応速度にも目を向ける必要があった。
コでは，多数の熱化学方程式を方針なく加えたり引いたりすると目途が
立たなくなる。生成熱は成分元素の単体が出発点（単体のエネルギーは
ゼロである）であること，最終的な燃焼生成物は CO_2 と H_2O であるこ
と，およびヘスの法則をどのように使いこなすことができるかが重要な
ポイントであった。エネルギー図を描いて見通しをつけてから取り組む
と，時間的に有利であったと思われる。

生物

1 解答

I A RNAポリメラーゼは基本転写因子とともに複合体をつくり，その遺伝子のプロモーターに結合し，片方のDNA鎖を鋳型にしてRNA鎖を5′→3′の方向へ合成していく。

B 16種類

C エキソン9dの81～83塩基目

D a―③　b―⑤　c―⑥　d―⑧　e―⑩

II E 9

F チミン

G ACCTTAAGGT，AAACCGGTTT などから1つ（回文構造であればよい）

H (あ)g―6，h―4　(い)8:6:7　(う)―(1)・(5)

------ ◀解　説▶ ------

《真核生物の転写，選択的スプライシング，ゲノムへのマッピング》

▶1

真核細胞でのスプライシングの位置や組み合わせは細胞の種類や状態によって変化する（選択的スプライシング）。α-トロポミオシン遺伝子の場合も選択的スプライシングを受けて横紋筋・平滑筋・脳でポリペプチド鎖の長さが異なる。

スプライシングを補正してヒトの遺伝病の治療につなげる研究がなされている。SMN1遺伝子とその隣にあるSMN2遺伝子について，SMN2遺伝子からつくられるmRNAではその9割においてエキソン7がスキップされている。残りの1割はエキソン7が使用され，SMN1遺伝子由来のタンパク質と同じアミノ酸配列をもつタンパク質がつくられる。脊髄性筋萎縮症の治療に，スプライシングを補正する作用をもつ核酸分子Xが有効であることが示されている。

▶A 真核生物における転写では，原核生物とは異なり，RNAポリメラーゼが直接プロモーターに結合することはない。多くの基本転写因子とともに転写複合体をつくってプロモーターに結合する。RNAポリメラーゼ

東京大-理科前期　　　　　　　　　　　　　　　　　　　　2018 年度　生物〈解答〉　*93*

は DNA ポリメラーゼと同じように 5′ 末端から 3′ 末端の一方向にしかヌクレオチドをつなげられない。転写の場合，DNA の一方の鎖（アンチセンス鎖）を鋳型にして 3′→5′ の方向に読んでいき，mRNA を 5′→3′ の方向へ合成していく。

　プロモーターや遺伝子から離れたところに転写調節領域があり，この領域に結合した調節タンパク質（アクチベーターやリプレッサー）が転写複合体に作用して転写を促進したり抑制したりするなどの調節を行う。

▶B　6 つのエキソンのうちエキソン 1 とエキソン 6 が必ず使用されるという条件，さらにスプライシングの際にエキソンの順番が入れ替わらないという条件があるので，残り 4 個のエキソンを何個使用するかを考えればよいことになる。よって，4 個のエキソンの取り出し方（組み合わせ）を求めればよい。

$$_4C_0 + {}_4C_1 + {}_4C_2 + {}_4C_3 + {}_4C_4 = 16 \text{ 種類}$$

▶C　平滑筋で発現している α-トロポミオシンの mRNA は，選択的スプライシングを受けてエキソン 1a，エキソン 2a，エキソン 3，エキソン 4，エキソン 5，エキソン 6b，エキソン 7，エキソン 8，エキソン 9d が用いられている。

表 1-1 より，平滑筋の α-トロポミオシンタンパク質を構成するアミノ酸数は 284 個であるので，用いられる塩基は $284 \times 3 = 852$ 個で，次の 853～855 番目が終止コドンとなる。

エキソン 1a の 192～194 塩基目の開始コドンからエキソン 1a 内にある塩基数は $305 - 191 = 114$ 個。エキソン 1a の開始コドンからエキソン 8 までの塩基数を求めると，エキソン 2a で 126 個，エキソン 3 で 134 個，エキソン 4 で 118 個，エキソン 5 で 71 個，エキソン 6b で 76 個，エキソン 7 で 63 個，エキソン 8 で 70 個。ここまでの合計が 772 個となるので

$$853 - 772 = 81 \text{ （←エキソン 9d 内の終止コドンの始まりの番号）}$$
$$855 - 772 = 83 \text{ （←エキソン 9d 内の終止コドンの終わりの番号）}$$

よって，終止コドンはエキソン 9d の 81～83 塩基目にある。

▶D　a．*SMN1* mRNA 前駆体では，エキソン 7 内部の 1 つの塩基が C であるのに対して，*SMN2* mRNA 前駆体では U に変化している。この部分の *SMN1* mRNA 前駆体の塩基配列が CAGACAA なので，1 つの塩基が C→U に変化しているものを考えればよい。よって，③の UAGACAA

が *SMN2* mRNA 前駆体の領域Aでの塩基配列である。

b．タンパク質Yはこのように塩基配列が変化すると結合できなくなり，エキソン7はスプライシングの際にスキップされてしまう。このことからタンパク質Yはスプライシングの際にエキソン7が使用されることを促進していると考えられる。

c．領域Bには，スプライシングの制御に関するタンパク質Zが認識して結合する塩基配列が存在する。脊髄性筋萎縮症の治療に有効な人工核酸分子Xは，領域Bの塩基配列と相補的に結合し，タンパク質Zの領域Bへの結合を阻害するとあるので，タンパク質Zには，スプライシングの際にエキソン7がスキップされることを促進するはたらきがある。これは，*SMN1* 遺伝子も *SMN2* 遺伝子も共通にタンパク質Zが認識する塩基配列をもっていても，*SMN1* 遺伝子の場合はエキソン7の使用を促進するタンパク質Yによりスキップが抑制されているのでタンパク質Zによるスキップ促進を受けないが，*SMN2* 遺伝子の場合，塩基配列の変化によりタンパク質Yが結合できない状態となっているので，タンパク質Zの影響を受けることになると考えられる。

d・e．人工核酸分子Xは，*SMN2* 遺伝子のスプライシングを補正して全長型 SMN タンパク質を増加させるはたらきをもつと考えられる。

◆Ⅱ

　生体内に存在する RNA を網羅的に明らかにする RNA-Seq と呼ばれる解析を行うことが可能になった。この方法では，RNA を切断することで得られる多数の短い RNA の塩基配列を一度に決定できる。このようにして決定される短い塩基配列をリード配列と呼ぶ。この配列は DNA の塩基で表すので，UはTとして読まれる。リード配列の元となった短い RNA がゲノム中のどの位置から転写された RNA に由来するかを決めるためには，ヌクレオチド鎖の向きも含めてリード配列と一致する塩基配列がゲノム中に出現する位置を見つけるマッピングと呼ばれる解析を行う。

▶E　ヒトゲノムの塩基対数はおよそ30億であるから，3×10^9 である。よって，f=9となる。これ以外にも，ヒトゲノムを構成する染色体数は23本，ヒトゲノム中の遺伝子数は20000〜23000程度，ヒトゲノムの中でタンパク質をコードする領域は1〜1.5％程度などは記憶しておきたい。

▶F　アデニンが多数連なったポリA配列に相補的な塩基が連なった一本

鎖 DNA を考えればよい。アデニンと相補的な結合をするのはチミンであるから，チミンが多数連なった一本鎖 DNA を用いる。RNA ではないので，ウラシルとしないこと。

▶G　リード配列と一致する塩基配列がゲノムの 2 つのヌクレオチド鎖の全く同じ位置に出現する特徴について考えてみよう。

　リード配列 α が結合したゲノム DNA 鎖（①とする）と，①と相補的なゲノム DNA 鎖（②とする）について，この②のリード配列を β とするとき，リード配列 α と β が二本鎖をつくれるようになっているはずである。このような構造を回文構造という。

　「10 塩基の長さ」とあるので，回文構造として具体的に例を挙げるならば GTCAATTGAC，ACCTTAAGGT，AAACCGGTTT などのような塩基配列を記述すればよい。また，設問には「A，C，G，T のアルファベットを 5′→3′ の順に並べた文字列として表すものとする」とあるので，回文構造であっても CCCCCTTTTT などのように 2 種類の塩基だけの配列などは避けておいたほうがよい。〔解答〕に示した例のように，4 種類の塩基を少なくとも 1 回は用いた配列にしておきたい。

▶H　(あ)　エキソン内にマッピングされたリード配列の数の合計はエキソンの長さを反映していると考えることができる。その理由としては，リード文に，RNA-Seq を行うと mRNA がランダムに切断されてマッピングされるとあるから，リード配列の数の合計はエキソンの長さに比例すると考えられる。

　つまり，さまざまな遺伝子の mRNA の分子数を比較するには，エキソン内にマッピングされたリード配列の数の合計をエキソンの塩基数の合計で割った値で比較すればよい。これによって，遺伝子 1 から遺伝子 6 までの遺伝子発現の頻度すなわち，「mRNA の出現頻度」の推定値が求まる。出現頻度の推定値が最も大きいものが，mRNA の分子数が最も多いものになる。

遺伝子 1 では　　　$4500 \div 1000 = 4.5$

遺伝子 2 では　　　$50 \div 800 = 0.0625$

遺伝子 3 では　　　$10000 \div 3000 \fallingdotseq 3.3$

遺伝子 4 では　　　$150 \div 2500 = 0.06$

遺伝子 5 では　　　$7000 \div 1500 \fallingdotseq 4.7$

遺伝子 6 では　　　$9000 \div 1800 = 5$

よって，mRNA の分子数が最も多かったものは遺伝子 6，最も少なかったものは遺伝子 4 である。

(い)　遺伝子 7 は 4 つのエキソンをもっていて，また遺伝子 7 は選択的スプライシングを受けてエキソン 2 またはエキソン 3 のいずれか，あるいは両方がスキップされることがあるとある。エキソン 1 とエキソン 4 はスキップされないので，まずこのエキソン 1 とエキソン 4 の mRNA の出現頻度を(あ)と同様にして求める。

エキソン 1 では　　$16800 \div 800 = 21$

エキソン 4 では　　$21000 \div 1000 = 21$

となる。スプライシングを受けていないエキソンでの mRNA の出現頻度（$=21$）は全体の mRNA の分子数とみなすことができる。つまり，4 種類の mRNA の合計 $x+y+z+w$ の分子数が 21 に相当し，この問いでは $x=0$ という条件下にある。

同様にして，エキソン 2 とエキソン 3 の mRNA の出現頻度を求める。

エキソン 2 では　　$3600 \div 600 = 6$

エキソン 3 では　　$3200 \div 400 = 8$

この結果より，エキソン 2 を含む mRNA は z だけなので $z=6$，エキソン 3 を含む mRNA は y だけなので $y=8$ が求まる。

エキソン 2 とエキソン 3 の両方がスキップされたものは，$x=0$ より

$$w = 21 - (6+8) = 7$$

よって　　$y : z : w = 8 : 6 : 7$

(う)　x が 0 とは限らないとすると

エキソン 1，4 のリード配列の比から　　$x+y+z+w=21$　……①

エキソン 2 のリード配列の比から　　　　$x+z=6$　　　……②

エキソン 3 のリード配列の比から　　　　$x+y=8$　　　……③

よって，w については ①-②-③ から　　$w-x=7$　　　……④

(1)　③が成立すればよいので，$x=5$，$y=3$ とすると，$w=12$，$z=1$ で $x>y$ となり，式は成り立たない。

(2)　②より $x+z=6$，③+④ より $y+w=15$ で，$x+z<y+w$ は常に成り立つ。

(3)　④より $w=7+x$ で，$x<w$ は常に成り立つ。

(4)　③-② より $y-z=2$ で，$y=z+2$ より，$y>z$ は常に成り立つ。

東京大-理科前期   2018 年度　生物〈解答〉　*97*

(5)　③＋④ より $y+w=15$ が成立すればよいので，$y=7$，$w=8$ とすると，
$x=1$，$z=5$ で $y<w$ となり，$y>w$ は成り立たない可能性がある。

(6)　②より $z<6$，④より $w>7$ なので，$z<w$ は常に成り立つ。

以上より，成り立たない可能性がある関係式は(1)・(5)である。

2　解答

A　有袋類はオーストラリア大陸以外にも広く分布して
いたが，その後に出現した真獣類との競争に敗れて多く
は絶滅した。この段階でオーストラリア大陸では他の大陸から分離してい
たため競争が起こらず，有袋類が生き残った。

B　イ―DNA ポリメラーゼ，好熱菌　ウ―逆転写酵素，レトロウイルス

C　1―オリゴデンドロサイト〔オリゴデンドログリア〕　2―軸索
3―髄鞘　4―有髄　5―ランビエ絞輪　6―跳躍伝導　7―無髄
8―大きい

D　個体 2，個体 4

E　(2)・(5)

F　ヒストンが遺伝子 X やその転写調節を含む部分に強く結合した結果，
遺伝子 X の転写が抑制されている。

G　(1)・(5)

H　(3)・(4)

I　正常マウスの皮膚の細胞膜表面には MHC タンパク質が存在するので
別系統のマウスに移植すると拒絶反応が起こるが，遺伝子 X ノックアウ
トマウスの細胞膜表面には MHC タンパク質がほとんど存在しないので拒
絶されなかった。

J　(2)・(3)・(5)

◀解　説▶

《悪性腫瘍，マイクロサテライトの電気泳動，シュワン細胞，MHC タン
パク質》

オーストラリアのタスマニア島にはタスマニアデビルという有袋類が生
息している。タスマニアデビルは，餌や繁殖相手をめぐって頻繁に争いを
起こすために顔や首に傷を負うことがある。この顔や首の傷口の周囲には，
大きな瘤ができていて，この瘤は悪性腫瘍であることがわかった。悪性腫
瘍により，野生のタスマニアデビルの生息数が激減している。この悪性腫

瘍について実験1〜3を行った。

実験1では悪性腫瘍をもつ個体ともたない個体で正常部位や悪性腫瘍部位の体組織を採取して、マイクロサテライトを含む領域をゲル電気泳動した。

実験2では、DNAマイクロアレイ法により遺伝子発現パターンを網羅的に調べた。さらに、正常なシュワン細胞と悪性腫瘍細胞について薬剤Yで処理した場合の遺伝子XのmRNA量も調べた。

実験3では、遺伝子組み換え技術により、遺伝子Xを取り除いたノックアウトマウスを作製した。正常なマウスと遺伝子Xノックアウトマウスのシュワン細胞について、MHCのmRNA量と細胞膜上のMHCタンパク質の量を調べた。

▶A　有袋類は真獣類（有胎盤類）より先に出現し、その後に現れた真獣類により生態的地位（ニッチ）を奪われた。有袋類では、胎盤が発達せず、子を未熟な状態で出産し、その後母親の育児のう内で育てる。胎盤の発達した真獣類よりも原始的な存在で、かつてはヨーロッパやアジアなどにも分布していたが、真獣類との生存競争に負けてこれらの地域では絶滅した。しかし、オーストラリア大陸は他の大陸から遠く隔絶していたため、ユーラシア大陸の真獣類はオーストラリア大陸に侵入できず、また独自に進化することもなかったため、この地域では有袋類が生息し続けることができた。

▶B　(イ)　PCR法で用いる酵素はDNAポリメラーゼである。この酵素は95℃という高温域でも酵素活性を失わない耐熱性をもっている。耐熱性のDNAポリメラーゼの遺伝子は、好熱菌のもので、70〜73℃程度で最もよく機能する。この酵素は、海底火山などの熱水噴出孔に生息する好熱菌 Thermus aquaticus から分離精製されたので Taq ポリメラーゼとも呼ばれている。

(ウ)　cDNAをつくるのは逆転写酵素である。RNAを鋳型としてこれと相補的な配列をもつDNAを合成するはたらきをする。逆転写酵素をもつRNAウイルスはレトロウイルスと呼ばれる。cDNA（complementary DNA）は、RNAを鋳型にして逆転写酵素でつくられたDNAのことを呼ぶが、一本鎖だけでなく、それをもとにして作成した二本鎖DNAもcDNAという。

▶C　軸索を包んでいるグリア細胞には，シュワン細胞とオリゴデンドロサイト（オリゴデンドログリア）がある。シュワン細胞は，末梢神経において，軸索を包み込む髄鞘を形成する。一方，中枢神経においては，オリゴデンドロサイトが軸索を包み込む髄鞘を形成する。

　シュワン細胞やオリゴデンドロサイトの細胞膜が軸索に幾重にも巻き付いてできた構造を髄鞘（ミエリン鞘）という。有髄神経繊維では，髄鞘は電気絶縁体であるので，興奮は髄鞘がないランビエ絞輪においてのみ起こる（跳躍伝導）。そのため，髄鞘をもたない無髄神経繊維と比べて興奮の伝導速度が大きい。

　無髄神経繊維では，軸索のある部分に刺激を与えると，そこに興奮が生じる。興奮が生じた部位と隣接部の間で電位差が生じ，細胞の外側では静止している部位から活動部位に向かって活動電流が流れる。一方，細胞の内側では，活動部位から静止部位に活動電流が流れる。これが刺激となり隣接する部位が興奮し，次々に興奮が伝導していく。

▶D　個体7と8の子であれば，マイクロサテライトという反復配列の繰り返しの回数も同じものとなり，図2－2で個体7と8に見られる4本のバンドの中からどれか2つを受け継ぐことになる。個体1～6の正常細胞で両親のものと反復配列の繰り返しの回数が同じものをもつのは個体2と個体4である。

　リード文にマイクロサテライトは遺伝マーカーとして用いられるという記述がある。遺伝マーカーというのは生物個体それぞれの遺伝的性質や系統の目印となる DNA 配列のことで，特定の性質をもつ個体に特有のDNA 配列のことをいう。DNA には数塩基の繰り返し配列（反復配列ともいう）がある部分があり，その有無や反復の回数が異なる。こういった反復配列をマイクロサテライトといい，このマイクロサテライトを利用した遺伝マーカーをマイクロサテライトマーカーという。特定の反復配列を見つけたり，あるいはその反復配列を疾患などの有無を検査する目印として用いたりする。

▶E　ゲル電気泳動の結果から分析していく。

⑴　実験1のリード文に「正常細胞が悪性腫瘍化した場合にも，このマイクロサテライトの繰り返し回数は変化しない」とある。個体1～4の腫瘍細胞はすべて正常細胞とは異なるバンドをもっているので，正常細胞から

発生したものではない。よって，誤り。

(2) 個体1と2が兄弟姉妹とあるが，少なくとも個体1は，個体7と8の子ではない。この点から誤りともいえるが，図2－2に記載されていない両親（下図の個体9と10）の間の子とはいえるし，個体9（親）から感染した悪性腫瘍細胞の可能性は残るので正しい。

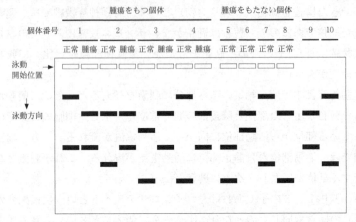

(3) 個体3と4が兄弟姉妹とあり，(2)と同様，個体4は個体7と8から生まれた可能性があるが，個体3は個体7と8の間から生まれた子ではない。これも(2)と同様に，図2－2に記載されていない親から生まれた可能性はある。しかし，個体3と4の腫瘍細胞のバンドは正常細胞のものと違っており，このバンドを形成するマイクロサテライトをもつ親の組み合わせは考えられない。よって，悪性腫瘍が親の正常細胞から発生したというのは誤り。

(4) 個体1〜4の腫瘍細胞のバンドはすべて同じ位置に見られる。しかし，正常細胞のものとそれらのバンドは違っているので，1個体の正常細胞から発生したというのは誤り。

(5) 個体1〜4の腫瘍細胞のバンドはすべて同じ位置だが，個体1〜8のどの正常細胞のバンドとも一致しない。このことはすべての悪性腫瘍は個体1〜8とは別の個体の正常細胞から発生した可能性が高いことを示す。よって，正しい。

▶F　ヒトをはじめ多くの動物や植物の全DNA配列が決定されている近年，その遺伝子の配列だけでなく，発現パターンを網羅的に解析する必要

が出てきたため，マイクロアレイ法を用いた DNA 発現解析は重要な技術
となっている。

　マイクロアレイ法で，遺伝子発現の有無を網羅的に調べる場合にプロー
ブ（同定や定量のために使う物質）は対象サンプルより抽出した RNA か
らつくられる。一般的には逆転写して一本鎖 cDNA とし，それをもとに
二本鎖 cDNA に変換する。本問は，この cDNA を用いて遺伝子の発現パ
ターンを調べたものである。

　図２−３より，タスマニアデビルの悪性腫瘍細胞は，ヒストンの DNA
への結合を阻害する薬剤 Y で処理した場合と処理しなかった場合で，遺伝
子 X の mRNA 量が大きく変化している。正常なシュワン細胞では薬剤 Y
の影響は全く受けていない。悪性腫瘍細胞では薬剤 Y がない場合には遺伝
子 X の発現が抑制されている。このことから，悪性腫瘍細胞では何らか
の修飾を受けたヒストンが，遺伝子 X を含む領域に強く結合して転写を
抑制していると考えられる。しかし，薬剤 Y で処理することで，ヒストン
の DNA への結合が阻害され遺伝子 X の発現が回復し mRNA 量が増加し
たと考えられる。

▶G　図２−４で，遺伝子 X ノックアウトマウスと正常マウスの MHC
の mRNA 量に差異はない。しかし，細胞膜上の MHC タンパク質の量は
ノックアウトマウスでは正常マウスに比べて非常に少なくなっている。こ
れが実験３からわかる内容である。本問は実験結果の解釈として不適切な
ものを選ぶものである。適切なものを選ぶのではない点に注意する。

⑴　遺伝子 X と MHC 遺伝子の染色体上での位置関係はこの実験からは
全くわからないので，「近い位置にある」というのは不適切である。

⑵　図２−４の左側のグラフを見ると，遺伝子 X があろうがなかろうが
MHC の mRNA 量に違いがないので，遺伝子 X は，MHC の転写に必要
ではないことがわかる。よって，適切である。

⑶・⑷　図２−４の右側のグラフで検討する。遺伝子 X がノックアウト
されたマウスでは，細胞膜上の MHC タンパク質の量が少なくなっている。
これには，遺伝子 X がノックアウトされたことで翻訳が制御されている
可能性と，翻訳された MHC タンパク質を細胞膜へ輸送するはたらきを制
御している可能性が考えられるので，⑶と⑷はいずれも適切である。

⑸　MHC 遺伝子は再編成をしないので遺伝子 X がその MHC の遺伝子再

編成を制御する可能性はあり得ない。よって，不適であることはすぐにわ
かる。もしこれを知らなくても，この実験で遺伝子再編成に関する実験結
果が全く記述されていないので，遺伝子 X が MHC の遺伝子再編成に関
与していることは不明である。よって，不適切である。

▶H　⑴　遺伝子 X ノックアウトマウスのシュワン細胞を薬剤 Y で処理
しても，遺伝子 X 自体がないので，遺伝子 X の発現が回復することはな
い。よって，不適切。

⑵　MHC の mRNA 量は遺伝子 X の有無に影響されないので，悪性腫瘍
細胞で MHC の mRNA 量が減少しているというのは不適切。

⑶・⑷　実験 2 より，悪性腫瘍細胞では遺伝子 X の発現が抑制されてい
ることがわかる。また，実験 3 より，遺伝子 X が欠損することで，MHC
タンパク質の翻訳が制御されたり，細胞膜上への輸送が制御されたりする
ことがわかる。遺伝子 X の発現を薬剤 Y で処理することで回復させると，
MHC タンパク質の発現量の増加や細胞膜上での MHC タンパク質の量の
回復が予想される。よって，⑶と⑷はいずれも適切である。

⑸　異なるマウスで拒絶されるかどうかは，細胞膜上に MHC タンパク質
が発現しているかどうかによる。遺伝子 X ノックアウトマウスの細胞を
薬剤 Y で処理しても遺伝子 X 自体がないので，これが発現することはな
い。実験 3 で，遺伝子 X が発現しない場合には，MHC タンパク質が細胞
膜上に配置されないので拒絶反応が起こることはないから不適切。

▶I　拒絶反応は移植する側，つまり提供する側（ドナー）がもつ MHC
と移植を受ける側（レシピエント）の MHC の不一致が原因で起こる。正
常マウスでは，細胞膜上に MHC タンパク質が存在するので，別系統どう
しでは，レシピエントのキラー T 細胞によって攻撃され脱落する拒絶反応
が起こる。しかし，遺伝子 X ノックアウトマウスでは，実験 3 より，細
胞膜上に MHC タンパク質がほとんどないために別系統のマウスに移植し
ても非自己として認識されないので，キラー T 細胞による攻撃を受けない。
つまり，拒絶反応が起こらなかったことになる。

　なお，移植医療では，ドナーからの組織や臓器がキラー T 細胞による攻
撃を受けるのを抑えるために薬剤を用いる。これを免疫抑制剤というが，
よく用いられるものとしては，カビから抽出・精製したシクロスポリンが
ある。シクロスポリンはヘルパー T 細胞がキラー T 細胞を活性化するため

東京大-理科前期　　　　　　　　　　　　　　　　2018 年度　生物〈解答〉　103

にはたらくサイトカインの分泌を抑制することで拒絶反応を抑制している。

▶J　「適切なものをすべて」と指示があるので，慎重に進めたい。

(1)・(2)・(3)　リード文にタスマニアデビルは気性が荒く，同種個体間で争い行動を頻繁に起こすことで顔や首などに傷を負うとあり，野生のタスマニアデビルの傷口の周囲に瘤ができ，悪性腫瘍へと変化することが述べてある。悪性腫瘍によって絶滅しないためには，やみくもに争うような行動を抑制して悪性腫瘍の原因につながる顔や首などの周辺の傷口をつくらないようにすることがまず考えられる。このことを前提に考えると，(1)の噛みつきや争いが増えるというのは全く逆で，そのような行動をなくすようにする(2)や(3)が適切である。(3)の「儀式化された示威行動」とは，個体どうしでは一応争い行動とはなるが，あくまでも相手に致命的な傷を与えることなく，途中で相手がギブアップするような儀式的な行動をした場合にはただちに攻撃行動を停止するようになるという一連の行動と考えればよいだろう。

(4)　マクロファージや樹状細胞の細胞膜には，TLR（トル様受容体）と呼ばれるタンパク質が存在し，これが異物を認識している。TLR は，細菌類の細胞壁・べん毛・タンパク質などを認識する。ところが，腫瘍細胞の認識で主にはたらいているのは MHC であるため，TLR の病原菌の認識能力が高まっても，直接的には悪性腫瘍による絶滅を防ぐためにはたらくとはいえない。

(5)　NK 細胞は，ウイルス感染した細胞やがん細胞を感知するとそれを攻撃して排除する。悪性腫瘍はがん細胞の一種であるから，NK 細胞による異物の排除能力が高まるのは，悪性腫瘍からタスマニアデビルを守るひとつの方法であると考えられる。

(6)　この悪性腫瘍はウイルスに起因するとはいえないので誤り。

3 **解答** I　A　(1)—○　(2)—×　(3)—○　(4)—×　(5)—?
　　　　　　B　葉をつけたまま低温・短日処理した植物体Xに，葉を切り落とし適温・短日処理した植物体Yを接ぎ木し適温・長日条件において栽培する。植物体X・Yとも花芽が形成されていれば，春化は花成ホルモンの産生能力の獲得であり，植物体Xで花芽が形成され，植物体Yで花芽が形成されていないならば，春化は花成ホルモンを受容し応答する能

C (5)

Ⅱ D (4)

E
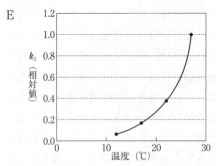

F (3)

G 高温条件下では一般に光合成速度が大きくなり，成長に利用できる物質が多く得られる。これを茎や葉柄の伸長に利用する個体が存在した場合，葉をより高い位置につけることができ，光をめぐる生存競争で有利になったために自然選択によって進化した。

◆解 説▶

≪春化による花芽形成能力の獲得，フィトクロムの Pr と Pfr の変換≫

◆Ⅰ

　温度と光で調節されるのが花芽形成である。花芽形成に春化を要求する植物は長日性で，低温の経験の後に適温と長日条件の2つが揃ったときに花芽形成が促進される。

　組織片からの植物体の再生を利用した実験や，接ぎ木を利用した実験により，春化における低温感知の特徴，春化と花成ホルモン（フロリゲン）の関係などについて重要な知見が得られている。

　シロイヌナズナでは，低温期間中に *FLC* 領域のクロマチン構造が変化して，*FLC* 遺伝子の発現が低くなると花芽形成が可能となる。

▶A (1) 図3−1の2段目の実験で，低温処理後に形成された葉を培養し，それを切り口で細胞増殖させて適温・短日処理して植物体再生を行うと花芽形成が起こっている。したがって，春化が成立すると，その性質は細胞分裂を経ても継承される。よって，(1)は支持される。

(2) 図3−1の1段目の実験と2段目の実験で比較すると，両者とも一度

低温処理を受けた植物体の一部から再生した植物体であるが，①（低温処理の前から展開していた葉から培養）は花芽形成が起こらず，②（低温処理後に形成された葉から培養）は花芽形成が起きているので，植物体の一部で春化が成立しても，その性質が植物体全体に伝播されていない。よって，(2)は否定される。

(3) 「曝露(ばくろ)」という少し難解な用語があるが，これは（空気や風雨などに）直接「さらす」という意味である。図3－1の3段目の実験と4段目の実験を比較して考える。3段目の実験で低温処理を受ける前の葉を切り取り培養し，その葉を低温処理してから再生した植物体では花芽形成が起きている。切り取った葉の切り口で細胞増殖が起きているので，低温処理を施している段階で，分裂している細胞が存在していると考えられる。ところが，4段目の実験で葉柄の端を切除すると春化処理した効果が失われてしまうことがわかる。このことは，春化成立には分裂している細胞が低温に曝露されることが必要であることを示している。よって，(3)は支持される。

(4) 図3－1の2段目の実験で低温処理後に生じた葉から再生した植物体で花芽形成が起きている。春化は脱分化しても解消されていないので，(4)は否定される。

(5) ここで行われた実験は日長変化と花芽形成の有無ということだけで，低温処理時の日長時間を変化させて，春化が成立するまでの時間を測定していない。そのため，「低温処理時の日長によって，春化が成立するまでにかかる時間が異なる」というのはこの実験だけからは判断できない。

▶B 春化による花成ホルモンを産生する能力の獲得と，花成ホルモンを受容し応答する能力の獲得という2点で検討することが問われている。

葉をつけたまま低温・短日処理した植物体Xと，葉を切り落とし適温・短日処理した植物体Yの2つを準備する。そこでXにYを接ぎ木し適温・長日条件において栽培する。

もし植物体X・Yとも花芽が形成されていれば，花成ホルモンは葉で合成され師管を移動して葉のない植物体Yに達したと考えられる。このことから，春化による花芽形成能力は花成ホルモンの産生能力の獲得であると判断することができる。

一方，植物体Xで花芽が形成され，植物体Yで花芽が形成されていないならば，低温処理を受けた組織や細胞が存在する植物体だけが，ホルモン

に対する応答能力を得たことになる。植物体 Y は低温処理を受けていないので，Y ではホルモンに対する応答能力が獲得されていないと考えられる。つまり，春化による花芽形成能力は，花成ホルモンを受容し応答する能力の獲得であることがわかる。

▶C　典型的な知識問題である。X 染色体を 2 本もつ哺乳類の雌個体では，どちらかの X 染色体が発生初期の段階でランダムに不活性化される。この現象はライオニゼーションと呼ばれている。この不活性化は，クロマチン構造の変化によるものであるので，(5)が適当である。雌個体では，2 本の X 染色体のうち 1 本がほぼ全領域にわたってヘテロクロマチン構造をとることで不活性化し，Barr body（バール小体）をつくる。これは 2 本の X 染色体からの過剰な量の遺伝子発現を抑制するためと考えられている。

◆II

フィトクロムは光受容体として光応答にはたらく色素タンパク質で，赤色光吸収型の Pr と遠赤色光吸収型の Pfr という 2 つの型がある。Pr は赤色光を吸収すると Pfr に変換し，Pfr は遠赤色光を吸収すると Pr に変換する。Pfr から Pr への変換は光と無関係にも起こる。

シロイヌナズナの胚軸の伸長は，明所で抑制され，暗所で促進される。ところが，フィトクロム完全欠損変異体の胚軸は明所でも伸長し，暗所と同じように長くなる。シロイヌナズナの胚軸の伸長は温度にも影響されるが，フィトクロム完全欠損変異体では温度の影響をほとんど受けず，どの温度でも胚軸がほぼ一様に長くなる。

フィトクロムを用いた Pr・Pfr 間の変換に対する温度の影響を調べると，変換効率を表す係数 k_1〜k_3 について，k_1 と k_2 は光に依存するが温度には依存しない。k_3 に関して温度に依存するかどうかを調べたところ，その結果はフィトクロムが温度センサーとしてはたらくことを示唆した。

▶D　リード文に「胚軸の伸長は，明所では抑制され，暗所で促進される」とある。さらに，フィトクロム完全欠損変異体では「胚軸は明所でも伸長し，暗所と同じように長くなる」とあるので，フィトクロムが欠如することで明所での胚軸が伸長することがわかる。つまり，明所ではフィトクロムが Pfr 型になっていて，これが胚軸の伸長成長を抑制していると考えられるので，(4)が適当である。

▶E　27℃のときの k_3 の値が 1 というのをどのように活用するかがポイ

ントである。また，k_1 は温度に依存しないという条件も忘れずに活用しないといけない。

まず，赤色光を照射して Pfr の割合が一定となる平衡状態では

$v_1 = v_3$

$\Longleftrightarrow k_1[\text{Pr}] = k_3[\text{Pfr}]$ ……①

①の式に図3－4のグラフから読み取れる数値を入れていく。

温度27℃のとき　　$k_3 = 1$，$[\text{Pfr}] = 0.2$，$[\text{Pr}] = 1 - 0.2 = 0.8$

これらを①に代入すると　　$k_1 \times 0.8 = 1 \times 0.2$　　$\therefore$　$k_1 = \dfrac{1}{4}$

温度22℃のとき，k_1 は温度に依存しないので　　$k_1 = \dfrac{1}{4}$

また　　$[\text{Pfr}] = 0.4$，$[\text{Pr}] = 1 - 0.4 = 0.6$

①を変形して　　$k_3 = \dfrac{k_1[\text{Pr}]}{[\text{Pfr}]}$　……②

②に代入すると　　$k_3 = \dfrac{3}{8}$

全く同様にして各温度における k_3 を求めていけばよい。

17℃では $k_3 = \dfrac{1}{6}$，12℃では $k_3 = \dfrac{1}{16}$ が得られるので，温度を横軸に，k_3 を縦軸にとって各点をプロットしていく。グラフは滑らかに下に凸の形状に作成する。ただし，凹凸が正しく判断できない場合は，プロットした点を丁寧に直線で結んでおいても構わない。

▶F　赤色光だけを照射したときの全フィトクロムに占める Pfr の割合を求める。

赤色光だけを照射したときの「Pfr」の値を k_1 と k_3 で表す。Pfr が一定の平衡状態になっているので

$k_1[\text{Pr}] = k_3[\text{Pfr}]$　……①

①に $[\text{Pr}] = 1 - [\text{Pfr}]$　……② を代入する。

$k_1\{1 - [\text{Pfr}]\} = k_3[\text{Pfr}]$

$[\text{Pfr}] = \dfrac{k_1}{k_1 + k_3}$　……(ⅰ)

次に，赤色光と遠赤色光を同時に照射した場合，$[\text{Pfr}]$ が一定となる平衡状態では

$$k_1[\text{Pr}] = (k_2 + k_3)[\text{Pfr}] \quad \cdots\cdots ③$$

③に②を代入して[Pfr]を k_1, k_2, k_3 で表すと

$$[\text{Pfr}] = \frac{k_1}{k_1 + k_2 + k_3} \quad \cdots\cdots (\text{ii})$$

ここで k_1 と k_2 は温度の影響を受けないので定数として扱えばよい。
(i), (ii)とも[Pfr]は k_3 に反比例している。また設問Eより, k_3 の値は温度が上昇すると大きくなっているので, 温度が高くなるほどPfrの割合が低下する傾向にある。(i)と(ii)を見ると, (ii)では分母に k_2 が入っている分だけ k_3 の変化の値がPfrの割合に及ぼす影響は弱くなるので, (3)が適切である。このことは, 下図のグラフで考えてみるとわかりやすいだろう。理解しやすいように変数の k_3 を x として扱う。ただし, 温度が高くなると k_3 もこの実験の範囲（10℃～30℃）では上昇しているので温度と考えることができる。よって, x は変数 k で表される温度ととらえておく。また, [Pfr]を y とおいて考える。

赤色光だけを照射したとき：$y = \dfrac{k_1}{x + k_1}$

赤色光と同時に遠赤色光を照射したとき：$y = \dfrac{k_1}{x + k_1 + k_2}$

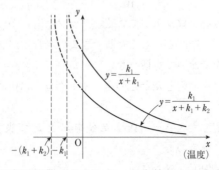

▶G 生育環境が高温状態であるとき, 一定範囲なら光合成量は増加する。光合成産物を資源として, 他の植物よりも丈が高く, 葉を十分に展開させるような戦略をとれば強い光を受容できる可能性が高くなるので, 光をめぐる生存競争に有利になる。これを実現するため, 高温環境下で自然選択により, 茎や葉柄を伸長するように進化してきたと考えられる。

東京大-理科前期   2018 年度　生物〈解答〉　*109*

❖講　評

　2018 年度入試の全体的難易度は，実験設定などのより深い考察を要求する問題が出題されなかった分，2017 年度とほぼ同じレベルであった。ただし，知識問題と考察問題の占める割合は約 1：2 で考察問題の占める割合が多いことに変わりはない。知識問題としては，生物用語の穴埋めや文章選択（内容真偽）のタイプも見られる。

　問題文の分量は 2017 年度と同程度で多めであった。論述量は 2017 年度は 14 行程度であったが，2018 年度は 19 行程度に増加している。東大生物では，最近の過去 5 年間，総論述量は平均で 23 行程度を基本にしていて，大問 1 題につき 8 行前後の論述を要求している。この点から言えば，2018 年度が増加したと言っても過去の問題から考えればそれほど多いとは言えない。また，1 問当たりの論述量で見ると，2017 年度までは最大で 3 行程度ということが多かったが，2018 年度は 5 行程度が 1 問出題された。

　また，2018 年度はグラフ作成が出題された。2015 年度以来で，グラフの大きさの目安が文字数×行数で示された。

　東大生物の特徴は，「リード文の徹底理解」と「論理的思考力・分析力」，そして「その表現能力を見る」というものである。2018 年度もその特徴は健在であり，情報を正確に分析して，まとめる能力を養うことが必要となる。論述対策としてはまず出題者の狙いは何か，解答のポイントは何か，どこを中心にするかを考えて的確に 2 行（70 字）程度〜3 行（105 字）程度でまとめる練習をしておくとよいだろう。図表や実験結果の分析，実験結果から考察される内容，さらに仮説を検証する実験の設定などが出題されていて，考察問題に十分対応しておかないととても得点できない問題が中心であることは言うまでもない。

　1　遺伝子の発現調節，選択的スプライシングからの出題である。Ⅰは真核生物における転写のしくみといった基本的な内容と選択的スプライシングに関する問題で，Ⅱは次世代シークエンサー（シーケンサー）を用いた RNA マッピングの原理に基づいて，リード配列を考えるものであった。E は正解しておきたい知識問題。F は考えすぎないこと。G は回文構造の塩基配列であれば正解になる。H はやや難しい計算があるが，時間をかけすぎると失敗するので見切りをつけることも重要である。

2　遺伝子発現，進化，興奮の伝導，生体防御の分野からの出題である。題材としては，タスマニアデビルの悪性腫瘍に関する実験考察問題である。Aは論述問題であるが基本的な内容なので短時間で解答をすませたい。B・Cは知識系の問題であり，さらに短時間で仕上げたい。Dではマイクロサテライトを遺伝マーカーとして利用したゲル電気泳動の結果を読み取り，考察する能力が問われた。E～Jでは，リード文や図2－2から悪性腫瘍が，傷口を通じて腫瘍細胞そのものが伝染して発症することに気づいたかどうかで大きく差がついたであろう。また，Ⅰの論述問題では，遺伝子Xノックアウトマウスが皮膚の細胞膜上にMHCタンパク質をもたないということは必ず記述しないといけない。このあたりは論述問題で差がつくところでもある。

3　植物の環境応答，遺伝子発現，進化の分野からの出題である。Ⅰは植物の成長を題材にして春化の制御について，Ⅱではフィトクロムによる胚軸伸長やフィトクロムの温度応答についての実験考察問題が出題された。Aは実験結果から「支持される内容か」，「否定される内容か」，「実験だけからは判断ができない内容か」という3択問題で，厳密に考えると瞬く間に時間が経過してしまう。結果のみを記述するのであるから，ある程度のスピードをもって対処したい。Bは実験と判定方法を想定して説明するやや難の問題であった。Cはリード文の下線部(ウ)をよく読めば理解できる。ⅡのEはグラフ作成の問題で，時間がかかりがちである。ここは後回しにして先にFやGを解答するのもひとつの方法だろう。

地学

1 **解答** 問1 (1) (a) 大気の揺らぎによる恒星の見かけの位置測定の誤差を除外できるから。

(b) 恒星の距離 (d) は年周視差 (p) に反比例する。

$$d = \frac{1}{p}\text{パーセク} = \frac{3.3}{p}\text{光年} = \frac{3.3}{1.0 \times 10^{-4}}$$

$$= 3.3 \times 10^4 \text{光年} \quad \cdots\cdots\text{(答)}$$

(2) (a) $P1 > P2 > P3$

理由：種族 I セファイドの周期・光度関係によると，変光周期の長いものほど明るい。したがって，明るい順に周期が長くなるので，$P1 > P2 > P3$ となる。

(b) 光度は最大 $10^{3.6}$，最小 $10^{3.4}$ になる。明るさは距離の 2 乗に反比例するので，距離の最小値を d，最大値を D とすると

$$\left(\frac{D}{d}\right)^2 = \frac{10^{3.6}}{10^{3.4}} \qquad \frac{D}{d} = \sqrt{10^{0.2}} = 10^{0.1}$$

$D = (1+t)\,d$ とおくと

$$t = \frac{D}{d} - 1 = 10^{0.1} - 1$$

$$= (1 + 2.30 \times 0.1 + 2.65 \times 0.1^2) - 1$$

$$= 0.230 + 0.0265 = 0.2565 \fallingdotseq 0.26$$

よって，最大値は最小値に対して　$2.6 \times 10\,\%$　大きくなる　$\cdots\cdots$(答)

(3) I a 型超新星

問2 (1) $10^{\frac{2}{5}\{4.8-(-20.2)\}} = 10^{10}$

よって，求める銀河の光度は太陽の光度の　1.0×10^{10} 倍　$\cdots\cdots$(答)

(2) (a) A

理由：中心より左側では波長が短くなっているので近づいている。

(b) 波長のずれを $\Delta\lambda$，本来の波長を λ，後退速度を v，光速を c とすると

$$\frac{\Delta\lambda}{\lambda} = \frac{v}{c}$$

$\Delta\lambda = 671.5 - 656.4 = 15.1$

$\dfrac{15.1}{656.4} = \dfrac{v}{3.0 \times 10^5}$

$v = \dfrac{15.1 \times 3.0 \times 10^5}{656.4} = 6.90 \times 10^3 \fallingdotseq 6.9 \times 10^3 \,[\mathrm{km/s}]$ ……(答)

(3) (a) 遠心力＝万有引力より

$\dfrac{mV^2(R)}{R} = \dfrac{GmM(R)}{R^2}$ $M(R) = \dfrac{RV^2(R)}{G}$

$\dfrac{M(2\,万光年)}{M(4\,万光年)} = \dfrac{2 \times 10^4 \times V^2(2\,万光年)}{4 \times 10^4 \times V^2(4\,万光年)}$

図 1 － 3 より $V(2\,万光年) = V(4\,万光年)$

$\dfrac{M(2\,万光年)}{M(4\,万光年)} = \dfrac{1}{2}$ ……(答)

(b) $M(R)$ は $V^2(R)$ に比例する。

ダークマターの質量を $xM(R)$，恒星と星間物質の質量を $M'(R)$ とすると

$M(R) = xM(R) + M'(R)$

ここで $M(R) \propto 200^2$，$M'(R) \propto 150^2$

$x = 1 - \dfrac{M'(R)}{M(R)} = 1 - \dfrac{150^2}{200^2} = 1 - 0.563 = 0.437 \fallingdotseq 0.44$

$M(4\,万光年)$ に占めるダークマターの割合は $4.4 \times 10\,\%$ ……(答)

━━━━━━ ◀解　説▶ ━━━━━━

≪天体までの距離，銀河回転と銀河の質量≫

◆問 1　▶(1) (a) 年周視差は恒星の見かけの位置の変化から求める。

(b) 単位に注意する。

▶(2) (a) $P1$，$P2$，$P3$ の明るさに注目する。また，周期・光度関係によると変光星の周期が長いほど明るい。

(b) 距離の最大値は $D = (1 + t)d$ で表される。求めた t を％に直す。

▶(3) 標準光源としてセファイド変光星を用いるのは5000万光年くらいまでである。これ以上遠い銀河は銀河全体の明るさを推測するか，光度が一定であるⅠa型超新星を標準光源として用いる。

◆問 2　▶(1) m 等星の明るさ L_m と n 等星の明るさ L_n の比は，次の式で表される。

$$\frac{L_m}{L_n} = 10^{\frac{2}{5}(n-m)}$$

▶(2) (a) 左側では波長が短い方にずれているので，ドップラー効果から，天体は近づく方向に回転していることがわかる。

(b) 波長のずれを $\Delta\lambda$，本来の波長を λ，後退速度を v，光速を c とすると，$\dfrac{\Delta\lambda}{\lambda}$ の値が 1 より十分に小さいとき，ドップラー効果は次の式で求められる。

$$\frac{\Delta\lambda}{\lambda} = \frac{v}{c}$$

ここで，$\Delta\lambda = 671.5 - 656.4 = 15.1$ である。

▶(3) (a) 遠心力＝万有引力とおくと，$M(R)$ は $V^2(R)$ に比例することがわかる。〔解答〕では割合は分数で表したが比の形でもよい。

(b) 図 1－3 の実線は，観測値なので，恒星と星間物質だけでなく，ダークマターの質量の影響を受けている値である。

2 解答
問 1 (1) ア．乾燥断熱　イ．減少（低下）
ウ．湿潤断熱

(2) x〔km〕上昇したときの雲粒 1 個の質量の増加は

$$\frac{2.0 \times 10^{-6}}{200} x$$

で表される。また，降水粒子 1 個の質量は

$$\frac{4}{3} \times 3.0 \times (2.0 \times 10^{-3})^3 \times 1.0\,\mathrm{g}$$

である。よって

$$\frac{2.0 \times 10^{-6}}{200} x = \frac{4}{3} \times 3.0 \times (2.0 \times 10^{-3})^3 \times 1.0$$

$$x = 3.2 \,〔\mathrm{km}〕 \quad \cdots\cdots（答）$$

(3) $\Delta V = \dfrac{4}{3}\pi r^3 \times \pi R^2 \times n \times \Delta z = 4r^3 \times 3.0 R^2 n \times \Delta z$

$$= 12 r^3 R^2 n \Delta z \quad \cdots\cdots（答）$$

(4) 半径 $1.0 \times 10^{-3}\,\mathrm{cm}$ の雲粒の質量は

$$\frac{4}{3} \times 3.0 \times (1.0 \times 10^{-3})^3 \times 1.0 = 4.0 \times 10^{-9} \text{〔g〕}$$

雨粒1個の質量は

$$4.0 \times 10^{-9} \times 10^5 = 4.0 \times 10^{-4} \text{〔g〕}$$

1cm^3 あたりの雨粒の質量は

$$2.0 \times 10^{-4} \times 4.0 \times 10^{-4} \text{g}$$

したがって, 1時間 (3600秒) あたり地表面 1cm^2 に落下する雨粒の質量は

$$3600 \times 5.0 \times 10^2 \times 2.0 \times 10^{-4} \times 4.0 \times 10^{-4} = 1.44 \times 10^{-1}$$
$$\fallingdotseq 1.4 \times 10^{-1} \text{〔g〕}$$

これは0.14cm (=1.4mm) の雨量に相当する。

よって   1.4mm ……(答)

問2 (1) 太平洋熱帯域では<u>貿易風</u>のために表面の暖水は西に運ばれて,太平洋熱帯域東部では<u>水温躍層</u>が浅くなり,深部の冷たい海水の<u>湧昇</u>が起こって<u>海面水温</u>が低くなっている。一方,太平洋熱帯域西部では,海面水温が高く,暖められた大気が上昇して活発な対流活動が起こって雨が多い。また,上昇気流の発生により,<u>海面気圧</u>が東部より低くなり,東部との気圧差が西向きの貿易風を維持している。

(2) (a) U は西向きなので $U = -10$

$$Q = -1.3 \times 10^{-6} \times \frac{10 \times (-10)}{0.13 \times 10^{-4}} \times 6000 \times 10^3 = 6.0 \times 10^7$$

よって   流量:$6.0 \times 10^7 \text{m}^3/\text{s}$ 向き:北向き ……(答)

(b) 南半球では北半球とはコリオリ力の向きが逆なので,$f < 0$ になるから。

(c) 北側と南側の側面からの海水の流出量と下面からの流入量は等しい。

$$6.0 \times 10^7 \times 2 = 6000 \times 10^3 \times 10 \times 100 \times 10^3 \times w$$
$$w = 2 \times 10^{-5} \text{〔m/s〕} ……(答)$$

(3) $|Q|$ は $|U|$ の2乗に比例するので, $|U|$ が $\frac{1}{2}$ になると, $|Q|$ は $\frac{1}{4}$ になる。

$$\frac{6.0 \times 10^7 \times 2}{4} = 6.0 \times 10^{12} w$$

$$w = \frac{3.0 \times 10^7}{6.0 \times 10^{12}} = 0.5 \times 10^{-5}$$

東京大-理科前期　　　　　　　　　　　　　　　　2018 年度　地学〈解答〉　*115*

　　　　$2 \times 10^{-5} - 0.5 \times 10^{-5} = 1.5 \times 10^{-5}$

よって　　1.5×10^{-5} m/s 減少する　……(答)

■━━━━━━ ◀解　説▶ ━━━━━━■

≪雲粒と雨粒の形成，エルニーニョ≫

◆問 1　▶(1)　上昇する空気塊の温度は，未飽和で水蒸気の凝結が起こらないときは乾燥断熱減率，凝結が起こるときは湿潤断熱減率で低下する。気温が下がると飽和水蒸気圧は減少する。

▶(2)　x〔km〕上昇したときの雲粒 1 個の質量の増加が降水粒子 1 個の質量と等しくなればよい。半径 R の降水粒子の質量は

　　$\dfrac{4}{3}\pi R^3 \times$ 水の密度

で表される。

▶(3)　降水粒子 1 個がとらえる雲粒の数は，$\pi R^2 n \Delta z$ で表される。これに雲粒の体積を乗じたものが体積増加である。

▶(4)　雨量の単位は mm であるが，cm で考える。雨量 1 cm の降水質量は 1 cm^2 あたり 1 g である。

◆問 2　▶(1)　貿易風によって，表面の暖水が西に運ばれる。そのため，太平洋熱帯域東部では暖水層が薄くなるため水温躍層が浅くなり，湧昇が起こり表面水温が低くなる。西部では，表面水温が高くなり，その上の空気が暖められ上昇気流が活発で対流活動が強くなり降水量が多い。また，気圧が低くなるため，比較的気温が低い東部との間に気圧差が生じて東から西向きの気圧傾度力がはたらく。

▶(2)　(a)　Q に東西幅（m 単位）を乗じる。

(b)　南半球はコリオリ力が逆になり，f が負になる。したがって，Q も負になる。

(c)　北側と南側の側面からは海水が流出するので　その分下面から流入する。

▶(3)　$|Q|$ は $|U|^2$ に比例することに気がつけば易しい問題である。

3 解答

問1 (1) $\sqrt{(x_0-x)^2 + y_0^2 + z_0^2}$

(2) x_0 : (h)　y_0 : (b)

(3) 2地点の震源距離の差は

$(2時5分43.6749秒 - 2時5分43.5916秒) \times 6.000$

$= 0.0833 \times 6.000$

$\fallingdotseq 0.4998 \fallingdotseq 0.500 \text{[km]}$

$\sqrt{(9.0-6.0)^2 + 3.0^2 + z_0^2} - \sqrt{(9.0-8.0)^2 + 3.0^2 + z_0^2} = 0.500$

$\sqrt{18 + z_0^2} = \sqrt{10 + z_0^2} + 0.500$

両辺を2乗すると

$18 + z_0^2 = 10 + z_0^2 + \sqrt{10 + z_0^2} + 0.250$

$\sqrt{10 + z_0^2} = 7.75 \quad 10 + z_0^2 = 60.06 \quad z_0^2 = 50.06$

$z_0 = \sqrt{50.06} \fallingdotseq \sqrt{50.0} = 7.07 \fallingdotseq 7.1 \text{[km]} \quad \cdots\cdots\text{(答)}$

(4) (d)

理由：走向N0°E，傾斜60°Eの断層面は右図のようになる。断層の傾斜と，震源の座標 $x_0 = 9.0$ [km]，$z_0 = 7.1$ [km] から，地表での断層の位置は $x = 4.9$ [km] と求まるので，y軸上の観測点は

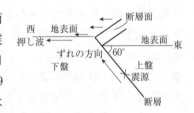

すべて断層線より西側にある。観測されたP波初動の東西成分が西向きであったことから，図のように断層面の下盤が上昇した正断層であることがわかる。

問2 (1) ア．高温低圧　イ．低温高圧

類似する理由：ア型の変成帯は，高温の花こう岩質マグマの大規模な貫入にともなって広範囲の地下の温度が高くなっている場所に形成される。一方，ペグマタイト鉱床は花こう岩質マグマがゆっくり冷却する過程の最終段階で形成される。そのため，両者の分布が類似する。

(2) 結晶が始まる初期の高温で結晶する長石はCa成分に富む斜長石であるが，分化が進み低温で結晶する長石はNa成分に富む斜長石やK成分の多いカリ長石になる。

(3) 1500万年前に日本海が形成されたころ，東北日本では海底火山活動が活発で，このとき噴出した金属を含む熱水と海水が反応して銅や鉛，亜鉛などを含む黒鉱鉱床が形成された。

(4) 浅海でできた岩石や深海でできた岩石は，プレートによって海溝まで運ばれ，海溝の内側の大陸プレート側に付加される。したがって，これらの岩石がほぼ同じ場所で見られるようになる。

(5) 溶脱する元素：Ca, Si, O
ボーキサイトを含む鉱床が形成されない理由：日本は熱帯地方ほど高温多湿ではないため，ボーキサイト形成に至るまで化学的風化が進まないから。

━━━━━━━━━ ◀解　説▶ ━━━━━━━━━

≪地震と断層，鉱床≫

◆問1▶(1) 立体座標での2点間の距離を考える。

▶(2) 図3－2の(a)，(b)ともに左右対称なので，到着時間が最も短い地点は，$x=9.0$〔km〕，$y=3.0$〔km〕である。

▶(3) P波の到達時刻の差から，A地点とB地点の震源距離の差を求める。また，(1)の式から，両地点の震源距離の差の式を求める。

▶(4) 断層近くの平面図は右図のように表される。P波の初動は断層より西側ではすべて西向きであるので，ずれの南北成分はなく，東西成分だけである。これは断層面の傾きの方向から断層より西側が持ち上が

ったときの状態である。したがって，〔解答〕に示したような図が考えられる。断層の傾斜と震源の位置から，地表面における断層線の位置を求め，観測点が下盤側にあることを確認しておく。

◆問2▶(1) ア型の変成帯は領家変成帯と呼ばれる高温低圧型の変成帯で片麻岩や花こう岩の分布地域である。中生代ジュラ紀の付加体が，白亜紀に貫入した大規模な花こう岩によって高温低圧型の変成作用を受けた地帯である。中央構造線を挟んで南側のイ型の変成帯は三波川変成帯と呼ばれる低温高圧型の変成帯である。結晶片岩などが分布している。

▶(2) 岩石に含まれている長石類はAl, Si, OのほかにCa, Naが含まれている斜長石とKが多いカリ長石がある。斜長石はすべての火成岩に含まれていて，結晶分化が始まる初期のマグマは高温で，その状態で結晶する斜長石はCaに富んでいる。その後，次第にNa成分が増加していく。結晶分化の後期ではカリ長石が結晶するようになる。

▶(3) 約1500万年前は日本海が拡大した時代で，各地で激しい火山活動

が起こった。この時期にできた火山岩類は変質して緑色を帯びていることが多く，これらの火山岩の分布地域をグリーンタフ地域と呼ぶ。グリーンタフ地域は日本海側に広く分布している。黒鉱鉱床はこのような地域に分布していることが多い。図3－3の秋田北部にある鉱床は小坂鉱山で，四国の鉱床はグリーンタフ地域ではないが別子鉱山であり，どちらも主に銅を産出している。

▶(4)　日本列島は付加体が隆起してできたところが多い。付加体は海洋プレートが沈み込むときに，海洋底の岩石や陸からの砕屑物などとともに大陸側のプレートに付加したもので，深海堆積物や浅海堆積物なども含まれる。

▶(5)　灰長石は $CaAl_2Si_2O_8$ という化学組成で表される。したがって，Al以外の元素は Ca，Si，O である。これらがすべて溶脱するわけではないが，灰長石から Al が濃縮されるためには主に Ca，Si の溶脱が必要である。

ボーキサイトは Al 成分の多い花こう岩などが風化を受け，Al 成分が濃縮したものである。化学的風化が進んだ場合にできるため，高温多湿の地域にしか産出しない。

❖講　評

　出題傾向は例年通りで，時間配分を考えないと時間が不足するおそれがある。問題文が長いものが多く，しっかり読まないと題意が理解できない。

　1　宇宙の問題で，問1は天体の距離を求める総合的な問題，問2は銀河の距離や質量について考えさせる問題である。どちらも例年通りユニークな良問である。ほとんどが計算問題であるが，図を読み取る力も求められている。2018年度は複雑な計算は出題されていない。問題文をよく読んで題意をしっかりつかむことが大切である。

　2　大気と海洋の問題で，2017年度2と同様で計算問題はやや複雑で間違えやすい。問1は雲粒の成長についての計算問題で，他大学ではあまり見かけない独自の問題である。問2はエルニーニョについての問題で，題材は出題予想の範囲であるが，やはり計算問題がある。どちらの問題も問題文が長く理解するのが難しい。

東京大-理科前期 2018 年度 地学〈解答〉 *119*

3 問1は震源の位置や断層運動を考えさせる問題で，計算問題が中心である。数学的な知識も必要である。1と同様，図を読み取る力が必要である。5行（約175字）程度の長い論述もある。図を用いると答えやすい。問2は鉱床についての出題で，計算問題はなく，各1～3行程度の論述である。易しい問題もあるが，黒鉱鉱床やボーキサイトの成因などややレベルの高い問題もある。

ほとんどが4単位地学の内容で，センター対策の勉強だけでは高得点は難しい。数年間の過去問をしっかり見ておくとよい。

❖ 講 評

一 現代文（評論） 入試現代文に頻出している野家啓一の最近の著作からの出題。歴史的事実とはどのような存在であるのかを論じた、いたって明快な文章である。設問は構成・解答欄ともに例年通りで、㈠～㈢が部分読解問題、㈣が要約、㈤が書き取りとなっている。難易度は㈣がやや難、他は標準レベルといえる。ただ、㈠～㈢はポイントを絞りにくく、意外と書きにくいだろう。㈡は「理論的虚構」の意味を取り違えないようにしたい。㈢は比較的書きやすい。㈣は本文の語句をただ引用してまとめるだけでは十分な解答にならない。そのため最も難度が高い。

二 古文（軍記物語） 『太平記』からの出題。師直が女房に求愛する場面で、手紙の代筆や引き歌など、貴族の物語世界に典型的な内容が盛り込まれている。㈠の口語訳は、副助詞「だに」の用法や「なかなか」「たより」の語意などの知識項目に基づきつつ、文脈に応じた表現を熟考して訳す力量が試されている。㈡・㈢の内容説明は、傍線部自体の単なる口語訳ではなく、設問の意図や条件を踏まえた理解が必要である。

三 漢文（上書） 人材登用などについて王安石（北宋の政治家・詩人・文章家）が皇帝に進言した上書で、古代の帝王の考え方を挙げ、皇帝の持つべき心構えを論じている。抽象的で高度な内容であるが、対比や因果関係などの論理は明確に示されている。㈠の語意（口語訳）は、本文に即した表現で訳す配慮が必要。㈡の口語訳は、「待」「尽」の文脈に応じた解釈ができるかどうかが決め手となる。㈢の内容説明は、主語を正しくつかむことを前提に、文をわかりやすく説明することが求められている。

東京大-理科前期　　　　　　　　　　　　　　　　　　　　　2018 年度　国語〈解答〉　*121*

c、この「已」は〝終わる〟という意味の動詞。「矣」は強調を表す置き字。〝そのまま終わる・それまでだ〟という語義を示すのみでよいかもしれないが、〔解答〕では、念のために、前文の「悉以其所願得者以与之」ということがないままで終わるという理解を簡潔にふまえたものを示した。

▼(二)　「人を待つ所以の者を尽くす」と訓読し、逐語訳は〝人民を待遇する方法がすべてに行き渡っていた〟。「待」はここでは〝待遇する・扱う〟の意。「所以～者」は〝～ためのもの・～の方法〟、「尽」は〝すべてに行き届いている・できる限りのことをする〟といった意味で、「先王之法」について、人民を待遇するための制度が世の中全体に行き届いていたということを表している。さらに次の文「自非下愚不可移之才、未有不能赴者也」は、〝きわめて愚かで賢明な者になることができない者でない限りは、これまでに（人材登用に）加わりたいと申し出ることができない者はいなかった〟という意味で、きわめて愚かな者でなければ、あらゆる人民に登用される可能性が開かれていたとされているので、「待」は、その人の能力に見合った正当な待遇をするという意味でとらえることができる。

▼(三)　傍線部eの逐語訳は〝それを考慮するにあたって誠意とあわれみの心で努力してそれに応じることができる者がいたことはまだないのである〟。この文章全体は、リード文にあるように、人材登用について皇帝に進言する上書で、傍線部eの前文の「赴者」および傍線部eの「応之者」は人材登用に応じる人民を指している。ということは、「謀之以至誠惻怛之心力行而先之」は、人材を登用する側の皇帝のありかたを述べたものであると判断できる。「至誠惻怛之心」は、「惻怛」の〔注〕からもわかるように、誠意とあわれみの心で努力してそれに応じることができる者がいたことはまだないのである。皇帝が自ら人民よりも先に誠実で慈悲深い心を持つように努力しない限り、人民が誠実で慈悲深い心で努力して人材登用に応じることができたためしはないということで、「誰がどうすべき」かという形で説明すると、皇帝が人民に先んじて自ら誠実で慈悲深い心を持つように努力すべきだということになる。

参考　王安石（一〇二一～一〇八六年）は北宋の政治家。出身地にちなんで臨川先生と呼ばれる。「介甫」は字。唐宋八大家の一人で詩人としても有名である。

得るを願ふ所の者を以て之に与ふ。士能はざれば則ち已む。苟しくも能くすれば、則ち孰か肯へて其の得るを願ふ所を舎てて自ら勉めて以て才と為らざらんや。故に曰はく、人の為さざるを患へず、人の能はざるを患ふと。先王の法、人を待つ所以の者を尽くす。下愚にして移るべからざるの才に非ざるよりは、未だ赴く能はざる者有らざるなり。然り而して之を謀るに至誠惻怛の心を以て力行して之に応ずる者有らざるなり。故に曰はく、人の能はざるを患へ何をか人の能はざるを患へずして己の勉めざるを患ふと謂ふ。之に先んぜざれば、未だ能く至誠惻怛の心を以て力行してずして己の勉めざるを患ふと。

各段落の中心的な内容は次の通りである。

▲解　説▲

第一段落　古代の帝王が治世の際に憂慮したことは、「人之不為」ではなく「人之不能」であり、「人之不能」ではなく「己之不勉」である

第二段落　「人之不為」ではなく「人之不能」を憂慮するとは、為政者が、人民が能力を発揮できるような政治をしなければならないということである

第三段落　「人之不能」ではなく「己之不勉」を憂慮するとは、為政者が、有能な人材を得るためには人民に先んじて努力しなければならないということである

▼(一)　a、「患」は心身に苦痛を感じることを表す。この文章では、書き手の王安石が、世を治める皇帝が気に病み避けるように努めなければならないことを挙げる際に用いているので、為政者が政務において「患」うという文脈に合うように、“憂慮する・心配する”といった表現で訳す。単に“苦しむ・つらく思う”等ではやや不足な感がある。

b、「尊」は“尊い・価値が高い”の意、「爵」は「爵位」「侯爵」等の「爵」で、“地位・身分”の意。人民が得たいと望むものとして、「善行」「美名」「厚利」と並んで挙げられていることも確認しよう。

◆全訳◆

古代の帝王が天下を治めるにあたっては、人民がしないことを憂慮せず自分が努力しないことを憂慮し、人民ができないことを憂慮せず自分が努力しないことを憂慮した。

何を人民がしないことを憂慮せず自分が努力しないことを憂慮すると言うのか。人民の気持ちが得たいと望むものは、善行・美名・尊爵（＝高い地位）・厚利（＝大きな利益）である。そういうわけで古代の帝王はそれらを掌握することができきたことによって世の中の人々を治めた。世の中の人々で、それらに従って治める者がいれば、（統治者は）その者が得たいと望むものをすべてその者に与える。人々がそうできなければ（＝望みに従って治めることができない人々ならば）そのままで終わる（＝その者が望むものを与えないままだ）。もしできるなら、誰がわざわざ自分が得たいと望むものを捨てて自分から努力して有能な人材とならないだろうか。だから、人民がしないことを憂慮せず、人民でできないことを憂慮すると言う。

何を人民ができないことを憂慮せず自分が努力しないことを憂慮すると言うのか。古代の帝王の法は、人民を待遇する制度が行き届いていた。きわめて愚かで賢明な者になることができない者でない限りは、これまでに（人材登用に）加わりたいと申し出ることができない者はいなかった。そういうわけで（帝王が）それ（＝人材登用）を考慮するにあたって誠意とあわれみの心で努力して人民よりも優れていようとしなければ、誠意とあわれみの心で努力してそれに応じることができる者がいたことはまだないのである。だから、人民ができないことを憂慮せず自分が努力しないことを憂慮すると言うのである。

読み

先王の天下を為むるや、人の為さざるを患へずして己の勉めざるを患ふ。

何をか人の為さざるを患へずして人の能はざるを患ふと謂ふ。人の情の得るを願ふ所の者は、善行・美名・尊爵・厚利なり。而して先王能く之を操り以て天下の士に臨む。天下の士、能く之に遵ひて以て治むる者有れば、則ち悉く其の

▼

(三) 傍線部オの逐語訳は〝人目だけを気にしますもの〟。師直はそれを聞いて非常に喜んでいるので、公義のこの解釈
は、師直にとって喜ばしいものであるとわかる。人目だけを憚るということは、人目以外には憚るものはないという
ことで、女房が「さなきだに…」の歌を引いて「重きが上の小夜衣」と言ったのは、人目を避けることを条件に、師
直の求愛に応じるという意向を示したものであるととらえているのである。

袖をととのへて送れ」という推察をしている。これは続く文の「装束」「仕立て」と同じ意味で、衣や小袖などの
着物を仕立てるということ。「さやうの心」自体の解釈は〝着物を仕立てて送れというような意味〟であるが、設問
は「何を指しているか」と問うているので、それは師直が〝…とにや〟(「と」)は引用を表す格助詞、「に」は断定の
助動詞「なり」の連用形、「や」は疑問の係助詞)と推察したことであるという客観的な説明も添えてまとめるのが
適切だろう。

参考 『太平記』は室町時代に成立した軍記物語、全四十巻。後醍醐天皇の関東討伐計画から南北朝分裂、細川頼之の管
領就任までの約五十年を描いたもの。本文は高師直が塩冶高貞の妻に恋文を送って拒絶される場面。これが原因で師直の
讒言により、塩冶高貞と妻子は死に、高貞の一族は没落するという話が続く。

解答

三

出典 王安石『新刻臨川王介甫先生文集』〈上仁宗皇帝言事書〉

(一) a、憂慮する
b、高い地位
c、与えないままで終わる

(二) 人民を正当に待遇するための制度が行き届いていた

(三) 皇帝が、良い人材を登用するためにはまず自ら誠実で慈悲深くあるように努力すべきだということ。

東京大-理科前期　　　　　　　　　　　　2018 年度　国語〈解答〉*125*

第二段落後半（暫くあれば、使ひ急ぎ帰つて…）
侍従から報告を受けた師直が、「重きが上の小夜衣」という言葉の意味を公義に尋ねると、公義は女房が師直の
求愛に応じる意向であろうと答えたため、師直は喜んだ。

（一）ア、「だに」は、極端に程度の軽いことを挙げ、それ以上のものはまして当然だと類推させる用法の副助詞。ここ
では、「御文をば手に取りながら、あけてだに見たまはず、庭に捨てられたる」という文脈なので、女房は手紙を開
くことも見ることもなかったということが明確になるように、「あけて」「見る」動作をひとまとまりで示した上で、
尊敬と類推と打消の要素を添えるという形で解答する。

イ、「なかなか」は、通常の認識やもともとの予想とは異なる側面があることを表す副詞で、"かえって・むしろ・逆
に"という一般的な訳でもよいだろうが、ここでは、女房への手紙の代筆を引き受けた公義が、通常なら恋心を連綿
と書き連ねそうなところを、思い切って一首の歌のみを記したという状況に応じて、〔解答〕では "あえて" とした。
「言葉」は、ここでは「返すさへ…」の歌以外の散文の文章のことを表している。

ウ、「たより」（「便り」「頼り」）で、もとは「手寄り」とされる）は、都合のよいことや、うまくことが運ぶと期待で
きるものを広く表す。「あしからず」は、形容詞「あし」（「悪し」）の未然形に打消の助動詞「ず」の終止形が接続し
たもの。ここでは、師直からの手紙の和歌を見て顔を赤らめ袖に入れて立ち去ろうとした女房の様子について、仲立
ちをした侍従が「さてはたよりあしからず」と思い、女房の袖を押さえて返事を催促した〜という文脈なので、「たよ
り」は、女房に返事を求めるのに都合がよい機会・女房が返事を書いてくれることが期待できる様子といった意味で
とらえることができる。〔解答〕は "見込みは悪くない" などとしてもよいだろう。

（二）傍線部エは公義の言葉で、女房が言い残した「重きが上の小夜衣」という言葉について、師直が自分なりの考えを
述べたことを受けたものである。ここでの「心」は "意味・内容" という意味で、「さ」は、師直が示した「衣・小

なくなった。しばらく経つと、使者（＝仲立ちの侍従）は急いで帰って、「このようでございました」と語ると、師直は嬉しそうにふと考えて、すぐに薬師寺（＝公義）を呼び寄せ、「この女房の返事に、『重きが上の小夜衣』とだけ言い残してお立ちになったと仲立ちが申すのは、衣・小袖を用意して送れということであろうか。そのことであったならば、どのような装束であっても仕立てるようなことについては、実にたやすいにちがいない。これはどういう意味か」とお尋ねになったところ、公義は「いやこれはそのような意味ではございませんで、『新古今和歌集』の十戒の歌に、そうでなくてさえも重い小夜衣の上に、自分の衣の裾ではない裾を重ねてはならない（＝ただでさえ〈＝僧が自分の妻と関係を持つことでさえ）重い罪である上に、自分の妻ではない妻と重ねて関係を持ってはならない）という歌の意味によって、人目だけを気にしますものと思い当たっております」と歌の意味を解釈したので、師直は非常に喜んで、「あああなたは弓矢の道だけではなく、歌道にまでも並ぶ者のない達人であるなあ。さあ贈り物をしよう」と言って、黄金作りの丸鞘の太刀を一振り、自らの手で取り出して薬師寺にお与えになった。兼好の不幸と、公義の幸運は、栄耀と衰廃がほんの短い間に入れ違いになった。

━━━━

▲解　説▲

本文のおおまかな内容は次の通りである。

第一段落（侍従帰りて…）
　師直は兼好を呼び出して手紙を代筆させ、侍従を介して女房に届けるが、女房は開きさえせずに捨てたという報告とともに師直のもとに戻され、師直は兼好に立腹した。

第二段落前半（かかるところに…）
　師直は今度は公義に女房への手紙を代筆させ、「返すさへ…」の歌のみを記した手紙を再び侍従が女房に届けると、女房は読んで顔を赤らめ、「重きが上の小夜衣」という言葉を残して去った。

東京大-理科前期　　　　　　　　　　　　　　　　2018 年度　国語〈解答〉　*127*

ウ、ことを運ぶ機会としては悪くない

着物を仕立てて送れという意味であろうかと師直が推察したこと。

(三)　人目さえ避ければ師直の求愛に応じる気があると解釈している。

(二)

◆全訳◆

侍従は帰って、「こう」と語ったところ、武蔵守はたいそう心を上の空(うわ)にして、「何度も続いたならば情にほだされて

(強硬な心が)やわらぐこともあるかもしれない、手紙を送ってみたい」と思って、兼好といった能書の遁世者を呼び寄

せて、紅葉襲の薄様で、持つ手も香りが立つほどに香を焚きしめている紙に、(兼好が代筆して)言葉を尽くして申し上

げた(=手紙を送り申し上げた)。返事がなかなか来ないと(思いながら)待つところに、使者(=仲立ちの侍従)が帰

って来て、「(女房は)お手紙を手に取りながらも、開いて御覧になることさえなく、庭にお捨てになっているのを、人目

につかないようにしようと、懐に入れ帰参いたしました」と語ったので、師直は非常に気分を損ねて、「いやいや何の役

にも立たないものは能書家であるなあ。今日からその兼好法師は、こちらへ近付けてはならない」と怒った。

このようなところに薬師寺次郎左衛門公義が、所用の事があって、ふと現れた。師直は側へ招いて、「ここに、手紙を

送っても手に取っても見ず、とんでもないほどに態度が冷たい女房がいたのを、どうするのがよいか」と微笑んだところ、

公義は「人は誰でも岩や木(のような感情のないもの)ではないので、どのような女房も、(自分を)恋しく思う男にな

びかない者がいるはずがありましょうか。もう一度お手紙をお送りになって御覧になってくださいませ」と言って、師直

に代わって手紙を書いたが、あえて文章は書かずに、

返すものでさえも手が触れただろうかと思うので、自分の手紙ながらも捨て置くこともできない

繰り返し、仲立ち(=侍従)がこの手紙を持って行ったので、女房はどのように思ったのだろうか、歌を見て顔を赤ら

め、袖に入れて立ったのを、仲立ちはこれならば機会としては悪くないと、(女房の)袖を押さえて(引きとめて)、「そ

れではお返事はどのように」と申し上げたところ、「重きが上の小夜衣」とだけ言い残して、中へ入って居場所がわから

二

出典　『太平記』〈巻第二十一〉

(一)　ア、開いて御覧になることさえなく
　　　イ、あえて通常の文章は書かずに

(傍線部の直前文)と述べる。また傍線部に「フィクションといった誤解をあらかじめ防止しておくならば」とあるのは、第四段落の「史料批判や年代測定など一連の理論的手続きが要求される」ことをふまえている。よって「歴史的出来事」がひとまとまりの物語として記述されることで初めてその存在性格を中心におき、「本文全体の論旨を踏まえた上で」という指示に従い、以上の事情を補足しながらまとめればよい。解答のポイントは次の三点である。

①　物理学や地理学の理論的存在と同じく知覚できる対象ではない
②　史料批判や年代測定などの一連の理論的手続きが要求される
③　個々の事実を関係づけてひとまとまりの物語として記述される

(五)　aの「身も蓋もない」は〝言葉が露骨すぎて、含みも潤いもない〟の意。cの「呼称」は〝呼び名〟の意。bの「隣接」は〝隣り合わせになっている〟の意。

▼参考　野家啓一(一九四九〜)は宮城県仙台市出身。東北大学理学部物理学科卒業。東京大学大学院理学系研究科科史・科学基礎理論専門課程修士課程修了、同博士課程中退。南山大学文学部講師、東北大学文学部助教授などを経て、現在、東北大学名誉教授。専攻は科学哲学。著書に『言語行為の現象学』『無根拠からの出発』『科学の解釈学』『物語の哲学』『科学の哲学』などがある。『歴史を哲学する——七日間の集中講義』は『双書　哲学塾　歴史を哲学する』(二〇〇七年刊)の増補版として二〇一六年に刊行された。

解答

▼(三)

傍線部は歴史的事実あるいは歴史的出来事の存在性格を述べたものである。すなわち歴史記述の対象は個々の事物のように知覚できるものではなく、「関係の糸で結ばれた『事件』や『出来事』として把握されるものであり、「理論的構成体」（いずれも同段落）なのであるといわれる。また直前の段落に「史料批判や年代測定など一連の理論的手続きが要求される」とあるのも、歴史的事実（出来事）がさまざまな考証を経て確定されることを指摘している。傍線部の「抽象的概念」および『思考』の対象」とはこのような事情を表したものである。よってこれらの引用箇所を利用してまとめることになるが、『フランス革命』や『明治維新』をそのまま用いると長くなるうえ、これらは歴史的事実（出来事）の一例であるから、「歴史的事実」あるいは「歴史的出来事」と一般化する。解答のポイントは次の二点。

① 歴史的出来事は知覚可能な事物ではない

② 過去の事実を関係づけ考証した理論的構成体である

▼(四)

「物語り」という語はすでに第一段落に見えるが（「物語り行為」）、第六段落末尾に「この『理論』を『物語り』と呼び換えるならば」とあり、そして最終段落で『物語り』のネットワーク」「一定の『物語り』のコンテクスト」「物語り負荷的」（＝物語りという性格を負わされた）などと使われる。これは「歴史的出来事」が個々の事実を関係づけてひとまとまりの物語（ストーリー）に仕上げられたものであることをいう。そして「歴史的出来事」のこのような「存在性格」を「物語り的存在」と呼び、「素粒子や赤道などの『理論的存在』と異なるところはありません」

た「理論的虚構」にカギ括弧が付いているのも、理論を装った作り物というニュアンスを表現するためである。この「理論的」は〈観念的〉と置き換えることもできる。解答にあたってはこの「虚構」の意味を反映した「作り物」あるいは「フィクション」（最終段落）といった語句を用いる必要がある。ポイントは次の二点。

② 理論的探究の手続きと実験的証拠の裏づけに支えられている

① たんに理論を装っただけの作り物ではない

解　説

本文は歴史的事実の実在性とはいかなるものであるかを、ミクロ物理学と地理学を例に引きながらわかりやすく説明したものである。全七段落から成り、その構成は次の通りである。

1　第一段落　　　歴史学――歴史的過去の「実在」は発掘や史料批判の手続きによって確証される

2　第二・第三段落　物理学――素粒子の「実在」は物理学理論のネットワークと不即不離である

3　第四・第五段落　歴史学――歴史的事実は一連の理論的手続きを経た、一種の「理論的存在」である

4　第六段落　　　地理学――赤道や日付変更線の「実在」は地理学の理論によって保証される

5　第七段落　　　歴史学――歴史的出来事の存在は「物語り内在的」であり、「物語り的存在」である

(一) 傍線部は直後の文で「素粒子の『実在』の意味は……間接的証拠を支えている物理学理論によって与えられている」と言い換えられ、さらに続く文でも「物理学理論の支えと実験的証拠の裏づけ」と述べられる。すなわち傍線部の「保証している」とは「支えている」ということである。また「その痕跡」とは「間接的証拠」あるいは「実験的証拠」であり、具体的には傍線部前文の「荷電粒子が通過してできた水滴や泡」をいう。その前文にも「霧箱や泡箱によって捉えられた素粒子の飛跡」とある。以上より解答のポイントは次の二点となる。

① その間接的証拠は物理学理論によって支えられる

　 素粒子の実在はその飛跡である水滴や泡によって示される

②

(二) 傍線部は、「理論的存在」は知覚できないものであるとはいえ、単なる「理論的虚構」ではないと断る文脈になる。「理論的存在」については前間でも引用したように「理論の支えと実験的証拠の裏づけ」があるものをいう。「理論的虚構」は「理論的存在」に対するものであるから、「理論の支え」（傍線部の段落にも「理論的『探究』の手続き」とある）と「実験的証拠の裏づけ」の両方を欠いたものをいう。前段落では「雷子」が例としてあげられている。ま

国語

2018 年度　国語〈解答〉　131

東京大-理科前期

一

解答

出典　野家啓一『歴史を哲学する――七日間の集中講義』〈第7日　歴史記述の「論理」と「倫理」〉（岩波現代文庫）

（一）　素粒子の実在は、その飛跡である水滴や泡という間接的証拠を支える物理学理論によって確証されるということ。

（二）　理論的探究の手続きと実験的証拠の裏づけに支えられており、理論を装っただけの作り物ではないということ。

（三）　歴史的出来事は知覚可能な事物ではなく、過去の事実を関係づけ考証した理論的構成体であるということ。

（四）　歴史的出来事は物理学や地理学や天文学の理論的存在と同じく、知覚できるような対象ではなく、史料批判や年代測定などの一連の理論的手続きを経ながら、個々の事実を関係づけてひとまとまりの物語として記述されることで初めて存在するものであるから。（一〇〇字以上一二〇字以内）

（五）　a―蓋　b―隣接　c―呼称

◆　要　　旨　◆

素粒子は知覚できなくても、われわれはその実在を疑わない。それは素粒子が物理学理論のネットワークと不即不離だからであり、その意味で理論的存在としての実在性をもつ。同様に歴史的事実も、知覚できなくても、史料批判や年代測定など一連の理論的手続きを行えば、その実在を主張できる。逆にいえば、この理論、いい換えれば物語りのネットワークから独立して歴史的事実を主張することはできない。またそれゆえに歴史的事実はフィクションではない。要するに歴史的出来事の存在は「理論内在的」あるいは「物語り内在的」なのであり、「物語り的存在」と呼ぶこともできる。

2017年度 解答編

解答編

英語

1 (A) 解答

＜解答1＞ 文化が出身国によって決まるという考え方はもはや通用せず，グローバル化の進む現在では，職業や社会経済的地位のほうが，その人の行動を予測するのには有効である。（70～80字）

＜解答2＞ 仕事に対する人の態度は，国ごとに予測できるとされてきたが，現在はグローバル化の結果，職業や社会経済的地位が同じ人同士のほうが，同じ国の人同士よりも共通点が多い。（70～80字）

＜解答3＞ 文化とは国であるという考え方が広くみられるが，人や技術，思想が国境を越える現在，ものの考え方は出身国よりも，職業や社会経済的地位で決まる可能性が高い。（70～80字）

◆全　訳◆

≪人の行動を予測する手がかり≫

　広く信じられているある見解によると，文化と国はほとんど入れ替え可能である。たとえば，仕事をする「日本的なやり方」（遠まわしで控えめ）なるものが当然あり，それは「アメリカ的なやり方」（直截で押しが強い），あるいは「ドイツ的なやり方」（きまじめで効率的）とは異なり，成功しようと思えば，取引をしている国のビジネス文化に合わせなくてはならない。

　しかし，最近の研究がこの取り組み方に異議を唱えている。過去35年間にわたる558の研究のデータを使い，この新しい研究は，個人対集団，職階級や地位の重要性，危険や不確実性の回避，そして，競争対集団の和という，仕事に関連する4つの態度を分析した。もし従来の見解が正しければ，国による違いが国の内部での違いよりもはるかに大きいはずである。しかし実際には，この4つの態度における違いの80パーセント以上が国の内部でみられ，国による違いは20パーセントに満たなかったのである。

4 2017 年度 英語〈解答〉 東京大-理科前期

したがって, 少なくともビジネスの場では, ブラジル文化とかロシア文化について, 簡単に語るのは危険だ。もちろん, 共通の歴史や言語, 共通の食べ物や風習, その国特有の共通の習慣や価値観は他にもたくさんある。しかし, グローバル化の多くの影響——人の行き来だけでなく, 技術や思想のやり取り——のため, 国 (民性) からビジネス文化を帰納法的に求めることはもはや受け入れられないのである。タイにいるフランス人の実業家は, タイの実業家とのほうが, 本国のフランスにいる人より共通点が多くてもおかしくない。

実際, 職業や社会経済的地位のほうが, 出身国よりも仕事に関する価値観をうまく予測してくれる。たとえば, 異なる国の 100 人の医師のほうが, 職業の異なる 100 人の英国人よりも, 同じ態度を持っている可能性はずっと高い。言語を別にすれば, オーストラリアのトラック運転手は, インドネシアのトラック運転手とのほうが, オーストラリアの弁護士とよりも馬が合う可能性が高い。

交渉がうまくいくかどうかは, 相手側の行動の予測ができるかどうかにかかっている。国際的な状況では, 国民性に関する考え方から判断を下すならば, 間違った予測をし, 不適切な反応をしてしまうことになるだろう。国によって文化的な固定観念を定めるというのは, まさしくやり方が間違っているのである。

━━━━━ ◀解　説▶ ━━━━━

◆読解する

全体の構成を意識しながら, 各段を検討しよう。

〔第 1 段〕

この段は, 国によって文化が違い, したがって物事に対する態度も国別に分けられるという考え方を示している。第 1 文はそうした考え方を「文化と国は入れ替え可能だ」と表現している。第 2 文ではビジネスのやり方を例に, 日本, アメリカ, ドイツの一般的なイメージを挙げ, 成功するためには相手のビジネス文化に合わせる必要がある, としている。

〔第 2 段〕

第 1 文では, 最近の研究が, そうした考え方が疑わしいとしていることを述べている。第 2 文では, 仕事に関する態度として 4 つの項目について過去のデータを分析したという, その研究の内容を示している。第 3 文で

は，従来の考え方なら，どのような結果が予測されるかを示し，第4文では，その予測とまったく逆の結果が出たことを述べている。

〔第3段〕

　第1文は，第2段の研究結果を受けて，少なくともビジネスの場では，ある国の文化について単純に語るのは危険だとしている。第2文で，共通の歴史や言語，食べ物，風習といった，ある国に特有の共通の習慣や価値観があることは認めたうえで，第3文は，それでもグローバル化のため，国（民性）を基にビジネスのやり方を一般化するのは，もはや受け入れられないとしている。第4文はその例として，外国にいる実業家は，その国の実業家とのほうが，本国の人たちとよりも共通点が多いと述べている。

〔第4段〕

　第1文は，実際に，出身国より職業や社会経済的地位のほうが，仕事に関してどのような価値観を持っているかをよく予測できるとしている。第2文は，それをわかりやすくするために，異なる国の100人の医師のほうが，職業の異なる同じ国の100人より，態度が共通するという例を挙げている。第3文も同様に，言語を別とすれば，トラック運転手は，異なる国のトラック運転手とのほうが，同じ国の弁護士とよりも馬が合うと述べている。

〔第5段〕

　第1文は，これまでの話を受けて，交渉が成功するかどうかは，相手方の行動を予測できるかどうかにかかっているとしている。第2文も，国際的な状況では，国民性についての認識を基準に物事を判断すると，間違った予測や判断をしてしまうことになるとまとめ直し，第3文で，国によって文化的な固定観念を定めることは，まさしくやり方が間違っている（just bad business）としめくくっている。

　各段と各文の内容をまとめると下表のようになる。

各段の要旨		各センテンスの内容
第1段	文化は国別のものといぅ従来の見解	第1文：従来の見解では，文化は国別に分けられる。 第2文：たとえば，ビジネスでは，その国それぞれのやり方があり，交渉相手のビジネス文化に合わせる必要がある。

第2段	従来の見解が正しくないことを示す研究結果	第1文：しかし，最近の研究がこの考えは疑わしいとしている。
		第2文：この研究では，個人対集団，職階級や地位の重要性，危険や不確実性の回避，そして，競争対集団の和という，仕事に関連する4つの態度について，過去35年にわたる558の研究データを分析した。
		第3文：従来の見解が正しければ，国家間の違いのほうが，国内での違いよりはるかに大きいはずである。
		第4文：しかし，結果は，違いのうち80パーセント以上が国内のものだったのに対し，国同士での違いは20パーセント足らずだった。
第3段	グローバル化による，国別の文化という見方の無効性	第1文：したがって，ビジネスの場では，文化について単純に語るのは危険である。
		第2文：もちろん，その国特有の共通の習慣や価値観はある。
		第3文：しかし，グローバル化の結果，国からビジネス文化を一般化することはもはや受け入れられない。
		第4文：タイにいるフランス人実業家は，本国の人よりタイの実業家とのほうが共通点が多くても当然である。
第4段	人の行動の予測の根拠として，出身国より有効なもの	第1文：実際，職業や社会経済的地位のほうが，出身国よりも，その人の行動を予測するのに有効である。
		第2文：異なる国の100人の医師のほうが，職業の異なる100人の英国人より態度が共通するだろう。
		第3文：言語を別にすれば，オーストラリアのトラック運転手は，オーストラリアの弁護士よりインドネシアのトラック運転手とのほうが馬が合うだろう。
第5段	交渉相手の行動の予測には使えない文化に関する固定観念	第1文：交渉が成功するかどうかは，相手側の行動の予測ができるかどうかにかかっている。
		第2文：国際的な状況では，国民性についての認識から判断すると，間違った予測や不適切な反応をしてしまう可能性が高い。
		第3文：国によって文化的な固定観念を定めることは，間違ったやり方なのだ。

◆答案を作成する

　第1段で述べられている従来の「文化＝国」という考え方を紹介し，それを疑わしいとする第2段での研究結果を述べて，「出身国」に代わって，人の行動を予測するのに有効なものが，職業や社会経済的地位であることをまとめる。制限字数があまり多くはないので，豊富に挙がっている例を盛り込む余裕はなさそうである。

━━━━◆━◆━◆━━　●語句・構文●　━◆━◆━◆━◆━━

（第4段）　●walks of life「職業」　●～ aside「～は別として」

（第5段）　●the other party「（交渉などの）相手側」　●to the extent that ～「～するならば」　●bad business「間違ったやり方」

1 (B) 解答　(1)— b)　(2)— a)　(3)— d)　(4)— f)　(5)— c)

㋐ violate

━━━━━━◆全　訳◆━━━━━━

≪裕福さと身勝手さの関連性≫

　ある朝自転車に乗っていて，ダッカー＝ケルトナー教授は，死にかける経験をした。「私は自転車でキャンパスに向かっているところでした」と彼はふり返る。「そして，ある交差点のところに来ました。私のほうが優先だったのですが，この大きな高級車はまったく速度を落としませんでした」　衝突するまでほんの１メートルほどの余地しかないところで，やっとドライバーは止まった。「彼は驚き，同時にこちらを軽蔑しているようでもありました。まるで，もっと重要な彼の行く手を私がじゃましているとでも言うかのようにね」　ケルトナーの最初の反応は，怒りと安堵の混じり合ったものだった。彼の大学はその日，心理学教授をひとり失わずにすんだわけである。次の反応はもっと学問的なものだった。高級車の所有者とその他のドライバーの行動には，何か測定できる違いがあるのだろうかと，彼は思ったのだ。

　教授は，心理学の学生たちの一団を，運転マナーのチェックと車の型のメモに行かせた。学生たちは，どのドライバーが交差点で歩行者を優先させるか，またどのドライバーが歩行者に気づかぬふりをして，そのまま走り抜けるかを書き留めた。結果はこの上なく明らかだった。高級車を運転している人は，それほど値段の高くない車のドライバーと比べると，交差点で止まる可能性は４分の１，他の車の前に割り込む可能性は４倍だった。車が高級であればあるほど，その所有者は交通規則を破る権利があると感じていたということだ。

　(1)b)道路で起きたことは，実験室でも起きた。いくつかの実験で，ケルトナーと彼の共同研究者たちは，さまざまな収入のレベルの参加者をテストした。またある実験では，被験者に自分よりも力のある人，ない人について，あるいは，自分が強い，弱いと感じたときのことについて考えて

もらうことによって，彼らに力がない，力があると感じさせてみた。その結果はすべて，同じ方向を示していた。自分には力があると感じている人は，思いやりがある可能性が低かった。裕福な被験者は，少額の現金の報酬があるゲームでずるをしたり，子どもの訪問者のためのものだと書かれているキャンディーのびんに手を突っ込んだりする可能性が高かった。小児がんに関するビデオを見ているとき，彼らの顔には，同情の様子が他の人ほど現れなかった。

(2)a) しかし，すべての人がこの結論を受け入れているわけではない。ケルトナーと共同研究者たちが，2010 年にこのテーマに関する有力な論文を発表したとき，マルティン=コルンデルファー，シュテファン=シュムクレ，ボリス=エグロフという 3 人のヨーロッパの学者たちは，ドイツ政府が行った調査によるもっと大量のデータを使って，小規模の研究室内の実験結果を再現できるのだろうかと考えた。その目論見は，日常生活の中で人々が行ったと述べたことを記録したこの情報が，実験室で出てきた結果と同じ人間の行動の実像を示してくれるだろうか，というものである。「私たちは単純に彼らが出した結果を再現したかったのです。私たちには非常に信用できるものだと思えましたので」と，ボリス=エグロフは言う。ところが，彼らが得た数値は，予測されたパターンには合わなかった。全体的に見ると，正反対のことを示唆していたのである。データの示すところでは，特権的な人たちは，裕福さに比例して，比較的貧しい市民よりも気前よく寄付をし，奉仕活動をする可能性も高く，スーツケースを運ぶのに苦労している旅行者の手助けや，近所の人の猫の世話をする可能性が高かった。

では，だれが正しいのだろうか。有力者は，無力な人よりも親切なのか，卑劣なのか。この 2 つのデータから導かれた，相反する答えをどのように説明できるだろうか。(3)d) 裕福な人たちは，貧しい人よりも，自分の身勝手さを隠すのがうまいということなのかもしれない。もし人前で寛大にふるまうことで見返りがあるなら，裕福な人は，お年寄りの女性が道を渡るのを手助けする傾向が高くなるかもしれない。ドライバーは，車の中にいて姿が見えないため，強引な運転が彼らの評判を傷つけることを気にする必要がない。そして，ケルトナーは，そのデータが，実際に観察された善行ではなく，自分自身の鷹揚さについて本人が語ったことを基にしてい

東京大-理科前期　　　　　　　　　　　　　　　　　　　　　　　2017 年度　英語〈解答〉　9

ることを指摘している。「裕福な人たちが，うそをついたり，倫理的な事
柄について誇張したりする傾向が高いことは，他の研究からわかっていま
す」と，彼は言う。「経済学での自己申告のデータと，心理学での直接の
聞き取りデータでは，とらえる過程が違います。社会の中で自分がするこ
とと本人が言うことは，現実の人間を相手にしたふるまい方とは違うかも
しれません」

　　(4)ｆ）しかし，問題は調査のデータではなく，心理学の実験にある可能
性もある。2015 年 8 月，『サイエンス』誌は，バージニア大学の評判の高
い心理学教授であるブライアン＝ノセックが代表を務める 270 人の学者集
団が，類似した 100 の心理学研究の結果を再現することを試みたと掲載し
た。元の研究のうちの 97 が，検証された仮説と一致する結果を出してい
た。ノセックのグループの実験のうち，同じ結果だったのはわずかに 36
だった。そうした数字は，実験心理学の原理全体を損なう恐れがあった。
というのも，もしある結果が再現できないのであれば，それは不確かなも
のに違いないからである。(5)ｃ）したがって，特権と自己本位との関連性
はまだ立証されてないのである。

━━━━━━━━━◀解　説▶━━━━━━━━━

▶(1)　同段では，ケルトナーたちがさまざまな収入レベルの人たちに対し
て実験を行い，自分には力があると感じている人や裕福な人のほうが，人
に対する思いやりに欠け，ルールを守らない傾向にあることがわかったと
述べられている。第 1 段の，高級車のドライバー，つまり裕福でおそらく
社会的地位が高く力のある人たちの道路上のマナーや交通規則の順守に問
題があることと，同じ結果が出たことになる。ｂ）の「道路で起きたこと
は，実験室でも起きた」を補うのが適切。

▶(2)　同段では，ケルトナーたちの実験結果を受けた，もっと大規模なデ
ータを使った分析のことが述べられている。そこから見えてきた結果は，
予想に反して，ケルトナーたちが出した答えとは正反対のものだった。し
たがって，ａ）の「しかし，すべての人がこの結論を受け入れているわけ
ではない」を補うのが適切。

▶(3)　同段冒頭では，第 3 段・第 4 段それぞれで出された結果が正反対で
あることを受けて，「どちらが正しいのか，その違いをどのように説明で
きるか」と，同段でのテーマを示している。空所の直後には「もし人前で

寛大にふるまうことで見返りがあるなら，裕福な人は，お年寄りの女性が道を渡るのを手助けする傾向が高くなるかもしれない」とあり，それに続いて，ドライバーは車の中にいて姿が見えないため，人に気をつかわないことが述べられている。つまり，人が見ているか見ていないかによって，態度を変える可能性があることが示されている。d）の「裕福な人たちは，貧しい人よりも，自分の身勝手さを隠すのがうまいということなのかもしれない」が，文脈に合う。

▶(4)　直前の段最終2文で，自分の実験結果と3人のヨーロッパの学者たちの調査結果が異なる理由について述べたケルトナーの言葉が取り上げられている。これは使われたデータの質が違うという主張である。最終段では，さらに別の大規模な心理学データの再現実験について述べられており，再現性の低さが明らかにされている。そのことは，「実験心理学の原理〔規律〕全体を損なう恐れがあった」と第5文に述べられていることから，実験そのものに問題があった可能性を示唆するものである。よって，f）の「しかし，問題は調査のデータではなく，心理学の実験にある可能性もある」を補うのが適切。

▶(5)　最終的に，裕福な人がより身勝手なのか，鷹揚なのかについては，結論が出ていない。c）の「したがって，特権と自己本位との関連性はまだ立証されてないのである」を補うのが適切。

　使用しなかった選択肢の訳は以下のとおり。

e）「しかし，この考えは，学界の外部でかなりのセンセーションを巻き起こした」

▶(ア)　当該文は the＋比較級 〜，the＋比較級 … の構文で，「車が高級であればあるほど，その所有者は交通規則を（　　　）権利があると感じていた」となっている。直前の文で「高級車を運転している人は，それほど値段の高くない車のドライバーと比べると，交差点で止まる可能性は4分の1，他の車の前に割り込む可能性は4倍だった」と，高級車のドライバーは，交通規則を破る可能性が高いことが述べられている。「vで始まる単語」という条件なので violate「〜に違反する」が適切。

◆◆◆◆◆●語句・構文●◆◆◆◆◆

（第1段）　●the right of way「通行優先権」　the right of way for pedestrians「歩行者優先」などと使う。

東京大-理科前期　　　　　　　　　　　　　　　　2017 年度　英語〈解答〉　*11*

（第2段）●couldn't have been clearer「この上なく明らかだった」　仮
定法過去完了で「〜（実際のもの）より明らかなものは，（どう考えて
も）ありえなかっただろう」が直訳。

（第5段）●about aggressive driving damaging their reputations「強
引な運転が彼らの評判を傷つけることについて」　about の目的語は動
名詞 damaging their reputations であり，aggressive driving はその意
味上の主語。

2 (A) 解答例

＜解答例1＞ One thing I am impressed with is how large this campus is. The small town where I live has no university or college, and I had no idea what it is like, so I was very surprised when I first visited here. And I imagine how many students, whose backgrounds are different, must study here. It must be very exciting and stimulating to meet various people, and it surely helps us to broaden our view.（60〜80 語）

＜解答例2＞ I have noticed that this campus is very quiet. Of course, today is the examination day and there are no students out there, so probably, this quietness is unusual. But this university is located in the middle of the largest city of Japan. It is incredible that the noise of traffic is not heard. I think this campus is ideal for study.（60〜80 語）

━━━━━━━━━ ◀解　説▶ ━━━━━━━━━

▶＜解答例＞の全訳は以下のとおり。

＜解答例1＞　私が感銘を受けたことのひとつは，このキャンパスがいか
に広いかということだ。私が暮らす小さな町には，大学はなく，大学がど
のようなものか知らなかったので，初めてここを訪れたときにはとても驚
いた。そして，ここで，経歴が異なるどれだけたくさんの学生が勉強して
いるのだろうかと想像する。さまざまな人に出会うのはとてもわくわくす
ることで刺激的に違いないし，それは視野を広げるのにきっと役立つだろ
う。

＜解答例2＞　このキャンパスはとても静かだということに私は気づいて
いる。もちろん今日は試験日で学生はいないので，この静けさは日常のこ

12 2017 年度　英語〈解答〉　　　　　　　　　　　　　　　　　　東京大-理科前期

とではないだろう。しかし，この大学は日本最大の都市の真ん中に位置している。交通騒音が聞こえないのは信じられない。このキャンパスは勉学のために理想的だと思う。

▶「いま試験を受けているキャンパスに関して，気づいたことを一つ選び，それについて説明せよ」という比較的大まかな条件であり，書けることはいろいろとあるだろう。「説明せよ」とはあるものの，見聞きできることがらについて詳細を知っていることを前提としてはいないと思われる。気づいたことに関して，自身の推測や意見を述べればよいだろう。

2 (B) 解答例

＜解答例1＞　I am very grateful for your offer. I want to study in California. A comprehensive educational program for children with Down's syndrome is available there. As far as I know, such a program is not fully ready in Japan. If you allow me to use your money, I'll use it for my tuition fees to study in California, and in the future, the rest of it to create a fund for the education of disabled children in this country.
（60〜80 語）

＜解答例2＞　I really appreciate your generosity. Now, I am studying hard for entrance examinations, but my first choice university is very expensive. So, your fortune would help realize my dream. I want to study atomic physics. Japan has had serious problems about nuclear power plants. To determine whether they should be decommissioned or not, a lot of experts are needed. I'd like to be one of them. Your wealth can also be helpful for supporting those who work in the field.
（60〜80 語）

━━━━━◆全　訳◆━━━━━━━━━━━━━━━━━━━━━━━━━━

（手紙の訳は以下のとおり）

いとしいジュンへ

　お前は私のことは覚えていないだろう。私はお前の祖父で，お前がほんの3歳のときに国を出た。しかし，私はもう数週間の命なのだが，人生には成功し，もしお前がうまく使うと私を納得させてくれたら，私の莫大な財産をすべてお前が相続することになる。私のお金を何に使うか，またな

ぜそのように使うのか教えておくれ。返事を楽しみに待っている。

祖父マーリーより

━━━━━━━━ ◀解　説▶ ━━━━━━━━

▶＜解答例＞の全訳は以下のとおり。

＜解答例1＞　お申し出，たいへん嬉しく思います。私はカリフォルニア
で勉強したいのです。そこでは，ダウン症の子どもたちのための包括的な
教育プログラムが実施されています。私の知る限りでは，日本ではそのよ
うなプログラムが十分用意されていません。もしあなたのお金を使うこと
を許していただけるなら，私は私のカリフォルニアでの学費に，将来的に
は，その残りを日本の障がいを抱える子どもたちのための教育基金を作る
のに使います。

＜解答例2＞　寛容なお話，たいへん感謝いたします。今私は，入学試験
に向けて一生懸命勉強しておりますが，私の第一志望の大学はとても費用
がかかります。ですから，あなたの財産は私の夢を実現する助けになるこ
とでしょう。私は原子物理学を学びたいと思っています。日本は原子力発
電所に関する深刻な問題を抱えています。廃炉にするかしないかの決定に
は，多くの専門家が必要です。私はそのひとりになりたいのです。そして，
あなたの財産はこの分野で働く人たちを支えるのにも役立つでしょう。

▶莫大な財産を相続するとしたら，それを何に使うか，なぜそうするのか
を，財産を与えてくれる祖父に納得してもらえるように述べる。語数はそ
れほど多くはないので，簡潔にまとめることが重要である。

3 (A) 解答　(6)— c)　(7)— d)　(8)— a)　(9)— c)
(10)— c)

━━━━━━━━ ◆全　訳◆ ━━━━━━━━

≪コンピュータは知性を持つか≫

　人間として，私たちの精神には，世界の他のすべてよりも私たちをすぐ
れたものにしてくれる何か独特なものがあると，私たちは考えたがる。そ
のため，1997年に「ディープ＝ブルー」というスーパーコンピュータが世
界チェスチャンピオンのガルリ＝カスパロフを負かしたとき，それはたい
へんな衝撃だった。単なる機械が，史上最も強い選手のひとりを破って，
完全に知的な課題で勝ったのである。

どうしてこのようなことが起こったのだろうか。人々はさまざまな言い訳を考えた。おそらく，カスパロフは疲れていたのだろう，たぶん彼は機械に恐怖を感じていたのだろうといった具合である。ディープ=ブルーを監督していた科学者集団が何か不正な手助けをしていたというほのめかしさえあった。

しかし，本当の理由は，ディープ=ブルーの純粋な計算能力だ。ディープ=ブルーが使っている強力な処理プロセッサーは，何百万もの可能な手を分析できた。それほど多くの選択肢を考えられる人間など到底いない。そのため，カスパロフが負けたとき，多くの人たちはこう言ったものだ。「ディープ=ブルーの勝利は，機械の能力や強みをまた示したにすぎない。それでは知性や創造性を示したことにはならない」

だが，もしチェスが知性を試す手段でないとしたら，何がそうなのだろうか。「碁」のほうが適切だと主張する人もいた。碁は，（チェス）より大きな盤で行われ，可能な手ははるかに多い。人間の棋士はよく，計算ではなく，直感で手を選ぶように駆り立てられると言う。コンピュータは，人間の碁のチャンピオンを負かすだけの創造的知性は決して持っていないだろうと思われた。

しかしその後，2016 年 3 月に，アルファ碁というコンピュータプログラムが，世界最高峰の棋士のひとりである韓国のプロ，イ=セドルを実際に下したのである。5 局の対戦で，コンピュータが 4 対 1 で勝利したのである。

この勝利の 2 つの局面が特に印象的だった。1 つめは，機械の進歩の度合いであった。イ=セドルとの対局の 6 カ月前，アルファ碁は，対戦相手としてはもっと弱い，ヨーロッパのプロの棋士と対戦した。このコンピュータはその対局で勝利したものの，まだある種の弱点も見せた。しかし，その後の 6 カ月で，このコンピュータは自身との対局を何百万回も行い，徐々に腕を上げる方法を学んでいった。3 月にイと対戦するまでには，以前よりずっと強くなっていたのである。イは，その機械は自分には強すぎたと認めた。ただし，これは彼個人の敗北であって，「人類」の敗北ではないと述べた。

2 つめの印象的な側面は，機械の碁の打ち方だった。アルファ碁は計算能力で優れていたようには見えなかった。実際，いくつか間違いをした。

東京大-理科前期　　　　　　　　　　　　　　　　　　2017 年度　英語〈解答〉　*15*

しかし，戦略の創造的な使い方で，つまり，いくつかの手の独創性で，コンピュータのほうが優れているように見えたのである。このことは，単なる計算能力の勝利とは言えなかった。

　チェスでカスパロフを負かしたプログラムは，単純な計算で勝利したにすぎなかった。しかし，アルファ碁の成功は，コンピュータも知性や創造性を示せることを証明しているように思える。おそらく，だからこそ，ある解説者は，アルファ碁を「過去 2000 年で最高の棋士」であるだけでなく，「芸術作品」でもあると評したのである。

━━━━━━━━━━　◀解　説▶　━━━━━━━━━━

▶(6)　「話し手によると，なぜディープ=ブルーはカスパロフを負かすことができたのか」

　第 3 段第 1 文（But the true explanation …）～第 3 文に「(ディープ=ブルーの勝利の) 本当の理由は，ディープ=ブルーの純粋な計算能力だ。ディープ=ブルーの強力な処理プロセッサーは，何百万もの可能な手を分析でき，それほど多くの選択肢を考えられる人間など到底いない」とある。c）の「ディープ=ブルーの計算処理能力が，カスパロフの手に余った」が正解。

a）「カスパロフはその対局を真剣に受け止めていなかった」

b）「ディープ=ブルーは何人かの人間の専門家から手助けを受けていた」

d）「コンピュータ相手の対局のストレスが，カスパロフの手に余った」

▶(7)　「碁のほうがチェスよりもコンピュータの知性を試すのによいと一部の人が主張したのは…からである」

　第 4 段第 3 文（Go is played on …）に「碁は，(チェス) より大きな盤で行われ，可能な手ははるかに多い」とある。d）の「碁の対局には，分析すべき可能性があまりにも多い」が正解。

a）「碁は，視覚的パターンの認識により依存する」

b）「碁の棋士は，チェスの選手よりも賢いと言われている」

c）「碁で熟達するのにはチェスよりも長い時間がかかる」

▶(8)　「2016 年 3 月のイ=セドルとの対局の前に，アルファ碁は…」

　第 6 段第 5 文（In the following six months …）に「その後の 6 カ月で，このコンピュータは自身との対局を何百万回も行い，徐々に腕を上げる方法を学んでいった」とある。a）の「自分を相手に練習対局をたくさん行

16 2017 年度 英語〈解答〉　　　　　　　　　　　　東京大-理科前期

った」が正解。

b）「ヨーロッパのある強いアマチュアとの対戦に勝った」

c）「碁のプロとの対戦に4対1で勝った」

d）「さまざまな人間の対局相手と数多くの練習対局をした」

▶⑼　「イに対するアルファ碁の勝利が印象的だったのは…からだ」

　第7段第4文（But in its creative use …）に「戦略の創造的な使い方で，つまり，いくつかの手の独創性で，コンピュータのほうが優れているように見えた」とある。c）の「それが創造的で独創的な手を見つけることができた」が正解。

a）「それはまだある弱点を示した」

b）「それはディープ=ブルーよりもはるかに強力だった」

d）「それはずっと多くの可能性を計算できた」

▶⑽　「この文章の表題として最も適さないものを選べ」

　全体として，チェスや碁といった，知性や独創性が問われる場面でのコンピュータの能力に関して述べている。第3段では，ディープ=ブルーの計算能力の高さが，第5段以降はアルファ碁の創造性や独創性が語られている。したがって，c）の「コンピュータの能力の最近の増大」は，ただ単に計算能力が高まったということと受け取れるため，この文章の表題としては不足である。これが正解。

a）「ディープ=ブルーからアルファ碁へ」は，コンピュータの能力がこの2つで質的に変化したことを表すタイトルと言える。

b）「人間の知性は，類を見ないものか？」は，アルファ碁の示した創造性や独創性が，人間に迫るものかもしれないという可能性を表したタイトルである。

d）「コンピュータの知性の進化」は，a）と同様，コンピュータの能力の質的変化を表したものと言える。

3 (B) 解答　⑾— d）　⑿— c）　⒀— d）　⒁— b）
⒂— b）

◆全　訳◆

≪コンピュータの功罪に関する会話≫

アレックス：今日のコンピュータ部はどうだった，メガン？

東京大-理科前期　　　　　　　　　　　　　　2017 年度　英語〈解答〉　*17*

メガン	：ええ，とてもよかったわ，アレックス！　ヨーロッパのソフトウエア会社の重役の人が来てくれたのよ。話は「いかにコンピュータは意思決定をするか」というものだったの。
アレックス	：コンピュータが意思決定をするなんて前には考えたことがなかったな。コンピュータは，人が与えた規則に従っているだけだと思っていたよ。どちらにしたって，コンピュータは僕たちみたいな野心や欲望なんか持っていないだろ。
メガン	：でも，だからってコンピュータが私たちよりまずい判断をするわけじゃないの。実はその逆かもしれないのよ。今日話してくれた人は，人間は疲労や病気，話題に関する表面的な印象などに影響されるって言うの。それに，考えなくてはいけない可能な結果がたくさんあるときにも，うまくやれないわ。たとえば，住むアパートを見つけたいとか，2 つの場所の最短移動経路を調べるとかね。人間は選択肢（の多さ）にすぐ圧倒されるわ。
アレックス	：じゃあ，コンピュータは僕たちよりも意思決定をするのが上手だということ？
ダニエル	：危険なほどにね，僕に言わせれば。
メガン	：あら，ダニエル！　チェスみたいな戦略ゲームはどうなの？コンピュータは，木の枝みたいな可能性の見取り図を作るのよね。それぞれの枝をランクづけして，最もランクの高い選択肢を選ぶんでしょ。それをとてもとても素早くできるのよね。
アレックス	：それでも，重要な決定をすべてコンピュータがするような世界に，僕は住みたいとは思わないだろうな。そもそも，コンピュータは自分の選択の結果のことなんか気にしないだろ。チェスをするコンピュータがゲームに勝とうとするのは，ただ人間がそうプログラムしたからにすぎないよね。
メガン	：そのとおりね。でも，今日話してくれた人は，コンピュータがした決定のほうが，より思いやりがあるように見えることもあるって言ってたわ。
アレックス	：どうしてそんなことがありうるの？

メガン　　　　：たとえば，医学では，お医者さんは，治療を患者さんひとり
　　　　　　　　ひとりに合わせられないことが多いの。それだとあまりにも
　　　　　　　　たくさんの情報を扱うことになるから。いわば，彼らは標準
　　　　　　　　的な量の投薬をしているだけなのね。でも，コンピュータは
　　　　　　　　あらゆる検査をすべて素早く分析して，それぞれの人に必要
　　　　　　　　なぴったりの治療を施すことができるわ。これって，ある意
　　　　　　　　味では人間のお医者さんよりも「思いやりがある」んじゃな
　　　　　　　　い？

アレックス：ダニエル，君はどう思う？　人間に代わって，コンピュータ
　　　　　　　　に全部選んでもらうべきかな？

ダニエル　：機械にあまりにも情報を与えすぎると制御できなくなるんじ
　　　　　　　　ゃないかって心配なんだ。最近読んだんだけど，イギリスの
　　　　　　　　民間企業が持っていた個人の健康データがインターネット上
　　　　　　　　に流出したんだって。それに，人間よりもコンピュータのほ
　　　　　　　　うがよい決定ができるって言うんだよね。じゃあ，コンピュ
　　　　　　　　ータが世界を支配することに決めたとしようよ。コンピュー
　　　　　　　　タは僕たちをペットとして飼い始めるかもしれないな！

メガン　　　　：もう，そんなにオーバーなこと言わないで。いちばん進んだ
　　　　　　　　コンピュータだって，ソフトウエアの指示に従っているだけ
　　　　　　　　じゃない。それに，コンピュータは電気が必要でしょ。それ
　　　　　　　　も私たちが与えているのよ。

アレックス：たぶん，問題はコンピュータに支配権を渡すことというより，
　　　　　　　　コンピュータを動かしている企業に支配権を渡すことなんだ
　　　　　　　　ろうね。コンピュータが世界を支配しようとしているとは思
　　　　　　　　わないけれど，企業はそうだと思うな。

ダニエル　：君たち2人とも，何が起きているかわかっていないよ！　じ
　　　　　　　　きに，企業を運営しているコンピュータが出てくるさ！

アレックス：うーん，コンピュータの発明をなかったことにはできないよ
　　　　　　　　ね？　どうすればいいと思う？

ダニエル　：コンピュータが互いに反目し合うようにしなくてはいけない
　　　　　　　　んじゃないかと思うな。分割して統治せよ，だよ。コンピュ
　　　　　　　　ータにコンピュータを見張らせる必要があるね。

東京大-理科前期　　　　　　　　　　　　　　　　　　2017 年度　英語〈解答〉　*19*

■■■■■■■■■■　◀解　説▶　■■■■■■■■■■

▶⑾　「メガンによると，人間がときにはコンピュータより意思決定をするのが下手な理由のひとつは何か」

　メガンの 2 番目の発言第 4 文（They also do badly …）に「考えなくてはいけない可能な結果がたくさんあるときにも，うまくやれない」とある。d）の「人間は，数多くの選択肢から選ぶのが得意ではない」が正解。

a）「人間は，間違った情報に基づいて意思決定をする」

b）「人間は，主観的な欲望に混乱させられる」

c）「人間は，不愉快な決定に直面すると，あまりにも簡単にあきらめる」

▶⑿　「メガンによると，チェスのプログラムは，どのように決断をしているか」

　メガンの 3 番目の発言第 3 文（The computer maps …）と第 4 文に「コンピュータは，木の枝のような可能性の見取り図を作り，それぞれの枝をランクづけして，最もランクの高い選択肢を選ぶ」とある。c）の「プログラムが，可能な手をひとつひとつ体系的に評価する」が正解。

a）「プログラムが，対戦相手の手の打ち方を評価する」

b）「プログラムが，以前に行った対局の手番を使う」

d）「プログラムが，人間の専門家の入力に基づいた手番を使う」

▶⒀　「なぜアレックスは，コンピュータに重要な決定をしてほしくないのか」

　アレックスの 4 番目の発言第 2 文（After all, they …）に「コンピュータは自分の選択の結果を気にしない」とある。d）の「コンピュータは，自分の決定することに個人的な関心を持たない」が正解。

a）「コンピュータのプログラムは，警備上の危険を引き起こす可能性がある」

h）「コンピュータには，善悪の感覚がない」

c）「コンピュータのプログラムは，突然故障したり，欠陥があったりすることが多い」

▶⒁　「メガンによると，コンピュータはどのように，人間の医師よりも『思いやりがある』かもしれないのか」

　メガンの 5 番目の発言第 3 文（But a computer can …）に「コンピュータはあらゆる検査をすべて素早く分析して，それぞれの人に必要なぴっ

たりの治療を施すことができる」とある。b）の「コンピュータは，患者それぞれが必要な薬の量を計算できる」が正解。

a）「コンピュータは，患者の気持ちを解釈するようにプログラムされることができる」

c）「コンピュータは，患者とより温かくふれあうようにプログラムされることができる」

d）「コンピュータは，より簡単に個人的な情報を共有するように患者を促すことができる」

▶(15)「ダニエルがコンピュータに関して心配する理由のひとつは何か」

ダニエルの2番目の発言第4文（Suppose they decide …）と最終文に「コンピュータが世界を支配することに決めたとすると，コンピュータは僕たちをペットとして飼い始めるかもしれない」とある。b）の「彼は，コンピュータが人類を支配するかもしれないと考えている」が正解。

a）「彼は，コンピュータが戦争を始めるかもしれないと考えている」

c）「彼は，コンピュータが警察隊の支配権を握るかもしれないと考えている」

d）「彼は，コンピュータが，人々が働く必要性を取り除くかもしれないと考えている」

3 (C) 解答　(16)— a)　(17)— d)　(18)— d)　(19)— a)
(20)— b)

◆全　訳◆

≪魅力的な姉≫

　私は，私たちの新しい家の長い階段の下に立っていたのを覚えている。怖くて上れなかった。すると，姉のウチェが黙って私の手を取って，私たちは一緒に上がった。私は4歳，姉は15歳だった。それが，彼女に対する私の愛着の最も初期の記憶である。

　私の母は，私と姉の親しい関係はもっと早く始まったと言う。私は寝つきの悪い赤ん坊で，夜泣きをすると姉しかなだめることができなかった。私が初めて通常食を与えられたとき，母は私にオクラとレバーソースを食べさせようとした。しかし，姉が食べさせてくれるのでなければ食べようとしなかった。

東京大-理科前期　　　　　　　　　　　　　2017 年度　英語〈解答〉　*21*

　私が 10 代のころ，彼女は大学で医学を学ぶ，魅力的な姉だった。私は彼女を尊敬していた。その美しい顔立ち，滑らかな黒ブドウのような肌，母から遺伝した歯の隙間（もすべて魅力的だった）。

　彼女の独特なスタイルにはいつも感銘を受けた。彼女は捨てられたシャンデリアの部品から，長いイヤリングを作り，古いハンドバッグの持ち手から靴につける蝶結びを作った。カラフルなリボンのついたドレス，ゆったりとした形のズボンといった自分の服は自分でデザインして，市場の仕立屋に作ってもらった。彼女の服の多くは後で私のものになった。13 歳のとき，級友がまだ幼い女の子用の服を着ていたのに，私は優雅でぴったり体に合うように作られた服を着ていた。

　彼女は我が家きっての気が強い子だった。型どおりのことはしない少女だったのである。小学生のとき，隣の家の息子が彼女のことを悪魔呼ばわりすると，彼女は生け垣を乗り越えて行き，彼をぶちのめし，再び生け垣を乗り越えて戻って来て卓球のゲームを続けた。その夜，隣の人が私の両親に文句を言いに来た。男の子に謝るように言われたとき，彼女は「でもその子が私を悪魔って言ったのよ」と言った。

　彼女は一度，母の衣裳部屋にしのびこみ，ハイヒールのサンダルを学校に持って行ったことがある。それはすぐに先生に取り上げられてしまった。彼女は 10 年以上も経ってからそのことを母に話し，笑いながらどんなサンダルだったか，細かいところまで描写した。

　彼女はすぐによく笑う。おかしなジョークをメールで送ってくる。

　両親の 6 人の子どものうち，姉は 2 番目，私は 5 番目である。

　私は作家になった。彼女は医者として成功している。私たちには好みの違うところがいろいろある。彼女は私の天然パーマの髪に触って，「このもじゃもじゃの髪は何？」と言う。私は彼女の長いストレートヘアを指して，「プラスチックみたいに見えるわ！」と冗談を言う。

　それでも，私たちは服装やヘアスタイルに関して互いの意見を聞く。私の本のイベントや，彼女の医学会議について長々と会話する。しょっちゅうおしゃべりをしたり，メールしたりする。私は，姉と，私にとっては兄のような彼女のすてきな夫ウドディ，彼女の 18 歳になる双子の娘たちと一緒に週末を過ごすのが大好きだ。

　彼女には何かとても信頼できるところがある。彼女の妹であるというこ

とは，しっかりしたクッションが背中のところにいつもあると感じるということだ。昨年，父が入院したとき，私の絶望的な気持ちを静めてくれたのは，彼女の落ち着いた声だった。

「働き過ぎよ」と，一度彼女は私に，なにげなく，はっきりと言ったことがある。ちょうど私はある本を仕上げようと奮闘していたときだったが，彼女の言葉で何もかもがよくなったように思えた。

3月の初めに，彼女は50歳になった。「『50回目の誕生日おめでとう』なんていうカードは送らないでね」と彼女は，私の兄弟姉妹，そして私に言った。「ただ『誕生日おめでとう』で十分よ」

―――――――◀ 解　説 ▶―――――――

▶(16)　「話し手は…（とき）からずっと姉のウチェと仲がよい」

　第2段第2文（I was a restless baby …）に「私は寝つきの悪い赤ん坊で，夜泣きをすると姉しかなだめることができなかった」とある。a）の「彼女が泣くのをウチェがいつもなだめた」が正解。

b）「彼女が階段の上で泣いているのをウチェが止めた」

c）「ウチェが4歳で彼女に愛着を抱くようになった」

d）「ウチェが彼女の手を取って，新しい家を案内した」

▶(17)　「ウチェが気が強いと見なされたのは…からだ」

　ウチェは気が強かったという記述は，第5段第1文（She was the tough one …）にあり，それを the unconventional girl「型どおりのことをしない少女」と言い換えている。同段でのエピソードは，隣の男の子に悪口を言われたときに，生け垣を乗り越えて行き，男の子を叩き，そのことで謝るように言われても，自分の非は認めなかったというもの。d）の「彼女は社会的に予想されることを無視した」が正解。

a）「彼女は侮辱を無視した」

b）「彼女は男の子の服を着ていた」

c）「彼女は乱暴な言葉遣いをした」

▶(18)　「ウチェはかつて…」

　第6段第1文（She once sneaked …）に「彼女は一度，母の衣裳部屋にしのびこみ，ハイヒールのサンダルを学校に持って行ったことがある」とある。d）の「母親に言わずに，母親からサンダルを取った」が正解。

a）「自分が見つけた材料でドレスを作った」

東京大-理科前期　　　　　　　　　　　　　　2017 年度　英語〈解答〉　23

ｂ）「隣人の息子を叩いたことを謝った」

ｃ）「話し手のために，オクラをレバーソースで調理した」

▶⒆　「この姉妹たちが違っていると述べられていないのは次のどれか」

　第5段第1文（She was the tough one …）「彼女は我が家きっての気が強い子だった」がｃ）の「タフさ」，第9段第1文（I became a writer …）「私は作家になった。彼女は医者として成功している」がｄ）の「職業」，第9段第3文（She touches my natural …）〜最終文にある「私の天然パーマの髪…彼女の長いストレートヘア」がｂ）「ヘアスタイル」の違いを表している。ａ）の「忍耐強さ」については言及がない。これが正解。

▶⒇　「姉に関する話し手の描写を最もよくまとめているのは次の文のどれか」

ａ）「ウチェは好奇心が旺盛で大胆である」

　第5段で述べられている，隣人の息子とのエピソードは「大胆である」と言えるが，「好奇心旺盛である」と感じさせる話は挙がっていない。

ｂ）「ウチェは強くて面倒見がよい」

　第1段で述べられている，怖がる話し手の手を取って階段を上がってくれたエピソードや，第2段にある，夜泣きする話し手をあやした話から「面倒見がよい」と言える。また，第5段の隣人の息子とのエピソードから「強い」と言える。これが正解。

ｃ）「ウチェはお金持ちで気前がよい」

　いずれの要素も，語られている箇所はない。

ｄ）「ウチェはおしゃべりで知的だ」

　医師であることは述べられているが，「知的だ」と言えるエピソードは特に挙げられてはいない。また，第10段第2文（We have long conversations …）には，話し手とウチェが長い会話をしたことが述べられているが，姉妹の仲のよさを表すものであり，だれとでもおしゃべりなのかどうかは不明である。

24 2017 年度 英語〈解答〉　　　　　　　　　　　　　東京大-理科前期

4 (A) 解答

(21)—[d]　(22)—[b]　(23)—[d]　(24)—[e]
(25)—[e]

◆全 訳◆

≪ドキュメンタリーとは何か≫

「ドキュメンタリー」という言葉は，初期の実践からぎこちなく出現した。19 世紀終わりごろの企業家が，実生活の出来事の動画を初めて撮り始めたとき，自分たちが作っているものを「ドキュメンタリー」と呼ぶ人たちもいた。しかし，この言葉は何十年も定着しなかった。彼らの動画を「教育映画」，「実写」，「interest films」と呼ぶ人たちもおり，また，たとえば「旅映画」のように，テーマとなっていることがらを言う人もいる。スコットランド人のジョン=グリアソンは，この新しい形式のものを，英国政府のために使おうと決め，アメリカの偉大な映画作家ロバート=フラハティの作品に用いることで，「ドキュメンタリー」という言葉を作った。彼はドキュメンタリーを「現実の芸術的な描写」と定義したが，これは結果的に，おそらく非常に柔軟なために，長く使われている。

　ドキュメンタリー映画は 19 世紀の末ごろ，初期の映画がつくられたのと同時期に始まり，さまざまな形式をとる。それは，『極北のナヌーク』（1922 年）のような，めずらしい土地や生活様式を訪れたもののこともある。ある雨の日の物語であるヨリス=イヴェンスの『雨』（1929 年）のような，クラシック音楽の楽曲がつけられた目で見る詩ということもあるが，この映画では，嵐が音楽の構造と調和している。ドキュメンタリー映画は巧みなプロパガンダのこともある。ソビエトの映画作家ジガ=ヴェルトフは，フィクション映画は有害で死にかけている，ドキュメンタリー映画こそ未来だと公言し，政治体制，映画の形式の両方にとってのプロパガンダとして，『映画カメラを持った男』（1929 年）を制作した。

　ドキュメンタリーとは何だろうか。簡単な答えは，現実生活に関する映画となるかもしれない。そして，それこそがまさしく問題なのである。ドキュメンタリーは現実生活に関するものであって，現実生活そのものではない。現実生活に向かって開く窓ですらない。ドキュメンタリーは，現実生活を素材に使い，どのような目的で，だれに向かって，どんな物語を語るべきかについて数多くの決定をする芸術家や技術者によって作り上げられる，現実生活の似姿である。それなら，最善を尽くして現実生活を描写

し，現実生活を操作していない映画だと，あなたは言うかもしれない。それでも，情報を操作せずに映画を作る方法はない。話題の選択，編集，音響効果をつけるというのはすべて情報の操作である。放送ジャーナリストのエドワード=R.マローはかつてこう言った。「個々の映画がすべて『バランスのとれた』全体像を表していると信じている人はだれであれ，バランスについても全体像についても何もわかっていない」

　どれほど操作するか決めるという問題は，ドキュメンタリーという形式が生まれたときからある。『極北のナヌーク』は，初期の最も優れたドキュメンタリーのひとつだと見なされているが，その主題であるイヌイット族は，フィクション映画の俳優たちと同じように，映画作家ロバート=フラハティの指示した役割を担っていた。フラハティは，やすを使ったセイウチ猟のような，彼らがもう行っていないことをするように彼らに頼み，彼らが理解している物事について無知であるように描いたのである。同時に，フラハティは，イヌイット族と何年も暮らした自分自身の経験から物語を組み立てた。そして，イヌイット族は，喜んで彼のプロジェクトに参加し，話の筋のアイデアをたくさん彼に与えたのである。

　ドキュメンタリーの重要性は，社会現象としての一般大衆という概念と関連がある。哲学者ジョン=デューイは，一般大衆は，民主社会の健全性にとって非常に重要であり，個人の単なる合計ではないと，説得力をもって主張した。一般大衆は，公益のために一緒になって行動できる人々の集団であり，したがって，財界や政府の根深い権力に異議を唱えることができる。一般大衆は，もし必要なら，危機のときに結集できる非公式の団体である。彼らを奮い立たせる機会や問題の数だけ大衆が存在する。私たちが直面する共通の問題について，互いに通信し合う手段があるなら，私たちはみんな，何らかの特定の大衆の一員になれる。したがって，通信伝達は，大衆の命なのである。

━━━━━━━━◀解　説▶━━━━━━━━

▶⑵１　[d]で使われている動詞 apply は apply to ～ では「～にあてはまる」で，文意に合わない。他動詞で使う必要があるので，applying it to ～「それを～に適用することで」とするか，to を外して，「～を利用する，応用する」とすればつながる。

▶⑵２　[b]が含まれる文の挿入部分を外して見てみると，It can be a

visual poem is set to a piece of classical music となっているのがわかる。
is が余分であり，これがなければ set は挿入部分の前の poem を修飾する
形容詞用法の過去分詞と考えられ，文が正しく成立する。

▶(23) ［d］の部分は，このままだと「それ（＝映画）はそれ（＝現実生
活）を操作していないこと」という名詞節になるが，これでは文中での役
割がない。下線部直前に and があることを考えると，［d］にある that は
構造上，同文前半の a movie that does … の that と同じ役割，つまり a
movie を先行詞とする関係代名詞だと考えられる。したがって，直後の it
を外さなくてはならない。

▶(24) ［e］の his own experience of … living with the Inuit「イヌイッ
ト族と暮らすという彼自身の経験」という枠組みは正しい。years into が
意味を成さず，years of とすれば「何年も（の）」で，「何年もイヌイット
族と暮らす（こと）」となり，意味を成す。もしくは，years living with
… として，living 以下が後置修飾の形容詞となる構造にすればよい。

▶(25) ［e］にある communicate は他動詞で使うと「～を伝達する」の意
になる。each other は伝える相手を表しており，communicate with each
other でなくては意味を成さない。

4 （B） 解答

(ア)孤独は感情的に，また身体的にさえ，つらい
ものであり，温かい愛情を最も必要とする幼い
子ども時代に，その温もりを受けていないことから生まれる。

(イ)もしコーヒーを買いに行く途中でたまたま外を見るということがなかっ
たら，私たちが見事な雪景色の中を通り過ぎていることを私は知らなかっ
ただろう。

(ウ)全訳下線部(ウ)参照。

━━━━━◆全　訳◆━━━━━

≪独りと孤独の違い≫

　独り（の時間）を受け入れる能力はどのように培われるのだろうか。そ
れは注意力と敬意に満ちた会話によってである。

　子どもは，注意を払ってくれる他者がいるときに独りの時間を受け入れ
る力をつける。母親が2歳の娘をお風呂に入れているところを想像してみ
よう。母親は，娘がお風呂のおもちゃを相手に空想してお話を作り，ひと

り自分の思いにふけることを覚えるのを許し，娘はその間ずっと母親がそ
ばにいて，必要なら自分の望むことをしてくれるのがわかっている。徐々
に，お風呂はひとりで入って，その子が心おきなく想像する時間になって
いく。愛情が独りの時間を可能にするのである。

　ある哲学者が美しい表現をしている。「言語は，…ひとりでいることの
痛みを表すのに『孤独（loneliness）』という言葉を生み出した。そして，
ひとりでいることの恵みを表すのに『独り（solitude）』という言葉を生み
出したのである」 孤独は感情的に，また身体的にさえ，つらいものであ
り，それを最も必要とする幼い子ども時代に，温かい愛情を受けていない
ことから生まれる。独りとは，満足して建設的にひとりでいる能力であり，
ちょうどそのころに，人間的なつながりがうまくいくことから築かれる。
しかし，独りの経験がなければ，そして今日それが実情であることが多い
のだが，私たちは孤独と独りを同一視し始める。このことは，私たちの経
験の貧困さを反映している。もし，私たちが独りでいる満足感を知らなけ
れば，私たちは孤独の恐怖しか知らないことになる。

　最近，私が電車でボストンからニューヨークに行く最中，コンピュータ
に向かって仕事をしている間に，列車は見事な雪景色の中を通過した。も
しコーヒーを買いに行く途中でたまたま外を見るということがなかったら，
私はこのことを知らなかっただろう。そして，電車に乗っている他の大人
たちがみんなコンピュータを見つめているのに気づいた。(ウ)私たちは，独
りでいることの恩恵を自らに与えていない。独りでいることが必要とする
時間を，もっと有益に使うべき資源だと見ているからである。今日では，
考えたり（あるいは何も考えなかったり）するためにひとりで時間を過ご
す代わりに，その時間を何らかのデジタル的つながりであわただしく埋め
るのである。

━━━━━◀解　説▶━━━━━

▶(ア) Loneliness is emotionally and even physically painful, born from
a lack of warmth in early childhood, when we need it most.

●Loneliness is emotionally and even physically painful「孤独は感情的
　に，また身体的にさえ，つらい」が直訳。ほぼそのままでよいが，物事
　の定義や一般的な特徴を述べる文では，「～ものだ」などと添えると，
　締まりがでる。

28 2017 年度　英語〈解答〉　　　　　　　　　　　　　　　　　　東京大-理科前期

●born from a lack of warmth in early childhood「幼い子ども時代の温かみの欠如から生まれ（る）」が直訳。この箇所は分詞構文であり，〔解答〕のように後に添える形でも，「孤独は…から生まれるもので…つらい」とすることもできる。また from 以下は名詞中心の表現になっており，そのまま日本語にするとややぎこちないので，「幼い子ども時代に，温かみを欠いていたことから生まれ」，「幼い子どものときに温かみを受けていないために生まれ」などとすれば自然になる。

●when we need it most「私たちがそれを最も必要としているときに」が直訳。it の意味するものを明らかにするという条件だが，文意から it は warmth を指すことは明らかである。この箇所は，early childhood がどういう時期なのかを when を用いた非制限用法で具体的に示すものだが，日本語では「温かみを最も必要とする幼い子ども時代」といった early childhood を先行詞とした制限用法のように訳すほうがまとまる。なお，非制限用法（when の前にカンマがある）になっているのは，制限用法だと「温かみを必要とする子ども時代」とは違う子ども時代があることを表してしまうからである。warmth「温かみ」は，第2段の幼い娘を見守る母親の様子から推測できるように，「優しさのこもった，子どもを包み込み，安心させるような愛情」といったものであろう。それを踏まえて「温かい思いやり〔愛情〕」，「温もり」などとすることもできる。

▶(イ)　I wouldn't have known this but for the fact that I happened to look outside on my way to get a coffee.

●I wouldn't have known this but for the fact「その事実がなければ，私はこれを知らなかっただろう」が直訳。仮定法過去完了になっており，but for ～ は「～がなければ」の意。this が何を意味するかを明らかにするという条件なので，直前の文を見ると，「電車でボストンからニューヨークに行く最中，コンピュータに向かって仕事をしている間に，私たち（＝列車の乗客全員：したがって全訳では「列車」とした）は見事な雪景色の中を通過した」となっている。筆者が気づかなかった可能性があるのは「私たちが見事な雪景色の中を通過した」ことであり，これを訳文に補う。

●that I happened to look outside on my way to get a coffee「コーヒ

東京大-理科前期　　　　　　　　　　　　　　　　2017 年度　英語〈解答〉　*29*

ーを買いに行く途中で、私がたまたま外を見たこと」が直訳。the fact
の同格節であり、「…を見たという事実がなければ」となる。「見るとい
うことがなければ」などと整えるとわかりやすい。

▶(ウ)　We deny ourselves the benefits of solitude because we see the
time it requires as a resource to use more profitably.

●We deny ourselves the benefits of solitude「私たちは、私たち自身に
　独りの恩恵を与えない」が直訳。deny *A B* は「*A* に *B* を与えない」の
　意の第 4 文型。ほぼ直訳のままでよいが、現在の事実として「与えてい
　ない」などとすると落ち着く。

●because we see the time it requires as …「私たちはそれが必要とす
　る時間を…と見なしているから」が直訳。see *A* as *B* は「*A* を *B* と見
　なす」の意。it requires は the time を先行詞とする関係代名詞節で、
　目的格の which が省略されている。it は solitude を指す。「それ」のま
　までもよいし、あらためて訳出してもよい。なお、この because 節は
　訳し上げるよりも、「（というのも）…からである」と訳し下ろすほうが、
　文章の流れとして自然である。

●a resource to use more profitably「より有益に使うべき資源」が直訳
　で、ほぼそのままでよい。不定詞は a resource を修飾する形容詞用法。

5　解答

(A) all

(B)子どものころ、予想もつかないことが頻繁に起きたた
め、それを当たり前のことと思い、距離をおいて受動的に受け止めるよう
になっていたから。

(C)筆者にとってドリスが何にあたるのか人に問われ、適切な呼び名がない
ために口ごもり、当惑するような場面。

(D) (ア) (26)— a)　(27)— g)　(28)— j)　(29)— o)　(30)— c)
(イ)— c)　(ウ)— d)

◆全　訳◆

≪ある女性との微妙な関係≫

　昨年彼女が 94 歳で亡くなったときには、私がドリスと知り合って 50 年
が経っていた。その間ずっと、私は、私の人生における彼女の役割を適切
で簡潔に表す名称をうまく考え出せたためしがまったくなかったし、まし

て彼女の人生における私の役割の名称など考え出せないのは当然だった。母，父，娘，息子，おじ，おば，いとこといった，最も近い関係を表す一連の便利な言葉があるが，現代西洋社会では通常，せいぜいそこまでである。

　ドリスは私の母親ではなかった。私が彼女と暮らすために家の中に入れてもらおうと彼女の家のドアをノックして，彼女が扉を開けてくれたとき，初めて私は彼女と会ったのだった。他の人に言うのに，私は彼女のことを何と呼ぶべきなのだろう。数カ月の間，私はドリスと一緒に暮らし，彼女の友達のひとりの会社で仕事をし，タイプを打つ技術を習った。それから，かなり努力して，彼女は私が復学するのを許すように父を説得した。数年前，11 歳のときに入れられた進歩主義的な男女共学の全寮制の学校から，私が退学処分を受けたあと——私は，2 階の浴室の窓を上って外に出て，町のパーティーに行ったのだ——父は罰として，それ以上私に学校教育を受けさせるのを拒否していた。父は折れて，ドリスは私を新しい学校にやってくれた。

　その新しい学校では，10 代の若者たちが絶えず親のことを，親を表す通常の言葉を使って話に出し，不満を述べていた。私はドリスのことを養母と呼んでよいのだろうか。彼女は，それを提案してはいたものの，私を養子にしていたわけではなかった。私の母は，持ち前のヒステリーの発作を起こして，もし彼女が私を養子にしようとしたら，彼女を訴えるとドリスを脅した。それで，その話は静かに途絶えてしまった。私は，不正確だが簡単な解決法として，ともかく「養母」だと言うこともあった。彼女のことを何と呼ぶかはたいへんな問題だった。私の保護者のことを言うのに，「ドリス，つまり私の…えーっと，養母みたいなもので，私の…えーっと，ドリスが」などと言うのを求められるといつも，自分が間違った印象を与えているのがわかった。

　どういうわけか，正確であること，つまり，私の置かれた環境を表す所属関係の言葉を見つけることは，非常に重要だった。うそはつきたくなかったし，私の状況を正確にまとめて人に伝える方法を何か見つけたいと思っていた。しかし，私は養子にはなっていなかった。私の両親はどちらもまだ存命中で，（私から見れば残念なことに）私と接触していた。

　私が前の学校を退学になったあと，私はバンベリーの父のところから逃

げて，母のとても小さなアパートで一緒に暮らすためホーヴに行った。その滞在は，最も賢明な手段が，どうやら隅っこで丸くなり，食べるのも話すのも拒否するというものであるらしいとわかるまでのほんの2，3日しか続かなかった。「なぜ私にこんなことができるの？　なぜ他の子どもたちみたいにきちんとできないの？」と，母は金切り声をあげた。

　私を両親から離しておくのがよい考えだと見なされ，公共機関は私に食事を与えてから，私をホーヴにあるレディ=チチェスター病院に入れた。それは大きな戸建ての家の中にある，小さな精神科の部署だった。私はその場所の公式の末っ子になり，職員も患者も私の世話をしてくれたし，他の人たちの問題の最悪のものから私を守ろうとしてくれた。私は心が引かれて，本当にくつろぎ，やっと十分な世話をしてもらっているという感じがした。

　私は，自分が不可解にも妊娠しており，医師が私がそのことを受け入れるのを待っているのだというひそかな恐怖を募らせていた。それを除けば，私は精神的にまったく病んではいなかったし，病院の人たちも私を治療しようとしていたわけではない。私は薬をもらうこともなく，4カ月そこにとどまり，彼らが私をどうすればよいか考え出そうとしている間，ホーヴの浜辺で座って海を見つめながら長いこと過ごした。先例のないほど氷が張り，雪の降った冬だった。

　それから，突然，ドリスからの手紙を受け取った。手紙には，私は彼女のことを知らないだろうけれど，彼女のほうは学校で私と同じクラスだった自分の息子から聞いて，私のことを知っている，と書いてあった。想像できるだろうが，癖の悪いジェニファーは学校を退学処分になって，今は精神病院に入っているという過熱気味のうわさ話が駆け巡っていた。

　ドリスへの手紙で，彼女の息子のピーターは，まったく無邪気な鷹揚さで（というのも，私たちは学校で仲良くしていたことなど全然なかったからだ），私は「とても頭がいいから」，自分たちが私を何らかの形で手助けできるのではないかと述べていた。ドリスは手紙の中で，彼女がちょうど初めての一戸建てに引っ越したところで，セントラルヒーティングがあるし（彼女は特にそのことが自慢だった），空いている部屋もあるので，そこに滞在するのがよいかもしれない，そしておそらく，私の父親は気が進まないだろうけれども，学校に戻って試験を受け，大学に行くのがよいの

32 2017 年度　英語〈解答〉　　　　　　　　　　　　　　　東京大-理科前期

ではないかと言ってきた。手紙では，どのくらいいてよいのかはっきりし
なかったが，大学に行くという意見は，何か長い期間なのだろうなと思わ
せた。

　私はその手紙を何度も読んだ。最初はちょっと肩をすくめて「はーん，
なるほどね，これが次に私に起ころうとしていることなのね」といった感
じだった。子どものころ，予想もしないことがそれまで頻繁にどんどん自
分の身に起きていたので，それが普通に思えた。私は，予期せぬことが起
こるのを，一歩距離をおいて受動的に受け止めるようになった。その後，
私には守護天使がいるのだという驚きをもって，その手紙をまた読んだ。
それから不安を感じた。それから，ある程度の落胆を感じ，申し出を受け
入れるべきなのかどうかをいくらか現実的に考えた。そして，とうとう，
これらの反応が全部混じり合って，私は自分自身の不安と期待に対しても，
この見知らぬ人の誘いに対しても，どう応じればよいのかまったくわから
なくなった。

　だから，ドリスは私の母親ではなかった。そして，ぎこちない人づきあ
いの時間を別にすれば，私にとって彼女が何なのかということは，考えず
に放っておくのが最善の他の疑問とともに，脇に置いておかれたのである。

━━━━━◆解　説▶━━━━━

◆(A)　as far as it goes は副詞節なら「その限りでは」の意になるが，下
線部では，この部分を外すと that's「それは」しか残らず，文にならない。
つまり，far が that's の is の補語であることをまず見抜く。that が指すの
は，同文前半の「近い関係を表す一連の便利な言葉」のことであり，具体
的には「母，父，娘，息子，おじ，おば，いとこ」といった，縁戚関係を
表す言葉のことである。しかし，ドリスと筆者の関係はどれにも当てはま
らないものであることが，第 1 段第 2 文（In all that time …）から読み
取れる。したがって，「そうした縁戚関係を表す言葉が通常及ぶのは，母，
父…といったところまでのことである」というのがこの文の意味するとこ
ろであろう。that's（　　　）we usually use の空所には is の補語になる
ものが入るが，we usually use に目的語がないため，目的格の関係代名
詞が省略されていると考えられるので，この関係代名詞節の先行詞となる
（代）名詞が必要である。all を補えば「それが通常私たちが使うすべて
である」＝「私たちが通常使うのはそれだけである」の意になり，下線部の

東京大-理科前期　　　　　　　　　2017 年度　英語〈解答〉　33

内容を表せる。

◆(B)　下線部は「ある種の肩すくめとともに」が直訳。shrug は不快や疑いを表すしぐさである。自分の家に来ないかという，客観的には非常に親切でありがたい内容に喜びを感じていないことが読み取れる。そのわけは，同段第 4 文（Unexpected things had happened …）・第 5 文に「子どものころ，予想もしないことがそれまで頻繁にどんどん自分の身に起きていたので，それが普通に思えた。私は，予期せぬことが起こるのを，一歩距離をおいて受動的に受け止めるようになった」と述べられている。つまり，善かれ悪しかれ異常な事態にいちいち心からの反応をしなくなっていたことがわかる。「子どものころ，予想もつかないことが頻繁に起きたため，それを当たり前のことと思い，距離をおいて受動的に受け止めるようになっていたから」などとまとめられる。

◆(C)　下線部を含む文は「ぎこちない人づきあいの時間を別にすれば，私にとって彼女（＝ドリス）が何なのかということは，考えずに…脇に置いておかれた」となっている。つまりその「時間」は，ドリスが筆者にとって何なのかを考えなくてはならなかったということである。第 3 段最終文（It mattered how I referred …）の後半に「『ドリス，つまり私の…えーっと，養母みたいなもので，私の…えーっと，ドリスが』などと言うのを求められるといつも」とあるのが具体的な様子である。人からドリスのことを「だれなの？」などと問われ説明している状況だと推測できる。第 1 段第 2 文（In all that time …）・第 3 文や第 2 段第 3 文（What should I …）「他の人に言うのに，私は彼女のことを何と呼ぶべきなのだろう」などにも，筆者にとってドリスが何にあたるのかを言い表す言葉がないことが述べられている。したがって，「筆者にとってドリスが何にあたるのか人に問われ，適切な呼び名がないために口ごもり，当惑するような場面」などとまとめられる。

◆(D)　▶(ア)㉖　当該箇所は「私は，私の人生における彼女（＝ドリス）の役割を適切で簡潔に表す（　　　）をうまく考え出せたためしがまったくなかった」となっている。最終段第 2 文には「私にとって彼女が何なのかということは…脇に置いておかれた」とある。ドリスが筆者にとって何にあたるのか，つまり，その立場，役割を表す「呼び名」にあたる語を補うと，文意に合う。a）の designation「称号，名称」が適切。

34 2017 年度　英語〈解答〉　　　　　　　　　　　　　　　　　　東京大-理科前期

⒄　当該箇所は「（　　　）として，私が退学処分を受けたあと，父はそ
れ以上私に学校教育を受けさせるのを拒否していた」となっている。退学
処分を受けるような非行を行った筆者に，その代償として，もう学校へは
行かせないという処分をしたことが述べられており，ｇ）の punishment
「罰」を補えば文意に合う。

⒅　当該文は「うそはつきたくなかったし，私の（　　　）を正確にまと
めて人に伝える方法を何か見つけたいと思っていた」となっている。直後
に「しかし，私は養子にはなっていなかった。私の両親はどちらもまだ存
命中で…私と接触していた」と続いており，筆者が複雑な立場にあること
がわかる。ｊ）の situation「状況」を補うのが適切。

⒆　この段では，筆者が父親のところから逃げ出し，別居していると思わ
れる母親のところへ行ったあとのことを述べている。当該箇所は「最も賢
明な（　　　）が，どうやら隅っこで丸くなり，食べるのも話すのも拒否
するというものであるらしい」となっている。同段最終部分に「『なぜ私
にこんなことができるの？　なぜ他の子どもたちみたいにきちんとできな
いの？』と，母は金切り声をあげた」とあり，母親ともうまくいかなかっ
たことがわかる。「丸くなり，食べるのも話すのも拒否すること」は，筆
者を責める母親に対して筆者が取った行動であり，ｅ）の move の「手段，
処置」が適切。

⒇　当該箇所は「私は，自分が不可解にも妊娠しているというひそかな
（　　　）を募らせていた」となっている。空所のあとの that 節は同格
節であり，選択肢の中で同格節を取り，意味の上でもつながるのはｃ）の
fear「不安，恐怖」のみ。

▶(イ)　ａ）「筆者は，ドリスとの関係を定義しようとして苦労した」
第4段第2文（I didn't want to lie …）や第1段第2文（In all that time
…）などの内容と一致する。

ｂ）「筆者の母親は，筆者がドリスの養子になることを望まなかった」
第3段第4文（My mother had had …）の内容と一致する。

ｃ）「筆者に関する悪いうわさが，彼女の新しい学校で広まっていた」
「筆者に関する悪いうわさ」のことは，第8段第2文（Much over-
excited gossip …）に述べられているが，これは筆者が突然ドリスから手
紙をもらった当時のことである。ドリスは筆者が退学になった学校の同級

生である息子から筆者のことを聞いて知っていると手紙で述べているので，うわさが広まっていたのは，前の学校でのことと考えられる。この選択肢が本文の内容と一致していない。

d）「ドリスの息子は，筆者がとても賢いので，彼女を助けたいと思った」第9段第1文（In his letter to Doris …）の内容と一致する。

e）「筆者は，ドリスから手紙をもらったとき，病院に滞在していた」第6段第1文（It was considered …）で筆者が病院に預けられたことがわかる。第7段第3文（I stayed there …）にはその病院に4カ月とどまったことと，そこでの過ごし方が述べられている。その直後の第8段第1文（Then, all of a sudden …）に「突然ドリスから手紙をもらった」とある。こうした時系列を考えると，この選択肢は本文の内容と一致すると判断できる。

▶(ウ)　筆者自身がドリスと自分の関係を言い表す言葉が見つからずに戸惑っているように，2人の関係は世間ではあまり見られるものではない。d）の unconventional「慣習にしたがっていない，非常に変わった」が適切。

a）「悲惨な」　b）「違法の」　c）「情熱的な」　e）「不安定な」

◆━◆━◆━◆━◆　●語句・構文●　◆━◆━◆━◆━◆━◆━◆━◆━◆

（第1段）　●否定文, let alone …「～ない，まして…は当然～ない」

（第2段）　●the first-floor bathroom window「2階の浴室の窓」　第5段の Banbury, Hove はイギリスの町の名前であり，筆者はイギリス生まれで，イギリス英語を使っていると考えられる。イギリスでは the first floor は「2階」，「1階」は the ground floor である。

（第7段）　●come to terms with ～「～を受け入れる」

（第9段）　●get on with ～「～と仲良くする」

36 2017 年度 英語〈解答〉　　　　　　　　　　　　　　東京大-理科前期

‖‖‖‖‖‖‖‖‖‖‖‖ 講　評 ‖‖

　　大問数は 5 題で変わりない。選択問題での解答方式がマーク
シート法であったことも 2015・2016 年度と同じであった。内
容や出題形式に多少の変化があるのは例年のことであり，2017
年度も 2016 年度と異なる点があったが，いずれも比較的小さ
な変化である。1 (B)は，2016 年度は段落を挿入するものであ
ったが，2017 年度は 2015 年度と同様，文を挿入するものであ
った。また，語の補充も 1 問出題された。2 (A)の自由英作文は，
画像や絵の状況を会話にしたり説明したりする問題がしばらく
続いたが，2017 年度は試験会場となっているキャンパスにつ
いて気づいたことを一つ選び，説明するというものであった。
2 (B)は，2016 年度は示された 2 段落から導かれる結論を第 3
段として述べるという新傾向がみられたが，2017 年度は，手
紙に返事を書くというこれも新傾向の形式であった。

　　1　(A)英文の内容を日本語で要約するもの。字数は 70〜80
字。

　　(B)文章と単語の空所補充。

　　2　(A)自由英作文。試験会場のキャンパスについて気づいた
ことを一つ挙げ，説明するもの。60〜80 語。

　　(B)自由英作文。手紙の返事を書く問題。60〜80 語。

　　3　リスニング。3 つのパートに分かれており，いずれも 2
回ずつ読まれる。(A)講義，(B)会話，(C)回想の語りという構成で，
(A)と(B)は関連する内容になっている。リスニングは試験開始後
45 分経過した頃から約 30 分間行われる。

　　4　(A)文法・語彙，読解問題。一連の文章中の下線部のうち，
誤りを含むものを選ぶもの。

　　(B)英文和訳問題。一連の文章中にある 3 カ所の部分和訳。

　　5　長文読解。文章は随筆で，筆者とドリス=レッシングの，
複雑で表現するための言葉に窮する関係について述べたもの。

　　以下，各問題の詳細をみる。

　　1　(A)英文量は約 360 語で，要約問題ではやや多めだが，さ
まざまな具体例が挙がっており，内容は理解しやすいものであ
る。そうした例で主張のポイントをつかんで簡潔にまとめる。

　　(B)空所補充のみの問題だが，文脈にあった文を補うものが 5
問，単語（選択肢なし，頭文字指定）を補うものが 1 問。文補
充の選択肢は比較的紛らわしいものがなく，余分なものも 1 つ
だけだったので，選びやすい。

　　2　(A)自由英作文。試験会場となっているキャンパスに関し

て，気づいたことを一つ選び，それを説明する問題。画像や絵を使った問題ではないが，具体的な状況を説明するという点では相通ずるものがある。ただし，何について書くかを選ぶのに時間を取られないように，素早くテーマを決定する必要がある。

(B)自由英作文。余命わずかな祖父から莫大な遺産を譲るという手紙を受け取り，その遺産を何に使うか，なぜそうするのか，説得力のある返事を書くもの。理由が妥当なものかどうかがポイントだろう。自分だけの利益になる使い方では，納得してもらえそうにはない。ただし，全額寄付するというのでは，祖父自身がすればよいことである。自分のためにも，もっと大きな利益のためにもなる使い道を考えたい。

3　(A)は「コンピュータの知性」についての講義。2つのコンピュータプログラムを比較しながら，事実を正確に聞き取ることが重要である。

(B)は(A)と関連する内容で，3人の会話である。それぞれの意見だけでなく，述べられる事実も十分に聞き取りたい。

(C)は，話し手が自分の姉について語ったもの。この姉がどのような人物であったかが中心になる。さまざまなエピソードの場面をいきいきと思い描きながら聞くことがポイント。

4　(A)誤り箇所を指摘する問題。5段落構成の文章で，各段に5カ所ある下線部のうち，誤りのあるものを各段1つずつ選ぶ問題。正解に必要な語句や文法の知識は基本的なものだが，誤りがあっても文脈からどのような内容なのかが推測できてしまうため，誤りに気づくのが難しくなっている。日頃から，前置詞の有無や語句の品詞といった細部にも注意を払い，文構造の分析を丁寧に行っておく必要がある。

(B)一連の文章中の3カ所の英文和訳。いずれの箇所も分量は少なく，難しい語も含まれてはいないが，文章のテーマとなっている solitude と loneliness の訳し分けなど，内容を踏まえた柔軟な訳が求められる。

5　筆者の人生に大きく関わりながら，筆者からみて何にあたるのか呼び名が思い当たらない女性について，筆者自身の特殊な生い立ちと共に語った文章。初めのうちは何の話をしているのかわかりづらいかもしれないが，読み進めるうちに，ジグソーパズルが出来上がっていくようにイメージがくっきりする語り方になっている。粘り強く読みたい。設問は，同意表現，内容説明，空所補充，内容真偽であった。

38 2017 年度　数学〈解答〉　　　　　　　　　　　　東京大-理科前期

数学

1　◇発想◇　(1)　$f(\theta)$ は倍角，3 倍角の公式による。$g(\theta)$ は分子の因数 $x-1$ に注目する。

(2)　放物線の軸の位置での場合分けによる。

解答　(1)　$f(\theta) = \cos 3\theta + a\cos 2\theta + b\cos\theta$

$$= 4\cos^3\theta - 3\cos\theta + a(2\cos^2\theta - 1) + b\cos\theta$$

$$= 4\cos^3\theta + 2a\cos^2\theta + (b-3)\cos\theta - a$$

ここで，$x = \cos\theta$ より

$$f(\theta) = 4x^3 + 2ax^2 + (b-3)x - a \quad \cdots\cdots(答)$$

$$g(\theta) = \frac{f(\theta) - f(0)}{\cos\theta - 1} = \frac{4x^3 + 2ax^2 + (b-3)x - a - 1 - a - b}{x-1}$$

$$= \frac{4x^3 - 3x - 1 + 2ax^2 - 2a + bx - b}{x-1}$$

$$= \frac{(x-1)(2x+1)^2 + 2a(x-1)(x+1) + b(x-1)}{x-1}$$

$$= (2x+1)^2 + 2a(x+1) + b$$

$$= 4x^2 + 2(a+2)x + 2a + b + 1 \quad \cdots\cdots(答)$$

(2)　$0 < \theta < \pi$ から，$x = \cos\theta$ について，$-1 < x < 1$ である。

$$G(x) = 4x^2 + 2(a+2)x + 2a + b + 1$$

とおき，$-1 < x < 1$ での $G(x)$ の最小値が 0 となるための a, b の条件を求める。

$$G(x) = 4\left(x + \frac{a+2}{4}\right)^2 - \frac{(a+2)^2}{4} + 2a + b + 1$$

$$= 4\left(x + \frac{a+2}{4}\right)^2 - \frac{a^2}{4} + a + b$$

よって，$G(x)$ は $-\dfrac{a+2}{4} \leqq -1$ のときは $-1 < x < 1$ で単調増加であり，

$-\dfrac{a+2}{4} \geqq 1$ のときは $-1 < x < 1$ で単調減少であるから，いずれの場合も，

$-1<x<1$ での最小値は存在しない。

ゆえに，求める条件は

$$\begin{cases} -1 < -\dfrac{a+2}{4} < 1 \\ G\left(-\dfrac{a+2}{4}\right) = 0 \end{cases}$$

すなわち

$$\begin{cases} -6 < a < 2 \\ \dfrac{-a^2}{4} + a + b = 0 \end{cases}$$

これより

$$\begin{cases} -6 < a < 2 \\ b = \dfrac{1}{4}(a-2)^2 - 1 \end{cases} \quad \cdots\cdots (答)$$

となり，ab 平面で図示すると，右図の実線部となる（ただし，端点は含まない）。

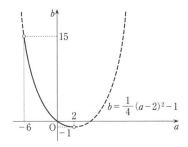

━━━━━ ◀解　説▶ ━━━━━

≪三角関数の式変形，2次関数の最小値≫

▶(1) $f(\theta)$ は $\cos\theta$, $\cos 2\theta$, $\cos 3\theta$ の整式の形で与えられているので，倍角および3倍角の公式で $\cos\theta$ の多項式となる。$\cos\theta$ を x で置き換えればよい。

$g(\theta)$ は $f(\theta)$ と $\cos\theta$ の分数式の形で与えられているので，x の分数式で表現した後に，分母の $x-1$ が分子の因数となっていることを予想したうえで分子を因数分解することで解決する。基本的な式処理ですむ設問である。

▶(2) $g(\theta)$ を x の整式で表したものを $G(x)$ とおくと，$G(x)$ は x の2次関数であるから，平方完成を行い，放物線 $y=G(x)$ の軸 $x=-\dfrac{a+2}{4}$ が区間 $-1<x<1$ にあるか否かで場合分けを行う。開区間で単調な関数はその区間で最大値や最小値をとることはない。これにより，a, b の満たすべき条件が得られる。本問のこの解答の流れは通常の学習で経験する基本的なもので，特に難所はない。

2

◆発想◆ (1) 直線 $L_k : y = x + k$ $(k = 0, \pm1, \pm2, \cdots)$ 上にある点Pは1秒後には直線 L_{k+1}, L_{k-1} にそれぞれ確率 $\frac{1}{2}$ で移動する。この変化を図示し，L_0 からスタートして6秒後に L_0 へ至る経路の個数を考える。

(2) 直線 $G_j : y = -x + j$ $(j = 0, \pm1, \pm2, \cdots)$ で同様に考える。点の座標の変化を L_k と G_j の交点の変化ととらえられると，(1)の結果が利用できる。

〔別解〕として，(1)，(2)とも，6秒間に x 座標が1増加，1減少する移動がそれぞれ a 回，b 回，y 座標についても同様に c 回，d 回であるとして，(a, b, c, d) の組を求める。次いで，それぞれについて0以外の a, b, c, d が6秒間のどこで起きるかの順列（重複順列）を考える。

解答 (1) 直線 $y = x + k$ $(k = 0, \pm1, \pm2, \cdots)$ を L_k とする。

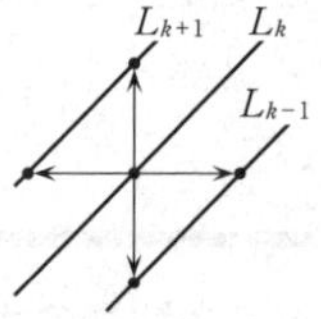

L_k 上の点Pは1秒後には確率 $\frac{1}{2}$ で L_{k+1} 上，または確率 $\frac{1}{2}$ で L_{k-1} 上にある（図1）。

図1

よって，最初に L_0 上にある点Pが6秒間に移動する直線は図2のようになる。6秒後に L_0 上にあるような経路の個数は $_6C_3 = 20$ であるから，求める確率は

$$20\left(\frac{1}{2}\right)^6 = \frac{5}{16} \quad \cdots\cdots(\text{答})$$

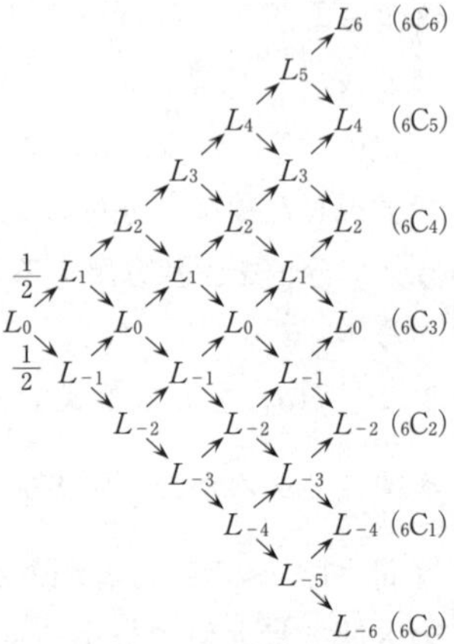

(2) (l, m) が直線 $y = x + k$ と $y = -x + j$ の交点であるための条件は

$$\begin{cases} l + k = m \\ -l + j = m \end{cases}$$

すなわち

$$\begin{cases} k = m - l \\ j = m + l \end{cases}$$

図2

である。

よって，一般に直線 $y=x+k$，$y=-x+j$ をそれぞれ L_k，G_j とし，これらの交点を (L_k, G_j) とすると，$k=m-l$，$j=m+l$ として

- 点 P が (l, m) から $(l\pm1, m)$ に移動することと，
  点 P が (L_k, G_j) から $(L_{k\mp1}, G_{j\pm1})$（複号同順）に移動することが対応し，

- 点 P が (l, m) から $(l, m\pm1)$ に移動することと，
  点 P が (L_k, G_j) から $(L_{k\pm1}, G_{j\pm1})$（複号同順）に移動することが対応する。

ここで，添え字の $k=m-l$ と $j=m+l$ の偶奇は一致し，したがって $k\pm1$ と $j\pm1$（複号は任意の組合せ）の偶奇も一致し，交点はすべて格子点である。

図1は G_j についても同様なので，上記の1秒間の交点の移動の確率はどれも $\left(\dfrac{1}{2}\right)^2=\dfrac{1}{4}$ である。

また，(L_k, G_j) から $(L_{k\pm1}, G_{j\pm1})$（複号は任意の組合せ）への4通りの移動は L_k から $L_{k\pm1}$，G_j から $G_{j\pm1}$ への独立な変化の組合せで得られる。

いま，求める確率ははじめ (L_0, G_0) にある点 P が6秒後に (L_0, G_0) に移動する確率であり，また，はじめ G_0 上にある点 P が6秒後に G_0 上に移動する確率は，(1)と同様に $\dfrac{5}{16}$ である。

以上から，求める確率は $\left(\dfrac{5}{16}\right)^2=\dfrac{25}{256}$ ……（答）

別解 (1) 6秒間に x 座標が1増加する移動が a 回，1減少する移動が b 回，y 座標が1増加する移動が c 回，1減少する移動が d 回であるとする。

原点にあった点 P が6秒後に直線 $y=x$ 上にあるための条件は

$$\begin{cases} c-d=a-b & \cdots\cdots① \\ a+b+c+d=6 & \cdots\cdots② \\ a, b, c, d は0以上の整数 & \cdots\cdots③ \end{cases}$$

①から $a+d=b+c$ ……④

②，④から $a+d=b+c=3$ ……⑤

③，⑤から

$$\begin{cases} (a,\ d) = (0,\ 3),\ (1,\ 2),\ (2,\ 1),\ (3,\ 0) \\ (b,\ c) = (0,\ 3),\ (1,\ 2),\ (2,\ 1),\ (3,\ 0) \end{cases} \quad \cdots\cdots ⑥$$

⑥から得られる $(a,\ b,\ c,\ d)$ の組は，0と3でできるもの，1と2でできるものがそれぞれ4通り，0，1，2，3でできるものが8通りある。

そのそれぞれで，1以上の値の $a,\ b,\ c,\ d$ を並べる順番も考えて，すべての場合の数は

$$4 \times \frac{6!}{3!3!} + 4 \times \frac{6!}{2!2!} + 8 \times \frac{6!}{2!3!} = 80 + 720 + 480 = 1280$$

ゆえに，求める確率は $\dfrac{1280}{4^6} = \dfrac{5}{16}$

(2) (1)と同様に考えて，原点Oにあった点Pが6秒後に原点にあるための条件は

$$a = b \text{ かつ } c = d \quad \cdots\cdots ⑦ \quad \text{かつ} \quad ② \quad \text{かつ} \quad ③$$

②，⑦から $\quad a + c = b + d = 3 \quad \cdots\cdots ⑧$

③，⑧から

$$\begin{cases} (a,\ c) = (0,\ 3),\ (1,\ 2),\ (2,\ 1),\ (3,\ 0) \\ (b,\ d) = (0,\ 3),\ (1,\ 2),\ (2,\ 1),\ (3,\ 0) \end{cases} \quad \cdots\cdots ⑨$$

⑦，⑨から得られる $(a,\ b,\ c,\ d)$ の組は，0と3でできるもの，1と2でできるものがそれぞれ2通りある。

そのそれぞれで，1以上の値の $a,\ b,\ c,\ d$ を並べる順番も考えて，すべての場合の数は

$$2 \times \frac{6!}{3!3!} + 2 \times \frac{6!}{2!2!} = 40 + 360 = 400$$

ゆえに，求める確率は $\dfrac{400}{4^6} = \dfrac{25}{256}$

━━━━■ ◀解　説▶ ━━━━■

≪座標平面上の点の移動と確率≫

▶(1)　点Pの移動を傾き1の直線 $L_k : y = x + k$ $(k = 0,\ \pm 1,\ \pm 2,\ \cdots)$ 間の移動とみると，L_k 上の点Pは1秒後には L_{k+1} 上または L_{k-1} 上に等確率 $\dfrac{1}{2}$ で移動することから，図2が得られる。図2の仕組みはパスカルの三角形と同じものであり，6秒後に L_0 に至る経路の個数が二項係数で得られる。これを 2^6 で割って求める確率が得られる。この考え方によると

計算がかなり軽減される。

▶(2) (1)と同様に考えて，はじめ原点Oにある点Pが6秒後に直線 $y=-x$ 上にある確率も $\dfrac{5}{16}$ であり，6秒後に点Pが原点Oにある確率は，6秒後に点Pが直線 $y=x$ 上にあり，かつ直線 $y=-x$ 上にある確率なので，(1)の結果を用いることができて $\left(\dfrac{5}{16}\right)^2$ がただちに得られる。ただし，確率の掛け算の根拠記述が難所となる。〔解答〕のような記述が考えられるが，点の移動と直線の交点の移動の対応の仕組みを注意深くとらえる必要がある。交点間の移動が L_k から $L_{k\pm1}$ への移動と G_j から $G_{j\pm1}$ への移動の独立な変化の組合せで得られることを明記することがポイントである。

〔別解〕では，(1)，(2)とも，移動の回数 a, b, c, d を用いて条件を満たす組 (a, b, c, d) をすべて求め，そのそれぞれで，a, b, c, d が起きる順序を考慮し，重複順列で計算する方法によっている。受験生としてはこの考え方が自然かもしれないが，重複順列の計算などが少し煩雑となり，〔解答〕の方法より計算間違いが起こる可能性が大きい。

3

◆発想◆ (1) L 上の点は点 α と原点Oから等距離にある。これを立式し $z=\dfrac{1}{w}$ を代入して変形する。

(2) 点 β と点 β^2 を結ぶ線分上の点 z は，点 -1 と原点Oを結ぶ線分の垂直二等分線上の点で $\dfrac{2}{3}\pi\leqq\arg z\leqq\dfrac{4}{3}\pi$ であるものである。

解答 (1) $w=\dfrac{1}{z}$ から，$zw=1$ であり，$w\neq0$ である。以下，この条件の下で考える。

L の方程式は

$$|z-\alpha|=|z| \quad\cdots\cdots①$$

であり，$z=\dfrac{1}{w}$ から $\left|\dfrac{1}{w}-\alpha\right|=\left|\dfrac{1}{w}\right|$

この両辺に $|w|$ を乗じて $|1-\alpha w|=1$

44 2017 年度 数学〈解答〉 東京大-理科前期

$\alpha \neq 0$ からこの両辺に $\dfrac{1}{|\alpha|}$ を乗じて

$$\left| w - \frac{1}{\alpha} \right| = \frac{1}{|\alpha|} \quad \cdots\cdots ②$$

逆に，②かつ $w \neq 0$ を満たす任意の w に対して，$z = \dfrac{1}{w}$ で与えられる z を

とれば，$w = \dfrac{1}{z}$ と②から，①を得る。

ゆえに，w の軌跡は，円②かつ $w \neq 0$ である。求める円の

中心は $\dfrac{1}{\alpha}$，半径は $\dfrac{1}{|\alpha|}$ ……(答)

(2) $\beta = \dfrac{-1 + \sqrt{3}\,i}{2}$，$\beta^2 = \dfrac{-1 - \sqrt{3}\,i}{2} = \overline{\beta}$ なので，点 β と点 β^2 を結ぶ直線を

G とすると，G は点 -1 と原点を結ぶ線分の垂直二等分線である。

よって，(1)で $\alpha = -1$ として，点 z が G 上を動くときの点 w の軌跡は，
中心が点 -1 で半径が 1 の円周から原点を除いた部分，すなわち

$$|w + 1| = 1, \quad w \neq 0$$

となる。

ここで，点 z が点 β と点 β^2 を結ぶ線分上にある条件は

$$z \text{ は } G \text{ 上にあり，} \frac{2}{3}\pi \leqq \arg z \leqq \frac{4}{3}\pi$$

であることなので，$\arg w = \arg \dfrac{1}{z} = -\arg z$ から，w の軌跡は，

円 $|w + 1| = 1$ の $-\dfrac{4}{3}\pi \leqq \arg w \leqq -\dfrac{2}{3}\pi$ の部分と

なる。……(答)

これを図示すると，右図のようになる（ただし，

端点を含む）。

━━━━ ◀解 説▶ ━━━━

≪垂直二等分線の表現，軌跡≫

▶(1) L の方程式は複素数の絶対値を用いて表現できる。これをさらに共
役を用いて式変形を進めることもできるが，本問ではその必要はない。絶

東京大-理科前期   2017 年度　数学〈解答〉　*45*

対値のままの式で z を $\dfrac{1}{w}$ で置き換えて，これを変形し，絶対値を用いた円の方程式にするだけでよい。また，問題文の中に「点 w の軌跡は円から 1 点を除いたものになる」という文言があるので，〔解答〕に記した「逆に，……」の部分はなくてもよいが，一般に軌跡の問題ではこれに相当する記述も必要である。

▶(2)　点 β と点 β^2 を結ぶ直線を原点と点 -1 を結ぶ線分の垂直二等分線ととらえると(1)が利用できて，求める軌跡はある円の一部となる。さらに，点 β と点 β^2 を結ぶ線分上の点 z はその偏角を用いて表現できるので，$w=\dfrac{1}{z}$ から w の偏角のとりうる範囲が得られ，それに応じて軌跡となる円の一部が明らかとなる。

4　◇発想◇　(1)　$q=-\dfrac{1}{p}$ とおくと，$p+q=4$，$pq=-1$ であることを利用する。

(2)　$p^{n+1}+q^{n+1}=(p+q)(p^n+q^n)-pq(p^{n-1}+q^{n-1})$ である。

(3)　数学的帰納法により示す。

(4)　整数 a, b, c, d に対して，$a=bc+d$ のとき，$\gcd(a, b)=\gcd(b, d)$ という互除法を用いる（$\gcd(a, b)$ は，a と b の最大公約数を表す）。

解答　(1)　$a_1=4$，$a_2=18$

(2)　$q=-\dfrac{1}{p}=2-\sqrt{5}$ とおく。

$$a_{n+1}=p^{n+1}+q^{n+1}$$
$$=(p+q)(p^n+q^n)-pq(p^{n-1}+q^{n-1})$$
$$=a_1 a_n+a_{n-1}$$

ゆえに

$$a_1 a_n=a_{n+1}-a_{n-1}　\cdots\cdots（答）$$

(3)　(i)　(1)から，a_1, a_2 は自然数である。

46 2017年度 数学〈解答〉 東京大-理科前期

(ii) 2以上のある自然数 n に対して a_{n-1}, a_n が自然数であると仮定する。

(2)と $a_1 = 4$ より，$a_{n+1} = 4a_n + a_{n-1}$ であるから，a_{n+1} も自然数である。

(i)，(ii)から，数学的帰納法により，すべての自然数 n に対して a_n は自然数である。 (証明終)

(4) 整数 a, b の最大公約数を $\gcd(a, b)$ と書くと，$a_{n+1} = 4a_n + a_{n-1}$ と互除法から

$$\gcd(a_{n+1}, a_n) = \gcd(a_n, a_{n-1}) \quad (n \geqq 2)$$

ゆえに

$$\gcd(a_{n+1}, a_n) = \cdots\cdots = \gcd(a_2, a_1) = \gcd(18, 4) = 2 \quad \cdots\cdots(答)$$

━━━ ◀解 説▶ ━━━

≪数列の漸化式と隣接二項の最大公約数≫

▶(1) $p = 2 + \sqrt{5}$ から $-\dfrac{1}{p} = -\dfrac{1}{2 + \sqrt{5}} = 2 - \sqrt{5}$

$q = -\dfrac{1}{p}$ とおくと

$$p + q = 4, \quad pq = -1$$

である。よって

$$a_1 = p + q = 4$$
$$a_2 = p^2 + q^2 = (p+q)^2 - 2pq = 4^2 + 2 = 18$$

▶(2) よく経験する式変形 $p^{n+1} + q^{n+1} = (p+q)(p^n + q^n) - pq(p^{n-1} + q^{n-1})$ を用いる。

▶(3) (1)・(2)の結果を用いた数学的帰納法で示すことができる。

▶(4) (2)・(3)の結果から互除法で解決する。ユークリッドの互除法は教科書で学ぶことであるが，一般には次のように少し拡張した互除法が有用である。

[整数 a, b, c, d について $a = bc + d$ が成り立つとき

$\gcd(a, b) = \gcd(b, d)$ である]

証明は以下のようになる。

p が a と b の公約数なら，$a = pa'$, $b = pb'$ となる整数 a', b' が存在し，$d = a - bc = p(a' - b'c)$ となり，p は d の約数なので，p は b と d の公約数である。

同様に，p が b と d の公約数なら，p は a と b の公約数である。

東京大-理科前期　　　　　　　　　　　2017 年度　数学〈解答〉　47

よって，a と b の公約数の集合と b と d の公約数の集合は一致し，（それら有限集合の要素の最大値である）最大公約数は一致する。

5

◇発想◇　(1)　直線と C の方程式から y を消去した x の 2 次方程式，および直線と D の方程式から x を消去した y の 2 次方程式の重解条件から a, b, k の関係式が 2 つ得られる。

(2)　(1)の結果から $a=2$ のときの k の値を求め，$a \neq -1$ の場合はこの k の値となる a の値を(1)の結果から求めると，$a=2$ ともうひとつの a の値が得られる。$a=-1$ のときは最初の重解条件に戻って考える。

解答　(1)　$C : y = x^2 + k$ と $y = ax + b$ から y を消去した x の 2 次方程式

$$x^2 - ax + (k - b) = 0$$

の（判別式）$= 0$ から

$$a^2 - 4(k - b) = 0 \quad \cdots\cdots ①$$

$a = 0$ のとき，直線 $y = ax + b$ は $y = b$ となるが，これは x 軸に平行であり，放物線 D と接することはない。よって，$a \neq 0$ であり，直線 $y = ax + b$ の方程式は $x = \dfrac{1}{a} y - \dfrac{b}{a}$ と書ける。

これと $D : x = y^2 + k$ から x を消去した y の 2 次方程式

$$y^2 - \frac{1}{a} y + \left(k + \frac{b}{a}\right) = 0$$

の（判別式）$= 0$ から

$$\frac{1}{a^2} - 4\left(k + \frac{b}{a}\right) = 0 \quad \cdots\cdots ②$$

したがって，直線 $y = ax + b$ が放物線 C, D の共通接線となるための a, b の条件は①かつ②である。

①$-$②から

$$a^2 - \frac{1}{a^2} + 4\left(1 + \frac{1}{a}\right) b = 0$$

$a \neq -1$ から

$$b = -\frac{1}{4} \cdot \frac{a^4 - 1}{a^2} \cdot \frac{a}{a + 1} = -\frac{(a + 1)(a - 1)(a^2 + 1)}{4a(a + 1)}$$

48　2017 年度　数学〈解答〉　　　　　　　　　　　東京大-理科前期

$$= -\frac{(a-1)(a^2+1)}{4a} \quad \cdots\cdots ③ \quad \cdots\cdots (答)$$

①×$\dfrac{1}{a}$＋② から

$$a + \frac{1}{a^2} - 4k\left(\frac{1}{a} + 1\right) = 0$$

$$k = \frac{1}{4} \cdot \frac{(a+1)(a^2-a+1)}{a^2} \cdot \frac{a}{a+1}$$

$$= \frac{a^2-a+1}{4a} \quad \cdots\cdots ④ \quad \cdots\cdots (答)$$

(2)　$a=2$ と④から，$k = \dfrac{4-2+1}{8} = \dfrac{3}{8}$ であることが必要で，以下この下で

考える。

$a \neq -1$ のとき，$y = ax + b$ が $k = \dfrac{3}{8}$ から得られる放物線 C, D の共通接線

であるための条件は③かつ④により

$$③ \quad かつ \quad \frac{3}{8} = \frac{a^2-a+1}{4a}$$

$$\frac{3}{8} = \frac{a^2-a+1}{4a} \qquad 2a^2 - 5a + 2 = 0$$

$$(2a-1)(a-2) = 0 \qquad a = \frac{1}{2},\ 2$$

これと③から

$$(a,\ b) = \left(\frac{1}{2},\ \frac{5}{16}\right),\ \left(2,\ -\frac{5}{8}\right)$$

また，$a = -1$ のとき，①，②はともに $1 - 4(k-b) = 0$ となり

$$(a,\ b) = \left(-1,\ k - \frac{1}{4}\right) = \left(-1,\ \frac{1}{8}\right) \quad \left(k = \frac{3}{8}\ より\right)$$

以上から，$a=2$ である共通接線が存在する $k\left(=\dfrac{3}{8}\right)$ に対して，共通接線

が 3 本存在する。　　　　　　　　　　　　　　　　　　（証明終）

このときの傾きと y 切片の組 $(a,\ b)$ は

$$(a,\ b) = \left(\frac{1}{2},\ \frac{5}{16}\right),\ \left(2,\ -\frac{5}{8}\right),\ \left(-1,\ \frac{1}{8}\right) \quad \cdots\cdots (答)$$

東京大-理科前期　　　　　　　　　　　　　2017 年度　数学〈解答〉　49

■━━━━━━◀解　説▶━━━━━━■

≪放物線の共通接線≫

▶(1)　2 つの放物線の共通接線の問題なので，放物線と直線の方程式から y または x を消去した 2 次方程式の解の判別式が 0 となるための a, b, k の条件を求める。3 文字の 2 つの式が得られ，b, k それぞれについて 1 次式であることから，一方の文字を消去して他方の文字を a で表現する式処理は難しくないが，計算に注意したい。

▶(2)　まず，$a=2$ であるような共通接線をもつための k の値が(1)の結果（④）から $k=\dfrac{3}{8}$ と定まる。次いで，この k の値の下で $a=2$ とそれ以外の傾きの共通接線が(1)の 2 つの結果（③，④）から定まる。ただし，(1)の 2 つの結果は $a \neq -1$ の下で得られたものなので，最後は $a=-1$ であるような共通接線があるか否かを調べなければならない。そのためには(1)で $a \neq -1$ を用いる前の条件式①，②に戻って考える。$a=-1$ の下では，①，②は同じ式 $1-4(k-b)=0$ となるので，どちらを用いてもよい。$1-4(k-b)=0$ から $(a,\ b)=\left(-1,\ k-\dfrac{1}{4}\right)$ なので，どのような k の値に対しても必ず傾き -1 の共通接線が 1 つ存在することになるが，傾き 2 の共通接線が存在するための k の条件が $k=\dfrac{3}{8}$ であったから，本問では，$k=\dfrac{3}{8}$ を用いて $(a,\ b)=\left(-1,\ \dfrac{1}{8}\right)$ となり，確かに 3 本の共通接線が存在することになる。式処理を進めれば $(a,\ b)$ の組を 3 つ得ることはできるが，以上のような論理の流れを明快にとらえた記述が望まれる。

　なお，放物線 C と D は直線 $y=x$ に関して対称であるから，直線 $y=ax+b$ が共通接線なら，直線 $x=ay+b$ も共通接線である。この 2 つの直線が一致する条件は $a=-1$ である。したがって，$a \neq -1$ であるような共通接線が 1 本あれば，必ずもう 1 本の共通接線がある。これに $y=-x+k-\dfrac{1}{4}$ を加えて 3 本の共通接線を得る。これが本問の背景であり，このような記述も証明として許される。

6

◇**発想**◇　(1)　点 P は平面 $z=\dfrac{1}{2}$ 上にあり，OP＝1 である。

(2)　K はある円錐の側面を x 軸のまわりに 1 回転してできる立体である。

解答　(1)　線分 OQ の中点を M とすると，

$M\left(0,\ 0,\ \dfrac{1}{2}\right)$ である。

PM⊥OQ から，点 P は平面 $z=\dfrac{1}{2}$ 上にあり，点 P の存在範囲は

$$P\left(x,\ y,\ \dfrac{1}{2}\right)\ \ かつ\ \ OP＝1\ \ （図1）$$

これより　$x^2+y^2+\dfrac{1}{4}=1$　すなわち　$x^2+y^2=\dfrac{3}{4}$

ゆえに　$\dfrac{-\sqrt{3}}{2}\leqq x\leqq\dfrac{\sqrt{3}}{2}$　……(答)

これと，$\cos\theta=\dfrac{\overrightarrow{OA}\cdot\overrightarrow{OP}}{OA\cdot OP}=\dfrac{(1,\ 0,\ 0)\cdot\left(x,\ y,\ \dfrac{1}{2}\right)}{1\cdot 1}=x$ から

$$\dfrac{-\sqrt{3}}{2}\leqq\cos\theta\leqq\dfrac{\sqrt{3}}{2}$$

$0°\leqq\theta\leqq 180°$ から　$30°\leqq\theta\leqq 150°$　……(答)

(2)　半径 $\dfrac{\sqrt{3}}{2}$ の円板を底面とし，高さが $\dfrac{1}{2}$ の円錐を E とする。

Q を平面 $x=0$ 上で固定するごとに辺 OP の通過しうる範囲は，線分 OQ を軸，点 O を頂点とする円錐 E の側面である。

点 Q は平面 $x=0$ 上の O を中心とする半径 1 の円周上を動くので，K は Q$(0,\ 0,\ 1)$ のときの円錐 E の側面（J とする）を x 軸のまわりに 1 回転してできる立体である。

J と平面 $z=k$ $\left(0\leqq k\leqq\dfrac{1}{2}\right)$ の交線は円 $x^2+y^2=(\sqrt{3}k)^2$ であるから，J の方

程式は $x^2+y^2=3z^2$ $\left(0\leq z\leq\dfrac{1}{2}\right)$ である。

よって、J と平面 $x=t$ $\left(|t|\leq\dfrac{\sqrt{3}}{2}\right)$ の交線は

　　曲線 $t^2+y^2=3z^2$

すなわち　　$\dfrac{y^2}{t^2}-\dfrac{z^2}{\left(\dfrac{t}{\sqrt{3}}\right)^2}=-1$

の $0\leq z\leq\dfrac{1}{2}$ の部分である。これは図2の
双曲線の一部である（O_t は点 $(t,\ 0,\ 0)$
を表す）。

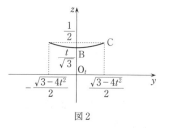

図2

これを x 軸のまわりに1回転してできる図形の面積が、K の平面 $x=t$
$\left(|t|\leq\dfrac{\sqrt{3}}{2}\right)$ による断面積であり、これを $S(t)$ として

$$S(t)=(O_tC^2-O_tB^2)\pi=\left(\dfrac{3-4t^2}{4}+\dfrac{1}{4}-\dfrac{t^2}{3}\right)\pi=\left(1-\dfrac{4}{3}t^2\right)\pi$$

ゆえに、K の体積は

$$2\int_0^{\frac{\sqrt{3}}{2}}S(t)\,dt=2\pi\int_0^{\frac{\sqrt{3}}{2}}\left(1-\dfrac{4}{3}t^2\right)dt=2\pi\left[t-\dfrac{4}{9}t^3\right]_0^{\frac{\sqrt{3}}{2}}=\dfrac{2\sqrt{3}}{3}\pi\quad\cdots\cdots\text{(答)}$$

◀解　説▶

≪円錐の側面の回転体の体積≫

▶(1)　O，Q が固定されているので、点 P の x 座標がとりうる値の範囲は
正三角形 OPQ を直線 OQ（z 軸）のまわりに1回転したときの P の存在
範囲から得られる。$P\left(x,\ y,\ \dfrac{1}{2}\right)$ とおいて、$OP=1$ から $x^2+y^2=\dfrac{3}{4}$ なので、
$\dfrac{-\sqrt{3}}{2}\leq r\leq\dfrac{\sqrt{3}}{2}$ となる。

また、内積 $\overrightarrow{OA}\cdot\overrightarrow{OP}$ を用いて $\cos\theta=x$ となるので、$\cos\theta$ のとりうる値の
範囲も容易に得られる。

▶(2)　Q は平面 $x=0$ 上で $OQ=1$ の位置にあるので、直線 OQ を z 軸にと
って(1)と同様に考えると、辺 OP の成す図形は円錐の側面となる。Q を動
かすと、これら側面すべてでできる立体 K は、$Q(0,\ 0,\ 1)$ のときの円

錐の側面を x 軸のまわりに 1 回転してできる回転体となる。この理解が本問の第一のポイントである。次いで，K の平面 $x=t$ による切断面の面積を求めるところが第二のポイントであり，本問の成否がかかる。まず，円錐の側面の方程式を求めることが重要である。これは側面と z 軸に垂直な平面 $z=k\left(0\leqq k\leqq\dfrac{1}{2}\right)$ の交線が円 $x^2+y^2=3k^2$ となることから，$x^2+y^2=3z^2\left(0\leqq z\leqq\dfrac{1}{2}\right)$ として求まる。この式に $x=t$ を代入すると，双曲線の一部が得られ，これを x 軸のまわりに 1 回転して得られる図形が K の平面 $x=t$ による切断面である。この断面が円環となることは容易にわかり，面積も簡単に求められる。最後はこれを積分して K の体積を得るが，被積分関数が単純な 2 次関数なのでこの計算で苦労することはない。

━━━━━━━━━━ 講　評 ━━━━━━━━━━

　2017 年度は全大問で小問設定があり，総小問数は 14 問であった。内容は簡潔で，解答の記述量も従来より大幅に軽減され，難度も今までにないほど穏やかであった。かつてなら文系レベルの問題が 4 題もあった。

　整数・確率の離散系が 2 題，解析系（数学Ⅱ・B）が 2 題，空間図形の体積が 1 題，複素数平面が 1 題であった。

　東大理系入試としての難易度は，1 (1)・(2)易，2 (1)・(2)標準，3 (1)・(2)易，4 (1)〜(4)易，5 (1)・(2)易，6 (1)易，(2)標準であった。2016 年度も 2015 年度より易化していたが，2017 年度はさらに易化し，東大理系としては過去に見たことがないほどの易しいセットである。

　また，2017 年度は例年頻出の「数学Ⅲ」の微分の標準レベルの設問や，頻出の極限の出題もなく，代わりに「数学Ⅱ」の文系レベルの問題が 2 題もあったことも大きな変化である。

　1　(1)三角関数と整式の単純な式変形の問題。(2) 2 次関数の最小値について軸の位置での場合分けで考える問題だが，この種の問題に付随する煩雑さがほとんどない教科書傍用問題集レベルの問題。

　2　2016 年度と同様，漸化式によらない確率の問題。(1)移動の方向別の回数を設定する解法だと標準レベルの問題となるが，移動する直線の変化で見ると計算が 1 行ですむ易問で，文系と共通の小問。(2) (1)が適用できる理由を明快に記述できれば確率計算自体は 1 行に満たず終わる。これが(1)をおいた意図

東京大-理科前期   2017 年度　数学〈解答〉　*53*

と思われ，良い観点であるが，２つの確率の独立性の根拠記述なしでは，答えが合っていても加点は望めないかもしれない。〔別解〕のように普通に回数設定でやるのが無難ともいえる。

　3　(1)・(2)とも複素数平面の問題としては大変易しく，完答してほしい問題。複素数の絶対値と偏角による基礎的な問題。

　4　文系と共通の整数の問題で，小問が４問もあるが，理系なら小問誘導の必要のない典型問題。ほとんどの受験生にとって類題の経験があるであろう易問。

　5　「数学Ⅱ」の図形と方程式からの出題で，理系にとっては易しい問題。

　6　2016 年度同様，線分の集合が成す図形（2017 年度は円錐の側面）の回転体の体積に関する問題だが，2016 年度のような問題文の与え方での難しさがあるわけではなく，(1)が適切な誘導となっている小問設定である。(2)で必要な積分も整式の積分なので計算も煩雑ではないが，６題全体の中では最も計算間違いが起こりやすく標準レベルの難度となっている。立体の体積に関する問題のここ数年の難易度は，入試として適切なレベルに設定されている。

物理

1 解答

I (1) (2)の問題文中で定義されているように，x軸を定めるものとする。ばねの自然長からの最大の伸びを x_M とすると，力学的エネルギー保存則より

$$0 + 0 + 0 = 0 + \frac{1}{2}kx_M{}^2 - Mgx_M$$

が成り立つ。$x_M > 0$ であるから

$$x_M = \frac{2Mg}{k} \quad \cdots\cdots(答)$$

(2) 積木の運動方程式は

$$Ma = Mg - kx$$

$$\therefore \quad a = g - \frac{k}{M}x = -\frac{k}{M}\left(x - \frac{Mg}{k}\right)$$

が得られる。これを問題文中の式と比較すると

ア．$-\dfrac{k}{M}$　イ．$\dfrac{Mg}{k}$　$\cdots\cdots(答)$

II (1) 2つの積木をつなぐひもの張力の大きさを S とすると，運動方程式は

積木1：$Ma = S - \dfrac{x}{3L}\mu' Mg$

積木2：$Ma = Mg\sin\theta - S$

となる。この2式の辺々を加えて整理すると

$$2Ma = Mg\sin\theta - \frac{x}{3L}\mu' Mg = -\frac{\mu' Mg}{3L}\left(x - \frac{3L\sin\theta}{\mu'}\right)$$

$$\therefore \quad a = -\frac{\mu' g}{6L}\left(x - \frac{3L\sin\theta}{\mu'}\right)$$

が得られる。これを問題文中の式と比較すると

ウ．$-\dfrac{\mu' g}{6L}$　エ．$\dfrac{3L\sin\theta}{\mu'}$　$\cdots\cdots(答)$

(2) (1)の式から，2つの積木の運動はそれぞれ単振動であることがわかり，

その角振動数を ω,周期を T とすると

$$\omega^2 = \frac{\mu' g}{6L}, \quad T = \frac{2\pi}{\omega} = 2\pi\sqrt{\frac{6L}{\mu' g}}$$

である。積木が動き始めてから静止するまでの時間は

$$\frac{1}{2}T = \pi\sqrt{\frac{6L}{\mu' g}} \quad \cdots\cdots\text{(答)}$$

(3) (1)の式より,単振動の中心は $x_{\text{中}} = \dfrac{3L\sin\theta}{\mu'}$ であり,最初に静止していた位置は $x=0$ であるから,振幅は $A = \dfrac{3L\sin\theta}{\mu'}$ となることがわかる。静止したときの積木1の右端の位置は

$$x_0 = x_{\text{中}} + A = 2A = \frac{6L\sin\theta}{\mu'}$$

となる。題意により,$x_0 = 3L$ とすると

$$3L = \frac{6L\sin\theta}{\mu'} \quad \therefore \quad \mu' = 2\sin\theta \quad \cdots\cdots\text{(答)}$$

Ⅲ (1) 下の段の真ん中の積木について(右図),その上面から2段目の積木の下面に作用する垂直抗力の大きさは $N_1 = 2Mg$ である。また,床面から作用する垂直抗力の大きさは $N_2 = 3Mg$ である。

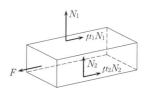

積木が動き始める直前,積木を引っ張っている力の大きさを F とすると,滑り始める直前の最大摩擦力とのつりあいより

$$F = \mu_1 N_1 + \mu_2 N_2 = 5\mu_1 Mg \quad \cdots\cdots\text{(答)}$$

(2) 積木が動き始める直前,下の段の真ん中の積木を引っ張っている力の大きさを F' とする(右図)。2段目の真ん中の積木の上面で作用する垂直抗力の大きさは $N_3 = Mg$,下の段の真ん中の積木の下面で作用する垂直抗力の大きさは $N_4 = 3Mg$ である。

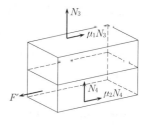

滑り始める直前の,最大摩擦力とのつりあいより

$$F' = \mu_1 N_3 + \mu_2 N_4 = \mu_1 Mg + 3\mu_2 Mg$$

である。9個の積木全体を考えると,床面から作用する垂直抗力の大きさ

は $N_5 = 9Mg$ である。$F' > \mu_2 N_5 = 9\mu_2 Mg$ となると，積木全体が動いてしまうから，下の段の真ん中と2段目の真ん中の積木だけが動くとき

$$F' < \mu_2 N_3 = 9\mu_2 Mg$$

$$\therefore \quad \mu_1 Mg + 3\mu_2 Mg < 9\mu_2 Mg$$

であるから

$$\mu_1 Mg < 6\mu_2 Mg$$

よって

$$\mu_2 > \frac{1}{6}\mu_1 \quad \cdots\cdots(答)$$

なお，$F' < F$ であるから，下の2本の積木が一体となって動き始める前に，下の1本だけが動き始めることはない。

━━━━━◆テーマ◆━━━━━

≪単振動の性質，静止摩擦力と積木のつりあい≫

x 軸上を動く物体の加速度 a が

$$a = -\kappa(x - x_{中}) \quad (\kappa：一定（>0）)$$

のように表されるとき，物体は $x = x_{中}$ を中心とする単振動を行う。また，単振動の角振動数を ω とすると

$$\omega = \sqrt{\kappa} \qquad 単振動の周期：\frac{2\pi}{\omega} = 2\pi\sqrt{\frac{1}{\kappa}}$$

となる。単振動は，振動中心の両側について，時間や位置の対称性があり，これをうまく用いると，計算が簡単になり，運動の様子がわかりやすくなる。なお，Ⅱ(2)のように，時間は，周期の何倍に相当するかで求めることが多い。

Ⅲの接触面で作用する力は，垂直抗力と摩擦力（接線抗力）に分けて扱うことが多い。接触面の両側で相対運動がないとき，摩擦力は静止摩擦力である。静止摩擦力の向きや大きさは一定ではないが，静止摩擦力の最大値（最大摩擦力）は，垂直抗力に比例し，その比例定数が静止摩擦係数である。

━━━━◀解　説▶━━━━

◆Ⅰ　▶(1)　つりあいの位置を $x = x_{中}$ とすると $x_{中} = \dfrac{Mg}{k}$ である。振動の

上端は $x = 0$ であるから，単振動の振幅は $A = \dfrac{Mg}{k}$ となり，ばねの自然長

からの最大の伸びは

$$2A = \frac{2Mg}{k}$$

◆Ⅱ ▶(1) 複数の物体を扱う場合，各々の運動方程式をつくるのが原則である。

▶(2) 積木が動き始める位置は，積木1の単振動の左側の端であり，積木が静止する位置は，積木1の単振動の右側の端であるから，この間の時間は単振動の半周期に相当する。

◆Ⅲ 上層の積木の重さが下層の積木の上面に均等にかかると考えると，各面にかかる垂直抗力の大きさが求められる。

▶(1) 上の段と中の段の積木の合計は6個であるから，下の段の各積木に対して，積木2個分の重さが加わることになり，$N_1 = 2Mg$ である。

積木が静止しているとき，静止摩擦力を考慮して，つりあいの関係式が成り立つが，滑り出す直前，静止摩擦力は最大摩擦力となる。

▶(2) 下の段の真ん中の積木を引っ張ると

① 下の段の真ん中の積木だけが動く

② 下の段の真ん中の積木，2段目の真ん中の積木が動く

③ すべての積木が同時に動く

のような現象が起こる。(1)では現象①が起こる場合，(2)では現象②が起こり現象③が起こらない場合を考察することになる。

2 解答

Ⅰ (1) ブランコが $\theta = 0$ の位置を速さ v で通過すると

き，導体棒の両端に生じている誘導起電力の大きさは vBL である。

このとき，導体棒に流れている電流の大きさは

$$I_1 = \frac{vBL}{R} \quad \cdots\cdots(\text{答})$$

(2) 最終的にブランコが静止するまでの間に，抵抗で発生したジュール熱の合計値 Q は，エネルギー保存則から，$\theta = \alpha$ の位置で動き出した導体棒が失う力学的エネルギー（力学的エネルギーの減少量）に等しい。

したがって

$$Q = Mgl\,(1 - \cos\alpha) \quad \cdots\cdots(\text{答})$$

(3) 抵抗値を $2R$ に変更したとすると，同じ起電力に対して，抵抗の消費電力が小さくなるから，変更前に比べて振動の振幅が半分になるまでにかかる時間は

ア．長くなる ……（答）

Ⅱ (1) ブランコが静止しているとき，導体棒に作用する力のつりあい（右図）より

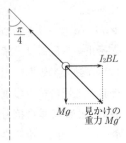

$$I_2 BL = Mg \quad \therefore \quad I_2 = \frac{Mg}{BL} \quad \cdots\cdots (答)$$

(2) 導体棒が磁場から受ける力を含めて見かけの重力を考えると，$\theta = \dfrac{\pi}{4}$ の方向となり，見かけの重力加速度の大きさ g' は

$$g' = \sqrt{2}\,g$$

である。長さ l の導線の単振り子と考えて，周期 P を求めると

$$P = 2\pi \sqrt{\frac{l}{g'}} = 2\pi \sqrt{\frac{l}{\sqrt{2}\,g}} \quad \cdots\cdots (答)$$

(3) イ

Ⅲ (1) 棒の速度 v は

$$v = l\frac{d\theta}{dt} = \frac{2\pi\beta l}{T}\cos\left(\frac{2\pi t}{T}\right)$$

であり，水平方向と見なすと，誘導起電力 V は

$$V = vBL = \frac{2\pi\beta BlL}{T}\cos\left(\frac{2\pi t}{T}\right) \quad \cdots\cdots (答)$$

(2) 題意より，交流電源の電圧と誘導起電力の和を 0 と考えると，振幅 A は

$$A = \frac{2\pi\beta BlL}{T} \quad \cdots\cdots (答)$$

(3) (2)で求めたように，A と β の関係は抵抗値に関係しないから

$$\beta' = \beta \quad \cdots\cdots (答)$$

◆テーマ◆

≪誘導起電力，電流が磁場から受ける力，単振り子≫

　長さ L の導体棒が磁束密度 B の一様磁場中を速さ v で垂直に横切るとき，導体棒には $V = vBL$ の起電力が生じる。また，導体棒に電流 I が流

れるとき，電流が磁場から受ける力は $F=IBL$ と表される。

長さ l の糸で吊した単振り子では，円周方向の変位を x とすると，運動方程式より，加速度の接線成分 $a_x=-\dfrac{g}{l}x$ が得られる。したがって，第1問のテーマにもある通り，この運動は単振動とみなすことができ，角振動数 ω は $\omega=\sqrt{\dfrac{g}{l}}$，周期 T は $T=\dfrac{2\pi}{\omega}=2\pi\sqrt{\dfrac{l}{g}}$ である。

■■■■ ◀解　説▶ ■■■■

導体棒が磁場中を動くと，誘導起電力が生じる。

◆**I** ▶(2) エネルギーの形態は次のように変化するが，総量は変化しない（エネルギー保存則）。

　　　導体棒の重力による位置エネルギー

　　　　　　　→ 運動エネルギー → 抵抗で発生するジュール熱

▶(3) 極端な場合，抵抗が外れていると（抵抗値は無限大），ジュール熱は発生しないため，振動は長く続く。

◆**II** ▶(1) 電流の流れている導体棒は，磁場から水平方向に電磁力を受ける。

▶(2) ブランコは，$\theta=\dfrac{\pi}{4}$ の方向を中心に振動する。

▶(3) ブランコは最終的に，$\theta=\dfrac{\pi}{4}$ の方向に静止する。

◆**III** ▶(1) 導体棒の円運動の半径は l，角速度は $\dfrac{d\theta}{dt}$ であるから，速度は $v=l\dfrac{d\theta}{dt}=\dfrac{2\pi\beta l}{T}\cos\left(\dfrac{2\pi t}{T}\right)$ であり，β が微小値であるから導体棒の速度を水平方向と見なすと，誘導起電力 V は　　$V=vBL=\dfrac{2\pi\beta BlL}{T}\cos\left(\dfrac{2\pi t}{T}\right)$

▶(2) 電磁誘導の効果をちょうど打ち消すことから，交流電源の電圧 $V_{交}$ は

$$V_{交}=-V=-\dfrac{2\pi\beta BlL}{T}\cos\left(\dfrac{2\pi t}{T}\right)$$

と表され，振幅 A は $A=\dfrac{2\pi\beta BlL}{T}$ である。

60 2017 年度 物理〈解答〉 東京大-理科前期

3 解答

I (1) 図3−2の状態で，ピストン1に作用する力のつりあいより

$$P_1 S = P_0 S + k\frac{L}{2}$$

$$\therefore \quad P_1 = P_0 + \frac{kL}{2S} \quad \cdots\cdots(\text{答})$$

A内の気体について，ボイル・シャルルの法則を用いると

$$\frac{P_0 L S}{T_0} = \frac{P_1\left(L + \dfrac{L}{2}\right)S}{T_1}$$

$$\therefore \quad T_1 = \frac{3}{2}T_0\frac{P_1}{P_0} = \frac{3}{2}T_0\left(1 + \frac{kL}{2P_0 S}\right) \quad \cdots\cdots(\text{答})$$

(2) A内の気体の物質量を n モル，気体定数を R とする。A内の気体の内部エネルギーは

加熱前：$\dfrac{3}{2}nRT_0 = \dfrac{3}{2}P_0 LS$ （状態方程式 $P_0 LS = nRT_0$）

加熱後：$\dfrac{3}{2}nRT_1 = \dfrac{3}{2}P_1 \cdot \dfrac{3}{2}LS$ $\left(\text{状態方程式}\quad P_1\cdot\dfrac{3}{2}LS = nRT_1\right)$

であり，内部エネルギーの変化 ΔU は

$$\Delta U = \frac{3}{2}nRT_1 - \frac{3}{2}nRT_0 = \frac{3}{2}LS\left(\frac{3}{2}P_1 - P_0\right) = \frac{3}{2}LS\left(\frac{1}{2}P_0 + \frac{3kL}{4S}\right)$$

$$= \frac{3}{4}P_0 LS + \frac{9}{8}kL^2 \quad \cdots\cdots(\text{答})$$

(3) この過程で，A内の気体がする仕事 W は

$$W = \frac{P_0 + P_1}{2} \times \frac{LS}{2} = \frac{1}{2}P_0 LS + \frac{1}{8}kL^2$$

であるから，熱力学第一法則を用いると

$$Q_0 = \Delta U + W = \frac{5}{4}(P_0 LS + kL^2) \quad \cdots\cdots(\text{答})$$

II 断熱自由膨張であるから

$$T_2 = T_1 \quad \cdots\cdots(\text{答})$$

また，ボイル・シャルルの法則を用いると

東京大-理科前期　　　　　　　　　　　　　　　　　　　2017 年度　物理〈解答〉　61

$$\dfrac{P_2 \times \dfrac{5}{2}LS}{T_2} = \dfrac{P_1 \times \dfrac{3}{2}LS}{T_1} \qquad \therefore \quad P_2 = \dfrac{3}{5}P_1 \quad \cdots\cdots(答)$$

Ⅲ　状態Xからピストン１が動き始めるまで，気体の体積は一定であり，気体は仕事をしない。したがって，ヒーター２が気体に与えた熱量 Q_1 は，シリンダー内の気体の内部エネルギーの変化量 $\Delta U'$ に等しく

$$Q_1 = \Delta U' = \dfrac{3}{2}\left(P_1 \cdot \dfrac{5}{2}LS - P_2 \cdot \dfrac{5}{2}LS\right) = \dfrac{15}{4}LS(P_1 - P_2)$$

$$= \dfrac{3}{2}P_1 LS \quad \cdots\cdots(答)$$

Ⅳ　(1)　A，B内の気体の内部エネルギーの変化は

$$\Delta U_A = \dfrac{3}{2}\left(P_1 \times L_A S - P_2 \times \dfrac{3}{2}LS\right)$$

$$\Delta U_B = \dfrac{3}{2}\left\{P_1 \times \left(\dfrac{5}{2}L - L_A\right)S - P_2 LS\right\}$$

$$\therefore \quad \Delta U_A + \Delta U_B = \dfrac{3}{2} \cdot \dfrac{5}{2}(P_1 - P_2)LS = \dfrac{3}{2}P_1 LS \quad \cdots\cdots(答)$$

(2)　熱力学第一法則より

$$Q_2 = \Delta U_A + \Delta U_B = \dfrac{3}{2}P_1 LS$$

Ⅲの結果より

$$Q_2 = Q_1 \quad \cdots\cdots(答)$$

◆テーマ◆

≪気体の状態変化≫

　気体の状態変化は，次のような関係式を組み合わせて扱う。

- 状態方程式（または，ボイル・シャルルの法則）
- 熱力学第一法則
- 理想気体の内部エネルギー U は，気体の絶対温度 T に比例する
- 物質量 n モルの

単原子分子理想気体では　　　$U = \dfrac{3}{2}nRT$

２原子分子理想気体では　　　$U = \dfrac{5}{2}nRT$

62 2017 年度 物理〈解答〉　　　　　　　　　　　　　　　　東京大-理科前期

━━━━━━━◀解　説▶━━━━━━━

◆**I**　▶(1)　ばねは自然長から縮んでいる。弾性力の向きに注意。

▶(2)　内部エネルギー U は，状態方程式を利用すると，圧力・体積を用いて表すことができる。**II**以降も，これを用いて，計算を進める。

▶(3)　次のように考えてもよい。

　ヒーター1から与えられた熱量 Q_0 と大気圧による仕事の分，気体の内部エネルギーとばねの弾性エネルギーは変化するから

$$\frac{1}{2}k\left(\frac{L}{2}\right)^2 + \Delta U = Q_0 - P_0S\left(\frac{3}{2}L - L\right)$$

$$\therefore \quad Q_0 = \frac{5}{4}(P_0LS + kL^2)$$

◆**II**　真空中への膨張（自由膨張）では，気体が仕事をする必要がないため，断熱変化であれば，内部エネルギーは変化せず，気体の温度は変化しない。

◆**III**　気体は定積変化をして，A内の気体の圧力が P_1 に戻ると，ピストン1がストッパーから離れて左に動き始める。

‖‖‖‖‖‖‖‖‖‖‖‖ 講　評 ‖‖‖‖‖‖‖‖‖‖‖‖‖‖‖‖‖‖‖‖‖‖‖‖‖‖‖‖‖‖‖‖‖‖‖‖‖

　　現行の教育課程が出題範囲となって3回目の入試であるが，理科2科目で試験時間150分，大問3題構成の形式が続いている。

　　1　I・IIは単振動の内容を中心とした，力学分野の問題である。ア～エについては，単振動の性質から相当する式を考えることもできるが，本問では，運動方程式を変形して該当する項を考えればよい。運動方程式をつくる問題としては基本的であるが，数式の意味を理解する能力が必要であり，また，単振動の特徴をよく理解している必要がある。IIIは積み重ねた積木の一部を動かすという題材で，垂直抗力や静止摩擦力を扱う問題である。どのような力学現象であるのかを想像できないと，手がつけられない。日常生活で力学的な感覚を養っておくのは，大切なことである。

　　2　磁場を横切る導体棒に生じる誘導起電力，誘導電流の流れる導体棒が磁場から受ける力を扱う問題である。IIは見かけの重力加速度の考え方（慣性力の項目で学習することが多い）ができないと難しい。IIIは力学と電磁気学にまたがる共振現象を扱った問題であり，物理的に興味深い内容である。

東京大-理科前期   2017 年度　物理〈解答〉　*63*

3　各状態の圧力・体積・温度の値に注意して，エネルギー保存の関係式（熱力学第一法則）を考えればよい。状態方程式を用いて，内部エネルギーを圧力・体積で表すのがポイント。

2016 年度までは，各大問の最初に典型的・標準的な設問が置かれ，思考力，洞察力，応用力，数理的な能力を要する設問が順を追って配置されていることが多かったが，2017 年度は典型的・標準的な設問も置かれているものの，見慣れない問題設定で，見通しも立てにくく，解いていて不安を感じた受験生も少なくないだろう。最初の典型的・標準的な設問を確実に解き，題意をつかみにくい問題にも何とか手をつけて，少しでも高得点を目指したい。

化学

1 **解答** ア a. 塩化カルシウム
b. 水酸化ナトリウム（または酸化カルシウム）

イ 化合物Aの組成式を $C_xH_yO_z$ とすると，$CO_2=44.0$，$H_2O=18.0$ だから

$$x:y:z=\frac{88.0}{44.0}:\frac{27.0}{18.0}\times2:\frac{43.0-\left(88.0\times\dfrac{12.0}{44.0}+27.0\times\dfrac{2.0}{18.0}\right)}{16.0}$$

$$=2:3:1$$

したがって，組成式は C_2H_3O

分子式を $(C_2H_3O)_n$ とすると，分子量について

$$(C_2H_3O)_n=43.0\times n=86.0 \qquad n=2$$

ゆえに，分子式は $C_4H_6O_2$ ……(答)

ウ

$$\begin{array}{l}CH_2{=}CH\\ \qquad\underset{\underset{O}{\|}}{C}{-}O{-}CH_3\end{array}$$

エ

$$\underset{CH_3}{\overset{H}{>}}C{=}C\underset{\underset{O}{\underset{\|}{C}{-}OH}}{\overset{H}{<}}\qquad \underset{H}{\overset{CH_3}{>}}C{=}C\underset{\underset{O}{\underset{\|}{C}{-}OH}}{\overset{H}{<}}\qquad CH_2{=}C\underset{\underset{O}{\underset{\|}{C}{-}OH}}{\overset{CH_3}{<}}$$

$$\begin{array}{l}CH_2{=}CH\\ \qquad CH_2{-}\underset{\underset{O}{\|}}{C}{-}OH\end{array}\qquad \begin{array}{l}\underset{CH_2}{\overset{CH_2}{>}}CH\\ \qquad\;\underset{\underset{O}{\|}}{C}{-}OH\end{array}$$

オ E $CH_3{-}\underset{\underset{O}{\|}}{C}{-}OH$ F $CH_2{=}CH\underset{OH}{}$ G $CH_3{-}\underset{\underset{O}{\|}}{C}{-}H$

カ 高分子化合物Cは共重合による化合物である。したがって，繰り返し構造1つ当たりの式量は，アクリロニトリル $CH_2{=}CHCN=53.0$ だから，$86.0+53.0\times2=192.0$ となる。Cの平均重合度を n とすると

$$192.0\times n=9.60\times10^4 \qquad n=500$$

窒素原子は繰り返し構造1つに2個含まれているから，求める窒素原子の

数は

$$500 \times 2 = 1.0 \times 10^3 \ \text{個} \quad \cdots\cdots (\text{答})$$

キ　この高分子化合物は多数のカルボキシ基をもち，水分子と水素結合を生じるため。

■■■■■■■■■■■■■■　◀解　説▶　■■■■■■■■■■■■■■

≪不飽和結合をもつ未知エステルの構造決定と異性体，合成高分子≫

▶ア　a．元素分析で発生する H_2O と CO_2 のうち，まず H_2O を分離吸収するために，乾燥剤としての塩化カルシウム $CaCl_2$ を用いる。

b．元素分析では，CO_2 吸収にソーダ石灰を通常用いるが，化合物名を求められているので，その成分である水酸化ナトリウム $NaOH$ または酸化カルシウム CaO を解答すればよいだろう。ソーダ石灰は，CaO を濃厚な $NaOH$ 水溶液中で加熱したのち乾燥させたもので，強塩基性物質であり，CO_2 をよく吸収する。

▶イ　得られたAの分子式 $C_4H_6O_2$ から，Aの不飽和度が2であることがわかる。そのうちの1つは C＝C であり，あとの1つはエステル結合の $-\underset{\underset{O}{\|}}{C}-O-$ である。

　不飽和度の計算方法は，$\dfrac{(\text{C原子数}) \times 2 + 2 - (\text{H原子数})}{2}$ であり，本問では，次のようになる。

$$\frac{4 \times 2 + 2 - 6}{2} = 2$$

不飽和度1当たり，1つの C＝C 等の不飽和結合または環構造が存在する。

▶ウ　分子式 $C_4H_6O_2$ で，炭素-炭素二重結合を1つもち，ホルミル基をもたないエステルは以下の2種類である。

$$\mathrm{CH_2{=}CH{-}\underset{\underset{O}{\|}}{C}{-}O{-}CH_3} \qquad\qquad \mathrm{CH_3{-}\underset{\underset{O}{\|}}{C}{-}O{-}CH{=}CH_2}$$

Bを加水分解すると，3つのC原子をもつカルボン酸が得られたから，Bの構造式は次のとおりである。

$$\mathrm{CH_2{=}CH{-}\underset{\underset{O}{\|}}{C}{-}O{-}CH_3}$$

また，Aの構造式は上述したうちの一方のものだと特定できる。

66 2017 年度　化学〈解答〉   東京大-理科前期

$$CH_3-\underset{\underset{O}{\|}}{C}-O-CH=CH_2$$

A

▶エ　Dはカルボキシ基をもつので，その示性式は C_3H_5COOH である。
炭化水素基 C_3H_5- の構造は次の5通りが考えられる。

$$\underset{CH_3}{\overset{H}{}}C=C\underset{H}{\overset{H}{}} \qquad \underset{H}{\overset{CH_3}{}}C=C\underset{H}{\overset{H}{}} \qquad CH_2=C\underset{H}{\overset{CH_3}{}}$$

$$\underset{CH_2-}{\overset{CH_2=CH}{|}} \qquad \underset{CH_2}{\overset{CH_2}{\underset{|}{}}}CH-$$

したがって，Dの構造式は5種類存在する。

▶オ　Aの加水分解によって不安定な化合物Fを生じることから，Fはビ
ニルアルコール $CH_2=CH-OH$ である。したがって，Gはアセトアルデヒ
ド CH_3CHO となる。

$$\underset{OH}{\overset{CH_2=CH}{|}} \longrightarrow CH_3-\underset{\underset{O}{\|}}{C}-H$$

F　　　　　　G

また，Aの加水分解によって生じるもう一方の化合物Eは酢酸
$CH_3-\underset{\underset{O}{\|}}{C}-OH$ となる。

▶カ　Cの構造は次のようであると考えられる。

$$\left[\underset{O-CO-CH_3}{\overset{CH_2-CH-CH_2}{\underset{}{|}}}\underset{CN}{\overset{CH-CH_2-CH}{\underset{}{|}}}\underset{CN}{\overset{}{\underset{}{|}}}\right]_n$$

したがって，繰り返し構造1つ当たりの式量は，192.0である。

▶キ　この高分子化合物は，紙おむつなどに利用される高吸水性高分子で
あるポリアクリル酸ナトリウム $\left[\underset{\underset{\underset{O}{\|}}{C-ONa}}{\overset{CH_2-CH}{\underset{}{|}}}\right]_n$ と同じ基本的構造をも

っている。

2 **解答**　I　ア　(1)光を照射する。　(2)ギ酸
　　　イ　操作 x：$Ba^{2+}+CO_3^{2-} \longrightarrow BaCO_3$
　　　操作 z：$BaCO_3+H_2SO_4 \longrightarrow BaSO_4+H_2O+CO_2$

ウ　操作a：煮沸する。

　　操作b：希硝酸を加える。

　　操作c：過剰のアンモニア水を加える。

エ　炎色：赤　元素名：リチウム

オ　与えられた条件でZnSの沈殿が生じる限界の$[S^{2-}]$の値は，$K_{sp(ZnS)}$を用いると

$$[Zn^{2+}][S^{2-}] = 1.0 \times 10^{-1} \times [S^{2-}] = 3.0 \times 10^{-18}$$

$$[S^{2-}] = 3.0 \times 10^{-17} \, [\text{mol·L}^{-1}]$$

一方

$$K_1 = \frac{[H^+][HS^-]}{[H_2S]}, \quad K_2 = \frac{[H^+][S^{2-}]}{[HS^-]}$$

したがって

$$K_1 \times K_2 = \frac{[H^+]^2[S^{2-}]}{[H_2S]} = \frac{[H^+]^2 \times 3.0 \times 10^{-17}}{1.0 \times 10^{-1}} = [H^+]^2 \times 3.0 \times 10^{-16}$$

$$= 8.0 \times 10^{-8} \times 1.5 \times 10^{-14} = 1.2 \times 10^{-21} \, [\text{mol}^2 \text{·L}^{-2}]$$

ゆえに，求める$[H^+]$は

$$[H^+] = 2.0 \times 10^{-3} \, [\text{mol·L}^{-1}] \quad \cdots \cdots (答)$$

Ⅱ　カ　〔最大の酸化数〕化学式：HNO_3（またはN_2O_5）　酸化数：$+5$

　　　〔最小の酸化数〕化学式：NH_3　酸化数：-3

キ　$3NO_2 + H_2O \longrightarrow 2HNO_3 + NO$

　　（または$2NO_2 + H_2O \longrightarrow HNO_3 + HNO_2$）

ク　NO_2とNOの生成は次のような可逆反応式で示すことができる。

　　　$3NO_2 + H_2O \rightleftharpoons 2HNO_3 + NO$

このとき，ルシャトリエの原理により，HNO_3の濃度が大きければ平衡は左に偏るのでNO_2が多く生成し，HNO_3の濃度が小さければ平衡は右に偏るのでNOが多く生成する。

ケ　$KNO_3 + H_2SO_4 \longrightarrow HNO_3 + KHSO_4$

理由：濃硫酸は不揮発性であるが，濃塩酸は揮発性であり，蒸留すると揮発性の硝酸に混じって気体となって捕集されるため。

コ　発熱反応

理由：NO_2には不対電子があり，これが共有結合に用いられ，N_2O_4が生成する。すなわち，N_2O_4の生成により，共有結合のエネルギーが放出さ

れて安定化するので発熱反応である。

■■■■■ ◀解　説▶ ■■■■■

≪陽イオンの分離と溶解度積，窒素の化合物の性質と反応≫

◆Ⅰ　▶ア　実験1によって生じる白色沈殿は，AgClとPbCl$_2$である。このうち，PbCl$_2$は熱湯に溶けやすいので，ろ紙上に残った沈殿はAgClである。また，クロム酸カリウムK$_2$CrO$_4$による黄色沈殿は，クロム酸鉛（Ⅱ）PbCrO$_4$である。

$$Pb^{2+} + CrO_4{}^{2-} \longrightarrow PbCrO_4$$

(1)　AgClは，光のエネルギーによって次のように分解する。

$$2AgCl \longrightarrow 2Ag + Cl_2$$

AgClをろ紙上にしばらく放置しておくと，徐々に黒色に変化するが，その変化が上記の反応である。

(2)　硝酸銀にアンモニア水を加えると，褐色の酸化銀Ag$_2$Oが生じる。

$$2Ag^+ + 2OH^- \longrightarrow Ag_2O + H_2O$$

さらに過剰にアンモニア水を加えると，錯イオンのジアンミン銀（Ⅰ）イオン［Ag(NH$_3$)$_2$］$^+$ が生じて溶解する。

$$Ag_2O + 4NH_3 + H_2O \longrightarrow 2[Ag(NH_3)_2]^+ + 2OH^-$$

この錯イオンに，還元性のあるアルデヒド基をもつギ酸HCOOHを加えて加熱すると，銀鏡反応を示す。

▶イ　〔操作x〕　操作xでは，炭酸ナトリウムNa$_2$CO$_3$によって塩酸は中和されたと考えられる。

$$2HCl + Na_2CO_3 \longrightarrow 2NaCl + H_2O + CO_2$$

さらにNa$_2$CO$_3$を加えると塩基性になるので，Fe(OH)$_3$やBaCO$_3$の沈殿が生じると推測できる。

$$Fe^{3+} + 3Na_2CO_3 + 3H_2O \longrightarrow Fe(OH)_3 + 3NaHCO_3 + 3Na^+$$

$$Ba^{2+} + Na_2CO_3 \longrightarrow BaCO_3 + 2Na^+$$

一方，Zn^{2+}やAl^{3+}は両性元素であるので，強塩基性（Na$_2$CO$_3$は強塩基と考えてよい）下では錯イオンの［Zn(OH)$_4$］$^{2-}$や［Al(OH)$_4$］$^-$ となって溶解している可能性がある。なお，Li$^+$は沈殿しない。

(注)　Ba(OH)$_2$は，水によく溶ける強塩基なので沈殿しない。なお，炭酸鉄（Ⅲ）Fe$_2$(CO$_3$)$_3$は，単離されないので考慮しなくてよい。

〔操作 y〕 操作 y の目的は，溶液中の過剰な $CO_3{}^{2-}$ を気化させて CO_2 として取り除くことにある。

〔操作 z〕 操作 z では，強酸の希硫酸 H_2SO_4 が $BaCO_3$ に作用して，弱酸の CO_2 が遊離する反応が生じる。

$$BaCO_3 + H_2SO_4 \longrightarrow BaSO_4 + H_2O + CO_2$$

なお，$BaSO_4$ は水に溶けないが，硫酸鉄（Ⅲ）$Fe_2(SO_4)_3$ は水によく溶けるので，操作 z では沈殿として得られることはない。さらに，Zn^{2+} や Al^{3+} は十分な希硫酸によって，それぞれ $ZnSO_4$ や $Al_2(SO_4)_3$ となるが，いずれも水によく溶けるので沈殿しない。また，Li^+ は沈殿を生じない。

▶ウ 〔操作 a〕 操作 a では，過剰な H_2S を気化させて取り除くために煮沸する。

〔操作 b〕 操作 b では，H_2S の還元作用によって生じた $Fe^{3+} \longrightarrow Fe^{2+}$ の変化を，酸化剤である希硝酸を加えることで，$Fe^{2+} \longrightarrow Fe^{3+}$ のように反応させてもとの Fe^{3+} に戻している。

〔操作 c〕 操作 c では，過剰のアンモニア水を加えることで，$Fe(OH)_3$ と $Al(OH)_3$ の 2 種類の沈殿が生じるとともに，Zn^{2+} は次のように反応して錯イオンのテトラアンミン亜鉛（Ⅱ）イオンとなり，Ba^{2+}，Li^+ とともにろ液(b)に含まれることになる。

$$Zn^{2+} + 4NH_3 \longrightarrow [Zn(NH_3)_4]^{2+}$$

操作 c で，アンモニア水でなく NaOH 水溶液を加えると，両性元素である Zn^{2+} と Al^{3+} はどちらも錯イオン（$[Zn(OH)_4]^{2-}$ と $[Al(OH)_4]^-$）となり，沈殿は $Fe(OH)_3$ の 1 種類になってしまう。

▶エ 実験 3 では Zn^{2+} が ZnS として分離され，実験 4 では Ba^{2+} が $BaSO_4$ として分離された。

$$Ba^{2+} + H_2SO_4 \longrightarrow BaSO_4 + 2H^+$$

したがって，実験 4 の上澄み液には Li^+ のみが残っている。Li の炎色は赤色である。

（注） ZnS は，中性〜塩基性状態でないと沈殿しない。

▶オ 与えられた条件で，CuS の沈殿が生じる限界の $[S^{2-}]$ の値は，$K_{sp(CuS)}$ を用いると

$$[Cu^{2+}][S^{2-}] = 5.0 \times 10^{-2} \times [S^{2-}] = 6.5 \times 10^{-30}$$

$$[S^{2-}] = 1.3 \times 10^{-28} \, [\text{mol} \cdot \text{L}^{-1}]$$

一方，K_1，K_2 の値より

$$K_1 \times K_2 = \frac{[\text{H}^+]^2 [\text{S}^{2-}]}{[\text{H}_2\text{S}]} = \frac{[\text{H}^+]^2 \times 1.3 \times 10^{-28}}{1.0 \times 10^{-1}} = [\text{H}^+]^2 \times 1.3 \times 10^{-27}$$

$$= 1.2 \times 10^{-21}$$

$$[\text{H}^+] \fallingdotseq 1 \times 10^3 \, [\text{mol} \cdot \text{L}^{-1}]$$

よって，pH $\fallingdotseq -3$ となり，通常のどのような pH 条件下でも沈殿が生成する。

◆II　▶カ　窒素は周期表 15 族の元素であるから，窒素原子 N の価電子の数は 5 個である。「酸化される」とは，電子を失うことであるから，この価電子をすべて失った状態が，最も酸化数が大きな状態である。よって，最大の酸化数は +5 と考えられる。身近な物質としては硝酸 HNO_3 があり，その他にも N_2O_5 などが存在する。一方，N 原子の最外殻は L 殻であり，L 殻に入る最大の電子数は 8 個である。したがって，N 原子の L 殻には，$8-5=3$ 個の電子が入る余地があり，このとき最も多くの電子を受け取ったことになるから，最小の酸化数は -3 となる。身近な物質としてはアンモニア NH_3 がある。

▶キ　NO_2 と H_2O の反応には複数の可能性がある。いずれも N 原子の酸化数が不均等化するが

$$3NO_2 + H_2O \longrightarrow 2HNO_3 + NO$$

では，+4 が +5 と +2 に変化している。

$$2NO_2 + H_2O \longrightarrow HNO_3 + HNO_2$$

では，+4 が +5 と +3 に変化している。

▶ク　硝酸と銀や銅との反応では，いったん NO_2 が発生するが，NO_2 と H_2O との反応が平衡反応であり，HNO_3 の濃度によって平衡が偏ると考えてもよい。

$$3NO_2 + H_2O \rightleftharpoons 2HNO_3 + NO$$

▶ケ　NaCl に濃硫酸 H_2SO_4 を加えて加熱し，塩化水素 HCl を発生させる反応を思い出せばよい。

$$NaCl + H_2SO_4 \longrightarrow NaHSO_4 + HCl$$

この反応も，H_2SO_4 の不揮発性，HCl の揮発性を利用している。

　また，本問では酸化剤の HNO_3 が発生するから，HCl は酸化される可

能性もあり，複雑な反応になってしまう。

▶コ　共有結合（化学結合）の結合エネルギーは正の値で表すが，熱化学方程式で表すときには負の値となる。

　　（例）　H_2（気）＝2H（気）－432 kJ

すなわち，化学結合を切断するためにはエネルギーが必要であり，逆に化学結合が生じればその結合エネルギーの分だけ発熱して分子は安定化する。

　　　　2H（気）＝H_2（気）＋432 kJ

3 解答

I　ア　正極：$PbO_2 + 4H^+ + SO_4^{2-} + 2e^-$
$$\longrightarrow PbSO_4 + 2H_2O$$
　　　　負極：$Pb + SO_4^{2-} \longrightarrow PbSO_4 + 2e^-$

イ　正極：(3)　負極：(2)

ウ　(i) 酸素

(ii)　白金電極Bでの反応式は次のとおりである。

$$4OH^- \longrightarrow 2H_2O + O_2 + 4e^-$$

一方，電池全体の反応式は

$$PbO_2 + Pb + 2H_2SO_4 \longrightarrow 2PbSO_4 + 2H_2O$$

したがって，電解液について，1 mol の H_2SO_4 の消費につき 1 mol の H_2O が生成し，このとき 1 mol の電子 e^- が流れている。また，1000 秒間での電解液の減少質量は 0.320 g であるから，この間に流れた電子 e^- の物質量は，$H_2SO_4 = 98.1$，$H_2O = 18.0$ より

$$\frac{0.320}{98.1 - 18.0} = \frac{0.320}{80.1}〔mol〕$$

流れた電子 e^- と発生した O_2 の物質量の比は 4：1 だから，発生した O_2 は

$$\frac{0.320}{80.1} \times \frac{1}{4} = 9.98 \times 10^{-4} \fallingdotseq 1.0 \times 10^{-3}〔mol〕　\cdots\cdots（答）$$

(iii)　酸素の分圧は，$1.013 \times 10^5 - 4.3 \times 10^3$〔Pa〕である。よって，状態方程式を用いると，求める体積 V〔L〕は

$$V = \frac{9.98 \times 10^{-4} \times 8.3 \times 10^3 \times 300}{1.013 \times 10^5 - 4.3 \times 10^3} = 0.0256 \fallingdotseq 2.6 \times 10^{-2}〔L〕$$

$$\cdots\cdots（答）$$

Ⅱ エ　a：a－2　　b：b－1

オ　(3)

カ　0.40 mol

キ　$Q_1 = \dfrac{25}{14P^2}$　　$K_P = \dfrac{49}{32P^2}$

説明：$Q_1 > K_P$ であるから，$Q = K_P$ となるために，Q_1 の分母にある N_2 や H_2 が増加し，分子にある NH_3 が減少する逆反応の方向に平衡は移動する。

━━━━━━ ◆解　説▶ ━━━━━━

≪鉛蓄電池と電気分解，NH_3 合成と圧平衡定数，平衡の移動・触媒の作用≫

◆Ⅰ　▶ア　正極では還元反応，負極では酸化反応が起こる。Pb 原子の酸化数の変化に注目するとよい。

▶イ　アで示した両電極での反応式をもとに考える。

1 mol の電子 e^- が流れると，正極での変化 $PbO_2 \longrightarrow PbSO_4$ は，それぞれ 0.5 mol だから，$\dfrac{303.1 - 239}{2} \fallingdotseq 32$〔g〕質量が増加する。

同じく，負極での変化 $Pb \longrightarrow PbSO_4$ は，それぞれ 0.5 mol だから，$\dfrac{303.1 - 207}{2} \fallingdotseq 48$〔g〕質量が増加する。

これに対して，電解液の変化 $H_2SO_4 \longrightarrow H_2O$ は，それぞれ 1 mol だから，$98.1 - 18.0 = 80.1$〔g〕質量が減少する。

これら三者の質量変化の比を考えると，正極は(3)，負極は(2)となる。

▶ウ　(i)　白金電極Bでの反応式は　　$4OH^- \longrightarrow 2H_2O + O_2 + 4e^-$

(ii)　電池全体の反応式は

　　　　$PbO_2 + Pb + 2H_2SO_4 \longrightarrow 2PbSO_4 + 2H_2O$

で，各物質の物質量の比はよくわかるが，電子 e^- との物質量の比がわかりづらい。各電極での反応式から

　　　　$PbO_2 : Pb : H_2SO_4 : e^- = 1 : 1 : 2 : 2$

であることを理解しておくことが大切である。

さらに，白金電極Bでの反応式から，流れた電子 e^- と発生した O_2 の物質量の比は 4：1 であることも重要である。

(iii)　混合気体（酸素と水蒸気）について，分圧の法則を用いてその体積

東京大-理科前期　　　　　　　　　　　　　　　　　2017 年度　化学〈解答〉　73

V を求めればよい。

◆Ⅱ　▶エ　ルシャトリエの原理で考える。

ａ．正反応は発熱反応であるから，平衡を右へ偏らせるためには反応温度を低くすればよい。

ｂ．正反応は総分子数が減少する反応であるから，平衡を右へ偏らせるためには全圧を高くすればよい。

▶オ　触媒は反応速度を大きくするが，平衡状態には影響を与えないので，(1)よりも速く(1)と同じ平衡状態に達している(3)が正しい。

▶カ　容積と温度が一定のとき，各成分の分圧の比は物質量の比に等しいから，平衡時の水素 H_2 の物質量は

$$6.0 \times 0.9 = 5.4 \,[\text{mol}]$$

したがって，反応した H_2 の物質量は　　6.0 - 5.4 = 0.6 [mol]

一方，NH_3 の合成反応は，$N_2 + 3H_2 \longrightarrow 2NH_3$ であるから，生成した NH_3 は

$$0.6 \times \frac{2}{3} = 0.40 \,[\text{mol}]$$

▶キ　実験 2 の平衡状態において，各成分の物質量の比は分圧の比に等しいから

$$P_A = \frac{4.0}{7.0}P, \quad P_B = \frac{2.0}{7.0}P, \quad P_C = \frac{1.0}{7.0}P$$

したがって，圧平衡定数 K_P は

$$K_P = \frac{(P_C)^2}{(P_A)(P_B)^3} = \frac{\left(\dfrac{1.0}{7.0}P\right)^2}{\left(\dfrac{4.0}{7.0}P\right) \times \left(\dfrac{2.0}{7.0}P\right)^3} = \frac{49}{32P^2}$$

N_2 を 3.0 mol 加えた直後の各成分の物質量は，N_2 が 7.0 mol，H_2 が 2.0 mol，NH_3 が 1.0 mol であり，総物質量は 10.0 mol である。分圧の比は物質量の比に等しいから，Q_1 は次のように表すことができる。

$$Q_1 = \frac{\left(\dfrac{1.0}{10.0}P\right)^2}{\left(\dfrac{7.0}{10.0}P\right) \times \left(\dfrac{2.0}{10.0}P\right)^3} = \frac{25}{14P^2}$$

反応物の N_2 を加えたにもかかわらず，平衡は N_2 が増加する逆反応の

方向へ移動するのは，全圧が一定に保たれているからである。すなわち，N_2 を加えたことによって容積が増加して，H_2 や NH_3 の濃度が小さくなったのである。濃度の減少は，H_2 について 3 乗，NH_3 について 2 乗で影響してくる。その違いによって平衡は逆反応の方向へ移動する。

　実験 1 のように，容積一定で N_2 を加えたのなら，N_2 の濃度のみ大きくなり，他の成分の濃度は変化しないから，平衡は明らかに正反応の方向へ移動する。

|||||||||||||||| 講　評 ||||||||||||||||

　例年，大問 3 題でそれぞれが中問 I，II に分かれており，実質 6 題の出題であるが，2017 年度は有機分野が中問に分かれておらず，実質 5 題の出題であった。試験時間は 2 科目で 150 分と変化がなかった。

　1　アの b については，ソーダ石灰を思い浮かべるだろうが，化合物名を解答することになっているので，酸化カルシウムまたは水酸化ナトリウムを答える。ウは，与えられた文章から，A，B の構造を 2 種類に絞れるかがポイントであった。エは，D が不飽和のカルボン酸であることから，もれなく構造を数え上げることが重要であり，立体異性体も見逃してはならない。オはビニルアルコールの性質（互変異性）を思い浮かべるとよい。カは，共重合による高分子化合物 C の構造において，繰り返し単位 1 つ当たり 2 個の窒素原子が含まれることを押さえる必要がある。キの物質は，B の付加重合およびエステル結合の加水分解によって得られるから，ポリアクリル酸であり，ポリアクリル酸ナトリウムと同様に高吸水性を有すると考えればよい。

　2　I　ア・ウ・エは普段の多面的な学習の成果が発揮できる問題である。イは，操作 x，操作 y でどのような反応が生じるか理解できていなくても，操作 z によって硫酸塩の沈殿を生成する陽イオンを知っていれば，正解にたどり着けたはずである。オは問題集の溶解度積に関する例題でよく見かけるタイプの問題。$[S^{2-}]$ を $[H^+]$ を用いてどう表すかがポイントである。

　II　カは普段の学習ですでに承知している内容であろう。キの反応式はいく通りかの可能性があるが，いずれも窒素原子の酸化数が不均等化する反応である。クは目新しい内容であるが，NO と NO_2 の割合が HNO_3 の濃度に依存するということから，化学平衡の移動に思い至るとよかった。ケは，濃塩酸を使わな

いことから，弱酸遊離を考慮するのではなく，揮発性・不揮発性の違いを考えればよい。コは，NO_2の不対電子が共有結合すると考えられるから，分子としてより安定化するはずで，発熱反応である。

　3　Ⅰ　アは鉛蓄電池の放電時の反応式そのものであるから，問題なかったであろう。イは，電極，電解液での式量の変化の比を用いて考える。ウは，1000秒後の電解液の質量変化から，対応する気体の発生量を求めることができる。正確な計算力が試される問題。

　Ⅱ　エはルシャトリエの原理そのものを当てはめればよい。オは，触媒は反応速度を大きくするが，平衡状態には影響を与えないことを知っていれば問題ない。カは，容積と温度が一定であれば，分圧の比は物質量の比に等しいことを用いて，H_2の平衡時の物質量からNH_3の生成量を考えればよかった。キは，全圧が一定の場合，容積が変化するからN_2以外の成分の分圧も変化することに気づく必要があった。単純に，N_2が減少する方向への移動とは限らないことに注意しよう。

76 2017年度 生物〈解答〉　　　　　　　　　　　　　　　　　東京大-理科前期

生物

1 解答

I　A リボソームに結合した<u>mRNA</u>の<u>コドン</u>と相補的なアンチコドンをもつ<u>tRNA</u>がコドンに対応した<u>アミノ酸</u>をリボソームに運搬する。リボソーム上では運ばれてきたアミノ酸が次々と<u>ペプチド結合</u>することで, タンパク質が合成される。

B　(a)—⑥・⑨・⑰　(b)—⑤・⑥・⑨・⑰

C　(3)

D　1—②　2—⑭　3—⑩　4—⑫　5—①　6—⑭　7—⑤

II　A　$\dfrac{1}{16}$

B　8—獲得〔適応〕　9—HIV〔ヒト免疫不全ウイルス〕　10—自然
11—好中球(またはマクロファージなど)　12—毛細血管　13—閉鎖
14—組織液　15—開放

C　(1)・(5)

D　(4)

◀解　説▶

≪生体防御, 分化と遺伝子発現≫

◆I

〔文1〕　遺伝情報の制御のひとつとして RNA 干渉がある。RNA 干渉は, 二本鎖の RNA が存在するとその配列に対応する標的 mRNA が分解されてしまう現象である。これには, ダイサーと呼ばれる酵素により端から 21 塩基程度ごとに切り離される過程と, アルゴノートと呼ばれる酵素により短い二本鎖 RNA の片方の鎖を捨て, 残ったもう片方の鎖に相補的な配列をもつ標的 mRNA を見つけて切断する過程からなる。RNA 干渉には二本鎖 RNA の存在だけでなく, 種々のタンパク質が関与する。

▶A　図1−1の⑯は mRNA からタンパク質が合成される過程の翻訳を表しているため, この設問では翻訳のプロセスが問われている。翻訳はまず mRNA にリボソームが結合するところから始まり, mRNA のコドンに相補的なアンチコドンをもった tRNA がアミノ酸と結合してアミノ酸

をリボソームまで運搬していく。運ばれてきたアミノ酸どうしは順次ペプチド結合してタンパク質が合成される。なお，設問で用いるよう指定されている語句に「アンチコドン」という用語は含まれていないが，「コドン」が記載されている以上入れておくのがよい。

▶B　(a)　クリックが記載したセントラルドグマについてのメモには「情報が一度タンパク質分子になってしまえば，そこから再び出て行くことはない」とあるので，図1−1の中でタンパク質から情報が出て行く過程を示す矢印のお・く・けは存在しないことになる。

(b)　「自然界に現存する生物やウイルスにおいて，その存在が確認されていない」ものを選ぶことに注意する。

あはDNAの複製であるから，存在する。

いは転写であるから存在する。

うは逆転写で，レトロウイルスなどの逆転写酵素をもつウイルスで存在が確認されている。

えはDNAから直接タンパク質をつくる過程であるが，直接これを行うものは存在が確認されていない。

おはえの逆の過程でタンパク質からDNAをつくる過程であり，この過程も存在が確認されていない。

かはRNAの複製である。遺伝子としてRNAをもつウイルスで，この過程は確認されている。

きは翻訳であるが，くはその逆の過程で，この存在は確認されていない。

けはタンパク質からタンパク質の複製過程であるが，このような存在は確認されていない。

　ここで少し紛らわしいのがウイルスなので，これについて触れておこう。ウイルスにはDNAだけでなく，RNAを遺伝子としてもつものもある。RNAを遺伝子にもつウイルスは，ウイルス遺伝子のRNAが細胞内でそのままmRNAとして機能するもの（A），そのままではmRNAとして機能しないので一度RNA→RNAの転写を行うもの（B），そして逆転写によってRNA→DNAの転写を行うもの（C），という3つのバリエーションがある。逆転写→インテグレート（宿主細胞のゲノムにウイルス遺伝子を組み込むこと）を行うのはレトロウイルス（C）のみである。

▶C　図1−2より，x変異体ハエ（以下x変異体）やy変異体ハエ

（以下 y 変異体）は野生型ハエ（以下野生型）に比べて，大腸菌に感染させた場合では生存率に違いがないが，Ｆウイルスに感染させると生存率が低下している。これは野生型では抑制されるＦウイルスの急激な増殖が x 変異体や y 変異体では抑制されなかったことによる。なぜ，このＦウイルスの増殖が x 変異体や y 変異体では起きたのか，その要因を分析するのに必要なデータが表1－1に与えられている。

表1－1より，野生型の体内にはＦウイルス由来の短い RNA が存在していることがわかる。この短い RNA は，リード文にあるように，「ダイサー」によって切り離されたＦウイルス由来の 21 塩基程度の RNA のことである。この短い RNA は，「アルゴノート」やその他の RNA 分解酵素によって分解されることでＦウイルスの増殖の抑制に用いられる。そのため，x 変異体や y 変異体では，ウイルス干渉に関するダイサーやアルゴノートの機能が欠損した結果，Ｆウイルスの増殖が起きたと考えられる。

x 変異体ではＦウイルス由来の短い RNA はあるが，y 変異体ではそれがない。x 変異体に短い RNA があるのは，ダイサーが正常に機能したためであり，y 変異体に短い RNA がないのはダイサーが正常に機能しなかったためであると考えられる。

x 変異体でダイサーが正常であっても，その後に続くアルゴノートが機能しないとＦウイルスの増殖を抑制できない。逆に，y 変異体ではダイサーの機能が失われているが，アルゴノートのはたらきは正常であると推定される。よって，タンパク質Ｙはダイサー，タンパク質Ｘはアルゴノートである。なお，B2 はショウジョウバエではなくＦウイルス由来のタンパク質なので，解答にはふさわしくない。

▶D　実験1で x 変異体や y 変異体は野生型に比べてＦウイルスの感染に対する生存率が顕著に低下している。このことから，ショウジョウバエは RNA 干渉の機構を用いてＦウイルスに抵抗していると推測される。

しかし，RNA 干渉は二本鎖 RNA に対して起こる現象であるので，Ｆウイルスのゲノム RNA が一本鎖である限り RNA 干渉は起こらない。したがって，このゲノム RNA に関して RNA 干渉が起こるためには，一時的に二本鎖 RNA の状態をとる必要があり，RNA を鋳型にして RNA 合成を行う複製様式をとっていると考えられる。

また，実験2より B2 タンパク質存在下では，Ｆウイルスだけでなく，

一本鎖 RNA をゲノムとしてもつ他のウイルスの増殖も促進されていることから，B2 タンパク質にはショウジョウバエがもつ RNA 干渉の機構を抑制するはたらきがあると考えられる。

◆II

〔文2〕 同じ親から生まれた雄と雌の交配を数十世代繰り返すことで近交系のマウスが得られる。近交系マウスは遺伝的にほとんど同じである。近交系マウスを用いて交配をしながら飼育していくと，血液中の白血球におけるT細胞の割合が顕著に少ない個体が得られた。もとの近交系マウスと同程度のものを表現型A，約 $\frac{1}{5}$ になっているものを表現型B，約 $\frac{1}{20}$ になっているものを表現型Cとする。表現型Bや表現型Cは突然変異によって生じたものであった。

▶A 図1－3で，突然変異で生じた遺伝子を劣性の m とし，表現型Aの遺伝子型を MM，表現型Bの遺伝子型を Mm，表現型Cの遺伝子型を mm と考えると，図1－3の家系図を矛盾なく説明できる。

子マウスの父の両親の遺伝子型は MM と mm なので
　父は　　　Mm

子マウスの母の両親の遺伝子型は MM と Mm なので
　母は　　　$MM : Mm = 1 : 1$

よって，子マウスの父がつくりうる配偶子の分離比は　　$M : m = 1 : 1$
子マウスの母がつくりうる配偶子の分離比は　　$M : m = 3 : 1$

♂ \ ♀	$3M$	m
M	$3MM$	Mm
m	$3Mm$	mm

表現型Cが生じるのは上表の mm だから，確率は　　$\frac{1}{8}$

よって，子マウスが表現型Cの雌の個体である確率は

$$\frac{1}{8} \times \frac{1}{2} = \frac{1}{16}$$

▶B T細胞は異物を認識して排除する獲得（適応）免疫系の中心的存在である。ここで言うT細胞は主にヘルパーT細胞のことで，このヘルパー

80 2017 年度　生物〈解答〉　　　　　　　　　　　　　　　　　　　　　東京大-理科前期

T細胞に HIV（ヒト免疫不全ウイルス）が感染してその機能を低下させると，生体防御が大きく損なわれ，AIDS（後天性免疫不全症候群）が発症する。

　自然免疫系は，マクロファージ（好中球など）が非特異的に異物を分解するはたらきで，この免疫系はすべての動物に備わっているが，獲得（適応）免疫系は脊椎動物のみに備わっている。

　脊椎動物の循環系は閉鎖血管系で，動脈と静脈が毛細血管で連絡していて，血液は血管外に出ることはなく体内を循環している。一方，昆虫などの多くの無脊椎動物では，毛細血管が存在せず，血液・組織液・リンパ液の区別がない開放血管系となっている。

▶C　⑴　正文。T細胞もB細胞も，造血幹細胞からつくられる。

⑵　誤文。もしT細胞の核にもすべての遺伝子が存在するならば，T細胞の核を用いて作成したクローンマウスも多様なT細胞抗原受容体を発現できるはずである。しかし，T細胞の核は分化するときにすでに遺伝子の再構成が進行して，遺伝子の組合せは1通りに限定されてしまっているため，多様なT細胞抗原受容体が発現することはない。

⑶　誤文。表現型CはヘルパーT細胞の数が極端に少なくなっているので，免疫反応全体が低下し，抗体産生量も少なくなっていると考えられる。

⑷・⑸　⑷は誤文で，⑸は正文。図1－4で白血球におけるT細胞の割合は，ドナー側（提供する側）によるのではなく，レシピエント側（受け取る側）によって決定していることがわかる。この実験ではレシピエントに血液細胞を死滅させる線量の放射線が照射されているので，レシピエント側のT細胞はなくなっているはずである。ところが図1－4の左側から1番目，2番目，3番目の3つのデータでは，いずれもレシピエントとして表現型Aを用いているが，それぞれに表現型A，表現型B，表現型Cからいずれの骨髄を提供された場合でも，T細胞の割合は表現型Aと同じになっている。これより，表現型B，Cの骨髄細胞でも異常が生じないことがわかる。逆に，図1－4の左側から4番目，5番目のデータでは，骨髄細胞が正常な表現型Aをドナーとして用いても，レシピエントとして表現型B，Cを用いるとT細胞の割合が極端に低下している。このことは，表現型B，Cでは骨髄細胞以外の部位，おそらく胸腺などの部位に異常があるためT細胞の成熟・分化が妨げられ，T細胞が減少したと考えれば説明で

きる。

▶D　表現型Cのマウスからタンパク質Zをコードする遺伝子 Z を取り除いたノックアウトマウスでも，T細胞の割合が表現型Aとほぼ同じという結果から(4)が不適切であることは自明であろう。もし(4)のようにタンパク質Zの発現が消失することがT細胞減少の要因であるとするならば，ノックアウトマウスはタンパク質Zが消失しているので，T細胞が少なくなっていないといけないが，このことは実験結果と矛盾している。

2　解答

I　A　(6)
　　B　(6)

II　A　光受容体：クリプトクロム，フィトクロムの中から1つ
植物ホルモン：オーキシン，ジベレリン，ブラシノステロイドの中から2つ

B　(1)

C　巻きひげ—エンドウ　茎全体—アサガオ

D　植物Zは双子葉植物なので，茎が特殊化したものであれば，巻きひげの断面には中心部から木部，師部が同心円状に配置しているはずである。しかし，植物Zの巻きひげは葉の維管束と同様に表側に木部，裏側に師部があることから，葉が特殊化したものと考えられる。

E　(5)

F　茎が支柱などに接触すると，刺激が与えられた方向にかかわらず，回旋運動を優先することで支柱に巻きつく。

G　・f と g でつる性の獲得が起き，j でつる性の喪失が起きた。
・f と h と k でつる性の獲得が起きた。

━━━━◀解　説▶━━━━

≪代謝，植物の環境応答，生物の進化≫

◆I
〔文1〕　光合成の第一段階では，光化学系が光を吸収して H_2O から電子を引き抜き，この電子を伝達しながら，ストロマからチラコイド内腔へ H^+ を運ぶ。電子は $NADP^+$ に渡されて $NADPH$ が生じる。これと共役して ATP がつくられる。第二段階では $NADPH$ と ATP を用いて CO_2 を固

定し糖を合成する。光合成と呼吸による気体交換の詳しい分析から光合成と呼吸の動態を推定することができる。

▶A　問題文に，電子伝達では H_2O からの電子を受けて NADPH が生じるが，自発的な酸化還元反応では逆に NADPH からの電子を受けて H_2O が生じてエネルギーが放出され，このエネルギーを NADPH 1 分子あたり α とするとあるので，この可逆的反応でのエネルギーは α である。つまり，ここに述べられている反応を記述すると次の①のようになる。

$$H_2O + NADP^+ \rightleftharpoons \frac{1}{2}O_2 + NADPH + H^+ + \alpha \quad \cdots\cdots①$$

同様にして，ATP 1 分子あたりのエネルギーでは

$$ATP + H_2O \rightleftharpoons ADP + H_3PO_4 + \beta \quad \cdots\cdots②$$

光合成の反応では，光エネルギーの一部が用いられて，12 分子の NADPH と 18 分子の ATP から 1 分子のグルコースが合成されるのであるから，①と②より，1 分子のグルコースが生じるときには，$12\alpha + 18\beta$ のエネルギーを必要とする。よって

$$12\alpha + 18\beta < 光エネルギー \quad \cdots\cdots③$$

の関係が成り立つ。

また，呼吸により 1 分子のグルコースを呼吸基質にすると，最大で 38 分子の ATP がつくられ，残りは熱エネルギーなどの形（これを $\gamma > 0$ とする）で失われるので

　　　1 分子のグルコースから生じるエネルギー $= 38\beta + \gamma$

　　　1 分子のグルコースをつくるのに必要なエネルギー $= 12\alpha + 18\beta$

$38\beta + \gamma = 12\alpha + 18\beta$ より

$$38\beta < 12\alpha + 18\beta \quad \cdots\cdots④ \quad (\because \quad \gamma > 0)$$

③と④より　　<u>$38\beta < 12\alpha + 18\beta < 光エネルギー$</u>

となり，(6)が正答である。

▶B　光条件が明条件のときには，光合成の光化学系Ⅱで $H_2^{16}O$ の分解が起こり，その結果 $^{16}O_2$ が生じる。生じた $^{16}O_2$ はそのまま呼吸で消費されるが，生じる量は呼吸で消費される量よりかなり多いと考えられるので，$^{16}O_2$ は増加し，培養液中の $^{18}O_2$ はほとんど減少しないと考えられる。

　光条件が暗条件のときは，培養液中の $^{18}O_2$ と $^{16}O_2$ の両方が呼吸に用いられるので，どちらも減少していくと推測される。よって，(6)のようなグ

ラフになると考えられる。

◆Ⅱ

〔文2〕 つる植物では，自分の茎で葉の重量を支えなくてすむので，茎を細くでき，そのぶん茎への物質分配の下限が緩和される。つる植物に見られる巻きひげは葉または茎が特殊化したものである。つる植物では，茎の先端が円を描くように動く回旋運動を支柱の探索に利用している。支柱の探索にせよ，巻きひげの形成にせよ，コストがかかるはずであるが，進化上何度もつる植物が出現していることは，成長上の有利さがこのコストを上回る場合が多いことを示唆している。

▶A 植物の光受容体としては，フィトクロム，フォトトロピン，クリプトクロムという色素タンパク質が知られている。この3つの中で茎の伸長抑制に働いているのは，フィトクロムとクリプトクロムである。フィトクロムが赤色光，クリプトクロムが青色光を受容して茎の伸長成長を抑制する理由については，赤色光や青色光が当たるということは，周囲に高い植物がないということだから背丈を伸ばすように伸長成長する必要がないので，伸長成長をやめて肥大成長に切り替えるためと考えられている。避陰応答（他の植物の陰から抜け出す応答）する必要がないためである。フィトクロムについては，遠赤色光を受容すると，この避陰応答を生じ，茎の伸長を促進する。これは，他の植物の陰になったところでは，遠赤色光は比較的よく透過され，その割合が高まるからである。

また，茎の伸長を促進させる作用をもつ植物ホルモンとしては，オーキシン，ジベレリン，ブラシノステロイドがあるので，この中から2つを解答として記述する。

▶B 問題文に，有機物の生産速度は葉の量に比例すること，生産した有機物は葉と各器官に分配されて成長に使われることが記述されている。よって，茎の伸長速度は，葉の量および，光合成によって生産された有機物のうち，茎に分配された量に比例すると考えられる。

自立性植物Xは，茎の長さ・重量比（長さ/重量）が1の植物。一方，つる植物Yは，茎の長さ・重量比（長さ/重量）が4の植物である。この与えられた条件から，茎へ分配される物質量が同じであるならば，つる植物Y（以下Y）は自立性植物X（以下X）の4倍の伸長速度になるといえる。このことを前提条件として，Yの成長戦略を考えるものである。問われて

いるのは，Xの茎の伸長速度をr_X，Yの茎の伸長速度をr_Yとしたときの成長戦略$\dfrac{r_Y}{r_X}$の変化である。

戦略①：茎への物質分配をXの$\dfrac{1}{4}$に減らして葉への物質分配をXの2倍にするというものである。r_Yについて考えると，茎への物質分配がXの$\dfrac{1}{4}$になると，Xと同じ伸長速度になる。一方，葉への物質分配が2倍になると，葉の量および合成される物質量（光合成量）もXの2倍になる。継続的にみると，物質量は2倍→4倍→8倍→…と指数関数的に増加していく。これにより，葉で合成された物質量のうち茎へ分配されるものも2倍→4倍→8倍→…と増加するので，Yの茎の伸長速度r_YもXの茎の伸長速度r_Xの2倍→4倍→8倍→…と指数関数的に増加していく。選択肢のグラフは片対数グラフなので，指数関数的な増加は直線で表されるため，①の$\dfrac{r_Y}{r_X}$の変化を示すグラフは右肩上がりの直線であると考えられる。

戦略②：茎への物質分配も葉への物質分配もXと同じであることから，時間変化が生じても，茎へ分配される物質量のXとYの比は変化しない。よって，②の$\dfrac{r_Y}{r_X}$は一定値をとると考えられる。

以上より，(1)のグラフが正答である。

▶C　巻きひげで支柱に絡みつく植物としては，エンドウ，ブドウ，ヤブカラシなどがある。一方，茎全体で支柱に巻きつく植物としては，アサガオ，フジ，インゲンなどがある。

▶D　図2−2の植物Zの横断面における大きな木部と師部は主脈で，小さな木部と師部は側脈の維管束に由来する組織である。よって，この図に見られる構造は葉が特殊化した巻きひげである。

▶E　回旋運動には最近の研究から重力屈性が関与することがわかってきた。重力屈性は往復振動を生み，その結果，回旋運動が起こるとされる。ここでは，どのようにして往復振動が起こるかを考えることになる。往復振動とはxy平面での水平方向の茎の運動である。図2−1を見ると，ある時刻にx軸の＋方向にずれを感知した後ですぐには応答せずに，しばらくしてから応答すると，伸長成長した後に屈曲する。次にしばらく伸長成

長した後，x軸の－方向へのずれを感知し，遅れて屈曲する。これが繰り返されることで往復振動が生じるので，(5)が正しい。

(4)のようにずれが十分に大きくないと反応しないとすると，茎の重力方向へのずれがわずかでは，鉛直の上方に伸長するので，往復振動は生じない。

(3)のように茎の先端だけで感知しようとすると，負の重力屈性が起きるので，茎は鉛直上方に向かうため往復振動は生じない。

(2)のように強さに周期的な変動があると，伸長速度だけが変化して往復振動は生じない。

▶F　刺激が与えられた場合，その接触面とは無関係に，成長運動より回旋運動を優先する反応が起こることで，刺激方向に関係なく茎の回旋運動の方向に屈曲する。

▶G　図2－3を丁寧に見て数えていけばよい。たとえばaでつる性の獲得が起きた場合を考えてみよう。そのような場合ならば，種2から種7まですべてつる性となるはずである。しかし，種2，種3，種6がつる性ではないので，cとeとjでつる性の喪失が起きていることになる。この場合，形質変化は4回（a，c，e，j）である。

　では，fとhとkでつる性の獲得が起きたとすると，3回の形質変化で条件を満たすので，上のaで起きたとした場合よりも形質変化の回数が少なくなる。よって，3回というのがつる性の獲得やつる性の喪失の最少の回数であり，2回で図2－3にある系統樹の関係を満たすものはない。3回の形質変化については，もう1つの可能性があって，fとgでつる性の獲得が起き，jでつる性の喪失が起きたものである。

3　解答

I　A　1—⑪　2—⑩　3—⑤　4—⑦
　　B　(1)—③　(2)—②　(3)—④　(4)—⑤　(5)—①　(6)—②

II　A　種A，種Bとも，同種が周辺にいる場合の採餌成功率は単独の場合と変わらないが，別種が周辺にいる場合は採餌成功率が上昇した。

B　種Cは，周辺に種AまたはBしかいない場合は，その種の襲い方のみを警戒していればよいが，襲い方の異なる種AとBが存在するときは，両方の襲い方に対応する必要があり，警戒が分散してしまうから。

C　(1)・(5)

D　(2)・(6)

E　口が左に曲がった個体

理由：口が右に曲がった個体が多い場合，口が左に曲がった個体の採餌成功率が高い。そのため口が左に曲がった個体と交配し，口が左に曲がった子を生じたほうが子の生存率が高くなるから。

F　(4)

■■■■　◆解　説▶　■■■■

≪異種個体間の相互作用，遺伝，環境適応≫

◆I

▶A　異なる環境に適応して，共通の祖先から数多くの種に多様化することを適応放散という。相互作用している種が互いに影響を与えながら進化することを共進化という。ある種が占める生息場所，出現時期や活動時間，餌の種類などの生息条件を生態的地位（ニッチ）という。生態的地位が近い種間では，激しい種間競争が生じ，一方の種がもう一方の種を駆逐する競争的排除が起こる。

▶B　(1)　片利共生は一方が利益を得るが他方は利益も不利益も受けない関係であるから③である。カクレウオ（＋）とフジナマコ（0），コバンザメ（＋）とサメ（0）などが代表例。

(2)　寄生は一方が利益を得て他方が不利益を受ける関係であるから②である。カイチュウ（＋）とヒト（－），ナンバンギセル（＋）とススキ（－）が代表例。

(3)　競争は互いに不利益となる関係であるから④である。ヒメゾウリムシ（－）とゾウリムシ（－）が代表例。

(4)　中立は，互いに利益も不利益も与えない関係なので⑤である。サバンナのキリン（0）とシマウマ（0），昆虫食の鳥（0）と植物食性の哺乳類（0）などが代表例。

(5)　相利共生は，2種の個体双方にとって互いに利益があるので①である。アリ（＋）とアリマキ（＋），イソギンチャク（＋）とクマノミ（＋），マメ科植物（＋）と根粒菌（＋）などが代表例。

(6)　捕食は捕食―被食関係と同じ意味である。捕食する側が利益を得て，被食される側が不利益を得るので②である。ライオン（＋）とシマウマ（－），ミズケムシ（＋）とゾウリムシ（－）などが代表例。

東京大-理科前期　　　　　　　　　　　　　　　　　2017 年度　生物〈解答〉　87

◆II

〔文2〕　魚種AとBはどちらも魚種Cを襲って鱗を食べるが，2種の襲い方は異なる。種Aは底沿いに忍び寄り，遠くから突進する。種Bは無害な藻食魚のような泳ぎ方で種Cに近寄り，至近距離から襲う。採餌成功率は単独の場合と周辺に他種がいる場合で違っている。これらの魚の口の位置は左右に大きく曲がっていた。口が右に曲がった個体の胃袋からは，種Cの左の体側から剥ぎ取った鱗のみが出現し，口が左に曲がった個体からは右の体側から剥ぎ取った鱗のみが出現した。この口の曲がる向きを調べると，単一の遺伝子座にある対立遺伝子に支配される左曲がり劣性の遺伝をする。

▶A　図3-1より，種Aの採餌成功率は，種A単独でも，周辺に種Aがいた場合でも20％弱であるが，周辺に種Bが存在すると30％に達している。種Bの場合，種B単独，周辺に種Bがいた場合ともに20％強であるが，周辺に種Aが存在すると40％になっている。つまり，同種個体が周辺にいた場合は単独の場合と変わらないが，別種個体が周辺にいた場合は単独の場合よりも採餌成功率が増加している。

▶B　種Aと種Bの両方が接近するとき，それぞれの種Cに対する襲い方が種Aは遠くから突進，種Bは至近距離からいきなりというように違ってくる。そのために種Cは同時に2種を警戒することが困難になる。

▶C　単一の対立遺伝子が口の曲がり方の決定に関与していて，口を右に曲げる遺伝子が優性なので，それを A，左に曲げる遺伝子を a とする。口が右に曲がった個体には AA と Aa がある。その個体どうしが親になるので

（i）　$AA \times AA \rightarrow$ すべて〔A〕

（ii）　$AA \times Aa \rightarrow$ すべて〔A〕

（iii）　$Aa \times Aa \rightarrow$〔A〕：〔a〕$= 3 : 1$

（i）と（ii）ではすべて右曲がり，（iii）では右曲がり：左曲がり＝3：1となる。よって，(1)，(5)が正答となる。

▶D　まず，口が右に曲がった個体は種Cの左側の鱗を剥ぎ取り，口が左に曲がった個体は種Cの右側の鱗を剥ぎ取ることを念頭におく。図3-3で，口が左に曲がる個体が多数派を占めた年では，左体側が多く剥ぎ取られ，右体側が剥ぎ取られる割合は少ない。逆に口が右に曲がる個体が多数

派を占めた年では，右体側が多く剝ぎ取られていることが多い。これは種
Cが種Aの多数派からの襲撃に対する防御に専念したことを意味している
ので，(2)が正しい。一方，襲撃する側の種Aは少数派が高い採餌成功率を
示しているので(6)が正しい。

▶E　設問Dで，種Aの少数派が高い採餌成功率を示していることを考え
ると，口が右に曲がった個体が多数派の場合，種Cは左側の体側を防御す
るようになるので，右側の体側が剝ぎ取られる個体が増える。これを行う
のは口が左に曲がった個体であるから，子孫に口が左に曲がった子が生ま
れるように口が左に曲がったタイプの個体を選択する方が有利である。

▶F　図3－4を見ると，種A，Bにおける口が左に曲がった個体の割合
は，どちらの種も50％を中心とする数年周期の振動を示している。さら
に2種の振動はほぼ同調している。

(1)　採餌成功率の高い個体から生まれた子が鱗を食べるようになるまでに
時間がかかるので，その間にもう一方の形質をもつ個体が増加し，その後
減少するという周期を繰り返すと考えると，この可能性は不適切とは言え
ない。

(2)　襲い方が異なる種が共存することや，口の曲がりの左右性があること
で，種Cの種Aや種Bに対する警戒行動を生み，種A，種Bの採餌成功率
が低下して個体数が減少する。これにより種Cの警戒が弱まるので再び種
A，Bの個体数が増加する。つまり種Cの警戒を介した頻度に依存した自
然選択によって振動が起きているという可能性は否定できない。

(3)　種Aの個体数が種Bよりもはるかに多い場合，種Cは多数派からの襲
撃に備えて防御に専念する。このため種Aにおける口が左に曲がった個体
の割合に応じて防御方法を変えているという考えは否定できない。

(4)　種Cの防御方法は多数派に応じて変化する。ここでは，多数派は種A
なので，種Aにおいて口が左に曲がった個体の割合が多ければ，種Cは体
の右側を警戒するようになるので，口が左に曲がった個体の採餌成功率が
低くなることが予想され，種Bについても，口が左に曲がった個体の採餌
成功率に影響を与えることになる。

よって，(4)が不適切。

東京大-理科前期　　　　　　　　　　　　　　　　2017 年度　生物〈解答〉　89

|||||||||||||||||||| 講　評 ||||||||||||||||||||||||||||||||||||||||||||||||||||||||||||||||||||||||||||||||||||||||

　2017 年度入試の全体的難易度は 2016 年度とほぼ同じレベル
で，実験設定などのより深い考察を要求する問題は 2016 年度
に続き 2017 年度も出題されなかった。ただし，知識問題と考
察問題の占める割合は約 1：2 で，考察問題の占める割合が多
いことに変わりはない。知識問題としては，生物用語の穴埋め
や文章選択（内容真偽）のタイプも見られる。

　問題文の分量は 2016 年度と同程度で多めだが，論述量は
2016 年度の 24 行（840 字）程度から 2017 年度は 14 行（490
字）程度と大幅に減少している。

　東大生物の特徴は，「リード文の徹底理解」と「論理的思考
力・分析力」とそして「その表現能力を見る」というものであ
る。2017 年度もその特徴は健在であり，情報を正確に分析し
て，まとめる能力を養うことが必要となる。論述対策としては
まず出題者の狙いは何か，解答のポイントは何か，どこを中心
にするかを考えて的確に 2 行（70 字）程度～ 3 行（105 字）程
度でまとめる練習をしておくとよいだろう。図表や実験結果の
分析，実験結果から考察される内容などが出題されていて，考
察問題に十分対応しておかないととても得点できない問題が中
心であることは言うまでもない。

　1　セントラルドグマ，RNA 干渉，生体防御に関する内容
で，セントラルドグマに関する内容では RNA から RNA の複
製をきちんと理解できていたか，RNA を遺伝子にもつウイル
スに関する内容にどの程度踏み込めたかが得点を左右する。
「ダイサー」と「アルゴノート」については聞き慣れない受験
生もいたと思われるが，リード文に説明がきちんとなされてい
るので，それをよく読めば理解できるはずである。また，〔文
2〕にある図 1 － 3 より，表現型 A は優性ホモ，表現型 B はヘ
テロ接合体，表現型 C は劣性ホモであることが図中の個体数の
比から推定できる。実験 3 の図 1 － 4 からは，表現型 B や C の
マウスでは造血幹細胞に異常はなく，胸腺に異常があるために
T 細胞の成熟が妨げられたことが読み取れる。

　2　これは古典的な植物生理の問題であるが，考えにくい内
容でレベル的にもやや難である。高校の教科書でも十分なペー
ジ数を割いた説明がほとんどなされておらず，考え方のベース
がないところに発展的な内容が問われることになるため，何に
着目したらよいのか悩んだ受験生が多かったと思われる。I で
は，A はエネルギー量を 1 分子のグルコースの生成に必要なも

のと，1分子のグルコースの分解で生じるものとに着目して考えていけば，容易に不等式の関係が導けると思われる。Bはグラフの解釈が問われている。一見すると，明期にも暗期にも$^{18}O_2$が呼吸により消費されて減少していく(5)を選びがちだが，光合成による多量の$^{16}O_2$が生じることを考えると(6)が正解。このような選択のミスを誘う問題が2017年度はやや多い。Ⅱ のBは短時間で正解を得るのは困難である。D～Fは難易度が高いので，ここはできなくても気にする必要はない。Gは図2－3を見て形質変化したところを数えていくだけの内容なので，ここは確実に得点したい。

3　ⅠのA・Bは進化と生態に関する基本的な内容なので，ここは完答したい。Ⅱは，タンガニイカ湖の捕食者の魚類の口が右に曲がっているか左に曲がっているかという点から，それに対して被食者がどのような防衛を行っているか，種間関係と適応という点から考えさせる問題であった。図3－1，図3－2とリード文から，まず，口が右に曲がった個体は種Cの左側の鱗を剝ぎ取り，口が左に曲がった個体は種Cの右側の鱗を剝ぎ取るということを見つけておけば，それ以降の問題が考えやすい。また図3－3からは，種Cは多数派からの襲撃に備えるために防御に専念することを読み取れたかがポイント。さらに，種Aでは少数派が採餌成功率が高いことを読み取れたかがもうひとつ重要なポイントである。

地学

1 **解答** 問1 (1) 連星間の距離を x〔m〕とする。公転軌道の円周は πx，公転速度は $\dfrac{\pi x}{0.01}$〔m/s〕となるので

$$\frac{\pi x}{0.01} = 0.4 \times 3 \times 10^8$$

$$x = \frac{0.01 \times 0.4 \times 3 \times 10^8}{3.14} = 3.8 \times 10^5 \fallingdotseq 4 \times 10^5 \,〔\text{m}〕 = 4 \times 10^2 \,〔\text{km}〕$$

$$\cdots\cdots(答)$$

(2) 連星間の距離を a〔天文単位〕，公転周期を P〔年〕，ブラックホールの質量を m〔太陽質量〕とすると，ケプラーの第三法則より

$$\frac{a^3}{P^2} = 2m$$

ここで

$$a = \frac{3.8 \times 10^5}{2 \times 10^{11}} = 1.9 \times 10^{-6} \qquad P = \frac{0.01}{3 \times 10^7} = \frac{1}{3 \times 10^9}$$

a, P を代入すると

$$(1.9 \times 10^{-6})^3 \times (3 \times 10^9)^2 = 2m$$

$$2m = 6.17 \times 10$$

$$m = 3.0 \times 10 \fallingdotseq 3 \times 10 \,〔太陽質量〕 \quad \cdots\cdots(答)$$

(3) このブラックホールの質量は $20M_\odot$ より大きいので，重元素の少ない<u>種族Ⅱ</u>の星からつくられた。この星は銀河の<u>ハロー</u>で，<u>球状星団</u>に含まれる星として形成されたと考えられる。

(4) $\quad a(t_m) = (C - At_m)^{\frac{1}{4}} = 0 \qquad C = At_m$

これを次式に代入する。

$$a(t_0) = (C - At_0)^{\frac{1}{4}} = a_0 \qquad (At_m - At_0)^{\frac{1}{4}} = a_0$$

$$A(t_m - t_0) = a_0{}^4 \qquad t_m - t_0 = \frac{a_0{}^4}{A} \quad \cdots\cdots(答)$$

(5) 宇宙の年齢を T とすると　　$T = 138$ 億 $\fallingdotseq 1 \times 10^{10}$〔年〕　……（答）

このとき

$$t_m - t_0 < T \qquad \frac{a_0{}^4}{A} < T$$

$$a_0{}^4 < 1.38 \times 10^{10} \times 3 \times 10^7 \times 3 \times 10^{24}$$

$$a_0{}^4 < 117 \times 10^{40}$$

$$a_0 < \sqrt[4]{126} \times 10^{40} = 3.3 \times 10^{10} \fallingdotseq 3 \times 10^{10} \text{〔m〕}$$

よって　　$a_{max} = 3 \times 10^{10}$〔m〕　……（答）

a_{max} に近い長さスケール：金星と地球の最短距離（金星が内合のときの地球からの距離）

問2　(1)　最も周期の短い惑星が，最も恒星に近い。

近い惑星から順に減光は 0.05%，0.25%，0.15% である。

半径 R_E の惑星の断面積を1とすると，3つの惑星それぞれの断面積は順に 5，25，15 となる。

半径は断面積の平方根に比例するので，半径は順に $\sqrt{5} \fallingdotseq 2$，$\sqrt{25} = 5$，$\sqrt{15} \fallingdotseq 4$ となる。

よって，3つの惑星の半径は，恒星から近い順に

$$R_E \text{の2倍，5倍，4倍} \quad ……（答）$$

(2)　半径 R の惑星の全放射エネルギー E_{out} は

$$E_{out} = 4\pi R^2 \times \sigma T_{ice}{}^4$$

惑星が単位面積あたりに受けるエネルギーを I とすると，惑星が受ける恒星のエネルギー E_{in} は

$$E_{in} = (1 - A) \times I \times \pi R^2$$

放射平衡が成り立っているので　　$E_{in} = E_{out}$

$I = \dfrac{L}{4\pi a_{ice}{}^2}$，$L = cM^4$ を代入すると

$$\frac{(1 - A) cM^4}{4\pi a_{ice}{}^2} \times \pi R^2 = 4\pi R^2 \times \sigma T_{ice}{}^4$$

$$a_{ice}{}^2 = \frac{(1 - A) cM^4}{16\pi\sigma T_{ice}{}^4}$$

$$a_{ice} = \frac{M^2}{4 T_{ice}{}^2} \sqrt{\frac{(1 - A) c}{\pi\sigma}} \quad ……（答）$$

(3) 　　恒星の寿命 $\propto \dfrac{M}{L} \propto \dfrac{M}{M^4} \propto \dfrac{1}{M^3}$

恒星の寿命を t, 太陽の寿命を $t_\circ$ とすると

$$\dfrac{t}{t_\circ} = \dfrac{M_\circ{}^3}{M^3} \qquad \dfrac{3}{100} = \dfrac{M_\circ{}^3}{M^3}$$

$$\dfrac{M}{M_\circ} = \sqrt[3]{\dfrac{100}{3}} = 3.2 \fallingdotseq 3 \text{〔太陽質量〕} \quad \cdots\cdots(答)$$

(4) 　木星の衛星エウロパは表面は氷で覆われているが, 内部は木星の起潮力によって暖められて, 地下に液体の水の存在が考えられるので, 生命が存在する可能性がある。

━━━━━━━━ ◀解　説▶ ━━━━━━━━

≪ブラックホール連星, 系外惑星の生命≫

◆問 1 　▶(1)　公転速度は, 公転軌道の円周を公転時間で割ったものである。与えられている距離の単位は〔m〕であることに注意する。

▶(2)　ケプラーの第三法則によると, 連星の平均距離を a〔天文単位〕, 公転周期を P〔年〕, 連星の質量を m_1, m_2〔太陽質量〕とすると

$$\dfrac{a^3}{P^2} = m_1 + m_2$$

で表される。この問題の場合は, $m_1 = m_2$ である。

▶(3)　重元素の量が太陽程度の星は種族Ⅰで, 重元素の少ない星は種族Ⅱである。種族Ⅰの星は, 質量が太陽の 20 倍以上のブラックホールはつくらないので, これらのブラックホール（質量が太陽の 30 倍）は種族Ⅱの星が進化したものである。種族Ⅱの星は主に球状星団内にあり, 球状星団は銀河のハローの領域に広く分布する。なお, 種族Ⅰの星は主に銀河の円盤部に分布している。

▶(4)　時刻 t_0 では, $a(t_0) = a_0$, 時刻 t_m では合体するので, $a(t_m) = 0$ になる。

▶(5)　宇宙の年齢は約 138 億年で, この年数かかって合体する連星を考えると, $t_m - t_0 = 138 \times 10^8 \fallingdotseq 1 \times 10^{10}$〔年〕となる。この単位を〔s〕に換算して(4)で求めた式に代入する。求めた値はおよそ 3000 万 km で, 地球内での距離を考えるには大きすぎるので, 距離を天文単位に換算して（3×10^{10}〔m〕$= 0.2$〔天文単位〕）考えるとよい。〔解答〕で挙げた「金星と

地球の最短距離」は，$1.0 - 0.72 = 0.28$〔天文単位〕である。他に，水星の軌道半径（0.38 天文単位）などでもよい。

◆問2 ▶(1) 0.01％の減光とは，断面積が地球と同じ惑星の食による減光である。また，図1から読み取れる周期が短いほど，軌道半径が小さく，中心の恒星に近い。図1では，0.05％減光をもたらす惑星が最も周期が短く，恒星に近い。次いで，0.25％減光させる惑星，最も遠いのが0.15％減光させる惑星になる。減光の比は断面積の比で，半径の比はその平方根になる。

▶(2) 光度は恒星の放射する全エネルギーに比例する。惑星が光に垂直な単位面積あたりに受けるエネルギー（I）は，次の式で求められる。

$$I = \frac{光度}{惑星の軌道平均距離を半径とする球の表面積} = \frac{L}{4\pi a_{ice}^2}$$

惑星が吸収するエネルギーは，これに $(1-A)$ をかけたものである。この惑星が受ける全エネルギーは，さらに惑星の断面積をかければよい。また，惑星が放射する全エネルギーは温度の4乗に比例する。この場合

惑星が吸収する全エネルギー（E_{in}）
＝惑星が放射する全エネルギー（E_{out}）

が成り立つ。

▶(3) 問題文から

$$恒星の寿命 = \frac{恒星の質量}{消費水素の量} \propto \frac{恒星の質量}{光度}$$

が成り立つ。

▶(4) 液体の水が存在する可能性のある天体を考える。ハビタブルゾーンの領域以外では，木星や土星の衛星が考えられる。エウロパは表面が氷で覆われているが，その下部には液体の水が存在している可能性がある。そのエネルギーは太陽エネルギーではなく，木星の衛星イオの火山エネルギーと同様に木星の起潮力によるものと考えられている。

2 解答

問1 (1) 温室効果

(2) $100 = 9 + ア + 12 + 57$ ア $= 22$ ……(答)

イ $+ 102 + 30 = 57 + 95$ イ $= 20$ ……(答)

ウ $+ 95 = 114 + 30$ ウ $= 49$ ……(答)

アルベド：$22 + 9 = 31$ $\dfrac{31}{100} = 0.31$ ……（答）

(3) 短波放射：$+20$ 長波放射：$-57 - 95 + 102$

これより大気の熱収支は $20 - 57 - 95 + 102 = -30$

よって，失うエネルギーは

$$340 \times \frac{30}{100} = 102 \fallingdotseq 1.0 \times 10^2 \,[\mathrm{W/m^2}] \quad \text{……（答）}$$

(4) $1\mathrm{m}^2$ あたりの大気が 1 日あたり失うエネルギーは

$$102 \times 8.6 \times 10^4 = 8.77 \times 10^6 \,[\mathrm{J}]$$

$1\mathrm{m}^2$ あたりの大気の質量は $\dfrac{1.0 \times 10^3 \times 10^2}{10} = 1.0 \times 10^4 \,[\mathrm{kg}]$

1 日あたりの温度低下率は

$$\frac{8.77 \times 10^6}{1.0 \times 10^3 \times 1.0 \times 10^4} = 8.77 \times 10^{-1} \,[\mathrm{K}]$$

よって，求める 1 日あたりの気温低下率 $[℃]$ は

$$8.8 \times 10^{-1} \,[℃] \quad \text{……（答）}$$

(5) $1\mathrm{m}^2$ あたりの降水の質量は $1.0 \times 10^3 \,\mathrm{kg}$

$1\mathrm{m}^2$ あたりの蒸発による熱輸送量は

$$2.5 \times 10^6 \times 1.0 \times 10^3 = 2.5 \times 10^9 \,[\mathrm{J}]$$

$1\mathrm{m}^2$ あたりの 1 年間の短波放射量は $340 \times 3.2 \times 10^7 = 1.08 \times 10^{10} \,[\mathrm{J}]$

$$\frac{2.5 \times 10^9}{1.08 \times 10^{10}} \times 100 = 23.1 \fallingdotseq 23 \,[\%] \quad \text{……（答）}$$

熱伝導による熱輸送は $30 - 23 = 7 \,[\%]$

$$\frac{23}{7} = 3.28 \fallingdotseq 3.3 \text{ 倍} \quad \text{……（答）}$$

問 2 (1) 高緯度側：水温が低く蒸発量が少ないため，潜熱の供給が少ない。

赤道付近：転向力がはたらかないため，渦ができない。

(2) 単位を考えると $[\mathrm{m/s}] = [\mathrm{m}^\alpha] \times [\mathrm{m}^\beta/\mathrm{s}^{2\beta}]$

これより $\alpha + \beta = 1, \ 2\beta = 1$

この 2 式から $\alpha = 0.5, \ \beta = 0.5$ ……（答）

$$V = 0.4 \times (2.5 \times 10^2)^{0.5} \times 10^{0.5} = 0.4 \times 5.0 \times 10^{0.5} \times 10^{0.5}$$

$$= 2.0 \times 10 \, [\text{m/s}] \quad \cdots\cdots (\text{答})$$

(3) 反時計回りに吹き込む台風の風により，転向力が台風円の外向きにはたらいて海水は台風円の中心から外向きに動き，それを補うように深層からの低温の海水が上昇する。そのため，海水温が下がり台風は弱められる。

(4) 気圧低下による圧力の減少は

$$(1013 - 950) \times 100 = 6.3 \times 10^3 \, [\text{Pa}]$$

海面の上昇を $x \, [\text{m}]$ とすると，深さ $x \, [\text{m}]$ の海水の圧力は

$$x \times 1.0 \times 10^3 \times 10 = 6.3 \times 10^3$$

$$x = 6.3 \times 10^{-1} \, [\text{m}] \quad \cdots\cdots (\text{答})$$

(5) 台風が近づくと，風が湾奥へ吹き，風による摩擦力によって海水が運ばれ湾奥の海面が高くなって，湾奥から湾口に向かう圧力傾度力がはたらき，風による摩擦力とつり合う。

━━━━━━━ ◀解 説▶ ━━━━━━━

≪大気の熱収支，大気と海洋の相互作用≫

◆問1 ▶(1) 大気中の二酸化炭素や水蒸気などの温室効果気体は，短波放射は吸収しないが長波（赤外線）放射は吸収する。

▶(2) 地球全体の熱収支は0である。したがって

$$100 = 9 + ア + 12 + 57$$

が成り立つ。また，大気圏の熱収支も0であるので

$$イ + 102 + 30 = 57 + 95$$

が成り立つ。

同様に，地表面の熱収支から

$$ウ + 95 = 114 + 30$$

が成り立つ。

▶(3) 大気圏が吸収する短波放射と長波放射は，$20 + 102 = 122$ である。また大気圏が放射する長波放射は $57 + 95 = 152$ である。したがって，差し引き 30 のエネルギーが失われる。これは，$340 \, \text{W/m}^2$ の 30％ である。

▶(4) 定圧比熱は，圧力一定のもと，1K（1℃）温度を上げるのに必要なエネルギーである。まず，地表面気圧から 1m^2 あたりの大気の質量を求める。

$$1000 \, [\text{hPa}] = 1000 \times 10^2 \, [\text{Pa}] = 1.0 \times 10^5 \, [\text{N/m}^2]$$

1m^2 あたりの大気の質量を $M \, [\text{kg}]$ とすると

$M[\mathrm{kg}] \times 10[\mathrm{m/s^2}] = 1.0 \times 10^5 [\mathrm{N}]$

したがって $M = 1.0 \times 10^4 [\mathrm{kg}]$ である。

1日で失われるエネルギーは，(3)で求めた1秒あたり失うエネルギーが102Jであることから計算する。

　　　1日あたり失うエネルギー＝定圧比熱×温度低下

▶(5) 年降水量は1.0m。これは $1\mathrm{m}^2$ あたり $1\mathrm{m}^3$ の雨水になる。これを質量にすると $10^3 \mathrm{kg}$ になる。したがって，これだけの水が1年間に $1\mathrm{m}^2$ あたり蒸発したことになる。

◆問2 ▶(1) 台風のエネルギー源は水蒸気の潜熱である。したがって，海面水温が低くて，海面からの蒸発が少ないところでは発生しない。また，暖められた空気が上昇したところに空気が渦を巻いて流れ込むと熱帯低気圧が発生する。この渦は転向力によってできるものである。

▶(2) 問題文に「単位の整合性を考慮して」とあるので，右辺と左辺の単位を考える。

▶(3) 低気圧性の風が長時間吹くところでは，海水に高気圧性の渦ができて，エクマン輸送により海水が発散する。それを補うため深層からの湧昇流が生じて，海面水温が下がる。

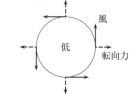

▶(4) A地点，B地点の等圧面での水圧が等しいとすると，単位をPaにして

　　　$101300 = 95000 + $ 深さ $x[\mathrm{m}]$ の水圧

が成り立つ。

深さ $x[\mathrm{m}]$ の水圧は

　　　$1.0 \times 10^3 \times 10x [\mathrm{Pa}]$

したがって

　　　$1.0 \times 10^3 \times 10x = 101300 - 95000 = 6300 = 6.3 \times 10^3$

▶(5) 台風が近づくと右図のような風が吹き，風と海面との摩擦力がはたらいて海水を湾奥に運ぶ。そのため，湾奥と湾口の間に水位の違いができる。そのとき湾奥から湾口に向かって海水に生じる力が圧力傾度力である。

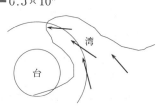

98 2017 年度 地学〈解答〉 東京大-理科前期

3 **解答** 問1 (1) 震源距離を d〔km〕，P波速度を v_p〔km/s〕，S波速度を v_s〔km/s〕，初期微動継続時間を t〔s〕とすると

$$d = \frac{v_p v_s}{v_p - v_s} t = \frac{6.4 \times 4.0}{6.4 - 4.0} t \fallingdotseq 10.7t$$

観測点1までの距離は

$$10.7 \times (25.000 - 19.375) = 10.7 \times 5.625$$
$$= 60.1 \fallingdotseq 6.0 \times 10 \text{〔km〕} \quad \cdots\cdots\text{(答)}$$

観測点2までの距離は

$$10.7 \times (30.000 - 22.500) = 10.7 \times 7.500$$
$$= 80.2 \fallingdotseq 8.0 \times 10 \text{〔km〕} \quad \cdots\cdots\text{(答)}$$

(2) $\quad x_0^2 + y_0^2 = 60^2 \quad \cdots\cdots$①

$\quad (100 - x_0)^2 + y_0^2 = 80^2 \quad \cdots\cdots$②

①－②より $\quad x_0^2 - (100 - x_0)^2 = 3600 - 6400$

$$200x_0 - 10000 = -2800 \quad 200x_0 = 7200 \quad x_0 = 36$$

これを①に代入すると

$$y_0^2 = 3600 - 36^2 = 36(100 - 36) \quad y_0 = \pm 48$$

よって，隕石衝突地点の座標は

$$(x_0, y_0) = (36, 48), (36, -48) \quad \cdots\cdots\text{(答)}$$

また，衝突時刻は

$$\frac{60}{6.4} = 9.375 \text{〔s〕}$$

3時00分19.375秒－9.375秒＝3時00分10秒 ……(答)

(3) (b)

(4) $-90° < \varphi < 90°$ のとき：(b)

$-180° < \varphi < -90°$，$90° < \varphi < 180°$ のとき：(c)

(5) 初動が北東方向または南西方向の場合は(i)，初動が北西方向または南東方向の場合は(ii)。

問2 (1) ア．花こう イ．K-Ar ウ．らん晶石 エ．紅柱石 オ．接触

(2) 開放ニコル：黒雲母は暗褐色〜緑黄色の多色性が強い。長石は無色で多色性がない。

直交ニコル：黒雲母はカラフルな干渉色が見られる。長石の干渉色は白，灰色，黒である。

(3) $\dfrac{600-350}{500}=0.5$ [K/m]

$0.5\times 2.6=1.3$ [W/m^2] ……(答)

説明：この値は平均的な大陸の地殻熱流量より大きい。これは地下に比較的新しい高温の深成岩体があるためである。

(4) 深度3100mの温度は400℃であるから

$\dfrac{400-20}{30}=12.6\fallingdotseq 1.3\times 10$ [km] ……(答)

(5) 海嶺付近は高温の<u>マントル物質</u>が上昇し，<u>玄武岩質マグマ</u>が発生して上部の岩石を押し上げ，上部の堆積岩帯に多数の亀裂ができ，<u>海水</u>が入り込む。この海水はマグマの熱により熱水になるため，この部分の温度構造は沸騰曲線に近くなる。しかし，深成岩体には亀裂ができないので海水が入り込まないため，地下の温度は急激に高くなる。

─────◀解　説▶─────

≪地震，地熱地帯の岩石と温度構造≫

◆問1　▶(1)　Ｐ波速度とＳ波速度から大森公式の定数を求める。

初期微動継続時間＝Ｓ波の到達時間－Ｐ波の到達時間

▶(2)　(1)の計算結果から，右図の△OPQが5：4：3の直角三角形であることに気づけば，三角比で求めることもできる（$60:x_0:y_0=5:3:4$）。その場合，衝突地点が第4象限の場合があることに注意しなければならない。衝突時刻は，観測点2のデータから求めても同じ値となる。

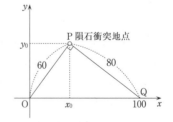

▶(3)　初動はＰ波なので，その振動は図のOP方向に平行な振動である。したがって，初動の水平成分は南西方向で，東西成分は西向き，南北成分は南向きである。

▶(4)　右図のＡやＢ方向の衝突の場合（$-90°<\varphi<90°$）は，OP方向の成分は南

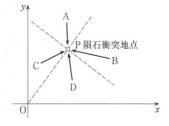

西方向であり，東西成分は西向き，南北成分は南向きになる。C方向の衝突の場合（90°＜φ＜180°）やD方向の衝突の場合（−180°＜φ＜−90°）はOP方向の成分は北東方向であり，東西成分は東向き，南北成分は北向きである。

▶(5) (i)の場合は初動の水平成分は南西（設問(3)の(b)）または北東（設問(3)の(c)）であるが，(ii)の場合は，南東（設問(3)の(a)）または北西（設問(3)の(d)）である。

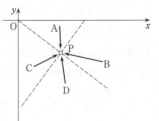

◆問2 ▶(1) 黒雲母や長石にはカリウムが含まれている。ウ・エはウの方が高圧型でらん晶石が当てはまる。また，温度が350℃以下なので珪線石は当てはまらない（右図参照）。

▶(2) 開放ニコルの場合については，鉱物の色の違いを述べれば，多色性に触れなくてもよい。

▶(3) 地殻熱流量は「熱伝導率×地下増温率」で表される。熱伝導率が同じであれば，

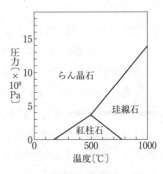

地下増温率が大きい方が熱流量は大きい。この場合は地下増温率は 0.5 K/m で平均的な値（0.02〜0.03 K/m）よりかなり大きい。

▶(4) 深度 3100 m の温度は 400℃で，地表より 380℃高い。

▶(5) 海嶺はマントル物質が上昇するところで，高温のまま上昇してきたマントル物質は，圧力が減少するため融けて玄武岩質マグマができる。岩石が融けると膨張して，その上の岩石を押し上げて鉛直方向の割れ目ができる。そのため海水が地下に入り込み，地下の温度上昇を抑える。

║║║║║║║║║║║║║║║║║║講 評║║

　例年通り，単純に知識を問うだけの問題は少なく，深い思考力が求められている。

　1 宇宙の問題で，ほとんどが計算問題である。扱われている内容は重力波で，学習の範囲外であるが，問題文をよく読めば対応できるようになっている。問題文をよく読んで，重要な部分にアンダーラインを引くなどすると，何回も読み返す時間が短縮できる。2016 年度同様，レベルは高い。

2 大気・海洋の問題で，問1では2016年度と同じく熱収支の計算問題が出題されたが，2016年度より計算は楽な問題である。問2は熱帯低気圧と海洋の相互作用の問題。難問ではないが，内容は教科書レベルよりかなり高い。

3 問1は，隕石の衝突によって生じる地震の問題で，地震波の解析から衝突地点や隕石が飛来した方向を求めるユニークな問題である。深い思考力が必要で，問題レベルも高い。初動の意味をしっかり理解していないと間違ってしまう。数学的な知識やベクトルの知識が必要である。問2では，偏光顕微鏡での観察に関する知識を問う問題が出題された。探究活動が重視されているので，他分野でも注意が必要である。

例年通り，問題の題材は教科書で扱われているものであるが，問題内容は教科書レベルよりかなり高度で，文章や図を読み取る力が必要である。

講　評

一　現代文（評論）

伊藤徹の最近の著作からの出題。科学技術を論じたもので、入試問題でも頻出のテーマであるが、本文の特徴はそれを人間の生の虚構性という大きな視点からとらえたところにある。また現代医療で問題となっている不妊治療や延命措置を例にあげるなど、シリアスな内容を含んでいる。難易度は㈣がやや難、他は標準レベルといえよう。㈠〜㈢が部分読解問題、㈣が要約、㈤が書き取りとなっている。設問は構成・解答欄ともに例年通りで、㈠〜㈢は解答のポイントが比較的はっきりしているので書きやすいが、逆に言うと、ポイントをはずさないように注意しなければならない。㈣は本文全体の論旨の展開をきちんと押さえないとまとめづらいだろう。

二　古文（作り物語）

『源氏物語』〈真木柱〉からの出題。前書きに丁寧な説明があるが、光源氏・玉鬘・右近・鬚黒大将などの主要人物についての知識がある人はより理解しやすかったと思われる。㈠の口語訳は、語句の意味・文法などの知識に基づき、本文の文脈に応じて解釈することが求められ、細部にまで配慮が必要。㈡は人物を正しく示していることが前提となる。㈢は「好く」の語義に加え、前書きの情報および本文での光源氏の言動を踏まえてまとめなければならない。エは贈答歌の理解を総合的に問うものであるとも言える。

三　漢文（文章）

劉元卿の文章からの出題。猫の名づけをめぐる逸話から、本質を見失ってはならないという教訓が示されるというもので、内容を把握することは決して難しくない。設問は、基本句法の知識に基づいた解釈と、話の展開を踏まえた説明問題が配され、いずれも標準レベルと言える。

参考

劉元卿は明の人で、理学・教育・文学に携わった人物。問題文は教訓を含む笑話の一つである。

読み取れる。

（二）「如〜何」は、「〜を如何せん」と訓読し、方法や手立てについての疑問や反語を表す。ここでは、傍線部dの前文

▼

猫の名前をより立派なものにしようとして「虎」「龍」「雲」「風」「牆」と案を重ね、最終的に「鼠」が提案される

（三）

▼

質は変わらないのだから、立派な名前で過剰な意味づけをしようとするのは無意味で愚かなことであるという主張が

カレートして「鼠」に行き着いたが、そもそも猫が鼠よりも強いのはごく当たり前のことで、猫が猫であるという本

うして自分から本質を失おうとするのか"と嘆いている。「虎」よりも「龍」、「龍」よりも「雲」という流れでエス

に至ったという話について、老人は、"もともと鼠を捕まえるのは猫であり、結局猫は猫でしかない"と揶揄し、"ど

いだろう。

ていることから、反語の用法。「牆」と「鼠」について、前文を踏まえた簡単な説明を加えてわかりやすく示すとよ

に、いかに強固な「牆」も、「鼠」が穴を空けたらすぐに崩れてしまうとあり、次の文で「鼠猫」という名を提案し

猫」とするのが適切である。

る"としてもよいだろう。「雲」は猫につける名の案なので、他の「虎猫」「龍猫」「牆猫」「鼠猫」に合わせて「雲

c、「不如〜」は"〜が一番よい・〜に越したことはない"という最上級を表す。「名曰」はまとめて"〜と名づけ

より尚きか"（="雲は龍よりも優れているのではないか"）に続いているので、順接の言葉を加えて仕上げる。

よいかもしれないが、"空に浮かぶ雲・空を漂う雲"などとするのが無難だろう。傍線部bは読点で後の「雲其れ龍

"〜を必要とする・〜の存在がなければならない"といった意味だと判断する。「浮雲」はそのまま"浮き雲"でも

読文字として「須く〜べし」と訓読し"必ず〜しなければならない"の意味をなすという基本句法の知識を応用し、

b、「須」は、ここでは名詞の前に置かれているので、品詞上は動詞ととらえるしかないが、動詞の前に置かれる再

い・立派だ・すぐれている"といった表現を添えるとよりわかりやすい。

る名前について、よりすばらしいものが次々に提案されていくという展開であることも踏まえ、"すばらし

ているので、人智を超えた霊力がある様子を表していると解釈するのがふさわしい。この話は、斉奄の飼い猫につけ

東里の丈人之を嘲ひて曰はく、「噫嘻、鼠を捕ふる者は故より猫なり。猫は即ち猫なるのみ。胡為ぞ自ら本真を失はんや」と。

通釈　斉奄が家で一匹の猫を飼っており、自分でその猫を非常にすばらしいものと思い、人に名づけたと言いふらして虎猫と呼んだ。客が斉奄に説いて言うには、「虎は本当に勇猛だけれども、龍が霊力があってすばらしいのには及ばないのである。どうか名を変えて龍猫と呼ぶようにしてください」と。また別の客が斉奄に説いて言うには、「龍はもともと虎よりも霊力があってすばらしい。龍は天に昇るにあたって空に浮かぶ雲を必要とするので、雲は龍よりも優れているのではないか。名づけて雲猫と呼ぶのが一番よい」と。また別の客が斉奄に説いて言うには、「雲や靄が大空を覆っても、風がたちどころにそれらを吹き散らす。雲はそもそも風に対抗できないのである。どうか名を変えて風猫と呼ぶようにしてください」と。また別の客が斉奄に説いて言うには、「大風が猛威をふるっても、ただ塀を用いて遮ったならば、防ぐことができる。風は塀をどうしようもない。その猫に名づけて塀猫と呼べばよい」と。また別の客が斉奄に説いて言うには、「塀が堅固だといっても、鼠が塀に穴を空けたなら、塀は崩れる。塀は鼠をどうすることもできない。そこで名づけて鼠猫と呼べばよい」と。

東里の老人がそれを嘲笑して言うには、「ああ、鼠を捕らえるのはもともと猫である。猫はまさに猫であるだけだ。どうして自分で本質を失おうとするのか」と。

着眼　各段落の中心的な内容は次の通りである。

第一段落(斉奄家…)　猫の名をよりすばらしいものにしようと案を重ねる逸話

第二段落(東里丈人…)　老人の感想

▼

(一)　a・「於」は比較を表す置き字で、傍線部aを含む一文は「龍は固より虎よりも神なり」と訓読する。「神」は人智を超えた計り知れないものや様子を表す。ここでは、龍の属性について、勇猛な動物である虎よりも「神」だとされ

東京大-理科前期　　　　　　　　　　　　　　　　　2017年度　国語〈解答〉　*105*

参考

『源氏物語』は平安時代成立の作り物語。作者は紫式部。五十四巻から成り、光源氏の出生から、その成長のさまや女性遍歴などの波乱に満ちた生涯が語られ、さらには光源氏の子の代の話へと続く、長大な物語である。数多くの登場人物がさまざまな人間模様をなし、情愛や苦悩を交錯させるさまが、重層的に描かれている。人物設定の妙や描写の細やかさ、和歌の効果的な取り入れ方など、後に成立した多くの文学作品に大きな影響を与えることとなった。

三

出典　劉元卿　『賢奕編』〈応諧〉

解答

(一)　a、虎よりも霊力があってすばらしい
　　　b、空に浮かぶ雲を必要とするので
　　　c、名づけて雲猫と呼ぶのが一番よい

(二)　強固な塀も、穴を空けて崩す鼠をどうすることもできない。

(三)　本質を見失って立派な名前にばかりこだわるのは意味がない。

読み　▲解　説▼

斉奄家に一猫を畜ひ、自ら之を奇とし、人に号して虎猫と曰ふ。客之に説きて曰はく、「虎は誠に猛なるも、龍の神なるに如かざるなり。請ふ名を更へ龍猫と曰はんことを」と。又客之に説きて曰はく、「龍は固より虎よりも神なり。龍天に昇るに浮雲を須ゐれば、雲其れ龍より尚きか。名づけて雲と曰ふに如かず」と。又客之に説きて曰はく、「雲靄天を蔽ふも、風倏ちにして之を散ず。雲固より風に敵はざるなり。請ふ名を更へ風と曰はんことを」と。又客之に説きて曰はく、「大風飆起するも、維だ屛ぐに牆を以てせば、斯ち蔽ふに足れり。風其れ牆を如何せん。之に名づけて牆猫と曰はく、「維れ牆固なりと雖も、維れ鼠之に穴たば、牆斯ち圮る。牆又鼠を如何せん。即ち名づけて鼠猫と曰はば可なり」と。

エ、「ながめする…」の和歌は玉鬘が詠んだもので、「かきたれて…」の歌への返歌である。「人」は光源氏を指すが、

訳は"あなた"とする。「しのば」はバ行四段活用の動詞「しのぶ(偲ぶ)」の未然形。上二段活用の「忍ぶ」とは異

なることに注意しよう。「ざら」は打消の助動詞「ず」の未然形。「めや」は和歌に特有の形で、「め」は助動詞「む」

の已然形で推量の用法、「や」は反語。

▼(二)

傍線部ウの前後に「右近はほの気色見けり」「今に心得がたく思ひける」とあることから、傍線部ウは右近の気持

ちとわかる。傍線部の前の文の「時々むつかしかりし御気色を、心づきなう思ひこえし」は、前書きの「(玉鬘が)

光源氏にも思慕の情を寄せられ困惑」していたことにあたる。玉鬘はそのことを右近にも知らせずに一人で悩んでい

たが、右近はいくらか察知して、玉鬘と光源氏は本来は親子にあたる関係なのに、もしかしたら恋愛めいたことなど

があったのだろうかと訝しんでいるということである。

語句

● 「好い」は動詞「好く」の連用形「好き」のイ音便形。「好く」は"好ましい思いを抱いて心を寄せる"という意味

で、主に恋愛や風流を好むことを表す。ここでは、玉鬘を思う光源氏の様子が描かれている場面なので、"恋愛を好

む"の意。光源氏は、立場上の娘で現在は人妻となっている玉鬘に思慕の情を寄せ、かつて尚侍の君であった朧月夜

との逢瀬を阻まれた経験を思い起こしたりもしていることから、ここで言う「好いたる人」は、禁忌や妨害があるよ

うな相手であっても深い恋心を抱く傾向にある男性を称したものである。

● わららかなる＝形容動詞「わららかなり」は "陽気だ・快活だ" の意。

● あなかしこ＝手紙の末尾に添える文句。

和歌修辞

● 「ながめする…」の歌＝「ふるさと人」の「ふる」に、春雨が「降る」の意の「眺め」の意が掛けられている。

● 「かきたれて…」の歌＝「ながめ」は、"ぼんやり物思いに耽る"意の「眺め」と、「かきたれて…」の歌の「春

雨」を踏まえた「長雨」の意が掛けられている。「長雨」の意の「ながめ」と「しづく」「ぬれ」「うたかた」は

縁語。

東京大-理科前期　　　　　　　　　　　　　　　　　　　　　2017 年度　国語〈解答〉　*107*

お書きになっている。

（光源氏は玉鬘からの返事の手紙を）広げて、涙がこぼれるようにお思いにならずにいられないのを、人も見たならば
まずいにちがいないとさりげなく振る舞いなさるけれども、胸がいっぱいになる気がして、あの昔の、（当時の）尚侍の
君（であった朧月夜）を朱雀院の母后が（光源氏に逢えないように）強引に閉じ込めなさった時のことなどを思い出しな
さるけれども、（現在）直面していることであるからだろうか、これ（＝今の尚侍の君である玉鬘と自分との間柄）は世
の中に例がないほどにしみじみ悲しいのであった。（自分（＝光源氏）のように）恋愛を好んでいる人は、性格のせいで
心穏やかなはずがないことであった、今となっては何によって心を悩ませたらよいものだろうか（＝すでに鬚黒の妻とな
っている玉鬘を恋しく思ってもしかたがない）、不相応な恋の相手であるなあ、と（光源氏は）心を鎮めあぐねなさって、
御琴を掻き鳴らして、（かつて玉鬘が）好ましく弾きこなしなさった爪音を思い出さずにいられないでいらっしゃる。

【着眼】

各段落の中心的な内容は次の通りである。

第一段落　（二月にもなりぬ…）　　光源氏の心情や様子と玉鬘に宛てて書いた手紙
第二段落　（隙に忍びて…）　　　　玉鬘の心情と光源氏への返事の手紙
第三段落　（ひきひろげて…）　　　玉鬘からの返事を読んだ光源氏の心情や様子

▼

（一）ア、「おろかなら」は〝いいかげんだ・不十分だ〟の意の形容動詞「おろかなり」の未然形。「ぬ」は打消の助動詞
「ず」の連体形。傍線部アの前の「宿世などいふもの」が「おろかならぬこと」であるという内容に整合する表現に
なるように注意が必要である。「なれ」は断定の助動詞「なり」の已然形。「ど」は逆接の接続助詞。

イ、「いかでか」は、前の「恨めしう思ひ出でらるること多うはべるを」とのつながりを見て反語の意と判断する。
「聞こゆ」は「言ふ」の謙譲語で〝申し上げる〟と訳す。「べから」は助動詞「べし」の未然形で、可能（または適
当〝～のがよい〟）の用法。「む」は助動詞「む」の連体形で推量の用法。

（玉鬘の姿が）面影にお見えになる。（鬚黒）大将のような、風流な感じも陽気な感じもない人と（玉鬘が）一緒に暮らしているような状況で、ちょっとした色めかしい手紙も気が引けてそぐわなくお思いにならなくて、我慢なさるが、雨がひどく降ってたいそうのどかな頃、このような所在ない気持ちも紛らわせる所（＝光源氏が玉鬘を引き取って住まわせていた際の玉鬘の居所）にお行きになって、お話をなさった様子などが、ひどく恋しいので、お手紙を差し上げなさる。右近のもとへこっそりとお送りになるのも、一方では（右近が不審に）思うようなことをお思いになるので、これといったことをも書き連ねなさることができずに、ただ相手の推察に任せたことなどが書いてあった。

「降り続いてのどかな頃の春雨の中で、（あなたは）住み馴れた所の人（＝私）をどのように思い出すのか。所在ない気持ちに加えても、恨めしく思い出さずにいられないことがたくさんありますのを、どうして申し上げることができようか（、いや、できない）」などとある。

（右近が）機会を見つけて（＝鬚黒が不在の折に）こっそりと（玉鬘に手紙を）見せ申し上げると、（玉鬘は）少し泣いて、自分の心にも時間が過ぎるにつれて思い出されないでいらっしゃる（光源氏の）御様子を、まともに、「恋しいなあ、どうにかしてお目にかかろう」などとはおっしゃることができない親であって、ほんとうに、どうして対面することもできるだろうか（、いや、できない）としみじみ悲しい。時々煩わしかった（光源氏の）御様子を、気に入らなく思い申し上げたことなどは、この人（＝右近）にもお知らせにならないことであるので、自分一人の胸で際限なくお思いになるけれども、右近はうすうす事情を察した。お返事は、（玉鬘は）「申し上げるのも気が引けるけれども、うやむやでは（いけない）」ということでお書きになる。

「長雨が降り続く軒の雫に袖が濡れるように、物思いに耽って涙を流して、泡がはかなく消えるような少しの間もあなたを思い出さないだろうか（、いや、思い出す）。

長雨が降るうちに時が過ぎる今は、ほんとうに格別な所在ない気持ちも募りました。あなかしこ」と礼儀正しく意識して

『柳宗悦 手としての人間』『作ることの哲学』『作ることの日本近代』などがある。『芸術家たちの精神史』は二〇一五年刊。

「虚構」について。世界的ベストセラーで二〇一六年に邦訳が出た『サピエンス全史』の著者ユヴァル=ノア=ハラリは、ホモ・サピエンスがネアンデルタール人など他の旧人類を滅ぼして唯一生き残った理由として、神話（虚構）を創造し続けることで文明を発展させてきたとして、宗教はもちろん、民主主義も資本主義も虚構の産物であるという趣旨のことを述べている。本文の筆者の考えと非常に近い。知的興奮が何度も味わえる、受験生にもお薦めの一書である。

二

出典　紫式部『源氏物語』〈真木柱〉

解答

(一)
ア、いいかげんではないことであるけれども
イ、どうして申し上げることができるだろうか、いや、できない
エ、あなたを思い出さないだろうか、いや、思い出す

(二) 右近が、玉鬘と光源氏の実際の関係について、不審に思っている。

(三) どのような関係の女性にも恋心を抱いて深く思いを寄せがちな人。

▲解　説▼

通釈　二月にもなった。大殿（=光源氏）は、それにしても無情なことであるなあ、まったくこのようにきっぱりと（鬚黒が玉鬘を自分のものにすると）も思わずに油断させられた悔しさを、体裁が悪く、何から何までお心にかからない時はなく、恋しく思い出さずにいられないでいらっしゃる。前世からの因縁などというものはいいかげんではないことであるけれども、自分の度が過ぎた気持ちによって、このように他人に強いられたのではない物思いはするよと寝ても覚めても

して作り上げたものにすぎないと批判し、その判断基準の恣意性を指摘する。よって解答は「実践的判断」と「虚構的」の意味内容を踏まえてまとめることになり、そのポイントは次の二点となる。

① 科学技術を現実化すべきかどうかを判断する客観的な決定基準がない
② 判断基準は恣意的に作り上げられたものでしかない

(四)
傍線部直前の「そういう意味」とは、テクノロジーがそれまで不可能であったことを可能にすることによって、新たな虚構を作り出すことを人間に強いるようになったことを指す。ところがこの虚構は人間の生全体を支えているがゆえに、そのあり方を根本的に変えてしまうというのが傍線部の内容である。これを第一のポイントとして、これを補足するポイントを前の箇所から拾ってまとめればよいことになる。その補足ポイントとは当然テクノロジーに関することになるから、(一)〜(三)で解答した内容をもとにすればよい。すると、テクノロジーが自ら問題を作り出すという形で自己展開すること、およびテクノロジーはその現実化の是非の判断を行わず人間の手に委ねてしまうこと、この三点である。以上より解答のポイントを次の四点にまとめることができる。

① テクノロジーは不可能を可能にする一方で、自ら問題を作り出す
② テクノロジーはその現実化の是非の判断を人間の手に委ねる
③ 人間は是非の判断基準を虚構として産出せざるをえない
④ 新たな虚構の産出が人間の生き方を根本的に変えてしまう

参考

(五) a の「耐性」は〝環境の変化に対応していく生物の能力。病原菌などが薬物に対して獲得した抵抗性〟の意。「体制・大勢・態勢」などの同音異義語に注意。cは「余儀ない」で〝やむをえない〟の意。

伊藤徹(一九五七年〜)は静岡市生まれ。京都大学文学部哲学科卒業。同大学院文学研究科博士後期課程研究指導認定退学。京都教育大学助教授を経て、二〇一七年現在、京都工芸繊維大学教授。専攻は哲学・近代日本精神史。著書に

間の手に余るものだからである。「有無をいわせず人間をどこまでも牽引していく」とあるのも、科学技術のこのよ
うなオートノミー的（自律的）な性格を言い表している。設問は傍線部全体の説明を求めているので、「不気味」と
いう言葉の意味を踏まえた説明が必要になる。以上より解答のポイントは次の二点となる。

① 科学技術自らが問題を作り出し、その解決のために新たな技術の開発を強いる

② 科学技術は人間の手に余る奇怪なものである

▼(二) 傍線部の「ニュートラル」とは〝中立的〟の意であるが、まずテクノロジーの中立性とはどういうことかを、前後
の段落から把握する。そこで第三段落の「是非の判断」、第四段落の「その判断は別なカテゴリーに属す」、第七段落
の「判断の是非を決めることはできない」などに着眼すると、体外受精や延命措置など、その是非をめぐる判断には
科学技術自体はかかわらず、価値中立的であることをいったものだとわかる。次に、中立的なものに「留まりえない
理由」とはどういうことかを考えると、第四段落に「現実化すべきかどうかとなると」とあり、第八段落に「社会的
正義にかかわるかどうか」などとあるように、科学技術を「道具」として実際に利用する段階になると、道徳・倫理に
かかわる問題が必然的に発生してしまうことをいったものだとわかる。以上より解答のポイントは次の二点となる。

① テクノロジー自体は価値判断をしない中立的なものである

② テクノロジーを実際に利用する段階では倫理的問題が生じる

▼(三) 傍線部の「実践的判断」とはすでに明らかなように、科学技術を現実化すべきかどうか、実行すべきかどうかの判
断をいう。「虚構的」は〝事実らしく作り上げるさま〟の意。この判断がフィクションであることの理由を尋ねてい
る。その理由とは直前文に「最終的な決定基準があるなどとは思えない」とあるように、判断の基準に客観的、ある
いは絶対的な根拠がないということである。その具体例として、次の段落で「個人の意思」や「社会的コンセンサ
ス」があげられる。筆者は「個人の意思」など不確かで流動的であるのに、あたかも確固としているかのように仮定
されたものであり、また「社会的コンセンサス」といっても権力側が自らの政策決定を正当化するためのアリバイと

ろ、人間の行為、いや生全体に虚構が不可避的に関わっている。問題は、テクノロジーの発展によって、それまで「自然」に任すことができた状況を人為の範囲に落とし込み、これに呼応する新たな虚構の産出を強いるようになったことである。

着眼 本文は十一段落から成る。原文は小見出し（次の「　」内）によって五つの部分に分かれている。

1 第一・第二段落「技術の連鎖はどこまで続く」
テクノロジーは問題を解決しようとして自ら新たな問題を作り出す

2 第三～第五段落「できることとすべきこと」
テクノロジーは自ら作り出す問題に関わる是非の判断をできない

3 第六～第八段落「テクノロジーに放擲された人間」
人間はかつて問われることもなかった問題に直面して決断を迫られる

4 第九・第十段落「実践的判断基準の虚構性」
人間の実践的判断に基準はなく、虚構的なものでしかない

5 第十一段落「強いられる虚構産出」（その最初の一段落）
テクノロジーは「自然」を人為に変え、新たな虚構の産出を強いる

(一)は1の内容理解を、(二)は2・3の内容理解を、(三)は4の内容理解を、そして(四)は本文全体の内容理解を尋ねている。

▼

(一) 傍線部の「科学技術の展開」とは冒頭の一文で「与えられた困難を……自己展開していく傾向」とあるように、問題を解決するために開発された技術が自ら問題を作り出してしまい、それを解決するためにまた新たな技術の開発を人間に強いるという、科学技術の開発と問題の発生とのあいだの連鎖をいう。これが「不気味」といわれるのは、直

前文に「予測不可能」とあるように、科学技術の開発がどのような結果をもたらすのか、人間には予測がつかず、人

一

出典 伊藤徹『芸術家たちの精神史――日本近代化を巡る哲学』〈第六章 「神々の永遠の争い」を生きる 一 神々の永遠の争い〉（ナカニシヤ出版）

（一）　問題解決のための科学技術は問題を自ら作り出し、その解決のために新たな技術の開発を強いる、人間の手に余る奇怪なものだということ。

（二）　科学技術自体は価値判断しない中立的なものであっても、それを実際に利用する段階では倫理的問題が生じ、人間に判断を迫るということ。

（三）　科学技術を現実化すべきかどうかを判断する客観的な基準はなく、それに代わるものが恣意的に作られることになるから。

（四）　新たな問題を作り出しながら自己展開していくテクノロジーは、不可能を可能にする一方で、その現実化の是非の判断をしないために、人間はその判断基準に関して新たな虚構を作らざるをえず、その虚構が人間の生き方を根本的に変えてしまうということ。（一〇〇字以上一二〇字以内）

（五）　a―耐性　b―救済　c―余儀

要旨　困難を解決するために営まれるテクノロジーには、問題を自ら作り出し、それをまた新たな技術の開発によって解決するという傾向がある。しかもこうした問題に関わる是非の判断は技術にはできない。テクノロジーは実行の可能性を示すだけで、その判断は人間に任される。だが最終的な決定基準はなく、実践的判断は虚構でしかない。というよりむし

2016年度

解答編

東京大-理科前期   2016 年度　英語〈解答〉　*3*

解答編

■英語■

1 （A） 解答

<解答1＞　政治的・社会的共同体の性質を親族との類推によって理解する「仮想親族」という見立ての背後には，ある共通点を持った社会的範疇を本質的と見なす，人間文化に通有の心性が存在する。この心性は集団の結束に寄与すると同時に，激しい排他性をも生んできた。（100〜120字）

<解答2＞　「母国」「同胞」など，親族にまつわる言葉で集団を規定することは，血縁のない社会に結束をもたらした。しかし，現実の親族の実体とは異なるこの見方の根底には，ある特徴に基づいて恣意的に敵と味方を区別するという，人類に普遍的な心理が働いている。（100〜120字）

<解答3＞　人間社会の発達に伴い，親族的な集団感情を，血縁のないより大きな集団に拡大することが行われた。しかし，集団の内と外で決定的な区別を設け敵対しあうことは，人間心理に内在的な傾向であり，おそらくは先史時代から繰り返されてきた人類の営みであった。（100〜120字）

◆全　訳◆

≪「仮想親族」という概念≫

　「仮想親族」という概念は，集団感情がどのように実際の親族を超えて広がりうるかを理解する手助けとなる。人類は，メンバーが血縁で緊密に結びついた小集団の中で進化したので，近い親族を援助しようとする心理が進化の上で有利な地位を獲得した。しかし，人間の社会が発展するにつれて，異なる集団間の協力がいっそう重要になった。親族の言語や心性を，親族以外の者に拡大することによって，人類は「仮想親族」，つまり，貿易や自治，防衛といった，規模の大きな事業を引き受けることができる政治的・社会的共同体を作り出すことができたのである。

　しかし，この概念単独ではなお，なぜ私たちがそうした共同体に属する人たちを皆対等であると見なすのか，説明できない。仮想親族は，遺伝子

4 2016 年度　英語〈解答〉　　　　　　　　　　　　　　　　　東京大-理科前期

的な絆がないというだけでなく，近い親戚と遠い親戚の区別がないという
点でも本当の親族とは異なる。概して，同胞あるいは母国の成員はすべて，
少なくとも集団に属しているという点で対等な地位を有するが，実際の親
族は，さまざまに異なる強度で結びつき，所属や境界を定義するはっきり
決まった方法もない。人々を結びつけ，その人たちの間の強い絆を生み出
す，もっと根本的な要素を究明する必要がある。

　もっと深いレベルで，人間の共同体は，普遍的なものと考えられている，
よく知られた心理的傾向で結びついている。さまざまな文化での子どもの
発達の研究は，人々がどこでも，ある種の本質的な性質を，人種，民族，
あるいは衣装といった，人間の社会的区分に帰する傾向があることを示し
ている。この心的態度は，「内集団」対「外集団」という概念を生み出し，
もともとは結束がまったくなかった集団に結束を与えるのに使われてきた
が，集団が生き延びる可能性をも劇的に高めてきた。ところが，このこと
はまた，私たちが「外集団」を生物学的に異なる種と見なすことにつなが
り，そのことは敵意や対立の危険性を高める。有史時代を通じて，そして，
おそらく人間の先史時代もずっとそうだった可能性が高いが，人々は相変
わらず，他者を異なる種に属する者と見なすことによって，他者と戦い，
支配するために団結してきたのである。

━━━━━━━ ◀解　説▶ ━━━━━━━

◆**読解する**

　全体の構成を意識しながら，各段を検討してみよう。

〔第 1 段〕

　この段は，「仮想親族」という概念を紹介しながら人間社会の集団感情
に関する議論を導入している。第 1 文は「仮想親族」という言葉を紹介し，
それが何を解明するのに用いられるものかを提示，第 2 文は「本当の親
族」が人間の進化の過程で重要な位置づけにあったことを示している。第
3 文は転じて，社会の発達につれて，異なる集団間の協力が必要になった
ことを述べている。第 4 文は，「仮想親族」という拡大された政治的・社
会的共同体を作り出すことで，より規模の大きな事業に取り組めるように
なったことを述べている。

〔第 2 段〕

　第 1 文は，「仮想親族」という概念だけでは，その集団に属する者同士

東京大-理科前期　　　　　　　　　　　　　　　　　　2016 年度　英語〈解答〉　5

が対等であると見なす理由にはならないという，新たな問題を提起。第
2・3文は，「仮想親族」と「本当の親族」の違いを挙げ，第4文では
人々を結びつけ，絆を生み出すさらに根本的な要因の究明が必要だとして
いる。

〔第3段〕

　第1文は，より深いレベルで人間の共同体をまとめる心理的傾向がある
と概要を示し，第2文は，それが人間社会の区分に結びついていることを
述べている。第3文はその心的態度が「内集団」対「外集団」という概念
を生み，集団の結束と存続を高めたとしている。第4文は，この心的態度
のせいで，「外集団」を異なる種と見なし，敵意や対立が起こったことを
述べ，第5文は，このため，人間の歴史を通じて，他者を異種と見なす戦
いや支配が行われてきたとしている。

　各段と各文の内容とまとめると下表のようになる。

	各段の要旨	各センテンスの内容
第1段	本当の親族を超える者を結びつける「仮想親族」	第1文：「仮想親族」という概念は，集団感情がどのように実際の親族を超えて広がるかを理解する手助けとなる。 第2文：人間は血縁で結びついた小集団で進化したため，親密な関係にある者を助ける心理が働く。 第3文：社会の発達につれて異なる集団間の協力が必要となった。 第4文：人間は，親族との類比により集団感情を親族以外の者に広げることで，より規模の大きな事業を可能にする「仮想親族」を作り出した。
第2段	同じ集団に属する者を対等と見なすという謎	第1文：仮想親族という概念だけでは，それに属する者を対等だと見なす説明にはならない。 第2文：仮想親族は遺伝子的関係も，近い親族・遠い親族の区別もない点で本当の親族とは異なる。 第3文：同胞は，同じ集団に属しているという点で対等だが，本当の親族はメンバーの関係の度合いが異なり，境界の定義もない。 第4文：人間同士を結びつけ，強い絆を生むさらに根本的な要素の究明が必要である。

第3段	「内集団」対「外集団」を区別する人間の心理的傾向	第1文：深いレベルで人間の共同体を結びつけている，普遍的な心理的傾向がある。
		第2文：人は，人種・民族・衣装といった社会的区分に，本質的な性質を帰する。
		第3文：この心的態度は「内集団」対「外集団」という概念を生み，集団の生存の可能性を高めた。
		第4文：しかし，これは「外集団」を異なる種と見なし，敵対や対立を生むことにつながることがある。
		第5文：歴史を通じて，人間は他者を異種と見なし，戦いや支配を繰り返してきた。

◆答案を作成する

　第1段で導入されている「仮想親族」という概念に説明を与えつつ，第2段最終文「人々を結びつけ，その人たちの間の強い絆を生み出す，もっと根本的な要素を究明する必要がある」を踏まえて，第3段で述べられた，集団に関する人間の普遍的心理へと論をつなげる。論旨が多様なため，制限字数内でまとめるには工夫を要する。

━━━━━━━ ●語句・構文● ━━━━━━━

（第2段）　●all members of a brotherhood or motherland「同胞あるいは母国のすべての成員」が直訳。ここでの brotherhood は血のつながりのある兄弟ではなく，同じ国土に生まれた人々，つまり広い意味での同胞である。

1 (B) 解答　(1)—b）　(2)—c）　(3)—e）　(4)—d）
(5)—a）

━━━━━━━ ◆全　訳◆ ━━━━━━━

≪言論の自由の重要性≫

　言論の自由は，国旗やモットーのように，単なる象徴的なものなのだろうか。それは，私たちが調整し合う多くの価値の一つにすぎないのだろうか。それとも，言論の自由は基本的なもの，つまり，絶対的とは言わないまでも，慎重に限定された場合にだけ制限されるべき権利なのだろうか。

　その答えは，言論の自由はまさに基本的なものだということだ。重要なのは，それがなぜ重要かということを思い出し，その権利が疑問視されるときには，その理由を持ち出せるよう準備しておくことである。

　第一の理由は，言論の自由が基本的なものなのかどうかを問うときにま

さに行っていること——すなわち意見を交換し評価すること——は，意見を交換し評価する権利を私たちが有することを，前提にしているということだ。言論の自由（あるいは他のどんなことであれ）について話しているとき，私たちは「話し合っている」のである。私たちは，意見の不一致を武力によって解決しようとしているのでもなければ，コインを投げて決めようとしているのでもない。ナット＝ヘントフの言葉を借りて「言論の自由は私のためのものだが，あなたのためのものではない」と進んで表明するのでないかぎり，言論の自由に反対の論を張るために議論の場に姿を現したとたん，あなたはすでに負けている。言論の自由に反対するために言論の自由を使うのは，理屈に合わない。

（1） b ）この純粋に論理的な推論に納得しない人は，人間の歴史に見られる議論を参照することができる。歴史は，宗教的・政治的理由で真理の排他的所有を主張する人たちがたいてい間違っていたこと，それもしばしば滑稽なほどに間違っていたことを示している。

おそらく，近代史における最大の発見——それは，その後のあらゆる発見にとって必要なものだった——は，科学が現れる前に信頼の源泉となっていたものは信用できないということだ。信仰，奇跡，権威，占い，第六感，通念，主観的確信は，誤謬の元であり，退けられるべきである。

（2） c ）それではどのようにして，私たちは知識を獲得できるのだろうか。答えは，仮説と検証という過程である。現実の性質についての考えを思いつき，現実と照らし合わせてその考えを検証し，間違った考えの誤りを世界に立証させるのである。この手続きの仮説の部分は言うまでもなく，言論の自由の行使にかかっている。どの考えが検証の試みに耐えられるかを見ることによってのみ，私たちは誤った信念を避けられるのである。

ひとたび，この科学的な取り組みが近代初期に定着すると，世界に関する古典的な理解は覆された。実験と議論が，真実の根拠として，権威に取って代わり始めたのである。

（3） e ）この道筋をたどる重要な段階の一つは，地球は太陽の周りを回っているというガリレオの実証だったが，この主張は，強烈な抵抗を克服しなくてはならなかった。しかし，コペルニクスによる転回は，世界に関する私たちの現在の理解を，私たちの祖先には認識できないものにすることとなった一連の出来事のほんの第一歩にすぎなかった。私たちは今では，

どの時代や文化のものでも，広く抱かれている信念は，間違いなく今日私たちが抱いているものの一部も含めて，きっぱりと誤りが立証される可能性があることを理解しており，この理由のために，私たちは新しい考えを自由に交換することを頼りにしているのである。

　言論の自由が人間の繁栄にとって基本的なものだという3番目の理由は，それが民主主義に欠かせないもので，独裁政権に対する守りであるということだ。20世紀の非道な政権は，どのように権力を獲得し，保持しただろうか。答えは，暴力的な集団が，彼らを批判する人や反対派を黙らせたということだ。そして，いったん権力の座に着くと，独裁政権はその政権に対するどんな批判をも罰した。このことは，大量殺戮やその他の残虐行為で知られている今日の政権にもなお当てはまる。

　(4)　d）なぜこうした政権は，批判の表明をまったく許さないのだろうか。実際，苦しんでいる大勢の人たちがともに行動すれば，どんな政権も彼らに抵抗する力を持たない。国民が団結して独裁者に向かわない理由は，彼らが共有知識，つまり，皆が知識を共有しており，共有していることを知っているという意識を欠いていることである。人々は，自分と同時に，他の人たちが自らを同じ危険にさらしているとわかっているときにしか，自らを危険にさらそうとしない。

　共有知識は，公然性を持った情報によって生み出される。『裸の王様』の物語は，この論理を実証している。幼い男の子が王様は裸だと叫んだとき，その子は他の人たちがまだ知らなかったこと，つまり，自分の目では見えなかったことを伝えていたのではない。ところが，それでもやはり，その子は人々の知識を変えていたのだ。なぜなら，そのとき誰もが，王様は裸だということを他のみんなが知っていることを知ったからである。そして，その共有知識は，彼らが笑いによって王様の権威に異議を唱えるように促したのである。

　(5)　a）私たちはまた，権力を握っている者だけでなく，日常生活の中で弱い者いじめをする者，たとえば，要求のきつい上司，自分のことを鼻にかける教師，些末な規則を強硬に押し付ける隣人などをくじくための武器としても言論を使う。

　確かに，言論の自由にはさまざまな限界がある。私たちは，人々が不正に個人攻撃をしたり，軍事機密を漏らしたり，他の人に暴力を促したりす

東京大-理科前期 2016 年度　英語〈解答〉　9

るのを防ぐための法を可決するかもしれない。しかし，こうした例外は，厳格に定義し，個々に法的な根拠を示さなくてはならない。これらの例外があるからといって，言論の自由が，数多の取り換え可能な善のうちの一つだということにはならないのである。

　そして，もしこうした議論に反対するのなら，つまり，私の論理の不備や私の考えの誤りを暴きたいなら，それができるようにしてくれるのも，言論の自由という権利なのである。

━━━━━━ ◀解　説▶ ━━━━━━

▶(1)　空所の直前の段（第 3 段）では，その第 1 文にあるように，言論の自由が基本的なものである第一の理由が述べられている。それは言論の自由を問題にするときには，言論を戦わせているのであり，言論の自由が土台になければ，論じることはできないということだ。同段最終文は「言論の自由に反対するために言論の自由を使うのは，理屈に合わない」となっている。つまり，言論の自由が基本的なものだというのは，論理的な帰結であるとしていることになる。b）の第 1 文には「この純粋に論理的な推論」という言葉があり，これが，第 3 段最終文の内容に相当する。(1)には b）を補うのが適切。

▶(2)　空所の直後の段（第 7 段）第 1 文には this scientific approach「この科学的な取り組み」とある。c）の第 2 文に「仮説と検証」という言葉が見られ，以下，仮説を立て，現実と照らし合わせて誤った仮説の間違いを立証していく過程が述べられている。これは科学の基本的な手法にあたる。また，空所の直前の段（第 5 段）で，「信仰，奇跡，権威，占い，第六感，通念，主観的確信」といった非科学的な信念が信頼できないことが述べられ，かつての知識の獲得の出どころとなるものが否定されていることと，c）の第 1 文の「それではどのようにして，私たちは知識を獲得できるのだろうか」も，適切につながる。(2)には c）を補うのが適切。

▶(3)　選択肢中 e）の第 1 文冒頭には「この道筋をたどる重要な段階の一つ」とあり，以下それがガリレオやコペルニクスの地動説であることが述べられている。これは天動説からの転換であり，信仰から近代的科学への移行の「道筋」ということである。空所の直前の段（第 7 段）に，「科学的な取り組みが近代初期に定着すると，世界に関する古典的な理解は覆され」「実験と議論が，真実の根拠として，権威に取って代わり始めた」と

10 2016 年度 英語〈解答〉　　　　　　　　　　　　　　　　　東京大-理科前期

あるのが，この「道筋」と言える。(3)にはｅ）を補うのが適切。

▶(4)　ｄ）の第１文には「なぜこうした政権（regimes）は，批判の表明をまったく許さないのか」とある。第９段は，最終文に「このことは，大量殺戮やその他の残虐行為で知られている今日の政権（governments）にもなお当てはまる」とあるように，独裁政権に触れており，ｄ）の冒頭の「こうした政権」がこれを受けると考えると，うまくつながる。(4)にはｄ）を補うのが適切。

▶(5)　ａ）の冒頭には「私たちは…権力を握っている者だけでなく…をくじくための武器としても言論を使う」とあるため，この段の前で「権力を握っている者」を言論でくじくことが述べられていると考えられる。空所の直前の段（第11段）では，『裸の王様』を例にとり，権力者が子どもの「自由な発言」で権威を失墜させたことが示されている。したがって，(5)にはａ）を補うのが適切。

━━━━━━━ ●語句・構文● ━━━━━━━━━━━━━━━━━

(第２段)　●It's important to remind ourselves why, … は，why の後に，前文の free speech is indeed fundamental が省略されていると考える。

(第７段)　●take hold「定着する，確立する」

2 (A) 解答例

＜解答例１＞ What are shown in this photo are a cat, a hand and a rug, which are all very ordinary things. Placing the hand just in front of the lens, however, produces an amusing image of someone trying to hold a cat as small as a peanut！ I find this picture interesting because it shows that we can change common objects into interesting subjects for photos by using simple techniques.（60～80 語）

＜解答例２＞ Obviously, this photograph was taken by manipulating perspective, for, in reality, a cat can't be this small compared to fingers. This trick is based on an optical illusion caused by the distance between two things：a nearer object appears larger than the farther one, and sometimes, a two-dimensional image fails to give us a sense of distance. That is why it looks as if a miniature cat were

東京大-理科前期　　　　　　　　　　　　　　2016 年度　英語〈解答〉　*11*

about to be pinched by a giant hand.（60〜80 語）

━━━━━━━━━ ◀解　説▶ ━━━━━━━━━

▶＜解答例＞の全訳は以下のとおり。

＜解答例1＞　写っているのは，ネコと手と敷物で，どれもとてもありふれたものだ。しかし，手をレンズのすぐ前に持ってくることで，誰かがピーナッツのように小さなネコをつまもうとしている，面白い画像が撮れる。私はこの写真を興味深く思う。なぜならそれは，簡単なテクニックを使うことで，ありふれた対象を写真の面白い題材にできることを教えてくれるからだ。

＜解答例2＞　明らかに，この写真は遠近法を操作して撮られたものだ。というのは，実際ネコが指と比べてこれほど小さいはずはないからだ。この錯覚は，2つのものの距離の差による目の錯覚がもとになっている。より近いものは大きく見え，遠いものは小さく見えるが，二次元の画像からは時々距離の感覚が感じられないことがある。ミニチュアのネコが巨大な手で今にもつままれそうに見えるのは，そのためである。

▶「画像について，あなたが思うことを述べよ」という条件なので，写真に写っているものの説明にならないように注意したい。画像の面白味や撮り方についての説明といった内容が書きやすいだろう。漠然とした問いかけともいえる設問なので，文章の締めくくりをどのようにまとめるか，よく考えて解答を作成したい。

2 (B)　解答例

＜解答例1＞　Considering the result of the second experiment, it is doubtful that elephants are not as smart as chimpanzees. Rather, these two problem-solving tasks show that different animals have different ways of achieving goals. The difference between chimpanzees and elephants just lies in their strong points, not in their intelligence. The former are good at using sticks and the latter boxes.（50〜70 語）

＜解答例2＞　So, what was wrong with the first experiment? Perhaps, the scientists were "anthropocentric." We humans would use a stick effectively with our hand in order to get food outside our reach. The researchers, therefore, unconsciously regarded a stick as

12 2016 年度 英語〈解答〉   東京大-理科前期

the best tool. However, it is not always so, as the second experiment
showed. Thus, in studying animal intelligence, we have to be very
careful about the criteria （50〜70 語）

━━━━━━━━━━◆全　訳◆━━━━━━━━━━

（第 1・2 段の訳は以下のとおり）

　動物の知能を研究するために，科学者たちは，動物たちに手の届かない
ところにある食べ物を取るための長い棒を与えた。チンパンジーのような
霊長類は棒を使うが，ゾウは使わないことがわかった。ゾウは，鼻で棒を
握ることはできるが，食べ物を取るためにそれを使いはしない。こうして，
ゾウはチンパンジーほど賢くはないと結論づけられた。

　しかし，ワシントンの国立動物園にいる若いゾウのカンドゥラは，最近
その考えに対する疑問を抱かせた。このゾウは，棒だけでなく，大きな四
角い箱やその他の物をいくつか与えられ，ちょうど彼には届かない上の方
に果物が置かれた。彼は棒を無視したが，しばらくすると足で箱を蹴り始
め，ついには箱が果物の真下に行った。彼は箱の上に前足を置いて立ち上
がり，鼻で食べ物を取ることができたのである。

━━━━━━━━　◀解　説▶　━━━━━━━━

▶〈解答例〉の全訳は以下のとおり。

〈解答例 1〉　2 番目の実験の結果を考えると，ゾウがチンパンジーほど
賢くないというのは疑わしい。むしろ，これら 2 つの問題解決タスクは，
異なる動物には異なる目標達成法があるということを示している。チンパ
ンジーとゾウの違いは，ただその強みにあるのであって，知能にあるので
はない。前者は棒を利用するのが得意であり，後者は箱を利用するのが得
意なのである。

〈解答例 2〉　では，最初の実験は何が悪かったのだろうか。おそらく，
その科学者たちは「人間中心的」だったのである。私たち人間なら，手の
届かないところにある食べ物を取るために，手で棒を効果的に使うだろう。
したがって，研究者たちは無意識に，棒が最もよい道具だと見なしたのだ。
しかし，2 番目の実験が示したように，常にそうとは限らない。このよう
に，動物の知能を研究するときには，私たちは判断基準に非常に注意すべ
きである。

▶第 1 段では，棒を使って食べ物を取る実験で，チンパンジーは成功した

が，ゾウはできなかったという結果から，ゾウはチンパンジーほど知能が高くないと結論されたことが述べられている。第2段では，やはり食べ物を取る実験で，ゾウに棒以外に箱などが与えられた場合，ゾウは箱を使って食べ物を取ることに成功したことが述べられている。

この2つの実験から導かれる結論を第3段として書くという条件である。「結論」というのは，動物の知能についての結論と考えられるが，同時に，第1段で述べられた結論の誤りがどうして生じたかという実験方法の観点から，前2段と整合性のある第3段を構成することもできる。いずれにしても，論の流れを考えて，まとまりのある内容にすること。

3 (A) 解答 (6)— d) (7)— c) (8)— c) (9)— c)

◆全 訳◆

≪美術品の価格高騰≫

『アート=イン=フォーカス』へ，ようこそ。毎週，世界中の芸術に関するニュースや論争についての討論をお届けしております。先週は，若い芸術家，とりわけデジタルメディアで仕事をしている人たちが直面している財政問題を議論しました。デジタルメディアでは，ほんの少しのノウハウがあれば，誰にでも個々の作品の完全なコピーが無数にできるわけです。今週の大きなニュースは，示唆に富む実例を示しています。デジタル時代以前の芸術作品が，公設の競売でのあらゆる記録を破りました。パブロ=ピカソの『アルジェの女たち』という有名な絵画が1億7900万ドルという新記録で最近売れました。オークション会場は価格が上がるにつれて静まり返りました。それから，予測を2000万ドル超える最終価格に，人々は拍手と歓声を送ったのです！ 競売人によると，その言葉を引用すれば，「オークションの歴史で最も素晴らしい瞬間の 一つ」でした。

その作品は，ピカソが1954年から1955年の間に，創造性を爆発させて生み出した15連作の最後の一つです。これらの絵画の主題は，『部屋の中のアルジェの女たち』という似た題名の作品に刺激を受けたものですが，この作品は1834年にフランスの画家ウジェーヌ=ドラクロワが描いたもので，3人の女性が部屋でくつろいでいる様子を描いています。しかし，ドラクロワの原作が，ほぼ写真のごとく写実的に描かれているのに対して，

14 2016年度　英語〈解答〉　　　　　　　　　　　　　　　　　東京大-理科前期

ピカソ版は，さまざまな点で姿がゆがめられ，異なる角度から見たものを
同時に描いているのです。原作はほの暗く静かな場面を表しているが，ピ
カソは動きや色彩に満ちた場面を描いています。

　ピカソは1955年のバレンタインデーにこの連作を描き上げました。彼
の親友でありライバルでもあるアンリ=マティスは，その前年に亡くなっ
ており，ピカソの絵画はテーマとアイデアをマティスから受け継いだもの
です。それは，部分的には，亡くなった友人への手向けなのです。

　その絵画はまた，美術市場におけるインフレーションの強い影響も表し
ています。15の連作絵画の全作品は，1956年には25万ドルで販売されま
した。1997年には，今回の絵画1枚だけで3200万ドルで売れました。そ
して，それから20年も経っていない現在，1億7900万ドルで売れたわけ
です。こうした類の急激な価格上昇のせいで，どんな投資家も興味を持ち，
関心を払うことでしょうし，実際，有名な芸術家の作品の販売が世界中で
ブームになっているのです。ですが，こうした芸術作品は，人々が支払っ
ている額に見合う価値が本当にあるのでしょうか。どんな絵画であれ，本
当に何億ドルもの価値がありうるのでしょうか。これには限界があるでし
ょうか。そして，最も大切なのは，美術館は，その多くが税金で運営され
ているのですが，その美術館がもう作品を買う余裕がなくなったら，どう
なるのかということです。今度は，二人の専門家とともにこうした問題を
取り上げます。

━━━━━━━━━ ◀解　説▶ ━━━━━━━━━

▶(6)　「話し手によると，その絵の販売に関しては何が重大だったか」

　第1段第3文で「今週の大きなニュースは，示唆に富む実例を示してい
る」と述べ，第4文には「デジタル時代以前の芸術作品が，公設の競売で
のあらゆる記録を破った」とある。d）の「それが，公設の競売に掛けら
れるあらゆる絵画の中で最高額で売れた」が正解。

a）「それは匿名のバイヤーに売られた」

b）「それは予測よりずっと低い額で売られた」

c）「それは歴史的なオンライン=オークションの最中に売られた」

▶(7)　「話し手によると，ピカソの絵が，その刺激となったドラクロワの
絵と，最もはっきりと異なっているのはどのようなことか」

　第2段最終文に「原作はほの暗く静かな場面を表しているが，ピカソは

動きや色彩に満ちた場面を描いている」とある。ｃ）の「描写の快活さ」が適切。

ａ）「独創性の度合い」

ｂ）「場面の場所」

ｄ）「描かれている女性の数」

▶(8)　「話し手によると，ピカソの絵は，アンリ＝マティスとどのような関係があるか」

第３段第２文に「ピカソの絵画はテーマとアイデアをマティスから受け継いだものだ」とある。ｃ）の「それはマティスから借用したテーマに基づいている」が正解。

ａ）「それは，ピカソからマティスへの贈り物だった」

ｂ）「それは，マティスがよく用いた色を使っている」

ｄ）「それは，マティスの死後，ピカソが初めて描いた絵だった」

▶(9)　「話し手によると，その絵の価格は…上がった」

第４段第３・４文に「1997 年には，今回の絵画１枚だけで 3200 万ドルで売れ…現在，１億 7900 万ドルで売れた」とある。ｃ）の「1997 年の 3200 万ドルから現在の１億 7900 万ドルまで」が正解。ａ）は，1956 年の 25 万ドルは１枚の絵ではなく，連作全部の価格だから不適切。

ａ）「1956 年の 25 万ドルから現在の１億 7900 万ドルまで」

ｂ）「1956 年の３万 2000 ドルから 1997 年の１億 7900 万ドルまで」

ｄ）「1956 年の 25 万ドルから 1997 年の１億 7900 万ドルまで」

3 (B) 解答　(10)―ｄ）　(11)―ｂ）　(12)―ｃ）　(13)―ｂ）　(14)―ａ）　(15)―ｄ）

◆◆全　訳◆◆

≪美術品の価値に関する議論≫

Ａ（司会者）：現代美術の専門家お二人にこちらのスタジオにお越しいただき，この注目すべきニュースについて論じます。ルーカス＝メンデスさんは，20 世紀の美術の専門家で，『イメージ』誌に寄稿しておられ，ピカソに関する本の著者でいらっしゃいます。ファティマ＝ナーセルさんは，美術市場，そして知的財産一般に特別の関心を寄せている経済学者でいらっしゃいます。

まずファティマさん，あなたにお伺いいたします。多くの人が，芸術作品はそんなに価値があるのかと考えていると思うのですが…

B （ファティマ＝ナーセル）：えー，もちろん，何でも人がそれに喜んで払う金額の価値があります。カタールの元首相が今回したように，もし誰かが1億7900万ドル払いたいと思うのなら，それがその絵画の価値です。もしこの絵に誰も1セントすら払いたいと思わないなら，それは何の価値もないということです。

C （ルーカス＝メンデス）：いや，私はそんなことに賛成できませんね。「価値」は「価格」と同じものではありません。物の価格は，その本当の価値に見合わないことがあります。あるいは，今回のように，実はその価値を落とすことがあるんです。

A：どういう意味でしょうか，価値を「落とす」というのは。

C：素晴らしい芸術作品が今回のように私的な所有になってしまうと，起こりがちなことは，それが見えなくなるということです。確かに，私的な所有者が博物館や美術館に期間限定で貸し出すことはあります。しかし，たいていは，その作品は個人の保管の中に姿を隠してしまいます。

　博物館は，このような価格高騰と張り合うことはできませんし，その結果として，ピカソの『アルジェの女たち』のような重要な作品が，一般の人や批評家，そして最悪なことに若い芸術家たちの目に触れなくなります。それでは，その作品の持つ影響力もその価値も下がりますよ。

B：人が自分の好きなようにお金を使う権利を持っていないと言っているのではないですよね。もし博物館のような公共の施設に競争力がないのなら，それらにもっとお金を出すのは，政府の責任です。そして，政治家をそうするように説得するのは，ルーカス，あなたのような人たちに任されているということですよ。

C：ある種のものは万人のものだとは思いませんか。あなたが言うように，何もかも，誰であれいちばん多く支払う人のものになってしまうのなら，たとえば，歴史的建造物や文書まで喜んで売ってしまうことになるでしょう。私の考えでは，国の宝を売るのは犯罪的です。そういうものは販売するべきものではありません。そして，この絵は，「国際

的な」宝だと私は思います。

A：もう一つの点を話し合いましょう。ファティマ，いったいなぜ，人々はそんなにお金を用意するのでしょう。彼らは本当に美術をそんなに好きなのでしょうか。

B：ええと…

C：もちろん違います！　投資ですよ。人々は，『アルジェの女たち』のような傑作の値段は上がる一方だと信じているんです。自分のお金を投資する先を探しているだけです。銀行が払う利子率が低いことはわかっていますから，それで…

B：ちょっと待ってください！　人がどんな動機で買うかは，私たちが関与することではありません。何であれ自分の好きな理由で買ってかまいませんよ。芸術に対する愛好かもしれません。いずれにしても，それは本当に素晴らしい絵ですしね。あるいは，子どもへの遺産かもしれません。コレクションの一部かもしれませんし，また純粋な投資かもしれません。私たちが認める動機でだけ物を買わなくてはならないなどと人々に言って回ることなどできませんよ。そんなことは，個人に対するあまりにも行き過ぎた国家統制です。

C：まったくそんなことはありません。個人の所有に任せておけないほど大切なものもあります。道路や橋のような基本的インフラ，国防機構，環境保護です。私が言っているのは，文化とはそういう重要性も持っているということです。

A：えー，ご覧のとおり，これは激しい意見の対立を引き起こす話題です。ここで議論を終えなくてはなりません。お二方とも，ありがとうございました。私の個人的な考えでは，私自身はあれほどの額は払わないだろうと申し上げます。あの絵が好きかどうかさえわかりません！あの絵の写真が現在，私たちのウェブサイトにアップされていますので，みなさんはご自分で判断していただけます。

　　さて，来週は，芸術ビジネスのまったく違った面を見ます。昔の巨匠の作風をまねることがたいへんうまいため，かつて贋作販売で何百万ドルも稼いだ画家の話をお伝えします。彼は最終的には逮捕され投獄されましたが，彼の画家としての腕前のおかげで，彼は自身の絵画で，最も人気があって有望な芸術家の一人となっています。それは，

18 2016 年度　英語〈解答〉　　　　　　　　　　　　　　東京大-理科前期

　　次週の『アート=イン=フォーカス』で。

━━━━◀解　説▶━━━━

▶⑽　「ファティマ=ナーセルは，絵画の価値について何と言っているか」

　Bの最初の発言第1文に「何でも人がそれに喜んで払う金額の価値がある」とあり，第2文に「1億7900万ドル払いたいと思うならそれだけの価値がある」とある。d）の「それは，そのために提供される最高額によって決まる」が適切。

a）「それは，その芸術家の評判によって決まる」

b）「それは，その作品の芸術的な質によって決まる」

c）「それは，主要な博物館の予算によって決まる」

▶⑾　「ルーカス=メンデスによると，私的所有の傑作の価値には何が起こりうるか」

　Cの2番目の発言最後の2文に「重要な作品が，一般の人や批評家，そして最悪なことに若い芸術家たちの目に触れなくなり…その作品の持つ影響力もその価値も下がる」とある。b）の「若い芸術家がそれらを研究できなくなるため，価値は下がる可能性がある」が正解。

a）「もう批評できなくなるため，価値は増す可能性がある」

c）「博物館がそれらを展示しようと競い続けるため，価値は増す可能性がある」

d）「私的所有者が十分な手入れをしないかもしれないため，価値は下がる可能性がある」

▶⑿　「ルーカス=メンデスによると，なぜ人々は，このような絵画に高額を払うのか」

　Cの4番目の発言最後の2文に「自分のお金を投資する先を探しているだけだ。銀行が払う利子率が低いことはわかっているから…」とある。

c）の「銀行にお金を預けておくより良いと信じているから」が正解。

a）「その絵画が傑作だと信じているから」

b）「彼ら自身の社会的地位が上がると信じているから」

d）「その絵画は未来の世代のために保存されるべきだと信じているから」

▶⒀　「人々が美術品を買う理由として，ファティマ=ナーセルが言及していないのは次のどれか」

　Bの4番目の発言第4～7文に美術品購入の理由として「芸術に対する

東京大-理科前期　　　　　　　　　　　　　　　　　　2016 年度　英語〈解答〉　19

愛好かも…子どもへの遺産かも…コレクションの一部かも…また純粋な投
資かもしれない」とある。ｂ）の「子どもを教育するため」に相当する項
目はない。これが正解。

ａ）「財産を増やすため」上記の４番目に当たる。

ｃ）「遺産として残すため」上記の２番目に当たる。

ｄ）「芸術そのものを鑑賞するため」上記の１番目に当たる。

▶⑭　「どのような点で，ファティマ＝ナーセルとルーカス＝メンデスは，
最も意見が一致しそうか」

　　Ｂの４番目の発言第４文に「いずれにしても，それは本当に素晴らしい
絵だ」とあり，Ｃの３番目の発言最終文には「この絵は，『国際的な』宝
だと私は思う」とある。いずれも，今回オークションで売れたピカソの絵
のことを言っている。ａ）の「『アルジェの女たち』は非常に優れた絵だ」
が正解。

ｂ）「道路や橋は，私的に所有されるべきではない」

ｃ）「芸術作品を個人的に売ることは，その価値を下げるかもしれない」

ｄ）「『アルジェの女たち』のような絵画は，心から芸術を愛する人たちに
だけ売るべきだ」

▶⑮　「次の『アート＝イン＝フォーカス』の主な話題は何だと司会者は言
っているか」

　　Ａの最後の発言第８・９文に「かつて贋作販売で何百万ドルも稼いだ画
家の話を伝える。彼は最終的には逮捕され投獄されたが，彼の画家として
の腕前のおかげで，彼は自身の絵画で，最も人気があって有望な芸術家の
一人となっている」とある。ｄ）「今では自分自身の絵画で名声を得てい
る，以前は犯罪者だった人」が正解。

ａ）「贋作だと思われていたが，本物だということがわかったもの」

ｂ）「贋作だとわかった有名な傑作」

ｃ）「自分のオリジナルの絵画を何百万ドルもの額で売る現代画家」

3 (C) 解答

(16)— b) (17)— c) (18)— c) (19)— c)
(20)— d)

◆全 訳◆

≪蚊に刺される理由≫

　あなたは夏のハイキングから，蚊に刺された赤い痕だらけになって帰宅するのに，友人はまったく刺されなかったと言う。あるいは，あなたはキャンプで一晩過ごして目覚めると，足首や手首が刺されてかゆみに襲われているのに，他の人たちは無傷である。

　あなただけではない。推定 20 パーセントの人は，特に蚊にはおいしく，いつも他の人よりもよく刺されるということがわかっている。そして，科学者は，この状況への対策は虫よけスプレー以外にはまだないものの，一部の人が他の人よりもよく刺される理由については多くの考えを持っている。

　原因となる要素の一つは，血液型である。これは，驚くほどのことではないだろう。というのも，いずれにしても蚊は私たちの血液からたんぱく質を得るために刺すからであり，研究で蚊はある種の血液型に対して，他のものより食欲がわくとわかっている。ある研究では，管理された状況では，蚊がO型の人に，A型の人の2倍近くたかることがわかった。B型の人はその中間くらいだった。さらに，遺伝子をもとに調べると，約85パーセントの人は，自分がどの血液型かを示す化学的な信号を皮膚から発し，15パーセントは発していない。そして，蚊は，血液型に関係なく，そうした化学物質を発している人に，より引きつけられるのである。

　蚊が目標の居場所を特定するカギとなる方法の一つは，呼気に放出されている二酸化炭素をかぎつけることである。蚊は，50メートルも離れたところから二酸化炭素をかぎつけることができる。結果的に，単により多くの息を吐く人は，一般的に言って体がより大きい人だが，そういう人は他の人よりも蚊を引き寄せやすいとわかっている。これが，子どものほうが一般的に大人よりも刺されにくい理由の一つである。

　他の研究は，人間の皮膚にもともと生息するバクテリアも，蚊を引き寄せることに影響すると示唆している。2011年のある研究で，科学者は，バクテリアの量が多いことで，皮膚は蚊にとっていっそう魅力的になることを発見した。このことは，蚊が特に足首や足を刺すことが多い理由の説

東京大-理科前期　　　　　　　　　　　　　　　　　　　　　　　　2016 年度　英語〈解答〉　*21*

明になるかもしれない。というのも，足首や足には，もともと相当なバク
テリアのコロニーがあるからだ。

　全体として，背後にある遺伝子的な違いが，蚊の引き寄せやすさの違い
の 85 パーセントを説明すると考えられ，それは血液型や他の要素によっ
て現れるかどうかに関係ない。残念ながら，この遺伝子を変える方法はま
だない。しかし，良い知らせもある。ほとんど蚊を引き寄せず，ほぼ刺さ
れない人もいるということだ。英国のある科学者集団が，こうした人が発
している化学物質を特定した。この発見は，私たち全員，おいしい 20 パ
ーセントの人にさえ，蚊を寄せつけなくする，進歩した虫よけスプレーに
つながるかもしれない。

━━━━━━━━━ ◀解　説▶ ━━━━━━━━━

▶⒃　「蚊が人を刺すことについて，話し手はどんなことを言っているか」

　第 2 段第 2 文に「推定 20 パーセントの人は…他の人よりもよく蚊に刺
される」とある。b ）の「20 パーセントの人は他の人よりよく刺される」
が正解。

a ）「20 パーセントの人はめったに刺されないか，まったく刺されない」

c ）「20 パーセントの人は虫よけスプレーでも刺されるのを防げない」

d ）「科学者たちは，20 パーセントの人に効き目のある，刺されることに
対する新しい治療法を発見した」

▶⒄　「話し手が述べて<u>いない</u>のは次のどれか」

　第 3 段第 2 〜 5 文には「蚊は私たちの血液からたんぱく質を得るために
刺す…ある研究では…蚊が O 型の人に，A 型の人の 2 倍近くたかることが
わかった。B 型の人はその中間くらいだった。…約 85 パーセントの人は，
自分がどの血液型かを示す化学的な信号を皮膚から発し，15 パーセント
は発していない」とある。c ）の「蚊の 15 パーセントは人の血液型を識
別できない」に当たる事柄は述べられていない。これが正解。

a ）「蚊は，人からたんぱく質を得るために人を刺す」　上記の 1 番目の項
目に当たる。

b ）「ほとんどの人は，自分の血液型を示す化学物質を発している」　上記
の最後の部分に当たる。

d ）「B 型の人は，A 型の人よりもよく蚊に刺される」　上記の 2 番目の項
目に当たる。

22　2016年度　英語〈解答〉　　　　　　　　　　　　　　東京大-理科前期

▶⒅　「話し手によると，子どもが大人よりも刺されない理由の一つは何
か」
　　第4段第1文に「蚊が目標の居場所を特定するカギとなる方法の一つは，
呼気に放出されている二酸化炭素をかぎつけることである」とある。この
前提から，第3・4文で「より多くの息を吐く人（＝体がより大きい人）
は他の人よりも蚊を引き寄せやすい。これが，子どものほうが一般的に大
人よりも刺されにくい理由の一つである」としている。c）の「子どもは
大人より吐き出す二酸化炭素の量が少ない」が正解。
　a）「子どもは大人よりもよく動き回る」
　b）「子どもは大人より皮膚が滑らかである」
　d）「子どもは大人より皮膚にとまった蚊によく気づく」

▶⒆　「話し手によると，なぜ人々は足首や足を刺される傾向があるのか」
　　第5段第1文に「人間の皮膚にもともと生息するバクテリアも，蚊を引
き寄せることに影響する」，同段最終文に「足首や足には，もともと相当
なバクテリアのコロニーがある」とある。c）の「体のそれらの部分には，
多くのバクテリアがいるから」が正解。
　a）「体のそれらの部分は，露出しやすいから」
　b）「体のそれらの部分は，汗をかきやすいから」
　d）「体のそれらの部分は，触れられていることにそれほど敏感ではない
から」

▶⒇　「『良い知らせ』とは何か」
　　最終段第3～最終文に「良い知らせもある。ほとんど蚊を引き寄せず，
ほぼ刺されない人もおり…こうした人が発している化学物質が特定された。
この発見は…蚊を寄せつけなくする，進歩した虫よけスプレーにつながる
かもしれない」とある。d）の「蚊に抵抗力のある人たちが自然に作り出
している化学物質が，もっと効果的なスプレーを作るのに活用されるかも
しれない」が正解。
　a）「人を刺さないように，蚊の遺伝子を操作できるかもしれない」
　b）「蚊を自然に寄せつけなくするように，人の遺伝子を操作できるかも
しれない」
　c）「自然のままの血液のたんぱく質は，人を蚊に刺されないようにする
のに活用されるかもしれない」

4 (A) 解答

(21)―[c]　(22)―[d]　(23)―[a]
(24)―[b]　(25)―[a]

◆全　訳◆

≪人間にとっての知識の意味≫

　知識は私たちが関わる最も重要なものである。他のほぼすべての事柄がうまくいくかは，それにかかっているが，その価値は経済的なことだけではない。知識の追求，産出，拡散，適用，保存は，文明の中心的活動である。知識は社会的記憶，すなわち，過去とのつながりであり，社会的希望，すなわち未来への投資である。知識を創造し，それを活用する能力は，人間の極めて重要な特徴である。それは，私たちが社会的存在としてどのように自己を再生産し，どのように変わるか，つまり，私たちがどのように足を地に着け，頭を雲の中に突っ込んでいるか，ということなのだ。

　知識は，常に不均等に分配される資本の一形態であり，より多くの知識を持っていたり，知識をよりよく入手できたりする人たちは，それらがより少ない人より優位な条件を享受している。これは，知識が権力と密接な関係にあるということを意味する。私たちは「知識のための知識」といったことを口にするが，私たちを世界との違った関係――通常，望むらくは，よりよい関係――に置いてくれないようなことは，何一つ学ばない。

　一つの社会として，私たちは知識の創造は制限されるべきではなく，その入手の権利は万人のものであるべきだという原理を誓っている。これは，民主主義の理想である。知識に関する限り，常に多ければ多いほどよいと考えるのだ。知らないほうがよいこと，あるいは，一部の人だけが知っておけばよいことがあるとは，私たちは思わない。ちょうど，表現すべきではない意見や投票するのには無知すぎる人が存在すると思っていないのと同じである。

　私たちは，より多くの情報や考えを生み出せば生み出すほど，また，より多くの人がそれを利用できるようにすればするほど，良い決定をする見込みがより高くなると考えている。それゆえ私たちは，ただ知識の産出と拡散を目的とする機関，すなわち，研究と教育に大きな社会的投資をするのである。私たちはこうした機関にあらゆる種類の保護を与え，それらが私たちの望んでいるような形で機能していないと思うときには，気を揉み，場合によっては腹を立てるのである。

24 2016 年度 英語〈解答〉   東京大-理科前期

　諸大学に関する私たちの期待の中には非現実的なものもある（そして，民主主義に対する私たちの期待の一部もまたそうだ）。教育は複雑な過程であり，その成功が測定しづらく，定義さえ困難な分野である。研究も込み入ったものだ。良い考えや良い科学的主張が一つ生まれるたびに，その背後でそれほど良くないものが数多く生まれている。当然，すべての学生が十分教育されるとか，すべての学問や研究が価値のあるものだとかいったことを期待することはできない。しかし，規模が大きく，多様ではあるが，その仕組みは私たちの害になるのではなく，私たちのためになるように機能しており，私たちがしたいと思うような研究と教育ができるようにしてくれていると信じたいのである。

■■■■■■■■ ◀解　説▶ ■■■■■■■■

▶⑵1　［ c ］で使われている語句は，put it to use の語順で「それを使う，利用する」としなければ意味を成さない。put *A* to use「*A* を使う，利用する」は，目的語が長い場合には put to use *A* の語順になることはあるが，本文のように put use to *A* という形にはならない。

▶⑵2　［ d ］の "knowledge for their own sake" は「知識のための知識」の意になると考えられるが，for *one's* own sake の *one's* は knowledge に合わせる必要があり，their ではなく its とするのが正しい。

▶⑵3　［ a ］の access it should be universal は「それ（＝知識）の入手は万人のものであるべきだ」の意になると考えられる。後の should be より，access は主語，つまり名詞なので，access to it と前置詞を補う必要がある。

▶⑵4　［ b ］は，the＋比較級，the＋比較級の構文の前半に当たる箇所。(the more) people we make them available の them は同文前半の information and ideas を指すと考えられるので，「人々に情報が利用できる」と people を目的語に取るためには to が必要である。(the more) people we make them available to とすれば「より多くの人々が情報や考えを利用できるようにすればするほど」となり，意味を成す。

▶⑵5　［ a ］は，are に続く補語が直前の unrealistic の反復となるために省略され，so に置き換えられていると考えられる。so の後が問題文の語順（so S *do*）では「確かに S はそうだ」の意になり，文脈上合わない。これを and so are some of… と疑問文の語順にすれば，「…の一部もま

東京大-理科前期　　　　　　　　　　　　　　　　　2016 年度　英語〈解答〉　25

たそうだ」となり，文脈と整合した意味を成す。

4 （B） 解答　全訳下線部(ア)・(イ)・(ウ)参照。

◆全　訳◆

≪アフガニスタンのニュース報道≫

　1990 年代のアフガニスタンからのニュース報道は，ほとんど，過激武装集団によって破壊された，荒廃した場所を描くだけである傾向があった。そうした映像が，通常の生活に対する洞察とバランスをとったものであることはまれだった。戦争状態にある国々は，とりわけ危険な場所では，みんなで 1 カ所にとどまり，個別の出来事だけを報告しがちな記者たちによって，その様子が伝えられる。(ア)カブールでは，そこを訪れるテレビ取材班は例外なく，都市の中で最も被害のひどい地域へ連れて行ってくれと言った。ある記者は，カブールを「90 パーセント破壊されている」と説明しさえした。

　戦争はことを複雑にする。それほど劇的ではないニュースをかすませがちな戦争に対して，ひどく引きつけられる気持ちがある。紛争は，周知のように，正確に伝えるのが難しい。戦闘は起こっては収まり，現代の紛争は，それ自体の予測不能な意思で動く。重大な戦闘が一夜で行われ，辺りの風景のどこへともなく消えてしまう。(イ)いわゆる交戦地帯でさえ，必ずしも危険な場所とは限らない。大部分の報道が示唆するほど戦闘状態が広範囲に及んでいることはほとんどないのである。

　それでも，その場所を描くことには，もっと深刻な障害があった。アフガニスタンは，外部の人たちにとっては，割れた鏡であり，観察する人の目線によって，そのイメージは幅広くも狭くもなる。(ウ)平時のアフガニスタンでさえ，外部の人間に開かれていたのはほんの短期間，つまり 1960年代から 1970 年代にかけての，今では忘れられた期間だけであった。アフガニスタンは，単一の国家であったことはなく，歴史的にはごくまれな，諸民族と諸文化が混ざり合ったものだったのであり，個々の民族，文化はそれぞれ独自の習慣，言語，世界観を大切にしていたのである。

◀解　説▶

▶(ア)　In Kabul, visiting television crews invariably asked to be taken to the worst-hit parts of the city；

●In Kabul, visiting television crews「カブールでは，訪問しているテレビ班は」が直訳。そのままでもひとまず通用するが，「訪問している」を「そこを訪れる」などと言葉を補うとより自然になる。「テレビ班」も「テレビ取材班」などとできる。

●invariably asked to be taken to …「必ず…へ連れて行かれることを頼んだ」が直訳。invariably は「変わることなく」という原義から，「必ず，いつも，例外なく決まって」などの意。ask to do は「～させてほしいと頼む」の意。自分たちが…へ連れて行かれることを望んでいるということなので，「…へ連れて行ってほしいと頼んだ」などと整えたい。

●the worst-hit parts of the city「その都市の最もひどく打たれた部分」が直訳。worst-hit の worst は，badly「ひどく」の最上級。hit はこの副詞を伴って「襲う，攻撃する」の意。ここでは過去分詞で「最もひどく攻撃された」，つまり「最も被害のひどい」の意の形容詞をつくっている。parts は of the city「都市の」で限定されていることから，「地域，区域」などとするのが妥当。

▶(イ)　Even a so-called war zone is not necessarily a dangerous place : seldom is a war as comprehensive as the majority of reports suggest.

●Even a so-called war zone「いわゆる交戦〔戦闘〕地帯でさえ」が直訳。そのままで通用する。

●is not necessarily a dangerous place「必ずしも危険な場所というわけではない」の意。not necessarily「必ずしも～というわけではない，～とは限らない」の部分否定。

●seldom is a war … comprehensive「戦争が広範囲であることはめったにない」の意。否定の副詞 seldom「めったに～ない」が文頭にあるため，疑問文の語順に倒置されている。comprehensive「広範囲な」は，「広範囲に及ぶ」などとすればよいが，「すべてを包括する」という意味も持つので，「全域に及ぶ」とすることもできるだろう。

●as … as the majority of reports suggest「報道の大多数が示唆するのと同じくらい…」が直訳だが，文頭の seldom が否定語であるため，not as … as ～「～ほど…ない」の解釈になる。「大多数の報道が示唆するほど…であることはめったにない」などと整える。

東京大-理科前期　　　　　　　　　　　　　　　　　2016 年度　英語〈解答〉　*27*

▶(ウ)　Even in peacetime Afghanistan had been open to outsiders for only a brief interval, a forgotten period from the 1960s until the 1970s.

●Even in peacetime「平時でさえ」

●Afghanistan had been open to outsiders for only a brief interval「アフガニスタンは，部外者にほんの短い期間開かれていた」が直訳。only を否定的に訳し，「ほんの短期間しか開かれていなかった」などとすることもできる。あるいは，「開かれていたのはほんの短期間だった」としても，only の否定的なニュアンスは表せる。

●a forgotten period from the 1960s until the 1970s「1960 年代から1970 年代までの忘れられた期間」は a brief interval を言い換えた箇所。forgotten「忘れられた」と言っているのは，今ではアフガニスタンと聞けば，ほとんどの人が紛争地帯をイメージし，「平時のアフガニスタン」を思い浮かべられないということだと考えられる。「今では忘れられた」などと補うとよいかもしれない。

5　解答

(A)　ホームレスの落ち着く場所をなくし，社会から排除すること。

(B)　ミートパイを 2 つほど別の袋に入れてくれるように頼んだのは，食べ物を恵んでほしいと言ったホームレスの男性に渡すためだったということ。

(C)　human

(D)　(ア) (26)— h)　(27)— d)　(28)— c)　(29)— a)　(30)— i)

　　(イ)— e)　(ウ)— a)

～～～～～～～◆全　訳◆～～～～～～～～～～～～～～～～～～～

≪ホームレスの排除がはらむ問題≫

　昨年，私が暮らしているところからそう遠くないところにある，ロンドンの共同住宅の外に設置された「反ホームレス」用のスパイク使用に対して，広く一般人からの抗議があった。そのスパイクは，人が地面に座ったり横になったりしないようにするために，コンクリートに打ち込まれた，鋭い金属の突起だった。ソーシャル＝メディアは怒りの声であふれ，請願書には署名が集まり，泊まり込みの抗議が行われて，数日でスパイクは撤去された。しかし，「防衛的」あるいは「敵対的」建築という現象は，周知のとおり，相変わらずどこにでもある。

バス待合所の前のめりになった椅子から，水まき機，硬いチューブ状の腰掛け，硬い仕切りのついた公園のベンチまで，都市空間は柔らかい人間の体を過度に拒否している。

　ロンドンだろうと東京だろうと，私たちはこうした対策を常に都市環境の中で見ているが，その本当の意図は理解していない。私は，2009 年に自分がホームレスになるまで，そうしたものにほとんど気づいていなかった。経済危機，家族の死，突然の離婚とさらに突然の精神衰弱，これだけあれば，1 年という期間で，私をまあまあ以上の収入を稼いでいた立場からホームレスの状態にしてしまうには十分だった。そのときになって，つまり，雨露をしのぐ場所を見つけるというはっきりとした目的を持って周りを見まわし始めたときになってやっと，この都市の残酷さが明らかになった。

　その当時，私はロンドンの地下鉄環状線が大好きになった。他の人たちにとっては，それは地下鉄路線網の中でどちらかというと効率の悪い路線にすぎなかった。私にとっては，そして多くのホームレスの人たちにとっては，ロンドン中心部をあるべき場所に縫いつける巨大な針のように，時に地上を，時に地下をずっと動いている，安全で，濡れることがなく，温かい入れ物だった。誰にも煩わされないし，どこかへ行けと言われることもなかった。貧しさを抱えたまま移動することを許されたのである。しかし，建設工事がそれを終わらせた。

　次は，大通りからほんの少し離れたちょっとした公園のベンチだった。それは古い木のベンチで，何千人も座ってきたおかげでツルツルになっていたが，葉の生い茂った木の下にあり，相当降り続かない限り，雨が落ちてくることはなかった。雨から守られて温かかったので，これは素晴らしい財産だった。そして，ある朝，そのベンチはなくなっていた。その代わりにそこにあったのは，座り心地の悪い金属の椅子で，硬いひじ掛けが 3 つついていた。その日，私はたいへんな喪失感を味わった。メッセージは明らかだった。私は公衆のメンバーではない，少なくとも，ここで歓迎される人々には属していない，というものである。私は，行くところをどこか他に探さなくてはならなかった。

　もっと広い問題もある。こうした対策は，ホームレスともっと援助に値すると考えられる他の人たちを区別しないし，区別できない。もし，貧し

い人が，疲れた体をバス停の雨除けで休めることをできなくしたら，体を休める必要のある高齢者や障害者，妊婦がそうすることもできなくしてしまう。都市を人間の体をより受け入れないものにすれば，それだけ，あらゆる人間を受け入れないものになる。

敵対的建築物は，数多くのレベルで暴露的だ。なぜなら，それは，偶然や不注意の結果ではなく，思考過程の結果だからである。それは，脅迫し排除する明らかな意図を持って考えられ，計画され，是認され，資金がつき，現実のものとなったある種の不親切なのである。

最近，地元のパン屋に入っていったとき，ホームレスの男性（以前に2，3度見かけたことがある）が，何か食べるものを買ってもらえないかと私に言った。私がルース——売り場で働いている若い女性の一人だ——に，ミートパイを2つほど別の袋に入れてくれないかと頼み，理由を説明したところ，彼女の所見は厳しいものだった。「あの人，たぶん物乞いをして，あなたが手に入れるよりも多くのお金を稼いでいるわよ。そうでしょ」と，彼女は冷たく言った。

たぶん，彼はそんなにお金は稼いでいなかっただろう。彼の顔の半分は傷だらけだった。黒ずみ，ひどいケガをした足指が，古びた靴の穴から出ていた。何か最近の事故かけんかで流れた血が乾いて，彼の左手を覆っていた。私はこのことを指摘した。ルースは私の抗議にも心を動かさなかった。「どうでもいいわ」と，彼女は言った。「ああいう人たちが緑地を汚すのよ。危険だし。動物よ」

敵対的建築物が擁護するのは，まさにこうした見解だ。ホームレスはまったく異なる種で，劣っており，没落は自分の責任だということである。追い払うべきハトや，鳴き声で私たちの眠りを妨げる都会に暮らすキツネと同じなのだ。「恥を知りなさい」と，パン屋で働く年上の女性であるリビーが口をはさんだ。「あなたが言っているあの人だって，誰かの息子なのよ」

貧困は，同時に，しかし別個の現実として存在している。都市計画者は，たいへんな努力をして，それが私たちの視界に入らないようにしている。誰かが戸口で寝ているのを見て，その人が「誰かの息子だ」と考えるのは，あまりにも哀れで，あまりにも気持ちを落ち込ませ，あまりにも痛ましい。そんな人を見て，「この人がホームレスであることが私にどう影響するの

30 2016 年度 英語〈解答〉　　　　　　　　　　　　東京大-理科前期

か」と問うだけのほうが楽だ。だから，私たちは都市計画と協力して，懸命に見ないようにする。見たくないからだ。私たちは無言のうちに，この隔離政策に同意しているのである。

　防衛的建築物は，貧困を見えないままにしている。それは，快適な暮らしを送ることに関するいかなるうしろめたさも隠してしまう。そうした建築物は，貧困一般に対する，そしてとりわけホームレスであることに対する私たちの態度を容赦なく暴く。それは，具体的な，鋭く突き出た，寛容の精神の集団的欠如の表れなのだ。

　そして，もちろん，それは私たちをより安心させるという基本的な目標さえ達成しない。私たちをもまた閉じ込めることなく，他の人たちを締め出す方法などないのだ。私たちの都市環境を敵対的にすることは，冷淡さや孤立を生む。それは私たちすべてにとって，生活を少し不穏なものにするのである。

━━━━━━◀解　説▶━━━━━━

◆(A)　下線部の「それらの本当の意図」の「それら」が直接指しているのは，同文前半にある these measures だが，具体的には第1段の「スパイク」や第2段で列挙されているバス停の椅子などのことであり，いずれも人がそこにゆったり座ったり横になったりできなくするための対策である。第1段第1文に「スパイク」のことを "anti-homeless"「反ホームレス」と述べている。さらに，第5段最後から2番目の文に「メッセージは明らかだった。私は公衆のメンバーではない，少なくとも，ここで歓迎される人々には属していない，というものである」とある。つまり，「本当の意図」とは，「ホームレスの落ち着く場所をなくし，社会から排除すること」などとまとめられる。

◆(B)　下線部の「理由を説明した」相手は，パン屋の店員のルースであり，直前で語り手は彼女に「ミートパイを2つほど別の袋に入れてくれ」と頼んでいる。同段第1文には，あるホームレスの男性が何か食べるものを恵んでほしいと語り手に言ってきたことが述べられている。つまり，ミートパイを2つほど別の袋に入れてくれるように頼んだのは，食べ物を恵んでほしいと言ったホームレスの男性に渡すためだった，ということになる。

◆(C)　下線部は「あれは誰かの息子なのよ，あなたが話しているのは」の意。リビーは直前で「恥を知りなさい」と言っており，ルースをたしなめ

ていることがわかる。前段最終文で，ルースがホームレスの男性のことを，「動物だ」と言っているのに対して，リビーは誰かある「人」の息子であって，動物ではないと言いたいのだと考えられる。第2段最終文などにある human を補えば，書き換えの文は「あなたが話している男性もあなたと同様に人間である」となり，文脈に合う。

◆(D) ▶(ア)(26) 当該箇所は「都市空間は柔らかい人間の体を過度に〔攻撃的に〕（　　　）」となっている。同文前半には，ゆったりと座ったり横になったりすることのできない椅子や設備が列挙されている。h）rejecting「～を拒否している」が適切。

(27) 当該箇所は「雨露をしのぐ場所を（　　　）というはっきりした目的を持って」となっている。筆者はこのときホームレスになっていたことが直前の文（第3段第3文）に述べられているので，d）finding「～を見つけること」が適切。

(28) 当該箇所は「こうした対策は，ホームレスともっと（　　　）と考えられる他の人たちを区別しないし，区別できない」となっており，この「他の人たち」として，直後の文に「高齢者，障害者，妊婦」が挙がっている。「こうした対策」とは，椅子などの休む場所を快適でなくすることである。「他の人たち」は，いたわられてもおかしくない，休息を必要とする人々なので c）deserving「援助に値する，正当な資格のある」を補うのが適切。

(29) 当該箇所は「都市を人間の体をより（　　　）ないものにすれば，都市を，あらゆる人間をいっそう受け入れないものにするのである」となっている。前文に「疲れた体をバス停の雨除けで休めることをできなくする」という例が挙がっている。a）accepting「受け入れる」が適切。

(30) 当該箇所は「敵対的建築物は，数多くのレベルで（　　　）だ」となっている。直後の文には「それは，脅迫し排除する明らかな意図を持って考えられ…現実のものとなったある種の不親切なのだ」とある。「不親切」な行為は，通常表立って行われるものではない。しかし，「敵対的建築物」は意図的につくられたものであり，あからさまに存在することが第1・2・5段で述べられていることから，i）revealing「（ことを）明らかにする，暴露的な」が適切。

　使わなかった選択肢の意味は以下のとおり。

b ）depriving「奪う」　e ）forcing「強制する」　f ）implying「暗示する」　g ）raising「高くする」　j ）satisfying「満足のいく」

▶(イ)　下線部は「この人がホームレスであることが私にどう影響するのか」の意。同段の第1文には「貧困は，同時に，しかし別個の現実として存在している」，最終文には「私たちは無言のうちに，この隔離政策に同意している」とある。ホームレスなど自分とは何の関係もないということだと考えられる。e ）の「このホームレスの人が，ともかくも自分の生活に何か関係があるのだろうかと思う」が適切。

a ）「このホームレスを見ると，気持ちが落ち着かない」

b ）「彼がホームレスであるということは，すべての人に影響を及ぼす」

c ）「このホームレスの人にどのように手助けをしてあげられるだろうかと思う」

d ）「このホームレスの人は，戸口で寝る権利などない」

▶(ウ)　下線部は「私たちをもまた閉じ込めることなく，他の人たちを締め出す方法などない」の意。「他の人たちを締め出す」とは，ホームレスを排除することであり，これを受けて直後の文〜最終文で「私たちの都市環境を敵対的にすることは，冷淡さや孤立を生む。それは私たちすべてにとって，生活を少し不穏なものにするのである」としている。特に最終文から，防衛・敵対的建築物によってすべての人が影響を受けるということなので，a ）の「防衛的建築物は，私たちみんなを傷つける」が適切。

b ）「ホームレスであることを無視することは，それをなくすことにはならない」

c ）「ホームレスに対する規制は，彼ら自身のためである」

d ）「ホームレスの人たちは，私たちが何をしようと常に目に見える」

e ）「治安のために，私たちはホームレスの人たちを見えないところに置いておかなくてはならない」

━━━━━━━━━◆　●語句・構文●　━━━━━━━━━━━

（第5段）　●in one's place「その代わりに」

（第8段）　●work behind the counter「売り場で働く」

東京大-理科前期　　　　　　　　　　　　　　　　2016 年度　英語〈解答〉　*33*

|||||||||||||||||| 講　　評 ||||||||||||||||||||||||||||||||||||||||||||||||||||||||||||||||||||||||||||||||||||||||||||||

　大問数は 5 題で変わりない。2015 年度に導入されたマーク
シート法は 2016 年度でも使われている。内容や出題形式に多
少の変化があるのは例年のことであり，2016 年度も 2015 年度
と異なる点はあったが，いずれも比較的小さな変更である。1
(B)は，空所補充である点は 2015 年度と同じだったが，2015 年
度が文レベルのものであったのに対し，2016 年度は段落補充
となった。2(B)の自由英作文は，2015 年度が相反することわ
ざについて説明し，自分にとって好ましいものを理由とともに
述べるものだったのに対し，2016 年度は示された 2 段落から
導かれる結論を第 3 段として述べるというものだった。4(A)は，
2015 年度は語句整序だったが，2016 年度は誤り箇所の指摘と
なった。

　1　(A)英文の内容を日本語で要約するもの。字数は
100〜120 字。

　(B)段落補充。

　2　(A)自由英作文。与えられた画像について思うことを述べ
るもの。60〜80 語。

　(B)自由英作文。示された 2 つの段落に続く第 3 段を書く。
50〜70 語。

　3　リスニング。3 つのパートに分かれており，いずれも英
文は 2 回ずつ読まれる。(A)ラジオ放送，(B)討論，(C)講義という
構成で，(A)と(B)は関連する内容になっている。リスニングは，
試験開始後 45 分経過した頃から約 30 分間行われる。

　4　(A)文法・語彙，読解問題。一連の文章中の下線部のうち，
誤りを含むものを選ぶもの。

　(B)英文和訳問題。一連の文章中にある 3 カ所の部分和訳。

　5　長文読解。文章は「随筆」で，筆者自身がホームレスに
なって気づいた社会の傾向を述べたもの。

　以下，各問題の詳細をみる。

　1　(A)英文量は約 320 語で，要約問題としては標準的な長さ
だが，imagined family という耳慣れない概念を説明したもの
であり，まずこの語の訳をどうするかが悩むところかもしれな
い。筆者の主張の重点をとらえるのもやや難しい文章だった。

　(B)段落補充の問題は新傾向と言える。2011・2012 年度など
に出題された段落整序に類するものだが，5 カ所の空所に対し
て選択肢も 5 つであり，指示語や定冠詞などに注意を払えば，
比較的容易に解答できるだろう。

2　(A)自由英作文。示された画像について思うことを述べるという問題。2015 年度も類似の問題だったが，2015 年度は絵に描かれた状況を説明したうえで，それについて思うことを述べるものだったのに対し，2016 年度は画像の説明そのものは求められていない。

(B)自由英作文。動物の知能を調べる 2 つの実験について，それぞれ 1 段落で述べられており，これらから導かれる結論を第 3 段として書くという問題。2 つの実験は異なる結果を示しており，「結論」とは動物の知能についての結論と考えられるが，異なる結果になった原因を「結論」としてまとめることも可能である。一連の文章として整合性のある内容を考えることが求められる。

3　(A)は「美術品の価格高騰」に関するラジオ放送。オークションで落札された絵画にまつわる事実を，年代や値段も含めて聞き取る必要がある。

(B)は (A)に続く内容で，「美術品の価値」に関して相反する考えを持つ 2 人の議論。司会者と合わせて 3 人の会話になっている。

(C)は「蚊に刺される理由」についての講義。身近な内容ではあるが，データの数値などを正確に聞き取る必要のある設問も含まれている。

4　(A)誤り箇所指摘。5 段落構成の文章で，各段に 5 カ所ある下線部のうち，誤りのあるものを各段一つずつ選ぶ問題。基本的な熟語や文法事項の知識で解ける。短時間で解答したい問題である。

(B)一連の文章中の 3 カ所の英文和訳。いずれの箇所も分量は少なく，難語も含まれていないが，まとまりのよい日本語にする工夫は，どの箇所でも求められる。

5　都市部に何気なく設置されている設備や施設が，実はホームレスを排除することを目的としたものであることについて，筆者自身がホームレスになって初めて切実に感じたことを述べた文章。設問は，内容説明，同意文，空所補充。いずれの設問も素直で解答しやすいだけに，ケアレスミスのないようにしたい。

数学

1 ◆発想◆ $\left(1+\dfrac{1}{t}\right)^{t}$ の単調増加性，$\left(1+\dfrac{1}{t}\right)^{t+\frac{1}{2}}$ の単調減少性を示す。

そのためには，対数をとるとよい。

$x\log\left(1+\dfrac{1}{x}\right)<1<\left(x+\dfrac{1}{2}\right)\log\left(1+\dfrac{1}{x}\right)$ を示してもよい。

解答 $\left(e=\displaystyle\lim_{t\to\infty}\left(1+\dfrac{1}{t}\right)^{t}$ を底とする対数関数 $\log x$ について，$(\log x)'=\dfrac{1}{x}$

であることは前提とする。$\right)$

(I) $\left(1+\dfrac{1}{x}\right)^{x}<e$ を示す。

まず，$\left(1+\dfrac{1}{t}\right)^{t}$ $(t>0)$ が単調増加であることを示す。

そのためには，$\log\left(1+\dfrac{1}{t}\right)^{t}$ すなわち $t\log\left(1+\dfrac{1}{t}\right)$ が単調増加であること

を示せばよい。

$f(t)=t\log\left(1+\dfrac{1}{t}\right)$ $(t>0)$ とおくと

$$f'(t)=\log\left(1+\dfrac{1}{t}\right)+t\cdot\dfrac{-\dfrac{1}{t^{2}}}{1+\dfrac{1}{t}}=\log\left(1+\dfrac{1}{t}\right)-\dfrac{1}{1+t}$$

$$f''(t)=-\dfrac{1}{t(1+t)}+\dfrac{1}{(1+t)^{2}}=-\dfrac{1}{t(1+t)^{2}}<0$$

よって，$f'(t)$ は単調減少で，かつ $\displaystyle\lim_{t\to\infty}f'(t)=\log 1-0=0$ であるから，

$f'(t)>0$ である。

したがって，$f(t)$ は単調増加であり，$\left(1+\dfrac{1}{t}\right)^{t}$ は単調増加である。

このことと，$\displaystyle\lim_{t\to\infty}\left(1+\dfrac{1}{t}\right)^{t}=e$ であるから，任意の x (>0) に対して，

$\left(1+\dfrac{1}{x}\right)^x < e$ である。

(Ⅱ)　$e < \left(1+\dfrac{1}{x}\right)^{x+\frac{1}{2}}$ を示す。

まず，$\left(1+\dfrac{1}{t}\right)^{t+\frac{1}{2}}$ $(t>0)$ が単調減少であることを示す。

そのためには，$\log\left(1+\dfrac{1}{t}\right)^{t+\frac{1}{2}}$ すなわち $\left(t+\dfrac{1}{2}\right)\log\left(1+\dfrac{1}{t}\right)$ が単調減少であることを示せばよい。

$g(t) = \left(t+\dfrac{1}{2}\right)\log\left(1+\dfrac{1}{t}\right)$ $(t>0)$ とおくと

$$g'(t) = \log\left(1+\frac{1}{t}\right) + \left(t+\frac{1}{2}\right)\cdot\frac{-\dfrac{1}{t^2}}{1+\dfrac{1}{t}} = \log\left(1+\frac{1}{t}\right) - \left(t+\frac{1}{2}\right)\cdot\frac{1}{t(1+t)}$$

$$g''(t) = -\frac{1}{t(1+t)} - \frac{1}{t(1+t)} + \left(t+\frac{1}{2}\right)\cdot\frac{1+2t}{t^2(1+t)^2}$$

$$= -\frac{2}{t(1+t)} + \frac{(1+2t)^2}{2t^2(1+t)^2} = \frac{1}{2t^2(1+t)^2} > 0$$

よって，$g'(t)$ は単調増加で，かつ $\lim\limits_{t\to\infty}g'(t) = \log 1 - 0 = 0$ であるから，$g'(t)<0$ である。

したがって，$g(t)$ は単調減少であり，$\left(1+\dfrac{1}{t}\right)^{t+\frac{1}{2}}$ は単調減少である。

このことと，$\lim\limits_{t\to\infty}\left(1+\dfrac{1}{t}\right)^{t+\frac{1}{2}} = \lim\limits_{t\to\infty}\left(1+\dfrac{1}{t}\right)^t \lim\limits_{t\to\infty}\left(1+\dfrac{1}{t}\right)^{\frac{1}{2}} = e\cdot 1 = e$ から，任意の x (>0) に対して，$e < \left(1+\dfrac{1}{x}\right)^{x+\frac{1}{2}}$ である。

(Ⅰ)，(Ⅱ)から，任意の x (>0) に対して，$\left(1+\dfrac{1}{x}\right)^x < e < \left(1+\dfrac{1}{x}\right)^{x+\frac{1}{2}}$ である。

（証明終）

別解　$x>0$ であるから

$$\left(1+\frac{1}{x}\right)^x < e < \left(1+\frac{1}{x}\right)^{x+\frac{1}{2}}$$

東京大-理科前期　　　　　　　　　　　　　　　　　2016 年度　数学〈解答〉　37

$$\Longleftrightarrow x\log\left(1+\frac{1}{x}\right)<1<\left(x+\frac{1}{2}\right)\log\left(1+\frac{1}{x}\right)$$

$$\Longleftrightarrow \log\left(1+\frac{1}{x}\right)<\frac{1}{x}\ \ \text{かつ}\ \ \frac{2}{2x+1}<\log\left(1+\frac{1}{x}\right)\ \ \cdots\cdots①$$

であるから，任意の x（>0）に対して，①であることを示せばよい。

$f(x)=\dfrac{1}{x}-\log\left(1+\dfrac{1}{x}\right)$ $(x>0)$ とおくと

$$f'(x)=-\frac{1}{x^2}-\frac{x}{x+1}\left(-\frac{1}{x^2}\right)$$

$$=\frac{1}{x^2}\left(\frac{x}{x+1}-1\right)$$

$$=-\frac{1}{x^2(x+1)}<0\quad(x>0\ \text{より})$$

よって，$f(x)$ は $x>0$ で減少関数である　……②

また　$\displaystyle\lim_{x\to\infty}f(x)=0-0=0$　……③

②，③より，$x>0$ で $f(x)>0$ であり，したがって

$$\log\left(1+\frac{1}{x}\right)<\frac{1}{x}\ \ \cdots\cdots④$$

次に，$g(x)=\log\left(1+\dfrac{1}{x}\right)-\dfrac{2}{2x+1}$ $(x>0)$ とおくと

$$g'(x)=\frac{x}{x+1}\left(-\frac{1}{x^2}\right)+\frac{4}{(2x+1)^2}$$

$$=\frac{-(2x+1)^2+4x(x+1)}{x(x+1)(2x+1)^2}$$

$$=\frac{-1}{x(x+1)(2x+1)^2}<0\quad(x>0\ \text{より})$$

よって，$g(x)$ は $x>0$ で減少関数である　……⑤

また　$\displaystyle\lim_{x\to\infty}g(x)=0-0=0$　……⑥

⑤，⑥より，$x>0$ で $g(x)>0$ であり，したがって

$$\log\left(1+\frac{1}{x}\right)>\frac{2}{2x+1}\ \ \cdots\cdots⑦$$

④，⑦から，①が成り立つ。

〔注 1〕　$t=\dfrac{1}{x}$ とおくと，①は $\log(1+t)<t$ かつ $\dfrac{2t}{2+t}<\log(1+t)$ となる。

このとき, $f(x)$, $g(x)$ の代わりに, $f(t) = t - \log(1+t)$,

$g(t) = \log(1+t) - \dfrac{2t}{2+t}$ を考え, $f'(t) > 0$, $\displaystyle\lim_{t \to 0} f(t) = 0$ と $g'(t) > 0$,

$\displaystyle\lim_{t \to 0} g(t) = 0$ を示すことになる。

━━━━━ ◀解 説▶ ━━━━━

≪自然対数の底をはさむ不等式の証明≫

　本問はわざわざ問題文で, e の定義を $\displaystyle\lim_{t \to \infty}\left(1+\dfrac{1}{t}\right)^t = e$ で与えてあるので,

この定義に基づいて本問を解けという発問ととらえると, 解答で用いる

$(\log x)' = \dfrac{1}{x}$ をこの定義から導いたうえで解答するのが本来的かとも考え

られ, その小問があるのがふさわしいが, それが設定されていないので,

これは前提として解くことでよい。すると, 解答の方向性は明快であり,

処理も煩雑ではないが, 上記のことなどで迷うと時間を費やすことになる

かもしれない。

　発想としては, 〔解答〕のように, $\left(1+\dfrac{1}{t}\right)^t$ の単調増加性, $\left(1+\dfrac{1}{t}\right)^{t+\frac{1}{2}}$ の

単調減少性を示すか, 〔別解〕のように,

$x\log\left(1+\dfrac{1}{x}\right) < 1 < \left(x+\dfrac{1}{2}\right)\log\left(1+\dfrac{1}{x}\right)$ を示すことが考えられる。〔解答〕では

2 次導関数の符号まで求め, e との大小関係を調べる。〔別解〕では,

$f(x) = \dfrac{1}{x} - \log\left(1+\dfrac{1}{x}\right)$ などの 1 次導関数のほかに, $\displaystyle\lim_{x \to \infty} f(x)$ などの値も利

用する。どちらの解法でも, $\left(1+\dfrac{1}{t}\right)^t$ は底も指数も変化するので対数をと

って, $t\log\left(1+\dfrac{1}{t}\right)$ などとして積の微分を利用する。これは $\left(1+\dfrac{1}{t}\right)^t$

$= e^{t\log\left(1+\frac{1}{t}\right)}$ であることからも自然な発想である。いわゆるべき関数は指数

関数と対数関数の合成関数として指数関数の一種と見る観点は大切である。

　なお, 冒頭で述べた $\displaystyle\lim_{t \to \infty}\left(1+\dfrac{1}{t}\right)^t = e$ から $(\log x)' = \dfrac{1}{x}$ を導く過程を, 次

の〔参考〕に述べたので, 理解した上で自ら導けるようになることが望ま

しい。

東京大-理科前期　　2016 年度　数学〈解答〉　39

参考　$\lim\limits_{t\to\infty}\left(1+\dfrac{1}{t}\right)^{t}=e$ で与えられる数 e を底とする対数関数 $\log x$ $(x>0)$

について，$(\log x)'=\dfrac{1}{x}$ であることの証明は以下のようになる。

まず，$\lim\limits_{t\to\infty}\left(1-\dfrac{1}{t}\right)^{-t}=e$ を示しておく。

$$\lim_{t\to\infty}\left(1-\frac{1}{t}\right)^{-t}=\lim_{t\to\infty}\left(\frac{t}{t-1}\right)^{t}=\lim_{t\to\infty}\left(1+\frac{1}{t-1}\right)^{t}$$

$$=\lim_{t\to\infty}\left\{\left(1+\frac{1}{t-1}\right)^{t-1}\cdot\left(1+\frac{1}{t-1}\right)\right\}$$

$$=\lim_{t\to\infty}\left(1+\frac{1}{t-1}\right)^{t-1}\cdot\lim_{t\to\infty}\left(1+\frac{1}{t-1}\right)$$

$$=e\cdot 1=e$$

これにより

$$\lim_{t\to\pm\infty}\left(1+\frac{1}{t}\right)^{t}=e\quad\cdots\cdots(*)$$

である。

$h\neq 0$ に対して

$$\frac{\log(x+h)-\log x}{h}=\log\left(\frac{x+h}{x}\right)^{\frac{1}{h}}$$

$$=\frac{1}{x}\log\left(1+\frac{h}{x}\right)^{\frac{x}{h}}$$

$$=\frac{1}{x}\log\left(1+\frac{1}{t}\right)^{t}\quad\left(t=\frac{x}{h}\text{ とおく}\right)$$

$h\to 0$ のとき，$t\to\pm\infty$ となり，$(*)$ から

$$\lim_{h\to 0}\frac{\log(x+h)-\log x}{h}=\frac{1}{x}\lim_{t\to\pm\infty}\log\left(1+\frac{1}{t}\right)^{t}=\frac{1}{x}\log e=\frac{1}{x}$$

(証明終)

2

◇発想◇　(1)　推移図の周期性による。

(2)　$3m$ 回以下で A が優勝する事象 A，優勝者の対戦相手が B である事象 B に対して，等比数列の和の計算により，$P(A)$，$P(A\cap B)$ を計算する。

解答 (1) (i) 1試合目でAが勝つ場合：

図1 1試合目でAが勝つ場合

Ⓐ C—B—A—C—B—A—C—B—A—C …
B A—C—B—A—C—B—A—C—B—A …
　②　　　⑤　　　⑧　　　⑪

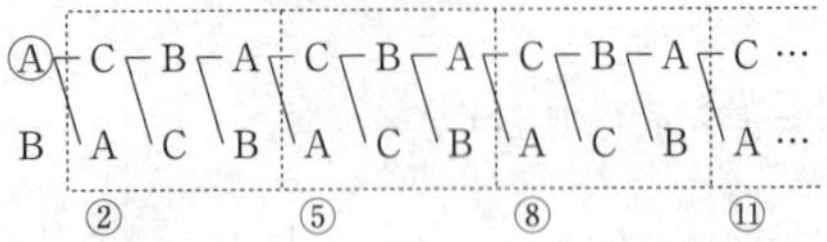

図1から，Aが優勝するのは $n=3k-1$（k は自然数）のときで，その確率は $\dfrac{1}{2^n}$ である。

(ii) 1試合目でBが勝つ場合：

図2 1試合目でBが勝つ場合

A B—C—A—B—C—A—B—C—A …
Ⓑ C—A—B—C—A—B—C—A—B …
　　④　　　⑦　　　⑩

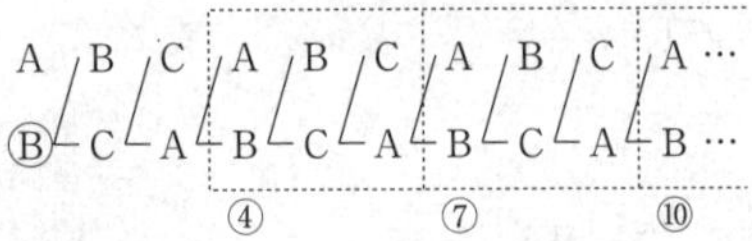

図2から，Aが優勝するのは $n=3k+1$（k は自然数）のときで，その確率は $\dfrac{1}{2^n}$ である。

ゆえに，Aが優勝する確率は，k を自然数として

$$\begin{cases} n=3k\pm1\,\text{のとき} & \dfrac{1}{2^n} \quad \cdots\cdots(\text{答}) \\ n=3k\,\text{のとき} & 0 \end{cases}$$

(2) 総試合数が $3m$ 回以下でAが優勝する事象を A とし，優勝者の対戦相手がBである事象を B とする。

$m\geqq2$ のとき，(1)から

$$P(A)=\sum_{k=1}^{m}\left(\frac{1}{2}\right)^{3k-1}+\sum_{k=1}^{m-1}\left(\frac{1}{2}\right)^{3k+1}$$

$$=\frac{\left(\frac{1}{2}\right)^2\left\{1-\left(\frac{1}{2}\right)^{3m}\right\}}{1-\left(\frac{1}{2}\right)^3}+\frac{\left(\frac{1}{2}\right)^4\left\{1-\left(\frac{1}{2}\right)^{3(m-1)}\right\}}{1-\left(\frac{1}{2}\right)^3}$$

$$=\frac{2}{7}\left\{1-\left(\frac{1}{8}\right)^m\right\}+\frac{1}{14}\left\{1-\left(\frac{1}{8}\right)^{m-1}\right\}$$

$$=\frac{5}{14}-\frac{6}{7}\left(\frac{1}{8}\right)^m \quad \cdots\cdots\text{①}$$

また, (1)の(ii)の場合から

$$P(A \cap B) = \sum_{k=1}^{m-1} \left(\frac{1}{2}\right)^{3k+1} = \frac{1}{14}\left\{1 - \left(\frac{1}{8}\right)^{m-1}\right\} \quad \cdots\cdots ②$$

$m=1$ のときは, $P(A) = \dfrac{1}{4}$, $P(A \cap B) = 0$ なので, ①, ②は $m=1$ でも成り立つ。

求める確率は $P_A(B)$ であり, ①, ②, および $P_A(B) = \dfrac{P(A \cap B)}{P(A)}$ から

$$\frac{\dfrac{1}{14}\left\{1 - \left(\dfrac{1}{8}\right)^{m-1}\right\}}{\dfrac{5}{14} - \dfrac{6}{7}\left(\dfrac{1}{8}\right)^{m}} = \frac{8^m - 8}{5 \cdot 8^m - 12} = \frac{2^{3m-2} - 2}{5 \cdot 2^{3m-2} - 3} \quad \cdots\cdots (答)$$

━━━━━◀解　説▶━━━━━

≪巴戦の確率, 条件付き確率, 等比数列の和≫

　本問は巴戦（ともえ）という確率の有名事項からの出題である。巴戦は他大学の過去問にも複数見られ, 経験があるとかなり素早く処理できる問題である。それらの過去問ではCがA, Bに勝つ確率を p $(0 < p < 1)$ とした設定が複数あり, それらと比べると本問の設定は最も易しいものになっているが, 条件付き確率の発問が新鮮である。

▶(1)　適切な推移図を書くだけで正解を得ることができる。

▶(2)　第1のポイントは1試合目でA, Bどちらが勝つかで異なる状況が生じることを理解し, $3m$ 試合目までにAが優勝する確率 $P(A)$ の計算において必要な等比数列の項数に違いが出ることである。$3m$ 試合までを3試合ずつに区切ると, 1試合目でAが勝つ場合には, それら m 個の各区切りに1回ずつAの優勝が起きて m 項の和となるが, 1試合目でBが勝つ場合には, 第1の区切りにはAの優勝はなく, 残り $m-1$ 個の区切りに1回ずつAの優勝が起きるので, $m-1$ 項の和となる。第2のポイントは本問の条件付き確率の正しい理解である。そのためには, 「優勝者の最終相手がBである事象を B とする」という表現ができると, $P(A \cap B)$ $= P(A) \cdot P_A(B)$ が正しく表現できる。この計算に必要なのは $P(B)$ ではなく $P(A \cap B)$ であるから, 推移図により, 1試合目でBが勝つ場合にAが優勝する確率となる。計算自体は易しいので, 以上の理解のもとに計算に気をつけて正答したい問題である。

42 2016 年度 数学〈解答〉　　　　　　　　　　　　　　　　　　　東京大-理科前期

　なお，本問で問われていることではないが，有限回の戦いに限定しない場合のそれぞれの優勝する確率についての補足事項を次の〔参考〕に記しておくので理解を深めておいてほしい。

参考 ＜A，B，C が優勝する確率 $P(A)$，$P(B)$，$P(C)$ について＞
A が優勝する確率 $P(A)$ は，無限等比級数の和を用いて

$$P(A) = \frac{\left(\frac{1}{2}\right)^2}{1-\left(\frac{1}{2}\right)^3} + \frac{\left(\frac{1}{2}\right)^4}{1-\left(\frac{1}{2}\right)^3} = \frac{2}{7} + \frac{1}{14} = \frac{5}{14}$$

　　　　　（これは①で $m \to \infty$ としても得られる）

これは次の確率 $R_A (R_B)$ を利用して，以下のように考えることもできる。まず，$P(C)$ を求める（推移図から $P(C)$ の方が易しい）。
1 試合目で A が勝つとき，C が優勝する確率を R_A とする。

右図から　　　$R_A = \left(\frac{1}{2}\right)^2 + \left(\frac{1}{2}\right)^3 R_A$

これより　　　$R_A = \frac{2}{7}$

1 試合目で B が勝つとき，C が優勝する確率を
R_B としても，A，B の対称性から

　　　　$R_B = \frac{2}{7}$

よって　　　$P(C) = \frac{1}{2} R_A + \frac{1}{2} R_B = \frac{2}{7}$

ゆえに　　　$P(A) = P(B) = \frac{1}{2}\left(1 - \frac{2}{7}\right) = \frac{5}{14}$

このような考え方は，実質，無限級数の扱いが隠れているが，計算が単純であり，A，B が互いに相手に勝つ確率が $\frac{1}{2}$，C が A，B に勝つ確率がともに p $(0<p<1)$ で，引き分けなしという，より複雑な設定のときには効果的である。

この場合には，上と同じ考え方で，$R_A = p^2 + p(1-p) \cdot \frac{1}{2} R_A$ から，R_A

$= \dfrac{2p^2}{p^2-p+2}$ $(=R_B)$ を得て

$$P(C) = \frac{1}{2}R_A + \frac{1}{2}R_B = \frac{2p^2}{p^2-p+2}$$

となり

$$P(A) = P(B) = \frac{1}{2}\{1 - P(C)\} = \frac{-p^2-p+2}{2(p^2-p+2)}$$

となる。

3

◆発想◆ 相似比を利用してR_1, R_2, R_3 の座標を求め, $S(a)$ を計算し, $S(a)$ の増減を調べる。

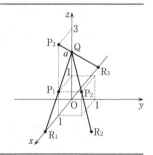

解答

$OR_1 = s$ $(s>0)$ とおき, 図の相似比を用いて

$$1 : (s-1) = a : s$$

$$s = a(s-1)$$

$$s = \frac{a}{a-1}$$

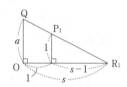

よって $R_1\left(\dfrac{a}{a-1},\ 0,\ 0\right)$

$OR_2 = t$ $(t>0)$ とおくと

$$1 : (t-\sqrt{2}) = a : t$$

$$t = a(t-\sqrt{2})$$

$$t = \frac{\sqrt{2}a}{a-1}$$

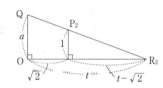

よって $R_2\left(\dfrac{a}{a-1},\ \dfrac{a}{a-1},\ 0\right)$

次に, $OR_3 = u$ $(u>0)$ とおくと

$$3 : (u+1) = a : u$$

$$3u = a(u+1)$$

$$u = \frac{a}{3-a}$$

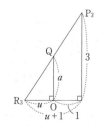

よって R$_3\left(\dfrac{a}{a-3},\ 0,\ 0\right)$

したがって

$$S(a) = \frac{1}{2}\cdot\frac{a}{a-1}\left(\frac{a}{a-1}-\frac{a}{a-3}\right)$$

$$= \frac{a^2}{(a-1)^2(3-a)}$$

$$S'(a) = \frac{2a(a-1)^2(3-a)-a^2\{2(a-1)(3-a)-(a-1)^2\}}{(a-1)^4(3-a)^2}$$

$$= \frac{2a(a-1)^2(3-a)+a^2(a-1)(3a-7)}{(a-1)^4(3-a)^2}$$

$$= \frac{2a(a-1)(3-a)+a^2(3a-7)}{(a-1)^3(3-a)^2}$$

$$= \frac{a\{2(a-1)(3-a)+a(3a-7)\}}{(a-1)^3(3-a)^2}$$

$$= \frac{a(a-2)(a+3)}{(a-1)^3(3-a)^2}$$

ゆえに，増減表は右のようになる。

増減表から

S(a) は，a＝2 のとき最小となり，その値は 4 である。 ……(答)

a	(1)	⋯	2	⋯	(3)
$S'(a)$		−	0	+	
$S(a)$		↘	4	↗	

━━━━━ ◀解 説▶ ━━━━━

≪空間内の直線と平面の交点，三角形の面積の最小値，分数関数の微分≫

　本問は空間座標と図形の問題の中ではかなり易しく，完答の望まれる問題である。R$_1$，R$_2$，R$_3$ の座標はすべて相似比から容易に求めることができる。また，$S(a)$ の計算も大変易しい。差が出るのは $S'(a)$ の計算であり，十分注意して計算を進めたい。分数関数の微分であるから難しくはないが，因数分解を間違わずに進めたい。

4 ◇発想◇ $0<|\arg z|<\dfrac{\pi}{2}$ であるための条件が $z+\bar{z}>0$ であることなどを用いる。$|z-1|^2+|z^2-1|^2>|z^2-z|^2$ などを用いてもよい。また，xy 平面で考えて，$\overrightarrow{AB}\cdot\overrightarrow{AC}>0$ などを用いることもできる。

解答 一般に，複素数 $z=r(\cos\theta+i\sin\theta)$ $(r>0,\ -\pi<\theta\leqq\pi)$ について

$$\cos\theta=\frac{z+\bar{z}}{2r}$$

であるから，$0<|\arg z|=|\theta|<\dfrac{\pi}{2}$ であるための条件は，$\cos\theta>0$ から

$$z+\bar{z}>0$$

である。

いま，A，B，C は相異なるから

$$z\neq 1,\ z^2\neq 1,\ z^2\neq z\quad\cdots\cdots①$$

である。以下，①のもとで考える。

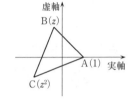

- ∠A が鋭角であるための条件は

$$0<\left|\arg\frac{z^2-1}{z-1}\right|=|\arg(z+1)|<\frac{\pi}{2}\text{ から}$$

$$(z+1)+(\bar{z}+1)>0$$

$$\frac{z+\bar{z}}{2}>-1\quad\cdots\cdots②\quad ((z\text{ の実部})>-1)$$

- ∠B が鋭角であるための条件は

$$0<\left|\arg\frac{z^2-z}{1-z}\right|=|\arg(-z)|<\frac{\pi}{2}\text{ から}$$

$$(-z)+(-\bar{z})>0$$

$$z+\bar{z}<0\quad\cdots\cdots③\quad ((z\text{ の実部})<0)$$

- ∠C が鋭角であるための条件は

$$0<\left|\arg\frac{1-z^2}{z-z^2}\right|=\left|\arg\frac{1+z}{z}\right|<\frac{\pi}{2}\text{ から}$$

$$\frac{1+z}{z}+\frac{1+\bar{z}}{\bar{z}}>0$$

$$2z\bar{z}+z+\bar{z}>0$$

$$\left(z+\frac{1}{2}\right)\left(\bar{z}+\frac{1}{2}\right)>\frac{1}{4}$$

$$\left|z+\frac{1}{2}\right|>\frac{1}{2}\quad\cdots\cdots④\quad \left(\text{中心が}-\frac{1}{2},\ \text{半径が}\frac{1}{2}\text{ の円の外部}\right)$$

①, ②, ③, ④より, 求める z の範囲は

$$-1 < \frac{z+\bar{z}}{2} < 0 \quad \text{かつ} \quad \left|z+\frac{1}{2}\right| > \frac{1}{2} \quad \cdots\cdots (\text{答})$$

これを満たす z を図示すると, 図の斜線部（境界は含まない）となる。

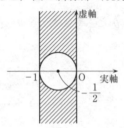

〔注1〕 三角形の成立条件は3点が同一直線上にないことであるが, これは $0 < \left|\arg\dfrac{z^2-1}{z-1}\right| < \dfrac{\pi}{2}$ 等に含まれている。

〔注2〕 条件②, ③, ④は辺の長さを用いて

$$\begin{cases} |z-1|^2 + |z^2-1|^2 > |z^2-z|^2 \\ |z-1|^2 + |z^2-z|^2 > |z^2-1|^2 \\ |z^2-1|^2 + |z^2-z|^2 > |z-1|^2 \end{cases}$$

から導くこともできる。

〔注3〕 $z = x+yi$（x, y は実数）とおき, 条件を xy 平面で考えて, $\overrightarrow{AB}\cdot\overrightarrow{AC} > 0$, $\overrightarrow{BC}\cdot\overrightarrow{BA} > 0$, $\overrightarrow{CA}\cdot\overrightarrow{CB} > 0$ から

$$x > -1, \quad x < 0, \quad \left(x+\frac{1}{2}\right)^2 + y^2 > \frac{1}{4}$$

を得ることもできる。

◀ 解 説 ▶

≪複素数平面, 鋭角三角形の条件, 連立不等式と領域≫

本問は複素数平面上の三角形が鋭角三角形となる条件を偏角の条件で立式するか, 辺の条件で立式するか, あるいは xy 平面で考えてベクトルの内積で立式するかで, 3通りの解法が考えられる。〔解答〕は偏角の条件で立式するものである。異なる3点 $A(\alpha)$, $B(\beta)$, $C(\gamma)$ に対して, 偏角を $-\pi$ より大, π 以下で考えて, $\angle BAC$ は $\left|\arg\dfrac{\gamma-\alpha}{\beta-\alpha}\right|$ で表現できる。さらに, $|z| = r \, (\neq 0)$, $\arg z = \theta$ とすると, $z + \bar{z} = 2r\cos\theta$ から, $|\arg z|$ が鋭

角である条件は $z+\bar{z}>0$ である。〔解答〕はこのことに基づく解法である。他の解法は〔注2〕，〔注3〕に述べた通りである。特に，∠C が鋭角であることで得られる $2z\bar{z}+z+\bar{z}>0$ から，$\left(z+\dfrac{1}{2}\right)\left(\bar{z}+\dfrac{1}{2}\right)>\dfrac{1}{4}$ を経て，

$\left|z+\dfrac{1}{2}\right|>\dfrac{1}{2}$ とする変形は基本的であるから，できなければならない。

5　◇ 発 想 ◇　(1)　$A=0.a_1a_2\cdots a_k$ とおき，$10^k+A\leqq\sqrt{n}<10^k+A+10^{-k}$ を平方した式を満たす n を求める。ここで，10^kA が整数になることを意識しておく。

(2)　$p+A\leqq\sqrt{m}<p+A+10^{-k}$ を平方した式の右辺と左辺の差を計算する。

(3)　$\sqrt{s}-[\sqrt{s}]=A$ となるならば，$\sqrt{s}$ は有理数である。背理法を用いる。

解答　$A=0.a_1a_2\cdots a_k$ とおく。

(1)　与えられた不等式は
$$A\leqq\sqrt{n}-10^k<A+10^{-k}$$
すなわち
$$10^k+A\leqq\sqrt{n}<10^k+A+10^{-k}$$
であり，この各辺は正であるから，各辺を平方したものと同値である。よって
$$10^{2k}+2\cdot10^kA+A^2\leqq n<10^{2k}+2\cdot10^k(A+10^{-k})+(A+10^{-k})^2$$
$$10^{2k}+2\cdot10^kA+A^2\leqq n<10^{2k}+2\cdot10^kA+2+(A+10^{-k})^2 \quad\cdots\cdots①$$
また，$0<A<1$，$0<A+10^{-k}\leqq1$ から
$$0<A^2<1,\quad 0<(A+10^{-k})^2\leqq1 \quad\cdots\cdots②$$
①，②と $10^{2k}+2\cdot10^kA$，n が整数であることから
$$n=10^{2k}+2\cdot10^kA+1,\quad 10^{2k}+2\cdot10^kA+2$$
$$=\begin{cases}10^{2k}+2(a_110^{k-1}+a_210^{k-2}+\cdots+a_k)+1 \\ 10^{2k}+2(a_110^{k-1}+a_210^{k-2}+\cdots+a_k)+2\end{cases} \quad\cdots\cdots(答)$$

$(10^{2k}+2\cdot10^kA)+A^2$ $(10^{2k}+2\cdot10^kA)+2+(A+10^{-k})^2$

$(10^{2k}+2\cdot10^kA)$ $\boxed{(10^{2k}+2\cdot10^kA)+1}$ $\boxed{(10^{2k}+2\cdot10^kA)+2}$ $(10^{2k}+2\cdot10^kA)+3$

(2) 与えられた不等式は

$$p+A\leqq\sqrt{m}<p+A+10^{-k}$$

であり，この各辺は正であるから，各辺を平方したものと同値である。
よって

$$(p+A)^2\leqq m<(p+A)^2+2\cdot10^{-k}(p+A)+10^{-2k} \quad\cdots\cdots\text{③}$$

このとき

$$
\begin{aligned}
（③の右辺）-（③の左辺） &= 2\cdot10^{-k}p+2\cdot10^{-k}A+10^{-2k}\\
&> 2\cdot10^{-k}p \quad (A>0 \text{ より})\\
&\geqq 2\cdot10^{-k}\cdot5\cdot10^{k-1} \quad (p\geqq5\cdot10^{k-1} \text{ より})\\
&= 1
\end{aligned}
$$

また，（③の左辺）>0 であるから，③を満たす正の整数 m が存在し，したがって，与えられた不等式を満たす正の整数 m が存在する。

(証明終)

(3) $\sqrt{s}-[\sqrt{s}]=A$ となる正の整数 s が存在すると仮定する。

$\sqrt{s}=[\sqrt{s}]+A$ の右辺は有理数なので，$\sqrt{s}$ も有理数であり，$\sqrt{s}=\dfrac{t}{u}$ となる互いに素な正の整数 $t,\ u$ がある。

このとき，$\dfrac{t^2}{u^2}=s$ は整数であり，$t^2,\ u^2$ は互いに素なので $u^2=1$ である。

よって，$\sqrt{s}=t$ となり，$[\sqrt{s}]=t$ であるから，$A=0$ である。

これは $A\neq0$ （$a_k\neq0$ より）と矛盾する。

ゆえに，$\sqrt{s}-[\sqrt{s}]=A$ となる正の整数 s は存在しない。 (証明終)

◀解　説▶

≪与えられた不等式を満たす自然数の存在≫

　本問の小問は，それぞれ与えられた不等式を満たす正の整数の存在についての論証問題である。小問設定のある問題では，通常，前にある小問が後の小問の誘導や準備となる構成をとることが多いが，本問はそれぞれが独立した内容である。そのため，特に(3)で(1)や(2)をどう用いるのかと迷ったりすると，時間の浪費になる可能性がある。

▶(1)・(2) ともに，$\sqrt{n}$ または $\sqrt{m}$ をはさむ不等式を平方した式の左辺と右辺の差に注目することで解決する。(1)では，$0<A^2<1$，$0<(A+10^{-k})^2 \leqq 1$ であることと，$10^{2k}+2\cdot 10^k A$ が整数であることがポイントなので，これはきちんと記すことが大切である。(2)では（③の右辺）-（③の左辺）>1 であることがポイントである。

▶(3) 要するに「自然数 s に対して，$\sqrt{s}$ が有理数ならば，$\sqrt{s}$ は整数である」すなわち「自然数 s に対して，$\sqrt{s}$ が有理数ならば，s が平方数である」という有名事項を示す易しい問題である。ただし，ここでは，「$\sqrt{s}$ が有理数である」ことを「$\sqrt{s}-[\sqrt{s}]=0.a_1 a_2 \cdots a_k$」という表現にしてあるので，このことを読み取れるかどうかがポイントである。(1)・(2)と無関係なので，(1)・(2)に引きずられると易しいはずの問題に余計な時間を取られるという，本質的ではない難しさがある。

6

◇発想◇ xz 平面で A が x 軸上にあり，条件を満たす線分 AB の存在範囲と xz 平面の $z\geqq 1$ の表す範囲との共通部分を z 軸の周りに 1 回転した立体の体積 V が求めるものである。

解答 条件を満たす任意の線分 AB は，A が x 軸上にあり条件を満たす線分 AB を z 軸の周りに回転した線分として得られる。

よって，xz 平面で A が x 軸上にあるような条件を満たす線分 AB すべてからなる図形の $z\geqq 1$ の部分を z 軸の周りに 1 回転した立体の体積 V が求めるものである。さらに，A の x 座標は 0 以上としてよい。

O を原点とする xz 平面で A$(a, 0)$，B(x, z) とする。

AB = 2 から，明らかに $0\leqq a\leqq\sqrt{3}$，$x\leqq 0$，$1\leqq z\leqq 2$ である。

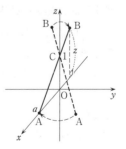

$0<a<\sqrt{3}$ のとき，$1<z<2$ であり，相似比から

$$a:(a-x)=1:z \qquad az=a-x$$

$$a=\frac{x}{1-z} \quad\cdots\cdots ①$$

AB = 2 から $\quad (a-x)^2+z^2=4 \quad\cdots\cdots ②$

①, ②から

$$\left(\frac{x}{1-z} - x\right)^2 + z^2 = 4$$

$$x^2 = (4 - z^2)\left(1 - \frac{1}{z}\right)^2 \quad \cdots\cdots ③$$

条件から，$a = 0$ のとき $(x,\ z) = (0,\ 2)$，$a = \sqrt{3}$ のとき $(x,\ z) = (0,\ 1)$ であり，これらの場合も③が成り立つ。

③と $x \le 0$，$1 \le z \le 2$ から，$x = -\sqrt{(4 - z^2)\left(1 - \frac{1}{z}\right)^2}$ となり，$1 \le z \le 2$ を満たす z に対して x の値は一通りに定まる。

したがって，求める立体の体積 V は

$$V = \pi \int_1^2 x^2 dz$$

$$= \pi \int_1^2 (4 - z^2)\left(1 - \frac{1}{z}\right)^2 dz$$

$$= \pi \int_1^2 (4 - z^2)\left(1 - \frac{2}{z} + \frac{1}{z^2}\right) dz$$

$$= \pi \int_1^2 \left(3 - \frac{8}{z} + \frac{4}{z^2} + 2z - z^2\right) dz$$

$$= \pi \left[3z - 8\log z - \frac{4}{z} + z^2 - \frac{z^3}{3}\right]_1^2$$

$$= \left(\frac{17}{3} - 8\log 2\right)\pi \quad \cdots\cdots (答)$$

━━━━━ ◀ 解　説 ▶ ━━━━━

≪空間内の線分の通過範囲の体積（回転体の体積）≫

本問は求める体積が「xz 平面で A が x 軸上にあるような条件を満たす線分 AB すべてからなる図形の $z \geq 1$ の部分を z 軸の周りに 1 回転した立体の体積」であることに気づくかどうかが第一のポイントである。次のポイントは，B$(x,\ z)$ として，x と z の関係式を見出すことである。このためには 3 同様，相似比を利用した簡単な計算で a を x，z で表し，条件 AB $= 2$ を用いる式処理が必要となる。ここをクリアすると，z 軸回転の体積計算に必要な x^2 を z で表す式変形を経て，積分による体積の立式ができる。この際に，z の値に対して x が一通りに定まらないときには計算が

東京大-理科前期   2016 年度　数学〈解答〉　*51*

煩雑になるが，本問ではそのようなことにはならないので，立式は易しい。また，積分計算も易しいので，立式に至るまでの流れをどの程度の時間で簡潔明快にとらえることができるかで差が出る問題である。

━━━━━━━━ 講　評 ━━━━━━━━

　　2014 年度は 6 題すべてで小問設定がなされ，総設問数は 17 問，2015 年度は小問誘導のない問題が 2 題，総設問数は 12 問であったが，2016 年度は小問誘導のない問題が 4 題，総設問数は 9 問となった。2016 年度は内容も簡潔明快で，解答の記述量も軽減され，難度も穏やかな設定であった。入試独特の緊張感と試験時間を考慮すると，この程度の易しさでもよいのかもしれない。

　　整数・確率の離散系が 2 題，解析系が 2 題，空間図形と計量が 1 題，複素数平面と平面図形が 1 題と良いバランスであった。例年と比べて，離散系の 2 題の難度が穏やかになった。また，立体図形の体積の導出も数年前までの難しさにこだわらなくなったのも 2014・2015 年度同様であった。現行課程 2 年目の 2016 年度はほぼ 10 年ぶりに複素数平面の問題があったが，*xy* 平面でも解ける易しい出題であった。東大入試としての難易度は，1 標準，2 (1)易，(2)やや易，3 易，4 易，5 (1)易，(2)易，(3)やや易，6 標準であった。全体として易化したが，2015 年度のように小問での点数の積み上げができないことを考慮すると，大きく差が出たとは言えないとしても合格に必要な数学の点数は上がったのではないかと予想される。

　　1　関数不等式の普通の問題だが，問題文に *e* の定義式が記されているためにこれに基づいた解答を求められていると判断すると，時間をかなりロスしてしまうので，気をつけたい。

　　2　有名な巴戦の確率で，推移図を記すと明快になるが，例年のような漸化式での処理にこだわると，方針転換までの時間ロスが起きたと思われる。また，現行課程の条件付き確率の発問が目新しいので，内容は易しいのに戸惑った受験生もいたと思われる。東大の確率の難しさが軽減され，普段の勉強の成果が出やすいという意味で好ましい出題。

　　3　空間図形の問題としては大変易しく，できてほしい問題。本来は第 1 問にあってほしい問題。

　　4　複素数平面の問題というより平面図形の問題なので，複素数平面の出題に不安があった受験生にも親切な出題と言える。

　　5　(1)・(2)は単なる計算問題で，整除の理論などは(3)で見られるが，各小問が独立であることと(3)の表現が何を意味してい

るかが問われるだけなので，本質的な難しさではない難しさがあった。

6　結局は平面上の線分の集合が成す図形の回転体の体積なのだが，問題文の与え方で難しさを出している。数学の問題はその意味を簡潔明快に提示するのがよいのか，それを見抜く力を試すように敢えて難しそうに表現するのがよいのか，5(3)同様，評価が分かれる出題。見抜いてしまえば，図形の把握と積分計算自体は難しくないので，体積の問題としては良いレベルの問題である。

東京大-理科前期　　　　　　　　　　　　　　2016 年度　物理〈解答〉　53

物理

1 解答

I (1) 反発係数の関係式をつくると

$$1 = -\frac{v_1' - v_2'}{-v - v}$$

$$\therefore \quad v_1' - v_2' = 2v \quad \cdots\cdots(\text{答})$$

衝突直前　　　衝突直後

m ① ↓v　　① ↑v_1'

(2) 衝突の前後において，運動量保存則より

$$-mv + Mv = mv_1' + Mv_2'$$

M ② ↑v　　② ↑v_2'

が成り立つ。(1)の結果と連立させて解くと

$$v_1' = \frac{3M - m}{M + m}v, \quad v_2' = \frac{M - 3m}{M + m}v \quad \cdots\cdots(\text{答})$$

を得る。

また，等加速度直線運動の関係より

$$v^2 = 2gh, \quad v_1'^2 = 2gH$$

$$\therefore \quad \frac{H}{h} = \left(\frac{v_1'}{v}\right)^2 = \left(\frac{3M - m}{M + m}\right)^2$$

となる。M が m に比べて十分に大きいとき

$$\frac{H}{h} = \left(\frac{3 - \dfrac{m}{M}}{1 + \dfrac{m}{M}}\right)^2 \quad \to 9 \text{ 倍} \quad \cdots\cdots(\text{答})$$

II (1) 小球 1 と小球 2 の重心の速度は，定義より

$$V = \frac{mv_1 + 3m \times 0}{m + 3m} = \frac{1}{4}v_1 \quad \cdots\cdots(\text{答})$$

(2) 糸に張力が生じる直前と，再び糸がたるんだ瞬間を比較すると

糸に張力が生じる直前　　　再び糸がたるんだ瞬間

運動量保存則より

$$mv_1 = mu_1 + 3mu_2$$

m ① ↑v_1　　① ↑u_1

力学的エネルギー保存則より

$$\frac{1}{2}mv_1^2 = \frac{1}{2}mu_1^2 + \frac{1}{2} \times 3mu_2^2$$

$3m$ ②　　② ↑u_2

が成り立つ。この2式から

$$u_1 = -\frac{1}{2}v_1, \quad u_2 = \frac{1}{2}v_1 \quad \cdots\cdots(答)$$

(3) 小球1の速度：$t=0$ の瞬間に，v_1 から $u_1 = -\frac{1}{2}v_1$ に変化

小球2の速度：$t=0$ の瞬間に，0 から $u_2 = \frac{1}{2}v_1$ に変化

小球1と小球2の重心の速度：$t=0$ の直前と直後で変化しない

であり，これらを満たす最も適切なグラフは　イ　……(答)

Ⅲ (1) 小球2が浮き上がる瞬間，床から作用する垂直抗力は0になる。力のつりあいより

$$k\Delta l = 3mg \quad \therefore \quad \Delta l = \frac{3mg}{k} \quad \cdots\cdots(答)$$

(2) 小球1の力学的エネルギー保存則より

$$\frac{1}{2}mv_1{}^2 = \frac{1}{2}mw^2 + mg\Delta l + \frac{1}{2}k(\Delta l)^2$$

が成り立つ。(1)の結果を用いると

$$\frac{1}{2}mv_1{}^2 = \frac{1}{2}mw^2 + \frac{3(mg)^2}{k} + \frac{9(mg)^2}{2k}$$

$$= \frac{1}{2}mw^2 + \frac{15(mg)^2}{2k}$$

$$\therefore \quad w = \sqrt{v_1{}^2 - \frac{15mg^2}{k}} \quad \cdots\cdots(答)$$

を得る。$w>0$ であるため

$$v_1{}^2 - \frac{15mg^2}{k} > 0 \quad \therefore \quad k > \frac{15mg^2}{v_1{}^2}$$

となるから

$$k_c = \frac{15mg^2}{v_1{}^2} \quad \cdots\cdots(答)$$

(3) 重心の位置は小球1と小球2の間を3：1に内分する点であり，小球1に自然長 $\frac{3}{4}l$ のゴム，小球2に自然長 $\frac{1}{4}l$ のゴムが付いた単振動とみなせる。ゴムの弾性定数は自然長に反比例するから，単振動の周期は

東京大-理科前期 2016 年度 物理〈解答〉 *55*

$$小球 1 : 2\pi\sqrt{\dfrac{m}{\dfrac{4}{3}k}} = \pi\sqrt{\dfrac{3m}{k}}$$

$$小球 2 : 2\pi\sqrt{\dfrac{3m}{4k}} = \pi\sqrt{\dfrac{3m}{k}}$$

となる。小球 2 が床から浮き上がってからゴムがたるむまでの時間 T は,
この単振動の半周期に相当するから

$$T = \frac{\pi}{2}\sqrt{\frac{3m}{k}} \quad \cdots\cdots(答)$$

━━━━━━◆テーマ◆━━━━━━━━━━━━━━━━

≪糸,ゴムでつながれて落下する 2 球の衝突≫

2015 年度に引き続き,2 球の相対運動,重心の運動がテーマになって
いる。複数の物体が相互に影響を与えながら運動するとき,複数の物体か
らなる系を設定して,運動量保存則を用いることが多い。また,系の重心
の運動と,重心に対する各物体の運動に分けて扱うと,運動の状況が整理
しやすくなることがある。

━━━━◀解　説▶━━━━

◆Ⅰ　▶(1)　小球 2 と床の衝突の反発係数は 1 (弾性衝突) であるから,
床と衝突する直前,鉛直下向きに速さ v (速度 $-v$) で落下していた小球
2 は,床と衝突した直後,鉛直上向きに速さ v (速度 $+v$) で上昇して,
小球 1 (速度 $-v$) と衝突することになる。

▶(2)　計算結果で $M = m$ とすると

$$v_1' = v, \quad v_2' = -v$$

となる。質量の等しい 2 球の弾性衝突で速度が交換されるのはよく知られ
た性質であり,計算結果の確認となる。

v と h,v_1' と H の関係は,力学的エネルギー保存則から求めることも
できる。

◆Ⅱ　▶(1)　Ⅰ(2)の計算結果で $M = 3m$ とすると

$$v_1' = 2v, \quad v_2' = 0$$

となり,問題文に示されているように,小球 1 と衝突した後,小球 2 は床
に静止することがわかる。また,小球 2 と衝突した後,小球 1 は初速 v_1'
で上昇する。

再び糸がたるんだ瞬間，小球1と小球2の重心の速度は

$$\frac{mu_1 + 3mu_2}{m + 3m} = \frac{1}{4}u_1 + \frac{3}{4}u_2$$

である。系の運動量が保存されるとき，その系の重心の速度は一定であるから，運動量保存則の代わりに，次の式をつくっても同じことである。

$$\frac{1}{4}v_1 = \frac{1}{4}u_1 + \frac{3}{4}u_2$$

▶(2)　小球1と小球2からなる系を考えると，糸の張力は内力になる。糸が張るとき，張力は瞬間的に非常に大きい力（撃力）となるから，重力が作用していても，糸に張力が生じる直前と，再び糸がたるんだ瞬間を比較して，運動量は保存されると考えられる。

〔解答〕に示したように，運動量保存則と力学的エネルギー保存則が成立するが，この2式を用いると2次方程式を解くことになり，計算は少し面倒になる。

参考　衝突において力学的エネルギーが保存されるのは，反発係数1の弾性衝突の場合である。糸に張力が生じて2球の速度が瞬間的に変化する現象は衝突ではないが，力学的エネルギーが保存されるということで，弾性衝突の反発係数と同様の関係式

$$1 = -\frac{u_1 - u_2}{v_1 - 0}$$

が成り立つ。これと運動量保存則を用いると，計算は簡単になる。

▶(3)　各球と重心の運動は，次のようになる。

• 小球1の運動

糸が張る瞬間を除いて，作用する力は重力だけであるから，$t=0$ の前後は，加速度 $-g$ の運動となる。速度-時刻のグラフの傾きは加速度に等しいから，グラフは右下がりの直線となる。$t=0$ の前後で，速度は不連続になる。

• 小球2の運動

糸が張るまでは床上に静止し，$t=0$ の後，鉛直上向きに動き始める。$t=0$ 以降，加速度 $-g$ の運動となり，グラフは右下がりの直線となる。

• 小球1と小球2の重心の運動

系の運動量が保存されるとき，重心の速度は変化しないから，$t=0$ の

前後で，速度は連続的である。

重心の加速度は，糸が張るまでは $\dfrac{m \times (-g) + 3m \times 0}{m + 3m} = -\dfrac{1}{4}g$

糸が張って小球 2 が床から離れたときは $\quad -g$

となる。

◆Ⅲ　▶(1)　ゴムは，たるむときは自然長のままで弾性力が生じないが，自然長から伸びるときは，ばねと同様に扱えばよい。問題文中の k は，ばね定数に相当する物理量であることは明らかである。

ゴムが自然長から伸びると，小球 2 は鉛直上向きに引っ張られる。面で接触する条件の判定は，垂直抗力の符号を利用することが多い。

▶(2)　小球 2 が浮き上がるまで，重力と弾性力による位置エネルギーを考慮すると，小球 1 の力学的エネルギーは保存される。

k が小さいと，小球 1 が上昇してゴムが伸びても，ゴムから作用する弾性力が小球 2 の重さより大きくならず，小球 2 は浮き上がらない。

▶(3)　ゴムの伸び Δl が無視できるとき，ゴムが自然長の状態から，2 球が外向きに動き出す単振動とみなせるから，再びゴムがたるむのは，ゴムが自然長に戻るときである。したがって，小球 2 が床から浮き上がってからゴムがたるむまでの時間 T は，単振動の半周期に相当する。

〔解答〕は，問題文の「小球 1，2 の運動は，重心の等加速度運動と，重心のまわりの単振動の合成となる」を利用したものである。単振動の周期を求めるのに，次のような解法も考えられる。

参考　小球 1 の加速度を a_1，小球 2 の加速度を a_2 とすると，それぞれの運動方程式は

$$ma_1 = -kx - mg, \ 3ma_2 = hx - 3mg$$

であり，小球 2 に対する小球 1 の相対加速度は

$$a_1 - a_2 = -\dfrac{4k}{3m}x \ \left(= -\omega^2 x\right)$$

と表される。したがって，小球 1 と小球 2 の間の相対運動は単振動であり，その角振動数は $\omega = \sqrt{\dfrac{4k}{3m}} = 2\sqrt{\dfrac{k}{3m}}$ となるから，周期は

$$\dfrac{2\pi}{\omega} = \pi\sqrt{\dfrac{3m}{k}}$$

58　2016 年度　物理〈解答〉　　　　　　　　　　　　　　東京大-理科前期

発展　小球 1 の質量 m，小球 2 の質量 $3m$ に対し，次の式で定義される質量 μ を，系の換算質量という（高校物理の範囲外）。

$$\frac{1}{\mu} = \frac{1}{m} + \frac{1}{3m} \qquad \therefore \quad \mu = \frac{3}{4}m$$

この考え方を用いると，2 物体の運動の問題を 1 物体の運動と同様に扱えることがある。本問では，ばね振り子の周期の式で，おもりの質量を μ に置き換えると，単振動の周期は次のように求められる。

$$2\pi\sqrt{\frac{\mu}{k}} = \pi\sqrt{\frac{3m}{k}}$$

2 　**解答**　I　(1)　回路を流れる電流 $I = I_0 \sin\omega t$ に対して，交流電源の電圧は

$$V = RI_0\sin\omega t + \omega L I_0 \sin\left(\omega t + \frac{\pi}{2}\right) + \frac{I_0}{\omega C}\sin\left(\omega t - \frac{\pi}{2}\right)$$

$$= RI_0\sin\omega t + \left(\omega L - \frac{1}{\omega C}\right)I_0\cos\omega t$$

$$= I_0\sqrt{R^2 + \left(\omega L - \frac{1}{\omega C}\right)^2}\,\sin\left(\omega t + \delta\right)$$

となる。$V = V_0\sin(\omega t + \delta)$ と比較すると

$$I_0 = \frac{V_0}{\sqrt{R^2 + \left(\omega L - \dfrac{1}{\omega C}\right)^2}} \quad \cdots\cdots(\text{答})$$

$$\tan\delta = \frac{\omega L - \dfrac{1}{\omega C}}{R} \quad \cdots\cdots(\text{答})$$

(2)　交流電源が回路に供給する電力の時間平均 $\overline{P}$ は，抵抗器で消費される電力の時間平均に等しいことを用いると

$$\overline{P} = \frac{1}{2}RI_0^2 = \frac{RV_0^2}{2\left\{R^2 + \left(\omega L - \dfrac{1}{\omega C}\right)^2\right\}} \quad \cdots\cdots(\text{答})$$

(3)　(2)の結果の式で，$\overline{P}$ が最大になるのは

$$\omega L - \frac{1}{\omega C} = 0$$

となるときである。このとき

東京大-理科前期   2016 年度　物理〈解答〉　*59*

$$\overline{P} = P_0 = \frac{V_0{}^2}{2R} \quad \therefore \quad R = \frac{V_0{}^2}{2P_0} \quad \cdots\cdots(答)$$

⑷　⑵と⑶の結果の式を用いると

$$\frac{RV_0{}^2}{2\left\{R^2 + \left(\omega L - \dfrac{1}{\omega C}\right)^2\right\}} = \frac{P_0}{2} = \frac{V_0{}^2}{4R}$$

となる。これを整理すると

$$\left(\omega L - \frac{1}{\omega C}\right)^2 = R^2$$

$$\omega L - \frac{1}{\omega C} = \pm R$$

よって

$$\begin{cases} \omega^2 LC - \omega RC - 1 = 0 & \cdots\cdots① \\ \omega^2 LC + \omega RC - 1 = 0 & \cdots\cdots② \end{cases}$$

となる。2 次方程式の解の公式を用いると

①から　　$\omega = \dfrac{RC \pm \sqrt{(RC)^2 + 4LC}}{2LC}$

となり，$\omega > 0$ であるから

$$\omega = \frac{RC + \sqrt{(RC)^2 + 4LC}}{2LC}$$

②から　　$\omega = \dfrac{-RC \pm \sqrt{(RC)^2 + 4LC}}{2LC}$

となり，$\omega > 0$ であるから

$$\omega = \frac{-RC + \sqrt{(RC)^2 + 4LC}}{2LC}$$

となるが，題意により $\omega_2 > \omega_1$ であるから

$$\omega_1 = \frac{-RC + \sqrt{(RC)^2 + 4LC}}{2LC}, \quad \omega_2 = \frac{RC + \sqrt{(RC)^2 + 4LC}}{2LC}$$

である。よって

$$\varDelta\omega = \omega_2 - \omega_1 = \frac{R}{L} \quad \therefore \quad L = \frac{R}{\varDelta\omega}$$

となり，⑶の結果を用いると

$$L = \frac{V_0{}^2}{2P_0 \varDelta\omega} \quad \cdots\cdots(答)$$

Ⅱ (1) 荷電粒子の等速円運動の半径を r とすると、$v = r\omega$ の関係があるから、粒子に作用する遠心力は

$$mr\omega^2 = mv\omega$$

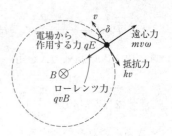

と表される。粒子に作用する力は右図のようになり、力のつりあいの式は

円運動の速度に平行な方向：

$$qE\cos\delta - kv = 0 \quad \cdots\cdots (答)$$

円運動の速度に垂直な方向：

$$qE\sin\delta + qvB - mv\omega = 0 \quad \cdots\cdots (答)$$

(2) (1)の結果より

$$k^2v^2 + (m\omega - qB)^2 v^2 = (qE\cos\delta)^2 + (qE\sin\delta)^2 = (qE)^2$$

$$\therefore \quad v^2 = \frac{(qE)^2}{k^2 + (m\omega - qB)^2}$$

となり

$$v = \frac{qE}{\sqrt{k^2 + (m\omega - qB)^2}} \quad \cdots\cdots (答)$$

を得る。また

$$\tan\delta = \frac{qE\sin\delta}{qE\cos\delta} = \frac{mv\omega - qvB}{kv}$$

$$\therefore \quad \tan\delta = \frac{m\omega - qB}{k} \quad \cdots\cdots (答)$$

(3) 電場から作用する力が荷電粒子に対して行う単位時間当たりの仕事は

$$P = qEv\cos\delta = kv^2$$

であり、(2)の結果を用いると

$$P = \frac{k(qE)^2}{k^2 + (m\omega - qB)^2} \quad \cdots\cdots (答)$$

(4) (3)の結果の式で、P が最大になるのは

$$m\omega - qB = 0 \quad \therefore \quad \omega = \frac{qB}{m} = \omega_0 \quad \cdots\cdots ①$$

となるときであり、このとき

$$P = \frac{(qE)^2}{k} = P_0 \quad \cdots\cdots ②$$

東京大-理科前期　　　　　　　　　　　　　2016 年度　物理〈解答〉　*61*

である。

$P = \dfrac{P_0}{2}$ となるとき

$$\dfrac{P_0}{2} = \dfrac{(qE)^2}{2k} = \dfrac{k\,(qE)^2}{k^2 + (m\omega - qB)^2}$$

であるから，これを整理して

$$(m\omega - qB)^2 = k^2$$

$$m\omega - qB = \pm k$$

$$\therefore \quad \omega = \dfrac{qB}{m} \pm \dfrac{k}{m}$$

となる。題意により $\omega_2 > \omega_1$ であるから

$$\omega_1 = \dfrac{qB}{m} - \dfrac{k}{m}, \quad \omega_2 = \dfrac{qB}{m} + \dfrac{k}{m}$$

$$\therefore \quad \Delta\omega = \omega_2 - \omega_1 = \dfrac{2k}{m}$$

となる。②より $k = \dfrac{(qE)^2}{P_0}$，①より $q = \dfrac{m\omega_0}{B}$ であるから

$$\Delta\omega = \dfrac{2}{m} \times \dfrac{(qE)^2}{P_0} = \dfrac{2E^2}{mP_0} \times q^2 = \dfrac{2E^2}{mP_0} \times \left(\dfrac{m\omega_0}{B}\right)^2$$

$$\therefore \quad m = \dfrac{P_0}{2}\left(\dfrac{B}{E\omega_0}\right)^2 \Delta\omega \quad \cdots\cdots(答)$$

━━━━━━◆テーマ◆━━━━━━

≪交流回路の直列共振，荷電粒子の運動と電磁場の共振≫

　固有振動する系に外部から周期的な作用を与えるとき，系の固有振動の周期と外部からの作用の周期が近いと，外部からの作用が小さくても，系に大きなエネルギーが与えられる現象を，共振または共鳴という。

━━━━━◀解　説▶━━━━━

◆Ⅰ　▶(1)　交流回路であっても，直列に接続された各素子に流れる電流は共通である。回路を流れる電流 $I = I_0 \sin\omega t$ に対して

・抵抗器 R

　抵抗器にかかる電圧 V_{R} は，電流 I と同位相であり

$$V_{\mathrm{R}} = RI = RI_0 \sin\omega t$$

・コイル L

交流回路の抵抗に相当する誘導リアクタンスは ωL である。また，コイルにかかる電圧 V_L の位相は，電流 I より $\dfrac{\pi}{2}$ 進むから

$$V_L = \omega L I_0 \sin\left(\omega t + \dfrac{\pi}{2}\right) = \omega L I_0 \cos\omega t$$

となる。あるいは

$$V_L = L\dfrac{\Delta I}{\Delta t} = \omega L I_0 \cos\omega t$$

- コンデンサー C

交流回路の抵抗に相当する容量リアクタンスは $\dfrac{1}{\omega C}$ である。また，コンデンサーにかかる電圧 V_C の位相は，電流 I より $\dfrac{\pi}{2}$ 遅れるから

$$V_C = \dfrac{I_0}{\omega C}\sin\left(\omega t - \dfrac{\pi}{2}\right) = -\dfrac{I_0}{\omega C}\cos\omega t$$

となる。あるいは

$$V_C = \dfrac{1}{C}\int I dt = -\dfrac{I_0}{\omega C}\cos\omega t$$

となる。
これらの和が電源の電圧 V に等しいから，$V = V_R + V_L + V_C$ であり，〔解答〕で示した式になる。
あるいは，右図のような位相関係を示すベクトル図から

電流と電圧の最大値の関係

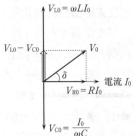

$$V_0 = \sqrt{V_{R0}{}^2 + (V_{L0} - V_{C0})^2}$$

$$\tan\delta = \dfrac{V_{L0} - V_{C0}}{V_{R0}}$$

を計算してもよい。

$$Z = \sqrt{R^2 + \left(\omega L - \dfrac{1}{\omega C}\right)^2}$$

は，回路全体の抵抗に相当するインピーダンスであり，$V_0 = Z I_0$ の関係がある。

▶(2) 交流電源が回路に供給する電力 P は

$$P = VI$$

東京大-理科前期   2016 年度　物理〈解答〉　*63*

$$= V_0 \sin(\omega t + \delta) \times I_0 \sin \omega t$$

$$= \left\{ R I_0 \sin \omega t + \left(\omega L - \frac{1}{\omega C} \right) I_0 \cos \omega t \right\} \times I_0 \sin \omega t$$

$$= R {I_0}^2 \sin^2 \omega t + \left(\omega L - \frac{1}{\omega C} \right) {I_0}^2 \sin \omega t \cos \omega t$$

である。時間平均をとると

$$\overline{\sin^2 \omega t} = \frac{1}{2}, \quad \overline{\sin \omega t \cos \omega t} = 0$$

であるから

$$\overline{P} = \frac{1}{2} R {I_0}^2$$

となる。したがって，電力を消費するのは抵抗器だけであることがわかる

が，抵抗器の消費電力の時間平均が $\frac{1}{2} R {I_0}^2 \left(= R {I_e}^2,\ 実効値\ I_e = \frac{I_0}{\sqrt{2}} \right)$ で

あることは，記憶しておくべきである。

▶(3)　$\overline{P}$ が最大になるのは

$$\omega L - \frac{1}{\omega C} = 0$$

すなわち，交流回路の合成リアクタンスが 0 になる場合である。このとき，
回路は直列共振の状態となっていて，抵抗器にかかる電圧の最大値は V_0
である。

▶(4)　$\Delta \omega = \omega_2 - \omega_1$ は半値幅と呼ばれる量である（高校物理では扱わな
い）。

◆**Ⅱ**　▶(1)　等速円運動は，静止系の立場から運動方程式をつくることも
できるが，本問の問題文にしたがうと，荷電粒子とともに回転する立場で
遠心力を考慮して，つりあいの式をつくることになる。

▶(2)　v を求めるときに δ を消去するが，$\cos^2 \delta + \sin^2 \delta = 1$ の関係を用いる
のは常套手段である。

▶(3)　荷電粒子の速さは一定であるから，電場が荷電粒子に対して行う仕
事は熱となって，荷電粒子やガスの温度が上昇することになる。計算結果
によると，この仕事は電場の強さ E の 2 乗に比例している。

　磁場から作用するローレンツ力は仕事をしないが，$\omega = \omega_0 = \dfrac{qB}{m}$ のとき

に，電場がする仕事は最大になり，一種の共振現象が生じていると考えられる。

3 解答 I

(1) 領域Aにおける波の波長を λ_A とすると

$$\lambda_A = \frac{d}{2}$$

領域Aにおいて，波の振動数を f として，波の基本式をつくると

$$V = f\lambda_A = \frac{fd}{2} \quad \therefore \quad f = \frac{2V}{d} \quad \cdots\cdots(答)$$

となる。同じ波源が領域Bにある場合に出る波の波長を λ_B とすると

$$\frac{V}{2} = f\lambda_B = \frac{2V}{d}\lambda_B \quad \therefore \quad \lambda_B = \frac{d}{4} \quad \cdots\cdots(答)$$

(2) $v = g^a h^b$ の式で，両辺の単位の関係より

$$[\mathrm{m/s}] = [\mathrm{m/s^2}]^a \times [\mathrm{m}]^b$$
$$= [\mathrm{m}^{a+b}\mathrm{s}^{-2a}]$$

であり

[m] について　　$1 = a + b$

[s] について　　$-1 = -2a$

が成り立つ。したがって

$$a = \frac{1}{2}, \quad b = \frac{1}{2} \quad \cdots\cdots(答)$$

であり，$v = \sqrt{gh}$ と表される。

　領域Aにおける波の速さは，領域Bにおける波の速さの2倍であるから，領域Aの水深は領域Bの水深の

$$2^2 = 4 \text{ 倍} \quad \cdots\cdots(答)$$

(3) x 軸に関して点Pと線対称な位置にある点 P'$(0, -d)$ を考えると

$$\overline{\mathrm{PQ}} + \overline{\mathrm{QR}} = \overline{\mathrm{P'Q}} + \overline{\mathrm{QR}} = \overline{\mathrm{P'R}}$$
$$= \sqrt{x^2 + (y+d)^2} \quad \cdots\cdots(答)$$

(4) 直線 $y = d$ 上で，直接波と反射波が弱め合う条件は

$$\sqrt{x^2 + (d+d)^2} - |x| = \left(n - \frac{1}{2}\right)\lambda_A$$

∴ $\sqrt{x^2+4d^2} - |x| = \left(n - \dfrac{1}{2}\right)\dfrac{d}{2}$　$(n = 1,\ 2,\ 3,\ \cdots)$　……(答)

y 軸上の OP 間では，直接波と反射波が干渉して定常波が生じるが，次図のように，節の数は 4 個である。領域 A 内の節線は必ず OP 間を通るから，弱め合う点は直線 $y = d$ 上に

　8 個　……(答)

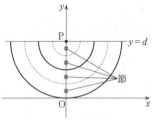

(5)　波源と同じ位相をもつ波面は右図のようになる。点 S の座標は

$$\left(0,\ -\lambda_B\right) = \left(0,\ -\dfrac{d}{4}\right)\ \cdots\cdots(答)$$

となる。また

$\overline{\mathrm{PT}} = 3\lambda_A = \dfrac{3}{2}d$

$\overline{\mathrm{PO}} = 2\lambda_A = d$

∴ $\overline{\mathrm{OT}}^2 = \left(\dfrac{3}{2}d\right)^2 - d^2 = \dfrac{5}{4}d^2$

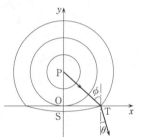

であるから，点 T の座標は

$$\left(\dfrac{\sqrt{5}}{2}d,\ 0\right)\ \cdots\cdots(答)$$

点 T における入射角を ϕ とすると

　屈折の法則より　$\dfrac{\sin\phi}{\sin\theta} = \dfrac{V}{\dfrac{V}{2}} = 2$

　幾何的な関係より　$\sin\phi = \dfrac{\dfrac{\sqrt{5}}{2}d}{\dfrac{3}{2}d} = \dfrac{\sqrt{5}}{3}$

であるから

$$\sin\theta = \frac{1}{2}\sin\phi = \frac{\sqrt{5}}{6} \quad \cdots\cdots(答)$$

Ⅱ (1) 原点Oで観測される波の振動数を f' とすると，ドップラー効果の公式を用いて

$$f' = \frac{V}{V+u}f = \frac{V}{V+u}\cdot\frac{2V}{d}$$

であるから，波源の位置で観測される反射波の振動数は

$$\frac{V-u}{V}f' = \frac{V-u}{V}\times\frac{V}{V+u}\cdot\frac{2V}{d} = \frac{V-u}{V+u}\cdot\frac{2V}{d} \quad \cdots\cdots(答)$$

となる。また，領域Bの y 軸上を動く点で観測される波の振動数は

$$\frac{\frac{V}{2}-w}{\frac{V}{2}}f' = \frac{V-2w}{V}\times\frac{V}{V+u}\cdot\frac{2V}{d} = \frac{V-2w}{V+u}\cdot\frac{2V}{d} \quad \cdots\cdots(答)$$

(2) 波源が領域Aを右向きに動く場合（右図），波源からa点で出た波は，境界のb点で反射して，c点で波源に戻る。求める時間を t とすると

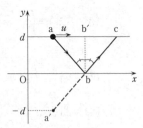

$$(Vt)^2 = (ut)^2 + (2d)^2$$

$$\therefore \quad t = \frac{2d}{\sqrt{V^2-u^2}} \quad \cdots\cdots(答)$$

(3) 波源の振動の周期は $\frac{1}{f} = \frac{d}{2V}$ である。境界で反射して波源に戻った波が逆位相になるのは，(2)で求めた時間が，半周期の奇数倍になるときであるから

$$\frac{2d}{\sqrt{V^2-u^2}} = \left(m-\frac{1}{2}\right)\frac{d}{2V}$$

$$\therefore \quad \frac{4V}{\sqrt{V^2-u^2}} = m-\frac{1}{2} \quad (m=1,\ 2,\ 3,\ \cdots) \quad \cdots\cdots(答)$$

と表される。これを変形すると

$$V^2 - u^2 = \frac{16V^2}{\left(m-\frac{1}{2}\right)^2}$$

東京大-理科前期   2016 年度　物理〈解答〉　67

$$\therefore \quad u^2 = V^2 \left\{ 1 - \frac{16}{\left(m - \frac{1}{2} \right)^2} \right\}$$

となり，$0 < u < \dfrac{V}{2}$ であるから

$$0 < 1 - \frac{16}{\left(m - \frac{1}{2} \right)^2} < \frac{1}{4}$$

$$\therefore \quad \frac{9}{2} < m < \frac{8}{3}\sqrt{3} + \frac{1}{2} \ (\fallingdotseq 5.1)$$

となる。この関係を満たすのは $m = 5$ だけであり，このとき

$$u^2 = \frac{17}{81} V^2 \quad \therefore \quad u = \frac{\sqrt{17}}{9} V \quad \cdots\cdots (答)$$

◆━━━◆テーマ◆━━━◆

≪円形波の反射・干渉・透過，反射がある場合のドップラー効果≫

　反射波を扱う場合，境界面に関して線対称な位置に，見かけの波源を設定すると，物理的な状況がわかりやすくなることがある。

　反射体がある場合のドップラー効果は，まず，反射体を観測者として扱い，受ける（観測する）波の振動数を求める。次に，受けた波を発する波源として反射体を扱う。

■━━━　◀解　説▶　━━━■

◆Ⅰ　▶(1)　同じ波源であれば，領域Bにあっても，出る波の振動数 f は一定である。

▶(2)　いくつかの物理量が関係する現象で，両辺の次元が等しいことを利用して物理量の関係式を求める方法を次元解析という。本問は，次元より具体的な「単位」を用いて，次元解析を行うものである。

　力学では，「長さ」「質量」「時間」について，次元の関係式をつくることが多く，本問では，長さの単位 [m]，時間の単位 [s] について，関係式をつくることができる。

　水の表面を伝わる波の速さ v は，水深 h があまり大きくないときは，$v = \sqrt{gh}$ と表される。したがって，深い場所では浅い場所より，波は速く伝わる。

▶(3) x軸に関して点Pと線対称な位置に点P′をとると（右図），P′Rとx軸の交点Qは，反射の法則を満たす（入射角と反射角が等しい）境界点となる。

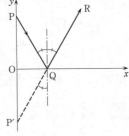

$\overline{PQ}+\overline{QR}$ は $\overline{P'R}$ に等しいことを用いると，計算は簡単になる。

なお，領域A内の反射波は点P′から発していると考えると（見かけの波源），(4)が考えやすくなる。

▶(4) 領域Bとの境界で反射する際に位相は変化しないから，点P，P′に同位相の波源があると考えて，干渉条件を表せばよい。

2つの点波源から出る水面波の干渉の図は，高校物理の教科書の多くに掲載されているが，領域Aでの干渉の様子はこれと同様になる。干渉により弱め合う点を結ぶ線（節線）は必ず，2つの波源の間に生じる定常波の節を通るから，節線の本数は，OP間の節の数に等しい。

なお，OP間では，y軸の負の向きに進む波と，正の向きに進む反射波が干渉して定常波を生じるが，反射波の振幅は入射波より小さいから（領域Bへの透過波にもエネルギーが分配される），定常波の腹は振幅が極大，節は振幅が極小の位置になる（透過波がないとしても，円形波では波源から離れるほど振幅が減少するので，腹は振幅が極大，節は振幅が極小の位置になる）。

後半は下のような解法も考えられる。

別解 干渉条件の式の両辺を2乗すると

$$x^2+4d^2=x^2+\left(n-\frac{1}{2}\right)d|x|+\left(n-\frac{1}{2}\right)^2\frac{d^2}{4}$$

$$\therefore\ |x|=\frac{16-\left(n-\frac{1}{2}\right)^2}{4\left(n-\frac{1}{2}\right)}d$$

となる。これを満たす整数 n は

$n=1,\ 2,\ 3,\ 4$

の4個である。xの正負を考慮すると，直線$y=d$上で，干渉条件を満たす点は8個となる。

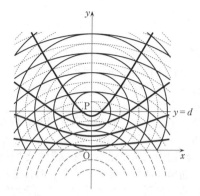

領域A：直接波と反射波について，波源と同位相の位置を実線，逆位相の位置を点線で描いてある。

領域B：見かけの波源から出た反射波を，半波長ごとに描いてある。

節線と $y=d$ の交点は，$x = \pm\dfrac{15}{56}d,\ \pm\dfrac{39}{40}d,\ \pm\dfrac{55}{24}d,\ \pm\dfrac{63}{8}d$ である。

▶(5) 領域A内で波源と同じ位相をもつ波面は，波源から波長 λ_A の整数倍だけ離れた位置である。屈折する際に波の位相は変化しないから，領域B内で波源と同じ位相をもつ波面は，〔解答〕の図に示したようになる。

◆Ⅱ ▶(1) 反射がある場合のドップラー効果は，テーマに示したように，2段階で公式を用いて計算すればよい。

▶(2) 波源から出た波は，波源の運動に関係なく，出た点から速さ V で広がるから，〔解答〕に示した図のように進んで波源に戻る。△aa′c で

ab + bc = a′c = Vt，ac = ut，aa′ = $2d$

として三平方の定理を用いると，〔解答〕の式が得られる。あるいは，△abb′ で三平方の定理を用いて，次の式でもよい。

$$\left(V\cdot\dfrac{t}{2}\right)^2 = \left(u\cdot\dfrac{t}{2}\right)^2 + d^2$$

▶(3) 経路差があるときの干渉条件は，距離の差が波長の何倍になるかで扱うことが多いが，本問では，時間の差が周期の何倍になるかを考慮すればよい。反射する際に波の位相は変化しないから，境界で反射して波源に戻った波が逆位相になるのは，(2)で求めた時間が，波源の振動の周期の $\left(m-\dfrac{1}{2}\right)$ 倍になるときである $\left(m-\dfrac{1}{2} = \dfrac{2m-1}{2}\right.$ であるから，半周期の奇数

倍とみなしてもよい)。

############### 講　評 ###############

　現行の教育課程が出題範囲となって2回目の入試であった。理科2科目で試験時間150分，最終結果だけでなく途中の過程まで記述する解答形式が続いている。

　1　落下する2球の衝突を扱う問題である。Ⅰは2球の弾性衝突を扱い，基本的な問題である。Ⅱは2球が糸でつながれているが，瞬間的に糸が張る現象は衝突と同様に扱えることに気づくと，面倒な計算をせずにすむ。Ⅲは2球がゴムでつながれているため一見難しく思えるが，題意を理解できれば，(1)は基礎的。(2)も難しくはない。(3)は重心のまわりの単振動を扱うもので，ヒントはあるが難しい。

　2　共振現象をテーマとした問題であり，Ⅰは交流回路の直列共振を扱っている。(1)〜(3)は標準的な設問であるが，使用する文字に注意する必要がある。(4)は題意にしたがって正しい式をつくれても，計算が複雑であるため計算力が必要である。Ⅱは荷電粒子の運動を扱っており，(1)〜(3)は標準的な設問であるが，(4)は計算力で差がつく。

　3　水面波に関する問題である。Ⅰの(1)は波の基本式，(2)は次元解析を扱う，標準的な設問である。(3)は境界での反射を扱うが，見かけの波源を用いると難しくはない。(4)は2つの点波源から出る水面波の干渉現象をよく理解していないと，かなり難しい。(5)の屈折は，題意を理解して適当な図を描くと計算は簡単であるが，差がつきそうである。Ⅱは反射がある場合のドップラー効果を扱い，(1)は標準程度，(2)はⅠ(3)と同様の設問である。(3)は時間差で干渉条件を考察する設問であり，条件式をつくるのは難しくないが，最後の計算は時間がかかる。

　全体としては，各大問の最初に典型的・標準的な設問が置かれ，思考力，洞察力，応用力，数理的な能力を要する設問が順を追って配置されている。2016年度の難易度は例年同様であるが，分量が多かった。物理的な状況を的確に素早く理解する能力，不要な計算で時間を浪費しないことが，例年以上に必要であった。

化学

1 解答

I ア　再結晶

イ　a．33　冷却温度：10℃

ウ　水溶液 X 中の無水物の質量を x〔g〕，水の量を y〔g〕とする。(1)に60℃における飽和溶液の無水物と水の質量の比を用いると

$$\frac{x+10}{y}=\frac{45}{100}$$

次に，$Na_2SO_4=142.1$，$Na_2SO_4\cdot10H_2O=322.1$，$H_2O=18.0$ であるから，(2)に20℃における飽和溶液の無水物と水の質量の比を用いると

$$\frac{x-32.2\times\dfrac{142.1}{322.1}}{y-32.2\times\dfrac{180}{322.1}}=\frac{20}{100}$$

これらの式を解くと　　　$x=27.0$〔g〕，$y=82.4$〔g〕

となるから，水溶液 X をつくるのに用いた十水和物の質量は

$$27.0\times\frac{322.1}{142.1}=61.2\fallingdotseq61\,〔g〕\quad\cdots\cdots(答)$$

同じく水の質量は，上記で求めた水の質量 y〔g〕から水和物が含む水和水の質量を差し引けばよいので

$$82.4-(61.2-27.0)=48.2\fallingdotseq48\,〔g〕\quad\cdots\cdots(答)$$

エ　発熱反応

理由：溶解度曲線の傾きが負であるから，低温ほどより多くの結晶が溶解する。すなわち，溶解平衡において，低温ほど結晶が溶解する方向へ平衡が移動する。したがって，ルシャトリエの原理より溶解反応は発熱反応である。

II オ　水は分子間において水素結合を形成するが，ヘキサンには水素結合よりもはるかに弱いファンデルワールス力しか作用しないため。(60字以内)

カ　78℃

キ　55℃における水およびヘキサンの飽和蒸気圧は図1－2より，それ

ぞれ 1.5×10^4 Pa, 6.5×10^4 Pa である。また，このときヘキサンは全量が気体であり，気体の物質量は分圧に比例する。

したがって，求める水蒸気の物質量は

$$0.10 \times \frac{1.5 \times 10^4}{6.5 \times 10^4} = 2.30 \times 10^{-2} \fallingdotseq 2.3 \times 10^{-2} \,(\text{mol}) \quad \cdots\cdots(\text{答})$$

ク (1)

理由：ヘキサンの分圧は水が凝縮を始めるまでは一定である。水の分圧が凝縮により減少するとヘキサンの分圧は増加する。水の飽和蒸気圧は温度変化よりも緩やかに減少するので，ヘキサンの分圧も温度変化より緩やかに増加する。さらに冷却するとヘキサンの分圧は飽和蒸気圧と等しくなって凝縮が始まり蒸気圧曲線に沿って減少する。(150字程度)

━━━━━━━ ◀解　説▶ ━━━━━━━

≪水和水を含む塩の溶解度，飽和蒸気圧を含む気体の分圧と法則≫

◆I　▶ア　再結晶は固体中の不純物を取り除く精製法のひとつである。

▶イ　加熱して水を蒸発させた水溶液における水の質量は

$$135 - (70 + 15) = 50 \,(\text{g})$$

この水溶液を30℃にすると，化合物Aの溶解度は図1－1の溶解度曲線より75であるから，析出するAの質量は

$$70 - \left(75 \times \frac{50}{100}\right) = 32.5 \fallingdotseq 33 \,(\text{g})$$

次に，15gの化合物Bが50gの水に対して飽和になる温度が，純粋な化合物Aを取り出せる最も低い冷却温度である。この温度での化合物Bの溶解度は

$$15 \times \frac{100}{50} = 30$$

図1－1より，この溶解度に対応する温度は10℃である。

▶ウ　水和物の溶解度を用いて溶質等の質量を求める場合，まず未知数として水和物の質量を用いるか無水物の質量を用いるかの判断が必要であるが，溶解度曲線は無水物の質量で示してあるので，無水物の質量を用いる方がよいことが多い。

次に，溶液，溶質，溶媒のうちのどの2つの量の比を選ぶかの判断が必要になる。本問の場合は，溶質と溶媒の質量が問われているので，溶解度につ

いてそれらの比を用いればよいと考えられる。

また，水溶液Xをつくるのに用いた水の質量は，水溶液の質量 $x+y$ 〔g〕から水和物の質量 61.2 g を差し引いても求められる。

$$82.4 + 27.0 - 61.2 = 48.2 \fallingdotseq 48 \text{〔g〕}$$

▶エ　溶解熱を Q〔kJ/mol〕としたときの溶解に関する熱化学方程式は

$$Na_2SO_4 \text{(s)} + aq = Na_2SO_4 \text{(aq)} + Q \text{kJ}$$

いま，溶解度曲線の傾きが負であるので，低温ほど溶解平衡は右へ偏ると考えられるから，溶解反応は発熱反応である。

◆Ⅱ　▶オ　分子量について，水 $H_2O = 18$，ヘキサン $C_6H_{14} = 86$ であるからヘキサンの方が分子量は大きい。しかし，ヘキサンは無極性分子であり，水素結合を形成しないので，沸点は低い。

▶カ　ヘキサンと水の物質量は等しいから，全量気体のときの分圧も等しい。また，一定の圧力では常に水の沸点が高いから，この混合気体を冷却していくと先に水が凝縮することになる。

したがって，水滴が生じる直前の水蒸気の分圧は

$$1.0 \times 10^5 \times \frac{0.10}{0.231} = 4.32 \times 10^4 \text{〔Pa〕}$$

図1－2より，この飽和蒸気圧に対応する温度は78℃である。

▶キ　混合気体について，分圧と物質量は比例する。したがって，2つの成分気体について，一方の分圧と物質量がわかり，他方の分圧がわかっていると，その物質量を計算で求めることができる。

▶ク　水が凝縮を始めると水の分圧は減少する。その減少分はヘキサンと窒素の分圧が増加することで補われ，全圧は一定値を保つ。ヘキサンが凝縮を始めるまでは，ヘキサンと窒素の物質量の比は 0.10：0.031 で一定であるので，水の分圧の減少分はこの比によってヘキサンと窒素へ分配される。

一方，水の蒸気圧曲線は温度低下に対して徐々に緩やかに減少するので，下側に膨らんでいる。したがって，ヘキサンの分圧の増加も温度低下に対して徐々に緩やかになり，分圧を示す曲線は上側に膨らむことになる。そのことを表しているのは，(1)のグラフである。

2 解答 I ア

	化学式	電子式	分子形状
(1)	NH_3	H:N:H 上H下	三角すい
(2)	CO_2	:O::C::O:	直線
(3)	BF_3	:F:B:F: 下:F:	正三角形

イ 単位格子の $\dfrac{1}{8}$ 倍の立方体の中心と4つの頂点に炭素原子が存在し,

正四面体構造を形成している。この中心の原子と頂点の原子が接しているので,炭素原子の半径を r,単位格子の一辺の長さを a とすると

$$\sqrt{3} \times \frac{1}{2}a = 4r \qquad \therefore \quad a = \frac{8}{\sqrt{3}}r$$

また,ダイヤモンドの単位格子には炭素原子が8個含まれているので,単位格子の体積に占める原子の体積の割合は

$$\frac{\frac{4}{3}\pi r^3 \times 8}{a^3} \times 100 = \frac{\frac{4}{3}\pi r^3 \times 8}{\left(\frac{8}{\sqrt{3}}r\right)^3} \times 100$$

$$= \frac{4}{3}\pi \times 8 \times \left(\frac{\sqrt{3}}{8}\right)^3 \times 100 = 33.9 \fallingdotseq 34 \,(\%) \quad \cdots\cdots(答)$$

ウ すべての価電子が電子対を形成し,不対電子が存在しないから。(30字程度)

エ (2)・(5)

オ 温度が下がる理由:スズの析出により鉛の濃度が増加し,凝固点降下度が大きくなるから。(30字程度)

鉛の質量:図2-3のスズ―鉛合金の凝固点は228℃であるので,この合金の凝固点降下度は 232-228=4〔K〕である。また,合金の凝固点降下度は溶質である鉛の質量に比例するから,求める質量を x〔g〕とすると

$$4 : 232 - 220 = 23 : x \qquad \therefore \quad x = 69 \,(g) \quad \cdots\cdots(答)$$

II カ a.金属結合 b.低い c.原子半径

キ　反応式：$4KO_2 + 2CO_2 \longrightarrow 2K_2CO_3 + 3O_2$

$O_2{}^-$ の全電子数：17

ク　陽イオン性の強さ：ナトリウム

理由：電気陰性度を比較するとナトリウムの方が水素より小さいから。
（30 字程度）

反応式：$NaH + H_2O \longrightarrow NaOH + H_2$

ケ　予想されるイオン：Cs^+

根拠：中心—酸素原子間の距離とイオン半径との差がクラウンエーテル A
と同じとき，最も安定であると考えられる。よって，最適なイオン半径は
$0.33 - (0.28 - 0.13) = 0.18$〔nm〕で，$Cs^+$ が当てはまる。（100 字以内）

━━━━━　◀解　説▶　━━━━━

≪分子の形，結晶構造，スズの反応と凝固点，アルカリ金属，クラウンエ
ーテル錯体≫

◆Ⅰ　▶ア　一般に分子内の電子対どうしは反発し合うので，互いに最も
離れた位置関係を形成して安定化する。

⑴　NH_3 は，中心原子である N 原子がオクテットを満たしているので，
3 組の共有電子対と 1 組の非共有電子対が N 原子を中心とする四面体を形
成して安定化する。したがって，分子としては三角すいの形をしている。

⑵　CO_2 は，C 原子を中心として 2 組の二重結合をしているので，2 対
の共有電子対どうしは互いに C 原子をはさんで反対側に存在して安定化す
る。したがって，分子としては直線形である。

⑶　BF_3 は，中心原子である B 原子が価電子を 3 個しかもたないので，3
つの F 原子と 3 組の単結合を形成している。これらの 3 組の共有電子対は
正三角形の頂点にあって安定化しており，分子は正三角形である。

▶イ　単位格子の対角線の長さが炭素原子の半径の 8 倍であることを用い
てもよい。図 2 − 1 に示されている太線の結合が隣接している炭素原子を
示している。

▶ウ　グラフェンが電気伝導性を示すのは，炭素原子の 4 個の価電子のう
ち 1 個だけが電子対を形成せず不対電子として存在しているからである。
この不対電子が自由電子的にふるまって電気伝導性を示す。

一方，h-BN シートでは，B 原子の 3 個の価電子はいずれも N 原子と共有電子対を形成し，N 原子の 5 個の価電子のうち 3 個は B 原子と共有電子対を形成し，残りの 2 個は非共有電子対として存在している。すなわち h-BN シートには不対電子が存在しない。このことが電気伝導性を示さない大きな要因である。

▶エ　(1)　正文。$SnCl_2$ は還元剤として作用している。

$$2 \langle\!\!\bigcirc\!\!\rangle\text{-}NO_2 + 6SnCl_2 + 14HCl \longrightarrow 2 \langle\!\!\bigcirc\!\!\rangle\text{-}NH_3Cl + 6SnCl_4 + 4H_2O$$

(2)　誤文。酸性水溶液であるので，黒色の酸化マンガン(Ⅳ)は生じない。$SnCl_4$ は無色の化合物である。

$$2KMnO_4 + 5SnCl_2 + 16HCl \longrightarrow 2KCl + 2MnCl_2 + 5SnCl_4 + 8H_2O$$

(3)　正文。$SnCl_2$ は酸化剤として作用している。

$$SnCl_2 + Zn \longrightarrow Sn + ZnCl_2$$

(4)　正文。スズをめっきした鉄板をブリキと呼び，傷がつくとイオン化傾向が Fe＞Sn であるため，鉄が先にさびる。

(5)　誤文。$SnCl_2$ が還元剤として作用し，Ag のほかに $Sn(CH_3COO)_4$ と HCl が生じる。塩素ガス Cl_2 は発生しない。

$$2CH_3COOAg + SnCl_2 + 2CH_3COOH$$

$$\longrightarrow 2Ag + Sn(CH_3COO)_4 + 2HCl$$

▶オ　スズを溶媒，鉛を溶質とみなし，溶液における凝固点降下を考えればよい。すると，凝固点降下度は溶質の質量モル濃度に比例することになるが，本問の場合，質量モル濃度はスズ 1.0 kg に含まれる鉛の質量に比例することは明らかである。

(注)　図 2－3 の冷却曲線では過冷却現象が生じている。そのときの溶液の凝固点の読み取り方は水溶液の場合と同じである。

◆Ⅱ　▶カ　アルカリ金属は金属であるから金属結合をしている。価電子は 1 個であり，周期表同一周期の 2 族以降の原子と比べて原子核からの引力が弱く，原子半径が最も大きい。さらに原子 1 個当たりの自由電子が 1 個であるので，自由電子の密度が小さい。

　アルカリ金属の原子は，周期が大きくなるほど電子の最外殻はより外側に存在するから，原子半径は大きくなる。それに対して価電子の数は 1 個で変化しないので，単位体積当たりの自由電子の密度は低下し金属結合が

弱くなるので，融点は低くなる。

▶キ　超酸化物は化合物中の酸素が過剰であると考えられ，反応によって単体の酸素を生じることが多い。

$O_2{}^-$ の全電子数は次のように考えるとよい。O 原子の原子番号は 8 であるから，原子として 8 個の電子をもっている。O 原子 2 個で超酸化物イオン $O_2{}^-$ を形成しているのであるから，全電子数は，$8 \times 2 + 1 = 17$ 個である。

▶ク　電気陰性度は，Na が 0.9，H が 2.2 であるので，NaH では Na の方が H より陽イオン性が強いと考えられる。

また，NaH と H_2O の反応では NaH は還元剤とみなせる。

▶ケ　クラウンエーテル A の中心—酸素原子間の距離と K^+ のイオン半径から推測できることは次のとおりである。

クラウンエーテルの中心—酸素原子間の距離とアルカリ金属イオン半径との差が，どのようなクラウンエーテルとアルカリ金属イオンの組み合わせであっても，ある値のとき錯イオンは最も安定である。

したがって，クラウンエーテル B に最適なイオン半径を r とすると

$$0.33 - r = 0.28 - 0.13 \quad \therefore \quad r = 0.18 \,(\text{nm})$$

これに最も近いイオン半径をもつのは Cs^+ である。

3　解答

I　ア　不適切な操作：(4)

理由：水酸化ナトリウムの一部が三角フラスコ内に残り，実験 2 に用いる水酸化ナトリウムの物質量が正しく設定できないため。

イ　官能基の名称：エステル結合

官能基の個数：2 個

ウ　$NaOH + CO_2 \longrightarrow NaHCO_3$

エ　化合物 A

化合物 C

オ　(2)・(4)

II　カ　a —(3)　d —(1)

キ　(2)・(4)

ク　12通り

ケ　実験6より，化合物Dの組成式を$C_xH_yO_z$とすると，$CO_2 = 44.0$，$H_2O = 18.0$だから

$$x : y = \frac{165.0}{44.0} : \frac{27.0}{18.0} \times 2 = 3.75 : 3.00 = 5 : 4$$

したがって，Dの分子式は$(C_5H_4O_z)_n$となる。

また，分子量は144.0であり，実験7よりDはフェノール類とわかるので，ベンゼン環の存在を考慮すると，$n = 2$とみなせる。

よって

$$12.0 \times 5 \times 2 + 1.0 \times 4 \times 2 + 16.0 \times z \times 2 = 144.0$$

$$\therefore \quad z = 0.5$$

ゆえに，分子式は$C_{10}H_8O$であり，1-ナフトールまたは2-ナフトールが考えられる。

さらに，Dには水素原子が結合していない炭素原子が3つ連続して並んでいることから1-ナフトールであるとわかる。構造式は次のようになる。

コ　c．実験9より，結合率が80％であるから

$$\frac{[\text{R·L1}]}{[\text{R·L1}] + [\text{R}]} = \frac{80}{100} \quad \cdots\cdots ①$$

また，$K_{L1} = \dfrac{[\text{R·L1}]}{[\text{R}][\text{L1}]}$だから　　$[\text{R·L1}] = K_{L1}[\text{R}][\text{L1}]$

これを①に代入すると

$$\frac{K_{L1}[\text{R}][\text{L1}]}{K_{L1}[\text{R}][\text{L1}] + [\text{R}]} = \frac{K_{L1}[\text{L1}]}{K_{L1}[\text{L1}] + 1} = \frac{80}{100}$$

したがって

$$[\text{L1}] = \frac{4}{K_{L1}} \quad \cdots\cdots(答)$$

e．実験10より，L1の結合率が10％であるから

東京大-理科前期　　　　　　　　　　　　　　　　　　　2016 年度　化学〈解答〉　*79*

$$\frac{[R \cdot L1]}{[R \cdot L1] + [R \cdot L2] + [R]} = \frac{10}{100} \quad \cdots\cdots ②$$

また，実験 9 の式(2)および c で得られた関係より

$$[R \cdot L1] = K_{L1}[R][L1] = K_{L1}[R] \times \frac{4}{K_{L1}} = 4[R]$$

実験 10 の式(4)より

$$[R \cdot L2] = K_{L2}[R][L2] = 1000 K_{L1}[R][L2]$$

これらを②に代入すると

$$\frac{4[R]}{4[R] + 1000 K_{L1}[R][L2] + [R]} = \frac{4}{4 + 1000 K_{L1}[L2] + 1}$$

$$= \frac{10}{100}$$

したがって

$$[L2] = \frac{3.5 \times 10^{-2}}{K_{L1}} \quad \cdots\cdots (答)$$

━━━━■ ◀解　説▶ ■━━━━

≪芳香族エステルの構造決定，アドレナリンの阻害剤と化学平衡≫

◆I　▶ア　一般的に，共洗いをしてよい容器は，共洗いに用いる溶液の
みをその中に入れて用いる場合である。ホールピペットやビュレットが当
てはまる。また，メスフラスコや三角フラスコは水でぬれたまま使用して
差し支えない。それらの容器に入れる反応物の物質量さえ所定量であれば，
水による希釈は影響を与えないからである。

▶イ～エ　実験 1 ～ 5 の結果から導ける内容は次のとおりである。

実験 1：化合物 A には還元性があり，分子式からアルデヒド基の存在が考
えられる。

実験 2：化合物 A は水酸化ナトリウム水溶液に加えて加熱すると反応が起
こったことから，けん化反応が起きたと考えられる。

化合物 A（分子量 194.0），NaOH の物質量は次のとおりである。

　　化合物 A：$\dfrac{19.4 \times 10^{-3}}{194.0} = 1.00 \times 10^{-4}$〔mol〕

　　NaOH：$\dfrac{0.25 \times 10.0}{1000} \times \dfrac{50.0}{500} = 2.50 \times 10^{-4}$〔mol〕

化合物 A が NaOH と 1：1 の比で反応すると，反応後の NaOH のモル濃

80 2016 年度 化学〈解答〉　　　　　　　　　　　　　　　　　　東京大-理科前期

度は

$$(2.50\times10^{-4}-1.00\times10^{-4})\times\frac{1000}{50}=3.00\times10^{-3}\,[\mathrm{mol/L}]$$

であり，pH は 11 よりも大きくなってしまうので不適である。

化合物 A が NaOH と 1：2 の比で反応すると，反応後の NaOH のモル濃度は

$$(2.50\times10^{-4}-2\times1.00\times10^{-4})\times\frac{1000}{50}=1.00\times10^{-3}\,[\mathrm{mol/L}]$$

であり，pH は 11 となるので適している。

実験 3・実験 4：実験 2 で生成した化合物 B の分子式に Na が 1 つしか含まれないことから，化合物 B には酸性の官能基が 1 つしかないことがわかる。化合物 B がフェノール性ヒドロキシ基をもつとすると，実験 4 で化合物 B はナトリウム塩のまま水層にとどまっていることに矛盾する。よって，化合物 B はカルボキシ基をもつ。

また，中和のために吹き込まれた CO_2 の物質量は

$$\frac{1.12\times10^{-3}}{22.4}=5.00\times10^{-5}\,[\mathrm{mol}]$$

これは実験 2 の反応後に残った NaOH の物質量と一致している。よって，中和式は

$$NaOH+CO_2\longrightarrow NaHCO_3$$

実験 5：化合物 B を脱水縮合すると化合物 C が生じたことになる。また，化合物 B，C の炭素原子数が変化しないことから，分子内脱水反応であることがわかる。化合物 B は 1 価アルコール，1 価カルボン酸であり，ベンゼン環の置換基による分子内脱水反応が可能な化合物は *o*-位の化合物のみである。

したがって

また，実験 1 の結果も踏まえると，化合物 A はギ酸エステルである。

▶オ　(2)　実験結果をそのまま記載しなければならない。

東京大-理科前期 　　　　　　　　　　　　　　　2016 年度　化学〈解答〉　*81*

⑷　異なった組成式が得られた場合はそれを記載し，その原因を考察しなければならない。

◆Ⅱ　▶カ　a．L1 の鏡像異性体は，例えばファンデルワールス力が作用する箇所で結合すると，イオン結合と水素結合が作用する箇所が逆の位置関係になって弱い結合になる。

d．平衡定数 K_{L2} は K_{L1} より 1000 倍も大きいことから，L2 は L1 に比べてRと強く結合すると考えられる。

▶キ　酸性アミノ酸の等電点は酸性側にあり，pH が 7.4 では酸性アミノ酸は負に帯電している。すなわち，側鎖のカルボキシ基は電離して $-COO^-$ になっているので，L1 の $-NH_2{}^+-$ とイオン結合ができる。

▶ク　次のように場合分けして考える。
• 水素原子 1 個が置換される場合
　　置換基 $-CH_2-NH_2$ は，既に不斉炭素原子 C^* になるべき炭素原子と結合しているので除外して考える。残りの 3 つの置換基が当てはまるが，それぞれに鏡像異性体が存在するので
　　　　$3 \times 2 = 6$ 通り
• 水素原子 2 個が置換される場合
　　置換基 $-CH_2-NH_2$ は除外して考える。残りの 3 つの置換基から 2 つを選ぶ方法は，${}_3C_2 = 3$ であり，それぞれに鏡像異性体が存在するから
　　　　$3 \times 2 = 6$ 通り
したがって，合計 12 通りとなる。

▶ケ　水素原子が結合していない炭素原子を○で囲むと次のようになり，3 つ連続して並んでいることがわかる。

また，実験 8 より，L2 の構造式は次のとおりである。

▶コ　c．結合率が 80 ％であることを示す式と平衡定数 K_{L1} の式を用い

82 2016 年度　化学〈解答〉　　　　　　　　　　　　　　東京大-理科前期

ることで，求める濃度［L1］は定数（K_{L1}）を含む式で表すことができる。
e．基本的には c を求めるのと同じ考え方でよい。［L1］が c で与えられ
ていることに注意を要する。

||||||||||||| 講　評 |||||||||||||

　　例年通り，大問 3 題でそれぞれが I，II に分かれており，実
質 6 題の出題であった。試験時間も 2 科目で 150 分と変化がな
かった。

　　1　I　イの化合物 A の最大量は，化合物 B が飽和に達する
温度まで冷却することで得られるが，このことに気づくことが
ポイントである。ウは，飽和溶液において溶液，溶質，溶媒の
うちどの 2 つの比を計算するかで時間的に差がついたと思われ
る。エは，飽和溶液は溶解平衡にあることを前提に，溶解度曲
線の傾きから溶解反応が発熱か吸熱かをルシャトリエの原理で
説明する内容である。

　　II　オ・カは標準的な問題集の例題で見られるような問題な
ので確実に得点したい。キは，ヘキサンが凝縮しはじめる温度
において，水は飽和水蒸気圧を示しているから，両物質の飽和
蒸気圧の比が気体として存在する物質量の比に等しいことに思
い至る必要があった。クは，水の蒸気圧の減少分をヘキサンの
分圧増加でどのように補うかをイメージできないと苦しかった
かもしれない。

　　2　I　ア・イ・ウは普段の学習の成果が発揮できる問題で
ある。与えられた説明文をしっかり理解できればより確実にな
っただろう。エは指定された下線部の文章との関連で戸惑った
かもしれないが，生じ得ない反応を選択すればよい。オは，与
えられたグラフの類似性から，純溶媒と溶液の冷却曲線が示さ
れていると受け止めることができれば比較的容易であったが，
そのことに気づかないと苦しかったかもしれない。

　　II　カ・キ・クは普段から単体や化合物の構造や性質を論理
的に理解しようとする姿勢があれば取り組めたであろう。また，
与えられた説明文をきちんと読解できる力も必要であった。ケ
は，クラウンエーテルの空隙と陽イオンの大きさとの間に一定
の差があることが条件であると考えると，推論を進めることが
できる。

　　3　I　ア・オは普段の授業での実験に真剣に取り組んでい
ると有利であったが，常識で判断できる面もある。イ・ウ・エ
は実験 1〜5 を総合して考える問題であるから，それぞれの実

験からどのような事実が導けるかをもれなく正確に並べ上げたうえで整理しなければならない。特に，けん化と中和反応の量的関係からエステル結合の数を導いたり，脱水反応から置換基の位置を推定したりするなど難しい面があった。

Ⅱ　カ・キは比較的平易であるから確実に得点したい。クは与えられた置換基の中に不斉炭素原子をもたないものがある点に注意する必要がある。ケは通常の元素分析から始まる分子式の決定とは少し異なるが，分子量が与えられているから決めることができる。コは2つの平衡定数から特定成分の濃度を計算する複雑な問題であるが，[L1] が一定であることを用いることで解答が可能となる。

生物

1 **解答**

A　(2)・(4)・(5)

B　骨髄細胞を移植すると造血幹細胞から継続的に赤血球をつくることができるが，輸血により赤血球を供給されても赤血球が寿命を迎えると死滅するから。

C　1．肝門脈　2．肝臓　3．腎臓　4．胆管〔胆のう〕
5．十二指腸

D　(4)

E　名称：免疫グロブリン
意義：抗体可変部のゲノム DNA の再編成により，可変部の構造に多様性が生じ，多様な抗原と結合できる抗体を産生できるようになる。

F　(1)発する　(2)発しない　(3)発する　(4)発しない

G　維持される
理由：化合物Tの投与直後に酵素Cにより領域Lが抜き取られ，その後，酵素Cの遺伝子が発現しなくても，GFP 遺伝子が常に発現しているから。

H　CBC 細胞の分裂により生じる娘細胞のうち，一方は *Lgr5* 遺伝子のはたらきが停止し上皮細胞になり，他方は *Lgr5* 遺伝子の発現が続きそのまま CBC 細胞として残る。

◀解　説▶

≪生体防御，分化と遺伝子発現≫

◆〔文〕　いくつかの臓器や組織には組織幹細胞が存在し，分化した特定の機能を持つ細胞を供給する。血液細胞は，造血幹細胞によって失われたぶんの細胞が生み出されている。

　小腸における上皮細胞は寿命が数日程度と短く，一定の速さで入れ替わっている。小腸の内壁にあるくぼみ部分を構成する細胞は未分化で分裂能をもつ。特にくぼみの底辺部には CBC 細胞という非常に分裂能が高い細胞が存在している。CBC 細胞の役割を明らかにするために実験を行った。

▶A　(1)　血球は胚発生の過程で中胚葉の側板に由来してつくられるので正しい。

東京大-理科前期 　　　　　　　　　　　　　　　　2016 年度　生物〈解答〉　85

(2)　血しょうは血液の液状成分，血小板は有形の細胞成分であるから，血小板が血しょうに含まれることはないので誤り。

(3)　好中球，マクロファージ，樹状細胞は異物を取り込んで分解する食作用を示すので正しい。

(4)　自然免疫は大部分の生物にとって宿主防御の主要な系であり，植物・菌類・昆虫・哺乳類などの高等脊椎動物を除く多細胞生物においては主要な防御システムである。原始的な生命ももっており，進化的に古い防御方法であると考えられている。よって，進化の過程で脊椎動物の登場よりかなり前に獲得されていたので誤り。

(5)　リンパ球は骨髄でつくられたのち，T 細胞は胸腺で，B 細胞は骨髄で分化・成熟するので誤り。ここで少し，リンパ球を含めてつくられるところについて述べておくと，顆粒球と B 細胞は，赤血球や血小板と同じように，造血幹細胞でつくられる。つまり，胎児期は肝臓で，生まれてからは骨髄でつくられるが，T 細胞だけは胎児期も生まれてからも胸腺で成熟する。

▶B　骨髄細胞の移植では造血幹細胞も移植されるため，数カ月経ても正常な赤血球が体内で生産され続けるので，根本的な治療になり得る。これに対して，輸血によって赤血球を供給する方法では，赤血球の寿命である約 120 日を超えると赤血球は死滅してしまうので，根本的な治療とはなり得ない。

▶C　小腸で吸収された栄養分は，肝門脈を通じて，肝臓に運ばれ代謝される。肝臓とともに体液の恒常性を保つために必須の臓器となるのは腎臓であり，ここでは水溶性物質のろ過・再吸収を行う。

　脂溶性物質は肝臓で処理され，胆管を通じて十二指腸に放出され，胆汁とともに便中に排出される。

▶D　実験 1 で用いた Lgr5 遺伝子は CBC 細胞だけで発現する遺伝子である。実験 1 は Lgr5 遺伝子の転写調節領域のすぐ後ろに GFP をコードする遺伝子をつないだトランスジェニックマウスを作製して，小腸上皮において緑色蛍光が見られる部位について調査したものである。その結果は図 1 － 3 に示してあるが，緑色蛍光は CBC 細胞だけで見られる。このことから，Lgr5 遺伝子は CBC 細胞で特異的に発現する遺伝子であることはわかるが，絨毛部分の上皮細胞が，それ自身が分裂することで新たにつ

86 2016 年度　生物〈解答〉　　　　　　　　　　　　　　　　東京大-理科前期

くられたのか，あるいは CBC 細胞や血液幹細胞からつくられたかなど，
どの細胞から新たにつくられているのかを実験1より結論づけることはで
きない。よって，(4)が正しい。

▶E　抗体の本体である免疫グロブリンについて述べることになる。抗体
をつくるための遺伝子は断片として存在し，グループを形成している。H
鎖の可変部はV，D，Jの3つのグループに分かれていて，このそれぞれ
のグループから1つずつの遺伝子断片が選択されて遺伝子の再編成が起こ
り，H鎖の可変部をつくる遺伝子ができる。L鎖の場合は，2つのグルー
プ由来の遺伝子断片がつながってL鎖の可変部をつくる遺伝子ができる。
定常部をつくる遺伝子は別にあって，これも可変部をつくる遺伝子とつな
がってH鎖全体，L鎖全体がつくられる。このようにして，抗体の多様性
がつくられる。

　以上のことを念頭において，問われている内容に即して解答を作成する。
設問には「ヒトのゲノム DNA」でも起こっているとあるので，この「ゲ
ノム DNA」を用いて，再編成が起こることについて述べ，「再編成が起
こる意義」を論じることになる。2行程度で述べるのであるから，遺伝子
断片について述べるのはよいが，それがH鎖で3つ，L鎖で2つのグルー
プに分かれていることについては述べる必要はない。「再編成が起こる意
義」については，「多様な抗原と結合できる抗体を産生できるようになる」
ことを述べればよい。

▶F　図1−4で，作製されたトランスジェニックマウスは *Lgr5* 遺伝子
の転写調節領域に酵素Cの遺伝子をつないでいるので，*Lgr5* 遺伝子が発
現している細胞では酵素Cの遺伝子が発現していることになる。

　酵素Cは，化合物T存在下で領域Lを抜き取るはたらきをする。領域L
が抜き取られることで *R* 遺伝子の転写調節領域と GFP 遺伝子がつながれ
ると GFP 遺伝子が発現して緑色蛍光を発することになる。それは，実験
2のリード文に「*R* 遺伝子の転写調節領域は，その後ろにつないだ遺伝
子をマウスの体内のあらゆる細胞で常に発現させるはたらきをもつ」とあ
るので，領域Lを除くと常に遺伝子発現が起こり，GFP タンパク質が合
成されることになる。この点を整理して設問に対応していく。

(1)　常に *Lgr5* を発現していれば，酵素Cが合成されている。これに化合
物Tを投与すると，領域Lが抜き取られ，*R* 遺伝子の転写調節領域と

GFP 遺伝子がつなぎ合わされて GFP 遺伝子の発現が生じ、GFP の蛍光を発する。

(2) *Lgr5* が発現していなければ、酵素 C が合成されていないので、化合物 T が投与されても、領域 L が抜き取られることがないので、GFP 遺伝子の発現が起こらず、GFP の蛍光を発しない。

(3) 化合物 T を投与した時点で *Lgr5* を発現していれば、酵素 C が合成されているので、領域 L が抜き取られ、GFP 遺伝子の発現が生じ、GFP の蛍光を発する。

(4) 化合物 T を投与した時点で *Lgr5* が発現していないので、酵素 C が合成されていない。その後の観察時までに *Lgr5* が発現したとしても酵素 C の翻訳には時間がかかり、設問文に「化合物 T の酵素 C に対する作用は投与と同時に、かつ、その時点でのみ及ぼされ」るとあるので、酵素 C を活性化することはできない。よって、観察時間内には GFP 遺伝子の発現が起こらず、GFP の蛍光を発しない。

▶G 実験 2 で作製したトランスジェニックマウスは、実験 1 より CBC 細胞でのみ *Lgr5* 遺伝子の発現が起きている。実験 3 で、生後 2 カ月の時点で化合物 T を投与すると、図 1 − 5 よりその直後は CBC 細胞でのみ GFP の蛍光が見られる。これは、CBC 細胞だけで酵素 C の合成が起き、領域 L が抜き取られ、*R* 遺伝子の転写調節領域と GFP 遺伝子がつながり、その結果 GFP 遺伝子が発現して GFP の蛍光を発したためである。

化合物 T を投与後 1 年目のある時点で *Lgr5* 遺伝子の転写調節領域にそのはたらきを失わせるような変異が生じた場合、CBC 細胞ではすでに酵素 C と化合物 T により、領域 L が抜き取られているので、*R* 遺伝子の転写調節領域と結合して GFP 遺伝子の発現が常に起こり、GFP の蛍光は維持されると考えられる。

なお、図 1 − 1 の下に「CBC 細胞どうしの間には、別の種類の上皮細胞がある」と記載されているが、この「別の種類の上皮細胞」は Paneth 細胞と呼ばれるもので、抗菌物質の産生により腸管内腔を細菌から守っているものと考えられている。

▶H 実験 3 の図 1 − 5 を見ると、化合物 T 投与直後では、CBC 細胞だけで GFP の発現が起きているが、3 日目、5 日目、60 日目と GFP の蛍光を発現する細胞が上皮組織全体へと拡大しているのがわかる。絨毛部分

で Lgr5 遺伝子が発現することはない。それは，実験1のリード文に
「Lgr5 という遺伝子は，小腸上皮組織で CBC 細胞にのみ発現している」
とあるからだ。Lgr5 遺伝子が発現しなければ，酵素Cが合成されないの
で，領域Lの抜き取りが起こらないことになる。

　では，なぜこの絨毛部分で GFP の蛍光を発するのかということになる。
冒頭の〔文〕の中で「くぼみの底辺部には，分裂能が非常に高く（1日に
1回程度分裂する）……細胞があり，それらは CBC 細胞と名付けられて
いる」と記載されている。そうすると，くぼみの CBC 細胞が分裂した娘
細胞が先端部のほうに移動していき，上皮細胞に分化する。先端部には，
2〜3日で死んで剥がれ落ちていく上皮細胞があり，それを補給している
のである。

　その分化した上皮細胞は R 遺伝子の転写調節領域と GFP 遺伝子がつな
がったものを CBC 細胞から引き継ぎ，GFP の蛍光が観察されたと考えら
れる。

　ただし，最初に化合物Tを投与する前に先端の上皮細胞に分化した絨毛
では，Lgr5 遺伝子の機能が失われてしまっていると考えられる。それは，
図1−5にあるように，化合物T投与後3日目では，先端部の上皮細胞
（絨毛）部分では GFP の蛍光が発していないことからわかる。これは酵
素Cの合成が起こらないためと考えられる。

　設問には「絨毛部分の上皮細胞における GFP の蛍光が，化合物T投与
後3日目から1年目までのすべての時点で観察されている点を踏まえて」
とあるので，CBC 細胞でつくられた酵素Cが化合物Tのはたらきで活性
化されて，領域Lを抜き取った細胞となる。この結果，CBC 細胞はすべ
て領域Lが失われてしまい，R 遺伝子の転写調節領域と GFP 遺伝子が結
合したものとなり，これが分裂を続ける。よって，CBC 細胞では Lgr5
遺伝子は機能し続けるが，生じた娘細胞は絨毛細胞に分化する段階で
Lgr5 遺伝子の機能を失うと考えられるということについて述べる。

2 **解答** I　A　1．（細胞内）共生
　　　　　　　2・3．茎頂分裂，根端分裂（順不同）
B　陸上で酸素を用いて呼吸をする生物
C　有色体（白色体，アミロプラストも可）

東京大-理科前期　　　　　　　　　　　　　　　　2016 年度　生物〈解答〉　89

D　6．プロモーター　7．ヌクレオチド

E　タンパク質Pを細胞質から葉緑体へ移行させる機能。

F　葉緑体の形成には，色素体遺伝子が原色素体の中で翻訳される必要が

ある。

G　(a)　8 − B　9 − A

(b)　(オ)→(イ)→(ア)→(エ)→(ウ)

Ⅱ　A　4．独立栄養　5．従属栄養

B　10．チラコイド（膜）　11．クロロフィル　12．カルビン・ベンソン

C　子葉に蓄積された脂肪をクエン酸回路でエネルギー源として利用し，

また糖新生経路によって糖を合成することで，炭素源として脂肪を利用す

る。

D　24 分子

E　(3)

理由：変異体 y では，β 酸化経路は正常にはたらいているので，IBA を添

加すると β 酸化経路で代謝され IAA が生じ，それが高濃度になって根の

伸長が阻害された。

◀解　説▶

≪代謝，色素体ゲノム，進化≫

◆Ⅰ

〔文1〕　色素体には多くの遺伝子が存在するが，大部分は核 DNA にある

遺伝子にコードされている。色素体には PEP と呼ばれる RNA ポリメラ

ーゼがあり，コアとシグマ因子から構成される複合体を形成して RNA ポ

リメラーゼとして機能する。コアを構成する各サブユニットは色素体遺伝

子に，シグマ因子は核遺伝子にコードされている。

　PEP のコアサブユニット遺伝子を破壊した植物体で色素体遺伝子の発

現が調べられた結果，PEP 以外の RNA ポリメラーゼである NEP が発見

された。

▶A　1．真核細胞の誕生は，原始的な真核細胞にシアノバクテリアが

（細胞内）共生して生じたと考えられている。さまざまな生物の遺伝子系

統樹の作成により葉緑体の遺伝子はシアノバクテリア類のものと近縁であ

ることが明らかになった。

2・3．植物体のすべての色素体は，分裂組織（茎頂分裂組織，根端分裂

組織）にある未分化の色素体である原色素体に由来し，細胞の分化に伴って原色素体は様々な色素体へと分化する。

▶B　「*₁多量の酸素が」「*₂大気における……蓄積」という条件なので，*1から酸素を用いた呼吸を行う生物が進化することを可能にしたこと，*2より大気中の酸素なので陸上の生物であることが言える。よって，「陸上で酸素を用いて呼吸をする生物」の進化を可能にしたとする。

▶C　色素体には，葉緑体以外に，カロテノイドなどの色素を含む有色体，無色で色素をもたないが光に当たると葉緑体に変わる白色体，デンプン合成を行うアミロプラストなどがあり，分裂組織に近い地下茎，根などに存在する。

▶D　PEP は RNA ポリメラーゼのひとつであるから，PEP のサブユニットであるシグマ因子は，結合すべき特定の遺伝子のプロモーターを認識する。コアは遺伝子 DNA の配列をもとに 4 種のヌクレオチドを基質として RNA を合成する。

　PEP という酵素は 4 種類のサブユニット（α, β, β′, σ）から成っていて，α が 2 つ，β と β′ がそれぞれ 1 つ合わさった 4 量体（α2ββ′：コア酵素と呼ぶ）が RNA を合成する活性をもっている。RNA ポリメラーゼは，必要なときに必要なだけ，必要な遺伝子を転写している。その際，まずどの遺伝子を読むかを決め，転写の開始を起こすプロモーターを認識する。このオペレーションにシグマ因子と呼ばれるサブユニット（σ）が関わっている。シグマ因子は多種類があり，これを使い分けることでバクテリアが様々な転写調節を行っている。

▶E　タンパク質Pの領域Ⅰがあるものはすべて葉緑体に局在している。タンパク質Pで領域Ⅰが削除されたタンパク質は細胞質に局在している。領域Ⅱや領域Ⅲが削除されたタンパク質Pであっても，領域Ⅰがあるものは葉緑体に移行している。以上のことから，タンパク質Pの領域Ⅰは細胞質から葉緑体へ移行させるシグナルとしての機能をもつと推定される。

▶F　実験2より，翻訳阻害剤を添加すると葉緑体形成が抑制されることがわかる。このことから，原色素体内で色素体遺伝子から翻訳されるタンパク質が葉緑体形成に必要であることが推定される。

▶G　(a)　表2－4で PEP のコアサブユニットの 1 つをコードした遺伝

子（*rpoA*）の破壊株と野生株の転写産物量を比較すると，破壊株ではタイプ A の遺伝子である *rbcL*，*psbA*，*psbD* の転写が起きていないことが読み取れる。これより PEP の作用でタイプ A の遺伝子が転写されることがわかる。また，タイプ B の遺伝子である *rpoB* と *accD* は，野生株と破壊株での両方で転写が起きていて，しかも破壊株のほうで転写産物量が多い。このことは，PEP 破壊株であっても正常な NEP のはたらきにより *rpoB* と *accD* の転写が起きていて，この NEP のはたらきでタイプ B の遺伝子が転写されていることがわかる。

⒝　*rpoB* は，PEP のコアサブユニットの 1 つをコードする遺伝子なので，この遺伝子が発現しないと正常な PEP を合成できなくなる。⒜より，*rpoB* は NEP のはたらきで転写されるので，まず NEP 遺伝子の発現が最初に起こる（→㋔）。この結果，NEP のはたらきでタイプ B の遺伝子が転写される（→㋑）。*rpoB* は転写機能をもち，この *rpoB* のはたらきで PEP のコアサブユニットが形成できる状態になる。そこで，PEP のサブユニット遺伝子が発現し，核遺伝子にコードされたシグマ因子と結合し複合体を形成する（→㋐）。つくられた PEP のはたらきで光合成の機能をもつタイプ A の遺伝子の転写が起こる（→㋓）。タイプ A の遺伝子（*rbcL*，*psbA*，*psbD*）はすべて光合成に関与するものであるから，光合成に関与する遺伝子の発現が起こり，核遺伝子にコードされたタンパク質と協調して光合成の機能を発揮する（→㋒）。

◆Ⅱ

〔文 2〕　植物の種子を播くと，種子が発芽しても，葉緑体の分化が起きていないので光合成による有機物が合成できない。そのため，最初は従属栄養であるが，光合成を行うようになると独立栄養による成長を行う。シロイヌナズナの種子では，脂肪を貯蔵物質として蓄えていて，これを脂肪の代謝経路で分解する。また，糖新生経路は解糖系を逆にたどる経路で，有機酸から糖を合成する経路である。

▶C　変異体 x と変異体 y は，葉や根に異常が見られ，伸長が抑制されたが，ショ糖を添加した培地では異常は観察されなかったこと，野生株がショ糖無添加の培地でも正常に生育できたことから，変異体 x や変異体 y は貯蔵物質である脂肪の代謝異常となり，種子に蓄積された脂肪を正常な脂肪代謝経路で分解しエネルギー源として利用できなかったと考えることが

できる。しかし，ショ糖を添加すると，それを炭素源として活用できたため異常が観察されなかったと考えられる。

　一方，野生株は種子に蓄積された脂肪を分解して生じたグリセリンは解糖系に入り，脂肪酸はβ酸化でクエン酸回路に入り代謝され，エネルギー源として利用できる。また，糖新生経路により糖を合成し，炭素源として生体物質の合成に利用している。このため，ショ糖の添加がなくても正常に生育できる。

▶D　パルミチン酸の炭素数はC_{16}，アセチルCoA（C_2-CoA）はC_2化合物であるから，1分子のパルミチン酸から生じるアセチルCoAは8分子である。脂肪は1分子のグリセリンに3分子の脂肪酸（パルミチン酸）が結合しているので，1分子の脂肪あたりに生じるアセチルCoAは

　　　　$8 \times 3 = 24$分子

▶E　実験4で野生株をIBAが添加された培地で発芽させると根の伸長成長に異常が見られる。これは，IBAがβ酸化経路によって代謝されて，高濃度のIAA（インドール酢酸）が生じ，根の伸長成長を阻害したためと考えられる。

　変異体xはIBAを含んだ培地で発芽させても根の伸長は正常であることから，β酸化経路に異常があるためIBAが代謝されず，そのためIAAが生じなかったことが推定される。

　一方，変異体yはIBAを含んだ培地では，野生株と同様に根の伸長成長に異常が見られるので，IBAは正常なβ酸化によって代謝されIAAが高濃度に生じ，根の伸長成長を阻害したことが推定される。

3　解答

I　A　1—⑫　2—④　3—⑥　4—⑩　5—⑤

II　A　ラッコは深場より浅場のウニを捕食するので，浅場でのウニの分布密度が低下し，ウニによるケルプの捕食が減少した。

B　サンゴモは海底の岩盤を薄く覆うだけで，動物が身を隠す場所にはなりにくいが，ケルプは背の高い群落を形成し，魚類や貝類などの隠れ場所となる環境を提供するため生物群集が多くなる。

C　(2)

D　$\dfrac{2 \times 10^5 \text{〔kcal/day〕} \times 365 \text{〔day〕}}{30 \times 10^3 \text{〔g〕} \times 2 \text{〔kcal/g〕} \times 0.7} = 1,738.0 \fallingdotseq 1,738$頭　……(答)

東京大-理科前期　　　　　　　　　　　　　2016 年度　生物〈解答〉　93

E　(4)

Ⅲ　A　6．S 期　7．一定に保たれる　8．4n　9．8n

B　(3)

C　調節タンパク質のはたらきで発現した遺伝子の産物がさらに別の複数の遺伝子発現に関与する調節タンパク質としてはたらく。

D　ジャスモン酸類の量：16 時間後　ガ P 幼虫の採餌量：12 時間後

E　同位相下の場合は植物の化学的防御反応が活発になる時間帯と，幼虫による採餌行動が活発になる時間帯が重なるので採餌が抑制されるが，逆位相下の場合は化学的防御が低下した時期に採餌が活発になるので，幼虫の採餌量が多くなる。

━━━━━◀解　説▶━━━━━

≪生態系，植物の化学的防御，概日リズム≫

◆Ⅰ

〔文1〕　生態系を構成する生物には捕食・被食関係が見られる。捕食量から不消化排出量を差し引いた値が同化量で，捕食量に占める同化量の割合が同化効率である。同化効率は 100 ％未満の値をとるため，栄養段階が上がるにつれて個体数や生物量は減少する。生態系の食物連鎖は複雑な食物網を構成し，生物群集の量は安定し，水の浄化・酸素の生産などのサービス機能は増加する。

▶A　生態系において食うものと食われるものとの関係が一連に続くことを食物連鎖という。捕食量に占める同化量の割合を同化効率といい，捕食量＞同化量の関係となるので，$\dfrac{\text{同化量}}{\text{捕食量}}$ の値は＜1 となる。よって，同化効率は 100 ％未満の値となる。一般的に，生態ピラミッドを考えると，個体数や生物量は生産者よりも消費者が少なく，消費者のなかでは，栄養段階の上位のものほど少なくなる。生産者を底辺として栄養段階順に積み重ねていくと，栄養段階が下位のものほど個体数や生物量が多く，その図形はピラミッド型になる。よって，個体数や生物量は栄養段階が上がるにつれて減少することが多い。

　自然界における食物連鎖は，1 種の動物が 2 種以上の生物を捕食したり，2 種以上の動物に被食されるので食物網を構成している。複雑な食物網を構成している生態系ほど，生物群集の量が安定し，様々な生態系から人間

に対して直接・間接にもたらされる恩恵は、生態系サービスと呼ばれ、生物多様性が保全されている生態系ほどそのサービス機能は増加する。

◆Ⅱ

〔文2〕 アリューシャン列島の地形的によく似た近接する2つの島でウニの生息密度を調査すると、6,500頭前後のラッコが生息するＸ島にはケルプの森が繁茂し、小型のウニが低密度で生息していた。ラッコがほとんど生息していないＹ島にはケルプが繁茂せず、サンゴモで一面が覆われた海底に大型のウニが高密度で生息していた。Ｙ島での生物群集の量はＸ島よりも少なかった。

▶Ａ 「ラッコが果たした役割を踏まえて」とあるので、ラッコの生態系での役割を考える。Ｘ島にはラッコが多数生息していて、ラッコがウニを捕食し、ウニはケルプを捕食するという食物連鎖の関係から考えていけばよい。Ｘ島の浅場ではウニが少ないのは、ラッコによって捕食されたためである。ウニの個体数の減少により、ケルプはウニによる被食を免れることができた。しかし、ラッコは浅場にいて、深いところまで潜ってウニを捕食したりしないのであろうから、ウニは深場では個体数を増加させてケルプを捕食した結果、深場に行くにつれてケルプは減少したと考えられる。

▶Ｂ ケルプとサンゴモの形状について考える。Ｘ島では、ジャイアントケルプ、コンブ、ワカメなどの褐藻類がケルプの森をつくる。ケルプの森は魚類・貝類・甲殻類の餌になるだけでなく、天敵からのシェルター（身を隠す場所）となったり、棲み家や繁殖場所となるので、多様なニッチの生物からなる生態系を構成することができる。一方、サンゴモは海底の岩盤を一面に薄く覆う形状で分布し、ウニの餌となるが、ケルプのような背の高い群落を構成することはないので、天敵からのシェルターにも棲み家や繁殖場所にもなり得ない。このため、生物群集の量は少なくなる。

　ジャイアントケルプの森には様々な生物が暮らしていて、その代表はラッコ。ラッコは風や波で流されないようにケルプを巻きつけて睡眠する。また実際には、ラッコはウニだけでなく、ケルプの森に住む甲殻類、アワビや二枚貝などの貝類、ヒトデなども捕食している。

▶Ｃ 〔文1〕にあるように複雑な食物網を形成する生態系ほど生態系の機能が増加しているので、図のグラフの横軸の生物多様性が増加していけば、縦軸の生態系機能は増加していく。よって、選択するグラフの候補と

しては(1), (2), (3)が考えられる。問題は，キーストーン種が存在している場合で，生物群集は多様になり生態系機能は非常に高い状態になる。逆にキーストーン種が存在しない場合は，急速に生態系機能が低い状態になるので，これを満たす図としては(2)が妥当である。

▶D　シャチは1日あたり200,000 kcalのエネルギーを必要とするとある。この場合のエネルギー量とは，捕食量（摂食量）から不消化排出量を差し引いた同化量をいう。「1年間のシャチのエネルギー量＝1年間のラッコの捕食で得られるエネルギー量」と考えればよい。

1年間のシャチのエネルギー量は　　200,000×365　……①

捕食されるラッコの個体数をX，ラッコの平均体重は30 kg，体重あたりのエネルギー含有量は2 kcal/g，同化効率 $\left(=\dfrac{同化量}{捕食量（摂食量）}\times 100\right)$ は70％より，年間捕食されるラッコの個体数から供給されるエネルギー量は

$$2〔kcal〕\times 30,000\times X\times 0.7\quad ……②$$

①＝②より

$$X=\dfrac{2\times\dfrac{10^5〔kcal〕}{〔day〕}\times 365〔day〕}{30\times 10^3〔g〕\times\dfrac{2〔kcal〕}{〔g〕}\times 0.7}=1,738.0\fallingdotseq 1,738\ 頭$$

▶E　シャチはラッコのみを捕食するので，シャチが定住すると最初にラッコの個体数が減少する。→ウニはラッコによる被食を免れて個体数を増加させる。→ウニによるケルプの被食が増加するので，ケルプの個体数は減少する。よって，(4)が正解である。

◆Ⅲ

〔文3〕　植物は植食者による食害を回避するために，葉を硬くする物理的防御，毒物や忌避物質を蓄積する化学的防御といった対抗策を講じる。化学的防御にはジャスモン酸類がはたらく。

▶A　体細胞分裂では，S期にDNAの複製が起こり，その後で細胞質が2つに分かれるので，1細胞あたりの核DNA量は変化せず一定に保たれる。しかし，トライコームでは，核および細胞質の分裂が起こらず，核DNAの複製だけが繰り返されるため，$2n$だった核相は2倍，4倍となっていくので，順に$4n$，$8n$へと変化する。

▶B 図3−2において，(a)では明暗条件下でも連続暗条件下でも概日リズムは自律的な24時間周期を持続している。(b)のガP幼虫の採餌量もまた24時間周期の変動を示している。よって，(3)が正しい。

(1) 植物Aのジャスモン酸類の量やガP幼虫の採餌量は個体の活動の結果であるので，「個体の活動には反映されない」が誤り。

(2) 概日リズムに基づく生物の活動が暗条件で活性化するのであれば，連続した暗期からなる連続暗条件下では周期的な変動は見られないはずであるが，(a)・(b)ともそれが見られるので誤り。

(4) 概日リズムが温度による影響を受けるかどうかについては，実験1で温度を変化させた実験を行っていない以上わからない。よって，誤りである。

▶C ジャスモン酸類によって調節タンパク質が活性化し，これにより数種類の遺伝子が発現し，これらの遺伝子産物が別の複数の転写調節領域に結合することで，発現する遺伝子の数が増加していく。これが繰り返されていくと，発現する遺伝子の数が短時間で急激に増加する。このように最初の1つの反応が引き金となって別の反応を「ドミノ倒し」のように連鎖的に引き起こし，多段階の反応が進行する反応をカスケード反応と呼ぶ。

▶D 図3−2(a)から，植物Aのジャスモン酸類の量は明暗条件下で明期に入ってから4時間後でピークとなっている。これは，連続暗条件でも概日リズムが成立しているので，本来明期であった時間になってから4時間後にピークになるはずである。

次に，図3−3のように逆位相下で生育させた植物AとガP幼虫をそれぞれ連続暗条件下に移した場合，最初の12時間は本来暗期であった時間であるから，明期に入ってから4時間後にジャスモン酸類の量はピークとなるので，12時間＋4時間＝16時間後にピークを迎えるはずである。なお，図3−3は同位相，逆位相とも，上に幼虫，下に植物が描かれているので注意したい。

ガP幼虫の採餌量は，暗期に入ってすぐにピークがある（明期に入ってから12時間後とも考えることができる）。これを図3−3の逆位相のガP幼虫で考えると，連続暗条件に入ってから12時間は本来の明期であり，その後に本来の暗期が訪れるので，12時間後に採餌量のピークがあると考えられる。

▶E　植物Aとガア幼虫を共存させると，植物Aの葉は食害にあう。この食害を防ぐために植物Aはジャスモン酸類の分泌を行う。これが化学的防御である。同位相の場合は，共存開始から12時間後，36時間後，60時間後に幼虫の採餌量がピークになる。一方，ジャスモン酸類の量のピークは共存開始から4時間後，28時間後，52時間後にある。つまり，ガア幼虫の採餌量のピークを迎える前すでにジャスモン酸類の量のピークを迎え，様々な化学的防御が行われるため，幼虫は植物Aの葉の摂食を忌避する。この結果，幼虫からの葉の食害を防ぐことができる。一方，逆位相では，ジャスモン酸類の量のピークがガア幼虫の採餌量のピークを迎えた約4時間後になるので，幼虫の食害が多くなる。

　結局のところ，同位相の状態では，ジャスモン酸類により誘導された化学的防御反応に関わる複数遺伝子の発現ピークが，ガア幼虫の採餌量のピークより少し早く起こることで化学的防御が成立する。しかし，逆位相の状態では，その関係が逆になってずれてしまう。この2点を解答に含めることになる。

|||||||||||||| 講　評 ||||||||||||||||||||||||||||||||||||||||||||||||||

　2016年度入試の全体的難易度は，実験設定などのより深い考察を要求する問題が出題されなかったぶん，2015年度よりやや易しめであった。ただし，知識問題と考察問題の占める割合は約1：2で考察問題の占める割合が多いことに変わりはない。知識問題としては，生物用語の空所補充や文章選択（内容真偽）のタイプも見られる。

　問題文（リード文や実験の説明など）の分量は2015年度よりやや増加しているが，論述量は2015年度の27行程度（945字程度）から24行程度（840字程度）にやや減少している。東大生物では，2014〜2016年度の3年間，論述量は平均で25行程度を基本にしていて，大問1題につき8行前後の解答を要求している。

　東大生物の特徴は，「リード文の徹底理解」と「論理的思考力・分析力」とそして「その表現能力を見る」というものである。2016年度もその特徴は健在であり，情報を正確に分析して，まとめる能力を養うことが必要となる。論述対策としてはまず出題者の狙いは何か，解答のポイントは何か，どこを中心にするかを考えて的確に2行程度（70字程度）〜3行程度（105字程度）でまとめる練習をしておくとよいだろう。図表

や実験結果の分析，実験結果から考察される内容，さらに仮説を検証する実験の設定などが出題されていて，考察問題に十分対応できないと得点できない問題が中心であることは言うまでもない。なお，例年，1つの大問が複数のリード文・パートに分かれていることが多いが，2016年度は1のみ複数に分かれておらず，1個のリード文から構成されていた。

1　小腸上皮細胞の分化・更新に関する考察問題が出題された。実験3では，化合物Tは投与時のみであることに注意したい。また，Fでは，「*Lgr5*遺伝子の転写調節領域より下流にある遺伝子が発現できる状況にあるのか否か」，「酵素Cと化合物Tがともに存在するか否か（領域Lを取り除けるか否か）」の2点がポイントとなる。Gでは，化合物Tが投与され，活性化された酵素Cによって領域Lが抜き取られていれば，その後C遺伝子の発現の有無に関係なくGFP遺伝子が発現できることを述べる。Hでは，CBC細胞が分裂して生じる娘細胞がそのままCBC細胞として分裂を続ける細胞として残るものと，絨毛の上皮に分化していくものがあることをまず見つけられたかどうかが重要である。

2　色素体のRNAポリメラーゼ，種子発芽時の脂肪の代謝に関する考察問題が出題された。ⅠGは，*rpoA*破壊株でもタイプBの遺伝子は発現していることから，PEPよりも先にNEPがはたらいていることが推測されることに気がつくかどうかがポイント。ⅡCは，図2－2をもとに，「生育するためのエネルギーなどをどうやって得ているのか」という観点から考察する。語句指定があるので，指示に従うこと。ⅡDは，1分子の脂肪は1分子のグリセリンと3分子の脂肪酸から構成されることに注意して計算する。ⅡEは，植物の器官によってIAAの感受性の違いがあることを考えて表現する。

3　被食者―捕食者相互作用や，概日リズムについての考察問題が出題された。ⅡBは，岩盤を薄く覆うサンゴモに対して，ケルプは背丈が高い群落を形成することで，多くの生物の隠れる場所や生殖場所にもなりうる。この点を表現することができたかどうかで差がつく。ⅢCは，「調節タンパク質が，複数の遺伝子の発現を制御している」ということをもとに考える。ⅢDは，ジャスモン酸類の量は，明期開始から4時間後にピークを迎え，ガP幼虫の採餌量は暗期開始時にピークを迎えていることを明暗条件下で見つけ，連続暗条件下においても，明暗が継続していたと考えて考察していくことができたかどうかがポイント。

地学

1 **解答** 問 **I** (1) $\dfrac{10}{40} \times 2.0 \times 10^7 = 5.0 \times 10^6$ 年 ……(答)

(2) $\quad N_{20} = N_{10}\left(1 - \dfrac{10}{20}\right) = 60 \qquad N_{10} = 120$

$\qquad N(m) = N_{10}\left(1 - \dfrac{10}{m}\right) = 60 + 20 = 80$

ここに $N_{10} = 120$ を代入すると

$\qquad 120\left(1 - \dfrac{10}{m}\right) = 80 \qquad m = 30$

$\qquad \dfrac{10}{30} \times 2.0 \times 10^7 = 6.66 \times 10^6 \fallingdotseq 6.7 \times 10^6$ 年 ……(答)

(3) $\quad N_{11} - N_{10} = N_{10}\left(1 - \dfrac{10}{11}\right) - N_{10}\left(1 - \dfrac{10}{10}\right) = \dfrac{1}{11}N_{10}$

$\qquad N_{21} - N_{20} = N_{10}\left(1 - \dfrac{10}{21}\right) - N_{10}\left(1 - \dfrac{10}{20}\right) = \left(\dfrac{11}{21} - \dfrac{10}{20}\right)N_{10}$

$\qquad\qquad = \dfrac{1}{42}N_{10}$

$m = 10$ の寿命は $m = 20$ の星の 2 倍，したがって，$m = 10$ の星の数と
$m = 20$ の星の数の比は次の式で求められる。

$$\dfrac{\dfrac{N_{10}}{11} \times 2}{\dfrac{N_{10}}{42}} = \dfrac{84}{11} \quad ……(答)$$

問 **II** (1) 速度 v で遠ざかる銀河の距離を r とすると，全てが一点に集中

していたときからの時間は $\dfrac{r}{v}$ で求められる。ハッブル定数を H とすると

$$\dfrac{r}{v} = \dfrac{1}{H} = \dfrac{10^6 \,(\mathrm{pc})}{6.0 \times 10^2 \times 10^3 \,(\mathrm{m/s})}$$

$$= \dfrac{3.1 \times 10^{16} \times 10^6}{6.0 \times 10^5} = \dfrac{3.1 \times 10^{17}}{6.0} \,(\text{秒})$$

1年 $= 365 \times 24 \times 60 \times 60 = 3.15 \times 10^7$ 秒より

$$\frac{3.1 \times 10^{17}}{6.0 \times 3.15 \times 10^7} = 1.64 \times 10^9 \fallingdotseq 1.6 \times 10^9 \text{ 年}$$

よって，全てが一点に集中するのは，現在より 1.6×10^9 年前 ……(答)

(2) 太陽の年齢は約50億年であるが，これは宇宙の年齢より古くなる。

(3) 球面上の距離 d_T に対応する中心角を θ とすると

$$d_T = R\theta \quad \therefore \quad \theta = \frac{d_T}{R}$$

したがって，求める円の半径は

$$R \sin \frac{d_T}{R} \quad \cdots\cdots(\text{答})$$

(4) P点からの距離が d_T である球面上の円の円周の長さは

$$2\pi R \sin \frac{d_T}{R}$$

したがって，見かけの天体の明るさは

$$F = \frac{L}{2\pi R \sin \dfrac{d_T}{R}} \quad \cdots\cdots(\text{答})$$

(5) 式(a)から $\quad d_L = \dfrac{L}{2\pi F}$

$$d_L = \frac{L}{\dfrac{2\pi L}{2\pi R \sin \dfrac{d_T}{R}}} = R \sin \frac{d_T}{R}$$

$v = H d_T$ より $\quad d_T = \dfrac{v}{H}$

これを代入すると $\quad d_L = R \sin \dfrac{v}{HR} \quad \cdots\cdots(\text{答})$

━━━━━━ ◀解　説▶ ━━━━━━

《恒星の質量分布，宇宙の膨張》

◆問Ⅰ　▶(1) 星団の年齢は，星団中の最も寿命の短い星の年齢と考える。恒星の寿命は質量に反比例するので，$M = 40 M_\odot$ の恒星の寿命を求めればよい。この星の寿命は，$M = 10 M_\odot$ の星の $\dfrac{1}{4}$ である。

▶(2) N_{20} の星の数は，与えられた式から $0.5N_0$ である。$0.5N_0=60$ なので，$N_0=120$ である。星団中で寿命を迎えていない最も質量の大きな星の質量を $mM_☉$ とすると

$$N(m)=N_{10}\left(1-\frac{10}{m}\right)$$

質量が $10M_☉ \sim mM_☉$ の星の数 $N(m)$ は，$60+20=80$ になる。

$$N_{10}\left(1-\frac{10}{m}\right)=80$$

これより，$m=30$ が求められる。この星の寿命は，$M=10M_☉$ の星の $\frac{1}{3}$ である。

▶(3) 質量の大きい寿命の短い星は，一定時間以上経過すると，寿命が長い星に比べてその数は少なくなる。寿命が t の星と $0.5t$ の星が一定の割合で同数生まれ続けたとすると，ある時間経過すると寿命が t の星の数は寿命が $0.5t$ の星の数の倍になる。

◆問II ▶(1) 銀河間の相対速度は銀河間が離れる速度である。したがって，2つの銀河の距離が0になるのは何年前かを計算すればよい。距離の単位の pc と km が混在しているので注意する。また，ハッブル定数の時間の単位が秒であるので，年に換算しなければならない。

▶(2) 太陽以外にも，球状星団の年齢は100億年に達するものもあり，宇宙の年齢より古い天体が存在することになる。

▶(3) 右図参照。

$$\theta=\frac{d_T}{R}\text{〔ラジアン〕}$$

$$r=R\sin\theta$$

この2つの式から求める。

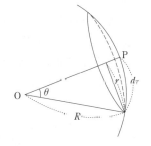

▶(4) 放射されたエネルギーは，球面に沿って伝搬すると考える。設問文を参考にして答える。

▶(5) (4)で求めた F を式(a)に代入する。さらに，$d_T=\frac{v}{H}$ を代入する。

2 解答

問 I （1） 土壌の平均温度変化を t とすると
土壌が得るエネルギーは

$$C_g t = S_0 + F_a - F_s - H - E$$

$$\therefore \quad t = \frac{S_0 + F_a - F_s - H - E}{C_g} \quad \cdots\cdots(\text{答})$$

（2） 太陽放射と地表温度がそれぞれ S_0, T_s の時と $S_0 + \Delta S_0$, $T_s + \Delta T_s$ の時に，それぞれ平衡状態が成り立つので，

S_0, T_s のとき

$$S_0 + F_a - \sigma T_s^4 - C_H(T_s - T_a) - C_E(T_s - T_a) = 0 \quad \cdots\cdots\text{①}$$

$S_0 + \Delta S_0$, $T_s + \Delta T_s$ のとき

$$S_0 + \Delta S_0 + F_a - \sigma(T_s + \Delta T_s)^4 - C_H(T_s + \Delta T_s - T_a)$$
$$- C_E(T_s + \Delta T_s - T_a) = 0 \quad \cdots\cdots\text{②}$$

$\sigma(T_s + \Delta T_s)^4 = \sigma T_s^4 \left(1 + \dfrac{\Delta T_s}{T_s}\right)^4 = \sigma T_s^4 \left(1 + \dfrac{4\Delta T_s}{T_s}\right) = \sigma T_s^4 + 4\sigma T_s^3 \Delta T_s$ を②に

代入し，②−①より

$$\Delta S_0 - 4\sigma T_s^3 \Delta T_s - C_H \Delta T_s - C_E \Delta T_s = 0$$

$$\Delta S_0 - \Delta T_s(4\sigma T_s^3 + C_H + C_E) = 0$$

$$\Delta S_0 = \Delta T_s(4\sigma T_s^3 + C_H + C_E) \quad \cdots\cdots(\text{答})$$

（3） 8時：(B)　15時：(A)　22時：(C)

理由：昼間（15時）は地表付近の気温が上昇して地表の気温が最高となるので(A)，夜間（22時）は放射冷却により地表付近の気温が下がり上空の気温より低くなるので(C)，朝（8時）は次第に地表付近の気温が上がり逆転層が上空にのみ残るので(B)になる。

（4） z_b と z_a の間は上空ほど気温が高くなる逆転層なので，上昇気流は起こらない。したがって，煙は地表と z_b の間に拡散するが z_b 以上は上昇しない。

問 II （1） $\dfrac{\text{Aの圧力傾度力}}{\text{Bの圧力傾度力}} = \dfrac{\text{Aのコリオリの力}}{\text{Bのコリオリの力}}$

圧力傾度力は海面勾配に比例するので，求める速さを v とすると

$$\frac{0.30}{0.85} = \frac{0.31 \times 0.66}{v \times 0.56}$$

$$v = \frac{0.85 \times 0.31 \times 0.66}{0.30 \times 0.56} = 1.03 \doteqdot 1.0 \text{ (m/s)} \quad \cdots\cdots \text{(答)}$$

(2) 西岸強化

(3) 圧力傾度力は海面が低い渦の中心方向を向いている。この力とコリオリの力はつり合うので，コリオリの力は渦の外向きにはたらく。このようなコリオリの力がはたらくような海水の流れは，北半球では反時計方向になる。

(4) 圧力傾度力が等しいのでコリオリの力も緯度によらず同じである。渦の西側の南下する海流は，次第に $\sin\phi$ が小さくなるので，流速が次第に大きくなるため海面は下がる。東側はその逆で海面が上がる。

◀解　説▶

≪熱収支と気温変化，大規模な海流≫

◆問 I ▶(1) 土壌が得るエネルギーは，太陽や大気から得るエネルギー（$S_0 + F_a$）から失うエネルギー（$F_s + H + E$）を差し引いたものである。温度変化とエネルギーの関係は，「エネルギー＝熱容量×温度変化」である。

▶(2) 平衡状態では温度変化が 0 であるので，$S_0 + F_a - F_s - H - E = 0$ が成り立つ。太陽放射が ΔS_0 変化しても，土壌の温度が ΔT_s 変化して平衡状態になれば，温度変化は 0 になるので，S_0，T_s のところに $S_0 + \Delta S_0$，$T_s + \Delta T_s$ を代入すると同様の式が成り立つ。

$$(T_s + \Delta T_s)^4 = T_s^4 \left(1 + \frac{\Delta T_s}{T_s}\right)^4$$

ここで $\left|\dfrac{\Delta T_s}{T_s}\right|$ は 1 より十分小さいので，(e)の仮定が使える。

▶(3) 風がなく天気のよい夜間は，地表の放射冷却によって，地表付近の気温が下がり，上空より気温の低い状態になる。このような部分を逆転層という。日の出前に逆転層は地面と接している（接地逆転）が，日の出以後，地表温度が上がると，逆転層は上空に残される（上空逆転）。地表の温度がさらに上がり，地表付近の気温が最大になる昼過ぎには逆転層がなくなる。

▶(4) 逆転層内では，上昇した空気より周囲の空気の温度の方が高いので，空気は安定で上昇

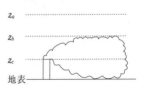

104 2016年度　地学〈解答〉　　　　　　　　　　　　　　　　東京大-理科前期

気流や下降気流が起こりにくい。したがって，煙は前頁の図のような広が
り方をする。

◆問Ⅱ　▶(1)　圧力傾度力とコリオリの力は等しいので，地点Aの圧力傾
度力と地点Bの圧力傾度力の比は，地点Aのコリオリの力と地点Bのコリ
オリの力の比に等しい。圧力傾度力は海面勾配に比例する。コリオリの力
は流速と $\sin\phi$ に比例する。

▶(2)　コリオリの力が緯度によって異なるため，環流の西側では強い流れ
が生じる。これを西岸強化といい，黒潮やメキシコ湾流がこれにあたる。

▶(3)　北半球では，コリオリの力
は海水の進行方向に対して直角右
向きにはたらく。したがって，右
図のような力のつり合いが生じる。

▶(4)　コリオリの力は流速と
$\sin\phi$ に比例する。南下する海流では $\sin\phi$ が次第に小さくなるので，コリ
オリの力が一定の場合は，流速は次第に大きくなる。東側では流速が次第
に遅くなる。

3 **解答**　問Ⅰ　(1)リソスフェアは海嶺から離れると冷却して密度
が大きくなる。また，すぐ下のアセノスフェアを冷却し
て，リソスフェアが厚くなる。重くなったリソスフェアは，アイソスタシ
ーにより沈降する。

(2)　(a)　リソスフェアの厚さを d_r とする。堆積物のあるところでの深さ
$(d+D+d_r)$ の圧力は，リソスフェアの密度を ρ とすると

　　　$\rho_\mathrm{w}d + \rho_\mathrm{S}D + \rho d_r$ ……①

堆積物がないところでの同じ深さの圧力は，アセノスフェアの厚さが

　　　$d+D+d_r-d_0-d_r = d+D-d_0$

なので

　　　$\rho_\mathrm{w}d_0 + \rho d_r + \rho_\mathrm{A}(d+D-d_0)$ ……②

①＝② より

　　　$\rho_\mathrm{w}d + \rho_\mathrm{S}D = \rho_\mathrm{w}d_0 + \rho_\mathrm{A}(d+D-d_0)$

　　　$\rho_\mathrm{w}d + \rho_\mathrm{S}D = d_0(\rho_\mathrm{w} - \rho_\mathrm{A}) + \rho_\mathrm{A}d + \rho_\mathrm{A}D$

$$d_0(\rho_A - \rho_W) = d(\rho_A - \rho_W) + D(\rho_A - \rho_S)$$

$$d_0 = d + \frac{\rho_A - \rho_S}{\rho_A - \rho_W}D \quad \cdots\cdots(\text{答})$$

(b) $\quad d_0 - d = \dfrac{\rho_A - \rho_S}{\rho_A - \rho_W}D$

$$= \frac{3.3 \times 10^3 - 2.0 \times 10^3}{3.3 \times 10^3 - 1.0 \times 10^3} \times 370$$

$$= 2.09 \times 10^2 \fallingdotseq 2.1 \times 10^2 \,(\text{m})$$

よって，観測値より 2.1×10^2 m 深い。 $\cdots\cdots$(答)

問Ⅱ （1） 大気中を風によって運ばれ降下する。

(2) C

理由：石灰質堆積物は比較的浅い海で形成される。図のCは海嶺付近やホットスポット周辺の比較的水深の浅い地域が多く含まれている。

(3) 壊変が始まった後の残っている原子数を N，壊変が始まる前の原子数を N_0 とすると

$$\frac{N}{N_0} = \left(\frac{1}{2}\right)^n, \quad n = \frac{t}{5700} \quad (t \text{ は年代})$$

$\dfrac{N}{N_0} = \dfrac{1}{1000}$ を代入すると

$$\frac{1}{1000} = \left(\frac{1}{2}\right)^n \qquad \log_{10}10^{-3} = \log_{10}2^{-n} \qquad 3 = n\log_{10}2$$

よって

$$3 = \frac{t}{5700} \times 0.30 \quad \therefore \quad t = 5.7 \times 10^4 \text{ 年前} \quad \cdots\cdots(\text{答})$$

(4) 大気圏に入る宇宙線は，地球磁場や太陽活動の変化によって地球の磁気圏が変化すると増減する。

(5) 地磁気の反転の歴史と遠洋性粘土に残された残留磁気の反転パターンの比較。

◀ 解 説 ▶

≪海洋底の年齢と水深変化，深海底堆積物≫

◆問Ⅰ ▶(1) リソスフェアが冷却とともに密度が増すこと，アセノスフェアの上部を冷却してリソスフェアに取り込むことによって，リソスフェアの厚さが増すことを述べる。

▶(2) (a) アイソスタシーが成り立っていれば，地下のある深さでの圧力が等しくなる。堆積物がある部分のリソスフェアの最下部を等圧面と考えて式を立てる。

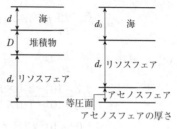

なお，堆積物のない部分の等圧面までのアセノスフェアの厚さは，$(d+D-d_0)$である。また，リソスフェア部分はどちらも同じであるので

　　　海と堆積物の圧力＝海とアセノスフェアの圧力

が成り立つ。

(b) (a)で求めた式から d_0-d を計算すればよい。

◆問Ⅱ ▶(1) 遠洋性粘土には，生物起源の堆積物以外では，風で運ばれる火山灰や黄砂のような風成塵がある。この粘土は風成塵である。

▶(2) 図のAは遠洋性粘土，Bは珪質堆積物である。石灰質堆積物は比較的浅い海でできることに注目して考える。

▶(3) 半減期で壊変せず残る原子数は元の原子数の $\frac{1}{2}$，半減期の n 倍経過すれば $\left(\frac{1}{2}\right)^n$ になる。

▶(4) 宇宙線は荷電粒子が多いので，磁気圏の影響を受ける。地球の磁気圏の変化で，地球大気に落ち込む宇宙線の量が変化する。

▶(5) 磁性をもった堆積物は，堆積時のその場所での地磁気の方向に揃って堆積する。海洋性粘土の残留磁気を調べると，ある深さで残留磁気が反転するところがある。この反転のパターンと過去の地磁気反転の歴史を対応することによって年代を推定することができる。

　　　　　　講　評

　例年通り，単に知識を問う問題は少なく，レベルの高い思考力が必要である。また，計算問題がすべての大問中にあり，計算力や数学的，物理的思考力も必要である。論述は厳密な字数制限はないが，解答用紙の1〜3行の制限がある。字数にすると35〜105字である。問題文が長いものが多く，しっかり読み取り，与えられた式や数値にはアンダーラインを引くなどすれば，読み返すときに便利である。

1　宇宙の問題で，ほとんどが計算問題である。恒星の質量と寿命，宇宙の膨張など，教科書で学習はしているであろうが，問題内容は教科書では扱われていないので，問題文をしっかり理解しなければできない。2015年度よりレベルは高い。

2　大気・海洋の問題で，熱収支の計算問題はやや複雑で間違いやすい。1行ずつ注意しながら解答しなければならない。高さによる気温変化が時刻の経過とともに変化していく問題は，東大らしいユニークな問題である。問Ⅱは地衡流に関する問題であるが，論述のまとめ方がやや難しい。

3　問Ⅰは，プレートの移動と水深の変化をアイソスタシーを用いて考えさせる問題である。易しくはないが難問ではない。問Ⅱは問題文が長いがしっかりと読み取れれば，1，2よりやや易しい。

2016年度の問題の題材は教科書で扱われているが，問題内容は教科書レベルよりかなり高度で，用いられている式は教科書にないものが多い。文字式の変形など，その扱いに慣れておく必要がある。また，問題文を読み取る力で得点が大きく変わってくる。思考力・読解力が必要。

である。

三　漢文（漢詩）は蘇軾の七言古詩からの出題。対句や比喩や擬人法を多用した技巧的な詩で、詩句の意味が取りにくく、手ごわい。細部に拘泥せず全体の趣旨をつかむという読み方が必要だろう。㈠が標準、㈡・㈢がやや難レベル。㈡は比喩の説明が難しい。この比喩は受験生にはややなじみのない内容であろう。㈢は詩の主題を問う良問である。

東京大-理科前期　　　　　　　　　　　　　　　　　　　2016 年度　国語〈解答〉　*109*

「可念」は〝思わないわけにはいかない〟の意で、同じ不遇な境遇を悲しむということ。そこで、作者は酒を飲み漢詩を作って自らを慰めたわけである。以上の事情を説明する。　解答のポイントは次の二点。

① 海棠とわが身を重ね合わせる
② 身の不遇を慰める

語句
● 寓居＝仮住まい。作者の左遷の間の住居をいう。
● 造物＝「造物主」の略。万物創造の神。
● 不待＝〜するまでもない。「待」は「俟」とも。
● 修竹＝まっすぐに伸びた竹。

参考　蘇軾（一〇三七〜一一〇一年）は北宋の政治家・文学者。眉山（今の四川省）の人。字は子瞻。号は東坡。唐宋八大家の一人。父の蘇洵、弟の蘇轍と合わせて三蘇と呼ばれる。二十一歳で科挙に及第して役人となり、やがて中央政府に移るが、しばしば左遷され、各地の地方官を歴任した。黄州では有名な「赤壁賦」を作った。

■■■■■■■■■■■■■ **講　評** ■■■■■■■■■■■■■

一　現代文（評論）は入試頻出の内田樹の最近の評論からの出題。「反知性主義」という一般にはあまりなじみのない言葉をキーワードに、知識人のあるべき姿勢を論じた文章で、示唆に富んだ内容と言えよう。設問構成、解答欄は例年通りで、㈠〜㈣が部分読解問題、㈤が要約問題、㈥が書き取りとなっている。㈠・㈥が標準、㈡〜㈤がやや難レベルと言える。㈠は解答のポイントがはっきりしているので書きやすいだろう。㈡は「正解」の説明がやや難しい。㈤は例年通り、全体の論旨をたどり直してまとめる必要がある。

二　古文（擬古物語）は『あきぎり』という珍しい出典からの出題。中古の物語に似せた典型的な中古の文体で書かれている。また内容的にも既読感があるだろう。唯一の和歌も平易なものである。設問は総じて標準レベル。解答欄が各一行なので、収めるのに苦労する。㈢は和歌の解釈と本文全体の内容把握が問われる良問。解答欄に収めるのが難しい。㈤は「生きている理由」「生きる力」とは何かという説明が必要になる。㈣は

語)＋副詞＋形容詞（述語）」である（第十四句の「無」は動詞）。内容は大きく三つの部分に分けることができる。

1　第一句〜第十四句　（江城……清淑）　擬人法や隠喩を用いた海棠の描写
2　第十五句〜第二十四句　（先生……鴻鵠）　自身の日常の様子と海棠が生育する原因の推測
3　第二十五句〜第二十八句　（天涯……忍触）　流落した海棠への共感

注
擬人法＝嫣然一笑・天涯流落
隠喩＝佳人（海棠）・朱唇得酒暈生臉（海棠の紅色の花びらのさま）・翠袖巻紗紅映肉（海棠の葉のさまと、そこに花の色が映るさま）・涙（海棠に降りかかる雨滴）

(一)　b、「事」は"仕事。用事"の意。何もすることがないということ。

d、「那」は疑問・反語の副詞。ここは「なんぞ〜ん」と読み、反語になる。「忍」は"こらえる。耐える"の意の動詞。「触」は海棠に触れること。雪をかぶって凍える海棠が痛ましくて触れるのはためらわれるということ。

「朱唇」は"赤い唇"。美女の唇である。「得酒」は"酒を飲む"。「暈」は"かさ（＝太陽や月の周囲にできる淡い光の輪）。ぼかし"の意。ここは後者。「臉」は「頬」に同じ。美女が酒を飲んで頬がうっすらと赤くなる様子を表す。設問の「何」とは「海棠の（赤い）花」であり、「どのように表現した」とは「酒を飲んで頬をほんのり赤らめた美女の顔にたとえた」ということ。比喩であることを明示する。

(二)　現で、左遷された身の、暇で気楽な境遇を歌う。直前の「先生」は蘇軾が自らを客体化した表

(三)　「為」は、目的（〜のために）・原因理由（〜のせいで）・対象（〜に対して）などを表す前置詞で、ここはその目的である。「海棠」が省略された形で、目的を表す。「樽」は"酒樽"。「此曲（＝この歌）」はこの漢詩を指す。海棠のために酒を飲み、この漢詩を作ったということ。その理由は前句「天涯流落俱可念」で述べられる。「天涯」は"地の果て"。「流落」は"さすらい、落ちぶれる"。「俱」は"そろって。両方とも"の意で、作者と海棠をいう。

長江に面した町は湿気が多くて草木が生い茂っている
そこにたいそうひっそりと咲いている一株の名花がある
その花はにっこりと竹の垣根の中で微笑んでいる
一方、桃と李は山にはびこっているがおよそ粗雑で卑俗だ
やはり造物主の深い思慮を思い知るのだ
わけあって美人を人気のない谷間に居させているのだろう
生まれつきの富貴は天から授かったものだ
金の大皿に入れてきらびやかな宮殿に献上するまでもない
赤い唇に酒を含んでほんのりと赤みが頬に生じる
緑色の袖は薄絹を巻きつけ、紅色が肌に映える
林が深く霧が暗くて夜明けの光が届くのは遅く
日差しが暖かく風が軽やかで春の眠りは足りる
雨が降る中で涙を流す姿はやはり痛々しい
月が照る下に人はおらず一段と清らかでしとやかだ
先生は腹一杯食べて仕事一つない
ぶらぶらと散歩して膨らんだ腹をさする
民家だろうがお寺だろうが気にしない
杖をつき門をたたいてすらりと伸びた竹を見せてもらう
ふと出会った妖艶な花が老いぼれたわが身を照らすと
ついため息が出て無言のまま病んだ目をぬぐう
ちっぽけな田舎の地がどこでこの花を手に入れたのか
むしろ物好きが原産地の西蜀から移植したのではないか
でもごく短い根を千里も運ぶのは容易でない
種を口にふくんで飛来したのはきっと大きな渡り鳥だろう
お互い地の果てへと落ちぶれ流れてきた身を思う
お前のために一樽の酒を飲み、この歌を歌おう
翌朝酔いが醒めて再び独りここへやって来たら
雪が乱れ落ちて凍えるお前に触れるのはしのびない

着眼　全二十八句の七言古詩である。脚韻は初句末および偶数句末で、順にあげると、木（ボク）、独（ドク）、俗（ゾク）、谷（コク）、屋（オク）、肉（ニク）、足（ソク）、淑（シュク）、腹（フク）、竹（チク）、目（モク）、蜀（ショク）、鵠（コク）、曲（キョク）、触（ショク）となる。また対句は第九句（「朱唇…」）と第十句（「翠袖…」）［いずれも、名詞（主語）＋動詞（述語）＋名詞（目的語）］、第十一句（「林深…」）と第十二句（「日暖…」）［いずれも、名詞（主語）＋動詞（述語）＋名詞（目的語）］、第十三句（「雨中…」）と第十四句（「月下…」）［いずれも、名詞（副詞的用法）＋動詞（述語）＋形容詞（述語）＋名詞（主語）＋形容詞または動詞（述語）＋名詞（主

(二) 海棠の赤い花を、酔ってほんのり赤い美女の頬にたとえた。

(三) 遠方の地に咲く海棠に左遷の地で暮らすわが身を重ね合わせて、身の不遇を慰めるため。

読み ▲解説▼

寓居 定恵院の東、雑花山に満つ、海棠一株有り、土人は貴きを知らざるなり

江城地は瘴にして草木蕃し

嫣然として一笑す竹籬の間

也た知る造物深意有るを

自然の富貴天姿より出づ

朱唇酒を得て暈臉に生ず

林深く霧暗くして暁光遅く

雨中涙有り亦た悽惨

先生食飽きて一事無し

人家と僧舎とを問はず

忽ち絶艶の衰朽を照らすに逢ひ

陋邦何れの処にか此の花を得たる

寸根千里致し易からず

天涯流落倶に念ふべし

明朝酒醒めて還た独り来らば

只だ名花の苦だ幽独なる有り

桃李山に漫つるも総て粗俗

故に佳人をして空谷に在らしむ

金盤もて華屋に薦むるを待たず

翠袖紗を巻きて紅 肉に映ず

日暖かく風軽くして春睡足る

月下人無く更に清淑

散歩逍遥して自ら腹を撫づ

杖を拄き門を敲き修竹を看る

嘆息無言 病目を揩ふ

無乃好事の西蜀より移せるか

子を銜みて飛来せるは定めし鴻鵠ならん

為に一樽を飲み此の曲を歌ふ

雪落ちて紛紛那ぞ触るるに忍びん

通釈 定恵院の東に仮住まいしていたとき、さまざまな花が山を埋め尽くしており、海棠が一株あったが、土地の人はその貴さを知らないのだった

（かろがろし）は〝軽率だ。気楽だ。身分が低い〞の意。「もてなす（もてはやす）」は〝処置する。ふるまう。待遇する。もてはやす〞の意。ここは姫君の処遇をめぐる発言なので、〝（姫君を）けっして軽率にならないように扱ってさしあげよ〞と直訳できる。すなわち尼上の死後も姫君を大切にお世話してほしいということ。尼上・乳母・姫君の立場や関係がよくわかるように説明する。

▼（三）尼上に先立たれて悲嘆にくれる姫君のもとへ中将が送ったお見舞いの和歌である。「煙」は火葬の煙。「立ちおくれ（立ち遅る）」は〝先立たれる〞の意で、「立ち」に煙が立ちのぼる意を掛ける。「さこそ」は副詞「さ」＋係助詞「こそ」の形で、〝さぞかし〞の意。「君」は姫君を指す。「らめ」は現在推量の助動詞で、「こそ」の結びで已然形である。設問に「大意」とあるので、「煙」と「立ちおくれ」にポイントをおいて、その趣旨をまとめればよい。

「語句」
●生きてましまさば「まします」は「あり」「をり」の尊敬語。
●ためらふ＝〝ぐずぐずする。うろうろする〞の意の「ためらふ」と、〝心を静める。養生する〞の意の「ためらふ」があり、どちらも四段活用の動詞である。ここは後者になる。●さてもあるべきこととならねば＝〝そのままにしてもおかれないので。そうしているわけにもいかないので〞の意。本文のように遺体の周りで人々が悲嘆にくれている場面などで用いられる、パターン化した表現である。

「参考」
『あきぎり』は鎌倉時代成立の擬古物語。上下二巻。作者未詳。姫君をヒロインとする王朝恋愛物語である。本文は冒頭から少し進んだ一節になる。

「解答」

三

「出典」　蘇軾「寓居定恵院之東、雑花満山、有海棠一株、土人不知貴也」

（一）b、仕事一つない
　　　d、海棠の花に触れられようか、いや触れるのはしのびない

着眼　各段落の趣旨は次の通りである。

第一段落（まことに限りと…）　尼上の遺言
第二段落（まして宰相は…）　尼上の死
第三段落（姫君は…）　姫君の悲嘆
第四段落（その夜…）　尼上の火葬
第五段落（中将は…）　中将のお見舞いの和歌

▼(一)　イ、「世の常」は "日常・世間並み" の意であるが、「～とも世の常なり」などの形で、"表現が平凡すぎて不十分だ" の意になる。この意では「言ふもおろかなり・言へばおろかなり」という表現もある。「平凡だ」「ありきたりだ」「月並みだ」といった言葉を用いて訳すとよい。

ウ、「やがて」は "そのまま。すぐに" の意の重要語。ここは後者。喪が明けたらすぐにということ。「迎ふ」は下二段活用で "受け入れる。出迎える。招く" の意。孤児となった姫君を大殿が迎え取るということ。「奉る」は謙譲の補助動詞。「べし」は意志の助動詞。

オ、「御覧じだに入れ」は複合動詞「見入る（＝のぞく。気をつけて見る。目をかける。とりつく）」の尊敬表現「御覧じ入る」の間に副助詞「だに」が挿入された形になる。ここは姫君が中将の手紙に見向きもしないということ。「だに」は最小限の限定（せめて～だけでも）、類推（～さえ）、添加（～までも）の用法があるが、ここは類推用法になる。「ね」は打消の助動詞「ず」の已然形。

▼(二)　臨終の尼上が乳母に姫君を託す場面。「なからむあと」は「なきあと」に同じで、"死後" の意。「かまへて」は "心して。なんとかして。必ず" の意であるが、下に打消の語を伴うと、"けっして…（ない）" の意になる。ここも打消の助動詞「ず（連用形）」を伴う。「奉れ」は謙譲の補助動詞「奉る」の命令形になる。「軽々しから

そうで、打消の語を伴うと、"けっして…（ない）" の意になる。ここも

こそ臨終だとお思いになって、念仏を声を高くお唱えなさって、お眠りなさるのだろうかと見るうちに、早くも御息も絶えてしまった。

姫君は、今すぐ同じように（死んでしまいたい）と、（尼上を）慕いなさるけれども、どうしようもない。誰もが放心しているけれども、そのままにしておくわけにもいかないので、御葬送の準備をなさるのにも、（侍女たちが）先を争うように次々に気を失いなさるのを、「何事も前世からの御因縁がおありになるのだろう。お亡くなりになってしまったからには、どうしようもない」と言って、またこの姫君の（二親のいない）ご境遇を嘆いていた。人殿も（姫君を）いろいろと申して慰めなさるけれども、（姫君は）生きている人のようにもお見えにならない。

その夜、そのまま阿弥陀の峰という墓地に（尼上を）埋葬し申し上げる。はかない煙となって（空へ）立ちのぼりなさった。悲しいというのも、平凡すぎる表現で言い尽くせない。大殿は、こまごまとおっしゃっている言葉が、まるで夢のように思われて、（ましてや）姫君のお気持ちは、さぞかし（つらく悲しいであろう）と自然と推測されて、御乳母をお呼びになって、「心して（姫君に）言葉をかけて慰めてさしあげなさい。（尼上の）御喪が明けたら、（姫君を）すぐに迎え取り申し上げよう。心細く思わないでいらっしゃい」などと、いかにも頼もしそうに言い残しなさって、お帰りになった。

（さて）中将は、こうこうとお聞きになって、姫君のお嘆きを思いやり、気の毒に思って、鳥辺野の草（となってしまいたい）とも、さぞかし悲嘆にくれていらっしゃるだろうと思うと、痛ましかった。夜ごと「姫君のもとに」お通いになっていたのも、今は行ってはならないだろうかとお思いになるのは、どなたのお嘆きにも劣らなかった。少将のもとまで（届けた姫君への和歌には）、

鳥辺野に夜中の火葬の煙が立ちのぼり、尼上に先立たれてさぞかしあなたは今悲しんでいることだろう

と書いてあるけれども、（姫君は）見向きさえなさらないので、仕方なくて置いておいた。

二

出典 『あきぎり』〈上〉

解答

(一) イ、悲しいというのも、平凡すぎる表現で、言い尽くせない

ウ、すぐに迎え取り申し上げよう

オ、見向きさえなさらないので

(二) 尼上の死後も乳母が姫君を大切にお世話しなさいということ。

(三) 尼上を火葬にふす夜、後に残された姫君は深く悲しんでいるだろう。

通釈

(尼上は) 本当に臨終だと思われなさるので、御乳母をお呼びになり、「(私は) もう臨終だと思われるので、この姫君のことだけが気がかりに思うので、(私の) 死後も、(姫君を) けっして軽率にならないようにお世話し申しなさい。(姫君は) 今はもう宰相以外に、いったい誰を頼りになさることができようか。私が亡くなっても、父君がもし生きていらっしゃるなら、そうは言っても (力強いことだろう) と安心できようが、(宰相以外の) 誰にも世話を任せられず、(自分が) 死んだ後は心配なこと」と繰り返すばかりで最後まで言葉を続けることがおできにならず、御涙も抑えられない。

▲解説▼

ましてや宰相は (涙を) せき止められない様子で、しばらくの間は何も申し上げられない。(それでも) 少し心を静めて、「どうして (姫君を) いいかげんにお世話したりしましょうか。(尼上が姫君のお側に) いらっしゃるときは、私がまれにいなくなることもありましょうが、(尼上の亡き後は) いったい (私以外の) 誰を頼りにして、ほんのしばらくの間もこの世に生き長らえることがおできになりましょうか」と言って、袖を顔に押し当てて、耐えがたそうな様子である。

姫君は、ましてやただもう同じような (悲嘆にくれる) 様子ながらも、このように (尼上たちの) 悲嘆の声をちらっと聞くにつけても、(自分は) なおもまだ意識を失っていないのだろうかと、悲しみの晴らしようがない。(尼上は) まさに今

基準が妥当である理由を本文を遡って説明したうえで、傍線部の趣旨を説明することになる。その流れを大まかに示すと、知性の定義→反知性的の判定となる。そこでまず知性の定義については、第三段落の「単に新たな知識や情報を加算しているのではなく、自分の知的な枠組みそのものをそのつど作り替えている」に着眼しなければならない。筆者が強調する知性の活性化と密接に結びつく箇所だからである。また第六段落の「知性というのは個人においてではなく、集団として発動する」、傍線部エ、第九段落の「『それまで思いつかなかった……他者たちに及ぼす力」などにも着眼しよう。知性が他者に新たな発想や行動を促すという点で集団的に働くものであることを繰り返し説いている。この二点を知性の定義として説明しながら最終段落の内容へとつなげればよいだろう。以上より解答のポイントは次の三点となる。

① 知性＝自分の知的な枠組みを作り替える

② 知性＝他者にも新たな発想や行動を促す

③ 反知性＝知的能力は高くても集団全体の知的パフォーマンスを下げてしまう

▼(六)

a の「陳腐」は〝古くさいこと。ありふれていて、つまらないこと〟の意。

語句

●合切袋＝身の回りのこまごまとした物を入れて持ち歩く袋。

参考

内田樹（一九五〇年〜）は東京都生まれ。東京大学文学部仏文科卒業。東京都立大学大学院人文科学研究科博士課程中退。専門はフランス現代思想。武道家としても知られる。東京都立大学人文学部助手、神戸女学院大学文学部教授などを経て、現在、京都精華大学人文学部客員教授。著書は『ためらいの倫理学』『街場の文体論』『街場の戦争論』など多数。『日本の反知性主義』は、現代日本の反知性主義を危惧する筆者が、これをテーマとして哲学者や政治学者、映画作家などに寄稿を募って成った論考集である。二〇一五年刊。

のようにたどれば、「生きている理由がない」とは、真理の解明には役に立たず、思索や批判をしても無意味だといった意味だと理解できよう。反知性主義者がこのように考えるのも、第五段落に「知性を属人的な資質や能力だと思っている」とあるように、人間には本来的に知性的な人間と知性的でない人間がいると思っているからである。「あなたには生きている理由がない」を言い換えると、知性に乏しい人間は思索や批判などしても意味がない、となる。反知性主義者によって知性の欠如をなじられるという救いのない呪われたパラドックスである。以上の考察より解答のポイントは次の二点となる。

① 「あなた」＝知性に乏しい人間

② 「生きている理由がない」＝真理の解明に役立たず、思索や批判をしても意味がない

▼（四）

傍線部の「その」は前文の「集団として情報を採り入れ……合意形成を行う、その『力動的プロセス（＝過程）』」を指す。情報の選択や解釈や、それに対する対処法について盛んに議論し合意形成を行う、その「力動的プロセス（＝過程）」を活性化して実行させる力の全体を筆者は「知性」だと言う。また後続の段落では『『それまで思いつかなかったことがしたくなる』というかたちでの影響を周囲にいる他者たちに及ぼす力」が「知性」だと言い、「集団として発動する」（第六段落）ことを具体的に説明したものである。よって知性の「力」を説明するにあたって傍線部の前文だけでまとめるのではなく、第九・第十段落の内容もふまえた説明が必要であろう。ただし二行の解答欄に収めるには要約力が問われることになる。解答のポイントは次の二点。

① 集団としての合意形成に向けた活発な議論を促進させる

② 新たな発想や行動を呼び覚まして集団の知的パフォーマンスを高める

▼（五）

傍線部の「この基準」とは、知的能力は高くても集団全体の知的パフォーマンスを下げてしまうような人を「反知性的」とみなすという基準を指す。筆者はこの基準を適用して間違えたことはないと自信を示す。そこでこのような

「知性的な人」と考えている。以上より解答のポイントは次の二点となる。

① 自説に固執せず、他人の説に耳を傾けて納得できるかどうかを判断する

② 自分の知的な枠組みを作り替えることをむしろ喜びとする

なお筆者はこのような知性についての考え方を「個人的な定義」と断っているが、古くは、対話によって無知の自覚へ導こうとしたソクラテスの「愛知」の精神に通じるものであり、新しくは、自分はいつもの思索とは異なる仕方で思索できるかと自らに問いかけた二十世紀フランスの哲学者フーコーの批判精神などが知られている。

▼(二) 傍線部の「この人」は「反知性主義者」を指す。彼らは「恐ろしいほどに物知りである」(同段落)。また「正解」とは「理非」の決定であり、「真理性」である。彼らにすれば「私の語ることの真理性はいささかも揺るがない」のであり、「理非の判断はすでに済んでいる」(以上、同段落)。反知性主義者のこのような真理性の話法にはもちろん豊富な知識や情報の裏付けがあるわけだが、そもそも彼らが自分の得た真理を唯一絶対のものと考えている点を把握する必要がある。彼らはいったん理非を判断すればそれで終わりと考えるのであり、それに対する一切の批判は虚偽とみなしてすませてしまう。これに対して知性主義者は「知の自己刷新」(第三段落)を欲しており、その視点で見れば「正解」なるものはない。すなわち反知性主義者の言う「正解」とは、知性主義者から見ればドグマに他ならない。よってこのドグマ性を説明すればよいことになる。解答のポイントは次の二点。

① 「この人」＝豊富な知識や情報を持っている反知性主義者

② 「正解をすでに知っている」＝自分の得た真理を唯一絶対のものと盲信する反知性主義者

▼(三) 傍線部に「等しい」とあるように、「あなたには生きている理由がない」というのは比喩である。よってこの比喩を説明することになる。前問でも検討したように、この第四段落は反知性主義者の話法を説明する。それを簡潔に示せば、私は十分な知識も情報も持っている→私はすべての真理を解明し尽くした→あなたの一切の思索・批判は無意味である、となる。そしてこの話法が「呪い」となって「こちらの生きる力がしだいに衰弱してくる」という。こ

そのものをそのつど作り替えている人のことを言う。知性的な人がいると、彼の発言やふるまいによって彼の属する集団全体の知的パフォーマンスが高まる。逆に個人的な知的能力はずいぶん高くても、その人が「知力」を発動するせいで彼の属する集団全体の知的パフォーマンスが下がってしまうなら、その人は反知性主義者とみなすことができる。知性は個人に属するものと言うより、集団的な現象なのであり、「集合的叡智」として働くのでなければ何の意味もない。

着眼 本文は十一段落から成る（引用箇所は一段落として数えない）。これを三つの部分に分けて論旨の展開を示すと次のようになる。

1 第一～第三段落（ホーフスタッターはこう書いている…）
知性とは知識や情報の加算ではなく、知的な枠組みの作り替えを言う

2 第四・第五段落（「反知性主義」という言葉からは…）
反知性主義者は相手に自分の言説の真理性を押しつけ、意気阻喪させる

3 第六～第十一段落（知性というのは個人においてではなく…）
知性は個人の属性ではなく、集団的な現象である

▼
（一）傍線部の「そのような身体反応」とは前二文の「他人の言うことを……自分の内側をみつめて判断する」ことを指す。それによって「理非の判断に代えることができる」。すなわち他人の意見・考えに対する正否の判断を保留して、心の中で自分が納得できるかどうかを考量するような人を、筆者は「知性的な人」だと認めるというのである。このような人について、傍線部の前後で「『自説に固執する』ということがない」「自分の知的な枠組みそのものをそのつど作り替えている」とも説明している。この「知的な枠組み」は「パラダイム（＝ある時代の人々のものの考え方やものの見方を根本的に規定している認識の枠組み）」の訳語として用いられるようになった言葉である。自分の考え方の根本的なところにまで遡ってそれを組み換えることをためらわない、むしろそれを喜びとするような人を筆者は

国語

解答

出典 内田樹「反知性主義者たちの肖像」（内田樹編『日本の反知性主義』晶文社）

（一）自説に固執せず他人の説に耳を傾けて納得できるかどうかを判断し、自分の知的な枠組みを作り替えることを喜びとする人。

（二）反知性主義者はその豊富な知識や情報から得た真理を唯一絶対であると盲信して、一切の批判に耳を傾けないということ。

（三）知性に乏しい人間は真理の解明にはまったく役立たず、思索や批判をしても意味がない、と宣告されたことになるということ。

（四）合意形成に向けた活発な議論を促し、新たな発想や行動を呼び覚ますような、集団全体の知的パフォーマンスを高める力。

（五）知性とは個人の知識や情報の豊かさを言うのではなく、自分の知的な枠組みを作り替え、他者にも新たな発想や行動を促す力を言うのであって、知的能力は高くても集団全体の知的パフォーマンスを下げてしまうような人は反知性的と判断して間違いないということ。（一〇〇字以上一二〇字以内）

（六）a―陳腐　b―怠惰　c―頻繁

▲解　説▼

要旨　知性的な人とは単に新たな知識や情報を加算しているような物知りのことを言うのではなく、自分の知的な枠組み

 **MEMO**

MEMO

〰〰〰〰 **MEMO** 〰〰〰

大学入試シリーズ

東京大学/理科　別冊

目　次

問 題 編

2022年度　英　語 ……… 4　　数　学 ……… 28　　物　理 ……… 32
　　　　　　　化　学 ……… 44　　生　物 ……… 58　　地　学 ……… 84
　　　　　　　国　語 …… 106

2021年度　英　語 ……… 4　　数　学 ……… 28　　物　理 ……… 31
　　　　　　　化　学 ……… 45　　生　物 ……… 58　　地　学 ……… 81
　　　　　　　国　語 …… 102

2020年度　英　語 ……… 4　　数　学 ……… 28　　物　理 ……… 31
　　　　　　　化　学 ……… 41　　生　物 ……… 51　　地　学 ……… 71
　　　　　　　国　語 ……… 88

2019年度　英　語 ……… 4　　数　学 ……… 26　　物　理 ……… 28
　　　　　　　化　学 ……… 40　　生　物 ……… 49　　地　学 ……… 69
　　　　　　　国　語 ……… 87

2018年度　英　語 ……… 4　　数　学 ……… 27　　物　理 ……… 30
　　　　　　　化　学 ……… 38　　生　物 ……… 46　　地　学 ……… 64
　　　　　　　国　語 ……… 83

2017年度　英　語 ……… 4　　数　学 ……… 25　　物　理 ……… 28
　　　　　　　化　学 ……… 37　　生　物 ……… 45　　地　学 ……… 65
　　　　　　　国　語 ……… 83

2016年度　英　語 ……… 4　　数　学 ……… 26　　物　理 ……… 29
　　　　　　　化　学 ……… 37　　生　物 ……… 53　　地　学 ……… 74
　　　　　　　国　語 ……… 90

英語リスニング問題　CD の収録内容

収録内容		トラック番号	収録内容		トラック番号
2022年度	全問題の説明　和	1	**2019年度**	全問題の説明　和	16
	(問題(A)は著作権の都合上省略)			問題(A)の説明　和	17
	問題(B)の説明　和	2		問題(A)　英	18
	問題(B)　英	3		問題(B)の説明　和	19
	問題(C)の説明　和	4		問題(B)　英	20
	問題(C)　英和	5		問題(C)の説明　和	21
2021年度	全問題の説明　和	6		問題(C)　英和	22
	問題(A)の説明　和	7	**2018年度**	全問題の説明　和	23
	問題(A)　英	8		問題(A)の説明　和	24
	問題(B)の説明　和	9		問題(A)　英	25
	問題(B)　英	10		問題(B)の説明　和	26
	問題(C)の説明　和	11		問題(B)　英	27
	問題(C)　英和	12		問題(C)の説明　和	28
2020年度	全問題の説明　和	13		問題(C)　英和	29
	(問題(A)は著作権の都合上省略)		**2017年度**	全問題の説明　和	30
	(問題(B)は著作権の都合上省略)			問題(A)の説明　和	31
	問題(C)の説明　和	14		問題(A)　英	32
	問題(C)　英和	15		問題(B)の説明　和	33
				問題(B)　英	34
				問題(C)の説明　和	35
				問題(C)　英和	36

英 = 英語の音声
和 = 日本語の音声

ご使用にあたって

◎設問文は各年度の問題編に掲載されています。

◎実際の試験では，英文はすべて 2 回ずつ放送されますが，CD では 1 回のみの収録となっています。より本番に近づけて演習したい方は，CD プレーヤーでリピートを行ってください。

◎この CD は大学から公表された英語のリスニングスクリプトをもとに，教学社が独自にレコーディングおよび編集し直して制作したものであり，英文を読むスピードは編集部推定によるものです。

2022年度 問題編

東京大-理科前期　　　　　　　　　　　　　　　　　2022 年度　問題　*3*

■前期日程

問題編

▶試験科目・配点

教　科	科　目	配　点
外国語	「コミュニケーション英語Ⅰ・Ⅱ・Ⅲ」，ドイツ語，フランス語，中国語から1外国語を出願時に選択。英語試験の一部分に聞き取り試験（30分程度）を行う。 　ただし，英語の選択者に限り，英語の問題の一部分に代えて，ドイツ語，フランス語，中国語，韓国朝鮮語のうちから1つを試験場で選択することができる。	120 点
数　学	数学Ⅰ・Ⅱ・Ⅲ・A・B	120 点
理　科	「物理基礎・物理」，「化学基礎・化学」，「生物基礎・生物」，「地学基礎・地学」から2科目を出願時に選択	120 点
国　語	国語総合，国語表現	80 点

▶備　考

- 英語以外の外国語は省略。
- 数学Ⅰ，数学Ⅱ，数学Ⅲ，数学Aは全範囲から出題する。数学Bは「数列」，「ベクトル」から出題する。
- 「物理基礎・物理」は物理基礎，物理の全範囲から出題する。
- 「化学基礎・化学」は化学基礎，化学の全範囲から出題する。
- 「生物基礎・生物」は生物基礎，生物の全範囲から出題する。
- 「地学基礎・地学」は地学基礎，地学の全範囲から出題する。

※理科三類は，上記に加えて個人面接を課す（複数の面接員による10分間程度の面接を行い，その評価を参考にして，場合によっては，2次面接を行うことがある）。総合判定の判断資料とし，学力試験の得点にかかわらず不合格となることがある。なお，面接試験では，受験者の人間的成熟度，医学部への適性，コミュニケーション能力等を評価する。

英語

（120 分）

（注　意）

1．3は聞き取り問題である。問題は試験開始後45分経過した頃から約30分間放送される。

2．解答は，5題を越えてはならない。

3．5題全部英語の問題を解答してもよいし，また，4・5の代わりに他の外国語の問題Ⅳ・Ⅴを選んでもよい。ただし，ⅣとⅤとは必ず同じ外国語の問題でなければならない。

（他の外国語の問題は省略－編集部）

1 (A) 以下の英文を読み，その内容を70～80字の日本語で要約せよ。句読点も字数に含める。

Table manners are as old as human society itself, the reason being that no human society can exist without them. The active sharing of food — not consuming all the food we find on the spot, but carrying some back home and then giving it out systematically — is believed, even nowadays, to lie at the root of what makes us different from animals. Birds, dogs, and hyenas carry home food for their young until they are ready to find food for themselves, and chimpanzees may even demand and receive pieces of meat from other adults in their group. (Chimpanzees apparently exhibit this behaviour only on the occasions when they consume meat; their main, vegetable diet they almost invariably eat where they find it, without sharing.) Only people actively, regularly, and continuously work on the distribution of their food.

This activity is based on and probably helped give rise to many basic human characteristics, such as family and community (who belongs with whom; which people eat together), language (for discussing food past, present, and future, for planning the acquisition of food, and deciding how to divide it out while preventing fights), technology (how to kill, cut, keep, and carry), and morality (what is a fair portion?). The basic need of our stomachs for food continues to supply a good deal of the driving force behind all of human enterprise: we have to hunt for food, fight for it, find it, or sow it and wait for it to be ready; we then have to transport it, and distribute it before it goes rotten. It is in addition easier for us to consume food chopped, ground, cooked, or left to soften. Civilization itself cannot begin until a food supply is assured. And where food is concerned we can never stop; appetite keeps us at it.

The active sharing out of what we are going to eat is only the beginning. We cannot help being choosy about our food: preference enters into every mouthful we consume. We play with food, show off with it, honour and despise it. The main rules about eating are simple: if you do not eat you die; and no matter how large your dinner, you will soon be hungry again. Precisely because we must both eat and keep on eating, human beings have poured enormous effort into making food more than itself, so that it bears multiple meanings beyond its primary purpose of physical nutrition.

(B)　以下の英文を読み，(ア)，(イ)の問いに答えよ。

One evening Adam Mastroianni was reluctantly putting on his bow tie for yet another formal party at the University of Oxford that he had no interest in attending. Inevitably, Mastroianni, then a master's student in psychology at the university, knew that he would be stuck in some endless conversation that he did not want, with no way to politely excuse himself. Even worse, he suddenly realized, he might unknowingly be the one to set up unwanted conversation traps for others. "What if both people are thinking exactly the same thing, but we're both stuck because we can't move on when we're really done?" he wondered.

Mastroianni's idea may have been on the mark. A recent study reports on what researchers discovered when they climbed into the heads of speakers to gauge their feelings about how long a particular conversation should last. ___(1)___ In fact, people are very poor judges of when their partner wishes to stop it. In some cases, however, people were dissatisfied not because the conversation went on for too long but because it was too short.

"Whatever you think the other person wants, you may well be wrong," says Mastroianni, who is now a psychology research student at Harvard University. "So you might as well leave at the first time it seems appropriate because it's better to be left wanting more than less."

Most past research about conversations has been conducted by linguists or sociologists. Psychologists who have studied conversations, on the other hand, have mostly used their research as a means of investigating other things, such as how people use words to persuade. A few studies have explored what phrases individuals say at the ends of conversations, but the focus has not been on when people choose to say them. "Psychology is just now waking up to the fact that this is a really interesting and fundamental social behavior," Mastroianni says.

He and his colleagues undertook two experiments to examine the dynamics of conversation. In the first, they quizzed 806 online participants about the duration of their most recent conversation. ___(2)___ The individuals involved reported whether there was a point in the conversation at which they wanted it to end and estimated when that was in relation to when the conversation actually ended.

In the second experiment, held in the lab, the researchers split 252 participants into pairs of strangers and instructed them to talk about whatever they liked for anywhere from one to 45 minutes. Afterward the team asked the subjects (イ) and to guess about their partner's answer to the same question.

Mastroianni and his colleagues found that only two percent of conversations ended at the time both parties desired, and only 30 percent of them finished when one of the pair wanted them to. In about half of the conversations, both people wanted to talk less, but the points they wanted it to end were usually different. (3) To the researchers' surprise, they also found that it was not always the case that people wanted to talk less: in 10 percent of conversations, both study participants wished their exchange had lasted longer. And in about 31 percent of the interactions between strangers, at least one of the two wanted to continue.

Most people also failed at guessing their partner's desires correctly. When participants guessed at when their partner had wanted to stop talking, they were off by about 64 percent of the total conversation length.

That people fail so completely in judging when a conversation partner wishes to end the conversation "is an astonishing and important finding," says Thalia Wheatley, a social psychologist at Dartmouth College, who was not involved in the research. Conversations are otherwise "such an elegant expression of mutual coordination," she says. "And yet it all falls apart at the end because we just can't figure out when to stop." This puzzle is probably one reason why people like to have talks over coffee, drinks or a meal, Wheatley adds, because "the empty cup or plate gives us a way out — a critical conversation-ending cue."

Nicholas Epley, a behavioral scientist at the University of Chicago, who was not on the research team, wonders what would happen if most conversations ended exactly when we wanted them to. " (4) " he

8 2022 年度 英語   東京大–理科前期

asks.

While this cannot be determined in the countless exchanges of everyday life, scientists can design an experiment in which conversations either end at precisely the point when a participant first wants to stop or continue for some point beyond. "Do those whose conversations end just when they want them to actually end up with better conversations than those that last longer?" Epley asks. "I don't know, but I'd love to see the results of that experiment."

The findings also open up many other questions. Are the rules of conversation clearer in other cultures? Which cues, if any, do expert conversationalists pick up on?　　(5)

"The new science of conversation needs rigorous descriptive studies like this one, but we also need causal experiments to test strategies that might help us navigate the important and pervasive challenges of conversation," says Alison Wood Brooks, a professor of business administration at Harvard Business School, who was not involved in the study. "I think it's pretty wild, and yet we're just beginning to rigorously understand how people talk to each other."

注

linguist　言語学者

(ア)　空所 (1) ～ (5) に入れるのに最も適切な文を以下の a) ～ f) より一つずつ選び，マークシートの (1) ～ (5) にその記号をマークせよ。ただし，同じ記号を複数回用いてはならない。

a)　How is it possible for anybody to correctly guess when their partner wants to start the conversation?

b)　How many new insights, novel perspectives or interesting facts of life

出典追記：People Literally Don't Know When to Shut Up—or Keep Talking—Science Confirms, Scientific American on March 1, 2021 by Rachel Nuwer have we missed because we avoided a longer or deeper conversation that we might have had with another person?

c) Most of them had taken place with a family member or friend.

d) Participants in both studies reported, on average, that the desired length of their conversation was about half of its actual length.

e) The team found that conversations almost never end when both parties want them to.

f) What about the dynamics of group chats?

（イ）　下に与えられた語を正しい順に並べ替え，空所（　イ　）を埋めるのに最も適切な表現を完成させ，記述解答用紙の 1 (B)に記入せよ。

been　　conversation　　have　　have　　liked
over　　the　　they　　to　　when　　would

2 (A)　「芸術は社会の役に立つべきだ」という主張について，あなたはどう考えるか。理由を添えて，60〜80 語の英語で述べよ。

(B)　以下の下線部を英訳せよ。

　　旅人は遠い町にたどりつき，街路樹や家並み，ショーウインドウの中の商品や市場に並べられた野菜や美術館に飾られた絵画を眺めて歩き，驚き，感心し，時には不安を覚える。旅人は，その町に長年住んでいる人たちよりもずっとたくさんのものを意識的に見るだろう。しかし，いくら大量の情報を目で吸収しても旅人はあくまで「よそ者」，あるいは「お客様」のままだ。外部に立っているからこそ見えるものがあるのだから，それはそれでいいのだが，わたしなどは，もし自分が旅人ではなく現地人だったらこの町はどんな風に見えるのだろう，と考えることも多い。

（多和田葉子『溶ける街　透ける路』）

10 2022 年度 英語 　　　　　　　　　　　　　　　　　　　　東京大-理科前期

3 放送を聞いて問題(A)，(B)，(C)に答えよ。(A)，(B)，(C)のいずれも 2 回ずつ放送される。

　　・聞き取り問題は**試験開始後 45 分**経過した頃から約 30 分間放送される。

　　・放送を聞きながらメモを取ってもよい。

　　・放送が終わったあとも，この問題の解答を続けてかまわない。

(A)　これから放送するのは，オウム貝の一種である crusty nautilus の生体を発見した記録である。これを聞き，(6) ~ (10) の問題に対して，最も適切な答えを一つ選び，マークシートの (6) ~ (10) にその記号をマークせよ。

注

crust　外殻　　　　　　ecosystem　生態系

buoy　ブイ（浮標）　　coral reef　サンゴ礁

(6)　The speaker became interested in the crusty nautilus because

　　a)　as a marine biologist, she is interested in the life cycle of the creatures.

　　b)　empty shells seen on the beach suggested that it may have died out.

　　c)　from an interest in conservation, she wanted to know whether they still exist.

　　d)　marine biologists have speculated that the crust on its shell only forms in certain areas.

　　e)　the crust covering the creature is environmentally significant.

(7)　The speaker felt that the trip should be undertaken soon because

　　a)　deep-sea ecosystems may be under threat, and gathering information could help preserve them.

　　b)　due to climate change, deep-sea environments are changing rapidly.

　　c)　it was important to capture the creatures on video before they died out.

　　d)　mining companies were moving to prevent environmental research in the area.

　　e)　waste from mining on the land in Papua New Guinea was affecting the nearby sea.

東京大-理科前期   2022 年度　英語　*11*

(8)　After flying to Papua New Guinea from Brisbane, the team travelled to

  a)　an island recently declared a protected area in order to meet local communities.

  b)　an island where the crusty nautilus was found alive in the 1980s.

  c)　greet a local community whose chief had declared the beach protected.

  d)　greet a small island community which had been trying to protect the crusty nautilus.

  e)　Manus Island, then to a smaller island to see some crusty nautiluses caught by locals.

(9)　From the island, after taking a banana boat out to sea, the team lowered

  a)　a trap 300 metres deep, though this trap did not return anything.

  b)　traps overnight, but were disappointed to find the traps completely empty.

  c)　traps with buoys on the surface, but the buoys drifted away from the traps.

  d)　traps without realising that traps would not be useful in the fast currents.

  e)　two traps at the same depth, which both drifted during the night.

(10)　After the initial disappointment,

  a)　based on advice from older fishermen, the team left the traps in the water longer.

  b)　rather than raising the traps, the speaker dived down to inspect them.

  c)　the team decided to use traps that the elder fishermen had successfully used in the past.

  d)　the team took the traps to where the creatures were last seen in 1984.

  e)　the traps were put in water not as deep as the first attempt.

12 2022 年度　英語　　　　　　　　　　　　　　　　　　　　　東京大-理科前期

(B)　これから放送する講義を聞き，(11) ～ (15) の問題に対して，それぞれ最も適切な答えを一つ選び，マークシートの (11) ～ (15) にその記号をマークせよ。

(11)　According to the speaker, the difficulty in investigating our own minds is that

　　a)　attempting to look at one's own mind necessarily modifies it.

　　b)　clarifying our own minds is not as simple as just turning on a light.

　　c)　in the same way that we cannot shine a light on a light itself, the mind cannot think of itself.

　　d)　it can be emotionally difficult to see the darkness in our thoughts.

　　e)　when we try to look at our own thoughts, it is unclear how to measure them.

(12)　According to psychologist Russell Hurlburt,

　　a)　in daily life we think in words, but with a surprisingly limited vocabulary.

　　b)　in normal circumstances, people do not have as many thoughts as they suppose.

　　c)　people assume that they think in words, but this is often not true.

　　d)　the words we use in our thoughts are a lot more varied than previously assumed.

　　e)　we use words to think in various situations.

(13)　In the small study involving 16 college students,

　　a)　after reading short stories, college students were asked to record their opinions.

　　b)　hardly any of the thoughts sampled involved inner speech and most were wordless.

　　c)　only a third of the thoughts students had while reading involved words.

東京大-理科前期　　　　　　　　　　　　　　2022 年度　英語　*13*

   d)　over 25 percent of thoughts sampled involved inner speech.

   e)　while listening to short stories, college students were asked to think freely.

(14)　In Famira Racy's research, the participants talked to themselves

   a)　about a wide variety of topics.

   b)　especially when walking and getting in and out of bed.

   c)　in emotional situations.

   d)　in the same way as they talk to other people.

   e)　mainly about other people.

(15)　Jill Bolte Taylor's case is referred to as evidence that

   a)　as we get older, inner speech becomes more important to our identity.

   b)　brain damage can be affected by inner speech.

   c)　inner speech is important to our sense of self.

   d)　the lack of inner speech can lead us to reflect on who we are.

   e)　without inner speech, short-term memory disappears.

(C)　これから放送する講義を聞き，(16) ～ (20) の問題に対して，それぞれ最も適切な答えを一つ選び，マークシートの (16) ～ (20) にその記号をマークせよ。

(16)　According to the lecture, what is forensics?

   a)　The analysis of the reliability of enhanced audio recordings.

   b)　The analysis of witness accounts.

   c)　The use of advanced technology in criminal courts.

   d)　The use of DNA evidence to convict a suspect.

   e)　The use of scientific methods to investigate a crime.

(17)　In this lecture, the instructor tells us that DNA evidence

14 2022 年度 英語   東京大-理科前期

   a)   can be too easy to manipulate in some cases.

   b)   can give a false sense of confidence to the court.

   c)   is certainly available.

   d)   is most likely inaccurate.

   e)   is not always reliable.

(18) According to the instructor, it is

   a)   challenging to identify specific voices.

   b)   difficult to know whether a person is tired from a recording.

   c)   easy to match a voice with a recording.

   d)   important to record witness statements.

   e)   impossible to use a recording to convict a criminal.

(19) Which of the following statements about "enhanced audio recordings" is NOT correct?

   a)   It can give the listeners a false impression.

   b)   It is produced by manipulating the speech signal.

   c)   It is sometimes presented to criminal courts.

   d)   It makes the court more confident.

   e)   It makes the recording easier to understand.

(20) According to the instructor, the transcript of the audio recording

   a)   can be misleading.

   b)   can never be used in court.

   c)   is fairly reliable.

   d)   is usually of very poor quality.

   e)   must be presented to the court.

東京大-理科前期　　　　　　　　　　　　　　　　　　　　　2022 年度　英語　*15*

4　(A)　以下の英文の段落 (21) ～ (25) にはそれぞれ誤りがある。修正が必要な下線部を各段落から一つずつ選び，マークシートの (21) ～ (25) にその記号をマークせよ。

　　(21) I learnt several things from my conversations with Ian Stephens, (a)most profoundly why the suppression of public discussion can be disastrous for a population, even helping to bring about a famine.　A government that generates a disaster like this may have (b)some chance of escaping public anger if the news of (c)it is to be effectively suppressed, so that it doesn't have to face criticism of its policy failure.　That is what the British achieved, to some extent, (d)in the case of the Bengal famine.　It was only after Stephens spoke up that the British Parliament had to discuss the famine and the British press demanded (e)that it be stopped immediately.　It was only then that the colonial government had to take action.

　　(22) Public discussion clearly has (a)an important role in determining how a society performs.　John Maynard Keynes's emphasis on persuasion (b)fits in very well with John Stuart Mill's advocacy of (c)public reasoning in good policy-making.　Mill's characterization of democracy as 'government by discussion' (d)belongs to the same territory.　Those, incidentally, are not Mill's exact words, but those of Walter Bagehot — though Mill (e)had made the most for the idea to be understood.

　　(23) Public reasoning in pursuit of better decision-making (a)has been used not just in the post-Enlightenment Western world, but (b)in other societies and at other time, too.　While the Athenian origins of voting procedures are often remembered, it is important to note that the Athenians also engaged in discussion as a source of enlightenment.　The idea (c)received a good deal of attention in India, too, particularly in Buddhist traditions.　In the third century BC, Emperor Ashoka, the Buddhist emperor (d)who ruled over nearly all of the Indian subcontinent (and well into what is now Afghanistan), hosted the third — and largest — Buddhist Council in his capital city of Patna (then called Pataliputra) to settle disputes in the same

way. He emphasized the contribution that open discussions could make to a better understanding of what society needed. He tried to popularize the idea by carving easily readable words on stone pillars across the country and beyond, advocating peace and tolerance as well as (e)regular and orderly public discussion to resolve differences.

(24) Similarly, when (a)in early seventh-century Japan the Buddhist Prince Shotoku produced the so-called 'constitution of seventeen articles' in AD 604, (b)he argued for the need to be better informed through consultation: 'Decisions on important matters should not be made by one person alone. They (c)should be discussed with many.' The idea that democracy is 'government by discussion' — and not just about voting — (d)remains as extremely relevant today. Many of the large failures of democratic governments in recent years have arisen, I would argue, (e)precisely from inadequate public discussion, rather than from any obvious institutional barrier.

(25) (a)I was interested in this question since my schooldays when my grandfather Kshiti Mohan drew my attention to Emperor Ashoka's rulings on public arguments, but Mill and Keynes offered me a new understanding about the role of public discussion in social choice. This was not an aspect of social choice that had particular prominence in Kenneth Arrow's thinking about the subject, (b)which influenced me so much in other ways, but I was happy that it was (c)another of the many topics in social choice theory that Piero Sraffa and I could discuss during our afternoon walks. Despite (d)Piero's reluctance to use the term 'social choice theory' (which he found too technical), (e)he was influential in teaching me that discussion and persuasion are just as much a part of social choice as voting.

注
post-Enlightenment　18 世紀の啓蒙運動以降の
Athenian　アテーナイ（アテネ）の
Buddhist　仏教（徒）の

出典追記 : Home in the World : A Memoir by Amartya Sen, Liveright Publishing Corporation

東京大-理科前期   2022 年度 英語 *17*

(B) 以下の英文を読み，下線部 (ア)，(イ)，(ウ) を和訳せよ。(ア) については
"so" が指す内容を明らかにして訳すこと。

One year, as the school library supervisor, I was in an elementary school library that had begun circulating books on the first day of school. I was helping at the circulation desk. One fourth grader asked if he could have a specific book. "Of course!" I said. (ア)He didn't think so, as his teacher had told him to check out a book with a yellow label. So, I took out my library supervisor's business card, wrote a note to the teacher on the back of it, stuck the note in the book, and checked it out to the child.

I imagine this scenario — in which children must choose between books based on instructional priorities and those they want to read for pleasure — plays out frequently in school libraries or classrooms. (イ)There is a divide between the noble calling to teach children how to read and the equally noble calling to inspire a love of reading. We school librarians dance across this divide daily.

The motivation to read is largely self-determined, and choice is a powerful driver. People, including children, choose to do that which is fun, personally rewarding, or easy. This is where the dance begins! If learners develop and satisfy personal curiosity by reading widely and deeply in multiple formats, then we must surround our learners with opportunity and help them make connections between the school library's resources and their interests. Finding and borrowing books (or using other kinds of texts) should be fun, accessible, and free of barriers. We need to consider how our policies, procedures, and routines inspire children and encourage their engagement with text, as well as how they guarantee all learners' rights to intellectual freedom. (ウ)Reducing choice, whether through labeling, age-related rules, or restrictive policies, is not a strategy that makes children fall in love with books and reading. If our goal is to help learners self-identify as readers, then we must help them make connections with text through practices that celebrate the reading life.

18 2022年度 英語　　　　　　　　　　　　　　　　　　　　　東京大-理科前期

5 以下の英文を読み，(A) ～ (D) の問いに答えよ。

I am eight years old, sitting in my childhood kitchen, ready to watch one of the home videos my father has made. The videotape still exists somewhere, so somewhere she still is, that girl on the screen: hair that tangles, freckles across her nose that in time will spread across one side of her forehead. A body that can throw a baseball the way her father has shown her. A body in which bones and hormones lie in wait, ready to bloom into the wide hips her mother has given her. A body that has scars: the scars over her lungs and heart from the scalpel that saved her when she was a baby, the invisible scars left by a man who touched her when she was young. A body is a record or a body is freedom or a body is a battleground. Already, at eight, she knows it to be all three.

But somebody has slipped. The school is putting on the musical *South Pacific*, and there are not enough roles for the girls, and she is as tall as or taller than the boys, and so they have done (A)what is unthinkable in this typical 1980s American town, in this place where the men do the driving and the women make their mouths into perfect Os to apply lipstick in the rearview mirror. For the musical, they have made her a boy.

No, she thinks. They have *allowed* her to be a boy.

What I remember is feeling my face ┌ア(26)┐ as my father loads the tape into the player. Usually I ┌ア(27)┐ watching videos of myself. Usually there is this stranger on the screen, this girl with her pastel-colored clothing, and I am supposed to pretend that she is me. And she is, I know she is, but also she isn't. In the third grade I'll be asked to draw a self-portrait in art class, and for years into the future, when I try to understand when this feeling began — this feeling of not having words to explain what my body is, to explain who I am — I'll remember my ┌ア(28)┐ as I placed my drawing next to my classmates'. They'd drawn stick figures with round heads and blond curls or crew cuts; they'd drawn their families and their

dogs and the bright yellow spikes of a sun. One had drawn long hair and the triangle shape of a dress, and another short hair and jeans. (B)――――
so easily?

I had drawn a swirl.

Now, in the kitchen, what I notice is that my brothers and sisters are feeling embarrassed in their seats, asking if they can leave — and that I, somehow, am not. I am sitting perfectly still. Is it possible that I want to see this video? The feeling is peculiar. I have not yet known the ア(29) of taking something intimately mine and watching the world respond. Someday, I will be a writer. Someday, I will ア(30) this feeling. But at eight years old, my private world both pains and sustains me, and sharing it is new.

My mother makes my brothers and sisters quiet and passes popcorn around the table. My father takes his spot at the head. Onscreen, the auditorium of an elementary school appears. At the corner of the stage, there are painted palm trees on the board.

Then the curtains part, and there I am. My hair brushed back, my ponytail pinned away, a white sailor's cap perched on my head. Without the hair, my face looks different: angular, fine-boned. I am wearing a plain white T-shirt tucked into blue jeans, all the frill and fluff of my normal clothing stripped away — and with it, somehow, so much else. All my life, I have felt awkward — wrong-sized and wrong-shaped.

But look. On the screen. (C)There is only ease.

I don't know whether the silence I remember spread through the kitchen or only through me. My mother is the first to speak. "You make a good-looking boy!" she says.

I feel the words I'm not brave enough to say. *I know.*

Soon after, I began to ignore the long hair that marked me so firmly as a girl, leaving it in the same ponytail for days on end, until it knotted into a solid, dark mass. All my friends were boys, and my dearest hours were spent playing Teenage Mutant Ninja Turtles on the lawn with my twin

20 2022 年度 英語   東京大-理科前期

brother and the neighbor boy. My room was blue, and my teddy bear was blue, and the turtle I wanted to be was Leonardo, not only because he was smart but because his color was blue. When my twin brother got something I didn't — to go to the baseball game, though we were all fans; to camp with the Boy Scouts while my sisters and I were taken to the [イ] ; to keep the adult magazines I discovered in his bedroom — and the reason given was that he was a boy, [ア(31)] choked me with tears. That was grief, I think now, the grief of being misunderstood.

One afternoon, when my brother yet again went shirtless for a game of catch and I wasn't allowed to, I announced to my father that I didn't want to be a girl, not if being a girl meant I had to wear a shirt. My father went to get my mother. They whispered together, then my mother explained that I should be happy to be a girl — there were so many good things about it. I knew there were; that wasn't the problem. The problem was that people kept calling me one. I remember realizing I couldn't explain this to her.

Back then, in 1985, the word *genderqueer* — how I now identify, the language that would eventually help me see myself — hadn't yet been invented.

注
freckles　そばかす
scalpel　（外科手術用の）メス
rearview mirror　車のバックミラー
stick figure　手足を線で描くなど，簡略化された人物画
crew cut　毛を短く刈る髪型
swirl　渦巻き
auditorium　講堂
angular　骨ばった，やせこけた
frill and fluff　フリルや飾り
Teenage Mutant Ninja Turtles　1980 年代から米国で人気のある同名のコ
　　ミックやアニメ，映画に登場するスーパーヒーローの集団

出典追記：Body Language, Harper's Magazine December 2019 by Alex Marzano-Lesnevich

東京大-理科前期 2022 年度 英語 *21*

(A) 下線部 (A) が指している内容を示したうえで，それがなぜ "unthinkable" なのかを説明せよ。

(解答欄：約 17 センチ × 3 行)

(B) 下に与えられた語を正しい順に並べ替え，下線部 (B) を埋めるのに最も適切な表現を完成させよ。本文では大文字で始まる語も小文字にしている。

had   how   known   like   looked   they   they   what

(C) 下線部 (C) について，誰がどのように感じたかを，その理由も含めて説明せよ。

(解答欄：約 17 センチ × 2 行)

(D) 以下の問いに解答し，その答えとなる記号をマークシートにマークせよ。

(ア) 空所アの (26) 〜 (31) には単語が一語ずつ入る。それぞれに文脈上最も適切な語を次のうちから一つずつ選び，マークシートの (26) 〜 (31) にその記号をマークせよ。ただし，同じ記号を複数回用いてはならない。

a) flush   b) hate   c) love   d) pleasure
e) rage   f) shock

(イ) 空所 | イ | に入れるのに最も適切な語を次のうちから一つ選び，マークシートの (32) にその記号をマークせよ。

a) ballet   b) football game
c) hospital   d) shopping

(ウ) 本文の内容と合致するものはどれか。最も適切なものを一つ選び，マークシートの (33) にその記号をマークせよ。なお，以下の選択肢において they および their は三人称単数を示す代名詞である。

a) The author did not like their body.
b) The author had to play with boys because there were only boys in their family and neighborhood.
c) The author played a male role in the musical in elementary school.

d) The author thought there was nothing good about being a girl.

e) The author was happy to be a girl when they were in elementary school.

東京大-理科前期 2022 年度 英語 23

3　聞き取り問題放送用スクリプト

［問題(A)］

著作権の都合上，省略。

出典追記：Nautical Quest, The Nature Conservancy June/July 2016 by Richard Hamilton

著作権の都合上，省略。

[問題(B)]

What were you thinking about a second ago? Or, rather, how were you thinking about it? It's a surprisingly tricky question to answer.

Investigating what's going on inside our own minds doesn't seem to be a difficult task. But by trying to shine a light on those thoughts, we're disturbing the very thing we want to measure in the first place. It's like turning a light on quickly to see how the darkness looks.

Psychologist Russell Hurlburt at the University of Nevada, Las Vegas, has spent the last few decades training people to see inside their own minds more clearly in an attempt to learn something about our inner experiences. What he's found suggests that the thoughts running through our heads are a lot more varied than we might suppose.

For one thing, words don't seem to be as important in our day-to-day thoughts as many of us think they are. "Most people think that they think in words, but many people are mistaken about that," he says.

In one small study, for example, 16 college students were given short stories to read. While reading, they were asked at random times what they were thinking. Only a quarter of their sampled thoughts included words at all, and just 3 % involved inner speech.

But for psychologists like Hurlburt, researching inner speech is not an easy task. Simply asking people what they're thinking about won't necessarily prompt an accurate answer, says Hurlburt. That is partly because we're not used to paying close attention to our wandering minds.

Famira Racy, who is the co-ordinator of the Inner Speech Lab at Mount Royal University in Canada and her colleagues, recently used a method called thought listing—which, unsurprisingly, involves getting participants to list their thoughts at certain times—to take a broader look at why and when people use inner speech, as well as what they say to themselves. They found that the participants in the study were talking to themselves about everything from school to their emotions, other people, and themselves, while they were doing everyday tasks like walking and getting in and out of bed.

According to Racy, research shows that inner speech plays an important role in self-regulation behaviour, problem solving, critical and logical thinking and future thinking.

There's also growing evidence that inner speech is important for self-reflection. After scientist Jill Bolte Taylor recovered from a stroke she suffered when she was 37, she wrote about what it was like to experience a "silent mind" without inner speech for several weeks. It was such an overwhelming task, she wrote, to simply sit there in the centre of a silent mind, trying to remember who she was and what she was doing.

But even though current research can't yet shine a light on those bigger truths about the inner workings of our minds, learning how to pay attention to your thoughts could help you on an individual level.

[問題(C)]

Hi, my name is Jane Kentala, the instructor for this introductory course in Forensic Science. First, what's forensic science, or forensics? In order to convict a criminal, we need evidence that the suspect has committed the crime. Forensics is about how to apply scientific methods to investigate a crime. I'm sure you've all seen movies in which they used DNA to convict the criminal. In real life, however, while some suspects have been found guilty based on DNA evidence, some of them were judged innocent many years later based on a more reliable DNA technique. So, we must keep in mind that, even today, DNA evidence is still not 100% reliable *and*, very importantly, not always available. So what other types of evidence can be used instead of or in addition to DNA?

The testimony of a witness? Can we trust the witness' recall of the events, is it really reliable? Can their memory be influenced by their expectations or affected by trauma? What if a witness has only *heard* voices? Can a person reliably distinguish a voice from another? We will discuss all of these issues later. But for today let's talk about audio recordings made at the crime scene or over the phone.

In many movies, the audio recordings are clear enough to understand most of the words recorded, and it is just a question of matching the recording with the voice of the suspect. The investigators usually do this with fantastic technology that can produce a match within a few seconds. I'm afraid that in reality, however, this amazing technology doesn't exist. At least, not yet. Why?

To assess the possible match between a person's voice and the recording of a voice, the speech can be analyzed with computer software. Although speech scientists can analyze various features of speech, it is not yet clear which features can be used to distinguish one voice from another. That is because speech does not only vary *between* individuals, it also varies *within* the same person. Obviously, the voice of a person may be affected by sickness, tiredness and let's not forget alcohol, but it may also vary according to whom that person is speaking to, the social context, environmental conditions, and so on.

An additional problem lies in the quality of the recording, which is more often than not, very poor. And I mean, really, really poor. Since the recording has been done most likely in secret or by accident, it is usually done with a low quality microphone, possibly hidden in a suitcase, sometimes far from the center of the crime and with considerable background noises. This lack of quality interferes further with the ability to analyze the speech in the recording properly. Not only can it be difficult to identify who is speaking, but it may be difficult to even figure out what has been said or done.

In an attempt to solve this problem, a recording is sometimes "enhanced" before being presented in a court of law. This is usually done through manipulation of the speech signal, which gives the *impression* that we can understand the recording better. And I say "*impression*", because forensic researchers have demonstrated that it does NOT make the recording easier to understand. Instead, it provides a false sense of confidence in what people "*think*" they heard. To make matters worse, a transcript of the recording is sometimes presented to the court of law, which further increases this false sense of confidence, while the reliability of the transcript remains questionable.

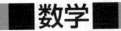

(150 分)

第 1 問

次の関数 $f(x)$ を考える。
$$f(x) = (\cos x)\log(\cos x) - \cos x + \int_0^x (\cos t)\log(\cos t)\,dt \quad \left(0 \leqq x < \frac{\pi}{2}\right)$$

(1) $f(x)$ は区間 $0 \leqq x < \dfrac{\pi}{2}$ において最小値を持つことを示せ。

(2) $f(x)$ の区間 $0 \leqq x < \dfrac{\pi}{2}$ における最小値を求めよ。

第 2 問

数列 $\{a_n\}$ を次のように定める。
$$a_1 = 1, \quad a_{n+1} = a_n^2 + 1 \quad (n = 1, 2, 3, \cdots\cdots)$$

(1) 正の整数 n が 3 の倍数のとき, a_n は 5 の倍数となることを示せ。

(2) k, n を正の整数とする。a_n が a_k の倍数となるための必要十分条件を k, n を用いて表せ。

(3) a_{2022} と $(a_{8091})^2$ の最大公約数を求めよ。

東京大-理科前期 2022 年度 数学 *29*

第 3 問

O を原点とする座標平面上で考える。座標平面上の 2 点 S(x_1, y_1), T(x_2, y_2) に対し，点 S が点 T から十分離れているとは，

$$|x_1 - x_2| \geqq 1 \quad \text{または} \quad |y_1 - y_2| \geqq 1$$

が成り立つことと定義する。

不等式

$$0 \leqq x \leqq 3, \quad 0 \leqq y \leqq 3$$

が表す正方形の領域を D とし，その 2 つの頂点 A$(3, 0)$, B$(3, 3)$ を考える。さらに，次の条件 (i), (ii) をともに満たす点 P をとる。

(i) 点 P は領域 D の点であり，かつ，放物線 $y = x^2$ 上にある。

(ii) 点 P は，3 点 O, A, B のいずれからも十分離れている。

点 P の x 座標を a とする。

(1) a のとりうる値の範囲を求めよ。

(2) 次の条件 (iii), (iv) をともに満たす点 Q が存在しうる範囲の面積 $f(a)$ を求めよ。

(iii) 点 Q は領域 D の点である。

(iv) 点 Q は，4 点 O, A, B, P のいずれからも十分離れている。

(3) a は (1) で求めた範囲を動くとする。(2) の $f(a)$ を最小にする a の値を求めよ。

第 4 問

座標平面上の曲線

$$C : \quad y = x^3 - x$$

を考える。

(1) 座標平面上のすべての点 P が次の条件 (i) を満たすことを示せ。

 (i) 点 P を通る直線 ℓ で，曲線 C と相異なる 3 点で交わるものが存在する。

(2) 次の条件 (ii) を満たす点 P のとりうる範囲を座標平面上に図示せよ。

 (ii) 点 P を通る直線 ℓ で，曲線 C と相異なる 3 点で交わり，かつ，直線 ℓ と
   曲線 C で囲まれた 2 つの部分の面積が等しくなるものが存在する。

第 5 問

座標空間内の点 A$(0, 0, 2)$ と点 B$(1, 0, 1)$ を結ぶ線分 AB を z 軸のまわりに 1 回転させて得られる曲面を S とする。S 上の点 P と xy 平面上の点 Q が PQ $= 2$ を満たしながら動くとき，線分 PQ の中点 M が通過しうる範囲を K とする。K の体積を求めよ。

東京大-理科前期　　　　　　　　　　　　　　　　　　　　2022 年度　数学　*31*

第　6　問

O を原点とする座標平面上で考える。0 以上の整数 k に対して，ベクトル $\overrightarrow{v_k}$ を

$$\overrightarrow{v_k} = \left(\cos \frac{2k\pi}{3},\ \sin \frac{2k\pi}{3} \right)$$

と定める。投げたとき表と裏がどちらも $\dfrac{1}{2}$ の確率で出るコインを N 回投げて，座標平面上に点 $X_0,\ X_1,\ X_2,\ \cdots\cdots,\ X_N$ を以下の規則 (i), (ii) に従って定める。

(i) X_0 は O にある。

(ii) n を 1 以上 N 以下の整数とする。X_{n-1} が定まったとし，X_n を次のように定める。

- n 回目のコイン投げで表が出た場合，

$$\overrightarrow{OX_n} = \overrightarrow{OX_{n-1}} + \overrightarrow{v_k}$$

により X_n を定める。ただし，k は 1 回目から n 回目までのコイン投げで裏が出た回数とする。

- n 回目のコイン投げで裏が出た場合，X_n を X_{n-1} と定める。

(1) $N = 8$ とする。X_8 が O にある確率を求めよ。

(2) $N = 200$ とする。X_{200} が O にあり，かつ，合計 200 回のコイン投げで表がちょうど r 回出る確率を p_r とおく。ただし $0 \leqq r \leqq 200$ である。p_r を求めよ。また p_r が最大となる r の値を求めよ。

32　2022年度　物理　　　　　　　　　　　　　　　　　　　東京大-理科前期

■物理■

（2科目150分）

（注）　解答用紙は，〈理科〉共通。1行：約23.5センチ，35字分の区切りあり。
　　　　1・2は各25行，3は50行。

第1問　地球表面上の海水は，地球からの万有引力の他に，月や太陽からの引力，さ
　　　らに地球や月の運動によって引き起こされる様々な力を受ける。これらの力の一部
　　　が時間とともに変化することで，潮の満ち干が起こる（潮汐運動）。ここでは，地球
　　　の表面に置かれた物体に働く力について，単純化したモデルで考察しよう。なお，
　　　万有引力定数を G とし，地球は質量 M_1 で密度が一様な半径 R の球体とみなせる
　　　とする。以下の設問Ⅰ，Ⅱ，Ⅲに答えよ。

　Ⅰ　地球の表面に置かれた物体は地球の自転による遠心力を受ける。地球の自転周
　　　期を T_1 とするとき，以下の設問に答えよ。

　　⑴　質量 m の質点が赤道上のある地点Eに置かれたときに働く遠心力の大きさ
　　　　f_0，および北緯45°のある地点Fに置かれたときに働く遠心力の大きさ f_1 を
　　　　求め，それぞれ m，R，T_1 を用いて表せ。

　　⑵　設問Ⅰ⑴の地点Eにおける，地球の自転による遠心力の効果を含めた重力
　　　　加速度 g_0 を求め，G，M_1，R，T_1 を用いて表せ。

　Ⅱ　次に，月からの引力と，月が地球の周りを公転運動することによって発生する
　　　力を考える。ここではこれらの力についてのみ考えるため，地球が自転しないと
　　　いう仮想的な場合について考察する。
　　　　月が地球の周りを公転するとき，地球と月は，地球と月の重心である点Oを

東京大-理科前期   2022 年度　物理　33

中心に同一周期で円運動をすると仮定する（図1―1）。なお，図1―1におい
て，この円運動の回転軸は紙面に垂直である。月は質量 M_2 の質点とし，地球の
中心と月との距離を a とする。また，地球の中心および月から点 O までの距離
をそれぞれ a_1，a_2 とする。以下の設問に答えよ。

(1)　点 O から見た地球の中心および月の速さをそれぞれ v_1，v_2 とする。v_1 およ
　　び v_2 を a，G，M_1，M_2 を用いて表せ。

(2)　点 O を原点として固定した xy 座標系を，図1―2(a)のように紙面と同一平
　　面にとる。時刻 $t = 0$ において，座標が $(-a_1 - R, 0)$ である地球表面上の点
　　を点 X とする。月の公転周期を T_2 とするとき，時刻 t における点 X の座標
　　を，a_1，R，T_2，t を用いて表せ。ただし，地球の自転を無視しているため，
　　時刻 $t = 0$ 以降で図1―2(b)，(c)のように位置関係が変化することに注意せ
　　よ。

(3)　設問Ⅱ(2)の点 X に，M_1 および M_2 に比して十分に小さい質量 m の質点が置
　　かれているときを考える。この質点について，地球が点 O を中心とした円運
　　動をすることで生じる遠心力の大きさ f_c を求め，G，m，M_2，a を用いて表
　　せ。

(4)　ある時刻において，地球表面上で月から最も遠い点を P，月に最も近い点を
　　Q とする。質量 m の質点を点 P および点 Q に置いた場合に，質点に働く遠心
　　力と月からの万有引力の合力の大きさをそれぞれ f_P，f_Q とする。f_P，f_Q を
　　G，m，M_2，a，R を用いて表せ。また，点 P および点 Q における合力の向き
　　は月から遠ざかる方向か，近づく方向かをそれぞれ答えよ。

34 2022年度 物理　　　　　　　　　　　　　　　　　　　　　　東京大-理科前期

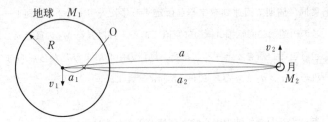

図1－1

(a) $t = 0$

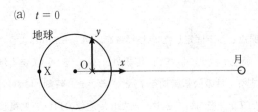

(b)

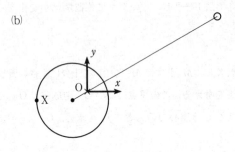

(c)

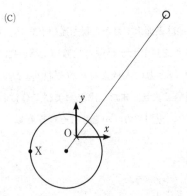

図1－2

Ⅲ　さらに，太陽からの引力と，地球の公転運動によって発生する力について考える。これらの力についても設問Ⅱと同様に考えられるものとする。なお，地球と太陽の重心を点 O′ とする。太陽は質量 M_3 の質点とし，地球の中心と太陽の距離を b とする。

図 1 − 3 のように，ある時刻において地球表面上で太陽から最も遠い点をSとする。質量 m の質点が点Sに置かれたとき，地球が点 O′ を中心とした円運動をすることで生じる遠心力と太陽からの万有引力の合力の大きさを f_S とする。設問Ⅱ(4)で求めた f_P に対する f_S の比は以下のように見積もることができる。

$$0.\boxed{ア} < \frac{f_S}{f_P} < 0.\boxed{イ}$$

　ア と イ には連続する1桁の数字が入る。表 1 − 1 の中から必要な数値を用いて計算し，ア に入る数字を答えよ。

表 1 − 1

地球の質量	M_1	6.0×10^{24} kg
月の質量	M_2	7.3×10^{22} kg
太陽の質量	M_3	2.0×10^{30} kg
地球の中心と月との距離	a	3.8×10^8 m
地球の中心と太陽との距離	b	1.5×10^{11} m
地球の半径	R	6.4×10^6 m
万有引力定数	G	6.7×10^{-11} m^3/(kg·s^2)

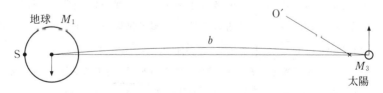

図 1 − 3

第2問 図2—1のように，水平なxy平面上に原点Oを中心とした長円形のレールがあり，斜線で示された$-\dfrac{d}{2} < x < \dfrac{d}{2}$，$y < 0$の領域には鉛直上向き方向に磁束密度の大きさが$B$の一様な磁場が加えられている。レール上に木製の台車があり，コイルを含む回路が台車に固定されている。コイルはxy平面に平行な正方形で，一辺の長さはL，ただし，$L > d$とする。コイルの四つの辺は台車の進行方向に対して平行または垂直である。上から見たとき台車とコイルの中心は一致しており，回路を含む台車の質量はmである。レールの直線部P_0P_2は台車の大きさに比べて十分長いものとし，区間P_0P_2上の$x = 0$の点をP_1とする。

台車が点P_0を速さv_0でx軸正の方向（図の右方向）に出発し，その後，台車の中心が最初にP_1，P_2を通過した瞬間の速さをそれぞれv_1，v_2とする。v_0に比べて速さの変化$|v_1 - v_0|$と$|v_2 - v_1|$は十分小さい。また，$v_a = \dfrac{v_0 + v_1}{2}$とする。コイルの右辺が磁場に進入する瞬間と磁場から出る瞬間の台車の中心位置をそれぞれQ_1，Q_2とする。同様に，左辺が磁場に進入する瞬間と出る瞬間の台車の中心位置をそれぞれQ_3，Q_4とする。台車に働く摩擦力や空気抵抗，コイル自身の電気抵抗は無視できる。

I 図2—2のように，回路が正方形の一巻きコイルと抵抗値Rの抵抗からなる場合に，台車が最初に区間P_0P_2を走る時の運動を考える。

(1) 台車の中心がQ_1からQ_2へ移動する運動について，以下の $\boxed{\text{ア}}$ と $\boxed{\text{イ}}$ に入る式をv_a, L, d, B, m, Rのうち必要なものを用いて表せ。磁束の符号は鉛直上向きを正とする。

　　速さに比べて速さの変化が十分小さいため，台車がQ_1Q_2間を移動するのにかかる時間は$\Delta t = \dfrac{d}{v_a}$と近似できる。移動の前後でのコイルを通る磁束の変化量$\Delta\Phi$は $\boxed{\text{ア}}$ であり，この間の誘導起電力の平均値は$\overline{E} = -\dfrac{\Delta\Phi}{\Delta t}$と書くことができる。移動中に誘導起電力が$\overline{E}$で一定であると近似すると，この間に抵抗で発生するジュール熱の総和は $\boxed{\text{イ}}$ と書ける。

(2) v_1をv_0, L, d, B, m, Rのうち必要なものを用いて表せ。

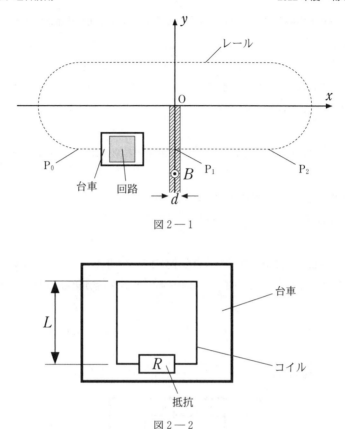

図2－1

図2－2

Ⅱ 正方形の一巻きコイルに，抵抗値 R の抵抗，起電力 V で内部抵抗の無視できる電池，理想的なダイオードが接続された回路を台車に載せて走らせる。理想的なダイオードとは，順方向には抵抗なしに電流を通し，逆方向には電流を流さない素子である。図2－3は，区間 P_0P_2 を走る台車を上から見たものである。P_0 を出発した台車は磁場を通過することにより減速した。

台車が最初に区間 P_0P_2 を走る時の運動について，v_a, L, d, B, m, R, V のうち必要なものを用いて設問(1)～(3)に答えよ。ただし，設問Ⅰと同様の近似を用いることができるものとする。

⑴ 台車の中心が Q_1 から Q_2 へ移動する間にコイルに流れる電流の大きさを求めよ。

⑵ この電流によりコイルが磁場から受けるローレンツ力を求めよ。力の符号は，x 軸正の向きを正とする。

⑶ 同様に，台車の中心が Q_3 から Q_4 へ移動する間のローレンツ力を求めよ。

台車はレール上を繰り返し回りながら徐々に速度を下げ，やがて一定の速さ v_∞ で運動するようになった。設問⑷，⑸に答えよ。

⑷ n 回目に P_2 を通り抜けた時の台車の運動エネルギー K_n を n の関数としてグラフに描いた場合，図 2 — 4 の①〜④のうちどの形が最も適切か答えよ。

⑸ 速さ v_∞ を v_0, L, d, B, m, R, V のうち必要なものを用いて表せ。

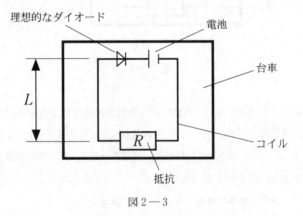

図 2 — 3

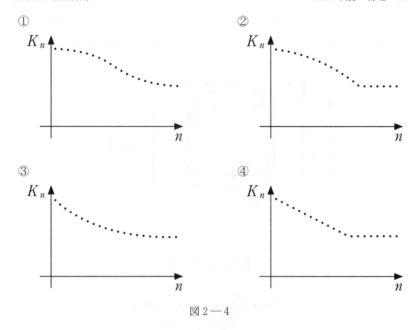

図 2 — 4

Ⅲ　2本の正方形一巻きコイルと接続パネルからなる回路を台車に載せて走らせる。図 2 — 5 は区間 P_0P_2 を走る台車を上から見たものである。2本のコイルの両端は接続パネルの端子 A,B,C,D に接続されている。接続パネルは図 2 — 6 に示すような抵抗と理想的なダイオードからなる回路である。設問Ⅰと同様の近似を用いることができるものとし、台車が最初に区間 P_0P_2 を走る時の運動について、以下の設問に答えよ。2本のコイルは上から見たときに完全に重なっているとみなすことができ、接続パネル以外の部分では互いに絶縁されている。また、接続パネルの大きさは無視できるものとする。

(1) 端子 D の電位をゼロとする。台車の中心が Q_1Q_2 間を移動する間の端子 A,B の電位をそれぞれ求め、v_a, L, d, B, m のうち必要なものを用いて表せ。

(2) 抵抗 R_1 と R_2 の抵抗値 R_1, R_2 は $R_1 + R_2 = 6R$ を満たしながら $0 < R_1 < 6R$ の範囲で値を調節することができる。区間 P_0P_2 を通り過ぎた後の台車の

速さの変化 $|v_2 - v_0|$ を v_0, L, d, B, m, R_1, R_2 のうち必要なものを用いて表せ。また，$|v_2 - v_0|$ が最小となるような R_1 を求め，R を用いて表せ。

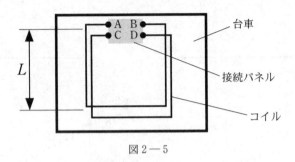

図 2 — 5

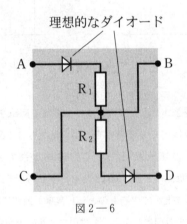

図 2 — 6

東京大-理科前期　　　　　　　　　　　　　　　　　　　　　2022 年度　物理　*41*

第 3 問　図 3 ― 1 のようにピストンのついた断面積一定のシリンダーがある。ピストンには棒がついており，気密を保ちながら鉛直方向に滑らかに動かすことができる。シリンダーとピストンで囲まれた空間は，シリンダー内のある位置に水平に固定された特殊な膜によって領域 1 と領域 2 に仕切られている。領域 1 と領域 2 には合計 1 モルの単原子分子理想気体 X が，領域 2 には気体 X のほかに 1 モルの単原子分子理想気体 Y が入っている。図 3 ― 2 のように気体 X の分子は膜を衝突せず通過できるのに対し，気体 Y の分子は膜を通過できない。シリンダーとピストンで囲まれた空間の外は真空であり，膜の厚さや，膜，シリンダー，ピストンの熱容量，気体分子に対する重力の影響は無視できる。ピストンは断熱材でできている。気体 X の分子 1 個の質量を m_X，気体 Y の分子 1 個の質量を m_Y，シリンダーの内側の断面積を S，アボガドロ定数を N_A，気体定数を R とする。鉛直上向きに z 軸をとる。以下の各過程では気体の状態は十分ゆっくり変化するため，領域 1 の圧力と領域 2 の圧力はそれぞれ常に均一であり，気体 X と Y が熱のやりとりをすることでシリンダー内の温度は常に均一であるとみなせる。

　以下の設問に答えよ。

I　はじめにピストンは固定されており，領域 1 の体積は V_1，圧力は p_1，領域 2 の体積は V_2，圧力は p_2，シリンダー内の温度は T であった。気体分子の z 方向の運動に注目し，気体 X と Y の分子の速度の z 成分の 2 乗の平均をそれぞれ $\overline{v_z{}^2}$，$\overline{w_z{}^2}$ とする。気体 Y の分子は，膜に当たると膜に平行な速度成分は一定のまま弾性衝突してはね返されるとする。同様に，気体 X と Y の分子はピストンおよびシリンダーの面に当たると面に平行な速度成分は一定のまま弾性衝突してはね返されるとする。分子間の衝突は考慮しなくてよいほど気体は希薄である。

⑴　ピストンが気体 X から受ける力の大きさの平均を F_1 とする。F_1 を，m_X，$\overline{v_z{}^2}$，N_A，S，V_1，V_2 のうち必要なものを用いて表せ。

⑵　シリンダーの底面が気体 X と Y から受ける合計の力の大きさの平均を F_2 とする。F_2 を，m_X，m_Y，$\overline{v_z{}^2}$，$\overline{w_z{}^2}$，N_A，S，V_1，V_2 のうち必要なものを用いて

表せ。

(3) ボルツマン定数を k として，各分子は一方向あたり平均して $\frac{1}{2}kT$ の運動エネルギーを持つ。p_1 と p_2 を，R, T, V_1, V_2 のうち必要なものを用いて表せ。

(4) 気体 X と Y の内部エネルギーの合計を，R, T を用いて表せ。

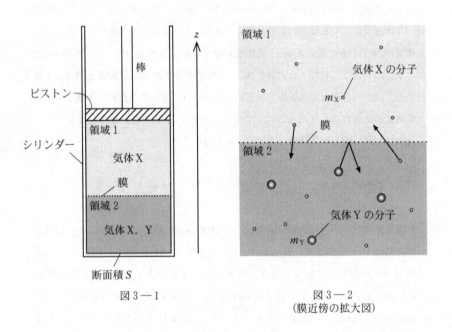

図 3 — 1

図 3 — 2
（膜近傍の拡大図）

II 次にピストンを設問 I の状態からゆっくりわずかに押し下げたところ，領域 1 の体積が V_1 から $V_1 - \Delta V_1$ に，領域 1 の圧力が p_1 から $p_1 + \Delta p_1$ に，領域 2 の圧力が p_2 から $p_2 + \Delta p_2$ に，シリンダー内の温度が T から $T + \Delta T$ に変化した。この過程で気体と外部の間で熱のやりとりはなかった。以下の設問では，Δp_1, Δp_2, ΔT, ΔV_1 はそれぞれ p_1, p_2, T, $V_1 + V_2$ より十分小さな正の微小量とし，微小量どうしの積は無視できるとする。

(1) 温度変化 ΔT を，p_1, R, ΔV_1 を用いて表せ。

(2) $\dfrac{\Delta p_1}{p_1} = \boxed{\text{ア}} \dfrac{\Delta V_1}{V_1 + V_2}$ が成り立つ。$\boxed{\text{ア}}$ に入る数を求めよ。

Ⅲ 設問Ⅰの状態からピストンについている棒を取り外し，おもりをシリンダーに接しないようにピストンの上に静かに乗せたところ，領域1と領域2の体積，圧力，温度に変化はなかった。さらに図3－3のようにヒーターをシリンダーに接触させ気体を温めたところ，ピストンがゆっくり押し上がった。領域1の体積が $2V_1$ になったところでヒーターをシリンダーから離した。

(1) このときのシリンダー内の温度を，T，V_1，V_2 を用いて表せ。

(2) 気体XとYが吸収した熱量の合計を，R，T，V_1，V_2 を用いて表せ。

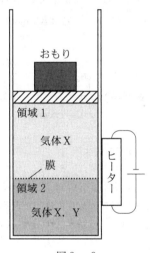

図3－3

44 2022 年度 化学　　　　　　　　　　　　　　　　　　　東京大-理科前期

化学

（2 科目 150 分）

（注）　解答用紙は，〈理科〉共通。1 行：約 23.5 センチ，35 字分の区切りあり。
　　　　1・2 は各 25 行，3 は 50 行。

第 1 問

　次の I，II の各問に答えよ。必要があれば以下の値を用いよ。構造式は，I では
［構造式の例 I］に，II では［構造式の例 II］にならって示せ。

元　素	H	C	O	Na
原子量	1.0	12.0	16.0	23.0

標準状態 $(273\,K,\ 1.01 \times 10^5\,Pa)$ におけ
る水素 1 mol の体積：22.4 L

［構造式の例 I］

$$CH_3-(CH_2)_5-CH=CH-(CH_2)_3-COO-\overset{\overset{\displaystyle CH_3}{|}}{\underset{\underset{\displaystyle CH_2-COOH}{|}}{CH}}$$

［構造式の例 II］

I　次の文章を読み，問**ア**〜**オ**に答えよ。

　油脂 A はグリセリン（1,2,3-プロパントリオール）1 分子に対し，分岐のな
い高級脂肪酸 3 分子が縮合したエステル化合物である。A に含まれる炭素間二
重結合はすべてシス形であり，三重結合は含まれない。A の化学構造を決定す
るため，以下の実験を行った。

　なお，図 1—1 に示すように，炭素間二重結合にオゾン O_3 を作用させると環
状化合物であるオゾニドが生成し，適切な酸化的処理を行うとカルボン酸にな
る。一方，適切な還元的処理を行うとアルコールになる。また，カルボン酸をジ
アゾメタン CH_2N_2 と反応させると，図 1—2 に示すようにカルボキシ基がメチ
ル化される。

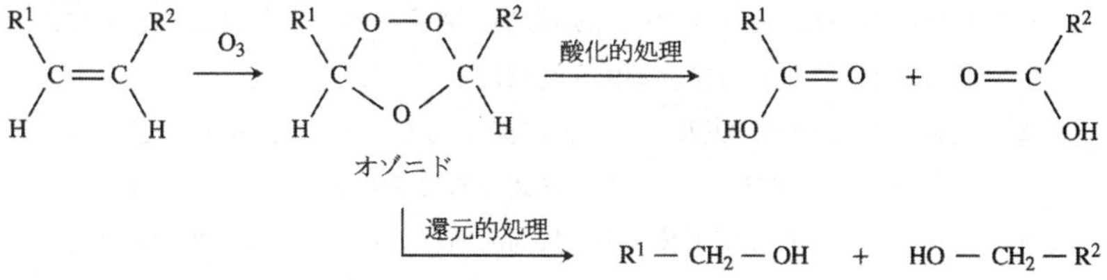

東京大-理科前期　　　　　　　　　　　　　　　　　　　　2022 年度　化学　45

図1−1　炭素間二重結合のオゾン分解（R^1，R^2：炭化水素基など）

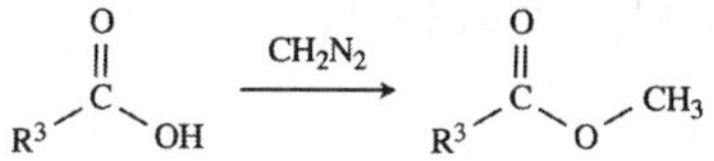

図1−2　ジアゾメタンによるカルボン酸のメチル化（R^3：炭化水素基など）

実験1：2.21 g の A を水酸化ナトリウムと反応させて完全に加水分解したところ，グリセリン 230 mg と 2 種類の脂肪酸（飽和脂肪酸 B と不飽和脂肪酸 C）のナトリウム塩が生成した。

実験2：2.21 g の A を白金触媒存在下で水素と十分に反応させたところ，標準状態換算で 168 mL の水素を消費し，油脂 D が得られた。A は不斉炭素原子をもつが，D は不斉炭素原子をもたなかった。

実験3：C にオゾンを作用させ，酸化的処理を行った。生じた各種カルボン酸をジアゾメタンと反応させたところ，次の 3 種類の化合物が得られた。

$$CH_3-O-\overset{\displaystyle O}{\overset{\|}{C}}-(CH_2)_7-\overset{\displaystyle O}{\overset{\|}{C}}-O-CH_3 \qquad CH_3-O-\overset{\displaystyle O}{\overset{\|}{C}}-CH_2-CH_3 \qquad CH_3-O-\overset{\displaystyle O}{\overset{\|}{C}}-CH_2-\overset{\displaystyle O}{\overset{\|}{C}}-O-CH_3$$

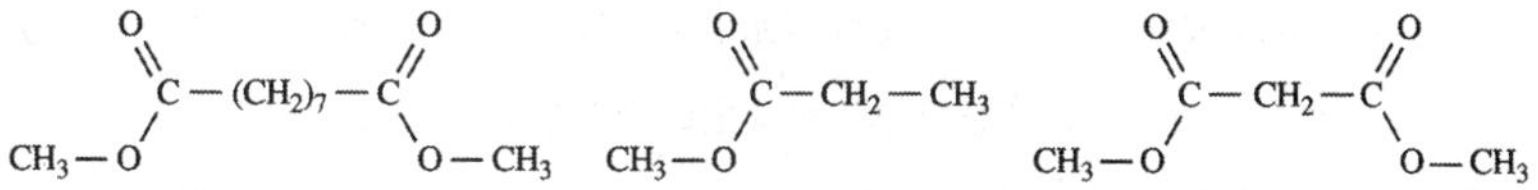

実験4：C をジアゾメタンと反応させた後に，オゾンを作用させ還元的処理を行ったところ，次の 3 種類の化合物が得られた。

$$HO-(CH_2)_8-\overset{\displaystyle O}{\overset{\|}{C}}-O-CH_3 \qquad CH_3-(CH_2)_2-OH \qquad HO-(CH_2)_3-OH$$

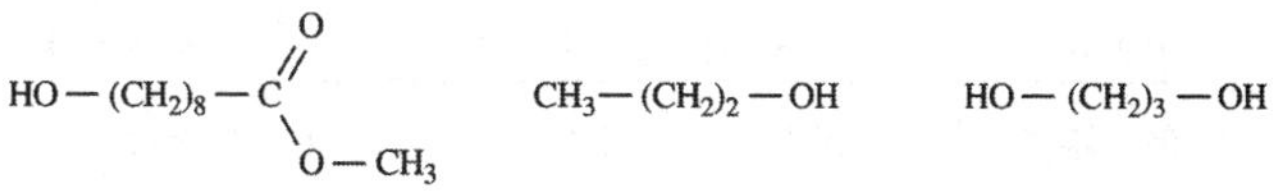

〔問〕

ア　油脂 A の分子量を有効数字 3 桁で答えよ。

イ　脂肪酸 B と C の分子式をそれぞれ示せ。

46 2022年度 化学　　　　　　　　　　　　　　　　　　　　東京大-理科前期

ウ　BとCの融点はどちらのほうが低いと考えられるか答えよ。さらに，分
　　子の形状と関連付けて，理由を簡潔に説明せよ。

エ　実験4を行わず，実験1〜3の結果からCの化学構造を推定したとこ
　　ろ，一つに決定できなかった。考えうるCの構造式をすべて示せ。

オ　実験1〜3に加えて実験4の結果も考慮に入れると，Cの化学構造を一つ
　　に決定できた。Aの構造式を示せ。

Ⅱ　次の文章を読み，問カ〜ケに答えよ。

　　C_5H_{10}の分子式をもつ4種類のアルケンE〜Hに対して実験5と6を行った。
また，実験6の生成物に対して実験7〜9を行った。なお，それぞれの反応中に
二重結合の移動や炭素骨格の変化は起きないものとする。立体異性体は考慮しな
くてよい。

実験5：E〜Hに対して白金触媒を用いた水素の付加反応を行うと，EとFから
　　　　は化合物Iが，GとHからは化合物Jが得られた。

実験6：E〜Hに対して酸性条件下で水の付加反応(以下，水和反応)を行うと，
　　　　EとFからはアルコールKが，GからはアルコールLがそれぞれ主生
　　　　成物として得られた。HからはアルコールLとアルコールMの混合物
　　　　が得られた。E, F, Gへの水和反応は，主生成物以外に少量のアル
　　　　コールN, O, Pをそれぞれ副生成物として与えた。

解説1：実験6の結果はマルコフニコフ則に従っているが，この経験則は炭素陽
　　　　イオン(以下，陽イオン)の安定性によって説明できる(図1—3)。アル
　　　　ケン(a)への水素イオンの付加は2種類の陽イオン(b)と(c)を与える可能性
　　　　があるが，陽イオン(b)のほうがより安定である。これは，水素より炭化
　　　　　　　　　　　　　　　　　　　　　　　　　　　　　　　　　①
　　　　水素基のほうが陽イオンに電子を与える性質が強いからである。その結
　　　　果，陽イオン(b)から生じるアルコール(d)が主生成物となる。

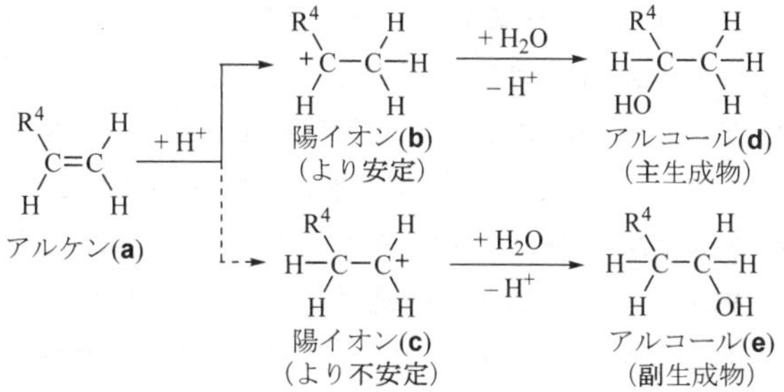

東京大-理科前期　　2022 年度　化学　47

図1—3　水和反応の例とマルコフニコフ則の概要（R^4：炭化水素基）

実験7：二クロム酸カリウム $K_2Cr_2O_7$ を用いて6種類のアルコール K〜P の酸化を試みたところ，K だけが酸化されなかった。

実験8：K〜P の中で，L と N だけがヨードホルム反応に陽性を示した。

実験9：K〜P を酸性条件下で加熱すると水の脱離反応（以下，脱水反応）が進行し，いずれの化合物からも分子式 C_5H_{10} のアルケンが得られた。

解説2：図1—4に実験9の脱水反応の概要を示す。この反応はアルコール(f)から生じる陽イオン(g)を経由するが，陽イオン(g)から速やかに水素イオンが脱離することでアルケン(h)が生成する。すなわち，脱水反応の速度は<u>②</u>陽イオン(g)の生成速度によって決まる。なお，<u>安定な陽イオン(g)ほど生</u><u>③</u><u>成しやすくその生成速度は速い</u>と考えてよい。

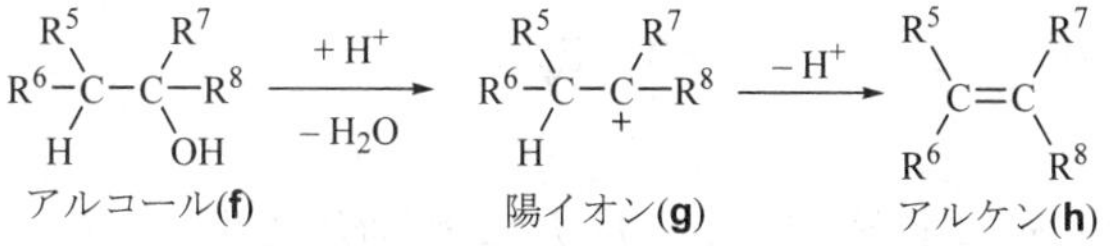

図1—4　脱水反応の概要（$R^{5〜8}$：水素か炭化水素基）

解説3：実験9の脱水反応が2つ以上の異なるアルケンを与える可能性がある場合，炭素間二重結合を形成する炭素上により多くの炭化水素基が結合したアルケンの生成が優先することが一般的である。この経験則はザイツェフ則と呼ばれている。

〔問〕

　カ　化合物 I と J の構造式をそれぞれ示せ。

48 2022 年度　化学　　　　　　　　　　　　　　　　　　　　　　東京大-理科前期

　キ　アルコール K~P の中から不斉炭素原子をもつものすべてを選び，該当す
　　　る化合物それぞれの記号と構造式を示せ。

　ク　アルコール K~P の中で，脱水反応が最も速く進行すると考えられるのは
　　　どれか，記号で答えよ。下線部①~③を考慮すること。

　ケ　アルケン E~H のなかで，それぞれに対する水和反応とそれに続く脱水反
　　　応が元のアルケンを主生成物として与えると考えられるのはどれか，該当
　　　するすべてを選び記号で答えよ。ただし，マルコフニコフ則およびザイ
　　　ツェフ則が適用できる場合はそれらに従うものとする。

第 2 問

次の I，II の各問に答えよ。必要があれば以下の値を用いよ。

元　素	H	C	N	O	K	Fe
原子量	1.0	12.0	14.0	16.0	39.1	55.8

物質 (状態)	CH_4 (気)	CO_2 (気)	H_2O (液)
生 成 熱 [kJ/mol]	75	394	286

アボガドロ定数 $N_A = 6.02 \times 10^{23}$ /mol，気体定数 $R = 8.31 \times 10^3$ Pa・L/(K・mol)

I　次の文章を読み，問ア~オに答えよ。

　　火力発電の燃料として，天然ガスよりも石炭を用いる方が，一定の電力量を得
①
る際の二酸化炭素 CO_2 排出が多いことが問題視されている。そこで，アンモニ
　　　　　　　　　　　　　　　　　　　　　　　　　　　　　　　　　　②
ア NH_3 を燃料として石炭に混合して燃焼させることで，石炭火力発電からの
CO_2 排出を減らす技術が検討されている。

　　従来 NH_3 は，主に天然ガスに含まれるメタン CH_4 と空気中の窒素 N_2 から製
造されてきた。その製造工程は，以下の 3 つの熱化学方程式で表される反応によ
③
り，CH_4 (気) と N_2 (気) と H_2O (気) から，NH_3 (気) と CO_2 (気) を生成するもので
ある。

　（反応 1）　CH_4 (気) ＋ H_2O (気) ＝ CO (気) ＋ $3H_2$ (気) － 206 kJ

（**反応2**）　$CO(気) + H_2O(気) = H_2(気) + CO_2(気) + 41\,kJ$

（**反応3**）　$N_2(気) + 3H_2(気) = 2NH_3(気) + 92\,kJ$

　このように得られる NH_3 は，燃焼の際には CO_2 を生じないものの，製造工程④で CO_2 を排出している。発電による CO_2 排出を減らすために石炭に混合して燃焼させる NH_3 は，CO_2 を排出せずに製造される必要がある。

　そこで，太陽光や風力から得た電力を使い，水の電気分解により得た水素を用いる NH_3 製造法が開発されている。

〔問〕

ア　下線部①に関して，石炭燃焼のモデルとして C(黒鉛)の完全燃焼反応（**反応4**），天然ガス燃焼のモデルとして CH_4(気)の完全燃焼反応（**反応5**）を考える。C(黒鉛)$1.0\,mol$，CH_4(気)$1.0\,mol$ の完全燃焼の熱化学方程式をそれぞれ記せ。ただし，生成物に含まれる水は H_2O(液)とする。また，**反応4**により $1.0\,kJ$ のエネルギーを得る際に排出される CO_2(気)の物質量は，**反応5**により $1.0\,kJ$ のエネルギーを得る際に排出される CO_2(気)の物質量の何倍か，有効数字2桁で答えよ。

イ　下線部②に関して，NH_3(気)の燃焼反応（**反応6**）からは N_2(気)と H_2O(液)のみが生じるものとする。C(黒鉛)と NH_3(気)を混合した燃焼（**反応4**と**反応6**）により $1.0\,mol$ の CO_2(気)を排出して得られるエネルギーを，**反応5**により $1.0\,mol$ の CO_2(気)を排出して得られるエネルギーと等しくするためには，$1.0\,mol$ の C(黒鉛)に対して NH_3(気)を何 mol 混ぜればよいか，有効数字2桁で答えよ。答えに至る過程も示せ。

ウ　下線部③の製造工程により $1.0\,mol$ の NH_3(気)を得る際に，エネルギーは吸収されるか放出されるかを記せ。また，その絶対値は何 kJ か，有効数字2桁で答えよ。答えに至る過程も示せ。

エ　CO_2 と NH_3 を高温高圧で反応させることで，肥料や樹脂の原料に用いられる化合物 A が製造される。1.00 トンの CO_2 が NH_3 と完全に反応した際に，1.36 トンの化合物 A が H_2O とともに得られた。化合物 A の示性式を，下記の例にならって記せ。

　　示性式の例：$CH_3COOC_2H_5$

オ 下線部④に関して，下線部③の製造工程により $1.0\,mol$ の NH_3(気)を得る際に排出される CO_2(気)の物質量を有効数字 2 桁で答えよ。また，この CO_2 排出を考えたとき，**反応 6** により $1.0\,kJ$ のエネルギーを得る際に排出される CO_2(気)の物質量は，**反応 5** により $1.0\,kJ$ のエネルギーを得る際に排出される CO_2(気)の物質量の何倍か，有効数字 2 桁で答えよ。

Ⅱ 次の文章を読み，問**カ**～**コ**に答えよ。

　金属イオン M^{n+} は，アンモニア NH_3 やシアン化物イオン CN^- などと配位結合し，錯イオンを形成する。金属イオンに配位結合する分子やイオンを配位子とよぶ。図 2―1 に NH_3 を配位子とするさまざまな錯イオンの構造を示す。銅イオン Cu^{2+} の錯イオン(a)は 4 配位で正方形をとる。錯イオン(b)は 2 配位で直線形，錯イオン(c)は 6 配位で正八面体形，錯イオン(d)は 4 配位で正四面体形をとる。

　正八面体形をとる錯イオンは最も多く存在し，図 2―2 に示すヘキサシアニド鉄(Ⅱ)酸イオン $[Fe(CN)_6]^{4-}$ はその一例である。鉄イオン Fe^{3+} を含む水溶液にヘキサシアニド鉄(Ⅱ)酸カリウム $K_4[Fe(CN)_6]$ を加えると，古来より顔料として使われるプルシアンブルーの濃青色沈殿が生じる。図 2―3 に，この反応で得られるプルシアンブルーの結晶構造を示す。Fe^{2+} と Fe^{3+} は 1：1 で存在し，CN^- の炭素原子，窒素原子とそれぞれ配位結合する。鉄イオンと CN^- により形成される立方体の格子は負電荷を帯びるが，格子のすき間にカリウムイオン K^+ が存在することで，結晶の電気的な中性が保たれている。しかし，K^+ の位置は一意に定まらないため，図 2―3 では省略している。格子のすき間は微細な空間となるため，プルシアンブルーは気体やイオンの吸着材料としても利用される。

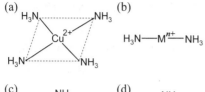
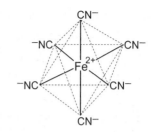
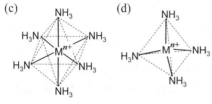

図2-1 NH₃を配位子とする錯イオン

図2-2 ヘキサシアニド鉄(Ⅱ)酸イオン[Fe(CN)₆]⁴⁻。Fe²⁺に結合する6つのCN⁻を示している。

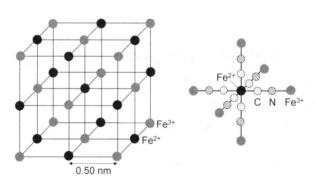

図2-3 プルシアンブルーの結晶構造

周期的に配列する鉄イオンとシアン化物イオンの一部を取り出した構造である。Fe²⁺とFe³⁺はCN⁻を介して結合するが、左図ではCN⁻を省略し、Fe²⁺とFe³⁺を実線で結んでいる。右図は、Fe²⁺に結合する6つのCN⁻と、これらのCN⁻に結合する6つのFe³⁺を示している。

〔問〕

カ 下線部⑤に示した錯イオン(b)、(c)、(d)について、中心の金属イオンとして最も適切なものを、以下の(1)～(3)の中から一つずつ選べ。
(1) Co³⁺、 (2) Zn²⁺、 (3) Ag⁺

キ Cu²⁺を含む水溶液に、少量のアンモニア水を加えると、青白色沈殿が生じる。この青白色沈殿に過剰のアンモニア水を加えると、錯イオン(a)が生じる。下線部⑧に対応するイオン反応式を記せ。

ク 下線部⑥より，プルシアンブルーを構成する K，Fe，C，N の割合を，最も簡単な整数比で示せ。

ケ 図2－3に示すように，隣接する鉄イオン間の距離は 0.50 nm である。プルシアンブルーの密度は何 g/cm^3 か，有効数字2桁で答えよ。答えに至る過程も示せ。

コ 下線部⑦について，プルシアンブルー 1.0 g あたり，300 K，1.0×10^5 Pa に換算して 60 mL の窒素 N_2 が吸着した。図2－3に示す一辺が 1.00 nm のプルシアンブルーの中に，N_2 が何分子吸着したか。小数点第1位を四捨五入して整数で答えよ。答えに至る過程も示せ。N_2 は理想気体とみなしてよいものとする。

第3問

次の I，II の各問に答えよ。必要があれば以下の値を用いよ。

元　素	H	C	O	Fe
原子量	1.0	12.0	16.0	55.8

気体定数　$R = 8.31 \times 10^3$ Pa·L/(K·mol)

I 次の文章を読み，問**ア**～**カ**に答えよ。

　地球温暖化対策推進のため，二酸化炭素 CO_2 排出の抑制は重要な課題である。日本の主要産業の一つである製鉄では，溶鉱炉中でコークスを利用した酸化鉄 Fe_2O_3 の還元反応によって銑鉄を得る方法①が長年採用されているが，近年 CO_2 排出抑制に向けて，水素を利用した還元技術を取り入れるなど，さまざまな取り組みがなされている。

　一方で，排出された CO_2 を分離回収，貯留・隔離するための技術開発も盛んにおこなわれている。回収した CO_2 を貯留する手段として海洋を用いる方法がある（図3－1）。海水温は，大気と比較して狭い温度域（0～30℃程度）に維持されており，海洋は膨大な CO_2 貯蔵庫として機能しうる。CO_2 をパイプで海水中に送り込み，ある水深で海水に放出することを考える。CO_2 は 15℃，1.00×10^5 Pa では気体であり（図3－2），水深の増加に伴って，放出時の CO_2 密度 ρ〔g/L〕は増加する②。ある水深以降では，CO_2 は液体として凝縮された状態で放出される③。液体 CO_2 は，浅い水深では上昇するが，深い水深では下降する④

ので，液体 CO_2 を深海底に隔離することができる。

海水面の圧力は 1.00×10^5 Pa，海中では，水深の増加とともに 1 m あたり圧力が 1.00×10^4 Pa 増加するものとする。海水温は水深にかかわらず 15 ℃ で一定とする。また，放出時における CO_2 の温度，圧力は周囲の海水の温度，圧力と等しく，気体 CO_2 や液体 CO_2 の海水への溶解は無視するものとする。

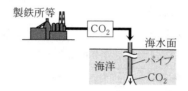

図 3－1　排出 CO_2 の海洋への貯留・隔離

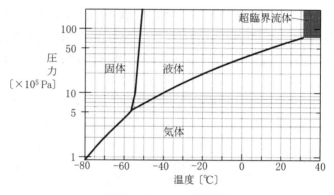

図 3－2　CO_2 の状態図

〔問〕

ア　下線部①に関して，高炉法はコークスと酸素の反応により得られる一酸化炭素 CO を用いた製鉄法であり，$\underline{Fe_2O_3 \text{ を CO で段階的に還元し，} Fe_3O_4,\ FeO \text{ を経て最終的に鉄 Fe を得る}}_{⑤}$。下線部⑤における反応の化学反応式をすべて記せ。

イ　下線部⑤の反応により，Fe_2O_3 から Fe を 7.50×10^7 トン（日本の 2019 年銑鉄生産量に相当）生成する際に排出される CO_2 は何トンか，有効数字 2 桁で答えよ。答えに至る過程も記せ。

ウ　下線部②に関して，水深 10.0 m で放出される CO_2 の密度 ρ は何 g/L か，

有効数字2桁で答えよ。ただし，CO_2は理想気体としてふるまうものとする。答えに至る過程も記せ。

エ 下線部③に関して，CO_2が液体として放出される最も浅い水深は何mか，有効数字1桁で答えよ。

オ 下線部④に関する以下の説明文において，　a　～　c　にあてはまる語句をそれぞれ答えよ。

　CO_2分子の間に働く分子間力は　a　であり，低圧では分子間の距離が長く，高圧にすると単位体積当たりの分子数が増加する。一方，H_2O分子の間には　b　による強い分子間力が働くので，低圧においても分子間の距離が短く，高圧にしても単位体積当たりの分子数があまり変化しない。高圧となる深海では，CO_2とH_2Oで単位体積当たりの分子数が近くなる。一方で，構成元素の観点からCO_2のほうがH_2Oより　c　が大きい。よって，このような深海ではCO_2密度ρ〔g/L〕はH_2Oの密度より高くなり，CO_2はH_2Oが主成分の海水中で自然に下降する。

カ CO_2放出水深とCO_2密度ρ〔g/L〕の関係を示した最も適切なグラフを，以下の図3－3に示す(1)～(5)の中から一つ選べ。

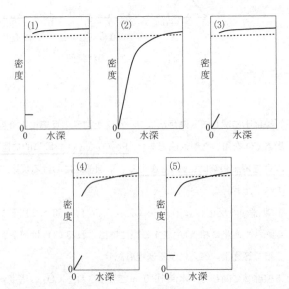

図3－3　CO_2放出水深とCO_2密度(実線──)，海水密度(破線……)の関係

Ⅱ 次の文章を読み，問キ～シに答えよ。

抗体(Ab)はタンパク質であり，特定の分子に結合する性質をもつ。病気に関連した分子に対する Ab は，医薬品として用いられる。例えば炎症の原因となるサイトカイン(Ck)という分子に Ab が結合すると，Ck の作用が不活性化されるため，Ck に対する Ab は炎症にかかわる病気の治療薬として使用されている。
Ck と Ab は式1の可逆反応で結合し，複合体 Ck・Ab を形成する(図3－4)。

$$\text{Ck} + \text{Ab} \rightleftarrows \text{Ck·Ab} \qquad (式1)$$

反応は水溶液中，温度一定で起こり，Ck，Ab 等の濃度は，[Ck]，[Ab]等と表すこととする。また，Ab の初期濃度[Ab]₀ は Ck の初期濃度[Ck]₀ に対して十分に大きく，反応による Ab の濃度変化は無視できる([Ab]＝[Ab]₀)ものとする。

式1の正反応と逆反応の反応速度定数をそれぞれ k_1，k_2 とすると，各反応の反応速度 v_1，v_2 はそれぞれ，$v_1 = k_1[\text{Ck}][\text{Ab}]$，$v_2 = k_2[\text{Ck·Ab}]$ と表される。ここで，[Ab]＝[Ab]₀ であることに注意すると，Ck・Ab の生成速度 v は，

$$v = v_1 - v_2 = \boxed{}$$

と表される。このとき，$\alpha = \boxed{}$，$\beta = \boxed{}$ とおくと，

$$v = -\alpha[\text{Ck·Ab}] + \beta$$

と表され，v を[Ck・Ab]を変数とする一次関数として取り扱うことができる。これにより，[Ck・Ab]の時間変化の測定結果から，α を求めることができる。さらに，α は[Ab]₀ に依存するので，<u>さまざまな[Ab]₀ に対して α を求めることで，k_1，k_2 を得ることができる</u>⑥(図3－5)。

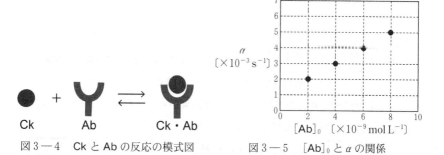

図3－4　Ck と Ab の反応の模式図　　図3－5　[Ab]₀ と α の関係

反応が十分に進行すると，$v_1 = v_2$ の平衡状態に達する。ここで，[Ab] = [Ab]$_0$ であるので，平衡定数 K は，

$$K = \frac{k_1}{k_2} = \boxed{\text{g}}$$

と表される。このとき，Ck の Ab への結合率 X は，

$$X = \frac{[\text{Ck·Ab}]}{[\text{Ck}]_0} = \boxed{\text{h}}$$

と表すことができ，どの程度の Ck を不活性化できたかを表す指標となる。X の値は [Ab]$_0$ によって変化する（図3－6）。目標とする X の値を得るために必要な [Ab]$_0$ の値を見積もるためには，K の逆数である $1/K$ がよく用いられる。
⑦
用いる Ab の種類によって k_1，k_2 は異なり，これにより平衡状態での [Ck·Ab]
⑧
や平衡状態に達するまでの時間などが異なる（図3－7）。Ab を医薬品として用いる際には，これらの違いを考慮して，適切な種類の Ab を選択することが望ましい。
⑨

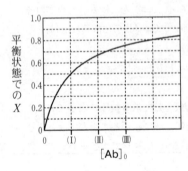

図3－6　[Ab]$_0$ と平衡状態での X の関係

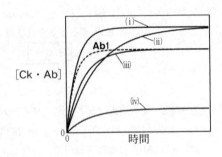

図3－7　Ck 水溶液にさまざまな Ab を加えた際の [Ck·Ab] の時間変化

〔問〕

キ　$\boxed{\text{d}}$ ～ $\boxed{\text{f}}$ にあてはまる式を，k_1，k_2，[Ck·Ab]，[Ck]$_0$，[Ab]$_0$ のうち必要なものを用いてそれぞれ表せ。

ク　下線部⑥に関して，図3－5に示す結果から，k_1 [L mol^{-1} s^{-1}]，k_2 [s^{-1}] の値をそれぞれ有効数字1桁で答えよ。

ケ　$\boxed{\text{g}}$ にあてはまる式を [Ck·Ab]，[Ck]$_0$，[Ab]$_0$，また，$\boxed{\text{h}}$ にあてはまる式を K，[Ab]$_0$ を用いてそれぞれ表せ。

コ 下線部⑦に関して，$1/K$ は濃度の単位をもつ。図 3 — 6 の横軸上で，$1/K$ に対応する濃度を，(I)〜(III)の中から一つ選び，理由とともに答えよ。

サ 下線部⑧に関して，表 3 — 1 に異なる 3 種類の Ab(**Ab1** 〜**Ab3**)の反応速度定数を示す。Ck 水溶液に **Ab1** を加えた際の[Ck・Ab]の時間変化を測定したところ，図 3 — 7 の破線のようになった。この結果を参考に，同様の測定を **Ab2**，**Ab3** を用いて行った場合に対応する曲線を，図 3 — 7 の(i)〜(iv)の中からそれぞれ一つずつ選べ。なお，測定に使用した$[Ck]_0$，$[Ab]_0$ はそれぞれ，すべての測定で同一とする。

表 3 — 1　3 種類の Ab(**Ab1** 〜**Ab3**)の反応速度定数

	Ab1	**Ab2**	**Ab3**
$k_1 \, [\mathrm{L\,mol^{-1}s^{-1}}]$	1.0×10^6	5.0×10^5	1.0×10^5
$k_2 \, [\mathrm{s^{-1}}]$	1.0×10^{-3}	5.0×10^{-4}	1.0×10^{-3}

シ 下線部⑨に関して，Ck 水溶液に表 3 — 1 の Ab を加える際，より低い $[Ab]_0$ で，かつ短時間に $X = 0.9$ の平衡状態を得るために適切なものを，**Ab1** 〜**Ab3** の中から一つ選べ。また，このとき必要となる $[Ab]_0$ は何 $\mathrm{mol\,L^{-1}}$ か，有効数字 1 桁で答えよ。

58 2022 年度 生物 　　　　　　　　　　　　　　東京大-理科前期

生物

（2 科目 150 分）

（注）　解答用紙は，〈理科〉共通。1 行：約 23.5 センチ，35 字分の区切りあり。

　　　　1・2 は各 25 行，3 は 50 行。

第 1 問

　次の I，II の各問に答えよ。

I　次の文 1 と文 2 を読み，問 A ～ I に答えよ。

［文 1］

　光合成生物にとって，時々刻々と変化する光環境の中で，光の射す方向や強度に応じた適応的な行動をとることは，生存のために必須である。緑藻クラミドモナスは眼点と呼ばれる光受容器官によって光を認識し，光に対して接近や忌避をする　1　を示す。近年，この眼点の細胞膜で機能する「チャネルロドプシン」と呼ばれる膜タンパク質に注目が集まってきた。チャネルロドプシンは，脊椎動物の視覚において機能するロドプシンと同じく，生体において光情報の変換にはたらく光受容タンパク質である。ロドプシンは，　2　というタンパク質と　3　が結合した形で構成されており，光受容過程では網膜上の高い光感度を示す視細胞である　4　において主に機能する。光が受容されることにより，ビタミン A の一種である　3　が　2　から遊離し，そのシグナルが細胞内の他のタンパク質へと伝達された結果，　4　に電気的な変化が生じる。一方で，チャネルロドプシンは光駆動性のチャネルであり，青色光を吸収するとチャネルが開き，陽イオン，特にナトリウムイオンを　5　に従って細胞外から内へと　6　によって通過させる。このチャネルロドプシンを神経科学研究へと応用し，多様な行動を司る神経細胞の働きの解明が進んできた。

〔文2〕

　図1－1で示すように，実験動物であるマウスは，部屋Aで電気ショックを受け，恐怖記憶を形成することにより，再度，部屋Aに入った際に過去の恐怖記憶を想起し，「すくみ行動」という恐怖反応を示すようになる。一方で，部屋Aとは異なる部屋Bに入った時には，すくみ行動は示さない。脳内では，記憶中枢である海馬という領域の神経細胞が，記憶の形成と想起に関わっていることが明らかになっており，「記憶形成時に強く興奮した一部の神経細胞が，再度，興奮することにより，記憶の想起が引き起こされる」と考えられている。

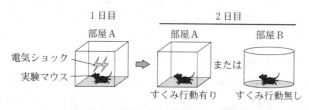

図1－1　恐怖記憶の形成とすくみ行動

　さらに，近年では遺伝子組換え技術を組み合わせ，海馬の神経細胞における記憶の形成・想起のメカニズムが詳しく研究されている。例えば，特定の刺激によって興奮した神経細胞の機能を調べるための遺伝子導入マウスが作製された。強く興奮した神経細胞内で転写・翻訳が誘導される遺伝子Xの転写調節領域を利用して，図1－2に示すような人工遺伝子を海馬の神経細胞に導入した。遺伝子Xの転写調節領域の働きで発現したタンパク質Yは，薬剤Dが存在する条件下でのみ，調節タンパク質としてタンパク質Y応答配列に結合し，その下流に位置するチャネルロドプシン遺伝子の発現を誘導することができる。

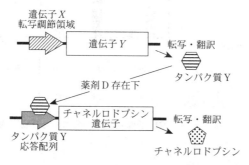

図1－2　海馬の神経細胞に導入した人工遺伝子

図1−2の遺伝子導入を施したマウスを用いて，図1−1と同様の行動実験を行った。1日目に部屋Aで電気ショックを与え，恐怖記憶を形成させた後，2日目に部屋Aまたは部屋Bの中に入れ，その際のすくみ行動の時間を測定した。

　その際，薬剤Dと青色光照射の有無の組み合わせにより，図1−3に示す実験群1〜実験群4を設定した。「薬剤D投与有り」では1日目の電気ショックを与える前にマウスに薬剤Dを投与した一方，「薬剤D投与無し」では薬剤Dを投与せずに電気ショックを与えた。投与した薬剤Dは電気ショックを与えた後，速やかに代謝・分解された。また，「青色光照射有り」では，2日目にマウスを部屋Aまたは部屋Bに入れた際に，海馬領域に対してある一定の頻度（1秒間に20回）で青色光照射を行った。一方，「青色光照射無し」では青色光照射は行わなかった。それぞれの実験群における2日目のすくみ行動の時間を図1−3に示す。ただし，実験群2のマウスは2日目の行動実験では，すくみ行動以外の顕著な行動変化は現れず，恐怖記憶以外の記憶は想起されなかった。

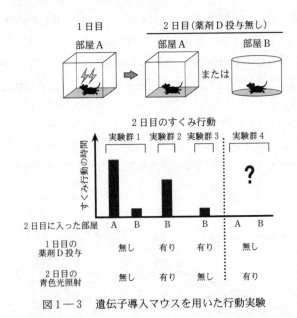

図1−3　遺伝子導入マウスを用いた行動実験

東京大-理科前期　　　　　　　　　　　　　　　　　　　　2022 年度　生物　*61*

〔問〕

A 　　1 　～　6 　に入る最も適切な語句を，以下の語群の中から
　1 つずつ選べ。

〔語群〕　錐体細胞，光屈性，フェロモン，レチナ，走化性，ペニシリン，
　　　　　ATP，桿体細胞，レチナール，能動輸送，形成体，走光性，
　　　　　オプシン，濃度勾配，受動輸送，吸光性，ミオグロビン，
　　　　　生殖細胞，競争阻害，グルコース

B 　生体膜の選択的透過性においてポンプの持つ機能を，生体エネルギーとの
　関連に触れつつ，問 A の語群で挙げられた語句を 3 つ用いて 1 行程度で説明
　せよ。ただし解答文で，用いた語句 3 つには下線を引くこと。

C 　人為的にチャネルロドプシンを発現させた哺乳類の神経細胞に青色光を照
　射すると，神経細胞において何が起こると予想されるか，イオンの流れも含
　めて 2 行程度で説明せよ。

D 　パブロフの行った実験にも共通する，下線部(ア)のような行動現象を何と言
　うか。また，図 1 － 1 に関して，マウスが部屋 A においてのみすくみ行動
　を示す学習課題での，条件刺激と無条件刺激は何かをそれぞれ単語で答え
　よ。

E 　図 1 － 3 において，2 日目の行動実験後に海馬の神経細胞を調べたとこ
　ろ，実験群 2 と実験群 3 のマウスでは海馬領域の一部の神経細胞のみにチャ
　ネルロドプシン遺伝子が発現していることが確認された。下線部(ウ)(エ)を考慮
　すると，どのような刺激に応じてチャネルロドプシン遺伝子の発現が誘導さ
　れたと考えられるか，最も適切なものを以下の(1)～(4)の中から 1 つ選べ。た
　だし，誘導開始後にチャネルロドプシンが神経細胞内で十分量発現するまで
　24 時間程度かかり，発現後は数日間分解されないものとする。

(1)　1 日目よりも前の何らかの記憶形成時の刺激

(2)　1 日目に部屋 A で電気ショックを受けたという記憶形成時の刺激

(3)　2 日目に部屋 B に入ったことによる記憶想起時の刺激

(4)　2 日目の青色光照射による刺激

F　図1—3に示される実験群2のマウスが，部屋Bですくみ行動を示したのは何故か。実験群1と実験群3の部屋Bでの結果を考慮し，青色光照射により何が起こったかに触れながら，理由を3行程度で述べよ。

G　図1—3に示される実験群4のマウスが，部屋A・部屋Bで示すすくみ行動の時間について，最も適切なものを以下の(1)～(6)の中から1つ選べ。ただし，光照射そのものはマウスの任意の行動に影響を与えないものとする。また，すくみ行動の時間の絶対値については，併記した実験群1・実験群2の結果を参考にせよ。

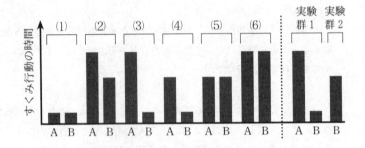

H　実験群2と同様の薬剤D投与有り・青色光照射有りという条件で，部屋Aとも部屋Bとも全く異なる部屋Cにおいて2日目に青色光照射を行うと，実験マウスはどのような行動をどの程度示すと予想されるか，1行程度で述べよ。

I　海馬領域の神経細胞が，「限られた数の細胞」で「膨大な数の記憶」を担うためには，どのような神経細胞の「組み合わせ」でそれぞれの記憶に対応する戦略が最適だと考えられるか。海馬が仮に1～9の異なる9つの神経細胞で構成されていると仮定し，記憶A・記憶B・記憶C…という膨大な数の記憶を担う際の，神経細胞と記憶の対応関係の例として最も適切なものを以下の(1)～(6)の中から1つ選べ。ただし，文2と問Eの実験結果，および下線部(イ)(オ)を考慮せよ。また，太黒字で示された番号が記憶形成時に興奮した神経細胞とする。

(1) 記憶A 1 2 3 4 5 6 7 8 9
　　記憶B 1 2 3 4 5 6 7 8 9
　　記憶C 1 2 3 4 5 6 7 8 9
　　　⋮　　　　⋮

(4) 記憶A 1 2 3 4 5 6 7 8 9
　　記憶B 1 2 3 4 5 6 7 8 9
　　記憶C 1 2 3 4 5 6 7 8 9
　　　⋮　　　　⋮

(2) 記憶A 1 2 3 4 5 6 7 8 9
　　記憶B 1 2 3 4 5 6 7 8 9
　　記憶C 1 2 3 4 5 6 7 8 9
　　　⋮　　　　⋮

(5) 記憶A 1 2 3 4 5 6 7 8 9
　　記憶B 1 2 3 4 5 6 7 8 9
　　記憶C 1 2 3 4 5 6 7 8 9
　　　⋮　　　　⋮

(3) 記憶A 1 2 3 4 5 6 7 8 9
　　記憶B 1 2 3 4 5 6 7 8 9
　　記憶C 1 2 3 4 5 6 7 8 9
　　　⋮　　　　⋮

(6) 記憶A 1 2 3 4 5 6 7 8 9
　　記憶B 1 2 3 4 5 6 7 8 9
　　記憶C 1 2 3 4 5 6 7 8 9
　　　⋮　　　　⋮

Ⅱ　次の文3を読み，問 J ～ L に答えよ。

［文3］

　マウスを含めた多くの動物は，自身のいる空間を認識し，空間記憶を形成・想起できることが知られている。これまでに空間認識の中心的役割を担う「場所細胞」という神経細胞が海馬領域で発見されてきた。それぞれの場所細胞は，空間記憶の形成後にはマウスの滞在位置に応じて異なった活動頻度（一定時間あたりの，活動電位の発生頻度）を示す。図1―4に，マウスがある直線状のトラックを右から左，または左から右へと何往復も歩行し，この空間を認識した際の5つの異なる場所細胞の活動頻度を示した。

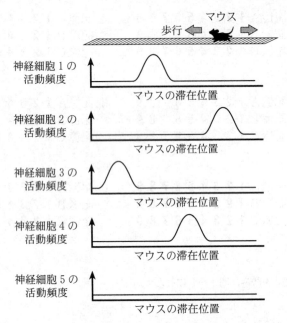

図 1 — 4 マウスの滞在位置に応じた，場所細胞の活動頻度の変化

〔問〕

J 社会性昆虫であるミツバチは，餌場の位置などの空間を認識・記憶し，コロニー内の他個体に伝達する。餌場が近いときと遠いときに示す，特徴的な行動の名称をそれぞれ単語で答えよ。

K 図 1 — 4 について，マウスが直線状のトラックを右端から左端まで歩行するのにしたがい，神経細胞 1 〜神経細胞 5 は経時的にどのような順番で活動頻度の上昇が観察されると考えられるか。3 → 5 → 1 という形式で順番を示せ。ただし，含まれない番号があってもよいものとする。

L 文 2・文 3 のような実験から，記憶想起における神経細胞の働きの一端が明らかになってきた。図 1 — 3 の実験群 2 で，マウスが部屋 B で青色光照射を受けた際のすくみ行動の時間が，実験群 1 の部屋 A で観察されたすくみ行動の時間よりも短かったのは何故か。文 2 では，海馬領域全体にある一

定の頻度で青色光を照射した点を考慮し，文3の実験結果をもとに，以下の(1)〜(3)，(4)〜(6)，(7)〜(9)の中から最も適切と考えられるものをそれぞれ1つずつ選べ。

海馬の神経細胞における記憶想起の過程では，
(1) 「神経細胞の組み合わせ」(以下，「組み合わせ」と表記)にのみ意味がある。
(2) 「神経細胞の活動頻度」(以下，「活動頻度」と表記)にのみ意味がある。
(3) 「組み合わせ」と「活動頻度」の両方に意味がある。

実験群1の2日目において，マウスが部屋Aに入れられた際，恐怖記憶を担う細胞は記憶想起するために，
(4) 適切な「組み合わせ」と，適切な「活動頻度」で興奮した。
(5) 適切な「組み合わせ」と，適切でない「活動頻度」で興奮した。
(6) 適切でない「組み合わせ」と，適切な「活動頻度」で興奮した。

実験群2の2日目において，一定の頻度で与えた青色光照射の刺激によって，恐怖記憶を担う細胞が刺激された。それらの細胞の興奮は，実験群1の2日目に部屋Aに入れられた時と比較して，記憶想起するために，
(7) 適切な「組み合わせ」と，適切な「活動頻度」で興奮した。
(8) 適切な「組み合わせ」と，適切でない「活動頻度」で興奮した。
(9) 適切でない「組み合わせ」と，適切な「活動頻度」で興奮した。

第 2 問

次の I，II の各問に答えよ。

I　次の文章を読み，問 A ～ F に答えよ。

　　光合成は生物が行う同化反応の一種である。光合成は，光エネルギーを化学エ
　　　　　　　　(ア)
ネルギーに変換し，無機物から有機物を生み出す反応であり，十分な光が供給さ
　　　　　　　　　　　　　　　　　　　　　　　　　　　　　　(イ)
れる昼間に行われる。これに対して，光が当たらない夜間には光合成は行われ
　　　　　　　　　　　　　　(ウ)
ず，光合成に関わる酵素の多くが不活性性化される。植物では，この不活性化に
は，実験 1 で示すような光合成に関わる酵素タンパク質の特定のアミノ酸残基が
　　(エ)
受ける化学修飾が関与することがわかっている。このタンパク質化学修飾は，光
合成で発生する還元力を利用して，酵素活性を直接的に調節する巧妙な仕掛けだ
と考えられている。朝が来て植物に光があたると，これらの酵素は再び活性化さ
れ，光合成が再開される。このとき，実験 2 に示すように，光合成能力が最大化
　　　　　　　　　　　　　　　　　　　　(オ)
されるまでの時間は，植物体への光の照射範囲に影響される。

　　光合成を行う原核生物であるシネココッカスの一種では，夜間にメッセン
ジャー RNA のほとんどが消失する。このメッセンジャー RNA の消失は，薬剤
　　　　　　　　　　　　　　　　　　(カ)
処理によって昼間に光合成を停止させても誘導される一方，夜間に呼吸を阻害す
ると誘導されない。また，この種のシネココッカスを昼間に転写阻害剤で処理す
ると死滅するが，夜間に転写阻害剤で処理しても，その生存にはほとんど影響が
ない。

　　このように，光合成生物は昼夜の切り替わりに応答して積極的に生理活性を調
節し，それぞれの環境に適した生存戦略を進化させている。

実験 1　光合成に必須なシロイヌナズナ由来の酵素 A について実験を行った。
　　　　酵素 A タンパク質の末端領域には，周囲の酸化還元状態に依存してジス
　　　　ルフィド結合を形成しうる側鎖をもつ 2 つのシステイン残基（Cys①およ
　　　　び Cys②）がある。酵素活性を調べるため，野生型酵素 A および Cys②を
　　　　含むタンパク質末端領域を欠失した変異型酵素 A' を作製した。作製した
　　　　酵素にジスルフィド結合の形成を誘導し，活性を測定したところ，

図 2 — 1 に示す結果を得た。さらに，野生型酵素 A あるいは変異型酵素 A' を発現するシロイヌナズナ植物体を作製し，異なる明暗期条件で 30 日間生育させて生重量を測定した結果を，図 2 — 2 に示した。

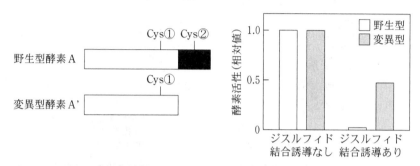

図 2 — 1　光合成に関わる酵素 A のタンパク質の一次構造の模式図(左)と野生型酵素 A および変異型酵素 A' の酵素活性(右)

変異型酵素 A' では，野生型酵素 A のうち，Cys②を含む黒塗りで示す部分が欠失している。棒グラフは，野生型酵素 A のジスルフィド結合誘導なしの条件の値を 1.0 とした場合の相対酵素活性を示している。

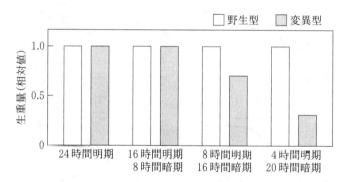

図 2 — 2　野生型酵素 A あるいは変異型酵素 A' を発現するシロイヌナズナを異なる明暗期条件で成長させたときの植物体生重量

各条件における野生型酵素を発現するシロイヌナズナの生重量を 1.0 とした場合の相対生重量を示している。

実験 2　暗所に静置していたシロイヌナズナ野生型植物およびアブシシン酸輸送体欠損変異体 X に光を照射し，光合成速度と気孔開度を測定した。

図2-3のように光合成速度と気孔開度を測定する葉1枚にのみ、あるいは植物体全体に光を照射したところ、図2-4に示す結果を得た。

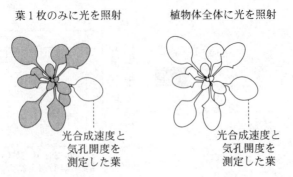

図2-3　シロイヌナズナ野生型植物およびアブシシン酸輸送体欠損変異体Xへの光照射方法
植物体の白く示した部分に光を照射して、光合成を活性化した。

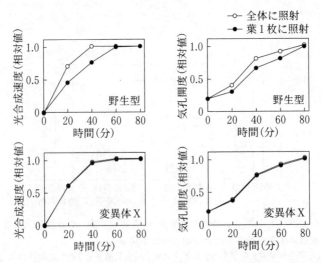

図2-4　シロイヌナズナ野生型植物およびアブシシン酸輸送体欠損変異体Xの光合成速度と気孔開度
野生型および変異体Xのそれぞれの最大値を1.0としたときの、相対光合成速度および相対気孔開度を示している。

東京大-理科前期 2022 年度 生物 69

〔問〕

A 下線部(ア)について。以下の(1)～(4)の生物学的反応のうち，同化反応に含まれるものをすべて選べ。

(1) 土壌中のアンモニウムイオンが亜硝酸菌によって亜硝酸イオンに変換され，さらに硝酸菌によって亜硝酸イオンから硝酸イオンが生成される。

(2) 1 分子のグルコースから 2 分子のグリセルアルデヒド 3-リン酸が作られ，さらに 2 分子のピルビン酸が生成される。

(3) 多数のアミノ酸がペプチド結合によってつながれ，タンパク質が合成される。

(4) 細胞内に取り込まれた硫酸イオンが亜硫酸イオンに，さらに亜硫酸イオンが硫化物イオンに変換され，O-アセチルセリンと硫化物イオンが結合することでシステインが生成される。

B 下線部(イ)について。一般的な植物は，十分な光が当たっている昼間に二酸化炭素を取り込み，光合成を行う。一方，CAM 植物と呼ばれる植物は，二酸化炭素の取り込みを夜間に行うことが知られている。以下の(1)～(3)の CAM 植物について述べた文章として正しいものを，(a)～(d)から 1 つずつ選べ。ただし，(a)～(d)は複数回選んでもかまわない。

解答例：(1)—(a)，(2)—(b)，(3)—(c)

(1) 砂漠に生育するサボテン科の多肉植物

(2) 藻類が繁茂する湖沼に生育するミズニラ科の水生植物

(3) 熱帯雨林の樹上や岩場に生息するパイナップル科の着生植物

(a) 湿度や温度が最適条件に近く，光が十分強い場合には，葉内の二酸化炭素濃度が光合成の制限要因となりうるため，二酸化炭素を濃縮する機構を発達させている。

(b) 日中に気孔を開くと，体内水分が激しく奪われてしまうため，相対湿度が高い夜間に気孔を開いて二酸化炭素を吸収する。

(c) 周辺の二酸化炭素濃度が低いため，他の生物が呼吸を行い二酸化炭素濃

度が上昇する夜間に，積極的に二酸化炭素吸収を行う。

(d) 共生している菌類が作り出す栄養分を共有することで発芽・成長し，ある程度育った段階から光合成を行うようになる。

C 下線部(ウ)について。こうした酵素の１つに，二酸化炭素の固定を行うリブロース 1,5-ビスリン酸カルボキシラーゼ/オキシゲナーゼ(略してルビスコ)がある。ルビスコが活性化されているときに光合成速度を低下させる要因を２つ挙げ，その理由をそれぞれ１行程度で述べよ。

D 下線部(エ)について。図２−１および図２−２に示された実験１の結果から推察されることについて述べた以下の(1)〜(4)のそれぞれについて，正しいなら「○」を，誤っているなら「×」を記せ。

解答例：(1)—○

(1) 酵素 A のジスルフィド結合は，十分な光合成活性を得るため，昼間に積極的に形成される必要がある。

(2) 酵素 A の不活性化は，Cys②を介したジスルフィド結合によってのみ制御されている。

(3) ジスルフィド結合による酵素 A の活性制御は，明期の時間よりも暗期の時間が長くなるほど，植物の生育に影響を与える。

(4) 変異型酵素 A' を発現する植物では，光合成活性が常に低下するため，昼の時間が短くなると植物の生育が悪くなる。

E 下線部(オ)について。野生型において，葉１枚のみに光を照射するより植物体全体に光を照射した方が，光合成能力が最大化するまでの時間が短いのは，どういう機構によると考えられるか。図２−４で示した結果から考えられることを，アブシシン酸のはたらきに着目して３行程度で説明せよ。

F 下線部(カ)について。この機構について考えられることを，エネルギーの供給と消費の観点から，以下の３つの語句をすべて使って２行程度で説明せ

よ。

呼吸，ATP，能動的

Ⅱ　次の文章を読み，問G～Jに答えよ。

　葉緑体は植物に特有の細胞小器官であり，原始的な真核生物にシアノバクテリアが取り込まれ，共生することで細胞小器官化したと考えられている。この考えの根拠の1つが，シアノバクテリアと葉緑体との間で見られる，膜を構成する脂質分子種の類似性である。生体膜を形成する極性脂質には大きく分けてリン脂質と糖脂質が存在し，植物の細胞膜とミトコンドリア膜はリン脂質を主成分としている。これに対して，シアノバクテリアと葉緑体の膜の主成分は糖脂質であり，大部分が，図2—5に示すような糖の一種ガラクトースをもつガラクト脂質である。

　では，なぜそもそもシアノバクテリアは糖脂質を主成分とする膜を発達させたのだろうか。その理由については，貧リン環境への適応がその端緒であったという説が有力視されている。遺伝子操作によって図2—5に示すジガラクトシルジアシルグリセロール（DGDG）の合成活性を大きく低下させたシアノバクテリアでは，通常の培養条件では生育に影響はないが，リン酸欠乏条件下では生育が大きく阻害される。また，植物では，リン酸欠乏条件下ではDGDGの合成が活性化され，ミトコンドリアや細胞膜のリン脂質がDGDGに置き換わる様子も観察される。糖脂質を主成分とする膜の進化は，光合成生物が，光合成産物である糖をいかに積極的に利用してさまざまな栄養環境に適応してきたのかを教えてくれる。

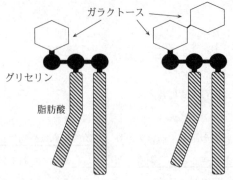

図2−5　シアノバクテリアと葉緑体の膜に多く存在する糖脂質である，ガラクト脂質構造の模式図

黒で塗った領域はグリセリンに，斜線で示した領域は脂肪酸に，白い六角形はガラクトースに由来する部分を，それぞれ示している。

〔問〕

G　下線部(キ)の考えを細胞内共生説とよぶ。この考えに関連した以下の(1)〜(4)の記述のうち，正しいものをすべて選べ。

(1)　シアノバクテリアが葉緑体の起源であり，古細菌がミトコンドリアの起源であると考えられている。

(2)　葉緑体やミトコンドリアは，共生初期には独自のDNAをもっていたが，現在ではそのすべてを失っている。

(3)　真核生物の進化上，ミトコンドリアと葉緑体の共生のうち，ミトコンドリアの共生がより早い段階で確立したと考えられている。

(4)　シアノバクテリアの大繁殖による環境中の酸素濃度の低下が，細胞内共生を促した一因であると考えられている。

H　下線部(ク)について。ガラクト脂質の生合成に関わる酵素について分子系統樹を作成した時，細胞内共生説から想定される系統関係を表した図として最も適したものを，以下の(a)〜(e)から1つ選べ。ただし，バクテリアAおよびBは，シアノバクテリア以外のバクテリアを示している。

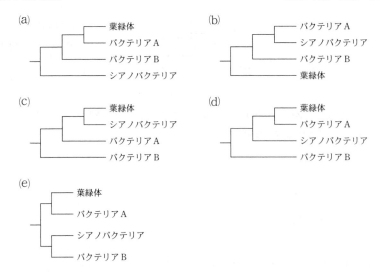

I　下線部(ケ)について。貧リン環境下で膜の主成分を糖脂質とすることの利点を，リンの生体内利用の観点から2行程度で説明せよ。

J　下線部(コ)について。以下の文章は，リン酸欠乏時にリン脂質と置き換わる糖脂質が，モノガラクトシルジアシルグリセロール(MGDG)ではなくジガラクトシルジアシルグリセロール(DGDG)である理由について考察している。文章の空欄を埋めるのに最も適した語句を下の選択肢から選び，解答例になって答えよ。ただし，語句は複数回選んでもかまわない。

　　解答例：1—親水性

　　真核細胞がもつ生体膜は，脂質二重層からなっている。これは，リン脂質分子が　1　の部分を内側に，　2　の部分を外側に向けて二層にならんだ構造である。脂質が水溶液中でどういった集合体を形成するかは，脂質分子の　1　部位と　2　部位の分子内に占める　3　の割合に大きく依存し，この比が一定の範囲にあるとき，分子の形が　4　を取るため，安定的な二重層構造が可能となる。図2—5のMGDGとDGDGの模式図を見ると，DGDGはMGDGよりガラクトース分

子約 1 個分だけ大きい　　5　　部位をもっている。この違いによって，
DGDG の分子は MGDG よりも　　4　　に近くなり，安定的な二重層構造
を取りやすく，リン脂質の代替となりうると考えられる。

選択肢：親水性，疎水性，可溶性，不溶性，面積，体積，長さ，円筒形，
　　　　円錐形，球形

第 3 問

次の I，II の各問に答えよ。

I　次の文章を読み，問 A ～ D に答えよ。

　脊椎動物の中枢神経系が形成される過程において，神経幹細胞が多様なニュー
_(ア)ロンへと分化することが知られている。正常な個体発生では，全ての神経幹細胞
が一度にニューロンへと分化してしまい神経幹細胞が予定よりも早く枯渇するこ
とがないように調節されている。ここではノッチシグナルと呼ばれる以下のシグ
ナル伝達経路が重要なはたらきをしている。
　リガンドである膜を貫通するタンパク質（デルタタンパク質）が，隣接する神経
幹細胞の表面に存在する受容体（ノッチタンパク質）を活性化する。デルタタンパ
ク質により活性化されたノッチタンパク質は，酵素による 2 段階の切断を経て，
細胞内へとシグナルを伝達する（図 3 ― 1）。最初に細胞外領域が膜貫通領域から
切り離され，次に細胞内領域が膜貫通領域から分離する。切り離されたノッチタ
ンパク質の細胞内領域は核内へと輸送され，それ自身がゲノム DNA に結合する
ことにより標的遺伝子の転写を制御する。標的遺伝子の機能により，ノッチシグ
ナルが入力された細胞は未分化な神経幹細胞として維持される。

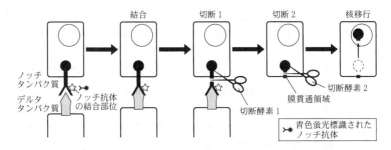

図3－1　ノッチタンパク質が活性化される過程

リガンドであるデルタタンパク質との結合が引き金となり，ノッチタンパク質の2段階の切断が起こる。最終的に細胞内領域が核内に輸送され，標的遺伝子の転写を制御する。ノッチタンパク質の細胞外領域にある星印は，実験2で使用するノッチ抗体（ノッチタンパク質を認識する抗体）の結合部位を示している。

　ノッチシグナル伝達の活性化機構を明らかにするために，次の一連の実験を行った。

実験1　ショウジョウバエなどのモデル動物においては，エンドサイトーシスに
(イ)
関わる遺伝子の突然変異体が，ノッチシグナルの欠損と同様の発生異常を示す。このことから，エンドサイトーシスに関連する一連の遺伝子がノッチシグナルの伝達に必要であることが推測された。ノッチシグナルの送り手の細胞（デルタタンパク質を発現する細胞）と，受け手の細胞（ノッチタンパク質を発現する細胞）のどちらにおいてエンドサイトーシスが必要であるか調べるために以下の実験を行った。

　　　初期条件ではノッチタンパク質とデルタタンパク質のどちらも発現しない培養細胞を用いて，次のような2種類の細胞株を作製した。

　　受け手細胞株A：改変したノッチタンパク質が常に一定量発現するように設計した。改変したノッチタンパク質の効果により，入力されたノッチシグナルの量に依存して，緑色蛍光タンパク質が合成される。緑色蛍光タンパク質は核に集積するように設計されているため，核における緑色蛍光強度を測定することにより，ひとつひとつの細胞に入力されたノッチシグナルの量を知ることができる。なお，全ての細胞は同様にふるまうものとする。

　　送り手細胞株B：デルタタンパク質とともに，赤色蛍光タンパク質が常に

一定量合成されるように設計した。なお，デルタタンパク質と赤色蛍光
タンパク質は全ての細胞において同程度に発現するものとする。

　細胞株ＡとＢを混合して培養し，ノッチシグナル伝達におけるエンド
サイトーシスに関連する遺伝子の必要性を検証した（図３－２）。それぞれ
の細胞株において，エンドサイトーシスに必須な機能を有する遺伝子 X
の有無を変更してから，２種類の培養細胞株を一定の比で混合した。混合
状態での培養を２日間行った後に，多数の細胞株Ａにおける緑色蛍光強
度を測定した（図３－３）。なお，図３－３に示す結果は，４つの実験条件
における多数の細胞の測定値の平均を，条件１の値が1.0になるように標
準化したものである。培養容器中の細胞数は４つの実験条件間で同一で
あったものとする。

条件１：野生型（機能的な遺伝子 X が存在する状態）の受け手細胞株Ａ
　　　　と，野生型の送り手細胞株Ｂを使用した。
条件２：遺伝子 X を除去した受け手細胞株Ａと，野生型の送り手細胞株
　　　　Ｂを使用した。
条件３：野生型の受け手細胞株Ａと，遺伝子 X を除去した送り手細胞株
　　　　Ｂを使用した。
条件４：遺伝子 X を除去した受け手細胞株Ａと，遺伝子 X を除去した送
　　　　り手細胞株Ｂを使用した。

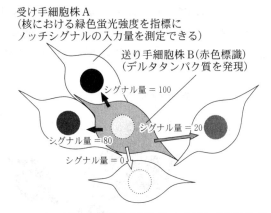

図3—2　ノッチシグナルの受け手細胞株Aと送り手細胞株Bの模式図
細胞株AとBの2種類を混合して培養した。細胞株Bだけが赤色蛍光タンパク質で標識されているため，2種類の細胞株を識別することが可能である。細胞株Aの核における緑色蛍光強度の測定値を指標にノッチシグナルが入力された量を評価する。

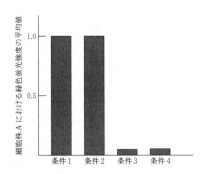

図3—3　ノッチシグナル伝達における遺伝子Xの必要性を調べた実験の結果

実験2　実験1を行なった細胞について，緑色蛍光強度の測定後に固定し（生命活動を停止させ），青色蛍光分子で標識したノッチ抗体を用いて免疫染色実験を行った。使用した抗体はノッチタンパク質の細胞外領域に結合する（図3—1）。青色蛍光を指標にノッチタンパク質の分布を観察した。

　その結果，ノッチタンパク質を発現している受け手細胞株Aの表面において一様に青色蛍光が観察されるだけではなく，送り手細胞株Bの内部においてもドット状（点状）の青色蛍光が観察された（図3—4）。実験1

と同様の４つの実験条件において，送り手細胞株Ｂにおける細胞あたりの青色蛍光のドットを数え，多数の細胞での計測数の平均を得た。なお，測定値は，条件１の値が1.0になるように標準化した(図３—５)。

図３—４　ノッチタンパク質を認識する抗体を用いた免疫染色像
青色蛍光分子で標識したノッチ抗体の分布を黒い色で表示している。

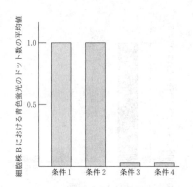

図３—５　ノッチ抗体を用いた免疫染色実験の結果

〔問〕

A　下線部(ア)に関して，両生類の中枢神経系が発生する過程を２行程度で説明せよ。ただし，「形成体」，「脊索」，「外胚葉」，「誘導」，「原口背唇部」の語句を必ず含めること。また解答文で，用いた語句５つには下線を引くこと。

B　下線部(イ)に関して，エンドサイトーシスとはどのような現象か，２行程度

で説明せよ。

C　ノッチシグナル伝達における遺伝子 X の必要性を調べた図3─3の実験結果について，以下の⑴～⑸の選択肢から適切な解釈をすべて選べ。

⑴　遺伝子 X の機能は，ノッチシグナルを受容する細胞において必要である。

⑵　遺伝子 X の機能は，ノッチシグナルを受容する細胞において必要でない。

⑶　遺伝子 X の機能は，ノッチシグナルを送る細胞において必要である。

⑷　遺伝子 X の機能は，ノッチシグナルを送る細胞において必要でない。

⑸　遺伝子 X の機能は，ノッチシグナル伝達には関係しない。

D　問題文と実験1と2の結果を元に，以下の⑴～⑺の選択肢から適切な解釈をすべて選べ。

⑴　細胞株Bにおいてノッチタンパク質の合成が促進された。

⑵　細胞株Bがノッチ抗体を合成した。

⑶　細胞株Bがノッチタンパク質の細胞外領域を取り込んだ。

⑷　細胞株Aと細胞株Bが部分的に融合し，細胞株Aの内容物が細胞株Bへと輸送された。

⑸　細胞株Aにおいてノッチタンパク質が切断されたために，ノッチタンパク質の細胞外領域が細胞株Aから離れた。

⑹　細胞株Aにおける遺伝子 X の機能により，ノッチシグナルが活性化し，ノッチタンパク質を細胞外へと排出した。

⑺　遺伝子 X はノッチタンパク質の細胞外領域の分布に影響しない。

Ⅱ　次の文章を読み，問E～Hに答えよ。

　Ⅰの実験により，ノッチシグナルの伝達とエンドサイトーシスとの関係がわかった。しかし，エンドサイトーシスがノッチシグナルの伝達をどのように制御するのかは長年解明されず，様々な仮説が提唱されてきた。現在受け入れられて

いる仮説のひとつが「ノッチシグナルの張力依存性仮説」である。この仮説では、エンドサイトーシスにより発生する張力が、ノッチシグナルの活性化に不可欠であると考えられている。ノッチシグナル伝達における張力の重要性を検証するために次の実験を行った。

実験3　DNAは4種類のヌクレオチドが鎖状に重合し、2本の鎖が対合した二重らせん構造をとる。望みの配列のDNA鎖を容易に化学合成できる利点により、DNAを「紐」あるいは「張力センサー」として活用することができる。例えば、図3－6のように、DNAの「紐」が耐えられる、張力限界値（引っ張り強度）を測定することが可能である。ある値を超える力がかかると、DNAの「紐」の一方の端が基盤から離れる。上向きに引き上げる力の大きさを少しずつ大きくし、DNAの「紐」の一端が基盤から離れる直前の力の大きさ（pN：ピコニュートンを単位とする）を張力限界値と見なすことができる。同一構造の多数の分子についての測定結果を統計的に処理することにより、特定の構造のDNA分子の張力限界値を求めることができる。

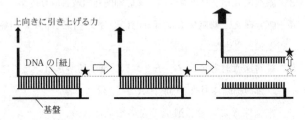

図3－6　DNA「紐」の張力限界値の測定原理

DNA「紐」を上向きに引っ張り上げる力を徐々に大きくしていき、「紐」の端点（星印）が基盤から大きく離れる直前の力の大きさをもとに張力限界値を求めた。

同様の測定方法により、図3－7のようなGC含量（DNAを構成する塩基に占めるグアニンとシトシンの割合。GC%）と塩基対の数が異なる様々な構造のDNA「紐」について、張力限界値を測定したところ、値の大きさは次の順になった。

(1) < α < β < γ < δ

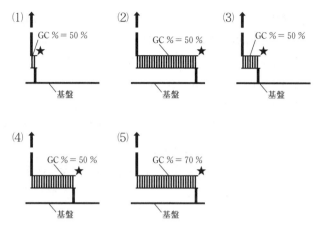

図3―7　DNA「紐」の張力限界値に対する塩基組成や塩基対の数の影響
それぞれのDNA「紐」の構造は等しい縮尺で描いてあり，DNA「紐」の中の縦線の本数は相対的な塩基対の数を示している。

実験4　実験1で作成した野生型の受け手細胞株Aを，張力限界値が異なるDNA「紐」に結びつけたデルタタンパク質の上で培養した（図3―8）。DNA「紐」を介してデルタタンパク質を培養容器の底に固定し，その上で細胞株Aを2日間培養した。培養中の細胞はたえず微小な運動を続けているために，細胞株Aと固定されたデルタタンパク質との間に張力がかかる。実験条件ごとに張力限界値が異なるDNA「紐」を使用し，ノッチシグナル伝達量を反映する緑色蛍光強度を測定した。5つの実験条件における多数の細胞の測定値を平均し，条件1の値が1.0になるように標準化した（図3―9）。

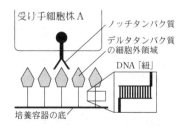

図3―8　ノッチ―デルタタンパク質間の張力が，ノッチシグナル伝達に与える影響を評価する実験の原理

実験条件

条件1：30 pN まで耐えられる DNA「紐」を使用する。

条件2：12 pN まで耐えられる DNA「紐」を使用する。

条件3：6 pN まで耐えられる DNA「紐」を使用する。

条件4：30 pN まで耐えられる DNA「紐」を使用し，かつ，培養液に DNA 切断酵素を添加する。ただし，DNA 切断酵素は細胞内には入らないものとする。

条件5：デルタタンパク質を DNA「紐」に結合せず，培養液中に溶解した状態にする。

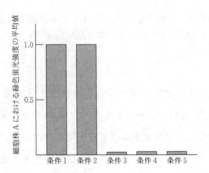

図3—9　ノッチ—デルタタンパク質間の張力が，ノッチシグナル伝達に与える影響を評価する実験の結果

〔問〕

E　$a \sim \delta$ に当てはまる番号を図3—7の(2)～(5)からそれぞれ選べ。

F　DNA「紐」は塩基対の数が等しい場合でも GC 含量の違いにより張力限界値が異なる。塩基の化学的性質に触れながらその理由を2行程度で述べよ。

G　図3—9に示す実験4の結果について，以下の(1)～(5)の選択肢から正しい解釈をすべて選べ。

(1)　ノッチタンパク質を活性化できる最小の張力は 30 pN よりも大きい。

(2)　ノッチタンパク質を活性化できる最小の張力は 12 pN よりも大きく，

30 pN 以下である。

⑶　ノッチタンパク質を活性化できる最小の張力は 6 pN よりも大きく，
12 pN 以下である。

⑷　ノッチタンパク質を活性化できる最小の張力は 6 pN 以下である。

⑸　細胞株 A において，ノッチシグナルが活性化するためには張力は必要
でない。

H　図 3 — 1 に示す一連の過程に着目し，実験 1 ～ 4 の結果を踏まえて下線部
㋑「ノッチシグナルの張力依存性仮説」の内容を 4 行程度で説明せよ。ただ
し，「受け手細胞」「送り手細胞」「張力」「切断」の語句を必ず含めること。また
解答文で，用いた語句 4 つには下線を引くこと。

84 2022 年度　地学　　　　　　　　　　　　　　　　　　　　　東京大-理科前期

■地学■

（2 科目 150 分）

（注）　解答用紙は，〈理科〉共通。1 行：約 23.5 センチ，35 字分の区切りあり。
　　　　1・2 は各 25 行，3 は 50 行。

第 1 問　宇宙に関する次の問い（問 1 ～ 2）に答えよ。

問 1　恒星の表面の明るさに関する以下の問いに答えよ。計算の過程も示せ。

⑴　半径 R，表面温度 T のある恒星の光度 L（単位時間あたりに放射されるエネルギー）を求めよ。シュテファン・ボルツマン定数を σ とする。また，その恒星までの距離が D であるとき，我々が観測するみかけの明るさ F（単位時間あたりに，光線に垂直な面の単位面積を通過するエネルギー）を求めよ。

⑵　その恒星は半径が角度 θ_s の円に見え，天球面上での面積は $\pi\theta_s^2$ となる。ひろがって見える天体の面輝度 S を，天球面上の単位面積あたりの明るさと定義する。この恒星の平均の面輝度 $\langle S \rangle$ は，F を $\pi\theta_s^2$ で割ったものとなる。θ_s を R と D で表した上で（単位はラジアンとする），$\langle S \rangle$ を求めよ。

⑶　以下では，面輝度は恒星のみかけの円内でどこでも一定で，前問で求めた $\langle S \rangle$ であるとする。図 1 −1 のような食連星を考える。光度 L がより明るい星を主星と呼ぶ。二つの食において，恒星が隠される部分の面積は同じであるとする。

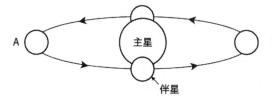

図1—1　地球から見たある食連星の模式図。主星を固定して描いてあり、矢印は公転方向を表す。

⑶　(a)　連星の二つの星はともに主系列星であるとする。伴星がAの位置から主星の周りを一周する間の、この食連星全体のみかけの明るさ F_T の時間変化を、横軸に時間、縦軸に F_T をとって図示せよ。二つの食における光度変化量の違いを明示すること。

(b)　二つの星が主系列星と限らない場合、どのような種類の恒星の連星ならば二つの食における光度変化量の大小が(a)の場合と逆になるか。理由も含めて3行程度で述べよ。

⑷　観測者が恒星の中心から見込む角度を θ とする。現実の恒星の面輝度 S は中心($\theta = 0$)から境界($\theta = \theta_s$)にむかって暗くなる(周辺減光)。これを以下のように単純化して考えよう。恒星を、半径 R の内側では密度が一定、外側では密度ゼロのガス球とする。恒星からの光はガス球の表面ではなく、それよりわずかに内側の光球面から放たれる。光球面は、それより外側のガスによって光が吸収されるかどうかの境界であり、図1—2に示すように、光球面からガス球表面まで光が観測者にむかって伝搬する距離 d は、θ によらず一定であるとする。なお、d は R よりはるかに小さいとする。

(a)　ガス球表面から測った光球面の深さ r は θ によって異なる。r を d、θ、θ_s を用いて表せ。図中に示された角度 α を途中で用いてもよい。

(b)　恒星の温度は、ガス球表面から恒星内部に向かって高くなる。(a)の結果に基づいて、周辺部ほど面輝度が減少する理由を3行程度で説明せよ。

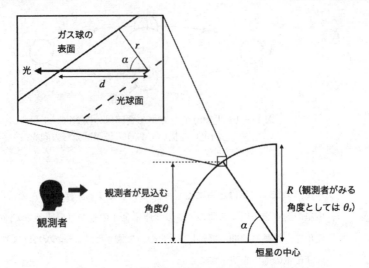

図1―2　恒星の表面付近の光の経路の模式図

問2　太陽系の惑星と衛星に関する以下の問いに答えよ。数値での解答には計算の過程も示せ。必要に応じて，$2^{1/3} = 1.26$ を用いてよい。

(1) 太陽の周りを公転する惑星と同様に，惑星の周りを公転する衛星の運動もケプラーの法則に従っている。木星にはガリレオ衛星と呼ばれる特に大きな4つの衛星イオ，エウロパ，ガニメデ，カリストがある。そのなかで，イオ，エウロパ，ガニメデのそれぞれの公転周期 P_I, P_E, P_G は 1：2：4 の整数比の関係が成り立つことが知られている。

(a) イオの公転軌道の長半径(木星からの最大距離と最小距離の平均)を $a_I = 4.2 \times 10^5$ km として，エウロパとガニメデの軌道の長半径 a_E, a_G を有効数字2桁でそれぞれ求めよ。

(b) イオでは活発な火山活動が起こっており，内部が高温になっていると考えられている。この高温の最も重要な原因と考えられるものを答えよ。

⑵ 水星は惑星のなかで最も小さいが，平均密度は惑星の中で2番目に大きく，表面には地球の衛星である月と同様に，他の地球型惑星に比べて多くのクレーターを残している。また，水星の公転軌道は他の惑星と比較して特に大きな離心率を持っている。

(a) 水星が大きな平均密度を持つことは，水星の内部構造のどのような特徴を反映していると考えられるか，簡潔に答えよ。

(b) 水星表面に多くのクレーターが消えずに残されていることの主要な原因を1つ，1～2行で答えよ。

(c) 水星の遠日点での公転速度 v_a に対する近日点での公転速度 v_p の比を，図1－3を参考にして，軌道離心率 e を用いて表せ。また，$e = 0.21$ として公転速度の比を有効数字2桁で求めよ。

(d) 水星の近日点において太陽方向に直交した平面が受ける単位時間，単位面積あたりの太陽放射エネルギーは遠日点の何倍か，軌道離心率 e を用いて表せ。

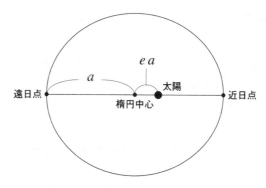

図1－3　水星の公転軌道の模式図

第 2 問　大気と海洋に関する次の問い（問 1 ～ 2）に答えよ。

問 1　以下の問いに答えよ。

⑴　等圧面が水平方向と高度に対して図 2 ― 1 のように分布している。ここで等圧面の圧力は $P_1 > P_2 > P_3 > P_4$ の関係を満たし、等圧面の間隔は左ほど大きい。大気組成は均一とする。

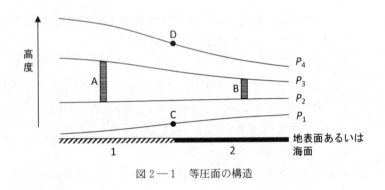

図 2 ― 1　等圧面の構造

⒜　圧力が P_2, P_3 の等圧面に挟まれた領域 A の平均気温と領域 B の平均気温のうちどちらが高いかを答え、その理由を、気圧はその高度より上にある単位面積あたりの大気の重さに等しいことを用いて 2 行程度で述べよ。

⒝　図 2 ― 1 が夜間の海陸風の模式図であるとき、表面 1（左）と表面 2（右）のどちらが海面であるかを、海洋の熱容量が大きいことを考慮して答えよ。また、点 C における風の向きを「右向き」「左向き」から選べ。

⒞　図 2 ― 1 を海陸風ではなく南半球の地衡風の模式図とする。紙面に垂直方向の気圧傾度力はないものとする。このとき、点 D における風の向きを「右向き」「左向き」「手前向き」「奥向き」の中から選べ。

⒟　点 C において、気圧傾度力とコリオリの力（転向力）と摩擦力がつり

合っており，摩擦力の大きさは気圧傾度力の半分の大きさであるとする。このときの風速は，摩擦力が働かず気圧傾度力とコリオリの力がつり合っているときの風速の何倍であるかを，計算の過程も示して答えよ。計算の過程では気圧傾度力の大きさを F_P，コリオリの力の大きさを F_C，摩擦力の大きさを F_V とする。

(2) 北半球中緯度で発達しつつある偏西風波動を考える。図2—2は地表の気圧分布の模式図である。同心円に囲まれた領域Eと領域Fのうち，いずれかが低気圧で，いずれかが高気圧である。

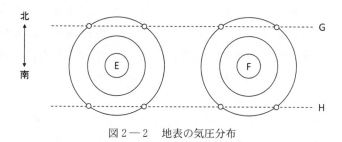

図2—2 地表の気圧分布

(a) 線分Gと線分Hのいずれかに沿った白丸の地点における風向が図2—3の矢印のように表される。これらの風向は線分G, Hのいずれに沿ったものであるかを答えよ。また，領域E, Fのいずれが低気圧であるかを答えよ。

図2—3 風向の分布

(b) 線分Gの上空の500 hPa等圧面における風向と，気圧の谷(「低」で表す)，あるいは尾根(「高」で表す)の位置として，適切なものを次の(a)～(d)から選べ。

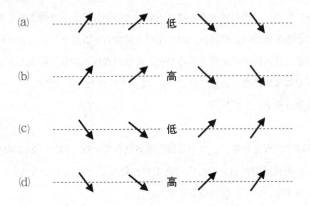

(ウ) 偏西風波動が発達するとき，上空の気圧の谷の東側で気温が高く，西側で気温が低くなっている。このことと上記の風向を使って，偏西風波動が地球全体のエネルギー収支においてどのような役割を果たしているかを，「太陽放射」という語を用いて 2 〜 3 行で述べよ。

問 2 以下の問いに答えよ。数値による解答は有効数字 2 桁で答え，計算の過程も示せ。なお，重力加速度は 9.80 m/s^2，円周率は 3.14 とする。

(1) 太平洋域には複数のプレート(図 2 — 4)が存在し，プレート境界で発生した巨大地震が引き起こす津波は遠洋に広がる。2011 年東北地方太平洋沖地震により E1 において発生した津波は，地震発生から 8 時間後，津波計が深海に設置されている観測点 S1 に到達した。同様に 2010 年チリ地震により E2 において発生した津波は，8 時間 40 分後，津波計が深海に設置されている観測点 S2 に到達した。E1 から S1 までの大円距離(地球表面に沿った最短距離)を 6800 km，E2 から S2 までの大円距離を 6100 km とし，津波の伝播の速さから，それぞれの津波伝播経路の平均水深を求めよ。簡単のため，それぞれの伝播経路の水深を平均水深で，伝播経路を大円で近似できるものとする。

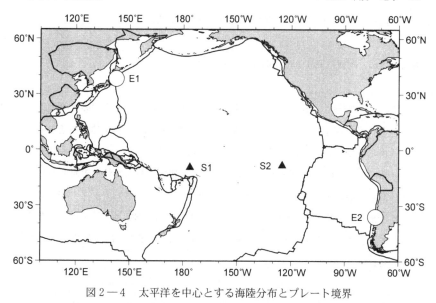

図2−4 太平洋を中心とする海陸分布とプレート境界

(2) (1)で求めたE1−S1間とE2−S2間の平均水深が異なる理由を，以下の語をすべて用いて4行程度で述べよ。

語群：東太平洋中央海嶺，プレート，海洋底年代，リソスフェア，冷却

(3) 海上の強風が生成する波浪は，強風域から遠く離れると，形の整った（ ア ）と呼ばれる海洋波浪として観測される。いま，水深4000 mの平坦な深海底に設置されている流速計の直上の海面を，波高が2 mで周期12秒の（ ア ）が一方向に伝わっている。

　(a) 空欄（ ア ）に入る適切な語句を答えよ。
　(b) 下線部の波の波長と波の伝わる速さを答えよ。
　(c) 流速計は海水の流速を計る。例えば，この流速計の直上の海面を一方向に伝播する波高2 mの津波は，海底付近で最大10 cm/s程度の水平方向の流速を生じる。一方，下線部の波は海底付近で流れを伴わず，この流速計は（ ア ）を検知しない。下線部の波が海底付近で流れを伴わない理由を2行程度で述べよ。

92 2022 年度　地学　　　　　　　　　　　　　　　　　　東京大-理科前期

第 3 問　地震と地質に関する次の問い(問 1 ～ 2)に答えよ。

問 1　地震と断層に関する以下の問いに答えよ。

(1)　P 波の振動方向などの地震波形の特徴を分析すると，1 点での観測であっ
ても震源の方向と震源までの距離が推定でき，このことは緊急地震速報で活
用されている。いま，z 軸を鉛直上向きにとった 3 次元 x–y–z 座標系上で位
置$(x_o,\ y_o,\ 0)$に設置された観測点で P 波が観測され，震源が観測点から方
向 $\vec{e}=(e_x,\ e_y,\ e_z)$および距離 R の位置にあると推定された。ここで $\vec{e}$ は観
測点から震源の位置へ向いた単位ベクトルであり，地表面は $z=0$ に位置す
る。また，P 波速度 V_p，S 波速度 V_s は場所によって変化しないものとす
る。

(a)　x–y–z 座標系上での震源の位置$(x_s,\ y_s,\ z_s)$を，それぞれの成分ごとに
$R,\ e_x,\ e_y,\ e_z,\ x_o,\ y_o$ を用いて表せ。

(b)　観測点で P 波が検知され瞬時に緊急地震速報が発令されたとしても，
S 波(主要動)の到達に緊急地震速報が間に合わない領域内の点$(x,\ y,\ 0)$
が地表面上にある場合を考える。$x,\ y$ が満たす不等式を $V_p,\ V_s,\ R,$
$x_s,\ y_s,\ z_s$ を用いて記せ。

(c)　(b)の結果をもとに，地表面における緊急地震速報が間に合わない領域
と観測点のおよその位置を x–y 平面上に図示せよ。簡単のため $x_s=y_s=$
$y_o=0$ とする。

(d)　陸側プレート内の浅部で発生する地震(直下型地震)に対して緊急地震速
報を全ての地域で間に合わせるには難しさがある。(c)までの考察をもと
に，多数の観測点からなる地表の観測ネットワークをどのように整備すれ
ば間に合わない地域の範囲を狭められるか理由を含め 2 行程度で述べよ。

(2) 実際の断層は点ではなく，大きさのある面であり，断層のずれは，一定の速度 V_r（マグニチュードによらず S 波速度の数十％程度）で断層面の上を移動する震源として表される。各地点での揺れは，断層から放出された最初の地震波が到達したら始まり，最後の地震波が到達するまで継続する。以下では，P 波による揺れのみを考え，S 波や屈折波，反射波の影響は考えないものとし，P 波速度 V_p は場所により変化しないものとする。断層面の幅（深さ方向の長さ）は無視できるほど小さいものと考えよ。

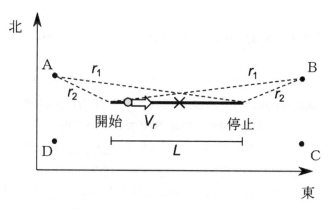

図 3 — 1　鉛直な断層面を上から見た平面図。太線は断層面であり，白矢印は白丸の位置にある震源が断層面上を移動する方向，点 A〜D は観測点を示す。

(a) 一般に，地表面で揺れが継続する時間は，地震のマグニチュードとどのような関係にあるか，その理由を含めて 2 行程度で説明せよ。

(b) まず簡単のため，図 3 — 1 の×の位置に移動しない右横ずれの震源を考える。観測点 A〜D での初動の向きをそれぞれ押し波か引き波で答えよ。

(c) つぎに，図 3 — 1 の白矢印のように断層の西端から移動を開始し東端で停止する右横ずれの震源を考える。初動が押し波の領域と引き波の領域を分ける境界線を，断層上の震源の移動開始点と停止点の位置とともに図示

せよ。

(d) (c)の場合で，観測点 A と B での揺れの継続時間を断層の長さ L，V_r，V_p を用いて表し，震源の移動が各点での継続時間に与える影響を2行程度で説明せよ。ここでは，断層面の上端は地表面に位置し，観測点 A と B は断層の端から等距離にあり図3—1での距離 r_1 と r_2 には，$r_1 - r_2 = L$ の近似が成り立つとせよ。震源は，それぞれの位置で瞬間的に地震波を放出しながら移動するものとする。

問2 日本列島の地質構造に関する次の文章を読み，以下の問いに答えよ。

　日本列島は，ユーラシア大陸と太平洋の間に位置する島弧であり，プレートの沈み込みに伴う造山運動が過去約5億年間にわたって繰り返されてきた。海洋プレート表面の物質や陸源の砕屑物が，海溝で陸のプレートに押し付けられて形成された地質体を（　ア　）と呼び，ジュラ紀に形成された美濃・丹波帯(I)や，白亜紀から新第三紀にかけて形成された四万十帯はその一例である。ま(II)た，（　ア　）の一部は変成作用により鉱物が再結晶して変成岩となっている。西南日本の広域変成帯である領家帯と三波川帯の境界は（　イ　）と呼ばれる断層である。新第三紀には日本海の拡大や，（　ウ　）プレートと呼ばれる海洋プレート上にある伊豆—小笠原弧の西南日本弧への衝突などが生じ，日本列島の形が作られてきた。

(1) 空欄（　ア　）~（　ウ　）に入る適切な語句を答えよ。

(2) 下線部(I)に関して，美濃・丹波帯の中には石灰岩の採掘がおこなわれている場所がある。美濃・丹波帯の中の石灰岩はどのような場所で形成されたか15字以内で述べよ。また，これらの石灰岩が美濃・丹波帯の中にとりこまれるまでの過程について，プレートの運動と沈み込み帯を表す模式的な断面図を描いて説明せよ。

(3) 下線部(Ⅱ)に関して，図3－2は四国における四万十帯の複数の地点(A～D)において産出する岩石の種類と年代を示した模式柱状図である。

(a) 岩石種P，R，Sはそれぞれ何だと考えられるか。以下のうちから適切な語句を選択せよ。

流紋岩　　玄武岩　　花崗岩　　砂岩・泥岩　　チャート　　岩塩

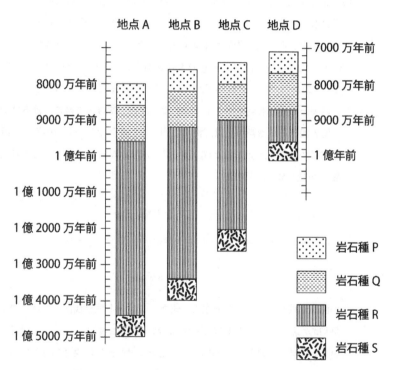

図3－2　四国における四万十帯の地点A～Dに産出する岩石の種類と年代を示す模式柱状図。柱状図の縦軸は層厚と一致しないことに注意。

(b) 岩石種Qは異なる起源をもつ粒子から構成されている。岩石種Qを構成する粒子の起源を2つ挙げ，そう考えた理由を岩石種Qが形成された場所と関連付けて2行以内で答えよ。

(c) 地点A～Dのうち，最も南側に位置すると考えられるのはどの地点
か。理由とともに2行以内で答えよ。

(d) 図3－2では，岩石種Rの形成が生じていた期間が地点により異な
る。この原因として，白亜紀後期に沈み込んでいた海洋プレートにどのよ
うな変化が生じたことが考えられるか。2行以内で答えよ。

(e) 地点Aと地点Dから採取された岩石の分析の結果，両地点の岩石はい
ずれも，岩石種にかかわらず150℃の温度に達する弱い変成作用を受け
たことが判明した。岩石種Pの最も若い年代と岩石種Sの最も若い年代
の差が沈み込む海洋プレートの年齢をあらわしていると仮定して，地点
A，Dの岩石はそれぞれ地下何kmまで沈み込んだと考えられるか，計算
の過程とともに有効数字2桁で求めよ。なお，沈み込み帯におけるプレー
ト境界浅部の地殻熱流量は，海溝に到達した海洋プレート内の地殻熱流量
と同じであると仮定し，海洋プレートの年齢 t（単位：百万年）と地殻熱流
量 q（単位：W/m²）には，

$$q = 0.5/\sqrt{t}$$

地温勾配 G，地殻熱流量 q，岩石の熱伝導率 k の間には

$$q = k \cdot G$$

の関係が成り立っているとする。また，プレート境界浅部における岩石の
平均的な熱伝導率は 2.0 W/(K·m)，海底面の温度は0℃とし，岩石は沈
み込みに伴って埋没し，弱い変成作用を受けた後には再加熱されていない
ものとする。

悪乎託。託二於愛利一。愛利之心論、威乃可レ行。威太甚ダダシケレバ則愛利
之心息。愛利之心息、而徒疾行レ威、身必咎矣。此殷夏之所ヨ以
絶一也。

（『呂氏春秋』による）

〔注〕　○瀺水——川の名。　○造父——人名、昔の車馬を御する名人。

○殷夏——ともに中国古代の王朝。

設問

(一) 傍線部a・b・cを現代語訳せよ。

(二) 「譬レ之若三塩之於味」（傍線部d）とあるが、たとえの内容をわかりやすく説明せよ。

(三) 「此殷夏之所ヨ以絶一也」（傍線部e）とあるが、なぜなのか、本文の趣旨を踏まえて簡潔に説明せよ。

（解答欄：(二)約一三・五センチ×一・五行　(三)約一三・五センチ×一行）

次の文章を読んで、後の設問に答えよ。ただし、設問の都合で送り仮名を省いたところがある。

第 三 問

宋人有三取道者一。其ノ馬不レ進、マタシテ到而投二之瀯水一ニ。又タ復タルモ取レ道ヲ、其ノ馬不レ進、又タシテ到而投二之瀯水一ニ。如三キクノこと此者三。タビアリ雖三造父之所モ以 [a] 威スルモ馬、不レ過ギニ此矣。不レ得三造父之道一ヲ而徒得二其威一ヲ、無レ益於御一ニ。

人主之不肖者ナル有レ似二於此一ニ。不レ得二其道一ヲ而徒多ダクスノ其威ヲ。威愈多、クシテ民 [b] 愈不レ用。亡国之主、多下以二多威一ヲ使中其民上ヲ矣。シテ フコトノ

故ニ威不レ可レ無レ有 [c]、而不レ足二専恃一。タノムニ譬レ之 [d] 若二塩之於ケルガ味一。凡塩之用ハ、有レ所レ託スル也。不レ適レバ則敗レ託リテ而不レ可レ食。カラフ威亦然リ。必有レ所レ託スルリテ、然後可レ行。シフ

○東宮———御門の第一皇子。

○わが世———ここでは日本を指す。

設 問

(一) 傍線部ア・ウ・オを現代語訳せよ。

(二) 「ただまぼろしに見るは見るかは」(傍線部イ)の大意を示せ。

(三) 「われをばひたぶるにおぼし放たぬなんめり」(傍線部エ)とあるが、なぜそう思うのか、説明せよ。

(解答欄∶(二)・(三)各約一三・五センチ×一行)

忍びやるべうもあらぬ御けしきの苦しさに、言ふともなく、ほのかにまぎらはして、すべり入り給ひぬ。おぼろけに人目思はず

は、ひきもとどめたてまつるべけれど、ウ かしこう思ひつつむ。

内裏より皇子出でさせ給ひて、御遊びはじまる。何のものの音もおぼえぬ心地すれど、今宵をかぎりと思へば、心強く思ひ念じて、琵琶賜はり給ふも、うつつの心地はせず。御簾のうちに、琴のことかき合はせられたるは、未央宮にて聞きしなるべし。やがてその世の御おくりものに添へさせ給ふ。「今は」といふかひなく思ひ立ち果てぬるを、いとなつかしうのたまはせつる御けはひ、ありさま、耳につき心にしみて、肝消えまどひ、さらにものおぼえ給はず。「日本に母上をはじめ、大将殿の君に、見馴れしほどなく引き別れにしあはれなど、たぐひあらじと人やりならずおぼえしかど、ながらへば、三年がうちに行き帰りなむと思ふ思ひになぐさめしにも、胸のひまはありき。これは、またかへり見るべき世かは」と思ひとぢむるに、よろづ目とまり、あはれなるをさることにて、后の、今ひとたびの行き逢ひをば、かけ離れながら、おほかたにいとなつかしうもてなしおぼしたるも、さまことなる心づくしいとどまさりつつ、わが身人の御身、さまざまに乱れがはしきこと出で来ぬべき世のつつましさを、おぼしつめることわりも、ひたぶるに恨みたてまつらむかたなかりけり。いかさまにせば、と思ひ乱るる心のうちは、言ひやるかたもなかりけり。「いとせめてはかけ離れ、なさけなく、つらくもてなし給はばいかがはせむ。若君のかたざまにつけても、われをばひたぶるにおぼし放たぬなんめり」と、推し量らるる心ときめきても、消え入りぬべく思ひ沈みて、暮れゆく秋の別れ、オ なほいとせちにやるかたなきほどなり。御門、東宮をはじめたてまつりて、惜しみかなしませ給ふさま、わが世を離れしにも、やや立ちまさりたり。

〔注〕 ○琴のこと——弦が七本の琴。
○未央宮にて聞きしなるべし——中納言は、以前、未央宮で女房に身をやつした后の琴のことの演奏を聞いた。
○その世——ここでは中国を指す。

東京大-理科前期　　　2022 年度　国語　*101*

(五) 傍線部 a・b・c のカタカナに相当する漢字を楷書で書け。

a　ユルんで　　b　コッケイ　　c　シンチョウ

（解答欄：㈠〜㈢各約一三・五センチ×二行）

第 二 問

次の文章は『浜松中納言物語』の一節である。中納言は亡き父が中国の御門（みかど）の第三皇子に転生したことを知り、契りを結んだ大将殿の姫君を残して、朝廷に三年間の暇（いとま）を請い、中国に渡った。そして、中納言は物忌みで籠もる女性と結ばれたが、その女性は御門の后（きさき）であり、第三皇子の母であった。后は中納言との間の子（若君）を産んだ。三年後、中納言は日本に戻ることになる。以下は、人々が集まる別れの宴で、中納言が后に和歌を詠み贈る場面である。これを読んで、後の設問に答えよ。

忍びがたき心のうちをうち出でぬべきにも、ア さすがにあらず、わりなくかなしきに、皇子（みこ）もすこし立ち出でさせ給ふに、御前なる人々も、おのおのものうち言ふにやと聞こゆるまぎれに、

ふたたびと思ひ合はするかたもなしいかに見し夜の夢にかあるらむ

いみじう忍びてまぎらはかし給へり。

夢とだに何か思ひも出でつらむイ ただまぼろしに見るは見るかは

102 2022年度　国語　　　　　　　　　　　　　　　　　　東京大-理科前期

ていたことが、突然自然でなくなることがある。だから、日本人であることに、誰も安心はできない。

（鵜飼哲「ナショナリズム、その〈彼方〉への隘路」による）

〔注〕　○パラサイト──寄生。

○菊の紋章付きの旅券──日本国旅券（パスポート）のこと。表紙に菊の紋章が印刷されている。

○「甘えの構造」──ここでは、精神分析学者の土居健郎が提唱した著名な日本人論を指す。日本人の心性の大きな特徴として「甘え」の心理を論じた。

設　問

（一）「その『甘さ』において私はまぎれもなく『日本人』だった」（傍線部ア）とはどういうことか、説明せよ。

（二）「その残忍な顔を、〈外〉と〈内〉とに同時に見せ始めている」（傍線部イ）とはどういうことか、説明せよ。

（三）「文字通りの『自然』のなかには、もともとどんな名も存在しない」（傍線部ウ）とはどういうことか、説明せよ。

（四）「日本人であることに、誰も安心はできない」（傍線部エ）とはどういうことか、本文全体の趣旨を踏まえて一〇〇字以上一二〇字以内で説明せよ（句読点も一字と数える）。

「出生」を意味する。そして英語で naturally と言えば、「自然に」から転じて「当然に」「自明に」「無論」という意味になる。

「生まれ」が「同じ」者の間で、「自然」だからこそ「当然」として主張される平等性。そして、それと表裏一体の、「生まれ」が「違う」

者に対する排他性。歴史的状況や文化的文脈によってナショナリズムにもさまざまな異型があるが、この性格はこの政治現象の不

変の核と言っていいだろう。だからいまも、世界のほとんどの国で、国籍は生地か血統にもとづいて付与されている。

しかし、生地にしても血統にしても、「生まれ」が「同じ」とはどういう意味だろう。ある土地の広がりが「フランス」とか「日本」と

いう名で呼ばれるかどうかは少しも「自然」ではない。文字通りの「自然」のなかには、もともとどんな名も存在しないからだ。また

両親が「同じ」でも、たとえ一卵性双生児でも、人は「ただひとり」生まれることにかわりはない。私たちは知らないうちに名を与え

られ、ある家族の一員にされる。それがどのようになされたかは、言葉を身につけたのち、人づてに聞くことができるだけだ。親

が本当に「生みの親」かどうか、自然に、感覚的確信に即して知っている人は誰もいない。苗字が同じであることも、母の言葉が

母語になったことも、顔が似ていることも、何も私の血統を自然にはしない。

一言で言えば、あらゆるナショナリズムが主張する「生まれ」の「同一性」の自然的性格は仮構されたものなのだ。それは自然では

なく、ひとつの制度である。ただし、他のどんな制度よりも強力に自然化された制度である。日本語で「帰化」（もともとは天皇の

権威に帰順するという意味）と呼ばれる外国人による国籍の取得は、フランス語や英語では naturalis (z)ation、「自然化」と呼ば

る。この言葉は意味シンチョウだ。なぜなら、外国人ばかりでなく、たとえば血統主義の国籍法を採用する日本で日本人の親から

生まれた人でも、その人に国籍が付与されるとき、あるいはその人がなにがしかの国民的同一性を身につけるとき、それはいつで

も、自然でないものを自然なものとする操作、つまり「自然化」によってなされるしかないからだ。

「自然化」とは、繰り返すが、自然でないものを自然なものとする操作のことである。言い換えれば、この操作はけっして完了す

ることがない。そして、いつ逆流するか分からない。「非自然化」はいつでも起こりうる。昨日まで自然だったこと、自然だと信じ

人でも「よそ者」は目ざとく見つけ容赦なく切り捨てるガイドの方だろうか。確かだと思えるのは、私のような「日本人」ばかりではナショナリズムを「立ち上げる」のは容易ではないだろうということ、日本のナショナリズムは、かつても現在も、このガイドのようにきちんと振る舞える人々を欠かせない人材として要請し、養成してきたに違いないということである。少なくとも可能的に、「国民」の一部を「非国民」として、「獅子身中の虫」として、摘発し、切断し、除去する能力、それなくしてナショナリズムは「外国人」を排除する「力」をわがものにできない。それはどんなナショナリズムにも共通する一般的な構造だが、日本のナショナリズムはこの点で特異な道を歩んでもきた。この数十年のあいだ中流幻想に浸っていた日本人の社会は、いまふたたび、急速に階級に分断されつつある。それにつれてナショナリズムも、ふたたび、その残忍な顔を、〈外〉と〈内〉とに同時に見せ始めている。

もちろん私は、この出来事の後、外国で日本人の団体ツアーにはけっして近づかないようにしている。「折り目正しい」日本人でないことが、いつ、なぜ、どうして「ばれる」か知れたものではないからだ。しかし、外国では贅沢にも、私は日本人の団体に近づかない「自由」がある。でも、日本ではどうだろう。日本人の団体の近くにいない「自由」があるだろうか。この「自由」がないかきわめて乏しいことこそは、近代的な意味で「ナショナルな空間」と呼ばれるものの本質ではないだろうか。

子供も、大人も、日本にいる人はみな、たとえ日本で生まれても、日本人の親から生まれても、ただひとり日本人に取り囲まれている。生まれてから死ぬまで。そして、おそらく、死んだあとも。「ただひとり」なのは、生地も血統も、その人の「生まれ」にまつわるどんな「自然」も、自然にその人を日本人にはしてくれないからだ。

ナショナリズム nationalism というヨーロッパ起源の現象を理解しようとするなら、nation という言葉の語源だけは知っておきたい。それはラテン語で「生まれる」という意味の nasci という動詞である。この動詞から派生した名詞 natio はまず「出生」「誕生」を意味するが、ラテン語のなかですでに「人種」「種族」「国民」へと意味の移動が生じていた。一方、「自然」を意味するラテン語、英語やフランス語の nature のもととなった natura も、実は同じ動詞から派生したもう一つの名詞なのだ。この言葉もやはりまず

東京大-理科前期　2022 年度　国語　105

そうに小さな笑みを浮かべていたか。少なくとも、とっさに日本人でないふりをすることはできなかった。

この状況は、ちょっと考えてみるとなかなか奇妙なものだ。というのも、私がこんな目に遭う危険は、日本以外の国のツアー客に「パラサイト」しているときにはまずありえないからだ。英語やフランス語のガイドたちは自分のグループのそばに「アジア人」が一人たたずんでいても気にも止めないだろう。それに、顧客以外の誰かが自分の説明に耳を傾けていたとして、それがガイドにどんな不都合になるというのか。博物館内の、障壁のない、公的な空間で、自分の言葉を対価を払った人々の耳だけに独占的に届けよう、どんなにおとなしくしていても「たかり」は「たかり」、「盗み聞き」は断固許すまじという使命感。それは空しい使命感にちがいない。日本語の分かる非日本人はいまではどこにでもいるし、私のような顔をしていないかもしれないし、まして私のような反応は、おそらく誰もしないだろうから。

しかし、その日ガイドの「排外神経」の正確な標的になったのは私だった。彼女は私が日本人であることを見切り、見とがめられたのちの私の反応も読んでいた。私は自分の油断を反省した。日本人がこのような状況でこのように振る舞いうることをうっかり忘れていたのである。日本にいるときはこちらもそれなりに張りつめている神経が、外国だからこそ<u>ａユル</u>んでいたらしい。日本のなかでは日本人種々の集団に分かれてたがいに壁を築く。しかし、ひとたび国外に出れば……。だがそれは、菊の紋章付きの旅券を持つ者の、無意識の、甘い想定だったようだ。その「甘さ」において私はまぎれもなく「日本人」だったから<u>ア</u>こそ日本人にパラサイトの現場を押さえられ、追い払われ、そして、逆説的にも、その排除を通じてある種の帰属を確認することを余儀なくされたのである。

この<u>些_{さい}ｂ細_{さい}</u>でコッケイな場面が、このところ、「ナショナルな空間」というものの縮図のように思えることがある。ときどき考えるのだが、このときの私とガイドを較べた場合、どちらがより「ナショナリスト」と言えるだろう。「同じ日本人なんだからちょっと説明を聞くくらい……」と、「甘えの構造」の「日本人」よろしくどうやら思っていたらしい私の方だろうか。それとも、たとえ日本

国語

（一〇〇分）

（注）　解答は、一行の枠内に二行以上書いてはいけない。

次の文章を読んで、後の設問に答えよ。

第　一　問

　五年ほど前の夏のことだ。カイロの考古学博物館で私はある小さな経験をした。一人で見学をしていたとき、ふと見ると日本の
ツアー団体客がガイドの説明に耳を傾けていた。私は足を止め、団体の後ろで何とはなしにその解説を聞いていた。その前にすで
に、仕事柄多少は理解できる他の言葉、英語やフランス語で他の国々の団体客向けになされていた解説もそれとなく耳に入ってい
たから、私にはそれは、ごく自然な、行為ともいえないような行為だった。ところが、日本人のガイドはぴたりと説明を止め、私
を指差してこう言ったのだ。「あなたこのグループの人じゃないでしょ。説明を聞く資格はありません！」
　要するに、あっちに行けということである。エジプトの博物館で、日本人が日本人に、お前はそこにいる権利はないと言われた
のである。そのとき自分がどんな表情をしていたか、われながら見てみたいものだと思う。むっとしていたか、それともきまり悪

MEMO

MEMO

MEMO

2021年度

問題編

東京大-理科前期   2021 年度　問題　*3*

■前期日程

問題編

▶試験科目・配点

教　科	科　　　　目	配　点
外国語	「コミュニケーション英語Ⅰ・Ⅱ・Ⅲ」，ドイツ語，フランス語，中国語から1外国語を出願時に選択。英語試験の一部分に聞き取り試験（30分程度）を行う。 　ただし，英語の選択者に限り，英語の問題の一部分に代えて，ドイツ語，フランス語，中国語，韓国朝鮮語のうちから1つを試験場で選択することができる。	120 点
数　学	数学Ⅰ・Ⅱ・Ⅲ・Ａ・Ｂ	120 点
理　科	「物理基礎・物理」，「化学基礎・化学」，「生物基礎・生物」，「地学基礎・地学」から2科目を出願時に選択	120 点
国　語	国語総合，国語表現	80 点

▶備　考

• 英語以外の外国語は省略。
• 数学Ⅰ，数学Ⅱ，数学Ⅲ，数学Ａは全範囲から出題する。数学Ｂは「数列」，「ベクトル」から出題する。
• 「物理基礎・物理」は物理基礎，物理の全範囲から出題する。
• 「化学基礎・化学」は化学基礎，化学の全範囲から出題する。
• 「生物基礎・生物」は生物基礎，生物の全範囲から出題する。
• 「地学基礎・地学」は地学基礎，地学の全範囲から出題する。
※理科三類は，上記に加えて個人面接を課す（複数の面接員による10分間程度の面接を行い，その評価を参考にして，場合によっては，2次面接を行うことがある）。総合判定の判断資料とし，学力試験の得点にかかわらず不合格となることがある。なお，面接試験では，受験者の人間的成熟度，医学部への適性，コミュニケーション能力等を評価する。

英語

（120 分）

（注　意）

1．3 は聞き取り問題である。問題は試験開始後 45 分経過した頃から約 30 分間放送される。

2．解答は，5 題を越えてはならない。

3．5 題全部英語の問題を解答してもよいし，また，4・5 の代わりに他の外国語の問題Ⅳ・Ⅴを選んでもよい。ただし，ⅣとⅤとは必ず同じ外国語の問題でなければならない。

（他の外国語の問題は省略―編集部）

1 (A) 以下の英文を読み，10 代の若者の気質の変化について，70〜80 字の日本語で要約せよ。句読点も字数に含める。

Consider a study of thousands of Dutch teenagers — the youngest were aged 12 at the start — who completed personality tests each year for six or seven years, beginning in 2005. The results seemed to back up some of the stereotypes we have of messy teen bedrooms and mood swings. Thankfully this negative change in personality is short-lived, with the Dutch data showing that the teenagers' previous positive features rebound in later adolescence.

Both parents and their teenage children agree that changes occur, but surprisingly, the perceived change can depend on who is measuring, according to a 2017 study of over 2,700 German teenagers. They rated their own personalities twice, at age 11 and age 14, and their parents also rated their personalities at these times. Some revealing differences emerged: for

東京大-理科前期   2021 年度　英語　5

instance, while the teenagers rated themselves as declining in ability to get along with adults, their parents saw this decline as much sharper. Also, the teens saw themselves as increasingly friendly to each other, but their parents saw them as increasingly withdrawn. "Parents, as a whole, see their children as becoming less nice," was the researchers' interpretation. On a more positive note, the parents saw their children's declines in honesty as less striking than their children did.

This mismatch may seem contradictory at first, but can perhaps be explained by the big changes underway in the parent-child relationship brought on by teenagers' growing desire for autonomy and privacy. The researchers point out that parents and teens might also be using different reference points — parents are measuring their teenagers' features against a typical adult, while the teenagers are comparing their own features against those displayed by their peers.

This is in line with several further studies, which also reveal a pattern of a temporary reduction in advantageous features — especially niceness and self-discipline — in early adolescence. The general picture of the teenage years as a temporary personality conflict therefore seems accurate.

(B)　以下の英文を読み，(ア)，(イ)の問いに答えよ．

Many artists are turned off by artificial intelligence. They may be discouraged by fears that A.I., with its efficiency, will take away people's jobs. They may question the ability of machines to be creative. Or they may have a desire to explore A.I.'s uses — but aren't able to understand its technical terms.

This all reminds me of when people were similarly doubtful of another technology: the camera. In the 19th century, with the invention of modern photography, cameras introduced both challenges and benefits.　｜　(1)　｜ .

―――

出典追記：（A）How our teenage years shape our personalities, BBC Future on June 11, 2018 by Christian Jarrett

6　2021 年度　英語　　　　　　　　　　　　東京大-理科前期

Some felt this posed a threat to their jobs.

But for those artists willing to explore cameras as tools in their work, the possibilities of photography proved inspiring. Indeed cameras, which became more accessible to the average user with advancements in technology, offered another technique and form for artistic endeavors like portrait-making.

Art matters because as humans, we all have the ability to be creative. (2) . History has shown that photography, as a novel tool and medium, helped revolutionize the way modern artists create works by expanding the idea of what could be considered art. Photography eventually found its way into museums. Today we know that cameras didn't kill art; they simply provided people with another way to express themselves visually.

This comparison is crucial to understanding the potential for artificial intelligence to influence art in this century.

As machine learning becomes an increasing part of our everyday lives — incorporated into everything from the phones we text with to the cars we drive — (3) . This question becomes even more relevant as machines step into the artistic realm as *creators* of art. In summer 2019, the Barbican Centre in London presented A.I.-produced pieces in a show called "A.I.: More Than Human." And in November later that year, over one million people attended an exhibition exploring art and science at the National Museum of China in which many works were created using computer programs.

I founded the Art and Artificial Intelligence Laboratory at Rutgers University in 2012. As an A.I. researcher, my main goal is to advance the technology. For me, this requires looking at human creativity to develop programs that not only understand our achievements in visual art, music and literature, but also produce or co-produce works in those fields. After all, it

東京大-理科前期   2021 年度　英語　7

is our capacity to expand our creative skills beyond basic problem-solving into artistic expression that uniquely distinguishes us as humans.

Human creativity has led to the invention of artificial intelligence, and now machines themselves can be forces of creativity. Naturally we are curious to see what A.I. is capable of and how it can develop. During the past eight years at the lab, our researchers have realized that A.I. has great potential for solving problems in art. For example, as a tool, machine intelligence can help distinguish authentic paintings from fake ones by analyzing individual brush strokes.

A.I. can also make sense of art by helping uncover potentially similar influences among artworks from different periods. In one test, machine learning was able to identify works that changed the course of art history and highlight new aspects of how that history evolved.

　　(4)　— nearly entirely on their own — that viewers are unable to distinguish from works made by human artists. A.I. is even able to compose music that you can listen to on your mobile phone.

Artists have long integrated new technologies into their practices. A.I. is no exception, yet there is a fundamental difference. This time, the machine is its own source of creativity — with the ability to search through vast amounts of historical and social data, artificial intelligence can produce imagery that is beyond our imagination. This element of surprise is the force that can advance artistic mediums in new directions, with the machines functioning not only as tools for artists, but also as their partners.

But can an artificially intelligent machine be an artist in its own right? My answer is no.

While the definition of art is ever-evolving, at its core it is a form of communication among humans. Without a human artist behind the machine, A.I. can (イ), whether that means manipulating *pixels on a screen or notes on *a music ledger. These activities can be engaging and interesting

8 2021 年度　英語　　　　　　　　　　　　　　　　　　　　　東京大-理科前期

for the human senses, but they lack meaning without interaction between artist and audience.

I've noticed that new technologies are often met first with doubt before eventually being adopted. I see the same path emerging for artificial intelligence. Like the camera, A.I. offers a means for artists and non-artists alike to express themselves. That makes me confident that ⬚ (5) ⬚ . The future of art looks promising.

注

pixel　ピクセル，画素

a music ledger　五線譜

(ア)　空所 (1) ～ (5) に入れるのに最も適切な文を以下の a) ～ h) より一つずつ選び，マークシートの (1) ～ (5) にその記号をマークせよ。ただし，同じ記号を複数回用いてはならない。また，文頭であっても小文字で表記してあるので注意せよ。

a)　beyond digesting information, machines have also been able to create novel images

b)　but this is an age of harmony between humanities and technologies

c)　it's only natural to ask what the future of art in such an A.I.-dominated society will be

d)　smart machines can only help, not hurt, human creativity

e)　the machine would not contribute to human creativity

f)　the problem is whether art will overcome the limit of photography

g)　while some artists embraced the technology, others saw them as alien devices that required expertise to operate

h)　with time, the art we create evolves, and technology plays a crucial role in that process

---

出典追記：(B) © The New York Times

東京大-理科前期   2021 年度　英語　*9*

(イ)　下に与えられた語を正しい順に並べ替え，空所 (イ) を埋めるのに最も適切
　　な表現を完成させ，記述解答用紙の 1 (B) に記入せよ。

　　　do　　　form　　　little　　　more　　　play　　　than　　　with

2　(A)　あなたにとって暮らしやすい街の，最も重要な条件とは何か。理由を添え
　　　て，60～80 語の英語で述べよ。

　(B)　以下の下線部を英訳せよ。

　　　私が遊び好きだと言うと，欺されたような気になる方がおられるかもしれな
　　い。たしかに，ギリシア語やラテン語をモノにするには，一日七，八時間，八
　　十日間一日も休まずやらなければならなかった。基本的テキストを読むとき
　　は，毎日四，五ページ，休まずに読みつづけなければならなかった。それでは
　　遊ぶ暇なんかないじゃないか。何が遊び好きだ，と。
　　　いや，別に嘘をついているわけではない。たしかに，大学に入ってしばらく
　　のあいだ，語学を仕込む期間はこんなふうにやらなければならなかった。だ
　　が，語学の習得は自転車に乗る練習のようなもので，練習しているあいだは大
　　変でも，一度乗れるようになってしまえばなんでもない。あとはいつも乗って
　　さえいればいいのだ。

　　　　　　　　　　　　　　　　　　　　（木田元『新人生論ノート』を一部改変）

10 2021 年度 英語　　　　　　　　　　　　　　　　　　　　　東京大-理科前期

3 放送を聞いて問題 (A), (B), (C) に答えよ。(A) と (B) は内容的に関連している。(C) は独立した問題である。(A), (B), (C) のいずれも 2 回ずつ放送される。

- ・　聞き取り問題は**試験開始後 45 分**経過した頃から約 30 分間放送される。
- ・　放送を聞きながらメモを取ってもよい。
- ・　放送が終わったあとも，この問題の解答を続けてかまわない。

(A)　これから放送するのは，絵画の贋作について，美術研究者 Noah Charney に行ったインタヴューである。これを聞き，(6) ~ (10) の問いに対して，それぞれ最も適切な答えを一つ選び，マークシートの (6) ~ (10) にその記号をマークせよ。

(6)　What is "craquelure"?

　a)　Faults caused by covering a painting over time.

　b)　Lines produced by paint expanding and contracting.

　c)　Marks produced by spiders on the surface of a painting.

　d)　Patterns produced by worms eating through a painting.

　e)　Stains on a painting produced by artists.

(7)　Of all the people Charney writes about, why is Eric Hebborn his favorite?

　a)　Because he has the same level of skill as the artists whose work he copies.

　b)　Because he has written several books on the subject of faking art.

　c)　Because he invented numerous techniques for imitating paintings.

　d)　Because he is the most famous.

　e)　Because he is the only person to successfully reproduce craquelure.

(8)　Which of the following statements about wormholes is NOT true?

　a)　They are difficult to reproduce mechanically.

　b)　They are not regularly shaped.

東京大-理科前期   2021 年度　英語　*11*

c)　They are one of the most difficult aspects of a painting to copy.

d)　They are produced by insects eating the painting.

e)　They can easily be reproduced by using the right kind of tools.

(9)　According to Charney, the reason many fake paintings are not recognized as such is that

a)　few works of art undergo close examination.

b)　specialists seldom look at the frame of a painting.

c)　the fakers have too many ways to imitate paintings.

d)　there are not enough effective ways to identify fake paintings.

e)　we have too little knowledge about how paintings change over time.

(10)　We can distinguish an imitation from an authentic work most clearly

a)　by checking that the style matches other known works by the artist.

b)　by identifying the precise material used in the painting.

c)　by looking at the writing and other marks on the back of the painting.

d)　by studying the documented history attached to the painting.

e)　by using the latest scientific techniques to test the painting.

(B)　これから放送するのは，司会者と Noah Charney による，(A) と内容的に関連した会話である。これを聞き，(11) ～ (15) の問いに対して，それぞれ最も適切な答えを一つ選び，マークシートの (11) ～ (15) にその記号をマークせよ。

(11)　Which of the following is NOT mentioned by Charney as a feature of the fake Rothko painting?

a)　It is a large painting.

b)　It is an abstract painting.

c)　It is painted in Rothko's style.

12 2021 年度 英語　　　　　　　　　　　　　　　　　東京大-理科前期

d)　It is painted on a canvas once used by Rothko.

e)　It uses red and black.

(12)　According to the dialogue, the painting resembles a work of Rothko so much that it deceived

a)　Noah Charney.

b)　the chairman of Sotheby's.

c)　the columnist who first wrote about it.

d)　the judge in a Manhattan court.

e)　the reporter covering the trial.

(13)　Where is the painting now?

a)　It has been destroyed.

b)　It is being used for education.

c)　It is in a courtroom.

d)　It is in a museum collection.

e)　It is in Noah Charney's possession.

(14)　Which of the following does the art world usually rely on to decide whether a painting is authentic?

a)　Analysis of style.

b)　Documented history.

c)　Expert opinion.

d)　Record of ownership.

e)　Rigorous testing.

(15)　Which of the following statements is an opinion shared by Noah Charney about art fakes?

a)　They bring shame on people who are tricked by them.

東京大-理科前期   2021 年度　英語　*13*

b)　They should be destroyed to prevent anyone from making a profit from them.

c)　They should be preserved for educational purposes.

d)　They should be tested scientifically to reveal how they were produced.

e)　They should be treated like any other work of art and displayed in a museum.

(C)　これから放送する講義を聞き，(16) ～ (20) の問いに対して，それぞれ最も適切な答えを一つ選び，マークシートの (16) ～ (20) にその記号をマークせよ。

注

Mayan　マヤの

ecosystem　生態系

Sumer　シュメール

(16)　Which of the following statements does NOT match the collapse of the Mayan civilization?

a)　An increasing number of people died as the civilization declined.

b)　Some areas continued to flourish in spite of the downfall of the civilization.

c)　Some cities were deserted because of the drop in population.

d)　Some cultural activities continued until the arrival of the Spanish.

e)　The Mayan civilization was destroyed relatively quickly.

(17)　Which of the following statements about civilizational collapse is NOT mentioned in the lecture?

a)　It is like a forest fire in which an entire ecosystem is forever lost.

b)　It is part of a natural process of growth and decline.

c)　It made it possible for the nation-state to emerge in Europe.

14 2021 年度　英語　　　　　　　　　　　　　　　　　　　　　　　東京大-理科前期

   d) It tends to be seen in negative terms because we usually see history from the viewpoint of elites.

   e) We have few records of what happened to the poorest members of a society.

(18) According to the lecture, the collapse of Sumer in ancient Mesopotamia

   a) is an example of a decline that only affected cities.

   b) led to heavy taxation.

   c) took place at the end of the second millennium BCE.

   d) was a relief to the lower classes of Sumerian society.

   e) was the best thing that could have happened to land owners.

(19) Choose the statement that best matches the lecturer's observations on the blackout in New York in the 1970s.

   a) A lot of people were injured by accidents in the subways.

   b) Civilizational collapse can take place anywhere and at any time.

   c) New York City should have taken more action to reduce crimes.

   d) Our reliance on technology is now greater than at any other time.

   e) The loss of electricity allowed criminals to escape from prisons.

(20) According to the lecture, modern societies are more likely to collapse than earlier ones because

   a) climate change poses an urgent threat.

   b) people are anxious about the possibility of a dark future.

   c) the world is more interconnected than ever before.

   d) their political structures are more fragile.

   e) wars now have much greater destructive potential.

東京大-理科前期 2021 年度 英語 *15*

4 (A) 以下の英文の段落 (21) ~ (25) にはそれぞれ誤りがある。修正が必要な下線部を各段落から一つずつ選び，マークシートの (21) ~ (25) にその記号をマークせよ。

(21) First came the dog, (a)followed by sheep and goats. Then the floodgates opened: pigs, cows, cats, horses and birds (b)made the leap. Over the past 30,000 years or so, humans have *domesticated all manner of species for food, hunting, transport, materials, to (c)control savage beasts and to (d)keep as pets. But some say that before we domesticated any of them, we first (e)had little to domesticate ourselves.

(22) Started by Darwin and even Aristotle, the idea of human domestication (a)has since been just that: an idea. Now, for the first time, *genetic comparisons between us and *Neanderthals suggest that we really (b)may be the puppy dogs to their savage wolves. (c)Not only could this explain some long-standing mysteries — (d)but also including why our brains are strangely smaller than those of our Stone Age ancestors — (e)some say it is the only way to make sense of certain twists of human evolution.

(23) One major insight into what happens (a)when wild beasts are domesticated comes from a remarkable experiment that began in 1959, in Soviet Siberia. There, Dmitry Belyaev (b)took relatively wild foxes from an Estonian fur farm and bred them. In each new generation, he chose the most cooperative animals and (c)encouraged them to mating. Gradually, the foxes began to behave more and more like pets. But it (d)wasn't just their behaviour that changed. The gentler foxes also looked different. Within 10 generations, white patches started to appear on their fur. A few generations later, their ears became more folded. Eventually their skulls (e)began to shrink to a smaller size.

(24) These were precisely the features that Belyaev (a)was looking for. He had noticed that many domesticated mammals — most of which (b)weren't

16 2021 年度 英語   東京大-理科前期

selectively bred, but gradually adapted to live alongside humans — have
similarities. Rabbits, dogs and pigs often have patches of white hair and
folded ears, for instance, and their brains (c)are generally smaller like those of
their wild relatives. Over the years, the collection of physical features
associated with loss of wildness (d)has been extended to smaller teeth and
shorter noses. Together, they (e)are known as the domestication syndrome.

(25) Many creatures carry aspects of the domestication syndrome,
(a)including one notable species: our own. We too have relatively short faces
and small teeth. Our relatively large brains (b)are smaller than those of our
Neanderthal cousins — something that (c)has puzzled many an evolutionary
biologist. And like many domesticated species, young humans (d)are also
programmed to learn their peers for an unusually long time. Some of these
similarities between humans and domesticated animals were noted early in
the 20th century, but there was no follow-up. It was only after Belyaev
made public his experiments (e)that a few evolutionary biologists once more
began to consider the possibility that modern humans might be a domestic
version of our *extinct relatives and ancestors.

注

domesticate　家畜化する（飼い慣らす）

genetic　遺伝子に基づく

Neanderthal　ネアンデルタール人

extinct　絶滅した

(B)　以下の英文を読み，下線部 (ア)，(イ)，(ウ) を和訳せよ。

　　We do not tell others everything we think. At least, this applies to most
people in (perhaps) a majority of social situations. A scholar even concludes
that "we lie — therefore we think." Perhaps, one would also want to reverse

---

出典追記：（A）The tamed ape : were humans the first animal to be domesticated?, New Scientist on February 21, 2018
by Colin Barras

東京大-理科前期   2021 年度 英語 *17*

this saying ("we think, therefore we sometimes lie"). In any case, there is a constant struggle between revealing and hiding, between disclosure and non-disclosure in communication. We are more or less skilled in suppressing the impulses to express all kinds of responses. (ア)If we were to make everything we think public by saying it aloud, it would sometimes be quite embarrassing, or face-threatening, not only for the speaker, but for both (or all) parties. Another researcher points out that narration in social contexts often involves circumstances that promote non-disclosure such as silent resistance and secret alliances. (イ)Accordingly, some things get said, others not.

One may argue that we need a dialogical theory of inner dialogue to account for the struggle between disclosure and non-disclosure. Surely, ecological psychologist Edward Reed suggests that "one could argue that (ウ)the primary function of language is for concealing thoughts, diverting others' attention from knowing what one is thinking." *Monological theories of communication, with their conception of external dialogue as a mechanical transfer of messages produced by the individual, do not seem to be capable of developing the point.

注

monological theory　聞き手を前提としない monologue（個人発話）に基づく
　　　　　　　　　理論

出典追記：（B）Rethinking Language, Mind, and World Dialogically, Information Age Publishing

18 2021 年度 英語　　　　　　　　　　　　　　　　　　　　東京大-理科前期

5　以下の英文を読み，(A)〜(D)の問いに答えよ。

Have you ever been eating in a restaurant — just an ordinary café or dining room, 　ア(26)　 by the rush of waitresses, the buzz of conversation, and the smell of meat cooking on a grill — and when you take up the salt to sprinkle it over your eggs, you're struck by the simple wonder of the shaker, filled by unseen hands, ready and awaiting your pleasure? For you, the shaker exists only for today. But in reality it's there hour after hour, on the same table, refilled again and again. The evidence is visible in the threads beneath the cap, worn down by 　ア(27)　 twisting — someone else's labor, perhaps the girl with the pen and pad waiting patiently for you to choose an ice cream, the boy in an apron with dirty sneakers, perhaps someone you'll never in your life see. This shaker is work, materially realized. And there you are, undoing it.

Or you might have wandered through a department store, looking at neat stacks of buttoned shirts. The size or color you prefer is at the bottom of the stack, and though you're as gentle as can be lifting the shirts, extracting only the 　ア(28)　 one, the pile as you leave it is never quite as tidy, and it won't be again until the invisible person returns to set things right.

Cash in an ATM machine. Hotel towels on the floor. The world is full of (A)<u>this kind of work</u>, always waiting to be done and then undone, so it can be done again.

This morning, I gathered up all the cans and bottles thrown about the apartment by my boyfriend and put them in a bag to carry down to the building's rubbish area. He hasn't slept here in a week, but I'd been staying late at the university library and only managed to lift myself out of bed in time to bathe and run to my secretary job in an office in downtown Kobe, where every day I perform my own round of boring tasks. I'm fairly good at it, though. I'm careful to put the labels on file folders so they are perfectly centered, perfectly straight, and I have a system of the colors of ink and sticky notes that keeps everything ［ ア(29) ］ . I never run out of pens or paper clips. When anyone needs an aspirin or a piece of gum or a cough drop, I'm the one who has it in her desk drawer. Always. Like magic.

Today is Sunday and both the office and the university library are closed. My boyfriend texted he'd arrive at one o'clock, so I have all morning to straighten up the apartment and shop. Around eleven last night I finished my final paper of the year, and there won't be another until classes begin again in a few weeks. It's a comfortable feeling.

Besides the cans and bottles, there are the containers of takeout yakisoba, with dried spring onion stuck on them, from our dinner together last weekend. The oily paper bags that once held pastries I pick up half-price from the bakery in *Sannomiya before it closes. I eat these on weeknights, alone, in bed. Sometimes in the morning, I discover bits of pastries or spots of cream on my pillow. My boyfriend would be ［ ア(30) ］ .

After throwing away the containers and bags into the overflowing rubbish box, I strip the bed sheets and leave them in a pile beside the bed. There are many other things to do, but the sky is threatening rain and I decide to do the shopping before it starts to pour.

To go out, I put on a salmon-pink raincoat and hat my boyfriend gave me on my birthday. He mentioned, modestly, that it came from a special shop in Tokyo. Not long after, I spotted the same set in an ordinary clothing store in *Umeda. (B) It's possible the Tokyo salesgirl took advantage of him; she probably convinces every customer what he purchased was one-of-a-kind. Then, after he left, she simply brought out another from the back.

I didn't tell my boyfriend about the second coat, or that the shade of pink was exactly like the smocks worn by the small boys and girls in the daycare down the road. The first time I wore it, I found myself in a narrow

20 2021 年度 英語　　　　　　　　　　　　　　　　　　　東京大-理科前期

alley with the daycare attendants and a long line of small children, moving like a grotesque pink worm.　The attendants grinned at me as I pressed my back against the wall, trying to disappear, then hurried off the other way.

On a Sunday, though, the children should all be at home.

With my purse, shopping bag, and the collection of cans and bottles, I leave the apartment and lock the heavy metal door behind me.　The apartment is on the top floor, so there are three flights of stairs before I reach the parking lot level.　I rarely meet anyone going up or down.　For several years, this building has been ‎ ｱ(31) ‎ by foreigners: English teachers from the neighborhood conversation schools, Korean preachers, now and then a performer from an amusement park.　None of them stay very long.　My apartment was the home of the former secretary in my office, and when she left to get married she offered her lease to me.　That was five years ago.　I am now the building's most ‎ ｲ ‎ tenant.

The rubbish area is in a sorry state.　Despite the clearly marked containers for different types of glass and plastic, and the posted calendar of pick-up days, the other tenants leave their waste where and whenever they choose.　I place my cans and bottles in the proper boxes, and with my foot attempt to move the other bundles toward their respective areas.　Some of the tenants combine unlike items into a single bag, so even this small effort on my part doesn't clear up the mess.　I feel sorry for the garbage collectors, the people (C)_____ one by one.

注

Sannomiya(三宮)　神戸を代表する繁華街

Umeda(梅田)　大阪の二大繁華街の一つ

(A)　下線部 (A) の内容を説明せよ。

（解答欄：約 17 センチ × 3 行）

出典追記：This Will Only Take a Moment,　New England Review；Middlebury Volume 41, No. 1 by Elin Hawkinson

東京大-理科前期　　　　　　　　　　　　　　　2021 年度　英語　*21*

(B)　下線部 (B) の内容を具体的に説明せよ。

（解答欄：約 17 センチ×3 行）

(C)　下に与えられた語を正しい順に並べ替え，下線部 (C) を埋めるのに最も適
　　切な表現を完成させよ。

　　　　is　　it　　pieces　　sort　　task　　the　　to　　whose

(D)　以下の問いに解答し，その答えとなる記号をマークシートにマークせよ。

(ア)　空所アの (26) ～ (31) には単語が一つずつ入る。それぞれに文脈上最も適
　　切な語を次のうちから一つずつ選び，マークシートの (26) ～ (31) にその記号
　　をマークせよ。ただし，同じ記号を複数回用いてはならない。
　　　a)　chosen　　　b)　encouraged　　c)　horrified　　　d)　occupied
　　　e)　organized　　f)　realized　　　　g)　repeated　　　h)　surrounded

(イ)　空所　イ　に入れるのに最も適切な語を次のうちから一つ選び，
　　マークシートの (32) にその記号をマークせよ。
　　　a)　boring　　　　　　b)　difficult　　　　　c)　egocentric
　　　d)　faithful　　　　　e)　popular

(ウ)　本文の内容と合致するものはどれか。最も適切なものを一つ選び，マーク
　　シートの (33) にその記号をマークせよ。
　　　a)　The author does not like her boyfriend who has no taste in clothes.
　　　b)　The author focuses on the necessary labor which is done unnoticed.
　　　c)　The author has a good friend in her office who always helps her like a
　　　　　magician.
　　　d)　The author has an ambition to reform the local community and public
　　　　　welfare.
　　　e)　The author is fed up with her domestic household routine and her job as
　　　　　a secretary.

3 聞き取り問題放送用スクリプト

[問題(A)]

DAVE DAVIES, HOST：If you had the artistic talent to create impressive paintings, could you imagine devoting that skill to copying the work of past artists? Our guest is art scholar Noah Charney, whose new book looks at the techniques, interesting characters and consequences of faking art, dating back to the Renaissance.

　Noah Charney, welcome to the program. So what physical things would you look for in a painting to help determine its authenticity?

NOAH CHARNEY：Well, for an oil painting, one of the things that has to be copied is called craquelure.

DAVIES：Can you tell us what craquelure is?

CHARNEY：Craquelure is the web of cracks that appears naturally in oil paint over time as it expands and contracts, and it has a pattern on the surface like a spider web. What you can do is study that pattern and determine whether it was artificially produced to make it look old quickly or whether it appeared naturally.

DAVIES：How do you create craquelure?

CHARNEY：Some of the characters in my book gave accounts of their own recipes because they wanted to be famous, and one of them is Eric Hebborn—and if I'm allowed to have a favourite, it would be him.

DAVIES：Why is that?

CHARNEY：He's the only one who I would argue was at the same artistic level as the people he imitated. In his recent book, he explains how to cover an oil painting in something like butter, and then you literally bake the painting like cookies in an oven and it produces something that looks like craquelure. This takes time and effort but he was able to successfully achieve it.

東京大-理科前期   2021 年度　英語　*23*

DAVIES：What else matters — labels, letters, the material that it's painted on?

CHARNEY：Well it's very important to look at the back of paintings and prints. There's a lot of information there that people tend not to look at, like old stamps from auctions or previous owners. There might be information on the frame itself—where the canvas was purchased, for instance. These sorts of details are very important, but people tend to look at the front of a painting and not turn it over.

DAVIES：And wormholes also tell a story, right?

CHARNEY：Yes, and that is one of the most difficult things to reproduce. These are literally holes that tiny insects make. They eat their way through paintings and it's incredibly difficult to do anything that looks organic and irregular if you're trying to reproduce it by hand using tools like small drills or screws.

So for each means used by someone faking art, there's a way we can spot it. But the trick is that it rarely gets to the point of deep analysis. The nature of the art trade is that, if it looks pretty good and experts agree on it and if the documented history looks credible, then nobody bothers with scientific testing. And it probably shouldn't be that way but it's been that way for a very long time.

[問題(B)]

MARY LOUISE KELLY, HOST：In a Manhattan court, a trial is taking place that has attracted the art world's attention. The trial is about a painting that was believed to be by the famous artist Mark Rothko and valued at more than eight million dollars. Or at least it was right up to the moment it was discovered that the painting is not by Rothko but is in fact a fake and worth, well, a lot less than eight million dollars. To learn more we called up Noah Charney. He's the author of a new book on art fakes. Mr.

Charney, describe the painting for us if you would. I gather it's actually in the court room there, propped up next to the witness stand?

NOAH CHARNEY : It is. It's a large-scale work on canvas. It's red and black. And it's abstract the way we think of most of the Rothko works. Certainly, in terms of style, it looks like an authentic painting by Rothko.

KELLY : Now, it must be an awfully good fake. I was reading through some of the reports of the trial, and one columnist wrote, it's so good it almost looks as though Rothko was guiding the painter's hand. Apparently it was good enough to fool the buyer, who is none other than the chairman of Sotheby's, the best-known art auction house in the world.

CHARNEY : It's an interesting question because knowing whether an artwork is fake is a centuries-old problem. Sometimes, painters of fakes become more famous than the original artists whose style they have copied. And so as an object, it's an absolutely beautiful one.

KELLY : Are fakes getting better?

CHARNEY : Fakes might be getting better, but they wouldn't have to be. And this is where it's a little bit complicated. There has always been too much dependence on expert opinion, which is subjective. It's not good, but that's what people still rely on. So when experts say that this is original, people are inclined to believe them.

KELLY : You mean an expert like the owner of the gallery that sold this painting?

CHARNEY : Exactly. And so there's a dependence and a sort of general agreement within the art world that has existed for centuries now that says, you know, if we say this is genuine, it is to the best of our knowledge, and that's that. There are two other things to consider, though. You can do research that looks at the documented history of the object to see if it matches what we see on the surface. And then there's scientific testing. And very few fakes would pass scientific tests. But they don't have to, and painters of fakes know this. If it looks pretty good, and if the history of the artwork appears convincing enough, then it will almost never be tested scientifically.

KELLY : Any idea what will happen to this painting at the end of the trial?

CHARNEY : I would like to see it survive and be put on display in a museum as a fake, for educational purposes. But some countries require that fake artworks be destroyed. And that's a shame because it's a beautiful object and it's something we can learn from as long as it does no harm and doesn't trick anyone in the future.

KELLY : All right. That's art historian Noah Charney. Thank you so much.

CHARNEY : Thanks for having me.

[問題(C)]

In our history, the end of a civilization has rarely been sudden and unexpected. Usually the process is long, slow and leaves society and culture continuing for many years. The collapse of the Mayan civilization in Central America, for example, took place over three centuries between 750 and 1050 CE. It was marked by a 10 to 15 per cent increase in death rate and some cities were abandoned, but other areas flourished, and writing, trade and urban living remained until the arrival of the Spanish in the 1500s.

The collapse of civilizations can also provide benefits for some. The emergence of the nation-state in Europe wouldn't have happened without the end of the Western Roman Empire many centuries before. This has led some scholars to speculate that collapse is like a forest fire — an act of creative destruction that provides resources for evolution and space for reorganization.

Our visions of past collapses are typically seen through the eyes of its most privileged victims: the elite, whose lives, unlike those of the poor, remain comparatively well documented. But for the peasants of Sumer in ancient Mesopotamia, for instance, the political collapse that took place at the beginning of the second millennium BCE was the best thing that could have happened. Researchers have known for some time that early states had to restrict the freedom of much of their population. The end of the Sumerian civilization and the disappearance of harsh rulers from cities meant that the peasants could escape from hard labor and heavy taxation.

None of this means, however, that we should not be concerned about the prospects for a future fall. We are more dependent than ever on state infrastructure; lack of this can cause chaos. Take the near-total loss of electricity that affected New York City in 1977. Crime and destruction surged; 550 police officers were injured, and 4,500 people were arrested. This was the outcome of the financial crises in the 1970s as well as a simple loss of electricity. By contrast, a power cut in 1877 in New York City probably wouldn't even have been noticed.

Modern civilizations might be less capable of recovering from deep collapse than earlier ones. Individual hunter-gatherers knew how to live off the land—yet people in industrial society lack basic survival skills. Knowledge is increasingly held not by individuals but by groups and institutions. It is not clear if we could recover if our present society collapsed.

Finally, it's significant that the world has become more interconnected and complex. This enhances our capabilities but interconnected systems are more prone to random failure than isolated ones. Interconnectedness in financial systems can initially provide protection, but after a certain point it can actually cause everything to collapse. Historically this is what happened to Bronze Age societies in the Mediterranean. The interconnectedness of these people increased the prosperity of the region, but also set up a row of dominoes that could be knocked down by a powerful combination of earthquakes, warfare, climate change and rebellions.

Collapse, then, is a double-edged sword. Sometimes it's a chance to revive decaying institutions, yet it can also lead to loss of population, culture and political structures. If in the past, collapse has had both positive and negative consequences, in the modern world it might only lead to a dark future.

出典追記
問題(A)：Could The Masterpiece Be A Fake? Profit, Revenge And 'The Art Of Forgery', NPR on June 23, 2015
問題(B)：Art World Captivated By 'Fake Rothko' Trial, NPR on February 3, 2016　改変あり
問題(C)：Civilisational collapse has a bright past - but a dark future, Aeon on May 21, 2019 by Luke Kemp

数学

（150 分）

第 1 問

a, b を実数とする。座標平面上の放物線

$$C: \quad y = x^2 + ax + b$$

は放物線 $y = -x^2$ と 2 つの共有点を持ち，一方の共有点の x 座標は $-1 < x < 0$ を満たし，他方の共有点の x 座標は $0 < x < 1$ を満たす。

(1) 点 (a, b) のとりうる範囲を座標平面上に図示せよ。

(2) 放物線 C の通りうる範囲を座標平面上に図示せよ。

第 2 問

複素数 a, b, c に対して整式 $f(z) = az^2 + bz + c$ を考える。i を虚数単位とする。

(1) α, β, γ を複素数とする。$f(0) = \alpha$, $f(1) = \beta$, $f(i) = \gamma$ が成り立つとき，a, b, c をそれぞれ α, β, γ で表せ。

(2) $f(0), f(1), f(i)$ がいずれも 1 以上 2 以下の実数であるとき，$f(2)$ のとりうる範囲を複素数平面上に図示せよ。

東京大-理科前期   2021 年度　数学　*29*

第　　3　　問

関数
$$f(x) = \frac{x}{x^2 + 3}$$
に対して，$y = f(x)$ のグラフを C とする。点 A$(1, f(1))$ における C の接線を

$$\ell : \quad y = g(x)$$

とする。

(1) C と ℓ の共有点で A と異なるものがただ 1 つ存在することを示し，その点の x 座標を求めよ。

(2) (1) で求めた共有点の x 座標を α とする。定積分

$$\int_{\alpha}^{1} \{f(x) - g(x)\}^2 dx$$

を計算せよ。

第　　4　　問

以下の問いに答えよ。

(1) 正の奇数 K, L と正の整数 A, B が $KA = LB$ を満たしているとする。K を 4 で割った余りが L を 4 で割った余りと等しいならば，A を 4 で割った余りは B を 4 で割った余りと等しいことを示せ。

(2) 正の整数 a, b が $a > b$ を満たしているとする。このとき，$A = {}_{4a+1}C_{4b+1}$，$B = {}_aC_b$ に対して $KA = LB$ となるような正の奇数 K, L が存在することを示せ。

(3) a, b は (2) の通りとし，さらに $a - b$ が 2 で割り切れるとする。${}_{4a+1}C_{4b+1}$ を 4 で割った余りは ${}_aC_b$ を 4 で割った余りと等しいことを示せ。

(4) ${}_{2021}C_{37}$ を 4 で割った余りを求めよ。

第 5 問

α を正の実数とする。$0 \leqq \theta \leqq \pi$ における θ の関数 $f(\theta)$ を，座標平面上の 2 点 $A(-\alpha, -3)$, $P(\theta + \sin\theta, \cos\theta)$ 間の距離 AP の 2 乗として定める。

(1) $0 < \theta < \pi$ の範囲に $f'(\theta) = 0$ となる θ がただ 1 つ存在することを示せ。

(2) 以下が成り立つような α の範囲を求めよ。

$0 \leqq \theta \leqq \pi$ における θ の関数 $f(\theta)$ は，区間 $0 < \theta < \dfrac{\pi}{2}$ のある点において最大になる。

第 6 問

定数 b, c, p, q, r に対し，

$$x^4 + bx + c = (x^2 + px + q)(x^2 - px + r)$$

が x についての恒等式であるとする。

(1) $p \neq 0$ であるとき，q, r を p, b で表せ。

(2) $p \neq 0$ とする。b, c が定数 a を用いて

$$b = (a^2 + 1)(a + 2), \quad c = -\left(a + \frac{3}{4}\right)(a^2 + 1)$$

と表されているとき，有理数を係数とする t についての整式 $f(t)$ と $g(t)$ で

$$\{p^2 - (a^2 + 1)\}\{p^4 + f(a)p^2 + g(a)\} = 0$$

を満たすものを 1 組求めよ。

(3) a を整数とする。x の 4 次式

$$x^4 + (a^2 + 1)(a + 2)x - \left(a + \frac{3}{4}\right)(a^2 + 1)$$

が有理数を係数とする 2 次式の積に因数分解できるような a をすべて求めよ。

東京大-理科前期　　　　　　　　　　　　　　　　　　　　　　　2021 年度　物理　*31*

物理

（2 科目 150 分）

（注）　解答用紙は，〈理科〉共通。1 行：約 23.5 センチ，35 字分の区切りあり。
　　　　1・2 は各 25 行，3 は 50 行。

第1問　図 1—1 に示すようなブランコの運動について考えてみよう。ブランコの支
点を O とする。ブランコに乗っている人を質量 m の質点とみなし，質点 P と呼ぶ
ことにする。支点 O から水平な地面におろした垂線の足を G とする。ブランコの
長さ OP を ℓ，支点 O の高さ OG を $\ell + h$ とする。ブランコの振れ角 ∠GOP を θ
とし，θ は OG を基準に反時計回りを正にとる。重力加速度の大きさを g とする。
また，ブランコは紙面内のみでたわむことなく運動するものとし，ブランコの質量
や摩擦，空気抵抗は無視する。

Ⅰ　以下の文章の　ア　～　ウ　にあてはまる式を，それぞれ直後の括弧
　　内の文字を用いて表せ。

　　　質点 P が $\theta = \theta_0$ から静かに運動を開始したとする。支点 O における位置エネ
　ルギーを 0 とすると，運動を開始した時点における質点 P の力学的エネルギー
　は　ア　（ℓ, θ_0, m, g）で与えられる。角度 θ における力学的エネルギー
　は，そのときの質点 P の速さを u として　イ　（u, ℓ, θ, m, g）で与えら
　れる。力学的エネルギー保存則から，$u =$　ウ　（ℓ, θ_0, θ, g）となる。

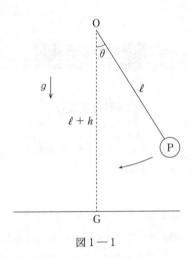

図 1 — 1

Ⅱ ブランコに二人が乗った場合を考えよう。質量 m_A の質点 A と，質量 m_B の質点 B を考える。図 1 — 2 に示すように，初期状態では A と B が合わさって質点 P をなしているとし，質点 P が $\theta = \theta_0$ から静かに運動を始めたとする。$\theta = 0$ において A はブランコを飛び降り，速さ v_A で水平に運動を始めた。一方，A が飛び降りたことにより，B を乗せたブランコは $\theta = 0$ でそのまま静止した。その後 A は G′ に着地した。

(1) A が飛び降りる直前の質点 P の速さを v_0 として，v_A を v_0, m_A, m_B を用いて表せ。

(2) 距離 GG′ を ℓ, h, θ_0, m_A, m_B を用いて表せ。また，$\ell = 2.0$ m, $h = 0.30$ m, $\cos \theta_0 = 0.85$, $m_A = m_B$ のとき，距離 GG′ を有効数字 2 桁で求めよ。

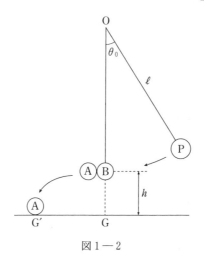

図 1 — 2

Ⅲ　ブランコをこぐことを考えよう。ブランコに乗った人が運動の途中で立ち上がったりしゃがみこんだりすることで，ブランコの振れ幅が変化していく。

　まず図 1 — 3 に示すように，人がブランコで一度だけ立ち上がることを以下のように考える。質量 m の質点 P が $\theta = \theta_0 (\theta_0 > 0)$ から静かに運動を始めた。次に角度 $\theta = \theta'$ において人が立ち上がったことにより，OP の長さが ℓ から $\ell - \Delta\ell$ へと瞬時に変化したとする（$\Delta\ell > 0$）。OP の長さが変化する直前の P の速さを v とし，直後の速さを v' とする。その後，OP の長さが $\ell - \Delta\ell$ のまま P は運動を続け，角度 $\theta = -\theta''(\theta'' > 0)$ で静止した。ただし以下では，ブランコの振れ角 θ は常に十分小さいとして，$\cos\theta \fallingdotseq 1 - \dfrac{\theta^2}{2}$ と近似できることを用いよ。

(1)　$(\theta'')^2$ を v', ℓ, $\Delta\ell$, θ', g を用いて表せ。

　OP の長さが変化する前後に関して以下のように考えることができる。長さ OP の変化が十分速ければ，瞬間的に OP 方向の強い力が働いたと考えられる。O を中心とした座標系で考えると，この力は中心力なので，面積速度が長さ OP の変化の前後で一定であるとしてよい。つまり，$\dfrac{1}{2}(\ell - \Delta\ell)v' = \dfrac{1}{2}\ell v$ が成り立つ。

34 2021 年度　物理　　　　　　　　　　　　　　　　　　　　　　東京大 -理科前期

(2)　$(\theta'')^2$ を ℓ,　$\Delta\ell$,　θ_0,　θ' を用いて表せ。

(3)　θ'' を最大にする θ' と，その時の θ'' を ℓ,　$\Delta\ell$,　θ_0 を用いて表せ。

　　次に，人が何度も立ち上がったりしゃがみこんだりしてブランコをこぐこと
を，以下のようなサイクルとして考えてみよう。n 回目のサイクル $C_n (n \geqq 1)$
を次のように定義する。

　　　　「$\theta = \theta_{n-1}$ で静止した質点 P が OP の長さ ℓ で静かに運動を開始する。
　　　$\theta = 0$ において立ち上がり OP の長さが ℓ から $\ell - \Delta\ell$ へと瞬時に変化す
　　　る。質点 P は OP の長さ $\ell - \Delta\ell$ のまま角度 $\theta = -\theta_n$ で静止した後，逆向き
　　　に運動を始め，角度 $\theta = \theta_n$ で再び静止する。このとき，$\theta = \theta_n$ でしゃがみ
　　　こみ，OP の長さは $\ell - \Delta\ell$ から再び ℓ へと瞬時に変化する。」

　　1 回目のサイクルを始める前，質点 P は $\theta = \theta_0 (\theta_0 > 0)$ にあり，OP の長さ
は ℓ だった。その後，サイクル C_1 を開始し，以下順次 C_2,　C_3,　…と運動を続け
ていくものとする。

(4)　n 回目のサイクルの後のブランコの角度 θ_n を，ℓ,　$\Delta\ell$,　θ_0,　n を用いて表
　　せ。

(5)　$\dfrac{\Delta\ell}{\ell} = 0.1$ のとき，N 回目のサイクルの後に，初めて $\theta_N \geqq 2\theta_0$ となった。
　　N を求めよ。ただし $\log_{10} 0.9 \fallingdotseq -0.046$,　および $\log_{10} 2 \fallingdotseq 0.30$ であることを
　　用いてもよい。

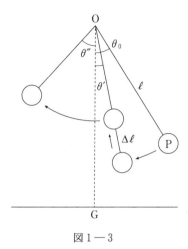

図1−3

第2問 面積 S の厚みの無視できる金属の板 A と板 B を空気中で距離 d だけ離して平行に配置した。d は十分小さく,板の端の効果は無視する。図2−1のように,板,スイッチ,直流電源,コイルを導線でつないだ。直流電源の内部抵抗や導線の抵抗は無視できるほど小さい。空気の誘電率を ε とする。

I 図2−1のように,スイッチを1につなぎ,板 A と板 B の間に直流電圧 $V(V>0)$ を加えたところ,板 A,B にそれぞれ電荷 Q,$-Q$ が蓄えられ,$Q=C_0V$ の関係があることが分かった。

(1) C_0 を S,d,ε を用いて表せ。

(2) 板 A,B と同じ形状をもつ面積 S の厚みの無視できる金属の板 C を図2−2のように板 A と板 B の間に互いに平行になるように差し入れた。板 A と板 C の距離は $x\left(x>\dfrac{d}{4}\right)$ である。さらに,板 A と板 C を太さの無視できる導線 a で接続し,十分時間が経過したところ,板 A,C,B に蓄えられた電荷はそれぞれ一定となった。板 A,C,B からなるコンデンサーに蓄えられた静電エネルギーを求めよ。

(3) 外力を加え，板Cをゆっくりと板Aに近づけて板Aと板Cの距離を $\frac{d}{4}$ にした。導線aはやわらかく，板Cを動かすための力には影響がないとする。板Cに外力がした仕事Wを求めよ。また，Wは電源がした仕事W_0の何倍であるか正負の符号も含めて答えよ。

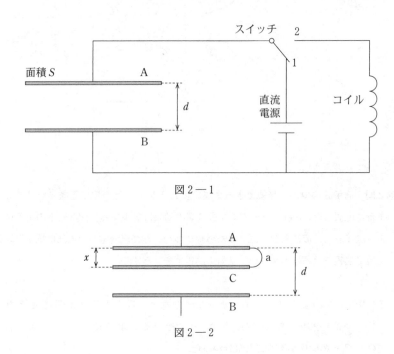

図2－1

図2－2

Ⅱ 設問Ⅰ(3)の状態から，板A，B，Cと同じ形状をもつ面積Sの厚みの無視できる金属の板Dを，板Cと板Bの間に互いに平行になるように差し入れた。板Cと板Dの距離は $\frac{d}{4}$ である。さらに，板Cと板Dを太さの無視できる導線bで接続した。十分時間が経過して各板に蓄えられた電荷がそれぞれ一定となった後に，図2－3のように導線aを外した。

(1) 板Aに蓄えられた電荷は $Q_1 = \boxed{\text{ア}} \ C_0V$，板Bに蓄えられた電荷は $-Q_2 = -\boxed{\text{イ}} \ C_0V$ と表される。$\boxed{\text{ア}}$，$\boxed{\text{イ}}$ に入る数を答えよ。

(2) その後，直流電源の電圧を a 倍 $(a>0)$ して aV とし，十分時間が経過したところ，各板に蓄えられた電荷はそれぞれ一定になった。板 A の板 C に対する電位 V_1，板 D の板 B に対する電位 V_2 を求めよ。

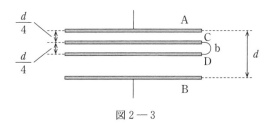

図 2 – 3

III　設問 II(2)の状態から，時刻 $t=0$ で図 2—4 のようにスイッチを 1 から 2 につなぎかえたところ，コイルには $I_0 \sin\left(\dfrac{2\pi t}{T}\right)$ と表される電流 I が流れることが分かった。ただし，図中の矢印の向きを電流の正の向きにとる。コイルの抵抗は無視でき，自己インダクタンスは L である。他に説明がない場合は，直流電源の電圧は $2V$ とする。

(1) T を L と C_0 を用いて表せ。

(2) $t=0$ でコイルの両端にかかる電圧を答えよ。また，I_0 を T，V，L を用いて表せ。ただし，微小時間 Δt の間の電流変化は $\Delta I = I_0 \Delta t \left(\dfrac{2\pi}{T}\right)\cos\left(\dfrac{2\pi t}{T}\right)$ であることを用いてよい。

(3) 板 A，B の電荷をそれぞれ Q_3，$-Q_4$ とすると，$t=\dfrac{T}{4}$ のとき $Q_3=$ ウ Q_4 の関係が成り立つ。 ウ に入る数を答えよ。また，$Q_3=0$ となる時刻 t' を T を用いて表せ。ただし $t'<T$ とする。

(4) 板 A，C，D，B からなるコンデンサーに蓄えられる静電エネルギーが，$t=0$ のときに E_1，$t=\dfrac{T}{4}$ のときに E_2 であった。E_1，E_2 をそれぞれ C_0，V を用いて表せ。また，$\Delta E = E_2 - E_1$ として，ΔE を I_0 を含み，V および T を含まない形で表せ。

直流電源の電圧が $aV(a>0)$ であった場合を考える。

(5) ある a に対して，Q_3 と $-Q_4$ の変化の様子を表す最も適切な図を図 2 — 5 の①〜⑥から選び，番号で答えよ。図中で点線は Q_3 を表し，実線は $-Q_4$ を表す。

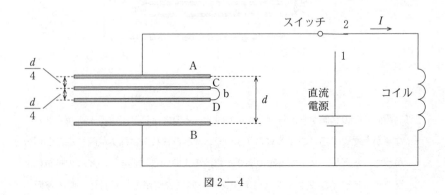

図 2 — 4

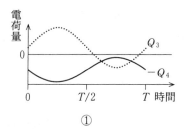
①

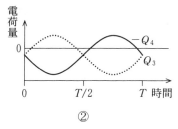
②

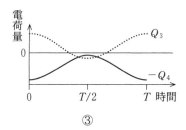
③

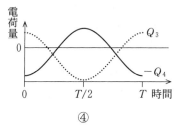
④

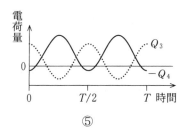
⑤

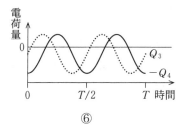
⑥

図 2 — 5

40 2021 年度 物理　　　　　　　　　　　　　　　　　　　東京大-理科前期

第3問　2018 年のノーベル物理学賞は，「レーザー物理学分野における画期的な発明」に対して授与され，そのうちの1つは光ピンセット技術に関するものであった。光ピンセットとは，レーザー光で微小な粒子等を捕捉する技術である。本問では，光が微粒子に及ぼす力を考察することで，光で微粒子が捕捉できることを確認してみよう。

　以下，図3−1に例を示すように，真空中に屈折率 $n(n > 1)$ の球形の微粒子があり，そこを光線が通過する状況を考える。光は光子という粒子の集まりの流れであり，光子は運動量をもつので，光の屈折に伴い光子の運動量が変化して，それが微粒子に力を及ぼすと考えられる。そこで以下では，光子の運動量の変化の大きさは，その光子が微粒子に及ぼす力積の大きさに等しいとする。また，光の吸収や反射の影響は無視する。さらに，微粒子に対して光線は十分に細く，光線の太さは考えない。

Ⅰ　図3−1に示すように，真空中の微粒子を光線が通過している。微粒子の中心 O は光線と同一平面内にある。微粒子は固定されており，動かない。図3−2に示すように，光線が微粒子に入射する点を点 A，微粒子から射出する点を点 B とする。入射前の光線を延長した直線と，射出後の光線を延長した直線の交点を点 C とする。線分 AB と線分 OC の交点を点 D とする。以下の設問に答えよ。

(1)　光が微粒子に入射する際の入射角を θ，屈折角を ϕ とする。$\sin\theta$ を，n，$\sin\phi$ を用いて表せ。

(2)　光線中を同じ方向に流れる光子の集まりがもつ，エネルギーの総量 E と運動量の大きさの総量 p の間には，真空中では $p = \dfrac{E}{c}$ という関係が成り立つ。ここで，c は真空中の光の速さである。図3−1の光は，単位時間あたり Q のエネルギーをもって，光源から射出されている。このとき，時間 Δt の間に射出された光子の集まりが真空中でもつ運動量の大きさの総量 p を，Q，Δt，c，n のうち必要なものを用いて表せ。

(3) 図3-1に示すように，微粒子に入射する前の光子と，微粒子から射出した光子は，運動量の大きさは変わらないが，向きは変化している。時間 Δt の間に射出された光子の集まりが，微粒子を通過することにより受ける運動量の変化の大きさの総量 Δp を，p，θ，ϕ を用いて表せ。また，その向きを，点 O，A，B，C のうち必要なものを用いて表せ。

(4) この微粒子が光から受ける力の大きさ f を，Q，c，θ，ϕ のうち必要なものを用いて表せ。また，その向きを，点 O，A，B，C のうち必要なものを用いて表せ。

(5) 図3-2に示すように，OD 間の距離を d，微粒子の半径を r とする。角度 θ，ϕ が小さいとき，設問 I (4)で求めた力の大きさ f を，Q，c，n，r，d のうち必要なものを用いて表せ。小さな角度 δ に対して成り立つ近似式 $\sin\delta \fallingdotseq \tan\delta \fallingdotseq \delta$，$\cos\delta \fallingdotseq 1$ を使い，最終結果には三角関数を含めずに解答すること。

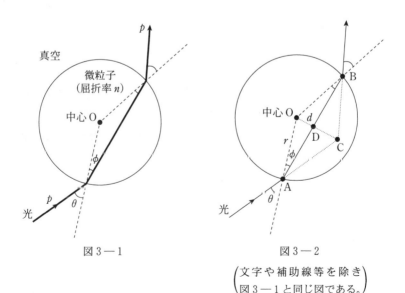

図3-1

図3-2
(文字や補助線等を除き図3-1と同じ図である。)

Ⅱ 図3—3，図3—4に示すように，強度（単位時間あたりのエネルギー）の等しい2本の光線が点Fで交わるよう光路を調整したうえで，設問Ⅰと同じ微粒子を，それぞれ異なる位置に置いた。いずれの図においても，入射光が鉛直線（上下方向）となす角度は2本の光線で等しく，2本の光線と微粒子の中心Oは同一平面内にある。微粒子は固定されており，動かない。以下の設問に答えよ。力の向きについては，設問の指示に従って，力が働く場合は図3—3の左側に図示した上下左右のいずれかを解答し，力が働かない場合は「力は働かない」と答えること。

(1) 図3—3に示すように，微粒子の中心Oが点Fと一致しているとき，微粒子が2本の光から受ける合力の向きとして最も適切なものを「上」「下」「左」「右」「力は働かない」から選択せよ。

(2) 図3—4に示すように，微粒子の中心Oが点Fの下にあるとき，微粒子が2本の光から受ける合力の向きとして最も適切なものを「上」「下」「左」「右」「力は働かない」から選択せよ。点Fは微粒子の内部にあり，OF間の距離は十分小さいものとする。

(3) 設問Ⅱ(2)において，OF間の距離をΔyとするとき，微粒子が2本の光から受ける合力の大きさf'とΔyの間の関係について，最も適切なものを以下のア～エから選択せよ。なお，微粒子の半径rと比べてΔyは小さく，設問Ⅰ(5)の近似が本設問でも有効である。図3—4は，Δyの大きさが誇張して描かれているので注意すること。

ア：f'はΔyによらず一定である。

イ：f'はΔyに比例する。

ウ：f'は$(\Delta y)^2$に比例する。

エ：f'はΔyに反比例する。

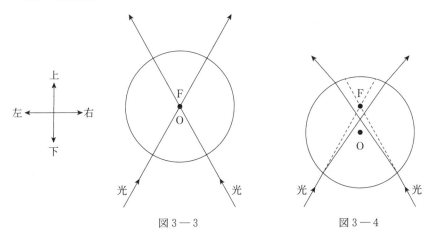

図3—3　　　　　　　　　図3—4

Ⅲ　図3—5に示すように，水平に置かれた薄い透明な平板の上方，高さ r の位置にある点Fで，強度の等しい2本の光線（光線1，光線2）が交わるよう光路を調整したうえで，設問Ⅰ，Ⅱと同じ，半径 r の微粒子を置いた。微粒子は常に平板と接触しており，微粒子と平板の間に摩擦はないものとする。微粒子には，外部から右向きに大きさ f_0 の力が働いており，この力と，2本の光線から受ける力が釣り合う位置で微粒子は静止している。すなわち，この微粒子は，光によって捕捉されている。OF間の距離は Δx とし，点Fは，微粒子の内部，中心O付近にある。また，入射光が鉛直線となす角度 α は2本の光線で等しく，2本の光線と点Oは同一平面内にある。平板は十分薄く，平板による光の屈折や反射，吸収は考えない。光が微粒子に入射する際の入射角 θ は2本の光線で等しく，それに対する屈折角を ϕ とする。微粒子や平板の変形は考えない。

(1)　図3—5に示すように，光線1が微粒子に入射する点を点Aとし，微粒子の中心Oから微粒子内の光線1の上に降ろした垂線の長さを d とする。また，図3—6に示すように，点Oから直線AFに降ろした垂線の長さを h とする。h および d を，Δx，n，α のうち必要なものを用いて表せ。

(2)　ここで用いた2本の光線は，それぞれ，単位時間あたり Q のエネルギーをもって，光源から射出されていた。入射角 θ や屈折角 ϕ が小さく，設問Ⅰ(5)

と同じ近似が成り立つとして，2本の光線が微粒子に及ぼす合力の大きさ f' を，$Q, c, n, r, \alpha, \Delta x$ を用いて表せ。ただし，θ と ϕ は十分小さいため，$\alpha \pm (\theta - \phi) \fallingdotseq \alpha$ と近似でき，合力の向きは水平方向とみなすことができる。

(3) $n = 1.5$, $r = 10\ \mu\mathrm{m}\,(= 1 \times 10^{-5}\,\mathrm{m})$, $Q = 5\ \mathrm{mW}\,(= 5 \times 10^{-3}\,\mathrm{J/s})$, $\alpha = 45°$ としたところ，$\Delta x = 1\ \mu\mathrm{m}\,(= 1 \times 10^{-6}\,\mathrm{m})$ であった。このとき，外部から微粒子に加えている力の大きさ f_0 を，有効数字1桁で求めよ。真空中の光の速さは $c = 3 \times 10^8\,\mathrm{m/s}$ である。図3-5，図3-6は，α や Δx 等の大きさが正確ではないので注意すること。

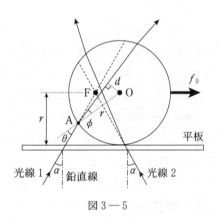

図3-5

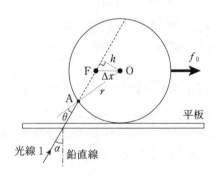

図3-6

（文字や補助線等を除き
図3-5と同じ図である。）

東京大-理科前期　　　　　　　　　　　　　　　　　　　　2021 年度　化学　*45*

化学

（2 科目 150 分）

（注）　解答用紙は，〈理科〉共通。1 行：約 23.5 センチ，35 字分の区切りあり。
　　　　1・2 は各 25 行，3 は 50 行。

第 1 問

　次の I，II の各問に答えよ。構造式は例にならって示せ。構造式を示す際には不
斉炭素原子に＊を付けること。ただし，立体異性体を区別して考える必要はない。

（構造式の例）

I　次の文章を読み，問**ア**〜**カ**に答えよ。

　分子式 $C_6H_{12}O$ で表される化合物 A〜F は，いずれも不斉炭素原子を一つだけ
もっている。それぞれの構造を決定するために，以下の実験を行った。

実験 1：金属ナトリウムを加えると，A と D からは水素が発生しなかったが，
　　　　B，C，E，F からは発生した。
実験 2：白金触媒を用いた水素の付加を試みると，A と B への水素付加は起き
　　　　なかったが，C，D，E，F からは分子式 $C_6H_{14}O$ の生成物が得られた。
　　　　水素付加反応によって，C と D からは不斉炭素原子をもたない化合物
　　　　　　　　　　　　　　　　　　　　　　　　　　　　　　　　　①
　　　　が得られ，E と F からは同一の化合物が得られた。
　　　　②
実験 3：二クロム酸カリウムを用いて酸化を試みると，A，C，D は酸化されな
　　　　かったが，B からはケトン，E と F からはカルボン酸が得られた。
実験 4：ヨードホルム反応を示したのは B のみであった。
実験 5：カルボニル基の有無を確認することができる赤外吸収スペクトルを測定

46　2021 年度　化学　　　　　　　　　　　　　　　東京大-理科前期

した結果，A~F にカルボニル基の存在は認められなかった。

実験 6：下線部②の結果を受け，図 1―1 に示すオゾン分解実験を行った。E を
　　　　オゾン分解すると，化合物 G とアセトアルデヒドが得られた。

実験 7：G に存在するカルボニル基を還元すると，不斉炭素原子をもたない化合
　　　　物が得られた。

実験 8：F をオゾン分解すると化合物 H が得られた。H の分子式は $C_5H_{10}O_2$ で
　　　　あったが，図 1―1 の例から予測されるカルボニル化合物ではなかっ
　　　　た。H は二つの不斉炭素原子をもっており，銀鏡反応を示した。

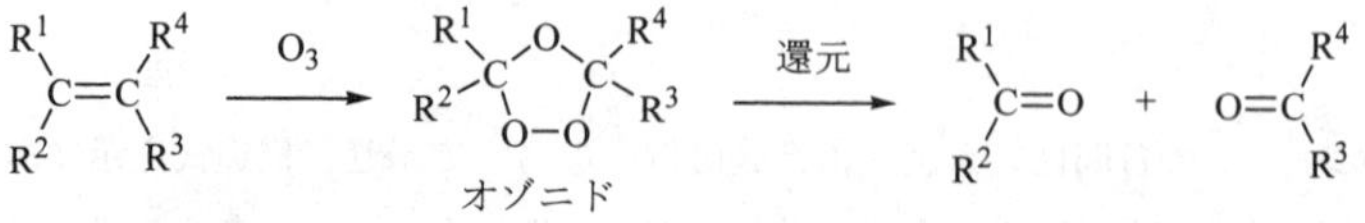

（R$^{1\text{-}4}$：水素もしくはアルキル基など）

図 1―1　オゾン分解の例

注 1）炭素間二重結合を形成する炭素原子に酸素原子が直接結合した構造は考慮
　　　しない。

注 2）反応中に二重結合の移動は起こらないものとする。

〔問〕

ア　化合物 A として考えられる構造異性体のうち，五員環をもつものすべて
　　の構造式を示せ。

イ　化合物 B として考えられる構造異性体のうち，四員環をもつものは一つ
　　である。その構造式を示せ。

ウ　化合物 C として考えられる構造異性体は一つである。その構造式を示
　　せ。

エ　下線部①を考慮すると，化合物 D として考えられる構造異性体は一つで
　　ある。その構造式を示せ。

オ　実験 6 と 8 において生成した化合物 G と H の構造式をそれぞれ示せ。

カ　以下の空欄　　a　　～　　c　　にあてはまる適切な語句を答えよ。

　　　化合物 C の沸点は化合物 D の沸点より高い。その主な理由は，D には
　　存在しない　　a　　基が分子間の　　b　　結合を形成するからであ
　　る。一方，C の沸点は化合物 E の沸点より低いが，C と E はともに
　　　　a　　基をもっているので，この沸点差を説明するためには，分子間
　　の　　b　　結合の強さを比較する必要がある。そこで，　　a　　基周

辺の空間的な状況に着目する。すなわち，CはEと比較して　a　基周辺が空間的にこみ合っているため，分子間の　b　結合の形成がより　c　いると理解できる。これが，Cの沸点がEの沸点より低い主な理由の一つである。

Ⅱ　次の文章を読み，問キ～サに答えよ。

多くの元素には，中性子の数が異なる　d　が存在し，それらの相対質量（^{12}Cの質量を12とする質量）とその存在比から加重平均で算出される原子量が，分子量計算に用いられる。たとえば大気中の窒素には，その99.6％を占める相対質量14.003の窒素原子（^{14}N）の他に，中性子が一つ多い相対質量15.000の窒素原子（^{15}N）が0.4％含まれているため，窒素の原子量は14.007となる。
　d　どうしの化学的性質は，ほぼ同じであるため，これらを含む化合物の反応性もほとんど変化しないことが知られている。したがって，分子内の特定の位置にある元素の　d　の存在比を操作した化合物を用いて反応を行い，得られた生成物の特定の位置にある元素の　d　の存在比の変化を調べると，反応に伴う結合の形成や切断の過程を追跡することができる。たとえば，^{15}Nをもつアニリン（C$_6$H$_5$^{15}NH$_2$）と亜硝酸ナトリウム（NaNO$_2$）を用いた以下に示す反応においては，ジアゾニウム塩に含まれる二つの窒素は，それぞれ異なる起源をもつことが明らかにされている。

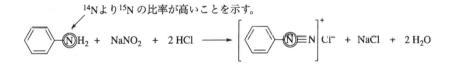

今回，^{15}Nの存在比を100％に高めた試薬Na^{15}NO$_2$を用いて，以下の実験を行った。ニトロベンゼン（C$_6$H$_5$NO$_2$）を塩酸中でスズ（Sn）と反応させて得られた
　③
化合物Iに対し，濃塩酸中で氷冷しながらNa^{15}NO$_2$を加えたところ，化合物J
　　　　　　　　　　　　　　　④
の沈殿が生じた。続いてこのJの沈殿を回収し，これを水に溶かし，^{14}N$_2$ガス
　　　　　　　　　　　　　　　　　　　　　⑤
で満たした密閉容器内において，室温で分解させたところ，化合物Kが主とし

48　2021 年度　化学　　　　　　　　　　　　　　　　　東京大-理科前期

て得られ，それに伴い化合物 L および化合物 M がそれぞれ少量ずつ得られた。
K，L および M はともにベンゼン環を有していた。下線部④の操作で得られた J
　　　　　　　　　　　　　　　　　　　　　　　　⑥
を 2-ナフトールと反応させたところ，橙赤色の化合物 N を含む試料が得られ
た。この試料に含まれる化合物 N の分子量は 249.00 であった。

2-ナフトール

　一方，下線部⑤と同じ反応を行い，J の分解反応が大部分進行したところで，
　　　　⑦
残った J を回収し，2-ナフトールと反応させたところ，分子量 248.96 の化合物
N を含む試料が得られた。

〔問〕

キ　　　d　　　にあてはまる適切な語句を答えよ。

ク　下線部③の操作で化合物 I が生成する反応の化学反応式を示せ。なお，ス
　　ズはすべて塩化スズ（$SnCl_4$）に変換されるものとする。

ケ　化合物 M を熱した銅線に触れさせて，その銅線を炎の中に入れたとこ
　　ろ，青緑色の炎色反応がみられた。また，M を水酸化ナトリウム水溶液と
　　高温高圧下で反応させ，反応後の溶液を中和したところ，化合物 K が得
　　られた。一方，反応後の溶液を中和することなく，下線部④の操作で得ら
　　れた化合物 J と 0 ℃で反応させたところ，化合物 L が得られた。L と M
　　の構造式をそれぞれ示せ。^{15}N を含む場合には，^{14}N より ^{15}N の存在比が
　　高いと考えられる窒素を，反応式中の例にならって◎で囲って示せ。

コ　下線部⑦の操作で得られた化合物 N に含まれる ^{15}N と ^{14}N の存在比を整
　　数値で示せ。なお，ここでは原子量を H ＝ 1.00，C ＝ 12.00，O ＝ 16.00，
　　^{14}N および ^{15}N の相対質量を ^{14}N ＝ 14.00，^{15}N ＝ 15.00 と仮定して計算せ
　　よ。

サ　下線部⑥，⑦それぞれの操作で得られた化合物 N に含まれる ^{15}N と ^{14}N の
　　存在比が異なるのはなぜか，下線部⑤の条件で起こっている反応に含まれ
　　る過程の可逆性に着目して，理由を簡潔に説明せよ。

東京大-理科前期　　　　　　　　　　　　　　　　　　　　2021 年度　化学　49

第 2 問

次の I，II の各問に答えよ。必要があれば以下の値を用いよ。

気体定数 $R = 8.31 \times 10^3$ Pa・L/(K・mol) $= 8.31$ J/(K・mol)

$\sqrt{2} = 1.41,\ \sqrt{3} = 1.73,\ \sqrt{5} = 2.24$

I　次の文章を読み，問**ア**〜**キ**に答えよ。

ある水素吸蔵物質（記号 X で表す）は式 1 の可逆反応により水素を取り込み（吸蔵し）X H$_2$ となる。

$$\mathrm{X\,H_2(固)} \ \rightleftharpoons \ \mathrm{X(固)} + \mathrm{H_2(気)} \qquad\qquad （式 1）$$

気体物質が平衡状態にある場合，各成分気体の濃度の代わりに分圧を用いて平衡定数を表すことができ，この平衡定数を圧平衡定数という。式 1 の反応が平衡状態にある場合，その圧平衡定数 $K_{\mathrm{p}}^{(1)}$ は水素の分圧 $p_{\mathrm{H_2}}$ を用いて

$$K_{\mathrm{p}}^{(1)} = p_{\mathrm{H_2}}$$

と表すことができる。また，水素の分圧が $K_{\mathrm{p}}^{(1)}$ より小さいとき，式 1 の反応は起こらない。

内部の体積を自由に変えることのできるピストン付きの密閉容器に，水素を含む混合気体と，その物質量よりも十分大きい物質量の X を入れ，以下の実験を行った。式 1 の反応は速やかに平衡状態に達するものとし，527 ℃ において $K_{\mathrm{p}}^{(1)} = 2.00 \times 10^5$ Pa とする。また，X への水素以外の成分気体の吸蔵は無視でき，X および X H$_2$ 以外の物質は常に気体として存在するものとする。気体はすべて理想気体とし，容器内の固体の体積は無視できるものとする。

実験 1：容器を水素 1.50 mol とアルゴン 1.20 mol で満たした。その後，容器内の混合気体の圧力を 2.70×10^5 Pa，温度を 527 ℃ に保ったまま，長時間放置した。このとき，X に水素は吸蔵されていなかった。その後，温度を 527 ℃ に保ちながら徐々に圧縮すると，ある体積になったとき，水素の吸蔵が始まった。その後，さらに圧縮すると，混合気体の圧力は 2.20×10^6 Pa となった。

実験 2：容器を水素 1.50 mol とヨウ素 1.20 mol で満たした。その後，容器内の混合気体の圧力を 2.70×10^5 Pa，温度を 527 ℃ に保ったまま，式 2 の反応が平衡状態に達するまで放置した。

$$H_2(気) + I_2(気) \rightleftarrows 2HI(気) \qquad (式2)$$

このとき，容器内にヨウ化水素は 2.00 mol 存在しており，また，X に水素は吸蔵されていなかった。その後，温度を 527 ℃ に保ちながら徐々に圧縮すると，<u>ある体積になったとき</u>，水素の吸蔵が始まった。
④
その後，さらに平衡状態を保ちながら圧縮すると，<u>混合気体の圧力は</u>
⑤
<u>2.20×10^6 Pa となった</u>。

〔問〕

ア　下線部①のときの混合気体の体積は何 L か，有効数字 2 桁で答えよ。

イ　下線部②のときの混合気体の圧力は何 Pa か，有効数字 2 桁で答えよ。

ウ　下線部②のときと同じ体積と温度で，容器に入れる水素とアルゴンの全物質量を一定としたまま，全物質量に対する水素の物質量比 x を変えて圧力を測定した。このとき，x と容器内の混合気体の圧力の関係として適切なグラフを，以下の図 2 — 1 に示す(1)〜(4)の中から一つ選べ。ただし，X は容器内にあり，混合気体を容器に入れる前に水素は吸蔵されていないものとする。

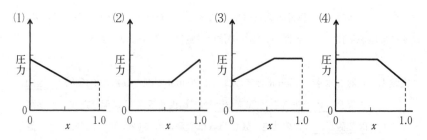

図 2 — 1　水素の物質量比 x と容器内の混合気体の圧力の関係

エ　下線部③のとき，X は何 mol の水素を吸蔵したか，有効数字 2 桁で答えよ。答えに至る過程も記せ。

東京大-理科前期 2021 年度 化学 *51*

オ 式 2 の反応の圧平衡定数を有効数字 2 桁で答えよ。

カ 下線部④のときの混合気体の圧力は何 Pa か，有効数字 2 桁で答えよ。答えに至る過程も記せ。

キ 下線部⑤のときのヨウ化水素の分圧は何 Pa か，有効数字 2 桁で答えよ。答えに至る過程も記せ。

II 次の文章を読み，問ク～シに答えよ。

　生物の体内では様々なタンパク質が化学反応に関わり，生命活動の維持に寄与している。タンパク質は，<u>約 20 種類のアミノ酸</u>がペプチド結合を介して直鎖状
⑥
につながった高分子で，一般に図 2－2 のヘモグロビンの様に複雑な立体構造をとる。

　タンパク質の中で酵素として働くものは，立体構造の決まった部位に特定の化合物を結合させ，生体内の<u>化学反応の速度を大きくする</u>役割を持つ。例えば<u>カタ
⑦　　　　　　　　　　　　　　　　　　　　　　　　　　　　　　　　　⑧
ラーゼと呼ばれる酵素は，生体反応で発生し毒性を持つ過酸化水素を速やかに分
解する</u>。

　また，酵素の中には，それ自身を構成するカルボキシ基など，酸塩基反応に関わる特定の官能基から，酵素に結合した基質 Y へ水素イオン H^+ を供給することで，式 3 で示される反応を促進するものがある。

$$Y + H^+ \longrightarrow YH^+ \tag{式 3}$$

　反応後，酵素の官能基は水から十分大きい速度で H^+ を獲得し，反応前の状態に戻ることで新たな Y へ H^+ を供給する。<u>酵素の周りにある水から Y への H^+
⑨
の供給よりも，酵素の官能基から Y への H^+ の供給が十分に速く起こる場合，Y
に H^+ が供給される速度は溶液の pH によらず一定となる</u>。

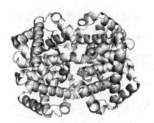

図2－2　ヘモグロビンの立体構造

〔問〕

ク 下線部⑥に関連して，図2－3の構造式で示される(a)アラニン，(b)アスパラギン酸，(c)リシン，それぞれの水溶液に塩酸を加えて酸性にし，さらにアミノ酸の濃度が同一となるよう水で希釈した。ここへ一定の濃度の水酸化ナトリウム水溶液を滴下したとき，滴下した水酸化ナトリウム水溶液の体積 V_{NaOH} に対する pH の変化について，(a)～(c)の3種類のアミノ酸それぞれに対応するものを，図2－4に示した(5)～(7)のグラフより選べ。

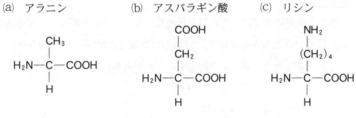

図2－3　アミノ酸の構造式

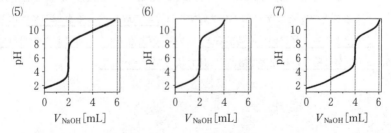

図2－4　アミノ酸の滴定曲線

東京大-理科前期 2021 年度 化学 *53*

ケ 下線部⑦について，ウレアーゼと呼ばれる酵素は，尿素 $(NH_2)_2CO$ がア
　ンモニアと二酸化炭素に加水分解する反応を促進する。この反応の化学反
　応式を示し，反応開始時のアンモニアの生成速度は尿素の減少速度の何倍
　か答えよ。

コ 下線部⑧について，H_2O_2(液)と H_2O(液)の生成反応の熱化学方程式をそ
　れぞれ記せ。また，H_2O_2(液)から H_2O(液)と酸素への分解反応の反応熱
　を求め，有効数字 2 桁で答えよ。ただし，H_2O_2(液)と H_2O(液)の生成熱
　はそれぞれ 187.8 kJ/mol，285.8 kJ/mol とする。

サ 下線部⑧について，H_2O_2(液)が H_2O(液)と酸素に分解する反応の速度
　定数は，カタラーゼを加えることで 27 ℃ で 10^{12} 倍大きくなる。過酸化水
　素の分解反応の反応速度定数 k が，定数 A，分解反応の活性化エネル
　ギー E_a，気体定数 R，絶対温度 T を用いて式 4 で表されるとき，カタ
　ラーゼの存在下における E_a を求め，有効数字 2 桁で答えよ。答えに至る過
　程も記せ。ただし，27 ℃ におけるカタラーゼを加えない場合の
　E_a は 75.3 kJ/mol とし，A はカタラーゼの有無によらず一定とする。

$$\log_{10} k = -\frac{E_a}{2.30\,RT} + A \qquad\qquad (式 4)$$

シ 下線部⑨に関連して，H^+ の供給について説明した次の文章中の
　$\boxed{\text{d}}$，$\boxed{\text{e}}$ にあてはまる語句を，以下よりそれぞれ一つ選
　べ。ただし，酵素は高い pH 領域においても変性を起こさないものとす
　る。

　　高い pH 領域では，H^+ を供給する官能基から H^+ が失われ，H^+ が酵
　素の周りの水から Y に供給される。このとき，酵素と Y の濃度が一定と
　すると，溶液の pH の増加に伴い，式 3 の反応速度は pH の $\boxed{\text{d}}$ 関
　数に従って $\boxed{\text{e}}$ する。

　　$\boxed{\text{d}}$ … 1 次，2 次，指数，対数

　　$\boxed{\text{e}}$ … 増加，減少

54 2021 年度　化学　　　　　　　　　　　　　　　　　　　　東京大-理科前期

第 3 問

次の I ，II の各問に答えよ。必要があれば以下の値を用いよ。

元　素	H	C	O
原子量	1.0	12.0	16.0

AgCl の溶解度積(25 ℃)　$K_{sp1} = 1.6 \times 10^{-10} \, mol^2/L^2$

Ag_2CrO_4 の溶解度積(25 ℃)　$K_{sp2} = 1.2 \times 10^{-12} \, mol^3/L^3$

アボガドロ定数　$N_A = 6.02 \times 10^{23}/mol$

$\sqrt{2} = 1.41$, $\sqrt{3} = 1.73$, $\sqrt{5} = 2.24$, $\sqrt{6} = 2.45$

I　次の文章を読み，問**ア**〜**オ**に答えよ。

　　試料水溶液中の塩化物イオン Cl^- の濃度は，塩化銀 AgCl とクロム酸銀 Ag_2CrO_4 の水への溶解度の差を利用した滴定実験により求めることができる。ここに x mol/L の Cl^- を含む試料水溶液が 20.0 mL ある。試料水溶液には，あ
①
らかじめ指示薬としてクロム酸カリウム K_2CrO_4 を加え，クロム酸イオン CrO_4^{2-} の濃度を 1.0×10^{-4} mol/L とした。試料水溶液に 1.0×10^{-3} mol/L の硝酸銀 $AgNO_3$ 水溶液を滴下すると，すぐに白色沈殿(AgCl)が生じた。さらに $AgNO_3$ 水溶液を滴下すると白色沈殿の量が増加し，ある滴下量を超えると試料
②
水溶液が赤褐色を呈した。この赤褐色は Ag_2CrO_4 の沈殿に由来する。
③
　　本滴定実験において，AgCl により濁った水溶液が赤褐色を呈したと目視で認められた終点は，Ag_2CrO_4 が沈殿し始める点(当量点)とは異なる。そこで，対照実験として，試料水溶液と同体積・同濃度の K_2CrO_4 水溶液に炭酸カルシウムを添加し，下線部②の赤褐色を呈する直前の試料水溶液と同程度に濁った水溶液を用意した。この濁った水溶液に，滴定に用いたものと同濃度の $AgNO_3$ 水溶液を滴下し，下線部②と同程度の呈色を認めるのに必要な $AgNO_3$ 水溶液の体積
④
を求めた。対照実験により補正を行った結果，当量点までに滴下した $AgNO_3$ 水溶液は 16.0 mL であることがわかった。実験はすべて 25 ℃ で行った。

〔問〕

　ア　この滴定実験は，試料水溶液の pH が 7 から 10 の間で行う必要がある。

pH が 10 より大きいと，下線部③とは異なる褐色沈殿が生じる。この褐色沈殿が生じる反応のイオン反応式を答えよ。

イ 本滴定実験に関連した以下の(1)〜(5)の文のなかで，<u>誤りを含むものを二つ</u>選べ。

(1) 対照実験により得られた下線部④の値を，下線部②で赤褐色を呈するまでに滴下した $AgNO_3$ 水溶液の体積より差し引くことにより，当量点までの滴下量を求めることができる。

(2) フッ化銀は水への溶解度が大きいため，本滴定実験は，フッ化物イオンの定量には適用できない。

(3) $AgCl$ は，塩化ナトリウム $NaCl$ 型構造のイオン結晶であるが，$NaCl$ とは異なり水への溶解度は小さい。これは，Na と Cl の電気陰性度の差と比べて，Ag と Cl の電気陰性度の差が大きいためである。

(4) 問**ア**の褐色沈殿に水酸化ナトリウム水溶液を加えると，錯イオンが生成することにより沈殿が溶解する。

(5) 試料水溶液の pH が 7 より小さいと，$CrO_4{}^{2-}$ 以外に，クロムを含むイオンが生成するため，正確な定量が難しくなる。

ウ 当量点において，試料水溶液中に溶解している Ag^+ の物質量は何 mol か，有効数字 2 桁で答えよ。答えに至る過程も記せ。

エ 当量点において，試料水溶液中のすべての Cl^- が $AgCl$ として沈殿したと仮定し，下線部①の x を有効数字 2 桁で答えよ。答えに至る過程も記せ。

オ 実際には，当量点において，試料水溶液中に溶解したままの Cl^- がごく微量存在する。この Cl^- の物質量は何 mol か，有効数字 2 桁で答えよ。答えに至る過程も記せ。

Ⅱ 次の文章を読み，問**カ**〜**コ**に答えよ。

水素 H_2 は，太陽光や風力等の再生可能エネルギーにより水から製造可能な燃料として注目されている。燃料電池自動車は，1.0 kg の H_2 で 100 km 以上走行できる。しかし，1.0 kg の H_2 は 1 気圧 25 ℃ における体積が 1.2×10^4 L と大きいため，燃料として利用するには H_2 を圧縮して貯蔵する技術が必要となる。燃料電池自動車では，1.0 kg の H_2 を 7.0×10^7 Pa に加圧して 25 ℃ における体

積を 18 L にしている。H₂ を輸送する際には，−253 ℃ に冷却して液化し，1.0 kg の H₂ を 14 L にしている。また，炭化水素への可逆的な水素付加反応を用いて，H₂ を室温で液体の炭化水素として貯蔵する技術も開発されている。たとえば，<u>トルエンに水素を付加し，トルエンと同じ物質量のメチルシクロヘキサンを得る反応</u>⑤が用いられる。

　1.0 kg の H₂ を適切な金属に吸蔵させると，液化した 1.0 kg の H₂ よりも小さな体積で貯蔵することができる。Ti-Fe 合金は，Fe 原子を頂点とする立方体の中心に Ti 原子が位置する単位格子を持つ（図 3 — 1）。この合金中で H₂ は水素原子に分解され，水素原子の直径以上の大きさを持つすき間に水素原子が安定に存在できる。このとき，<u>6 個の金属原子からなる八面体の中心◎（図 3 — 2）に水素原子が位置する</u>⑥。

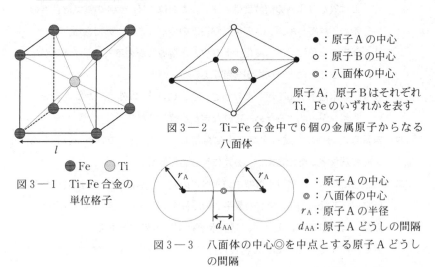

〔問〕

カ　下線部⑤に関して，1.0 kg の H₂ をトルエンとすべて反応させて得たメチルシクロヘキサンの 25 ℃ における体積は何 L か，有効数字 2 桁で答えよ。ただし，メチルシクロヘキサンの密度は 0.77 kg/L(25 ℃) である。

キ　下線部⑥に関して，Ti-Fe 合金の単位格子の一辺の長さ $l = 0.30$ nm，Ti の原子半径 0.14 nm，Fe の原子半径 0.12 nm のとき，図 3 — 2 の八面体において隣り合う原子 A と原子 B は接する。一方，図 3 — 3 に例を示す，八面体の中心◎を中点とする原子どうしの間隔（原子 A どうしは

d_{AA}，原子Bどうしは d_{BB}）は0より大きな値をとり，八面体の中心◎にすき間ができる。このとき，d_{AA}，d_{BB} それぞれを l および原子A，Bの半径 r_A，r_B を用いて表せ。さらに，d_{AA}，d_{BB} のどちらが小さいかを答えよ。

ク 図3-2において，原子A，Bの組み合わせにより八面体は2種類存在し，このうち原子AがTiで原子BがFeである八面体の中心◎にのみ水素原子が安定に存在できる。この理由を，原子どうしの間隔と水素原子の大きさを比較して述べよ。ただし，Ti-Fe合金中の水素原子の半径は0.03 nm とする。

ケ 原子AがTiである八面体の中心◎にのみ水素原子が1個ずつ吸蔵されるとき，Ti-Fe合金中の水素原子の数はTi原子の数の何倍かを答えよ。

コ La-Ni合金(図3-4)も H_2 を水素原子として吸蔵する。図中の面 α，β は，ともに一辺 a の正六角形である。この合金は金属原子1個あたり1個の水素原子を吸蔵した結果，$a = 0.50$ nm，$c = 0.40$ nm となる。図3-4の結晶格子中に吸蔵される水素原子の数を答えよ。さらに，このように 1.0 kg の H_2 を吸蔵した La-Ni 合金の体積は何 L か，有効数字2桁で答えよ。

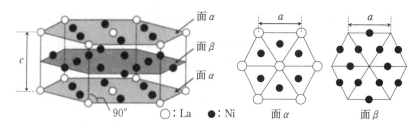

図3-4　La-Ni合金の結晶格子

（2科目 150分）

(注) 解答用紙は，〈理科〉共通。1行：約23.5センチ，35字分の区切りあり。
　　 1・2は各25行，3は50行。

第1問

次のⅠ，Ⅱの各問に答えよ。

Ⅰ　次の文1と文2を読み，問A～Eに答えよ。

［文1］

　水は，ほとんどの生物の体内において最も豊富に存在する分子であり，生命活動の維持に必須である。水は代謝活動を担う化学反応の場を提供するとともに，(ア)生体分子やそれらが集合して形成する生体構造の維持にも重要な役割を果たす。このため，陸上に生息する多くの生物にとって水の確保は最優先課題の1つである。一方で，一部の生物種には，水をほぼ完全に失っても一時的に生命活動を停止するだけで，水の供給とともに生命活動を回復するものが知られている。このような乾燥ストレスに非常に高い耐性を示す動物ヨコヅナクマムシ（図1－1）と，その近縁種のヤマクマムシについて，以下の実験を行った。

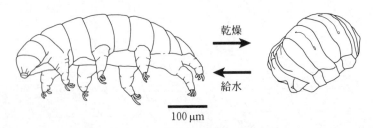

図1－1　ヨコヅナクマムシの乾燥と給水
乾燥すると右のように体を縮めて丸まった状態になる。

実験1　通常条件下で飼育したヨコヅナクマムシとヤマクマムシとを，厳しい乾燥条件に曝露(以降，この操作を「乾燥曝露」と呼ぶ)した後，給水後の生存率を調べたところ，図1—2に示すように種間に大きな違いが観察された。次に，乾燥曝露の前に，ヤマクマムシが死なない程度に弱めた乾燥条件に1日曝露しておくと(以降，この操作を「事前曝露」と呼ぶ)，乾燥曝露後のヤマクマムシの生存率が大きく上昇し，ヨコヅナクマムシとほとんど同じになった。

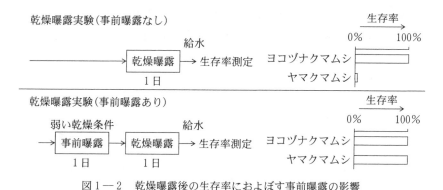

図1—2　乾燥曝露後の生存率におよぼす事前曝露の影響

実験2　ヨコヅナクマムシとヤマクマムシそれぞれに転写阻害剤を投与した後，事前曝露と乾燥曝露とを行い，給水後の生存率を測定した。対照として阻害剤で処理しない条件や，事前曝露のみで乾燥曝露を行わない条件も合わせて解析した。その結果は，図1—3のようになった。また，翻訳阻害剤を用いた場合にも転写阻害剤の場合と同様の結果が得られた。なお，転写阻害剤や翻訳阻害剤の投与によって，mRNAやタンパク質の新規合成は完全に抑制された。

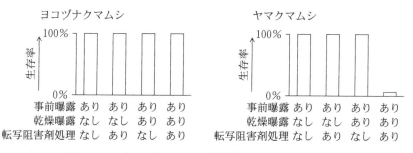

図1—3　生存率に与える乾燥曝露と転写阻害剤の影響

[文 2]

　3 つの遺伝子 A，B，C はクマムシの乾燥ストレス耐性に関わっている。これらの遺伝子のいずれかを欠損させたヤマクマムシについて，事前曝露と乾燥曝露とを行ったところ，野生型に比べて生存率が大きく低下した。野生型ヤマクマムシにおける遺伝子 A，B，C の mRNA 量について次のような実験を行った。

実験 3　ヤマクマムシを 3 群に分け，1 群はそのまま（阻害剤なし），次の 1 群には転写阻害剤を投与，最後の 1 群には翻訳阻害剤を投与した。その後，各群を事前曝露条件に置き，個体中の遺伝子 A，B，C の mRNA 量を経時的に測定したところ，図 1 ― 4 の結果を得た。

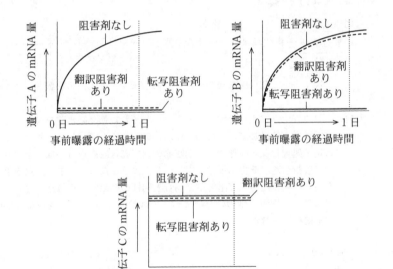

図 1 ― 4　事前曝露処理中の遺伝子 A，B，C の mRNA 量の変化

〔問〕

　A　下線部(ア)について，水の存在下で安定化される生体構造の 1 つに生体膜がある。生体膜の主要な構成成分の特徴に触れつつ，水が生体膜の構造維持および安定化に果たす役割を 3 行程度で説明せよ。

東京大-理科前期　　　　　　　　　　　　　　　　　　　　2021 年度　生物　61

B　実験 1 の結果から，ヨコヅナクマムシとヤマクマムシには乾燥ストレス耐性に違いがあると考えられる。実験 2 の結果と合わせて，ヨコヅナクマムシとヤマクマムシの乾燥ストレス耐性について最も適切に説明しているものを下記の選択肢(1)～(6)から 1 つずつ選び，ヨコヅナクマムシ-(1)，ヤマクマムシ-(2)のように答えよ。なお，同じものを選んでもよい。

(1)　薬剤への感受性が強いため，転写阻害剤や翻訳阻害剤の投与によって生存率が低下する。

(2)　通常時は乾燥耐性に必要な遺伝子の mRNA とタンパク質を保持しているが，事前曝露時にタンパク質を選択的に分解する。

(3)　乾燥耐性に必要なタンパク質を事前曝露と関係なく常時保持している。

(4)　通常時も乾燥耐性に必要な遺伝子の mRNA を保持しているので，事前曝露時に転写を経ず，速やかに必要なタンパク質を合成する。

(5)　通常時は乾燥耐性に必要な遺伝子を転写しておらず，事前曝露時に転写・翻訳する。

(6)　乾燥耐性に必要な遺伝子が不足している。

C　生体の環境ストレス応答は，環境ストレスの感知から始まる。この情報が核内に届き，最初の標的遺伝子(初期遺伝子)が転写される。転写された mRNA は，次にタンパク質に翻訳され様々な機能を発揮する。翻訳されたタンパク質の中に転写を調節する因子(調節タンパク質)が含まれている場合，それらによって新たな標的遺伝子(後期遺伝子)の転写が開始される。実験 3 の結果に基づき，遺伝子 A，B，C のうち，乾燥ストレスに対する初期遺伝子と考えられるものをすべて示し，その結論に至った理由を 2 行程度で説明せよ。

D　遺伝子 A がコードするタンパク質 A はヨコヅナクマムシの乾燥耐性にも必須であった。また，乾燥曝露後の生存率が事前曝露の有無によらず 0 ％であるクマムシ種 S にも遺伝子 A が見いだされた。種 S にタンパク質 A を強制的に発現させると乾燥曝露後の生存率が上昇した。ヨコヅナクマムシと，タンパク質 A を強制発現していない野生型の種 S それぞれについて，事前曝露時のタンパク質 A の量の変化パターンとして最も適切と考えられるも

のを次の図中の(1)～(4)から選べ。解答例：ヨコヅナクマムシ-(1)，種S-(1)。

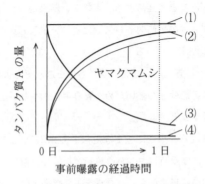

比較のためヤマクマムシにおける変化パターンを細線で示してある。

E　ヤマクマムシの乾燥ストレス耐性を阻害する2種の薬剤としてYとZが見いだされた。事前曝露の前にヤマクマムシを薬剤Yもしくは薬剤Zで処理すると，事前曝露と乾燥曝露とを行った後の生存率が顕著に低下した。薬剤Yで処理した場合，事前曝露時の遺伝子A，BのmRNA量の増加はともに阻害されたが，薬剤Zで処理した場合は遺伝子AのmRNA量の増加のみが阻害された。薬剤Yと薬剤Zそれぞれについて，上記の結果を説明する作用点として可能性のある過程を下記の経路からすべて挙げ，薬剤Y-(1)，(2)，薬剤Z-(1)，(3)のように答えよ。

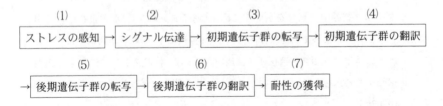

Ⅱ　次の文章を読み，問F～Iに答えよ。

ある種の線虫は4日間の事前曝露を行うと乾燥耐性を示すようになる。この線虫では，事前曝露時に糖の一種であるトレハロースが大量に蓄積し，これが耐性に必須である。トレハロースは，グルコースから作られるG1とG2を基質として酵素Pによって合成される（図1-5）。線虫の変異体Pは，酵素Pが機能を

失っておりトレハロースを蓄積しないため，乾燥耐性を示さない。

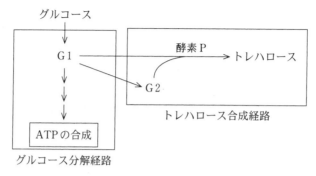

図1－5　グルコース分解経路とトレハロース合成経路

　グルコースは，細胞の主要なエネルギー源として分解され，生体のエネルギー通貨とも呼ばれるATPの産生に利用される。この反応は3つの過程，| 1 |，| 2 |，| 3 | に分けられる。| 1 |，| 2 | によって生じた NADH や FADH₂ は，ミトコンドリアの内膜ではたらく
(イ)
| 3 | に渡されてATP合成に利用される。グルコース分解の第1段階である | 1 | は，多数の酵素によって触媒される多段階の反応である。その多くは可逆反応であり，一部の不可逆反応のステップについても逆反応を触媒する別の酵素が存在するため，反応を逆方向に進めてグルコースを合成することもできる。この仕組みは，糖が不足した時に他の栄養源からグルコースを合成する際に使用される。線虫はアミノ酸や脂質を原料としてグルコースを合成できることが分かっている。

実験4　この線虫において，乾燥耐性が低下した新たな変異体Xを単離した。さらに，変異体Xから酵素Pが機能を失った二重変異体P：Xも作出した。野生型，変異体P，変異体X，および二重変異体P：Xについて，事前曝露によるトレハロースの蓄積量を解析したところ，図1－6のようになった。また，各変異体について，トレハロースを産生する酵素Pの個体あたりの活性を，基質であるG1およびG2が十分にある条件下で測定した結果，図1－7のようになった。

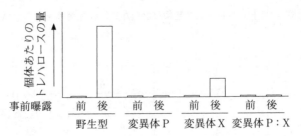

図1—6　各変異体における事前曝露時のトレハロースの蓄積量の変化

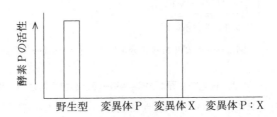

図1—7　各変異体における個体あたりの酵素Pの活性

実験5　生体内における物質代謝の挙動を知るためには，放射性同位体で標識した化合物を生物に取り込ませた後，その物質がどのような物質に変化するかを放射線を指標に調べるという方法がある。炭素の放射性同位体である ^{14}C で標識した酢酸を餌に混ぜて線虫に3日間摂取させた。その後，放射標識された物質を解析したところ，野生型でも変異体Xでも放射標識された酢酸は検出されず，エネルギー貯蔵物質として知られる脂質の一種トリグリセリドが顕著に放射標識されていた。その後，4日間の事前曝露を行ったところ，野生型では放射標識されたトリグリセリドがほぼ完全に消失し，代わりに放射標識されたトレハロースが顕著に増加した。一方，変異体Xでは事前曝露によるトレハロースの蓄積は野生型よりも少なく，事前曝露後も放射標識されたトリグリセリドが残存していた。

〔問〕

F　文中の空欄1～3に当てはまる適切な語句を答えよ。

G　下線部(イ)のようにミトコンドリアでは，NADHやFADH₂から得られた

東京大-理科前期   2021 年度　生物　65

電子が最終的に酸素分子に渡される過程でエネルギーが蓄積され，そのエネ
ルギーをもとに ATP が合成される。この反応を何と呼ぶか答えよ。

H　実験 4 の結果から，変異体 X のトレハロースの蓄積量が野生型より低く
なる原因として考えられるものを，以下の選択肢(1)～(5)からすべて選べ。

(1)　変異体 X では，酵素 P の発現を促進する遺伝子の機能が失われた結
果，酵素 P の活性が低下したため。

(2)　変異体 X では，トレハロースの合成が酵素 P を介さない代替経路に切
り替わり，その代替経路のトレハロース生産量が低いため。

(3)　変異体 X では，基質 G 1 もしくは G 2 の産生量が低下したため。

(4)　変異体 X では，酵素 P の活性を強化する遺伝子が破壊された結果，酵
素 P の活性が低下したため。

(5)　変異体 X では，基質 G 1 もしくは G 2 を産生する酵素の量が増加した
ため。

I　変異体 X は遺伝子 X の機能を失った変異体であった。実験 5 の結果か
ら，遺伝子 X の役割としてどのようなことが考えられるか，またそれがト
レハロースの産生にどう影響するか，以下の語句をすべて用いて 2 行程度で
述べよ。

トレハロース，基質 G 1，酵素 P，トリグリセリド，遺伝子 X

第 2 問

次の I, II の各問に答えよ。

I　次の文章を読み, 問 A ～ D に答えよ。

　　生物は環境に応じてその発生や成長を調節する。植物もさまざまな刺激を受容して反応し, ときに成長運動を伴う応答を見せる。成長運動の代表例が屈性であり, 刺激の方向に依存して器官が屈曲する現象をいう。刺激に近づく場合が正の屈性, 遠ざかる場合が負の屈性であり, 刺激源側とその反対側とで細胞の成長速度が違うために器官の屈曲が生じる。植物が屈性を示す代表的な刺激源には, 光, 重力, 水分などがあり, 実験 1 ～ 3 によって示されるように, 根はこれら複数の刺激に対して屈性を示す。

　　屈性制御にはさまざまな植物ホルモンが関わっており, 中でも細胞成長を制御するオーキシンが重要な役割を果たしている。植物細胞の形態と大きさとは, 細胞膜の外側に存在する細胞壁によって決められる。オーキシンは, 細胞壁をゆるめることで, 細胞の吸水とそれに伴う膨潤とを容易にし, 細胞成長を促進する。オーキシンが細胞壁をゆるめる機構に関しては, 組織片を純水に浸した状態でオーキシンを与えると細胞壁の液相が酸性になること, 組織片を酸性の緩衝液に浸すとオーキシンを与えなくても組織片の伸長が起こること, などの観察にもとづいて, 「オーキシンによる細胞壁液相の酸性化が, 細胞壁のゆるみをもたらし, 植物細胞の成長が促される」とする「酸成長説」が唱えられてきた。細胞壁液相の酸性化は, 古くは, 弱酸であるオーキシンが供給する水素イオンによって起こると考えられていたが, 現在では, オーキシンによって活性化される細胞膜上のポンプが, エネルギーを消費して積極的に細胞外に排出する水素イオンによって起こるとの見方が有力となっている。このような修正を受けながらも, 「酸成長説」は現在でも広く受け入れられている。

実験 1　図 2 ― 1 に示すように, シロイヌナズナの根の重力屈性を調べるために, シロイヌナズナ芽生えを垂直に保った寒天培地で 2 日間育てた後, 寒天培地ごと芽生えを 90° 回転させて栽培を続けた。芽生えを 90° 回転させ

東京大-理科前期   2021 年度　生物　67

た直後から定期的に芽生えの写真を撮影し，最初の重力方向に対する根の
先端の屈曲角度を計測した。

実験 2　図 2 — 2 に示すように，シロイヌナズナの根の光屈性を調べるために，
　　　シロイヌナズナ芽生えを垂直に保った寒天培地で，2 日間暗所で育てた
　　　後，光を重力方向に対して 90° の角度で照射して栽培を続けた。光照射開
　　　始直後から定期的に芽生えの写真を撮影し，重力方向に対する根の先端の
　　　屈曲角度を計測した。光源には，根が屈性を示す青色光を用いた。

実験 3　図 2 — 3 に示すように，シロイヌナズナの根の水分屈性を調べるため
　　　に，シロイヌナズナ芽生えを垂直に保った寒天培地で，2 日間暗所で育て
　　　た。その後，根の先端 0.5 mm が気中に出るように寒天培地の一部を取り
　　　除き，この芽生えを寒天培地ごと閉鎖箱に入れた。これによって，根の先
　　　端近傍では，右の四角内に示すように，寒天培地から遠ざかるにつれて空
　　　気湿度が低下した。閉鎖箱に移動させた直後から定期的に芽生えの写真を
　　　撮影し，重力方向に対する根の先端の屈曲角度を計測した。

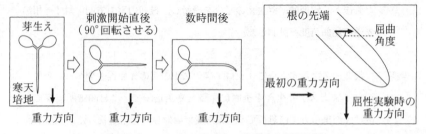

図2－1　シロイヌナズナの根の重力屈性実験

シロイヌナズナ芽生えを90°回転させて根の屈曲を一定時間おきに観察した。右の四角内には，屈曲角度の測定法を示してある。

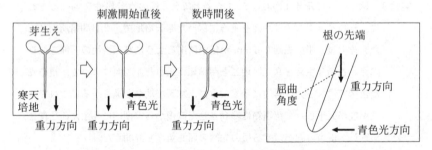

図2－2　シロイヌナズナの根の青色光屈性実験

暗所で育てたシロイヌナズナ芽生えの根に重力方向と90°の方向から青色光を照射し，根の屈曲を一定時間おきに観察した。右の四角内には，屈曲角度の測定法を示してある。

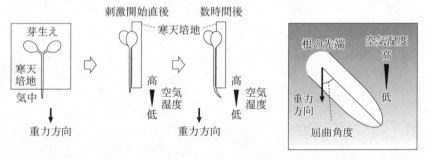

図2－3　シロイヌナズナの根の水分屈性実験

暗所で育てたシロイヌナズナ芽生えの根の先端0.5 mmが気中に出るように寒天培地の一部を切除した後，閉鎖箱に移し，根の屈曲を一定時間おきに観察した。図では閉鎖箱は省略してある。右の四角内には，屈曲角度の測定法を示してある。灰色が濃いほど空気湿度が高いことを示す。

〔問〕

A 下線部(ア)について。重力に対して茎は負の屈性を，根は正の屈性を示す。このような重力屈性の性質が，陸上植物の生存戦略上有利である理由を2行以内で述べよ。

B 下線部(イ)について。図2—4は，実験1～3を行った際の根の先端におけるオーキシン分布の様子(a～c)，実験1～3を，オーキシンの極性輸送を阻害する化合物(オーキシン極性輸送阻害剤)を含んだ寒天培地で行った場合の結果(d～f)，実験1～3を，オーキシンに応答して起こる遺伝子発現調節が異常となった変異体Aで行った場合の結果(g～i)をまとめたものである。以下の(1)～(5)の記述のそれぞれについて，図2—4の結果から支持されるなら「○」，否定されるなら「×」を記せ。さらに否定される場合には，否定の根拠となる実験結果のアルファベットを解答例のように示せ。ただし，根拠が複数存在する場合にはそのすべてを記すこと。

解答例：「(1)－×－a，b」「(1)－○」

(1) シロイヌナズナの根では，重力，青色光，水分のうち，青色光に応答した屈曲をもっとも早く観察することができる。

(2) 重力屈性，青色光屈性，水分屈性のいずれにおいても，刺激の方向に依存したオーキシン分布の偏りが，シロイヌナズナの根の屈曲に必須である。

(3) シロイヌナズナの根の屈性においては，オーキシンは常に刺激源に近い側に分布する。

(4) 変異体Aで起こっている遺伝子発現調節異常は，シロイヌナズナの根の青色光屈性と水分屈性において，屈曲を促進する効果をもつ。

(5) シロイヌナズナの根は，重力と水分には正の，青色光には負の屈性を示す。

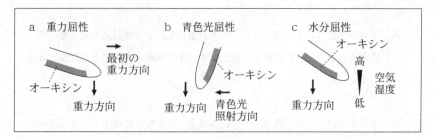

実験1〜3における，刺激開始4時間後の根の先端付近のオーキシン分布の様子．■はオーキシン濃度が高い部分を示す．

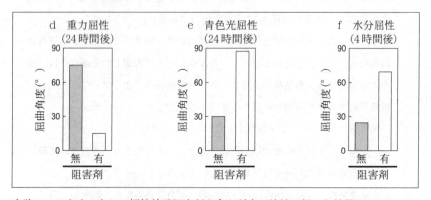

実験1〜3をオーキシン極性輸送阻害剤を含んだ寒天培地で行った結果

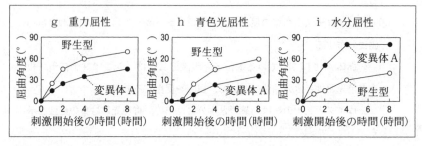

実験1〜3をオーキシンに応答して起こる遺伝子発現調節が異常となった変異体Aで行った結果

図2—4　シロイヌナズナの根の屈性実験の結果

東京大-理科前期　　　　　　　　　　　　　　　　　　2021 年度　生物　71

C　下線部(ウ)について。天然オーキシンであるインドール酢酸(IAA)は，細胞膜に存在する取りこみ輸送体および排出輸送体によって，極性をもって輸送される。重力屈性などで見られる器官内のオーキシン分布の偏りは，排出輸送体が細胞膜の特定の面に局在することによって形成されると考えられている。では，なぜ取りこみ輸送体よりも排出輸送体の偏在制御が重要となるのか。その理由について，IAA は，弱酸性の細胞壁液相ではイオン化しにくく，中性の細胞内ではイオン化しやすいことと，細胞膜の性質とに着目し，3 行以内で説明せよ。

D　下線部(エ)について。このような輸送の仕組みを何とよぶか。

Ⅱ　次の文章を読み，問E～Hに答えよ。

　植物は，劣悪な環境から逃避することはできないが，環境ストレスから身を守るためにさまざまな防御反応を行う。それらの中には，害を受けた部位からシグナル伝達物質が出され，他の部位に伝わることによって引き起こされる防御反応もある。そのひとつが，昆虫などによる食害への防御反応である。食害を受けると，　1　の生合成が活性化し，　1　による遺伝子発現誘導によって，昆虫の消化酵素を阻害する物質が作られる。このとき，食害を受けていない葉でも，他の葉が食害を受けてから数分以内に　1　の生合成が始まることから，食害のシグナルは非常に速い伝播速度をもつことが示唆されていた。最近，このシグナルはカルシウムイオンシグナルであることが示され，毎秒約 1 mm の速さで，篩(師)管を通って植物体全身へと広がることが明らかとなった。
　　　　　　　　　　　　(オ)

　カルシウムイオンは生体内で多面的な役割を果たしており，植物では上記の食害に加えて，いろいろな刺激を細胞に伝達するシグナル分子としてはたらいている。図2－5および図2－6は，タバコの芽生えに風刺激，接触刺激や低温刺激を与えたときの，細胞質基質のカルシウムイオン濃度の変化を表している。こ
　　　　　　　(カ)
れらの結果は，植物が，環境から受ける刺激やストレスを化学的シグナルに変換し，成長や発生を調節していることを示唆している。

72　2021 年度　生物　　　　　　　　　　　　　　　　　東京大-理科前期

実験 4　遺伝子工学の手法により，カルシウムイオン濃度依存的に発光するタン
　　　　パク質イクオリン(エクオリンとも呼ぶ)を細胞質基質に発現させた遺伝子
　　　　組換えタバコを作製した。このタバコの芽生えをプラスチック容器に入れ
　　　　て発光検出器に移し，発光シグナルを記録しながら，以下の処理を行っ
　　　　た。

　　　・風刺激処理：注射器を使って子葉に空気を吹きつけた。

　　　・接触刺激処理：子葉を細いプラスチック棒で触った。

　　　・低温刺激処理：芽生えの入った容器に 5 ℃ の水を満たした。なお，
　　　　10 ℃~40 ℃ の水を満たした場合には，発光シグナルは検出されなかっ
　　　　た。

　　　・組み合わせ処理①：風刺激処理後に接触刺激を繰り返し与え，再度，風
　　　　刺激処理を行った。

　　　・組み合わせ処理②：低温刺激処理後に風刺激を繰り返し与え，再度，低
　　　　温刺激処理を行った。

　　　以上の結果を図 2 ― 5 にまとめた。

実験 5　イクオリンを細胞質基質に発現させた遺伝子組換えタバコの芽生えを，
　　　　カルシウムチャネルの機能を阻害する化合物(カルシウムチャネル阻害剤
　　　　X および Y)で処理してから，実験 4 と同じ要領で風刺激および低温刺激
　　　　で処理した際の発光シグナルを記録した。その結果を図 2 ― 6 にまとめ
　　　　た。

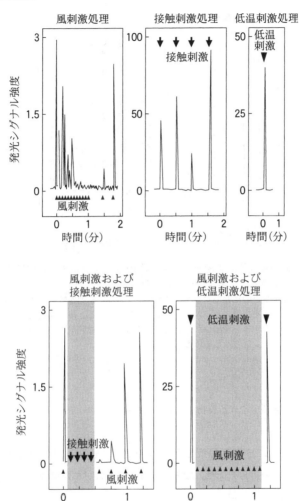

図2—5 遺伝子組換えタバコの芽生えを用いた風刺激,接触刺激,低温刺激処理実験の結果

カルシウムイオン濃度依存的に発光するタンパク質イクオリンを発現させた遺伝子組換えタバコの芽生えに,風刺激,接触刺激,低温刺激処理を行い,発光シグナルを検出した。上向き三角形(▲)は風刺激を,黒矢印(▼)は接触刺激を,下向き三角形(▼)は低温刺激を与えたタイミングを示している。なお,図中の █ 部分では,発光シグナルを測定していない。

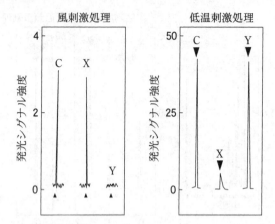

C：対照芽生え
XおよびY：カルシウムチャネル阻害剤処理芽生え

図2－6　風刺激および低温刺激処理時の細胞内カルシウムイオン濃度上昇に対する，カルシウムチャネル阻害剤の影響

カルシウムイオン濃度依存的に発光するタンパク質イクオリンを細胞質基質に発現させた遺伝子組換えタバコの芽生えを，カルシウムチャネル阻害剤で処理した後，風刺激あるいは低温刺激処理を行い，発光シグナルを検出した。上向き三角形（▲）は風刺激を，下向き三角形（▼）は低温刺激を与えたタイミングを示している。

〔問〕

E　文中の空欄1に入る植物ホルモン名を記せ。

F　下線部(オ)について。篩管を通って輸送されるものを，以下の(1)～(4)から全て選び，その番号を記せ。なお，該当するものがない場合には，なしと記せ。

(1)　ショ糖　　　　　　　　(2)　アミノ酸
(3)　クロロフィル　　　　　(4)　花成ホルモン（フロリゲン）

G　下線部(カ)について。図2－5で示した実験4の結果から推察できることとして適切なものを，以下の選択肢(1)～(3)から1つ選び，その番号を記せ。

(1)　風刺激と接触刺激は，同様の機構で細胞質基質のカルシウムイオン濃度の変化をもたらす。

(2) タバコは，低温刺激よりも風刺激により速く反応して，細胞質基質のカルシウムイオン濃度を上昇させる。

(3) 連続した風刺激処理は，低温刺激による細胞質基質のカルシウムイオン濃度の上昇を促進する。

H　下線部㈔について。図2—6で使用したカルシウムチャネル阻害剤Xおよびは異なるタイプのカルシウムチャネルに作用し，阻害剤Xは細胞膜に局在するカルシウムチャネルを，阻害剤Yは細胞小器官に存在するカルシウムチャネルを，それぞれ強く阻害する。図2—6の結果から，風刺激処理と低温刺激処理とで起こる，細胞質基質のカルシウムイオン濃度変化の仕組みの違いを推察し，2行程度で述べよ。

第3問

次のⅠ，Ⅱの各問に答えよ。

Ⅰ　次の文章を読み，問A～Gに答えよ。

　脊椎動物の個体の性は，雄か雌かの二者択一の形質だと考えられがちであるが，実際には，そう単純なものではないことが明らかになってきた。たとえば鳥類では，図3—1に示したキンカチョウのように，左右どちらかの半身が雄型の表現型を示し，もう一方の半身が雌型の表現型を示す個体がまれに出現する。また魚類や鳥類の中には，ブルーギルやエリマキシギのように，雌のような外見をもつ雄がある頻度で現れる種が存在する。魚類の中にはさらに，精巣と卵巣を同時にもち，自家受精を行うマングローブキリフィッシュという種や，キンギョハナダイやカクレクマノミのように，性成熟後に雌から雄に，あるいは雄から雌に性転換する種も存在する。

図3—1 右半身が雄型の表現型を示し，左半身が雌型の表現型を示すキンカチョウ

Proceedings of the National Academy of Sciences of the United States of America April 15, 2003 100(8) Copyright (2003) National Academy of Sciences, U. S. A.

〔問〕

A 下線部(ア)のキンカチョウの体の様々な細胞で性染色体構成を調べてみたところ，雄型の表現型を示す右半身の細胞の大部分は，通常の雄と同様にZ染色体を2本有しており，雌型の表現型を示す左半身の細胞の大部分は，通常の雌と同様にZ染色体とW染色体を1本ずつ有していた。このようなキンカチョウが生まれた原因として，最も可能性が高いと考えられるものを以下の選択肢(1)～(6)の中から選べ。なお，鳥類では，一度に複数の精子が受精する多精受精という現象がしばしばみられる。

(1) 減数分裂中の精母細胞で，性染色体に乗換えが起きた。
(2) 減数分裂の際に，卵母細胞から極体が放出されなかった。
(3) 第一卵割に先だって，ゲノムDNAの倍化が起こらなかった。
(4) 第一卵割の際に，細胞質分裂が起こらなかった。
(5) 2細胞期に，いずれかの細胞で性染色体が1本抜け落ちた。
(6) 性成熟後に，左半身の大部分の細胞でZ染色体がW染色体に変化した。

東京大-理科前期   2021 年度　生物　77

B　従来，脊椎動物では，個体の発生・成長の過程で精巣あるいは卵巣から放
　出される性ホルモンによって，全身が雄らしく，あるいは雌らしく変化する
　と考えられてきたが，図 3 ― 1 に示したキンカチョウの発見は，その考えに
　疑問を投げかけることになった。このキンカチョウの表現型が，なぜ性ホル
　モンの作用だけでは説明できないのかを 3 行程度で説明せよ。

C　下線部(イ)の雄個体は，外見は雌型でありながら，精子を作り，雌と交配し
　て子孫を残す。このような雄個体の繁殖戦略上の利点として，最も適切なも
　のを以下の選択肢(1)～(5)の中から選べ。
　(1)　通常の雄よりも見た目が派手なので，雌をより惹きつけやすい。
　(2)　通常の雄よりも見た目が地味なので，雌をより惹きつけやすい。
　(3)　通常の雄よりも攻撃性が高く，雄間競争に勝ちやすい。
　(4)　他の雄個体から求愛されることがある。
　(5)　他の雄個体から警戒や攻撃をされにくい。

D　下線部(ウ)について，マングローブキリフィッシュの受精卵(1 細胞期)で，
　常染色体上の遺伝子 A の片側のアレル(対立遺伝子)に突然変異が生じたと
　する。この個体の子孫 F 1 世代(子の世代)，F 2 世代(孫の世代)，F 3 世代
　(ひ孫の世代)では，それぞれ何％の個体が遺伝子 A の両アレルにこの変異
　をもつか。小数第 1 位を四捨五入して，整数で答えよ。ただし，マングロー
　ブキリフィッシュは自家受精のみによって繁殖し，生じた突然変異は，生存
　と繁殖に有利でも不利でもないものとする。

E　下線部(エ)について，キンギョハナダイのように一夫多妻のハレムを形成す
　る魚類の中には，体が大きくなると雌から雄に性転換する種が存在する。ハ
　レムを形成する種が性転換する意義を示したグラフとして，最も適当なもの
　を以下の(1)～(4)から選べ。ただし，魚類は体が大きいほどより多くの配偶子
　を作ることができるものとする。

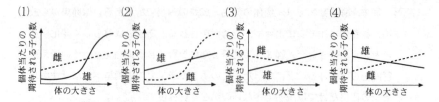

F　下線部(エ)について，ハレムを形成せず，パートナーを変えながら一夫一妻での繁殖を繰り返すカクレクマノミは，成長に伴って雄から雌に性転換することがある。カクレクマノミでは，雄の体の大きさは雌を惹きつける度合いには影響せず，体が大きいほどより多くの配偶子を作ることができるものとして，この種が成長に伴って雄から雌に性転換することの繁殖戦略上の利点を，3行程度で説明せよ。

G　2匹の雄のカクレクマノミが出会うと，体の大きい方が雌に性転換する。その際，体の接触や嗅覚情報は必要なく，視覚情報のみによって性転換が引き起こされることが知られている。そのことを確かめるためにはどのような実験を行えばよいか，3行程度で説明せよ。

Ⅱ　次の文を読み，問H～Jに答えよ。

　　ヒトの性についても，男性か女性かの二者択一で捉えられがちである。脳機能についても例外ではなく，男性は体系立てて物事を捉える能力や空間認知能力に長けた「男性脳」をもち，女性は共感性や言語能力に長けた「女性脳」をもつと言われることがある。しかし実際は，男女の脳機能の違いは二者択一的なものではなく，男女間でオーバーラップする連続的な違いであることが明らかになっている。たとえば，空間認知能力の中で，男女の違いが最も大きいと言われる「物体の回転像をイメージする能力」についてテストしたところ，図3－2に示すように，32％の女性が男性の平均スコアを上回った。男女の違いを平均値だけで比べると，このような事実を見逃してしまいがちである。

　　また，男性の脳の中には女性よりも大きな部位がいくつかあり，逆に女性の脳の中にも男性より大きい部位がいくつかあると考えられてきた。個々の部位の大

きさを男女の平均値で比較すると,確かに差が認められるものの,男性で大きいとされる全ての脳部位が女性よりも大きい男性はほとんどおらず,女性で大きいとされる全ての脳部位が男性よりも大きい女性もほとんどいないことが,最近の研究によって示された。このように,機能の面でも構造の面でも,脳の特徴を「男性脳」か「女性脳」かの二者択一で捉えることはできないのである。

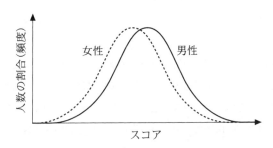

図3―2 物体の回転像をイメージする能力のスコア分布

〔問〕

H 下線部(オ)の言語能力に深く関わる脳の部位に関する説明として,最も適切なものを以下の選択肢(1)〜(4)の中から選べ。

(1) 言語能力に最も深く関わる部位は大脳辺縁系であり,大脳の表層に位置する。

(2) 言語能力に最も深く関わる部位は大脳辺縁系であり,大脳の深部に位置する。

(3) 言語能力に最も深く関わる部位は大脳新皮質であり,大脳の表層に位置する。

(4) 言語能力に最も深く関わる部位は大脳新皮質であり,大脳の深部に位置する。

I 下線部(カ)の「物体の回転像をイメージする能力」に男女差が生じる仕組みはまだ明らかとなっていない。仮に,脳内で恒常的に発現するY染色体上の遺伝子のみ,あるいは,精巣から放出される性ホルモンのみにより,この男女差が生じるとする。その場合,身体の表現型は典型的な女性と同じで卵巣

をもつ一方で，性染色体構成が男性型である人たちのスコア分布は，図3−2中の男性と女性のスコア分布のいずれに近くなると考えられるか。最も適切なものを以下の選択肢(1)～(4)の中から選べ。

(1) Y染色体上の遺伝子が原因：男性，性ホルモンが原因：男性

(2) Y染色体上の遺伝子が原因：男性，性ホルモンが原因：女性

(3) Y染色体上の遺伝子が原因：女性，性ホルモンが原因：男性

(4) Y染色体上の遺伝子が原因：女性，性ホルモンが原因：女性

J　下線部(キ)について，海馬の灰白質の体積の平均値は，女性よりも男性の方が大きいという報告がある。しかし，実際には，海馬の灰白質が女性の平均値よりも小さい男性も少なくない。これらの報告や事実について考察した以下の文中の空欄に当てはまる語句として，最も適切な組み合わせはどれか。

　海馬の灰白質の発達は，胎児の時期の性ホルモンの影響を強く受けると考えられている。男性の胎児では，海馬に神経細胞が生じる過程で，精巣から放出される男性ホルモンの影響によって女性の胎児よりも　　1　　を起こしやすいが，小さい海馬の灰白質をもつ男性では，胎児期に　　1　　が　　2　　と考えられる。

(1)　1：アポトーシス，　2：より促進された

(2)　1：アポトーシス，　2：それほど起こらなかった

(3)　1：細胞増殖，　　　2：より促進された

(4)　1：細胞増殖，　　　2：それほど起こらなかった

(5)　1：軸索の伸長，　　2：より促進された

(6)　1：軸索の伸長，　　2：それほど起こらなかった

(7)　1：軸索の分岐，　　2：より促進された

(8)　1：軸索の分岐，　　2：それほど起こらなかった

東京大-理科前期　　　　　　　　　　　　　　　　　　　　2021 年度　地学　*81*

地学

（2 科目 150 分）

（注）　解答用紙は，〈理科〉共通。1 行：約 23.5 センチ，35 字分の区切りあり。
　　　　1・2 は各 25 行，3 は 50 行。

第 1 問　宇宙に関する次の問い（問 1 〜 2）に答えよ。

問 1　地球から天体までの距離を求めるには様々な方法がある。天体までの距離を
　　　求める方法について，以下の問いに答えよ。数値での解答には有効数字 2 桁で
　　　単位とともに答え，計算の過程も示せ。

（1）　太陽，金星，地球がほぼ一直線上に並ぶ位置にあるとき，地球上からは，
　　　太陽の表面に金星の影（太陽の光球を背景とした黒い円）を観測できる。ここ
　　　では簡単のため，これら 3 天体の中心が完全に一直線上に並んでいるとしよ
　　　う。太陽と金星の間の距離は，太陽と地球の間の距離の 0.72 倍である。
　　　図 1 — 1 のように観測者 A は太陽，金星，地球の中心を結ぶ線分上に，観
　　　測者 B はその線分から垂直方向に直線距離 d 離れた場所にいるとする。観
　　　測者 A と B は金星の影を同時に観測し撮影する。両者から見える太陽表面
　　　での影の中心位置は距離 D ずれている。観測者 A から太陽表面までの距離
　　　を L とする。ただし，天体間の距離は天体のサイズに比べて非常に大き
　　　い。

（a）　距離 D は d の何倍か求めよ。

（b）　観測者 B から送られてきた写真を，観測者 A が自分で撮影した写真と
　　　詳しく比較したところ，両者の観測した金星の影の中心位置は，図 1 — 1
　　　のように角度にして θ ずれていた。距離 L を d と θ を用いて表せ。

(c) 距離 d が 3000 km のとき，θ は $11''$ であった。この観測結果から，距離 L を求めよ。ただし，$1''$ は 4.8×10^{-6} ラジアンとしてよい。また，必要であれば，θ が微小の時，$\tan\theta \fallingdotseq \theta$ と近似してよい。

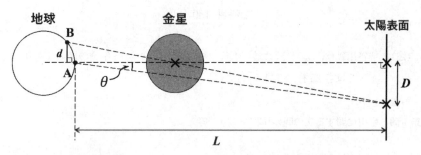

図 1 — 1　金星の影の観測を表す模式図。天体間の距離は，実際には天体のサイズに比べて非常に大きい。

(2) 地球からある銀河までの距離は，その銀河内にある Ia 型超新星や脈動型変光星を観測することで推定できる。

(a) Ia 型超新星は，爆発に伴う急激な増光後，数十日かけて徐々に減光していくが，最も明るくなったときの絶対等級は -19.5 等であることが知られている。ある遠方の銀河で Ia 型超新星が観測され，最も明るくなったときの見かけの等級は 15.5 等であった。地球からこの銀河までの距離は何パーセクか推定せよ。

(b) 距離測定のための観測対象として Ia 型超新星と脈動型変光星を比較したとき，それぞれの利点として考えられることを 1 〜 2 行ずつ述べよ。

問 2　ケプラーの法則に従って，太陽を焦点の 1 つとする軌道長半径 a，離心率 e の楕円軌道を描く，公転周期 P の彗星があるとする。このとき，以下の問いに答えよ。なお，地球もケプラーの法則にしたがうものとし，その軌道長半径 a_E と公転周期 P_E に対して，$K = a_E^3/P_E^2$ とする。

(1) 彗星の公転周期 P を a, K を用いて表せ。

(2) 太陽と彗星を結ぶ線分がある時間 τ（ただし，$\tau < P$ とする）の間に通過する面積を S とするとき，S/τ を a, e, K を用いて表せ。なお楕円の面積が $\pi\sqrt{(1-e^2)}\,a^2$ と書けることを用いてよい。

(3) 図 1 — 2 の太線部分のように，近日点をはさんで角度 θ にわたって，この彗星の核から H_2O の氷が気化（蒸発）し，H_2O ガスが放出されたとする。この過程で単位時間当たりに放出される H_2O 分子の個数 Q は，太陽に近いほど大きく，太陽と彗星の間の距離 r を用いて $Q = A/r^2$（A は定数）と表せるとする。以下では図 1 — 2 の角度 θ にわたるガスの総放出量を，順を追って考える。

   (a) ある微小な時間 Δt の間に，彗星の公転運動により太陽と彗星を結ぶ線分が $\Delta\theta$ だけ回転したとする。この Δt の間に線分の通過する面積が ΔS であったとして，この間の H_2O ガス放出量 $Q\Delta t$ を A, $\Delta\theta$, Δt, ΔS を用いて表せ。ただし，ここでは Δt が十分小さいことを用いて $\Delta S = r^2\Delta\theta/2$ と近似すること。

   (b) $r = 2.0$ 天文単位のときに $Q = 2.0 \times 10^{27}$ 個/秒だったとする。$a = 9.0$ 天文単位，$e = 0.80$，$\theta = 2\pi/3$ ラジアンとして，角度 θ にわたる彗星の H_2O ガスの総放出質量を kg の単位で求めて有効数字 2 桁で答えよ。計算の過程も示すこと。ただし，H_2O 分子 1 個の質量を 3.0×10^{-26} kg とする。また，ガスの放出に伴う彗星の軌道の変化は無視できるものとする。

(4) 公転軌道を保って太陽に繰り返し接近する彗星では，近日点に近づくたびに H_2O の氷の気化（蒸発）によるガス放出が繰り返されるが，その放出量は長期的に減っていく傾向が想定される。そのように考えられる要因 1 つを 1 〜 2 行で答えよ。

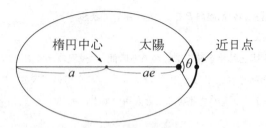

図 1 — 2 彗星が描く楕円軌道と太陽の位置関係

第 2 問 大気と海洋に関する次の問い(問 1 ～ 2)に答えよ。

問 1 次の文章を読み,以下の問いに答えよ。

　　地表付近の水蒸気を含む未飽和の空気塊が上昇し続け,その間,周囲と熱のやりとりがないとすると,空気塊の温度は乾燥断熱減率にしたがって低下する。やがて空気塊の水蒸気が飽和に達すると,その後は高さとともに湿潤断熱減率にしたがって温度が低下する。最初に飽和に達する高さを(ア)といい,これは雲底の目安になる。
　　気温減率が乾燥断熱減率よりも大きい場合の大気の状態を(イ)といい,湿潤断熱減率よりも小さい場合を(ウ)という。その中間にある場合には,条件つき不安定という。このように,対流圏においては高さとともに気温が低下しているのが一般的だが,(エ)と呼ばれる,高さとともに気温が上昇する領域が形成されることもある。

(1) 空欄(ア)～(エ)に入る適切な語句をそれぞれ答えよ。

(2) 下線部について,どのような条件が満たされると不安定になるか,1 行程度で説明せよ。

(3) 図 2 — 1 の(a)と(b)のうち,積乱雲がより発生・発達しやすいと考えられるのはどちらか答えよ。また,その理由を 3 行程度で説明せよ。

(4) 対流圏において空欄(エ)が形成される仕組みを2つ挙げ，それぞれ2行程度で説明せよ。

(5) ある空気塊が，山頂の標高が3000 mの山を越える場合を考える。標高0 mの風上側山麓における空気塊の温度を$T = 26\,°C$，露点を$T_d = 18\,°C$とし，空欄(ア)の高さh(単位はm)は$h = 125(T - T_d)$で与えられるとする。山頂を越えるときにちょうど雲が消失するとして，空気塊が標高0 mの風下側山麓に達した時の温度を有効数字2桁で求めよ。ただし，乾燥断熱減率を$1.0\,°C/100\,m$，湿潤断熱減率を$0.50\,°C/100\,m$で一定とし，計算の過程も示すこと。

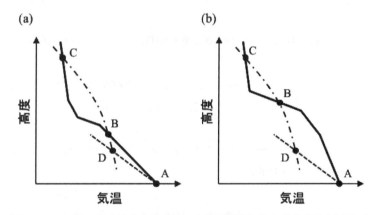

図2―1 気温の高度分布の模式図。実線は観測された状態曲線(高度による気温変化)，破線は乾燥断熱線(乾燥断熱減率にしたがう気温変化)，鎖線は湿潤断熱線(湿潤断熱減率にしたがう気温変化)を表す。点A, B, C, Dはそれぞれ交点を表す。点Dは文中の空欄(ア)に相当し，点A, C, Dのそれぞれの高度および気温は(a)と(b)で等しい。

問2 次の文章を読み，以下の問いに答えよ。

図2―2は長期平均した海面高度(ジオイド面からの海面高低差)分布である。海面高度の水平分布から，赤道付近を除き，大まかな海流の方向を推定す
①

ることができる。日付変更線（経度180度）に沿う海面高度の緯度変化から，南
緯50〜60度に周囲の緯度帯に比べて速い海流が分布していることがわかる。
②
図2−3は，日付変更線付近の経度での水深0〜2000mにおける，長期平均
した水温の南北断面図である。南北30度付近で10℃前後の等温線が下に凸
③
の形状をしている。この構造は，海面直上の風によって引き起こされる海洋表
層の沈降流と関係していると考えられている。北緯約35度から約45度にかけ
て，4℃以上の等温線が右上方向に傾いている。このことは，各水深で，北
ほど冷たく高密度の海水が分布することを示している。この緯度帯での，各水
深における海水圧力の南北勾配（絶対値）が，深くなるにつれて（大きく，小さ
(ア)
く）なることを考慮すると，海面で（東，西）向きの海流は，深くなるにつれて
(イ)
（強く，弱く）なる，と推定できる。
(ウ)

(1) 下線部①の海流の方向を推定できる理由について，2行程度で説明せよ。

(2) 下線部②の海流の名称を答えよ。また，周囲の緯度帯に比べて海流が速い
と判断できる理由を2行程度で説明せよ。

(3) 下線部③の沈降流が生じる理由を，上空の風の向きと強さに関連付けて，
2行程度で説明せよ。

(4) 下線部(ア)〜(ウ)に入る適切な語句を選択せよ。

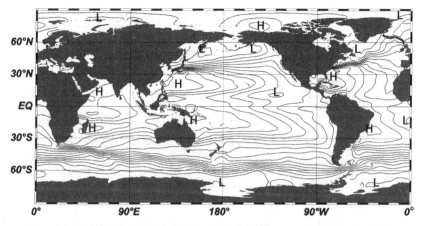

図2－2　長期平均した海面高度分布(等値線間隔0.1 m，H：極大，L：極小)

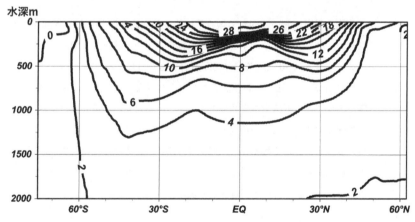

図2－3　日付変更線(経度180度)付近を南北に横切る長期平均水温断面図(単位℃，等値線間隔2℃)

第3問 地球の形・地質・地震に関する次の問い(問1～3)に答えよ。

問1 地球の形に関する以下の問いに答えよ。

(1) エラトステネスは地球が球形であると仮定し, ほぼ同じ経度にある2地点間の緯度差と距離から地球の全周の長さを求めた。その後, 地球が赤道方向に膨らんだ回転だ円体に近いことが18世紀の幾何学的測量で確かめられた。どのような根拠に基づいてそのことが確かめられたのか, 地球の断面図を描いて緯度の定義を示すとともに2行程度で説明せよ。

(2) 地球の形は, 地球を構成する物質による万有引力と自転による遠心力との合力である重力に垂直な地表面の形と考えることができる。

(a) 北極と赤道において同一の振り子で測定した周期はどちらが何%短くなるか, 計算の過程を示すとともに有効数字1桁で答えよ。簡単のため, 地球は半径6×10^3 kmの球体で, 万有引力だけにより生じる加速度の大きさ(10 m/s^2)は地球上のどこでも一定としてよい。また, 測定環境は緯度によらず空気抵抗やコリオリ力も無視できるとする。遠心力により生じる加速度の大きさは, 自転軸からの距離r, 自転角速度ω(ラジアン/s)を用いて$r\omega^2$で与えられること, 振り子の周期は重力加速度の大きさの平方根に反比例すること, 微小量Δに対して$\sqrt{1-\Delta} \fallingdotseq 1 - \frac{1}{2}\Delta$が成り立つことを用いてよい。円周率は3とせよ。

(b) ニュートンは, 地球を構成する物質が一様な密度をもった流体である場合に地球の形が回転だ円体になることを示し, その偏平率として1/230を得た。一方, ホイヘンスは地球中心に地球の質量が集中していると仮定して地球の形を求め, その偏平率として1/578を得た。現実の地球の赤道半径は約6378 km, 極半径は約6357 kmである。現実の地球の偏平率と, ニュートンとホイヘンスが求めた2つの偏平率の大小関係を, 地球の内部構造と関係付けて2行程度で説明せよ。

(3) 近年の観測の結果，地球表層の質量分布の変化によって地球の形が時間的にも変動することがわかってきた。広域的な質量分布の変化を引き起こす現象の一つに氷床の変動がある。第四紀には，数万年〜10万年程度の周期で氷期・間氷期が繰り返した。最終氷期に厚さ最大数 km の氷床で覆われていた北極域周辺の陸域では，浅瀬に生息する貝類の化石に基づいて過去の海面の高さが復元されている。図3−1は，約1万年前から現在までのそれらの化石の年代と採取地の現在の標高を示す。図から読み取れることと，その原因として考えられることを，下記の語句をすべて用いてあわせて5行程度で説明せよ。ただし，グラフの傾きがしだいにゆるやかになっている点は考慮しなくてよい。

語群：最終氷期，急速な融解，アイソスタシー，アセノスフェア

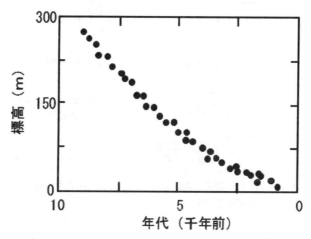

図3−1　北極域周辺の陸域における貝類の化石の年代と採取地の現在の標高

問2　地質に関する以下の問いに答えよ。

図3−2は，ある場所における露頭の地質スケッチである。ただし，**D**層より上位の各堆積岩については，整合的に堆積したことが観察されている。

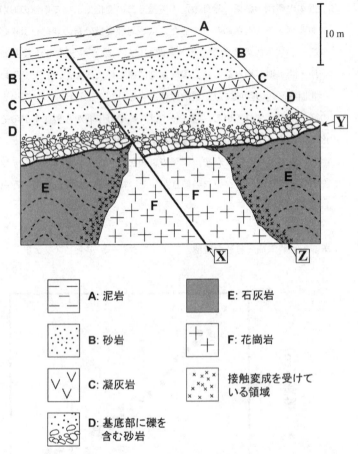

図3－2　ある露頭の地質スケッチ。なお石灰岩中に見られる破線は、層理面を示す。

(1) 境界 X と Y をそれぞれ何と呼ぶか答えよ。また、Z において形成された接触変成岩の名称を答えよ。

(2) F の花崗岩から黒雲母を取り出し、K-Ar（カリウム-アルゴン）法によって放射年代を測定した。分析の結果、F の形成時にあった ^{40}K の 10 ％ が壊変（崩壊）して ^{40}Ar 等の安定な同位体に変わっていたことがわかった。^{40}K の半減期を 13 億年とすると、F は何年前に形成されたものか、計算式を示

東京大-理科前期　　　　　　　　　　　　　　　　　　　　2021 年度　地学　*91*

し，有効数字 2 桁で答えよ。必要であれば，$\log_{10} 2 = 0.30$，$\log_{10} 3 = 0.48$
を用いてよい。

⑶　**A**，**B**，**C**，**D**には化石が含まれていなかったため，どの地質年代に属す
　るのかが不明であった。しかし，**C**は他の露頭でも認められ，その露頭では
　化石を含む堆積岩層にはさまれていた。その化石によって，**C**の年代がわか
　り，**B**と**D**のおおよその年代も推定することができた。

　　⒜　下線部の化石として適当なものを 1 つ選べ。
　　　①　アノマロカリス　　　　　　②　フズリナ
　　　③　三葉虫　　　　　　　　　　④　ヌンムリテス（カヘイ石）

　　⒝　**C**のように，地層の対比に重要な役割を果たす地層を鍵層と呼ぶ。鍵層
　　　として用いることができるために望ましい地層の特徴を 2 つ挙げよ。

⑷　設問⑴～⑶の情報をふまえ，図 3 ─ 2 の露頭から読み取れる，過去から現
　在に至る地層形成や地殻変動の歴史を，下記の語をすべて用いて 3 行程度で
　述べよ。なお，石灰岩は古生代に形成されたものとする。

　　語群：貫入，新生代，褶曲

問 3　地震に関する以下の問いに答えよ。

　　地下のマグマの動きによって生じた地震活動を地表に置かれた 2 つの地震計
　で観測した。図 3 ─ 3 に示すように，観測点 Q の直下で発生した地震から放
　射された P 波を観測点 Q と観測点 R で記録した。震源，観測点 Q，観測点 R
　を通る鉛直断面の 2 次元座標系を考え，x 軸を水平方向にとり，z 軸は地表を
　ゼロとし鉛直下向きを正として定義する。なお，地表面は水平であるとし，
　また，地下の P 波速度は一定とする。観測点 Q を原点（0，0），観測点 R の
　位置を（r，0），震源の位置を（0，z_0），P 波速度を v とする。

(1) 震源から観測点QまでのP波の走時をt_Q、震源から観測点RまでのP波の走時をt_Rとおく。P波の走時差$(t_R - t_Q)$をr, z_0, vを用いて式で表せ。

(2) 震源がz軸に沿って浅い場所から深い場所へ移動すると、P波の走時差$(t_R - t_Q)$はどのように変化するか。震源の深さを横軸に、P波の走時差$(t_R - t_Q)$を縦軸にとってグラフを描いて1行程度で説明せよ。

(3) P波の走時差$(t_R - t_Q)$が設問(2)のような変化を示す理由を、波の伝わる様子と関係付けて、3行程度で述べよ。

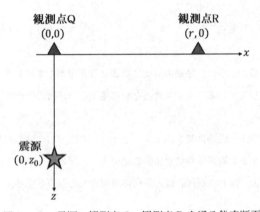

図3-3 震源, 観測点Q, 観測点Rを通る鉛直断面

則愚者狃二其所一レ習、而不レ肯レ之。狡者乃乗二其機一、咶レ之以レ不レ利。於レ
是乎擾乱不レ成矣。大抵維持数百世之後、置二国家於泰山之安一
者、如レ無二近効一。以二其無二近効、行レ之於未レ信之民一所ヨ以不レ服也。

（井上金峨『霞城講義』による）

〔注〕　○大体——政治の大要。　○咶——はたらきかけ、誘導する。
　　　　○泰山之安——名山として有名な泰山のように安定していること。

設問

(一)　傍線部a・c・dを現代語訳せよ。

(二)　「与三其見レ効於二一時一、寧取二成於子孫一」（傍線部b）を、平易な現代語に訳せ。

(三)　「以三其無二近効、行レ之於未レ信之民一所ヨ以不レ服也」（傍線部e）とはどういうことか、わかりやすく説明せよ。

（解答欄：(三)約一三・五センチ×一・五行）

次の文章を読んで、後の設問に答えよ。ただし、設問の都合で送り仮名を省いたところがある。

第 三 問

凡為下者、為上所信、然後言有所取。為上者、為下所信、然後

令有所下。事不欲速。欲速則不行也。庸愚之主必無斯

憂。唯聡明之主恃其材者、或至一旦行之、不有所顧。夫知善而

欲速成者、小人之事也。君子則不然。一言一行、其所及大遠。

与其見効於一時、寧取成於子孫。是謂知大体也。

下民之愚、承弊之日久、則安於其弊、以為無便於此。加之

狡猾者心知其弊、而口不言、因以自恣之。今欲矯其弊、

設問

○雑色——雑役をする従者。
○真人たち——あなたたち。
○豪家だつるわが殿——権門らしく振舞う、あなたたちのご主人。
○強法——横暴なこと。
○左衛門の蔵人——落窪の君の侍女阿漕の夫、帯刀。道頼と落窪の君の結婚に尽力した。
○人の家の門に入りて——牛車から離れて、よその家の門に入って。

(一) 傍線部ア・イ・ウを現代語訳せよ。

(二) 「一条の大路も皆領じ給ふべきか」(傍線部エ)とはどういうことか、主語を補って現代語訳せよ。

(三) 「この殿の牛飼ひに手触れてむや」(傍線部オ)とは誰をどのように評価したものか、説明せよ。

(解答欄::(三)約一三・五センチ×一行)

かひなる車、少し引き遣（や）

と申せば、君、「中納言のにもあれ、大納言にてもあれ、かばかり多かる所に、いかでこの打杭ありと見ながらは立てつるぞ。少

し引き遣らせよ」とのたまはすれば、雑色（ざふしき）ども寄りて車に手をかくれば、車の人出で来て、「など、また真人（まうと）たちのかうする。いた

う逸（はや）る雑色かな。豪家（かうけ）だつるわが殿も、中納言におはしますや。エ 一条の大路も皆領（し）給ふべきか。強法す」と笑ふ。「西東（にしひんがし）、斎院

もおぢて、避き道しておはすべかなるは」と、口悪（あ）しき男また言へば、「同じものと、殿を一つ口にな言ひそ」などいさかひて、え

とみに引き遣らねば、男君たちの御車ども、まだえ立てず。君、御前の人、左衛門（さゑもん）の蔵人（くらうと）を召して、「かれ、行（おこな）ひて、少し遠くな

せ」とのたまへば、近く寄りて、ただ引きに引き遣らす。男ども少なくて、えふと引きとどめず。御前、三四人ありけれど、「益な（やう）

し。この度（たび）、いさかひしつべかめり。ただ今の太政大臣の尻は蹴るとも、オ この殿の牛飼ひに手触れてむや」と言ひて、人の家の門（かと）

に入りて立てり。目をはつかに見出して見る。

少し早う恐ろしきものに世に思はれ給へれど、実（じち）の御心は、いとなつかしう、のどかになむおはしける。

〔注〕　○賀茂の祭――陰暦四月に行われる賀茂神社の祭。斎院の御禊（ごけい）がある。葵祭（あおいまつり）。
○打杭――打ち込んで立てる杭。ここでは、車を停める場所を確保するための杭。
○御前――車列の先払いをする供の人。
○侍従なりしは今は少将、童におはせしは兵衛佐――それぞれ昇進したということ。
○次第どもに――身分の順に整然と。
○檳榔毛一つ、網代一つ――いずれも牛車の種類。「檳榔毛」は上流貴族の常用、「網代」は上流貴族の略式用。
○見渡しの北南に――互いに見えるように、一条大路の北側と南側に。

a　シンサツ　b　アキラめ　c　ラシン

第 二 問

（解答欄：（一）～（三）各約一三・五センチ×二行）

次の文章は『落窪物語』の一節である。落窪の君は源中納言の娘で、高貴な実母とは死別し、継母にいじめられて育ったが、ひそかに道頼と結婚して引き取られて、幸福に暮らしている。少将だった道頼は今では中納言に昇進し、衛門督を兼任している。以下は、道頼が継母たちに報復する場面である。これを読んで、後の設問に答えよ。

かくて、「今年の賀茂の祭、いとをかしからむ」と言へば、衛門督の殿、「さうざうしきに、御達に物見せむ」とて、かねてより御車新しく調じ、人々の装束ども賜びて、「よろしうせよ」とのたまひて、いそぎて、その日になりて、一条の大路の打杭打たせ給へれば、「今は」と言へども、誰ばかりかは取らむと思して、のどかに出で給ふ。

御車五つばかり、大人二十人、童四人、下仕四人乗りたり。男君具し給へれば、御前、四位五位、いと多かり。弟の侍従なりしは今は少将、童におはせしは兵衛佐、「もろともに見む」と聞こえ給ひければ、皆おはしたりける車どもさへ添はりたれば、二十あまり引き続きて、皆、次第どもに立ちにけりと見おはするに、わが杭したる所の向かひに、古めかしき檳榔毛一つ、網代一つ立てり。

御車立つるに、「男車の交じらひも、疎き人にはあらで、親しう立て合はせて、見渡しの北南に立てよ」とのたまへば、「この向

な作業なのである。それは、人間だけを行為主体と見る世界像ではなく、関係するあらゆるものに行為の力能を見出す生きた世界像につながっている。

（松嶋健「ケアと共同性──個人主義を超えて」による）

設　問

（一）　「ケアをする者とされる者という二元的な関係とも家族とも異なったかたちでの、ケアをとおした親密性」（傍線部ア）とはどういうことか、説明せよ。

（二）　「『社会』を中心におく論理から『人間』を中心におく論理への転換」（傍線部イ）とはどういうことか、説明せよ。

（三）　「選択の論理は個人主義にもとづくものである」（傍線部ウ）とはどういうことか、説明せよ。

（四）　「それは、人間だけを行為主体と見る世界像ではなく、関係するあらゆるものに行為の力能を見出す生きた世界像につながっている」（傍線部エ）とはどういうことか、本文全体の趣旨を踏まえて一〇〇字以上一二〇字以内で説明せよ（句読点も一字と数える）。

（五）　傍線部ａ・ｂ・ｃのカタカナに相当する漢字を楷書で書け。

践に見られる論理の特徴を「ケアの論理」として、「選択の論理」と対比して取り出してみせた。

ウ 選択の論理は個人主義にもとづくものであるが、その具体的なかたちは市民であり顧客である。この論理の下で患者は顧客となる。医療に従属させられるのではなく、顧客はみずからの欲望にしたがって商品やサービスを主体的に選択する。医師など専門職の役割は適切な情報を提供するだけである。選択はあなたの希望や欲望にしたがってご自由に、というわけだ。これはよい考え方のように見える。ただこの選択の論理の下では、顧客は一人の個人であり、孤独に、しかも自分だけの責任で選択することを強いられる。インフォームド・コンセントはその典型的な例である。しかも選択するには自分が何を欲しているかあらかじめ知っている必要があるが、それは本人にとってもそれほど自明ではない。

対してケアの論理の出発点は、人が何を欲しているかではなく、何を必要としているかである。それを知るには、当人がどういう状況で誰と生活していて、何に困っているか、どのような人的、技術的リソースが使えるのか、それを使うことで以前の生活から何をアキラめなければならないのかなどを理解しなければならない。重要なのは、選択することではなく、状況を適切に判断することである。

そのためには感覚や情動が大切で、痛み苦しむ身体の声を無視してたとえば薬によっておさえこもうとするのではなく、身体に深く棲みこむことが不可欠である。脆弱であり予測不可能で苦しみのもとになる身体は、同時に生を享受するための基体でもある。この薬を使うとたとえ痛みが軽減するとしても不快だが、別のやり方だと痛みがあっても気にならず心地よいといった感覚が、ケアの方向性を決めるラシン盤になりうる。それゆえケアの論理では、身体を管理するのではなく、身体の世話をし調えることに主眼がおかれる。そこではさらに、身体の養生にかかわる道具や機械、他の人との関係性など、かかわるすべてのものについて絶え間なく調整しつづけることも必要となる。つまりケアとは、「ケアをする人」と「ケアをされる人」の二者間での行為なのではなく、家族、関係のある人びと、同じ病気をもつ人、薬、食べ物、道具、機械、場所、環境などのすべてから成る共同的で協働的

100 2021 年度 国語 東京大-理科前期

ある。 精神病院は治療の場というより、社会を守るための隔離と収容の場であった。

しかしこうした状況は、精神科医をはじめとする医療スタッフと精神障害をもつ人びとによる改革によって変わっていく。一九六〇年代に始まった反精神病院の動きは一九七八年には精神病院を廃止する法律の制定へと展開し、最終的にイタリア全土の精神病院が閉鎖されるまでに至る。 病院での精神医療に取って代わったのは地域での精神保健サービスだった。これは医療の名のもとで病院に収容する代わりに、苦しみを抱える人びとが地域で生きることを集合的に支えようとするものであり、「社会」を中心におく論理から「人間」を中心におく論理への転換であった。精神医療から精神保健へのこうした転換は公的サービスのなかで起こったことであり、それは公的サービスのなかに国家の論理、とりわけ医療を介した管理と統治の論理とは異なる論理が出現したことを意味している。

その論理は、私的自由の論理というより共同的で公共的な論理であった。たとえば、病院に代わって地域に設けられた精神保健センターで働く医師や看護師らスタッフは、患者のほうがセンターにやってくるのを待つのではなく、自分たちの方から出かけて行く。たとえば、地域に住む若者がひきこもっているような場合、個人の自由の論理にしたがうことで状況を放置すると、結局その若者自身と家族は自分たちではどうすることもできないところまで追い込まれてしまうことになる。そのような事態を回避し、地域における集合的な精神保健の責任をスタッフは負うのである。そこにはたしかに予防的に介入してリスクを管理するという側面がともないはするが、そうした統治の論理を最小限化しつつ、苦しむ人びとの傍らに寄り添い彼らの生の道程を共に歩むというケアの論理を最大化しようとするのである。

二つの人類学的研究から見えてくるのは、個人を基盤にしたものとも社会全体を基盤におくものとも異なる共同性の論理である。この論理を、明確に取り出したのがアネマリー・モルである。モルはオランダのある町の大学病院の糖尿病の外来シンサツ室aでフィールドワークを行い、それにもとづいて実践誌を書いた。そのなかで彼女は、糖尿病をもつ人びとと医師や看護師の協働実

人類学者が調査してきたなかには、国家を知らない未開社会の人びととだけではなく、すでに国民国家という枠組みに包摂されたなかで生きる人たちもいる。ただそこには、なんらかの理由で国家の論理とは別の仕方で生きている人たちがいて、国家に抗したり、その制度を利用したりしながら生きており、そうした人たちから人類学は大きなインスピレーションを得てきた。ここでは、国家のなかにありながら福祉国家の対象から排除された人びとが形づくる生にまつわる事例を二つ紹介しておこう。

第一の例は、田辺繁治が調査したタイのHIV感染者とエイズを発症した患者による自助グループに関するものである。タイでは一九八〇年代末から九〇年代初頭にかけてHIVの爆発的な感染が起こった。そのなかでタイ国家がとった対策は、感染していない国民の感染予防であり、その結果すでに感染していた者たちは逆に医療機関から排除され、さらには家族や地域社会からも差別され排除されることになった。孤立した感染者・患者たちは互いに見知らぬ間柄であったにもかかわらず、生き延びるために、エイズとはどんなものでそれをいかに治療するか、この病気をもちながらいかに自分の生を保持するかなどをめぐって情報を交換し、徐々に自助グループを形成していった。

HIVをめぐるさまざまな苦しみや生活上の問題に耳を傾けたり、マッサージをしたりといった相互的なケアのなかで、感染者たちは自身の健康を保つことができたのだ。それは「新たな命の友」と呼ばれ、医学や疫学の知識とは異なる独自の知や実践を生み出していく。そこには非感染者も参加するようになり、ケアをする者とされる者という一元的な関係とも家族とも異なったかたちでの、ケアをとおした親密性にもとづく「ケアのコミュニティ」が形づくられていった。「近代医療全体は人間を徹底的に個人化することによって成立するものであるが、そこに出現したのはその対極としての生のもつ社会性」(田辺)だったのである。

こうした社会性は、福祉国家における公的医療のまっただなかにも出現しうる。たとえば筆者が調査したイタリアでは、精神障害者は二〇世紀後半にいたるまで精神病院に隔離され、市民権を剝奪され、実質的に福祉国家の対象の埒外(らちがい)に置かれていた。なぜなら精神障害者は社会的に危険であるとみなされていて、彼らから市民や社会を防衛しなければならないと考えられていたからで

第　一　問

次の文章を読んで、後の設問に答えよ。

「近代化」は、それがどの範囲の人びとを包摂するかによって異なる様相を示す。「第一の近代」と呼ばれるフェーズでは、市民権をもつのは一定以上の財産をもつ人にかぎられている。それは、個人の基盤が私的所有におかれており、財の所有者であってはじめて自己自身を所有するという意味での自由を有し、ゆえに市民権を行使することができるとみなされたからである。この制限は徐々に取り払われ、成人男子全員や女性に市民権が拡張されていく。市民権の拡張とともに今度は、社会的所有という考えにもとづき財を再配分する社会保障制度によって、「第一の近代」から排除されていた人びとが包摂され、市民としての権利を享受できるようになる。これがいわゆる福祉国家であり、人びとはそこで健康や安全など生の基盤を国家によって保障されることになったのである。それでも、理念的には国民全体を包摂するはずの福祉国家の対象から排除される人びとはつねに存在する。

（注）　解答は、一行の枠内に二行以上書いてはいけない。

（一〇〇分）

国語

2020年度 問題編

東京大-理科前期　　　　　　　　　　　　　　　　　　　　2020 年度　問題　*3*

■前期日程

問題編

▶試験科目・配点

教　科	科　　　目	配　点
外国語	「コミュニケーション英語Ⅰ・Ⅱ・Ⅲ」，ドイツ語，フランス語，中国語から1外国語を出願時に選択。英語試験の一部分に聞き取り試験（30分程度）を行う。 　ただし，英語の選択者に限り，英語の問題の一部分に代えて，ドイツ語，フランス語，中国語，韓国朝鮮語のうちから1つを試験場で選択することができる。	120 点
数　学	数学Ⅰ・Ⅱ・Ⅲ・A・B	120 点
理　科	「物理基礎・物理」，「化学基礎・化学」，「生物基礎・生物」，「地学基礎・地学」から2科目を出願時に選択	120 点
国　語	国語総合，国語表現	80 点

▶備　考

- 英語以外の外国語は省略。
- 数学Ⅰ，数学Ⅱ，数学Ⅲ，数学Aは全範囲から出題する。数学Bは「数列」，「ベクトル」から出題する。
- 「物理基礎・物理」は物理基礎，物理の全範囲から出題する。
- 「化学基礎・化学」は化学基礎，化学の全範囲から出題する。
- 「生物基礎・生物」は生物基礎，生物の全範囲から出題する。
- 「地学基礎・地学」は地学基礎，地学の全範囲から出題する。

※理科三類は，上記に加えて面接（個人面接）を課す。総合判定の判断資料とし，学力試験の得点にかかわらず不合格となることがある。

4 2020 年度　英語　　　　　　　　　　　　　　　　東京大-理科前期

英語

（120 分）

（注　意）
1. 3は聞き取り問題である。問題は試験開始後45分経過した頃から約30分間放送される。
2. 解答は，5題を越えてはならない。
3. 5題全部英語の問題を解答してもよいし，また，4・5の代わりに他の外国語の問題Ⅳ・Ⅴを選んでもよい。ただし，ⅣとⅤとは必ず同じ外国語の問題でなければならない。

（他の外国語の問題は省略―編集部）

1 (A) 以下の英文は，高齢者にやさしい（age-friendly）町づくりを促進するための世界的な取り組みについて論じたものである。この文章の内容を70～80字の日本語で要約せよ。句読点も字数に含める。

The age-friendly community movement has emerged as a powerful response to the rapidly growing aging population. Although definitions of "age-friendly community" vary, reflecting multiple approaches and methods, many models highlight the importance of strengthening social ties and promote a vision that takes into account all ages. For example, Kofi Annan, who served as the seventh Secretary-General of the United Nations, declared in the opening speech at the UN International Conference on Aging in 1999, "A Society for All Ages embraces every generation. It is not fragmented, with youths, adults, and older persons going their separate ways. Rather, it is age-inclusive, with different generations recognizing and acting upon their common interests."

The World Health Organization and other international organizations further articulate this premise by defining aging as a lifelong process: "We are all aging at any moment in our life and we should all have the opportunity to do so in a healthy and active way. To safeguard the highest possible quality of life in older age, WHO endorses the approach of investing in factors which influence health throughout the life course."

In practice, however, the age-friendly community movement has focused primarily upon the needs and interests of older adults and their caregivers and service providers. In doing so, it has failed to gather enough data from youth and families about what produces good living conditions in a city or about opportunities for and barriers against working together with older adults.

What accounts for this gap between vision and practice? One answer may lie in the common assumption of the age-friendly community movement that what is good for older adults is good for everyone. In other words, if the age-friendly movement succeeds in making communities suitable for older adults, those communities will then be suitable for all generations. While there are many shared interests among different generations, recent studies in the United States and Europe indicate that young adults and older adults differ in their voting patterns and attitudes more than at any time since the 1970s. These studies suggest that in order to fully understand what constitutes a city that is friendly to people at different stages of the aging process, it is critical to gather data from multiple generations about what makes a city good for both growing up and growing older.

From The Global Age-Friendly Community Movement: A Critical Appraisal by Corita Brown and Nancy Henkin, Berghahn Books

6 2020 年度 英語　　　　　　　　　　　　　　　　　東京大-理科前期

(B)　以下の英文を読み，(ア)，(イ)の問いに答えよ。

Culex molestus is a subspecies of mosquito known as the London Underground mosquito. It gained this name because it was first reported during the German bombing raids of the city in 1940, when the subway tunnels were used as overnight bomb shelters. The *Culex* is a very common type of mosquito, and it has many forms. While they look the same as *Culex pipiens*, their above-ground relatives, the *molestus* mosquitoes behave in a very different way. Up on London's streets, the mosquitoes feed on bird, not human, blood. They need this blood meal before they can lay their eggs, and they sleep during the winter. Down in the subway, the mosquitoes suck passengers' blood and they lay eggs before feeding; they are also active the whole year round.

Despite its name, the Underground mosquito is not unique to London, as recent studies have revealed. It lives in basements and subways all over the world, and it has adapted its ways to its human-built environment. (　ア　) and planes, its genes spread from city to city, but at the same time it also cross-breeds with local above-ground mosquitoes, absorbing genes from that source as well. ⎢　(1)　⎥ — probably only since humans began constructing underground buildings, did *Culex molestus* evolve.

The evolution of the London Underground mosquito fascinates me not least because it seems such an interesting addition to evolution's standard portfolio. We all know about evolution perfecting the feathers of birds of paradise in distant jungles or the shape of rare flowers on high mountaintops. But apparently, the process is so ordinary that it is happening literally below our feet, among the dirty power cables of the city's subway system. Such a nice, unique, close-to-home example! The sort of thing you'd expect to find in a biology textbook.

But what if it is not an exception anymore? What if the Underground mosquito is representative of all plants and animals that come into contact with humans and the human-crafted environment? What if our grip on the Earth's ecosystems has become so firm that life on Earth is in the process of evolving ways to adapt to a thoroughly urban planet?

In 2007, for the first time in history, there were more people living in urban than in rural areas. ☐ (2) ☐. By the mid-twenty-first century, two-thirds of the world's estimated 9.3 billion will be in cities. Mind you, that's for the entire world. In western Europe, more people have lived in cities than in the countryside since 1870, and in the US that turning point was reached in 1915. Areas like Europe and North America have been firmly on the way to becoming urban continents for more than a century. A recent study in the US showed that each year, the average distance between a given point on the map and the nearest forest increases by about 1.5 per cent.

In ecological terms, the world has never seen the situation that we find ourselves in today: a single large animal species completely occupying the planet and turning it to its advantage. At the moment, our species appropriates fully one-quarter of the food that all of the world's plants produce and much of all the world's fresh water. Again, this is something that has never happened before. No other species that evolution has produced has ever been able to play such a central ecological role on such a global scale.

☐ (3) ☐. By 2030, nearly 10 per cent of the land on the planet will be densely populated, and much of the rest covered by farms, fields, and plantations which humans have shaped. Altogether a set of entirely new habitats, the likes of which nature has not seen before. And yet, when we talk about ecology and evolution, about ecosystems and nature, we are stubbornly ignoring the human factor, focusing our attention instead on that diminishing fraction of habitats where human influence is still very small.

Such an attitude can no longer be maintained. It's time to acknowledge the fact that human actions are the world's single most

8 2020 年度 英語　　　　　　　　　　　　　　　東京大-理科前期

influential ecological force. Whether we like it or not, we have become
fully integrated with everything that happens on this planet. ____(4)____.
Out in the real world, however, the threads of human activity are
tightly woven into nature's fabric. We build cities full of novel
structures made of glass and steel. We pump greenhouse gases into
the air that alter the climate ; we release non-native plants and
animals, harvest other species, and use a variety of natural resources
for our own needs. Every non-human life form on Earth will come
across humans, either directly or indirectly. And, mostly, such
encounters are not without consequence for the organism in question.
They may threaten its survival and way of life. But they may also
create new opportunities, as they did for the ancestors of *Culex
molestus.*

So what does nature do when it meets challenges and
opportunities ? It evolves. If at all possible, it changes and adapts. The
greater the pressure, the faster and more widespread this process
becomes. As subway passengers know all too well, in cities there is
great opportunity, but also great competition. Every second matters if
you want to survive, and nature is doing just that. ____(5)____.

注
mosquito　蚊
ecosystem　生態系

㈎　下に与えられた語を正しい順に並べ替え，空所（　ア　）を埋めるの
　　に最も適切な表現を完成させ，記述解答用紙の 1 (B)に記入せよ。なお文
　　頭の語は大文字で始めよ。

　　　cars　　get　　in　　mosquitoes　　thanks　　that　　to
　　　trapped

東京大-理科前期   2020 年度 英語 *9*

(イ)　空所(1)〜(5)に入れるのに最も適切な文を以下のa）〜g）より一つず
　　つ選び，マークシートの(1)〜(5)にその記号をマークせよ。ただし，同じ
　　記号を複数回用いてはならない。

　　a）　And it has also become clear that all this has happened very
　　　　recently

　　b）　Otherwise, it may not be possible to reverse some of the
　　　　changes we are imposing on Earth

　　c）　Perhaps in our imaginations we can still keep nature divorced
　　　　from the human environment

　　d）　Since then, that statistic has been rising rapidly

　　e）　So, our world is becoming thoroughly human-dominated

　　f）　While we have all been focusing on the vanishing quantity of
　　　　untouched nature, urban ecosystems have been rapidly evolving
　　　　behind our backs

　　g）　Yet the urban evolutionary rules are beginning to differ more
　　　　and more from the ones we find in the natural world

2　(A)　私たちは言葉を操っているのか。それとも，言葉に操られて
　　　　いるのか。あなたの意見を 60〜80 語の英語で述べよ。

(B)　以下の下線部を英訳せよ。

　　生きてゆくためにはまず若干の自信を持たなくてはならぬ。しかし自信
ばかりで押し切っては，やがていつかは他人を害する立場に立つ。自分た
ちは，いつも自分たちの信念がある程度までまゆつばものだということを
悟り，かくて初めて寛容の態度を養うことができる。自信と疑問，独断主
義と懐疑主義との二刀流によって，われわれは世界と渡り合うことにした
い。(鶴見俊輔『アメリカ哲学』)

10 2020 年度 英語   東京大-理科前期

3 放送を聞いて問題(A), (B), (C)に答えよ。(A)と(B)は内容的に関連している。(C)は独立した問題である。(A), (B), (C)のいずれも 2 回ずつ放送される。

- 聞き取り問題は**試験開始後 45 分経過した頃から約 30 分間**放送される。
- 放送を聞きながらメモを取ってもよい。
- 放送が終わったあとも，この問題の解答を続けてかまわない。

(A) これから放送するのは，心理学者 Gopnik 博士の著書 *The Gardener and the Carpenter* (『庭師と大工』) に関するインタヴューである。これを聞き，(6)～(10)の問いに対して，それぞれ最も適切な答えを一つ選び，マークシートの(6)～(10)にその記号をマークせよ。

(6) Which of the following statements does NOT match the carpenter concept of parenting?

　a) It assumes parenting is like shaping basic materials into a particular form.

　b) It includes a clear idea of the final goal of parenting.

　c) It involves following a specific plan for raising children well.

　d) It is the dominant model of parenting in the developed world today.

　e) It requires cooperation between parents and other active agents.

(7) Which of the following changes in human society has been more important for producing the dominant model of parenting in the developed world?

　a) The development of an industrial economy.

　b) The emergence of higher education.

　c) The reduced experience of caring for children before having one's own.

　d) The rise of large, extended families.

　e) The shift from hunting and gathering to settled agricultural society.

東京大-理科前期   2020 年度　英語　*11*

(8)　Which of the following statements is NOT mentioned in the interview ?

　a)　In modern society, people often start a family without first having the experience of caring for children.

　b)　Parenting began to change in the 20th century.

　c)　Parenting has been viewed as similar to going to school or working.

　d)　Parenting will go more smoothly if you first have a successful career.

　e)　Some parents look for the right manual in order to bring up their children well.

(9)　Which of the following does Gopnik mention as a reason why humans have an especially long childhood ?

　a)　It allows them to acquire language.

　b)　It allows them to become more flexible and adaptable.

　c)　It allows them to develop a larger brain.

　d)　It allows them to experience life more fully.

　e)　It allows them to protect their surrounding environment.

(10)　Based on this conversation, which of the following statements best describes the views of Gopnik and the host, Vedantam ?

　a)　Gopnik and Vedantam both prefer the carpenter model.

　b)　Gopnik and Vedantam both prefer the gardening model.

　c)　Gopnik and Vedantam find much to appreciate in both models.

　d)　Gopnik prefers the carpenter model, but Vedantam prefers the gardening model.

　e)　Gopnik prefers the gardening model, but Vedantam prefers the carpenter model.

12 2020 年度 英語　　　　　　　　　　　　　　　　　　　　　東京大-理科前期

(B)　これから放送するのは，司会者（Vedantam）と Gopnik 博士，Webb
博士の 3 人による，(A)と内容的に関連した会話である。これを聞き，⑾
～⒂の問いに対して，それぞれ最も適切な答えを一つ選び，マークシー
トの⑾～⒂にその記号をマークせよ。

⑾　According to Gopnik, what is a likely outcome of the carpenter
　　model of parenting?
　　a)　Children will achieve more by taking chances.
　　b)　Children will be better able to deal with uncertainty.
　　c)　Children will be more likely to be cautious.
　　d)　Children will be well-balanced in their later life.
　　e)　Children will benefit from greater freedom.

⑿　According to Vedantam, what does Gopnik argue?
　　a)　Children learn valuable lessons by taking risks.
　　b)　Children need to develop specialized skills from an early age.
　　c)　Parents need to have specific goals for their children.
　　d)　The carpenter model is designed to increase the child's sense
　　　　of freedom.
　　e)　The current culture of parenting needs only minor
　　　　adjustments to be successful.

⒀　What objection does Webb raise to Gopnik's argument?
　　a)　Giving children a lot of freedom can limit their future
　　　　opportunities.
　　b)　If you are going to be free of anxiety, you need a structured
　　　　life.
　　c)　If you are going to succeed, you need to try a lot of things
　　　　before choosing one.
　　d)　In order to be an Olympic athlete, you must start taking
　　　　lessons before the age of fourteen.
　　e)　Success in life is based on a child's natural ability.

東京大-理科前期   2020 年度　英語　*13*

(14) What does Gopnik think about the problem Webb describes ?

　　a) Children should be encouraged to trust their parents.

　　b) Children should not be expected to work that hard in order
　　　　to succeed.

　　c) Parents in a competitive culture should make great demands
　　　　of their children.

　　d) Parents should give children every advantage possible to
　　　　help them succeed.

　　e) We should feel sympathy for parents in this situation.

(15) What conclusion does Webb finally draw from this discussion ?

　　a) Life is like an unfair competition.

　　b) Most models of parenting do not prepare children well
　　　　enough for life.

　　c) Not enough parents understand how to help their children
　　　　succeed in life.

　　d) Parenting can be a very unrewarding activity.

　　e) The real problem lies in society.

(C)　これから放送する講義を聞き，(16)～(20)の問いに対して，それぞれ最も
　　適切な答えを一つ選び，マークシートの(16)～(20)にその記号をマークせよ。

(16) Which scientific advance made the recent progress in speed
　　breeding possible ?

　　a) Better space flight technology.

　　b) Developments in LED technology.

　　c) Improvements in climate control technology.

　　d) More efficient methods of harvesting.

　　e) The invention of the carbon arc lamp.

(17) When did scientists in China achieve their breakthrough in making one of the world's vital food crops resistant to a disease ?

a) 2002

b) 2004

c) 2008

d) 2012

e) 2014

(18) Which of the crops listed below is NOT used to illustrate how gene editing has protected plants from disease ?

a) Bananas

b) Barley

c) Rice

d) Soybeans

e) Wheat

(19) Which of the following is NOT mentioned as a location where research projects are currently carried out ?

a) Australia

b) China

c) Europe

d) India

e) South Korea

(20) According to Hickey, meeting the future challenges of food security will require

a) continuing advances in speed breeding.

b) efforts to control population growth.

c) new breakthroughs in gene editing.

d) the application of all available technologies.

e) the development of new tools.

東京大-理科前期   2020 年度 英語 *15*

4

(A) 以下の英文の段落(21)～(25)にはそれぞれ誤りがある。修正が必要な下線部を各段落から一つずつ選び、マークシートの(21)～(25)にその記号をマークせよ。

(21) Among the various elements of (a)the natural world which in fantasy fiction become invested with mysterious powers, trees and forests particularly often (b)undergo changes which elevate them from the domain of the natural into that of the super-natural. Consequently, their appearance (c)in fantastic stories lively characters and magical woodlands strengthens the charming and exotic appeal of a story. Yet it is a misunderstanding to perceive the trees and forests of fantasy (d)as hardly anything else than amusing (e)but otherwise insignificant characters.

(22) Various myths from across the world (a)include sacred trees which serve as a link between humankind and the divine. In other words, the tree was often associated with a particular god or, together with a sacred stone, it formed a place of worship, which was called a "microcosm," because (b)its structure reflected the nature of the cosmos. As the sacred "upside-down tree," whose roots were in the sky and branches reached the earth, it (c)was functioned also as a representation of the universe. Moreover, the location of the tree was often perceived as the ultimate center of reality, and the tree itself became a link between heaven and earth. (d)Because of its cycle of shedding and regrowing leaves, many cultures regarded the tree as symbol of life, and numerous myths (e)insisted that human life was connected to or, in fact, originated from trees and other plants.

(23) While some writers of fantasy fiction use fantastic trees and forests only (a)as important elements of their world-building, numerous others have recognized (b)the potential locking in the image of myths and fairy tales. As a result, in modern fantasy, trees and forests also (c)become a vessel of the divine, a space of trial and testing, a catalyst of the hero's physical and psychological change, and an active

16 2020 年度 英語　　　　　　　　　　　　　　　　　　　　東京大-理科前期

agent in the resolution of conflict. Moreover, they are frequently (d)presented as the last trace of myth in the modern world, and their portrayal may be (e)a metaphor through which the author intends to convey an important message about humanity's relationship with the natural world.

(24) Today, many people treat our planet's ecosystems as commodities, and (a)acknowledge only their material and practical value. Of course, forests (b)have supplied people with resources for centuries, (c)yet now, more than ever, the environment is endangered by human progress, because (d)not only does our growing population require more and more space and resources, but also we are slowly "migrating" into the cyberspace (e)where we are easy to forget about our connection with the rest of the living world.

(25) Fortunately, fantasy fiction—(a)the heir to the traditions of myths and fairy tales—may still (b)remind us the spiritual value of nature. In fantasy fiction, trees and forests play vital roles and are presented as entities fundamental to the well-being of the imaginary world and its inhabitants. Staying in harmony with the natural world is (c)shown as a deeply rewarding experience, because the natural world is filled with the divine essence. Writers of fantasy fiction, such as MacDonald, Tolkien, and Lewis, (d)perceived nature religiously in their own lives and used myth to (e)convey this religious sensibility towards nature to their readers.

注
microcosm　小宇宙
cosmos　宇宙
ecosystem　生態系
catalyst　触媒
MacDonald　G. マクドナルド（1824-1905；英国の作家）
Tolkien　J. R. R. トールキン（1892-1973；英国の作家）
Lewis　C. S. ルイス（1898-1963；英国の作家）

東京大-理科前期   2020 年度　英語　*17*

(B)　以下の英文を読み，下線部(ア)，(イ)，(ウ)を和訳せよ。下線部(イ)を訳す際
　　には，"that same pool" が何を指しているかを明らかにせよ。

The social psychologist and writer Daniel Gilbert suggests that human beings are "works in progress that mistakenly think they're finished." And he claims, "the person you are right now doesn't remain as it is. It is as temporary as all the people you've ever been. The one constant in our lives is change." (ア)Time is a powerful force, he says, and one that perpetually revises our values, personalities, and preferences in everything from music and the places we would like to go to friendship.

Researchers at the University of Edinburgh, who conducted the longest-ever study of the stability of human character, have come to a similar conclusion, finding that those qualities that seemed to mark us as teenagers could be almost gone in our later lives. Characteristics might appear stable over short periods of time but change over decades. The researchers used data taken from a part of the 1947 Scottish Mental Survey, which tracked development in a pool of 70,805 children. They used a smaller sample of 1,208 fourteen-year-olds to study personality stability in the kids as they went from being adolescents to adults. The survey had identified six particular characteristics: self-confidence, determination, mood stability, sincerity, originality, and the desire to learn. (イ)In 2012, an attempt was made to track down that same pool of participants and, of those found, 174 agreed to take part in the continued research. They were asked to rate themselves on these same six characteristics and the degree to which they remained dominant factors in their behavior; family members, partners, and friends close to the participants were also asked to assess the continued presence of the earlier characteristics. The results determined that (ウ)while some of these characteristics remained steady over shorter periods of the participants' lives, most of them, with the exception of mood stability, had changed markedly, sometimes vanishing entirely.

> From How to Disappear : Notes on Invisibility in a Time of Transparency by
> Akiko Busch, Penguin Press

5 以下の英文を読み，(A)〜(D)の問いに答えよ。

"Let's make a bet," my father said, on my fifteenth birthday. I remember very clearly being fifteen ; or rather, I remember what fifteen feels like to a fifteen-year-old. The age is a diving board, a box half-opened.

We were sitting in stiff wooden chairs on the lawn, watching the evening settle over the neighborhood, all of that harmless fading light softening the world.

"I bet you'll leave here at eighteen and you'll never come back," he said. "Not once."

We lived two hours outside of Los Angeles, in a suburb attached to a string of other suburbs, where (A)the days rarely distinguished themselves unless you did it for them.

"You don't even think I'll come back and visit ?" I said.

"No," he said. "I don't." My father was a reasonable man. He did not generalize. He was not prone to big, dubious statements, and he rarely gambled. I felt hurt and excited by the suggestion.

"What about Mom ?" I asked.

"What about her ?"

I shrugged. It seemed she had little to do with his prediction.

"And James ?" I asked.

"Not sure about James," he said. "I can't bet on that one."

James was — and still is — my younger brother. I felt little responsibility for him. At ten, he was ア(26) but anxious and very much my parents' problem. My mother adored him, though she thought (B)_____ . Make no mistake : we were equally loved but not equally preferred. If parents don't have favorites, they do have allies.

Inside, my mother was cooking dinner while James followed her around the kitchen, handing her bits of paper he'd folded into unusual shapes. Even then, he had a talent for geometry.

"Where will I go?" I asked my father. My grades were merely ⬚ ア(27). I'd planned—vaguely, at fifteen—to transfer somewhere after a few years at the local junior college.

"It doesn't matter where," he said, waving away a fly circling his nose.

Next door, the quiet neighbor kid, Carl, walked his dog, also called Carl, back and forth across his lawn. The weather was pleasant.

"What happens if I do come back?" I asked.

"You'll lose if you come back," he said.

I hated to lose, and my father knew it.

"Will I see you again?" I asked. I felt ⬚ イ in a way that felt new, at fifteen, as though the day had turned shadowy and distant, already a memory. I felt ⬚ イ about my father and his partly bald head and his toothpaste breath, even as he sat next to me, running his palms over his hairy knees.

"Of course," he said. "Your mother and I will visit."

My mother appeared at the front door with my brother, his fingers holding the back pocket of her jeans. "Dinnertime," she said, and I kissed my father's cheek as though I were standing on a train platform. I spent all of dinner feeling that way too, staring at him from across the table, mouthing goodbye.

My eighteenth birthday arrived the summer after I'd graduated from high school. To celebrate, I saw the musical *Wicked* at a theater in Los Angeles with four of my friends. The seats were deep and velvety. My parents drove us, and my father gave us each a glass of champagne in the parking lot before we entered the theater. We used small plastic cups he must have bought especially for the occasion. I pictured him walking around the supermarket, looking at all the cups, deciding.

A week after my birthday, my father woke me up, quieter than usual. He seemed 　ア(28)　. I still had my graduation cap tacked up on the wall. My mother had taken the dress I'd worn that day to the dry cleaner, and it still lay on the floor in its cover.

"Are you ready to go?" he asked.

"Where are you taking me?" I wanted to know.

"To the train station," he said slowly. "It's time for you to go."

My father had always liked the idea of traveling. Even just walking through an airport gave him a thrill—it made him 　ア(29)　, seeing all those people hurrying through the world on their way to somewhere else. He had a deep interest in history and the architecture of places he'd never seen in person. It was the great tragedy of his life that he could never manage to travel. As for my mother, it was the great tragedy of her life that her husband was 　ア(30)　 and didn't take any pains to hide it. I can see that now, even if I didn't see it then.

"Where's Mom?" I asked. "And where's James?"

"The supermarket," my father said. James loved the supermarket— the order of things, all 　ア(31)　 in their rows. "Don't cry," Dad said then, smoothing my pillowcase, still warm with sleep. He had a pained look on his face. "Don't cry," he said again. I hadn't noticed it had started. (C)My whole body felt emotional in those days, like I was an egg balanced on a spoon.

"You'll be good," he said. "You'll do good."

"But what about junior college?" I asked. "What about plans?" I'd already received a stack of shiny school pamphlets in the mail. True, I didn't know what to do with them yet, but I had them just the same.

"No time," my father said, and the urgency in his voice made me hurry.

From Suburbia!, The Southern Review, Volume 53, Number 2, Spring 2017, by Amy Silverberg, Louisiana State University Press

東京大-理科前期   2020 年度 英語 *21*

(A)　下線部(A)の内容を本文に即して日本語で説明せよ。

（解答欄：17.3 センチ × 3 行）

(B)　下に与えられた語を正しい順に並べ替え，下線部(B)を埋めるのに最も
　　適切な表現を完成させよ。

equal　　fooled　　into　　me　　she　　thinking　　we　　were

(C)　下線部(C)の内容をこの場面に即して具体的に日本語で説明せよ。

（解答欄：17.3 センチ × 2 行）

(D)　以下の問いに解答し，その答えとなる記号をマークシートにマークせ
　　よ。

　(ア)　空所(26)〜(31)には単語が一つずつ入る。それぞれに文脈上最も適切な
　　　語を次のうちから一つずつ選び，マークシートの(26)〜(31)にその記号を
　　　マークせよ。ただし，同じ記号を複数回用いてはならない。

　　a)　average　　　　　b)　cheerful　　　　c)　frightened

　　d)　intelligent　　　 e)　neat　　　　　　f)　solemn

　　g)　tolerant　　　　　h)　unhappy

　(イ)　空所（イ）に入れるのに最も適切な単語を次のうちから一つ選び，マ
　　　ークシートの(32)にその記号をマークせよ。

　　a)　angry　　　　　　b)　delighted　　　c)　excited

　　d)　sentimental　　　 e)　unfair

　(ウ)　本文の内容と合致するものはどれか。一つ選び，マークシートの(33)
　　　にその記号をマークせよ。

　　a)　The author finally decided to go to the local junior college.

　　b)　The author had planned to leave home since she was fifteen.

　　c)　The author had to leave home because there was conflict
　　　　between her parents.

　　d)　The author's father drove her away because he hated her.

　　e)　The author's father predicted that she would not come back
　　　　home although he and her mother would visit her.

22 2020 年度 英語 東京大-理科前期

3 聞き取り問題放送用スクリプト

[問題(A)]

著作権の都合上，省略。

著作権の都合上，省略。

24 2020 年度 英語 東京大-理科前期

[問題(B)]

著作権の都合上，省略。

東京大-理科前期   2020 年度　英語　*25*

著作権の都合上，省略。

[問題(C)]

　　Farmers and plant breeders are in a race against time. According to
Lee Hickey, an Australian plant scientist, "We face a grand challenge

in terms of feeding the world. We're going to have about 10 billion people on the planet by 2050," he says, "so we'll need 60 to 80 percent more food to feed everybody."

Breeders develop new kinds of crops — more productive, disease-resistant — but it's a slow process that can take a decade or more using traditional techniques. So, to quicken the pace, Dr. Hickey's team in Australia has been working on "speed breeding," which allows them to harvest seeds and start the next generation of crops sooner. Their technique was inspired by NASA research on how to grow food on space stations. They trick crops into flowering early by shining blue and red LED lights 22 hours a day and keeping temperatures between 17 and 22 degrees Celsius. They can grow up to six generations of wheat in a year, whereas traditional methods would yield only one or two.

Researchers first started growing plants under artificial light about 150 years ago. At that time, the light was produced by what are called carbon arc lamps. Since then, advances in LED technology have vastly improved the precision with which scientists can adjust light settings to suit individual crop species.

Researchers have also adopted new genetic techniques that speed up the generation of desirable characteristics in plants. Historically, humans have relied on a combination of natural variation followed by artificial selection to achieve these gains. Now, breeders use gene-editing tools to alter DNA with great speed and accuracy. In 2004, scientists working in Europe identified a variation on a single gene that made a type of barley resistant to a serious disease. Ten years later, researchers in China edited the same gene in wheat, one of the world's most important crops, making it resistant as well.

Gene-editing tools have been used to protect rice against disease, to give corn and soybeans resistance to certain chemicals, and to save oranges from a type of bacteria that has destroyed crops in Asia and the Americas. In South Korea, scientists are using these tools to rescue an endangered variety of bananas from a devastating soil disease.

With cheaper, more powerful technology, opportunities are opening up to improve crops around the world. Dr. Hickey's team plans to use these discoveries to help farmers in India, Zimbabwe and Mali over the next couple of years, since he wants the discoveries to benefit developing countries, too.

According to Hickey, we will need to combine speed breeding and gene editing with all the other tools we have if we are to meet the food security challenges of the future. "One technology alone," he says, "is not going to solve our problems."

However, while basic speed breeding is generally accepted, many are reluctant to embrace gene-editing technology. They worry about unexpected long-term consequences. The benefits of this revolutionary technology, they feel, must be weighed against its potential dangers.

©The New York Times

数学

(150 分)

1 a, b, c, p を実数とする。不等式

$$ax^2 + bx + c > 0$$
$$bx^2 + cx + a > 0$$
$$cx^2 + ax + b > 0$$

をすべて満たす実数 x の集合と，$x > p$ を満たす実数 x の集合が一致しているとする。

(1) a, b, c はすべて 0 以上であることを示せ。

(2) a, b, c のうち少なくとも 1 個は 0 であることを示せ。

(3) $p = 0$ であることを示せ。

2 平面上の点 P，Q，R が同一直線上にないとき，それらを 3 頂点とする三角形の面積を $\triangle PQR$ で表す。また，P，Q，R が同一直線上にあるときは，$\triangle PQR = 0$ とする。

A，B，C を平面上の 3 点とし，$\triangle ABC = 1$ とする。この平面上の点 X が

$$2 \leq \triangle ABX + \triangle BCX + \triangle CAX \leq 3$$

を満たしながら動くとき，X の動きうる範囲の面積を求めよ。

3 $-1 \leq t \leq 1$ を満たす実数 t に対して，

$$x(t) = (1 + t)\sqrt{1 + t}$$
$$y(t) = 3(1 + t)\sqrt{1 - t}$$

とする。座標平面上の点 $P(x(t), y(t))$ を考える。

東京大-理科前期 2020 年度　数学　*29*

(1) $-1<t\le 1$ における t の関数 $\dfrac{y(t)}{x(t)}$ は単調に減少することを示せ。

(2) 原点と P の距離を $f(t)$ とする。$-1\le t\le 1$ における t の関数 $f(t)$ の増減を調べ，最大値を求めよ。

(3) t が $-1\le t\le 1$ を動くときの P の軌跡を C とし，C と x 軸で囲まれた領域を D とする。原点を中心として D を時計回りに $90°$ 回転させるとき，D が通過する領域の面積を求めよ。

4

$n,\ k$ を，$1\le k\le n$ を満たす整数とする。n 個の整数

$$2^m\quad (m=0,\ 1,\ 2,\ \cdots,\ n-1)$$

から異なる k 個を選んでそれらの積をとる。k 個の整数の選び方すべてに対しこのように積をとることにより得られる ${}_n\mathrm{C}_k$ 個の整数の和を $a_{n,k}$ とおく。例えば，

$$a_{4,3}=2^0\cdot 2^1\cdot 2^2+2^0\cdot 2^1\cdot 2^3+2^0\cdot 2^2\cdot 2^3+2^1\cdot 2^2\cdot 2^3=120$$

である。

(1) 2 以上の整数 n に対し，$a_{n,2}$ を求めよ。

(2) 1 以上の整数 n に対し，x についての整式

$$f_n(x)=1+a_{n,1}\,x+a_{n,2}\,x^2+\cdots\cdots+a_{n,n}\,x^n$$

を考える。$\dfrac{f_{n+1}(x)}{f_n(x)}$ と $\dfrac{f_{n+1}(x)}{f_n(2x)}$ を x についての整式として表せ。

(3) $\dfrac{a_{n+1,k+1}}{a_{n,k}}$ を $n,\ k$ で表せ。

5

座標空間において，xy 平面上の原点を中心とする半径 1 の円を考える。この円を底面とし，点 $(0,\ 0,\ 2)$ を頂点とする円錐（内部を含む）を S とする。また，点 A $(1,\ 0,\ 2)$ を考える。

(1) 点 P が S の底面を動くとき，線分 AP が通過する部分を T とする。平面 $z=1$ による S の切り口および，平面 $z=1$ による T の切り口を同一平面上に図示せよ。

(2) 点 P が S を動くとき，線分 AP が通過する部分の体積を求めよ。

6 以下の問いに答えよ。

(1) A，α を実数とする。θ の方程式
$$A\sin 2\theta - \sin(\theta+\alpha) = 0$$
を考える。$A>1$ のとき，この方程式は $0\leqq\theta<2\pi$ の範囲に少なくとも 4 個の解を持つことを示せ。

(2) 座標平面上の楕円
$$C : \frac{x^2}{2} + y^2 = 1$$
を考える。また，$0<r<1$ を満たす実数 r に対して，不等式
$$2x^2 + y^2 < r^2$$
が表す領域を D とする。D 内のすべての点 P が以下の条件を満たすような実数 r $(0<r<1)$ が存在することを示せ。また，そのような r の最大値を求めよ。

条件：C 上の点 Q で，Q における C の接線と直線 PQ が直交するようなものが少なくとも 4 個ある。

東京大-理科前期　　　　　　　　　　　　　　　　　　　　2020 年度　物理　*31*

物理

（2 科目 150 分）

（注）　解答用紙は，〈理科〉共通。1 行：約 23.5 センチ，35 字分の区切
りあり。1・2 は各 25 行，3 は 50 行。

1　xy 平面内で運動する質量 m の小球を考える。小球の各時刻にお
ける位置，速度，加速度，および小球にはたらく力のベクトルを
それぞれ

$$\vec{r}=(x,\ y),\ \vec{v}=(v_x,\ v_y),\ \vec{a}=(a_x,\ a_y),\ \vec{F}=(F_x,\ F_y)$$

とする。また小球の各時刻における原点 O からの距離を $r=\sqrt{x^2+y^2}$，速
度の大きさを $v=\sqrt{v_x{}^2+v_y{}^2}$ とする。以下の設問に答えよ。なお小球の大
きさは無視できるものとする。

I　(1)　以下の文中の　ア　から　カ　に当てはまるものを $v_x,\ v_y,\ a_x,$
a_y から選べ。

各時刻において原点 O と小球を結ぶ線分が描く面積速度は

$$A_v=\frac{1}{2}(xv_y-yv_x)$$

で与えられる。ある時刻における位置および速度ベクトルが

$$\vec{r}=(x,\ y),\ \vec{v}=(v_x,\ v_y)$$

であったとき，それらは微小時間 Δt たった後にそれぞれ

$$\vec{r'}=(x+\boxed{\text{ア}}\Delta t,\ y+\boxed{\text{イ}}\Delta t),$$
$$\vec{v'}=(v_x+\boxed{\text{ウ}}\Delta t,\ v_y+\boxed{\text{エ}}\Delta t)$$

に変化する。このことを用いると，微小時間 Δt における面積速度の
変化分は

$$\Delta A_v=\frac{1}{2}(x\boxed{\text{オ}}-y\boxed{\text{カ}})\Delta t$$

で与えられる。なお $(\Delta t)^2$ に比例した面積速度の変化分は無視する。

(2) 設問Ⅰ(1)の結果を用いて，面積速度が時間変化しないためには力$\vec{F}$の成分F_x, F_yがどのような条件を満たせばよいか答えよ。ただし小球は原点Oから離れた点にあり，力は零ベクトルではないとする。

(3) 設問Ⅰ(2)の力$\vec{F}$を受けながら，小球が図1－1の半径r_0の円周上を点Aから点Bを通って点Cまで運動したとする。このとき，力$\vec{F}$が点Aから点Bまでに小球に行う仕事と点Aから点Cまでに小球に行う仕事の大小関係を，理由を含めて答えよ。

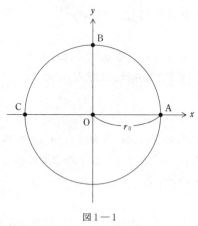

図1－1

Ⅱ (1) 小球の原点Oからの距離rの時間変化率は

$$v_r = \frac{xv_x + yv_y}{r}$$

で与えられる。これを動径方向速度とよぶ。このとき，小球の運動エネルギーと

$$K_r = \frac{1}{2}mv_r^2$$

との差をm, rおよび面積速度A_vを用いた式で表せ。

(2) 面積速度が一定になる力$\vec{F}$の例として万有引力を考える。原点Oに質量Mの物体があるとする。このとき万有引力による小球の位置エネルギーは

$$U = -G\frac{mM}{r} \quad （式1）$$

で与えられる（G は万有引力定数）。ただし物体の質量 M は小球の質量 m と比べてはるかに大きいため，物体は原点Oに静止していると考えてよい。小球の面積速度 A_P が 0 でないある定数値 A_0 をとるとき，力学的エネルギーが最小となる運動はどのような運動になるか答えよ。また，そのときの力学的エネルギーの値を m, M, A_0, G を用いて表せ。

Ⅲ　ボーアの原子模型では電子の円軌道の円周 $2\pi r$ とド・ブロイ波長 λ の間に量子条件

$$2\pi r = n\lambda \quad (n = 1, 2, 3, \cdots)$$

が成り立つ。以下で考える小球の円運動に対しても同じ量子条件が成り立つと仮定する。

(1)　設問Ⅱ(2)の（式 1 ）に対応する万有引力がはたらく小球の円運動を考える。各 n について，量子条件を満たす円軌道の半径 r_n を n, h, m, M, G を用いた式で表せ。ただし小球のド・ブロイ波長 λ は，小球の速度の大きさ v を用いて $\lambda = \dfrac{h}{mv}$ で与えられる（h はプランク定数）。

(2)　宇宙には暗黒物質という物質が存在し，銀河の暗黒物質は銀河中心からおよそ $R = 10^{22}$ m の半径内に集まっていると考えられている。暗黒物質が未知の粒子によって構成されていると仮定し，設問Ⅲ(1)の結果を用いてその粒子の質量に下限を与えてみよう。暗黒物質の構成粒子を，（式 1 ）に対応する万有引力を受けながら円運動する小球として近似する。設問Ⅲ(1)で考えたボーアの量子条件を満たす小球の軌道半径のうち $n = 1$ としたものが $R = 10^{22}$ m と等しいとしたときの小球の質量を求めよ。

なお銀河の全質量は銀河中心に集まっていて動かないと近似し，その値を $M \fallingdotseq 10^{42}$ kg とする。また，$G \fallingdotseq 10^{-10}$ m³/(kg·s²)，$\dfrac{h}{2\pi} \fallingdotseq 10^{-34}$ m²·kg/s と近似してよい。この設問で求めた質量が暗黒物質を構成する 1 粒子の質量のおおまかな下限となる。

2

I 図2−1のように，水平面上に置かれた2本の長い導体のレール上に，質量 m の導体棒が垂直に渡してある。磁束密度の大きさ B の一様な磁場が全空間で鉛直方向（紙面に垂直方向）にかけられている。導体棒とレールの接点をX，Yと呼ぶ。また，導体棒はレール方向にのみ動けるものとし，摩擦や空気抵抗，導体棒の両端に発生する誘導電荷，および回路を流れる電流が作る磁場の影響は無視できるものとする。

図2−1のように，間隔 d の平行なレールの端に電池（起電力 V_0），抵抗（抵抗値 R），スイッチを取り付け，導体棒を静止させる。スイッチを閉じた後の様子について，以下の設問(1)〜(5)に答えよ。

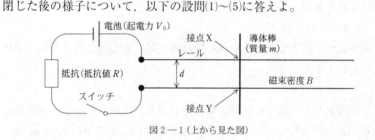

図2−1（上から見た図）

(1) 以下の文中の ア 〜 オ の空欄を埋めよ。ただし ア ， エ ， オ には式を記入し， イ ， ウ にはそのあとの括弧内から適切な語句を選択せよ。

　スイッチを閉じると，回路に電流が流れ，導体棒は右向きに動きはじめた。ある瞬間の電流を I とすると，導体棒には大きさ ア の力が働き加速されるからである。このことから磁場の向きは，鉛直 イ （上，下）向きであることがわかる。導体棒が動くと，接点X，Y間には ウ （X，Y）側を正とする誘導起電力 V が発生し，導体棒を流れる電流は小さくなる。電池の起電力 V_0 と誘導起電力 V の間に エ の関係が成り立つと，電流は流れなくなり，導体棒の速さは一定になる。この一定の速さを以下では「到達速さ」と表記する。この場合の到達速さは オ で与えられる。

(2) 導体棒に電流 I が流れているとき，微小時間 Δt の間に，導体棒の速さや接点X，Y間の起電力はどれだけ変化するか。速さの変化量 Δs，起電力の変化量 ΔV を，B，d，I，m，R，Δt，V_0 のうち必要なものを使ってそれぞれ求めよ。

(3) スイッチを閉じてから導体棒が到達速さにいたるまでの間に，導体棒を流れる電気量を，B，d，m，R，V_0 のうち必要なものを使って求めよ。

(4) 設問(2)，(3)より，導体棒に流れる電流や電気量と接点X，Y間に発生する起電力との関係が，コンデンサーを充電する際の電流や電気量と電圧の関係と類似していることがわかる。スイッチを閉じてから導体棒が到達速さにいたるまでの間に，接点X，Y間の起電力に逆らって電荷を運ぶのに要する仕事はいくらか。設問(1)で求めた到達速さを s_0 として，B，d，m，R，s_0 のうち必要なものを使って求めよ。

(5) 設問(3)で求めた電気量を Q とすると，スイッチを閉じてから導体棒が到達速さにいたるまでに電池がした仕事は QV_0 で与えられる。この電池がした仕事は，どのようなエネルギーに変わったか，その種類と量をすべて答えよ。

Ⅱ 設問Ⅰの設定のもとで，導体棒が間隔 d の平行なレール上を到達速さで右に移動している状態から，図2-2のように，導体棒は間隔 $2d$ の平行なレール上に移動した。以下の文中の ［ カ ］〜［ ケ ］の空欄を埋めよ。

この間スイッチは閉じたままであった場合を考える。このとき，間隔 $2d$ のレール上での到達速さは，間隔 d のレール上での到達速さに比べ，［ カ ］倍になる。また，それぞれの到達速さで移動しているときの接点X，Y間の起電力は，レール間隔が2倍になるのにともない，［ キ ］倍になる。

次に，導体棒が間隔 d のレール上を到達速さで移動しているときにスイッチを切り，その後スイッチを切ったままの状態で，導体棒が間隔 $2d$ のレール上に移動した場合を考える。このときは，レール間隔が2倍になるのにともない，速さは ［ ク ］倍になり，接点X，Y間の起電力は ［ ケ ］倍になる。

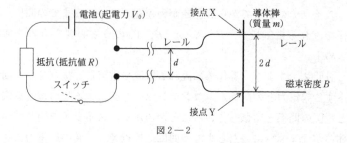

図2−2

Ⅲ 図2−3に示すように，間隔 d の平行なレールと間隔 $2d$ の平行なレールを導線でつなぎ，設問Ⅰと同様に，電池，抵抗，スイッチを取り付けた。磁場も設問Ⅰと同じとする。スイッチを切った状態で，図2−3のように質量 m の2つの導体棒1，2をそれぞれ間隔 d，間隔 $2d$ のレール上に垂直に置き静止させたのち，スイッチを閉じたところ，導体棒1，2はともに右向きに動き始めた。十分に時間が経ったのち，導体棒の速さは一定と見なせるようになった。このときの導体棒1，2の速さを B，d，m，R，V_0 のうち必要なものを使ってそれぞれ求めよ。

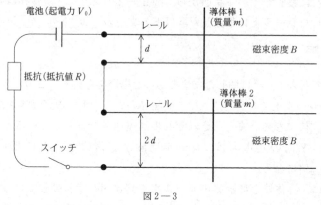

図2−3

3

図3−1に示すように，容器X，Yにそれぞれ1モルの単原子分子理想気体が入っている。容器Xの上部は滑らかに動くピストンで閉じられており，ピストンの上にはおもりが載せられている。ピストンの質量は無視できる。容器Yの体積は一定である。容器の外は真空であり，容器Xと，容器Yまたは物体Zが接触した場合にのみ熱のやりとりが行わ

東京大-理科前期   2020 年度　物理　37

れ，外部の真空や床などとの熱のやりとりは常に無視できるものとする。

容器の熱容量は無視できる。また，物体 Z の温度は常に $\frac{4}{5}T_A$ に保たれて

いるものとする。

　はじめ，容器 X は容器 Y と接触しており，ピストンの上には質量 a^5m

($a>1$) のおもりが載せられている。容器 X 内の気体の圧力は p_A である。

容器 X，Y 内の気体の温度はともに T_A である。このときの容器 X 内の気

体の状態を状態 A と呼ぶことにする。続いて，図 3－1 に示すように，以

下の操作①～④を順番に行い，容器 X 内の気体の状態を，A→B→C→D

→E と変化させた。これらの操作において，気体の状態変化はゆっくりと

起こるものとする。気体定数を R とすると，状態 A～D における容器 X

内の気体の圧力，温度，体積，内部エネルギーは表 3－1 のように与えら

れる。

操作①（A→B）　容器 X を，容器 Y，物体 Z のいずれとも接触しない位
　　　置に移動させた。次に，ピストン上のおもりを質量が m になるまで
　　　徐々に減らした。

操作②（B→C）　容器 X を物体 Z に接触させ，容器 X 内の気体の温度が
　　　$\frac{4}{5}T_A$ になるまで放置した。

操作③（C→D）　容器 X を，容器 Y，物体 Z のいずれとも接触しない位
　　　置に移動させた。次に，ピストン上のおもりを質量が a^5m になるまで
　　　徐々に増やした。この操作後の容器 X 内の気体の温度を T_D とする。

操作④（D→E）　容器 X を容器 Y と接触させ，容器 X，Y 内の気体の温
　　　度が等しくなるまで放置した。このときの温度を T_E とする。

　以下の設問に答えよ。

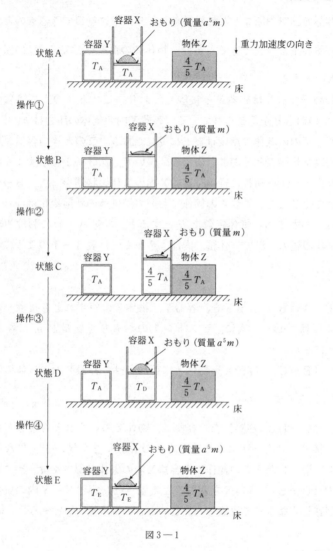

図 3 — 1

I　操作①〜③において，容器X内の気体がされた仕事をそれぞれ W_1, W_2, W_3 とする。W_1, W_2, W_3 を，R, T_A, a を用いて表せ。

II　操作④による容器X内の気体の状態変化（D→E）について，以下の設問に答えよ。

(1) 操作④による容器X内の気体の内部エネルギーの変化 ΔU_4 を，R，T_D，T_E を用いて表せ。

(2) 操作④において，容器X内の気体がされた仕事 W_4 を，R，T_D，T_E を用いて表せ。

(3) 状態Eにおける容器X内の気体の温度 T_E を，T_A，T_D を用いて表せ。

表3－1

	圧力	温度	体積	内部エネルギー
状態A	p_A	T_A	$\dfrac{RT_A}{p_A}$	$\dfrac{3}{2}RT_A$
状態B	$\dfrac{p_A}{a^5}$	$\dfrac{T_A}{a^2}$	$a^3\dfrac{RT_A}{p_A}$	$\dfrac{3}{2a^2}RT_A$
状態C	$\dfrac{p_A}{a^5}$	$\dfrac{4}{5}T_A$	$\dfrac{4}{5}a^5\dfrac{RT_A}{p_A}$	$\dfrac{6}{5}RT_A$
状態D	p_A	$\dfrac{4}{5}a^2T_A\,(=T_D)$	$\dfrac{4}{5}a^2\dfrac{RT_A}{p_A}$	$\dfrac{6}{5}a^2RT_A$

Ⅲ　a の値がある条件を満たすとき，操作①～④は，容器X内の気体に対して仕事を行うことで，低温の物体Zから容器Y内の高温の気体に熱を運ぶ操作になっている。操作④による容器Y内の気体の内部エネルギーの変化を ΔU_Y として，以下の設問に答えよ。

(1) 操作④によって容器Y内の気体の内部エネルギーが増加する（$\Delta U_Y > 0$）とき，操作①～④における容器X内の気体の圧力 p と体積 V の関係を表す図として最も適切なものを，図3－2のア～カの中から一つ選んで答えよ。

(2) $\Delta U_Y > 0$ となるための a に関する条件を答えよ。

(3) 操作①～④の間に容器X内の気体がされた仕事の総和を W，操作②において容器X内の気体が物体Zから受け取る熱量を Q_2 とする。ΔU_Y を，W と Q_2 を用いて表せ。

(4) 状態Eからさらに引き続き，操作①～④を何度も繰り返すと，容器Y内の気体の温度は，ある温度 T_F に漸近する。T_F を，T_A と a を用いて表せ。

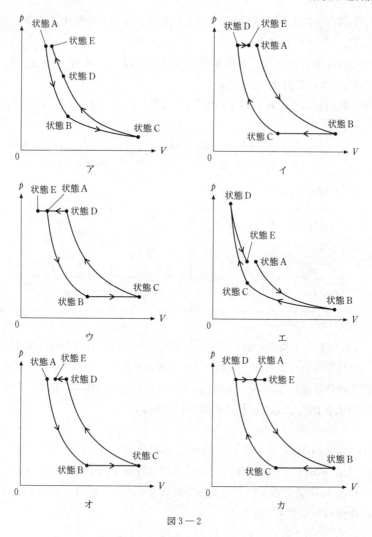

図3－2

化学

（2科目150分）

(注)　解答用紙は，〈理科〉共通。1行：約23.5センチ，35字分の区切りあり。1・2は各25行，3は50行。

1 次のⅠ，Ⅱの各問に答えよ。必要があれば以下の値を用いよ。構造式は例にならって示せ。

元　素	H	C	O	I
原子量	1.0	12.0	16.0	126.9

(構造式の例)

Ⅰ　次の文章を読み，問ア～カに答えよ。

　　天然化合物Aは，分子量286で，炭素，水素，酸素の各原子のみからなる。71.5mgのAを完全燃焼させると，143mgの二酸化炭素と，40.5mgの水が生じた。Aを加水分解すると，等しい物質量の化合物Bと化合物Cが得られた。①Bの水溶液をフェーリング液に加えて加熱すると赤色沈殿が生じたが，Aの水溶液では生じなかった。Cに塩化鉄(Ⅲ)水溶液を加えると特有の呈色反応を示したが，Aでは示さなかった。

　　セルロースやデンプンは，多数のBが縮合重合してできた多糖である。セルロースを酵素セルラーゼにより加水分解して得られるセロビオースと，デンプンを酵素アミラーゼにより加水分解して得られるマルトースは，上の構造式の例（左側）に示したスクロースと同じ分子式で表される二糖の化合物である。

42 2020 年度　化学　　　　　　　　　　　　　　　　　　　　　　東京大-理科前期

　これらの二糖は酵素Ｘ，または，酵素Ｙによって単糖に加水分解できる。Ｘはセロビオースを，Ｙはマルトースを加水分解して，いずれにおいてもＢのみを生成したが，Ｘはマルトースを，Ｙはセロビオースを加水分解できなかった。スクロースはＸにより加水分解されなかったが，Ｙにより加水分解され，等しい物質量のＢと化合物Ｄが生成した。ＡはＸにより加水分解され，ＢとＣが生成したが，Ｙによる加水分解は起こらなかった。

　Ｃを酸化することにより化合物Ｅが得られた。Ｅは分子内で水素結合を形成した構造を持ち，Ｅに炭酸水素ナトリウム水溶液を加えると二酸化炭素が発生した。Ｅと無水酢酸に濃硫酸を加えて反応させると，解熱鎮痛剤として用いられる化合物Ｆが得られた。

〔問〕
　ア　化合物Ａの分子式を示せ。
　イ　化合物Ｂ，Ｄ，Ｆの名称を記せ。
　ウ　化合物Ｂには鎖状構造と六員環構造が存在する。それぞれの構造における不斉炭素原子の数を答えよ。
　エ　セロビオース，マルトース，スクロースの中で，下線部①で示した反応により赤色沈殿を生じる化合物をすべて答えよ。また，その理由を述べよ。
　オ　化合物Ｃの構造式を示せ。
　カ　化合物Ａの構造式を示せ。

Ⅱ　次の文章を読み，問キ～サに答えよ。

　セルロースは地球上に最も多く存在する有機化合物であり，石油資源に頼らない次世代の化学工業を担う重要化合物と考えられている。セルロースを濃硫酸中で加熱すると，最終的に糖ではない化合物Ｇが主として得られる。Ｇは炭素，水素，酸素の各原子のみからなり，バイオ燃料，生分解性高分子，医薬品合成の原料として広く利用可能である。Ｇを生分解性高分子Ｈなどの化合物に変換するため，以下の実験１～３を行った。

実験1：水中でアセトンに過剰量の水酸化ナトリウムとヨウ素を反応さ
せると，特有の臭気を有する黄色の化合物Iが沈殿し，反応液
中に酢酸ナトリウムが検出された。アセトンの代わりにGを用
いて同じ条件で反応させたところ，Iが沈殿した。続いて，I
を除いた反応液を塩酸を用いて酸性にすると，ともに直鎖状化
合物であるJとKの混合物が得られた。分子式を比較するとJ
とKの炭素原子の数は，いずれもGより一つ少なかった。Kは
不斉炭素原子を有していたが，Jは有していなかった。58.0
mgのGを水に溶かし，0.200mol/Lの炭酸水素ナトリウム水
溶液で滴定したところ，2.50mLで中和点に達した。一方，
67.0mgのKを水に溶かし，0.200mol/Lの炭酸水素ナトリウ
ム水溶液で滴定したところ，5.00mLで中和点に達した。

実験2：Jとエチレングリコール（1,2-エタンジオール）を混合して縮
合重合させたところ，物質量1：1の比でエステル結合を形成
しながら共重合し，平均重合度100，平均分子量1.44×10^4の
高分子Hが得られた。

実験3：Kを加熱すると分子内で一分子の水が脱離し，化合物Lが得ら
れた。Lに光照射すると，その幾何異性体Mが生成した。Lと
Mはともに臭素と反応した。LとMをそれぞれ，より高温で長
時間加熱すると，Mのみ分子内で脱水反応が起こり，化合物N
を与えた。

〔問〕

キ　化合物Iの分子式を示せ。

ク　実験2の結果から，化合物Jの分子量を求めよ。

ケ　下の例にならい，高分子Hの構造式を示せ。

$$\left[\begin{array}{c} CH-CH_2 \\ | \\ CH_3 \end{array} \right]_n$$

コ　化合物K，L，Nの構造式をそれぞれ示せ。ただし，鏡像異性体は
考慮しなくてよい。

サ　化合物Gの構造式を答えよ。

44 2020 年度 化学   東京大-理科前期

2

次のⅠ，Ⅱの各問に答えよ。必要があれば以下の値を用いよ。

元　素	H	C	N	O	Cl	Ar
原子量	1.0	12.0	14.0	16.0	35.5	39.9

アボガドロ定数　$N_A = 6.02 \times 10^{23}$/mol

$\sqrt{2} = 1.41$，$\sqrt{3} = 1.73$

Ⅰ　次の文章を読み，問ア〜カに答えよ。

　　空気は N_2 と O_2 を主成分とし，微量の希ガス（貴ガス）や H_2O（水蒸気），CO_2 などを含んでいる。レイリーとラムゼーは，①空気から O_2，H_2O，CO_2 を除去して得た気体の密度が②化学反応で得た純粋な N_2 の密度より大きいことに着目し，Ar を発見した。

　　空気中の CO_2 は，緑色植物の光合成によって還元され，糖類に変換される。この反応に着想を得て，③光エネルギーによって CO_2 をCH_3OH や $HCOOH$ などの有用な化合物に変換する人工光合成の研究が行われている。

〔問〕

ア　希ガスに関する以下の(1)〜(5)の記述から，正しいものをすべて選べ。
(1) He を除く希ガス原子は 8 個の価電子をもつ。
(2) 希ガスは，放電管に封入して高電圧をかけると，元素ごとに特有の色に発光する。
(3) He は，全ての原子のうちで最も大きな第 1 イオン化エネルギーをもつ。
(4) Kr 原子の電子数はヨウ化物イオン I^- の電子数と等しい。
(5) Ar は，HCl より分子量が大きいため，HCl よりも沸点が高い。

イ　空気に対して，以下の一連の操作を，操作 1 →操作 2 →操作 3 の順で行い，下線部①の気体を得た。各操作において除去された物質をそれぞれ答えよ。ただし，空気は N_2，O_2，Ar，H_2O，CO_2 の混合気体であるとする。

操作1：NaOH 水溶液に通じる

操作2：赤熱した Cu が入った容器に通じる

操作3：濃硫酸に通じる

ウ　問イの実験で得た気体は，同じ温度と圧力の純粋な N_2 よりも密度が 0.476 ％大きかった。問イの実験で得た気体中の Ar の体積百分率，および，実験に用いた空気中の Ar の体積百分率はそれぞれ何％か，有効数字2桁で答えよ。ただし，空気中の N_2 の体積百分率は 78.0 ％とする。

エ　問イの実験で，赤熱した Cu の代わりに赤熱した Fe を用いると，一連の操作後に得られた気体の密度が，赤熱した Cu を用いた場合よりも小さくなった。その理由を，化学反応式を用いて簡潔に説明せよ。

オ　下線部②について，NH_4NO_2 水溶液を加熱すると N_2 が得られる。この反応の化学反応式を記せ。また，反応の前後における窒素原子の酸化数を答えよ。

カ　下線部③について，CO_2 と H_2O から HCOOH と O_2 が生成する反応を考える。この反応は，CO_2 の還元反応と H_2O の酸化反応の組み合わせとして理解できる。それぞれの反応を電子 e^- を用いた反応式で示せ。

Ⅱ　次の文章を読み，問キ～コに答えよ。

　④多くの分子やイオンの立体構造は，電子対間の静電気的な反発を考えると理解できる。例えば，CH_4 分子は，炭素原子のまわりにある四つの共有電子対間の反発が最小になるように，正四面体形となる。同様に，H_2O 分子は，酸素原子のまわりにある四つの電子対（二つの共有電子対と二つの非共有電子対）間の反発によって，折れ線形となる。電子対間の反発を考えるときは，二重結合や三重結合を形成する電子対を一つの組として取り扱う。例えば，CO_2 分子は，炭素原子のまわりにある二組の共有電子対（二つの C=O 結合）間の反発によって，直線形となる。

　多数の分子が分子間力によって引き合い，規則的に配列した固体を分子結晶とよぶ。例えば，CO_2 は低温で図2－1に示す立方体を単位格

子とする結晶となる。図2-1の結晶中で，CO₂分子の炭素原子は単位格子の各頂点および各面の中心に位置し，⑤酸素原子は隣接するCO₂分子の炭素原子に近づくように位置している。

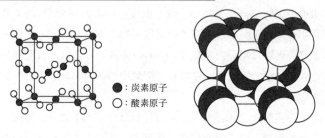

図2-1 (左)CO₂の結晶構造の模式図。(右)分子の大きさを考慮して描いたCO₂の結晶構造。

〔問〕

キ　いずれも鎖状のHCN分子および亜硝酸イオンNO₂⁻について，最も安定な電子配置（各原子が希ガス原子と同じ電子配置）をとるときの電子式を以下の例にならって示せ。等価な電子式が複数存在する場合は，いずれか一つ答えよ。

（例）　Ö::C::Ö　　[H:Ö:H]⁺
　　　　　　　　　　　 H

ク　下線部④の考え方に基づいて，以下にあげる鎖状の分子およびイオンから，最も安定な電子配置における立体構造が直線形となるものをすべて選べ。

　　HCN　　NO₂⁻　　NO₂⁺　　O₃　　N₃⁻

ケ　図2-1に示すCO₂の結晶について，最も近くにある二つの炭素原子の中心間の距離が0.40 nmであるとする。このとき，CO₂の結晶の密度は何 g/cm³か，有効数字2桁で答えよ。答えに至る過程も記せ。

コ　下線部⑤について，CO₂の結晶中で，隣り合うCO₂分子の炭素原子と酸素原子が近づく理由を，電気陰性度に着目して説明せよ。

東京大-理科前期 2020 年度 化学 47

3

次の I，II の各問に答えよ。必要があれば以下の値を用いよ。

元　素	H	C	O	Na	S	Cl
原子量	1.0	12.0	16.0	23.0	32.1	35.5

気体定数　$R = 8.31 \times 10^3 \, \mathrm{Pa \cdot L/(K \cdot mol)}$

I　次の文章を読み，問ア〜オに答えよ。

　　アメリカやアフリカにある塩湖の泥中に存在するトロナ鉱石は，主に炭酸ナトリウム，炭酸水素ナトリウム，水和水からなり，炭酸ナトリウムを工業的に製造するための原料や洗剤として用いられる。

　①トロナ鉱石 4.52 g を 25℃の水に溶かし，容量を 200 mL とした。この水溶液にフェノールフタレインを加えてから，1.00 mol/L の塩酸で滴定したところ，変色するまでに 20.0 mL の滴下が必要であった（第一反応）。次に，メチルオレンジを加えてから滴定を続けたところ，変色するまでにさらに 40.0 mL の塩酸の滴下が必要であった（第二反応）。以上の滴定において，大気中の二酸化炭素の影響は無視してよいものとする。また，ここで用いたトロナ鉱石は炭酸ナトリウム，炭酸水素ナトリウム，水和水のみからなるものとする。

〔問〕

ア　第一反応および第二反応の化学反応式をそれぞれ記せ。

イ　第一反応の終点における pH は，0.10 mol/L の炭酸水素ナトリウム水溶液と同じ pH を示した。この pH を求めたい。炭酸水素ナトリウム水溶液に関する以下の文章中の　a　〜　e　にあてはまる式，　f　にあてはまる数値を答えよ。ただし，水溶液中のイオンや化合物の濃度は，例えば [Na$^+$]，[H$_2$CO$_3$] などと表すものとする。

　　炭酸の二段階電離平衡を表す式とその電離定数は

$$\mathrm{H_2CO_3 \rightleftharpoons H^+ + HCO_3^-} \qquad K_1 = \boxed{}$$
$$\mathrm{HCO_3^- \rightleftharpoons H^+ + CO_3^{2-}} \qquad K_2 = \boxed{}$$

である。ただし，25℃において，$\log_{10} K_1 = -6.35$，

$\log_{10} K_2 = -10.33$ である。

　　炭酸水素ナトリウム水溶液中の物質量の関係から

　　　　　$[Na^+] = \boxed{ c }$

の等式が成立する。また，水溶液が電気的に中性であることから

　　　　$\boxed{ d }$

の等式が成立する。以上の式を，$[H^+]$ と $[OH^-]$ が $[Na^+]$ に比べて十分小さいことに注意して整理すると，$[H^+]$ は K_1，K_2 を用いて，

　　　　　$[H^+] = \boxed{ e }$

と表される。よって，求める pH は $\boxed{ f }$ となる。

ウ　下線部①のトロナ鉱石に含まれる炭酸ナトリウム，炭酸水素ナトリウム，水和水の物質量の比を求めよ。

エ　下線部①の水溶液の pH を求めよ。

オ　健康なヒトの血液は中性に近い pH に保たれている。この作用は，二酸化炭素が血液中の水に溶けて電離が起こることによる。血液に酸（H^+）を微量加えた場合と塩基（OH^-）を微量加えた場合のそれぞれについて，血液の pH が一定に保たれる理由を，イオン反応式を用いて簡潔に説明せよ。

Ⅱ　次の文章を読み，問カ～コに答えよ。

　　火山活動は，高温高圧の地下深部で溶融した岩石（マグマ）が上昇することで引き起こされる。マグマは地下深部では液体であるが，上昇して圧力が下がると，②マグマ中の揮発性成分が気体（火山ガス）になり，マグマは液体と気体の混合物となる（図3−1）。このとき，③マグマのみかけの密度は，気体ができる前のマグマの密度より小さくなる。この密度減少がマグマの急激な上昇と爆発的噴火を引き起こす。

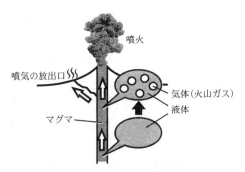

図3-1 火山活動の模式図

　火山ガスの一部は，マグマから分離して地中の割れ目などを通って上昇し，地表で噴気として放出される（図3-1）。火山ガスの組成（成分とモル分率）は，マグマから分離した時点で表3-1に示すとおりであり，上昇とともに式1の平衡が移動することで変化するものとする。噴気の放出口では，単体の硫黄の析出がしばしば観察される。その理由の一つとして，③式1において，ほぼ正反応のみが進行することが考えられる。

$$SO_2（気）+ 3H_2（気）\rightleftarrows H_2S（気）+ 2H_2O（気） \quad （式1）$$

表3-1　火山ガスの組成

成　分	H_2O	CO_2	SO_2	H_2S	HCl	H_2	その他
モル分率[%]	97.80	0.34	0.87	0.04	0.39	0.45	0.11

〔問〕

カ　下線部②に関して，地中の深さ3km付近でマグマの質量の1.00％に相当するH_2Oのみが気体になる場合を考える。1.00Lのマグマから生じたH_2O（気）の体積を有効数字2桁で求めよ。答えに至る過程も記せ。ただし，このときの圧力は$8.00×10^7$Pa，温度は1047℃，H_2O（気）ができる前のマグマの密度は$2.40×10^3$g/Lとし，H_2O（気）は理想気体とみなしてよいものとする。

キ　下線部③に関して，問カの条件で液体と気体の混合物となったマグマのみかけの密度は，気体ができる前のマグマの密度の何倍か，有効数字2桁で求めよ。ただし，液体と気体からなるマグマのみかけの密度は，（液体の質量＋気体の質量)/(液体の体積＋気体の体積）で表さ

50 2020 年度 化学   東京大-理科前期

れる。また，気体が生じたときの液体の体積変化は無視できるものと
する。

ク 式1の正反応の常温常圧における反応熱は正の値をもつ。必要な熱
化学方程式を記し，この値を求めよ。常温常圧における SO_2（気），
H_2S（気），H_2O（液）の 生 成 熱 は，それぞれ 296.9 kJ/mol，20.2
kJ/mol，285.8 kJ/mol とし，H_2O（液）の蒸発熱は 44.0 kJ/mol とす
る。

ケ 式1の平衡の移動に関する以下の文章中の g 〜 j にあて
はまる語句を答えよ。ただし， h と j には「正」または
「逆」のいずれかを答えよ。

  圧力一定で温度が下がると，一般に g 反応の方向に平衡が移
動するため，式1の h 反応がより進行する。また，温度一定で
圧力が下がると，一般に気体分子の総数を i させる方向に平衡
が移動するため，式1の j 反応がより進行する。

コ 下線部④の結果として，なぜ単体の硫黄を析出する反応が起こるの
か，表3−1に示した成分のモル分率を参考にして，簡潔に述べよ。
ただし，「その他」の成分は考慮しなくてよい。また，この硫黄が析
出する反応の化学反応式を記せ。

東京大-理科前期   2020 年度　生物　*51*

生物

（2 科目 150 分）

（注）　解答用紙は，〈理科〉共通。1 行：約 23.5 センチ，35 字分の区切
　　　りあり。1・2 は各 25 行，3 は 50 行。

1　次のⅠ，Ⅱの各問に答えよ。

Ⅰ　次の文章を読み，問 A〜E に答えよ。

　遺伝的変異は突然変異によって生み出される。突然変異に
は，⒜DNA の塩基配列に変化が生じるものと，⒝染色体の数や構造に変
化が生じるものがある。たとえば⒜において，ある遺伝子上で塩基の挿
入や欠失が起こると，　1　がずれてアミノ酸配列が変化することが
ある。これによってアミノ酸の配列が大幅に変わってしまった場合は，
タンパク質の本来の機能が失われることが多い。それ以外に塩基が他の
塩基に入れ替わる変異もあり，これを置換変異と呼ぶ。置換変異の中で，
アミノ酸配列の変化を伴わない変異を　2　，アミノ酸配列の変化を
伴う場合を非　2　と呼ぶ。
　⒝の一例として，染色体相互転座という現象がある。これは異なる 2
つの染色体の一部がちぎれた後に入れ替わって繋がる変化で，がん
（癌）でしばしば認められる染色体異常のひとつである。図 1－1 に示
したのはある種の白血病で見られる染色体相互転座の例で，2 つの異な
る染色体の一部が入れ替わることで，本来は別々の染色体に存在してい
る遺伝子 X と Y が繋がり，融合遺伝子 X－Y ができる。この融合遺伝子
X－Y から転写・翻訳されてできる X－Y タンパク質が，血球細胞をがん
化（白血病化）させることが知られている。正常な Y タンパク質の本来
の働きは酵素であり，アミノ酸のひとつであるチロシンをリン酸化する

というリン酸化酵素活性を持つ。この酵素活性は、X-Yタンパク質のがん化能力にも必須であることがわかっている。一方で、もう片方の染色体にできた融合遺伝子Y-Xには、がん化など細胞への影響はないものとする。

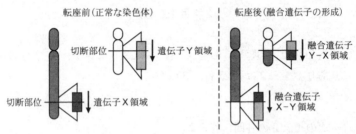

図1－1　染色体相互転座による融合遺伝子X-YとY-Xの形成
矢印は遺伝子が転写される方向を表す。

実験1　正常な遺伝子Xと遺伝子Yは、Xの4番目のエキソンと、Yの2番目のエキソンがそれぞれ途中（破線部）で切れたのち融合することで、融合遺伝子X-Yとなる（図1－2）。この融合遺伝子X-Yの性質をより詳しく調べるために、人工的な融合遺伝子1～4を作製した（図1－3）。それらの遺伝子から発現したタンパク質の大きさや性質を実験的に調べたところ、図1－3に示すような結果が得られた。

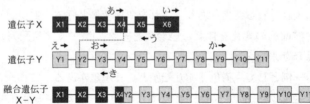

図1－2　正常な遺伝子Xと遺伝子Y、融合遺伝子X-Yのエキソン・イントロン構造
■は遺伝子Xのエキソン、□は遺伝子Yのエキソン、四角内の数字はエキソンの番号、エキソン間の直線はイントロンを表す。

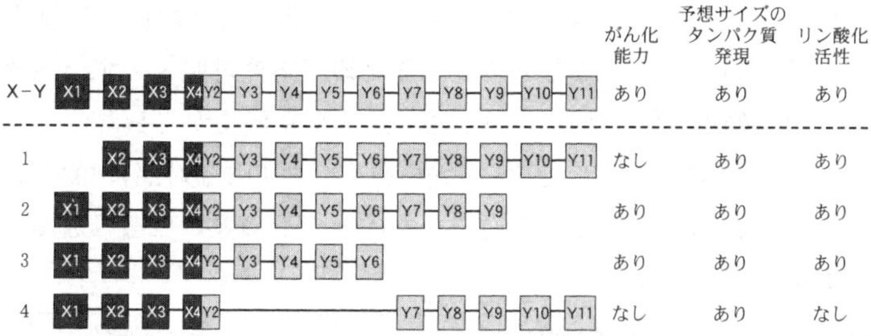

図1-3　人工的に作製した4種類の融合遺伝子1～4と実験結果

最上段の X-Y は，図1-2に示した融合遺伝子 X-Y と同一である。「予想サイズのタンパク質発現」の予想サイズとは，図示している全てのエキソンがタンパク質に翻訳された場合のサイズ，という意味である。

〔問〕

A　Ⅰの問題文の1と2に入る適当な語句を，それぞれ答えよ。

B　白血病細胞中に存在する融合遺伝子 X-Y を PCR 法で検出するために，図1-2のあ～きの中から，最も検出に優れたプライマーの組み合わせを書け（例：あ-い）。

C　図1-3に示した結果から言えることとして不適切なものを，以下の選択肢から全て選べ。

(1)　融合遺伝子のエキソンは，遺伝子 X と遺伝子 Y に由来するものがそれぞれ最低1個あり，かつ合計が最低8個あれば，その組み合わせに関わらずがん化能力を有する。

(2)　融合遺伝子1にがん化能力がないのは，最初のエキソンである X1 がないために，融合遺伝子の転写・翻訳が起こらないからである。

(3)　エキソン Y10 と Y11 はがん化に必要ではない。

(4)　融合遺伝子4にがん化能力がないのは，エキソン Y2 と Y7 の間で，RNA ポリメラーゼによる転写が停止するからである。

(5)　タンパク質 Y のリン酸化活性には，Y3 から Y6 に相当する領域が必要である。

54 2020年度 生物　　　　　　　　　　　　　　　　　　　東京大-理科前期

D　問Bで選択したプライマーを用いてPCRを行う際に，実験手技が
正しく行われていることを確認するため，陽性対照（必ず予想サイズ
のPCR産物が得られる）と陰性対照（PCR産物が得られることはな
い）を設置することにした。陽性対照および陰性対照に用いるPCR
の鋳型の組み合わせとして適切なものを，下の表から全て選んで番号
で答えよ。

番号	陽性対照	陰性対照
1	融合遺伝子1の配列を含むプラスミド	融合遺伝子3の配列を含むプラスミド
2	融合遺伝子2の配列を含むプラスミド	融合遺伝子4の配列を含むプラスミド
3	融合遺伝子3の配列を含むプラスミド	融合遺伝子2の配列を含むプラスミド
4	融合遺伝子X-Yの配列を持つ白血病細胞から抽出したRNA	融合遺伝子X-Yの配列を持たない白血病細胞から抽出したRNA
5	融合遺伝子X-Yの配列を持つ白血病細胞から抽出したタンパク質	融合遺伝子X-Yの配列を持たない白血病細胞から抽出したタンパク質
6	融合遺伝子X-Yの配列を持つ白血病細胞から抽出したDNA	融合遺伝子X-Yの配列を持たない白血病細胞から抽出したDNA

E　図1-4に示した融合遺伝子5は，実験の準備過程でできた予想外
の融合遺伝子である。エキソン-イントロン構造は融合遺伝子X-Y
と同じであるが，そのタンパク質は図1-3に示した融合遺伝子3か
ら発現するタンパク質よりも小さく，さらにがん化能力を有していな
かった。そこでこの融合遺伝子5のDNA配列を調べた結果，X4と
Y2のつなぎ目に予期しなかった配列の変化が見つかった。融合遺伝
子5に起こったDNAの変化として考えられる4つの候補a～dを図
1-4に示す。この中から融合遺伝子5として適切なDNA配列を下
記の選択肢1～4から選び，その理由を3行以内で述べよ。

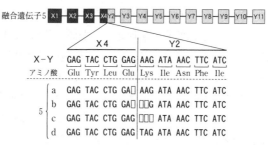

図1－4　融合遺伝子5に起こった変化の候補a～dとその塩基配列
変化前の融合遺伝子X－Yの塩基配列とアミノ酸配列を上に，変化後の塩基配列の候補a～dを下に示す。□はその部分の塩基が欠失していることを示す。

1）　aとd
2）　aとbとd
3）　bのみ
4）　aとc

Ⅱ　次の文章を読み，問F～Lに答えよ。

　融合遺伝子X－Yによって発症する白血病（X－Y白血病）の治療には，(ア)分子標的薬Qが使用される。X－Y融合タンパク質に対しては，分子標的薬QがX－Y融合タンパク質のチロシンリン酸化活性（以下「リン酸化活性」と称する）部位に結合し，その機能を阻害する。Xと融合していない正常なYタンパク質もリン酸化活性を持つが，(イ)正常なYタンパク質のリン酸化活性部位は全く異なる構造をしているため，分子標的薬QはX－Y融合タンパク質にしか作用しない。
　一方で，この分子標的薬Qは近年，X－Y白血病以外にも，消化管にできるSタイプと呼ばれるがんの治療にも効果があることが分かった。このがんSでは，Rという遺伝子に変異が見られる。正常な遺伝子Rから転写翻訳されたRタンパク質はYタンパク質と同じくリン酸化活性を有する受容体であるが，R遺伝子に変異が起こった結果，がんSではRタンパク質が異常な構造に変化して，　3　非依存的に活性化されることが分かっている。

実験2　分子標的薬QがX－Y白血病細胞の増殖に与える効果を実験的

に確認した。約1,000,000個のX-Y白血病細胞を用意し，治療に適切な濃度の分子標的薬Qを加えて4週間培養し，経時的に細胞数を数えた。この濃度では，X-Y白血病細胞の数は3日毎に10分の1に減ることが知られていたことから，図1-5に示した黒線のようなグラフが予想された。しかし実際にはX-Y白血病細胞は死滅せず，28日目に500個の細胞が残っていた。これらの生き残った細胞が持つ融合遺伝子X-Yの配列を調べたところ，これらの細胞ではもれなく，エキソンY5内に存在する塩基の置換変異により，特定のアミノ酸が1つ変化していることがわかったが，そのリン酸化活性は保たれていた。

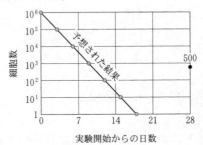

図1-5 分子標的薬QがX-Y白血病細胞の増殖に与える効果

〔問〕

F 下線部(ア)に関して，がん治療における分子標的薬全般の説明として最も適切なものをひとつ選べ。なおこの場合の「分子」とは，核酸やタンパク質をさす。

(1) 分子標的薬はRNAポリメラーゼの分解を介して，細胞全体の転写活性を阻害する薬である。

(2) 分子標的薬はがん細胞の増殖や転移などの病状に関わる特定の分子にのみ作用するように設計されている。

(3) 分子標的薬はがん細胞の表面を物理的に覆い固めることで，がん細胞の分裂・増殖を阻害する薬である。

(4) 分子標的薬は細胞表面に出ている受容体にしか効果がない。

(5) 分子標的薬は標的分子が十分に大きくないと結合できないため，小さい分子には効果がない。

東京大-理科前期　　　　　　　　　　　　　　　　　　2020 年度　生物　57

G　下線部(イ)について，一般に酵素の活性部位はそれぞれの酵素に特有
の構造をしており，特定の物質のみに作用する性質を持つ。この性質
を酵素の何と呼ぶか。下記の選択肢からひとつ選べ。
　　基質交叉性，基質反応性，基質指向性，基質特異性，基質決定性，
　　基質排他性

H　　3　に入る適当な語句を，下の選択肢からひとつ選べ。
　　ビタミン，リガンド，ペプチド，シャペロン，チャネル，ドメイン

I　Ⅱの問題文の内容に関する記述として，以下の説明から不適切なも
のを 2 つ選べ。
　(1)　X－Y 白血病細胞が消化管の細胞を誤って攻撃することで遺伝子
　　　R の変異が誘導され，がん S が起こる。
　(2)　X－Y 融合タンパク質のリン酸化活性部位との結合力を高めれば，
　　　より治療効果の高い分子標的薬を作ることができる。
　(3)　あるがんにおいて，遺伝子 R の変異がなくても，その発生部位が
　　　がん S と同じく消化管であれば，分子標的薬 Q の効果が期待できる。
　(4)　X－Y 融合タンパク質のリン酸化活性部位と，がん S で見られる
　　　変異 R タンパク質のリン酸化活性部位は，タンパク質の構造が類似
　　　している。

J　実験 2 で述べたアミノ酸の置換によって，なぜ分子標的薬 Q が効か
なくなったと考えられるか。「構造」，「結合」という単語を使って 2
行程度で述べよ。

K　実験 2 においてこのアミノ酸置換を持つ細胞は実験途中で融合遺伝
子 X－Y に変異が起こって出現したのではなく，もともとの細胞集団
の中に存在しており，分子標的薬 Q の影響を全く受けずに，4 日毎に
2 倍に増殖すると仮定した場合，最初（0 日目）に何個の細胞が存在
していたか計算せよ（小数第一位を四捨五入した整数で答えよ）。

L　K の仮定を考慮すると，図 1 － 5 の実際の細胞数の増減パターンは

下記1～6のどれが最も近いか。X軸，Y軸の値は，図1－5と同じとする。

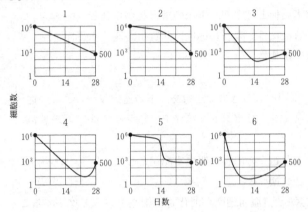

2

次のⅠ，Ⅱの各問に答えよ。

Ⅰ 次の文章を読み，問A～Dに答えよ。

　アフリカを中心とした半乾燥地帯における貧栄養土壌での作物栽培に，大きな被害をもたらす寄生植物に，ストライガ（図2－1）というハマウツボ科の一年草がある。ストライガは，自身で光合成を行うものの，その成長のためには宿主への寄生が必須となる。実際に，土壌中で発芽したストライガが，数日のうちに宿主へ寄生できなければ枯れてしまう。ストライガは，ソルガムやトウモロコシといった現地の主要な作物に，どのようなしくみで寄生するのだろうか。その理解のためには，まず，これらの作物と菌根菌との関係を知る必要がある。
　ソルガムやトウモロコシは，土壌中のリン酸や窒素といった無機栄養が欠乏した環境において，菌根菌を根に定着させる。(ア)菌根菌は，土壌中から吸収したリン酸や窒素の一部をソルガムやトウモロコシへ与える代わりに，その生育や増殖に必須となる，光合成産物由来の糖や脂質をこれらの作物から受け取っている。
　(イ)ソルガムやトウモロコシは，菌根菌を根に定着させる過程の初期に

おいて，化合物Sを土壌中へ分泌し，周囲の菌根菌の菌糸を根に誘引する。(ウ)化合物Sは，不安定で壊れやすい物質であり，根から分泌された後，土壌中を数mm拡散する間に短時間で消失する。このような性質により，根の周囲には化合物Sの濃度勾配が生じ，菌根菌の菌糸はそれに沿って根に向かう。

　ストライガは，宿主となるソルガムやトウモロコシのこのような性質を巧みに利用し，それらへ寄生する。直径が0.3mmほどの(エ)ストライガの種子は，土壌中で数十年休眠することが可能であり，化合物Sを感知して発芽する。その後，発芽したストライガの根は，宿主の根に辿り着くと，その根の組織を突き破り内部へ侵入する。最終的に，ストライガは自身と宿主の維管束を連結し，それを介して宿主から水分や無機栄養，光合成産物を奪い成長する。そのため，ストライガに寄生されたソルガムやトウモロコシは，多くの場合，結実することなく枯れてしまう（図2－1）。

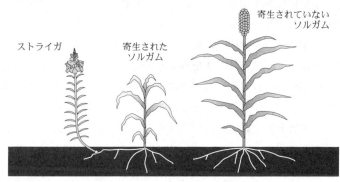

図2－1　ソルガムに寄生するストライガ

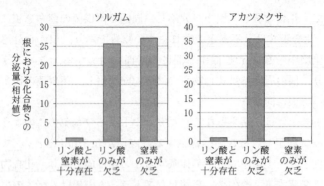

図2-2 無機栄養の欠乏が根における化合物Sの分泌量に及ぼす影響
グラフは，根の単位重量当たりの化合物Sの分泌量を，リン酸と窒素が十分存在する条件での値を1として示している。

〔問〕

A 下線部(ア)について。菌根菌の宿主は，その光合成産物のかなりの量を，菌根菌に糖や脂質を与えるために消費している。ここでは，リン酸のみが欠乏した畑地でソルガムを栽培し，根に菌根菌が定着した後に，土壌へ十分な量のリン酸を与える場合を考える。このとき，菌根菌とソルガムには，リン酸を与える前後で，それぞれどのような種間相互作用がみられるか。以下の選択肢(1)～(6)から，適切な種間相互作用を全て選べ。解答例：与える前―(1)　与えた後―(2)　(3)

(1) 同じ容器内で飼育したゾウリムシとヒメゾウリムシにみられる種間相互作用
(2) シロアリとその腸内に生息しセルロースやリグニンを分解する微生物にみられる種間相互作用
(3) ナマコとその消化管を外敵からの隠れ家として利用するカクレウオにみられる種間相互作用
(4) イヌとその体の表面に付着して吸血するダニにみられる種間相互作用
(5) ハダニとそれを食べるカブリダニにみられる種間相互作用
(6) アブラムシとその排泄物を餌にするアリにみられる種間相互作用

B 下線部(イ)について。土壌中のリン酸や窒素の欠乏が，ソルガムやマ

東京大-理科前期 2020 年度 生物 *61*

メ科牧草のアカツメクサの根における化合物Sの分泌量に及ぼす影響
をそれぞれ調べ，その結果を図2－2にまとめた。根における化合物
Sの分泌様式が，両者の間で異なる理由について，無機栄養の獲得戦
略の観点から，3行程度で述べよ。

C 下線部(ウ)について。このような化合物Sの性質は，ストライガが宿
主に寄生するうえで，どのような点で有利にはたらくか。1行程度で
述べよ。

D 下線部(エ)について。ストライガの種子が存在する土壌において，宿
主が生育していない状況で，化合物Sを散布すると，ストライガは発
芽するものの，宿主への寄生が成立しないため枯死する。そこで，ス
トライガの種子が拡散している無機栄養の欠乏した畑地において，作
物を栽培していない時期にストライガを枯死させるため，化合物Sの
土壌での安定性を高めた類似化合物を開発した。さらに，作物の無機
栄養吸収に影響を与えず，ストライガを効率よく，より確実に枯死さ
せるため，この類似化合物を改良したい。以下2つの活性を個別に改
変できるとした場合，それらを化合物Sの活性と比較してどのように
改変することが望ましいか。2つの活性について，その理由を含め，
それぞれ3行程度で述べよ。
【改変可能な活性】ストライガの発芽を誘導する活性，菌根菌を誘引
　　　　　　　　する活性

II 次の文章を読み，問E－IIに答えよ。

　ストライガは，どのようにして宿主から水分を奪うのだろうか。自身
の根の維管束を宿主のそれに連結したストライガは，蒸散速度を宿主よ
り高く保つことで，宿主から自身に向かう水分の流れを作り出す。この
蒸散速度には，葉に存在する気孔の開きぐあいが大きく影響する。土壌
が乾燥して水不足になると，多くの植物では，体内でアブシシン酸が合
成され，その作用によって気孔が閉じる。このとき，体内のアブシシン
酸濃度の上昇に応じ，気孔の開きぐあいは小さくなっていく。一方，ス

トライガでは，タンパク質Xのはたらきにより，気孔が開いたまま維持される。この(オ)タンパク質Xは，陸上植物に広く存在するタンパク質Yに，あるアミノ酸変異が起こって生じたものである。シロイヌナズナのタンパク質Yは，体内のアブシシン酸濃度の上昇に応じ，その活性が変化する。ここでは，タンパク質Xやタンパク質Yの性質を詳しく調べるため，以下の実験を行った。

実験1　遺伝子工学の手法により，タンパク質Xを過剰発現させたシロイヌナズナ形質転換体を作製した。次に，この形質転換体を野生型シロイヌナズナとともに乾燥しないよう栽培し，ある時点で十分な量のアブシシン酸を投与した。しばらく時間をおいた後，サーモグラフィー（物体の表面温度の分布を画像化する装置）を用いて，葉の表面温度をそれぞれ計測し，その結果を図2−3にまとめた。

実験2　遺伝子工学の手法により，タンパク質Yを過剰発現させたシロイヌナズナ形質転換体とタンパク質Yのはたらきを欠失させたシロイヌナズナ変異体とを作製した。次に，これらの形質転換体や変異体を，野生型シロイヌナズナやタンパク質Xを過剰発現させたシロイヌナズナ形質転換体とともに，乾燥しないよう栽培した。その後，ある時点から水の供給を制限し，土壌の乾燥を開始した。同時に，日中の決まった時刻における葉の表面温度の計測を開始し，その経時変化を図2−4にまとめた。この計測と並行し，タンパク質Xやタンパク質Yの発現量を測定したところ，各種のシロイヌナズナの葉におけるそれらの発現量に，経時変化は見られなかった。

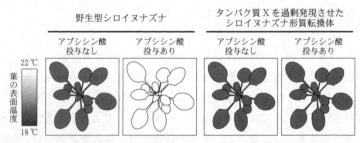

図2−3　野生型シロイヌナズナとタンパク質Xを過剰発現させたシロイヌナズナ形質転換体の上からのサーモグラフィー画像

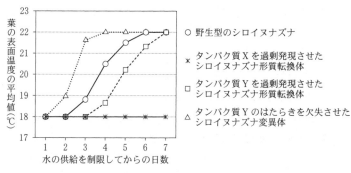

図2-4　各種のシロイヌナズナにおける水の供給を制限した後の葉の表面温度の経時変化

〔問〕

E　実験1において，十分な量のアブシシン酸を投与した後に，野生型シロイヌナズナの葉の表面温度が上昇した理由を，1行程度で述べよ。

F　実験1，実験2の結果をふまえて，タンパク質Xやタンパク質Yのはたらきを述べた文として最も適切なものを，以下の選択肢(1)～(8)から一つ選べ。
　(1)　タンパク質Xやタンパク質Yは，アブシシン酸の合成を促進する。
　(2)　タンパク質Xやタンパク質Yは，アブシシン酸の合成を抑制する。
　(3)　タンパク質Xは，アブシシン酸の合成を促進する。一方，タンパク質Yは，アブシシン酸の合成を抑制する。
　(4)　タンパク質Xは，アブシシン酸の合成を抑制する。一方，タンパク質Yは，アブシシン酸の合成を促進する。
　(5)　タンパク質Xやタンパク質Yは，気孔に対するアブシシン酸の作用を促進する。
　(6)　タンパク質Xやタンパク質Yは，気孔に対するアブシシン酸の作用を抑制する。
　(7)　タンパク質Xは，気孔に対するアブシシン酸の作用を促進する。一方，タンパク質Yは，気孔に対するアブシシン酸の作用を抑制する。
　(8)　タンパク質Xは，気孔に対するアブシシン酸の作用を抑制する。

一方，タンパク質Yは，気孔に対するアブシシン酸の作用を促進する。

G 　下線部(オ)について。実験2の結果をふまえると，タンパク質Yとそれにアミノ酸変異が起こって生じたタンパク質Xとの間には，どのような性質の違いがあるか。体内のアブシシン酸濃度の上昇に伴うタンパク質の活性の変化に着目し，2行程度で述べよ。

H 　実験2の7日間の計測期間中，4種類のシロイヌナズナはどれも葉の萎れを示さなかった。このとき，最も早く葉の光合成活性が低下したと考えられるものは4種類のうちどれか。また，その後も，水の供給を制限し続けたとき，最も早く萎れると考えられるものはどれか。その理由も含め，それぞれ3行程度で述べよ。

3 　次のⅠ，Ⅱ，Ⅲの各問に答えよ。

Ⅰ 　次の文章を読み，問A～Dに答えよ。

　ヒトも含めた多細胞動物は，後生動物と呼ばれ，進化の過程で高度な体制を獲得してきた。動物が進化して多様性を獲得した過程を理解する上では，現生の動物の系統関係を明らかにすることが非常に重要である。動物門間の系統関係は未だ議論の残る部分もあるが，現在考えられている系統樹の一例を図3－1に示す。この系統関係を見ると，どのようにして動物が高度な体制を獲得するに至ったのか，その進化の過程を見てとることができる。動物進化における重要な事象として，多細胞化，口（消化管）の獲得，神経系・体腔の獲得，左右相称性の進化，旧口／新口（前口／後口）動物の分岐，脱皮の獲得，脊索の獲得などが挙げられる。

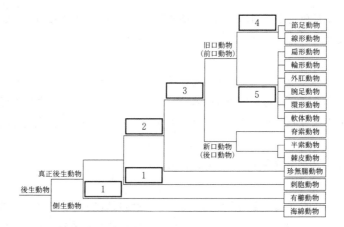

図3-1 動物門間の系統関係
著作権の都合上，図3-1中のイラストを省略しています――編集部

〔問〕

A 図3-1の1〜5に入る語句として最も適切な組み合わせを下記の(1)〜(4)から選べ。

(1) 1：放射相称動物，2：体腔の獲得，　3：左右相称動物，
　　4：脱皮動物，　　5：冠輪動物
(2) 1：放射相称動物，2：左右相称動物，3：体腔の獲得，
　　4：脱皮動物，　　5：冠輪動物
(3) 1：左右相称動物，2：放射相称動物，3：体腔の獲得，
　　4：冠輪動物，　　5：脱皮動物
(4) 1：体腔の獲得，　2：左右相称動物，3：放射相称動物，
　　4：冠輪動物，　　5：脱皮動物

B 動物の初期発生が進行する過程で，一様であった細胞（割球）が複数の細胞群（胚葉）へと分化する。後生動物は，外胚葉と内胚葉からなる二胚葉性の動物と，外胚葉・中胚葉・内胚葉からなる三胚葉性の動物に大別される。下記にあげた動物はそれぞれ，二胚葉性・三胚葉性のどちらに分類されるか。「(1)二胚葉性」のように記せ。

(1) イソギンチャク　(2) カブトムシ　　(3) ゴカイ
(4) ヒト　　　　　(5) クシクラゲ　　(6) イトマキヒトデ

66　2020年度　生物　　　　　　　　　　　　　東京大-理科前期

C　旧口動物と新口動物は，初期発生の過程が大きく異なることが特徴
である。どのように異なるのか，2行程度で記せ。

D　ウニやヒトデなどの棘皮動物は，五放射相称の体制を有するにもか
かわらず，左右相称動物の系統に属する。このことは，発生過程を見
るとよくわかる。それは，どのような発生過程か，2行程度で記せ。

II　次の文章を読み，問E，Fに答えよ。

　動物の系統関係を明らかにする場合，その動物が持つ様々な特徴から
類縁関係を探ることができ，古くから形態に基づく系統推定は行われて
きた。しかし，形態形質は研究者によって用いる形質が異なるなど，客
観性にとぼしい。近年では，様々な生物種からDNAの塩基配列情報を
容易に入手できるようになり，これに基づいて系統関係を推定する分子
系統解析が，系統推定を行う上で主流となっている。
　1949年に「珍渦虫（ちんうずむし）」と呼ばれる謎の動物が，スウェ
ーデン沖の海底から発見された（図3-2）。この動物は，体の下面に
口があるが，肛門はないのが特徴である。珍渦虫がどの動物門に属する
かは長らく謎であり，最初は扁形動物の仲間だと考えられていた。1997
年に，珍渦虫のDNA塩基配列に基づく分子系統解析が初めて行われて
以来，現在までに様々な仮説が提唱されている。当初，軟体動物に近縁
だと報告されていたが，これは餌として食べた生物由来のDNAの混入
によるものだと判明した。その後，分子系統解析が再度行われた結果，
(ア)珍渦虫は新口動物の一員であるという知見が発表された。

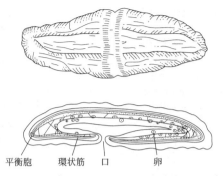

図 3 — 2　珍渦虫の体制．上から見た図(上)と正中断面(下)

さらにその後，扁形動物の一員と考えられていた無腸動物が珍渦虫に近縁であることが示され，両者を統合した珍無腸動物門が新たに創設された。しかし，その系統学的位置については，新口動物に近縁ではなく，「(イ)旧口動物と新口動物が分岐するよりも前に出現した原始的な左右相称動物である」という新説が発表された。また，(ウ)珍渦虫と無腸動物は近縁でないとする説も発表されるなど，状況は混沌としてきた。

2016年，(エ)珍渦虫と無腸動物は近縁であり（珍無腸動物），これらは左右相称動物の最も初期に分岐したグループであることが報告された。しかし，2019年に発表された論文では，(オ)珍無腸動物は水腔動物（半索動物と棘皮動物を合わせた群）にもっとも近縁であるという分子系統解析の結果が発表された。そのため珍無腸動物の系統学的位置は未解決のままである。

〔問〕

E　下線部(ア)〜(オ)の仮説を適切に説明した系統樹を次の1〜4から選び，(ア) — 1のように記述せよ。それぞれの仮説に当てはまるものはひとつとは限らない。

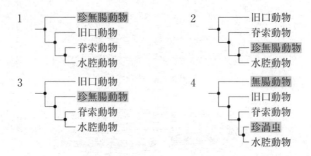

F 図3-2下の断面図にあるように，珍渦虫には口はあるが肛門はない。下線部(ア)が正しいとすると，その分類群の中ではかなり不自然な発生過程をたどることになると考えられる。それはなぜか，3行程度で記せ。

Ⅲ 次の文章を読み，問G〜Ⅰに答えよ。

　多細胞体である後生動物は，単細胞生物からどのような過程を経て進化してきたのだろうか。この点についてはかなり古くから議論があり，これまでに様々な仮説が提唱されている。主として支持されてきたのが，ヘッケルの群体鞭毛虫仮説（群体起源説，ガストレア説）とハッジの多核体繊毛虫仮説（繊毛虫類起源説）である（図3-3）。

　ヘッケルの唱えた群体鞭毛虫仮説では，単細胞の鞭毛虫類が集合して，群体を形成し，多細胞の個体としてふるまうようになったものが最も祖先的な後生動物であるとしている。この仮想の祖先動物は「ガストレア」と呼ばれ，多くの動物の初期胚に見られる原腸胚（嚢胚）のように原腸（消化管のくぼみ）を有するとしている。この説では， 6 から 7 が生じたとしている。

　一方，ハッジの唱えた多核体繊毛虫仮説では，繊毛を用いて一方向に動く単細胞繊毛虫が多核化を経て多細胞化したとする。つまりこの説では， 8 から 9 が派生したとしている。

　近年の分子系統学的解析から，後生動物は単系統であることや，その姉妹群が襟鞭毛虫であることが示されている。襟鞭毛虫は群体性を示すことや，後生動物の中で最も早期に分岐した海綿動物には，襟鞭毛虫に

似た「襟細胞」が存在することから，現在ではヘッケルの群体鞭毛虫仮説が有力と考えられている。

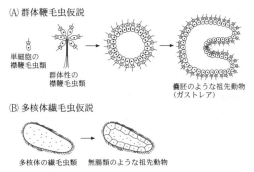

図3—3　ヘッケルの群体鞭毛虫仮説(A)とハッジの多核体繊毛虫仮説(B)

〔問〕

G　文中の空欄6〜9に当てはまる語句として最も適切な組み合わせを下記の(1)〜(4)から選べ。

(1)　6：放射相称動物，7：左右相称動物，8：左右相称動物，
　　 9：放射相称動物

(2)　6：左右相称動物，7：放射相称動物，8：左右相称動物，
　　 9：放射相称動物

(3)　6：放射相称動物，7：左右相称動物，8：放射相称動物，
　　 9：左右相称動物

(4)　6：左右相称動物，7：放射相称動物，8：放射相称動物，
　　 9：左右相称動物

H　動物の中には，外肛動物（コケムシ）のように，個体が密着して集団がまるで1個体であるかのように振る舞う「群体性」を示すものが存在している。群体性を示す動物の中には，異なる形態や機能を持つ個体が分化したり，不妊の個体が存在する種も知られる。このように同種の血縁集団として生活し，その中に不妊個体を含む異なる表現型を持つ個体が出現する動物は他にも存在している。その例として最も適切なものを下記からひとつ選べ。

(1)　アブラムシの翅多型

70 2020年度　生物　　　　　　　　　　　　　　　　　東京大-理科前期

(2)　ミジンコの誘導防御

(3)　クワガタムシの大顎多型

(4)　社会性昆虫のカースト

(5)　ゾウアザラシのハーレム

Ⅰ　ヘッケルの唱えた「ガストレア」が後生動物の起源だとすると，現生の動物門の中で「ガストレア」の状態に最も近い動物門は何か。動物門の名称とその理由を3行程度で記せ。

東京大-理科前期   2020 年度　地学　*71*

地学

（2 科目 150 分）

（注）　解答用紙は,〈理科〉共通。1 行：約 23.5 センチ, 35 字分の区切
りあり。1・2 は各 25 行, 3 は 50 行。

1　　現在, 太陽以外の恒星のまわりにも惑星が発見されている。この
ような惑星の中に地球によく似た環境の惑星があれば, 人類の移
住が可能かもしれない。2 つの惑星 X1, X2 を持つ恒星 S を考える。こ
れらの惑星は同一平面上で恒星 S を中心とする円軌道を同じ方向に運動し,
惑星 X1 の軌道半径 a_1 は惑星 X2 の軌道半径 a_2 より小さいとする。惑星
X1 と惑星 X2 の公転周期をそれぞれ P_1, P_2 とする。惑星 X2 に人類が移
住したとして, 次の問い（問 1 ～ 3）に答えよ。ただし, 光速 $c=3.0$
$\times 10^8$ m/s, 1 天文単位 $a_E=1.5\times10^{11}$ m とし, 必要であれば, $1.5^{\frac{1}{2}}=1.22$,
$1.5^{\frac{1}{3}}=1.14$ という近似を使ってよい。

問 1　惑星 X1 と惑星 X2 が最接近したときに, 惑星 X2 にいる人が惑星
X1 に向けて電波を射出し, 惑星 X1 の表面で反射して戻ってくるまで
の時間を測定した。この往復の時間（エコー時間）は Δt であった。以
下の問いに答えよ。

(1)　電波が光速 c で進むとして, a_1, a_2, Δt の関係式を求めよ。ただし,
エコー時間の間の惑星の位置の変化は無視でき, 惑星半径は軌道半径
に比べて無視できるとする。

(2)　惑星 X2 の軌道半径 a_2 を, P_1, P_2, a_1 を用いて表せ。

(3)　測定結果は $\Delta t=330$ 秒であった。P_1 が 1.0 年, P_2 が 1.5 年である

時，a_2 は何天文単位になるか。計算の過程とともに，有効数字 2 桁で答えよ。

問2　惑星 X2 にいる人が恒星 S と惑星 X1 の天球上の位置を継続的に観測した。ある時刻 t_1 で惑星 X1 と恒星 S の間の離角が最大となった（最大離角）。次の最大離角は時刻 t_2 で見られた。時刻 t_1，t_2 で惑星 X1 のスペクトルを測定したところ，t_2 でのスペクトル線の波長の方が t_1 でのものより短かった。このスペクトル線の波長の変化は惑星の公転によるものとする。以下の問いに答えよ。

(1)　最大離角 θ_{max} と a_1，a_2 の間に成り立つ関係式を書け。

(2)　惑星 X1 と惑星 X2 が単位時間あたりに公転する角度の差を P_1，P_2 を用いて表せ。

(3)　時間差 $t_2 - t_1$ を，P_1，P_2，θ_{max} を用いて表せ。計算の過程も示すこと。

問3　地球大気最上端で太陽光線に垂直な単位面積が単位時間あたりに受ける太陽からの全放射エネルギーを太陽定数という。惑星 X2 が受ける恒星 S からの全放射エネルギーを同様に測定したところ，地球における太陽定数と同じ値であった。以下の問いに答えよ。

(1)　恒星 S の光度は太陽の光度の何倍か，a_1，a_2，a_E の中から必要なものを用いて表せ。

(2)　恒星 S は主系列星であり，$a_2 > a_E$ であるとする。惑星 X2 の大気最上端で，恒星 S からの光線に垂直な単位面積が単位時間あたりに受ける紫外線の放射エネルギーは，地球が太陽から受ける紫外線の放射エネルギーと比べて大きいと考えられるか，小さいと考えられるか，理由を含めて 2 行程度で答えよ。

東京大-理科前期 2020 年度 地学 73

2

大気と海洋の現象に関する次の問い（問1〜2）に答えよ。

問1　次の文章を読み，以下の設問に答えよ。

　　近年，人間活動によって大気中の(I)温室効果ガス濃度が上昇し，その結果として地上気温が上昇していることが，地球環境問題として認識されている。この(II)地球規模の温暖化は，地球上のどこでも同じ速さで進んでいるわけではなく，特に北極域で温度上昇が大きいことが報告されている。北極海には海氷が浮遊しているが，(III)海氷が融解し海面を覆っている面積が減少することによって，さらに温暖化が進むことが知られている。また，極域の温暖化にともなって，(IV)氷晶と過冷却の水滴が共存している雲の量がどう変化するのか注目されている。(V)海氷の融解が直接的に世界の平均海面水位に与える影響はないが，陸上にある山岳氷河や氷床の減少は海面上昇を引き起こす。

(1)　下線部(I)に該当する気体の名称を二酸化炭素のほかに2つ挙げよ。

(2)　下線部(II)とは別に，大都市域では地域的な気温の上昇（ヒートアイランド現象）も見られる。その原因として考えられるものを1つ挙げよ。

(3)　下線部(III)の理由として考えられるしくみを3行程度で説明せよ。

(4)　下線部(IV)の氷晶や過冷却の水滴の成長には飽和水蒸気圧が重要な要素の1つとなる。
　(a)　飽和水蒸気圧とは何か，3行程度で説明せよ。
　(b)　氷晶と過冷却の水滴が共存するとき，片方がもう片方よりも成長しやすい。その理由を，「飽和水蒸気圧」という語を用いて3行程度で述べよ。ただし，温暖化の影響は考えなくてよい。

(5)　下線部(V)の理由をアルキメデスの原理に基づき3行程度で説明せよ。

図を用いてもよい。ただし，塩分の効果は考えなくてよい。

問2　大気と海洋の間では，二酸化炭素のやり取りが行われており，海洋
から大気へと二酸化炭素が放出されている海域と，大気から海洋へと二
酸化炭素が吸収されている海域が存在する。この海洋による二酸化炭素
の吸収や放出は，水温，生物活動など様々な影響を受けて大きく変動す
ることが知られているが，湧昇も重要な要因の1つである。具体的には，
二酸化炭素を多く含む下層の海水が湧昇すると，海洋による二酸化炭素
放出量が増大する。以下の問いに答えよ。

(1)　下線部であげられている2つの要因が，海洋による二酸化炭素の吸
収や放出に影響を与える理由について，それぞれ2行程度で述べよ。

(2)　東太平洋赤道域における大気海洋間の二酸化炭素のやり取りについ
て述べた以下の文章の①〜③に入る適切な語句を選択せよ。

東太平洋赤道域では，①　東・西　風の貿易風が吹いているため，
両半球の海洋で②　極・赤道　向きのエクマン輸送が生じている。そ
の結果，赤道上で湧昇が起きるため，東太平洋赤道域は主に二酸化炭
素が放出される海域となっている。また，エルニーニョ現象に伴う湧
昇の③　弱化・強化　などによって，東太平洋赤道域における大気海
洋間の二酸化炭素のやり取りは，年によって大きく変動することが知
られている。

(3)　図2−1は，インド洋西部周辺の地上10mにおける風の季節変動
の様子を示している。

(a)　この海域では，モンスーンが卓越する。図2−1の(A)と(B)のどち
らが北半球の夏の図であるかを答えよ。

(b)　インド洋西部のアフリカ大陸沖やアラビア半島沖（赤道〜北緯
20度）では，湧昇の季節変動に伴って，大気海洋間の二酸化炭素
のやり取りも大きく季節変動する。北半球の夏と冬のどちらの方が
海洋からの放出量が多いか，その理由とともに3行程度で述べよ。

ただし,「エクマン輸送」,「湧昇」という語句を必ず用いること。

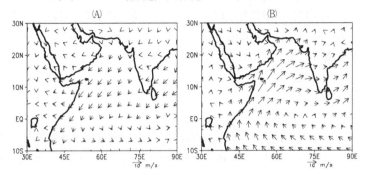

図2―1　インド洋西部周辺(東経30度〜東経90度,南緯10度〜北緯30度)の地上10 mの風(矢印)。(A)と(B)は,それぞれある季節(夏または冬)の風を示している。

3　地震と地質に関する次の問い(問1〜2)に答えよ。

問1　次の文章を読み,以下の設問に答えよ。

(1) 海嶺から離れた場所で海底面を強くたたいて地震波を発生させ,様々な震央距離 x に対するP波の走時を観測し,走時曲線(図3―1)を取得した。海洋底下は2つの層から構成され,浅い層を第1層,深い層を第2層と呼ぶ。各層の厚さは水平方向に一定であり,層内を伝わるP波速度は各層中で一定であるとする。図3―1の実線は直接波の走時曲線,一点鎖線は第1層と第2層の境界で屈折して海洋底に到達する波の走時曲線を示す。直接波と屈折波が同時に到達する震央距離 x_l は,第1層の厚さ d,第1層のP波速度 v_1,第2層のP波速度 v_2 を用いて,次の式で表される。

$$x_l = 2d\sqrt{\frac{v_2+v_1}{v_2-v_1}}$$

(a) 図3―1の走時曲線から v_1, v_2, d を有効数字2桁で求めよ。計算の過程を示すとともに,単位も明記せよ。

(b) $x \geq x_l$ における屈折波の走時 T_H を x, d, v_1, v_2 を用いて式で表

せ。

(c) 実際には直接波と屈折波に加えて，第1層と第2層の境界で反射して海洋底に戻る反射波と呼ばれるP波が観測されることがある。任意の震央距離 x の地点における反射波の走時 T_R は x, d, v_1 を用いて次の式で表される。

$$T_R = \frac{2}{v_1}\sqrt{d^2 + \frac{x^2}{4}}$$

直接波と屈折波の走時曲線に対して，反射波の走時曲線を示すもっとも適切な概念図を図3－2の①～④から1つ選び，その理由を2行程度で述べよ。

(2) 図3－3に示すように，海嶺軸で発生した地震によるP波を，海嶺軸に直交する測線 AA' に沿って観測した。

(a) 測線 AA' に沿う各観測地点での地面の最初の動き（初動）に着目すると，図3－3のように押し波の領域と引き波の領域の分布が得られた。また，この地震の断層面は，走向 N 0°E，傾斜 45°W の面で代表されることがわかった。この地震の断層運動は，①右横ずれ，②左横ずれ，③正断層，④逆断層のいずれであるか，東西方向の断面図を描いて2行程度で説明せよ。

(b) 下の文章を読み，ア～ウの空欄にあてはまる語句をそれぞれ答えよ。

上記の断層運動は，大西洋中央海嶺のようなプレート発散境界で発生しやすい。なぜなら，海嶺では地殻を水平方向に ア 力がはたらいているからである。また，類似の断層運動は，海溝付近でも起こりやすい。 ア 力は，海洋プレートが沈み込む前に曲げられることによっても生じるからである。

海嶺のように，マントル物質が深部から高温を保ったまま上昇してくるところでは， イ の低下によってマントル物質が融解してマグマが生じる。マントル物質が融けはじめる温度は， ウ などが加わると大きく低下する。

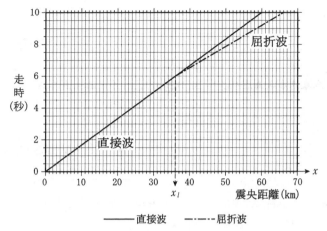

―――― 直接波　―・―・― 屈折波

図3―1　観測された走時曲線。x は震央距離を表す。

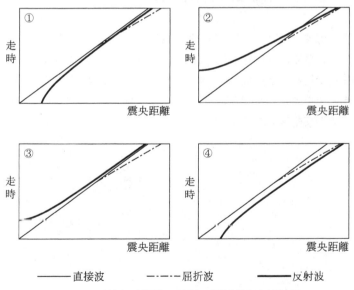

―――― 直接波　―・―・― 屈折波　━━━━ 反射波

図3―2　直接波，屈折波，反射波の走時曲線を示す概念図

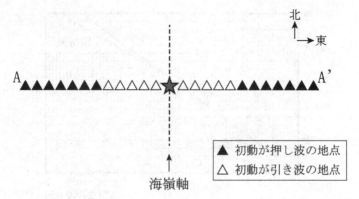

図3－3　測線AA'の位置を示す平面図。地震の震央を星印で，各地点の初動の押し引き分布を▲印と△印で示す。

問2　次の文章を読み，以下の設問に答えよ。

　ある海域で採取された未固結堆積物について，その一部をスライドガラス上に薄く塗布して封入したスライド試料（スミアスライド）を偏光顕微鏡で観察した。開放ニコル（平行ニコル）で観察したある視野でのスケッチを図3－4に示す。図3－4中の粒子A～Dについて，顕微鏡下での観察記録を以下に示す。

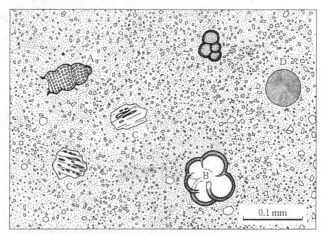

図3－4　ある海域で採取された未固結堆積物から作成したスミアスライドの開放ニコル（平行ニコル）での顕微鏡観察のスケッチ

東京大-理科前期 2020 年度 地学 79

A．粒径が 0.3 mm 以下のケイ素からなる動物プランクトンの微化石。直交ニコルでの観察では，試料ステージを回転させても常に暗い。

B．粒径が 0.5 mm 以下の微化石で，内部は複数の隔壁により分けられている。直交ニコルでの観察では，炭酸カルシウムの結晶である方解石に特徴的な高い干渉色を示す。

C．さまざまな粒径で，発泡によってできたと思われる多様な形態の穴を含む。直交ニコルでの観察では，試料ステージを回転させても常に暗い。

D．粒径が 0.3 mm 以下のケイ素からなる植物プランクトンの微化石で，網目状の微細な組織を持つ。直交ニコルでの観察では，試料ステージを回転させても常に暗い。

(1) A〜D の粒子は何か。それぞれについて以下の①〜④の中から選べ。

① 放散虫　　　　　　　　② ケイ藻
③ 軽石（火山ガラス）片　④ 有孔虫

(2) 顕微鏡観察により，この堆積物に含まれる粒子の量比を体積％として見積もったところ，以下のようになった。

砕屑粒子（石英，長石類，粘土鉱物）78 ％
有孔虫 15 ％　　　放散虫 3 ％　　　ケイ藻 2 ％　　　軽石片 2 ％

次に，砕屑粒子（石英，長石類，粘土鉱物）の粒径を測定し，その量比を体積％として見積もったところ，以下のようになった。

粒径 1/256 mm 未満の粒子	65 ％
粒径 1/256 mm 以上で 1/16 mm 未満の粒子	32 ％
粒径 1/16 mm 以上で 2 mm 未満の粒子	3 ％
粒径 2 mm 以上の粒子	0 ％

この堆積物の名前として，適切なものを以下の中から 1 つ選び，

80 2020 年度　地学　　　　　　　　　　　　　　　　　　　　東京大-理科前期

そのように判断した理由を 1 行程度で説明せよ。

　　　含礫砂質シルト　　　火山礫　　　シルト質粘土

(3)　(2)の情報をふまえ，この堆積物が採取された場所として適切なも
　　のを，以下の①～④の中から 1 つ選び，そのように判断した理由を
　　2 行程度で説明せよ。
　　①　大洋中央部の中央海嶺で水深 2500 m の地点
　　②　大陸周辺部に位置する海盆で水深 1600 m の地点
　　③　沈み込み帯の海溝で水深 8000 m の地点
　　④　大洋中央部の深海平原で水深 5800 m の地点

(4)　図 3 － 4 に見られる微化石を含め，堆積物中に多産する生物の化
　　石は示準化石あるいは示相化石として利用されることがある。顕生
　　累代を通じて生物の大量絶滅イベントは繰り返し起きてきた。この
　　ような大量絶滅イベントの存在は，各生物グループの示準化石とし
　　ての有用性を高める反面，示相化石としての利用を困難にすると考
　　えられる。これはなぜか，有用性を高める理由と利用を困難にする
　　理由をあわせて 3 行程度で説明せよ。

東京大-理科前期　　　　　　　　　　　　　　　　　　　　　　2020 年度　国語　*81*

〔注〕　○獄史、決曹——裁判をつかさどる役人。　○文法——法律。　○東海——郡の名。　○丁壮——若者。

　　　　○験治——取り調べる。　○具獄——裁判に関わる文書一式。　○府——郡の役所。

　　　　○太守——郡の長官。　　○枯旱——ひでり。　○表——墓標を立てる。　○執——熟と同じ。

設　問

(一)　傍線部 a・c・d を現代語訳せよ。

(二)　「姑欲レ嫁レ之、終不レ肯」（傍線部 b）を、人物関係がわかるように平易な現代語に訳せ。

(三)　「郡中以レ此大敬三重于公二」（傍線部 e）において、于公はなぜ尊敬されたのか、簡潔に説明せよ。

（解答欄：一三・五センチ×一・五行）

82　2020 年度　国語　　　　　　　　　　　　　　　　　　　　東京大-理科前期

設問

(一)　傍線部イ・ウ・エを現代語訳せよ。

(二)　「思ひのどむれども」(傍線部ア)とあるが、何をどのようにしたのか、説明せよ。(解答欄‥一三・五センチ×一行)

(三)　「あたかも神託に違はざりけりとなん」(傍線部オ)とあるが、神託の内容を簡潔に説明せよ。(解答欄‥一三・五センチ×一行)

三

次の文章を読んで、後の設問に答えよ。ただし、設問の都合で送り仮名を省いたところがある。

于公為三県獄史、郡決曹。決レ獄平、羅二文法一者、于公所レ決皆不レ恨。

東海有二孝婦一、少寡、亡レ子。養レ姑甚謹。姑欲レ嫁レ之、終不レ肯。姑謂二隣人一曰、「孝婦事レ我勤苦。哀二其亡一レ子守レ寡。我老、久累二丁壮一、奈何」。其後姑自経死。姑女告レ吏、「婦殺二我母一」。吏捕二孝婦一、孝婦辞不レ殺レ姑。吏験治、孝婦自誣服。具獄上レ府。于公以為二此婦養レ姑十余年、以レ孝聞、必不一レ殺也。太守不レ聴、于公争レ之、弗レ能レ得。乃抱二其具獄一、哭二於府上一、因辞二疾去一。太守竟論殺二孝婦一。

郡中枯旱三年。後太守至、卜二筮其故一。于公曰、「孝婦不レ当レ死、前太守彊断レ之、咎在レ是乎」。於是太守殺レ牛、自祭二孝婦冢一、因表二其墓一。天立大雨、歳熟。郡中以レ此大敬二重于公一。

(『漢書』による)

つつめども隠れぬものは夏虫の身より余れる思ひなりけり

といふ歌占をいだして、「汝、心幼くも我を疑ひ思ふかは。いざさらば言ひて聞かせん。汝、維摩の講匠を祥延に越えられて恨みをなすにあらずや。かの講匠と言ふはよな、帝釈宮の金札に記するなり。そのついで、すなはち祥延・壹和・喜操・観理とあるなり。帝釈の札に記するも、これ昔のしるべなるべし。我がしわざにあらず。とくとく愁へを休めて本寺に帰るべきなり。和光同塵は結縁の始め、八相成道は利物の終りなれば、神といひ仏といふその名は変はれども、同じく衆生を哀れぶこと、悲母の愛子のごとし。汝は情けなくも我を捨つといへども、我は汝を捨てずして、かくしも慕ひ示すなり。春日山の老骨、既に疲れぬ」とて、上がらせ給ひにければ、壹和、かたじけなさ、たふとさ、ひとかたならず、渇仰の涙を抑へていそぎ帰り上りぬ。その後、次の年の講師を遂げて、四人の次第、オあたかも神託に違はざりけりとなん。

〔注〕

○興福寺——奈良にある藤原氏の氏寺。隣接する藤原氏の氏社で春日明神を祭神とする春日大社とは関係が深い。

○維摩の講師——興福寺の重要な法会である維摩会で、講義を行う高僧。

○祥延——僧の名。

○斗藪——仏道修行のために諸国を歩くこと。

○三面の僧坊——興福寺の講堂の東・西・北を囲んで建つ、僧侶達の住居。

○四所の霊社——春日大社の社殿。四所の明神を、連なった四つの社殿にまつる。

○鳴海潟——今の名古屋市にあった干潟。東海道の鳴海と、熱田神宮のある熱田の間の通り道になっていた。

○夏虫——ここでは蛍のこと。

○歌占——歌によって示された託宣。

○帝釈宮——仏法の守護神である帝釈天の住む宮殿。

○喜操・観理——ともに僧の名。

○和光同塵——仏が、衆生を救うために仮の姿となって俗世に現れること。

○八相成道——釈迦が、衆生を救うためにその一生に起こした八つの大事。

○利物——衆生に恵みを与えること。

84 2020 年度 国語　　東京大-理科前期

（四）「近代は人間に自由と平等をもたらしたのではない。不平等を隠蔽し、正当化する論理が変わっただけだ」（傍線部エ）とはどういうことか、本文全体の趣旨を踏まえて一〇〇字以上一二〇字以内で説明せよ（句読点も一字と数える）。

（五）傍線部a・b・cのカタカナに相当する漢字を楷書で書け。

a　ツチカウ　　b　タンジョウ　　c　ケッカン

二

次の文章は、春日明神の霊験に関する話を集めた『春日権現験記』の一節である。これを読んで、後の設問に答えよ。

　興福寺の壹和（いちわ）僧都は、修学相兼ねて、才智たぐひなかりき。後には世を遁（のが）れて、外山（とやま）といふ山里に住みわたりけり。そのかみ、維摩（ゆいま）の講師を望み申しけるに、思ひの外に祥延といふ人に越されにけり。ア思ひのどむれども、その恨みしのびがたくおぼえければ、ながく本寺論談の交はりを辞して、斗藪（とそう）修行の身とならんと、なにごとも前世の宿業にこそ、とは思ひて、弟子どもにもかくとも知らせず、本尊・持経ばかり竹の笈（おひ）に入れて、ひそかに三面の僧坊をいでて四所の霊社にまうでて、泣く泣く今は限りの法施を奉りけん心の中、ただ思ひやるべし。さすがに住みこし寺も離れまうく、馴れぬる友も捨てがたけれども、思ひたちぬることなれば、行く先いづくとだに定めず、なにとなくあづまのかたに赴くほどに、尾張（をはり）の鳴海潟（なるみがた）に着きぬ。

　潮干（しほひ）のひまをうかがひて、熱田の社に参りて、しばしば法施をたむくるほどに、イけしかる巫女（かんなぎ）来て、壹和をさして言ふやう、「汝、恨みを含むことありて本寺を離れてまどへり。ウ人の習ひ、恨みには堪へぬものなれば、ことわりなれども、心にかなはぬはこの世の友なり。陸奥国えびすが城へと思ふとも、エそれもまたつらき人あらば、さていづちか赴かん。いそぎ本寺に帰りて、日ごろの望みを遂ぐべし」と仰せらるれば、壹和頭（かうべ）を垂れて、「思ひもよらぬ仰せかな。かかる乞食（こつじき）修行者になにの恨みか侍るべき。あるべくもなきことなり、いかにかくは」と申すとき、巫女大いにあざけりて、

別のせいでもなければ、社会制度に「ケッカン」があるからでもない。まさしく自分の資質や能力が他人に比べて劣るからだ。格差が正当ではないと信ずるおかげで、我々は自らの劣等性を認めなくて済む。しかし公正な社会では、この自己防衛が不可能になる。底辺に置かれる者に、もはや逃げ道はない。理想郷どころか、人間には住めない地獄の世界だ。

身分制が打倒されて近代になり、不平等が緩和されたにもかかわらず、さらなる平等化の必要が叫ばれるのは何故か。人間は常に他者と自分を比較しながら生きる。そして比較は必然的に優劣をつける。民主主義社会では人間に本質的な差異はないとされる。だからこそ人はお互いに比べあい、小さな格差に悩む。そして自らの劣等性を否認するために、社会の不公平を糾弾する。〈外部〉を消し去り、優劣の根拠を個人の〈内部〉に押し込めようと謀る時、必然的に起こる防衛反応だ。

自由に選択した人生だから自己責任が問われるのではない。逆だ。格差を正当化する必要があるから、人間は自由だと社会が宣言する。努力しない者の不幸は自業自得だと宣告する。ｴ近代は人間に自由と平等をもたらしたのではない。不平等を隠蔽し、正当化する論理が変わっただけだ。

（小坂井敏晶『神の亡霊』6　近代の原罪」による）

設　問

（一）「不平等が顕著な米国で、社会主義政党が育たなかった一因はそこにある」（傍線部イ）とあるが、なぜそういえるのか、説明せよ。

〈解答欄：一三・五センチ×二行〉

（二）「自己責任の根拠は出てこない」（傍線部ウ）とはどういうことか、説明せよ。

〈解答欄：一三・五センチ×二行〉

（三）「先に挙げたメリトクラシーの詭弁がそうだ」（傍線部エ）とはどういうことか、説明せよ。

〈解答欄：一三・五センチ×二行〉

情報の相互作用を通して脳の物理・化学的メカニズムが生成する。外因をいくつ掛け合わせても、内因には変身しない。

したがって イ自己責任の根拠は出てこない。

遺伝や家庭環境のせいであろうと、他ならぬ当人の所与である以上、当人が責任を負うべきであり、したがって所与に応じて格差が出ても仕方ない。そう考える人は多い。では身体障害者はどうするのか。障害は誰のせいでもない。それでも、不幸が起きたのが、他でもない当人の身体であるがゆえに自業自得だと言うのか。能力差を自己責任とみなす論理も、それと同じだ。

封建制度やカースト制度などでは、貧富や身分を区別する根拠が、神や自然など、共同体の〈外部〉に投影されるため、不平等があっても社会秩序は安定する。人間の貴賤は生まれで決まり、貧富や身分の差があるのは当然だ。平等は異常であり、社会の歯車が狂った状態に他ならない。

対して、自由な個人が共存する民主主義社会では平等が建前だ。人は誰もが同じ権利を持ち、正当な理由なくして格差は許されない。しかし現実にはヒエラルキーが必ず発生し、貧富の差が現れる。平等が実現不可能な以上、常に理屈を見つけて格差を弁明しなければならない。だが、どんなに考え抜いても人間が判断する以上、貧富の基準が正しい保証はない。下層に生きる者は既存秩序に不満を抱き、変革を求め続ける。〈外部〉に支えられる身分制と異なり、人間が主体性を勝ち取った社会は原理的に不安定なシステムだ。近代の激しい流動性の一因がここにある。

支配は社会および人間の同義語だ。子は親に従い、弟子は師を敬う。部下が上司に頭を垂れ、国民が国家元首に恭順の意を表す。「どこにもない場所」というギリシア語の語源通り、支配のないユートピアは建設できない。ところでドイツの社会学者マックス・ヴェーバーが『経済と社会』で説いたように、支配関係に対する被支配者の合意がなければ、ヒエラルキーは長続きしない。強制力の結果としてではなく、正しい状態として感知される必要がある。支配が理想的な状態で保たれる時、支配は真の姿を隠し、自然の摂理のごとく作用する。 ウ先に挙げたメリトクラシーの詭弁がそうだ。

近代に内在する瑕疵を理解するために、正義が実現した社会を想像しよう。階層分布の正しさが確かな以上、貧困は差

力がないからだ。社会が悪くなければ、変革運動に関心を示さない。

アファーマティブ・アクション（積極的差別是正措置）は、個人間の能力差には適用されない。人種・性別など集団間の不平等さえ是正されれば、あとは各人の才能と努力次第で社会上昇が可能だと信じられている。だからこそ、弱肉強食のルールが正当化される。ア不平等が顕著な米国で、社会主義政党が育たなかった一因はそこにある。

子どもを分け隔てることなく、平等に知識を a ツチカう理想と同時に、能力別に人間を格付けし、差異化する役割を学校は担う。そこに矛盾が潜む。出身階層という過去の桎梏（しっこく）を逃れ、自らの力で未来を切り開く可能性として、能力主義（メリトクラシー）は歓迎された。そのための機会均等だ。だが、それは巧妙に仕組まれた罠（わな）だった。「地獄への道は善意で敷き詰められている」という。平等な社会を実現するための方策が、かえって既存の階層構造を正当化し、永続させる。社会を開くはずのメカニズムが、逆に社会構造を固定し、閉じるためのイデオロギーとして働く。しかし、それは歴史の皮肉や偶然のせいではない。近代の人間像が必然的に導く袋小路だ。

親から子を取り上げて集団教育しない限り、家庭条件による能力差は避けられない。そのような政策は現実に不可能であるし、仮に強行しても遺伝の影響はどうしようもない。身体能力に恵まれる者も、そうでない者もいるように、勉強のできる子とそうでない子は必ず現れる。算数や英語の好きな生徒がいれば、絵や音楽あるいはスポーツに夢中になる子もいる。それに誰もが同じように努力できるわけではない。

近代は神を棄て、〈個人〉という未曾有（みぞう）の表象を生み出した。自由意志に導かれる主体の b タンジョウだ。所与と行為を峻別（しゅんべつ）し、家庭条件や遺伝形質という〈外部〉から切り離された、才能や人格という〈内部〉を根拠に自己責任を問う。だが、これは虚構だ。人間の一生は受精卵から始まる。才能も人格も本を正せば、親から受けた遺伝形質に、家庭・学校・地域条件などの社会影響が作用して形成される。我々は結局、外来要素の沈殿物だ。確かに偶然にも左右される。しかし偶然も外因だ。能力を遡及的に分析してゆけば、いつか原因は各自の内部に定立できなくなる。社会の影響は外来要素であり、心理は内発的だという常識は誤りだ。認知心理学や脳科学が示すように意志や意識は、蓄積された記憶と外来

国語

（一〇〇分）

（注）　解答は、一行の枠内に二行以上書いてはいけない。

一　次の文章を読んで、後の設問に答えよ。

　学校教育を媒介に階層構造が再生産される事実が、日本では注目されてこなかった。米国のような人種問題がないし、英国のように明確な階級区分もない。エリートも庶民もほぼ同じ言語と文化を共有し、話をするだけでは相手の学歴も分からない。「一億総中流」という表現もかつて流行した。そんな状況の中、教育機会を均等にすれば、貧富の差が少しづつ解消されて公平な社会になると期待された。しかし、ここに大きな落とし穴があった。

　機会均等のパラドクスを示すために、二つの事例に単純化して考えよう。ひとつは戦前のように庶民と金持ちが別々の学校に行くやり方。もうひとつは戦後に施行された一律の学校制度だ。どちらの場合も結果はあまり変わらない。見かけ上は自由競争でも、実は出来レースだからだ。それも競馬とは反対に、より大きなハンディキャップを弱い者が背負う競争だ。だが、生ずる心理は異なる。貧乏が原因で進学できず、出世を断念するならば、当人のせいではない。不平等な社会は変えるべきだ。批判の矛先が外に向く。対して自由競争の下では違う感覚が生まれる。成功しなかったのは自分に能

2019年度

問題編

東京大-理科前期   2019 年度　問題　3

■前期日程

問題編

▶試験科目・配点

教　科	科　　　目	配　点
外国語	「コミュニケーション英語Ⅰ・Ⅱ・Ⅲ」，ドイツ語，フランス語，中国語から1外国語を出願時に選択。英語試験の一部分に聞き取り試験（30分程度）を行う。 　ただし，英語の選択者に限り，英語の問題の一部分に代えて，ドイツ語，フランス語，中国語，韓国朝鮮語のうちから1つを試験場で選択することができる。	120 点
数　学	数学Ⅰ・Ⅱ・Ⅲ・A・B	120 点
理　科	「物理基礎・物理」，「化学基礎・化学」，「生物基礎・生物」，「地学基礎・地学」から2科目を出願時に選択	120 点
国　語	国語総合，国語表現	80 点

▶備　考

- 英語以外の外国語は省略。
- 数学Ⅰ，数学Ⅱ，数学Ⅲ，数学Aは全範囲から出題する。数学Bは「数列」，「ベクトル」から出題する。
- 「物理基礎・物理」は物理基礎，物理の全範囲から出題する。
- 「化学基礎・化学」は化学基礎，化学の全範囲から出題する。
- 「生物基礎・生物」は生物基礎，生物の全範囲から出題する。
- 「地学基礎・地学」は地学基礎，地学の全範囲から出題する。

※理科三類は，上記に加えて面接（個人面接）を課す。総合判定の判断資料とし，学力試験の得点にかかわらず不合格となることがある。

4 2019 年度　英語　　　　　　　　　　　　　　　　　　　　　東京大-理科前期

■■■英語■■■

(120 分)

（注　意）

1. 3は聞き取り問題である。問題は試験開始後 45 分経過した頃から
約 30 分間放送される。

2. 解答は，5 題を越えてはならない。

3. 5 題全部英語の問題を解答してもよいし，また，4・5 の代わりに
他の外国語の問題Ⅳ・Ⅴを選んでもよい。ただし，ⅣとⅤとは必ず同
じ外国語の問題でなければならない。

　　　　　　　　　　　　　　　　（他の外国語の問題は省略―編集部）

1 　(A)　以下の英文を読み，ヨーロッパで生じたとされる変化の内容
を 70～80 字の日本語で要約せよ。句読点も字数に含める。

　In pre-industrial Europe, child labor was a widespread phenomenon
and a significant part of the economic system. Until and during the
nineteenth century, children beyond six years of age were required to
contribute to society according to their abilities. From about the age of
seven, they began a slow entry into the world of work, a world
inhabited by both adults and children. The concepts of education,
schooling, and protection against hazards were rare or entirely absent.
In the early nineteenth century, children were also mostly viewed as
the personal property of their parents, with few or no legal rights.
Parents, mainly fathers, were given unlimited power and control over
them and were allowed to treat them as they wished ; physical
punishment was almost universal and socially accepted.

　This situation began to change as the nineteenth century prog-
ressed. Particularly in the half-century from 1870 to 1920, the rights of

children in relation to parents, employers, and others expanded in the form of legal protection. Gradually, children began to be perceived as a separate category and not simply as the property of adults. The view that children have no more than economic value began to change and be replaced by the perception that they are a unique group that society has the responsibility to support and protect from the various dangers they face.

Another change in this period was the protection of children from parental abuse and neglect, which were subjected to intense scrutiny and challenged increasingly by government authorities. In 1889, both France and Great Britain passed laws against cruelty to children, including that caused by their parents. The nation became the defender of children's rights. The child's right to protection then led to the right to provision of various sorts, with the national government responsible for providing services. Health care, acceptable housing, and playgrounds—together with freedom from work and access to public schooling—emerged as elements of children's rights.

(B) 以下の英文を読み，(ア)，(イ)の問いに答えよ。なお，文章中の linguistic という単語は「言語の」，linguist は「言語学者」を意味する。

Music is a universal language. Or so musicians like to claim. "With music," they'll say, "you can communicate across cultural and linguistic boundaries in ways that you can't with ordinary languages like English or French." On one level, this statement is obviously true. You don't have to speak French to enjoy a piece of music written by the French composer Claude Debussy. ⎡ (1) ⎤ That depends on what you mean by "universal" and what you mean by "language."

Every human culture has music, just as each has language. So it's true that music is a universal feature of the human experience. At the same time, both music and language systems vary widely from culture to culture. Nevertheless, no matter how strange a foreign musical system may seem, studies show that people are pretty good at detecting the emotions conveyed in unfamiliar forms of music—that is, at least the two basic emotions of happiness and sadness. ⎡ (2) ⎤ For example, higher pitch, more variations in pitch and rhythm, and faster tempo convey happiness, while the opposite conveys sadness.

Perhaps, then, we are born with a musical sense. But language also has melody, which linguists call prosody. Exactly these same features —pitch, rhythm, and tempo—are used to convey emotion in speech in a way that appears to be universal across languages. Listen in on a conversation in French or Japanese or some other language you don't speak. You won't understand the content, but you will understand the shifting emotional states of the speakers. She's upset, and he's getting defensive. Now she's really angry, and he's backing off. He pleads with her, but she isn't convinced … . We understand this exchange in a foreign language because we know what it sounds like in our own language. Likewise, when we listen to a piece of music, either from our culture or from another, we recognize emotion on the basis of melodic features that mirror universal prosodic features. ⎡ (3) ⎤

But is music a kind of language? Again, we have to define our terms. ⎡ (4) ⎤ Biologists talk about the "language of bees," which is a way to tell fellow bees about the location of a new source of food. People talk about the "language of flowers," through which they can express their intentions. "Red roses mean … Pink carnations mean … White lilies mean …" And then there's "body language." By this we mean the gestures, movements, and facial expressions we use to convey emotions, social status, and so on. Although we often use body language when we speak, linguists don't consider it a true form of language. Instead, it's a communication system, just as are the so-called languages of bees and flowers.

By definition, language is a communication system consisting of a set of meaningful symbols (words) and a set of rules (syntax) for combining those symbols into larger meaningful units (sentences).

東京大-理科前期　　　　　　　　　　　　　　　　　　2019 年度　英語　7

While many species have communication systems, none of these counts as language because they lack one or the other component. The alarm and food calls of many species consist of a set of meaningful symbols, but they don't combine those symbols productively according to rules. Likewise, bird song and whale song have rules for combining elements, but these elements aren't meaningful symbols. Only the song as a whole has（　ア　）.

Like language, music has syntax—rules for ordering elements, such as notes, chords, and intervals, into complex structures. ⬚(5)⬚ Rather, it's the larger structure—the melody—that conveys emotional meaning. And it does that by mirroring the prosody of speech.

Since music and language share features in common, it's not surprising that many of the brain areas that process language also process music. ⬚(6)⬚ We tend to think that specific areas of the brain are tied exclusively to specific functions, but any complex behavior, whether language or music or driving a car, will recruit contributions from many different brain areas.

Music certainly isn't a universal language in the sense that you could use it to express any thought to any person on the planet. But music does have the power to evoke basic feelings at the core of the shared human experience. It not only crosses cultures, but it also reaches deep into our evolutionary past. And in that sense, music truly is a universal language.

From Is Music a Universal Language ?, Psychology Today by David Ludden

(ア)　空所（　ア　）に入れるのに最も適切な単語1語を同じページの本文中から抜き出し，その単語を記述解答用紙の1(B)に記入せよ。

　　　編集部注：設問中の「同じページ」の範囲は，第4段冒頭（But is music …）から第7段第3文（We tend to …）12 語目の tied までである。

(イ)　空所(1)～(6)に入れるのに最も適切な文を以下のa）～h）より一つずつ選び，マークシートの(1)～(6)にその記号をマークせよ。ただし，同じ

8　2019 年度　英語　　　　　　　　　　　　　　　　　　　　　東京大-理科前期

記号を複数回用いてはならない。

a ）　But is music really a universal language?

b ）　But is the opposite true, that is, is language a universal music?

c ）　But this doesn't mean that music is language.

d ）　In this sense, music really is a universal system for communi-
cating emotion.

e ）　Specific features of music contribute to the expression of these
emotions.

f ）　We, including scientists, often use "language" to mean "com-
munication system."

g ）　We usually do not define "language" as "communication."

h ）　Yet none of these elements has significance on its own.

2　(A)　新たに祝日を設けるとしたら，あなたはどのような祝日を提
案したいか。その祝日の意義は何か。また，なぜそのような祝日
が望ましいと考えるのか。60〜80 語の英語で説明しなさい。なお，この
場合の祝日は，国民のための祝日でもよいし，国内外の特定の地域，もし
くは全世界で祝うようなものでもかまわない。

(B)　以下の下線部を英訳せよ。

　世界中でプラスチックごみを減らす動きが活発だ。食品などのプラスチ
ック製容器や包装をなくしたり，レジ袋を有料化したりするのはもっとも
容易にできることだろう。それらを紙製品や生分解性の素材に変えたりす
る動きも目立つ。しかし，もっとも重要なのは，プラスチックごみによっ
てかけがえのない自然環境を汚染しているのは私たち自身であると，私た
ちひとりひとりが日々の暮らしのなかで自覚することである。とはいえ，
そうした意識改革が難しいことも確かで，先日もペットボトルの水を買っ
た際に，水滴で本が濡れてはいけないと，ついレジ袋をもらってしまった。

3　放送を聞いて問題(A)，(B)，(C)に答えよ。(A)と(B)は内容的に関連し
ている。(C)は独立した問題である。(A)，(B)，(C)のいずれも 2 回ず

東京大-理科前期 2019 年度 英語 9

つ放送される。

• 聞き取り問題は試験開始後 45 分経過した頃から約 30 分間放送される。
• 放送を聞きながらメモを取ってもよい。
• 放送が終わったあとも，この問題の解答を続けてかまわない。

(A) これから放送するのは，文化人類学者 Turner 博士による講義である。
これを聞き，(7)〜(11)の問いに対して，それぞれ最も適切な答えを一つ選
び，マークシートの(7)〜(11)にその記号をマークせよ。

(7) Which of the following best describes the location where the lecture is being held ?
   a) A center of local government.
   b) A ski resort.
   c) A university town.
   d) An ancient historical site.
   e) An athletic training field.

(8) What example does the lecturer give of ancient sports helping people find their places in society ?
   a) Sports as training for combat.
   b) Sports functioning as a rite of passage.
   c) Sports occurring in a religious ceremony.
   d) Sports representing an ideal social order.
   e) Sports serving as an early form of education.

(9) Which of the following does not match any of the core elements of team sports mentioned by the lecturer ?
   a) Ability.   b) Discipline.   c) Luck.
   d) Rules.   e) Tactics.

(10) Which of the following best describes the chief goal of team sports for school systems ?

10 2019 年度 英語 東京大-理科前期

   a) They want students to become good citizens.

   b) They want students to obey rules and respect authority.

   c) They want students to practice fair play.

   d) They want students to show consideration for others.

   e) They want students to value teamwork.

⑾ Near the end of Dr. Turner's lecture, he argues that modern team sports appear to place supreme value on ___(ア)___ but, in fact, ___(イ)___ is of equal importance.

(*Each choice contains a pair of expressions that can fill in the blanks to complete the sentence.*)

   a) (ア) effort   (イ) cheating

   b) (ア) fair play   (イ) victory

   c) (ア) skill   (イ) chance

   d) (ア) the group   (イ) the individual

   e) (ア) winning   (イ) losing

(B) これから放送するのは，司会者と DeBoer 博士，Van Klay 博士の 3 人による，(A)と内容的に関連した会話である。これを聞き，⑿～⒃の問いに対して，それぞれ最も適切な答えを一つ選び，<u>マークシートの⑿～⒃</u>にその記号をマークせよ。

⑿ Why does Van Klay object to Turner's analysis ?

   a) He thinks Turner's analysis doesn't match the contemporary world.

   b) He thinks Turner's analysis doesn't put enough emphasis on socialization.

   c) He thinks Turner's analysis focuses too much on team sports.

   d) He thinks Turner's analysis is too Western-oriented.

   e) He thinks Turner's analysis puts too much emphasis on politics.

東京大-理科前期   2019 年度　英語　*11*

⒀　What new thesis does Van Klay add to the discussion about sports ?

　　a) Sports can never play a role in social or political reform.

　　b) Sports do not reflect core values in every society.

　　c) Sports reflect real life, not entertainment.

　　d) The values reflected by a sport differ from society to society.

　　e) When a sport moves from one society to another, it no longer reflects core values.

⒁　DeBoer says that Van Klay is unfair to Turner because

　　a) Turner actually agrees with Van Klay.

　　b) Turner did not have a chance to hear Van Klay's objection.

　　c) Van Klay does not accurately describe Turner's argument.

　　d) Van Klay's point is not relevant to the context Turner was analyzing.

　　e) Van Klay's thesis is not proven.

⒂　What is the final conclusion drawn by DeBoer from the example of the rugby player ?

　　a) It is difficult to come out as gay in a sport like rugby.

　　b) It is hard to come out in a conservative society.

　　c) Society and sports can influence each other.

　　d) Society can change a sport for the better.

　　e) Sports like rugby are too male dominated.

⒃　DeBoer believes a sport can have its greatest impact when

　　a) it challenges established assumptions.

　　b) it has little or no political meaning.

　　c) it is changed by progressive attitudes.

　　d) it teaches a sense of proper fair play.

　　e) it teaches us how to follow the rules of the game.

12 2019 年度　英語　　　　　　　　　　　　　　　　　　　東京大–理科前期

(C)　これから放送する講義を聞き，(17)〜(21)の問いに対して，それぞれ最も
　　適切な答えを一つ選び，マークシートの(17)〜(21)にその記号をマークせよ。

(17)　Which of the following best corresponds to one of the lecturer's
　　early childhood memories?
　　a)　Collecting rocks by the sea.
　　b)　Finger-painting on a playground.
　　c)　Seeing a movie about ocean creatures.
　　d)　Tracing letters in his bedroom.
　　e)　None of the above.

(18)　Before the 1980s, most psychologists thought that early child-
　　hood memories
　　a)　are blocked out for self-protection.
　　b)　are built in a "construction zone."
　　c)　are naturally unstable.
　　d)　have only a 40% chance of being remembered.
　　e)　will persist in a distorted form.

(19)　Which of the following is not a finding from a study conducted
　　in the 1980s?
　　a)　At 6 months of age, memories last for at least a day.
　　b)　At 9 months of age, memories last for a month.
　　c)　At the age of 2, memories last for a year.
　　d)　Children $4\frac{1}{2}$ years old can recall detailed memories for at
　　　　least 18 months.
　　e)　The memories of children aged 3 and under persist, but with
　　　　limitations.

(20)　Which of the statements below was a finding of the 2005
　　study?

東京大-理科前期

2019 年度　英語　*13*

a) Children create memories faster than adults, but then forget
faster as well.

b) Children's memories vanish as they build up adult experi-
ences.

c) Five-and-a-half-year-olds retain 80 % of the memories formed
at age 3.

d) Seven-and-a-half-year-olds retain half of the memories formed
at age 3.

e) Three-year-olds only retain 14 % of their memories.

(21) The lecturer most wants to claim that :

a) Childhood memories are lost because they are formed in a
brain that is rapidly developing.

b) Our earliest memories are more reliable than once thought.

c) The infant brain is still developing, which gives it great
flexibility.

d) We forget most of our childhood memories so that we can
retain the most valuable ones.

e) We have more links between brain cells in early childhood
than in adulthood.

4 (A)　以下の英文の段落(22)〜(26)にはそれぞれ誤りがある。修正が必
要な下線部を各段落から一つずつ選び，マークシートの(22)〜(26)に
その記号をマークせよ。

(22) The old-fashioned stereotype that women are (a)not suited by
nature at mathematical study (b)suffered a major blow in 2014, when
Maryam Mirzakhani became the first woman to receive the Fields
Medal, math's most prestigious award. An equally important blow was
struck by an Italian mathematician, Maria Gaetana Agnesi, born three
hundred years ago. Agnesi was the first woman to write a mathe-
matics textbook and to be (c)appointed to a university chair in

14 2019 年度　英語　　　　　　　　　　　　　　　　　東京大-理科前期

math, (d)yet her life was marked by paradox. (e)Though brilliant, rich and famous, she eventually chose a life of poverty and service to the poor.

(23) Born May 16, 1718, in Milan, Agnesi was the eldest of her wealthy father's twenty-one children. As she grew up, her talents shone, particularly in the study of languages. (a)In part to give her the best education possible, her father invited (b)leading intellectuals of the day to the family's home. When Agnesi was nine, she repeated from memory a Latin speech, (c)likely composed by one of her tutors, in front of her father's guests. The speech condemned the widespread prejudice against educating women in the arts and sciences, (d)which had either been grounded in the view that a life of managing a household would require no such learning. Agnesi presented a clear and convincing argument that women should be free to pursue (e)any kind of knowledge available to men.

(24) Agnesi eventually became (a)tired of displaying her intellectual abilities in public and (b)expressed a desire to retire from the world and to (c)dedicate her to a religious life. When her father's second wife died, however, she (d)assumed responsibility for his household and the education of her many younger brothers and sisters. Through this role, she (e)recognized the need for a comprehensive mathematics textbook to introduce Italian students to basic methods that summarized recent mathematical discoveries.

(25) Agnesi found a special appeal in mathematics. Most knowledge acquired from experience, she believed, is prone to error and open to dispute. From mathematics, however, (a)come truths that are wholly certain. (b)Published in two volumes in 1748, Agnesi's work was titled the *Basic Principles of Analysis*. It was composed not in Latin, (c)as was the custom for great mathematicians such as Newton and Euler, but in Italian, to (d)make it more accessible to students. Agnesi's textbook was praised in 1749 by the French Academy: "It took much skill and good judgment to (e)reduce almost uniform methods to discoveries scattered among the works of many mathematicians very different from each

東京大-理科前期 2019 年度 英語 *15*

other."

⑵⑥ (a)A passionate advocate for the education of women and the poor,
Agnesi believed that the natural sciences and math should play an
important role in an educational curriculum. As a person of deep
religious faith, however, she also believed that scientific and mathe-
matical studies must be (b)viewed in the larger context of God's plan
for creation. When her father died in 1752, she was free to answer a
religious calling and devote the rest of her life to her other great
passion: service to the poor. Although few remember Agnesi today,
her pioneering role in the history of mathematics serves as (c)an
inspiring story of triumph over gender stereotypes. She helped to
clear a path for women in math (d)for generations to follow. Agnesi
excelled at math, but she also loved it, perceiving (e)in its mastery of
an opportunity to serve both her fellow human beings and a higher
order.

(B) 以下の英文を読み，下線部(ア)，(イ)，(ウ)を和訳せよ。なお，文章中の
　　Fred は，著者の両親が飼っている大型のリクガメの名前である。

Last July, I went to Honolulu to meet Fred and to spend the
summer with my parents. My parents and I have a warm relationship,
even though, or perhaps because, I don't speak to or visit them
frequently; until my most recent trip there, the previous July, I hadn't
seen them in six years. I live in New York, and they live in Hawaii,
and (ア)while it is true that traveling to the islands requires a certain
commitment of time, the real reason I stayed away is that there were
other places I wanted to visit. Of all the gifts and advantages my
parents have given me, one of the greatest is their conviction that it is
the duty of children to leave and do what they want, and the duty of
parents not just to accept this but to encourage it. When I was 14 and
first leaving my parents — then living in East Texas — to attend high
school in Honolulu, my father told me that any parent who expected

16 2019 年度　英語　　　　　　　　　　　　　　　　　　　　東京大-理科前期

anything from his child was bound to be disappointed, because (イ)it was foolish and selfish to raise children in the hope that they might someday pay back the debt of their existence ; he has maintained this ever since.

(ウ)This philosophy explains their love for a pet that, in many ways, contradicts what we generally believe a pet should be. Those of us with animals in our lives don't like to think of ourselves as having expectations for them, but we do. We want their loyalty and affection, and we want these things to be expressed in a way that we can understand. Fred, however, provides none of these things. Although he is, in his way, friendly, he is not a creature who, you feel, has any particular fondness for you.　　　　　　　　　　© The New York Times

5 以下の文章を読み，(A)～(D)の問いに答えよ。なお，文章中の stratocumulus という単語は「層積雲」を意味する。

Gavin Pretor-Pinney decided to take a break. It was the summer of 2003, and for the last 10 years, in addition to his graphic-design business in London, he and a friend had been running a magazine called *The Idler*. This title suggests "literature for the lazy." It argues against busyness and careerism and for the value of aimlessness, of letting the imagination quietly run free. Pretor-Pinney anticipated all the jokes : that (A)he'd burned out running a magazine devoted to doing nothing, and so on. But it was true. Getting the magazine out was tiring, and after a decade, it seemed appropriate to stop for a while and live without a plan—to be an idler himself in a positive sense and make space for fresh ideas. So he exchanged his apartment in London for one in Rome, where everything would be new and anything could happen.

Pretor-Pinney is 47, tall and warm, with a grey beard and pale blue eyes. His face is often bright, as if he's being told a story and can feel some terrific surprise coming. He stayed in Rome for seven months and loved it, especially all the religious art. One thing he noticed : the paintings he encountered were crowded with clouds. They were everywhere, he told me recently, "these soft clouds, like the sofas of the saints." But outside, when Pretor-Pinney looked up, the real Roman sky was usually cloudless. He wasn't accustomed to such endless, blue emptiness. He was an Englishman ; he was accustomed to clouds. He remembered, as a child, being charmed by them and deciding that people must climb long ladders to harvest cotton from them. Now, in Rome, he couldn't stop thinking about clouds. "I found myself ア(27) them," he told me.

Clouds. They were a strange obsession, perhaps even a silly one, but he didn't resist it. He went with it, as he often does, despite not having a specific goal or even a general direction in mind ; he likes to see where things go. When Pretor-Pinney returned to London, he talked about clouds constantly. He walked around ア(28) them, learned their scientific names, like "stratocumulus," and the weather conditions that shape them and argued with friends who complained they were gloomy or dull. He was realizing, as he later put it, that "clouds are not something to complain about. They are, in fact, the most dynamic and poetic aspect of nature."

Slowing down to appreciate clouds enriched his life and sharpened his ability to appreciate other pockets of beauty ア(29) in plain sight. At the same time, Pretor-Pinney couldn't help noting, (B)we were entering an era in which we were losing a sense of wonder. New, supposedly amazing things bounced around the internet so quickly that, as he put it, we can now all walk around with an attitude like, "Well, I've just seen a panda doing something unusual online — what's going to amaze me now ?" His passion for clouds was teaching him that "it's much better for our souls to realize we can be amazed and delighted by what's around us."

At the end of 2004, a friend invited Pretor-Pinney to give a talk about clouds at a small literary festival in South West England. The previous year, there were more speakers than people in the audience, so Pretor-Pinney wanted an interesting title for his talk, to draw a crowd. "Wouldn't it be funny," he thought, "to have a society that defends clouds against the bad reputation they get—that stands up for clouds?" So he called it "The First Annual Lecture of the Cloud Appreciation Society." And it worked. Standing room only! Afterward, people came up to him and asked for more information about the Cloud Appreciation Society. They wanted to join the society. "And I had to tell them, well, I haven't really got a society," Pretor-Pinney said. So he set about ア(30) one.

He created a simple website with a gallery for posting photographs of clouds, a membership form and a bold manifesto. ("We believe that clouds are unjustly insulted and that life would be infinitely poorer without them," it began.) He also decided to charge a membership fee and issue a certificate in the mail. He did these things because he recognized that joining an online Cloud Appreciation Society that existed in name only might appear ridiculous, and he wanted to make sure that it did not seem (イ).

Within a couple of months, the society had 2,000 ア(31) members. Pretor-Pinney was surprised and delighted. Then, Yahoo placed the Cloud Appreciation Society first on its 2005 list of Britain's "Wild and Wonderful Websites." People kept clicking on that link, which wasn't necessarily surprising, but thousands of them also clicked through to Pretor-Pinney's own website, then paid for memberships. Other news sites noticed. They did their own articles about the Cloud Appreciation Society, and people followed the links in those articles too. Previously, Pretor-Pinney had proposed writing a book about clouds and had been rejected by 28 editors. Now he was an internet sensation with a large online following; he got a deal to write a book about clouds.

The writing process was ア(32). On top of not actually having written a book before, he demanded perfection of himself, so the work went slowly. But *The Cloudspotter's Guide*, published in 2006, is full of

東京大-理科前期　　　　　　　　　　　　　　　　　2019 年度　英語　*19*

joy and wonder. Pretor-Pinney surveys clouds in art history, poetry, and modern photography. In the middle of the book, there's a cloud quiz. Question No. 5 asks of a particular photograph, "(C)＿＿＿＿ stratocumulus?" The answer Pretor-Pinney supplies is, "It is pleasing for whatever reason you find it to be."

The book became a bestseller.　　　　　　　　　© The New York Times

(A)　下線部(A)に関して，"all the jokes" の例であることがわかるように，その内容を日本語で説明せよ。　　　　　　　（解答欄：17.3 センチ × 3 行）

(B)　下線部(B)の内容を本文に即して日本語で説明せよ。

（解答欄：17.3 センチ × 3 行）

(C)　下に与えられた語を正しい順に並べ替え，下線部(C)を埋めるのに最も適切な表現を完成させよ。

about　　is　　it　　layer　　of　　pleasing　　so　　that's　　this　　what

(D)　以下の問いに解答し，その答えとなる記号をマークシートにマークせよ。

(ア)　空所(27)～(32)には単語が一つずつ入る。それぞれに文脈上最も適切な語を次のうちから一つずつ選び，マークシートの(27)～(32)にその記号をマークせよ。ただし，同じ記号を複数回用いてはならない。

　a）admiring　　　　b）disturbing　　　c）exhausting
　d）hating　　　　　e）hiding　　　　　f）ignoring
　g）inventing　　　　h）missing　　　　i）paying
　j）recovering

(イ)　空所(イ)に入れるのに最も適切な単語を次のうちから一つ選び，マークシートの(33)にその記号をマークせよ。

　a）cloudy　　　　　b）expensive　　　c）lazy
　d）pointless　　　　e）serious

(ウ) 本文の内容と合致しないものはどれか。一つ選び，マークシートの(34)にその記号をマークせよ。

a) It was not until he went to Rome that Pretor-Pinney found clouds attractive.

b) Pretor-Pinney learned a lot about clouds after he came back to London, which helped him write *The Cloudspotter's Guide.*

c) Pretor-Pinney's Cloud Appreciation Society drew people's attention quickly.

d) Pretor-Pinney's talk about clouds at a small literary festival turned out to be exceptionally successful.

e) Pretor-Pinney was busy both when co-editor of *The Idler* and when founder of the Cloud Appreciation Society.

東京大-理科前期 2019 年度 英語 *21*

―――――――― 3 聞き取り問題放送用スクリプト ――――――――――――――――――――――――

[問題(A)]

Moderator：Welcome, everyone, to the 2019 Winter Lecture Series of the Society for Social Research, held this year in the beautiful village of Seefeld, Austria, where we're looking at sports and culture. We're delighted to have the renowned anthropologist Clifford Turner here to start things off. Before going any further, I'd like to thank the staff for their hard work and extend a hearty mountain greeting to those joining us on our live video stream. And now, Dr. Turner――.

Dr. Turner：Thanks, Harry. Hello, everyone. I believe I saw many of you on the slopes today. Fresh snow, amazing scenery――a great place to talk about sports.

As you know, a lot of research in our field looks at ancient sports in contexts where they're closely tied either to religious ceremonies――say, dealing with the spirit world, pleasing the gods――or to practicing core tasks of survival like hunting and combat. Then, of course, there are rites of passage, you know, fitting people into their social roles. That's all fascinating stuff, but tonight I'd like to focus on team sports in modern societies.

I argue that modern sports, especially team sports, serve a different set of functions. They're much more about representation――projecting a model of our society, either as we wish it were or as we think it really is. And although sports still help us fit into society, the target today isn't any particular role, just adjusting to life in general.

So, what am I saying here? On the one hand, sports offer an ideal image of society, life as we think it should be――competition, sure, but with clear, fair rules. Think of the basic elements of team sports: skill, strategy, chance, and rules that govern how to play the game and how to determine a winner. And there's a close tie to social education. Today, school systems promote these sports as a way to teach teamwork, fair play, discipline, respect for authority, respect for opponents : their main objective here is to turn students into responsible members of society.

So, that's sports reflecting how we think things ought to be. But that function always exists alongside another one, the representation of *non*ideal life, life as we experience it, so-called "real life." This second function begins to take over as we move toward professional sports. Here, the competition is more intense ; more emphasis is placed on victory than on moral behavior or fair play, and so more attention is paid to the terrible consequences of failure, "the agony of defeat." You've heard what people say : "If you're not cheating, you're not trying"; "Just win, baby."

But here's the interesting thing : It's a paradox. That language, those sayings hide and even try to deny half the purpose of the ritual ! In fact, the experience we fear —— defeat —— is as important as the victory we desire. Sports, in this sense, is preparing us to deal with *real* "real life." Bad things happen. Things don't always break our way. And we often lose. As we say, "That's life."

Okay, now I want to back up a step and return to earlier points before I go further...

[問題(B)]

Moderator : Before we open the floor to questions about Dr. Turner's presentation, let's hear from our panelists : sports psychologist Dr. Lisa DeBoer and cultural anthropologist Dr. Dale Van Klay. Dr. Van Klay, can we start with you ?

Van Klay : Well, I like Dr. Turner's work, but to be honest, it seems out of touch with the modern global scene. I agree that sports is a kind of social education, that is, a way of teaching important social values, but his model is fixed. We have a global sports culture now. You can't just treat a particular sport as if it carries a fixed set of values. Once a sport moves to another society, it loses its original meanings and gains new ones.

Moderator : What's your opinion, Dr. DeBoer ?

DeBoer : I think that is not being fair to Dr. Turner. I am sure he would agree with that, but he wasn't talking about sports spreading from one culture to another. He was talking about how sports function within a single society. An interesting case is France's 2018 World Cup team —— the French media loved it because it showed this image of a diverse France with players from a variety of ethnic backgrounds. They wanted that diversity to be truly the French reality. This example also raises something Dr. Turner didn't touch on : sports as a means for social or political change. Think of last year in the United States, when African-American football players protested police violence by refusing to join the opening ceremony...

Van Klay : And think about the angry reaction that produced ! I mean, that rather goes against the basic idea of sports, doesn't it ? People want sports to be free from politics.

DeBoer : I disagree. Sports have always been about politics —— what about the nationalism and flag-waving ? But sports are also capable of introducing political change. Women and minorities in many cases found equal treatment in sports before they won rights in society. For example, the rugby player in the England league who recently came out as gay became a famous role-model.

Van Klay : I would argue that that might be an example of the reverse, of how changes in society make it possible for people in sports to take steps forward.

DeBoer : Well, that's just it —— they're mutually reinforcing. In a sport like rugby, where male culture has been such an unfortunate element of the game, at least in certain societies, it's doubly hard to come out. But when someone does, that makes it easier for others in the rest of society.

Van Klay : I'm not saying that sports can't have political meaning,

24 2019 年度 英語　　　　　　　　　　　　　　東京大-理科前期

only that they're expected to be outside politics.

DeBoer : But isn't it exactly when they challenge that expectation
that sports have the greatest potential to produce change ? The
examples of the American football players and the rugby player
both show that breaking with prior expectations of what a sport
should be is key to the political meaning. And, of course, those
expectations govern the culture of the game, too. When a sport
challenges these, it can teach society more than just fair play. I
think that's another way of understanding what Dr. Turner meant
when he talked about sports as a kind of social education.

[問題(C)]

When I try to remember my life before my fifth birthday, I recall
only a few passing images —— collecting rocks in a playground, finger-
painting in my bedroom, watching a film about ocean creatures,
tracing letters on a sheet of white paper. And that's all. But I must
have experienced so much more back then. Where did those years
go ?

Psychologists have a name for this dramatic loss of memory :
"childhood amnesia." On average, our memories reach no farther back
than age three. Everything before then is dark.

The famous psychologist Sigmund Freud gave childhood amnesia its
name in the early 1900s. He argued that adults forget their earliest
years of life, up to age four, in order to shut out disturbing memories.
Some psychologists accepted this claim, but most adopted another
explanation for childhood amnesia : Children simply couldn't form
stable memories until age seven. So, for nearly 100 years, the
commonly accepted view was that early childhood memories didn't
endure because they were never durable in the first place.

The 1980s brought the first modern scientific efforts to test these
theories. One experiment after another in that decade revealed that
the memories of children three and younger do in fact persist, but

with limitations. At six months of age, infants' memories last for at least a day; at nine months, for a month; by age two, for a year. And a later 1991 study showed that four-and-a-half-year-olds could recall detailed memories from a trip to an amusement park 18 months before.

Yet, at around age six, children begin to forget many of their first memories. A 2005 study of memories formed at age three found that seven-and-a-half-year-olds recalled only 40% of them, while five-and-a-half-year-olds remembered twice as many. This work revealed a striking fact: Children can create and access memories in their first few years of life, yet most of those memories will soon vanish at a rate far beyond what we experience as adults.

What might explain the puzzle of this sudden forgetting? Research conducted in the last decade has begun to reveal the solution. Throughout childhood, the brain grows at an incredibly rapid rate, building out structures and producing an excess of connections. In fact, far more links are created between cells in those early years than the brain ends up with in adulthood. Without such flexible brains, young children would never be able to learn so much so quickly. However, most of the excess connections must eventually be cut away to achieve the efficient structure and function of an adult mind.

The problem, it turns out, is not so much that our childhood memories are unstable as that they are built in a construction zone, a crowded work site undergoing rapid growth and change. As a result, many of those memories will be effectively removed, others covered up, and yet others combined with later memories and impressions. And that is just as it should be. Nature values the overall process of development more than those first memories. Far from being the result of an infant's mental weakness or the need to block out bad memories, childhood amnesia, that first forgetting, is a necessary step on the path to adulthood.

数学

(150分)

1 次の定積分を求めよ。

$$\int_0^1 \left(x^2 + \frac{x}{\sqrt{1+x^2}}\right)\left(1 + \frac{x}{(1+x^2)\sqrt{1+x^2}}\right) dx$$

2 一辺の長さが1の正方形 ABCD を考える。3点 P，Q，R はそれぞれ辺 AB，AD，CD 上にあり，3点 A，P，Q および 3点 P，Q，R はどちらも面積が $\frac{1}{3}$ の三角形の3頂点であるとする。

$\dfrac{\text{DR}}{\text{AQ}}$ の最大値，最小値を求めよ。

3 座標空間内に5点 A$(2, 0, 0)$，B$(0, 2, 0)$，C$(-2, 0, 0)$，D$(0, -2, 0)$，E$(0, 0, -2)$ を考える。線分 AB の中点 M と線分 AD の中点 N を通り，直線 AE に平行な平面を α とする。さらに，p は $2<p<4$ をみたす実数とし，点 P$(p, 0, 2)$ を考える。

(1) 八面体 PABCDE の平面 $y=0$ による切り口および，平面 α の平面 $y=0$ による切り口を同一平面上に図示せよ。

(2) 八面体 PABCDE の平面 α による切り口が八角形となる p の範囲を求めよ。

(3) 実数 p が(2)で定まる範囲にあるとする。八面体 PABCDE の平面 α による切り口のうち $y \geqq 0$，$z \geqq 0$ の部分を点 (x, y, z) が動くとき，座標平面上で点 (y, z) が動く範囲の面積を求めよ。

東京大-理科前期   2019 年度　数学　*27*

4　n を 1 以上の整数とする。

(1)　n^2+1 と $5n^2+9$ の最大公約数 d_n を求めよ。

(2)　$(n^2+1)(5n^2+9)$ は整数の 2 乗にならないことを示せ。

5　以下の問いに答えよ。

(1)　n を 1 以上の整数とする。x についての方程式
$$x^{2n-1}=\cos x$$
　は，ただ一つの実数解 a_n をもつことを示せ。

(2)　(1)で定まる a_n に対し，$\cos a_n > \cos 1$ を示せ。

(3)　(1)で定まる数列 $a_1,\ a_2,\ a_3,\ \cdots\cdots,\ a_n,\ \cdots\cdots$ に対し，
$$a=\lim_{n\to\infty}a_n,\quad b=\lim_{n\to\infty}a_n^n,\quad c=\lim_{n\to\infty}\frac{a_n^n-b}{a_n-a}$$
　を求めよ。

6　複素数 $\alpha,\ \beta,\ \gamma,\ \delta$ および実数 $a,\ b$ が，次の 3 条件をみたしながら動く。

　条件 1 ．$\alpha,\ \beta,\ \gamma,\ \delta$ は相異なる。

　条件 2 ：$\alpha,\ \beta,\ \gamma,\ \delta$ は 4 次方程式 $z^4-2z^3-2az+b=0$ の解である。

　条件 3 ：複素数 $\alpha\beta+\gamma\delta$ の実部は 0 であり，虚部は 0 でない。

(1)　$\alpha,\ \beta,\ \gamma,\ \delta$ のうち，ちょうど 2 つが実数であり，残りの 2 つは互いに共役な複素数であることを示せ。

(2)　b を a で表せ。

(3)　複素数 $\alpha+\beta$ がとりうる範囲を複素数平面上に図示せよ。

28　2019 年度　物理　　　　　　　　　　　　　　　　東京大-理科前期

物理

（2 科目 150 分）

（注）　解答用紙は，〈理科〉共通。1 行：約 23.5 センチ，35 字分の区切
　　　　りあり。1・2 は各 25 行，3 は 50 行。

1　水平な床面上にとった x 軸に沿って動く台車の上の物体の運動に
　　　ついて以下の設問 I，II に答えよ。

I　図 1−1 に示すように，台車の上にばね定数 k を持ち質量の無視でき
　　るばねを介して質量 m の物体が取り付けられており，物体は台車上を
　　滑らかに動く。台車に固定された座標軸 y を，ばねの自然長の位置を原
　　点として，x 軸と同じ向きにとる。ばねは y 軸方向にのみ伸び縮みし，
　　ばねと台車は十分長い。台車は x 軸方向に任意の加速度 a で強制的に運
　　動させることができる。$T = 2\pi\sqrt{\dfrac{m}{k}}$ として以下の設問に答えよ。

　(1)　台車が $x=0$，物体が $y=0$ で静止している状態から，台車を表 1−
　　　1 に示す加速度で強制的に運動させる。加速度の大きさ a_1 は定数で
　　　ある。時刻 $t = t_1$ における台車の速度，および時刻 $t = 0$ から $t = t_1 + t_2$
　　　までの間に台車が移動する距離を求めよ。

表 1−1

	時刻 t	台車の加速度 a
加速区間	$0 \sim t_1$	a_1
等速区間	$t_1 \sim t_2$	0
減速区間	$t_2 \sim (t_1 + t_2)$	$-a_1$

　(2)　物体が $y=0$ で静止している状態から，表 1−1 で $t_1 = \dfrac{T}{2}$，$t_2 = nT$
　　　（n は自然数）として台車を動かす。時刻 $t = t_1 + t_2$ における物体の y
　　　座標および台車に対する相対速度を求めよ。

(3) 次に台車をとめた状態で物体を $y=y_0$ (<0) にいったん固定したのち，$t=0$ で物体を静かに放し，表1－2に示す加速度で台車を強制的に運動させる。

表1－2

	時刻 t	台車の加速度 a
加速区間	$0\sim\dfrac{T}{2}$	a_2
減速区間	$\dfrac{T}{2}\sim T$	$-a_2$

加速度の大きさ a_2 がある定数のとき，時刻 $t=T$ において物体の y 座標は $y=0$ となり，台車に対する物体の相対速度も 0 となる。a_2 の値および $t=\dfrac{T}{2}$ における物体の y 座標を求めよ。

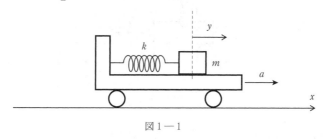

図1－1

II 手のひらの上に棒を立て，棒が倒れないように手を動かす遊びがある。このしくみを図1－2に示す倒立振子で考える。倒立振子は質量の無視できる変形しない長さ l の細い棒の先端に質量 m の質点を取り付けたものとし，台車上の点Oを支点として x 軸を含む鉛直平面内で滑らかに動くことができる。倒立振子の傾きは鉛直上向きから図1－2の時計回りの角度 θ（ラジアン）で表す。θ の大きさは十分に小さく，$\sin\theta \fallingdotseq \theta$，$\cos\theta \fallingdotseq 1$ の近似が成り立つ。台車は倒立振子の運動の影響を受けることなく任意の加速度 a で強制的に動かせるものとする。重力加速度の大きさを g，$T=2\pi\sqrt{\dfrac{l}{g}}$ として以下の設問に答えよ。

(1) 台車が加速度 a で加速しているとき，台車上で見ると，θ だけ傾いた倒立振子の先端の質点には，図1－2に示すように重力 mg と慣性

力（$-ma$）が作用している。質点に働く力の棒に垂直な成分 f を θ, a, m, g を用いて表せ。ただし f の正の向きは θ が増える向きと同じとする。

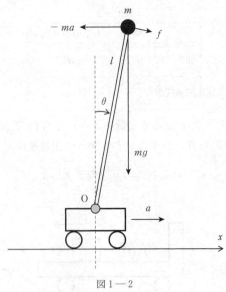

図 1 — 2

(2) 時刻 $t=0$ で台車は静止しており，倒立振子を θ_0 傾けて静止させた状態から始まる運動を考える。時刻 $t=T$ で台車が静止し，かつ倒立振子が $\theta=0$ で静止するようにしたい。そのために倒立振子を図 1 — 3 に示すように運動させる。すなわち単振動の半周期分の運動で θ_0 から 0 を通過して $t=\dfrac{T}{2}$ で θ_1 に至り，続いて θ_1 から振幅の異なる単振動の半周期分の運動ののち，$t=T$ において $\theta=0$ に戻り静止する。このような運動となるように加速度 a を変化させる。

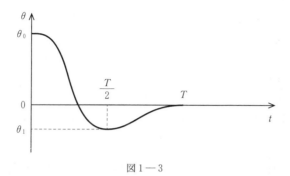

図1-3

以下の式中の空欄 ア から オ に当てはまる式を選択肢①から⑰の中から選べ。選択肢は繰り返し使って良い。また空欄 i から iii に当てはまる数式を書け。

時刻 $t=0$ から $t=\dfrac{T}{2}$ の間の θ は

$$\theta = \boxed{\text{ア}} \cos\sqrt{\dfrac{g}{l}}\,t + \boxed{\text{イ}}$$

と表される。このように単振動する質点に働く復元力 F は

$$F = \boxed{\text{ウ}}\,(\theta - \boxed{\text{イ}})$$

である。この運動を実現するためには設問Ⅱ(1)で求めた f が F と等しければよいので加速度 a は次の式となる。

$$a = \left(\boxed{\text{エ}} \cos\sqrt{\dfrac{g}{l}}\,t + \boxed{\text{オ}}\right)g$$

この式の第1項が単振動の加速度と同じ形であることを考慮すると，時刻 $t=0$ から $t=\dfrac{T}{2}$ の台車の速度の変化 v_1 は θ_0，θ_1，g，l を用いて

$$v_1 = \boxed{\text{i}}$$

となる。

時刻 $t=\dfrac{T}{2}$ から $t=T$ の運動についても単振動の半周期分であるので同様に考えれば，この区間の台車の速度の変化 v_2 は θ_1，g，l を用いて

$$v_2 = \boxed{\text{ii}}$$

となる。よって

$$\theta_1 = \boxed{\quad \text{iii} \quad} \theta_0$$

を得る。

① $\dfrac{\theta_0 + \theta_1}{2}$ ② $\dfrac{\theta_0 - \theta_1}{2}$ ③ $(\theta_0 + \theta_1)$

④ $(\theta_0 - \theta_1)$ ⑤ θ_0 ⑥ θ_1

⑦ 0 ⑧ π ⑨ $-ma$

⑩ $-mg$ ⑪ $-m(g+a)$ ⑫ $-\dfrac{ma}{l}$

⑬ $-\dfrac{mg}{l}$ ⑭ $-\dfrac{m(g+a)}{l}$ ⑮ $-al$

⑯ $-gl$ ⑰ $-(g+a)l$

2

図2−1左に示すように，面積 S の薄い円板状の電極2枚を距離 d だけ隔てて平行に配置し，誘電率 ε，抵抗率 ρ の物質でできた面積 S，厚さ d の一様な円柱を電極間に挿入した。電極と円柱はすき間なく接触しており，電場は向かい合う電極間のみに生じると考えてよい。電極の抵抗は無視できるものとする。この電極と円柱の組み合わせは，図2−1右に示すように，並列に接続された抵抗値 R の抵抗と電気容量 C のコンデンサーによって等価的に表現することができる。以下の設問に答えよ。

Ⅰ R と C をそれぞれ ε, ρ, S, d のうち必要なものを用いて表せ。

Ⅱ   図2−2に示すように上記の電極と円柱の組み合わせを N 個積み重ねて接触させ，素子Xを構成した。スイッチを切り替えることによって，この素子Xに電圧 V_0 の直流電源，抵抗値 R_0 の抵抗，電圧 $V_1 \sin \omega t$ の交流電源のいずれかひとつを接続することができる。ω は角周波数，t は時間である。以下の設問(1)〜(3)には ε と ρ は用いずに，N, R, C のうち必要なものを含む式で解答せよ。

(1)   はじめにスイッチを端子 T_1 に接続して素子Xに直流電圧 V_0 を加えた。スイッチを操作してから十分に長い時間が経過したとき，直流

電源から素子Xに流れる電流の大きさと，素子Xの上端に位置する電極Eに蓄積される電気量を求めよ。

(2) 続いてスイッチを端子T_1からT_2に切り替えたところ，抵抗R_0と素子Xに電流が流れた。ただしスイッチの操作は十分短い時間内に行われ，スイッチを操作する間に素子X内の電極の電気量は変化しないものとする。スイッチを操作してから十分長い時間が経過したところ，電流が流れなくなった。スイッチを端子T_2に接続してから電流が流れなくなるまでに抵抗R_0で生じたジュール熱を求めよ。また，素子Xを構成する電極と円柱の組み合わせの個数Nを増やして同様の操作を行ったとき，抵抗R_0で発生するジュール熱はNの増加に対してどのように変化するかを次の①〜④から一つ選べ。

① 単調に増加する　② 単調に減少する　③ 変化しない
④ 上記①から③のいずれでもない

(3) 次にスイッチを端子T_2からT_3に切り替え，素子Xに交流電圧$V_1 \sin \omega t$を加えた。スイッチを操作してから十分に長い時間が経過したとき，交流電源から素子Xへ流れる電流を求めよ。

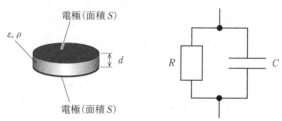

図2－1

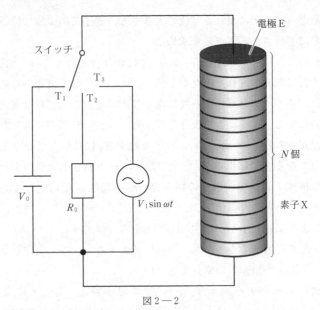

図 2 — 2

Ⅲ 設問Ⅱで用いた素子Xを構成する物質の ε および ρ の値が未知であるとき，これらの値を求めるためにブリッジ回路を用いる方法がある。図2－3のように素子X，設問Ⅱの交流電源，交流電流計，3つの抵抗と1つのコンデンサーを配置し，交流ブリッジ回路を構成した。抵抗値と電気容量の大きさを調節したところ，交流電流計に電流が流れなくなった。このとき，図2－3のように各抵抗の抵抗値は R_1, $2R_1$, R_2, コンデンサーの電気容量は $C_0 = \dfrac{1}{\omega R_2}$ であった。次の ア から ク に入る適切な数式を書け。なお，J，K，L，Mは回路上の点を表す。

K-M間の電圧は ア である。このことを用いて，抵抗 R_2 に流れる電流を，C_0 を含まない式で表すと， イ $\sin\omega t +$ ウ $\cos\omega t$ となる。一方，J-K間の電圧は エ であることから，J-L間を流れる電流を C や R を含む式で表すと オ $\sin\omega t +$ カ $\cos\omega t$ となる。以上のことから次式が得られる。

$$\begin{cases} \varepsilon = \boxed{キ} \\ \rho = \boxed{ク} \end{cases}$$

ただし，キ と ク は $R_1, R_2, \omega, N, S, d$ のうち必要なものを用いて表すこと。

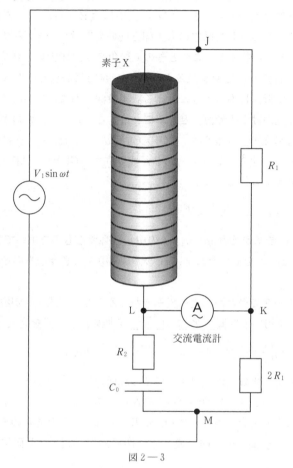

図2−3

3 光の屈折に関する以下の設問Ⅰ，Ⅱに答えよ。問題文中の屈折率は真空に対する屈折率（絶対屈折率）とする。また，角度は全てラジアンで表す。光源からは全方位に光が放射されているものとする。光の反射は無視してよい。

Ⅰ　図3−1に示すように，媒質1（屈折率 n_1）と媒質2（屈折率 n_2）

36 2019 年度　物理　　　　　　　　　　　　　　　　　　　東京大–理科前期

の境界での光の屈折を考える。境界は点 O を中心とする半径 r の球面の一部であり，左に凸とする。点 O と光源（点 C）を通る直線を x 軸とし，球面が x 軸と交わる点を B とする。光源は点 B から左に x_1 だけ離れており，そこから発した図中の太矢印方向の光線は，x 軸から高さ h の球面上の点 P で屈折する。このときの入射角を θ_1，屈折角を θ_2 とする。

　境界の右側から光源を見ると，あたかも光源が点 A（点 B から左に x_2 離れた位置）にあるように見える。本設問 I および次の設問 II では，これを「見かけ上の光源」と呼ぶことにする。以下，入射角が微小となる光線を考える。すなわち，図中の角度 θ_1，θ_2，α_1，α_2，ϕ について微小角度 β に対する近似式 $\sin\beta \fallingdotseq \beta$ が成り立ち，$\mathrm{CP} \fallingdotseq x_1$，$\mathrm{AP} \fallingdotseq x_2$ と近似できる場合を考える。以下の問に答えよ。

(1)　$\dfrac{\theta_1}{\theta_2}$ を n_1，n_2 を用いて表せ。

(2)　θ_1，θ_2 をそれぞれ α_1，α_2，ϕ の中から必要なものを用いて表せ。

(3)　α_1，α_2，ϕ をそれぞれ x_1，x_2，r，h の中から必要なものを用いて表せ。

(4)　問(1)—(3)で得た関係式を組み合わせることで（式1）が導かれる。x_1，x_2 を用いて空欄　ア　，　イ　を埋め，この式を完成させよ。

$$n_1\left(\frac{1}{r} + \boxed{\ \ \text{ア}\ \ }\right) = n_2\left(\frac{1}{r} + \boxed{\ \ \text{イ}\ \ }\right) \qquad \text{（式1）}$$

(5)　媒質 1 と媒質 2 の境界が右に凸の球面の場合を問(1)—(4)と同様に考える。このとき，光源が点 O より左側にある場合［図 3 — 2(A)］と，右側にある場合［図 3 — 2(B)］が考えられる。それぞれの場合に対し，n_1，n_2，r，x_1，x_2 の間に成り立つ関係式を（式1）と同様の形で表せ。

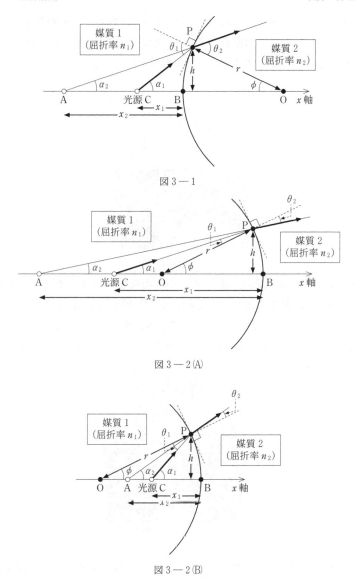

図3—1

図3—2(A)

図3—2(B)

Ⅱ (1) 図3—3に示すように，屈折率 n_1 の媒質1に光源があり，屈折率 n_2 の媒質2に観察者がいる。媒質1と媒質2の境界は平面であり，(式1)において r が非常に大きい場合 $\left(\dfrac{1}{r} \fallingdotseq 0\right)$ とみなすことができる。

境界から光源までの距離を L_1，境界から観察者までの距離を L_2，光源から観察者までの距離を L_1+L_2 とするとき，観察者から設問Ⅰで述べた「見かけ上の光源」までの距離を n_1, n_2, L_1, L_2 を用いて表せ。

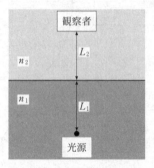

図3—3

(2) 設問Ⅱ(1)の状況で，屈折率 n_f の透明な板を図3—4に示すように境界の上に置くことで，観察者から「見かけ上の光源」までの距離を L_1+L_2 にすることができた。このとき，板の厚さ d を求めよ。また，n_f と n_1, n_2 の大小関係を示せ。ただし，n_1, n_2, n_f はすべて異なる値とする。

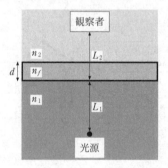

図3—4

(3) 設問Ⅱ(2)で置いた板を取り除いたのち，媒質1と媒質2の境界を図3—5の(A)または(B)のように変形させた。変形した部分は半径 r の球の一部とみなすことができる。ただし，境界面の最大変位 δ は L_1, L_2 に比べて十分小さく無視してよい。いま，$n_1=1.5$, $n_2=1$, $L_1=1\mathrm{m}$, $L_2=2\mathrm{m}$ とする。このとき，変形した部分を通して見ると，

観察者から 4m の位置に「見かけ上の光源」が見えた。この場合の球面は，下に凸 [図 3 — 5(A)]，または上に凸 [図 3 — 5(B)] のうちのいずれであるか。(A)または(B)の記号で答えよ。さらに，r の値を求めよ。

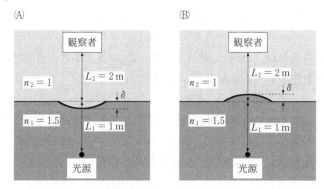

図 3 — 5

(4) 設問Ⅱ(3)の状況で，観察者の位置に厚さの無視できる薄いレンズを一つ置き，その上から見たところ，「見かけ上の光源」が光源と同じ位置（レンズから 3m の位置）に見えた。このとき，凸レンズと凹レンズのどちらを用いたか答えよ。また，このレンズの焦点距離を求めよ。

40 2019 年度　化学　　　　　　　　　　　　　　　　東京大-理科前期

■化学■

（2 科目 150 分）

(注)　解答用紙は，〈理科〉共通。1 行：約 23.5 センチ，35 字分の区切
りあり。1・2 は各 25 行，3 は 50 行。

1　次の文章を読み，問ア〜ケに答えよ。必要があれば以下の値を用
いよ。構造式を示す場合は，例にならって，不斉炭素原子上の置
換様式（紙面の上下）を特定しない構造式で示すこと。

元　素	H	C	N	O
原子量	1.0	12.0	14.0	16.0

（構造式の例）

　フェノールでは，様々な置換反応がベンゼン環上の特定の位置で起こり
やすい。この置換反応は，多様な医薬品や合成樹脂を合成する際に利用さ
れる。そこで，フェノールから下記の化合物 A，B，C および D を経由し
て，医薬品と関連する化合物 E を合成する計画を立て，以下の実験 1 〜 8
を行った。

実験 1：フェノールに，希硝酸を作用させると，互いに同じ分子式を持つ

東京大-理科前期   2019 年度　化学　*41*

　　　　Aと化合物Fの混合物が得られた。この混合物から，AとFを分
　　　　離した。
実験2：フェノールに，濃硝酸と濃硫酸の混合物を加えて加熱し，十分に
　　　　反応させると，化合物Gが得られた。AおよびFを，それぞれ同
　　　　条件で反応させても，Gが得られた。
実験3：Aを濃塩酸中で鉄と処理した。その後，炭酸水素ナトリウム水溶
　　　　液を加えたところ，二酸化炭素が気体として発生しBが得られた。
実験4：Bに，水溶液中でXを作用させるとCが得られた。
実験5：Bに，希硫酸中でXを作用させると，Cと異なる化合物Hが得ら
　　　　れた。Hは，塩化鉄(Ⅲ)水溶液で呈色しなかった。
実験6：Hに，Yの水溶液を作用させた後に，希硫酸を加えたところ，C
　　　　と酢酸が得られた。Cと酢酸の物質量の比は，1：1であった。
実験7：Cに，ニッケルを触媒としてZを作用させると，Dが得られたが，
　　　　未反応のCも残った。そこでCとDの混合物のエーテル溶液を分
　　　　液ロートに移し，Yの水溶液を加えてよく振った。水層とエーテ
　　　　ル層を分離した後に，エーテル層を濃縮してDを得た。
実験8：Dに，硫酸酸性の二クロム酸カリウム水溶液を作用させると，目
　　　　的とするEが得られた。

　フェノールとホルムアルデヒドの重合反応により，電気絶縁性に優れる
フェノール樹脂が合成できる。塩基性触媒存在下にて処理すると，①フェ
ノールとホルムアルデヒドは，付加反応と縮合反応を連続的に起こし，フ
ェノールの特定の位置が置換されたレゾールが生成する。レゾールを加熱
すると，フェノール樹脂が得られる。これに関連する以下の実験9～11
を行った。
実験9：フェノールとホルムアルデヒドを物質量の比2：3で重合し，さ
　　　　らに加熱すると，フェノール樹脂が得られた。
実験10：実験9で得られたフェノール樹脂を完全燃焼させたところ，水
　　　　と二酸化炭素が生成した。
実験11：示性式 $C_6H_4(CH_3)OH$ で表されるクレゾールは，三種類の異性
　　　　体を持つ。塩基性触媒存在下，クレゾールとホルムアルデヒドの
　　　　重合反応により三種類のクレゾールに対応する生成物を得た。三

種類の生成物をそれぞれ加熱すると，一つの生成物のみがフェノール樹脂と同様の硬い樹脂になった。

〔問〕

ア　化合物Aの構造式を示せ。

イ　化合物Gの構造式を示せ。

ウ　化合物Hの構造式を示せ。

エ　化合物Dの構造式を示せ。また，Dには立体異性体が，いくつ存在しうるか答えよ。

オ　X，YおよびZの物質名をそれぞれ書け。

カ　実験7の分液操作でCとDが分離できる理由を述べよ。

キ　下線部①のレゾールの例としてフェノール2分子とホルムアルデヒド1分子の反応において得られる化合物Iがある。Iは，2分子のフェノールのベンゼン環がメチレン基（$-CH_2-$）によってつながれた構造を持つ。Iの構造式をすべて示せ。

ク　実験10において生成した水に対する二酸化炭素の重量比を有効数字2桁で求めよ。なお，実験9においては，反応が完全に進行したものとする。

ケ　実験11において硬い樹脂を与えるクレゾールの異性体の構造式を示し，それが硬化した理由および他の異性体が硬化しなかった理由を述べよ。

2　次のⅠ，Ⅱの各問に答えよ。必要があれば以下の値を用いよ。

元素	H	O	P	Ca	Ni	Cu	Au
原子量	1.0	16.0	31.0	40.1	58.7	63.5	197

ファラデー定数　$F = 9.65 \times 10^4 \text{C/mol}$

Ⅰ　次の文章を読み，問ア～オに答えよ。

①リン酸カルシウムを含む鉱石に，コークスを混ぜて強熱するとP_4の

分子式で表される黄リン（白リンとも呼ばれる）が得られる。黄リンを空気中で燃焼させると白色の十酸化四リンが得られる。十酸化四リンは，強い吸湿性を持ち乾燥剤や脱水剤に利用され，水と十分に反応するとリン酸になる。リン酸は，図2－1に示したように，水素－酸素燃料電池の電解質として使われる。

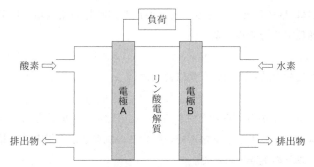

図2－1　リン酸電解質を用いた水素-酸素燃料電池の模式図

〔問〕

ア　下線部①の反応は以下の化学反応式で表される。

$$2Ca_3(PO_4)_2 + 10C \longrightarrow P_4 + 10CO + 6CaO$$

上記の反応は，十酸化四リンを生成する第一段階の反応と，十酸化四リンと炭素の間の第二段階の反応の組み合わせとして理解できる。それぞれの反応の化学反応式を示せ。

イ　下図は，無極性分子の十酸化四リンの分子構造の一部を立体的に示したものである。この構造を解答用紙に描き写し，他の必要となる構造を描き加えることで分子構造を完成させよ。

$$O=P-O-P=O$$
$$OO$$
$$O$$

ウ　図2－1の電極Aと電極Bでのそれぞれの反応を電子e^-を用いた反応式で示せ。また，正極となる電極は電極Aと電極Bのどちらであるかを答えよ。

エ　図2－1の燃料電池を電圧0.50Vにおいて，10時間作動させたところ，90kgの水が排出された。このとき，電池から供給された電力量は何Jか，有効数字2桁で答えよ。答えに至る過程も記せ。なお，

44 2019 年度 化学   東京大-理科前期

1 J＝1 C・V である。

オ　燃料電池の性能を評価する指標の一つに，発電効率が用いられる。
　　発電効率は，燃料に用いた物質の燃焼熱のうち，何％を電力量に変換
　　できたかを示す指標である。図2－1の燃料電池が作動する際の反応
　　は，全体として，水素の燃焼反応として捉えることができ，水素の燃
　　焼熱は 286 kJ/mol である。問エの電池作動時の発電効率は何％か，
　　有効数字2桁で答えよ。

Ⅱ　次の文章を読み，問カ～サに答えよ。

　　ある黄銅鉱から得られた試料Cは，$CuFeS_2$ を主成分とし，不純物と
してニッケルおよび金を含んでいた。この試料Cから銅と鉄を精製する
ため，以下の実験を行った。

実験1：試料Cを酸素とともに強熱すると気体Dが発生し，硫黄を含ま
　　　　ない固体Eが得られた。気体Dは水に溶解することで，亜硫酸
　　　　水溶液として除去した。

実験2：固体Eをさらに強熱すると融解し，上下二層に分離した。上層
　　　　からは金属酸化物の混合物である固体Fが，下層からは金属の
　　　　混合物である固体Gが得られた。固体Fにニッケルおよび金は
　　　　含まれなかった。

実験3：固体Fを希硝酸中で加熱すると，Cu^{2+} イオンと Fe^{3+} イオン
　　　　を含む水溶液Hが得られた。

実験4：水溶液Hに過剰量の塩基性水溶液Xを加えると，銅を含まない
　　　　赤褐色の固体Iが得られた。

実験5：固体Iを強熱すると Fe_2O_3 が得られた。この得られた $_②Fe_2O_3$
　　　　をメタンの存在下で強熱したところ，純粋な鉄が得られた。

実験6：固体Gを陽極，黒鉛を陰極として，硫酸銅（Ⅱ）水溶液中で電解
　　　　精錬を行ったところ，陰極側で純粋な銅が得られた。

〔問〕

カ　気体Dの化学式を答えよ。

キ　実験3の水溶液Hに適切な金属を加えることで Cu^{2+} イオンのみを

還元できる。以下の金属のうち，この方法に適さない金属が一つある。
その金属を答え，用いることができない理由を二つ述べよ。

　　　　ニッケル　　スズ　　鉛　　カリウム

ク　実験4の水溶液Xとして適切な溶液の名称を答えよ。

ケ　固体Iの化学式を答えよ。

コ　下線部②では，鉄のほかに二酸化炭素と水が生成した。1.0 mol の
鉄を得るのにメタンは何 mol 必要か，有効数字2桁で答えよ。

サ　実験6の電解精錬において，1.00 L の硫酸銅（II）水溶液中，
3.96×10^5 C の電気量を与えた。固体G中の銅，ニッケル，金の物質
量の比は，94.0：5.00：1.00 であり，陽極に用いた固体G中の物質
量の比は電解精錬前後で変わらなかった。電解精錬後の水溶液のニッ
ケル濃度は何 g/L か，有効数字3桁で答えよ。与えられた電気量は，
全て金属の酸化還元反応に用いられ，水溶液の体積および温度は電解
精錬前後で変わらないものとする。

3 　　次のI，IIの各問に答えよ。

I　次の文章を読み，問ア～オに答えよ。

酸化還元滴定を行うために以下の溶液を調製した。

　　溶液A：0.100 mol/L のチオ硫酸ナトリウム（$Na_2S_2O_3$）水溶液。

　　溶液B：ある物質量のヨウ化カリウム（KI）とヨウ素（I_2）を水に溶
　　　　　　かして 1.00 L とした水溶液。

次に以下の実験を行った。

実験1：溶液Bから 250 mL を取り，水を加えて希釈し 1.00 L とした。
　　　　ここから 100 mL を取り，これに溶液Aを滴下した。溶液が淡
　　　　黄色になったところでデンプン溶液を数滴加えると，溶液は青
　　　　紫色になった。さらに，溶液Aを滴下し，溶液が無色になった
　　　　ところで，滴下をやめた。滴下した溶液Aの全量は，15.7 mL
　　　　であった。

46 2019 年度　化学　　　　　　　　　　　　　　　　　　　　　　東京大-理科前期

実験2：少量の硫化鉄(Ⅱ)に希硫酸をゆっくり加えて，気体Cを発生さ
せた。溶液Bから250mLを取り，この溶液に気体Cをゆっく
り通して，反応させた。この溶液に水を加えて希釈し1.00L
とした。ここから100mLを取り，これに溶液Aを滴下した。
溶液が淡黄色になったところでデンプン溶液を数滴加えると，
溶液は青紫色になった。さらに溶液Aを滴下し，溶液が無色に
なったところで，滴下をやめた。滴下した溶液Aの全量は，
10.2mLであった。

〔問〕

ア　実験1，2では，ヨウ素とチオ硫酸ナトリウムが反応し，テトラチ
オン酸ナトリウム（$Na_2S_4O_6$）が生じる。この化学反応式を記せ。

イ　実験2で気体Cとヨウ素との間で起こる反応を化学反応式で記せ。
また，反応の前後で酸化数が変化したすべての元素を反応の前後の酸
化数とともに記せ。

ウ　溶液Bを調製するときに溶かしたヨウ素の物質量は何molか，有
効数字3桁で答えよ。答えに至る過程も記せ。

エ　実験2で反応した気体Cの物質量は何molか，有効数字3桁で答
えよ。答えに至る過程も記せ。

オ　各滴定に用いたビュレットの最小目盛りは0.1mLであり，滴下し
た溶液の量には，±0.05mL以内の誤差があるとする。このビュレッ
トを用いた場合，実験に用いる各溶液の濃度を変えると，求められる
気体Cの物質量の誤差の範囲に影響が及ぶことがある。以下に挙げた
(1)～(4)の中で，求められる気体Cの物質量の誤差の範囲が最も狭くな
るものを選び，その理由を述べよ。

(1)　溶液Aのチオ硫酸ナトリウムの濃度を2倍にする。

(2)　溶液Aのチオ硫酸ナトリウムの濃度を0.5倍にする。

(3)　溶液Bのヨウ素の濃度を2倍にする。

(4)　溶液Bのヨウ素の濃度を0.5倍にする。

Ⅱ　次の文章を読み，問カ～シに答えよ。必要があれば以下の値を用いよ。
$$\sqrt{2} = 1.41, \quad \sqrt{3} = 1.73$$

二種類の陽イオン M_A, M_B と一種類の陰イオン X からなるイオン結晶には，図3－1に示す結晶構造をもつものがある。この結晶構造では，一辺の長さが a の立方体単位格子の中心に M_A が，頂点に M_B が位置し，X は立方体のすべての辺の中点にある。

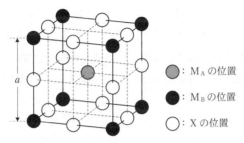

図3－1　M_A, M_B, X からなるイオン結晶の構造

〔問〕

カ　図3－1に示すイオン結晶の組成式を M_A, M_B, X を用いて表せ。

キ　M_A および M_B の配位数をそれぞれ答えよ。

ク　図3－1の結晶構造において，M_A と X をすべて原子 Y に置き換え，すべての M_B を取り除いたとする。このとき，Y の配列は何と呼ばれるか答えよ。

ケ　図3－1の結晶構造において，M_A と X をすべて陰イオン Z に置き換え，単位格子のすべての面の中心に新たに M_B を付け加えたとする。このときに得られるイオン結晶の組成式を，M_B と Z を用いて表せ。また，この構造をもつ物質を一つ答えよ。

コ　図3－1の結晶構造をもつ代表的な物質として，M_A が Sr^{2+}，M_B が Ti^{4+}，X が O^{2-} であるチタン酸ストロンチウムがある。その単位格子の一辺は $a = 0.391\,\text{nm}$ である。イオン半径 $0.140\,\text{nm}$ をもつ O^{2-} と，Sr^{2+} および Ti^{4+} が接していると仮定して，各陽イオンの半径は何 nm か，小数第3位まで求めよ。

サ　図3－1の結晶構造をもつイオン結晶の安定性には，構成イオンの価数の組み合わせが重要である。X を O^{2-} とし，表3－1にある M_A と表3－2にある M_B からそれぞれ一つを選んでイオン結晶を作るとする。価数の観点から安定な M_A と M_B の組み合わせをすべて答えよ。

表3－1　M_A のイオン半径 r_A

M_A	Ca^{2+}	Cs^+	La^{3+}	Ce^{4+}
r_A[nm]	0.134	0.188	0.136	0.114

表3－2　M_B のイオン半径 r_B

M_B	Fe^{3+}	Zr^{4+}	Mo^{6+}	Ta^{5+}
r_B[nm]	0.065	0.072	0.059	0.064

シ　図3－1の結晶構造をもつイオン結晶の安定性には，構成イオンの相対的な大きさも重要となる。その尺度として，以下のパラメータ u を用いることとする。

$$u = \frac{r_A + r_X}{r_B + r_X}$$

ここで，r_A, r_B, r_X は，それぞれ M_A, M_B, X のイオン半径である。X が O^{2-}（$r_X = 0.140$ nm）のとき，問サで選択した M_A と M_B の組み合わせの中で，パラメータ u の値に基づき，最も安定と予想されるものを答えよ。また，その理由を記せ。

東京大-理科前期　　　　　　　　　　　　　　2019 年度　生物　*49*

生物

（2 科目 150 分）

(注)　解答用紙は，〈理科〉共通。1 行：約 23.5 センチ，35 字分の区切
　　　りあり。1・2 は各 25 行，3 は 50 行。

1　次の I，II の各問に答えよ。

I　次の文 1，文 2 を読み，問 A～D に答えよ。

［文 1］

　多くの生物の発生は，1 個の細胞からなる受精卵から始まる。発生の
過程では，細胞分裂が繰り返し起こって多数の細胞が作られ，それらは
多様な性質を持った細胞に分化しながら生物の体を作り上げていく。分
裂により生じた細胞は親細胞の性質を受け継ぐこともあるが，(ア)他の細
胞との相互作用により性質を変化させることもある。発生学の研究によ
く用いられる生物である「線虫」での一例について，いくつかの実験を
通して細胞分化のしくみを考察しよう。

　発生のある時期において，生殖腺原基の中の 2 つの細胞，A 細胞と B
細胞は，図 1－1 のように隣り合わせに配置しているが，いずれもそれ
以上分裂せず，その後，C 細胞とよばれる細胞か D 細胞とよばれる細胞
に分化する（図 1－2 (a)）。その際，A 細胞，B 細胞のそれぞれが C 細
胞と D 細胞のいずれの細胞になるかは，個体によって異なっていて，ラ
ンダムに一方のパターンが選ばれるようにみえる。しかし C 細胞が 2 個
または D 細胞が 2 個できることはない。どうしてうまく 2 種類の細胞に
なるのだろうか。以下の実験をみてみよう。

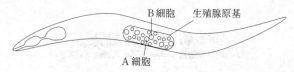

図1-1　線虫の幼虫

実験1　X遺伝子の突然変異によりXタンパク質が変化した突然変異体線虫が2種類みつかった。ひとつは，Xタンパク質が，X(-)という機能できない形に変化した変異体である（以下これをX(-)変異体とよぶ）。もうひとつは，Xタンパク質が，常に機能してしまうX(++)という形に変化した変異体である（以下これをX(++)変異体とよぶ）。なお，正常型の（変異型でない）Xタンパク質をX(+)と書くことにする。X(-)変異体ではA細胞とB細胞がいずれもC細胞に分化した。X(++)変異体ではA細胞とB細胞がいずれもD細胞に分化した（図1-2(b)）。

実験2　遺伝学の実験手法を用いて，A細胞とB細胞のうち，一方の細胞だけの遺伝子がX(-)を生じる変異をもつようにした（他方の細胞はX(+)を生じる正常型遺伝子をもつ）。すると，X(-)遺伝子をもつ細胞が必ずC細胞に，X(+)遺伝子をもつ細胞が必ずD細胞に分化した（図1-2(c)）。

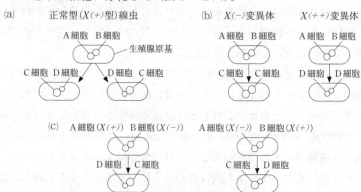

図1-2　線虫のC細胞とD細胞の分化の過程
　　　　A細胞～D細胞以外の細胞は省略した。

〔問〕

A　下線部㋐について。胚のある領域が隣接する他の領域に作用してその分化の方向を決定する現象を何というか，答えよ。

B　文1および実験1，2の結果から，どういうことがいえるか。以下の選択肢(1)〜(6)から適切なものをすべて選べ。(注：ここでいう分化とは，もともとA細胞またはB細胞であった細胞が，C細胞に分化するか，D細胞に分化するかということ。)

(1)　A細胞とB細胞は相互に影響を及ぼし合いながらそれぞれの分化を決定している。

(2)　A細胞とB細胞は他方の細胞とは関係なくそれぞれの分化を決定する。

(3)　A細胞はB細胞に影響を及ぼさないが，B細胞はA細胞に影響を及ぼしてA細胞の分化を決定する。

(4)　A細胞またはB細胞がC細胞に分化するにはその細胞でXタンパク質がはたらくことが必要である。

(5)　A細胞またはB細胞がD細胞に分化するにはその細胞でXタンパク質がはたらくことが必要である。

(6)　A細胞またはB細胞がD細胞に分化するには他方の細胞でXタンパク質がはたらくことが必要である。

［文2］

　C細胞とD細胞の分化に関係するもうひとつのタンパク質として，Xタンパク質に結合するYタンパク質がみつかった。Yタンパク質の機能がなくなる変異体（$Y(-)$ 変異体）では $X(-)$ 変異体と同様にA細胞とB細胞がいずれもC細胞に分化した。

実験3　各細胞でのXタンパク質の量を調べたところ，図1−3(a)のような結果が得られた。

実験4　各細胞でのYタンパク質の量を調べたところ，図1−3(b)のような結果が得られた。

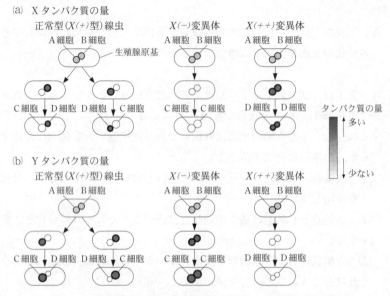

図1-3 各細胞でのXタンパク質(a)とYタンパク質(b)の量の変化
A細胞～D細胞以外の細胞は省略した。

Xタンパク質の細胞の外側に位置する部分にYタンパク質が結合すると，Xタンパク質は活性化され，その情報を核の中に伝え，X遺伝子とY遺伝子の発現（転写）を制御する（図1-4）。

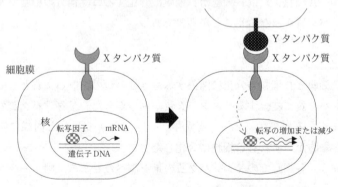

図1-4 Xタンパク質とYタンパク質のはたらきかた

〔問〕

C 文1，文2の内容と実験1～4の結果から，以下の文中の空欄1～

東京大-理科前期 2019 年度 生物 *53*

5 に入る適切な語句をそれぞれ下記の選択肢①〜⑩から選べ。解答
例：1 ─①，2 ─②

A細胞とB細胞が生じた直後は，いずれの細胞も同程度のXタンパ
ク質とYタンパク質を発現している。一方の細胞から突き出ているY
タンパク質は隣の細胞の 1 タンパク質に作用し，そのタンパク
質のはたらきを強める。その結果，作用を受けた細胞ではYタンパク
質が 2 し，Xタンパク質が 3 する。A細胞とB細胞が生じ
た直後には，上記の作用がA細胞とB細胞の間で拮抗しているが，一
旦バランスが崩れると，Yタンパク質の量は一方の細胞で急激に増え
て他方の細胞では急激に減ることになる。Yタンパク質が増加した細
胞のXタンパク質は 4 し，その細胞は 5 細胞に分化する。
語句

① A ② B ③ C ④ D
⑤ X ⑥ Y ⑦ 変 異 ⑧ 分 化
⑨ 増 加 ⑩ 減 少

D 正常型の線虫で，A細胞とB細胞が生じた直後に一方の細胞をレー
ザーにより破壊した。このとき，残った細胞はC細胞，D細胞のいず
れになると予想されるか。文1，文2の内容と実験1〜4の結果をも
とに考察し，理由も含めて2行程度で答えよ。

Ⅱ 次の文3を読み，問E〜Hに答えよ。

〔文3〕

線虫でのもうひとつの細胞分化のしくみをみてみよう。図1─5のよ
うに，発生の過程で，腹側の表皮の前駆細胞であるP1，P2，P3，P4，
P5が並んでいるが，P3細胞のすぐ上側にE細胞とよばれる細胞が位置
している。その後，発生が進むと，P3細胞は分裂して卵を産む穴の中
心部分の細胞群（穴細胞とよぶ）になり，その両脇のP2細胞とP4細
胞は穴の壁を作る細胞群（壁細胞とよぶ）になる。これらのさらに外側
の細胞（P1細胞とP5細胞）は平坦表皮（表皮細胞とよぶ）になる
（表1─1(a)）。この発生過程でも，Yタンパク質が隣り合った細胞の

Xタンパク質を活性化させる機構がはたらくが，これに加え，E細胞から分泌されるZタンパク質による制御もはたらいている。Zタンパク質は離れた細胞のWタンパク質の細胞外の部分に結合し，Wタンパク質を活性化する。この効果は相手の細胞との距離が近いほど強い。

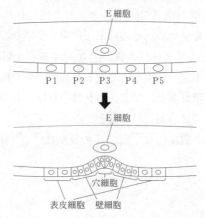

図1-5　卵を産む穴の発生の初期過程。E細胞のまわりの細胞は省略した。

実験5　P1～P5細胞が分化する前にE細胞をレーザーで破壊したとき，またはE細胞を移動させたとき，発生が進んだあとには，P1～P5細胞は表1-1(b)～(c)のように分化した。

実験6　$X(-)$変異体，$X(++)$変異体で，何も操作せず，あるいはE細胞をレーザーで破壊したとき，発生が進んだあとには，P1～P5細胞は表1-1(d)～(g)のように分化した。

表1-1　X遺伝子の変異およびE細胞の操作と表皮の前駆細胞の分化

	線虫の遺伝子型	E細胞の操作	P1	P2	P3	P4	P5
(a)	正常型	操作なし	表皮	壁	穴	壁	表皮
(b)	正常型	破壊	表皮	表皮	表皮	表皮	表皮
(c)	正常型	P4の上側に移動	表皮	表皮	壁	穴	壁
(d)	$X(-)$変異	操作なし	表皮	穴	穴	穴	表皮
(e)	$X(-)$変異	破壊	表皮	表皮	表皮	表皮	表皮
(f)	$X(++)$変異	操作なし	壁	壁	穴	壁	壁
(g)	$X(++)$変異	破壊	壁	壁	壁	壁	壁

表中で，「表皮」は表皮細胞，「壁」は壁細胞，「穴」は穴細胞に分化したことを示す。

東京大-理科前期　　　　　　　　　　　　　　　　　　　　2019 年度　生物　55

〔問〕

E　正常の発生過程で，E 細胞からの影響を直接または間接的に受けて分化が決まると考えられる細胞を P1，P2，P3，P4，P5 のうちからすべて選べ。

F　X タンパク質がはたらいた表皮の前駆細胞はどのタイプの細胞に分化すると考えられるか。以下の選択肢(1)〜(5)からもっとも適切なものを 1 つ選べ。
　(1)　穴細胞　　　　　　　　　　(2)　壁細胞
　(3)　表皮細胞　　　　　　　　　(4)　穴細胞および表皮細胞
　(5)　壁細胞および表皮細胞

G　W タンパク質の活性化により Y 遺伝子の発現が変化することがわかっている。W タンパク質の直接の効果により，正常の発生過程においてもっとも顕著にみられる現象は以下のいずれか。文 3 と実験 5，6 の結果から考察し 1 つ選べ。
　(1)　P3 細胞で Y 遺伝子の発現が増加する。
　(2)　P3 細胞で Y 遺伝子の発現が減少する。
　(3)　P2 細胞と P4 細胞で Y 遺伝子の発現が増加する。
　(4)　P2 細胞と P4 細胞で Y 遺伝子の発現が減少する。

H　E 細胞から分泌された Z タンパク質の影響を受けて，X，Y，W タンパク質がどのようにはたらいて表 1 − 1 (a)のような穴細胞，壁細胞，表皮細胞の分化パターンが決定するのか。X，Y，W の語をすべて使って 5 行以内で説明せよ。

2　次の I，II の各問に答えよ。

I　次の文章を読み，問 A〜D に答えよ。

　葉において光合成反応がすすむ速度は様々な要因の影響を受ける。図

2－1は，土壌中の栄養や二酸化炭素，水分，そしてカルビン・ベンソン回路を駆動するために必要な酵素タンパク質が十分存在しているときの，光の強さと二酸化炭素吸収速度との関係（これを光―光合成曲線と呼ぶ）を模式的に示している。光がある程度弱い範囲では，二酸化炭素吸収速度は光の強さに比例して大きくなる。光化学反応から光の強さに応じて供給される ☐1☐ や ☐2☐ の量が二酸化炭素吸収速度を決める。

　光の強さがある強さ（光飽和点と呼ぶ）を超えると，それ以上二酸化炭素吸収速度が変化しなくなる（図2－1）。このときの二酸化炭素吸収速度を見かけの最大光合成速度（以下，最大光合成速度）と呼ぶ。このとき二酸化炭素の供給やカルビン・ベンソン回路の酵素タンパク質の量が光合成の制限要因となっている。

　最大光合成速度が大きければ大きいほど，暗黒下で測定される呼吸速度もそれに比例して大きくなる。その主な理由は次の通りである。最大光合成速度は光合成に関わる酵素タンパク質の量に比例する。こうした酵素タンパク質の中には時間とともに機能を失うものがある。酵素タンパク質の機能を復活させるためにはエネルギーが必要であり，そのエネルギーは呼吸によって供給される。このため，カルビン・ベンソン回路の酵素タンパク質を多く保持し最大光合成速度が大きな葉は，呼吸速度も大きくなる。

　タンパク質である酵素は窒素を含むため，(ｱ)無機窒素が少ない貧栄養の土壌では酵素タンパク質が十分に合成されず，最大光合成速度が小さくなる。

　土壌が湿っている環境では葉の気孔は開き気味であるが，土壌が乾燥し，水が十分にない環境となると葉の気孔は閉じられる。この場合，(ｲ)葉の内部の二酸化炭素濃度が低くなり，最大光合成速度は小さくなる。

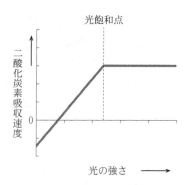

図2−1 光の強さと二酸化炭素吸収速度との関係(光−光合成曲線)

[問]

A 文中の空欄1と2に入るもっとも適切な分子名を記せ。ただし解答の順序は問わない。

B 下線部(ア),(イ)のときの光−光合成曲線はどのような結果になると予想されるか。図2−1を葉面積あたりの光−光合成曲線(太線)とし,該当する曲線(細線)を重ねあわせて描いたものとして適切と思われるものを,次のページにあるグラフ(1)〜(9)からそれぞれ1つずつ選べ。なお,貧栄養のときの最大光合成速度は富栄養のときの半分とする。
解答例：アー(1),イー(2)

C 光が弱い環境では,植物は陰葉とよばれる葉を作ることが知られている。陰葉は最大光合成速度が小さいだけではなく,葉も薄くなる。ここではその陰葉の面積あたりの質量と最大光合成速度は陽葉の半分とする。このとき図2−1が(ウ)陽葉の面積あたりの光−光合成曲線,あるいは(エ)陽葉の質量あたりの光−光合成曲線とした際,新たに陰葉についての光−光合成曲線を細線で重ねあわせて描くと,どのようなグラフとなるだろうか。下線部(ウ)と(エ)について,曲線として適切と思われるものを次のページにあるグラフ(1)〜(9)からそれぞれ1つ選べ。ただし,葉の質量あたりに含まれる光合成に関係するタンパク質の量は変化しないものとする。解答例：ウー(1),エー(2)

D 薄くて面積あたりの質量の小さい陰葉をどのような光の強さのもとでも作る植物があったとする。この葉の質量あたりの光合成速度が陽葉よりも低下する環境が存在するとしたら，どのような環境だろうか。その理由を含めて3行程度で答えよ。ただし，葉から失われる水の量は葉面積に比例するものとし，葉が重なり合うことはないものとする。

グラフ

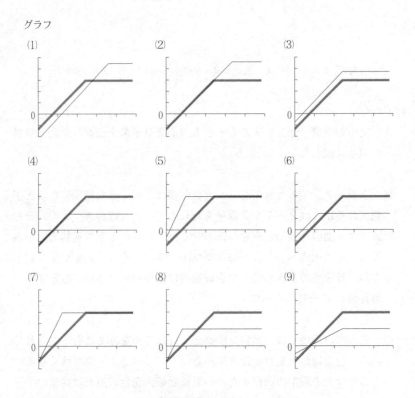

Ⅱ 次の文章を読み，問E～Jに答えよ。

　円盤のような形をしている葉緑体に目を向けてみよう。(オ)光が弱いときには光を最大限に利用できるように配置される。しかし光が強いときには，光に対して平行となるように配置されて，葉緑体内の酵素タンパク質が強い光を受けて機能を失うのを抑えようとする。

　光化学系Ⅱは複数種類のタンパク質と　3　からなる構造体であり，

電子が流れていく最初の段階で　4　から電子を引き抜く役割をもつ。図2－2に示される実験で葉緑体が(カ)強光を受けると，光化学系Ⅱの能力がいったん低下することがわかる。これを光化学系Ⅱが損傷を受けたという。D1タンパク質はその光化学系Ⅱの反応中心にあるタンパク質である。損傷を受けてもD1タンパク質の量自体は減らない。しかし強光にあたると葉緑体内に活性酸素が発生する。その活性酸素がD1タンパク質などの酵素タンパク質に高温や極端なpHにさらされたときのような変化を与えて傷害が起こるのである。弱光の下ではこの損傷は起こらない。

　そして葉緑体には光が弱まると，徐々に光化学系Ⅱの能力を復活させるしくみがあることがわかってきた。この能力の復活はタンパク質合成阻害剤を加えた状態では観察されない（図2－2）。

　Vと名づけられた遺伝子の変異体が発見され，光化学系Ⅱの能力が復活する過程について次のヒントを与えた。正常型のV遺伝子からは損傷を受けたD1タンパク質を分解する酵素が発現する。正常型植物と変異体Vについてタンパク質合成阻害剤を加えた状態で，強光を継続してあてる実験を行うと，D1タンパク質の量が正常型植物では減少するのに対して，変異体Vでは減少しなかった（図2－3）。一方，タンパク質合成阻害剤を加えない状態で，強光をあてたあとの弱光下での光化学系Ⅱの能力の復活を比較したところ，変異体Vではその復活が非常に起こりにくかった（図2－4）。

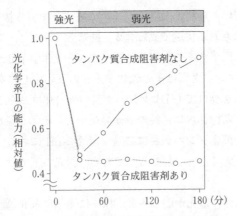

図2−2 正常型植物の光化学系Ⅱの能力に対する強光照射とタンパク質合成阻害剤の影響

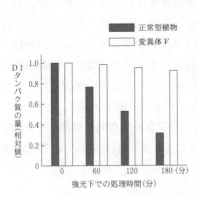

図2−3 タンパク質合成阻害剤を与えて強光を照射した後での正常型植物と変異体V中のD1タンパク質の量

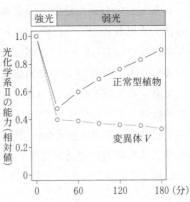

図2−4 強光照射後の正常型植物と変異体Vでの光化学系Ⅱの能力の時間変化

〔問〕

E　下線部(オ)について。下線部(オ)の現象には青色光を受け取ることが関係する。この情報によって、下線部(オ)の現象に関係する可能性を排除できる植物の光受容体を以下の選択肢(1)〜(4)から1つ選べ。

(1)　ロドプシン　　　　　(2)　クリプトクロム
(3)　フィトクロム　　　　(4)　フォトトロピン

東京大-理科前期　　　　　　　　　　　　　　　　　　　　　　2019 年度　生物　*61*

F　青色光がもつ作用として知られていないものを，以下の選択肢(1)～
(4)からすべて選べ。

　(1)　花芽形成　　　　　　　　(2)　光屈性

　(3)　光発芽　　　　　　　　　(4)　気孔開閉

G　文中の空欄 3 と 4 について。空欄 3 に色素，空欄 4 に分子の名前と
してもっとも適切な語句をそれぞれ答えよ。解答例：3 －○○　（色素
名），4 －△△　（分子名）

H　下線部(カ)について。強光を受けると D1 タンパク質の量は変わらな
いにもかかわらず，光化学系 II の能力が下がる理由を 1 行程度で述べ
よ。

I　図 2 － 3 の実験結果から推察できることとして適切なものを，以下
の選択肢(1)～(5)からすべて選べ。

　(1)　変異体 V を用いた試料では，タンパク質合成阻害剤が作用しな
かったために強光下で損傷を受けた D1 タンパク質が減少しなかっ
た。

　(2)　変異体 V を用いた試料では，強光下で損傷を受けた D1 タンパ
ク質の分解が抑えられたため，タンパク質合成が阻害されても D1
タンパク質は減少しなかった。

　(3)　変異体 V を用いた試料では，D1 タンパク質の分解と合成の両方
が起こったために D1 タンパク質が減少しなかった。

　(4)　正常型植物を用いた試料では強光下で損傷を受けた D1 タンパク
質が分解され，さらに合成が抑えられて D1 タンパク質が減少した。

　(5)　正常型植物を用いた試料では D1 タンパク質の分解とタンパク質
合成が共に抑えられて，D1 タンパク質が減少した。

J　正常型 V 遺伝子からつくられるタンパク質分解酵素の役割をふま
え，D1 タンパク質に注目して光化学系 II の能力が復活する過程を，
3 行程度で述べよ。

62 2019 年度　生物　　　　　　　　　　　　　　　　東京大-理科前期

3　次のⅠ，Ⅱの各問に答えよ。

Ⅰ　次の文章を読み，問A〜Eに答えよ。

　生物の形質の変異は，(ア)遺伝子によって決められるか否かで大きく2種類に分類されるが，これらの変異がどのように生物の進化に寄与するか，古くから考えられてきた。(イ)ダーウィンの唱えた進化学説（ダーウィニズム）は，現在においても多くの生物学者に支持されている。一方，ラマルクが唱えた用不用説は，環境条件の変化により生じた獲得形質が遺伝することを仮定している。現在，一般的には「獲得形質の遺伝」は否定されているが，実際の生物にみられる現象を見渡すと，獲得形質が遺伝あるいは進化するように見える事例が多く知られる。環境条件に応答して表現型を変化させる性質は「表現型可塑性」と呼ばれ，ほぼすべての生物に備わっている。この表現型可塑性にも環境応答の様式に変異があり，そこに選択がかかることで可塑性そのものが進化することが知られている。

事例1　ミジンコの仲間の多くは，捕食者であるボウフラ（カの幼虫）が存在すると頭部に角を生じ捕食者から飲み込まれにくくすることで，被食を免れるという可塑性を進化させている。角の形成にはエネルギーが必要であり，産卵数の減少や成長率の低下などの代償が生じる。そのため，捕食者の非存在下では角は形成せず，捕食者が存在するときにのみ，(ウ)捕食者の分泌する化学物質（カイロモン）に応答して角を形成する。図3−1は，ある地域の異なる湖A，B，Cから採集したミジンコについて，腹部に対する頭部長の比（≒角の長さ）がカイロモンの濃度に依存してどのように変化するかを実験した結果である。

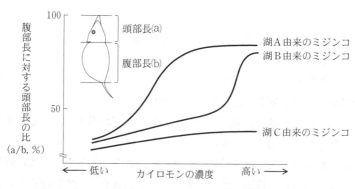

図3—1 カイロモンの濃度に応じたミジンコの頭部長の変化

事例2 環境要因と生物の表現型(形質値)との関係は大きく分けると図3—2のように,可塑性のないもの(図3—2(a)),環境要因に対して連続的に変化するもの(図3—2(b)),環境要因の変化に対してあるところで急激に形質値を変化させる,すなわち不連続に表現型が変化するもの(図3—2(c))に分類できる。同種であっても環境条件によって複数のタイプの表現型が出現するものを「表現型多型」と呼ぶ。表現型多型の代表的な例に,社会性昆虫のカースト多型,バッタの相変異,アブラムシの翅多型などがある。表現型多型を示すものには,図3—2(c)のように,体内の生理機構に閾値が存在することによって,表現型を急激に変化させるものがいる一方で,(エ)体内の生理機構に閾値は備わっていないが,その生物が経験する環境要因が不連続であるために,結果として表現型多型が出現することもある。

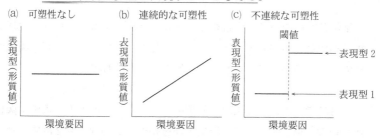

図3—2 環境要因と表現型(形質値)の関係

〔問〕

A　下線部(ア)について。これら２つの変異の名称を記せ。

B　下線部(イ)について。ダーウィニズムとはどのような説か。もっとも
適切なものを以下の選択肢(1)〜(4)から１つ選べ。
(1)　よく使う器官は発達し，使用しない器官が退化することにより生
物の形質進化が起こる。
(2)　集団内に生じた変異に自然選択がはたらくことで，環境に適した
個体の生存・繁殖の機会が増え，その変異が遺伝すればその形質は
進化する。
(3)　遺伝子の突然変異は大部分が自然選択に対して有利でも不利でも
なく（中立的），突然変異と遺伝的浮動が進化の主たる要因である。
(4)　生物の形質は，遺伝子が倍化することにより，新たな機能が生じ
ることによって進化する。

C　下線部(ウ)について。図３−１に示すように，湖によって「カイロモ
ンの濃度」と「腹部長に対する頭部長の比（≒角の長さ）」の関係が
異なることから，各湖に生息するミジンコと捕食者についてどのよう
なことが考えられるか。以下の選択肢(1)〜(3)からもっとも適切なもの
を１つ選べ。
(1)　湖Ａおよび湖Ｂでは，捕食者の数に応じてミジンコは角を生やす。
(2)　湖Ａと湖Ｂはミジンコの捕食者の種類や数は同じだった。
(3)　湖Ｃにはミジンコの捕食者が湖Ａ，湖Ｂより多かった。

D　下線部(エ)について。温帯域で１年に２度出現するチョウは，生理機
構に閾値はないが表現型多型（春型・夏型）を生じる。なぜ，閾値が
なくても多型が生じるのか，その理由を２〜３行で記せ。

E　温帯域で１年に２度出現するチョウの表現型多型の生理機構に閾値
がないことを示すために，環境条件を操作する飼育実験を計画した。
どのように環境条件を操作し，どのような結果が得られれば表現型多
型の生理機構に閾値がないことが示せるか，２〜３行で記せ。

Ⅱ 次の文章を読み，問F〜Iに答えよ。

　20世紀の中ごろに活躍した発生学者のコンラート・H・ウォディントンは，環境刺激によって引き起こされる形質変化について選択実験を行った。ショウジョウバエの卵を物質Xに曝して発生させると，後胸が中胸に変化することにより（中胸が倍化することにより）翅が4枚ある表現型（バイソラックス突然変異体に似る，図3−3）がある頻度で生じる。物質Xは，遺伝情報を改変することなく発生過程に影響を与える物質である。ウォディントンはショウジョウバエの発生中の卵を毎世代，物質Xに曝して生育させ，「中胸が倍化したハエ」を交配，産卵させ，再び卵を物質Xに曝すことを繰り返した。これを約30世代繰り返した後では，物質Xに曝した場合の「中胸が倍化したハエ」の出現率が上がり，卵を物質Xに曝さずとも，「中胸が倍化したハエ」が羽化することもあった。この現象は遺伝的同化と呼ばれ，環境条件に引き起こされる可塑性が進化した例として知られる。

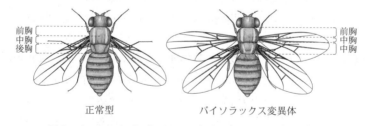

図3−3　ショウジョウバエの正常型とバイソラックス変異体

実験1　タバコスズメガの幼虫の体色は緑色をしているが，「黒色変異体」という突然変異系統の幼虫は黒色を示す。この黒色変異体の4齢幼虫に30℃以上の熱処理を与えると，5齢幼虫で緑色化する個体が出現する。この熱処理による緑色化の程度にはばらつき（バリエーション）があるため，熱処理に対する応答性の違いに基づいて下記の3群に分け，更にそれぞれの群の中で交配・選択を行い，13世代累代飼育を行った。体色のバリエーションはカラースコア0〜4で評価できる（黒色0，正常型同様の緑色4）。
　・緑色選択群：熱処理を与えたとき，緑色への変化の大きい個体

を選択
- 黒色選択群：熱処理を与えたとき，体色変化の少ない個体を選択
- 対照群：熱処理を与え，体色に関係なくランダムに選択

各世代における，熱処理に応答した体色の変化を図3－4(a)に示す。また，13世代目の各選択群における処理温度とカラースコアの関係を図3－4(b)に示す。

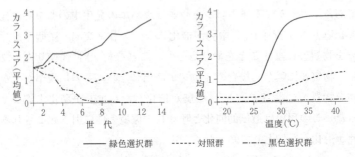

図3－4 タバコスズメガ幼虫の熱処理による体色応答に関する選択実験

実験2 タバコスズメガ幼虫の熱処理による体色変化には，昆虫の脱皮や変態を制御するホルモンαとホルモンβが関与すると予想された。ホルモンαは頭部に存在する内分泌腺から，ホルモンβは胸部にある内分泌腺から分泌される。熱処理による緑色化にこのどちらのホルモンが有効に働くのかを調べるため，熱処理前に腹部または頸部（頭部と胸部の境界）を結紮する実験を行った（図3－5）。ホルモンは体液中に分泌され全身を巡る液性因子であるため，結紮すると結紮部位を越えて移動できなくなる。実験の結果を，図3－5の表に示す。ただし，頭部の皮膚は胸部・腹部とは性質が異なり，体色の判別はできないものとする。また，ホルモンαとβは他方の分泌を制御する関係ではないことがわかっている。

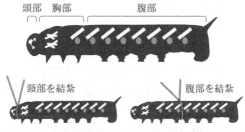

	頸部を結紮	腹部を結紮
緑色選択群	黒色のまま	結紮部の前側は緑色，後側は黒色
黒色選択群	黒色のまま	黒色のまま

図3−5　体色変化(胸部・腹部)に関与するホルモンの同定のための結紮実験

実験3　ホルモンαがこの体色変化に寄与することを検証するため，ホルモンαを幼虫に投与する実験を行った。その結果，選択群や熱処理の有無にかかわらず，投与量に応じて緑色化が起こった。また，各選択群の熱処理の有無による個体内のホルモンαの濃度変化を調べた結果，緑色選択群に熱処理を加えたときにホルモンαの濃度の上昇がみられ，黒色選択群では上昇は認められなかった。一方，ホルモンβは各選択群や熱処理の有無で濃度の差は認められなかった。

〔問〕

F　ウォディントンが行ったショウジョウバエの選択実験にみられる現象を説明する文章として，もっとも適切なものを以下の選択肢(1)〜(4)から1つ選べ。
(1)　毎世代，物質Xに応答して中胸が倍化する個体が選択されると，中胸倍化を促進する遺伝子の遺伝子頻度が世代を経るに従い高くなったため，中胸が倍化し4枚翅を生じやすい形質が進化した。
(2)　毎世代，物質Xに応答して中胸が倍化する個体が排除されたため，4枚翅を生じやすいという応答性が進化した。
(3)　物質Xは翅の発生を誘発する物質であるため，後胸にも翅を生じさせた。

(4) 物質Xにより，バイソラックス変異体の原因遺伝子に変異が生じ，世代を経て広まった。

G 実験1において，黒色選択群と緑色選択群ではそれぞれどのように表現型可塑性が変化したか。図3－4の結果を見て3行程度で説明せよ。

H 実験2の結紮実験の結果のみにより否定されることを以下の選択肢(1)～(5)から1つ選べ。

(1) ホルモンαさえあれば，体色の変化は引き起こされる。

(2) ホルモンβさえあれば，体色の変化は引き起こされる。

(3) ホルモンαとβがともにあるときにのみ，体色の変化は引き起こされる。

(4) ホルモンαのみでは熱処理による体色の変化は引き起こされない。

(5) ホルモンβのみでは熱処理による体色の変化は引き起こされない。

I 実験3から，熱処理による体色の変化の可塑性の変遷について考えられることとして適切なものを以下の選択肢(1)～(5)からすべて選べ。

(1) 緑色選択群でも黒色選択群でも熱処理を与えたときにホルモンαの濃度上昇が起こらない。

(2) タバコスズメガの幼虫では，熱処理を与えると体内のホルモンβの濃度が上昇することで緑色化が引き起こされている。

(3) 実験1開始前の黒色変異体である程度の緑色化が起こっているのは，熱処理によりホルモンαの濃度が上昇したことによるものである。

(4) 緑色選択群では熱処理によりホルモンαの濃度上昇が起こり，黒色選択群では熱処理によりホルモンβの濃度上昇が起こっている。

(5) 黒色選択群は熱処理を与えてもホルモンαの濃度上昇が起こらないような個体が選択され，結果として熱処理により体色が変化しないという形質が進化した。

地学

（2 科目 150 分）

（注）　解答用紙は，〈理科〉共通。1 行：約 23.5 センチ，35 字分の区切りあり。1・2 は各 25 行，3 は 50 行。

1　宇宙に関する次の問い（問 1 ～ 2）に答えよ。

問1　恒星は核融合反応によって莫大なエネルギーを生成し宇宙空間に放射している。この恒星のエネルギー生成に関する以下の問いに答えよ。なお，太陽質量 $M_\circ = 2.0 \times 10^{30}$ kg，太陽の全輻射量（単位時間あたり放射するエネルギーの総量）$L_\circ = 3.8 \times 10^{26}$ J/s，光速 $c = 3.0 \times 10^8$ m/s，1 年 $= 3.2 \times 10^7$ 秒とする。数値での解答には有効数字 1 桁で答え，計算の過程も示せ。

(1)　太陽などの主系列星では，この反応で水素原子 4 個からヘリウム原子 1 個が作られるが，その際に質量が 0.7 ％減少する。この質量 m はアインシュタインの関係式 $E = mc^2$ によってエネルギー E に変換される。水素 1 kg がこの反応に使われる際に生成されるエネルギーを求めよ。

(2)　太陽の全輻射量を考慮すると，太陽では毎秒何 kg の水素原子がこの反応を起こしていると考えられるか答えよ。さらに，この反応におけるエネルギー生成率は主系列の期間変わらないものとし，水素（太陽形成時，太陽質量の 74 ％）がすべてこの反応を起こすとすると，太陽の主系列での寿命は何億年と推定できるか答えよ。ここで得られる値は太陽の主系列での寿命とされている 100 億年に比べて長いが，その主な物理的理由を述べよ。

(3) 大質量星であるO5型星の質量を $M=40M_\odot$，寿命を500万年とする。太陽の主系列での寿命を100億年とするとき，質量と寿命との比の値をO5型星と太陽とで比較し，その値が両者で大きく異なることを示した上で，その主たる物理的理由を推論して述べよ。

問2 火星と地球の公転運動に関する以下の問いに答えよ。以下では，火星の公転軌道は，長半径（太陽からの最大距離と最小距離の平均）$a_M=1.5$天文単位，離心率 $e_M=0.1$ の楕円軌道，地球の公転軌道は半径 $a_E=1$ 天文単位の円軌道であり，地球と火星は同一平面上を運動しているとする。また，火星が1日に公転する角度は一定であると近似してよい。地球の公転周期は $P_E=365$ 日，火星の公転周期は $P_M=687$ 日とする。解答には計算の過程も示せ。

(1) 地球と火星の会合周期は何日か，有効数字2桁で求めよ。

(2) 図1に示したように，火星の公転軌道は楕円であるため，衝が起こる時の地球―火星間の距離は毎回同じではない。火星が近日点に来た時に衝が起こった場合と，火星が遠日点に来た時に衝が起こった場合とでは，地球から見た火星の見かけの明るさは何倍異なると考えられるか，有効数字1桁で答えよ。ただし，火星の太陽光の反射率は時間変化しないものとする。

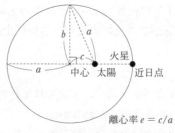

図1 火星の公転軌道の模式図

(3) 今年，火星がちょうど近日点に来た時に衝が起こったとして，向こう20年に起こる衝のうちで，地球―火星間の距離が最短となるのは

東京大-理科前期   2019 年度　地学　**71**

何年後の衝か，有効数字 2 桁で求めよ。

2 大気と海洋の現象に関する次の問い（問 1 〜 2 ）に答えよ。

問1　地表面（海面も含む）からの蒸発は，大気中に水蒸気を供給し，降
　　水は，大気中から水蒸気を除去する。また，大気中の水蒸気量は一般に
　　下層ほど多く，大気上端では非常に少ない。したがって，大気中の水蒸
　　気の収支を考える際には，大気上端での水蒸気の出入りは無視できるも
　　のとする。月平均の大気中の水蒸気収支に関して，以下の問いに答えよ。
　　なお，降水量と蒸発量は地表面での値とする。また，単位地表面積上の
　　気柱（地表面から大気上端までの大気）に含まれる総水蒸気量を気柱水
　　蒸気量 [kg/m^2] と呼ぶ。

⑴　月平均など長期間平均した場合，ある領域での降水の総量と蒸発の
　　総量の差は，その領域の側面から流入する水蒸気の総量と流出する水
　　蒸気の総量の差とつり合っていると近似できる。図 2 − 1 （左）のよ
　　うな地表面積 S[m^2] をもつ領域で平均した降水量を P[m/s]，蒸発
　　量を E[m/s] とする。この領域に側面から単位時間に流入する水蒸
　　気量を W_{in}[kg/s]，流出する水蒸気量を W_{out}[kg/s] とする。また，
　　液体の水の密度は ρ[kg/m^3] とする。これらの量を用いて，上記の
　　つり合いの関係を式で表せ。

⑵　次に，図 2 − 1 （右）のように直交した xyz 軸をとり，x 方向に L
　　[m]，y 方向に D[m] の直方体領域において，⑴のつり合いが成り
　　立っていると考える。この領域の平均降水量は 16.6mm/日，平均蒸
　　発量は 8.0mm/日，風は x 軸方向に吹き，風速は風上の側面 A，風
　　下の側面 B のそれぞれにおいて一様で時間変化がないとする。側面 A
　　での気柱水蒸気量は一様に 45.0kg/m^2，風速は 10.0m/s，側面 B で
　　の気柱水蒸気量は一様に 30.0kg/m^2，風速は V[m/s]，L は 1.2
　　×10^{5}m とし，液体の水の密度は 1.0×10^{3}kg/m^3 とする。

　⒜　この直方体領域における⑴の W_{in}，W_{out} を，上で与えられた数値

や記号の中から必要なものを用いて表せ。

(b) 側面Bでの風速Vを有効数字2桁で求めよ。計算の過程も示すこと。

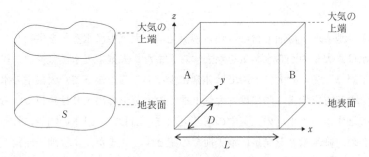

図2−1　(左)地表面積Sをもつ領域の概念図。(右)直方体領域の概念図。

(3) 図2−2に太平洋とその周辺での海上降水量（等値線）と鉛直積算水蒸気流（ベクトル）の1月の平均値を示す。鉛直積算水蒸気流とは，気柱を水平に通過する水蒸気の輸送量であり，各高度での水蒸気の水平の輸送量を地表面から大気上端まで積算したベクトルである（注1）。日本の東方海上の長方形領域Xと南半球の長方形領域Yは，それぞれ中緯度および熱帯において比較的降水量が多い領域であるが，異なる点も見られる。この図を用い，X，Yそれぞれの長方形領域において降水の総量と蒸発の総量との大小関係を推測し，その根拠とともに，合わせて5行程度で説明せよ。

(注1)　気柱の各高度で微小な厚さの大気の層を考えると，大気の単位体積あたりの水蒸気量 [kg/m^3]×水平風 [m/s]×層の厚さ [m] がベクトルとして求まる。それを地表面から大気上端まで積算したベクトルが鉛直積算水蒸気流であり，単位は [kg/(m·s)] となる。ここで水平風はベクトルである。

(4) 下の文章を読み，ア〜ウの空欄に当てはまる語句をそれぞれ答えよ。同じ語句を繰り返し使用してもよい。

　　大気中の水蒸気は，　ア　を介して大気の熱輸送の一端を担って

いる。今，(3)の長方形領域X，Yの側面境界を通した領域内外の大気の ア のやりとりについて考える。長方形領域Xでは， ア は イ しており，長方形領域Yでは， ア は ウ している。

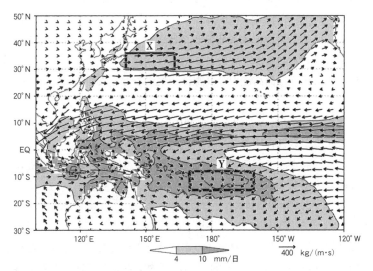

図2―2 太平洋とその周辺での降水量（等値線，海上のみ）と鉛直積算水蒸気流（ベクトル）の1月の平均値。薄い影は4～10 mm/日，濃い影は10 mm/日以上の降水量を示す。ベクトルの縮尺は東西・南北方向で等しく，右下のベクトルの長さは400 kg/(m·s)を示す。

問2 日本海における海洋現象に関する以下の問いに答えよ。数値による解答は有効数字2桁で答え，計算の過程も示せ。なお，重力加速度 g は 9.8m/s^2 とする。

(1) 図2―3(a)は，海面下100 mにおける水温分布図である。本州に沿って存在する相対的に水温の高い領域は，南西から北東に向かって流れる対馬暖流に伴うものである。対馬暖流が岸に平行に流れる地衡流であるとして，その流れの向きが図2―3(b)に矢印で示してある。解答用紙に図2―3(b)を模写したうえで，対馬暖流に働く圧力傾度力と転向力を，これらの力の相対的な大きさと向きに注意してベクトルとして図示せよ。力の名称も図中に示すこと。なお，圧力傾度力，転向

力以外の力を考慮する必要はない。

(2) 図2－3(a)をみると，5月と11月では対馬暖流域の海面下100m
における水温分布に違いがみられる。北緯39度〜41度，東経138度
〜140度の対馬暖流に着目したとき，水温分布の季節による違いを反
映して，地衡流である対馬暖流の流れの速さに5月と11月ではどの
ような違いがあるか，理由とともに3行程度で説明せよ。等温線は，
地衡流に伴う海面高度の等高線に一致するとみなしてよい。

(3) 北緯40度付近の本州日本海側の海岸線はほぼ南北方向である。こ
こに北風が数日程度連続して吹き続けると，それに伴うエクマン輸送
により海面水温にどのような変化が起こりうるか，理由とともに3行
程度で説明せよ。

(4) 1983年5月26日，日本海東部の秋田県沖を震源とする「日本海中
部地震」が発生し，これに伴う津波は発生からしばらく後に震源から
約900km離れた対岸の朝鮮半島に到達するなど，日本のみならず周
辺諸国の沿岸にも被害をもたらした。この時の津波は水深に比べて波
長が十分長い長波であったとして，津波の発生から朝鮮半島に津波の
第一波が到達するまでに要した時間（単位：分）を求めよ。ただし，
この津波は，伝搬経路上の平均水深2300mに対する長波の速さで伝
わったものとみなしてよい。

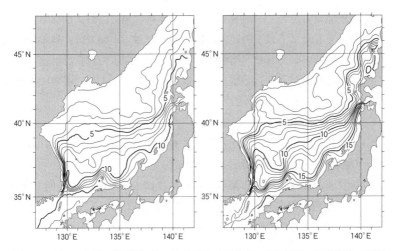

図2−3(a) 日本海の海面下100 mにおける水温分布。5月(左)，11月(右)。等温線の間隔は1℃。

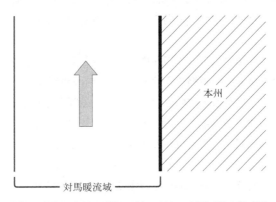

図2−3(b) 本州の海岸に平行に流れる対馬暖流の模式図

3 地質および地史に関する次の問い（問1〜2）に答えよ。

問1 図3−1は，100 mごとの等高線付きの地質図およびA−B線に沿う地形断面図である。上部から，泥岩，砂岩，礫岩の3層が観察され，また，特徴的な地質構造として褶曲が認められる。地形断面図に地層分

布を描き加えることで，地質断面図ができる。地質図および得られた地質断面図をもとに，以下の問いに答えよ。なお，本問では，地層境界面は平面で構成されており，褶曲による層理面の向きの変化は，褶曲軸での突然の折れ曲がりとして生じているものとする。また，必要であれば，$\sqrt{2}=1.4$，$\sqrt{3}=1.7$，$\sqrt{5}=2.2$ を用いてよい。

(1) 下の文章を読み，ア～ウの空欄にあてはまる方向をそれぞれ答えよ。その際，東西もしくは南北と答えよ。

　　地質図から見て取れる地層の走向はほぼ全域で ア 方向である。 イ 方向の褶曲軸をもつ褶曲構造が見て取れ，これは， ウ 方向に圧縮する力がはたらくことによって形成されたと考えられる。

(2) 地質図のC地点地下での砂岩層の傾斜角の大きさを θ とするとき，$\tan\theta$ の値を有効数字1桁で答えよ。また，C地点地下の砂岩層の層厚（層理面に垂直な方向の厚さ）を有効数字1桁で答えよ。

(3) 本地質図で見られる褶曲構造は，もともと水平であった地層が広域的な水平方向の短縮をうけて形成したものである。元の地層の長さに対して地層が水平方向に短縮した長さの割合を水平短縮ひずみという。この褶曲による水平短縮ひずみを有効数字1桁で答えよ。ただし，褶曲軸の両側で，傾斜角の大きさは等しいとせよ。

(4) 下の文章を読み，エ～オの空欄にあてはまる語句をそれぞれ答えよ。

　　新潟県中越地方では褶曲構造がよく見られる。中越地方では，新第三紀における エ の拡大に伴って新第三系が厚く堆積した後，新第三紀の終わりごろから，太平洋プレートからの強い圧縮により褶曲構造の形成が始まった。中越地方で掘削を行うとしばしば石油が産出するが，石油は水より軽いので，褶曲構造の オ 軸を中心に液体を通しにくい地層の下に集積していることが多い。

(5) (3)のような地質構造の解析から得られる水平短縮ひずみをその構造の形成に要した時間で割ると，長期的な水平地殻ひずみ速度が求まる。

一方で，GPSなどによる地殻変動観測からは短期的な水平地殻ひずみ速度が求められる。大きな地震が発生しなかった期間のGPS観測から得られる中越地方の水平地殻ひずみ速度は，地質構造から推定される同地域の長期的な水平地殻ひずみ速度と比べて著しく大きい。この違いが生じる理由を，プレート境界型巨大地震の発生と関係づけて，3行程度で説明せよ。

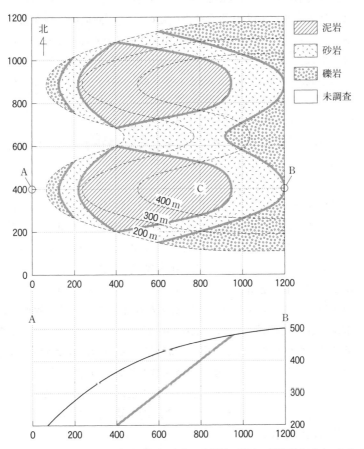

図3-1　地質図（上）および地形断面図（下）。座標軸の数字の単位は全てメートルである。地質図の破線は等高線を，灰色の太線は地層境界を示す。断面図には，泥岩−砂岩層境界の一部が灰色の太線で描き加えられている。

78 2019 年度 地学　　　　　　　　　　　　　　　　　　　東京大-理科前期

問2　地球の過去の気候について，以下の問いに答えよ。

(1)　およそ 260 万年前から始まった　ア　という地質時代は，氷期と
　　間氷期とよばれる寒暖を，数万年から 10 万年の周期で繰り返してき
　　たことが知られている。この原因は　イ　サイクル（周期）と呼ば
　　れる地球の自転運動や公転運動の周期的な変化であると考えられてい
　　る。過去 70 万年間に限ると 10 万年周期が卓越している。この周期性
　　は海底堆積物に含まれる有孔虫の殻の　ウ　同位体比の変動に反映
　　されている。直近の氷期（最終氷期）は約 2 万年前にピークに達し，
　　現在では南極やグリーンランドにしか存在しない氷床が，　エ　な
　　どの地域にも形成されていたことが，礫・砂・泥が小丘状に堆積した
　　オ　の分布からわかっている。

(a)　ア〜オの空欄にあてはまる語を答えよ。

(b)　下線部で述べられた地球の自転運動や公転運動の周期的変化を 3
　　つあげよ。

(2)　最終氷期には，現在は氷床が存在しない陸域にも厚い氷床が存在し
　　た。それが 2 万年前以降に融解し，陸面が年間数ミリメートルから数
　　センチメートルの速度で隆起した。このことに関連して以下の問いに
　　答えよ。ただし，淡水および海水の密度は $1.0 \times 10^3 \mathrm{kg/m^3}$，氷の密
　　度は $0.90 \times 10^3 \mathrm{kg/m^3}$，マントルの密度は $3.3 \times 10^3 \mathrm{kg/m^3}$ とし，海洋
　　の面積は $3.6 \times 10^8 \mathrm{km^2}$，現在は氷床が存在しないが最終氷期には氷
　　床が存在した陸域の面積は $1.0 \times 10^7 \mathrm{km^2}$ とする。ただし，氷床の融
　　解によって生じた水は全て海洋に流入し，融解の前後で海洋の面積は
　　変わらないものとする。また，淡水および海水の密度は温度によって
　　変わらないものとし，現在および最終氷期には，それぞれアイソスタ
　　シーが成り立っているとして考えよ。計算結果は有効数字 2 桁で表し，
　　計算の過程も示すこと。

(a)　最終氷期に氷床が存在していたが現在は氷床が存在しない陸域は
　　どこでも，最終氷期以降，現在までに 810m 隆起したとする。最終
　　氷期以降に融解した氷床の厚さはどこでも等しいとして，その厚さ
　　を求めよ。

東京大-理科前期　　　　　　　　　　　　　　　　2019 年度　地学　79

(b)　一方で，最終氷期に存在していた氷床の融解によって，最終的に
海底は平均で何メートル隆起または沈降したか答えよ。

学校ノ所=以(ハ)養レ士(ヲ)也。然(レドモ)古之聖王、其意a不レ僅此(ニ)也。必使下治中天下之具(ヲ)皆出上於学校(ニ)、而

後設二学校之意始(メテ)備(ハル)。天子之所レ是(トスル)未二必(ズシモ)是(ナラ)一、天子之所レ非(トスル)未二必(ズシモ)非(ナラ)一、天子亦遂(ニ)不b不三敢自

為二非レ是(ト)一、而公其非レ是(ヲ)於学校(ニ)。是(ノ)故養レ士為二学校之一事一、而学校不三僅為二養レ士而設(ケ)一也。

三代以下、天下之是(ニ)非一出二於朝廷(ヨリ)一。天子栄(トスレバ)之則群趨(ハシリテ)以為レ是(ト)、天子辱(トスレバ)之則群

摘(ナゲウチテ)以為レ非(ト)。而其所レ謂学校者、科挙囂争(がうさうシ)、富貴熏心(しんス)。亦遂以二朝廷之勢利一(メヨリ)d変其本

領一。而士之有三才能学術一者、且(ツ)往往自拔二於草野之間一、於二学校一初d無レ与也。究竟養レ

士ヲ一事亦e失レ之矣。

（黄宗羲『明夷待訪録』による）

（注）
○三代以下——夏・殷・周という理想の治世が終わった後の時代。
○囂争——騒ぎ争う。
○熏心——心をこがす。

設問

（一）傍線部a・c・dの意味を現代語で記せ。

（二）「不三敢自為二非レ是一」（傍線部b）を平易な現代語に訳せ。

（三）「亦失レ之矣」（傍線部e）とあるが、なぜ「亦」と言っているのか、本文の趣旨を踏まえて説明せよ。

（解答欄：一三・五センチ×一・五行）

「実に汝をはかりて遣はしたるなり。常々言ふごとく、余り他に異なる愛し様なり。はなはだ悪しき事なり。重ねて我が言ふごとくなさずば、取り返すまじ」と、さまざま争ひけるに、隣家・門人などいろいろ言ひて、妻にわびさせて、嵐雪が心をやはらげ、猫も取り返し、何事なくなりけるに、

睦月はじめの夫婦いさかひを人々に笑はれて　嵐雪

喜ぶを見よや初ねの玉ばば木　嵐雪

〔注〕
○嵐雪──俳人。芭蕉の門人。
○唐猫──猫。もともと中国から渡来したためこう言う。
○門口・背戸口──家の表側の出入り口と裏側の出入り口。
○内室──奥様。
○玉ばば木──正月の初子の日に、蚕部屋を掃くために使う、玉のついた小さな箒。

設　問

(一)　傍線部ア・イ・オを現代語訳せよ。

(二)　「行くまじき方までも尋ねけれども」(傍線部ウ)を、誰が何をどうしたのかわかるように、言葉を補い現代語訳せよ。

(三)　「さては我をはかりてのわざなるか」(傍線部エ)とあるが、嵐雪は妻をどうだましたのか、説明せよ。

(解答欄::一三・五センチ×一行)

三

次の文章を読んで、後の設問に答えよ。ただし、設問の都合で送り仮名を省いたところがある。

二　次の文章は、闌更編『誹諧世説』の「嵐雪が妻、猫を愛する説」である。これを読んで、後の設問に答えよ。

嵐雪が妻、唐猫のかたちよきを愛して、美しきふとんをしかせ、食ひ物も常ならぬ器に入れて、朝夕ひざもとをはなさざりけるに、門人・友どちなどにも、ア うるさく思ふ人もあらんと、嵐雪、折々は、「獣を愛するにも、イ 程あるべき事なり」。人にもまさりたる敷き物・器、食ひ物とても、忌むべき日にも、猫には生ざかなを食はするなど、よからぬ事」とつぶやきけれども、妻しのびてもこれを改めざりけり。

さてある日、妻の里へ行きけるに、留守の内、外へ出でざるやうに、かの猫をつなぎて、例のふとんの上に寝させて、さかななど多く食はせて、くれぐれ綱ゆるさざるやうに頼みおきて出で行きぬ。嵐雪、かの猫をいづくへなりとも遣はし妻をたばかりて猫を飼ふ事をやめんと思ひ、かねて約しおける所ありければ、遠き道を隔て、人して遣はしける。妻、日暮れて帰り、まづ猫を尋ぬるに見えず。「猫はいづくへ行き侍る」と尋ねければ、「されば、そこのあとを追ひけるにや、しきりに鳴き、綱を切るばかりに騒ぎ、毛も抜け、首もしまるほどなりけるゆゑ、あまり苦しからんと思ひ、綱をゆるしてさかななどあてけれども、食ひ物も食はで、ただうろうろと尋ぬるけしきにて、門口・背戸口・二階など行きつ戻りつしけるが、それより外へ出で侍るにや、近隣を尋ぬれども今に見えず」と言ふ。妻、泣き叫びて、ウ 行くまじき方までも尋ねけれども、帰らずして、三日、四日過ぎければ、妻、袂をしぼりながら、

　　猫の妻いかなる君のうばひ行く　妻

かく言ひて、こちあしくなり侍りければ、妻の友とする隣家の内室、これも猫を好きけるが、嵐雪がはかりて他所へ遣はしける事を聞き出だし、ひそかに妻に告げ、「無事にて居侍るなり。必ず心を痛め給ふ事なかれ。我が夫、猫を愛する事を憎み申され何町、何方へ取り返しに遣はし給へ」と語りければ、妻、「かかる事のあるべきや。我が知らせしとなく、けるが、エ さては我をはかりてのわざなるか」と、さまざま恨みいどみ合ひける。嵐雪もオ あらはれたる上は是非なく、

音ではないだろうか。目をつぶってしがみつける何かがあることではなく。

「分からない」世界こそが、人が知的に生きていける場所であり、世界が確定的でないからこそ、人間の知性や「決断」に意味が生まれ、そして「アホな選択」も、また許される。ェいろんな「形」、多様性が花開く、世界となるのだ。それは神の摂理のような〝真実の世界〟と、混沌が支配する〝無明の世界〟とのはざまにある場所であり、また「科学」と、まだ科学が把握できていない「非科学」のはざま、と言い換えることができる空間でもある。

(中屋敷均「科学と非科学のはざまで」による)

設問

(一)「自然界ではある意味、例外的なものである」(傍線部ア)とはどういうことか、説明せよ。
〈解答欄：一三・五センチ×二行〉

(二)「何か複雑で動的な現象」(傍線部イ)とはどういうことか、説明せよ。
〈解答欄：一三・五センチ×二行〉

(三)「人類にもたらされる大きな福音」(傍線部ウ)とはどういうことか、説明せよ。
〈解答欄：一三・五センチ×二行〉

(四)「いろんな『形』、多様性が花開く世界」(傍線部エ)とはどういうことか、本文全体の趣旨を踏まえて一〇〇字以上一二〇字以内で説明せよ（句読点も一字として数える）。

(五)傍線部a・b・cのカタカナに相当する漢字を楷書で書け。
a コウケン　　b ダイタイ　　c サイキン

りしない闇のような領域がまだ大きく広がっている。しかし、この先、どんなガンにも効果があるような特効薬が開発さ
れれば、ガンの治療にはそれを使えば良い、ということになるだろう。

それは、かつて°サイキンの感染症に対して抗生物質が発見された時のように、世界に新しい「形」がまた一つ生まれ
たことを意味することになる。このように人類が科学により世界の秩序・仕組みのようなものを次々と明らかにしていけ
ば、世界の姿は固定され、新たな「形」がどんどん生まれていく。それは°人類にもたらされる大きな福音だ。

しかし、また一方、こんなことも思うのだ。もし、そうやって世界の形がどんどん決まっていき、すべてのことが予測
でき、何に対しても正しい判断ができるようになったとして、その世界は果たして、人間にとってどんな世界なのだろ
う？　生まれてすぐに遺伝子診断を行えば、その人がどんな能力やリスクを持っているのか、たちどころに分かり、幼少
時からその適性に合わせた教育・訓練をし、持ち合わせた病気のリスクに合わせて、毎日の食事やエクササイズなども最
適化されたものが提供される。結婚相手は、お互いに遺伝子型の組合せと、男女の相性情報の膨大なデータベースに基づ
いて自動的に幾人かの候補者が選ばれる。

科学がその役目を終えた世界。病も事故も未知もない、そんな神様が作ったユートピアのような揺らぎのない、いい、い
むしろ「息苦しさ」を感じてしまうのは、私だけであろうか？

少なくとも現時点では、この世界は結局のところ、「分からないこと」に覆われた世界である。目をつぶって何かに、
それは科学であれ、宗教であれ、すがりつく以外、心の拠りどころさえない。しかし、物理的な存在としての生命が、
「カオスの縁」に立ち、混沌から分子を取り入れ「形」を作り生きているように、知的な存在としての人間はこの「分か
らない」世界から、少しずつ「分かること」を増やし「形」を作っていくことで、また別の意味で「生きて」いる。その
営みが、何か世界に〝新しい空間〟を生み出し、その営みそのものに人の〝喜び〟が隠されている。そんなことを思うの
だ。

だから、世界に新しい「形」が与えられることが福音なら、実は「分からないこと」が世界に存在することも、また福

だ現象である。

また、生命の進化を考えてみよう。進化は、自己複製、つまり「自分と同じものを作る」という、生命の持続を可能とする静的な行為と、変異、つまり「自分と違うものを作る」という、秩序を破壊する、ある種、危険を伴った動的な行為の、二つのベクトルで成り立っている。現在の地球上に溢れる、大きさも見た目も複雑さもその生態も、まったく違う様々な生命は、その静的・動的という正反対のベクトルが絶妙なバランスで作用する、その〝はざま〟から生まれ出てきたのだ。

生命は、原子の振動が激しすぎる太陽のような高温環境では生きていけないし、逆に原子がほとんど動かない絶対零度のような静謐な結晶の世界でも生きていけない。この単純な事実を挙げるまでもなく、様々な意味で生命は、秩序に縛られた静的な世界と、形を持たない無秩序な世界の間に存在する、イ何か複雑で動的な現象である。「カオスの縁」つまりそのはざまの空間こそが、生命が生きていける場所なのである。

「生きている」科学にも、少しこれと似た側面がある。科学は、混沌（こんとん）とした世界に、法則やそれを担う分子機構といった何かの実体、つまり「形」を与えていく人の営みと言える。たとえば、あなたが街を歩いている時、突然、太陽がなくなり、真っ暗になってしまったとする。一体、何が起こったのか、不安に思い、混乱するだろう。実際、古代における日食や月食は、そんな出来事だった。不吉な出来事の予兆とか、神の怒りとして、恐れられてきた歴史がある。

しかし、今日では月食も日食も物理法則により起こる現象であることが科学によって解明され、何百年先の発生場所、その日時さえ、きちんと予測することができる。それはある意味、人類が世界の秩序を理解し、変わることない〝不動〟の姿を、つかんだということだ。何が起こったのか訳が分からなかった世界に、確固とした「形」が与えられたのだ。

一方、たとえばガンの治療などは、現在まだ正答のない問題として残されている。外科的な手術、抗ガン剤、放射線治療。こういった標準治療に加えて、免疫療法、鍼灸（しんきゅう）、食事療法など、ｂダイタイ医療と呼ばれる療法などもあるが、どんなガンでもこれをやれば、まず完治するというような療法は存在しない。そこには科学では解明できていない、形のはっき

相互作用する独特な性質を多数持っている。水蒸気とも氷ともかなり異なった特性である。この "水" の状態で水分子が存在できる温度範囲は、宇宙のスケールで考えるなら、かなり狭いレンジであり、実際、"水" を湛えた星はそうそう見つからない。巨視的に見れば "水" は分子同士が強固に束縛された氷という状態から、無秩序でカオス的に振舞う水蒸気という状態への過渡期にある特殊な状態、すなわち「カオスの縁」にある姿と言えるのかもしれない。

この「カオスの縁」という現象が注目されたのは、それが生命現象とどこかつながりを感じさせるものだったからである。生き物の特徴の一つは、この世界に「形」を生み出すことだ。それは微視的には有機物のような化学物質であり、少し大きく見れば、細胞であり、その細胞からなる我々人間のような個体である。そして、さらに巨視的に見れば、その個体の働きの結果できてくるアリ塚であったり、ビーバーのダムであったり、東京のような巨大なメガロポリスであったりする。

しかし、こういった生物の営みは、ア 自然界ではある意味、例外的なものである。何故なら、この世界は熱力学第二法則（エントロピー増大の法則）に支配されており、世界にある様々な分子たちは、より無秩序に、言葉を変えればカオスの方向へと、時間と共に向かっているはずだからである。そんなカオスへ向かいつつある世界の中で、「形あるもの」として長期間存在できるのは、一般的に言えば、それを構成する原子間の結合が極めて強いものであり、鉱物や氷といったもののようである。また、その積み上げられる分子の特徴は、鉱石などと違い、反応性に富んだ物質が主であり、"不動" のものとして作り出されるのではなく、偶発的な要素に反応し、次々に違う複雑なパターンとして、この世に生み出されてくる。そして、それらは生命が失われれば、また形のない世界へと飲み込まれ、そこへと還っていくのだ。それは分子の、この世界における在り方という視点で考えれば、"安定" と "無秩序" の間に存在する、極めて特殊で複雑性に富ん

ところが、生命はそんな無秩序へと変わりつつある世界から、自分に必要な分子を取り入れ、そこに秩序を与え「形あるもの」にたたずみ、形のないカオスから小石を拾い、積み上げていくかのようである。また、その積み上げられる分子の特徴は、鉱石などと違い、反応性に富んだ物質が主であり、"不動" のものとして作り出されるのではなく、偶発的な要素に反応し、次々に違う複雑なパターンとして、この世に生み出されてくる。そして、それらは生命が失われれば、また形のない世界へと飲み込まれ、そこへと還っていくのだ。それは分子の、この世界における在り方という視点で考えれば、"安定" と "無秩序" の間に存在する、極めて特殊で複雑性に富ん

国語

（一〇〇分）

（注）　解答は、一行の枠内に二行以上書いてはいけない。

一

次の文章を読んで、後の設問に答えよ。

「カオスの縁（ふち）」という言葉をご存知だろうか？　この「カオスの縁」とは、一九六〇年代から行われているセル・オートマトンと呼ばれるコンピューター上のプログラムを使った研究が端緒となり提唱された概念である。とても大雑把に言えば、二つの大きく異なった状態（相）の中間には、その両側の相のいずれとも異なった、複雑性が非常に増大した特殊な状態が現れる、というようなことを指している。

身近なイメージで言えば、〝水〟を挙げられるだろうか。ご存知のように、水は気体・液体・固体という三つの形態をとる。たとえば気体の水蒸気は、水分子の熱運動が大きくなり、各分子が分子同士の結合力の束縛から放たれ、空間の中で自由気ままに振舞っている非常に動的な姿である。一方、氷は水分子同士が強固に結合し、各分子は自身が持つ特性に従って規則正しく配列され、理にかなった秩序正しい形を保っている静的な状態だ。

その中間にある液体の、いわゆる〝水〟は、生命の誕生に大きく[a]コウケンしたと考えられる、柔軟でいろんな物質と

2018年度 問題編

東京大-理科前期 2018 年度 問題 *3*

■前期日程

問題編

▶試験科目・配点

教　科	科　　　　　目	配　点
外国語	「コミュニケーション英語Ⅰ・Ⅱ・Ⅲ」，ドイツ語，フランス語，中国語から1外国語を出願時に選択。英語試験の一部分に聞き取り試験（30分程度）を行う。 　ただし，英語の選択者に限り，英語の問題の一部分に代えて，ドイツ語，フランス語，中国語，韓国朝鮮語のうちから1つを試験場で選択することができる。	120点
数　学	数学Ⅰ・Ⅱ・Ⅲ・Ａ・Ｂ	120点
理　科	「物理基礎・物理」，「化学基礎・化学」，「生物基礎・生物」，「地学基礎・地学」から2科目を出願時に選択	120点
国　語	国語総合，国語表現	80点

▶備　考

- 英語以外の外国語は省略。
- 数学Ⅰ，数学Ⅱ，数学Ⅲ，数学Ａは全範囲から出題する。数学Ｂは「数列」，「ベクトル」から出題する。
- 「物理基礎・物理」は物理基礎，物理の全範囲から出題する。
- 「化学基礎・化学」は化学基礎，化学の全範囲から出題する。
- 「生物基礎・生物」は生物基礎，生物の全範囲から出題する。
- 「地学基礎・地学」は地学基礎，地学の全範囲から出題する。

※理科三類は，上記に加えて面接（個人面接）を課す。総合判定の判断資料とし，学力試験の得点にかかわらず不合格となることがある。

英語

(120分)

(注　意)

1．3は聞き取り問題である。問題は試験開始後45分経過した頃から約30分間放送される。

2．解答は，5題を越えてはならない。

3．5題全部英語の問題を解答してもよいし，また，4・5の代わりに他の外国語の問題Ⅳ・Ⅴを選んでもよい。ただし，ⅣとⅤとは必ず同じ外国語の問題でなければならない。

（他の外国語の問題は省略―編集部）

1 (A)　次の英文の要旨を70〜80字の日本語にまとめよ。句読点も字数に含める。

Rumours spread by two different but overlapping processes: popular confirmation and in-group momentum. The first occurs because each of us tends to rely on what others think and do. Once a certain number of people appear to believe a rumour, others will believe it too, unless they have good reason to think it is false. Most rumours involve topics on which people lack direct or personal knowledge, and so most of us often simply trust the crowd. As more people accept the crowd view, the crowd grows larger, creating a real risk that large groups of people will believe rumours even though they are completely false.

In-group momentum refers to the fact that when like-minded people get together, they often end up believing a more extreme version of what they thought before. Suppose that members of a certain group are inclined to accept a rumour about, say, the evil intentions of a certain nation. In all likelihood, they will become more committed to that rumour after they have spoken to each other. Indeed, they may move from being tentative believers to being absolutely certain, even though their only new evidence is what other members of the group believe. Consider the role of the internet here : when people see many tweets or posts from like-minded people, they are strongly inclined to accept a rumour as true.

What can be done to reduce the risk that these two processes will lead us to accept false rumours ? The most obvious answer, and the standard one, involves the system of free expression : people should be exposed to balanced information and to corrections from those who know the truth. Freedom usually works, but in some contexts it is an incomplete remedy. People do not process information in a neutral way, and emotions often get in the way of truth. People take in new information in a very uneven way, and those who have accepted false rumours do not easily give up their beliefs, especially when there are strong emotional commitments involved. It can be extremely hard to change what people think, even by presenting them with facts.

From ON RUMOURS by Cass R. Sunstein (Penguin Books, 2009). Copyright © Cass R. Sunstein, 2009

(B) 以下の英文を読み，(ア)，(イ)の問いに答えよ。

When we think back on emotional events from the past, our memories tend to be distorted by internal influences. One way this can happen is through sharing our memories with others, something that most of us are likely to do after important life events—whether it's calling our family to tell them some exciting news, reporting back to our boss about a big problem at work, or even giving a statement to police. In these kinds of situations we are transferring information that was originally received visually (or indeed through other senses) into verbal information. We are turning inputs from our five senses into words.   (1)   ; every time we take images, sounds, or smells and verbalise them, we potentially alter or lose information. There is a limit to the amount of detail we are able to communicate through language, so we have to cut corners. We simplify. This is a process known as "verbal overshadowing," a term invented by psychologist Jonathan Schooler.

Schooler, a researcher at the University of Pittsburgh, published the first set of studies on verbal overshadowing in 1990 with his colleague Tonya Engstler-Schooler. Their main study involved participants watching a video of a bank robbery for 30 seconds. After then doing an unrelated task for 20 minutes, half of the participants spent five minutes writing down a description of the bank robber's face, while the other half undertook a task naming countries and their capitals. After this, all the participants were presented with a line-up of eight faces that were, as the researchers put it, "verbally similar," meaning that the faces matched the same kind of description—such as "blonde hair, green eyes, medium nose, small ears, narrow lips." This is different from matching photos purely on visual similarity, which may focus on things that are harder to put into words, such as mathematical distances between facial features.

We would expect that the more often we verbally describe and reinforce the appearance of a face, the better we should retain the image of it in our memory.   (2) . The researchers found that those who wrote down the description of the robber's face actually performed significantly worse at identifying the correct person out of the line-up than those who did not. In one experiment, for example, of those participants who had written down a description of the criminal, only 27 percent picked the correct person out of the line-up, while 61 percent of those who had not written a description managed to do so. That's a huge difference. By stating only details that could be readily put into words, the participants had overlooked some of the details of their original visual memory.

(3) , as indicated by the outcome of possibly the biggest effort ever to reproduce the result of an experiment in psychology. This was a massive project by 33 labs and almost 100 scholars, including Jonathan Schooler and Daniel Simons, published in 2014. All researchers followed the same methods, and they found that even when the experiment was conducted by different researchers, in different countries, and with different participants, the verbal overshadowing effect was constant. Putting pictures into words always makes our memories of those pictures worse.

Further research by Schooler and others has suggested that this effect may also transfer to other situations and senses. It seems that whenever something is difficult to put into words, verbalisation of it generally diminishes recall. Try to describe a colour, taste, or melody, and you make your memory of it worse. Try describing a map, a decision, or an emotional judgement, and it becomes harder to remember all the details of the original situation. (4) . If we hear someone else's description of something we have seen, our memory of it is weakened in that case too. Our friends may be trying to help us when they give their verbal account of something that happened, but they may instead be overshadowing our own original memories.

According to Schooler, besides losing details, verbalising non-verbal things makes us generate competing memories. We put ourselves into a situation where we have both a memory of the time we described the event and a memory of the time we actually experienced the event. This memory of the verbalisation seems to overwhelm our original memory fragment, and we may subsequently remember the verbalisation as the best account of what happened. When faced with an identification task where we need all the original details back, such as a photo line-up, it then becomes difficult to think past our verbal description. In short, it appears our memories can be negatively affected by our own attempts to improve them.

(5) . Schooler's research also shows that verbalising our memo-

8 2018 年度 英語　　　　　　　　　　　　　　　東京大-理科前期

ries does not diminish performance — and may even improve it — for information that was originally in word form : word lists, spoken statements, or facts, for example.

　　　From The Memory Illusion by Julia Shaw Published by Random House Books

(ア)　空所(1)〜(5)に入れるのに最も適切な文を以下のa)〜h)より選び, <u>マ</u>
<u>ークシート</u>の(1)〜(5)にその記号をマークせよ。ただし, 同じ記号を複数
回用いてはならない。

　　a)　All this is not surprising
　　b)　But this process is imperfect
　　c)　This effect is incredibly robust
　　d)　However, it seems that the opposite is true
　　e)　This is without doubt a highly sensitive area
　　f)　This is also true when others verbalise things for us
　　g)　This effect extends to more complex memories as well
　　h)　This does not mean that verbalising is always a bad idea

(イ)　Jonathan Schooler らが発見したと言われていることの内容を,
<u>15〜20語程度</u>の英語で要約せよ。文章から答えを抜き出すのではなく,
できるだけ自分の英語で答えよ。

2　(A)　次の, シェイクスピアの戯曲『ジュリアス・シーザー』から
　　　　の引用を読み, 二人の対話の内容について思うことを 40〜60 語
の英語で述べよ。

引用

　CASSIUS　Tell me, good Brutus, can you see your face ?

　BRUTUS　No, Cassius ; for the eye sees not itself,

　　　　　　But by reflection, by some other things.

　　　　　　　　　　　……

　CASSIUS　I, your glass,

　　　　　　Will modestly discover to yourself

東京大-理科前期   2018 年度　英語　*9*

　　　　　That of yourself which you yet know not of.
引用の和訳
　　キャシアス　どうだ，ブルータス，きみは自分の顔が見えるか？
　　ブルータス　いや，キャシアス，見えない。目は，反射によってしか，
　　　　　　　　つまり他のものを通してしか自分自身を見ることができな
　　　　　　　　いから。
　　　　　　　　　　　　　（中略）
　　キャシアス　私が，きみの鏡として，
　　　　　　　　きみ自身もまだ知らないきみの姿を，
　　　　　　　　あるがままにきみに見せてやろう。

(B)　以下の下線部を英訳せよ。

　「現在の行動にばかりかまけていては，生きるという意味が逃げてしま
う」と小林秀雄は語った。<u>それは恐らく，自分が日常生活においてすべき
だと思い込んでいることをやってそれでよしとしているようでは，人生な
どいつのまにか終わってしまうという意味であろう。</u>

3　　放送を聞いて問題(A)，(B)，(C)に答えよ。(A)と(B)は内容的に関連し
　　　　ている。(C)は独立した問題である。(A)，(B)，(C)のいずれも 2 回ず
つ放送される。
・聞き取り問題は**試験開始後 45 分経過した頃から約 30 分間放送される**。
・放送を聞きながらメモを取ってもよい。
・放送が終わったあとも，この問題の解答を続けてかまわない。

(A)　これから放送するのは，あるラジオ番組の一部である。これを聞き，
　　(6)〜(10)の問いに対して，それぞれ最も適切な答えを一つ選び，<u>マークシ
　　ートの(6)〜(10)にその記号をマークせよ</u>。なお，放送の中で使われている
　　umbilical cord という表現は「へその緒」という意味である。

　　(6)　According to Dr. Gisemba, what is one risk that the "Cord"
　　　　system has traditionally protected against?

a) The risk of losing money due to theft.

b) The risk of getting involved in too many obligations.

c) The risk of harm to mother and child during pregnancy.

d) The risk of losing cattle due to extended periods without rain.

e) The risk of large-scale loss of cattle in a community-wide epidemic.

(7) Which of the following best describes the way the "Cord" system works in actual practice?

a) It is like the umbilical cord that connects a mother and her unborn child.

b) As with friendship groups, members can freely ask each other for favors.

c) Everyone is connected to one other person who will help in times of difficulty.

d) In times of trouble, people in the same network must volunteer to help each other.

e) Assistance is always given on request from anyone in your network when it is needed.

(8) What is the "puzzling fact" referred to by Dr. Gisemba?

a) Humans are the most generous animals.

b) Even chimpanzees are not generous to each other.

c) Small children try to help adults when they drop something.

d) Humans tend not to help others if there is no advantage to themselves.

e) When small children see an adult drop something, they know it is accidental.

(9) What is Dr. Gisemba's "main interest" in studying the Maasai?

a) The Maasai help us understand how herding cultures reduce

東京大-理科前期   2018 年度　英語　*11*

risk.

b)　The Maasai help us understand the development of human generosity.

c)　The Maasai show how modern societies can preserve or increase generosity.

d)　The Maasai are a good example of a culture in which generosity is a fundamental feature.

e)　The Maasai show how a single system can protect a society against many different risks.

⑽　Which sentence below best matches the main finding of the computer simulation ?

a)　Generous individuals tend to live longer.

b)　Generous societies are as successful as more selfish societies.

c)　Individuals who are part of a family system live longer than those who are not.

d)　Communities survive better when giving is practiced without expectation of being repaid.

e)　When a very severe problem affects an entire community, giving generously can make things worse.

(B)　これから放送するのは(A)のラジオ番組の続きである。これを聞き，⑾〜⒂の問いに対して，それぞれ最も適切な答えを一つ選び，マークシートの⑾〜⒂にその記号をマークせよ。

⑾　What, according to Mr Park, is the main danger of "giving freely"?

a)　If people do not work, they will eventually become unemployable.

b)　It encourages people to receive something without giving anything back.

c)　People who are given things for free stop wanting to do

things for themselves.

　d)　In a society where free giving is very common, it stops being appreciated.

　e)　When people are given things for free, they gain no sense of accomplishment.

⑿　What, according to Mr. Park, is one important way in which modern urban societies differ from Maasai society ?

　a)　The Maasai have fewer material needs.

　b)　The Maasai have a stronger instinct for generosity.

　c)　The Maasai do not have a tax system to redistribute income.

　d)　The Maasai are more likely to be jealous of their neighbors' wealth.

　e)　The Maasai find it easier to know whether those around them are in trouble.

⒀　According to Dr. Gisemba, how does the *kerekere* system in Fiji encourage generous behavior ?

　a)　Fijians tend to be generous towards loyal friends.

　b)　Fijians tend to be generous to those who need the money most.

　c)　Fijians with a reputation for being generous tend to be rewarded.

　d)　Fijians work hard so that they can be more generous with their money.

　e)　Fijians with a reputation for being generous give away more money than others.

⒁　Based on the conversation, which of these statements would Dr. Gisemba be most likely to agree with ?

　a)　Society is becoming less kind towards the poor.

　b)　Societies where wealth can be easily hidden are less gener-

東京大-理科前期   2018 年度　英語　*13*

ous.

   c) People are unlikely to try to cheat within systems of generosity.

   d) Modern financial systems make it easier to redistribute money from rich to poor.

   e) No society can be considered civilized as long as some people have excessive wealth.

⒂ Based on the conversation, which of these statements does Mr. Park agree with ?

   a) Governments should not help the poor.

   b) The basic needs of the poor should be met by charities.

   c) Systems of free giving may work in small communities.

   d) The tax system should be replaced with voluntary donations.

   e) We should not be more generous to friends than to strangers.

(C)　これから放送するのは，海洋で見られるある現象に関する講義である。これを聞き，⒃〜⒇の文それぞれの空所に入れるのに最も適切な表現を一つ選び，<u>マークシートの⒃〜⒇に</u>その記号をマークせよ。

⒃ Monster waves are more _____ than previously thought.

   a) common   b) enormous   c) forceful

   d) predictable   e) sudden

⒄ Evidence suggests that the monster wave that hit the German cargo ship was at least _____ meters high.

   a) 9   b) 12   c) 20

   d) 26   e) 27

⒅ In 2003, a survey using satellite images found 10 waves that were 25 meters or more in height within a period of _____.

14 2018 年度 英語　　　　　　　　　　　　　　　　　　東京大-理科前期

　　a ）　one week　　　b ）　three weeks　　　c ）　ten weeks

　　d ）　one year　　　e ）　ten years

(19)　The special claim of the new theory is that _____.

　　a ）　it is better to think of waves in terms of their energy

　　b ）　waves should not necessarily be treated as individuals

　　c ）　wave formation is even more unpredictable than we thought

　　d ）　individual waves can pass through or merge with other
　　　　waves

　　e ）　an early warning system for monster waves will be difficult
　　　　to develop

(20)　The narrator suggests that, in the future, we may find ways to
　　protect against the threat of monster waves, such as _____.

　　a ）　preventing their formation

　　b ）　increasing awareness of them among sailors

　　c ）　reducing the impact of global warming on ocean systems

　　d ）　designing structures that can withstand being hit by them

　　e ）　ensuring that fewer lives are lost when ships are sunk by
　　　　them

4 (A)　次の英文の空所(21-22)，(23-24)，(25-26)，(27-28)それぞ
　　　れについて，最も自然な英語となるように与えられた語を並べ替
えて，その3番目と6番目に来る単語の記号をマークシートの(21)〜(28)に
マークせよ。3番目の単語の記号と6番目の単語の記号を，それぞれそ
の順にマークすること。ただし，それぞれ不要な語が一つずつ入ってい
る。

The roots of the detective story go as far back as Shakespeare. But
Edgar Allan Poe's tales of rational crime-solving created an important
genre. His stories revolve around solving the puzzle of who committed
the crime,　(21-22)　too.

東京大-理科前期   2018 年度　英語　*15*

The key figure in such a story is the detective. Poe's detective, Auguste Dupin, is a gentleman of leisure. He has no need to work. Instead, he keeps himself occupied by using "analysis" to help the real police solve crimes.

Even Arthur Conan Doyle, creator of Sherlock Holmes, had to acknowledge Poe's influence. Dupin, like Sherlock, smokes a pipe. He's also unnaturally smart and rational, a kind of superhero (23-24) great feats of crime-solving. And in both cases, the story's narrator, who is literally following the detective around, is his roommate.

Poe's formula appealed to the scientific spirit of the 19th century. That's because detective stories promised that (25-26) question. The detective story caught on because it promised that intelligence will triumph. The crime will be solved by the rational detective. Science will track down the (27-28) at night.

Copyright 2017 Smithsonian Institution.

(21-22)

a)	inviting	b)	puzzle	c)	readers
d)	solve	e)	the	f)	them
g)	to				

(23-24)

a)	accomplish	b)	is	c)	of
d)	powers	e)	thinking	f)	to
g)	uses	h)	who		

(25-26)

a)	answer	b)	any	c)	could
d)	hold	e)	in	f)	reasoning
g)	the	h)	to		

(27-28)

a)	and	b)	honest	c)	let

16 2018年度 英語　　　　　　　　　　　　　　　　　　東京大-理科前期

d） nor　　　　　　　e） sleep　　　　　　　f） souls

g） troublemakers

(B) 次の英文を読み，下線部(ア)，(イ)，(ウ)を和訳せよ。なお，文章中の
mammal という単語は「哺乳動物」を意味する。

As a class, birds have been around for more than 100 million years.
They are one of nature's great success stories, inventing new
strategies for survival, using their own distinctive brands of intelli-
gence, which, in some respects at least, seem to far exceed our own.

Somewhere in the mists of deep time lived the common ancestor of
all birds. Now there are some 10,400 different bird species—more than
double the number of mammal species. In the late 1990s, scientists
estimated the total number of wild birds on the planet. They came up
with 200 to 400 billion individual birds. (ア)That's roughly 30 to 60 live
birds per person. To say that humans are more successful or
advanced really depends on how you define those terms. After all,
evolution isn't about advancement; it's about survival. It's about
learning to solve the problems of your environment, something birds
have done surprisingly well for a long, long time. (イ)This, to my mind,
makes it all the more surprising that many of us have found it hard to
swallow the idea that birds may be bright in ways we can't imagine.

Birds learn. They solve new problems and invent novel solutions to
old ones. They make and use tools. They count. They copy behaviors
from one another. They remember where they put things. (ウ)Even
when their mental powers don't quite match or mirror our own
complex thinking, they often contain the seeds of it — insight, for
instance, which has been defined as the sudden emergence of a
complete solution without trial-and-error learning.

From The Genius of Birds by Jennifer Ackerman, copyright © 2016 by
Jennifer Ackerman.

東京大-理科前期   2018 年度　英語　*17*

5 次の文章を読み，問いに答えよ。なお，文章の中で使われている
sign language という表現は「手話」を意味する。

"Janey, this is Mr. Clark. He's going to take a look at the room
under the stairs." Her mother spoke too slowly and carefully, so that
Janey could be sure to read each word. She had told her mother many
times that she didn't have to do this, but her mother almost always
did, even in front of people, to her embarrassment.

Mr. Clark kept looking at Janey intently. Maybe, because of the way
her mother had spoken, he suspected she was deaf. (A)It would be like
her mother not to have mentioned it. Perhaps he was waiting to see if
she'd speak so that he could confirm his suspicion. She simply left her
silence open to interpretation.

"Will you show him the room ?" her mother said.

She nodded again, and turned so that he would follow her. Directly
ahead and beneath a portion of the stairs was a single bedroom. She
opened the door and he walked past her into the room, turned, and
looked at her. She grew uncomfortable under his gaze, though she
didn't feel as if he were looking at her as a woman, the way she might
once have wanted if it were the right man. She felt she'd gone past
the age for romance. It was a passing she'd lamented, then gotten
over.

"I like the room," he spelled out in sign language. "　(B29)　"

That was all. No conversation, no explanation about how he'd known
for certain that she was deaf or how he'd learned to speak with his
hands.

Janey came back to her mother and signed a question.

"He is a photographer," she said, again speaking too slowly. "Travels
around the world taking pictures, he says."

"　(B30)　"

"Buildings."

＊　　　　　　＊

Music was her entry into silence. She'd been only ten years old, sitting on the end of the porch above the steps, listening to the church choir. Then she began to feel dizzy, and suddenly fell backwards into the music.

She woke into silence nights later, there in her room, in her bed. She'd called out from her confusion as any child would, and her mother was there instantly. But something ☐(C)☐ wrong, or had not ☐(C)☐, except inside her where illness and confusion grew. She hadn't heard herself, hadn't heard the call she'd made — *Mama*. And though her mother was already gripping her tightly, she'd called out again, but only into silence, which is where she lived now, had been living for so many years that she didn't feel uncomfortable inside its invisibility. Sometimes she thought it saved her, gave her a separate place to withdraw into as far as she might need at any given moment — and (D)there were moments.

The floor had always carried her mother's anger. She'd learned this first as a little girl when her mother and father argued. Their words might not have existed as sound for her, but anger always caused its own vibration.

She hadn't been exactly sure why they argued all those years ago, but sensed, the way a child will, that it was usually about her. One day her mother found her playing in the woods behind their house, and when she wouldn't follow her mother home, her mother grabbed her by the arm and dragged her through the trees. She finally pulled back and shouted at her mother, not in words but in a scream that expressed all she felt in one great vibration. Her mother slapped her hard across her face. She saw her mother shaking and knew her mother loved her, but love was sometimes like silence, beautiful but hard to bear. Her father told her, (E)"She can't help herself."

*　　　　　　*

Weeks later, Mr. Clark said to Janey, "You might be able to help me."

東京大-理科前期   2018 年度　英語　*19*

"If I can," she spelled with her fingers.

"I'll need to ⎣__(F)__⎦ tomorrow. Maybe you can tell me some history about them."

She nodded and felt glad to be needed, useful in some small way. Then Mr. Clark asked her to accompany him to the old house at the top of Oakhill. "You might enjoy that. Some time away from here."

She looked toward the kitchen door, not aware at first why she turned that way. Perhaps she understood, on some unconscious level, what she hadn't a moment before. Her mother was standing there. She'd been listening to him.

When Janey turned back to him, she read his lips. "Why don't you go with me tomorrow?"

She felt the quick vibration of her mother's approach. She turned to her mother, and saw her mother's anger and fear, the way she'd always seen them. Janey drew in her breath and forced the two breath-filled words out in a harsh whisper that might have ⎣__(C)__⎦, for all she knew, like a sick child or someone dying: she said, "⎣__(B31)__⎦"

Her mother stared at her in surprise, and Janey wasn't sure if her mother was more shocked that she had used what was left of her voice, or at what she'd said.

"You can't. You just can't," her mother said. "I need you to help me with some things around the house tomorrow."

"No," she signed, then shook her head. "⎣__(B32)__⎦"

"You know good and well I do. There's cleaning to be done."

"It will ⎣__(G)__⎦," she said and walked out before her mother could reply.

> First published in the Sewanee Review, vol. 117, no. 3, Summer 2009. Reprinted
> with permission of the author and the editor.

(A)　下線部(A)を，文末の it の内容がわかるように訳せ。

(B)　空所(B29)〜(B32)を埋めるのに最も適切な表現を次のうちから選び，

20 2018 年度 英語 東京大-理科前期

それぞれの記号をマークシートの⑵9～⑶2にマークせよ。同じ記号を複数
回用いてはならない。

a) I'll go.　　　　b) I can't.　　　　c) I won't.

d) Of what?　　　e) I'll take it.　　　f) You don't.

g) Don't you dare.

(C) 本文中に 3 か所ある空所(C)にはいずれも同じ単語が入る。最も適切な
単語を次のうちから一つ選び，その記号をマークシートの⑶3にマークせ
よ。

a) ended　　　　b) gone　　　　c) seemed

d) sounded　　　e) went

(D) 下線部(D)の後にさらに言葉を続けるとしたら，以下のもののうちどれ
が最も適切か。一つ選び，その記号をマークシートの⑶4にマークせよ。

a) given her when needed

b) when she didn't feel uncomfortable

c) when her mother would not let her go

d) when she needed to retreat into silence

(E) 下線部(E)の内容を，She が誰を指すか，また，She のどのような行動
を指して言っているのかわかるように説明せよ。

(F) 下に与えられた語を正しい順に並べ替え，空所(F)を埋めるのに最も適
切な表現を完成させよ。ただし，すべての語を用い，どこか 1 か所にコ
ンマを入れること。

　about　　buildings　　I　　know　　ones　　photograph

　something　　the　　the　　will

(G) 空所(G)を埋めるのに最も適切な単語を次のうちから一つ選び，その記
号をマークシートの⑶5にマークせよ。

a) do　　　　b) not　　　　c) postpone

d) wait

東京大-理科前期 2018 年度 英語 *21*

3 聞き取り問題放送用スクリプト

[問題(A)]

Interviewer : Welcome to another edition of *Window on the World*. My guest today is Dr. Abi Gisemba, who has recently returned from living for two years among the Maasai people of Eastern Africa. Dr. Gisemba, why don't you tell us about your research ?

Dr. Gisemba : Well yes. I suppose the theme is cooperation. My argument is that we humans have a kind of instinct to help each other.

Interviewer : And your experiences with the Maasai support that argument...?

Dr. Gisemba : Very much so. Traditional Maasai culture and society is based on herding. Wealth means cattle. But that wealth is under constant threat from thieves and lack of rain and so on, no matter how careful or hard-working you are.

Interviewer : I see.

Dr. Gisemba : However, Maasai culture has evolved a system which reduces the risk—a system of mutual obligations.

Interviewer : People have to help each other ?

Dr. Gisemba : Exactly. They call it *osotua*—the word *osotua* means the tube through which a pregnant woman gives her baby its essential nutrition before it's born.

Interviewer : Oh, you mean the umbilical cord.

Dr. Gisemba : Yes, the umbilical cord. That's why I call it the "Cord" system.

Interviewer : How does it work ?

Dr. Gisemba : Everyone has a kind of network of others they can ask for help. Anyone in the network can ask for help if they're in trouble, and the person asked is obliged to help.

Interviewer : Rather like our own friendship networks...?

Dr. Gisemba : No, it's much more fundamental, and it's taken much more seriously. Parents pass their Cord network down to their children. And no one keeps track of who asks or who gives. There is no expectation of being paid back.

Interviewer : Extraordinary...

Dr. Gisemba : This is an extreme example, but in fact humans seem to be more generous than other animals, more inclined to help others. And that is a puzzling fact. They help even if there's no advantage to the individual who helps. Did you know that if a small child—as young as 18 months perhaps—sees an adult drop something "accidentally," the child will pick the thing up for the adult, or try to alert the adult? Even our closest evolutionary relatives, chimpanzees, don't do that.

Interviewer : So your real interest is in people's tendency to help others?

Dr. Gisemba : Well, actually, my main interest is in understanding how that tendency might have evolved, which is where the Maasai come in.

Interviewer : Oh I see. And I believe you have a computer model...?

Dr. Gisemba : We ran a computer simulation that measured life expectancy in three different kinds of societies: no giving at all, giving with the expectation of being repaid, and finally, giving freely without expectation of return...

Interviewer : Like the "Cord" system...

Dr. Gisemba : Yes. And when we compared the simulated societies, we found that the "Cord" system produced the highest family survival rates.

Interviewer : So it does make sense, after all, from the evolutionary point of view?

Dr. Gisemba : The only exception is when the whole group faces some large-scale risk which threatens them all equally—a really serious epidemic, for example. In that situation, giving without expectation of return doesn't help. But in that situation, nothing helps, so giving generously does no worse.

東京大-理科前期   2018 年度　英語　*23*

［問題(B)］

Interviewer：Thank you, Dr. Gisemba. I'd like to turn to my second guest, Mr. Eugene Park, who chairs a conservative political group called "Self-Reliance." I wonder how you react, Mr. Park, to these ideas about giving freely, giving for nothing?

Mr. Park：Well, Dr. Gisemba's research was very interesting, but there's a danger of making a false generalization here. Just because the Maasai practice giving freely doesn't mean that this system can be applied to other societies.

Interviewer：In fact, you believe that there are dangers in the kind of generosity Dr. Gisemba has described?

Mr. Park：That's right. We believe that, as far as possible, people should provide for themselves, rather than depending on other people. If you just give people things freely without conditions — whether they work or not, whether they succeed or whether they fail — well, that encourages laziness, it encourages dependence. It sounds like heaven, but it doesn't work in the real world.

Interviewer：Dr. Gisemba, I wonder how you respond to that?

Dr. Gisemba：Well, my research question was, why do humans have an instinct for generosity? Mr. Park's question is, how should we organize society for the best? These are two different questions...

Mr. Park：The problem is, some people are going to think, "If humans have an instinct for generosity, then governments ought to be generous too." Dr. Gisemba rightly sees that these issues are separate, but some people are going to make the jump — mistakenly — from her question to mine.

Interviewer：But some people might say, why not connect these questions? If humans have an instinct to help one another, and if, as Dr. Gisemba has shown, societies that give freely are more likely to prosper, then why shouldn't governments be generous too?

Mr. Park：Well, modern urban societies are organized very differently

24 2018 年度 英語   東京大-理科前期

from Maasai society. If wealth is mainly in cattle, everyone can easily see whether a neighbor is truly in need or not. With us, wealth is often invisible, hidden in bank accounts for example, so it's easy for people who aren't really in need to cheat the system.

Dr. Gisemba : But systems of generosity can be found in other societies as well. Take Fiji, for example. In Fijian culture, wealth is easier to hide, yet they have a system which is very like the "Cord" system. It's called *kerekere*, which means "to request." In one experiment, fifty Fijian men were simply given an amount of money equal to a day's wages. On average, they only kept 12 % for themselves, and almost half gave all the money away.

Mr. Park : Of course, it's fine for people to give money away if they choose to. In fact, we think that the government should encourage donations to charities, churches, and so on. But if you just hand out money to anybody who asks, you reward the undeserving as well as the deserving.

Dr. Gisemba : But if you analyze the *kerekere* system, you find that the people who receive the most money from their friends are those who themselves have a good reputation for giving. So it seems that systems of generosity actually encourage honest behavior, rather than inviting people to "cheat the system."

Mr. Park : Well, another important difference is that Dr. Gisemba's research is based on small communities where people know each other. Maybe generosity works under these circumstances, but this is very different from a large government system that forces people to pay taxes to help others they've never met — the so-called "safety net." We think that this should provide only a basic minimum and no more.

Dr. Gisemba : I think there are good reasons to make the "safety net" as generous as we can afford. Firstly, we value fairness : life can be very unfair and we want to correct that if we can. Second, we want to live in a civilized society, and it's not civilized for large numbers of people to live below the poverty line.

Mr. Park : Of course, I'm not arguing that governments should let people who are genuinely in need starve to death. But it can't be right either for the government to force hard-working taxpayers to support people who could support themselves.

Interviewer : Well, I suppose politics has always been about finding a balance between competing philosophies. There we must end. But let me thank you both.

[問題(C)]

For centuries, sailors have told stories about monster waves, giant waves as tall as a 9- or 10-storey building that suddenly rise in the middle of the ocean, as if out of nowhere. And for centuries, those who live on land, having never seen them, have dismissed stories of these waves as fairy tales—exaggerations or outright fantasies—like the old stories of mermaids and dragons. But new evidence confirms that monster waves are real, and happen much more often than anyone thought.

In 1978, a German cargo ship disappeared in the middle of the Atlantic, with the loss of 27 crew. Investigators recovered a lifeboat that showed signs of having been struck by an extreme force. The lifeboats on that ship were stored 20 metres above the water.

Then, in 1995, a huge wave hit an oil drilling platform off Norway during a hurricane. Twelve-metre waves were hitting the platform. Everyone was inside to escape the storm, so no one saw the monster wave, but laser equipment measured it at 26 metres high.

According to the standard theory of how waves form, a wave that enormous should occur only once every 10,000 years.

Scientists were shocked and began using satellite images to locate and count these monster waves. A study of one three-week period in 2003, using 30,000 satellite images, found 10 waves that were 25 metres or more in height.

How can this phenomenon be explained? The standard theory treats waves as individuals that grow larger when one wave overtakes and merges with another. But a new theory suggests that waves can organize themselves into groups, which tend to stay together over time. According to that theory, waves within groups can pass energy to each other, creating terrifying waves like the ones that struck in 1978 and 1995. If this theory proves true, it might be possible to forecast these giants, and thus give an early warning to ships and oil platforms that are in danger.

The sea, as sailors have always known, is unpredictable, yet still we try to prepare for the most dangerous ocean events. Monster waves can do immense damage—another such wave sank an American cargo ship in October 2015, taking 33 lives. And as global warming pumps more energy into the earth's wind and ocean systems, these extraordinary events are likely to become more frequent. That is why new approaches are being developed to keep ships and oil platforms safe, including new designs that can survive the devastating impact of monster waves, waves that were once thought to exist only in the imagination of sailors.

東京大-理科前期 2018 年度 数学 *27*

数学

(150 分)

1 関数

$$f(x) = \frac{x}{\sin x} + \cos x \quad (0 < x < \pi)$$

の増減表をつくり，$x \to +0$，$x \to \pi - 0$ のときの極限を調べよ。

2 数列 a_1, a_2, $\cdots$ を

$$a_n = \frac{{}_{2n+1}C_n}{n!} \quad (n = 1, 2, \cdots)$$

で定める。

(1) $n \geqq 2$ とする。$\dfrac{a_n}{a_{n-1}}$ を既約分数 $\dfrac{q_n}{p_n}$ として表したときの分母 $p_n \geqq 1$ と分子 q_n を求めよ。

(2) a_n が整数となる $n \geqq 1$ をすべて求めよ。

3 放物線 $y = x^2$ のうち $-1 \leqq x \leqq 1$ をみたす部分を C とする。座標平面上の原点 Q と点 A $(1, 0)$ を考える。$k > 0$ を実数とする。点 P が C 上を動き，点 Q が線分 OA 上を動くとき，

$$\overrightarrow{\mathrm{OR}} = \frac{1}{k}\overrightarrow{\mathrm{OP}} + k\overrightarrow{\mathrm{OQ}}$$

をみたす点 R が動く領域の面積を $S(k)$ とする。

$S(k)$ および $\lim\limits_{k \to +0} S(k)$，$\lim\limits_{k \to \infty} S(k)$ を求めよ。

$\boxed{4}$ $a>0$ とし,
$$f(x) = x^3 - 3a^2x$$
とおく。次の2条件をみたす点 (a, b) の動きうる範囲を求め,座標平面上に図示せよ。

条件1:方程式 $f(x) = b$ は相異なる3実数解をもつ。

条件2:さらに,方程式 $f(x) = b$ の解を $\alpha < \beta < \gamma$ とすると $\beta > 1$ である。

$\boxed{5}$ 複素数平面上の原点を中心とする半径1の円を C とする。点 $P(z)$ は C 上にあり,点 $A(1)$ とは異なるとする。点Pにおける円 C の接線に関して,点Aと対称な点を $Q(u)$ とする。$w = \dfrac{1}{1-u}$ とおき,w と共役な複素数を $\overline{w}$ で表す。

(1) u と $\dfrac{\overline{w}}{w}$ を z についての整式として表し,絶対値の商 $\dfrac{|w+\overline{w}-1|}{|w|}$ を求めよ。

(2) C のうち実部が $\dfrac{1}{2}$ 以下の複素数で表される部分を C' とする。点 $P(z)$ が C' 上を動くときの点 $R(w)$ の軌跡を求めよ。

$\boxed{6}$ 座標空間内の4点 $O(0, 0, 0)$,$A(1, 0, 0)$,$B(1, 1, 0)$,$C(1, 1, 1)$ を考える。

$\dfrac{1}{2} < r < 1$ とする。点Pが線分 OA,AB,BC 上を動くときに点Pを中心とする半径 r の球(内部を含む)が通過する部分を,それぞれ V_1,V_2,V_3 とする。

(1) 平面 $y = t$ が V_1,V_3 双方と共有点をもつような t の範囲を与えよ。さらに,この範囲の t に対し,平面 $y = t$ と V_1 の共通部分および,平面 $y = t$ と V_3 の共通部分を同一平面上に図示せよ。

東京大-理科前期   2018 年度　数学　*29*

(2)　V_1 と V_3 の共通部分が V_2 に含まれるための r についての条件を求め
　　　よ。

(3)　r は(2)の条件をみたすとする。V_1 の体積を S とし，V_1 と V_2 の共通
　　　部分の体積を T とする。V_1, V_2, V_3 を合わせて得られる立体 V の体
　　　積を S と T を用いて表せ。

(4)　ひきつづき r は(2)の条件をみたすとする。S と T を求め，V の体積
　　　を決定せよ。

物理

（2 科目 150 分）

（注）　解答用紙は，〈理科〉共通。1 行：約 23.5 センチ，35 字分の区切りあり。1・2 は各 25 行，3 は 50 行。

1 　図 1－1 のように水平な床の上に質量 M の台がある。台の中央には柱があり，柱上部の点 P に質量 m の小球を長さ L の伸び縮みしない糸でつるした振り子が取り付けられている。床に固定された x 軸をとり，点 O を原点，水平方向右向きを正の向きとする。小球と糸は，柱や床に接触することなく x 軸を含む鉛直面内を運動するものとする。また，床と台の間に摩擦はなく，台は傾くことなく x 軸方向に運動するものとする。以下の設問に答えよ。ただし，重力加速度の大きさを g とし，小球の大きさ，糸の質量，および空気抵抗は無視できるとする。

I　図 1－1 のように，振り子の糸がたるまないように小球を鉛直方向から角度 θ_0 $\left(0<\theta_0<\dfrac{\pi}{2}\right)$ の位置まで持ち上げ，台と小球が静止した状態から静かに手をはなしたところ，台と小球は振動しながら運動した。

(1)　小球が最初に最下点を通過するときの，小球の速度の x 成分を求めよ。

(2)　ある時刻における台の速度の x 成分を V，小球の速度の x 成分を v とする。このとき，点 P から距離 l だけ離れた糸上の点の速度の x 成分を，V, v, l, L を用いて表せ。

(3)　点 P からの距離が $l=l_0$ の糸上の点 Q は，x 軸方向には運動しない。l_0 を，M, m, L を用いて表せ。

(4)　角度 θ_0 が十分小さい場合の台と小球の運動を考える。この運動の周期 T_1 は，点 Q から見た小球の運動を考察することで求めることができる。周期 T_1 を，M, m, g, L を用いて表せ。ただし，θ_0 が十分

小さいため，点Qの鉛直方向の運動は無視できるとする。また，$|\theta|$ が十分小さいときに成り立つ近似式，$\sin\theta \fallingdotseq \theta$ を用いてよい。

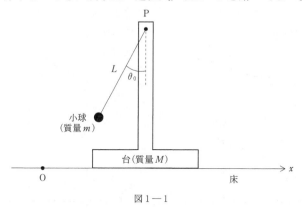

図1-1

II 時刻 $t=0$ で台と小球が静止し，振り子が鉛直下向きを向いている。このとき，小球は床から高さ h の位置にある。この状態から図1-2のように，時刻 $t\geqq 0$ で台が加速度 a $(0<a<g)$ で x 軸の正の向きに等加速度運動するように，台に力 $F(t)$ を加え続けた。その結果，時刻 $t=t_0$ で，小球の高さがはじめて最大となった。

(1) 時刻 $t=t_0$ での小球の高さを，L，h，g，a を用いて表せ。
(2) 時刻 $t=0$ から t_0 までの間に，力 $F(t)$ がした仕事を，M，m，g，a，t_0，L を用いて表せ。

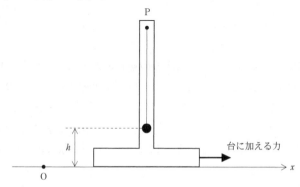

図1-2

(3) 台に加えた力 $F(t)$ のグラフとして最も適切なものを，以下のア〜カから一つ選んで答えよ。

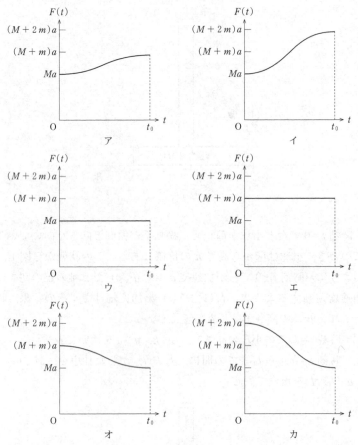

(4) 時刻 $t = t_0$ で，台に力を加えるのを止めたところ，台と小球はその後も運動を続けた。時刻 $t \geq t_0$ における糸上の点Qの速度の x 成分を求めよ。また，a が g に比べて十分小さいとき，時刻 $t \geq t_0$ における点Qから見た小球の振動の周期 T_2 を，M, m, g, L を用いて表せ。ただし，$|\theta|$ が十分小さいときに成り立つ近似式，$\sin\theta \fallingdotseq \theta$ を用いてよい。

2

真空中に置かれた，ばねを組み込んだ平行板コンデンサーに関する以下の設問に答えよ。ただし，真空の誘電率を ε_0 とし，ばね自身の誘電率による電気容量の変化は無視できるとする。また，金属板は十分広く端の効果は無視できるものとし，金属板間の電荷の移動は十分速くその移動にかかる時間も無視できるものとする。さらに，金属板の振動による電磁波の発生，および重力の影響も無視できるとする。

Ⅰ 図2－1のように，同じ面積 S の2枚の金属板からなる平行板コンデンサーが電源につながれている。2枚の金属板は，ばね定数 k の絶縁体のばねでつながれており，上の金属板はストッパーで固定されている。下の金属板は質量 m をもち，上の金属板と平行のまま上下に移動し，上の金属板との間隔を変化させることができる。

電源の電圧を V にしたところ，ばねは自然長からわずかに縮み，金属板の間隔が d となる位置で静電気力とばねの弾性力がつりあい，下の金属板は静止した。

(1) 金属板間に働いている静電気力の大きさを求めよ。

(2) ばねに蓄えられている弾性エネルギーを求めよ。

(3) この状態から，下の金属板を引っ張り，上の金属板との間隔を d から $d+\Delta$ までわずかに広げてはなすと，下の金属板はつりあいの位置を中心に単振動した。この単振動の周期を求めよ。ただし，$|\alpha|$ が1より十分小さい実数 α に対して成り立つ近似式，$(1+\alpha)^{-2} \fallingdotseq 1-2\alpha$ を用いてよい。

補足説明：(3)において，電源の電圧は V で一定に保たれている。

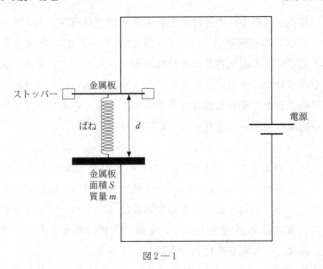

図2−1

Ⅱ 図2−2のような同じ面積 S の5枚の金属板からなる平行板コンデンサーを含む回路を考える。金属板1,2,4,5は固定されている。質量 m をもつ金属板3は、金属板4にばね定数 k の絶縁体のばねでつながれており、ほかの金属板と平行のまま上下に移動することができる。金属板2,3,4には、それぞれ、$-Q$, $+2Q$, $-Q$ の電荷が与えられている。金属板1と5は、図2−2に示すような電源と二つのスイッチを含んだ回路に接続されている。はじめ、スイッチ1は閉じ、スイッチ2は開いており、電源の電圧は0であった。このとき、5枚の金属板は静止しており、隣り合った金属板の間隔はすべて l で、ばねは自然長になっていた。

まず、電源の電圧を0から小さな値 V $(V>0)$ までゆっくり変化させた。この過程で金属板3は常に力のつりあいを保ちながら移動し、金属板1と金属板5にはそれぞれ $-q$, $+q$ の電荷が蓄えられた。

補足説明:ばね定数 k は十分に大きいものとする。

(1) このとき、金属板3の元の位置からの変位 x を、ε_0, Q, q, k, S を用いて表せ。ただし、図2−2中の下向きを x の正の向きとする。

(2) このときの $\dfrac{q}{V}$ を全電気容量とよぶ。$\dfrac{q}{V}$ を、ε_0, Q, k, S, l を用いて表せ。

(3) 次に，スイッチ1を開きスイッチ2を閉じると金属板3は単振動した。この運動において，金属板3の図2－2の位置からの変位がxのときの金属板5の電荷を，Q, x, lを用いて表せ。ただし，図2－2中の下向きをxの正の向きとする。

(4) 設問Ⅱ(3)の単振動の周期を求めよ。

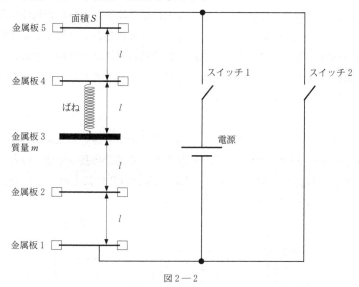

図2－2

3　図3のように，鉛直方向に立てられた3つの円柱状の容器A，容器B，容器Cが管でつながれている。3つの円柱の断面積は等しく，全てSである。容器内には密度が一様な液体が入っており，液体は管を通して3つの容器の間を自由に移動できる。容器Aと容器Bの上端は閉じられ，容器Cの上端は開いている。容器Aの液面より上は何もない空間（真空）であり，容器Bの液面より上には単原子分子の理想気体が入っている。以下の設問に答えよ。ただし，気体と液体および気体と容器の間の熱の移動はないものとする。また，各容器の液面は水平かつ常に管より上にあり，液体の蒸発や体積の変化は無視できるものとし，容器Bの気体のモル数は常に一定であるとする。

I　最初，図3のように容器A，容器Bの液面が容器Cの液面に比べてそれぞれ$5h$，$2h$だけ高く，また容器Aの真空部分の長さがh，容器Bの気体部分の長さが$4h$であった。このとき容器Bの気体の圧力p_1を，外気圧p_0を用いて表せ。

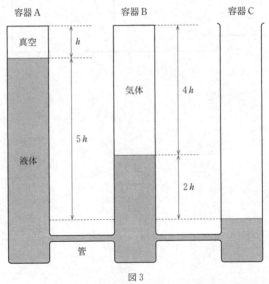

図3

東京大-理科前期　　　　　　　　　　　　　　　　　　　　　2018 年度　物理　37

Ⅱ　図 3 の状態から，外気圧を p_0 に保ったまま，容器Bの気体にわずか
　な熱量をゆっくりと与えたところ，容器Bの液面が x だけわずかに下が
　った。

　⑴　容器A，容器Cの液面はそれぞれどちら向きにどれだけ移動するか
　　　を答えよ。

　⑵　容 器 B の 気 体 の 体 積，圧 力，温 度 が (V_1, p_1, T_1) か ら
　　　$(V_1 + \Delta V, p_1 + \Delta p, T_1 + \Delta T)$ に変化したとする。体積と圧力の変化
　　　率 $\dfrac{\Delta V}{V_1}$，$\dfrac{\Delta p}{p_1}$ を，x と h を用いて表せ。

　⑶　容器Bの気体がした仕事 W を求めよ。ただし，x は h に比べて十
　　　分小さく，容器Bの気体の圧力は p_1 で一定であるとして，x^2 に比例
　　　する項は無視してよい。

　⑷　液体の位置エネルギーの変化を ΔE とする。ΔE は，容器Bの液面
　　　付近にある厚さ x，断面積 S の液体が，容器A，容器Cの液面付近に
　　　移動したと考えることによって求められる。ΔE を p_0，p_1，x，h，S
　　　のうち必要なものを用いて表せ。ただし，設問Ⅱ⑶と同様に，x^2 に
　　　比例する項は無視してよい。

　⑸　W と ΔE が等しいか等しくないかを答え，等しくない場合はその
　　　原因を簡潔に述べよ。

Ⅲ　図 3 の状態から，外気圧を p_0 に保ったまま容器Bの気体に熱量をゆ
　っくり与えていったところ，ある時点で容器Aの液面がちょうど上端に
　達し，真空部分がなくなった。

　⑴　この時点での容器Bの気体の体積，圧力，温度 (V_2, p_2, T_2) は，
　　　熱量を与える前の値 (V_1, p_1, T_1) のそれぞれ何倍になっているか
　　　を答えよ。

　⑵　この時点までに容器Bの気体に与えられた熱量 Q と温度変化
　　　$T_2 - T_1$ の比 $C = \dfrac{Q}{T_2 - T_1}$ を，容器Bの気体のモル数 n と気体定数 R
　　　を用いて表せ。

化学

（2科目150分）

(注) 解答用紙は,〈理科〉共通。1行：約23.5センチ,35字分の区切りあり。1・2は各25行, 3は50行。

1 次の文章を読み, 問ア〜コに答えよ。必要があれば以下の値を用いよ。構造式は例にならって示せ。

元 素	H	C	N	O	S
原子量	1.0	12.0	14.0	16.0	32.1

（構造式の例）

　二分子のα-アミノ酸の脱水縮合反応で得られるジペプチドにおいて,末端アミノ基と末端カルボキシ基の間でさらに分子内脱水縮合反応が進行すると,ジケトピペラジンとよばれる環状のペプチドが得られる。ジケトピペラジン類は多くの食品に含まれ,その味に影響することが知られている。また,いくつかのジケトピペラジン類は医薬品の候補としても注目されている。

東京大-理科前期   2018 年度　化学　39

　ジケトピペラジン類 A，B，C，D に関して，次の実験を行った。A，
B，C，D の構成要素となっている α-アミノ酸はすべて L 体である。側
鎖（$-R^1$，$-R^2$）の構造は，次の①～⑧の候補から選ぶこととする。

①　$-CH_2-SH$

②　$-\underset{\underset{OH}{|}}{CH}-CH_3$

③　$-CH_2-\underset{\underset{O}{\|}}{C}-OH$

④　$-CH_2-\bigcirc-OH$

⑤　$-CH_2-\bigcirc$

⑥　$-CH_2-CH_2-S-CH_3$

⑦　$-\underset{\underset{CH_3}{|}}{CH}-CH_3$

⑧　$-CH_2-CH_2-CH_2-CH_2-NH_2$

実験 1：A，B，C，D それぞれに含まれるアミド結合を塩酸中で完全に
　　　　加水分解したところ，A，C，D からは二種類の α-アミノ酸が
　　　　得られたが，B からは一種類の α-アミノ酸のみが得られた。

実験 2：A，B，C，D それぞれを十分な量のナトリウムとともに加熱融
　　　　解し，A，B，C，D を分解した。(i)エタノールを加えて残存し
　　　　たナトリウムを反応させた後に，水で希釈した。(ii)これらの溶液
　　　　に酢酸鉛（Ⅱ）水溶液を加えると黒色沈殿が生じたのは，A と C の
　　　　場合のみであった。

実験 3：A，B，C，D それぞれを濃硝酸に加えて加熱すると，A，B の
　　　　みが黄色に呈色した。

実験 4：A，B，C，D のうち B のみが，(iii)塩化鉄（Ⅲ）水溶液を加えると
　　　　紫色に呈色した。

実験 5：A を過酸化水素水に加えると，分子間で　a　結合が形成され，
　　　　二量体を与えた。この結合は　b　剤と反応させることで切断
　　　　され，もとの A が得られた。

実験 6：実験 1 における B の加水分解後の生成物を十分な量の臭素と反応
　　　　させたところ，二つの臭素原子を含む化合物 E が得られた。

実験 7：C を完全燃焼させると，66.0mg の二酸化炭素と 24.3mg の水が
　　　　生じた。

実験 8：D を無水酢酸と反応させたところ，化合物 F が得られた。

実験 9：D，F それぞれの電気泳動を行った。D は塩基性条件下で陽極側

40 2018 年度 化学 東京大-理科前期

に大きく移動したが，中性条件下ではほぼ移動しなかった。一方
で，Ｆは塩基性条件下でも中性条件下でも陽極側に大きく移動し
た。

〔問〕

ア 下線部(i)について，エタノールとナトリウムとの反応の化学反応式
を示せ。

イ 下線部(ii)の現象から推定される側鎖構造の候補を，①〜⑧の中から
すべて答えよ。

ウ 下線部(iii)の現象から推定される側鎖構造の候補を，①〜⑧の中から
すべて答えよ。

エ a ， b にあてはまる語句をそれぞれ記せ。

オ Ａ，Ｂの立体異性体は，それぞれいくつ存在するか答えよ。なお，
立体異性体の数にＡ，Ｂ自身は含めない。

カ Ｅの構造式を示せ。

キ Ｃに含まれる炭素原子と水素原子の数の比を整数比で求めよ。答え
に至る過程も記せ。

ク Ｃの構造について，①〜⑧の数字で $-R^1$，$-R^2$ の組み合わせを答
えよ。数字の順序は問わない。

ケ Ｄの構造について，①〜⑧の数字で $-R^1$，$-R^2$ の組み合わせを答
えよ。数字の順序は問わない。また，実験9の電気泳動において，Ｄ
が中性条件下でほぼ移動しなかった理由を簡潔に説明せよ。

コ Ｆの構造式を示せ。

東京大-理科前期   2018 年度　化学　*41*

2

次の文章を読み，問ア～ケに答えよ。必要があれば表 2 ― 1 および表 2 ― 2 に示す値を用いよ。

金属酸化物は，金属元素の種類に応じてさまざまな性質を示し，工業的には耐熱材料や触媒として有用である。表 2 ― 1 は，Mg，Al，Ca，Ba の四つの元素からなる代表的な酸化物の特徴を示している。一般に金属酸化物を得るには，金属単体を酸化する方法や①金属元素を含む化合物を加熱する方法がある。

天然に産出する金属酸化物の中には，金属の単体を製造する際の原料として用いられるものがある。たとえば，②Al 単体は，融解した氷晶石に③純粋な Al_2O_3 を少しずつ溶かし，融解塩電解することで得られる。④この融解塩電解では，用いる電解槽の内側を炭素で覆い，これを陰極とし，炭素棒を陽極としている。

表 2 ― 1　Mg，Al，Ca，Ba の各元素の代表的な酸化物の性質

酸　化　物　の　組　成	MgO	Al_2O_3	CaO	BaO
酸　化　物　の　密　度 [g/cm³]	3.65	3.99	3.34	5.72
金属イオンのイオン半径 [nm]	0.086	0.068	0.114	0.149

表 2 ― 2　各元素の性質

元　　　　　　　素	C	O	Mg	Al	Ca	Ba
原　　子　　量	12.0	16.0	24.3	27.0	40.1	137
単 体 の 密 度 [g/cm³]	―	―	1.74	2.70	1.55	3.51
単 体 の 融 点 [℃]	―	―	649	660	839	727

〔問〕

ア　下線部①の例として，消石灰 $Ca(OH)_2$ の水溶液に適量の CO_2 を吹き込んで得られる白色沈殿を取り出し，これを強熱して生石灰 CaO が生じる反応があげられる。$Ca(OH)_2$ から白色沈殿が生成する反応と，白色沈殿から CaO が生成する反応のそれぞれについて化学反応式を示せ。

イ　MgO，CaO，BaO の結晶は，いずれも図 2 ― 1 に模式的に示す NaCl 型の結晶構造をもつイオン結晶である。MgO の単位格子の一辺の長さ（図中の a）が 0.42 nm であるとき，CaO の単位格子の一辺の長さを有効数字 2 桁で求めよ。ただし，O^{2-} のイオン半径はどの結晶中でも同じものとする。

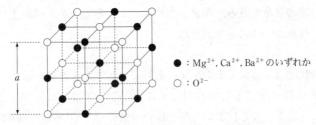

図 2−1 MgO, CaO, BaO の結晶構造の模式図

ウ 物質の融点は，その物質を構成する粒子間にはたらく化学結合と深く関係する。MgO，CaO，BaO の結晶のうち最も融点の高いものを推定し，化学式とともに，その理由を記せ。

エ 表に基づき，Al の単体を酸化して Al_2O_3 を得るときの酸化物と単体の体積比（＝酸化物の体積÷単体の体積）を，有効数字 2 桁で求めよ。

オ 下線部②における Al の単体は，Al^{3+} を含む水溶液の電気分解では得ることができない。その理由を簡潔に説明せよ。

カ 下線部③における純粋な Al_2O_3 は，天然のボーキサイトを精製することで得られる。バイヤー法とよばれる精製法では，ボーキサイトを濃水酸化ナトリウム水溶液に加熱溶解させる。その際，水酸化ナトリウムはボーキサイトに含まれる $Al_2O_3 \cdot 3H_2O$ と反応する。その反応の化学反応式を示せ。

キ 問カの反応で生成する水溶液の pH を調整すると，錯イオン $[Al(H_2O)_m(OH)_n]^{(3-n)+}$ が生成しうる。$m+n=6$ で表わせる錯イオンのうち，$n=2$ のときのすべての幾何異性体の立体構造を描け。ただし，H_2O と OH^- の立体構造は考慮しなくてよい。

ク 下線部④において，陽極で CO と CO_2 が発生した。それぞれが発生する際の陽極での反応を電子 e^- を用いた反応式で示せ。

ケ 下線部④において，陽極の炭素が 72.0 kg 消費され，陰極で Al が 180 kg 生成した。また，陽極では CO と CO_2 が発生した。このとき，発生した CO_2 の質量は何 kg か，有効数字 3 桁で答えよ。答えに至る過程も記せ。

東京大-理科前期   2018 年度　化学　*43*

3

次の I，II の各問に答えよ。必要があれば以下の値を用いよ。
気体定数　$R = 8.3 \times 10^3 \, \mathrm{Pa \cdot L/(K \cdot mol)}$

I　次の文章を読み，問ア〜オに答えよ。

　　濃度 $9.0 \times 10^{-2} \, \mathrm{mol/L}$ の塩酸 2.0 L に，気体のアンモニアを圧力 $1.0 \times 10^5 \, \mathrm{Pa}$ のもとで毎分 0.20 L の速度で溶かした。アンモニアの導入を開始した時刻を $t = 0$ 分とし，$t = 40$ 分にアンモニアの供給を止めた。$t = 40$ 分から濃度 1.0 mol/L の水酸化ナトリウム水溶液を毎分 10 mL の速度で滴下し，$t = 80$ 分に止めた。この水溶液に $\boxed{a}$ mol の塩化アンモニウムを溶解させたところ，水素イオン濃度は $1.0 \times 10^{-9} \, \mathrm{mol/L}$ となった。

　　気体のアンモニアは理想気体とし，アンモニアと塩化アンモニウムはすべて水溶液に溶けるものとする。また，アンモニアの溶解による溶液の体積変化は無視できるものとし，すべての時刻において温度は 27℃ で一定であり，平衡が成立しているものとする。

　　アンモニアは水溶液中で以下のような電離平衡にある。

$$\mathrm{NH_3 + H_2O \rightleftharpoons NH_4^+ + OH^-}$$

この平衡における塩基の電離定数 K_b は，

$$K_b = \frac{[\mathrm{NH_4^+}][\mathrm{OH^-}]}{[\mathrm{NH_3}]} = 1.8 \times 10^{-5} \, \mathrm{mol/L}$$

で与えられる。

〔問〕

ア　$t = 10$ 分における水素イオン濃度を有効数字 2 桁で求めよ。答えに至る過程も記せ。

イ　アンモニウムイオン $\mathrm{NH_4^+}$ は，水溶液中で次の電離平衡にある。

$$\mathrm{NH_4^+ \rightleftharpoons NH_3 + H^+}$$

　　アンモニウムイオンの電離定数 K_a を有効数字 2 桁で求めよ。
　　ただし，水のイオン積 K_w は，$K_w = [\mathrm{H^+}][\mathrm{OH^-}] = 1.0 \times 10^{-14}$ $(\mathrm{mol/L})^2$ とする。

ウ　$t = 40$ 分における水素イオン濃度を有効数字 2 桁で求めよ。答えに

至る過程も記せ。

エ　$t=0$ 分から $t=80$ 分における pH の変化の概形として最も適当なものを図3-1の(1)〜(6)のうちから選べ。

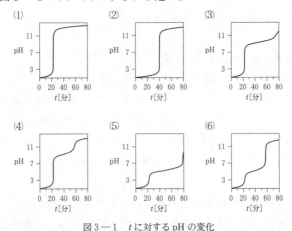

図3-1　t に対する pH の変化

オ　　a　　にあてはまる数値を有効数字2桁で求めよ。

II　次の文章を読み，問カ〜コに答えよ。

　メタンは，化石資源である天然ガスの主成分として産出される。天然ガスを冷却して液体にしたものは液化天然ガスとよばれ，運搬が容易であり，広く燃料として利用されている。メタンは，化学工業における重要な原料でもある。Niなどの触媒を使って高温でメタンと水蒸気を反応させることにより，一酸化炭素と水素が製造されている。この反応をメタンの水蒸気改質反応とよぶ。さらに，一酸化炭素と水素を，CuとZnOを成分とする触媒を使って反応させることにより，メタノールが工業的に合成されている。

〔問〕

　カ　一定圧力のもとで理想気体の温度を下げていくと，その体積はシャルルの法則にしたがって直線的に減少し，絶対温度0Kで体積は0になる。横軸を絶対温度，縦軸を体積とした理想気体のグラフを図3-

2に破線で示した。一方，実在気体では，臨界点より低く三重点より高い一定圧力のもとで，温度を下げていくと，分子間力のために温度 T_1 で凝縮して液体になる。さらに温度を下げて温度 T_2 に達すると，凝固し固体になる。図3－2を解答用紙に描き写し，絶対温度に対する実在気体およびその液体と固体の体積の変化を示すグラフを，理想気体との違いがわかるように同じ図の中に実線で描け。

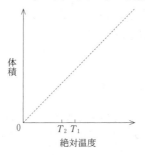

図3－2　物質の絶対温度と体積の関係

キ　メタンの水蒸気改質反応を化学反応式で示せ。

ク　一酸化炭素と水素からメタノールを合成する反応は，以下の式1で表すことができる。

$$\mathrm{CO\,(気)} + 2\mathrm{H_2\,(気)} \rightleftharpoons \mathrm{CH_3OH\,(気)} \qquad (式1)$$

　　この反応を利用したメタノールの合成が，高圧下で行われる理由を説明せよ。

ケ　2Lの密閉容器に，1.56 molの一酸化炭素，2.72 molの水素および触媒を封入して，ある温度に保った。式1において，平衡に達したとき，0.24 molの水素が残っていた。このとき，容器内に存在する一酸化炭素およびメタノールの物質量をそれぞれ求めよ。

コ　室温で，CO（気）の生成熱が110 kJ/mol，$\mathrm{CO_2}$（気）の生成熱が394 kJ/mol，$\mathrm{H_2}$（気）の燃焼熱が286 kJ/mol，$\mathrm{CH_3OH}$（液）の燃焼熱が726 kJ/mol，$\mathrm{CH_3OH}$（液）の蒸発熱が38 kJ/molであるとき，式1で1 molの$\mathrm{CH_3OH}$（気）を合成するときの反応熱を求めよ。反応熱を求めるために必要な熱化学方程式を示し，答えに至る過程も記せ。さらに，式1のメタノール生成反応は，発熱反応か吸熱反応かを答えよ。

生物

（2科目 150分）

（注）解答用紙は，〈理科〉共通。1行：約 23.5 センチ，35 字分の区切りあり。1・2は各 25 行，3は 50 行。

1 次のⅠ，Ⅱの各問に答えよ。

補足説明：図1－1，図1－2，図1－6の中，白い四角部分はエキソンをあらわし，山型の実線はスプライシングにより除去される領域をあらわす。

Ⅰ 次の文章を読み，問A～Dに答えよ。

　真核細胞において，核内でDNAから(ア)転写されたmRNA前駆体の多くはスプライシングを受ける。(イ)スプライシングが起きる位置や組み合わせは一意に決まっているわけではなく，細胞の種類や状態などによって変化する場合がある。これを選択的スプライシングと呼ぶ。選択的スプライシングは，mRNA前駆体に存在する様々な塩基配列に，近傍のスプライシングを促進したり阻害したりする作用を持つタンパク質が結合することによって，複雑かつ緻密に制御されている。例えば，(ウ)哺乳類の α-トロポミオシン遺伝子は，1aから9dまで多くのエキソンを持つが，発現する部位によって様々なパターンの選択的スプライシングを受け（図1－1），これによって作られるタンパク質のポリペプチド鎖の長さやアミノ酸配列も変化する（表1－1）。

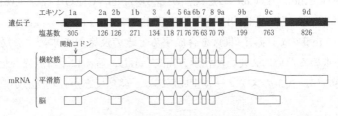

図1－1　α-トロポミオシン遺伝子の選択的スプライシングの例

表1−1　各発現部位におけるα-トロポミオシンタンパク質のポリペプチド鎖の長さ

横紋筋	平滑筋	脳
284アミノ酸	284アミノ酸	281アミノ酸

　近年，スプライシングを補正してヒトの遺伝病の治療につなげようとする研究が精力的に行われている。ヒトの5番染色体に存在する SMN1（survival motor neuron 1）遺伝子とそのすぐ隣にある SMN2 遺伝子は，塩基配列がほとんど同じであるが，図1−2に示す通り，(エ)エキソン7内部のある1つの塩基が，SMN1 遺伝子ではCであるのに対し，SMN2 遺伝子ではTになっているという違いがある。これにより，SMN2 遺伝子から作られる mRNA の約9割では，スプライシングの際にエキソン7が使用されず，スキップされた状態となっている。このようにエキソン7がスキップされた mRNA から作られるタンパク質（Δ7型 SMN タンパク質と呼ぶ）は安定性が低く，すぐに分解されてしまう。一方，SMN2 遺伝子から作られる mRNA の残りの約1割では，スプライシングの際にエキソン7が使用され，SMN1 遺伝子由来のタンパク質と同じアミノ酸配列を持つタンパク質（全長型 SMN タンパク質と呼ぶ）が作られる（図1−2）。ヒトにおいて，SMN1 遺伝子の欠損を原因とする脊髄性筋萎縮症と呼ばれる遺伝病が知られている。最近，(オ)脊髄性筋萎縮症の治療に，スプライシングを補正する作用を持つ人工的な核酸分子Xが有効であることが示され，注目を集めている。

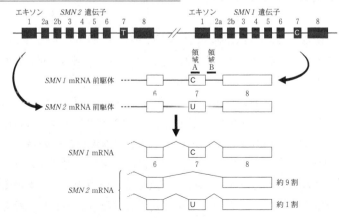

図1−2　ヒトの SMN1 遺伝子と SMN2 遺伝子およびそれらの転写とスプライシング

48 2018 年度　生物　　　　　　　　　　　　　　　　　　　　　　東京大-理科前期

〔問〕

A　下線部(ア)について。真核生物における転写の基本的なメカニズムについて，以下の語句をすべて用いて 3 行程度で説明せよ。同じ語句を繰り返し使用してもよい。

　　　基本転写因子，プロモーター，RNA ポリメラーゼ，
　　　片方の DNA 鎖，5′→3′

B　下線部(イ)について。異なる塩基配列の 6 つのエキソン（エキソン 1 〜 6 と呼ぶ）を持つ遺伝子があるとする。スプライシングの際，エキソン 1 とエキソン 6 は必ず使用されるが，エキソン 2 〜 5 がそれぞれ使用されるかスキップされるかはランダムに決まるとすると，理論上，合計で何種類の mRNA が作られるか答えよ。ただし，スプライシングの際にエキソンの順番は入れ替わらず，エキソンとイントロンの境目の位置は変わらないものとする。

C　下線部(ウ)について。α-トロポミオシン mRNA の開始コドンは，図 1 − 1 に点線で示すとおり，エキソン 1a の 192〜194 塩基目に存在する。図 1 − 1 および表 1 − 1 の情報から，平滑筋で発現している α-トロポミオシン mRNA 上の終止コドンは，どのエキソンの何塩基目から何塩基目に存在すると考えられるか答えよ。

解答例：エキソン 1b の 51〜53 塩基目

D　下線部(エ)および(オ)について。以下の文中の空欄 a 〜 e に当てはまるもっとも適切な語句を，以下の選択肢①〜⑩から選べ。同じ選択肢を繰り返し使用してもよい。解答例：a —①，b —②

　　SMN1 mRNA 前駆体の領域 A（図 1 − 2）の塩基配列は CAGACAA であり，スプライシングの制御に関わるタンパク質 Y は，この塩基配列を認識して結合する。しかし，*SMN2* mRNA 前駆体の領域 A の塩基配列は　a　となっており，ここにはタンパク質 Y は結合できない。これらのことから，タンパク質 Y には，スプライシングの際にエキソン 7 が　b　されることを促進するはたらきがあると考えられる。

一方，*SMN1* mRNA 前駆体と *SMN2* mRNA 前駆体で共通の領域 B（図1−2）には，スプライシングの制御に関わるタンパク質Zが認識して結合する塩基配列が存在する。脊髄性筋萎縮症の治療に有効な人工核酸分子Xは，領域Bの塩基配列と相補的に結合し，タンパク質Zの領域Bへの結合を阻害すると考えられている。これらのことから，タンパク質Zには，スプライシングの際にエキソン7が　 c 　されることを促進するはたらきがあり，人工核酸分子Xは，　 d 　遺伝子のスプライシングを補正することによって，　 e 　型 SMN タンパク質を増加させる作用を持つと考えられる。

① TAGACAA　　② CATACAA　　③ UAGACAA

④ CAUACAA　　⑤ 使　用　　⑥ スキップ

⑦ *SMN1*　　⑧ *SMN2*　　⑨ *Δ7*

⑩ 全　長

Ⅱ　次の文章を読み，問E〜Hに答えよ。

　　近年の塩基配列解析装置の急速な進歩によって，生体内に存在する RNA を網羅的に明らかにする「RNA-Seq」と呼ばれる解析を行うことが可能になった（図1−3）。例えば，今日用いられているある装置を用いて RNA-Seq を行った場合，長い RNA の塩基配列全体を決定することはできないが，それらの RNA を切断することで得られる短い RNA について，数千万を超える分子数の RNA の塩基配列を一度に決定することができる。こうして決定される一つ一つの短い塩基配列を「リード配列」と呼び，DNA に含まれる4種類の塩基を表すA，C，G，Tのアルファベットをヌクレオチド鎖の5′→3′の順に並べた文字列として表す（塩基配列決定の際に RNA は DNA に変換されるため，UはTとして読まれる）。リード配列を決定した後，そのリード配列の元となった短い RNA がゲノム中のどの位置から転写された RNA に由来するかを決めるためには，コンピュータを用いて，ヌクレオチド鎖の向きも含めてリード配列と一致する塩基配列がゲノムの中に出現する位置を見つける「マッピング」と呼ばれる解析を行う。今日の生物学では，このように膨大なデータを情報科学的に解き明かしていくバイオインフォマティクスが重要となっている。

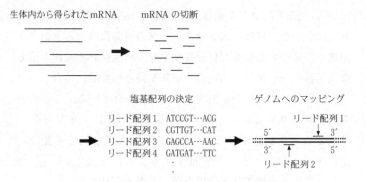

図1−3 mRNAを対象としたRNA-Seqの概略図

〔問〕

E　ヒトのゲノム（核相 n の細胞が持つ全DNA）の塩基対数はおよそ 3×10^{f} である。空欄 f に当てはまる整数を答えよ。

F　一般に，真核生物の遺伝子から転写されたmRNA前駆体には，スプライシングが起きるほか，アデニンが多数連なったポリA配列と呼ばれる構造が付加される。これを利用して，真核生物の生体内から得られたRNAを，ある塩基が多数連なった一本鎖のDNAが結合した材質に吸着させることで，mRNAを濃縮して解析することができる。その塩基の名称をカタカナで答えよ。

G　リード配列が「ある特徴」を持つ場合，そのリード配列と一致する塩基配列はゲノムの2つのヌクレオチド鎖の全く同じ位置に出現する（図1−4）。「ある特徴」とはどのようなものかを考え，その特徴を持つ10塩基の長さの塩基配列の例を1つ答えよ。塩基配列はA，C，G，Tのアルファベットを $5' \to 3'$ の順に並べた文字列として表すものとする。

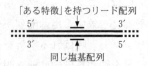

図1−4　「ある特徴」を持つリード配列のマッピング

H 真核生物の生体内から得られた mRNA サンプルに対して RNA-Seq を行い，得られたリード配列をゲノムに対してマッピングし，各遺伝子の各エキソン内にマッピングされたリード配列の数を数えた（図1－5）。RNA-Seq において mRNA は短い RNA にランダムに切断され，解析装置に取り込まれて塩基配列が決定されたとする。リード配列は各エキソンの長さに比べれば十分に短い一定の長さを持ち，いずれかの遺伝子のエキソン内の1カ所に明確にマッピングされたものとして，以下の問(あ)～(う)に答えよ。

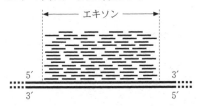

図1－5 ある遺伝子のエキソンに多数のリード配列がマッピングされた様子

(あ) 遺伝子1～6のエキソンの塩基数の合計と，エキソン内にマッピングされたリード配列の数の合計は表1－2に示すとおりであった。このことから，遺伝子1～6のうち，mRNA の分子数が最も多かったものは遺伝子 g ，最も少なかったものは遺伝子 h であったと考えられる。空欄 g，h に入る数字を答えよ。ただし，遺伝子1～6は選択的スプライシングを受けないものとする。

解答例：g－1，h－2

表1－2　RNA-Seq の結果（遺伝子1～6）

	遺伝子1	遺伝子2	遺伝子3	遺伝子4	遺伝子5	遺伝子6
エキソンの塩基数の合計	1000	800	3000	2500	1500	1800
エキソン内にマッピングされたリード配列の数の合計	4500	50	10000	150	7000	9000

(い) 遺伝子7は4つのエキソンを持ち，各エキソンの塩基数と，エキソン内にマッピングされたリード配列の数は表1－3に示すとおりであった。遺伝子7は選択的スプライシングを受け，エキソン2かエキソン3のいずれか，あるいは両方がスキップされることがある。

図1-6に示すように，エキソンが一つもスキップされないmRNAの分子数をx，エキソン2のみがスキップされたmRNAの分子数をy，エキソン3のみがスキップされたmRNAの分子数をz，エキソン2と3の両方がスキップされたmRNAの分子数をwとおく。いまxが0だったとすると，yとzとwの比はこの順番でどのようになるか，最も簡単な整数比で答えよ。

解答例： 3：2：5

表1-3 RNA-Seqの結果（遺伝子7）

	エキソン1	エキソン2	エキソン3	エキソン4
エキソンの塩基数	800	600	400	1000
エキソン内にマッピングされたリード配列の数	16800	3600	3200	21000

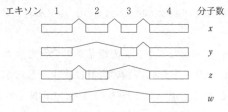

図1-6 遺伝子7の選択的スプライシング

(ウ) 遺伝子7について，xが0とは限らないとして，x, y, z, wの間に成り立たない可能性がある関係式を以下の選択肢(1)～(6)から2つ選べ。

(1) $x<y$ (2) $x+z<y+w$ (3) $x<w$

(4) $y>z$ (5) $y>w$ (6) $z<w$

2 次の文章を読み，問A～Jに答えよ。

オーストラリア南東部のタスマニア島には，タスマニアデビル（図2-1）と呼ばれる体長50～60cmの(ア)有袋類が生息する。タスマニアデビルは肉食性で，他の動物を捕食したり，死肉を食べたりして生きている。体

長の割に大きな口と強い歯をもち，気性が荒く，同種の個体どうしで餌や繁殖相手をめぐって頻繁に争うため，顔や首などに傷を負うことがしばしばある。

近年，野生のタスマニアデビルの顔や首の傷口の周囲に，大きな瘤（こぶ）ができているのが見つかるようになった。調査の結果，この瘤は悪性腫瘍（がん）とわかった。悪性腫瘍とは，体細胞の突然変異によって生じた，無秩序に増殖し他の臓器へと広がる異常な細胞集団である。この悪性腫瘍は急速に大きくなるため，これをもつタスマニアデビル個体は口や眼をふさがれてしまい，発症から数ヶ月で死に至る。悪性腫瘍をもつ個体は頻繁に見られるようになり，短期間のうちに野生のタスマニアデビルの生息数は激減した。現在，タスマニアデビルは絶滅の危機に瀕しており，様々な保護活動が行われている。

タスマニアデビルの悪性腫瘍について，以下の実験を行った。

図2−1　タスマニアデビル（ウェブサイト「古世界の住人・川崎悟司イラスト集」より）

実験1　悪性腫瘍をもつ4頭のタスマニアデビルを捕獲し，腫瘍の一部と，腫瘍とは別の部位の正常な体組織を採取し，DNAを抽出した。また，悪性腫瘍をもたないタスマニアデビル4頭を捕獲し，同様に体組織を採取しDNAを抽出した。これらのDNA検体を用いて，あるマイクロサテライトを含むDNA領域を(イ)PCR法によって増幅し，得られたDNAの長さをゲル電気泳動によって解析した。その結果，図2−2に示す泳動像が得られた。マイクロサテライトとは，ゲノム上に存在する数塩基の繰り返しからなる反復配列である。繰り返しの回数が個体によって多様であるが，世代を経ても変化しないことを利用して，遺伝マーカーとして用いられる。正常細胞が悪性腫瘍化した場合にも，このマイクロサテライトの繰り返し回数は変化しないものとする。

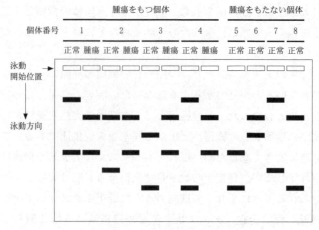

図2−2 ゲル電気泳動の結果

実験2 タスマニアデビルの悪性腫瘍，および様々な正常な体組織からmRNAを抽出し，それを鋳型として(ウ)cDNAを合成し，DNAマイクロアレイ法によって遺伝子の発現パターンを網羅的に調べた。その結果，悪性腫瘍の遺伝子発現パターンは(エ)シュワン細胞のものとよく似ており，悪性腫瘍はシュワン細胞から生じたものと考えられた。しかし，正常なシュワン細胞と比較して，悪性腫瘍細胞では，遺伝子 X の mRNA 量が変化していた（図2−3左）。さらに，正常なシュワン細胞と悪性腫瘍細胞とを，ヒストンのDNAへの結合を阻害する薬剤Yで処理し，同様に遺伝子 X の mRNA 量を調べた（図2−3右）。

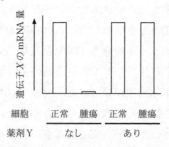

図2−3 正常なシュワン細胞と悪性腫瘍細胞における遺伝子 X の mRNA 量

実験3　遺伝子 X はヒトやマウスなどの動物に共通して存在し，同一の機能をもつと考えられた。遺伝子組み換え技術によって，遺伝子 X を取り除いたノックアウトマウスを作製した。遺伝子 X ノックアウトマウスは病原体のいない飼育環境で正常に発育し，タスマニアデビルのような悪性腫瘍の発生はみられなかった。遺伝子 X ノックアウトマウスのシュワン細胞を調べたところ，MHC の mRNA 量と細胞膜上の MHC タンパク質の量は図2-4に示す通りであった。また，(オ)正常なマウスの皮膚を別の系統のマウスに移植すると拒絶されたが，遺伝子 X ノックアウトマウスの皮膚を別の系統のマウスに移植しても拒絶されずに生着した。

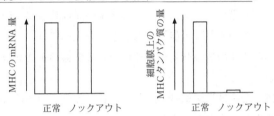

図2-4　正常マウスと遺伝子 X ノックアウトマウスにおける MHC の mRNA 量と細胞膜上の MHC タンパク質の量

〔問〕

A　下線部(ア)について。有袋類はオーストラリア地域に多く生息しているが，他の地域にはほとんど見られない。その理由を3行程度で説明せよ。

B　下線部(イ)，(ウ)に用いられる酵素の名称と，それらの酵素の遺伝子は何から発見されたものか，それぞれ答えよ。
解答例：イ―○○（酵素名），△△（酵素遺伝子の由来）

C　下線部(エ)について。以下の文中の空欄1～8に適切な語句を記入せよ。
解答例：1―○○，2―△△

哺乳類では，シュワン細胞は末梢神経において， 1 は中枢神
経において，ニューロンの 2 を包み込む 3 を形成する。
 3 をもつ 4 神経繊維では， 5 の部位においてのみ興奮
が生じるため， 6 が起こる。そのため， 3 をもたない
 7 神経繊維と比べて興奮の伝導速度が 8 。

D　実験1に用いられた個体のうち，個体7と8はつがいであった。個
　体1〜6のうち，個体7と8の子供である可能性がある個体をすべて
　選べ。

E　実験1の結果から，タスマニアデビルの悪性腫瘍について考察した
　以下の(1)〜(5)のうち，可能性があるものをすべて選べ。
　(1)　個体1〜4の悪性腫瘍は，それぞれの個体の正常細胞から発生し
　　た。
　(2)　個体1と2は兄弟姉妹であり，これらの悪性腫瘍は親の正常細胞
　　から発生したものが伝染した。
　(3)　個体3と4は兄弟姉妹であり，これらの悪性腫瘍は親の正常細胞
　　から発生したものが伝染した。
　(4)　すべての悪性腫瘍は，個体1〜4のうち，いずれか1頭の個体の
　　正常細胞から発生し，個体間で伝染した。
　(5)　すべての悪性腫瘍は，個体1〜8とは別の個体の正常細胞から発
　　生した。

F　実験2の結果から，タスマニアデビルの悪性腫瘍では，遺伝子 X
　にどのようなことが起きていると考えられるか。薬剤Yの作用をふま
　え，2行程度で説明せよ。

G　実験3の結果から，遺伝子 X について考察した以下の(1)〜(5)のう
　ち，実験結果の解釈として不適切なものを2つ選べ。
　(1)　遺伝子 X は，染色体上で MHC 遺伝子と近い位置にある。
　(2)　遺伝子 X は，MHC の転写に必要ではない。
　(3)　遺伝子 X は，MHC の翻訳を制御する可能性がある。

(4) 遺伝子 X は，MHC の細胞膜への輸送を制御する可能性がある。

(5) 遺伝子 X は，MHC の遺伝子再編成を制御する可能性がある。

H 実験 2 と 3 の結果から考察した以下の(1)〜(5)のうち，適切なものを
2 つ選べ。

(1) 遺伝子 X ノックアウトマウスのシュワン細胞を，薬剤 Y で処理
すると，遺伝子 X の発現が回復すると予想される。

(2) タスマニアデビルの悪性腫瘍では，MHC の mRNA 量が減少し
ていると考えられる。

(3) タスマニアデビルの悪性腫瘍では，細胞膜上の MHC タンパク質
の量が減少していると考えられる。

(4) タスマニアデビルの悪性腫瘍を薬剤 Y で処理すると，細胞膜上の
MHC タンパク質の量が回復すると予想される。

(5) 遺伝子 X ノックアウトマウスの細胞を，薬剤 Y で処理すると，
別の系統のマウスに移植しても拒絶されるようになる。

I 下線部(オ)の結果が得られたのはなぜか，その理由を 3 行程度で説明
せよ。

J タスマニアデビルがこの悪性腫瘍によって絶滅しないために，有利
にはたらくと考えられる形質の変化は何か。以下の(1)〜(6)のうち，適
切なものをすべて選べ。

(1) 攻撃性が強くなり，噛みつきによる同種間の争いが増える。

(2) 攻撃性が低下し，穏やかな性質となる。

(3) 同種間では儀式化された示威行動によって争うようになる。

(4) トル様受容体（TLR）による病原菌の認識能力が高まる。

(5) ナチュラルキラー（NK）細胞による異物の排除能力が高まる。

(6) ウイルスに対して抗体を産生する能力が高まる。

3 次のI，IIの各問に答えよ。

I 次の文章を読み，問A〜Cに答えよ。

　植物の発生や成長は，様々な環境要因の影響を受けて調節されている。環境要因の中でも，温度は，光と並んで，植物の発生・成長の調節において，とくに重要な意味をもつ。温度と光で調節される発生現象の顕著な例の一つが，花芽形成である。日長に応じて花芽を形成する植物は多いが，その中には一定期間低温を経験することを前提とするものがある。低温を経験することで，日長に応答して花芽を形成する能力を獲得するのである。これを春化という。花芽形成に春化を要求する植物は，一般に長日性である。こうした植物では，低温の経験の後に適温と長日条件の2つが揃ったときに，花芽の形成が促進される。

　植物はどういうときにどこで低温を感じ取り，それはどのように春化につながるのだろうか。これらの問題に関しては，古くから工夫を凝らした生理学的実験が数多く行われている。例えば，(ア)組織片からの植物体の再生を利用した実験や，(イ)接ぎ木を利用した実験により，春化における低温感知の特徴，春化と花成ホルモン（フロリゲン）の関係などについて，重要な知見が得られている。

　シロイヌナズナを用いた分子生物学的解析からは，*FLC* という遺伝子の発現の抑制が春化の鍵であることがわかっている。*FLC* には花芽形成を妨げるはたらきがある。低温期間中に(ウ)*FLC* 領域のクロマチン構造が変化して遺伝子発現が抑制された状態が確立し，*FLC* 発現が低くなることで花芽形成が可能となる。

〔問〕

A 下線部(ア)について。ゴウダソウは春化要求性の長日植物である。ゴウダソウの葉を切り取って培養すると，葉柄の切り口近傍の細胞が脱分化して分裂を始め，やがて分裂細胞の集団から芽が形成されて，植物体を再生する。この植物体再生と低温処理を組み合わせて，春化の特徴を調べる実験が行われた。この実験の概要と結果をまとめたのが図3−1である。

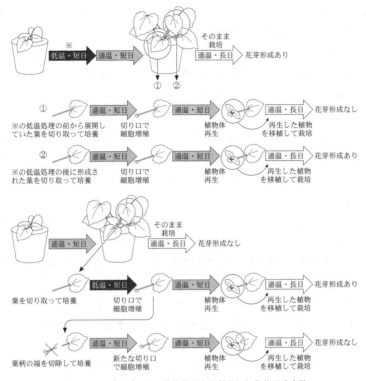

図3－1　ゴウダソウの植物体再生を利用した花芽形成実験

　以下の(1)～(5)の記述のそれぞれについて，図3－1の実験結果から支持されるなら「○」，否定されるなら「×」，判断できないなら「？」と答えよ。
(1) 一旦春化が成立すると，その性質は細胞分裂を経ても継承される。
(2) 植物体の一部で春化が成立すると，その性質は植物体全体に伝播する。
(3) 春化の成立には，分裂している細胞が低温に曝露されることが必要である。
(4) 春化は脱分化によって解消され，春化が成立していない状態に戻る。
(5) 低温処理時の日長によって，春化が成立するまでにかかる時間が異なる。

B　下線部(イ)について。春化による花芽形成能力の獲得には，花成ホルモンを産生する能力の獲得と，花成ホルモンを受容し応答する能力の獲得の2つが考えられる。これらそれぞれを判定するための，春化要求性長日植物を用いた接ぎ木実験を考案し，判定の方法も含めて実験の概要を5行程度で説明せよ。なお，図を用いてもよい。

C　下線部(ウ)について。春化における *FLC* の抑制と同様の仕組みは，様々な生物の様々な現象に関わっている。以下の(1)～(6)のうちから，*FLC* 抑制と同様の仕組みが関わる現象として最も適当なものを1つ選べ。
(1)　大腸菌にラクトースを投与すると，ラクトースオペロンの抑制が解除される。
(2)　酸素濃度の高い条件で酵母を培養すると，アルコール発酵が抑えられる。
(3)　エンドウの果実から種子を取り除くと，さやの成長が止まる。
(4)　ショウジョウバエの受精卵で，母性効果遺伝子の mRNA の局在が分節遺伝子の発現パターンを決める。
(5)　雌のマウスで，2本あるX染色体の一方が不活性化されている。
(6)　ヒトのある地域集団で，A，B，AB，Oの各血液型の割合が，世代を経てもほぼ一定に保たれている。

Ⅱ　次の文章を読み，問D～Gに答えよ。
　植物の成長は，成長に適した温度域における，比較的小さな温度の違いにも影響を受ける。最近，シロイヌナズナの胚軸の伸長に対する温度の影響に着目した研究から，フィトクロムの関与を示す画期的な発見があった。
　フィトクロムは，光受容体として光応答にはたらく色素タンパク質である。フィトクロムには，赤色光吸収型の Pr と遠赤色光吸収型の Pfr が存在し，Pr は赤色光を吸収すると Pfr に変換し，Pfr は遠赤色光を吸収すると Pr に変換する。また，Pfr から Pr への変換は，光とは無関係にも起きる。図3－2に示すように，各変換の速度 v_1～v_3 は，Pr または Pfr の濃度（[Pr]，[Pfr]）と変換効率を表す係数 k_1～k_3 の積で決ま

る。

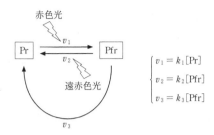

図3－2　フィトクロムのPrとPfrの変換

　シロイヌナズナの胚軸の伸長は，明所では抑制され，暗所で促進される。これに対して，(エ)フィトクロム完全欠損変異体の胚軸は明所でも伸長し，暗所と同じように長くなることなどから，胚軸伸長の光応答にフィトクロムが関与することはよく知られていた。図3－3に示すように，シロイヌナズナの胚軸の伸長は温度にも応答し，10℃から30℃の範囲の様々な温度で芽生えを育てると，温度が高いほど胚軸が長くなる。この温度応答についてフィトクロム完全欠損変異体を用いて調べてみると，温度の影響がほとんど見られず，どの温度でも胚軸がほぼ一様に長くなったのである。

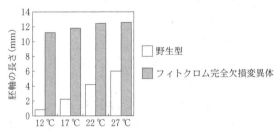

図3－3　シロイヌナズナの胚軸の伸長に対する温度とフィトクロム欠損の影響

　さらに精製フィトクロムを用いた試験管内実験によって，Pr・Pfr間の変換に対する温度の影響も調べられた。光による変換の係数である k_1 と k_2 は，光に依存するが，温度には依存しない。しかし，k_3 が温度に依存するなら，Pr・Pfr間の変換が温度で変わる可能性があり，この点が検討された。(オ)純粋なPrの水溶液を，赤色光の照射下，様々な温度で保温して，全フィトクロムに占めるPfrの割合を測定する実験により，図3－4のような結果が得られた。この結果は，温度応答において

フィトクロムが温度センサーとしてはたらくことを示唆するものとして，注目を集めている。

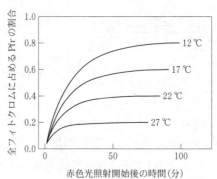

図3−4　各温度におけるPfrの割合の変化

〔問〕

D　下線部(エ)について。この実験結果から，胚軸伸長の制御において，フィトクロムはどのように作用すると考えられるか。以下の(1)〜(4)のうちから，最も適当なものを1つ選べ。
(1)　Prが伸長成長を促進する。
(2)　Prが伸長成長を抑制する。
(3)　Pfrが伸長成長を促進する。
(4)　Pfrが伸長成長を抑制する。

E　下線部(オ)について。図3−4の情報に基づいて，k_3と温度の関係をグラフで表せ。なお，横軸に温度を取り，k_3は27℃のときの値を1とする相対値で縦軸に取ること。また，大きさは，両軸に付す数字も含めて，10文字分×10行分程度とすること。作図はフリーハンドで構わない。

F　下線部(オ)の実験を，赤色光と同時に遠赤色光を照射して行うと，結果はどのようになると予想されるか。以下の(1)〜(5)のうちから，最も適当なものを1つ選べ。
(1)　温度によらず，定常状態でのPfrの割合はほぼ0となる。

東京大-理科前期   2018 年度　生物　*63*

　⑵　温度によらず，定常状態での Pfr の割合はほぼ 1 となる。

　⑶　温度が高いほど Pfr の割合が低い傾向は赤色光下と同じであるが，
　　温度の影響は弱くなる。

　⑷　温度が高いほど Pfr の割合が低い傾向は赤色光下と同じであるが，
　　温度の影響がより強くなる。

　⑸　赤色光下とは逆に，温度が高いほど Pfr の割合が高くなる。

　G　高温で伸長が促進される性質は，胚軸だけでなく，茎や葉柄でも見
　　られる。この性質が自然選択によって進化したとすれば，それはどの
　　ような理由によるだろうか。自由な発想で考え，合理的に説明できる
　　理由の 1 つを 3 行程度で述べよ。

地学

（2科目150分）

（注） 解答用紙は，〈理科〉共通。1行：約23.5センチ，35字分の区切りあり。1・2は各25行，3は50行。

1 宇宙に関する次の問い（問1～2）に答えよ。

問1 天体を調べるにあたり，地球からその天体までの距離を知ることは最も基本となる。そのため歴史的に様々な手法が編み出されてきた。銀河系内外の天体の距離導出に関する以下の問いに答えよ。数値での解答には有効数字2桁で答え，計算の過程も示せ。また必要であれば，1パーセクは3.3光年とせよ。

(1) 銀河系内の恒星までの距離は，年周視差を用いて正確に求めることができる。可視光の望遠鏡を搭載したヨーロッパの位置天文衛星「ガイア」により，今までにない高精度な年周視差測定が可能となった。

  (a) 地上ではなく衛星の望遠鏡を使うことで，より小さな年周視差を測定できる理由を1行程度で述べよ。

  (b) ガイア衛星が最小で1.0×10^{-4}秒角の年周視差を測定できるとして，どれだけ遠方までの星の距離を求められるかを光年の単位で求めよ。

(2) 銀河系を中心として数千万光年の範囲に存在する局部銀河群や近傍銀河群内の銀河までの距離は，主に脈動変光星のケフェウス座δ型変光星（以下，種族Iセファイド）を標準光源として求められる。

  (a) 種族Iセファイドは，HR図上において「不安定帯」と呼ばれる細長い帯の内側に分布する（図1-1）。その帯の中で，変光周期

$P1$, $P2$, $P3$ を持つセファイドが分布する範囲を 3 本の太く短い実線で示した。周期光度関係に着目し，2 行程度の理由とともに $P1$, $P2$, $P3$ の大小関係を不等号で表せ。

(b) ある渦巻き銀河に変光周期 $P2$ を持つ種族 I セファイドが見つかった。しかし，精密なスペクトル型（星の色）が測定されていない場合，このセファイドが図 1 − 1 の $P2$ の太く短い実線上のどこに位置するかがわからないため，周期から求められる光度に若干の不定性が残る。このとき，図 1 − 1 を使って求められる銀河までの距離の最大値は最小値に対して何 % 大きくなるかを答えよ。ここで，x が 1 より十分小さい場合に成り立つ近似式 $10^x = 1 + 2.30x + 2.65x^2$ を用いてもよい。

(3) 1 億光年より遠方の銀河の距離を精密に求めるためには，恒星よりも明るい標準光源が必要となる。そのような天体を 1 つ挙げよ。

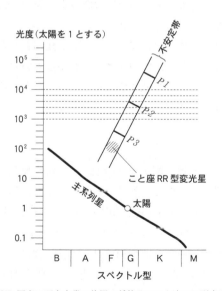

図 1 − 1　HR 図上の不安定帯の位置。種族 II のこと座 RR 型変光星も不安定帯の中に位置する。なお，変光星の光度とスペクトル型は周期平均をとった値で定義している。

66 2018年度　地学　　　　　　　　　　　　　　　　　　東京大-理科前期

問2　渦巻き銀河の銀河回転（円盤部に属する恒星や星間物質の，銀河中心のまわりの回転運動）に関する以下の問いに答えよ。銀河回転は厳密な円運動であるとし，同じ場所にある恒星と星間物質の回転速度は等しいとする。銀河円盤の厚さおよびバルジとハローの存在は無視してよい。数値での解答には有効数字2桁で答え，計算の過程も示せ。

(1)　ある渦巻き銀河の絶対等級を測ったところ−20.2等であった。この銀河の光度は太陽の光度の何倍か，答えよ。太陽の絶対等級を4.8等とする。

(2)　この渦巻き銀河の円盤部は，本来は円形だが，視線に対して傾いているため楕円形の像として観測される（図1−2（上））。その長軸に沿って，星間物質から放射される輝線の1つである水素原子のHα輝線の波長を測ったところ，回転運動で生じるドップラー効果によって，銀河中心より右側では銀河中心での波長より長い波長が，左側では短い波長が観測された（図1−2（下））。

(a)　図に示すように，円盤部の像は，上が観測者から見て近い側，下が遠い側にあることが別の観測からわかっている。銀河回転の方向は図のAとBのどちらであるかを，理由とともに答えよ。

(b)　この銀河の後退速度をkm/sの単位で求めよ。Hα輝線の本来の波長を656.4ナノメートルとし，光の速さを3.0×10^5km/sとする。

(3)　図1−3の実線は，図1−2のHα輝線の観測から得られた銀河回転の速さを描いたものである。視線に対して円盤部が傾いている効果は補正されている。銀河回転を用いて銀河の質量を推定してみよう。銀河は，恒星，星間物質，ダークマターだけで構成されているとし，どの構成要素も銀河回転の回転軸に対して軸対称に分布しているとする。

(a)　銀河中心から任意の距離 R を速さ $V(R)$ で回転している恒星（あるいは星間物質）には，回転運動で生じる遠心力と銀河からの万有引力が働いており，これら2つの力はつりあっている。遠心力は $mV^2(R)/R$ と表せ，万有引力は $GmM(R)/R^2$ と表せるとする。ここで m は恒星（あるいは星間物質）の質量，G は万有引力定数，

$M(R)$ は銀河中心を原点とする半径 R の球内にある全構成要素の質量の総和である（球の外部の構成要素は万有引力に寄与しない）。図1－3の実線から，$M(2万光年)$ と $M(4万光年)$ の比を推定せよ。

(b) 恒星と星間物質の質量分布は光と電波の観測から求まる。銀河が恒星と星間物質だけでできていると仮定し，それらの総和による万有引力に遠心力がつりあうために必要な恒星（あるいは星間物質）の回転の速さを R の関数として求めたものが，図1－3の破線である。観測値よりも小さい速さが得られることから，銀河には光らない物質であるダークマターが存在していることが推定できる。実線と破線の比較から，$M(4万光年)$ に占めるダークマターの割合を推定せよ。

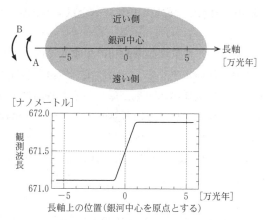

図1－2 （上）円盤部の像。（下）長軸に沿って測った Hα 輝線の波長。

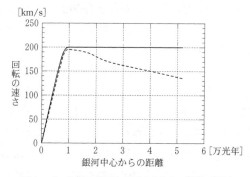

図1－3 回転の速さと銀河中心からの距離の関係

2 大気と海洋に関する以下の問い（問1～2）に答えよ。

問1　雨はその生成のしくみにより，暖かい雨と冷たい雨の2つに大別される。ここでは暖かい雨の生成について考えてみよう。空気塊の中で雲粒として凝結している水を雲水と呼び，$1\,cm^3$ の空気塊中の雲水の量を g/cm^3 の単位で表すことにする。またここでは，雲粒が落下し始めるのに十分な大きさまで成長したものを降水粒子と呼び，さらにそれが落下中に大きく成長したものを雨粒と呼ぶことにする。以下の問いに答えよ。数値を求める問題には有効数字2桁で答え，計算の過程も示せ。雲粒や降水粒子は球形であるとし，円周率 π は3.0として計算せよ。

(1)　空気塊中の雲水の生成について述べた以下の文章の空欄ア～ウを埋めよ。

　　水蒸気を含んだ空気塊が未飽和のまま断熱的に上昇すると気温は　ア　減率に従い低下する。この結果，飽和水蒸気圧は高度とともに　イ　し，空気塊の水蒸気が飽和すると凝結により雲粒を生成する。飽和した空気塊がさらに断熱的に上昇すると気温は　ウ　減率に従い低下し，飽和水蒸気圧は高度とともにさらに　イ　する。空気塊中の水分子の総量（水蒸気と雲水を合わせた総量）が一定に保たれるとすると，雲水の量は高度とともに増加する。

(2)　次に，雲底から成長していく雲の中での降水粒子の生成について考えてみよう。空気塊がその中の水分子の総量を一定に保ったまま上昇したとき，雲底から高度 $1\,km$ 上昇するごとに $2.0\times10^{-6}\,g/cm^3$ の水蒸気が凝結し，雲水になったとする。雲粒の数濃度が 200 個/cm^3 で高度によらずに一定であると仮定した時，高度とともに増加する雲水は，個々の雲粒の半径の増加によってもたらされる。このようにして成長する雲粒は，雲頂においてその半径が $2.0\times10^{-3}\,cm$ に達すると降水粒子として落下しはじめるとした場合，降水粒子の落下は雲頂が雲底から何 km の高さまで達した時にはじまるか求めよ。ただし，雲粒の半径は各高度においてすべての雲粒で同じと仮定し，水の密度を

$1.0 \mathrm{g/cm^3}$ として計算せよ。

(3) さらに，雲頂で生成した降水粒子が，雨粒へと成長していく過程について考える。現実の大気では雲頂付近の雲粒の中で特に大きなものが降水粒子として落下し始めることにより，雨が引き起こされる。このような降水粒子が雲底までまっすぐ下向きに落下する間に，図2－1のように各高度にある雲粒と衝突し，それらをとらえることにより体積を増加させるとする。簡単のため，降水粒子がとらえる雲粒の半径は高度によらずすべてr cmであるとし，雲粒の数濃度はn 個/cm^{3}で一様に分布しているとする。また降水粒子の半径をR cmとした時，この降水粒子の中心が通る軌道から半径R cm以内に中心がある雲粒がすべてとらえられるとする。この時，降水粒子がΔz cm 落下する間に雲粒をとらえることにより増加させる体積ΔV cm^{3}をR, r, n, Δz を使って表せ。ただし，降水粒子がとらえる雲粒数の計算においては，Δz cm の落下中での降水粒子の半径R の変化は無視できるとし，また雲内での上昇流の影響は無視できるとする。

(4) 最後に，雨粒と降水量との関係を考える。雲頂付近から雲中を落下する降水粒子が，半径1.0×10^{-3} cmの雲粒を合計10万個とらえることにより雨粒へと成長し，そのままの体積で地表面に落下したとする。このようにしてできた雨粒が地表面付近において2.0×10^{-4} 個/cm^{3}の数濃度で存在し，それぞれが5.0 m/s で落下する時，1時間あたりの降水量は何 mm となるか答えよ。ただし，落下開始時の降水粒子の体積は無視できるとする。

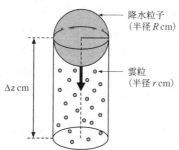

図2－1　降水粒子が落下しながら雲粒と衝突し，とらえる様子を示した模式図

70 2018 年度　地学　　　　　　　　　　　　　　　　　　　　東京大-理科前期

問2　太平洋熱帯域では数年に一度エルニーニョが発生する。太平洋熱帯
　　域での平均的な状況とエルニーニョ時の大気と海洋に関する以下の問い
　　に答えよ。数値での解答には有効数字2桁で答え，計算の過程も示せ。

(1)　図2－2は平均的な状況における太平洋熱帯域の海面水温と地表面
　　付近の風の分布である。この状況がどのように形成され維持されてい
　　るか，大気の状態が海洋に与える影響と海洋の状態が大気に与える影
　　響を考慮して5行程度で述べよ。その際，以下に示す大気と海洋に関
　　する語を全て用いること。
　　　大気に関する語群：貿易風，対流活動，海面気圧
　　　海洋に関する語群：海面水温，水温躍層，湧昇

(2)　平均的な状況における東部太平洋熱帯域での海水の運動を考えよう。
　　図2－2の点線で示された長方形の領域において，海面を上面とし，
　　風で直接駆動される表層の流れがおよぶ深さを下面とする海洋表層の
　　箱を考える。この箱の各側面や下面を通って出入りする単位時間あた
　　りの海水輸送量を流量（単位は m^3/s）と呼び，上面を出入りする流
　　量はないとする。この箱の北側（北緯5度）と南側（南緯5度）側面
　　での流量には，貿易風の東西成分 U m/s（東向きを正とする）により
　　駆動される吹送流の海水輸送のみを考え，単位東西幅あたりの流量
　　Q m^2/s（北向きを正とする）は $Q = -1.3 \times 10^{-6} \times \dfrac{|U|U}{f}$ で与えられ
　　る。ここで，f は地球の自転によるコリオリ力の効果を表す係数であ
　　り，北緯5度では $f = 0.13 \times 10^{-4}/s$ となる。長方形領域の東西幅は
　　6000 km とし，南北方向の距離は緯度1度あたり 100 km とせよ。
　　(a)　北緯5度における $|U|$ は，どこでも 10 m/s であったとする。北
　　　側側面での流量を m^3/s の単位で求め，その向きとともに答えよ。
　　(b)　南緯5度および北緯5度における U が等しいとすると，南側側
　　　面での流量は北側側面と同じ大きさになるが，向きは逆になる。こ
　　　の理由を1行で述べよ。
　　(c)　次に，長方形領域の下面における鉛直方向の流速 w m/s（上向き
　　　を正とする）を考えよう。この箱の海水の体積が時間とともに変わ

らず，東側側面での流入量と西側側面での流出量は常に等しいとする。また，下面での w m/s は一様であるとする。このときの w m/s を求めよ。

(3) エルニーニョ時には，赤道太平洋の広い範囲で大気と海洋の状況が大きく変わる。図2−2の長方形領域において，エルニーニョ時には北緯5度および南緯5度での $|U|$ が5.0 m/s に弱まったとする。エルニーニョ時の w m/s は平均的な状況に比べてどれだけ増減しているか求めよ。

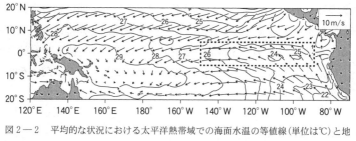

図2−2　平均的な状況における太平洋熱帯域での海面水温の等値線（単位は℃）と地表面付近の風（矢印）の分布

72　2018年度　地学　　　　　　　　　　　　　東京大-理科前期

3　　地震と地質に関する次の問い（問1～2）に答えよ。

問1　図3－1のように，東西および南北方向に正確に2km間隔で地震
　　計を地表に並べて，微小地震を対象にした観測をしていたところ，偶然
　　近くで大きな地震（以後本震と呼ぶ）が発生した。本震のP波到着時刻
　　は正確に読みとれた（図3－2）が，その直後には，使用していた地震
　　計の計測範囲を超える地震動となり，S波到着時刻は読みとれなかった。
　　一方，本震後2週間ほどの間に，その震源周辺で多数の小規模地震が発
　　生した。図3－1の灰色部は，それらの震源が集中的に分布した領域
　　（余震域）を示している。この観測に関する以下の問いに答えよ。なお，
　　地表面は水平であるとし，また，地下の地震波速度構造は均質であると
　　する。本問で使用する3次元座標系 (x, y, z) の x 軸及び y 軸は図3
　　－1に定義するものとし，z 軸は地表をゼロとし，鉛直下向きを正とし
　　て定義する。

(1)　本震の震源（地震破壊が開始した点）の位置を (x_0, y_0, z_0) とす
　　る。x 軸上の観測点 $(x, 0, 0)$ と震源の間の距離を x_0, y_0, z_0 およ
　　び x の式で表せ。

(2)　図3－2のデータから推定される本震の震央の座標値 x_0 および y_0
　　を以下の選択肢から記号で選べ。
　　選択肢（単位は km）：
　　(a)　2.0　　　　(b)　3.0　　　　(c)　4.0　　　　(d)　5.0
　　(e)　6.0　　　　(f)　7.0　　　　(g)　8.0　　　　(h)　9.0
　　(i)　10.0　　　(j)　11.0　　　(k)　12.0　　　(l)　13.0

(3)　図3－1の観測点AとBにおける本震P波の到達時刻は，それぞれ，
　　2時5分43.6749秒，2時5分43.5916秒であった。このこと及び(2)
　　の答を用いて，震源の深さ z_0 が満たすべき方程式を導け。また，そ
　　の解を有効数字2桁で求めよ。ただし，P波速度は6.000km/sとす
　　る。計算の過程も示すこと。

(4) 余震域の3次元的な形態を調べると,走向 N0°E,傾斜 60°E の平面で代表されることがわかった。また,本震 P 波初動の東西成分は y 軸上の6つの観測点すべてにおいて西向きであった。本震の断層運動は,(a)右横ずれ,(b)左横ずれ,(c)逆断層,(d)正断層のいずれであるか,5行程度の理由とともに答えよ。必要なら図を描いて説明してもよい。なお,本震の震源断層は余震域に含まれると仮定する。

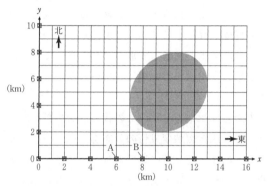

図3−1　観測点(⊠印)の配置。灰色の領域は,余震域を xy 平面に投影したもの。

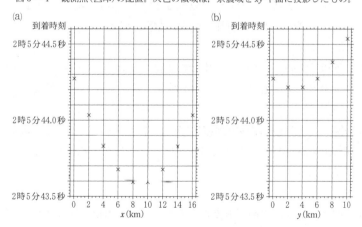

図3−2　本震 P 波の到着時刻。x 軸上の観測点については(a)に,y 軸上の観測点については(b)に,到着時刻を×印で示した。

問2　鉱床について述べた次の文章を読み，以下の問いに答えよ。

　鉱床とは，火成作用，変成作用または堆積作用により，地殻中で特定の化学成分が通常より高い割合で濃集している部分である。地殻にマグマが貫入して形成される火成鉱床の一つに，ペグマタイト鉱床が知られている。ペグマタイト鉱床を構成する岩石は，石英，(I)長石などの大きな結晶の集合体から構成される。一方，地殻中に貫入したマグマは熱水循環を活発化させ，銅・鉛・亜鉛に富んだ(II)黒鉱鉱床を形成することもある。変成作用で形成されるスカルン鉱床は，石灰岩を含む地層にマグマが貫入して形成されるものである。堆積鉱床の一つである風化残留鉱床は，岩石が低温で水と反応して形成されるものであり，良質な粘土鉱物が産出する場合，陶磁器の製造に利用される。

(1)　東北地方から九州地方にかけての代表的な黒鉱鉱床，スカルン鉱床，ペグマタイト鉱床と広域変成帯の分布を，図3－3に示す。凡例中のアとイにあてはまる変成帯の型の名称を，以下の語群の2つの語を組み合わせて，それぞれ答えよ。また，図3－3に示すア型の変成帯とペグマタイト鉱床の分布が類似する理由を，3行程度で答えよ。
　　語群：高圧，中圧，低圧，高温，中温，低温

(2)　下線部(I)の鉱物がマグマ中で結晶化する際，その鉱物の化学組成はマグマの分化が進むにつれて変化する。その変化を2行程度で答えよ。

(3)　図3－3に示した東北地方にある下線部(II)の鉱床は，約1500万年前に形成された。その形成に寄与した一連の地質学的事象を，3行程度で答えよ。

(4)　図3－3に示す関東地方のスカルン鉱床の周辺に見られる石灰岩には，サンゴの化石が含まれることがある。石灰岩の周辺には放散虫の化石を含むチャートも見られる。浅く暖かい海に生息するサンゴを含む岩石と，深海底で堆積した放散虫を含む岩石が，ほぼ同じ場所で見られる理由を3行程度で答えよ。

(5) 風化作用で，母岩中の灰長石から元素が溶脱してボーキサイトができる際に，アルミニウム以外で溶脱する主要な3つの元素を答えよ。また，ボーキサイトを含む鉱床が，日本では大規模に形成されない理由を，1行程度で答えよ。

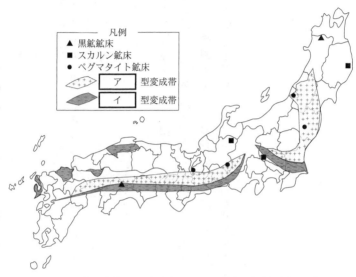

図3－3　東北地方から九州地方にかけての鉱床と広域変成帯の分布

以テ至三誠惻怛之心ヲ力シテ行シテ而応ズルニ之レニ者ハ上也。故ニ曰ハク、不レ患二人之不一レ能而患三己之不一レ勉メ。

（『新刻臨川王介甫先生文集』による）

〔注〕
○先王――古代の帝王。
○下愚不レ可レ移之才――『論語』陽貨篇に「上知と下愚とは移らず（きわめて賢明な者ときわめて愚かな者は、何によっても変わらない）」とあるのにもとづく。
○惻怛――あわれむ、同情する。

設問

(一) 傍線部a・b・cの意味を現代語で記せ。

(二) 「所二以待レ人一者尽矣」（傍線部d）を平易な現代語に訳せ。

(三) 「不下謀レ之以三至誠惻怛之心一力行而先レ之、未レ有下能以三至誠惻怛之心一力行而応レ之者上也」（傍線部e）とは、誰がどうすべきだということか、わかりやすく説明せよ。

（解答欄：一三・五センチ×一・五行）

○丸鞘──丸く削った鞘。

設問

（一） 傍線部ア・イ・ウを現代語訳せよ。

（二） 「さやうの心」（傍線部エ）とは、何を指しているか、説明せよ。

（三） 「人目ばかりを憚り候ふものぞ」（傍線部オ）とあるが、公義は女房の言葉をどう解釈しているか、説明せよ。

（解答欄：一三・五センチ×一行）

（解答欄：一三・五センチ×一行）

三

次の文章は、宋の王安石が人材登用などについて皇帝に進言した上書の一節である。これを読んで、後の設問に答えよ。ただし、設問の都合で送り仮名を省いたところがある。

先王之爲（をさムルヤ）天下、不レ患人之不ルヲ爲（なさ）、而患人之不ルヲ能、不レ患人之不ルヲ能、而患己之不ルヲ勉。

何ヲ謂フ不レ患人之不ルヲ爲、而患人之不ルヲ能。人之情所願得ルヲ者ハ、善行・美名・尊爵・厚利也。

而先シテ王能ク操とリ之ヲ以テ臨三天下之士一。天下之士、有二能ク遵したがヒテ之ニ以治ムル者一、則チ悉ことごとク以三其所願得者以二

与フ之ヲ。士不レ能ハ則チ已矣ム。苟シクモ能クスレバ、則チ執たれカ肯アヘテ舎三其所願得而不二自勉以レ爲才ト。故ニ曰、不レ患人

之不レ爲、患中人之不ルヲ能一。

何ヲ謂フ不レ患人之不ルヲ能ハ、而患己之不ルヲ勉。先王之法、所d以待レ人者尽ク矣。自リ非ザル下愚ニシテ不レ可カラ

移ル之ヲ才ニ、未ダ有三不レ能ク赴ク者一也。然而不下謀ラ之ヲ以三至誠惻怛そくだつ之心一力行シテ而先ンゼ之ニ、未ダ有下能

やれども取つても見ず、けしからぬ気色つれなき女房のありけるをば、いかがすべき」とうち笑ひければ、公義「人

皆岩木ならねば、いかなる女房も、慕ふに靡かぬ者や候ふべき。今一度御文を遣はされて御覧候へ」とて、師直に代はつ

て文を書きけるが、イなかなか言葉はなくて、

返すさへ手や触れけんと思ふにぞわが文ながらうちも置かれず

押し返して、仲立この文を持ちて行きたるに、女房いかが思ひけん、歌を見て顔うちあかめ、袖に入れて立ちけるを、

仲立ちさては「たよりあしからず」と、袖をひかへて、「さて御返事はいかに」とばか

り言ひ捨てて、内へ紛れ入りぬ。暫くあれば、使ひ急ぎ帰りて、「かくこそ候ひつれ」と語るに、師直うれしげにうち案

じて、やがて薬師寺をよび寄せ、「この女房の返事に、『重きが上の小夜衣』と言ひ捨てて立たれけると仲立ちの申すは、

衣・小袖をととのへて送れとにや。その事ならば、いかなる装束なりとも仕立てんずるに、いと安かるべし。これは何と

言ふ心ぞ」と問はれければ、公義「いやこれはエさやうの心にては候はず、新古今の十戒の歌に、

さなきだに重きが上の小夜衣わがつまならぬつまな重ねそ

と言ふ歌の心を以つて、人目ばかりを憚り候ふものぞとこそ覚えて候へ」と歌の心を釈しければ、師直大きに悦んで、

「ああ御辺は弓箭の道のみならず、歌道にさへ無双の達者なりけり。いで引出物せん」とて、金作りの丸鞘の太刀一振

り、手づから取り出だして薬師寺にこそ引かれけれ。兼好が不祥、公義が高運、栄枯一時に地をかへたり。

〔注〕
○兼好——兼好法師。『徒然草』の作者。
○紅葉襲の薄様——表は紅、裏は青の薄手の紙。
○薬師寺次郎左衛門公義——師直の家来で歌人。
○仲立ち——仲介役の侍従。
○小夜衣——着物の形をした寝具。普通の着物よりも大きく重い。
○十戒の歌——僧が守るべき十種の戒律について詠んだ歌。

東京大-理科前期　　　　　　　　　　　　　　　　　　　　2018 年度　国語　79

(二)「『理論的虚構』という意味はまったく含まれていない」(傍線部イ)とはどういうことか、説明せよ。

(解答欄　一三・五センチ×二行)

(三)「『フランス革命』や『明治維新』が抽象的概念であり、それらが『知覚』ではなく、『思考』の対象であること」(傍線部ウ)とはどういうことか、説明せよ。

(解答欄：一三・五センチ×二行)

(四)「歴史的出来事の存在は『理論内在的』あるいは『物語り内在的』なのであり、フィクションといった誤解をあらかじめ防止しておくならば、それを『物語り的存在』と呼ぶこともできます」(傍線部エ)とあるが、「歴史的出来事の存在」はなぜ「物語り的存在」といえるのか、本文全体の論旨を踏まえた上で、一〇〇字以上一二〇字以内で説明せよ(句読点も一字と数える)。

(五)傍線a・b・cのカタカナに相当する漢字を楷書で書け。

a　フタ　　b　リンセツ　　c　コショウ

二

次の文章は『太平記』の一節である。美しい女房の評判を聞いた武蔵守高師直は、侍従の局に仲立ちを依頼したが、すでに人妻となっている女房は困惑するばかりであった。これを読んで、後の設問に答えよ。

侍従帰りて、「かくこそ」と語りければ、武蔵守いと心を空に成して、「たび重ならば情けに弱ることもこそあれ、文をやりてみばや」とて、兼好と言ひける能書の遁世者をよび寄せて、紅葉襲の薄様の、取る手も燻ゆるばかりに焦がれたるに、言葉を尽くしてぞ聞こえける。返事遅しと待つところに、使ひ帰り来て、「御文をば手に取りながら、あけてだに見たまはず、庭に捨てられたる」を、人目にかけじと、懐に入れ帰りまゐつて候ひぬる」と語りければ、師直大きに気を損じて、「いやいや物の用に立たぬものは手書きなりけり。今日よりその兼好法師、これへ寄すべからず」とぞ怒りける。かかるところに薬師寺次郎左衛門公義、所用の事有りて、ふとさし出でたり。師直かたはらへ招いて、「ここに、文を

トワークに支えられています。このネットワークから独立に「前九年の役」を同定することはできません。それは物語り
を超越した理想的年代記作者、すなわち「神の視点」を要請することにほかならないからです。だいいち「前九年の役」
という^cコショウそのものが、すでに一定の「物語り」のコンテクストを前提としています。つまり「前九年の役」とい
う歴史的出来事はいわば「物語り負荷的」な存在なのであり、その存在性格は認識論的に見れば、素粒子や赤道などの
「理論的存在」と異なるところはありません。言い換えれば、_エ歴史的出来事の存在は「理論内在的」あるいは「物語り
内在的」なのであり、フィクションといった誤解をあらかじめ防止しておくならば、それを「物語り的存在」と呼ぶこと
もできます。

（野家啓一『歴史を哲学する——七日間の集中講義』による）

〔注〕　○霧箱——水やアルコールの蒸気で過飽和の気体の中を荷電粒子が通過するとき、進路に沿って発生する霧滴によって、粒子の飛跡
　　　　を観測する装置。
　　　○泡箱——沸点以上に加熱された液体の中を荷電粒子が通過するとき、進路に沿って発生する微小な気泡によって、粒子の飛跡を観
　　　　測する装置。
　　　○サイクロトロン——荷電粒子を加速する円形の装置。原子核の人工破壊や放射性同位体の製造に利用する。
　　　○ポパー——Karl Raimund Popper（一九〇二—一九九四）。イギリスの哲学者。
　　　○六分儀——天体などの目標物の高度や角度を計測する器具。外洋を航行するとき現在地を知るためなどに用いる。
　　　○安倍貞任——平安時代中期の武将（?～一〇六二）。
　　　○『陸奥話記』——平安時代後期に書かれた軍記。

設問

（一）　「その痕跡が素粒子の『実在』を示す証拠であることを保証しているのは、量子力学を基盤とする現代の物理学理論
　　にほかなりません」（傍線部ア）とはどういうことか、説明せよ。

（解答欄：一三・五センチ×二行）

それらは理論的構成体なのである（ある人々には奇妙に聞こえようが、「戦争」や「軍隊」ですら抽象的概念である。具体的なものは、殺される多くの人々であり、あるいは制服を着た男女等々である）と述べています。同じことは、当然ながら歴史学にも当てはまります。歴史記述の対象は「もの」ではなく「こと」、すなわち個々の「事物」ではなく、関係の糸で結ばれた「事件」や「出来事」だからです。「戦争」や「軍隊」と同様に、「フランス革命」や「明治維新」が抽象的概念であり、それらが「知覚」ではなく、「思考」の対象であることは、さほど抵抗なく納得していただけるのではないかと思います。

「理論的存在」と言っても、ミクロ物理学と歴史学とでは分野が少々かけ離れすぎておりますので、もっと身近なところ、歴史学の「リンセツ分野である地理学から例をとりましょう。われわれは富士山や地中海をもちろん目で見ることができますが、同じ地球上に存在するものでも、「赤道」や「日付変更線」を見ることはできません。確かに地図の上には赤い線が引いてありますが、太平洋を航行する船の上からも赤道を知覚的に捉えることは不可能です。しかし、船や飛行機で赤道や日付変更線を「通過」することは可能ですから、その意味ではそれらは確かに地球上に「実在」しています。

その「通過」を、われわれは目ではなく六分儀などの「計器」によって確認します。計器による計測を支えているのは、地理学や天文学の「理論」にほかなりません。ですから赤道や日付変更線は、直接に知覚することはできませんが、地理学の理論によってその「実在」を保証された「理論的存在」と言うことができます。この「理論」を「物語り」と呼び換えるならば、われわれは歴史的出来事の存在論へと一歩足を踏み入れることになります。

具体的な例を挙げましょう。仙台から平泉へ向かう国道四号線の近くに「衣川の古戦場」があります。ご承知のように、前九年の役や後三年の役の戦場となった場所です。僕も行ったことがありますが、現在目に見えるのは草や樹木の生い茂った何もないただの野原にすぎません。しかし、この場所で行われた安倍貞任と源義家の戦いがかつて「実在」したことをわれわれは疑いません。その確信は、言うまでもなく『陸奥話記』や『古今著聞集』をはじめとする文書史料の記述や『前九年合戦絵巻』などの絵画資料、あるいは武具や人骨などの発掘物に関する調査など、すなわち「物語り」のネッ

ことを保証しているのは、量子力学を基盤とする現代の物理学理論にほかなりません。その意味では、素粒子の「実在」の意味は直接的な観察によってではなく、間接的証拠を支えている物理学理論によって与えられていると言うことができます。逆に、物理学理論の支えと実験の証拠の裏づけなしに物理学者が「雷子」なる新粒子の存在を主張したとしても、それが実在するとは誰も考えませんし、だいいち根拠が明示されなければ検証や反証のしようがありません。ですから、素粒子が「実在」することは背景となる物理学理論のネットワークと不即不離なのであり、それらから独立に存在主張を行うことは意味をなしません。

科学哲学では、このように直接的に観察できない対象のことを「理論的存在 (theoretical entity)」ないしは「理論的構成体 (theoretical construct)」と呼んでいます。むろん理論的存在と言っても「理論的虚構」という意味はまったく含まれていないことに注意してください。それは知覚的に観察できないというだけで、れっきとした「存在」であり、少なくとも現在のところ素粒子のような理論的存在の実在性を疑う人はおりません。しかし、その「実在」を確かめるためには、サイクロトロンを始めとする巨大な実験装置と一連の理論的手続きが要求されます。ですから、見聞臭触によって知覚的に観察可能なものだけが「実在」するという狭隘な実証主義は捨て去らねばなりませんが、他方でその「実在」の意味は理論的「探究」の手続きと表裏一体のものであることにも留意せねばなりません。

以上の話から、物理学に見られるような理論的「探究」の手続きが、「物理的事実」のみならず「歴史的事実」を確定するためにも不可欠であることにお気づきになったと思います。そもそも「歴史 (history)」の原義が「探究」であったことを思い出してください。歴史的事実は過去のものであり、もはや知覚的に見たり聞いたりすることはできませんので、その「実在」を主張するためには、直接間接の証拠が必要とされます。また、歴史学においては史料批判や年代測定など一連の理論的手続きが要求されることもご存じのとおりです。その意味で、歴史的事実を一種の「理論的存在」として特徴づけることは、抵抗感はあるでしょうが、それほど乱暴な議論ではありません。

実際ポパーは、『歴史主義の貧困』の中で「社会科学の大部分の対象は、すべてではないにせよ、抽象的対象であり、

国語

（一〇〇分）

（注）　解答は、一行の枠内に二行以上書いてはいけない。

一　次の文章を読んで、後の設問に答えよ。

余りに単純で身もaフタもない話ですが、過去は知覚的に見ることも、聞くことも、触ることもできず、ただ想起することができるだけです。その体験的過去における「想起」に当たるものが、歴史的過去においては「物語り行為」であるというのが僕の主張にほかなりません。つまり、過去は知覚できないがゆえに、その「実在」を確証するためには、想起や物語り行為をもとにした「探究」の手続き、すなわち発掘や史料批判といった作業が不可欠なのです。

そこで、過去と同様に知覚できないにも拘（かかわ）らず、われわれがその「実在」を確信して疑わないものを取り上げましょう。それはミクロ物理学の対象、すなわち素粒子です。電子や陽子や中性子を見たり、触ったりすることはどんなに優秀な物理学者にもできません。素粒子には質量やエネルギーやスピンはありますが、色も形も味も匂いもないからです。われわれが見ることができるのは、霧箱や泡箱によって捉えられた素粒子の飛跡にすぎません。それらは荷電粒子が通過してできた水滴や泡、すなわちミクロな粒子の運動のマクロな「痕跡」です。ァその痕跡が素粒子の「実在」を示す証拠である

2017年度 問題編

問題篇

東京大-理科前期　　　　　　　　　　　　　　　　　　　2017 年度　問題　*3*

■前期日程

問題編

▶試験科目・配点

教　科	科　　　　　目	配　点
外国語	「コミュニケーション英語Ⅰ・Ⅱ・Ⅲ」，ドイツ語，フランス語，中国語から1外国語を出願時に選択。英語試験の一部分に聞き取り試験（30分程度）を行う。 　ただし，英語の選択者に限り，英語の問題の一部分に代えて，ドイツ語，フランス語，中国語，韓国朝鮮語のうちから1つを試験場で選択することができる。	120点
数　学	数学Ⅰ・Ⅱ・Ⅲ・A・B	120点
理　科	「物理基礎・物理」，「化学基礎・化学」，「生物基礎・生物」，「地学基礎・地学」から2科目を出願時に選択	120点
国　語	国語総合，国語表現	80点

▶備　考

- 英語以外の外国語は省略。
- 数学Ⅰ，数学Ⅱ，数学Ⅲ，数学Aは全範囲から出題する。数学Bは「数列」，「ベクトル」から出題する。
- 「物理基礎・物理」は物理基礎，物理の全範囲から出題する。
- 「化学基礎・化学」は化学基礎，化学の全範囲から出題する。
- 「生物基礎・生物」は生物基礎，生物の全範囲から出題する。
- 「地学基礎・地学」は地学基礎，地学の全範囲から出題する。

英語

（120 分）

（注　意）
1．3は聞き取り問題である。問題は試験開始後 45 分経過した頃から約 30 分間放送される。
2．解答は，5 題を越えてはならない。
3．5 題全部英語の問題を解答してもよいし，また，4・5 の代わりに他の外国語の問題Ⅳ・Ⅴを選んでもよい。ただし，ⅣとⅤとは必ず同じ外国語の問題でなければならない。

（他の外国語の問題は省略―編集部）

1 ⑷　次の英文の要旨を，70～80 字の日本語にまとめよ。句読点も字数に含める。

According to one widely held view, culture and country are more or less interchangeable. For example, there is supposed to be a "Japanese way" of doing business (indirect and polite), which is different from the "American way" (direct and aggressive) or the "German way" (no-nonsense and efficient), and to be successful, we have to adapt to the business culture of the country we are doing business with.

A recent study has challenged this approach, however. Using data from 558 previous studies over a period of 35 years, this new research analyzed four work-related attitudes: the individual versus the group; the importance of hierarchy and status; avoiding risk and uncertainty; and competition versus group harmony. If the traditional view is correct, differences between countries ought to be much greater than differences within countries. But, in fact, over 80 % of the differences in these four attitudes were found within countries, and less than 20 %

東京大-理科前期 2017 年度 英語 *5*

of the differences correlated with country.

It's dangerous, therefore, to talk simplistically about Brazilian culture or Russian culture, at least in a business context. There are, of course, shared histories and languages, shared foods and fashions, and many other shared country-specific customs and values. But thanks to the many effects of globalization — both in human migration and the exchange of technologies and ideas — it's no longer acceptable to generalize from country to business culture. A French businessperson in Thailand may well have more in common with his or her Thai counterparts than with people back in France.

In fact, occupation and socioeconomic status are much better predictors of work values than country of origin. A hundred doctors from different countries, for example, are much more likely to share attitudes than a hundred Britons from different walks of life. Language aside, a truck driver in Australia is likely to find an Indonesian truck driver more familiar company than an Australian lawyer.

Successful negotiation depends on being able to predict the actions of the other party. In an international context, to the extent that our judgments arise from ideas about national characteristics, we are likely to make the wrong predictions and respond inappropriately. Cultural stereotyping by country is just bad business.

(B) 次の空所(1)～(5)に入れるのに最も適切な文を 7 ～ 8 ページの a ～ f より選び，マークシートの(1)～(5)にその記号をマークせよ。ただし，同じ記号を複数回用いてはならない。また，空所（　ア　）に入れるべき"v"で始まる単語 1 語を記述解答用紙の 1 (B)に記入せよ。

Cycling one morning, Professor Dacher Keltner had a near-death experience. "I was riding my bike to campus," he recalls, "and I came to a crossing. I had the right of way, but this big luxury car just didn't slow down." With only about one metre to spare before impact, the driver finally stopped. "He seemed both surprised and contemptuous, as if I was in his more important way." Keltner's first response was a mixture of anger and relief: his university had not lost a psychology professor that day. His second was more academic. Was there, he wondered, a measurable difference between the behaviour of owners of luxury cars and that of other drivers?

The professor sent a group of psychology students to monitor driving etiquette and keep notes on car models. They noted which drivers allowed pedestrians their right of way at street crossings, and which drivers pretended not to see them and sped straight past. The results couldn't have been clearer. People driving luxury cars were a quarter as likely to stop at a crossing and four times more likely to cut in front of another car than drivers of less expensive cars. The more luxurious the vehicle, the more entitled its owner felt to (ア) the traffic laws.

(1) In some experiments Keltner and his collaborators put participants from a variety of income levels to the test; in others, they tried to make participants feel less powerful or more powerful by asking them to think about people more or less powerful than themselves, or to think about times when they felt strong or weak. The results all pointed in the same direction. People who felt powerful were less likely to be considerate; wealthy participants were more likely to cheat in games involving small cash rewards and to dip their hands into a jar of sweets marked for the use of visiting children. When watching a video about childhood cancer their faces showed fewer signs of sympathy.

(2) When Keltner and his colleagues published an influential paper on the subject in 2010, three European academics, Martin Korndörfer, Stefan Schmukle and Boris Egloff, wondered if it would be possible to reproduce the findings of small lab-based experiments using much larger sets of data from surveys carried out by the German state. The idea was to see whether this information, which documented what people said they did in everyday life, would offer

東京大-理科前期   2017 年度　英語　7

the same picture of human behaviour as results produced in the lab. "We simply wanted to reproduce their results," says Boris Egloff, "which seemed very believable to us." The numbers they obtained, however, did not fit the expected patterns. Taken as a whole, they suggested the opposite. Privileged individuals, the data suggested, were proportionally more generous to charity than their poorer fellow citizens, more likely to volunteer, more likely to help a traveller struggling with a suitcase or to look after a neighbour's cat.

Who, then, is right? Are powerful people nicer or nastier than powerless ones? How can we explain the conflicting answers yielded by these two sets of data? (　3　) If being generous in public brings rewards, then rich people might be more inclined to help old ladies across roads. Drivers, invisible in their cars, need not worry about aggressive driving damaging their reputations. And Keltner points out that the data come from people's accounts of their own generosity, and not from actually observing their good actions. "We know from other studies that the wealthy are more likely to lie and exaggerate about ethical matters," he says. "Self-reported data in economics and face-to-face data in psychology capture different processes. What I say I do in society may not be how I behave with actual people."

(　4　) In August 2015, the journal *Science* reported that a group of 270 academics, led by Brian Nosek, a respected professor of psychology at the University of Virginia, had attempted to reproduce the results of 100 similar psychological studies. Ninety-seven of the original studies had produced results consistent with the hypotheses being tested. Only 36 of the Nosek group's experiments did the same. Those numbers threatened to undermine the entire discipline of experimental psychology, for if a result cannot be reproduced it must be in doubt. (　5　)

a) Not everyone accepts this conclusion, however.

b) What happened on the road also happened in the lab.

c) The connection between privilege and selfishness, then, is still unproved.

d) It may be that rich people are better at disguising their selfishness than poor people.

e) This idea, however, created a considerable sensation outside the academic world.

f) But it is also possible that the problem lies not with the survey data but with the psychological experiments.

2　(A)　あなたがいま試験を受けているキャンパスに関して，気づいたことを一つ選び，それについて 60～80 語の英語で説明しなさい。

(B)　以下は手紙とそれに対する返事である。返事の空所に入る文章を，あなたが Jun だと仮定して 60～80 語の英語で書きなさい。

Dear Jun,

　You will not remember me. I am your grandfather and I left the country when you were only three years old. But—though I have only a few weeks to live—I have made a success of my life, and you will inherit all my vast wealth if you convince me that you will use it well. Tell me *what* you would use my money for, and *why*. I am looking forward to your reply.

Your grandfather,

Marley

Dear Grandfather Marley,

東京大-理科前期   2017 年度　英語　*9*

Your grandchild,

Jun

3   放送を聞いて問題(A), (B), (C)に答えよ。

注　意
- 聞き取り問題は試験開始後 45 分経過した頃から約 30 分間放送される。
- 放送を聞きながらメモを取ってもよい。
- 放送が終わったあとも，この問題の解答を続けてかまわない。

聞き取り問題は大きく三つに分かれている。(A)と(B)は内容的に関連している。(C)は独立した問題である。(A), (B), (C)のいずれも二回ずつ放送される。

(A)　これから放送するのは，囲碁（Go）についての講義である。これを聞き，(6)～(10)の問いに対して，それぞれ正しい答えを一つ選び，マークシートの(6)～(10)にその記号をマークせよ。

(6)　Why, according to the speaker, was Deep Blue able to defeat Kasparov ?

　a)　Kasparov did not take the match seriously.

　b)　Deep Blue was receiving help from some human experts.

　c)　Deep Blue's processing power was too much for Kasparov.

　d)　The stress of playing against a computer was too much for Kasparov.

(7)　Some people argued that Go would be a better test of computer intelligence than chess because

　a)　Go depends more on recognising visual patterns.

　b)　Go players are said to be cleverer than chess players.

　c)　it takes a longer time to become skilful at Go than at chess.

10 2017 年度 英語　　　　　　　　　　　　　　　　　　　　　東京大-理科前期

　　d） there are too many possibilities in a game of Go to analyse.

⑻　Before the March 2016 match against Lee Sedol, AlphaGo

　　a） played many practice games against itself.

　　b） won a match against a strong European amateur.

　　c） won a match against a Go professional by four games to one.

　　d） played many practice games against various human oppo-
　　　　nents.

⑼　AlphaGo's victory against Lee was impressive because

　　a） it still showed certain weaknesses.

　　b） it was far more powerful than Deep Blue.

　　c） it was able to find creative and original moves.

　　d） it was able to calculate many more possibilities.

⑽　Choose the least appropriate title for this passage.

　　a） From Deep Blue to AlphaGo

　　b） Is Human Intelligence Unique ?

　　c） Recent Increases in Computer Power

　　d） The Evolution of Computer Intelligence

(B)　これから放送するのは，二人の男性（Alex と Daniel）と一人の女性
　　（Megan）による，(A)と内容的に関連した会話である。これを聞き，
　　⑾〜⒂の問いに対して，それぞれ正しい答えを一つ選び，マークシート
　　の⑾〜⒂にその記号をマークせよ。

⑾　According to Megan, what is one reason why humans are
　　sometimes worse at making decisions than computers ?

　　a） Humans make decisions based on faulty information.

　　b） Humans become distracted by their subjective desires.

　　c） Humans give up too easily when faced with unpleasant
　　　　decisions.

東京大-理科前期   2017 年度　英語　*11*

d) Humans are not good at choosing among a large number of options.

(12)　According to Megan, how do chess programs make decisions ?
  a) The programs evaluate the opponent's playing style.
  b) The programs use moves from previously played games.
  c) The programs evaluate each possible move systematically.
  d) The programs use moves based on input from human experts.

(13)　Why does Alex not want computers to make important decisions ?
  a) Computer programs can pose security risks.
  b) Computers have no sense of right and wrong.
  c) Computer programs often crash and have bugs.
  d) Computers have no personal interest in what they decide.

(14)　According to Megan, how might computers be more "caring" than human doctors ?
  a) Computers can be programmed to interpret the feelings of patients.
  b) Computers can calculate the amount of medicine each patient needs.
  c) Computers can be programmed to interact more warmly with patients.
  d) Computers can encourage patients to share personal information more easily.

(15)　What is one reason Daniel is worried about computers ?
  a) He thinks that they might start a war.
  b) He thinks that they might control the human race.
  c) He thinks that they might take over the police force.

12 2017 年度 英語 東京大-理科前期

d) He thinks that they might eliminate the need for people to work.

(C) これから放送するのは，ナイジェリア出身の作家による，姉 Uche についての回想である。これを聞き，(16)～(20)の問いに対して，それぞれ正しい答えを一つ選び，マークシートの(16)～(20)にその記号をマークせよ。

(16) The speaker has been close to her sister Uche ever since
  a) Uche calmed her crying regularly.
  b) Uche stopped her from crying on the stairs.
  c) Uche became attached to her at four years old.
  d) Uche led her by the hand around their new house.

(17) Uche was considered tough because
  a) she would ignore insults.
  b) she would wear boys' clothes.
  c) she would use rough language.
  d) she would ignore social expectations.

(18) Uche once
  a) made a dress from materials she found.
  b) apologized for hitting the neighbor's son.
  c) cooked okra with liver sauce for the speaker.
  d) took sandals from her mother without asking.

(19) Which of the following is <u>not</u> a way the sisters are described to differ ?
  a) patience
  b) hair style
  c) toughness
  d) occupation

⑳ Which of the statements best summarizes the speaker's description of her sister ?

a) Uche is curious and bold.

b) Uche is strong and caring.

c) Uche is rich and generous.

d) Uche is talkative and intelligent.

4

(A) 次の英文の段落㉑～㉕にはそれぞれ誤りが一つある。誤った箇所を含む下線部を各段落から選び, マークシートの㉑～㉕にその記号をマークせよ。

㉑ The term "documentary" [a]emerged awkwardly out of early practice. When entrepreneurs in the late nineteenth century first began to record moving pictures of real-life events, [b]some called what they were making "documentaries." The term did not stabilize for decades, however. Other people called their films "educationals," "actualities," "interest films," [c]or perhaps referred to their subject matter — "travel films," for example. John Grierson, a Scot, decided to use this new form in the service of the British government and invented the term "documentary" [d]by applying to a work of the great American filmmaker Robert Flaherty. He defined documentary as the "artistic representation of actuality" — a definition that has proven durable probably [e]because it is so very flexible.

㉒ Documentary film began in the last years of the nineteenth century [a]with the first films ever projected, and it can take many forms. It can be a trip to exotic lands and lifestyles, as was *Nanook of the North* (1922). It can be a visual poem, such as Joris Ivens's *Rain* (1929) — a story about a rainy day, [b]is set to a piece of classical music, in which the storm echoes the structure of the music. It can be [c]an artful piece of propaganda. Soviet filmmaker Dziga Vertov, who proclaimed that fiction cinema was poisonous and dying and [d]that documentary film was the future, made *Man with a Movie Camera*

14 2017 年度 英語   東京大-理科前期

(1929) as propaganda [e]both for a political regime and for a film
style.

(23)　What is a documentary? A simple answer might be: a movie
about real life. And that is precisely the problem: documentaries are
about real life; they are not real life. They are [a]not even windows
onto real life. They are portraits of real life, [b]using real life as their
raw material, constructed by artists and technicians who make
numerous decisions about [c]what story to tell to whom and for what
purpose. You might then say: a movie that does its best to represent
real life and [d]that it doesn't manipulate it. And yet, [e]there is no
way to make a film without manipulating the information. Selection of
topic, editing, and mixing sound are all manipulations. Broadcast
journalist Edward R. Murrow once said, "Anyone who believes that
every individual film must represent a 'balanced' picture knows
nothing about either balance or pictures."

(24)　The problem of deciding how much to manipulate [a]is as old as
the form. *Nanook of the North* is considered one of the first great
documentaries, but its subjects, the Inuit, assumed roles at filmmaker
Robert Flaherty's direction, [b]much like actors in a fiction film.
Flaherty asked them to [c]do things they no longer did, such as hunt
for walrus[*] with a spear, and he [d]represented them as ignorant
about things they understood. At the same time, Flaherty built his
story from [e]his own experience of years into living with the Inuit,
who happily participated in his project and gave him plenty of ideas
for the plot.

注　[*]walrus　セイウチ

(25)　The importance of documentaries is [a]linked to a notion of the
public as a social phenomenon. The philosopher John Dewey argued
persuasively that the public―so crucial to the health of a democratic
society ― [b]is not just individuals added up. A public is a group of
people who can act together for the public good [c]and so can
challenge the deep-seated power of business and government. It is an

informal body that can [d]come together in a crisis if necessary. There are as many publics as there are occasions and issues to call them forth. We can all be members of any particular public — [e]if we have a way to communicate each other about the shared problems we face. Communication, therefore, is the soul of the public.

(B) 次の英文を読み，下線部(ア), (イ), (ウ)を和訳せよ。ただし，下線部(ア)の it と，下線部(イ)の this が，それぞれ何を意味するかを明らかにすること。

How can the capacity for solitude be cultivated? With attention and respectful conversation.

Children develop the capacity for solitude in the presence of an attentive other. Imagine a mother giving her two-year-old daughter a bath, allowing the girl to daydream with her bath toys as she makes up stories and learns to be alone with her thoughts, all the while knowing her mother is present and available to her. Gradually, the bath, taken alone, becomes a time when the child is comfortable with her imagination. Attachment enables solitude.

One philosopher has a beautiful formulation: "Language ... has created the word 'loneliness' to express the pain of being alone. And it has created the word 'solitude' to express the glory of being alone." (ア)Loneliness is emotionally and even physically painful, born from a lack of warmth in early childhood, when we need it most. Solitude — the capacity to be contentedly and constructively alone — is built from successful human connection at just that time. But if we don't have experience with solitude — and this is often the case today — we start to equate loneliness and solitude. This reflects the poverty of our experience. If we don't know the satisfaction of solitude, we only know the panic of loneliness.

Recently, while I was working on my computer during a train ride from Boston to New York, we passed through a magnificent snowy landscape. (イ)I wouldn't have known this but for the fact that I happened to look outside on my way to get a coffee. Then I noticed that every other adult on the train was staring at a computer. (ウ)We deny ourselves the benefits of solitude because we see the time it requires as a resource to use more profitably. These days, instead of using time alone to think (or not think), we hurry to fill it with some digital connection.

5 次の文章を読み，(A)〜(D)の問いに答えよ。

When she died last year at the age of ninety-four, I'd known Doris[*] for fifty years. In all that time, I've never managed to figure out a (26) for her that properly and briefly describes her role in my life, let alone my role in hers. We have a handy set of words to describe our nearest relations: mother, father, daughter, son, uncle, aunt, cousin, although (A)that's as far as it goes usually in contemporary Western society.

Doris wasn't my mother. I didn't meet her until she opened the door of her house after I had knocked on it to be allowed in to live with her. What should I call her to others? For several months I lived with Doris, worked in the office of a friend of hers and learned typing. Then, after some effort, she persuaded my father to allow me to go back to school. As a (27), he had turned down further schooling after I was expelled — for climbing out of the first-floor bathroom window to go to a party in the town — from the progressive, co-ed boarding school[**] that I had been sent to some years before when I was eleven. My father gave in and Doris sent me to my new school.

At the new school, teenagers constantly referred to and complained about their parents, using the regular words for them. Could I refer to Doris as my adoptive mother? She hadn't adopted me, although she'd suggested it. My mother had had one of her screaming fits and threatened to sue Doris if she tried to adopt me. So that was quietly dropped. I sometimes said 'adoptive mother' anyway, as an easy though inexact solution. It mattered how I referred to her; whenever I was called on to say 'Doris, my er... sort of, adoptive mother... my er... Doris...' to refer to my adult-in-charge, I was aware of giving the wrong impression.

For some reason, being precise, finding a simple possessive phrase that covered my circumstances, was very important. I didn't want to lie and I did want to find some way of summing up my (28) accurately to others. But I hadn't been an adopted child. Both my parents were still alive and (regrettably, in my view) in contact with me.

After I was expelled from my old school, I ran away from my father in Banbury and went to stay with my mother in Hove, in her very small flat. That had lasted only a few days before the wisest (29) seemed to be to roll up in a corner and refuse to eat or talk. 'How can you do this to me? Why can't you be decent, like other children?' she screamed.

It was considered a good idea to keep me away from my parents, so after the authorities had fed me, they put me into the Lady Chichester Hospital in Hove. It was a small psychiatric unit in a large detached house. I became the official baby of the place, and both staff and patients looked after me and tried to shield me from the worst of the other people's problems. I was fascinated and felt quite at home and well cared for at last.

I developed a secret (30) that I was mysteriously pregnant and the doctor was waiting for me to come to terms with it. Apart from that, I wasn't mentally ill at all and they weren't trying to treat me. I stayed there for four months, without medication, spending long periods sitting on the beach in Hove, staring at the sea — it was a winter of unprecedented ice and snow—while they tried to figure out what to do with me.

18 2017 年度 英語　　　　　　　　　　　　　　　　　東京大-理科前期

Then, all of a sudden, I received a letter from Doris, saying that although I didn't know her, she knew about me from her son, who had been in my class at school. Much over-excited gossip, you can imagine, had been going on there about the wicked Jennifer who'd got expelled and was now in a madhouse.

In his letter to Doris, her son Peter wondered, in all innocent generosity (since we had by no means got on with each other at school), if, since I was 'quite intelligent', they might not be able to help me somehow. Doris said in her letter to me that she had just moved into her first house, that it had central heating (she was particularly proud of that) and a spare room, so I might like to stay there, and perhaps, in spite of my father's reluctance, go back to school to get my exams and go to university. It wasn't clear in the letter how long I was invited to stay for, but the notion of going to university suggested something long-term.

I read the letter many times. The first time (B)with a kind of shrug: 'Ah, I see. That's what's going to happen to me next.' Unexpected things had happened to me so frequently and increasingly during my childhood that they seemed normal. I came to expect them with a detached passivity. Then I read the letter again with astonishment that I had a guardian angel. Then fear. Then a certain amount of disappointment, and some real thought about whether to accept or not. And finally all these responses were mixed, and I had no idea how to respond either to my own fears and expectations, or to this stranger for her invitation.

So Doris was not my mother. And aside from (C)awkward social moments, what she was to me was laid aside along with other questions best left unthought.

©Jenny Diski, "In Gratitude", Bloomsbury Publishing Plc.

注　*Doris　イギリスのノーベル賞作家ドリス・レッシング（1919〜2013）のこと
　　**co-ed boarding school　男女共学の全寮制の学校

東京大-理科前期 2017 年度　英語　*19*

(A)　下線部(A)を前後関係をふまえて次のように言い換える場合，空所に入る最も適切な単語 1 語を書きなさい。

　　　　that's （　　　　） we usually use

(B)　下線部(B)で筆者はなぜこのような反応をしたのか，日本語で説明せよ。

(C)　下線部(C)の具体的な内容を日本語で説明せよ。

(D)　以下の問いに答え，解答の記号をマークシートにマークせよ。

　(ア)　空所(26)〜(30)には単語が一つずつ入る。それぞれに文脈上最も適切な語を次のうちから一つずつ選び，マークシートの(26)〜(30)にその記号をマークせよ。同じ記号を複数回用いてはならない。

　　a)　designation　　　b)　disease　　　　c)　fear
　　d)　generosity　　　 e)　move　　　　　f)　participation
　　g)　punishment　　　h)　result　　　　 i)　rush
　　j)　situation

　(イ)　本文の内容と合致しないものはどれか。一つ選び，マークシートの(31)にその記号をマークせよ。

　　a)　The author struggled to define her relationship with Doris.
　　b)　The author's mother did not want her to be adopted by Doris.
　　c)　A bad rumour about the author was spreading at her new school.
　　d)　Doris's son wanted to help the author because she was very smart.
　　e)　The author was staying at a hospital when she received a letter from Doris.

　(ウ)　Doris と筆者の関係を表現するのに最も適切なものを一つ選び，マークシートの(32)にその記号をマークせよ。

　　a)　disastrous　　　　b)　illegal　　　　c)　passionate
　　d)　unconventional　　e)　unstable

3 聞き取り問題放送用スクリプト

[問題(A)]

As human beings, we like to think that there is something unique about our minds that makes us superior to the rest of the world. So it was a great shock when in 1997 a supercomputer called "Deep Blue" beat the world chess champion, Garry Kasparov. A mere machine had won at a purely mental challenge, defeating one of the strongest players ever.

How had that happened? People came up with various excuses. Perhaps Kasparov had got tired, or perhaps he felt frightened of the machine. There was even a suggestion that the team of scientists overseeing Deep Blue were giving it some unfair assistance.

But the true explanation is Deep Blue's sheer computing power. The powerful processors used by Deep Blue could analyse millions of possible moves. No human being could possibly consider so many options. So, when Kasparov lost, many people said: "Deep Blue's victory is just another demonstration of a machine's power or strength: it doesn't really show intelligence or creativity".

But if chess is not a test of intelligence, what is? Some people argued that the game of "Go" would be more appropriate. Go is played on a larger board, and there are many more possibilities. Human Go players often say they are compelled to choose a move by instinct, not by calculation. It seemed that computers would never have the creative intelligence to defeat a human Go champion.

But then, in March 2016, a computer program called AlphaGo did defeat one of the world's best human players, the South Korean professional Lee Sedol. In a five-game match, the computer won by four games to one.

Two aspects of this victory were particularly impressive. The first was how much the machine had improved. Six months before the match with Lee Sedol, AlphaGo had played a professional European Go player, a much weaker opponent. Although the computer won that match, it still showed certain weaknesses. In the following six months, however, the computer played many millions of games against itself, gradually learning how to improve. By the time it played Lee in March, it was much stronger. Lee acknowledged that the machine had been too strong for him, although he said that it was a defeat only for him personally, not for "humankind".

The second impressive aspect was the way in which the machine played. It did not seem superior in calculating power. In fact, it made some mistakes. But in its creative use of strategy, in the originality of some of its moves, the computer seemed superior. This could not be described as a victory for mere calculating power.

The program which defeated Kasparov at chess did so merely by simple calculation. But AlphaGo's success seems to prove that computers can also show intelligence and creativity. Perhaps that is why one commentator described AlphaGo as not just "the best player of the past two thousand years" but also as "a work of art".

[問題(B)]

Alex : How was the computer club today, Megan?

Megan : Oh, it was great, Alex! We were visited by an executive from a European software company. Her talk was called "How Computers Make Decisions".

Alex : I never thought of computers making decisions before. I thought they just followed the rules that we give them. After all, they don't have ambitions or desires like we do.

Megan : But that doesn't mean that they have worse judgment. In fact, maybe the opposite. The speaker said that humans are affected by tiredness, or by sickness, or by their superficial impressions about a topic. They also do badly when there are many possible outcomes to consider—like when we want to find an apartment to live in, or to map the quickest route between two places. Humans quickly get overwhelmed by the choices.

22 2017 年度 英語　　　　　　　　　　　　　　　　　　　　東京大-理科前期

Alex : So computers can be better than us at making decisions ?

Daniel : To a dangerous degree—if you ask me.

Megan : Oh, Daniel! What about strategy games such as chess ? The computer maps out possibilities like branches on a tree. It gives a rating to each branch, and then it just picks the option with the highest rating. It can do that very, very quickly.

Alex : Still, I don't think I'd want to live in a world in which computers made all the important decisions. After all, they don't *care* about the results of their choices. Chess computers try to win the game only because we program them to.

Megan : That's true. But the speaker today also said that sometimes decisions made by computers can seem *more* caring.

Alex : How can that be ?

Megan : In medicine, for example, doctors often can't adjust treatments to each individual, because that would mean handling too much information. They just provide standard amounts of medicines, for example. But a computer can quickly analyse all the tests and give each individual the exact treatment that they need. Isn't this more "caring", in a sense, than human doctors ?

Alex : What do you think, Daniel ? Should we let computers make all the choices for us ?

Daniel : I'm worried that we will lose control if we give machines too much information. I read recently that personal health data held by a private company in Britain was leaked onto the internet. Besides, you say that computers can make better decisions than humans. Suppose they decide to take over the world ? They might start keeping us as pets !

Megan : Oh, don't be so dramatic. Even the most advanced computers just follow the instructions in their software. Plus, they need electricity—which we provide.

Alex : Maybe the problem isn't so much giving control to the computers, as giving it to the companies that run them. I don't think that computers are trying to take over the world, but I do think that companies are.

Daniel : You both don't see what's happening! Before long, it'll be the computers that are running the companies!

Alex : Well, we can't *un*invent them, can we? What do you think we should do?

Daniel : I think we have to set them against each other. Divide and rule. We need computers to police the computers.

[問題(C)]

I remember standing at the foot of the long stairway in our new house. I was too frightened to climb. Then my sister Uche silently took my hand and we went up together. I was four; she was fifteen. It is my earliest memory of my attachment to her.

My mother tells me that the close relationship between me and my sister started much earlier. I was a restless baby, whose nightly screaming was soothed only by her. When I was first given regular food, my mother tried to feed me okra and liver sauce. But I would eat it only if my sister fed me.

In my teenage years she was the glamorous big sister who was studying medicine at university. I looked up to her: Her beautiful face, her smooth grape-dark skin, the gap in her teeth inherited from our mother.

I was always impressed by her original style. She made long earrings from parts of an abandoned chandelier and made bows for her shoes from old handbag straps. She designed her own clothes — dresses with colorful ribbons, lavishly shaped trousers — for the tailor in the market to make for her. Many of her clothes were handed down to me. At the age of thirteen, I wore elegant, fitted dresses when my classmates were still in little-girl clothes.

She was the tough one in the family — the unconventional girl. When she was in primary school, the neighbor's son called her a devil, and she climbed over the hedge, beat him up, and climbed back home to continue her game of table tennis. That evening, the neighbors came over to complain to my parents. Asked to apologize to the boy, my sister said, "But he called me a devil."

She once sneaked into my mother's wardrobe and took her high-heeled sandals to school. They were promptly seized by the teacher. She told my mother about it more than ten years later, describing the sandals in detail, laughing.

She laughs easily and often. She sends funny jokes by e-mail.

She is the second and I am the fifth of my parents' six children.

I became a writer; she is a successful doctor. We have different tastes. She touches my natural curly hair and says, "What is this rough mop?" I point to her long, straight hair and joke, "That looks like plastic!"

Still, we ask each other's opinions of outfits and hairstyles. We have long conversations about my book events and her medical conferences. We talk and e-mail often. I love to spend weekends with her, her wonderful husband, Udodi, who is like a big brother to me, and her eighteen-year-old twin daughters.

There is something very solid about her. To be her little sister is to feel always that a firm cushion exists at my back. When our father went into hospital last year, it was her steady voice that quieted my despair.

"You work so hard," she told me once, simply and plainly, when I was struggling to finish a book, and it made everything seem better.

She turned fifty in early March. "Don't get me cards that say, 'Happy Fiftieth Birthday,'" she told my brothers and sisters and me. "Just 'Happy Birthday' is fine."

数学

（150 分）

1 実数 a, b に対して
$$f(\theta) = \cos 3\theta + a\cos 2\theta + b\cos\theta$$
とし，$0 < \theta < \pi$ で定義された関数
$$g(\theta) = \frac{f(\theta) - f(0)}{\cos\theta - 1}$$
を考える。

(1) $f(\theta)$ と $g(\theta)$ を $x = \cos\theta$ の整式で表せ。

(2) $g(\theta)$ が $0 < \theta < \pi$ の範囲で最小値 0 をとるための a, b についての条件を求めよ。また，条件をみたす点 (a, b) が描く図形を座標平面上に図示せよ。

2 座標平面上で x 座標と y 座標がいずれも整数である点を格子点という。格子点上を次の規則に従って動く点 P を考える。

(a) 最初に，点 P は原点 O にある。

(b) ある時刻で点 P が格子点 (m, n) にあるとき，その 1 秒後の点 P の位置は，隣接する格子点 $(m+1, n)$，$(m, n+1)$，$(m-1, n)$，$(m, n-1)$ のいずれかであり，また，これらの点に移動する確率は，それぞれ $\frac{1}{4}$ である。

(1) 点 P が，最初から 6 秒後に直線 $y = x$ 上にある確率を求めよ。

(2) 点 P が，最初から 6 秒後に原点 O にある確率を求めよ。

26　2017 年度　数学　　　　　　　　　　　　　　　　東京大-理科前期

3　複素数平面上の原点以外の点 z に対して，$w = \dfrac{1}{z}$ とする。

(1)　α を 0 でない複素数とし，点 α と原点 O を結ぶ線分の垂直二等分線を L とする。点 z が直線 L 上を動くとき，点 w の軌跡は円から 1 点を除いたものになる。この円の中心と半径を求めよ。

(2)　1 の 3 乗根のうち，虚部が正であるものを β とする。点 β と点 β^2 を結ぶ線分上を点 z が動くときの点 w の軌跡を求め，複素数平面上に図示せよ。

4　$p = 2 + \sqrt{5}$ とおき，自然数 $n = 1,\ 2,\ 3,\ \cdots$ に対して

$$a_n = p^n + \left(-\frac{1}{p} \right)^n$$

と定める。以下の問いに答えよ。ただし設問(1)は結論のみを書けばよい。

(1)　$a_1,\ a_2$ の値を求めよ。

(2)　$n \geqq 2$ とする。積 $a_1 a_n$ を，a_{n+1} と a_{n-1} を用いて表せ。

(3)　a_n は自然数であることを示せ。

(4)　a_{n+1} と a_n の最大公約数を求めよ。

東京大-理科前期   2017 年度　数学　*27*

5 k を実数とし，座標平面上で次の 2 つの放物線 C, D の共通接線
について考える。

$C : y = x^2 + k$

$D : x = y^2 + k$

(1) 直線 $y = ax + b$ が共通接線であるとき，a を用いて k と b を表せ。た
だし $a \neq -1$ とする。

(2) 傾きが 2 の共通接線が存在するように k の値を定める。このとき，共
通接線が 3 本存在することを示し，それらの傾きと y 切片を求めよ。

6 点 O を原点とする座標空間内で，一辺の長さが 1 の正三角形
OPQ を動かす。また，点 A $(1, 0, 0)$ に対して，$\angle$AOP を θ
とおく。ただし $0° \leqq \theta \leqq 180°$ とする。

(1) 点 Q が $(0, 0, 1)$ にあるとき，点 P の x 座標がとりうる値の範囲と，
θ がとりうる値の範囲を求めよ。

(2) 点 Q が平面 $x = 0$ 上を動くとき，辺 OP が通過しうる範囲を K とする。
K の体積を求めよ。

物理

（2科目 150分）

(注) 解答用紙は，〈理科〉共通。1行：23.5センチ，35字分の区切りあり。1・2は各25行，3は50行。

1 図1－1のような，3辺の長さが L, L, $3L$ で質量が M の直方体の積木を考える。積木の密度は一様であるとし，重力加速度の大きさを g で表す。以下の設問に答えよ。

Ⅰ 図1－2のように，ばね定数 k のばねの上端を天井に固定し，下端に積木をつなげた。ばねが自然長にある状態から積木を静かに放したところ，積木は鉛直方向に単振動を開始した。

(1) ばねの自然長からの最大の伸びを求めよ。

(2) 鉛直下向きに x 軸をとる。ばねが自然長にある状態での積木の上端の位置を原点とし，そこからの変位を x とすると，積木の加速度 a は $a = \boxed{ア}(x - \boxed{イ})$ と表される。$\boxed{ア}$，$\boxed{イ}$ に入る式を求めよ。ただし加速度は x 軸の正の向きを正とする。

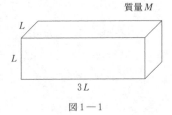

図1－1

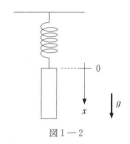

図1-2

Ⅱ　図1-3のように，2個の積木（積木1，積木2）がそれぞれ水平な台と斜面に置かれており，滑車を通してひもでつながれている。斜面の傾き角をθとする。積木1の長辺と平行にx軸をとる。最初，積木1の右端の位置が$x=0$であった。$x<0$では床面はなめらかで摩擦はないが，$x\geqq 0$では床面と積木1との間に摩擦があり，その動摩擦係数は一様でμ'である。斜面や滑車はなめらかで摩擦は無視できる。ひもがたるんでいない状態から積木1を静かに放したところ，積木1は初速度0で動き始め，右端がx_0（$x_0 \leqq 3L$）のところまで進んで静止した。ただし，図1-4のように，積木1の右端がxだけ動いた状態での動摩擦力の大きさfは，$f=\dfrac{x}{3L}\mu'Mg$で与えられるものとする。斜面は紙面に垂直である。また，2つの積木の長辺は紙面と平行であり，ひもは滑車の左右でそれぞれ積木の長辺と平行である。

(1) 積木1が動いているときの加速度をaとすると，aは積木1の右端の位置xを用いて$a=$ ウ $(x-$ エ $)$と表される。 ウ ， エ に入る式を求めよ。ただし加速度はx軸の正の向きを正とする。

(2) 積木が動き始めてから静止するまでの時間を求めよ。

(3) 積木1の右端がちょうど$x_0=3L$になったときに静止したとする。このとき動摩擦係数μ'をθを用いて表せ。

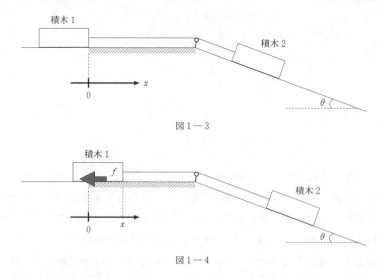

図1−3

図1−4

Ⅲ 積木を9個用意し，床の上に重ねて積むことを考える。積木どうしの静止摩擦係数を μ_1，積木と床との間の静止摩擦係数を μ_2 とする。積木の側面の摩擦は無視できるものとし，積木の面に垂直に加わる力は均一とみなしてよい。また，積木にはたらく偶力によるモーメントは考えなくてよい。

(1) $\mu_2 = \mu_1$ とする。図1−5のように積木を3段に互い違いに重ねて積み，下の段の真ん中の積木を長辺と平行な向きに静かに引っ張り，力を少しずつ増やしていったところ，あるときその積木だけが動き始めた。積木が動き始める直前に引っ張っていた力の大きさを求めよ。

(2) $\mu_2 \neq \mu_1$ とする。図1−6のように前問と違う向きに積木を重ねて積み，下の段の真ん中の積木を長辺と平行な向きに静かに引っ張り，力を少しずつ増やしていったところ，下の段の真ん中の積木と2段目の真ん中の積木が同時に動き始めた。このような状況が起こるための μ_2 の範囲は $\mu_2 >$ オ と表される。 オ に入る式を求めよ。

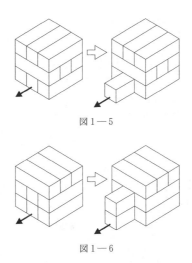

図1—5

図1—6

2 図2のように，長さ L，質量 M の導体棒を，長さ l の導線2本で吊り下げたブランコを考える。ブランコの支持点は摩擦なく自由に回転できるような，なめらかな軸受になっている。導線には，抵抗値 R の抵抗がつながれており，さらに電源なし，直流電源，交流電源をスイッチで切り替えられるようになっている。このブランコの導体棒は鉛直上向きの一様磁場（磁束密度 B）中を運動するものとする。鉛直下向きからのブランコの振れ角を θ，重力加速度の大きさを g として以下の設問に答えよ。ただし，導体棒や導線は変形しないものとし，それらの抵抗や太さは無視できるものとする。また，導線の質量，電源の内部抵抗も無視できるものとする。導体棒以外の導線や電気回路は一様磁場の外にあり影響を受けない。自己インダクタンス，大気による摩擦は無視できるものとする。ブランコの振動周期に対する抵抗の効果は考慮しなくて良い。

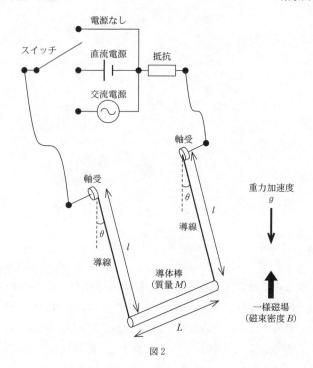

図 2

I まず，スイッチを電源なしの位置につなぐ。ブランコを $\theta = \alpha$ の位置まで持ち上げてそっと離したところ，ブランコは長い時間振動しながら次第に振幅を小さくしていき，十分に時間が経った後には $\theta = 0$ の位置でほぼ静止した。ただし α は正の微小値である。

(1) ある瞬間に，ブランコは $\theta = 0$ の位置を速さ v で通過した。このとき，導体棒に流れている電流の大きさ I_1 を求めよ。

(2) ブランコの振動振幅がだんだん小さくなっていくのは，導体棒の力学的エネルギーが抵抗のジュール熱として消費されていくからだと考えることができる。最終的にブランコが静止するまでの間に，抵抗で発生したジュール熱の合計値 Q を求めよ。

(3) もし抵抗値を $2R$ に変更したとすると，変更前に比べて振動の振幅が半分になるまでにかかる時間はどうなるか。以下のア～ウから適当なものを一つ選んで答えよ。

　　ア．長くなる　　　イ．変わらない　　　ウ．短くなる

Ⅱ 次に,スイッチを直流電源に切り替え,一定電圧を加えたところ,ブランコを $\theta = \dfrac{\pi}{4}$ の位置で静止させることができた。

(1) このときに導体棒に流れている電流の大きさ I_2 を求めよ。

(2) さらにその状態からブランコを $\theta = \dfrac{\pi}{4} + \delta$ の位置まで持ち上げてそっと離したところ,ブランコは振動を始めた。短時間ではこの運動は単振動とみなしてよい。その周期 P を求めよ。ただし,δ は正の微小値である。

(3) その後,長時間観察すると,このブランコの振動はどのようになるか。以下のア〜クのグラフから最も適当なものを一つ選んで答えよ。

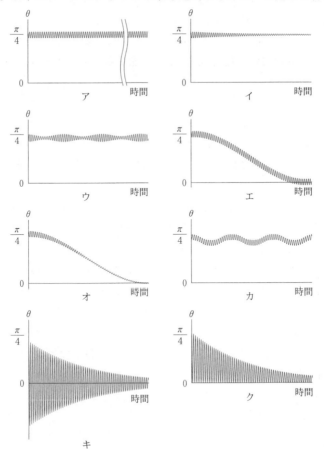

Ⅲ　最後に，ブランコを $\theta=0$ の位置に戻し，スイッチを交流電源に切り替えた。電源の周期を設問Ⅰの場合のブランコ振動の周期（T とする）と同じにした時，ブランコは揺れはじめ，やがて一定振幅（最大振れ角）β で単振動を続けるようになった。このときの θ は，時間 t を用いて $\theta=\beta\sin\left(\dfrac{2\pi t}{T}\right)$ と書くことができる。ただし β は正の微小値である。

(1)　ブランコが一定振幅で単振動をしているときの誘導起電力 V を求めよ。ただし，解答に際して起電力の向きは問わない。また，$\sin\theta$ は θ と近似して良い。

(2)　交流電源の電圧の振幅 A を求めよ。ただし，ブランコの運動に起因する電磁誘導の効果と，交流電源が接続されていることによる効果がちょうど打ち消し合っていると考えれば良い。

(3)　交流電源を設問Ⅲ(2)と同じにした状態で，抵抗値を $2R$ に変更した。十分に時間が経った後のブランコの最大振れ角の大きさ β' を β を用いて表せ。

3　図3−1のように，断面積 S のシリンダーが水平な床に固定されている。シリンダー内にはなめらかに動くピストンが2つあり，それらは必要に応じてストッパーで止めることができる。左側のピストン1には，ばね定数 k のばねがつけられ，ばねの他端は壁に固定されている。また，小さな弁のついた右側のピストン2により，シリンダー内は領域A，Bに仕切られている。A，B内には，それぞれヒーター1，2が封入されている。最初，ばねは自然の長さにあり，ピストン1は静止していた。領域Aの長さは L で，温度 T_0 の単原子分子理想気体が封入されている。一方，長さ L の領域B内は真空であり，ピストン2はストッパーにより固定され，弁は閉じられている。シリンダーの外側の気体の圧力は，P_0 で一定に保たれている。シリンダー，ピストン，弁はすべて断熱材で作られ，また，ヒーターとストッパー，弁の部分の体積は無視できるものとする。以下の設問に答えよ。

　　　　　　　　（注）　最初，ヒーター1，2は作動していない。

I 図3-1の状態から，ヒーター1によりA内の気体をゆっくりと加熱すると，図3-2のようにピストン1は$\frac{L}{2}$だけ左側に移動してちょうどその位置で止まった。このときのA内の気体の圧力はP_1，温度はT_1であった。

(1) P_1, T_1を，P_0, S, k, L, T_0のうち必要なものを用いて表せ。

(2) この過程におけるA内の気体の内部エネルギーの変化を，P_0, S, k, Lを用いて表せ。

(3) この過程でヒーター1が気体に与えた熱量Q_0を，P_0, S, k, Lを用いて表せ。

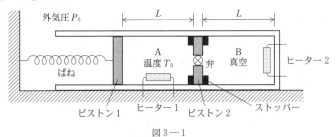

図3-1

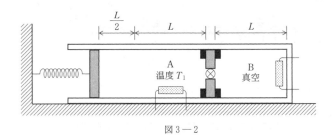

図3-2

II 図3-2の状態から，A内のヒーター1を取りはずし，ストッパーでピストン1が右側に動かないようにした。その後，ピストン2の弁を開いたところ，十分に時間が経過した後のA，B内の気体の温度と圧力は等しくなった（図3-3）。この状態をXとする。Xにおける気体の温度T_2を，T_1を用いて表せ。また，Xにおける気体の圧力P_2を，P_1を用いて表せ。

Ⅲ 状態Xから，A，B内の気体をヒーター2でゆっくりと加熱したところ，ピストン1がストッパーから離れて左側に動き始めた。状態Xからピストン1が動き始めるまでに，ヒーター2が気体に与えた熱量 Q_1 を，P_1，S，L を用いて表せ。

Ⅳ 状態Xから，ピストン2のストッパーによる固定をはずし，弁を閉めた。その後，B内の気体をヒーター2でゆっくりと加熱したところピストン2は左側に移動し，図3－4のように領域Aの長さが L_A となったところでピストン1がストッパーから離れて左側に動き始めた。
(1) 状態Xからピストン1が動き始めるまでの過程におけるA，B内の気体の内部エネルギーの変化を，それぞれ ΔU_A，ΔU_B とする。$\Delta U_A + \Delta U_B$ を，P_1，S，L，L_A のうち必要なものを用いて表せ。
(2) この過程で，ヒーター2がB内の気体に与えた熱量を Q_2 とする。このとき，Q_2 と設問Ⅲの Q_1 との関係を記せ。

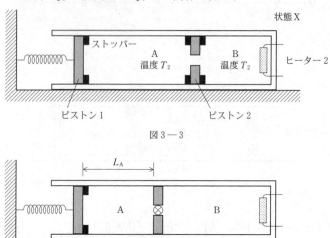

図3－3

図3－4

東京大-理科前期　　　　　　　　　　　　　　　　　　2017 年度　化学　37

化学

（2 科目 150 分）

（注）：解答用紙は，〈理科〉共通。1 行：23.5 センチ，35 字分の区切りあ
り。1・2 は各 25 行，3 は 50 行。

1 次の文章を読み，問ア～キに答えよ。必要があれば以下の値を用
いよ。構造式は例にならって示せ。

元　素	H	C	N	O
原子量	1.0	12.0	14.0	16.0

（構造式の例）　$H_3C—CH_2$　　CH_3

有機化合物 A と B は，炭素，水素，酸素からなる同じ分子式で表され，
ともに分子量 86.0 の炭素-炭素二重結合を一つもつエステルである。また，
A および B には，ホルミル基（アルデヒド基：−CHO）が含まれていない。
43.0mg の A を完全に燃焼させ，生じた物質を　a　の入った U 字管と
　b　の入った U 字管へ順に通したところ，それぞれ 27.0mg の水と
88.0mg の二酸化炭素が吸収されていることがわかった。B を加水分解し
て得られた生成物の一つは，三つの炭素原子をもつカルボン酸であった。
　次に，アクリロニトリルと A を物質量の比 2：1 で混合したのち付加重
合すると，完全に反応が進行し，高分子化合物 C が得られた。C の平均分
子量は $9.60×10^4$ であった。

アクリロニトリル

一方，B の付加重合により得られた高分子化合物の一部を架橋し，エス

テル結合を加水分解したものは, ①水を吸収・保持する性質を示した。

〔問〕

ア 　 a 　, 　 b 　に当てはまる最も適切な化合物名をそれぞれ記せ。

イ Aの分子式を答えよ。答えに至る過程も記せ。

ウ Bの構造式を記せ。

エ 化合物DはAおよびBと同じ分子式で表され, カルボキシ基をもつ。
化合物Dの構造式として考えられるものをすべて示せ。

オ Aを加水分解すると化合物EとFを生じ, そのうち不安定なFはす
みやかにGへ変化した。化合物E, F, Gの構造式を示せ。

カ 高分子化合物Cの一分子あたりに平均して含まれる窒素原子の数を
有効数字2桁で答えよ。答えに至る過程も記せ。

キ 下線部①について, 吸収した水を保持する理由を簡潔に説明せよ。

2 　 次のⅠ, Ⅱの各問に答えよ。

Ⅰ 次の文章を読み, 問ア〜オに答えよ。

　廃棄されたスマートフォンや液晶テレビなどの機器から, 金属を回収
し再資源化する技術の開発が進められている。その一つとして, 廃棄さ
れた機器を酸で処理して沈殿操作を行うことで, 金属を分離・回収する
方法がある。

　Zn^{2+}, Cu^{2+}, Pb^{2+}, Fe^{3+}, Ag^+, Ba^{2+}, Al^{3+}, Li^+ を含む金属イオ
ンの混合水溶液から, それぞれのイオンを分離するため, 以下の実験1
から4を連続して行った。この溶液に最初から含まれている陰イオンの
影響は考えなくてよい。

実験1：この溶液に希塩酸を加えたところ, 白色の沈殿を生じたため,
ろ過を行い沈殿とろ液(a)に分離した。このろ紙上の沈殿に熱湯
を十分に注いだところ, 沈殿の一部が溶解した。その溶解液に
クロム酸カリウムを加えたところ, 黄色の沈殿を生じた。

東京大-理科前期   2017 年度　化学　*39*

実験 2 ：ろ液(a)に H_2S を通じる操作を行ったところ，CuS の黒色の沈
殿を生じた。これをろ過して得られたろ液に対して 操作 a ，
操作 b ， 操作 c を連続して行ったところ， 操作 c によって二
種類の金属水酸化物の沈殿を生じたため，ろ過を行い沈殿とろ
液(b)に分離した。

実験 3 ：ろ液(b)に H_2S を再度通じたところ，ZnS の白色の沈殿を生じ
たため，ろ過を行い沈殿とろ液(c)に分離した。

実験 4 ：ろ液(c)に希硫酸を加えたところ，白色の沈殿を生じた。最終的
に溶液に残った金属イオンは一種類のみであった。

〔問〕

ア　実験 1 における波線部のろ紙上に残った沈殿は，試薬，熱，電気を
使うことなく，①ある方法によって金属単体へと還元できる。その金
属元素の硝酸塩を試験管内で水に溶かしてアンモニア水を加えたとこ
ろ褐色の沈殿を生じたが，さらに加えると沈殿が消失した。ここに，
②ある脂肪酸を加え加熱したところ，試験管の内面に金属が析出した。

⑴　下線部①の方法を答えよ。

⑵　下線部②に関して，この反応で金属を析出させることができる脂
肪酸のうち，最小の分子量をもつ物質を答えよ。

イ　実験 2 において，Ｔさんは誤って 操作 a ～ 操作 c の代わりに，以
下の操作を連続して行ってしまった。

操作 x 　炭酸ナトリウム水溶液を十分に加える。

操作 y 　煮沸する。

操作 z 　希硫酸を十分に加える。

操作 z の後で最終的に得られた沈殿に含まれる金属元素が， 操作 x
と 操作 z において起こす反応の反応式をそれぞれ示せ。

ウ　実験 2 における，本来の操作方法である 操作 a ， 操作 b ， 操作 c
をそれぞれ答えよ。

エ　実験 4 で得られた上澄み液を，白金線に付けてバーナー炎中に入れ
たところ，炎色反応を示した。その炎色と，それを示した元素を答え
よ。

オ　一般に，Cu^{2+} と Zn^{2+} が溶けた溶液の水素イオン濃度 $[H^+]$ を調

整し，H_2S を通じると CuS のみを沈殿させることができる。以下に示す実験条件および値を用いて，このときの $[H^+]$ の下限を有効数字 2 桁で答えよ。また，答えに至る過程も記せ。ただし $[H_2S]$ は常に一定とする。

$[H_2S] = 1.0 \times 10^{-1} \text{mol} \cdot \text{L}^{-1}$, $[Cu^{2+}] = 5.0 \times 10^{-2} \text{mol} \cdot \text{L}^{-1}$,

$[Zn^{2+}] = 1.0 \times 10^{-1} \text{mol} \cdot \text{L}^{-1}$

CuS の溶解度積　$K_{sp(CuS)} = 6.5 \times 10^{-30} \text{mol}^2 \cdot \text{L}^{-2}$

ZnS の溶解度積　$K_{sp(ZnS)} = 3.0 \times 10^{-18} \text{mol}^2 \cdot \text{L}^{-2}$

H_2S の電離定数　$H_2S \rightleftharpoons H^+ + HS^-$ 　　　$K_1 = 8.0 \times 10^{-8} \text{mol} \cdot \text{L}^{-1}$

　　　　　　　　　$HS^- \rightleftharpoons H^+ + S^{2-}$ 　　　$K_2 = 1.5 \times 10^{-14} \text{mol} \cdot \text{L}^{-1}$

Ⅱ　次の文章を読み，問カ〜コに答えよ。

　大気の約 8 割を占める窒素は自然界で雷，火山の噴火や森林火災で酸化され，③NO，NO_2，N_2O_4 などの窒素酸化物を生成する。④NO_2 は大気中の水分と反応して硝酸を生成し，酸性雨の要因となる。硝酸は強い酸化作用を示し，水素よりイオン化傾向の小さな銀や銅などの金属を溶かす。⑤このとき，一般的に希硝酸を用いると NO が，濃硝酸を用いると NO_2 が発生するとされるが，実際には NO と NO_2 がともに発生し，その割合は硝酸の濃度に依存する。

　硝酸は，過去には硝酸ナトリウムや⑥硝酸カリウムに濃硫酸を加えて蒸留することで製造された。現在では，窒素から作ったアンモニアを酸化して NO を発生させ，これをさらに酸化した NO_2 を水と反応させるオストワルト法により製造される。NO_2 が発生する過程では，一部の⑦NO_2 同士が反応して N_2O_4 を生じる。

〔問〕

カ　下線部③に示す窒素酸化物のように，窒素は多数の酸化状態をとることができる。窒素が最大の酸化数をとる窒素化合物と，最小の酸化数をとる窒素化合物の化学式を，それぞれの窒素の酸化数とともに一つずつ答えよ。

キ　下線部④の化学反応式を示せ。

ク　下線部⑤のNOとNO₂の割合が硝酸濃度に依存する理由を，NOとNO₂が硝酸水溶液と反応することを踏まえて簡潔に説明せよ。

ケ　下線部⑥の化学反応式を示せ。またこのとき，濃硫酸の代わりに濃塩酸を使わない理由を簡潔に説明せよ。

コ　下線部⑦のN₂O₄を生じる反応は，吸熱反応と発熱反応のいずれであるかを答えよ。またその理由を，以下のNO₂の電子式に着目して簡潔に説明せよ。

$$\text{NO}_2 \text{の電子式} \quad :\!\ddot{\text{O}}\!:\!\text{N}\!::\!\ddot{\text{O}}:$$

3

次のⅠ，Ⅱの各問に答えよ。必要があれば以下の値を用いよ。

元素	H	C	N	O	S	Fe	Pt	Pb
原子量	1.0	12.0	14.0	16.0	32.1	55.8	195	207

気体定数　$R = 8.3 \times 10^3 \text{ Pa·L·K}^{-1}\text{·mol}^{-1}$

ファラデー定数　$F = 9.65 \times 10^4 \text{ C·mol}^{-1}$

Ⅰ　次の文章を読み，問ア〜ウに答えよ。

　図3-1のように，鉛と酸化鉛（Ⅳ）を電極に用い，電解液として希硫酸を用いた鉛蓄電池と，白金を電極として用いた電解槽を接続できるようにした。鉛蓄電池を十分に充電した後，以下の操作1を行った。

操作1：スイッチを接続し，水酸化ナトリウム水溶液を電気分解したところ，電解槽の両極で気体が発生した。電解槽の白金電極Bで発生した気体を，水上置換法を用いて捕集した。

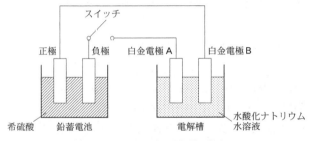

図3-1　鉛蓄電池と電解槽の模式図

〔問〕

ア　鉛蓄電池の放電時に，正極および負極で起こる変化を，それぞれ電子 e^- を用いたイオン反応式で示せ。

イ　図3－2は，操作1を行ったときの，鉛蓄電池における放電時間に対する物質の重量変化を示している。電解液の重量が(6)のように変化したとき，鉛蓄電池の正極および負極の重量変化を示す直線として最も適当なものを，図3－2の(1)～(6)のうちから，それぞれ一つずつ選べ。ただし，同じものを選んでもよい。

ウ　操作1において，1000秒間電気分解した。このとき，(i)白金電極Bで発生した気体は何か。(ii)その物質量は何molか。またこのとき，(iii) 27℃，1.013×10^5 Pa で水上置換法を用いて捕集した気体の体積は何Lか。それぞれ，有効数字2桁で答えよ。答えに至る過程も記せ。ただし，水の飽和蒸気圧は27℃で 4.3×10^3 Pa とする。また，発生した気体は水に溶けず，理想気体として扱えるものとする。

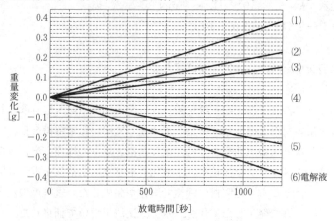

図3－2　放電時間に対する物質の重量変化

Ⅱ　次の文章を読み，問エ～キに答えよ。

N_2 と H_2 の混合気体を密閉容器に入れて高温にすると，次の化学反応が可逆的に起こり，やがて平衡状態に達する。

$$N_2(気) + 3H_2(気) \rightleftarrows 2NH_3(気)$$

この可逆反応の正反応は，発熱反応であることが知られている。この可逆反応が平衡状態にあるとき，反応温度を   a   したり，圧力を   b   すると，ルシャトリエの原理から考えると，NH_3 の生成率が増加する。工業的には，$_①NH_3$ は，四酸化三鉄が主成分の触媒を用いて生産される。

気体の反応では，反応の進行に伴う濃度変化を測定するよりも圧力変化を測定するほうが容易なので，濃度の代わりに分圧をもとに反応の進行を考えることが多い。N_2，H_2，NH_3 のそれぞれの分圧を P_A，P_B，P_C とし，これらを用いて Q を以下の式で定義する。

$$Q = \frac{(P_C)^2}{(P_A) \cdot (P_B)^3}$$

各気体の分圧は反応の進行とともに変化するので，Q もそれに応じて変化し，平衡状態に達するとある一定値になる。このときの Q の値を圧平衡定数（K_P）という。

平衡状態にある N_2，H_2，NH_3 の混合気体に，圧力を加えたり，反応物や生成物を加えたりした直後の Q の値を K_P と比較することにより，反応がどちらに進むかを知ることができる。

NH_3 の生成反応について次の実験を行った。以下では，すべての気体は理想気体として扱えるものとする。

実験 1：容積一定の容器 I に，3.0 mol の N_2 と 6.0 mol の H_2 を入れ，温度 T_1 で反応させた。平衡に達したとき，H_2 の分圧は反応開始前における H_2 の分圧の 0.9 倍であった。

実験 2：容積が可変な容器 II に N_2 と H_2 を入れ，全圧 P を一定に保ち，温度 T_2 で反応させた。平衡に達したとき，N_2，H_2，NH_3 の物質量は，それぞれ，4.0，2.0，1.0 mol であった。

〔問〕

エ   a ， b   に入る語句として適切なものを以下から選び，記号で答えよ。

  a   （a－1）高く   （a－2）低く

  b   （b－1）高く   （b－2）低く

オ 下線部①に関して，図3－3の曲線(1)は，触媒を用いない場合のNH₃の生成率の時間変化を示している。触媒を用いた場合のNH₃の生成率の時間変化を示す曲線を(1)〜(4)のうちから選べ。ただし，触媒の有無以外の反応条件は同じとする。

カ 実験1の平衡状態において，生成したNH₃の物質量は何molか。有効数字2桁で答えよ。

キ 実験2の平衡状態に，全圧および温度を一定に保ちながら混合気体にN₂を3.0mol加えた。加えた直後のQをQ_1とし，Q_1とK_Pを，それぞれ全圧Pを用いて表せ。さらに，正反応と逆反応のいずれの方向に平衡が移動するかを，Q_1とK_Pを用いて説明せよ。

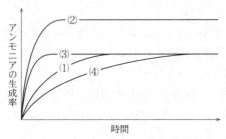

図3－3 アンモニア(NH₃)の生成率の時間変化

東京大-理科前期　　　　　　　　　　　　　　　　　　　2017 年度　生物　*45*

生物

（2 科目 150 分）

（注）：解答用紙は，〈理科〉共通。1 行：23.5 センチ，35 字分の区切りあ
　　　り。1・2 は各 25 行，3 は 50 行。

1　次の文 1 と文 2 を読み，ⅠとⅡの各問に答えよ。

〔文 1〕

　DNA・RNA・タンパク質はすべて高分子であり，それぞれを構成す
る単位の並びからなる配列情報を有する。これら 3 つの配列情報の間に
は，理論上，図 1－1 のように 9 通りの伝達経路が想定できる。しか
し，(ア)現存する生物やウイルスにおいては，これらすべての伝達経路が
存在するわけではない。

　DNA・RNA・タンパク質を介して遺伝情報が発現する過程は，その
各段階において様々な制御を受ける。そのような制御の一例として
「RNA 干渉」があげられる。RNA 干渉とは，真核生物の細胞内に二
本鎖の RNA が存在すると，その配列に対応する標的 mRNA が分解さ
れてしまうという現象である。無脊椎動物や植物などにおいて，RNA
干渉は生体防御機構として重要な役割を果たしていることが知られてい
る。

　RNA 干渉において，長い二本鎖 RNA は，まず「ダイサー」と呼ば
れる酵素によって認識され，端から 21 塩基程度ごとに切り離される。
こうして作られた短い二本鎖 RNA は，次に「アルゴノート」と呼ばれ
る酵素に取り込まれる。アルゴノートは，短い二本鎖 RNA の片方の鎖
を捨て，残ったもう片方の鎖に相補的な配列をもつ標的 mRNA を見つ
け出して切断する。その後，切断された標的 mRNA は別の RNA 分解
酵素群によって細かく分解される。このように，RNA 干渉には二本鎖

RNA の存在だけではなく，様々なタンパク質のはたらきが不可欠である。

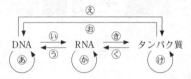

図1－1　DNA・RNA・タンパク質という3つの配列情報の伝達経路

実験1　ショウジョウバエ（ハエと略す）の RNA 干渉に関わるタンパク質Xおよびタンパク質Yの機能欠失変異体ハエ（x 変異体ハエおよび y 変異体ハエと呼ぶ）をそれぞれ作製し，野生型ハエとともに，一本鎖 RNA をゲノムとしてもつFウイルスまたは大腸菌を感染させた。その結果，図1－2のような生存曲線が得られた。一方，未感染の場合の14日後の生存率は，野生型ハエ，x 変異体ハエ，y 変異体ハエのすべてにおいて，98％以上であった。また，感染2日後の時点において，Fウイルスまたは大腸菌に由来する21塩基程度の短い RNA がハエの体内に存在するかどうかを調べたところ，表1－1に示す結果となった。

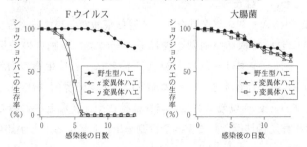

図1－2　Fウイルスまたは大腸菌感染後のショウジョウバエの生存曲線

表1－1　感染2日後のショウジョウバエ体内における短い RNA

	野生型ハエ	x 変異体ハエ	y 変異体ハエ
Fウイルス由来の短い RNA	有	有	無
大腸菌由来の短い RNA	無	無	無

東京大-理科前期   2017 年度　生物　*47*

実験2　Ｆウイルスのゲノムには，ウイルス固有の B2 と呼ばれるタン
　　　　パク質をコードする遺伝子が存在する。B2 タンパク質の機能欠
　　　　失変異体Ｆウイルス（ΔB2F ウイルスと呼ぶ）を作製し，野生型
　　　　ハエに感染させたところ，野生型Ｆウイルスと比べて ΔB2F ウ
　　　　イルスはほとんど増殖できなかった。一方，*x* 変異体ハエや *y* 変
　　　　異体ハエに ΔB2F ウイルスを感染させた場合は，野生型Ｆウイ
　　　　ルスと同程度の顕著な増殖が確認された。
　　　　　また，Ｆウイルスの B2 遺伝子を取り出し，野生型ハエの体内
　　　　で強制的に発現させた。すると，そのようなハエにおいては，
　　　　B2 遺伝子を強制発現させていない通常の野生型ハエと比べて，
　　　　Ｆウイルスだけではなく一本鎖 RNA をゲノムとしてもつ他のウ
　　　　イルスも顕著に増殖しやすくなった。一方，*x* 変異体ハエや *y* 変
　　　　異体ハエにおいては，その体内でＦウイルスの B2 遺伝子を強制
　　　　発現させてもさせなくても，Ｆウイルスやその他の一本鎖 RNA
　　　　ウイルスの増殖の程度に違いはなかった。

〔文2〕

　　生命科学の研究においては，同じ親から生まれた雄と雌の交配（兄妹
交配）を数十世代繰り返すことで得られた近交系（純系）のマウスが広
く用いられている。近交系のマウスは集団の中からどの個体をとっても
遺伝的にほとんど同じであるため，生命科学研究で大きな問題となりう
る遺伝的な個体差を最小化し，実験の精度を向上させることができる。
しかし，近交系マウスにおいても，世代を経るたびに一定の頻度で突然
変異が生じており，大きな表現型の変化として現れる場合がある。

　　ある近交系のマウスを兄妹交配しながら飼育していたところ，<u>血液
中の白血球における T 細胞の割合</u>が顕著に少ない数匹の個体が見つかっ
た。これらのマウスは，病原菌のいない清浄な飼育環境では野生型マウ
スと同程度に発育し，身体のサイズや繁殖能力に問題はなかった。ま
た，<u>T 細胞以外の白血球</u>の数には異常はみられなかった。そこで，こ
れらのマウスどうしを交配し，子孫マウス集団中の個体を調べたところ，
血液中の白血球における T 細胞の割合が，元の近交系マウスと比べて同
程度（表現型 A），約 1/5（表現型 B），約 1/20（表現型 C），という 3

群に分かれた（図1－3左）。さらに，それぞれの個体の血縁関係と，A，B，Cの表現型を示した家系図（図1－3右）を作成したところ，これらのマウスは飼育の過程で生じた突然変異体と考えられた。

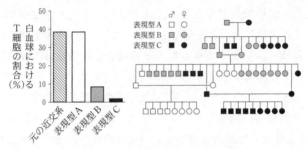

図1－3　マウスの血液中の白血球におけるT細胞の割合(左)と家系図(右)

実験3　血液細胞を死滅させる線量の放射線を照射したマウス（レシピエント）に対し，別のマウス（ドナー）の骨髄細胞を移植すると，ドナー由来の細胞がレシピエントの体内で分化して新たな血液細胞を構成し，キメラマウスができる。表現型A，B，Cそれぞれのマウスから骨髄細胞を採取して表現型Aの別のマウスに移植した。また，表現型Aのマウスから骨髄細胞を採取して表現型Bのマウスと表現型Cのマウスに移植した。作製したキメラマウスについて，血液中の白血球におけるT細胞の割合を調べた（図1－4）。

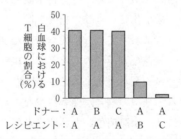

図1－4　キメラマウスの血液中の白血球におけるT細胞の割合

実験4　表現型Cのマウスのゲノムを調べたところ，タンパク質Zをコードする遺伝子Zの塩基配列にアミノ酸置換をもたらす一塩基変異が見つかった。遺伝子Zの機能を調べるため，遺伝子組換え技術を用いて，元の近交系マウスのゲノムから遺伝子Zを取り除いたノックアウトマウスを作製した。遺伝子Zノックアウトマウスの血液中の白血球におけるT細胞の割合は，元の近交系マウスや表現型Aのマウスと同程度であった。

〔問〕

Ⅰ　文1について，以下の小問に答えよ。

　A　図1－1の⑧の過程の基本的な仕組みを，以下の語句をすべて用いて3行程度で説明せよ。同じ語句を繰り返し使用してもよい。

　　　mRNA，tRNA，リボソーム，アミノ酸，コドン，ペプチド結合

　B　下線部(ア)について。以下の問(a)と(b)に答えよ。

　(a)　「セントラルドグマ」という言葉は，現在では「遺伝情報はDNA→RNA→タンパク質と一方向に流れる」という概念を指すものとして説明されることが多い。しかし，1956年にフランシス・クリックがセントラルドグマについて記したメモには，以下のように記述されている。

> 　3つの要素から成り立つ原理。
> セントラルドグマとは「情報が一度タンパク質分子になってしまえば，そこから再び出て行くことはない」ということ。

　　　DNA・RNA・タンパク質という配列情報間の伝達経路を示す図1－1の⑧～⑪の矢印のうち，このメモにおいてクリックが存在しないと主張したと考えられるものをすべて選べ。

　(b)　図1－1の⑧～⑪の矢印のうち，自然界に現存する生物やウイルスにおいて，その存在が確認されていないものをすべて選べ。

　C　実験1と2の結果から，タンパク質Xとタンパク質Yは，それぞれ何であると考えられるか。以下の選択肢(1)～(6)から1つ選べ。

選択肢	タンパク質X	タンパク質Y
(1)	ダイサー	アルゴノート
(2)	ダイサー	B2
(3)	アルゴノート	ダイサー
(4)	アルゴノート	B2
(5)	B2	ダイサー
(6)	B2	アルゴノート

D　実験1と2の結果を考察した以下の文中の空欄1〜7に当てはまるもっとも適切な語句を，以下の選択肢①〜⑮から選べ。同じ選択肢を繰り返し使用してもよい。解答例：1─①，2─②

　実験1において，野生型ハエと比べて x 変異体ハエや y 変異体ハエでは，　1　の感染に対する生存率が顕著に低下していることから，ショウジョウバエは，もともと　2　の機構を利用して　1　に抵抗していると考えられる。　2　は　3　に対して起こる現象であるので，　1　は一時的に　3　の状態をとるような複製様式，すなわち RNA を鋳型にして　4　を行う複製様式をとっていると考えられる。

　また実験2の結果から，F ウイルスの B2 タンパク質には，　5　がもつ　6　の機構を　7　するはたらきがあると考えられる。

① ショウジョウバエ　② F ウイルス　③ 大腸菌
④ 促　進　　　　　　⑤ 抑　制　　　　⑥ 維　持
⑦ 一本鎖 DNA　　　⑧ 二本鎖 DNA　⑨ 一本鎖 RNA
⑩ 二本鎖 RNA　　　⑪ DNA 合成　　⑫ RNA 合成
⑬ タンパク質合成　　⑭ RNA 干渉　　⑮ 抗体産生

Ⅱ　文2について，以下の小問に答えよ。

　A　図1─3から，この変異マウスの遺伝様式を推測することができる。以下の図1─5に示す交配をした場合に，生まれた子マウスが表現型Cの雌の個体である確率を分数で答えよ。

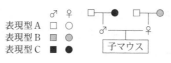

図 1 — 5　変異マウスの交配

B　下線部(イ)・(ウ)について。以下の文中の空欄 8 〜 15 に適切な語句を記入せよ。解答例：8 — ○○，9 — △△

　　T 細胞は，個々の異物を特異的に認識して排除する　8　免疫系の中心的存在であり，ヒトの生体防御において重要な役割を担っている。そのため，たとえば　9　が T 細胞に感染してその機能を低下させると，微生物感染に対する生体防御が大きく損なわれる。一方，　10　免疫系では，　11　などの白血球が貪食（食作用）によって異物を分解する。

　　10　免疫系は全ての動物に備わっているが，　8　免疫系は脊椎動物にのみ備わる。

　　脊椎動物と無脊椎動物では，循環系のしくみも大きく異なっている。脊椎動物では動脈と静脈が　12　で連絡しており，　13　血管系と呼ばれる。一方，昆虫などの多くの無脊椎動物では　12　が存在せず，血液・　14　・リンパ液の区別がない　15　血管系となっている。

C　実験 3 の背景と結果に関連する以下の(1)〜(5)のうち，適切なものを 2 つ選べ。

(1)　すべての T 細胞は，造血幹細胞からつくられる。
(2)　T 細胞の核を用いて作製されたクローンマウスは，多様な T 細胞抗原受容体を発現し，正常な免疫機能をもつ。
(3)　表現型 C のマウスでは T 細胞以外の白血球数は正常であるため，体内に侵入した異物に対する抗体は正常につくられる。
(4)　表現型 B，C のマウスでは骨髄細胞に異常があるため，つくられる T 細胞の数が減少している。
(5)　表現型 B，C のマウスでは胸腺に異常があるため，T 細胞の成熟が妨げられる。

52 2017年度 生物　　　　　　　　　　　　　　　　　　　　東京大-理科前期

D　実験4の結果から，この変異マウスの原因変異について複数の解
釈が考えられる。以下の(1)～(4)から，実験結果の解釈として不適切
なものを1つ選べ。

(1)　遺伝子Zノックアウトマウスでは，タンパク質Zの発現が消
失するが，その機能は別のタンパク質によって補われている。

(2)　実験4で見つかった変異によって，タンパク質Zの構造が変化
し，別のタンパク質のはたらきが妨げられる。これがT細胞の減
少の原因である。

(3)　実験4で見つかった変異は，T細胞の減少とは何ら関係はなく，
原因変異は別に存在する。

(4)　実験4で見つかった変異によって，タンパク質Zの発現が消失
する。これがT細胞の減少の原因である。

2　次の文1と文2を読み，ⅠとⅡの各問に答えよ。

〔文1〕

　植物や緑藻など，光合成を行う生物は，光のエネルギーを利用して
CO_2を固定し，糖をはじめとする有機物をつくることができる。この
過程は，大きく2つの段階に分けられる。第一段階では，葉緑体のチラ
コイド膜にある光化学系が光を吸収して，(ア)H_2Oから電子を引き抜き，
この電子を順次伝達しながら，ストロマからチラコイド内腔へとH^+を
運ぶ。(イ)電子は最終的に補酵素の$NADP^+$に渡され，NADPHが生じる。
また，H^+の運搬によって形成されたH^+濃度勾配に従い，H^+がチラ
コイド内腔からストロマへ流れ込むときに，これと共役して(ウ)ADPか
らATPが合成される。第二段階では，第一段階で生産された
(エ)NADPHとATPを使って，CO_2を固定し糖を合成する一連の反応が
進行する。

　光合成でつくられた糖からは，様々な有機物が派生する。光合成生物
は，こうして得た有機物を体の素材に用いるほか，一部を基質として呼
吸を行い，エネルギーを(オ)ATPの形で取り出していろいろな生命活動
に利用する。全体を見ると，光合成生物では，光合成で光のエネルギー

を有機物の化学エネルギーに変換し，このエネルギーを呼吸で取り出していることになる。

　光合成はCO_2を消費してO_2を発生し，呼吸はO_2を消費してCO_2を発生するため，両者を行う光合成生物では，(カ)気体交換はそれぞれの活性を反映した複合的なものとなる。逆に言えば，気体交換の詳しい分析から，光合成と呼吸の動態を推定することができる。

〔文2〕

　植物の体は，光合成器官の葉と，それ以外の器官の茎や根からなる。植物は光合成で得た有機物を，これらの器官の構築に振り向けて成長していく。光合成量を増やしてより早く成長するには，葉への物質分配を高め，葉の割合を大きくした方がよいが，周りの植物と光をめぐって競争している環境では，(キ)茎を伸ばして葉を高い位置で展開するために，茎への物質分配も重要である。自立性の植物では，葉の量に応じて茎を太くしなければ葉をしっかりと支えられないので，このことが茎への物質分配の下限を規定し，葉への物質分配を制約している。これに対し，他の植物などを支柱とする「つる植物」では，自分の茎で葉の重量を支えなくてすむので茎を細くでき，その分(ク)茎への物質分配の下限が緩和されるとともに，分配される物質当たりの茎の伸長量が増大する。これらの点で，つる植物は早くまた高く成長するのに有利であると言える。

　つる植物は，支柱に絡みついたり巻きついたりするために，特別な器官や性質を発達させている。(ケ)巻きひげは絡みつくための器官の代表例で，様々なつる植物に見られる。(コ)巻きひげは，葉または茎が特殊化したものである。(サ)巻きひげなどを使わずに，茎全体で支柱に巻きつくようなつる植物も多い。このようなつる植物では，茎の先端が円を描くように動く回旋運動（図2−1）を，支柱の探索に利用している。(シ)茎が回旋運動を行いながら成長し，(ス)何か支柱になるものに接触すると屈曲して巻きつくのである。巻きひげの形成にせよ，支柱の探索にせよ，相応のコストがかかるはずであるが，(セ)進化上何度もつる植物が出現していることは，成長上の有利さがこのコストを上回る場合が多いことを示唆している。

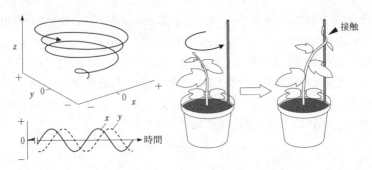

図2−1 つる植物 W の回旋運動と支柱への巻きつき
左上は，xyz 空間における回旋運動中の茎先端部の軌跡。左下は，茎先端の x 座標と y 座標の変化が示す，水平方向の往復振動パターン。右は，回旋運動をしていた茎が支柱に接触して巻きつく様子。

〔問〕

I 文1について，以下の小問に答えよ。

A 下線部(ア)・(イ)のように，光化学系の電子伝達では H_2O からの電子を受けて NADPH が生じるが，自発的な酸化還元反応では逆に NADPH からの電子を受けて H_2O が生じ，エネルギーが放出される。このエネルギーを NADPH1分子当たり α とする。下線部(ウ)も自発的な反応とは逆であり，自発的には ATP から ADP が生じ，エネルギーが放出される。このエネルギーを ATP1分子当たり β とする。通常，光合成では，2分子の H_2O から始まる電子伝達に伴い，3分子程度の ATP が合成される。下線部(エ)では，1分子のグルコースの合成に相当する反応に，12分子の NADPH と 18分子の ATP が使われる。下線部(オ)では，1分子のグルコースを基質とする呼吸により，最大38分子の ATP が合成される。これらを踏まえると，1分子のグルコースの合成に相当する光合成では，光化学系に吸収された光のエネルギーと α，β について，どのような大小関係が考えられるか。以下の(1)〜(10)から，もっとも適切なものを選べ。

東京大-理科前期　　　　　　　　　　　　　　　　　　　　　2017 年度　生物　55

(1)　光エネルギー$<12\alpha+18\beta<38\beta$

(2)　光エネルギー$<38\beta<12\alpha+18\beta$

(3)　$12\alpha+18\beta<$光エネルギー$<38\beta$

(4)　$38\beta<$光エネルギー$<12\alpha+18\beta$

(5)　$12\alpha+18\beta<38\beta<$光エネルギー

(6)　$38\beta<12\alpha+18\beta<$光エネルギー

(7)　$18\beta<$光エネルギー$<12\alpha<38\beta$

(8)　$18\beta<$光エネルギー$<38\beta<12\alpha$

(9)　$12\alpha<18\beta<$光エネルギー$<38\beta$

(10)　$18\beta<12\alpha<$光エネルギー$<38\beta$

B　下線部(カ)について。光合成と呼吸の活性を同時に調べるための実験として，単細胞緑藻の培養液に $^{18}O_2$ を通気し，通気を止めた後に，光条件を短時間に明 → 暗 → 明と切り替えながら，培養液中の $^{18}O_2$ 濃度と $^{16}O_2$ 濃度の変化を測定することを考える。測定開始時点では与えた $^{18}O_2$ 以外に ^{18}O を含む物質は培養液中に存在しないとしたとき，$^{18}O_2$ 濃度と $^{16}O_2$ 濃度はどう変化すると推測されるか。以下の(1)～(6)から，もっとも適切なものを選べ。

　　(注)　^{16}O と ^{18}O は酸素原子の安定同位体。天然ではほとんどが ^{16}O。

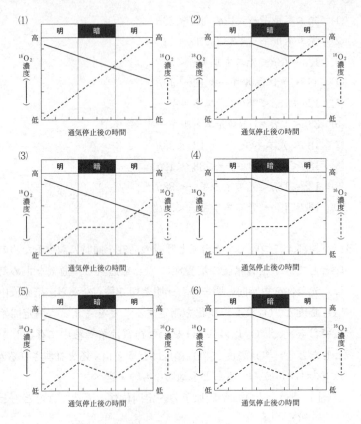

Ⅱ 文2について，以下の小問に答えよ。

A 下線部(キ)について。茎の伸長は，光などの様々な環境要因や，体内の植物ホルモンによって調節されている。茎の伸長の抑制にはたらく光受容体を1つ，茎の伸長を促進させる作用をもつ植物ホルモンを2つ答えよ。

B 下線部(ク)について。植物個体が光合成で有機物を生産する速度は，その時点で個体がもつ葉の量に比例し，生産した有機物は，葉とそれ以外の器官に一定の割合で分配されて，各器官の成長に使われるものとする。今，茎の長さ・重量比（長さ/重量）が1の自立性植物Xと，茎の長さ・重量比が4のつる植物Yを想定し，Yの成長戦

略として，茎への物質分配をXの1/4に減らして，葉への物質分配をXの2倍にする場合（戦略①）と，各器官への物質分配をXと同じにする場合（戦略②）の2通りを考える。XとYの茎の伸長速度をそれぞれ r_X, r_Y としたとき，2つの戦略（①と②）で r_Y/r_X の変化パターンはどのようになるか。戦略①を実線，戦略②を破線で表したグラフとしてもっとも適切なものを，以下の(1)～(6)から選べ。

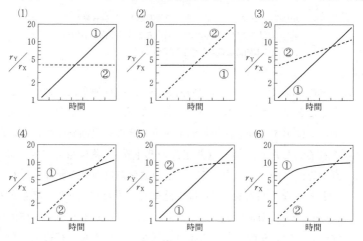

C　下線部(ケ)・(サ)について。巻きひげで支柱に絡みつく植物と，巻きひげをもたず茎全体で支柱に巻きつく植物の例を，それぞれ1種ずつあげよ。ただし，種名は，標準的な和名のカタカナ表記とすること。解答例：巻きひげ－○○，茎全体－△△

D　下線部(コ)について。下の図（図2－2）は，植物Zの巻きひげの外観と横断面を示している。Zの巻きひげは茎が特殊化したものなのか，葉が特殊化したものなのか。この図から判断し，根拠とともに3行程度で述べよ。

図2-2　植物Zの巻きひげ
左は巻きひげとその周辺部の外観(葉の表側から見たもの)。右は巻きひげ横断面の拡大図(左の図の紙面手前側が横断面の上側になるように示している)。

E　下線部(シ)について。最近の研究から，回旋運動に重力屈性が関与することがわかってきている。有力な仮説では，重力屈性は図2-1左下に示すような往復振動を生み，その結果回旋運動が起きるとされる。しかし，茎の重力屈性の基本を，「茎は重力に対して$_a$鉛直上方向に向かおうとする$_b$一定の強さの負の重力屈性を示し，重力と茎がなす角度を$_c$伸長域で感知し，ずれが$_d$わずかでもあると$_e$すみやかに屈曲する」こととすると，この基本通りでは往復振動は生じない。どの点がどのように異なっていたら，往復振動が生じると考えられるか。以下の(1)~(5)から，もっとも適切なものを選べ。

(1)　aの点が異なり，鉛直斜め上方向に向かおうとする。
(2)　bの点が異なり，強さに周期的な変動がある。
(3)　cの点が異なり，茎の先端だけが感知する。
(4)　dの点が異なり，ずれが十分に大きくないと反応しない。
(5)　eの点が異なり，応答に時間的遅れがある。

F　下線部(ス)について。植物の屈曲反応には，屈曲の方向が刺激の方向に依存する屈性と，依存しない傾性がある。つる植物の茎が支柱に巻きつくときの屈曲反応は，接触屈性のように見えるが，接触傾性の可能性も考えられる。接触傾性である場合，茎の屈曲が支柱に巻きつく方向に起きるのはどのように説明できるか，2行程度で述べよ。

G　下線部(セ)について。下の図（図2-3）は，植物のあるグループについて，DNAの塩基配列情報に基づいて作られた系統樹と，つるに関する形質をまとめたものである。このグループの祖先となった植物はつる性ではなかったとして，グループ内の進化における形質変化の回数を最少とするには，形質の変化がどのように起きたと考えたらよいか。たとえば，「aとbでつる性の獲得が起き，cとdでつる性の喪失が起きた。」というように，図中の記号a〜kを使って答えよ。なお，形質変化の回数が最少となる形質変化の起き方が複数ある場合は，それら全てを答えること。

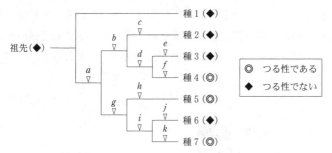

図2-3　植物のあるグループ（種1〜種7）の系統樹とつるに関する形質

3

次の文1と文2を読み，ⅠとⅡの各問に答えよ。

〔文1〕

　生物が様々な異なる環境へ適応して，共通の祖先から数多くの種に多様化することを　1　という。相互作用している複数種の生物が，互いに影響を与えながら進化することを　2　という。動物における種間の相互作用としては，行動を介した交渉による直接的相互作用や，同じ餌を利用することで一方の種が他方の種に間接的な影響を与えるものなどがある。生物群集において，ある種が占める生息場所，出現時期や活動時間，餌の種類などの生息条件を　3　という。食性が共通するなど，　3　が近い種間では激しい種間競争が生じ，一方の種がもう一方の種を駆逐する　4　が起こる事がある。しかし，ある食性の動物にとって，同じ食性の他種の存在が有利にはたらく間接的な相互作用

も存在することが明らかになってきた。

〔文2〕

　アフリカのタンガニイカ湖に生息する魚類には，他魚種の鱗を主食とする種がいる。鱗を食べる魚は，鱗を食べられる魚の後方から忍び寄り，体側から襲いかかって鱗を一度に数枚はぎ取る。魚種AとBはどちらも魚種Cを襲って鱗を食べるが，2種の襲い方は大きく異なる。どちらの種もゆっくり泳ぎながら探索し，種Cを見つけると，種Aは底沿いに忍び寄り，遠くから突進する。種Bはあたかも無害な藻食魚のような泳ぎ方で種Cに近寄り，至近距離からいきなり襲いかかる。種Cは，種AまたはBの接近を常に警戒しているため，種AやBが単独で襲いかかった場合の鱗はぎ取りの成功率は20％程度である。(ア)ところが種AおよびBの採餌成功率は，状況に応じて異なった（図3－1）。

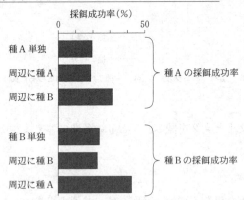

　図3－1　鱗を食べる種AとBが種Cから鱗をはぎ取ることに成功した割合
　　　　　単独で襲いかかった場合，種Cの周辺に同種もしくは別種がいた場合で比較した。

　種AやBの口を観察すると，魚の口は右や左に大きく曲がっていた（図3－2）。口が右に曲がった個体の胃袋からは，種Cの左の体側からはぎ取った鱗のみが出現し，口が左に曲がった個体からは右の体側からはぎ取った鱗のみが出現した。つまり，個体ごとに口の曲がりに応じて食べやすい体側からのみ鱗をはぎ取っているのである。

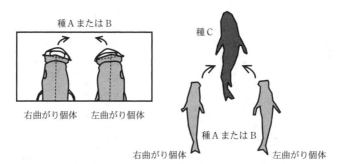

図3−2 口が右や左に曲がった個体とそれぞれの鱗はぎ取り方法を上から見た図

　種AおよびBにおいて，口が左に曲がった親どうしの組み合わせから生まれた子は，すべて口が左に曲がった個体となった。口が右に曲がった個体どうし，あるいは右に曲がった個体と左に曲がった個体を親とする子の口の曲がる向きを調べたところ，(イ)単一の遺伝子座にある対立遺伝子に支配される左曲がり劣性のメンデル遺伝をすると考えられた。

　個体群中で口が左に曲がった個体と右に曲がった個体がどのような比率で存在するのかを調べるため，種AとCのみが生息する場所で種Aを十数年間調べたところ，口が左に曲がる個体の割合は40から60％の間を4〜5年の周期で変動し，平均はほぼ50％となった。

　鱗をはぎ取られた種Cの体にはしばらくの間痕跡が残るため，どちら側の体側から鱗をはぎ取られたかを調べることができる。(ウ)種AとCのみが生息する場所で，種Cに残る痕跡を，右と左それぞれの体側で複数年にわたって数えたところ，年によって結果が異なった（図3−3）。

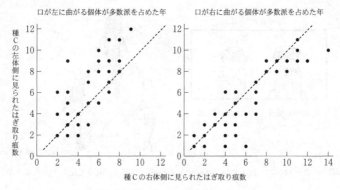

図 3 — 3　種 C の体側に見られたはぎ取り痕数

　口が左に曲がった個体が種 A の多数派を占めた年(左パネル)と右に曲がった個体が種 A の多数派を占めた年(右パネル)を比較した。破線は右体側と左体側に見られるはぎ取り痕数が同じであった場合を示す。1 つの点は種 C の 1 個体における値を示す。

〔問〕

I　文 1 について，以下の小問に答えよ。

　A　空欄 1 〜 4 にあてはまるもっとも適切な語句を，以下の選択肢①〜⑬の中から選べ。解答例：1 — ①，2 — ②

　　① 最適条件　　　② 共　　存　　　③ 弱肉強食
　　④ 適者生存　　　⑤ 生態的地位　　⑥ 食物連鎖
　　⑦ 競争的排除　　⑧ 間接効果　　　⑨ 生物多様性
　　⑩ 共進化　　　　⑪ 適応放散　　　⑫ 収束進化
　　⑬ 食物網

　B　2 種間の相互作用には，以下の表に記す組み合わせが存在する。2 種間の関係を表す語句(1)〜(6)それぞれに対応する組み合わせとしてふさわしいものを，表の①〜⑤の中から選べ。解答例：(1) — ①，(2) — ②

　　(1) 片利共生　　(2) 寄　生　　(3) 競　争
　　(4) 中　立　　　(5) 相利共生　(6) 捕　食

東京大-理科前期   2017 年度　生物　*63*

		生物 2 にとって		
		利　益	不利益	どちらでもない
生物1にとって	利　益	①	②	③
	不利益	②	④	偏　害
	どちらでもない	③	偏　害	⑤

Ⅱ　文 2 について，以下の小問に答えよ。

A　下線部(ア)について。採餌成功率が状況に応じてどのように異なっ
たか，図 3 − 1 から読み取れる傾向を 2 行程度で説明せよ。

B　図 3 − 1 のような結果がもたらされた理由を，鱗をはぎ取られる
種 C の行動面から 2 行程度で説明せよ。

C　下線部(イ)がなり立つとして，口が右に曲がった個体どうしが親と
なる場合，生まれる子の理論上の比率として考えられるものを以下
の(1)〜(7)からすべて選べ。

(1)　右曲がり：左曲がり＝ 1 : 0　　(2)　右曲がり：左曲がり＝ 0 : 1

(3)　右曲がり：左曲がり＝ 2 : 1　　(4)　右曲がり：左曲がり＝ 1 : 2

(5)　右曲がり：左曲がり＝ 3 : 1　　(6)　右曲がり：左曲がり＝ 1 : 3

(7)　右曲がり：左曲がり＝ 1 : 1

D　下線部(ウ)について。図 3 − 3 に見られたはぎ取り痕数の左右の偏
りがもたらされた理由として正しいものを，以下の(1)〜(3)から 1 つ，
(4)〜(6)から 1 つ選べ。

(1)　種 C はどちらの休側も守るべく防御を左右均等に配分した。

(2)　種 C は種 A の多数派からの襲撃に対する防御に専念した。

(3)　種 C は種 A の少数派からの襲撃に対する防御に専念した。

(4)　種 A の多数派と少数派は同程度の採餌成功率であった。

(5)　種 A の多数派は高い採餌成功率であった。

(6)　種 A の少数派は高い採餌成功率であった。

E　下線部(ウ)について。鱗を食べる魚が配偶相手を選択する際に，口が右に曲がった個体の数が左に曲がった個体の数を大きく上回っている場合は，口が左に曲がった個体はどちらのタイプの個体を選択するのが子の生存に有利となるか答えよ。またその理由を2行程度で答えよ。

F　種AとCのみが生息する場所では，種Aにおける口が左に曲がった個体の割合は数年周期の振動を示した。種AとBとCが生息する場所で，種AとBにおける口が左に曲がった個体の割合を十数年間調べたところ，どちらの種においても50％を中心とする数年周期の振動を示し，さらにそれらの振動はほぼ同調した。模式的に示すと図3－4のようになる。この現象に関する考察として不適切なものを，以下の(1)～(4)から1つ選べ。

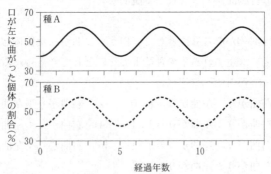

図3－4　口が左に曲がった個体が種AおよびBに占める割合の年変動

(1)　採餌成功率が高い個体の繁殖成功率は高まるが，その子が鱗を食べるようになるまでの時間が，振動周期に影響を及ぼす。

(2)　襲い方が異なる種AとBの共存や，口の曲がりの左右性という種内二型は，種Cの警戒を介した頻度に依存した自然選択によって維持されている。

(3)　種Aの個体数が種Bよりもはるかに多い場合，種Aにおける口が左に曲がった個体の割合に応じて，種Cは防御のやり方を変えている。

(4)　種Aの個体数が種Bよりもはるかに多い場合，種Aにおける口が左に曲がった個体の割合は，種Bの採餌成功率を左右しない。

東京大-理科前期 2017 年度 地学 *65*

地学

（2 科目 150 分）

（注） 解答用紙は，〈理科〉共通。1 行：23.5 センチ，35 字分の区切りあ
り。1・2 は各 25 行，3 は 50 行。

1 宇宙に関する次の問い（問 1 〜 2）に答えよ。数値での解答には
有効数字 1 桁で答え，計算の過程も示せ。

問1 昨年 2 月，アメリカの LIGO（ライゴ）実験チームは，史上初めて
ブラックホール連星の合体で生じた重力波を検出したと発表した。一般
相対性理論によれば，重力は時空の歪みであり，時空のわずかな歪みが
光速の波動として伝わる現象が重力波である。この発見に関する以下の
問いに答えよ。なお，光速は 3×10^8 m/s，1 年は 3×10^7 s，1 天文単位
は 2×10^{11} m とする。

(1) 合体直前の重力波信号の振動から，連星の公転周期を 0.01 s と見
積もった。合体直前の 2 つのブラックホールは，光速に近い速度で公
転している。ここでは，2 つのブラックホールの質量が等しく，光速
の 0.4 倍の速度で円軌道を公転しているとして，連星間の距離が何
km か求めよ。

(2) さらに，ケプラーの法則が成り立つとして，この連星のそれぞれの
ブラックホールの質量を，太陽質量（$M_\odot$）単位で求めよ。

(3) 重元素の量が太陽と同程度である星の進化では，約 $20M_\odot$ より重
いブラックホールは作られないと考えられており，今回のブラックホ
ール連星は重元素の量が少ない連星が進化したものである可能性が高
い。この連星が形成された場所や誕生時の星の種族として考えられる
ものを，以下の語群から 3 つ以上の語を用いながら，2 行程度で答え
よ。

語群：球状星団，散開星団，ハロー，円盤部，種族Ⅰ，種族Ⅱ

(4) 連星間の平均距離が a であるブラックホール連星の公転により重力
波が放出されると，それに伴うエネルギー損失により，a は公転周期
より長い時間スケールでゆっくりと減少する。その場合 a は時刻 t に
対して以下の式に従う。

$$a(t) = (C - At)^{1/4}$$

ここで A は連星の質量で決まる定数であり，C は初期条件によって
決まる定数である。また，$C>0$，$A>0$，$t \leq C/A$ とし，$a=0$ で合体
が起こるとする。ある時刻 t_0 で $a=a_0$ だった連星が時刻 t_m で合体す
る場合，合体までにかかる時間 $t_m - t_0$ を A と a_0 で表せ。

(5) 今回重力波が検出されたブラックホール連星は，誕生から合体まで
重力波の放出のみでエネルギーを失うものとする。現在の宇宙の年齢
を答え，さらに，誕生時の連星間距離の上限値 a_{max} を求めよ。なお，
この連星においては $A = 3 \times 10^{24}\,\mathrm{m^4/s}$ である。また，地学に登場する
様々な長さスケールの中で，a_{max} に近いものを1つ，例としてあげよ。

問2　太陽系外の惑星（系外惑星）は3000個以上が知られているが，そ
のほとんどが恒星の前を横切る際の食を利用して見つかっている。その
結果，地球に近い大きさを持ち，かつ生命の存在が期待される惑星も多
数知られるようになった。系外惑星と生命存在可能性に関する次の問い
に答えよ。なお，恒星の質量 M と光度 L の間には質量光度関係
$L = cM^4$（c は定数）が成り立つとする。

(1) 系外惑星を3つ持つあるG型の恒星の明るさを約1年間観測したと
ころ，図1のように周期的にわずかに暗くなる様子が観測された。こ
の恒星では，1地球半径（R_E）の惑星による食で明るさが最大 0.01
％減少するものとする。このとき，3つの惑星それぞれについて半径
が R_E の何倍であるかを求め，中心の恒星から近い順に並べよ。なお，
全惑星は同一の公転面をもち，われわれは公転面に平行な方向から観
測しているものとする。

(2) 惑星に生命が存在するためには，水が液体として存在することが重

要と考えられている。惑星の温度は，恒星から受ける放射エネルギー
と惑星の熱放射エネルギーの平衡で決まり，また惑星の熱放射はシュ
テファン・ボルツマンの法則に従うものとする。恒星の質量を M，
惑星のアルベド（反射率）を A としたときに，惑星の温度が水の凝
固点（絶対温度 T_{ice}）に等しくなる軌道半径 a_{ice} を，M, c, A, T_{ice}
およびシュテファン・ボルツマン定数 σ を用いて表せ。なお，惑星は
円軌道で公転しているものとする。

　恒星周囲において，水が液体として存在可能な惑星の軌道半径の範囲
（円環領域）をハビタブルゾーン（生命存在可能領域）と呼ぶが，軌道
半径 a_{ice} はその外縁を定義する。恒星は質量の増加とともに光度が大き
く増加するため，ハビタブルゾーンも大きく拡がる。一方で，恒星は質
量が増加すると寿命が短くなってしまうため，生命誕生以前に恒星の寿
命が尽きてしまうかもしれない。

(3)　恒星の寿命を，核融合の燃料となる水素がすべて消費されるまでの
　　時間と考える。燃料となる水素の核融合開始時の量は恒星質量に比例
　　し，その後単位時間あたりに消費される水素の量は光度に比例するも
　　のとする。1太陽質量の恒星の寿命を100億年とする。また，惑星は
　　恒星と同時に形成し，生命が誕生するには惑星形成から最低3億年が
　　必要なものとする。このとき，惑星に生命が誕生しうる最も重い恒星
　　の質量を，太陽質量（$M_\odot$）の単位で答えよ。
(4)　ハビタブルゾーンの外側であっても生命は存在するかもしれない。
　　太陽系のハビタブルゾーンは，地球軌道および火星軌道を含む狭い円
　　環と考えられているが，その領域外にありながらも生命が存在しうる
　　と考えられている天体を，理由とともに1つあげよ。

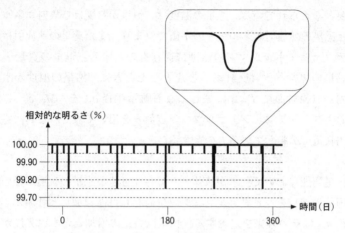

図1 あるG型の恒星の相対的な明るさの時間変化。一部の拡大図を右上に示す。

2 大気の熱収支および大気と海洋の相互作用に関する次の問い（問1〜2）に答えよ。

問1 地球の気候の成り立ちや変動を理解する上で，地球のエネルギー収支を考えることは重要である。図2－1は，地球全体で年平均した単位表面積あたりのエネルギー収支を，大気の上端に入射する太陽からの短波放射エネルギーを100とした相対的な値（％）で表したものである。この図を参照して以下の問いに答えよ。ただし，数値を求める問題には有効数字2桁で答え，計算の過程も示すこと。なお，図中の相対値100に対応する熱輸送の大きさを340 W/m²とせよ。

(1) 地球大気は地表面から上向きに射出された長波放射の大部分を吸収し，下向きに長波放射を射出することで地表を温めている。地球大気の持つこのはたらきを何というか。

(2) 大気の上端および地表面でエネルギー収支がつりあっているとして，図中の空欄ア〜ウにあてはまる数値を求めよ。また，これらの数値から，短波放射に対する地球のアルベド（反射率）を求めよ。

(3) 短波放射と長波放射を合わせた放射によって，地球大気は冷却され

ている。これによって大気が失うエネルギーの大きさを W/m^2 の単位で求めよ。

(4) この冷却が大気の上端から下端まで一様に起こるとしたとき，大気の気温低下率は 1 日あたり何℃か求めよ。ただし，地球大気の定圧比熱を $1.0×10^3$ J/(kg·K)，地表面気圧を $1.0×10^3$ hPa，重力加速度を 10m/s^2，1 日を $8.6×10^4$ s とせよ。

(5) 地球大気では，この放射による冷却が，蒸発と熱伝導による地表面から大気への熱輸送とつりあうことで熱的平衡が成り立っている。地球全体の平均では年蒸発量と年降水量がつりあっていると仮定し，年降水量を $1.0×10^3$ mm とするとき，蒸発による熱輸送の大きさを大気上端へ入射する短波放射エネルギーに対する相対値（%）で求めよ。また，これは熱伝導による熱輸送の何倍か求めよ。ただし，単位質量の水を蒸発させるのに必要な熱量を $2.5×10^6$ J/kg，水の密度を $1.0×10^3$ kg/m^3，1 年を $3.2×10^7$ s とせよ。

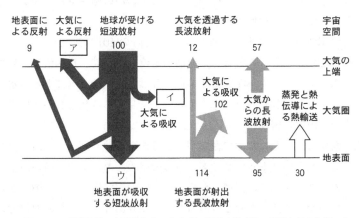

図 2-1 地球全体で年平均したエネルギー収支の模式図。地球大気の上端へ入射する短波放射エネルギーを 100 とした相対値(%)で表す。

問 2 熱帯低気圧と海洋の関係について以下の問いに答えよ。数値を求める問題には有効数字 2 桁で答え，計算の過程も示すこと。なお，重力加速度 g は 10m/s^2 とする。

70　2017年度　地学　　　　　　　　　　　　　　　　　　　　東京大-理科前期

(1)　図2－2の熱帯低気圧の発生場所の分布をみると，熱帯低気圧は緯度30度より高緯度側と赤道付近であまり発生していないことがわかる。この理由を，高緯度側と赤道付近についてそれぞれ1行程度で述べよ。

(2)　台風の強風で発達した風浪のうち，波長の長い波は，台風が低緯度の海洋上にあるうちから，うねりとして日本沿岸に到達し，海岸の侵食などの被害を生ずる。ここで，海洋表面の波の伝わる速さV m/sは波の波長λ mと重力加速度g m/s^{2}を用いて$V=0.40\lambda^{\alpha}g^{\beta}$と与えられる。実数の定数$\alpha$と$\beta$を単位の整合性を考慮して求め，$\lambda=2.5\times10^2$ mのときのVを求めよ。

(3)　低緯度から北西に進んだ台風が進行方向を北東に変える場所では，その移動速度が遅くなり一時的にほとんど停滞する。ここで，海洋上に停滞している台風を考え，風は目を中心とする回転方向にだけ吹いていると仮定する。このとき，台風の風により海洋にはどのような流れと水温の変化が生じ，その結果として台風の強さはどうなると考えられるか，3行程度で述べよ。

(4)　台風の接近により，海面気圧が平常時の1013 hPaから950 hPaへ低下したとする。このとき，海面の水位は平常時に比べ何m上昇するか求めよ。ここで，海面気圧の低下分は，水位の上昇による海水の重さの増加と相殺し，海底での圧力は平常時から変化しないと仮定せよ。また，海水の密度は1.0×10^3 kg/m^{3}とする。

(5)　南東方向に開いた湾に台風が南西側から近づくとき，湾口と湾奥では海面気圧の低下が同じでも，台風の風のために水位に違いが生ずる。このとき，湾内では，湾口から湾奥に向かって働く力と，湾奥から湾口に向かって働く力の2つの力がほぼつりあう。これらの力がどのようなものか説明し，湾口と湾奥のどちらで水位が高くなるかについて，2行以内で述べよ。

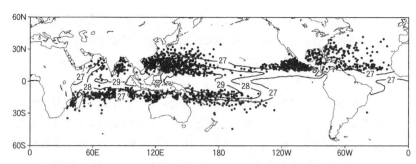

図2—2　1986年〜2005年の熱帯低気圧の発生位置(黒丸)と年平均の海面水温の等値線(27℃以上を1℃ごとに描いてある)。

3

地震と地質に関する次の問い（問1〜2）に答えよ。数値を求める問題では，計算の過程も示すこと。

問1　東西方向に100km離れて並んでいる2つの観測点（西側を観測点1，東側を観測点2と名づける）で，南北，東西，上下のそれぞれの動きを記録する地震計を設置していたところ，隕石衝突の地震波形記録が取得された。この記録を用いて隕石衝突地点と衝突時刻の特定を行う。それぞれの観測点でP波，S波は，図3—1中に記してある時刻に観測された。水平面上の位置を特定するため，観測点1を原点とし，真東および真北方向にx軸，y軸を定義する。また，観測点1から見た衝突地点の方位を特定するため，真東を基準とした衝突地点の方位角θ（$-180°<\theta\leq180°$）を，図3—1のように反時計回り方向を正方向として定義する。さらに，地表面に射影した隕石の到来方位を特定するため，衝突地点方位を基準とした到来方位の方位角φ（$-180°<\varphi\leq180°$）を，同じく反時計回り方向を正方向として定義する。なお，この地域の地表面は水平であり，地下はP波速度6.4km/s，S波速度4.0km/sの均質構造を持ち，隕石の飛来により大気中に生ずる衝撃波の影響は無視できるものとする。

(1) 隕石衝突地点から観測点1および観測点2までの距離を，有効数字2桁で求めよ。

72 2017 年度　地学　　　　　　　　　　　　　　　　　　　　　　東京大-理科前期

(2)　隕石衝突地点の座標 (x_0, y_0) を，有効数字 2 桁で求めよ。また，
隕石衝突時刻を，1 秒の精度で求めよ。複数の可能性がある場合は，
すべての可能性を列挙せよ。

　　衝突地点をさらに絞り込むため，衝突地点ごとに地震波形の特徴がど
う変化するかについて考察する。例として，到達時刻の解析により，衝
突地点が(i) $0° < \theta < 90°$ もしくは(ii) $-90° < \theta < 0°$ のどちらかの領域にあ
ると特定できた場合を考え，(i)および(ii)のそれぞれの場合で観測点 1 に
おける波形の特徴がどのように変わるかを考える。

(3)　(i) $0° < \theta < 90°$ の領域に $\varphi = 0°$ の方位から衝突した場合，観測点 1
における東西成分と南北成分の初動の向きは以下の(a)〜(d)のどの組み
合わせになるか，答えよ。

	(a)	(b)	(c)	(d)
東西成分	東向き	西向き	東向き	西向き
南北成分	南向き	南向き	北向き	北向き

(4)　観測点 1 の東西成分と南北成分の初動の向きは，隕石の衝突地点の
方位角 θ だけでなく，隕石の到来方位角 φ によっても変化する。衝
突地点が(i) $0° < \theta < 90°$ の領域にある場合，初動の向きは(3)の(a)〜(d)
のどの組み合わせになるかを，φ の値の範囲ごとに答えよ。

(5)　隕石の到来方位角 φ に関する情報がないとき，衝突地点が(i)
$0° < \theta < 90°$ と(ii) $-90° < \theta < 0°$ のどちらの領域にあるかを，地震波形
からどのように特定できるか，2 行程度で答えよ。

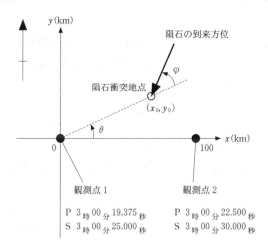

図3−1 座標および方位角の定義。各観測点におけるP波，S波の到達時刻も合わせて記す。

問2 図3−2は，ボーリング（地下掘削）によって明らかにされた，ある地熱地帯の地質柱状図および温度分布図である。上部には，主に泥岩からなる新第三紀の堆積岩，下部には，SiO_2 が70％程度の深成岩である ア 岩が定置している。深成岩に含まれる黒雲母や長石に イ 年代法を適用したところ，100万年以下の年代が得られた。堆積岩体において，Al_2SiO_5 を成分とし多形を持つ変成鉱物 ウ および エ が深部から浅部に順に見いだされた。これは，現在の温度分布から期待される変成鉱物の形成（再結晶）と整合的である。したがって，堆積岩が深成岩からの熱により オ 変成作用を受け，その作用が現在も続いていると考えられる。

本地域の深度3000mより浅部の温度構造は水の沸騰曲線に近いのに対して，3000mより深部では，深度と共に直線的に増加する温度構造となっている。堆積岩体中には多くの亀裂が生じており，その一部を充填する形で石英が晶出しているのに対し，深成岩体中にはこれらの構造はみられない。上記の事実は，浅部域では活発な熱水（蒸気を含む）対流が生じているのに対して，深部域では熱水活動が起きていないことを示す。

74 2017 年度　地学　　　　　　　　　　　　　　　　　　　　　　　東京大-理科前期

(1)　ア～オにあてはまる語を答えよ。

(2)　ボーリングで得られた深成岩試料の薄片を偏光顕微鏡で観察した。
顕微鏡の開放（平行）ニコルおよび直交ニコルで観察したときの下線
部の 2 つの鉱物の相違点を，それぞれのニコルの場合で 1 つずつあげ
よ。

(3)　3000 m より深部での地殻熱流量（W/m^2）を有効数字 2 桁で求めよ。
また，その値は平均的な大陸の地殻熱流量と比べて高いか低いか，そ
の原因とともに答えよ。ここで，深成岩の熱伝導率を 2.6 W/(m·K)
とする。

(4)　本地域では微小地震が頻発しているが，その地震は深度 3100 m よ
り深部では観測されない。高温下では，地震発生が抑制されるのかも
しれない。この仮説にもとづき，標準的な内陸地震発生の下限深度を
有効数字 2 桁で推定せよ。その際，本地熱地域における地震下限深度
での温度，内陸の地温勾配 30 K/km および地表温度 20℃ を用いるこ
と。

(5)　本地域に類似した温度構造は，海嶺直下にも存在すると考えられる。
その理由を，海嶺における海洋地殻の生成と関連づけて 4 行程度で説
明せよ。その際，以下の語すべてを用いること。

　　語群：マントル物質，玄武岩質マグマ，海水

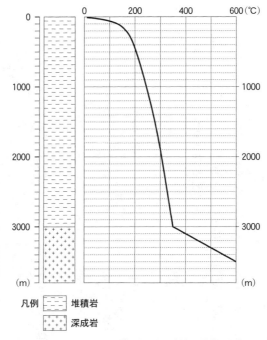

図3—2 地質柱状図(左)および温度分布図(右)。縦軸は深度を示す。

c不レ如二名ヲ曰一レ雲」。又客説レ之曰ク、「雲靄蔽レ天、風倏散レ之。雲固不レ敵レ風也。請更ヘ名ヲ。名レ之曰ハ

牆レ風」。又客説レ之曰ク、「大風飆起、維屏以レ牆、斯足蔽矣。牆又如レ牆何。名レ之曰ハ d 牆

猫二可一」。又客説レ之曰ク、「維牆雖レ固、維鼠穴レ之、牆斯圮矣。牆又如レ鼠何。即名曰二鼠

e猫二可一也」。東里丈人嗤レ之曰ク、「噫嘻、捕レ鼠者故猫也。猫即猫耳。胡為自失二本真一哉」。

(劉元卿『賢奕編』による)

〔注〕　○斉奄――人名。　○靄――もや。　○飆起――風が猛威をふるうこと。　○圮――くづれること。　○嗤――嘲笑すること。
　　　　○牆――塀。　○東里――地名。　○丈人――老人の尊称。

設問

(一)　傍線部a・b・cを現代語訳せよ。

(二)　「牆又如レ鼠何」(傍線部d)を平易な現代語に訳せ。

(三)　「東里丈人」(傍線部e)の主張をわかりやすく説明せよ。

(解答欄：一三・五センチ×一行)

出でられたまふ。

〔注〕
○つれなきわざ──鬚黒が玉鬘を、光源氏に無断で自分の邸に引き取ったこと。
○紛らはし所──光源氏が立ち寄っていた玉鬘の居所。
○右近──亡き夕顔の女房。玉鬘を光源氏の邸に連れてきた。
○隙に忍びて──鬚黒が不在の折にこっそりと。
○鬚黒──
○うたかた──泡がはかなく消えるような少しの間も。
○尚侍の君を朱雀院の后の切にとり籠めたまひしをり──当時の尚侍の君であった朧月夜を、朱雀院の母后である弘徽殿大后が強引に光源氏に逢えないようになさった時のこと。現在の尚侍の君は、玉鬘。

設　問

(一)　傍線部ア・イ・エを現代語訳せよ。

(二)　「いかなりけることならむ」(傍線部ウ)とは、誰が何についてどのように思っているのか、説明せよ。
（解答欄：一三・五センチ×一行）

(三)　「好いたる人」(傍線部オ)とは、ここではどういう人のことか、説明せよ。
（解答欄：一三・五センチ×一行）

三

次の文章を読んで、後の設問に答えよ。ただし、設問の都合で送り仮名を省いたところがある。

斉奄家畜二一猫、自奇レ之、号二於人一曰レ虎猫。客説レ之曰、「虎誠猛、不レ如三龍之神一也。請更名曰二龍猫一。又客説レ之曰、「龍固a神二於虎一也。龍昇レ天須レ浮レ雲、雲其尚二於龍一乎。

二月にもなりぬ。大殿は、さてもつれなきわざなりや、いとかう際々しうとしも思はでたゆめられたる妬さを、人わろく、すべて御心にかからぬをりなく、恋しう思ひ出でられたまふ。宿世などいふものおろかならぬことなれど、わがあまりなる心にて、かく人やりならぬものは思ふぞかしと起き臥し面影にぞ見えたまふ。大将の、をかしやかにわららかなる気もなき人に添ひゐたらむに、はかなき戯れ言もつつましうあいなく思されて、念じたまふを、雨いたう降りていとのどやかなるころ、かやうのつれづれも紛らはし所に渡りたまひて、語らひたまひしさまなどの、いみじう恋しければ、御文奉りたまふ。右近がもとに忍びて遣はすも、かつは思はむことを思すに、何ごともえつづけたまはで、ただ思はせたることどもぞありける。

「かきたれてのどけきころの春雨にふるさと人をいかにしのぶや

つれづれに添へても、恨めしう思ひ出でらるること多うはべるを、いかでかは聞こゆべからむ」などあり。

隙に忍びて見せたてまつれば、うち泣きて、わが心にもほど経るままに思ひ出でられたまふ御さまを、まほに、「恋しや、いかで見たてまつらむ」などはえのたまはぬ親にて、げに、いかでかは対面もあらむとあはれなり。時々むつかしかりし御気色を、心づきなう思ひきこえしなどは、この人にも知らせたまはぬことなれば、心ひとつに思しつづくれど、右近はほの気色見けり。いかなりけることならむとは、今に心得がたく思ひける。御返り、「聞こゆるも恥づかしけれど、

おぼつかなくやは」とて書きたまふ。

「ながめする軒のしづくに袖ぬれてうたかたェ人｜をしのばざらめや

ひきふるころは、げにことなるつれづれもまさりはべりけり。あなかしこ」とゐやゐやしく書きなしたまへり。

ほどふるころは、げにことなるつれづれもまさりはべりけり。玉水のこほるるやうに思さるるを、人も見ばうたてあるべしとつれなくもてなしたまへど、胸に満つ心地して、かの昔の、尚侍の君を朱雀院の后の切にとり籠めたまひしをりなど思し出づれど、さし当たりたることなればにや、これは世づかずぞあはれなりける。好いたる人は、心からやすかるまじきわざなりけり、今は何につけてか心をも乱らまし、似げなき恋のつまなりや、とさましわびたまひて、御琴掻き鳴らして、なつかしう弾きなしたまひし爪音思ひ

○多胎妊娠——二人以上の子供を同時に妊娠すること。

○胃瘻——腹壁を切開して胃内に管を通し、食物や水、薬などを流入させる処置。

設　問

(一)「科学技術の展開には、人間の営みでありながら、有無をいわせず人間をどこまでも牽引していく不気味なところがある」(傍線部ア)とはどういうことか、説明せよ。

(解答欄：一三・五センチ×二行)

(二)「単なる道具としてニュートラルなものに留まりえない理由」(傍線部イ)とはどういうことか、説明せよ。

(解答欄：一三・五センチ×二行)

(三)「実践的判断が虚構的なものでしかないことは明らかだ」(傍線部ウ)とあるが、なぜそういえるのか、説明せよ。

(解答欄：一三・五センチ×二行)

(四)「テクノロジーは、人間的生のあり方を、その根本のところから変えてしまう」(傍線部エ)とはどういうことか、本文全体の論旨を踏まえた上で、一〇〇字以上一二〇字以内で説明せよ(句読点も一字と数える)。

(五)傍線部a・b・cのカタカナに相当する漢字を楷書で書け。

a　タイセイ　b　キュウサイ　c　ヨギ

二

次の文章は、『源氏物語』真木柱巻の一節である。玉鬘(たまかずら)は、光源氏(大殿)のかつての愛人であった亡き夕顔と内大臣との娘だが、両親と別れて筑紫国で育った。玉鬘は、光源氏の娘として引き取られ多くの貴公子達の求婚を受けるかたわら、光源氏にも思慕の情を寄せられ困惑する。しかし意外にも、求婚者の中でも無粋な鬚黒大将(ひげくろ)の妻となって、その邸に引き取られてしまった。以下は、光源氏が結婚後の玉鬘に手紙を贈る場面である。これを読んで、後の設問に答えよ。

えない。同じ想像力を別方向に向ければ、そもそも人類の存続などといったことが、この生物種に宿る尊大な欲望でしかなく、人類が、他の生物種から天然痘や梅毒のように根絶を祈願されたとしても、かかる人類殲滅の野望は、人間がこれ
おの
ら己れの敵に対してもっている憎悪と、本質的には寸分の違いもないといいうるだろう。その他倫理的基準なるものを支
えているとされる概念、たとえば「個人の意思」や「社会的コンセンサス」などが、その美名にもかかわらず、虚構性を
もっていることは、少しく考えてみれば明らかである。主体となる「個人」など、確固としたものであるはずがなく、そ
の判断が、時と場合によって、いかに動揺し変化するかは、誰しもが経験することであり、そもそも「個人の意思」を書
面で残して「意思表明」とするということ自体、かかる「意思」なるものの可変性をまざまざと表わしている。また「コ
ンセンサス」づくりの「公聴会」なるものが権力関係の追認でしかないことは、私たち自身、いやというほど繰り返し経
験していることではなかろうか。

だが、行為を導くものの虚構性の指摘が、それに従っている人間の愚かさの摘発に留まるならば、それはほとんど意味
もないことだろう。虚構とは、むしろ人間の行為、いや生全体に不可避的に関わるものである。人間は、虚構とともに生
きる、あるいは虚構を紡ぎ出すことによって己れを支えているといってもよい。問題は、テクノロジーの発展において、
虚構のあり方が大きく変わったところにある。テクノロジーは、それまでできなかったことを可能にすることによって、
人間が従来それに即して自らを律してきた虚構、しかもその虚構性が気づかれなかった虚構、すなわち神話を無効にさせ、
もしくは変質を` c`ヨギなくさせた。それは、不可能であるがゆえにまったく判断の必要がなかった事態、「自然」に任す
ことができた状況を人為の範囲に落とし込み、これに呼応する新たな虚構の産出を強いるようになったのである。そうい
う意味で`エ`テクノロジーは、人間的生のあり方を、その根本のところから変えてしまう。

（伊藤徹『芸術家たちの精神史』一部省略）

〔注〕　○排卵誘発剤――卵巣からの排卵を促進する薬。
せんめつ

すなわち、「どうすればできるのか」についての知識、ハウ・トゥーの知識だといってよい。それは、結果として出てくるものが望ましいかどうかに関する知識、それを統御する目的に関する知識ではないし、またそれとは無縁でなければならない。その限りのところでは、テクノロジーは、ニュートラルな道具だと、いえなくもない。ところが、こうして「すべきこと」から離れているところに、それが「単なる道具としてニュートラルなものに留まりえない理由もある。

テクノロジーは、実行の可能性を示すところまで人間を導くだけで、そこに行為者としての人間を放擲するのであり、放擲された人間は、かつてはなしえなかったがゆえに、問われることもなかった問題に、しかも決断せざるをえない行為者として直面する。

妊婦の血液検査によって胎児の染色体異常を発見する技術には、そのまま妊娠を続けるべきか、中絶すべきかという判断の是非を決めることはできないが、その技術と出会い行使した妊婦は、いずれかを選び取らざるをえない。いわゆる「新型出生前診断」が二〇一三年四月に導入されて以来一年の間に、追加の羊水検査で異常が認められた妊婦の九七%が中絶を選んだという。

療養型医療施設における胃瘻や経管栄養が前提としている生命の可能な限りの延長は、否定しがたいものだし、それを入所条件として掲げる施設があることも、私自身経験して知っている。だが、飢えて死んでいく子供たちが世界に数えきれないほど存在している現実を前にするならば、自ら食事をとることができなくなった老人の生命を、公的資金の投入まで行なって維持していくことが、社会的正義にかなうかどうか、少なくとも私自身は躊躇なく判断することができない。

ここで判断の是非を問題にしようというのでは、もちろんないし、選択的妊娠中絶の問題一つをとってみても、最終的な決定基準があるなどとは思えない。₍ウ₎むしろ肯定・否定を問わず、いかなる論理をもってきても、それを基礎づけるものが欠けていること、そういう意味で₍ウ₎実践的判断が虚構的なものでしかないことは明らかだと、私は考えている。

たとえば現世代の化石燃料の消費を将来世代への責任（レスポンシビリティー）によって制限しようとする論理は、物語としては理解できるが、現在存在しないものに対する責任など、現在存在しないものに対する責任など、応答（レスポンス）の相手がいないという点で、想像力の産物でしかないといわざるを

ず人間をどこまでも牽引（けんいん）していく不気味なところがある。いったいそれはなんであり、世界と人間とのどういった関係に由来するのだろうか。

医療技術の発展は、たとえば不妊という状態を、技術的克服の課題とみなし、人工受精という技術を開発してきた。その一つ体外授精の場合、受精卵着床の確率を上げるために、排卵誘発剤を用い複数の卵子を採取し受精させたうえで子宮内に戻す、といったことが行なわれてきたが、これによって多胎妊娠の可能性も高くなった。多胎妊娠は、母胎へのフィジカルな影響や出産後の経済的なことなど、さまざまな負担を患者に強いるため、現在は子宮内に戻す受精卵の数を制限するようになっている。だが、この制限によっても多胎の「リスク」は、自然妊娠の二倍と、なお完全にコントロールできたわけではないし、複数の受精卵からの選択、また選択されなかった「もの」の「処理」などの問題は、依然として残る。

いずれにせよ、こうした問題に関わる是非の判断は、技術そのものによって解決できる次元には属していない。体外授精に比してより身近に起こっている延命措置の問題。たとえば胃瘻（いろう）などは、マスコミもとりあげ関心を惹くようになったが、もはや自ら食事をとれなくなった老人に対して、胃に穴をあけるまでしなくても、鼻からチューブを通して直接栄養を胃に流し込むことは、かなり普通に行なわれている。このような措置が、ほんのその一部でしかない延命に関する技術の進展は、以前なら死んでいたはずの人間の生命をキュウサイし、多数の療養型医療施設を生み出すに到っている。

しかしながら老齢の人間の生命をできるだけ長く引き伸ばすということは、可能性としては現代の医療技術から出てくるが、現実化すべきかどうかとなると、その判断は別なカテゴリーに属す。「できる」ということが、そのまま「すべき」にならないのは、核爆弾の技術をもつことが、その使用を是認することにならないのと一般である。テクネー（τέχνη）である技術は、ドイツ語 Kunst の語源が示す通り、「できること（können）」の世界に属すものであって、「すべきこと（sollen）」とは区別されねばならない。テクノロジーは、本質的に「一定の条件が与えられたときに、それに応じた結果が生ずる」という知識の集合体である。

東京大-理科前期　　　　　　　　　　　　　　　　　　　　　2017 年度　国語　*83*

（注）　解答は、一行の枠内に二行以上書いてはいけない。

一

　次の文章を読んで、後の設問に答えよ。

（一〇〇分）

　与えられた困難を人間の力で解決しようとして営まれるテクノロジーには、問題を自ら作り出し、それをまた新たな技術の開発によって解決しようとするというかたちで自己展開していく傾向が、本質的に宿っているように私には思われる。科学技術によって産み落とされた環境破壊が、それを取り戻すために、新たな技術を要請するといった事例は、およそ枚挙にいとまないし、感染防止のためのワクチンに対してウィルスが 	ａ　タイセイを備えるようになり、新たな開発を強いられるといったことは、毎冬のように耳にする話である。東日本大震災の直後稼働を停止した浜岡原発に対して、中部電力が海抜二二メートルの防波堤を築くことによって、「安全審査」を受けようとしているというニュースに接したときも、同じ思いがリフレインするとともに、こうした展開にはたして終わりがあるのだろうかという気がした。技術開発の展開が無限に続くとは、たしかにいい切れない。次のステージになにが起こるのか、当の専門家自身が予測不可能なのだから、先のことは誰にも見えないというべきだろう。けれども、ア科学技術の展開には、人間の営みでありながら、有無をいわせ

2016年度 問題編

東京大-理科前期   2016 年度　問題　*3*

■前期日程

≡≡問題編≡≡

▶試験科目・配点

教　科	科　　　目	配　点
外国語	「コミュニケーション英語Ⅰ・Ⅱ・Ⅲ」，ドイツ語，フランス語，中国語から1外国語を出願時に選択。英語試験の一部分に聞き取り試験（30分程度）を行う。 　ただし，英語の選択者に限り，英語の問題の一部分に代えて，ドイツ語，フランス語，中国語，韓国朝鮮語のうちから1つを試験場で選択することができる。	120 点
数　学	数学Ⅰ・Ⅱ・Ⅲ・A・B	120 点
理　科	「物理基礎・物理」，「化学基礎・化学」，「生物基礎・生物」，「地学基礎・地学」から2科目を出願時に選択	120 点
国　語	国語総合，国語表現	80 点

▶備　考

- 英語以外の外国語は省略。
- 数学Ⅰ，数学Ⅱ，数学Ⅲ，数学Aは全範囲から出題する。数学Bは「数列」，「ベクトル」から出題する。
- 「物理基礎・物理」は物理基礎，物理の全範囲から出題する。
- 「化学基礎・化学」は化学基礎，化学の全範囲から出題する。
- 「生物基礎・生物」は生物基礎，生物の全範囲から出題する。
- 「地学基礎・地学」は地学基礎，地学の全範囲から出題する。

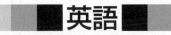

(120 分)

(注　意)
1．3は聞き取り問題である。問題は試験開始後 45 分経過した頃から約 30 分間放送される。
2．解答は，5 題を越えてはならない。
3．5 題全部英語の問題を解答してもよいし，また，4・5 の代わりに他の外国語の問題Ⅳ・Ⅴを選んでもよい。ただし，ⅣとⅤとは必ず同じ外国語の問題でなければならない。

　　　　　　　　　　（他の外国語の問題は省略―編集部）

1　(A) 次の英文の要旨を，100〜120 字の日本語にまとめよ。句読点も字数に含める。

　The notion of "imagined family" helps us to understand how group feelings can be extended beyond real family. Because humans evolved in small groups whose members were closely related, evolution favored a psychology designed to help out members of our close families. However, as human societies developed, cooperation between different groups became more important. By extending the language and sentiments of family to non-family, humans were able to create "imagined families"—political and social communities able to undertake large-scale projects such as trade, self-government, and defense.

　By itself, though, this concept still can't explain why we consider all members of such a community to be equal. Imagined family differs from real family not only by the lack of genetic ties, but also by the lack of distinction between near and distant relatives. In general, all members of a brotherhood or motherland have equal status, at least in terms of group membership, whereas real family members have different degrees of relatedness and there is no fixed or firm way of defining family membership or boundaries. We need to search for a more fundamental factor that unites people and creates a strong bond among them.

At a deeper level, human communities are united by a well-known psychological bias which is believed to be universal. Studies of childhood development across cultures indicate that people every-where tend to attribute certain essential qualities to human social categories such as race, ethnicity, or dress. This mental attitude has been used to generate notions of "in-group" versus "out-group," and to give coherence to a group where initially there was none, dramatically enhancing the group's chance of survival. However, this can also lead us to see an "out-group" as a different biological species, increasing the risk of hostility and conflict. Throughout history, and likely through human prehistory, people have routinely organized themselves to fight or dominate others by seeing them as belonging to a different species.

(B)　次の空所(1)〜(5)に入れるのに最も適した段落を 7 〜 8 ページの a 〜 e より選び，マークシートの(1)〜(5)にその記号をマークせよ。ただし，同じ記号を複数回用いてはならない。

Is free speech merely a symbolic thing, like a national flag or motto? Is it just one of many values that we balance against each other? Or is free speech fundamental—a right which, if not absolute, should be given up only in carefully defined cases?

The answer is that free speech is indeed fundamental. It's important to remind ourselves why, and to have the reasons ready when that right is called into question.

The first reason is that the very thing we're doing when we ask whether free speech is fundamental—exchanging and evaluating ideas—assumes that we have the right to exchange and evaluate ideas.

When talking about free speech (or anything else), we're *talking*. We're not settling our disagreement by force or by tossing a coin. Unless you're willing to declare, in the words of Nat Hentoff, "free speech for me but not for you," then as soon as you show up to a debate to argue against free speech, you've lost. It doesn't make sense to use free speech to argue against it.

(1)

Perhaps the greatest discovery in modern history — one that was necessary for every later discovery — is that we cannot trust the pre-scientific sources of belief. Faith, miracle, authority, fortune-telling, sixth sense, conventional wisdom, and subjective certainty are generators of error and should be dismissed.

(2)

Once this scientific approach began to take hold early in the modern age, the classical understanding of the world was turned upside down. Experiment and debate began to replace authority as the source of truth.

(3)

A third reason that free speech is fundamental to human flourishing is that it is essential to democracy and a guard against dictatorship. How did the monstrous regimes of the 20th century gain and hold power? The answer is that violent groups silenced their critics and opponents. And once in power, the dictatorship punished any criticism of the regime. This is still true of the governments of today known for mass killing and other brutal acts.

(4)

Common knowledge is created by public information. The story of "The Emperor's New Clothes" illustrates this logic. When the little boy shouted that the emperor was naked, he was not telling others anything they didn't already know, anything they couldn't see with their own eyes. But he was changing their knowledge nonetheless, because now everyone knew that everyone else knew that the emperor was naked. And that common knowledge encouraged them to challenge the emperor's authority with their laughter.

(5)

It's true that free speech has limits. We may pass laws to prevent people from making dishonest personal attacks, leaking military secrets, and encouraging others to violence. But these exceptions must be strictly defined and individually justified; they are not an excuse to treat free speech as one replaceable good among many.

And if you object to these arguments—if you want to expose a flaw in my logic or an error in my ideas—it's the right of free speech that allows you to do so.

a) We also use speech as a weapon to undermine not just those who are in power but bullies in everyday life: the demanding boss, the boastful teacher, the neighbors who strongly enforce trivial rules.

b) Those who are unconvinced by this purely logical reasoning can turn to an argument from human history. History tells us that those who claim exclusive possession of truths on religious or political grounds have often been shown to be mistaken—often comically so.

c) How, then, can we acquire knowledge? The answer is the process called hypothesis and testing. We come up with ideas about the nature of reality, and test them against that reality, allowing the world to falsify the mistaken ones The hypothesis part of this procedure, of course, depends upon the exercise of free speech. It is only by seeing which ideas survive attempts to test them that we avoid mistaken beliefs.

d) Why do these regimes allow absolutely no expression of criticism? In fact, if tens of millions of suffering people act together, no regime has the power to resist them. The reason that citizens don't unite against their dictators is that they lack common knowledge— the awareness that everyone shares their knowledge and knows they share it. People will expose themselves to a risk only if they know that others are exposing themselves to that risk at the same time.

e) One important step along this path was Galileo's demonstration that the Earth revolves around the sun, a claim that had to overcome fierce resistance. But the Copernican revolution was just the first in a series of events that would make our current understanding of the world unrecognizable to our ancestors. We now understand that the widely held convictions of every time and culture may be decisively falsified, doubtless including some we hold today, and for this reason we depend on the free exchange of new ideas.

2　(A)　下の画像について，あなたが思うことを述べよ。全体で60〜80語の英語で答えること。

(B) 次の文章を読んで，そこから導かれる結論を第三段落として書きなさい。全体で 50〜70 語の英語で答えること。

　In order to study animal intelligence, scientists offered animals a long stick to get food outside their reach. It was discovered that primates such as chimpanzees used the stick, but elephants didn't. An elephant can hold a stick with its trunk, but doesn't use it to get food. Thus it was concluded that elephants are not as smart as chimpanzees.

　However, Kandula, a young elephant in the National Zoo in Washington, has recently challenged that belief. The elephant was given not just sticks but a big square box and some other objects, while some fruit was placed just out of reach above him. He ignored the sticks but, after a while, began kicking the box with his foot, until it was right underneath the fruit. He then stood on the box with his front legs, which enabled him to reach the food with his trunk.

注　trunk　ゾウの鼻

3　放送を聞いて問題(A), (B), (C)に答えよ。

注　意
・聞き取り問題は試験開始後 45 分経過した頃から約 30 分間放送される。
・放送を聞きながらメモを取ってもよい。

10 2016 年度　英語 東京大-理科前期

• 放送が終わったあとも，この問題の解答を続けてかまわない。

聞き取り問題は大きく三つに分かれている。(A)と(B)は内容的に連続している。(C)は独立した問題である。(A)，(B)，(C)のいずれも二回ずつ放送される。

(A)　これから放送するのは，あるラジオ番組の一部である。これを聞き，(6)〜(9)の問いに対して，それぞれ正しい答えを一つ選び，<u>マークシートの(6)〜(9)</u>にその記号をマークせよ。

(6)　According to the speaker, what was important about the sale of the painting?

　　a)　It was sold to an anonymous buyer.

　　b)　It was sold for much less than the estimate.

　　c)　It was sold during a historic online auction.

　　d)　It was sold at the highest price for any painting in a public auction.

(7)　According to the speaker, how does Picasso's painting differ most clearly from the Delacroix painting that inspired it?

　　a)　The degree of originality.

　　b)　The location of the scene.

　　c)　The liveliness of the image.

　　d)　The number of women shown.

(8)　According to the speaker, how is Picasso's painting connected to Henri Matisse?

　　a)　It was a gift from Picasso to Matisse.

　　b)　It uses colors that Matisse often used.

　　c)　It is based on themes borrowed from Matisse.

　　d)　It was Picasso's first painting after Matisse's death.

東京大-理科前期　　　　　　　　　　　　　　2016 年度　英語　*11*

⑼　According to the speaker, the price of the painting increased...
　　a ）　from $250,000 in 1956 to $179,000,000 now.
　　b ）　from $32,000 in 1956 to $179,000,000 in 1997.
　　c ）　from $32,000,000 in 1997 to $179,000,000 now.
　　d ）　from $250,000 in 1956 to $179,000,000 in 1997.

⒝　これから放送するのは，⒜の続きである。司会者に加えて，女性
　　（Fatima Nasser）と男性（Lucas Mendez）が出演している。これを
　　聞き，⑽〜⒂の問いに対して，それぞれ正しい答えを一つ選び，マーク
　　シートの⑽〜⒂にその記号をマークせよ。

⑽　What does Fatima Nasser say about a painting's value ?
　　a ）　It is determined by the reputation of the artist.
　　b ）　It is determined by the artistic quality of the work.
　　c ）　It is determined by the budgets of major museums.
　　d ）　It is determined by the highest price that is offered for it.

⑾　According to Lucas Mendez, what can happen to the value of
　　privately owned masterpieces ?
　　a ）　It can increase because they can no longer be criticized.
　　b ）　It can decrease because young artists cannot study them.
　　c ）　It can increase because museums continue to compete to
　　　　display them.
　　d ）　It can decrease because private owners might not take
　　　　sufficient care of them.

⑿　According to Lucas Mendez, why do people pay such high
　　prices for paintings like this ?
　　a ）　Because they believe the paintings are masterpieces.
　　b ）　Because they believe their own social status will be en-
　　　　hanced.
　　c ）　Because they believe it is better than putting money in the

12 2016 年度　英語　　　　　　　　　　　　　　　　東京大-理科前期

bank.

d) Because they believe the paintings should be preserved for future generations.

⒀ Which of the following is <u>not</u> mentioned by Fatima Nasser as a reason why people buy art ?

a) To increase their wealth.

b) To educate their children.

c) To leave as an inheritance.

d) To appreciate the art itself.

⒁ On which point are Fatima Nasser and Lucas Mendez most likely to agree ?

a) "Women of Algiers" is a very good painting.

b) Roads and bridges should not be privately owned.

c) Selling artworks privately might reduce their value.

d) Paintings like "Women of Algiers" should be sold only to genuine art lovers.

⒂ What does the moderator say is the main topic of the next *Art in Focus* ?

a) A supposed fake that was found to be genuine.

b) A famous masterpiece that was found to be a fake.

c) A modern painter who sells his original paintings for millions of dollars.

d) A former criminal who is now earning a reputation for his own paintings.

(C) これから放送する講義を聞き，⒃～⒇の問いに対して，それぞれ正しい答えを一つ選び，<u>マークシートの⒃～⒇</u>にその記号をマークせよ。

⒃ What does the speaker say about mosquitoes biting people ?

東京大-理科前期   2016 年度　英語　*13*

a)　20 % of people are rarely or never bitten.

b)　20 % of people are bitten more often than others.

c)　20 % of people are not protected from bites by insect spray.

d)　Scientists have discovered a new treatment for bites that works for 20 % of people.

(17)　Which of the following does the speaker not say ?

a)　Mosquitoes bite people in order to get proteins from them.

b)　Most people release a chemical indicating their blood type.

c)　15 % of mosquitoes are unable to distinguish a person's blood type.

d)　People with Type B blood are bitten by mosquitoes more often than people with Type A blood.

(18)　According to the speaker, what is one reason why children are bitten less than adults ?

a)　Children move around more than adults.

b)　Children have smoother skin than adults.

c)　Children breathe out less CO_2 than adults.

d)　Children notice mosquitoes on their skin more than adults.

(19)　According to the speaker, why do people tend to get bitten on their ankles and feet ?

a)　Because those parts of the body tend to be exposed.

b)　Because those parts of the body tend to sweat more.

c)　Because those parts of the body have a lot of bacteria.

d)　Because those parts of the body are not as sensitive to the touch.

(20)　What is the "good news" ?

a)　It might be possible to modify mosquito genes so they do not bite people.

14 2016 年度　英語　　　　　　　　　　　　　　　　　　　　東京大-理科前期

b) It might be possible to modify human genes to keep mosquitoes away naturally.

c) Natural blood proteins might be utilized to make people resistant to mosquito bites.

d) Chemicals naturally produced by mosquito-resistant people might be utilized to make more effective sprays.

4 (A)　次の英文の段落(21)～(25)にはそれぞれ誤りが一つある。誤った箇所を含む下線部を各段落から選び，マークシートの(21)～(25)にその記号をマークせよ。

(21) Knowledge is our most important business. The success of [a]almost all our other business depends on it, but its value is not only economic. The pursuit, production, spread, application, and preservation of knowledge are the [b]central activities of a civilization. Knowledge is social memory, a connection to the past ; and it is social hope, an investment in the future. The ability to create knowledge and [c]put use to it is the key characteristic of humans. It is how we [d]reproduce ourselves as social beings and how we change—how we keep [e]our feet on the ground and our heads in the clouds.

(22) Knowledge is a form of capital [a]that is always unevenly distributed, and people who have more knowledge, or greater access to knowledge, enjoy advantages [b]over people who have less. [c]This means that knowledge stands in a close relation to power. We speak of [d]"knowledge for their own sake," but there is nothing we learn [e]that does not put us into a different relation with the world — usually, we hope, a better relation.

(23) As a society, we are committed to the principle that the production of knowledge should be unrestricted and [a]access it should be universal. This is a democratic ideal. We think that where knowledge is concerned, [b]more is always better. We don't believe that there are things that [c]we would rather not know, or things that

東京大-理科前期   2016 年度　英語　*15*

[d]only some of us should know — just as we don't believe that there are points of view that should not be expressed, or citizens [e]who are too ignorant to vote.

⑵⑷ We believe that the more [a]information and ideas we produce, and the more [b]people we make them available, the better our chances of making good decisions. We therefore make a large social investment [c]in institutions whose purpose is simply the production and spread of knowledge — that is, research and teaching. [d]We grant these institutions all kinds of protections, and we become worried, sometimes angry, when we suspect that they are not working [e]the way we want them to.

⑵⑸ Some of our expectations about colleges and universities are unrealistic ([a]and so some are of our expectations about democracy). Teaching is a messy process, an area in which success can be hard to measure [b]or even to define. Research is messy, too. The price for every good idea or scientific claim is [c]a lot of not-so-good ones. We can't reasonably expect that every student will be well educated, or that every piece of scholarship or research will be worthwhile. But we want to believe that the system, [d]as large and diverse as it is, is working for us and not against us, and [e]that it is enabling us to do the kind of research and teaching that we want to do.

From THE MARKETPLACE OF IDEAS: REFORM AND RESISTANCE IN THE AMERICAN UNIVERSITY by Louis Menand. Copyright © 2010 by Louis Menand. Used by permission of W. W. Norton & Company, Inc.

(B)　次の英文を読み，下線部(ア), (イ), (ウ)を和訳せよ。

　News reports from Afghanistan in the 1990s tended to portray little more than a ruined place, destroyed by extremist military groups. Such images were rarely balanced by insights into ordinary life. Countries at war are described by reporters who tend, especially in dangerous places, to stay together, reporting only on isolated events. (ア)In Kabul, visiting television crews invariably asked to be taken to the

16 2016年度 英語　　　　　　　　　　　　　　　　東京大-理科前期

worst-hit parts of the city; one reporter even described Kabul as
"ninety percent destroyed."

Wars complicate matters: there is a terrible fascination to war
which tends to overshadow less dramatic news. Conflict is a notorious-
ly difficult thing to convey accurately. Fighting comes and goes, and
modern conflicts move with an unpredictable will of their own. Key
battles are fought overnight and absorbed into the landscape. (ｲ)Even a
so-called war zone is not necessarily a dangerous place : seldom is a
war as comprehensive as the majority of reports suggest.

Yet there was a deeper obstacle to describing the place : Afghani-
stan was, to outsiders, a broken mirror, yielding an image as broad or
narrow as the observer's gaze. (ｳ)Even in peacetime Afghanistan had
been open to outsiders for only a brief interval, a forgotten period
from the 1960s until the 1970s. It had never been a single nation but a
historically improbable mixture of races and cultures, each with its
own treasures of customs, languages and visions of the world.

5　次の文章を読み，(A)～(D)の問いに答えよ。

Last year, there was great public protest against the use of "anti-
homeless" spikes outside a London residential complex, not far from
where I live. The spikes were sharp pieces of metal stuck in concrete
to keep people from sitting or lying on the ground. Social media were
filled with anger, a petition was signed, a sleep-in protest undertaken,
and within a few days the spikes were removed. But the phenomenon
of "defensive" or "hostile" architecture, as it is known, remains
common.

From bus-shelter seats that lean forward, to water sprinklers, hard
tube-like rests, and park benches with solid dividers, urban spaces are
aggressively (　26　) soft, human bodies.

We see these measures all the time within our urban environments, whether in London or Tokyo, but we fail to grasp (A)their true intent. I hardly noticed them before I became homeless in 2009. An economic crisis, a death in the family, a sudden divorce and an even more sudden mental breakdown were all it took for me to go from a more than decent income to being homeless in the space of a year. It was only then, when I started looking around my surroundings with the distinct purpose of (27) shelter, that the city's cruelty became clear.

I learned to love London Underground's Circle Line back then. To others it was just a rather inefficient line on the subway network. To me─and many homeless people─it was a safe, dry, warm container, continually travelling sometimes above the surface, sometimes below, like a giant needle stitching London's center into place. Nobody bothered you or made you move. You were allowed to take your poverty on tour. But engineering work put a stop to that.

Next was a bench in a smallish park just off a main road. It was an old, wooden bench, made smooth by thousands of sitters, underneath a tree with leaves so thick that only the most persistent rain could penetrate it. Sheltered and warm, this was prime property. Then, one morning, it was gone. In its place stood an uncomfortable metal perch, with three solid armrests. I felt such loss that day. The message was clear : I was not a member of the public, at least not of the public that is welcome here. I had to find somewhere else to go.

There is a wider problem, too. These measures do not and cannot distinguish the homeless from others considered more (28). When we make it impossible for the poor to rest their weary bodies at a bus shelter, we also make it impossible for the elderly, for the handi-capped, for the pregnant woman who needs rest. By making the city less (29) of the human body, we make it less welcoming to all humans.

Hostile architecture is (30) on a number of levels, because it is not the product of accident or thoughtlessness, but a thought process.

18 2016 年度 英語　　　　　　　　　　　　　　　　　　　　東京大-理科前期

It is a sort of unkindness that is considered, designed, approved, funded and made real with the explicit motive to threaten and exclude.

Recently, as I walked into my local bakery, a homeless man (whom I had seen a few times before) asked whether I could get him something to eat. When I asked Ruth—one of the young women who work behind the counter—to put a couple of meat pies in a separate bag and (B)explained why, her remark was severe : "He probably makes more money than you from begging, you know," she said, coldly.

He probably didn't. Half his face was covered with sores. A blackened, badly injured toe stuck out of a hole in his ancient shoe. His left hand was covered in dry blood from some recent accident or fight. I pointed this out. Ruth was unmoved by my protest. "I don't care," she said. "They foul the green area. They're dangerous. Animals."

It's precisely this viewpoint that hostile architecture upholds : that the homeless are a different species altogether, inferior and responsible for their fall. Like pigeons to be chased away, or urban foxes disturbing our sleep with their screams. "You should be ashamed," jumped in Libby, the older lady who works at the bakery. (C)"That is someone's son you're talking about."

Poverty exists as a parallel, but separate, reality. City planners work very hard to keep it outside our field of vision. It is too miserable, too discouraging, too painful to look at someone sleeping in a doorway and think of him as "someone's son." It is easier to see him and only ask the question : (31)"How does his homelessness affect me?" So we cooperate with urban design and work very hard at not seeing, because we do not want to see. We silently agree to this apartheid.

Defensive architecture keeps poverty unseen. It conceals any guilt about leading a comfortable life. It brutally reveals our attitude to poverty in general and homelessness in particular. It is the concrete, spiked expression of a collective lack of generosity of spirit.

And, of course, it doesn't even achieve its basic goal of making us feel safer. (32)There is no way of locking others out that doesn't also lock us in. Making our urban environment hostile breeds hardness and isolation. It makes life a little uglier for all of us.

Spikes outside an office building in London

Copyright Guardian News & Media Ltd 2020

(A) 下線部(A)は具体的にどのような内容を表すか，日本語で述べよ．

(B) 下線部(B)で，語り手は具体的に何が何のためであったと説明したか，日本語で述べよ．

(C) 下線部(C)で言われていることを次のように言い換える場合，空所に入る最も適切な一語を 16〜19 ページの本文中からそのまま形を変えずに選んで書きなさい．なお，空所(26)〜(30)の選択肢を書いてはならない．

　　The man you're talking about is no less (　　　) than you are.

(D) 以下の問いに答え，解答の記号をマークシートにマークせよ．
　(ア) 空所(26)〜(30)には単語が一つずつ入る．それぞれに文脈上最も適切な語を次のうちから一つずつ選び，マークシートの(26)〜(30)にその記号をマークせよ．同じ記号を複数回用いてはならない．

　　a) accepting　　b) depriving　　c) deserving
　　d) finding　　　e) forcing　　　f) implying

g） raising h） rejecting i） revealing

j） satisfying

(イ) 下線部(31)はどのような考えを表しているか，最も適切なものを一つ選び，マークシートの(31)にその記号をマークせよ。

a） Seeing this homeless person upsets me.

b） His homelessness has an impact on everyone.

c） I wonder how I can offer help to this homeless person.

d） This homeless person has no right to sleep in the doorway.

e） I wonder whether this homeless person has any relevance to my life at all.

(ウ) 下線部(32)はどのような考えを表しているか，最も適切なものを一つ選び，マークシートの(32)にその記号をマークせよ。

a） Defensive architecture harms us all.

b） Ignoring homelessness won't make it go away.

c） Restrictions on the homeless are for their own good.

d） Homeless people will always be visible whatever we do.

e） For security, we have to keep homeless people out of sight.

東京大-理科前期　　　　　　　　　　　　　　　　　2016 年度　英語　*21*

3　聞き取り問題放送用スクリプト

[問題(A)]

Welcome to *Art in Focus*, our weekly discussion of news and controversies in art around the globe. Last week we discussed the financial challenges facing young artists, particularly those working in digital media, where countless completely identical copies can be made of any individual work by anyone with a small amount of know-how. The big news of this week presents a thought-provoking comparison. A work of art from the pre-digital age has broken all records for a public auction. A famous painting called "Women of Algiers," by Pablo Picasso, was recently sold for 179 million dollars, a new world record. The auction room grew quiet as the price went up and up. Then people clapped and cheered at the final price — 20 million over the estimate! According to the auctioneer, it was — quote — "One of the greatest moments in auction history!"

The work is the last of a series of 15 paintings which Picasso produced in a burst of creativity during 1954 and 1955. The subject of the paintings was inspired by a work of a similar name, "Women of Algiers in their apartment," by the French artist Eugène Delacroix, painted in 1834, featuring three women relaxing inside an apartment. But while the Delacroix original is painted in a realistic style, almost like a photograph, the Picasso version distorts the image in various ways, showing different angles at the same time. Where the original shows a dim and quiet scene, Picasso paints a scene full of movement and color.

Picasso finished the series on Valentine's Day, 1955. His great friend and rival, Henri Matisse, had died the previous year, and Picasso's painting takes up themes and ideas from Matisse. It is, in part, a tribute to the memory of his dead friend.

The painting also illustrates the strong influence of inflation in the art market. The entire series of 15 paintings was bought in 1956 for a quarter of a million dollars. In 1997, this painting alone sold for 32

22　2016 年度　英語　　　　　　　　　　　　　　　東京大-理科前期

million dollars. And now, less than 20 years later, it has sold for 179
million. This kind of rapid rise in prices would make any investor sit
up and take notice, and we are now experiencing a global boom in the
sale of artworks by well-known artists. But are these artworks really
worth what people are paying for them? Could any painting really
be worth hundreds of millions of dollars? Is there any limit to this?
And most importantly of all, what happens when art museums, many
of which are funded by taxpayers, can't afford to buy art anymore?
Next, we'll take up these issues with two experts.

[問題(B)]

A (Moderator)：I'm joined here in the studio by two experts on
　　modern art, to discuss this remarkable news. Lucas Mendez is a
　　specialist in twentieth-century art who writes for the magazine
　　Image, and is the author of a book on Picasso. Fatima Nasser is an
　　economist with special interest in the art market, and intellectual
　　property in general.
　　Let me turn to you first, Fatima. I suppose many people will be
　　asking whether any work of art can possibly be worth so much...

B (Fatima Nasser)：Well, of course, anything is worth what someone
　　is willing to pay for it. If someone wants to pay 179 million dollars,
　　as the former Prime Minister of Qatar did on this occasion, then
　　that's what the painting is worth. If no one were willing to pay a
　　cent for this painting, then it wouldn't be worth anything.

C (Lucas Mendez)：No, I can't agree with that. *Value* isn't the same
　　thing as *price*. A thing's price can be out of line with its true
　　value, or — as in this case — can actually diminish its value.

A：What do you mean — *diminish* its value?

C：When a great work of art goes into private ownership like this,
　　what tends to happen is that it disappears from view. It's true,
　　private owners do lend to museums and galleries, for limited
　　periods. But in most cases, the work disappears into private

storage.

Museums can't compete with these inflated prices, and the result is that important works like Picasso's "Women of Algiers" are not seen, by the public, by critics, and worst of all, not seen by young artists. That reduces their influence *and* their value.

B : I suppose you don't deny that people have the right to spend their money as they choose? If public institutions like museums can't compete, then it's up to the government to give them more money. And that means it's up to people like *you*, Lucas, to persuade politicians to do that.

C : Don't you think that some things belong to everybody? If everything just went to whoever pays the most, as you suggest, we'd be willing to sell historic buildings or documents, for example. In my opinion, it's criminal to sell national treasures; they just shouldn't be for sale. And this painting, I believe, is an *inter*national treasure.

A : Let's talk about another point. Why is it, Fatima, that people are prepared to pay so much? Do they really love art that much?

B : Well...

C : Of course not! It's an investment. People believe that the price of a masterpiece like "Women of Algiers" can only go up. They're just looking for somewhere to invest their money. They know that rates of interest paid by banks are low, so...

B : Wait a minute! It's no business of ours what motivates people to buy. They can buy for any reason they like. It might be love of art—it really is a very nice painting after all. Or it might be as a legacy for their children. It might be as part of a collection. Or it might be as a pure investment. We can't go around saying that people must only buy things for motives we approve of. That's just far too much state control of the individual.

C : Not at all. Some things are so important that they can't be trusted to private ownership: basic infrastructure like roads and bridges,

24 2016 年度　英語　　　　　　　　　　　　　　　東京大–理科前期

defense, protection of the environment. All I'm saying is that culture has that sort of importance too.

A : Well, as you can see, this is a topic which causes strong disagreements. We have to leave our discussion there. Thank you both. On a personal note, I can tell you that I wouldn't pay that much for the painting myself. I'm not even sure I *like* it! A photo of the painting is currently up on our website, so you can decide for yourself.

And next week, we look at a very different side of the art business. We tell the story of a painter who is so good at copying the style of old masters that he once made millions of dollars from selling fakes. He was eventually caught and jailed, but his skill as a painter has made him one of the most popular up-and-coming artists for his own paintings. That's next week on *Art in Focus*.

[問題(C)]

You come in from a summer hike covered with red mosquito bites, only to have your friends say that they haven't been bitten at all. Or you wake up from a night of camping to find your ankles and wrists burning with bites, while other people are untouched.

You're not alone. It turns out that an estimated 20 % of people are especially delicious to mosquitoes, and regularly get bitten more often than others. And while scientists don't yet have a treatment for the condition, other than insect spray, they do have a number of ideas about why some of us are bitten more often than others.

One factor that could play a role is blood type. This would not be surprising since, after all, mosquitoes bite us to take proteins from our blood, and research shows that they find certain blood types more appetizing than others. One study found that in a controlled setting, mosquitoes landed on people with Type O blood nearly twice as often as those with Type A. People with Type B blood fell somewhere in the middle. Additionally, based on their genes, about 85 % of people release a chemical signal through their skin that indicates which blood type they have, while 15 % do not. And mosquitoes are more attracted to people who release that chemical regardless of which type they are.

One of the key ways mosquitoes locate their targets is by smelling the CO_2 emitted in their breath. They can detect CO_2 from as far as 50 meters away. As a result, people who simply breathe out more air — generally, larger people — have been shown to attract more mosquitoes than others. This is one of the reasons why children generally get bitten less than adults.

Other research has suggested that the bacteria that naturally live on human skin also affect our attractiveness to mosquitoes. In a 2011 study, scientists found that having large amounts of bacteria made skin more appealing to mosquitoes. This might explain why mosquitoes are especially likely to bite our ankles and feet, which naturally have significant bacteria colonies.

As a whole, underlying genetic variation is estimated to account for 85 % of the differences between people in their attractiveness to mosquitoes — regardless of whether it's expressed through blood type or other factors. Unfortunately, we don't yet have a way of modifying these genes. But there is good news : some people rarely attract mosquitoes and are almost never bitten. A group of scientists in the UK have identified some chemicals emitted by these people. This discovery may lead to advanced insect sprays that can keep mosquitoes away from all of us, even the delicious 20 %.

http://www.smithsonianmag.com/science-nature/why-do-mosquitoes-bite-some-people-more-than-others-10255934 を編集。

数学

(150 分)

1 e を自然対数の底, すなわち $e = \lim_{t \to \infty} \left(1 + \dfrac{1}{t}\right)^t$ とする。すべての正の実数 x に対し, 次の不等式が成り立つことを示せ。

$$\left(1 + \frac{1}{x}\right)^x < e < \left(1 + \frac{1}{x}\right)^{x + \frac{1}{2}}$$

2 A, B, C の 3 つのチームが参加する野球の大会を開催する。以下の方式で試合を行い, 2 連勝したチームが出た時点で, そのチームを優勝チームとして大会は終了する。

(a) 1 試合目で A と B が対戦する。

(b) 2 試合目で, 1 試合目の勝者と, 1 試合目で待機していた C が対戦する。

(c) k 試合目で優勝チームが決まらない場合は, k 試合目の勝者と, k 試合目で待機していたチームが $k+1$ 試合目で対戦する。ここで k は 2 以上の整数とする。

なお, すべての対戦において, それぞれのチームが勝つ確率は $\dfrac{1}{2}$ で, 引き分けはないものとする。

(1) n を 2 以上の整数とする。ちょうど n 試合目で A が優勝する確率を求めよ。

(2) m を正の整数とする。総試合数が $3m$ 回以下で A が優勝したとき, A の最後の対戦相手が B である条件付き確率を求めよ。

東京大-理科前期   2016 年度　数学　*27*

3 a を $1<a<3$ をみたす実数とし，座標空間内の 4 点 $P_1(1, 0, 1)$, $P_2(1, 1, 1)$, $P_3(1, 0, 3)$, $Q(0, 0, a)$ を考える。直線 P_1Q, P_2Q, P_3Q と xy 平面の交点をそれぞれ R_1, R_2, R_3 として，三角形 $R_1R_2R_3$ の面積を $S(a)$ とする。$S(a)$ を最小にする a と，そのときの $S(a)$ の値を求めよ。

4 z を複素数とする。複素数平面上の 3 点 $A(1)$, $B(z)$, $C(z^2)$ が鋭角三角形をなすような z の範囲を求め，図示せよ。

5 k を正の整数とし，10 進法で表された小数点以下 k 桁の実数

$$0.a_1a_2\cdots a_k = \frac{a_1}{10} + \frac{a_2}{10^2} + \cdots + \frac{a_k}{10^k}$$

を 1 つとる。ここで，a_1, a_2, $\cdots$, a_k は 0 から 9 までの整数で，$a_k \neq 0$ とする。

(1) 次の不等式をみたす正の整数 n をすべて求めよ。

$$0.a_1a_2\cdots a_k \leq \sqrt{n} - 10^k < 0.a_1a_2\cdots a_k + 10^{-k}$$

(2) p が $5 \cdot 10^{k-1}$ 以上の整数ならば，次の不等式をみたす正の整数 m が存在することを示せ。

$$0.a_1a_2\cdots a_k \leq \sqrt{m} - p < 0.a_1a_2\cdots a_k + 10^{-k}$$

(3) 実数 x に対し，$r \leq x < r+1$ をみたす整数 r を $[x]$ で表す。$\sqrt{s} - [\sqrt{s}] = 0.a_1a_2\cdots a_k$ をみたす正の整数 s は存在しないことを示せ。

6 座標空間内を，長さ 2 の線分 AB が次の 2 条件(a), (b)をみたしながら動く。

(a) 点 A は平面 $z=0$ 上にある。

(b) 点 $C(0, 0, 1)$ が線分 AB 上にある。

28　2016 年度　数学　　　　　　　　　　　　　　　東京大–理科前期

このとき，線分 AB が通過することのできる範囲を K とする。K と不等式 $z \geqq 1$ の表す範囲との共通部分の体積を求めよ。

東京大-理科前期   2016 年度　物理　29

物理

（2 科目　150 分）

（注）　解答用紙は，〈理科〉共通。1 行：23.5 センチ，35 字分の区切りあ
　　　り。1・2 は各 25 行，3 は 50 行。

1　図 1 － 1 のように大きさの無視できる小球 1，2 が床から高さ h
　　　の位置に固定されている。二つの小球は鉛直方向に並んでおり，
その間隔は十分に小さく無視できるものとする。鉛直上側の小球 1 の質量
を m，下側の小球 2 の質量を M とする。小球は鉛直方向にのみ運動し，
小球 1，2 の衝突および小球 2 が床で跳ね返る際の反発係数を 1 とする。
小球 1，2 の速度は鉛直上向きを正とし，重力加速度の大きさを g で表す。
以下の設問に答えよ。

Ⅰ　小球の固定を静かに外す。小球 1，2 は同時に落下を始め，小球 2 が
　　床で跳ね返った直後，小球 1 と小球 2 が衝突する。その後，小球 1 は床
　　から最大の高さ H まで上昇した。

　⑴　小球 2 が床で跳ね返る直前における小球 1，2 の落下する速さを v
　　　とする。小球 2 が床で跳ね返った直後，速度 $-v$ の小球 1 と，速度 v
　　　の小球 2 が衝突する。小球 1，2 の衝突直後における小球 1 の速度を
　　　v_1'，小球 2 の速度を v_2' とするとき，$v_1' - v_2'$ を，v を用いて表せ。

　⑵　v_1' と v_2' を，m, M, v を用いて表せ。また，M が m に比べて十
　　　分に大きいとき，H は h の何倍か，数値で答えよ。

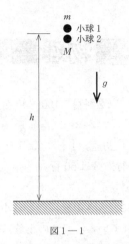

図1-1

Ⅱ 以下では $M=3m$ とする。図1-2のように小球1，2を質量の無視できる長さ l ($l<h$) の伸びない糸でつなぎ，設問Ⅰと同様に高さ h から落下させる。糸は，たるんだ状態では小球の運動に影響を与えない。床で跳ね返った小球2は，小球1と衝突した後，床に静止した。

(1) 小球1が高さ l に達すると，糸に張力が生じる。その直前の小球1の速度を v_1，小球1と小球2の重心の速度を V とする。V を，v_1 を用いて表せ。

(2) 糸に張力が生じると小球2が床から浮き上がり，その直後，再び糸がたるむ。糸がたるんだ瞬間における小球1の速度 u_1 と小球2の速度 u_2 を，それぞれ v_1 を用いて表せ。ただし，糸に張力が生じる前後で小球1，2の力学的エネルギーの和は保存されるものとする。

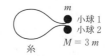

図 1 − 2

(3) 小球 2 が床から浮き上がる瞬間の時刻を $t=0$ とする。$|t|$ が十分に小さい範囲で，小球 1 と小球 2 の重心の速度，小球 1 の速度及び小球 2 の速度を t の関数として図示するとき，最も適切なものを以下のア〜オから一つ選べ。ただし，図中の実線は重心の速度，点線は小球 1 の速度，破線は小球 2 の速度を表す。

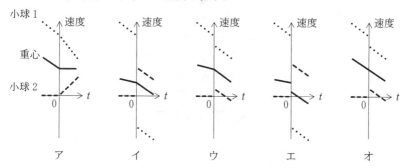

Ⅲ　引き続き $M=3m$ とする。小球 1，2 を，質量の無視できる自然長 l $(l<h)$ のゴムでつないで，設問Ⅱと同様に高さ h から落下させる。図 1 − 3 のように，ゴムを自然長より x $(x≧0)$ だけ伸ばすと，大きさ kx の復元力が働くものとし，自然長から引き伸ばすために必要な仕事は $\dfrac{1}{2}kx^2$ で与えられる。また，ゴムは，たるんだ状態では復元力を及ぼさず，小球の運動に影響を与えない。

(1) k がある値 k_c より大きければ，小球 1, 2 の衝突後に床に静止していた小球 2 は，やがてゴムの張力により床から浮き上がる。$k > k_c$ のとき，小球 2 が浮き上がる瞬間におけるゴムの長さを $l + \Delta l$ とする。Δl を m, g, k を用いて表せ。

(2) 小球 2 が床から浮き上がる瞬間における小球 1 の速度 w を，v_1, m, g, k を用いて表せ。ただし v_1 は設問 II (1) と同様，ゴムに復元力が生じる直前の小球 1 の速度とする。また，この結果より k_c を，v_1, m, g を用いて表せ。

(3) 小球 2 が床から浮き上がってから再びゴムがたるむまでの小球 1, 2 の運動は，重心の等加速度運動と，重心のまわりの単振動の合成となる。k が十分に大きければ，小球 2 が浮き上がる瞬間におけるゴムの伸び Δl は無視してよい。このとき，小球 2 が床から浮き上がってからゴムがたるむまでの時間 T を，m, k を用いて表せ。ただし，k は十分に大きいため，ゴムがたるむ前に小球 2 が床に接触することはない。

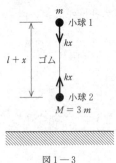

図 1 − 3

2 共振現象に関する以下の設問にそれぞれ答えよ。

I 交流電気回路における共振現象を考える。図 2 − 1 に示すように，抵抗値 R の抵抗器，自己インダクタンス L のコイル，電気容量 C のコンデンサーを角周波数 ω の交流電源に直列に接続した。時刻 t に回路を流れる電流を $I = I_0 \sin \omega t$ とするとき，交流電源の電圧は $V = V_0 \sin(\omega t + \delta)$ と表されるものとする。この回路について，以下の

設問に答えよ。必要であれば三角関数の公式

$$a\sin\theta + b\cos\theta = \sqrt{a^2+b^2}\sin(\theta+\alpha)$$ ただし，$\tan\alpha=\dfrac{b}{a}$

を用いてもよい。また，$\overline{f(t)}$ は関数 $f(t)$ の時間平均を表し，$\overline{\sin\omega t\cos\omega t}=0$，$\overline{\sin^2\omega t}=\overline{\cos^2\omega t}=\dfrac{1}{2}$ である。

(1) 回路を流れる電流の振幅 I_0 および $\tan\delta$ を，V_0, R, L, C, ω のうち必要なものを用いて表せ。

(2) 交流電源が回路に供給する電力の時間平均 $\overline{P}$ を，V_0, R, L, C, ω を用いて表せ。ただし，$\overline{P}$ は抵抗器で消費される電力の時間平均に等しいことを用いてもよい。

(3) 交流電源が回路に供給する電力の時間平均は，角周波数 ω がある値のときに最大値 P_0 となった。抵抗器の抵抗値 R を，P_0 と V_0 を用いて表せ。

(4) 交流電源の角周波数が ω_1 および ω_2 ($\omega_2>\omega_1$) のときに，交流電源が回路に供給する電力の時間平均が設問Ⅰ(3)における P_0 の半分の値 $\dfrac{P_0}{2}$ となった。コイルの自己インダクタンス L を，V_0, P_0, $\Delta\omega$ を用いて表せ。ただし，$\Delta\omega=\omega_2-\omega_1$ とする。

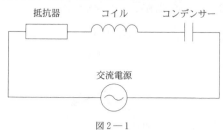

図2－1

Ⅱ 電場・磁場中の荷電粒子が行う二次元運動における共振現象を考える。図2－2に示すように，紙面に垂直で表から裏に向かう磁場（磁束密度の大きさ B）と，この磁場に直交する電場（大きさ E）が，紙面のいたるところに一様に存在している。B および E は時間変化せず，磁場の向きも時間変化しないが，電場の向きは角周波数 ω で反時計回りに回

転している。このような電場・磁場中で，電荷 q ($q>0$)，質量 m をもつ荷電粒子の運動を考える。粒子が運動する領域には中性ガスが存在しており，粒子は，中性ガスによる抵抗力と，電場・磁場による力を受けて，角周波数 ω，速さ v で，反時計回りに等速円運動を行っている。なお，中性ガスにより粒子が受ける抵抗力は速度と逆向きで，その大きさは kv である（係数 k は正の定数）。このとき，図 2 − 2 に示すように，荷電粒子の速度と回転する電場との間の角度 δ は時間変化しない。荷電粒子が放射する電磁波は無視できるものとして，以下の設問に答えよ。なお，本設問中で用いられている記号は，設問 I 中で用いられたものとは無関係である。

(1) 荷電粒子の円運動の速度に平行な方向と垂直な方向のそれぞれについて，粒子に働く力の釣り合いの式を書け。

(2) 荷電粒子の等速円運動の速さ v および $\tan\delta$ を，m, q, E, B, k, ω のうち必要なものを用いて表せ。

(3) 電場が荷電粒子に対して行う単位時間あたりの仕事（仕事率）P を，m, q, E, B, k, ω を用いて表せ。

(4) 電場の回転の角周波数が ω_0 のときに，P が最大値 P_0 となった。さらに，電場の回転の角周波数が ω_1 および ω_2 ($\omega_2>\omega_1$) のときには，P が $\dfrac{P_0}{2}$ となった。荷電粒子の質量 m を，ω_0, P_0, E, B, $\Delta\omega$ を用いて表せ。ただし，$\Delta\omega=\omega_2-\omega_1$ とする。

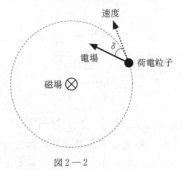

図 2 − 2

東京大-理科前期   2016 年度 物理 *35*

3 図3－1のように xy 平面に広がる水面が，x 軸を境界として水深が異なる2つの領域に分かれている。領域 A $(y>0)$ における波の速さを V，領域 B$(y<0)$ における波の速さを $\dfrac{V}{2}$ とする。簡単のため，波の反射と屈折は境界で起こり，反射する際に波の位相は変化しないと仮定して，以下の設問に答えよ。

I 図3－1のように，領域Aの座標 $(0,\ d)$ の点Pに波源を置く。波源は一定の周期で振動し，まわりの水面に同心円状の波を広げる。

(1) 領域Aにおけるこの波の波長を $\dfrac{d}{2}$ とする。その波の振動数を，V，d を用いて表せ。また，同じ波源が領域Bにある場合，そこから出る波の波長を求めよ。

(2) 波長に比べて水深が十分に小さい場合，波の速さ v は重力加速度の大きさ g と水深 h を用いて $v=g^a h^b$ と表される。ここで a，b は定数である。両辺の単位を比較することにより a，b を求めよ。これを用いて領域Aの水深は領域Bの水深の何倍か求めよ。

(3) 図3－2のように，波源Pから出た波が境界上の点Qで反射した後，座標 $(x,\ y)$ の点Rに伝わる場合を考える。点Qの位置は反射の法則により定まる。このとき，距離 $\overline{\mathrm{PQ}}+\overline{\mathrm{QR}}$ を，x，y，d を用いて表せ。

(4) 直線 $y=d$ 上の座標 $(x,\ d)$ の点で，波源から直接伝わる波と境界からの反射波が弱め合う条件を，x，d と整数 n を用いて表せ。また，そのような点は直線 $y=d$ 上に何個あるか。

(5) 領域Bにおいて波源と同じ位相を持つ波面のうち，原点Oから見て最も内側のものを考える。図3－3のように，その波面と x 軸 $(x>0)$ との交点をT，y 軸との交点をSとし，点Tにおける屈折角を θ とする。点S，Tの座標と $\sin\theta$ を求めよ。

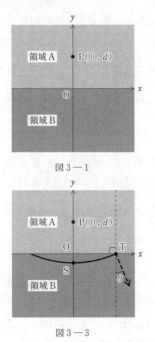
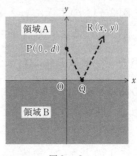

図 3 − 1 図 3 − 2

図 3 − 3

Ⅱ 設問Ⅰと同じ振動数の波源が一定の速さで動いている場合について，以下の設問に答えよ。

(1) 波源が領域Ａの y 軸上を正の向きに速さ u $\left(u<\dfrac{V}{2}\right)$ で動いている場合を考える。波源の位置で観測される反射波の振動数を，V, u, d を用いて表せ。また，領域Ｂの y 軸上を負の向きに一定の速さ w $\left(w<\dfrac{V}{2}\right)$ で動く点で観測される波の振動数を，V, u, w, d を用いて表せ。

(2) 次に，波源が領域Ａの直線 $y=d$ 上を右向きに速さ u $\left(u<\dfrac{V}{2}\right)$ で動いている場合を考える。波源から出た波が境界で反射して波源に戻るまでの時間を，V, u, d を用いて表せ。

(3) 設問Ⅱ(2)の設定で，波源における波と境界で反射して波源に戻った波が逆位相になる条件を，u, V と整数 m を用いて表せ。さらに，この条件を満たす u をすべて求めよ。

東京大-理科前期   2016 年度　化学　37

化学

（2 科目　150 分）

（注）　解答用紙は，〈理科〉共通。1 行：23.5 センチ，35 字分の区切りあ
　　　　り。1・2 は各 25 行，3 は 50 行。

1　次の I，II の各問に答えよ。必要があれば以下の値を用いよ。

元　素	H	C	N	O	Na	S
原子量	1.0	12.0	14.0	16.0	23.0	32.1

気体定数　$R = 8.3 \times 10^3 \, Pa \cdot L \cdot K^{-1} \cdot mol^{-1}$

I　次の文章を読み，問ア～エに答えよ。

　　イオン化合物の水への溶解度は，温度によって変化する。溶解度は，
水 100 g に溶ける無水物の質量［g］で表される。溶解度と温度の関係
を表した曲線は溶解度曲線とよばれる。図 1－1 は，化合物 A，化合物
B，硫酸ナトリウム（Na_2SO_4）の溶解度曲線である。化合物 A，B の
溶解度は，温度上昇とともに単調に増加する。一方，硫酸ナトリウムの
溶解度は，32.4℃より低温では温度上昇とともに単調に増加するが，
それより高温では単調に減少する。32.4℃より低温において水溶液を
濃縮すると十水和物（$Na_2SO_4 \cdot 10H_2O$）が析出し，32.4℃より高温では，
水溶液を濃縮すると無水物（Na_2SO_4）が析出する。
　　化合物 A のように，溶解度が大きく，かつその温度変化が大きな化合
物では，①溶解度の温度変化を利用して不純物を取り除き分離すること
ができる。例えば，化合物 A 70 g と化合物 B 15 g の混合物から化合物
A を分離する場合について，各化合物の溶解度曲線は混合物の場合でも
変わらないとして考えてみる。80℃の水 100 g に混合物を完全に溶かし，

加熱して水を蒸発させ水溶液の質量を 135 g にした後，30℃に冷却する。この操作で，化合物 A のみが ┌─a─┐ g 析出することになる。析出した固体をろ過し，水で固体を洗えば高純度の化合物 A を得ることができる。

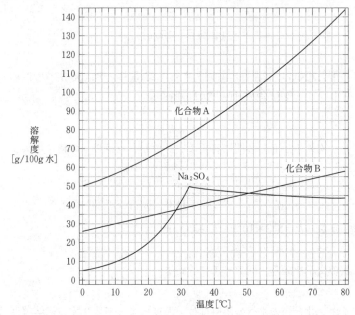

図1－1　イオン化合物の溶解度曲線

〔問〕

ア　下線部①の操作は何とよばれるか，名称を記せ。

イ　空欄 ┌─a─┐ の値を有効数字 2 桁で答えよ。また，純粋な化合物 A を最大量取り出すには，何℃まで冷却すればよいか答えよ。

ウ　硫酸ナトリウム十水和物に水を加えて水溶液 X を作った。この水溶液 X について以下のことが分かっている。

　(1)　水溶液 X の温度を 60℃に保って，さらに無水物を 10 g 溶かすとちょうど飽和に達し，それ以上溶けない。

　(2)　水溶液 X を 20℃に冷却すると 32.2 g の十水和物が析出する。水溶液 X を作る際に用いた十水和物と水の量はそれぞれ何 g か，有効数字 2 桁で答えよ。答えに至る過程も記せ。

エ　32.4℃より高温における硫酸ナトリウムの無水物の溶解反応は，

吸熱反応か発熱反応のいずれか答えよ。またその理由を溶解度曲線の傾きをふまえて簡潔に述べよ。

Ⅱ 次の文章を読み，問オ～クに答えよ。

気液平衡の状態にある液体の飽和蒸気圧は，温度の上昇とともに急激に増大する。図1－2は，ヘキサン（C_6H_{14}）と水（H_2O）の蒸気圧曲線である。②一定の温度では，水よりもヘキサンの方が飽和蒸気圧は高く，一定の圧力では，水の方が沸点は高いことを示している。

ヘキサン 0.10 mol，水蒸気 0.10 mol，窒素 0.031 mol からなる 100℃ の混合気体を考える。体積と容器内の温度が可変であるピストンを備えた装置にこの混合気体を注入し，その圧力が 1.0×10^5 Pa で常に一定となるように保ちながら，以下の冷却操作1～3を行った。ただし，液体のヘキサンと水は混ざり合わないものとし，窒素はこれらの液体には溶けないものとする。また，気体はすべて理想気体として扱えるものとする。

操作1：混合気体を温度100℃から徐々に冷却していくと，体積が減少し，③ある温度で水滴が生じ始めた。

操作2：さらに冷却していくと，④55℃においてヘキサンも凝縮し始めた。

操作3：さらに冷却していくと，水とヘキサンの2種類の液体が徐々に増加した。

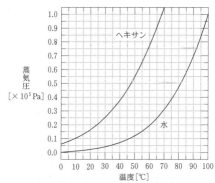

図1－2　ヘキサンと水の蒸気圧曲線

〔問〕

オ 下線部②に関して，水の分子量はヘキサンより小さいにもかかわらず，水の沸点はヘキサンより高い。その理由を60字以内で述べよ。

カ 下線部③に関して，水滴が生じ始める温度は何℃か。

キ 下線部④に関して，このときに水蒸気として存在する水の量は何molか。有効数字2桁で答えよ。答えに至る過程も記せ。

ク 冷却操作1～3を行った時の，ヘキサンの分圧の変化を示す線の模式図として最も適当なものを，以下の図1－3に示す(1)～(6)のうちから一つ選べ。また，そのような変化を示す理由も150字程度で述べよ。

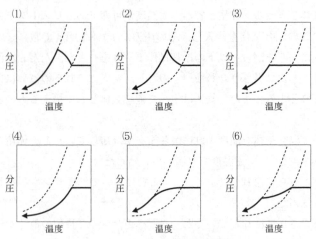

図1－3 ヘキサンの分圧変化の模式図
破線は，図1－2に示したヘキサンおよび水の蒸気圧曲線を示す。

2 次のⅠ，Ⅱの各問に答えよ。

Ⅰ 次の文章を読み，問ア～オに答えよ。必要があれば以下の値を用いよ。
$\sqrt{2}=1.41$, $\sqrt{3}=1.73$, $\sqrt{5}=2.24$

炭素の単体および化合物は，4個の価電子を隣接する原子と共有する

ことで共有結合を形成する。一般に，分子の形状や共有結合性の結晶の構造は価電子の反発の影響を受ける。例えば，①メタン分子は4つの共有電子対の反発を最小とするために正四面体型の形状をとり，水分子は2つの共有電子対と2つの非共有電子対の反発によって折れ線型の形状となる。②ダイヤモンドは炭素原子が隣接する4個の原子と共有結合を形成した正四面体が連なった構造（図2−1）をとり，電気伝導性を示さない。

　黒鉛は，炭素原子が隣接する3個の原子と共有結合を形成し，蜂の巣状の平面構造が積層した構造をとる。黒鉛の一層分からなるシート状の物質はグラフェンとよばれ，ダイヤモンドとは異なり電気伝導性を示す。一方，③六方晶窒化ホウ素の一層分からなるシート状の物質（h-BNシート）は，グラフェンとよく似た平面構造（図2−2）をもつが，電気伝導性を示さない。

　炭素の同族元素であるスズは，炭素とは異なり複数の安定な酸化数（+2と+4）を持つことから，その化合物は酸化還元反応に利用できる。例えば，④塩化スズ(Ⅱ)は還元剤やめっき剤に用いられる。スズは合金の原料としても重要で，⑤スズと鉛を主成分とするはんだは，スズと鉛のいずれの単体よりも融点が低く，他の金属とよくなじむことから金属の接合に用いられてきた。

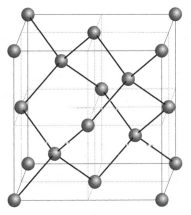

図2−1　ダイヤモンドの単位格子

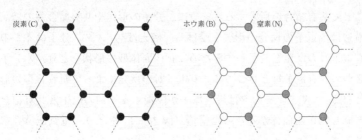

図2−2 グラフェン(左)とh-BNシート(右)の構造

〔問〕

ア 下線部①を参考にし、以下の分子(1)～(3)について、電子式と分子形状を表2−1にならってそれぞれ記せ。ただし、分子形状については語句群から選んで記せ。同じ語句を繰り返し選んでもよい。

(分子) (1) NH_3 (2) CO_2 (3) BF_3

(語句群)【直線　折れ線　正三角形　正方形　正四面体　三角すい】

表2−1 メタンおよび水分子の電子式と分子形状

化学式	電子式	分子形状
CH_4	H:C:H(上下H)	正四面体
H_2O	H:O:H	折れ線

イ 下線部②のダイヤモンドの単位格子において、原子を球とみなし、隣接する原子は互いに接しているとする。このとき、単位格子の体積に占める原子の体積の割合（％）を有効数字2桁で答えよ。答えに至る過程も記せ。

ウ 下線部③に関して、h-BNシートが電気伝導性を示さない理由を、価電子に着目して30字程度で説明せよ。

エ 下線部④に関連した以下の(1)～(5)の文で誤っているものをすべて選べ。

(1) ニトロベンゼンに塩酸と塩化スズ(Ⅱ)を加えて加熱すると、アニリン塩酸塩が得られた。

(2) 過マンガン酸カリウムの酸性水溶液に塩酸酸性の塩化スズ(Ⅱ)

水溶液を加えると，黒色の沈殿が生成した。
(3) 塩化スズ(Ⅱ)水溶液に亜鉛板を浸すと，スズが析出した。
(4) スズをめっきした鉄板に傷を付けて放置すると，露出した鉄が赤色にさびた。
(5) 酢酸銀(Ⅰ)の酢酸酸性水溶液に塩化スズ(Ⅱ)水溶液を滴下すると，塩素ガスが発生して銀が析出した。

オ 下線部⑤に関して，1.0 kg のスズを融解した液体を溶媒とし，23 g の鉛を均一に溶かした。このスズ―鉛合金の融液を十分ゆっくり冷却すると，図2―3のような温度変化を示した。図2―3中のAで示す時間領域において，単体のスズの場合とは異なり，時間とともに温度が下がる理由を30字程度で説明せよ。ただし，融液から析出する固体は純粋なスズであると考えてよい。

また，凝固点が220℃のスズ―鉛合金を得るには，1.0 kg のスズ融液に何gの鉛を溶かせば良いかを有効数字2桁で答えよ。答えに至る過程も記せ。

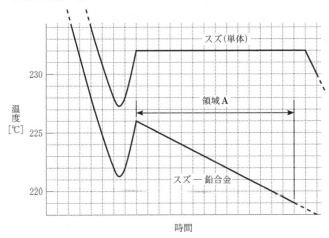

図2―3 単体のスズおよびスズ―鉛合金を冷却した時の温度と時間の関係

Ⅱ 次の文章を読み，問カ～ケに答えよ。

周期表の中で水素を除く1族元素をアルカリ金属といい，身近な例と

44 2016年度 化学　　　　　　　　　　　　　　　　　　　　　東京大-理科前期

してリチウムやナトリウム，カリウムなどが挙げられる。アルカリ金属
の結晶内での原子配列は体心立方格子であり，他の金属に比べて融点が
特に低い。⑥アルカリ金属の融点が低いのは　a　が弱いからであり，
これは金属の単位体積あたりの自由電子の密度が低いためである。また，
アルカリ金属は族の下方ほど融点が　b　。これはアルカリ金属の
　c　が族の下方にいくほど増大するためと説明できる。アルカリ金
属を十分な量の純酸素ガス中で加熱すると，リチウムは酸化物 Li_2O，
ナトリウムは過酸化物 Na_2O_2，カリウムは超酸化物 KO_2 を生じる。⑦超
酸化カリウム KO_2 は二酸化炭素と反応して酸素を放出することから，
避難用酸素マスクなどに活用されている。⑧アルカリ金属は水や酸素だ
けでなく水素とも反応し，イオン性の水素化物を生じる。例えば水素化
ナトリウム NaH は，還元剤や塩基として様々な化学反応に活用されて
いる。

　アルカリ金属イオンは，酸素原子が環状に配置された王冠形の化合物
であるクラウンエーテルと錯イオンを形成する。⑨図2－4に示すクラ
ウンエーテルAは，溶液中でアルカリ金属イオン M^+ と錯イオン
$A \cdot M^+$ を形成するが，この平衡反応はアルカリ金属イオン M^+ のイオ
ン半径に応じて顕著に異なる平衡定数 K を示す（表2－2）。ここで，
クラウンエーテルAと K^+ の反応の平衡定数が最大となるのは，Aの空
隙の大きさに対して K^+ の大きさが最適であるためと考えられている。

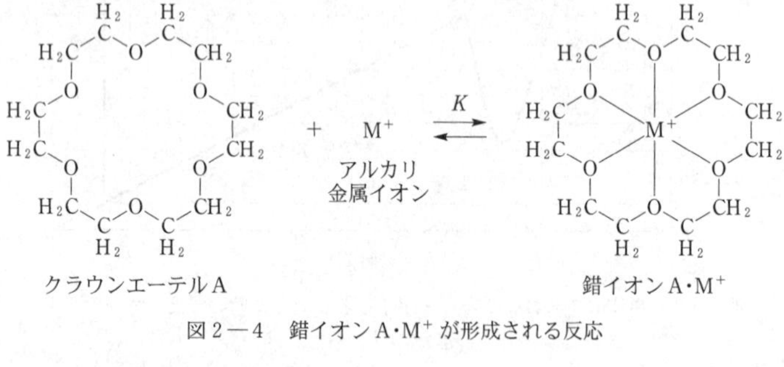

図2－4　錯イオン $A \cdot M^+$ が形成される反応

溶液中に存在する陰イオンや溶媒分子は省略されている。図中の K はこの反応の平
衡定数を示す。
クラウンエーテルA，B内の黒点は中心を表し，両矢印はクラウンエーテルの中心
と酸素原子の中心の距離を示す。

東京大-理科前期   2016 年度　化学　*45*

表 2 − 2　クラウンエーテル A，B と各アルカリ金属イオンの反応の平衡定数 K

陽イオン（イオン半径）	平衡定数 $K[\text{L}\cdot\text{mol}^{-1}]$ の常用対数 $\log_{10}K$	
	クラウンエーテル A	クラウンエーテル B
Li$^+$　（0.076 nm）	3.0	
Na$^+$　（0.095 nm）	4.4	
K$^+$　（0.13 nm）	6.0	
Rb$^+$　（0.15 nm）	5.3	
Cs$^+$　（0.17 nm）	4.8	

〔問〕

カ　下線部⑥に関して，$\boxed{\text{ a }}$ ～ $\boxed{\text{ c }}$ に当てはまる最も適切な語句
　　を以下より一つずつ選べ。

$\boxed{\text{ a }}$　金属結合　　共有結合　　配位結合
　　　　　　ファンデルワールス力

$\boxed{\text{ b }}$　高　い　　　低　い

$\boxed{\text{ c }}$　価電子数　　原子半径　　電気陰性度
　　　　　　ファンデルワールス力

キ　下線部⑦に関して，この反応の化学反応式を記せ。また，超酸化物
　　イオン O$_2$$^-$ に含まれる全電子数を記せ。

ク　下線部⑧に関して，水素化ナトリウムを構成するナトリウムと水素
　　のどちらが陽イオン性が強いかを答え，その理由を 30 字程度で説
　　明せよ。また，水素化ナトリウムと水が反応する際の化学反応式を
　　記せ。

ケ　下線部⑨に関して，表 2 − 2 のクラウンエーテル B が錯イオン
　　B・M$^+$ を生成する反応の平衡定数が最大となるアルカリ金属イオ
　　ン（Li$^+$，Na$^+$，K$^+$，Rb$^+$，Cs$^+$）を予想せよ。また，その根拠を

100 字以内で説明せよ。必要であれば図を用いてもよい。ただし図
は字数に数えない。

3 次のⅠ，Ⅱの各問に答えよ。必要があれば以下の値を用い，構造
式は例にならって示せ。

元素	H	C	N	O	Na
原子量	1.0	12.0	14.0	16.0	23.0

（構造式の例）

不斉炭素原子まわりの結合の示し方：
C，W，Xは紙面上に，Yは紙面の手前に，そしてZは紙面の奥にある。

Ⅰ　分子式が $C_{10}H_{10}O_4$ である芳香族化合物Aの構造を決定するため，以
下に示す実験1〜5を行った。問ア〜オに答えよ。

　なお，空気中の二酸化炭素の溶解の影響，水の蒸発の影響，および化
学反応に起因する溶液の容積変化の影響については，無視できるものと
する。また，25℃における水のイオン積 K_w は $1.0 \times 10^{-14} mol^2 \cdot L^{-2}$，
気体はすべて理想気体とし，標準状態における1molの体積は22.4L
である。

実験1：化合物Aをアンモニア性硝酸銀水溶液に加えて穏やかに加熱す
　　　　ると，銀が析出した。

実験2：$0.250 mol \cdot L^{-1}$ の水酸化ナトリウム水溶液 10.0mL を，①ホー
　　　　ルピペットを用いて②メスフラスコに移した。次に，このメス
　　　　フラスコに水を加えてよく振った後に静置する操作を繰り返し，
　　　　最終的にメスフラスコ上部に描かれた標線に溶液量を合わせる
　　　　ことによって，500mLの希釈水酸化ナトリウム水溶液をつく
　　　　った。

東京大-理科前期　　　　　　　　　　　　　　　　　　　　　　2016 年度　化学　47

　　　この希釈水酸化ナトリウム水溶液 50.0 mL を，③ホールピペットを用いて④三角フラスコに移した。ここに化合物 A 19.4 mg を加えてしばらく撹拌（かくはん）したが，化合物 A はほとんど溶けなかった。しかし，三角フラスコを加熱すると化学反応が起こり，完全に溶解した。この溶液を 25℃ に冷却してから pH を測定したところ，11.0 であった。

実験 3 ：実験 2 の生成物を分析したところ，不斉炭素原子を含まない化合物 B のナトリウム塩であり，その分子式は $C_8H_7O_3Na$ であった。

実験 4 ：実験 2 で得られた pH が 11.0 の溶液に，標準状態で 1.12 mL の二酸化炭素をゆっくり吹き込んで中和反応を行った。その後，この溶液に対してエーテルによる抽出操作を行ったが，化合物 B はナトリウム塩のまま水層にとどまっていた。

実験 5 ：単離した化合物 B を少量の濃硫酸を含むエーテルに加えて穏やかに温めると，化合物 C が生成した。なお，化合物 B と化合物 C を構成する炭素原子の数は同じであった。

〔問〕

ア　実験 2 の下線部①～④のガラス器具の使用準備として，明らかに不適切な操作を以下の(1)～(4)から選び，その理由を簡潔に説明せよ。

　(1)　下線部①のホールピペットの内部を，$0.250 \, mol \cdot L^{-1}$ の水酸化ナトリウム水溶液でよくすすいだ（共洗いした）。

　(2)　下線部②のメスフラスコとして，内側が水でぬれているものをそのまま使用した。

　(3)　下線部③のホールピペットを，室温で長時間放置して乾燥状態とした。

　(4)　下線部④の三角フラスコを，希釈水酸化ナトリウム水溶液で共洗いした。

イ　与えられた分子式と実験 2 の結果から，化合物 A に存在することがわかった官能基の名称とその個数を示せ。

ウ　実験 4 で行った中和反応の化学反応式を示せ。

エ　化合物 A および化合物 C の構造式を示せ。

48　2016年度　化学　　　　　　　　　　　　　　　　　　　　東京大-理科前期

オ　上記の実験の報告書（レポート）を作成した。報告書を作成する上
で明らかに不適切なものを，以下の(1)～(5)から二つ選べ。

(1)　薬品が飛散したときに手と眼球への付着を避けるため，手袋と
保護眼鏡を使用したことを記載した。

(2)　実験1において銀が析出した様子は，参考書に載っていた類似
の反応の様子とは異なっていた。そこで，参考書に載っていた
様子をそのまま記載した。

(3)　実験2において，実験書には25℃でpHを測定するように書
かれていたが，実際には40℃で測定を行ってしまった。そこ
で，測定は25℃ではなく40℃で行った，と記載した。

(4)　実験2の生成物の分子式を同じ操作で三回繰り返し求めたとこ
ろ，一回目と二回目は$C_8H_7O_3Na$，三回目は$C_8H_{11}O_3Na$とな
ったため，三回目は失敗と判断した。そこで，二回分析して組
成式が$C_8H_7O_3Na$となった，とだけ記載した。

(5)　別の実験によってわかった化合物Cの性質と，参考書に書かれ
ていた化合物Cの性質を比較した内容を，考察として記載した。

Ⅱ　次の文章を読み，問カ～コに答えよ。

　　図3－1に示すアドレナリン（L1）は，L-チロシンから作られる生
体分子である。L1は，体の中のタンパク質であるアドレナリン受容体
（R）と結合して，心拍数や心収縮力の増加などの生理作用を引き起こ
す。

　　ここではL1とRの結合について考える。L1はRの特定の立体構造を
とる部位に適合し，⑤図3－2に示すように主にイオン結合，水素結合，
ファンデルワールス力によってRと複合体を形成する。一方，図3－2
をもとに考えると，L1の⑥鏡像異性体（光学異性体）は，L1に比べてR
に　a　結合する。

　　L1と似た構造をもつある医薬品（L2）は，化合物Dから合成される。
このL2はRに結合し，L1の生理作用を阻害する。このため，L2は狭
心症や不整脈の治療に用いられる。L1，L2，およびL2の原料であるD

について，以下の実験を行った。

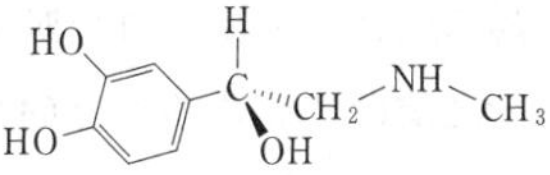

図3－1　L1の構造式

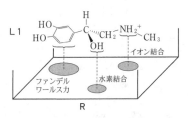

図3－2　L1とRとの結合の模式図

実験6：Dは，炭素と水素と酸素からなる分子量144.0の化合物であり，ある量を完全燃焼させたところ，二酸化炭素165.0mgと水27.0mgが得られた。

実験7：Dに塩化鉄(Ⅲ)の水溶液を加えると，紫色の呈色反応を示した。Dの炭素原子はすべてベンゼン環の炭素原子であり，水素原子が結合していない炭素原子が三つ連続して並んだ部分構造があることがわかった。

実験8：L2の構造式を調べると以下のとおりであり， b はDのヒドロキシ基から水素原子を取り除いた構造であることがわかった。

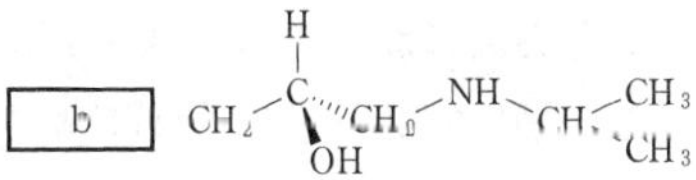

実験9：図3－3に示すように，膜に吸着させたRにL1を結合させる実験を行った。このとき，Rに対してL1の量は十分に多いので，結合していないL1のモル濃度［L1］は一定とみなせるものとする。一つのRにはL1が一つだけ結合し，(7)L1の生理作用はすべてのRに対して何％のRがL1と結合しているかを示す結合率（％）に依存する。Rに対するL1の結合率が80％になったとき，［L1］は c であった。

ただし，この実験においては式(1)が成り立ち，平衡定数 K_{L1} は式(2)で表される。ここでは，Rは膜の表面に吸着しているが水溶液中に均一に溶けている溶質と同様に扱ってよいものとし，また，結合していないRのモル濃度およびRとL1の複合体R・L1のモル濃度を，それぞれ[R]および[R・L1]と表す。

$$R + L1 \rightleftharpoons R \cdot L1 \quad \cdots\cdots(1)$$

$$K_{L1} = \frac{[R \cdot L1]}{[R][L1]} \quad \cdots\cdots(2)$$

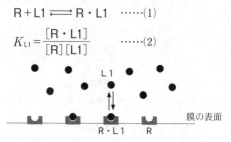

図3－3 RにL1を結合させる実験の模式図

実験10：図3－4に示すように，L2はL1の代わりにRと結合しようとする（競合）。実験9の水溶液にさらにL2も加え，L1とL2を競合させてL1がRに結合することを妨げる実験を行った。一つのRにはL1またはL2のどちらか一つだけが結合する。L2はL1に比べてRと d 結合し，平衡定数 K_{L2} は K_{L1} の1000倍の大きさであった。[L1]は実験9のときと同じく c とし，さらに結合していないL2のモル濃度[L2]を e としたところ，平衡状態においてすべてのRに対してL1と結合しているRの割合を示す結合率は10％であった。

ただし，この実験においては，式(1)および式(2)と同時に，式(3)も成り立ち，平衡定数 K_{L2} は式(4)で表される。ここでは，Rは実験9と同様に扱えるものとし，結合していないRのモル濃度およびRとL2の複合体R・L2のモル濃度を，それぞれ[R]および[R・L2]と表す。

$$R + L2 \rightleftharpoons R \cdot L2 \quad \cdots\cdots(3)$$

$$K_{L2} = \frac{[R \cdot L2]}{[R][L2]} \quad \cdots\cdots(4)$$

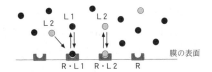

図3−4　RにL1とL2を同時に結合させる実験の模式図

〔問〕

カ　　a　，　d　にあてはまる適切な語を選択肢(1)〜(3)からそれぞれ選べ。ただし，同じ選択肢を繰り返し選んでもよい。
　　(1) 強　く　　　(2) 同じ強さで　　　(3) 弱　く

キ　下線部⑤について，図3−2のRを構成するアミノ酸の中で，pHが7.4でL1の−NH$_2^+$−とイオン結合していると考えられる側鎖をもつものを，選択肢(1)〜(6)の中からすべて選べ。

ク　下線部⑥に関連して，下に示す構造式Eの下線を引いた水素原子の1個または2個を，下に示す4個の置換基のいずれかと置き換えた場合，不斉炭素原子をもつ構造式は何通りできるか答えよ。ただし，鏡像異性体は別の構造として数えるものとする。

構造式E

置換基
−OH
−CH$_3$
−CH$_2$−NH$_2$
−CH$_2$−（フェニル基）

ケ　化合物Dの構造式を示せ。答えに至る過程も示せ。

コ　[c]，[e]にあてはまる値を K_1 を用いて表せ。答えに至る過程も示せ。ただし，結合率は下線部⑦で定義される。

東京大-理科前期   2016 年度　生物　*53*

生物

（2科目　150分）

（注）　解答用紙は，〈理科〉共通。1 行：23.5 センチ，35 字分の区切りあ
　　　り。1・2 は各 25 行，3 は 50 行。

1　次の文を読み，問に答えよ。

〔文〕

　生体の様々な組織は，構成する細胞が入れ替わることによって，その
構造と機能の恒常性が保たれている。ある細胞が寿命を迎えたり，傷つ
けられたりすることで失われた場合に，それに相当する細胞を別の細胞
から新たに生み出すための仕組みが備わっている。いくつかの臓器・組
織には組織幹細胞と呼ばれる未分化な細胞が存在し，分化した機能的な
細胞を供給することが知られている。たとえば，(ア)血液中には赤血球や
リンパ球などの種々の細胞が大量に存在しているが，それらの多くは数
日から数箇月程度で寿命を迎えて死んでいく。失われた分の血液細胞は，
骨髄中に存在する血液幹細胞（造血幹細胞）から日々新たに生み出され，
補われている。

　(イ)小腸の表面にある上皮細胞もまた，寿命が数日程度と短く，一定の
速さで常に入れ替わっている。小腸の内壁には，図 1 — 1 のように絨
毛という突起状の構造がある。絨毛どうしの間にはくぼみがあり，組織
の断面を観察すると絨毛の頂上から，くぼみの底辺に至るまで，上皮細
胞が一連なりに続いている。絨毛部分に存在するのは分化した上皮細胞
で，その大部分は物質の吸収等に関わる吸収上皮細胞である。分化した
上皮細胞は分裂することはなく，やがて寿命を迎えて死んだ細胞は絨毛
の頂上部分から剥がれ落ちていく。一方で，くぼみ部分を構成する上皮
細胞の大部分は未分化で，分裂能をもっている。特に，くぼみの底辺部

には，分裂能が非常に高く（1日に1回程度分裂する），特徴的な構造を示す細胞があり，それらはCBC細胞と名付けられている。小腸上皮組織の維持におけるCBC細胞の役割を明らかにするために，マウスを用いて以下の実験を行った。

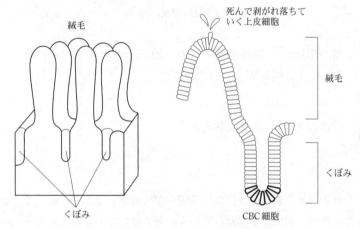

図1-1 小腸上皮組織の構造(左)と断面図(右)

右図で，くぼみの底辺部にある太線で囲まれた細胞がCBC細胞である。CBC細胞どうしの間には，別の種類の上皮細胞がある。

実験1 *Lgr5*という遺伝子は，小腸上皮組織でCBC細胞にのみ発現している。*Lgr5*遺伝子の転写調節領域のすぐ後ろに緑色蛍光タンパク質（GFP）をコードする遺伝子をつないだDNAを準備し，これをマウスの核ゲノムに組み込んでトランスジェニックマウスを作製した（図1-2）。なお，ここで用いた「転写調節領域」には*Lgr5*遺伝子の発現調節に必要なすべての配列が含まれており，その後ろにつないだ遺伝子（ここではGFPをコードする遺伝子）は，本来の*Lgr5*遺伝子と同一の発現調節をうけると考えてよい。このマウスの生後2箇月，4箇月，14箇月のそれぞれの時点における小腸上皮組織でのGFPの蛍光を観察したところ，図1-3のようであった。

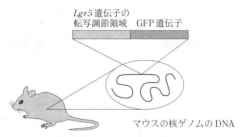

図 1 — 2　実験 1 で作製したトランスジェニックマウス

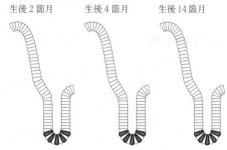

図 1 — 3　実験 1 で観察された小腸上皮組織での GFP の蛍光の様子
太線で囲まれているのが CBC 細胞．灰色の部分が GFP の蛍光を発している細胞．

実験 2　以下の 2 種類の DNA を準備し，これらを同一のマウスの核ゲノムに組み込んだトランスジェニックマウスを作製した（図 1 — 4）。
- 実験 1 で用いたものと同じ $Lgr5$ 遺伝子の転写調節領域に，酵素 C をコードする遺伝子をつないだ DNA。
- R 遺伝子の転写調節領域，領域 L，GFP をコードする遺伝子を，この順につないだ DNA。

　ここで，R 遺伝子の転写調節領域は，その後ろにつないだ遺伝子をマウスの体内のあらゆる細胞で常に発現させるはたらきをもつ。酵素 C は，発現している細胞において，化合物 T の存在下で DNA 中の領域 L を抜きとり，残った部分をつなぎ合わせるという(ウ)ゲノム DNA の再編成反応を行う。領域 L は，転写調節領域と遺伝子の間に存在すると，その遺伝子の転写を阻害する。

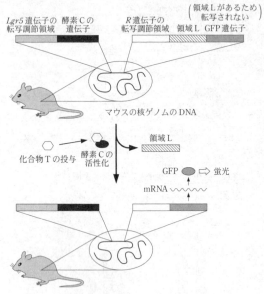

図1—4　実験2で作製したトランスジェニックマウス

実験3　実験2で作製したマウスに，生後2箇月の時点で化合物Tを投与した。投与直後（0日目），投与後3日目，5日目，60日目，および1年目のそれぞれの時点で，小腸上皮組織におけるGFPの蛍光を観察したところ，図1—5のようであった。化合物Tを投与しなかった場合には，いずれの時点でも小腸上皮組織においてGFPの蛍光は全く観察されなかった。

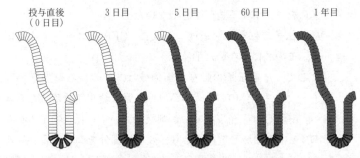

図1—5　実験3で観察された小腸上皮組織でのGFPの蛍光の様子
太線で囲まれているのがCBC細胞，灰色の部分がGFPの蛍光を発している細胞。

東京大-理科前期   2016 年度　生物　57

〔問〕

　　以下の小問に答えよ。

A　下線部(ア)について。血液や免疫に関する以下の選択肢(1)〜(5)から，
　内容に誤りのあるものをすべて選び，番号で答えよ。

　(1)　血球は胚発生の過程で中胚葉に由来して作られる。

　(2)　血小板は血しょうの主要な構成成分である。

　(3)　好中球やマクロファージは，異物を取り込んで分解する食作用を
　　　示す。

　(4)　自然免疫の仕組みは，進化の過程で脊椎動物の登場より後に獲得
　　　された。

　(5)　リンパ球は骨髄で作られたのち，T細胞は胸腺で，B細胞はすい
　　　臓のランゲルハンス島で，それぞれ分化・成熟する。

B　下線部(ア)について。ある遺伝性の貧血症は，ヘモグロビンの合成異
　常により正常な赤血球が作られないことで引き起こされる。この貧血
　症の重症な患者の治療のために，骨髄細胞の移植が行われることがあ
　る。一方で，対症療法として，輸血による赤血球の供給が行われるこ
　とがあるが，これは根本的な治療とはならない。輸血が根本的な治療
　とはならない理由として考えられることを，骨髄細胞の移植による治
　療の場合と対比させて，2行程度で説明せよ。

C　下線部(イ)について。以下の文章の空欄1〜5に適切な語を入れよ。

　　　食事により摂取した物質を消化・吸収するための中心的な器官が小
　腸である。小腸で吸収された物質は，腸管にある静脈から　 1 　と
　呼ばれる血管を通じて　 2 　に運ばれ，代謝される。　 2 　は，
　　 3 　と共に体液の恒常性を保つために必須の臓器である。　 3 　
　は主に水やイオン，尿素などの水溶性物質のろ過・再吸収を行う。こ
　れに対して，　 2 　で処理された脂溶性の物質は，　 4 　を通じて
　消化管のうちの　 5 　に放出され，最終的には便とともに体外に排
　出される。

D　実験1の結果のみから解釈できることとしてもっとも適当なものを，
　以下の(1)〜(4)の選択肢の中から選べ。

　(1)　絨毛部分の上皮細胞は，それ自身が分裂することにより新たに作
　　　られると考えられる。

58　2016年度　生物　　　　　　　　　　　　　　　　東京大-理科前期

　　(2)　絨毛部分の上皮細胞は，CBC 細胞から新たに作られると考えら
　　　れる。

　　(3)　絨毛部分の上皮細胞は，血液幹細胞から新たに作られると考えら
　　　れる。

　　(4)　絨毛部分の上皮細胞が，どの細胞から新たに作られているのかを
　　　結論づけることはできない。

E　実験 2 の下線部(ウ)について。DNA がいったん切断された後につな
　ぎ合わされることで再編成されるという現象は，ヒトのゲノム DNA
　でも起こっている。そのような現象を伴って作られるタンパク質の名
　称を 1 つあげよ。また，ゲノム DNA の再編成が起こる意義を，その
　タンパク質の機能と関連づけて 2 行程度で説明せよ。

F　実験 2 について。このマウスに化合物 T を投与し，一定の期間のの
　ちに観察を行うとする。以下の(1)〜(4)のような細胞が存在する場合に，
　それぞれの細胞は GFP の蛍光を発するか，発しないか。(1)〜(4)の場
　合について，それぞれ「発する」あるいは「発しない」で答えよ。な
　お，化合物 T の酵素 C に対する作用は投与と同時に，かつ，その時点
　でのみ及ぼされ，このときの酵素 C による反応は 100 ％の効率で起こ
　ると考えてよい。

　　(1)　化合物 T を投与した時点から観察時までの間，常に Lgr5 を発現
　　　している細胞。

　　(2)　化合物 T を投与した時点から観察時までの間，常に Lgr5 を発現
　　　していない細胞。

　　(3)　化合物 T を投与した時点では Lgr5 を発現していたが，その後，
　　　観察時までの間に Lgr5 を発現しなくなった細胞。

　　(4)　化合物 T を投与した時点では Lgr5 を発現していなかったが，そ
　　　の後，観察時までの間に Lgr5 を発現するようになった細胞。

G　実験 3 の結果から，化合物 T 投与後 1 年目の時点の CBC 細胞は
　GFP の蛍光を発していたことがわかる。化合物 T 投与後 1 年目の時
　点のある CBC 細胞において，実験 2 で核ゲノムに組み込んだ Lgr5
　遺伝子の転写調節領域に，そのはたらきを失わせるような変異が生じ
　たとする。このとき，その CBC 細胞では GFP の蛍光は維持される
　か，失われるか。「維持される」あるいは「失われる」で答えよ。ま

た，そのように考える理由を２行程度で説明せよ。

H　実験３の結果から，化合物Ｔ投与後３日目以降になると，繊毛部分の上皮細胞においても GFP の蛍光が観察されるようになったことがわかる。このことから CBC 細胞の性質についてどのようなことがわかるか。繊毛部分の上皮細胞における GFP の蛍光が，化合物Ｔ投与後３日目から１年目までのすべての時点で観察されている点を踏まえて，２行程度で説明せよ。

2　次の文１と文２を読み，ⅠとⅡの各問に答えよ。

〔文１〕

　植物の細胞には色素体（プラスチド）が存在し，その色素体の１種である葉緑体は，原始的な真核細胞に光合成生物である(ア)シアノバクテリアが　1　して生じたと考えられている。

　色素体は植物の成長や環境の変化に応じて分化する。植物の　2　組織や　3　組織などにある未分化の細胞には，原色素体という色素体が存在する。(イ)細胞の分化に伴って原色素体は様々な色素体へと分化する。葉の柵状組織や海綿状組織の細胞には葉緑体が存在し，この葉緑体も原色素体が分化したものである。

　色素体には多くの種類のタンパク質が存在するが，その大部分は核DNA にある遺伝子にコードされている。色素体の DNA には百数十個の遺伝子しか存在していない。ここでは，色素体 DNA に存在する遺伝子を色素体遺伝子，核 DNA に存在する遺伝子を核遺伝子と呼ぶことにする。

　色素体には，PEP と呼ばれる RNA ポリメラーゼが存在する。(ウ)この酵素は，複数のサブユニットからなるコアとシグマ因子から構成される複合体を形成することで，RNA ポリメラーゼとして機能する。コアを構成する各サブユニット（コアサブユニット）は色素体遺伝子に，シグマ因子は核遺伝子にコードされている。色素体 DNA には RNA ポリメラーゼの遺伝子として，PEP のコアサブユニットをコードする遺伝子しか存在していない。

PEPのコアサブユニット遺伝子を破壊した植物体が作製され，その植物体における色素体遺伝子の発現が調べられた。破壊株では，多くの色素体遺伝子の転写が大きく抑制されていたが，一部の遺伝子の転写は野生株と同様に起こることから，PEP以外のRNAポリメラーゼの存在が推測された。その後の研究によって，第2のRNAポリメラーゼであるNEPが発見された。

実験1　核遺伝子にコードされているタンパク質Pについて，図2－1のように一部を削除したタンパク質をコードする遺伝子を核ゲノムに組込んだトランスジェニック植物を作製した。その作製した植物の葉の細胞において，合成されたタンパク質が細胞のどこに局在するかを調べたところ，図2－1の右欄に記載された結果となった。

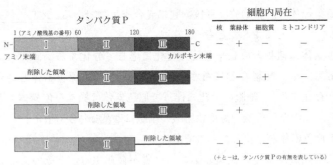

図2－1　発現させたタンパク質Pの模式図と細胞内局在性

実験2　ある植物の野生株の種子をリンコマイシン（原核生物の翻訳のみを阻害する物質）を添加した培地と無添加の培地で発芽させ，発芽後の植物体を観察した。得られた結果をまとめたのが表2－1である。

表2－1　子葉の形質におよぼすリンコマイシンの効果

調べた項目	リンコマイシン 無	リンコマイシン 有
子葉の緑化	正常	抑制
子葉細胞での葉緑体形成	正常	抑制

〔文2〕

　植物は光合成を行い，光エネルギーを利用して二酸化炭素と水から糖やデンプンなどの有機化合物を合成し，それをもとにして生きている。そのため，植物は　4　生物と呼ばれる。それに対して，動物は植物が合成した有機化合物を利用して生きている　5　生物である。しかし，植物でも　4　で生育できない時期がある。

　植物の種子を土に播くと，種子が発芽して小さな植物体（芽生え）となるが，(エ)この植物体ではまだ葉緑体が分化しておらず，すぐに光合成をして有機化合物を合成することができない。そのため，発芽してすぐの頃は胚や胚乳に蓄えられた貯蔵物質を利用して生きていく必要がある。貯蔵物質を消費し尽くす前に，光合成をする能力を獲得して　4　による成長に切り替える。

　シロイヌナズナの種子は，胚の一部である子葉に脂肪を貯蔵物質として蓄えている。発芽時には，この脂肪を図2−2のような経路で代謝する。図中にあるβ酸化経路とは，脂肪酸の鎖をカルボキシ基側から炭素2個ずつ切り出し，その切り出されたC_2化合物を用いてアセチルCoA（C_2−CoA）を合成する代謝経路であり，糖新生経路は解糖系を逆に動かして有機酸から糖を合成する経路である。

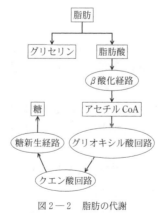

図2−2　脂肪の代謝

実験3　シロイヌナズナには，貯蔵物質の代謝が異常になった変異体が多数存在する。それらの変異体xとyの種子を，野生株の種子と

ともに寒天培地（無機塩類のみを含み，ショ糖は無添加）の入ったシャーレに播いて発芽させて，芽生えの様子を観察した。得られた実験結果をまとめたのが表2－2である。

表2－2　芽生えの様子

調べた項目	野生株	変異体x	変異体y
葉の成長	正常	異常	異常
根の伸長	正常	異常	異常

実験4　変異体xとyの種子を，野生株の種子とともに寒天培地の入ったシャーレに播いて発芽させた。ただし，この実験では培地にショ糖が添加してある。この条件で，脂肪酸の1種であるインドールブタン酸（IBA）を添加した場合と，添加していない場合とで発芽させ，生じた芽生えの根の伸長を調べた。得られた実験結果をまとめたのが表2－3である。

表2－3　根の伸長におよぼすIBAの効果

IBAの有無	野生株	変異体x	変異体y
無	正常	正常	正常
有	異常	正常	異常

〔問〕

I　文1について，以下の小問に答えよ。

A　文中の空欄1～3に入るもっとも適切な語句を答えよ。

B　下線部(ア)について。原始の地球には，ほとんど酸素が存在していなかったが，シアノバクテリアの光合成により多量の酸素が蓄積されるようになった。大気における多量の酸素の蓄積は，どのような生物が進化することを可能にしたか。1行程度で答えよ。

C　下線部(イ)について。原色素体と葉緑体以外で植物細胞に存在する色素体の名称を1つ答えよ。

D　下線部(ウ)について。以下の文中の空欄6と7に入るもっとも適切な語句を答えよ。

PEP のサブユニットであるシグマ因子は，特定の遺伝子の
　6　を認識し，これによって PEP は遺伝子の　6　に結合する。
PEP が転写を開始するときには，シグマ因子は PEP から解離し，
コアは遺伝子 DNA の配列をもとに 4 種の　7　を基質として
RNA を合成する。

E　実験1の結果から，タンパク質Pの領域Iは，他の領域IIとIIIに
　はない機能をもっていると推定される。その機能について，1行程
　度で述べよ。

F　色素体のリボソームは，シアノバクテリア由来の原核生物型のも
　のである。実験2の結果をもとに，色素体遺伝子と葉緑体の形成と
　の関係について，1行程度で説明せよ。

G　色素体遺伝子の中には，PEP あるいは NEP によって転写される
　タイプがある。表2－4は，PEP のコアサブユニットの1つをコ
　ードした遺伝子（rpoA）の破壊株と野生株において，いくつかの
　色素体遺伝子の転写を調べた結果である。なお，rpoB は，PEP の
　コアサブユニットの1つをコードした遺伝子である。以下の(ア)～(オ)
　に関する問(a)と(b)に答えよ。

(a)　空欄8と9には，表2－4の中のAとBのどちらが入るか答え
　よ。

(b)　この結果から，葉緑体が分化する初期の段階では，NEP と
　PEP はどのような順序ではたらくと考えられるか。各項目に書
　かれた事象が起こる順序を答えよ。解答例：(ア)→(イ)→(ウ)→(エ)→(オ)

(ア)　PEP のサブユニット遺伝子が発現し，核遺伝子にコードさ
　れたシグマ因子と複合体を形成する。

(イ)　NEP の働きで，タイプ　8　の遺伝子が転写される。

(ウ)　光合成に関わっている遺伝子の発現が起こり，核遺伝子にコ
　ードされたタンパク質と協調して光合成機能を発揮する。

(エ)　PEP の働きで，タイプ　9　の遺伝子が転写される。

(オ)　NEP 遺伝子が発現する。

64 2016 年度 生物　　　　　　　　　　　　　　　　　　東京大-理科前期

表 2 － 4　色素体遺伝子の発現

遺伝子	タイプ	機　能	転写産物量	
			野生株	破壊株
rbcL	A	光合成	＋＋	－
psbA	A	光合成	＋＋＋＋	－
psbD	A	光合成	＋＋＋	－
rpoB	B	転　写	＋＋	＋＋＋
accD	B	脂肪酸合成	＋	＋＋

転写産物がほとんど検出されない場合を－，検出される
場合を＋で表し，＋の数は転写産物の量を反映している。

Ⅱ　文 2 について，以下の小問に答えよ。

A　文中の空欄 4 と 5 に入るもっとも適切な語句を答えよ。

B　下線部(エ)について。色素体が葉緑体に分化するときに起こる，色素体の構造と機能の変化に関する，以下の文中の空欄 10～12 に入るもっとも適切な語句を答えよ。

　　葉緑体が色素体から分化するときには，色素体の内部に　10　と呼ばれる膜が発達し，その膜には光エネルギーを化学エネルギーに変換する複合体が形成される。複合体は，タンパク質だけでなく，　11　やカロテノイドなどの色素，脂質などによって構成されている。また，ストロマには　12　回路に関わる酵素が集積し，炭酸固定を行う能力も獲得される。

C　実験 3 では，野生株の芽生えは正常に生育したのに対し，変異体 x と y では葉や根に異常が見られ，その伸長が抑制された。ところが，ショ糖を添加した培地を用いて同様の実験を行ってみたところ，変異体 x と y の芽生えには異常は観察されず，野生株と同様に生育した。野生株がショ糖無添加の培地でも正常に生育できる理由を 2 行程度で説明せよ。ただし，説明には以下のすべての語句を必ず用いること。

　　脂肪，糖，糖新生経路，エネルギー源，炭素源

D　脂肪の分解によって生じた脂肪酸は CoA に結合した後，β 酸化経路によって代謝され，アセチル CoA に変換される。炭素数 16 のパルミチン酸だけを脂肪酸として結合している脂肪が β 酸化経路

によって完全に酸化された場合，脂肪 1 分子あたりに合成されるアセチル CoA の数を答えよ。ただし，グリセリンから合成されるアセチル CoA については，計算に加えないものとする。

E　実験 4 において，IBA が β 酸化経路によって代謝されると，アセチル CoA だけでなくインドール酢酸（IAA）も生じる。このことを踏まえて，変異体 x と y では，β 酸化経路が正常に機能しているか判断し，以下の選択肢(1)～(4)からもっとも適切だと考えられるものを 1 つ選べ。また，変異体 y ではなぜ IBA の添加によって根の伸長が阻害されるのか，その理由を 2 行程度で答えよ。

(1)　x と y の両方で，正常に機能している。

(2)　x では正常に機能しているが，y では正常に機能していない。

(3)　x では正常に機能していないが，y では正常に機能している。

(4)　x と y の両方で，正常に機能していない。

3　次の文 1 から文 3 を読み，Ⅰ から Ⅲ の各問に答えよ。

〔文 1〕

　生態系を構成する生物には，食うもの（捕食者）と食われるもの（被食者）との関係が見られ，また，捕食者はさらに大型の捕食者に食われる被食者にもなる。食う—食われるの関係が一連に続くことを　1　という。捕食された生物の一部は不消化のまま体外に排出される。捕食量（摂食量）から不消化排出量を差し引いたものが，消費者の同化量となり，その捕食量に占める割合を同化効率と呼ぶ。同化効率は 100 %　2　の値をとるため，生産者から高次捕食者までの栄養段階が上がるにつれて，個体数や生物量は　3　ことが多い。1 種の動物は 2 種以上の生物を食べたり，2 種以上の動物に食べられたりしており，自然界における　1　の関係は，複雑な　4　を構成している。より多くの種により構成される複雑な　4　が存在する生態系ほど，生物群集の量は安定し，水の浄化・二酸化炭素の吸収・酸素の生産・生物生産などのサービス機能（生態系機能）は　5　。

〔文2〕

　アラスカ沿岸からアリューシャン列島周辺の海域では，ジャイアントケルプをはじめとするコンブやワカメなどの褐藻類がケルプの森をつくり，多様な魚類・貝類・甲殻類が生活している。そこには，生産者であるケルプをウニが食べ，そのウニをラッコが食べるという　1　がある。1970年代初頭，アリューシャン列島の地形的によく似た近接する2つの島でウニの生息密度を調べた。6,500頭前後のラッコが生息するX島にはケルプの森が繁茂し，小型のウニが低密度で生息していた。図3-1に示すとおり，(ア)ケルプは浅場ほど繁茂し，深場に行くにつれて減少した。一方，ラッコがほとんど生息していないY島にはケルプが繁茂せず，サンゴモで一面が覆われた海底に，大型のウニが高密度で生息していた。光合成を行うサンゴモはウニの餌となる藻類であるが，ケルプのような背の高い群落を形成することは無く，海底の岩盤を薄く覆うように広がる。(イ)Y島における魚類・貝類・甲殻類の種数や生物群集の量は，多数のラッコが生息するX島よりも少なかった。ケルプの森の生態系におけるラッコのように，(ウ)生態系にはそのバランスを保つのに重要な役割を果たすキーストーン種がいることがある。

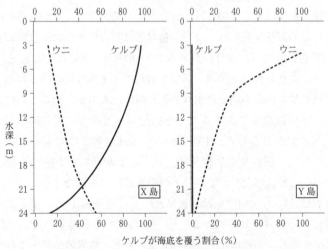

図3-1　2つの島における水深とケルプが海底を覆う割合（実線），および水深とウニ分布密度（点線）の関係

東京大-理科前期　　　　　　　　　　　　　　2016 年度　生物　67

〔文 3〕
　野外の植物は様々な植食者（植物を食べる動物）による食害を常に受けるため，食害を回避するためのいろいろな対抗策を講じている。第一の対抗策は，葉を硬くしたり(エ)葉の表面にあるトライコーム（毛状体）を発達させる「物理的防御」である。第二の対抗策は，植食者にとっての毒物や忌避物質を体内に蓄積する「化学的防御」である。化学的防御の誘導には，植物ホルモンの一種であるジャスモン酸類のはたらきが重要である。

実験 1　あるアブラナ科の植物Aは，野外においてガP幼虫による食害を受ける。植物Aを，22℃の実験室において 12 時間明期／ 12 時間暗期の明暗条件下で一定期間生育させた後，連続暗条件下（22℃）に移してさらに生育を続けた。この時，植物A体内のジャスモン酸類の量を 4 時間おきに測定したところ，図 3 － 2(a) のような結果になった。また，植物Aとは別の実験室において，ガP幼虫を同様の環境下で生育させた時，ガP幼虫の 4 時間あたりの採餌量の変動は図 3 － 2(b)のようになった。なお，ガP幼虫にはすべての期間を通じて人工餌を与えた。

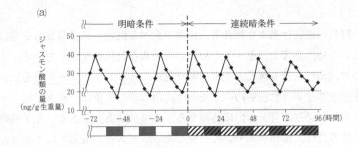

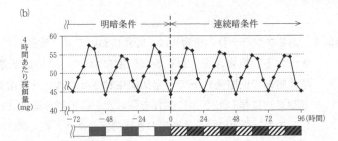

図3−2　植物A体内のジャスモン酸類の量(a)とガP幼虫の採餌量(b)の変動
植物AとガP幼虫は別の実験室で生育させた。グラフの下のボックスは，それぞれ明暗条件下の明期（□）および暗期（■），連続暗条件下において明暗条件が継続されていたとした場合の明期に相当する時間帯（▨）および暗期に相当する時間帯（▧）を示す。

実験2　植物AとガP幼虫をそれぞれ別々に，22℃の実験室において12時間明期／12時間暗期の明暗条件下で一定期間生育させた。その際，両者は図3−3のように明暗を一致させた環境（同位相），または明暗が逆転した環境（逆位相）で生育させることとした。その後，植物AとガP幼虫をそれぞれ連続暗条件下（22℃）に移し，24時間経過してから両者を共存させた。共存開始から72時間経過した時点（連続暗条件下に移してから96時間後）で，植物Aの残存葉面積をそれぞれ計測した（図3−4）。また，同位相または逆位相の環境下で生育させた後，植物Aのみを連続暗条件下で96時間生育させた時の植物Aの残存葉面積もあわせて計測した（図3−4）。なお，植物Aと共存させるまで，ガP幼虫には人工餌を与えた。

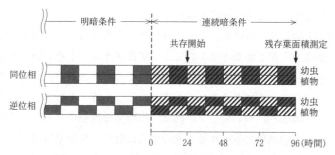

図3−3 植物AとガP幼虫の生育条件
図中のボックスの表記は，図3−2と同様である。

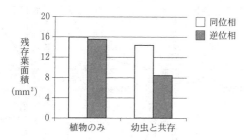

図3−4 共存開始から72時間後の植物Aの残存葉面積

〔問〕
Ⅰ　文1について，以下の小問に答えよ。
　A　空欄1〜5にあてはまる適切な語句を，以下の選択肢①〜⑮の中から選べ。解答例：1−①，2−②
　　① 前　後　　② 以　上　　③ 以　下
　　④ 未　満　　⑤ 増加する　⑥ 減少する
　　⑦ 変わらない　⑧ 種内競争　⑨ 種間競争
　　⑩ 食物網　　⑪ 生態的地位　⑫ 食物連鎖
　　⑬ 競争的排除　⑭ 栄養段階　⑮ 生物群集

Ⅱ　文2について，以下の小問に答えよ。
　A　下線部(ア)について。このようになる理由として，浅場ほど光の量が多いことが考えられる。これ以外の理由を，ラッコが果たした役

割を踏まえて2行程度で説明せよ。

B　下線部(イ)について。このような結果をもたらした理由としては，基礎生産をまかなうサンゴモの生産性がケルプより低いことなどが考えられる。このような餌生物としての特性の違い以外に，理由となりうるケルプとサンゴモの違いを1つあげ，2行程度で説明せよ。

C　下線部(ウ)について。下の図は，生物多様性が著しく低い状態から健全な自然界のレベルまで増加するに従い，生態系機能がどのように変化するかを表す概念図である。キーストーン種が存在していることを示すもっとも適切な概念図を以下の(1)～(6)の中から1つ選べ。

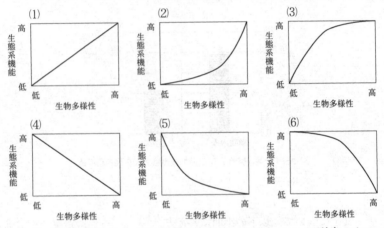

D　1990年代に入りアラスカ沿岸からアリューシャン列島のケルプの森の生態系で，シャチがラッコを捕食する様子が初めて目撃されるようになった。平均体重4tのシャチが野外で生活していくのに，1日あたり200,000kcalのエネルギーを必要とする。1頭のシャチがラッコのみを捕食して必要なエネルギーをまかなうとした場合，1年間（365日）で何頭のラッコが必要となるか。計算結果の小数点第一位を四捨五入して整数で答えよ。答えを導く計算式も記せ。なお，ラッコの平均体重は30kg，体重あたりのエネルギー含有量は2kcal/g，シャチがラッコを摂食する際の同化効率は70％とする。

E　文2で紹介したX島周辺海域にラッコのみを捕食する数頭のシャチが定住した場合，ケルプの森の生態系を構成する生物種の個体数

はどのように推移すると考えられるか。時間経過に伴うケルプ・ウニ・ラッコの個体数（相対値）の推移を示すグラフとして，もっとも適切なものを以下の(1)〜(6)の中から1つ選べ。

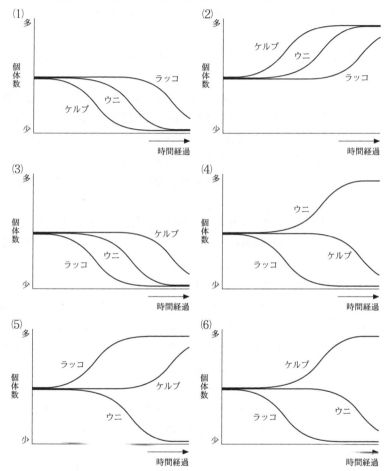

Ⅲ　文3について，以下の小問に答えよ。

A　下線部(エ)について。多くの場合，トライコームは1つの巨大な細胞である。トライコームと細胞分裂に関する以下の文章中の空欄6〜9に当てはまるもっとも適切な語を，選択肢の中から1つずつ選べ。なお，選択肢は繰り返し使用してもよい。

通常の体細胞分裂では，　6　に核 DNA が複製された後に核および細胞質が 2 つに分裂するため，1 細胞あたりの核 DNA 量は　7　。しかし，トライコームでは，核および細胞質の分裂がおこらず核 DNA の複製だけが繰り返される。その結果，当初 $2n$ だった核相は，順に　8　，　9　へと変化する。

選択肢：G1 期，S 期，G2 期，M 期，減少する，一定に保たれる，

増加する，$2n$，$3n$，$4n$，$5n$，$6n$，$7n$，$8n$

B　図 3 − 2 に示す植物 A 体内のジャスモン酸類の量やガ P 幼虫の採餌量のように，約 24 時間の周期で変動する内因的な生物現象を概日リズムという。図 3 − 2 のみから判断できることとして，もっとも適当なものを以下の(1)～(4)の選択肢の中から 1 つ選べ。

(1)　概日リズムは細胞レベルでの現象のため，個体の活動には反映されない。

(2)　概日リズムに基づく生物の活動は，暗条件下で活性化する。

(3)　概日リズムは明暗周期が失われても自律的な約 24 時間周期を持続する。

(4)　概日リズムは周囲の温度変化に影響されない。

C　図 3 − 2 (a)について。ジャスモン酸類の量の増加に伴い，植物 A 体内においては様々な化学的防御反応が引き起こされる。当初は限られた数種類の調節タンパク質だけが活性化されるが，ジャスモン酸類の量がピークを迎えてから約 6 時間の間に，これらの調節タンパク質により直接調節されない遺伝子も含め数百種類もの遺伝子の発現が変動するようになる。発現が変動する遺伝子の数がこのように大幅に増加するためには，どのような遺伝子発現調節の仕組みが必要と考えられるか。2 行程度で答えよ。

D　実験 2 について。図 3 − 3 のように逆位相下で生育させた植物 A とガ P 幼虫をそれぞれ連続暗条件下に移してから，4 時間おきに植物体内のジャスモン酸類の量と幼虫の採餌量を測定した。この時，植物体内のジャスモン酸類の量が最初にピークを迎えるのは，連続暗条件下に移してから何時間後か答えよ。また，ガ P 幼虫の採餌量が最初にピークを迎える時間についても同様に答えよ。

E　図 3 − 4 について。同位相下で生育させた植物 A とガ P 幼虫を共存

東京大-理科前期　　　　　　　　　　　　　　　　　　　　2016 年度　生物　73

させた場合に比べて，逆位相下で生育させた両者を共存させた場合の
方が，植物Ａの残存葉面積は大きく減少した。この理由を化学的防御
反応と幼虫の採餌活動の関係に注目し，同位相下の場合と逆位相下の
場合を比較しながら，３行程度で説明せよ。なお，植物ＡとガＰ幼虫
の共存は，植物Ａ体内のジャスモン酸類の量の変動には影響を与えな
いとする。

地学

（2科目 150分）

（注）　解答用紙は，〈理科〉共通。1行：23.5センチ，35字分の区切りあり。1・2は各25行，3は50行。

1 宇宙に関する以下の問 I ～ II に答えよ。数値での解答には有効数字2桁で答え，計算の過程も示せ。

問 I　恒星の質量分布に関する以下の問いに答えよ。なお近似的に，質量 M が $M \geqq 10M_\odot$（$M_\odot$ は太陽質量）の大質量星の寿命は質量に反比例して減少するとしてよい。また，$M = 10M_\odot$（B1 型）の恒星の寿命を2000万年とする。

(1)　ある星団では，観測される最も重い星の質量が $M = 40M_\odot$（O5 型）であった。この星団では全ての恒星は同時に形成されたとして，この星団の年齢を求めよ。

(2)　恒星が誕生する際は，その質量はある質量分布に従う。質量範囲 $M \geqq 10M_\odot$ で誕生した恒星の総数を N_{10} とするとき，質量 M が $10M_\odot$ と $mM_\odot$ の間である恒星の誕生時の個数 $N(m)$ は，近似的に

$$N(m) = N_{10}(1 - 10/m)$$

と表される（ただし $m > 10$ とする）。(1)とは別の星団を観測すると，質量範囲 $10M_\odot$～$20M_\odot$ の恒星が 60 個観測され，$20M_\odot$ より重い星は 20 個観測された。この星団でも全ての恒星が同時に形成されたとして，この星団の年齢を求めよ。

(3)　銀河系は大質量星の年齢よりはるかに長い間，一定の割合で恒星を生み出し続けているとする。恒星が誕生するときの質量分布は(2)の式と変わらない場合，現在の銀河系内に存在する質量範囲 $10M_\odot$～$11M_\odot$ の恒星の数と，$20M_\odot$～$21M_\odot$ の恒星の数の比はどうなるか。恒星の寿命はそれぞれ $10M_\odot$，$20M_\odot$ のもので代表されるとして答え

よ。

問II　宇宙の膨張に関する以下の問いに答えよ。なお，天体からの光はどの方向にも同じように放射され，伝搬の途中でエネルギーが失われることはないものとする。

(1)　宇宙膨張はハッブルによって発見されたが，ハッブルが最初に求めたハッブル定数は，様々な誤差のため現在知られている値よりかなり大きく，6.0×10^2 (km/s)/Mpc 程度であった。ここで Mpc（メガパーセク）$= 10^6$ pc（パーセク）である。銀河間の相対速度は変わらないとして，過去にさかのぼると全てが一点に集中してしまうのは現在より何年前になるか，求めよ。必要であれば，1 pc $= 3.1 \times 10^{16}$ m を用いてよい。

(2)　(1)で求めたものが宇宙の年齢だとすると様々な矛盾が生じるが，その例を一つ挙げよ。

　　ハッブルの法則は後退速度と距離の間の比例関係である。しかし，現実の宇宙では様々な効果によって単純な比例関係からずれる可能性がある。その一例として，空間が曲がっている場合が考えられる。例えば，我々が住んでいる地球の表面は，我々の近傍では平面に見えるが，実は大きな球面という曲がった二次元空間である。三次元空間でも同様の可能性が考えられる。簡単のため，我々の住む空間が三次元ではなく平面や曲面などの二次元空間であるとしてこの効果を考察しよう。

　　ケフェウス座 δ 型変光星など，光度が知られている天体を使って求めた距離を光度距離 d_L という。ある天体の光度 L（単位時間あたりに放出されるエネルギー）が知られており，観測されたみかけの明るさが F であった。通常の三次元空間では，みかけの明るさは天体からのエネルギーが半径 d_L の球面に広がった結果なので，$F = L/(4\pi d_L^2)$ である。我々が二次元の平面の中に住んでいて，放射された光のエネルギーも二次元平面上のみに伝搬する場合は，F は球面を円周に置き換えて $F = L/(2\pi d_L)$ となる。すなわち，L と F から見積もられる光度距離は

$$d_L = L/(2\pi F) \tag{a}$$

となる。

以下では我々は半径 R の球（中心を O とする）の球面上に住んでいるものとする。球面上のある 1 点 P から別の点までの球面上の距離 d_T は，2 点を球面上で結んだ最短経路の長さである（ただし $d_T < \pi R/2$ とする）。P 点からの距離が d_T であるような球面上の点の集合は円となり，その中心は球内部の直線 OP 上にある。

(3) この円の半径を R, d_T で表せ。

(4) 天体からの光は球面上のみを，常に最短経路をとるように伝搬する。P 点にある光度 L の天体を，P 点からの球面上の距離 d_T において観測した場合のこの天体の明るさ F を L, R, d_T で表せ。

(5) 宇宙が曲面であることを知らない観測者は，宇宙が平面であると仮定し，式(a)によって距離 d_L を見積もる。一方，球面全体が風船のように一様に膨張している場合，観測される後退速度 v は d_T に比例し，ハッブル定数 H を用いて $v = H d_T$ となる。d_T は観測できないので，観測されるハッブルの法則は d_L と v の関係となるが，これは比例関係にはならない。d_L を v, H, R で表せ。

2 大気と海洋に関する以下の問 I ～ II に答えよ。

問 I 地面の影響を強く受ける対流圏の最下層は大気境界層とよばれる。大気境界層と地面は顕熱（熱伝導）によって直接に熱エネルギーを交換するだけでなく，水の蒸発と水蒸気の凝結により潜熱を交換している。

(1) $1\,\mathrm{m}^2$ の地面が 1 秒間に太陽放射により受け取るエネルギーを $S_0\,[\mathrm{W/m^2}]$，大気から赤外放射により受け取るエネルギーを $F_a\,[\mathrm{W/m^2}]$，赤外放射により失うエネルギーを $F_s\,[\mathrm{W/m^2}]$，顕熱として失うエネルギーを $H\,[\mathrm{W/m^2}]$，潜熱として失うエネルギーを $E\,[\mathrm{W/m^2}]$ とする。また，広さ $1\,\mathrm{m}^2$，厚さ $1\,\mathrm{m}$ の土壌の平均の熱容量を $C_g\,[\mathrm{J/K}]$ とする。この土壌の平均温度の 1 秒間の変化を式で表せ。ただし，$1\,\mathrm{m}$ より深い地中との熱の交換は無視できるとする。

(2) 太陽活動の変動や火山の噴火，人間活動による大気中へのエーロゾルの放出などにより，地面の受ける太陽放射 S_0 が変化する場合がある。太陽放射 S_0 で地面温度 $T_s\,[\mathrm{K}]$ の平衡状態から，太陽放射

$S_0 + \Delta S_0$ で地面温度 $T_s + \Delta T_s$ の平衡状態に変化したとき，ΔS_0 と ΔT_s の関係を式で表せ。ここで，平衡状態とは土壌の平均温度が変化しない状態のことである。簡単のため，次の(a)～(e)の仮定を用いる。

(a) 気温 T_a [K] と F_a は変化しない。

(b) 地面温度 T_s のとき $F_s = \sigma T_s^4$ である。σ [W/(m²·K⁴)] はシュテファン・ボルツマン定数。

(c) H，E は地面と大気の温度差 $T_s - T_a$ に比例し，$H = C_H(T_s - T_a)$，$E = C_E(T_s - T_a)$ と表せる。C_H [W/(m²·K)] と C_E [W/(m²·K)] はそれぞれ顕熱と潜熱の交換効率を表す定数。

(d) $|\Delta T_s|$ は T_s に比べて十分に小さい。

(e) $|x|$ が 1 よりも十分に小さいとき，$(1+x)^4 = 1 + 4x$ と近似する。

次に，太陽放射 S_0 の日変化を考える。この場合，土壌の温度変化は無視できず，地面温度が日変化する。また，地面との熱交換のため大気境界層の気温も日変化する。雲が無く風の弱い晴天時を考えると，日中に S_0 が大きくなると地面が温められ，地面からの熱エネルギーで暖められた空気塊は軽くなって上昇する。夜間は $S_0 = 0$ となり，赤外放射により地面から熱エネルギーが失われ，地面に接した大気は効率的に冷やされる。

(3) 図2－1は，雲が無く風の弱い晴天時における，大気境界層の気温と地表付近の気温の差の高度変化を描いた模式図である。図の(A)，(B)，(C)から現地時間の8時，15時，22時に相当するものを選び，選んだ理由を2～3行で説明せよ。

(4) 気温差の高度変化が図2－1の(B)であるとき，高度 z_c で煙が放出されたとすると煙は高さ方向にどのように広がるか，高度 z_a と高度 z_b に挟まれた層の名称を含めて1～2行で説明せよ。ただし，放出された煙の温度は同一高度の気温と等しいとする。

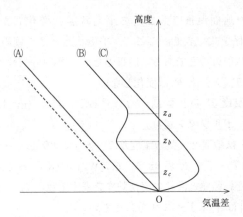

図2−1 大気境界層の気温と地表付近の気温の差の高度変化の模式図。z_c は煙の放出される高度を表す。破線の傾きは乾燥断熱減率を示す。

問II 大規模な海流は，赤道域以外では地衡流で近似できる。また，海洋表層の地衡流では，海面の勾配による圧力傾度力とコリオリの力がつり合い，コリオリの力は流速と緯度の正弦（sin）に比例する。これらのことを考慮して，以下の問いに答えよ。

(1) 図2−2の地点A，Bにおける矢印は，それぞれ大規模な環流の西側に位置する2つの海流の方向を模式的に示している。地点A，Bにおいて，海面勾配の大きさがそれぞれ0.30 cm/km，0.85 cm/kmであった。地点Aにおける表層の地衡流の速さが0.31 m/sであるとき，地点Bにおける表層の地衡流の速さ（単位：m/s）を求めよ。ただし，地点A，Bにおける緯度ϕの正弦$\sin\phi$の値はそれぞれ0.66，0.56とし，地衡流の速さの計算において海水の密度の違いは無視できるものとする。有効数字2桁で解答し，計算過程も示すこと。

(2) 地点A，Bの海流はそれぞれの環流の東側の海域に比べて流速が大きい。このように環流の西側に強い流れが生じることを何と呼ぶか。

(3) 海洋には，環流よりも規模は小さいが，コリオリの力の影響を強く受けている渦が多数存在することが知られている。図2−2に灰色の陰影で示したEはそのような渦の1つを示したものである（以下渦Eとする）。渦Eにおいて遠心力は無視でき，表層の流速は円形の等高

線に沿った地衡流で近似できるとする。渦Eの表層における回転方向は，上から見て時計回り，反時計回りのどちらであるか。理由とともに2〜3行で答えよ。

(4) 渦Eのような渦の内部では，緯度によるコリオリの力の違いは小さい。しかし，長い時間をかけてみたときには，緯度によるコリオリの力の違いは，渦の構造や移動に影響を及ぼす。

渦Eの流れに直交する方向の海面勾配が，場所によらず一定であったとする。このとき，表層の地衡流の速さは緯度によって決まり，流速が増加する場所では海面が下降し，減少する場所では海面が上昇していく。渦Eの東側と西側のそれぞれで，海面は上昇するか，下降するか，理由とともに2〜3行で答えよ。

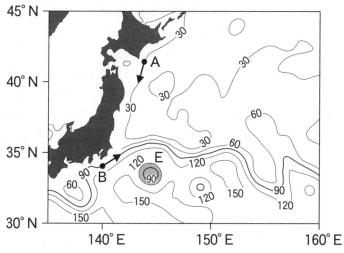

図2−2 ある年の冬における海面の高さ(単位：cm)の分布。見やすさのため，90 cmの等高線を太線にしてある。2つの矢印は地点A，Bにおける海流の向き，灰色の陰影で示したEは渦を表す。

3 以下の問Ⅰ〜Ⅱに答えよ。

問Ⅰ プレートの拡大境界である中央海嶺では，新しい海洋底が形成され，海嶺軸から離れる方向に移動していく。この海洋底の水深はアイソスタ

シーによって決まると考えられるが，岩盤上には堆積物が積もっており，その堆積物の荷重も水深に影響している。このため，観測される水深（海面から堆積物の上面までの深さ）は，仮に堆積物が全く積もらなかったとした場合の水深とは異なる。図3－1は，観測値に基づいて求められた，堆積物が積もらなかった場合の水深と，海洋底の年齢（形成されてからの経過時間）との関係を示したものである。

(1) 図3－1に見られるように，水深が海洋底の年齢とともに深くなっていく理由を，以下の3つの言葉を用いて2行程度で説明せよ。

リソスフェア，アセノスフェア，密度

(2) 堆積物が水深に及ぼす影響について考えてみる。水深がd，堆積物の厚さがDである地点について，堆積物が積もらなかった場合の水深をd_0とする。また，海水の密度をρ_W，堆積物の密度をρ_S，アセノスフェアの密度をρ_Aとする。

(a) d_0をd, D, ρ_W, ρ_S, ρ_Aを用いた式で表せ。

(b) ある地点で観測された水深は4800 m，堆積物の厚さは370 mであった。堆積物が積もらなかったとした場合，この地点の水深は観測値とどれだけ異なるかを，有効数字2桁で求めよ。ただし，$\rho_W = 1.0 \times 10^3 \text{kg/m}^3$, $\rho_S = 2.0 \times 10^3 \text{kg/m}^3$, $\rho_A = 3.3 \times 10^3 \text{kg/m}^3$とする。

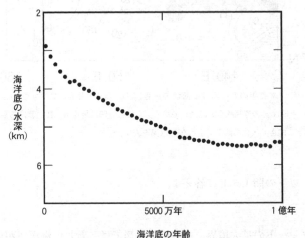

図3－1　海洋底の水深と年齢の関係

東京大-理科前期   2016 年度　地学　*81*

問 II　深海底堆積物について述べた次の文章を読み，以下の問いに答えよ。

　海洋底は，海嶺から離れるにつれ，堆積物に厚く覆われるようになる。
陸から遠く離れた深海底の堆積物は，有孔虫や円石藻のような石灰質の
生物遺骸を多く含む石灰質堆積物，珪藻や放散虫のような珪質質の生物
遺骸を多く含む珪質堆積物，これらの生物遺骸をほとんど含まずほぼ
(ア)粘土だけからなる遠洋性粘土に大別できる。炭酸カルシウムの殻を作
る有孔虫や円石藻は世界の海洋に広く生息し，遺骸が海底に沈積する。
しかし，温度・圧力条件などから，ある水深を越えると海水は炭酸カル
シウムに対して不飽和になり，炭酸カルシウムは徐々に溶解しはじめる。
この水深は，現在の太平洋では 1500 m 程度である。水深の増加ととも
にさらに溶解しやすくなり，炭酸カルシウムの沈積と溶解がつり合う水
深に達する。この水深を炭酸塩補償深度と言い，現在の太平洋では
4500 m 程度である。それ以深の深海底堆積物は，炭酸カルシウムをほ
とんど含まない。
　深海底堆積物の年代を知るためには，様々な方法が用いられる。有孔
虫や珪藻などの生物遺骸を含む堆積物では，示準化石を用いて年代を推
定することが可能である。有孔虫の遺骸は，放射性炭素年代法により年
代測定をすることができる。大気中の二酸化炭素は，主として質量数
12 の炭素 (^{12}C) からなるが，一定の割合で質量数 14 の放射性炭素
(^{14}C) がわずかに含まれている。生きている有孔虫が作る炭酸カルシウ
ム殻には，大気中の二酸化炭素と同じ割合で ^{14}C が含まれるが，その死
後は放射壊変により減少する。このことを利用し，(イ)過去の大気中の
^{14}C 濃度は現在と同じであったと仮定して年代を計算する。^{14}C は，地
球の上層大気中で高エネルギーの宇宙線が窒素原子と衝突することによ
り生成する。(ウ)宇宙線の大気への入射量は変化するため，大気中の ^{14}C
濃度は，実際は過去から現在まで一定ではなく変化してきた。そのため，
正確な年代を求めるためには，この影響を補正しなければならない。

(1)　下線(ア)の粘土は，主としてどのように陸から運ばれるか。

(2)　太平洋における，石灰質堆積物，珪質堆積物，遠洋性粘土の分布を
　　図 3－2 に示す。凡例A，B，Cのうち，石灰質堆積物を表すものは

どれか。そのように判断する理由とともに，2行程度で述べよ。

(3) 下線(イ)の仮定のもと，放射性炭素年代法で年代を求める。^{14}C 濃度の測定限界が現在の大気中の濃度の1000分の1である場合，求めることができる最も古い年代は何年前か，計算式を示し，有効数字2桁で答えよ。ここで，^{14}C の半減期は5700年とし，必要であれば $\log_{10}2 = 0.30$ を用いてよい。

(4) 下線(ウ)のように，地球大気への宇宙線の入射量が変化してきた原因を2行程度で述べよ。

(5) 遠洋性粘土は，石灰質および珪酸質の生物遺骸を含まないため，年代を知るために示準化石や放射性炭素年代法を用いることはできない。この場合にも用いることができる他の方法を一つ挙げよ。

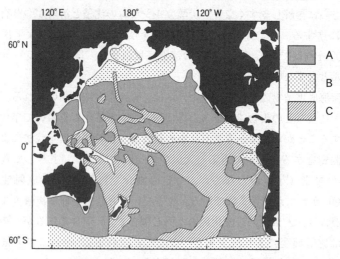

図3—2　太平洋における深海底堆積物の分布

先生食飽キテ無シ二一事一 b
不レ問ハ人家与二僧舎一
忽チ逢ヒ二絶艶ノ一照ラス二衰朽ヲ一
陋邦何処ニカ得二此花ヲ一
寸根千里不レ易カラ致
天涯流落倶ニ可シレ念
明朝酒醒メテ還タ独リ来

散歩逍遥シテ自ラ捫二腹ヲ一
拄二杖ヲ一敲キ門看二修竹ヲ一
嫣然一笑竹籬間
嘆息無言揩二病目ヲ一
無乃好事移二西蜀一
銜レ子飛来定二鴻鵠一 c
為レ飲二一樽一歌二此曲一 d
雪落紛紛那ゾ忍ビ触レルニ

〔注〕
○定恵院——黄州にあった寺。 ○海棠——バラ科の木。春に濃淡のある紅色の花を咲かせる。
○土人——土地の人。 ○江城——黄州が長江に面した町であることを言う。
○嫣然——にっこりするさま。 ○華屋——きらびやかな宮殿。 ○紗——薄絹。
○西蜀——現在の四川省。海棠の原産地とされていた。 ○瘴——湿気が多いこと。
○紛紛——乱れ落ちるさま。 ○鴻鵠——大きな渡り鳥。

設 問

(一) 傍線部b・dを現代語訳せよ。

(二) 「朱唇得レ酒暈生レ臉」(傍線部a)とあるが、何をどのように表現したものか、説明せよ。

(解答欄：一三・五センチ×一行)

(三) 「為レ飲二一樽一歌二此曲一」(傍線部c)とあるが、なぜそうするのか、説明せよ。

(解答欄：三・五センチ×一・五行)

設問

(一) 傍線部イ・ウ・オを現代語訳せよ。

(二) 「なからむあとにも、かまへて軽々しからずもてなし奉れ」（傍線部ア）とはどういうことか、説明せよ。
（解答欄：一三・五センチ×一行）

(三) 「鳥辺野の夜半の煙に立ちおくれさこそは君が悲しかるらめ」（傍線部エ）の和歌の大意をわかりやすく説明せよ。
（解答欄：一三・五センチ×一行）

三

次の詩は、北宋の蘇軾（一〇三七〜一一〇一）が朝廷を誹謗した罪で黄州（湖北省）に流されていた時期に作ったものである。これを読んで、後の設問に答えよ。

寓居定惠院（ぢやうゑゐん）之東、雑花満レ山（ニ）、有二海棠一株一（だう）、土人（ハ）不レ知レ貴（キヲ）也

江城地瘴（しやう）蕃（しげ）シ草木（ニ）

只（ダ）リ有三名花苦（はなは）ダ幽独（ナル）一

嫣然（えんぜん）トシテ一笑（スレ）竹籬（り）間（ニ）

桃李漫（みツ）ルモ山（ニ）総（すべテ）粗俗（ニ）

也（まタ）知三造物（ニ）有二深意（ヲ）一

故（ことさら）ニ遣三佳人（ヲシテ）在二空谷（ニ）一

自然富貴（ハ）出レ天姿（ヨリ）

不レ待三金盤（モテ）薦二華屋（ニ）一

a 朱唇（テ）得レ酒（ヲ）暈（うん）生レ臉（ほほニ）

林深（クシテ）霧暗（クシテ）暁光遅（シ）

日暖（カ）風軽（クシテ）春睡（ル）足（ル）

雨中有レ涙亦悽惨

月下無レ人更清淑

その夜、やがて阿弥陀（あみだ）の峰といふ所にをさめ奉る。むなしき煙と立ちのぼり給ひぬ。イ悲しとも、世の常なり。大殿は、

こまごまものなどのたまへること、夢のやうにおぼえて、姫君の御心地、さこそとおしはかられて、御乳母を召して、

「かまへて申し慰め奉れ。御忌み離れなば、ウやがて迎へ奉るべし。心ぼそからでおはしませ」など、頼もしげにのたま

ひおき、帰り給ひぬ。

中将は、かくと聞き給ひて、姫君の御嘆き思ひやり、心苦しくて、鳥辺野（とりべの）の草とも、さこそ思し嘆くらめと、あはれな

り。夜な夜なの通ひ路も、今はあるまじきにやと思すぞ、いづれの御嘆きにも劣らざりける。少将のもとまで、

エ鳥辺野の夜半（よは）の煙に立ちおくれさこそは君が悲しかるらめ

とあれども、オ御覧じだに入れねば、かひなくてうち置きたり。

〔注〕　○御出で立ち──葬送の準備。
　　　　○しかるべき御こと──前世からの因縁。
　　　　○阿弥陀の峰──現在の京都市東山区にある阿弥陀ヶ峰。古くは、広くこの一帯を鳥辺野と呼び、葬送の地であった。
　　　　○御忌み離れなば──喪が明けたら。
　　　　○中将──姫君のもとにひそかに通っている男性。

【人物関係図】

```
大殿 ┐
尼上 ╪══ 姫君
父君 ┘
```

で一〇〇字以上一二〇字以内で説明せよ（句読点も一字と数える）。

(六)　傍線a、b、cのカタカナに相当する漢字を楷書で書け。

a　チンプ　　b　タイダ　　c　ヒンパン

一

次の文章は、鎌倉時代成立とされる物語『あきぎり』の一節である。これを読んで、後の設問に答えよ。なお、本文中の「宰相」は姫君の「御乳母（めのと）」と同一人物であり、「少将」はその娘で、姫君の侍女である。

（尼上八）まことに限りとおぼえ給へば、御乳母を召して、「今は限りとおぼゆるに、この姫君のことのみ思ふを、ア|なからむあとにも、かまへて軽々しからずもてなし奉れ。今は宰相よりほかは、誰をか頼み給はむ。我なくなるとも、父君生きてましまさば、さりともと心安かるべきに、誰に見譲るともなくて、消えなむのちのうしろめたさ」を返す返すも続けやり給はず、御涙もとどめがたし。

まして宰相はせきかねたる気色にて、しばしはものも申さず。ややためらひて、「いかでかおろかなるべき。おはします時こそ、おのづから立ち去ることも侍らめ、誰を頼みてか、かたときも世にながらへさせ給ふべき」とて、袖を顔に押し当てて、たへがたげなり。姫君は、ましてただ同じさまなるにも、かく嘆きをほのかに聞くにも、なほもののおぼゆるにやと、悲しさやらむかたなし。げにただ今は限りと思して、念仏高声に申し給ひて、眠り給ふにやと見るに、はや御息も絶えにけり。

姫君は、ただ同じさまにと、こがれ給へども、かひなし。誰も心も心ならずながら、さてもあるべきことならねば、その御出でで立ち給ふにも、われさきにと絶え入り絶え入り給ふを、「何事もしかるべき御ことこそましますらめ。消え果て給ひぬるは、いかがせむ」とて、またこの君の御ありさまを嘆きゐたり。大殿もやうやうに申し慰め給へども、生きたる人とも見え給はず。

個人的な知的能力はずいぶん高いようだが、その人がいるせいで周囲から笑いが消え、疑心暗鬼を生じ、勤労意欲が低下し、誰も創意工夫の提案をしなくなるというようなことは現実にはしばしば起こる。きわめて、ヒンパンに起こっている。その人が活発にご本人の「知力」を発動しているせいで、彼の所属する集団全体の知的パフォーマンスが下がってしまうという場合、私はそういう人を「反知性的」とみなすことにしている。これまでのところ、この基準を適用して人物鑑定を過ったことはない。

（内田　樹「反知性主義者たちの肖像」）

〔注〕　○リチャード・ホーフスタッター——Richard Hofstadter（一九一六〜一九七〇）。アメリカの歴史学者・思想家。
　　　○ロラン・バルト——Roland Barthes（一九一五〜一九八〇）。フランスの哲学者・批評家。

設　問

（一）　「そのような身体反応を以てさしあたり理非の判断に代えることができる人」（傍線部ア）とはどういう人のことか、説明せよ。

（解答欄：一三・五センチ×二行）

（二）　「この人はあらゆることについて正解をすでに知っている」（傍線部イ）とはどういうことか、説明せよ。

（解答欄：一三・五センチ×二行）

（三）　「『あなたには生きている理由がない』と言われているに等しい」（傍線部ウ）とはどういうことか、説明せよ。

（解答欄：一三・五センチ×二行）

（四）　「その力動的プロセス全体を活気づけ、駆動させる力」（傍線部エ）とはどういう力のことか、説明せよ。

（解答欄：一三・五センチ×二行）

（五）　「この基準を適用して人物鑑定を過ったことはない」（傍線部オ）とはどういうことか、本文全体の趣旨を踏まえた上

だいに衰弱してくるからである。「あなたが何を考えようと、何をどう判断しようと、それは理非の判定に関与しない」

ということは、「あなたには生きている理由がない」と言われているに等しいからである。

私は私をそのような気分にさせる人間のことを「反知性的」と見なすことにしている。その人自身は自分のことを「知

性的」であると思っているかも知れない。たぶん、思っているだろう。知識も豊かだし、自信たっぷりに語るし、反論さ

れても少しも動じない。でも、やはり私は彼を「知性的」とは呼ばない。それは彼が知性を属人的な資質や能力だと思っ

ているからである。だが、私はそれとは違う考え方をする。

知性というのは個人においてではなく、集団として発動するものだと私は思っている。知性は「集合的叡智」として働

くのでなければ何の意味もない。単独で存立し得るようなものを私は知性と呼ばない。

わかりにくい話になるので、すこしていねいに説明したい。

私は、知性というのは個人に属するものというより、集団的な現象だと考えている。人間は集団として情報を採り入れ、

その重要度を衡量し、その意味するところについて仮説を立て、それにどう対処すべきかについての合意形成を行う。

その力動的プロセス全体を活気づけ、駆動させる力の全体を「知性」と呼びたいと私は思うのである。

ある人の話を聴いているうちに、ずっと忘れていた昔のできごとをふと思い出したり、しばらく音信のなかった人に手

紙を書きたくなったり、凝った料理が作りたくなったり、家の掃除がしたくなったり、たまっていたアイロンかけをした

くなったりしたら、それは知性が活性化したことの具体的な徴候である。私はそう考えている。「それまで思いつかなか

ったことがしたくなる」というかたちでの影響を周囲にいる他者たちに及ぼす力のことを、知性と呼びたいと私は思う。

知性は個人の属性ではなく、集団的にしか発動しない。だから、ある個人が知性的であるかどうかは、その人の個人が

私的に所有する知識量や知能指数や演算能力によっては考量できない。そうではなくて、その人がいることによって、そ

の人の発言やふるまいによって、彼の属する集団全体の知的パフォーマンスが、彼がいない場合よりも高まった場合に、

事後的にその人は「知性的」な人物だったと判定される。

からである。

この言葉はロラン・バルトが「無知」について述べた卓見を思い出させる。バルトによれば、無知とは知識の欠如では
なく、知識に飽和されているせいで未知のものを受け容れることができなくなった状態を言う。実感として、よくわかる。
「自分はそれについてはよく知らない」と涼しく認める人は「自説に固執する」ということがない。他人の言うことをと
りあえず黙って聴く。聴いて「得心がいったか」「腑に落ちたか」「気持ちが片づいたか」どうかを自分の内側をみつめて
判断する。そのような身体反応を以てさしあたり理非の判断に代えることができる人を私は「知性的な人」だとみなす
ことにしている。その人においては知性が活発に機能しているように私には思われる。そのような人たちは単に新たな知
識や情報を加算しているのではなく、自分の知的な枠組みそのものをそのつど作り替えているからである。知性とはそう
いう知の自己刷新のことを言うのだろうと私は思っている。個人的な定義だが、しばらくこの仮説に基づいて話を進めた
い。

「反知性主義」という言葉からはその逆のものを想像すればよい。反知性主義者たちはしばしば恐ろしいほどに物知り
である。一つのトピックについて、手持ちの合切袋から、自説を基礎づけるデータやエビデンスや統計数値をいくらで
も取り出すことができる。けれども、それをいくら聴かされても、私たちの気持ちはあまり晴れることがないし、解放感
を覚えることもない。というのは、この人はあらゆることについて正解をすでに知っているからである。正解をすでに
知っている以上、彼らはことの理非の判断を私に委ねる気がない。「あなたが同意しようとしまいと、私の語ることの真
理性はいささかも揺るがない」というのが反知性主義者の基本的なマナーである。「あなたの同意が得られないようであ
れば、もう一度勉強して出直してきます」というようなことは残念ながら彼らは決して言ってくれない。彼らは
「理非の判断はすでに済んでいる。あなたに代わって私がもう判断を済ませた。だから、あなたが何を考えようと、それ
によって私の主張することの真理性には何の影響も及ぼさない」と私たちに告げる。そして、そのような言葉は確実に
「呪い」として機能し始める。というのは、そういうことを耳元でうるさく言われているうちに、こちらの生きる力がし

一

次の文章を読んで、後の設問に答えよ。

ホーフスタッターはこう書いている。

反知性主義は、思想に対して無条件の敵意をいだく人びとによって創作されたものではない。まったく逆である。反知性主義は、思想に深くかかわっている人びとであり、それもしばしば、aチンプな思想や認知されない思想にとり憑かれている。反知性主義に陥る危険のない知識人はほとんどいない。一方、ひたむきな知的情熱に欠ける反知識人もほとんどいない。

教育ある者にとって、もっとも有効な敵は中途半端な教育を受けた者であるのと同様に、指折りの反知性主義者は通どいない。

(リチャード・ホーフスタッター『アメリカの反知性主義』田村哲夫訳、強調は引用者)

この指摘は私たちが日本における反知性主義について考察する場合でも、つねに念頭に置いておかなければならないものである。反知性主義を駆動しているのは、単なるbタイダや無知ではなく、ほとんどの場合「ひたむきな知的情熱」だ

(注) 解答は、一行の枠内に二行以上書いてはいけない。

（一〇〇分）

国語

教学社 刊行一覧

2023年版 大学入試シリーズ（赤本）

378大学549点
全都道府県を網羅

国公立大学（都道府県順）

- 1 北海道大学（文系－前期日程）
- 2 北海道大学（理系－前期日程）医
- 3 北海道大学（後期日程）
- 4 旭川医科大学（医学部〈医学科〉）医
- 5 小樽商科大学
- 6 帯広畜産大学
- 7 北海道教育大学
- 8 室蘭工業大学／北見工業大学
- 9 釧路公立大学
- 10 公立千歳科学技術大学 新
- 11 公立はこだて未来大学 総推
- 12 札幌医科大学（医学部）医
- 13 弘前大学 医
- 14 岩手大学
- 15 岩手県立大学・盛岡短期大学部・宮古短期大学部
- 16 東北大学（文系－前期日程）
- 17 東北大学（理系－前期日程）医
- 18 東北大学（後期日程）
- 19 宮城教育大学
- 20 宮城大学
- 21 秋田大学 医
- 22 秋田県立大学
- 23 国際教養大学 総推
- 24 山形大学 医
- 25 福島大学
- 26 会津大学
- 27 福島県立医科大学（医・保健科学部）医
- 28 茨城大学（文系）
- 29 茨城大学（理系）
- 30 筑波大学（推薦入試）医 総推
- 31 筑波大学（前期日程）医
- 32 筑波大学（後期日程）
- 33 宇都宮大学
- 34 群馬大学 医
- 35 群馬県立女子大学
- 36 高崎経済大学
- 37 前橋工科大学
- 38 埼玉大学（文系）
- 39 埼玉大学（理系）
- 40 千葉大学（文系－前期日程）
- 41 千葉大学（理系－前期日程）医
- 42 千葉大学（後期日程）医
- 43 東京大学（文科）CD
- 44 東京大学（理科）CD 医
- 45 お茶の水女子大学
- 46 電気通信大学
- 47 東京医科歯科大学 医
- 48 東京外国語大学 CD
- 49 東京海洋大学
- 50 東京学芸大学
- 51 東京藝術大学
- 52 東京工業大学（総合型選抜）新 総推
- 53 東京工業大学（一般選抜）
- 54 東京農工大学
- 55 一橋大学（前期日程）CD
- 56 一橋大学（後期日程）
- 57 東京都立大学（文系）
- 58 東京都立大学（理系）
- 59 横浜国立大学（文系）
- 60 横浜国立大学（理系）
- 61 横浜市立大学（国際教養・国際商・理・データサイエンス・医〈看護〉学部）
- 62 横浜市立大学（医学部〈医学科〉）医
- 63 新潟大学（人文・教育〈文系〉・法・経済科・医〈看護〉・創生学部）
- 64 新潟大学（教育〈理系〉・理・医〈看護を除く〉・歯・工・農学部）医
- 65 新潟県立大学
- 66 富山大学（文系）
- 67 富山大学（理系）医
- 68 富山県立大学
- 69 金沢大学（文系）
- 70 金沢大学（理系）医
- 71 福井大学（教育・医〈看護〉・工・国際地域学部）
- 72 福井大学（医学部〈医学科〉）医
- 73 福井県立大学
- 74 山梨大学（教育・医〈看護〉・工・生命環境学部）
- 75 山梨大学（医学部〈医学科〉）医
- 76 都留文科大学
- 77 信州大学（文系－前期日程）
- 78 信州大学（理系－前期日程）医
- 79 信州大学（後期日程）
- 80 公立諏訪東京理科大学 総推
- 81 岐阜大学（前期日程）医
- 82 岐阜大学（後期日程）
- 83 岐阜薬科大学
- 84 静岡大学（前期日程）
- 85 静岡大学（後期日程）
- 86 浜松医科大学（医学部〈医学科〉）医
- 87 静岡県立大学
- 88 静岡文化芸術大学
- 89 名古屋大学（文系）
- 90 名古屋大学（理系）医
- 91 愛知教育大学
- 92 名古屋工業大学
- 93 愛知県立大学
- 94 名古屋市立大学（経済・人文社会・芸術工・看護・総合生命理学部）
- 95 名古屋市立大学（医学部）医
- 96 名古屋市立大学（薬学部）
- 97 三重大学（人文・教育・医〈看護〉学部）
- 98 三重大学（医〈医〉・工・生物資源学部）医
- 99 滋賀大学
- 100 滋賀医科大学（医学部〈医学科〉）医
- 101 滋賀県立大学
- 102 京都大学（文系）
- 103 京都大学（理系）医
- 104 京都教育大学
- 105 京都工芸繊維大学
- 106 京都府立大学
- 107 京都府立医科大学（医学部〈医学科〉）医
- 108 大阪大学（文系）CD
- 109 大阪大学（理系）医
- 110 大阪教育大学
- 111 大阪公立大学（現代システム科学域〈文系〉・文・法・経済・商・看護・生活科〈居住環境・人間福祉〉学部）
- 112 大阪公立大学（現代システム科学域〈理系〉・理・工・農・獣医・医・生活科〈食栄養〉学部－前期日程）医
- 113 大阪公立大学（中期日程）
- 114 大阪公立大学（後期日程）
- 115 神戸大学（文系－前期日程）
- 116 神戸大学（理系－前期日程）医
- 117 神戸大学（後期日程）
- 118 神戸市外国語大学 CD
- 119 兵庫県立大学（国際商経・社会情報科・看護学部）
- 120 兵庫県立大学（工・理・環境人間学部）
- 121 奈良教育大学／奈良県立大学
- 122 奈良女子大学
- 123 奈良県立医科大学（医学部〈医学科〉）医
- 124 和歌山大学
- 125 和歌山県立医科大学（医・薬学部）医
- 126 鳥取大学 医
- 127 公立鳥取環境大学
- 128 島根大学 医
- 129 岡山大学（文系）
- 130 岡山大学（理系）医
- 131 岡山県立大学
- 132 広島大学（文系－前期日程）
- 133 広島大学（理系－前期日程）医
- 134 広島大学（後期日程）
- 135 尾道市立大学 総推
- 136 県立広島大学
- 137 広島市立大学
- 138 福山市立大学 総推
- 139 山口大学（人文・教育〈文系〉・経済・医〈看護〉・国際総合科学部）
- 140 山口大学（教育〈理系〉・理・医〈看護を除く〉・工・農・共同獣医学部）医
- 141 山陽小野田市立山口東京理科大学 総推
- 142 下関市立大学／山口県立大学
- 143 徳島大学 医
- 144 香川大学 医
- 145 愛媛大学 医
- 146 高知大学 医
- 147 高知工科大学
- 148 九州大学（文系－前期日程）
- 149 九州大学（理系－前期日程）医
- 150 九州大学（後期日程）
- 151 九州工業大学
- 152 福岡教育大学
- 153 北九州市立大学
- 154 九州歯科大学
- 155 福岡県立大学／福岡女子大学
- 156 佐賀大学 医
- 157 長崎大学（多文化社会・教育〈文系〉・経済・医〈保健〉・環境科〈文系〉学部）
- 158 長崎大学（教育〈理系〉・医〈医〉・歯・薬・情報データ科・工・環境科〈理系〉・水産学部）医
- 159 長崎県立大学 総推
- 160 熊本大学（文・教育・法・医〈看護〉学部）
- 161 熊本大学（理・医〈看護を除く〉・薬・工学部）医
- 162 熊本県立大学
- 163 大分大学（教育・経済・医〈看護〉・理工・福祉健康科学部）
- 164 大分大学（医学部〈医学科〉）医
- 165 宮崎大学（教育・医〈看護〉・工・地域資源創成学部）
- 166 宮崎大学（医学部〈医学科〉）医
- 167 鹿児島大学（文系）
- 168 鹿児島大学（理系）医
- 169 琉球大学 医

2023年版 大学入試シリーズ（赤本）

国公立大学 その他

国公立大学 その他
170 （国公立大）医学部医学科 総合型選抜・学校推薦型選抜 医総推
171 看護・医療系大学（国公立 東日本）
172 看護・医療系大学（国公立 中日本）
173 看護・医療系大学（国公立 西日本）
174 海上保安大学校／気象大学校
175 航空保安大学校
176 国立看護大学校
177 防衛大学校 総推
178 防衛医科大学校（医学科） 医
179 防衛医科大学校（看護学科）

※ No.170〜173の収載大学は赤本ウェブサイト（http://akahon.net/）でご確認ください。

私立大学①

北海道の大学（50音順）
201 札幌大学
202 札幌学院大学
203 北星学園大学・短期大学部
204 北海学園大学
205 北海道医療大学
206 北海道科学大学
207 北海道武蔵女子短期大学
208 酪農学園大学（獣医学群〈獣医学類〉）

東北の大学（50音順）
209 岩手医科大学（医・歯・薬学部） 医
210 仙台大学 総推
211 東北医科薬科大学（医・薬学部） 医
212 東北学院大学
213 東北工業大学
214 東北福祉大学
215 宮城学院女子大学 総推

関東の大学（50音順）
あ行（関東の大学）
216 青山学院大学（法・国際政治経済学部－個別学部日程）
217 青山学院大学（経済学部－個別学部日程）
218 青山学院大学（経営学部－個別学部日程）
219 青山学院大学（文・教育人間科学部－個別学部日程）
220 青山学院大学（総合文化政策・社会情報・地球社会共生・コミュニティ人間科学部－個別学部日程）
221 青山学院大学（理工学部－個別学部日程）
222 青山学院大学（全学部日程）
223 麻布大学（獣医、生命・環境科学部）
224 亜細亜大学
225 跡見学園女子大学
226 桜美林大学
227 大妻女子大学・短期大学部

か行（関東の大学）
228 学習院大学（法学部－コア試験）
229 学習院大学（経済学部－コア試験）
230 学習院大学（文学部－コア試験）
231 学習院大学（国際社会科学部－コア試験）
232 学習院大学（理学部－コア試験）
233 学習院女子大学
234 神奈川大学（給費生試験）
235 神奈川大学（一般入試）
236 神奈川工科大学
237 鎌倉女子大学・短期大学部
238 川村学園女子大学
239 神田外語大学
240 関東学院大学
241 北里大学（理学部）
242 北里大学（医学部） 医
243 北里大学（薬学部）
244 北里大学（看護・医療衛生学部）
245 北里大学（獣医・海洋生命科学部）
246 北里大学（医療衛生学部・短期大学）
247 杏林大学（医学部） 医
248 杏林大学（保健学部）

249 群馬パース大学 総推
250 慶應義塾大学（法学部）
251 慶應義塾大学（経済学部）
252 慶應義塾大学（商学部）
253 慶應義塾大学（文学部） 総推
254 慶應義塾大学（総合政策学部）
255 慶應義塾大学（環境情報学部）
256 慶應義塾大学（理工学部）
257 慶應義塾大学（医学部） 医
258 慶應義塾大学（薬学部）
259 慶應義塾大学（看護医療学部）
260 工学院大学
261 國學院大学
262 国際医療福祉大学 医
263 国際基督教大学
264 国士舘大学
265 駒澤大学（一般選抜T方式・S方式）
266 駒澤大学（全学部統一日程選抜）

さ行（関東の大学）
267 埼玉医科大学（医学部） 医
268 相模女子大学・短期大学部
269 産業能率大学
270 自治医科大学（医学部） 医
271 自治医科大学（看護学部）／東京慈恵会医科大学（医学部〈看護学科〉）
272 実践女子大学・短期大学部 総推
273 芝浦工業大学（前期日程、英語資格・検定試験利用方式）
274 芝浦工業大学（全学統一日程・後期日程）
275 十文字学園女子大学
276 淑徳大学
277 順天堂大学（医学部） 医
278 順天堂大学（スポーツ健康科・医療看護・保健看護・国際教養・保健医療・医療科学部） 総推
279 上智大学（神・文・総合人間科学部） 総推
280 上智大学（法・経済学部） 総推
281 上智大学（外国語・総合グローバル学部） 総推
282 上智大学（理工学部）
283 上智大学（TEAP スコア利用型）
570 湘南医療大学 新
284 湘南工科大学
285 昭和大学（医学部） 医
286 昭和大学（歯・薬・保健医療学部）
287 昭和女子大学
288 昭和薬科大学
289 女子栄養大学・短期大学部
290 白百合女子大学
291 成蹊大学（法学部－A方式）
292 成蹊大学（経済・経営学部－A方式）
293 成蹊大学（文学部－A方式）
294 成蹊大学（理工学部－A方式）
295 成蹊大学（E方式・G方式・P方式）
296 成城大学（経済・法学部－A方式）
297 成城大学（文芸・社会イノベーション学部－A方式）
298 成城大学（S方式〈全学部統一選抜〉）

299 聖心女子大学
300 清泉女子大学
301 聖徳大学・短期大学部
302 聖マリアンナ医科大学 医
303 聖路加国際大学（看護学部）
304 専修大学（スカラシップ・全国入試）
305 専修大学（学部個別入試）
306 専修大学（全学部統一入試）

た行（関東の大学）
307 大正大学
308 大東文化大学
309 高崎健康福祉大学 総推
310 高千穂大学
311 拓殖大学
312 玉川大学
313 多摩美術大学
314 千葉工業大学
315 千葉商科大学
316 中央大学（法学部－学部別選抜）
317 中央大学（経済学部－学部別選抜）
318 中央大学（商学部－学部別選抜）
319 中央大学（文学部－学部別選抜）
320 中央大学（総合政策学部－学部別選抜）
321 中央大学（国際経営・国際情報学部－学部別選抜）
322 中央大学（理工学部－学部別選抜）
323 中央大学（6学部共通選抜）
324 中央学院大学
325 津田塾大学
326 帝京大学（薬・経済・法・文・外国語・教育・理工・医療技術・福岡医療技術学部）
327 帝京大学（医学部） 医
328 帝京科学大学 総推
329 帝京平成大学 総推
330 東海大学（医〈医〉学部を除く－一般選抜）
331 東海大学（文系・理系学部統一選抜）
332 東海大学（医学部〈医学科〉） 医
333 東京医科大学（医学部〈医学科〉） 医
334 東京家政大学・短期大学部
335 東京経済大学
336 東京工科大学
337 東京工芸大学
338 東京国際大学
339 東京歯科大学
340 東京慈恵会医科大学（医学部〈医学科〉） 医
341 東京情報大学
342 東京女子大学
343 東京女子医科大学（医学部） 医
344 東京電機大学
345 東京都市大学
346 東京農業大学
347 東京薬科大学（薬学部） 総推
348 東京薬科大学（生命科学部） 総推
349 東京理科大学（理学部第〈第一部〉－B方式）
350 東京理科大学（理工学部－B方式）
351 東京理科大学（工学部－B方式）
352 東京理科大学（先進工学部－B方式）

2023年版 大学入試シリーズ（赤本）

私立大学②

353 東京理科大学（薬学部－B方式）
354 東京理科大学（経営学部－B方式）
355 東京理科大学（C方式、グローバル方式、理学部〈第二部〉－B方式）
356 東邦大学（医学部） 医
357 東邦大学（薬学部）
358 東邦大学（理・看護・健康科学部）
359 東洋大学（文・経済・経営・法・社会・国際・国際観光学部）
360 東洋大学（情報連携・ライフデザイン・理工・総合情報・生命科・食環境科学部）
361 東京英和女学院大学 総推
362 常磐大学・短期大学 総推
363 獨協大学
364 獨協医科大学（医学部） 医

な行（関東の大学）

365 二松学舎大学
366 日本大学（法学部）
367 日本大学（経済学部）
368 日本大学（商学部）
369 日本大学（文理学部〈文系〉）
370 日本大学（文理学部〈理系〉）
371 日本大学（芸術学部）
372 日本大学（国際関係学部）
373 日本大学（危機管理・スポーツ科学部）
374 日本大学（理工学部）
375 日本大学（生産工・工学部）
376 日本大学（生物資源科学部）
377 日本大学（医学部） 医
378 日本大学（歯・松戸歯学部）
379 日本大学（薬学部）
380 日本大学（医学部を除く－N全学統一方式） 医
381 日本医科大学 医
382 日本工業大学
383 日本歯科大学
384 日本獣医生命科学大学
385 日本女子大学
386 日本体育大学

は行（関東の大学）

387 白鷗大学（学業特待選抜・一般選抜）
388 フェリス女学院大学
389 文教大学
390 法政大学（法〈法律・政治〉・国際文化・キャリアデザイン学部－A方式）
391 法政大学（法〈国際政治〉・文・経営・人間環境・グローバル教養学部－A方式）
392 法政大学（経済・社会・現代福祉・スポーツ健康学部－A方式）
393 法政大学（情報科・デザイン工・理工・生命科学部－A方式）
394 法政大学（T日程〈統一日程〉・英語外部試験利用入試）
395 星薬科大学 総推

ま行（関東の大学）

396 武蔵大学
397 武蔵野大学
398 武蔵野美術大学
399 明海大学
400 明治大学（法学部－学部別入試）
401 明治大学（政治経済学部－学部別入試）
402 明治大学（商学部－学部別入試）
403 明治大学（経営学部－学部別入試）
404 明治大学（文学部－学部別入試）
405 明治大学（国際日本学部－学部別入試）
406 明治大学（情報コミュニケーション学部－学部別入試）
407 明治大学（理工学部－学部別入試）

408 明治大学（総合数理学部－学部別入試）
409 明治大学（農学部－学部別入試）
410 明治大学（全学部統一入試）
411 明治学院大学（A日程）
412 明治学院大学（全学部日程）
413 明星大学 総推
414 目黒大学
415 目白大学・短期大学部

ら・わ行（関東の大学）

416 立教大学（文系学部－一般入試〈大学独自の英語を課さない日程〉）
417 立教大学（文学部－一般入試〈大学独自の英語を課す日程〉）
418 立教大学（理学部－一般入試）
419 立教大学（国語〈3日程×3カ年〉） 新
420 立教大学（日本史・世界史〈2日程×3カ年〉） 新
421 立正大学
422 早稲田大学（法学部）
423 早稲田大学（政治経済学部）
424 早稲田大学（商学部）
425 早稲田大学（社会科学部）
426 早稲田大学（文学部）
427 早稲田大学（文化構想学部）
428 早稲田大学（教育学部〈文科系〉）
429 早稲田大学（教育学部〈理科系〉）
430 早稲田大学（人間科・スポーツ科学部）
431 早稲田大学（国際教養学部）
432 早稲田大学（基幹理工・創造理工・先進理工学部）
433 和洋女子大学 総推

中部の大学（50音順）

434 愛知大学
435 愛知医科大学（医学部） 医
436 愛知学院大学・短期大学部
437 愛知工業大学 総推
438 愛知淑徳大学
439 朝日大学 総推
440 金沢医科大学（医学部） 医
441 金沢工業大学
442 岐阜聖徳学園大学・短期大学部 総推
443 金城学院大学
444 至学館大学 総推
445 静岡理工科大学
446 椙山女学園大学
447 大同大学
448 中京大学
449 中部大学
450 名古屋外国語大学 総推
451 名古屋学院大学 総推
452 名古屋学芸大学 総推
453 名古屋女子大学・短期大学部 総推
454 南山大学（外国語〈英米〉・法・総合政策・国際教養学部）
455 南山大学（人文・外国語〈英米を除く〉・経済・経営・理工学部）
456 新潟国際情報大学
457 日本福祉大学
458 福井工業大学
459 藤田医科大学（医学部） 医
460 藤田医科大学（医療科・保健衛生学部）
461 名城大学（法・経営・経済・外国語・人間・都市情報学部）
462 名城大学（情報工・理工・農・薬学部）
463 山梨学院大学

近畿の大学（50音順）

464 追手門学院大学 総推
465 大阪医科薬科大学（医学部） 医

466 大阪医科薬科大学（薬学部） 総推
467 大阪学院大学 総推
468 大阪経済大学 総推
469 大阪経済法科大学 総推
470 大阪工業大学 総推
471 大阪産業大学・短期大学部 総推
472 大阪歯科大学（歯学部）
473 大阪商業大学 総推
474 大阪女学院大学・短期大学 総推
475 大阪成蹊大学・短期大学 総推
476 大谷大学 新 総推
477 大手前大学・短期大学 総推
478 関西大学（文系）
479 関西大学（理系）
480 関西大学（英語〈3日程×3カ年〉）
481 関西大学（国語〈3日程×3カ年〉）
482 関西大学（文系選択科目〈2日程×3カ年〉）
483 関西医科大学（医学部） 医
484 関西医療大学 総推
485 関西外国語大学・短期大学部 総推
486 関西学院大学（文・法・社会・法学部－学部個別日程）
487 関西学院大学（経済・人間福祉・国際学部－学部個別日程）
488 関西学院大学（神・商・教育・総合政策学部－学部個別日程）
489 関西学院大学（全学部日程〈文系型〉）
490 関西学院大学（全学部日程〈理系型〉）
491 関西学院大学（共通テスト併用／英数日程）
492 畿央大学 総推
493 京都外国語大学・短期大学 総推
494 京都光華女子大学・短期大学部 総推
495 京都産業大学（公募推薦入試） 総推
496 京都産業大学（一般選抜入試〈前期日程〉）
497 京都女子大学 総推
498 京都先端科学大学 総推
499 京都橘大学 総推
500 京都ノートルダム女子大学 総推
501 京都薬科大学 総推
502 近畿大学・短期大学部（医学部を除く－推薦入試）
503 近畿大学・短期大学部（医学部を除く－一般入試前期）
504 近畿大学（医学部－推薦入試・一般入試前期） 医
505 近畿大学・短期大学部（一般入試後期） 医
506 皇學館大学 総推
507 甲南大学 総推
508 神戸学院大学 総推
509 神戸国際大学 総推
510 神戸松蔭女子学院大学 総推
511 神戸女学院大学 総推
512 神戸女子大学・短期大学 総推
513 神戸薬科大学 総推
514 四天王寺大学・短期大学部 総推
515 摂南大学（公募制推薦入試） 総推
516 摂南大学（一般選抜前期日程）
517 同志社大学（法、グローバル・コミュニケーション学部－学部個別日程）
518 同志社大学（文・経済学部－学部個別日程）
519 同志社大学（神・商・心理・グローバル地域文化学部－学部個別日程）
520 同志社大学（社会学部－学部個別日程）
521 同志社大学（政策・文化情報〈文系型〉・スポーツ健康科〈文系型〉学部－学部個別日程）

2023年版 大学入試シリーズ（赤本）

私立大学③

522	同志社大学（理工・生命医科・文化情報〈理系型〉・スポーツ健康科〈理系型〉学部－学部個別日程）	538	立命館大学（後期分割方式・「経営学部で学ぶ感性＋共通テスト」方式）／立命館アジア太平洋大学（後期方式）	556	徳島文理大学
523	同志社大学（全学部日程）	539	立命館大学（英語〈全学統一方式3日程×3カ年〉） 新	557	松山大学
524	同志社女子大学 総推				**九州の大学**（50音順）
525	奈良大学	540	立命館大学（国語〈全学統一方式3日程×3カ年〉） 新	558	九州産業大学
526	奈良学園大学 総推			559	九州保健福祉大学 総推
527	阪南大学	541	立命館大学（文系選択科目〈全学統一方式2日程×3カ年〉） 新	560	熊本学園大学
528	姫路獨協大学			561	久留米大学（文・人間健康・法・経済・商学部）
529	兵庫医科大学（医学部） 医	542	龍谷大学・短期大学部（公募推薦入試） 総推	562	久留米大学（医学部〈医学科〉） 医
530	兵庫医科大学（薬・看護・リハビリテーション学部） 総推	543	龍谷大学・短期大学部（一般選抜入試）	563	産業医科大学（医学部） 医
531	佛教大学 総推	**中国の大学**（50音順）		564	西南学院大学（商・経済・人間科・国際文化学部－A日程）
532	武庫川女子大学・短期大学部 総推	544	岡山商科大学 総推		
533	桃山学院大学／桃山学院教育大学 総推	545	岡山理科大学 総推	565	西南学院大学（神・外国語・法学部－A日程／全学部－F日程）
534	大和大学・白鳳短期大学	546	川崎医科大学 医		
535	立命館大学（文系－全学統一方式・学部個別配点方式）／立命館アジア太平洋大学（前期方式・英語重視方式）	547	吉備国際大学	566	福岡大学（医学部医学科を除く－学校推薦型選抜・一般選抜系統別日程） 総推
		548	就実大学		
		549	広島経済大学	567	福岡大学（医学部医学科を除く－一般選抜前期日程）
536	立命館大学（理系－全学統一方式・学部個別配点方式・理系型3教科方式・薬学方式）	550	広島工業大学		
		551	広島国際大学 総推	568	福岡大学（医学部〈医学科〉－学校推薦型選抜・一般選抜系統別日程） 医総推
		552	広島修道大学		
537	立命館大学（IR方式〈英語資格試験利用型〉・共通テスト併用方式）／立命館アジア太平洋大学（共通テスト併用方式）	553	広島文教大学 総推	569	福岡工業大学
		554	福山大学／福山平成大学		
		555	安田女子大学・短期大学 総推		

医 医学部医学科を含む
総推 総合型選抜または学校推薦型選抜を含む
CD リスニングCDつき　新 2022年 新刊・復刊

掲載している入試の種類や試験科目、収載年数などはそれぞれ異なります。詳細については、本の目次や赤本ウェブサイトでご確認ください。

akahon.net
[赤本] [検索]

難関校過去問シリーズ

出題形式別・分野別に収録した
「入試問題事典」
定価 **2,255～2,530円**（本体2,050～2,300円）

19大学 71点

61年、全部載せ！
要約演習で、総合力を鍛える
東大の英語
要約問題 UNLIMITED

先輩合格者はこう使った！
「難関校過去問シリーズの使い方」

国公立大学

東大の英語25カ年[第11版]
東大の英語リスニング20カ年[第8版] CD
東大の英語 要約問題 UNLIMITED
東大の文系数学25カ年[第11版]
東大の理系数学25カ年[第11版]
東大の現代文25カ年[第11版]
東大の古典25カ年[第11版]
東大の日本史25カ年[第8版]
東大の世界史25カ年[第8版]
東大の地理25カ年[第8版]
東大の物理25カ年[第8版]
東大の化学25カ年[第8版]
東大の生物25カ年[第8版]
東工大の英語20カ年[第7版]
東工大の数学20カ年[第4版]
東工大の物理20カ年[第4版]
東工大の化学20カ年[第4版]
一橋大の英語20カ年[第8版]
一橋大の数学20カ年[第8版]

一橋大の国語20カ年[第5版]
一橋大の日本史20カ年[第5版]
一橋大の世界史20カ年[第5版]
京大の英語27カ年[第11版]
京大の文系数学27カ年[第11版]
京大の理系数学27カ年[第11版]
京大の現代文27カ年
京大の古典27カ年
京大の日本史20カ年[第2版]
京大の世界史20カ年[第2版]
京大の物理27カ年[第8版]
京大の化学27カ年[第8版]
北大の英語15カ年[第7版]
北大の理系数学15カ年[第7版]
北大の物理15カ年 新
北大の化学15カ年 新
東北大の英語15カ年[第7版]
東北大の理系数学15カ年[第7版]
東北大の物理15カ年

東北大の化学15カ年
名古屋大の英語15カ年[第7版]
名古屋大の理系数学15カ年[第7版]
名古屋大の物理15カ年
名古屋大の化学15カ年
阪大の英語20カ年[第8版]
阪大の文系数学20カ年[第2版]
阪大の理系数学20カ年[第8版]
阪大の国語15カ年[第2版]
阪大の物理20カ年[第7版]
阪大の化学20カ年[第5版]
九大の英語15カ年[第7版]
九大の理系数学15カ年[第6版] 新
九大の物理15カ年
九大の化学15カ年
神戸大の英語15カ年[第8版]
神戸大の数学15カ年[第4版]
神戸大の国語15カ年[第2版]

私立大学

早稲田の英語[第10版]
早稲田の国語[第8版]
早稲田の日本史[第8版]
早稲田の世界史 新
慶應の英語[第10版]
慶應の小論文[第2版]
明治大の英語[第2版]
明治大の国語 新
明治大の日本史 新
中央大の英語[第8版]
法政大の英語[第8版]
同志社大の英語[第9版]
立命館大の英語[第9版]
関西大の英語[第9版]
関西学院大の英語[第9版]

新 2022年刊行

共通テスト対策関連書籍

共通テスト対策も赤本で

❶ 過去問演習

2023年版 共通テスト赤本シリーズ

A5判／定価1,078円（本体980円）

| 共通テスト対策過去問集　売上No.1!!
※日販オープンネットワークWIN調べ（2021年4月〜12月、売上冊数）に基づく

| 英語・数学・国語には、本書オリジナル模試も収載!

| 英語はリスニングを11回分収載! 赤本の音声サイトで本番さながらの対策!

- 英語 リスニング／リーディング※1 DL
- 数学Ⅰ・A／Ⅱ・B※2
- 国語※2
- 日本史B
- 世界史B
- 地理B
- 現代社会
- 倫理, 政治経済／倫理
- 政治・経済
- 物理／物理基礎
- 化学／化学基礎
- 生物／生物基礎
- 地学基礎※3

DL 音声無料配信　※1 模試2回分収載　※2 模試1回分収載　※3 地学（共通テスト2年分＋試行調査2回分）も収載

❷ 自己分析

赤本ノートシリーズ　過去問演習の効果を最大化

▶ 共通テストには

赤本ノート（共通テスト用）　赤本ルーズリーフ（共通テスト用）

共通テスト赤本シリーズ
Smart Startシリーズ
全28点に対応!!

▶ 大学入試シリーズにも

大学入試シリーズ
全549点に対応!!

赤本ノート（二次・私大用）

❸ 重点対策

Smart Startシリーズ　共通テスト スマート対策　3訂版

基礎固め＆苦手克服のための**分野別対策問題集!!**

- 英語（リーディング）DL
- 英語（リスニング）DL
- 数学Ⅰ・A
- 数学Ⅱ・B
- 国語（現代文）
- 国語（古文・漢文）
- 日本史B
- 世界史B
- 地理B
- 現代社会
- 物理
- 化学
- 生物
- 化学基礎・生物基礎
- 生物基礎・地学基礎

共通テスト本番の内容を反映!
全15点好評発売中!

DL 音声無料配信

A5判／定価1,210円（本体1,100円）

手軽なサイズの実戦的参考書

目からウロコのコツが満載!
直前期にも!

満点のコツシリーズ　　赤本ポケット

いつも受験生のそばに──赤本

大学入試シリーズ＋α
入試対策も共通テスト対策も赤本で

入試対策
赤本プラス

赤本プラスとは、過去問演習の効果を最大にするためのシリーズです。「赤本」であぶり出された弱点を、赤本プラスで克服しましょう。

- 大学入試 すぐわかる英文法 DL
- 大学入試 ひと目でわかる英文読解
- 大学入試 絶対できる英語リスニング DL
- 大学入試 すぐ書ける自由英作文

入試対策
英検® 赤本シリーズ

英検®（実用英語技能検定）の対策書。過去問と参考書で万全の対策ができます。

▶過去問題集（2022年度版）
- 英検®準1級過去問集 DL
- 英検®2級過去問集 DL
- 英検®準2級過去問集 DL
- 英検®3・4級過去問集 DL 新

▶参考書
- 竹岡の英検®準1級マスター DL
- 竹岡の英検®2級マスター CD DL
- 竹岡の英検®準2級マスター CD DL
- 竹岡の英検®3級マスター CD DL

入試対策
赤本プレミアム

「これぞ京大!」という問題・テーマのみで構成したベストセレクションの決定版!

- 京大数学プレミアム〔改訂版〕
- 京大古典プレミアム

🎧 リスニングCDつき　DL 音声無料配信
新 2022年刊行

入試対策
赤本メディカルシリーズ

過去問を徹底的に研究し、独自の出題傾向をもつメディカル系の入試に役立つ内容を精選した実戦的なシリーズ。

- 〔国公立大〕医学部の英語〔改訂版〕
- 私立医大の英語〔長文読解編〕〔改訂版〕
- 私立医大の英語〔文法・語法編〕〔改訂版〕
- 医学部の実戦小論文〔改訂版〕
- 〔国公立大〕医学部の数学
- 私立医大の数学
- 医歯薬系の英単語〔3訂版〕
- 医系小論文 最頻出論点20〔3訂版〕
- 医学部の面接〔3訂版〕

入試対策
体系シリーズ

国公立大二次・難関私大突破へ、自学自習に適したハイレベル問題集。

- 体系英語長文
- 体系英作文
- 体系数学Ⅰ・A
- 体系数学Ⅱ・B
- 体系現代文
- 体系古文
- 体系日本史
- 体系世界史
- 体系物理〔第6版〕
- 体系化学〔第2版〕
- 体系生物

入試対策
単行本

▶英語
- Q&A 即決英語勉強法
- TEAP 攻略問題集 CD
- 東大の英単語〔新装版〕
- 早慶上智の英単語〔改訂版〕

▶数学
- 稲荷の独習数学

▶国語・小論文
- 著者に注目! 現代文問題集
- ブレない小論文の書き方 樋口式ワークノート

▶理科
- 折戸の独習物理

▶レシピ
- 奥薗壽子の赤本合格レシピ

入試対策 共通テスト対策
赤本手帳

- 赤本手帳(2023年度受験用) プラムレッド
- 赤本手帳(2023年度受験用) インディゴブルー
- 赤本手帳(2023年度受験用) プラチナホワイト

入試対策
風呂で覚えるシリーズ

水をはじく特殊な紙を使用。いつでもどこでも読めるから、ちょっとした時間を有効に使える!

- 風呂で覚える英単語〔4訂新装版〕
- 風呂で覚える英熟語〔4訂新装版〕
- 風呂で覚える古文単語〔改訂新装版〕
- 風呂で覚える古文文法〔改訂新装版〕
- 風呂で覚える漢文〔改訂新装版〕
- 風呂で覚える日本史〔年代〕〔改訂新装版〕
- 風呂で覚える世界史〔年代〕〔改訂新装版〕
- 風呂で覚える倫理〔改訂版〕
- 風呂で覚える化学〔3訂新装版〕
- 風呂で覚える百人一首〔改訂版〕

共通テスト対策
満点のコツシリーズ

共通テストで満点を狙うための実戦的参考書。重要度の増したリスニング対策書は「カリスマ講師」竹岡広信が一回読みにも対応できるコツを伝授!

- 共通テスト英語〔リスニング〕 満点のコツ CD DL
- 共通テスト古文 満点のコツ
- 共通テスト漢文 満点のコツ
- 共通テスト化学基礎 満点のコツ
- 共通テスト生物基礎 満点のコツ

入試対策 共通テスト対策
赤本ポケットシリーズ

▶共通テスト対策
- 共通テスト日本史〔文化史〕

▶系統別進路ガイド
- デザイン系学科をめざすあなたへ